Geschichte der Stadt Münster

Geschichte der Stadt Münster

Unter Mitwirkung von Thomas Küster
herausgegeben von
Franz-Josef Jakobi

Band 2

Aschendorff Münster

Textredaktion: Thomas Küster
Rainer Auts

Bildredaktion: Thomas Küster

Mitarbeit: Ulrich Winzer
Thomas Kleinknecht
Jens Metzdorf
Irmgard Pelster
Petra Titze
Anja Gussek-Revermann
Michael Kleinsorge

1. Auflage Mai 1993

2. Auflage August 1993

Gesamtherstellung: Druckhaus Aschendorff, Münster, 1993

ISBN 3-402-05370-5

Inhalt

Das 19. und 20. Jahrhundert (bis 1945)

1. Stadtgeschichte im zeitlichen Verlauf

2. Strukturen und ihre Veränderungen

1.

Stadtgeschichte im zeitlichen Verlauf

MONIKA LAHRKAMP

Jahre des Umbruchs – Säkularisation und französische Herrschaft (1802–1815)

1. Die erste Angliederung an Preußen (1802–1806) – 2. Die Einbeziehung in den napoleonischen Herrschaftsbereich (1806–1813) – 3. Der Abzug der Franzosen und der Wiederanschluß an Preußen (1813–1815)

1. Die erste Angliederung an Preußen (1802–1806)

Säkularisation und preußische Besitznahme

Die kleine, etwas ungelenke Federzeichnung eines Adlers ziert den Kopf des münsterischen Ratsprotokolls vom 3. August 1802, gleichsam als habe der Stadtschreiber durch die sonst unübliche Illustration die Bedeutung des Tages als Beginn einer ganz neuen Ära markieren wollen: vom fürstbischöflichen Krummstab zum preußischen Adler. Der 3. August 1802 war der Tag der preußischen Besitznahme. Es folgten dreizehn unruhevolle Jahre, in denen Münster mehrfach seine politische Zugehörigkeit wechselte. Unter dem Einfluß der neuen Landesherren – zunächst der Preußen, dann der Franzosen – durchlebte die in jahrhundertealten Traditionen wurzelnde fürstbischöfliche Landeshauptstadt einen tiefgreifenden Wandel ihrer Verfassung und Verwaltung, ihrer kirchlichen Ordnung, ihrer Gesellschaft, Wirtschaft und Kultur, bis sie 1815 als preußische Provinzialhauptstadt in die Moderne des 19. Jahrhunderts und in eine Phase ruhigerer Entwicklung entlassen wurde.

Die 1802/03 durchgeführte Säkularisation der deutschen Fürstbistümer wurde veranlaßt durch die Abtretung linksrheinischer Reichsgebiete an das in den Revolutionskriegen siegreiche Frankreich und die sich daraus ergebende Entschädigungsfrage für dortige Territorialherren. Ihre Ursache muß jedoch in einer sehr viel weitergespannten, grundsätzlichen Infragestellung der geistlichen Staaten gesehen werden, wie denn auch die Durchführung über den bloßen Verlustausgleich für die linksrheinisch Depossedierten weit hinausging. Vor dem Hintergrund von Aufklärungsdenken und aufgeklärtem Absolutismus hatte sich im letzten Drittel des 18. Jahrhunderts eine lebhafte Kontroverse um das Für und Wider der *Germania Sacra* entfacht, die sich in zahlreichen Publikationen niederschlug. Darin dominierten die kritischen Stimmen. Zum einen gab es in kirchlichen Kreisen selbst Forderungen nach einer Entflechtung weltlicher und geistlicher Funktionen und nach einer stärkeren Konzentration der Kirche auf die Seelsorge. Entscheidender war jedoch das Drängen vieler weltlicher Territorien, besonders der größeren, auf die Herrschaftssäkularisation, denn die geistlichen Länder als tragende Stütze der überkommenen Reichsverfassung und Machtbasis für den Reichsadel standen ihren Ausdehnungs- und Souveränitätsbestrebungen entgegen. Dabei verbanden sich die Angriffe auf die Reichskonstitution mit Kritik an der inneren Verfassung der Fürstbistümer. Ihr Wahlstaatscharakter mit häufigem Regentenwechsel, ständischer Mitsprache und dominierendem Einfluß

Adlerskizze im Protokoll des Rates vom 3. August 1802

des Klerus galt als fortschrittshemmend; ihre wirtschaftliche und kulturelle Rückständigkeit wurde angeprangert.

Oft war dieses Negativbild allerdings überzeichnet, denn die von der Aufklärungsbewegung ausgehenden Modernisierungsanstöße für Staat und Gesellschaft wurden auch in den stiftischen Ländern spürbar. Im Fürstbistum Münster war die vielseitige Reformpolitik, die der Minister und Generalvikar Franz Freiherr von Fürstenberg in den beiden Jahrzehnten nach dem Siebenjährigen Krieg initiiert hatte, beispielhaft hierfür und bot nach der Säkularisation den neuen Landesherren manchen Anknüpfungspunkt. Auch der seit 1784 regierende letzte Fürstbischof Max Franz von Österreich betrieb eine sinnvollen Neuerungen gegenüber durchaus aufgeschlossene Politik, wenngleich mit verhaltenerer Energie als der 1780 aus dem Ministeramt geschiedene Fürstenberg. Wie mehrere seiner Amtsvorgänger war Max Franz zudem gleichzeitig Kurfürst von Köln, so daß seine landesväterliche Sorge sich erst in zweiter Linie auf das Hochstift Münster konzentrierte. Mit der Wahl eines österreichischen Erzherzogs, des jüngsten Sohnes der Kaiserin Maria Theresia, zum Fürstbischof hatte das münsterische Domkapitel die Verbundenheit mit dem katholischen Kaiserhaus unterstrichen, freilich auch die Hoffnung signalisiert, daß von dort Schutz und Hilfe zu erwarten seien, wenn die Zeichen der Zeit für die geistlichen Staaten schlecht stünden.

Ereignissen vom Wirkungsgrad der Französischen Revolution konnte indes von der politischen Bühne eines kleinen Fürstbistums aus wenig entgegengesetzt werden. Die „Revolutionierung der deutschen Landkarte“ [2566: Raumer, Deutschland um 1800, S. 126] durch Säkularisation und Mediatisierung war wesentlich eine Folge dieser Revolution und wurde weit stärker von Frankreich als vom deutschen Boden aus gesteuert. Die Vorgänge im linksrheinischen Nachbarland beobachtete man auch von Münster aus mit Interesse. „In der ersten Zeit nach 1789 hatte die junge Freiheit die Teilnahme des größten, besonders des jüngeren Teils der Gesellschaft aufs lebhafteste erregt“, berichtete der Verleger und spätere münsterische Bürgermeister Johann Hermann Hüffer aus seiner Vaterstadt. Erste revolutionäre Einflüsse zeigten sich, als bei den Landtagsverhandlungen die städtischen Vertreter Steuerprivilegien von Adel und Klerus in Frage zu stellen begannen. Insgesamt wurden die Münsterländer aber doch nur von einem recht harmlosen „Reformationskitzel“ (Fürstenberg) erfaßt, der zudem bald in Ablehnung, ja moralische Empörung umschlug, als das Schicksal der französischen Königsfamilie bekannt wurde und immer größere Scharen von Revolutionsflüchtlingen über die Radikalisierung in Frankreich berichteten. In dem Jahrzehnt zwischen 1792 und 1802 suchten mehrere tausend französische Emigranten in Westfalen Zuflucht: Adelige, wenige Bürgerliche, vorrangig aber Geistliche, die sich einer zunehmenden Verfolgung ausgesetzt sahen, je antikirchlicher und antichristlicher sich die Revolutionäre gebärdeten. Fürstbischof Max Franz betrieb den weltlichen Hilfesuchenden gegenüber eine sehr restriktive Politik, wohl um Reibungen mit Frankreich und Belastungen für seine Untertanen zu vermeiden. Die geistlichen Emigranten dagegen fanden in der Stadt und im Land Münster großzügige Unterstützung von kirchlicher, privater und auch staatlicher Seite. Mehr als

Eine Stadtansicht aus dem Jahr 1795 zeigt die Ankunft französischer geistlicher Emigranten

2000 von ihnen hielten sich 1794/95 im Fürstbistum auf; im Oktober 1794, zur Zeit des größten Ansturms, zählte man allein in der Stadt Münster mehr als tausend Flüchtlinge verschiedenen Standes. Einige blieben für Jahrzehnte in der „ville hospitalière" (Dankschreiben eines Emigranten).

Die Gefahr, selbst unmittelbar von den Revolutionswirren betroffen zu werden, drohte den Münsterländern, als Anfang 1795, drei Jahre nach Beginn der Revolutionskriege, französische Truppen nach Eroberung des belgischen und niederländischen Raumes zum Einmarsch in Westfalen rüsteten. Doch dann schied Preußen, des wenig erfolgreichen Krieges im Westen müde und stärker an einer Ostorientierung interessiert, im Alleingang aus der ersten antifranzösischen Koalition aus. Der im April 1795 geschlossene preußisch-französische Friede von Basel schuf im gesamten norddeutschen Raum eine Neutralitätszone, die unter anderem den größten Teil Westfalens einschloß und das Gebiet auch noch im zweiten Koalitionskrieg (1799–1801) davor bewahrte, Kriegsschauplatz zu werden. Waren die Münsterländer einerseits über diese Wendung der Dinge sehr erleichtert, so wuchs doch andererseits zu Recht ihre Besorgnis vor einer nun unmittelbar bevorstehenden Säkularisation, denn Preußen hatte in Eventualvereinbarungen der Abtretung der linksrheinischen Gebiete an Frankreich und dem Prinzip der Entschädigung durch geistliche Territorien zugestimmt. Gleichzeitig betonte es mit der Neutralitätszone seinen Führungsanspruch in Norddeutschland und hoffte, durch das Säkularisationsprogramm Österreichs Vorrangstellung im Reich abbauen zu können. Solange die Kriege andauerten, blieben die Dinge zwar noch im Ungewissen, aber als Österreich im Oktober 1797 in Campo Formio seinerseits Frieden mit Frankreich schloß, gestand es ebenfalls linksrheinische Abtretungen und zumindest eine Teilsäkularisation zu. Nach diesen Vorvereinbarungen der beiden größten deutschen Staaten konnte ein in Rastatt in Baden tagender Reichsfriedenskongreß (Dezember 1797 bis April 1799) der französischen Forderung nach der Rheingrenze nichts mehr entgegenhalten. Der Wiederausbruch des Krieges im Frühjahr 1799, noch vor Abschluß der Verhandlungen, brachte keine Wende mehr. Im Februar 1801 bestätigte der in Lunéville unterzeichnete Friede zwischen Frankreich und dem Reich das Säkularisationskonzept und den Rhein als Grenze. Eine Reichsdeputation sollte die Details regeln.

Lange hatte man in Münster noch Hoffnungen auf Österreich gesetzt. Zumindest mit der Erhaltung der drei geistlichen Kurfürstentümer als wichtigen Stützen für Kaiser und Reich rechnete man. Da aber das Kurfürstentum Köln durch die linksrheinischen Verluste sehr verkleinert werden würde, schien eine Übertragung der Kurwürde auf das in Personalunion mit ihm verbundene Münster und damit das Überleben des geistlichen Staates denkbar. Gesandtschaften aus Münster plädierten beim Kurfürsten für diese Lösung, und Max Franz setzte sich auch bei seinem Neffen, dem Kaiser, für die Erhaltung des Hochstifts ein. Aber Österreich war weder in der Lage noch gewillt, das Reich in seiner alten Struktur zu erhalten. Am 26. Juni 1801 starb Fürstbischof Max Franz im Alter von erst 44 Jahren. Sein Tod war nicht mehr ausschlaggebend für das Geschick Münsters; allenfalls beschleunigte er den preußischen Zugriff auf das Land. Zwar wählten die Domkapitel von Münster und Köln nach kurzer Sedisvakanz im September/Oktober 1801 noch einmal einen Habsburger, Anton Viktor, einen Bruder des Kaisers, zum neuen Landesherrn, aber angesichts des preußisch-französischen Protests gegen diesen Schritt gestattete Kaiser Franz seinem Bruder die Annahme des Amtes nicht mehr.

Mehr und mehr fiel dem siegreichen Frankreich die Entscheidung über die Neuordnung des Reiches zu. Seit November 1799 stand Napoleon Bonaparte an der Spitze der Republik. Angesichts der Rivalität und des Eigennutzes der beiden großen sowie der Hilflosigkeit der vielen kleinen deutschen Staaten konnte er durch Einzelverträge die unterschiedlichen deutschen Interessen gegeneinander ausspielen. Der Reichsdeputation blieb nichts anderes übrig, als in ihrem Hauptschluß vom 25. Februar 1803 die weitgehend bereits realisierten Vereinbarungen zu sanktionieren. Mit einem Säkularisations- und Mediatisierungsprogramm, das Preußen als Gegengewicht zu Österreich stärkte und eine Reihe Frankreich verbundener Mittelstaaten schuf, leitete Napoleon den 1806 sich vollendenden Prozeß der Reichsauflösung ein.

Für das Fürstbistum Münster war Preußen als bedeutendste weltliche Macht in Westfalen der selbstverständliche Anwärter. Eine Arrondierung seines westlichen Streubesitzes schien zweckmäßig, auch wenn in Berlin vorübergehend Entschädigungspläne in Süddeutschland erwogen wurden und Frankreich eine Pufferzone Preußen gegenüber zu erhalten suchte. Die Regelung, die schließlich im französisch-preußischen Vertrag vom 23. Mai 1802 vereinbart wurde, „entschädigte“ Preußen etwa fünffach für linksrheinische Einbußen. In Westfalen wurden ihm die größere, östliche Hälfte des Oberstifts Münster einschließlich der Landeshauptstadt sowie das Fürstbistum Paderborn und die Abteien Essen, Werden und Herford zugesprochen. Damit konnte Preußen seinen westfälischen Besitz zwar in etwa verdoppeln, aber das Terrain blieb zerlappt und von den östlichen Kernlanden getrennt, wie denn insgesamt der Raum zwischen Rhein und Weser durch den Reichsdeputationshauptschluß noch keine vereinheitlichende Flurbereinigung erfuhr. Besonders für das Fürstbistum Münster war Zersplitterung die Folge, denn die Preußen vorenthaltenen, nördlichen und westlichen Gebiete wurden sieben anderen Entschädigungsanwärtern aus dem linken Rheinland zugesprochen. So entstand eine größere Zahl kurzlebiger Kleinststaaten, vom Freiherrn vom Stein mit Blick auf ihre politische und wirtschaftliche Unzweckmäßigkeit abschätzig „Moorgrafen-Länder“ genannt. Im Nordwesten Münsters verliefen die neuen Grenzen in unmittelbarer Nähe der Stadt: Der Ortskern von Nienberge wurde zum preußischen Erbfürstentum Münster geschlagen, aber Teile der Dorfbauerschaft und einige Höfe in Häger fielen an das neu geschaffene Fürstentum Rheina-Wolbeck des Herzogs von Looz-Corswarem, das sich als schmaler Landstreifen links der Ems bis nördlich von Lingen erstreckte. Das ehemalige fürstbischöfliche Amt Horstmar wurde als Fürstentum Salm-Horstmar mit der Landeshauptstadt Coesfeld dem Wild- und Rheingrafen von Salm-Grumbach übertragen; seine Ostgrenze zwischen Havixbeck und Roxel beließ Schloß Hülshoff noch bei Münster.

Preußen wartete den Reichsdeputationshauptschluß nicht ab, sondern annektierte die ihm zufallenden Gebiete bereits im August 1802. Am Dienstag, dem 3., dem Geburtstag des Königs, rückten morgens gegen halb zehn Uhr drei Bataillone Füsiliere und das Husarenregiment von Blücher durch das Aegidii-, das Mauritz- und das Neue Tor in Münster ein. Auf dem Schloßplatz verkündete Generalleutnant von Blücher den Besitzwechsel. Das Domkapitel, das während der Sedisvakanz die Re-

Die territoriale Gliederung Nordwestdeutschlands 1803 (hervorgehoben sind das ehemalige Fürstbistum Münster und – schraffiert – die preußischen Gebiete)

gierungsgeschäfte führte, überreichte zwar eine Protestnote, und auch der Rat der Stadt wagte einen zaghaften Widerspruch, aber preußischerseits wurde nur entgegnet, daß man „davon gar keine Notiz nehme“ (Ratsprotokoll vom 3. August 1802). Zugleich mit den Truppen trafen die ersten Zivilbeamten der sogenannten Spezialorganisationskommission ein, die die verwaltungsmäßige Angliederung des Erbfürstentums vorbereiten sollte. Präsident der beiden Zivilkommissionen in Münster und

Paderborn wurde der bisherige Oberkammerpräsident der westfälischen Provinzen Preußens, der Freiherr vom Stein. Stein als oberster Verwaltungsbeamter und Blücher, im Februar 1803 zum Militärgouverneur Münsters ernannt, bezogen das Schloß – der eine den nördlichen, der andere den südlichen Flügel – und repräsentierten so die neue Landesherrschaft in der Stadt.

Ernsthafter Widerstand gegen den Souveränitätswechsel war von den Münsteranern nicht zu erwarten, aber die Säkularisation stieß hier doch auf eine entschiedenere und einhelligere Ablehnung als in anderen Indemnitätsgebieten. „Bei vielen, sehr vielen ist gesehen worden, daß ihnen die Tränen aus den Augen rolleten [...] Es herrscht in Münster eine so fürchterliche Stille und Melancholie, als wenn alles sterben soll", berichtete der Abt des Klosters Liesborn, Carolus von Kerssenbrock, über die preußische Besitznahme. Zum einen verletzte die Aufhebung der Selbständigkeit des größten geistlichen Reichsterritoriums, erschwert noch durch die unglückliche Zerstückelung des Landes, den münsterländischen „Nationalstolz" (Freiherr vom Stein). Zum anderen galt das Schicksal, ausgerechnet dem preußischen Staat angegliedert zu werden, als das ärgste Los, denn mit Preußen verknüpfte der Münsteraner ausschließlich negative Vorstellungen von starrem, alles reglementierenden Bürokratismus, von hoher Steuerbelastung und hartem Militärdrill für viele, während nach verbreiteter Meinung „unter dem Krummstab gut wohnen" gewesen war. Hinzu kam die Religionsverschiedenheit zwischen Katholiken und Protestanten, die als unüberbrückbare Kluft galt. Die Besorgnisse waren bei den einzelnen Bevölkerungsschichten unterschiedlich akzentuiert: Adel und Klerus fürchteten um ihre Privilegien und ihren Einfluß auf die Landespolitik; die Menge der Bürger und das Landvolk sorgten sich wegen höherer Belastungen durch den Staat. In ihrer Einseitigkeit waren die Argumente letztlich aber kaum mehr rational begründet, sondern wurzelten in seit Generationen gehegten antipreußischen Emotionen, einem „angeborenen Haß", wie Hüffer formulierte. Nur wenige Stimmen, vorwiegend aus dem gehobenen Bürgertum, hielten dem Hoffnungen auf Modernisierung von Verwaltung, Wirtschaft und Gesellschaft entgegen.

Die Preußen wußten selbst sehr wohl, daß sie in Münster nicht gut gelitten waren. So wurden ihre Militär- und Zivilbeauftragten von Berlin aus angewiesen, „die Einwohner aller Klassen und Stände mit der größten Humanität" zu behandeln. Beim Freiherrn vom Stein als Leiter der Organisationskommission und später der münsterischen Kriegs- und Domänenkammer verband sich ohnehin der erforderliche Weitblick für das Gesamtstaatsinteresse mit einem klugen Verständnis für die hiesigen besonderen Bedürfnisse. Die Überzeugung, daß die Angliederung letztlich nur gelingen könne, wenn man die Münsterländer schrittweise für den preußischen Staat gewinne, ließ ihn darauf drängen, altmünsterische Beamte zu übernehmen und eine Ständevertretung als Mitspracheorgan zu erhalten. Auch der Stadt Münster galt seine Fürsorge. „Man muß suchen, diese Stadt zu halten, die durch die Zerstückelung einen heftigen Stoß leidet", äußerte er. Als im Oktober 1804 der aus Minden stammende Freiherr Ludwig von Vincke, der spätere langjährige erste Oberpräsident Westfalens, Steins Nachfolge in Münster antrat, machte auch er das Wohl der ihm anvertrauten Stadt und Provinz ganz zur Richtschnur seines Handelns. Fehlte ihm auch Steins staatsmännische, schöpferische Größe, so nahm er die Neuordnung doch als sehr fähiger, liberal denkender, überaus eifriger Verwaltungsfachmann geschickt in die Hand, bis die Franzosen ihn 1807 von hier verdrängten. Konnte Stein bei einer Reihe von Münsteranern die überschwengliche Anerkennung als „Schutzengel" (Gräfin Katharina von Stolberg an Steins Schwester) gewinnen, so fielen die Urteile über Vincke verhaltener und differenzierter aus, aber Achtung wurde auch ihm in hohem Maße gezollt. Der größten Zuneigung seitens der Stadtbewohner aber erfreute sich offenbar der Militärgouverneur Blücher, den die Münsteraner schon als Befehlshaber preußischer Schutztruppen für die 1795 eingerichtete Neutralitätszone kennengelernt hatten und der in seinem lebensfrohen, urwüchsigen Auftreten so gar nicht dem Bild eines preußisch-strengen Generals entsprach. Blücher selbst freilich seufzte über seine Stationierung in Münster und hätte die Westfalenmetropole gern rasch wieder verlassen.

Natürlich gab es auch in der hiesigen Bevölkerung eine Reihe von Männern, die zu einer loyalen Zusammenarbeit mit den Vertretern Preußens bereit waren. Für die Beamtenschaft zumal war dies auch eine Versorgungsfrage. Stein drängte darauf, daß schon in der Planungsphase der Angliederung Münsteraner ihre Landeskenntnisse einbrächten. So wurden zum Beispiel der Geheime Rat Johann Gerhard Druffel, der als Leiter der Hof- und Kabinettskanzlei der engste Vertraute des letzten Fürstbischofs gewesen war, und auch ein Verteter des Adels, der Geheime Rat und Drost des Amtes Wolbeck, Graf August Ferdinand von Merveldt, in die Organisationskommission aufgenommen, wo sie sehr rasch die Anerkennung der preußischen Kollegen gewannen. Aus den Reihen der hohen Geistlichkeit war es der spätere Kölner Erzbischof Ferdinand August von Spiegel, der zum überzeugten Befürworter preußischer Neuorganisaton im Münsterland wurde. Als damaliger münsterischer Domdechant war er zu Zeiten der Sedisvakanz der Hauptrepräsentant des Landes gewesen. Als die Säkularisation ihm nun seine politischen Funktionen nahm, trieben Verantwortungsbewußtsein, aber auch Ehrgeiz den 38jährigen dazu, seine Dienste den neuen Landesherren anzubieten. Frei von konfessioneller Enge und offen für die staatskirchenrechtlichen Tendenzen der Zeit wurde er zum geschätzten Gesprächspartner Steins und Vinckes, besonders in kirchen- und kulturpolitischen Fragen.

Im übrigen war freilich gerade vom Klerus eher Opposition als Zustimmung zur preußischen Angliederungspolitik zu erwarten. Generalvikar von Fürstenberg war nun ein alter Mann in den Siebzigern, nur noch „der Schatten eines großen Namens", wie Stein zwar nicht ohne Respekt, aber doch mit realistischer Distanzierung formulierte. Ihn mußte die Aufhebung des Fürstbistums, dem er die Schaffenskraft seines Lebens gewidmet hatte, zutiefst enttäuschen; trat er selbst schon in den Hintergrund, so galten aus seinem Vertrautenkreis die Brüder Droste-Vischering, der Weihbischof Caspar Max und besonders der Domherr Clemens August, der nachmalige Kölner Erzbischof, als die Seele des Widerstandes gegen die Preußen. Auf dem Weg über die Kanzeln wurde der Unmut gegenüber den protestantischen neuen Landesherren geschürt, und das in wachsendem Maße, als seit Sommer 1805 die Formierung der dritten Koalition gegen Frankreich die Hoffnung auf eine erneute Umstrukturierung der politischen Landkarte Westfalens belebte. Voll unrealistischer Zuversicht stieß man in Münsters Gaststuben auf den erwählten Fürstbischof Anton Viktor an, und ein Blücher zugeschriebenes Wort resümierte die Einstellung gegenüber den Preußen richtig: „Die Münsterländer sind gute Leute, aber ein preußisches Herz kriegen sie nie."

Rückwirkungen auf die Stadt

Die Neuordnung in den Säkularisationsgebieten verfolgte zwar das Ziel, diese in den Gesamtstaat zu integrieren, jedoch nicht so, daß dabei an eine rasche, vollständige und schematische Übertragung aller altpreußischen Einrichtungen auf die neuen Landesteile gedacht war. Es entsprach der Tradition des in Jahrhunderten aus sehr verstreuten Provinzen zusammengewachsenen Staates, regionale Besonderheiten nicht unberücksichtigt zu lassen, sofern diese die funktionstüchtige Einbindung einer Region in das Staatsganze nicht hinderten. Infolgedessen wurden auch in den Indemnitätsgebieten zunächst die vorgefundenen Verhältnisse über ein Jahr lang durch die Spezialorganisationskommissionen untersucht, um auf dieser Basis die Neuordnung von Behördenaufbau, Steuersystem, Rechtsordnung und Militärwesen zu planen. Die Kommissionen unterstanden der in Hildesheim eingerichteten Hauptorganisationskommission für alle Preußen zugefallenen Säkularisationsgewinne sowie in letzter Instanz dem westfälisch-niedersächsischen Departement des Generaldirektoriums in Berlin. Dabei überwogen in den Anweisungen aus Hildesheim und mehr noch aus Berlin die Züge eines nachgeholten aufgeklärten Absolutismus mit der Dominanz einseitiger staatlicher Reglementierung, während die in Münster tätigen Beamten doch verschiedentlich durch ihre Eingaben hiesigen Sonderwünschen Gehör verschaffen konnten und in den Überlegungen des Freiherrn vom Stein hie und da schon das Grundanliegen des späteren preußischen Reformers anklingt, die Landeskinder mitverantwortlich an den öffentlichen Aufgaben zu beteiligen.

Die lange Planungsphase, Probleme aufgrund der Aufteilung des Fürstbistums unter mehrere Landesherren und das rasche, abrupte Ende der ersten preußischen Herrschaft schon im Herbst 1806 bedingten, daß die Neuordnung nach preußischen Vorstellungen noch kaum in die Wege geleitet war, als sie schon wieder ihr vorläufiges Ende fand. Am weitesten waren die Eingriffe in die Organe von Verfassung, Verwaltung und Gerichtsbarkeit des Stifts und der Stadt Münster gediehen. Viele Gesetze dagegen, zum Beispiel die zur Neuordnung des Steuersystems, blieben in der bloßen Planung, und indirekte Rückwirkungen des Souveränitätswechsels etwa auf die Gesellschafts- und Wirtschaftsstruktur Münsters waren noch so gut wie gar nicht spürbar.

Verfassungsmäßig war das Hochstift Münster noch durch den Dualismus von fürstbischöflicher Herrschaft und ständischer Mitregentschaft geprägt gewesen. Besonders die 41 Domkapitulare konnten die Landespolitik entscheidend mitgestalten, da sie den Fürstbischof wählten, die Wahlkapitulation ausarbeiteten und im Falle einer Sedisvakanz die Regierungsgeschäfte führten. Zusammen mit der etwa sechzigköpfigen Ritterschaft bildeten sie die Vorstände auf den Landtagen, wo über Steuerfragen und Landesgesetze entschieden wurde. Da beide Gruppen dem westfälischen Adel entstammten, bildeten sie in vielen Fragen eine enge Interessengemeinschaft, der gegenüber die dritte, bürgerliche Kurie der 13 landtagsfähigen Städte oft eine schwache Position hatte. Artikel 60 des Reichsdeputationshauptschlusses bestimmte, daß „die dermalige politische Verfassung der zu säkularisierenden Lande ungestört erhalten“ werden solle, aber es stand doch keineswegs zu erwarten, daß Preußen, das in seinen älteren Provinzen staatlichen Herrschaftsanspruch gegenüber ständischen Sonderrechten weitgehend durchzusetzen vermocht hatte, nun im Münsterischen die politischen Kompetenzen mit dem landsässigen Adel oder dem städtischen Bürgertum zu teilen bereit gewesen wäre. Im Gegenteil, da von den Ständen nur Opposition erwartet wurde, sollten sie zumindest in der ersten Angliederungsphase gänzlich ausgeschaltet werden. Für die Domherren war ohnehin mit einer Entbindung von ihren politischen Aufgaben zu rechnen. Außerdem ergab sich aus der Aufteilung des Fürstbistums die Frage nach der künftigen Zusammensetzung des Landtags. So wurden die Stände einstweilen suspendiert, ohne daß die Frage ihrer Zukunft in der ersten Preußenzeit noch entschieden worden wäre.

Das in preußischen Regierungskreisen noch selbstverständliche Bekenntnis zur „Priorität der Verwaltungsreform" vor der Verfassung [1460: Walter, Beamtenschaft, S. 33] führte auch bei der Neuorganisation der Behörden zur Ausschaltung altständischer Elemente, denn die zentralen Landesorgane wurden nicht lediglich modifiziert, sondern aufgelöst und durch Institutionen preußischen Typs ersetzt. Die altmünsterische Landesverwaltung und Rechtsprechung zeigte die auch in anderen damaligen deutschen Klein- und Mittelstaaten noch üblichen vorbürokratischen Organisationsformen des unverbundenen, gewachsenen Nebeneinanders mehrerer Zentralbehörden, der mangelnden Trennung von Justiz und Verwaltung und der fehlenden eindeutigen Ressortabgrenzung in der Administration. Hinzu kam eine oft verwirrende Überlagerung geistlicher und weltlicher Zuständigkeiten. Zentrales Organ des fürstbischöflichen Regiments im Land war die Geheime Kabinettskanzlei. In der obersten Verwaltungsbehörde hingegen, dem Geheimen Rat, war der Einfluß von Adel und hoher Geistlichkeit als Kontrahenten des Fürsten erhalten geblieben. Er war zuständig für die gesamte innere Landesverwaltung und -sicherheit und auch für Hoheitssachen. Den Hauptanteil der praktischen Arbeit erledigten jedoch die beiden Landesfinanzbehörden: die Hofkammer und die Landpfennigkammerkasse. Entsprechend der im *Ancien Régime* noch üblichen Aufteilung der Landeseinkünfte flossen die fürstlichen Revenuen aus Domänen und Regalien an die erstere, die Landessteuern an die letztere. Der Hofkammer oblagen neben der Verwaltung des landesherrlichen Grundbesitzes noch mehrere andere Administrationsressorts wie der Zoll, das Post- und Verkehrswesen, das Salzregal und die Gewerbeaufsicht. Für andere Geschäftszweige gab es Sonderkommissionen: den Kriegsrat für alle militärischen Angelegenheiten, das Medizinalkollegium als Landesgesundheitsbehörde, die Kommission zur Verwaltung des Universitäts- und Gymnasialfonds.

Im Justizwesen waren die Züge von Tradition und allmählich gewachsener Ordnung noch stärker ausgeprägt. Konkurrierende Gerichtsbarkeit zwischen Ober- und Unter-, weltlichen und geistlichen Gerichten, das Fehlen einer umfassenden Rechtskodifikation und eine schwerfällige, schriftliche Prozeßführung bestimmten das Bild. Im Gerichtsaufbau ließ sich immerhin bei einer gewissen Vereinfachung die übliche Dreigliederung der Instanzen ausmachen: Der Regierungs- und Hofrat, auch kurz Regierung genannt, war aus einer ursprünglich für die gesamten Landesgeschäfte zuständigen Behörde durch Konzentration auf die Rechtsprechung zur obersten Landesjustizbehörde für Zivil- und Strafsachen geworden. Er war sowohl Revisionsgericht als auch Erstinstanz für bestimmte Fälle. Mittlere Entscheidungsinstanzen waren das Weltliche und das Geistliche Hofgericht; das erstere verhandelte die meisten Zivilrechtsfälle, das letztere hauptsächlich geistliche Rechtsbelange. Beide Gerichte waren Appellationsinstanzen, aber auch Erstinstanzen für die privilegierten Bevölke-

Karl Freiherr vom und zum Stein (1757–1831). Gemälde von Johann Christoph Rincklake (1804)

rungsschichten. Den ersten Spruch in Zivilstreitigkeiten und geringfügigen Strafsachen fällten die teils landesherrlichen, teils patrimonialen Untergerichte in der Stadt wie auf dem Land, und zwar parallel zu den Archidiakonaten als geistlichen Instanzen.

Für alle genannten Zentralorgane war Münster der Sitz gewesen. Hatte auch der Landesherr nur selten hier residiert, so daß sich der Charakter einer Residenzstadt nicht entwickelt hatte, so war die Rolle als Landeshauptstadt mit einer zahlreichen Beamtenschaft, der Bindung des Adels und des hohen Klerus an den Ort und dem Profit des Gewerbebürgertums aus dieser Situation doch ausschlaggebend für die Prägung der Stadt in ihrem äußeren Bild und in ihrer Gesellschaftsstruktur. Von daher war es bei der preußischen Neuordnung entscheidend, daß Münster Zentralort für einen etwa gleich großen Raum blieb. Gegen eine sehr viel weiter gefaßte Zuschneidung der Verwaltungs- und Gerichtsbezirke unter Dominanz altpreußischer Provinzen hatte besonders Stein Bedenken geäußert, da dann auf die Besonderheiten der neuen Gebiete nicht genügend Rücksicht genommen werden könne. Die schließlich Ende April 1803 getroffene Regelung faßte Münster und Paderborn mit den kleineren altpreußischen Grafschaften Tecklenburg und Lingen zu einem Verwaltungsdistrikt zusammen, während der Justizsprengel weiträumiger war und die Säkularisationsgewinne Münster, Essen, Elten und Werden mit dem altpreußischen rechtsrheinischen Kleve, der Grafschaft Mark und dem preußischen Anteil an der Samtstadt Lippstadt verband. Diese Entscheidung war nicht allein durch Integrationsabsichten, sondern auch dadurch bedingt, daß mit der Abtretung des linksrheinischen Kleve an Frankreich die bisherige kleve-märkische Oberjustizbehörde ihren Sitz verloren hatte.

Die münsterische Kriegs- und Domänenkammer nahm zum 1. Dezember 1803 ihre Tätigkeit auf und trat damit an die Stelle der Spezialorganisationskommission und der fürstbischöflichen Administrationsbehörden. Mehr noch als in den altpreußischen Landesteilen war sie als umfassendes Verwaltungsorgan des Kammerbezirks konzipiert. Nicht nur das Militärwesen und die Landeseinkünfte, auch gewerbliche und geistliche Sachen gehörten zu ihren Ressorts. Besonders die letzteren, die wiederum das Schulwesen und die Armenpflege mitberührten, erforderten in dem zuvor geistlichen Staat noch eine genauere Kompetenzabstimmung mit kirchlichen Stellen. Nur wenige Bereiche wie das Medizinalkollegium, die Universitätsverwaltung und die Post – diese nun aber im Gegensatz zum altmünsterischen Verpachtungssystem unter beamteter Leitung – blieben unabhängig von der Kammer. Auch erfolgte eine klare Trennung zwischen Verwaltungs- und Justizangelegenheiten.

Die Regierung als oberstes Provinzialgericht trat schon im September 1803 die Nachfolge der altmünsterischen Landesgerichte an. Sie umfaßte den zweitinstanzlichen Oberappellationssenat und den Instruktionssenat für Verwaltungssachen und Zivilstreitigkeiten der Privilegierten in erster Instanz sowie für Berufungen von den Untergerichten. Im März 1805 kam ein gesonderter Kriminalsenat für Strafsachen hinzu. Die ebenfalls geplante Reform der Untergerichte konnte bis 1806 nicht mehr realisiert werden. Nur in der Stadt Münster wurde im Januar 1806 die Jurisdiktion aus dem städtischen Zuständigkeitsbereich herausgelöst und einem staatlichen Zivilgericht übertragen. Insgesamt waren damit entscheidende Schritte zu mehr Klarheit in der Zuständigkeit der Gerichte und in der Instanzenfolge getan, selbst wenn die Frage nach der verbleibenden Kompetenz der geistlichen Gerichte noch offen blieb und der auch in der preußischen Rechtspflege noch übliche exemte Gerichtsstand weiterhin eine Doppelzügigkeit der Instanzen bedingte. Eine umfassende Kodifizierung des Rechts war vorgesehen, wobei mit Rücksicht auf regionale Eigenheiten das preußische Allgemeine Landrecht aber nur subsidiäre Gültigkeit gegenüber den Provinzialgesetzen haben sollte.

Auch bei der Steuerdiskussion dominierte das Thema lokaler Besonderheiten. Im Fürstbistum war die Schatzung die Hauptlandessteuer gewesen, eine monatlich erhobene Grund- und Vermögenssteuer, die vor allem die Landbewohner aufbrachten. Bei besonderem staatlichen Finanzbedarf kamen Extraordinaria hinzu, zu denen die Städte einen höheren Anteil leisteten und die in der Regel auch von den privilegierten Ständen mitgetragen wurden. Nach preußischen Vorstellungen sollte die Schatzung als Steuerbeitrag des platten Landes weiterhin erhoben werden. Außerordentliche Abgaben waren nur einstweilen zur Verzinsung und Amortisation der – allerdings beträchtlichen – Landesschulden geplant. In den Städten hingegen sollte die überall in Preußen übliche Akziseverbrauchssteuer eingeführt werden. Zur Diskussion standen die Generalakzise, die den gesamten Warenverkehr besteuerte, oder eine partielle, nur bestimmte Verbrauchsgüter belastende Akzise. In jedem Fall sollten die stadtmünsterischen Abgaben an die Landeskassen wenigstens auf das Dreifache steigen und die Stadt enger in das Landesfinanzsystem eingebunden werden. Da die Entscheidung jedoch nicht ohne genaue Prüfung der hiesigen Gewerbeverhältnisse getroffen werden sollte, blieben die Münsteraner in der ersten Preußenzeit noch von der ihnen ganz und gar „verhaßten“ (Bericht des Kalkulators Hincke) Akzise verschont. Die Reformen beschränkten sich vorerst auf eine Kassenneuordnung: Steuer- und Domänenrevenuen flossen nunmehr in eine gemeinsame, unter Aufsicht der Kammer stehende Kasse.

Die Umbildung der Landesbehörden bedingte, daß Münsters Beamtenschaft die Folgen des Regierungswechsels am unmittelbarsten erfuhr. 1803 wurde für diese Gesellschaftsgruppe weit stärker zum „Jahr des sozialen Umbruchs" [1460: Walter, Beamtenschaft, S. 132] als die folgenden Einschnitte der Franzosenzeit oder der Rückkehr der Preußen. Etwa 120 Personen waren bei den fürstbischöflichen Landeskollegien tätig gewesen; hinzu kamen Hofämter, die in den höheren Chargen aber lediglich Pfründen darstellten. Auch die hohe Zahl von etwa achtzig Advokaten und Notaren erklärte sich aus dem Hauptstadtcharakter. Die Präsidialstellen in den Ämtern waren dem Adel und der hohen Geistlichkeit vorbehalten gewesen, die praktische Arbeit aber war mehr und mehr den dafür ausgebildeten bürgerlichen Räten und Referendaren zugefallen. Signalisierte dies einen Rückzug des ständischen Elements aus den Kollegien und eine Zunahme der Bürokratisierung, so entsprachen doch auch die bürgerlichen Räte noch wenig dem Bild des modernen Staatsbeamten. Für die Stellenzuweisung gab es nur teilweise festgeschriebene Ausbildungsanforderungen. Ämterkumulation oder freiberuflicher Nebenerwerb waren die Regel; das Fixum des Gehalts ergänzte sich durch Sporteln und Nebenbezüge.

Bei der Einrichtung der preußischen Landesbehörden stieg die Zahl der Beamten um wenigstens ein Drittel. Um Verwaltung und Justiz wie bisher gemeinsam im sogenannten Fürstenhof am Domplatz beherbergen zu können, wurden einige Umbauten am Kanzleigebäude durchgeführt. Gleichwohl bekam aber nicht einmal jeder vierte der fürstbischöflichen Bediensteten einen Platz in den neuen Institutionen, und von den Advokaten erhielt nur etwa die Hälfte eine Zulassung. Für diese starke Zurückdrängung der Münsterländer gab es mehrere Gründe: Zum einen war es bei einem Souveränitätswechsel gewissermaßen selbstverständlich, daß die Führungspositionen Repräsentanten der neuen Landesherrschaft vorbehalten blieben, besonders im Bereich der Verwaltung, die das Gesamtstaatsinteresse gegenüber den neuen Gebieten vertreten sollte. Zum anderen bedingte die Neuumgrenzung der Administrations- und Gerichtssprengel in Westfalen, daß viele Beamte aus den alten preußischen Westgebieten nach Münster versetzt wurden, vor allem die Justizräte aus Kleve. Schließlich war das Ausscheiden vieler Münsteraner aber auch noch dadurch bedingt, daß sie den Anforderungen im preußischen Staatsdienst nicht genügten. Adel und hohe Geistlichkeit verschwanden nahezu ganz aus den Ämtern; von den bürgerlichen Räten wurden nur diejenigen eingestellt, die eine akademische kameralistische oder juristische Ausbildung durchlaufen hatten. Die Nicht-Übernommenen erhielten Pensionen oder mußten sich beruflich neuorientieren. Diejenigen dagegen, die in preußische Dienste traten, wurden zwar auf zweitrangige Plätze verwiesen, konnten aber in aller Regel ihre Laufbahn bis in die zweite Preußenzeit hinein fortsetzen. Ihre Bezahlung war gut, aber ihre Arbeitslast wuchs auch erheblich. „Ich habe in diesem ersten Jahre meines preußischen Dienstes schrecklich – aber wirklich im eigentlichen Sinne des Wortes – schrecklich gearbeitet", klagte der Regierungsrat und Universitätsprofessor Anton Matthias Sprickmann. Das Amt als bloßes Prestigeobjekt, als Pfründe oder Nebentätigkeit gab es im bürokratisierten preußischen Dienst nicht mehr.

Auch für die städtische Verfassung und Verwaltung stand mancherlei Wandel zu erwarten. Das altmünsterische Kommunalwesen stellte sich als eine in Jahrhunderten langsam gewachsene Ordnung dar, in der über alle Auseinandersetzung mit den Fürstbischöfen hinweg die Stadt sich eine gewisse Selbständigkeit hatte bewahren können, in der allerdings auch das Festhalten am Hergebrachten Anstöße zur Modernisierung oder Rationalisierung verhindert hatte. Im Preußischen dagegen war durch Steuerkommissare oder Unterstellung unter die Kammern der lenkende Eingriff des Staates in die kommunalen Angelegenheiten in aller Regel weit ausgeprägter. Auch wenn schon die Reformideen von Neubelebung und Ausbau städtischer Selbstverwaltung diskutiert wurden, blieb für die Säkularisationsgebiete doch das Programm eines strengeren staatlichen Zugriffs auf die Städte noch dominierend.

Das wichtigste Organ im fürstbischöflichen Münster war der vierzehnköpfige Rat mit den beiden Bürgermeistern an der Spitze. Seine Mitglieder wurden alljährlich in einem indirekten Wahlverfahren durch die Bürgerschaft gewählt. Mehrfache Wiederwahl war üblich, ohne daß sich aber ein enger Kreis von Ratsfamilien herauskristallisiert hätte. Die vier ersten Plätze im Rat waren in der Regel mit Juristen, oft aus dem Kreis der Landesbeamten, besetzt, die übrigen mit Männern aus dem Gewerbebürgertum. Alle erhielten für ihre Ratsgeschäfte lediglich ein geringes Entgelt, führten die Geschäfte also nicht hauptberuflich. Darüber hinaus waren fünfzig bis sechzig mittlere und niedere Bedienstete für die Stadt tätig, vom Syndikus und Sekretär bis zum Nachtwächter und Kuhhirten, teilweise ebenfalls nur im Nebenerwerb. Der Rat war sowohl beschließendes als auch ausführendes Organ für die städtischen Belange; daneben übte er erstinstanzliche Zivilgerichtsbarkeit aus und fällte auch noch gelegentlich einen Strafspruch. Eine deutliche Funktionstrennung fehlte also auch auf städtischer Ebene. Desgleichen waren bei der Ressortaufteilung unter den Ratsherren keine Sachkriterien, sondern lediglich das Herkommen erkennbar. Der Aufgabenkatalog umfaßte neben der Rechtsprechung die Umlage und Erhebung von Landes- und Gemeindesteuern, die Verwaltung des städtischen Eigenbesitzes, die Militäreinquartierung, polizeiliche Kontroll- und Sicherheitsfunktionen einschließlich der Gewerbeaufsicht und die Partizipation an der Armenpflege, insgesamt ein bescheidenes, aber für die damalige Zeit typisches Spektrum, in dem die Ordnungsaufgaben dominierten und staatliche Belange sich mit städtischen mischten. Die landesherrliche Kontrolle wurde nicht exzessiv betrieben, war aber gewährleistet zum einen durch den Stadtrichter, der neben seiner in Konkurrenz zum Rat ausgeübten richterlichen Haupttätigkeit die fürstbischöflichen Interessen auf den Ratssitzungen vertrat, zum anderen durch den Geheimen Rat, der als vorgesetzte Landesbehörde die Ratswahl und die städtische Rechnungsführung beaufsichtigte. Die Beteiligung der Bürger an der Geschäftsführung der städtischen Angelegenheiten beschränkte sich auf den jährlichen Wahlgang, dem eine öffentliche Rechnungslegung voranging. Zur Bürgergemeinschaft zählten nur die Handel- und Gewerbetreibenden. Ihnen standen einerseits die Eingesessenen als Einwohner ohne bürgerliches Wahlrecht gegenüber und andererseits die Eximierten, die sich als Adelige, Geistliche oder Landesbeamte nicht zur Bürgerschaft zählten und auch von den städtischen Lasten befreit waren. Der rathäusliche Kompetenzbereich entbehrte auch der räumlichen Geschlossenheit; er endete am Promenadenring, wobei die Domimmunität und andere kirchliche Bezirke von der städtischen Gerichts- und Besteuerungshoheit exemt blieben.

Kriegs- und Domänenrat Friedrich Wilhelm Ribbentrop war zwischen 1802 und 1806 mit der Reform der münsterischen Stadtverfassung beauftragt. Kupferstich nach einer Zeichnung von Drillisch

Mit der preußischen Besitznahme wurde die Kammer vorgesetzte Behörde für die städtischen Instanzen. Kriegs- und Domänenrat Friedrich Wilhelm Ribbentrop wurde mit der Neuordnung des Kommunalwesens betraut. Ihm war zwar daran gelegen, „daß die dermalige Verfassung wenigstens soweit bleibt, als nur irgend mit dem Wohle des Ganzen zu vereinigen steht". Aber von Berlin aus wurde schon für 1803 die jährliche Ratswahl untersagt. Drei Jahre lang herrschte ein provisorischer Zustand, in dem einige personelle Verschiebungen die Entwicklung zu einem verkleinerten, professionalisierten Magistrat aber schon verdeutlichten. Im September 1805 erging dann die neue Verfassungsordnung. Sie sah einen vierköpfigen Magistrat aus Stadtdirektor, zwei Bürgermeistern und einem Kämmerer vor, denen als ernannten Berufsbeamten die Verwaltungsgeschäfte oblagen. Stadtdirektor wurde der vormalige Regierungsreferendar und Advokat Bernhard Wilhelm Hildebrand, der schon 1803 zum Ersten Bürgermeister ernannt worden war. Die Zahl der nachgeordneten städtischen Bediensteten sank geringfügig; die personelle Kontinuität war hier aber weit höher als bei den Landesbeamten. Die Zuständigkeiten des Magistrats wurden auf die eigentlichen städtischen Verwaltungsaufgaben konzentriert, die Rechtsprechung dagegen ganz dem Stadtgericht übertragen. Auch die Herauslösung der Polizeifunktionen aus dem Kompetenzbereich der Stadt begann sich durch Einsetzung eines Polizeiinspektors abzuzeichnen. Staatliche Belange wie Steuererhebung und Einquartierung sollten durch Provinzialbehörden abgewickelt werden. Die städtischen Amtsträger sahen sich auch dadurch in der Selbstverwaltung eingeengt, daß die Kammer der Stadt gegenüber eine strenge Kontroll- und Eingriffspraxis übte. Die Bürgerschaftsvertretung wurde auf ein vierköpfiges Gremium begrenzt. Mit altmünsterischen Ratsherren besetzt, erhielt es zwar einstweilen Stimmrecht im Magistrat, aber langfristig war nur an eine beratende Bürgerrepräsentanz gedacht, deren Wahl zudem der Zustimmung des Magistrats bedurfte.

Einen Überblick über das städtische Finanzwesen im alten Münster zu gewinnen, das erforderte „eine anhaltende Geduld" (Ribbentrop), denn die Haushaltsführung kannte noch keine Etataufstellung, die Gelder flossen in 15 verschiedene Kassen, staatliche und kommunale Budgets vermischten sich, und auf allem lastete ein großer Schuldenberg. Auf der Einnahmenseite standen direkte Steuern wie die Schatzung und das Stadtwerkgeld, zu denen etwa die Hälfte der Haushalte beitrugen. Hinzu kamen eine indirekte Steuer auf Alkoholika, Landeszuschüsse, einige Einnahmen aus städtischem Haus- und Grundbesitz und Gebühren. Dem standen auf der Ausgabenseite Abgaben an die Landeskassen und Garnisonskosten, der Schuldendienst, Verwaltungskosten sowie der Unterhalt von Gebäuden und Wegen gegenüber. Mit knapp 17 000 Reichstalern im Durchschnitt hatte der Haushalt einen recht bescheidenen Zuschnitt für eine etwa 14 000 Einwohner zählende Stadt, zumal die größere Hälfte der Summe eigentlich dem Landesbudget zuzurechnen war. Dem entsprach eine geringe Steuerbelastung der Münsteraner und eine große Zahl von Exemtionen.

Nach preußischen Vorstellungen sollten die staatlichen Haushaltsposten ganz von den städtischen getrennt werden; als selbstverwaltete Einnahmequelle sollten der Stadt nur der Realbesitz und einige Gerechtsame bleiben, während der restliche Finanzbedarf bei staatlichen Kassen zu beantragen war. Ebenfalls unter staatlicher Regie sollte der in anderthalb Jahrhunderten auf fast 650 000 Reichstaler angewachsene Schuldenberg – bei Streichung eines Teils der Kapital- und Zinsansprüche – bis 1842 abgebaut werden. Das waren weitgesteckte Pläne, von denen sich aber bis 1806 noch nichts realisierte, da – wie gesagt – über die Steuerreform vorläufig nicht entschieden war. So wurden einstweilen die Abgaben in bisheriger Form und Höhe erhoben. Nur organisatorisch gab es schon richtungweisende Neuerungen durch Zusammenlegung aller Kassen, eine umfassende Haushaltsveranschlagung und eine strenge Finanzkontrolle durch die Kammer.

Ähnliche Zentralisierungsabsichten gab es für die Armenpflege. Sie gehörte nicht zum städtischen Haushaltswesen, sondern wurde, wie damals üblich, durch Stiftungen garantiert. Gegen Ende der fürstbischöflichen Zeit zählte man in Münster mehr als fünfzig solcher Fundationen mit einem Jahresetat von rund 45 000 Reichstalern. Hinzu kamen knapp 250 freie Wohnplätze in Armen- und Altenhäusern. Für die etwa tausend als bedürftig geltenden Münsteraner schien damit eine gute Versorgung gewährleistet, doch mangelte es an rationeller Koordinierung der Fürsorgemaßnahmen. Nur für etwa ein Drittel der Stiftungen lag die Oberaufsicht beim Rat der Stadt; die größere Zahl war privat oder kirchlich. Schließlich hatte auch noch der Staat durch eine stadtrichterliche Armenkasse in dieses Ressort eingegriffen. Die Preußen übertrugen nun im Januar 1805 die städtische und die staatliche Armenpflege gemeinsam einer neu eingerichteten Armenkommission. An die privaten und kirchlichen Stiftungen erging die Aufforderung zum Beitritt, der aber bis 1806 noch kaum Folge geleistet wurde. Immerhin gelang die einheitliche periodische Erfassung aller Bedürftigen. Auch erste Schritte zum Abbau der Armut wurden in die Wege geleitet durch die Einrichtung einer Flachsspinnerei für notleidende Frauen und die Eröffnung einer sogenannten Industrieschule für Kinder aus armen Verhältnissen.

Reformen in der Verwaltung der heute eingemeindeten Kirchspiele rings um Münster wurden insofern rasch nötig, als die Landesaufteilung die bisherigen Administrationsbezirke zerschnitt. Aber auch bei der Reorganisation des platten Landes gelang in der ersten Preußenzeit nicht viel mehr als eine bloße Neuumgrenzung der Sprengel mit einigen Änderungen in der Kompetenzzuweisung an Verwaltungs- und Gerichtsinstanzen, während so weitreichende Vorhaben wie eine Steuerreform, die Markenteilung oder gar die Aufhebung der ländlichen Eigentumsordnung nicht einmal im Projekt ausreiften.

In fürstbischöflicher Zeit war das Land hinsichtlich der Verwaltung und Rechtsprechung in zwölf Ämter eingeteilt gewesen, von denen jedes mehrere Untergerichtsbezirke umfaßte; kleinste Einheit waren die Städte bzw. Wigbolde und die Kirchspiele mit Dorf und Bauerschaften. Der Raum rings um Münster gehörte zum Amt Wolbeck. Um 1800 lebten etwa 9000 Einwohner in den heute zur Stadt gehörenden Umlandkirchspielen: Albachten, Amelsbüren, Angelmodde, Handorf, Hiltrup, Lamberti, Mauritz, Nienberge, Roxel, Überwasser, Wolbeck. Zwei der Gemeinden, Lamberti und Überwasser, hatten keinen Dorfkern, sondern bestanden ausschließlich aus Bauerschaften. Wigboldstatus besaß nur Wolbeck. An der Spitze des Amtes standen der dem Landesadel entstammende Drost und der bürgerliche Rentmeister. Unter Aufsicht der Landeszentralbehörden waren sie zuständig für Hoheitssachen und Polizeiaufgaben, Militärbelange und Domanialgefälle, Steuererhebungen und Kommunalhaushalte. Auch die Untergerichte nahmen Verwaltungsfunktionen wahr, zum Beispiel Sicherheitsaufgaben, hauptsächlich aber übten sie die erstinstanzliche Justiz bei Zivilstreitigkeiten und Polizeivergehen aus. Auf dem Terrain der heutigen Stadt Münster lagen das fürstliche Pfahlgericht in der städtischen Bannmeile, das Patrimonialgericht Lütkenbeck, das fürstliche Gericht Wolbeck und Teile der domkapitularischen Gerichte Bakenfeld, Meest und Telgte. Letztere nahmen verwaltungsmäßig eine Sonderstellung ein, da sie nicht voll in das Amt Wolbeck integriert waren, sondern direkt dem Domkapitel unterstanden.

Auf Kirchspielsebene gab es jeweils einen Vorsteher als Exekutivbeamten für alle Polizeigeschäfte, einen Rezeptor für das Steuerwesen und einen Führer für die Aufgaben der Landesbewaffnung. In den Bauerschaften war ein sogenannter Bauerrichter die letzte, zumeist periodisch unter den Bauern umlaufende Ausführungsinstanz. Einen jährlich von den Einwohnern gewählten Magistrat gab es nur im Wigbold Wolbeck. In den Kirchspielen hatte sich kommunale Selbstverwaltung lediglich in den sogenannten Kirchspielkonventionen erhalten – Versammlungen der Grundeigentümer im Zweijahresrhythmus, auf denen Kirchspielsbelange behandelt wurden. Die Bauern bildeten dabei aber nur den nicht stimmberechtigten sogenannten Umstand. Über die Hauptsteuerfrage, die Schatzung, gab es ohnehin nicht viel zu diskutieren, da die monatliche Erhebung der auf die Bauernhöfe verteilten Summen längst zur Regel geworden war. Rund 17 000 Reichstaler erbrachte eine Jahresschatzung in den münsterischen Umlandgemeinden; das war mehr als das Fünffache des städtischen Steuerbeitrags. Kommunalabgaben und im Bedarfsfall Extraordinaria für die Landeskassen kamen hinzu. Da auch das Land und die Kirchspiele stark verschuldet waren, nahm die Ausschreibung von Zusatzsteuern gegen Ende der fürstbischöflichen Zeit zu.

Ein gutes Jahr nach der preußischen Besitznahme wurde im November 1803 die Einteilung des Erbfürstentums Münster in vier Kreise verfügt. Die Stadt Münster blieb kreisfrei, während die Umlandgemeinden nun überwiegend zum Kreis Münster gehörten; nur Angelmodde und Wolbeck lagen im Kreis Warendorf. Amelsbüren, das zum Kreis Lüdinghausen zählte, fiel bei einer Kreisneueinteilung im Frühjahr 1806 ebenfalls an den Kreis Warendorf. Für den Landratsposten an der Spitze der Kreise kamen die bisherigen Amtsdrosten durchaus in Frage, denn die dualistische Rolle als Landesbeamter und gleichzeitig als gewählter Vertreter der im Kreis ansässigen Grundbesitzer prägte beide Funktionen. Da der Drost des Amtes Wolbeck, von Merveldt, jedoch in die Kammer überwechselte, wurde für den Kreis Münster Max Xaver von Schmising-Kerssenbrock zum neuen Landrat gewählt. Sein Aufgabenkatalog entsprach dem der Kammer, umfaßte also alle Verwaltungsbereiche. Den vier Kreisen des Erbfürstentums Münster wurden elf Justizämter als Untergerichtsbezirke zugeordnet, darunter für den Raum Münster die Justizämter Wolbeck und Münster-Land. Die Verwaltungsunterteilung sollte dem angepaßt werden, was eine administrative Zusammenfassung mehrerer Kirchspiele bedeutet hätte und den Richtern auch Verwaltungsfunktionen beließ. Diese Planung war jedoch umstritten und wurde bis 1806 nicht mehr realisiert. So blieb auf der Ebene der Untergerichte und mehr noch der Kirchspiele in der ersten Preußenzeit noch weitgehend alles beim alten. Auch die Schatzung wurde wie bisher eingezogen, obgleich ihre Erhöhung und der Abbau von Befreiungen schon diskutiert wurden. Dabei spielte auch für das platte Land die Akzise eine Rolle, denn im Münsterischen waren stärker als in altpreußischen Gegenden auch auf den Dörfern Gewerbetreibende ansässig. Hemmnisse für die regionale Wirtschaft sollten aber keineswegs aufgebaut werden. Im Gegenteil, die rasche Einführung der preußischen Hypothekenordnung zum Beispiel bezweckte eine erleichterte Kreditaufnahme für Grundbesitzer und damit die Belebung des Geldumlaufs.

Die Reformverzögerungen, selbst im Verwaltungsbereich, waren nicht zuletzt dadurch bedingt, daß es im vormaligen Fürstbistum eine enge Verquickung geistlicher und weltlicher Hoheit gegeben hatte, die nun zunächst neu abgegrenzt werden mußten. Die preußische Politik, geprägt vom staatskirchlichen Denken der Zeit, ging dabei von dem Grundsatz aus, daß in der Staatshoheit auch alle Kirchenhoheit inbegriffen sei, sofern es nicht um Glaubens- und Kultfragen ging. Im einzelnen bot freilich die genaue Umgrenzung dieses staatlich beanspruchten *ius circa sacra* noch genügend Anlaß für Auseinandersetzungen zwischen dem Generalvikariat und den staatlichen Stellen, und diese nahmen, trotz aller Behutsamkeit des preußischen Vorgehens gerade auf diesem heiklen Gebiet, im Laufe der ersten Preußenzeit eher zu als ab.

Reichskirchenrechtlich herrschte ein provisorischer Zustand, denn die durch die Herrschaftssäkularisation notwendig gewordene Neuumgrenzung der Bistümer stand noch aus. Preußen beanspruchte allerdings, diese Frage kraft eigener Souveränität zu regeln. Vorübergehend war die Bildung eines Erzbistums zwischen Rhein und Elbe im Gespräch, als dessen Zentrum aber Hildesheim oder Paderborn offenbar vor Münster favorisiert wurden. Der dortige letzte Fürstbischof, Franz Egon von Fürstenberg, ein Bruder des münsterischen Generalvikars, aber auch der münsterische Domdechant Spiegel galten als Anwärter auf den erzbischöflichen Stuhl.

Das Thema „Bischofsstadt" berührte unmittelbar auch das Geschick des Domkapitels. Von der Beteiligung an Regierung und Verwaltung wurden die 41 Domherren schon 1802/03 durch die preußische Umgestaltung der Landesorgane ausgeschaltet, als geistliches Gremium aber blieben sie noch im Amt. Doch auch hier stand eine Reduzierung ihres Kreises bei gleichzeitiger Öffnung für den Bürgerstand zu erwarten. Zugleich war die Umgestaltung des Domkapitels eine finanzpolitische Frage, denn durch die Säkularisation des Fürstbistums fiel der domkapitularische Besitz an den Staat, mit der Einschränkung, daß die Domherren auf Lebenszeit Anrecht auf neun Zehntel ihrer bisherigen Einkünfte behielten und die Ausstattung der Domkirche garantiert sein mußte. Mit preußischer Gründlichkeit wurde zunächst die gesamte Vermögensmasse des Kapitels registriert; die Eigenverwaltung unter Leitung Spiegels wurde aber noch beibehalten. Als dann im September 1806 die Berliner Regierung aus Verärgerung über eine zunehmend opponierende Haltung hoher Geistlicher doch noch die Aufhebung des Kapitels und die Verstaatlichung seines Vermögens anordnete, hielten die preußischen Beamten vor Ort diesen Schritt angesichts des unmittelbar bevorstehenden Einmarsches der Franzosen nicht mehr für opportun und verhinderten die Ausführung.

Die Herrschaftssäkularisation verband sich mit einer allgemeinen Vermögenssäkularisation, die den neuen Landesherren auch das Dispositionsrecht über den Besitz aller Stifte, Abteien und Klöster zusprach, sofern dieser nicht seelsorgerischen Zwekken diente. Ähnlich wie die Aufhebung der Fürstbistümer ist auch diese Klosterpolitik vor dem geistesgeschichtlichen Hintergrund der Aufklärung zu sehen, die in ihrem Nützlichkeitsethos den auf religiösen Dienst ausgerichteten Orden die Daseinsberechtigung absprach. Die Vorgänge wurden nicht erst durch den Reichsdeputationshauptschluß ausgelöst, vielmehr gab es schon im ausgehenden 18. Jahrhundert Säkularisationsprogramme in zahlreichen deutschen Territorien und im sonstigen Europa; auch Münster hatte in der Fürstenbergära Präzedenzfälle erlebt.

1802 gab es in Münster neben dem Domkapitel vier Stifte (Alter Dom, St. Ludgeri, St. Martini, St. Mauritz), fünf Männerklöster (der Minoriten, der Franziskaner-Observanten, der Kapuziner, der Dominikaner, der Barmherzigen Brüder) und neun weibliche Ordensgemeinschaften (das Aegidiikloster, Kloster Marienthal gen. Niesing, die Klarissen, die Lotharinger Chorjungfrauen, die Häuser Rosenthal, Ringe, Reine, Hofringe und Verspoel). Etwa 470 Weltgeistliche und Ordensleute zählten zu diesen 19 für eine Aufhebung vorgesehenen Institutionen. Ihr Gesamtvermögen, in erster Linie Grund- und Kapitalbesitz, belief sich auf ca. 4 Millionen Reichstaler. Davon entfielen rund zwei Drittel auf das Domkapitel, während die stadtmünsterischen Klöster wenig Reichtum aufwiesen. Die Gesamtbedeutung des Kirchengutes im Erbfürstentum Münster ist aber daran erkennbar, daß die Summe der Jahreseinnahmen aller geistlichen Institutionen in etwa dem Schatzungsaufkommen des Landes entsprach.

Es stand außer Frage, daß Preußen langfristig ein sehr weitgestecktes Säkularisationsprogramm verfolgte; dieses wurde jedoch, besonders im Vergleich zu anderen Territorialstaaten, nur in maßvollen, vorsichtigen Einzelschritten realisiert. Statt eines generellen Aufhebungserlasses wurde der Fall eines jeden Klosters gesondert erwogen und Rücksprache mit den kirchlichen Instanzen genommen. Am interessantesten für den Staat waren die fundierten Männerorden. Da die stadtmünsterischen Männerklöster jedoch kaum Vermögen besaßen, hingegen in Seelsorge und Krankenpflege tätig waren, blieben sie einstweilen bestehen. Die Verquickung mit der Pfarrseelsorge schützte auch die Stifte. Von den Frauengemeinschaften sollten nur

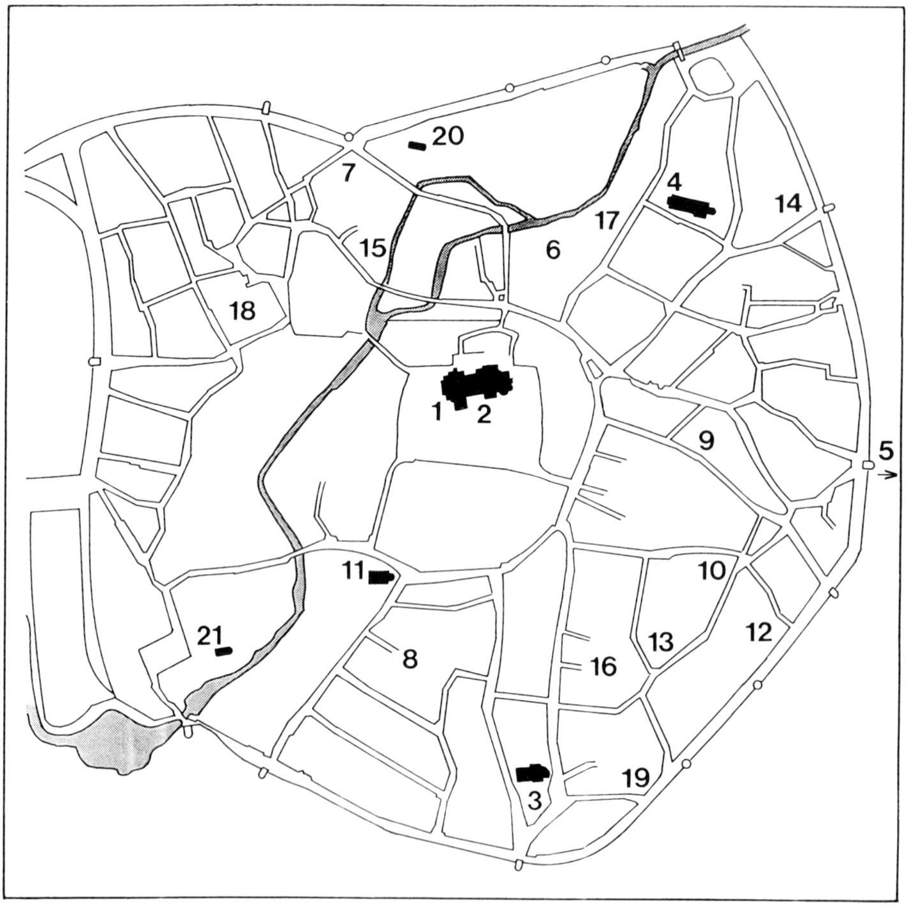

Säkularisierte geistliche Institutionen und Gemeinschaften

1 Domkapitel
2 Stift Alter Dom
3 Stift St. Ludgeri
4 Stift St. Martini
5 Stift St. Mauritz
6 Minoritenkloster
7 Kloster der Franziskaner-Observanten
8 Kapuzinerkloster
9 Dominikanerkloster
10 Hospital der Barmherzigen Brüder
11 Aegidiikloster
12 Kloster Marienthal gen. Niesing
13 Klarissenkloster
14 Kloster der Lotharinger Chorjungfrauen
15 Kloster Rosenthal
16 Kloster Ringe
17 Kloster Reine
18 Kloster Hofringe
19 Kloster Verspoel
20 Johanniterkommende
21 Georgskommende

die kleineren durch eine Aufnahmesperre für Novizen aussterben, die größeren sollten reformiert als Schul- und Erziehungsorden fortbestehen. Von diesem Konzept ausgehend, wurden bis 1806 nur die beiden Schwesternhäuser Verspoel und Ringe aufgehoben. Ferner wurden die Gebäude der Minoriten beschlagnahmt, die Ordensgemeinschaft jedoch nicht aufgelöst, sondern anderweitig untergebracht. Die Minoritenkirche, die heutige Apostelkirche, wurde zum ersten ständigen protestantischen Gotteshaus Münsters. Aber so geringfügig insgesamt der preußische Zugriff auf das Klostergut auch war, er reichte aus, „böses Blut" zu erzeugen [1205: Berghaus, Wallfahrt 1, S. 125], denn gerade in der Kirchenpolitik manifestierte sich für die Münsteraner die verhaßte preußische Annexion.

Auch für die unter kirchlicher Leitung stehenden Bildungseinrichtungen Münsters waren Veränderungen zu erwarten, denn preußischerseits wurde das Postulat staatlicher Schulhoheit vertreten. Nun war vor allem die Bildungserneuerung das Kernstück Fürstenbergscher Reformprojekte gewesen. Die vom Aufklärungsdenken geprägte Zielsetzung war die Anhebung des sittlichen, geistigen, aber auch empirisch-praktischen Bildungsniveaus breiter Bevölkerungsschichten. Besonders das Elementarschulwesen und die Lehrerausbildung hatten über die Landesgrenzen hinaus Anerkennung gefunden. So sahen auch die Preußen diesbezügliche Reformen nicht als dringlich an. Abgesehen von der Einrichtung einer protestantischen Grundschule mit angegliederter höherer Bürgerschule blieb einstweilen alles beim alten. Die Diskussion um eine Entkonfessionalisierung des Gymnasium Paulinum offenbarte zwar Konfliktstoff, führte aber noch nicht zu praktischen Auswirkungen.

Staatliche, kommunale und kirchliche Einrichtungen waren naturgemäß von dem Souveränitätswechsel weit unmittelbarer betroffen als das städtische Wirtschaftsleben, in dem nur allmähliche, indirekte Folgewirkungen neuer Verwaltungs- und Rechtsvorschriften zu erwarten waren. Hinzu kam, daß Handel und Handwerk in Münster zwar eine breite Fächerung aufwiesen, ganz überwiegend aber lediglich dem örtlichen Bedarf dienten. Dieser bescheidene Zuschnitt verlieh ihnen eine gewisse Krisenfestigkeit, machte sie allerdings von einer wohlhabenden Käuferschicht in der eigenen Stadt abhängig, so daß die Frage nach künftigen Zentralfunktionen Münsters auch das Wirtschaftsbürgertum lebhaft interessierte. Natürlich zielten die preußischen, noch stark merkantilistisch orientierten Projekte auf die Förderung von Handel und Gewerbe in den Säkularisationsgebieten. Dabei wurden Konflikte zwischen fiskalischen und privatwirtschaftlichen Interessen aber nicht leichtfertig zugunsten des Staates entschieden. Das Hauptaugenmerk galt einer möglichen Ausweitung von Exportgewerbezweigen. „Fabriken sind hier noch in ihrer Kindheit", hieß es in einer der ersten preußischen Bestandsaufnahmen, aber vielleicht ließe sich die Textilbranche neu beleben und ausbauen. Auch bei den etwa 260 Kaufleuten und Kleinhändlern der Stadt war der einstmals führende Stoffhandel auf den zweiten Platz hinter den Vertrieb von Spezereien abgesunken. Wie sich der geplante Wegfall aller innerpreußischen Zölle in Westfalen auf den münsterischen Handel auswirken würde, blieb abzuwarten. Einstweilen störte die Landeszerstückelung ältere Geschäftsverbindungen. Für die etwa 700, noch zum größten Teil in den 28 münsterischen Zünften organisierten Handwerksbetriebe stand eine Beschränkung zünftischer Autonomie zugunsten staatlicher Lenkung und Kontrolle zu erwarten. Wenn die Wirtschaft angekurbelt werden sollte, mußte aber vor allem auch die Möglichkeit

Blücher als Meister vom Stuhl der münsterischen Loge. Kopie eines Gemäldes von Johann Christoph Rincklake

für Geldanlagen und Kreditaufnahmen verbessert werden. So sollte die Eröffnung der Königlich Preußischen Bankfiliale in Münster am 1. August 1803 den zuvor starken münsterischen Geldfluß ins Ausland, nach Österreich zumal, bremsen. Insgesamt erlaubte aber die Kürze der ersten Preußenzeit kaum mehr als vereinzelte Impulse für den Wirtschaftsbereich, ohne daß schon nennenswerte Folgen erkennbar gewesen wären.

Stärker noch galt dies für Veränderungen im Gesellschaftsgefüge der Stadt. In einer Zeit des allmählichen Übergangs von der ständischen zur bürgerlichen Gesellschaft förderte der Souveränitätswechsel zwar eine Auflockerung der sozialen und zugleich der konfessionellen und lokalen Abschirmungen, aber das vollzog sich noch kaum merklich und jedenfalls ohne eine preußischerseits gezielt betriebene Gesellschaftspolitik. Adel, Beamtenschaft und Wirtschaftsbürgertum hatten im alten Münster noch in ziemlicher Abgrenzung voneinander das Gesellschaftsleben der höheren Schichten geprägt. Von diesen drei Gruppierungen wurde zunächst die Beamtenschaft zur „Schlüsselgruppe gesellschaftlichen Wandels" [1460: Walter, Beamtenschaft, S. 153], denn einerseits verlor der Adel durch den politischen Wechsel Positionen des öffentlichen Lebens, was die bürgerliche Beamtenschaft aufwertete, andererseits sah sich ein Teil der münsterischen Beamten – durch die Preußen verdrängt – auf andere akademische oder auch kaufmännische Berufe verwiesen, was die bisherige berufsständische Abgrenzung der Familien durchbrach. So wurden zumindest die Weichen gestellt für die langsame Herausbildung einer neuen führenden Schicht in der Stadt, die nicht geburts- oder berufsständisch, sondern durch Besitz und Bildung definiert war. Langfristig – zumal nach der stärkeren Gesellschaftsrevolutionierung der Franzosenzeit – waren dies auch für den münsterländischen Adel die Kriterien, die ihm nach einem allerdings Jahrzehnte beanspruchenden Anpassungs- und Erneuerungsprozeß „seine Selbstbehauptung und seine Position als regionale Elite" [2580: Reif, Westfälischer Adel, S. 18] zurückgaben. Dabei blieben die Verankerung in der katholischen Kirche und die Distanz zum preußischen Staat für ihn prägend. Die etwa hundert in der kurzen Spanne der ersten Preußenzeit nach Münster übersiedelnden Familien preußischer Beamter und Militärs suchten berufsbedingt am ehesten Kontakt zur hiesigen Beamtenschaft, vereinzelt auch zum Adel oder zur hohen Geistlichkeit, viel seltener dagegen zum Gewerbestand. Unter den im letzten Drittel des 18. Jahrhunderts auch in Münster zahlreich gegründeten Clubs der verschiedenen Gesellschaftskreise öffneten sich ihnen am ehesten der von der altmünsterischen Beamtenschaft geprägte Civilclub und die neueröffnete Loge, diese allerdings auch mit der Zielsetzung, berufsständische Schranken zu überwinden. General von Blücher wurde ihr erster Meister vom Stuhl.

Die Präsenz des Militärs in der Stadt hatte durch die preußische Besitznahme erheblich zugenommen. Wiederholt kam es zu Auseinandersetzungen bis hin zu Schlägereien mit den Uniformierten, die die ungeliebte neue Landesherrschaft am augenfälligsten verkörperten. Noch immer galt außerdem Preußen als Militärstaat par excellence, in dem die Rücksicht auf die militärische Stärke alle politische Entscheidung dominierte, während das kleine, auf knapp 2000 Mann geschrumpfte Heer des Fürstbistums Münster in dessen letzten Jahrzehnten nur noch eine sehr begrenzte militärische Bedeutung besessen hatte. Gut die Hälfte der münsterischen Gemeinen fand Aufnahme in den preußischen Regimentern; die Offiziere hingegen wurden, soweit sie nicht selbst demonstrativ den Dienst quittiert hatten, auf Pension gesetzt – ein Schritt, der die Fronten nur verhärten konnte. Die Einführung des preußischen Kantonreglements, das die jungen Männer unter vierzig Jahren aus bäuerlichen Familien und städtischen Unterschichten auf zwanzig Jahre zum Dienst verpflichtete, stand außer Frage. Doch suchte man preußischerseits auch dieses heikle Geschäft behutsam in die Wege zu leiten. Im März 1805 beginnend, wollte man sich drei Jahre Zeit lassen für die Komplettierung des Kantonskontingents und die Rekrutierten in Münster, also in der Heimat, stationieren. Für die Stadt bedeutete das allerdings, daß die Zahl der Einzuquartierenden einschließlich ihrer Familienmitglieder auf rund 2500 kletterte. Da konnte auch der Umbau des Minoritenklosters zur Kaserne mit 700 Plätzen nur begrenzt Erleichterung bieten. Die Militärthemen gewannen an Brisanz, als sich seit dem Sommer 1805 für Preußen die Frage der Parteinahme im wiederaufgelebten Koalitionskrieg gegen Frankreich stellte. Da die Truppen aus dem Erbfürstentum Münster nun doch schneller auf die geplante Sollstärke gebracht werden sollten, „kam die Desertion an die Tagesordnung" [StadtAM, Handschriften 12, S. 35]: Von 125 Münsteranern, die einen Gestellungsbefehl erhielten, erschien nur knapp die Hälfte, und bei der Landbevölkerung war diese Verweigerungshaltung noch ausgeprägter.

Seit September 1805 war in der Tat ein möglicher Kriegseintritt Preußens das beherrschende Thema auch in Münster und stellte alle gerade erst anlaufenden Eingliederungsmaßnahmen in den preußischen Staat schon wieder unter das Vorzeichen einer ungewissen Zukunft. Die Berliner Regierung suchte allerdings die seit einem Jahrzehnt betriebene Neutralitätspolitik möglichst lange weiter zu verfolgen, was zu einem Zickzackkurs zwischen den Fronten führte, bis Napoleons Sieg über die Russen und Österreicher bei Austerlitz (2. Dezember 1805) das nun isolierte Preußen auf die Seite des Siegers trieb. Noch glaubte man, in Überschätzung der eigenen Position, im Einvernehmen mit Frankreich die preußische Stellung im Norden des Reiches hegemonial ausbauen zu können. Die Lücke zwischen Brandenburg und den Westprovinzen schloß sich durch den Erwerb Hannovers im Schönbrunner Vertrag (15. Dezember 1805), aber dafür diktierte Napoleon schon den Preis des Verzichts auf das rechtsrheinische Kleve, auf Ansbach, Bayreuth und Neuenburg. In der ersten Jahreshälfte 1806 verdeutlichte sich dann mehr und mehr die bestimmende Position, die der französische Kaiser auch über das Reich gewonnen hatte und die schließlich in der Konstituierung des Rheinbundes (12. Juli 1806) unter seinem Protektorat gipfelte. Die preußischen Westprovinzen sahen sich von einem dichten Kranz napoleonischer Vasallenstaaten umgeben. Münster lag nun in unmittelbarer Nähe der bergischen Grenze, denn das im März 1806 Napoleons Schwager Joachim Murat übertragene, beim Rheinbundbeitritt zum Großherzogtum erklärte Territorium weitete sich im Norden auf die Grafschaften Bentheim-Steinfurt und Salm-Horstmar sowie auf das Fürstentum Rheina-Wolbeck aus. Männer wie Vincke und Blücher waren in dieser Situation schier verzweifelt über die entschlußlos-nachgiebige Haltung der Berliner Regierung gegenüber Frankreich, während bei der Mehrzahl der Münsteraner die Hoffnung wuchs, ein Krieg könne die preußische Annexion rückgängig machen.

2. *Die Einbeziehung in den napoleonischen Herrschaftsbereich (1806–1813)*

Etappen der französischen Besitznahme

Im August 1806 vollzog Preußen nach langem Zögern die Kehrtwendung gegen Frankreich; die Truppen wurden mobil gemacht. Hektik breitete sich auch in Münster aus; die Stimmung zwischen Einheimischen und Preußen wurde gereizter. Am 11. September rückte die Garnison aus, ostwärts in Richtung Paderborn-Göttingen. An eine Verteidigung Westfalens im bevorstehenden Krieg war offenbar nicht gedacht; Kassen, Archive, auch den Domschatz führten die Ausrückenden mit. Vieles davon fiel wenige Wochen später unwiederbringlich in die Hände der Franzosen. Einige Tage herrschte gespannte Ruhe in Münster, bis die Meldung vom Hauptkriegsschauplatz eintraf: Preußen hatte in der Schlacht von Jena und Auerstedt (14. Oktober 1806) eine kriegsentscheidende Niederlage erlitten. Die preußischen Beamten am Ort reagierten mit tiefer Niedergeschlagenheit; die meisten Münsteraner dagegen frohlockten über diesen „herrlichen Sieg“ der Franzosen [StadtAM, Handschriften 12, S. 67].

Am 20. Oktober rückten holländische Dragoner als Vorboten der französischen Nordarmee in Münster ein, gefolgt von ihrem Befehlshaber, Napoleons Bruder Louis, seit kurzem (5. Juni 1806) König von Holland. Magistrat und Stadtbewohner begrüßten sie mit überschwenglicher Freude wie eine Befreiungsarmee. Der Gegensatz zum Verhalten beim Einmarsch der Preußen vier Jahre zuvor hätte krasser kaum sein können. Das holländische Gouvernement, das Louis Napoleon in Münster einrichten ließ, war indes nur ein Zwischenspiel weniger Tage, dann traf der kaiserliche

Bruder andere Dispositionen. Sobald der ganze Raum zwischen Rhein und Weser in seiner Hand war, ließ Napoleon hier zwei französische Militärgouvernements etablieren, von denen das erste die Bezirke Münster, Mark, Lingen-Tecklenburg und Osnabrück umfaßte mit Münster als Zentrale. General Louis Henri Loison bezog als Gouverneur Quartier im Schloß, das Vincke geräumt hatte. Im Februar 1807 wurde er durch General Canuel abgelöst. Auch der Stadtkommandant und der Intendant, die dem Gouverneur zur Seite standen, waren französische Militärs. Verwaltungs- und Justizbehörden sollten unter der Kontrolle des Gouverneurs weiterhin tätig bleiben, wobei die Kammer in Administrationskollegium umbenannt wurde. Aber auch die Stände erreichten ihre Wiedereinberufung. Der Landesadel triumphierte, doch sollte seine erneute Rolle auf die Gouvernementszeit beschränkt bleiben, in der wenig anderes als Abgabebewilligungen auf der Tagesordnung stand. Obwohl der Waffengang mit Preußen noch nicht beendet war, unterstrich Napoleon schon sehr nachdrücklich seine Absicht, das eroberte Gebiet in seinen Macht- und Prägungsbereich einzubeziehen. Am 26. November wurde eine großartige Huldigungsfeier für den Kaiser veranstaltet, und von den Beamten wurde schon jetzt der Gehorsamseid ihm gegenüber verlangt.

Im übrigen trug die fast anderthalb Jahre währende Gouvernementszeit trotz aller Beteuerungen, das franzosenfreundliche Münsterland nicht als Feindgebiet behandeln zu wollen, doch eindeutig die Züge einer bedrückenden Militärokkupation. Das lag vor allem an den zunehmenden Geld- und Sachleistungen, die für die Besatzungsmacht aufzubringen waren. Mehr und mehr wurden sie zum alles beherrschenden Thema. Innerhalb weniger Monate waren Kontributionen in Höhe einer doppelten Jahresschatzung beizutreiben. Noch einmal die gute Hälfte dieser Summe mußte für die Gouvernementskosten aufgebracht werden. Ferner stiegen die Einquartierungslasten, wobei Vergütungen durch die Landeskassen ausblieben; bis zu 12 000 durchziehende Soldaten waren an einigen Tagen in der Stadt zu beherbergen. Am ärgsten aber wurde die Lage dadurch, daß ab Januar 1807 alle regulären Steuereinkünfte und Domänenrevenuen nach Paris abgeführt werden mußten, die Landeskassen also zahlungsunfähig wurden. Beamte, Pensionsempfänger, Gläubiger des Landes blieben ohne Bezüge; noch ahnten sie nicht, daß dieser Zustand unregelmäßiger oder ganz ausbleibender Zahlungen bis 1813 andauern sollte! Waren die Bewohner der Umlandgemeinden besonders durch Naturalabgaben, Vorspann- und andere Dienste belastet, so trafen die Geldforderungen und die Einbußen durch die Kassensperre verstärkt die Stadtbevölkerung, denn die Sondersteuern wurden unter anderem nach Kapitalbesitz und Gewerbe veranschlagt und auch von den bislang Eximierten erhoben. Ferner hatte Münster als Gouvernementssitz, Garnisons- und Etappenort manches Zusätzliche aufzubringen. Und schließlich lebte hier ein Großteil derjenigen, die staatliche Gehälter oder Zinseinkünfte bezogen hatten.

Angesichts von soviel Belastung wundert es, wie spendabel Ritterschaft, Domkapitel und auch Rat noch zusätzlich Präsente an die ohnehin rücksichtslos und fordernd auftretenden Gouverneure und Kommandanten verteilten, zumindest in den Anfangswochen. Die Absicht dabei war freilich deutlich: Es galt die Gunst der Franzosen zu gewinnen, die über das kommende Geschick des Münsterlandes entscheiden würden. Einige eilfertige Ständevertreter suchten darüber hinaus bei jeder Gelegenheit, die preußischen Beamten in der Stadt bei den neuen Herren in ein schlechtes

Joachim Murat (1767–1815), Großherzog von Berg und Kleve, in Husarenuniform. Gemälde von François Gérard

Licht zu setzen. Vincke wurde Ende März 1807 gedrängt, sein Amt aufzugeben und Münster zu verlassen. Er sah keine Möglichkeit mehr, in seinem Sinn zum Wohl der hiesigen Bevölkerung zu wirken.

Das Interim des Gouvernements dauerte für Münster noch bis in das Jahr 1808 hinein. Zwar verlor Preußen durch den Tilsiter Frieden (7./9. Juli 1807) definitiv seine linkselbischen Besitzungen, deren politische Neuordnung war damit aber noch nicht geregelt. Noch Ende Oktober 1807 schrieb der münsterische Domherr Anton von Böselager, der sich in privater Angelegenheit in Paris aufhielt, an seinen Bruder: „Du hast gar keine Idee, was man aus dem Münsterlande alles machen will.“ Das Wiedererstehen eines eigenständigen Territoriums Münster, dazu noch mit einem geistlichen Fürsten an der Spitze, konnte freilich nur erwarten, wer ohne jegliche Einsicht in die durch Reichsdeputationshauptschluß und Rheinbundgründung eingetretene politische Umstrukturierung des deutschen Raumes und den Ausbau der napoleonischen Einflußzone im sogenannten dritten Deutschland geblieben war. Die politisch Weitsichtigeren rechneten denn auch mit einem mehr oder minder direkten Zugriff Napoleons auf die Gebiete zwischen Rhein und Elbe. Sobald die Bildung eines Königreichs Westfalen und dessen Übertragung an Napoleons jüngsten Bruder Jérôme bekannt wurden, hegten die Münsteraner mit ziemlicher Selbstverständlichkeit die Erwartung, Teil dieses neuen Staates zu werden, und hofften darauf, der Souverän werde Residenz bei ihnen nehmen, schließlich galt das Münsterland als das Herzstück Westfalens. Doch im Widerspruch zum Namen erstreckte sich Jérômes Territorium vorrangig zwischen Weser und Elbe und im Hessischen; Kassel wurde Hauptstadt. In zweiter Linie war eine Ausweitung des Großherzogtums Berg auf das Münsterland denkbar, zumal Murat auf Arrondierung seines zerrissenen Staates drängte. In diesem Fall mußte Münster zwar zugunsten Düsseldorfs auf die Hauptstadtrolle verzichten, aber die Verbindung mit dem rheinischen Territorium und seinen katholischen Einwohnern war der hiesigen Bevölkerung doch weit lieber als ein auch noch in Betracht kommender Anschluß an Holland. Durch Vertrag vom 21. Januar 1808 wurden dann in der Tat das Erbfürstentum Münster, ferner Lingen-Teck-

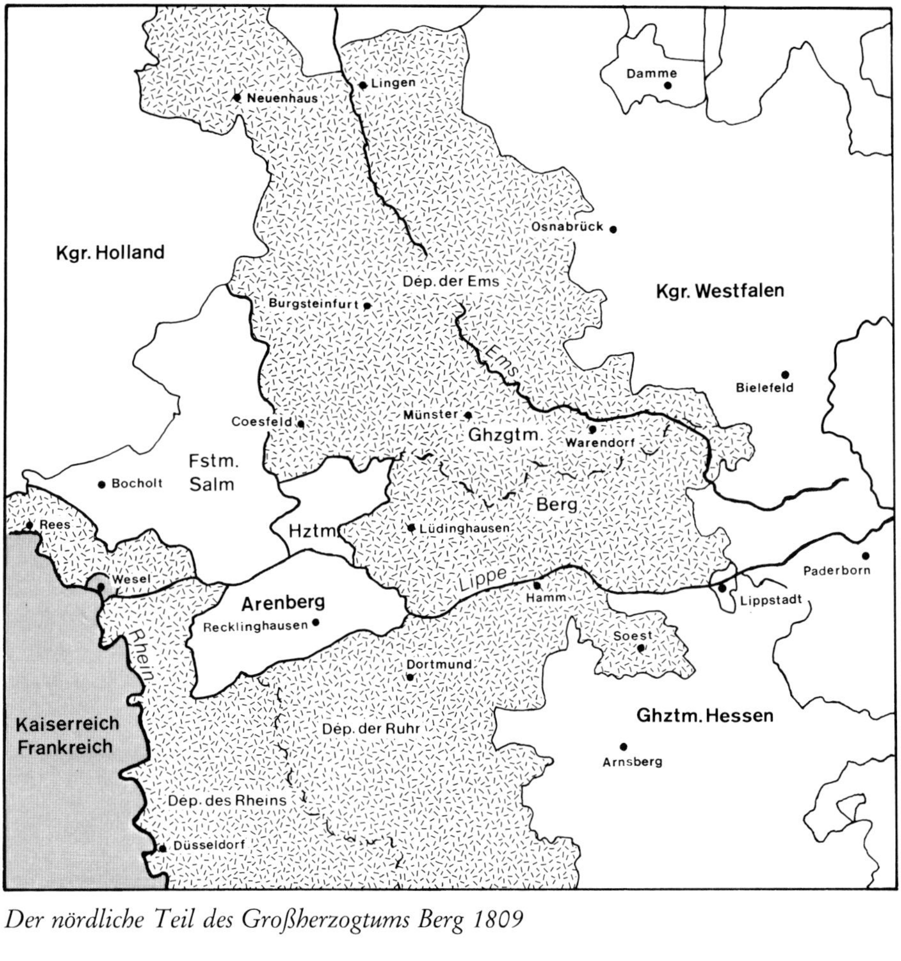

Der nördliche Teil des Großherzogtums Berg 1809

lenburg, die Grafschaft Mark und Dortmund dem Großherzogtum Berg zugeschlagen. Da noch Finanzstreitigkeiten zwischen Paris und Düsseldorf zu klären waren, traten de facto der Souveränitätswechsel und damit das Ende der Gouvernementszeit für Münster erst am 5. Mai 1808 ein.

Das Großherzogtum zählte zur Gruppe derjenigen Rheinbundstaaten, die der französische Kaiser durch Neukonstituierung und Übertragung an ein Mitglied seiner Familie sowie durch mehr oder minder direkte Lenkung von Paris aus unter seiner unmittelbaren Kontrolle behielt. Zwar „unternahm Napoleon keinen ernsthaften Versuch, an die Stelle der Souveränität der einzelnen Rheinbundfürsten einen zentralistisch oder auch nur föderalistisch regierten Bundesstaat zu setzen" [2795: Weis, Napoleon, S. 216], aber andererseits war die Konföderation doch mehr als eine bloße Militärallianz, mit der sich Frankreich die Gefolgschaft eines Kranzes deutscher Mittelstaaten sicherte. Vielmehr wurden die Mitgliedsstaaten, wenngleich mit unterschiedlicher Intensität, durch am französischen Vorbild ausgerichtete Reformen zu einem Modell der Verfassungs-, Verwaltungs-, Rechts- und Sozialordnung des nachrevolutionären Frankreich, das die gesellschaftliche und politische Entwicklung in weiten Teilen Deutschlands auch über die napoleonische Zeit hinaus prägte. Für Berg gestaltete sich diese Ausrichtung an Frankreich besonders eng, weil Murat im Juli 1808 die Regierung von Neapel antrat, wodurch das Großherzogtum zu erneuter Verfügung an Napoleon zurückfiel und kommissarisch durch den Grafen Jacques Claude Beugnot verwaltet wurde. Im März 1809 ernannte der Kaiser dann seinen Neffen Napoleon Louis, den ältesten lebenden Sohn des Königs von Holland, zum Großherzog von Berg. Da das Kind jedoch erst vier Jahre alt war, setzte sich die Direktbeherrschung von Paris aus fort. Beugnot blieb im Amt, und er erwies sich als ein mit tatkräftigem Sachverstand, aber auch mit wohlwollender Aufgeschlossenheit für die Belange der bergischen Bevölkerung begabter Landesorganisator, der, frei von allem Rigorismus, dem Großherzogtum die Liberalisierungen der Französischen Revolution vermitteln wollte.

Die Ernennung des kleinen Napoleon Louis zum neuen Landesherrn wurde nach Aussagen Spiegels in Münster übrigens mit der „größten Kälte" ohne „ein einziges Vivat" zur Kenntnis genommen, denn im Frühjahr 1809 breitete sich angesichts der beginnenden österreichischen Erhebung auch im Münsterland die Erwartung eines nahen Endes der Franzosenzeit aus. Sie erwies sich jedoch als verfrüht. Es folgte noch eine weitere dreijährige Etappe unmittelbarer Angliederung an Frankreich. Um die im Wirtschaftskrieg gegen England eingerichtete Kontinentalsperre erfolgreicher kontrollieren zu können, ließ Napoleon im Dezember 1810 die gesamte norddeutsche Küstenzone direkt an das seit dem Sommer schon um Holland vergrößerte Frankreich angliedern. Die Grenze verlief über Wesel, Haltern, südlich an Münster und nördlich an Bielefeld vorbei, dann über Minden in Richtung Lübeck. Die Nordhälfte des ehemaligen Fürstbistums war nun französisch, der südliche Teil blieb bergisch. Die 1802/03 im westlichen Münsterland entstandenen Kleinstaaten waren bereits bzw. wurden nun aufgelöst. Münster wurde Grenzstadt, wobei nach ersten Planungen die Demarkation auf hiesigem Stadtgebiet unmittelbar südlich von Haus Lütkenbeck und Haus Geist verlaufen sollte, so daß bereits Wolbeck und Angelmodde, Hiltrup und Amelsbüren im „Ausland" lagen. Eingaben von münsterischer Seite bewirkten eine – allerdings nur minimale – Grenzkorrektur: die drei erstgenannten

Napoleon Louis (1804–1831), Neffe Napoleons und Großherzog von Berg (links), und sein Bruder Louis Napoleon, der spätere Kaiser Napoleon III.

Orte wurden Frankreich zugeschlagen; Amelsbüren dagegen blieb bergisch. Erfolgreicher war das Bemühen der Münsteraner, für ihre Stadt den in bergischer Zeit gewonnenen Status eines Departementshauptorts zu bewahren. Bis zur Annexion durch Frankreich war Münster die Zentrale des Emsdepartements, das die nördliche Ausbuchtung des Großherzogtums Berg umschloß, von einer Linie wenige Kilometer südlich von Münster bis hinauf nach Lingen. Die französische Verwaltungseinteilung dagegen sprach Münster zunächst nur die Rolle eines Arrondissementshauptortes in einem Departement mit holländischem Zentrum zu. Die westfälische Metropole sah sich zum „Dorf" degradiert (Eingabe des Maire vom Februar 1811). Proteste bewirkten schließlich, daß im April 1811 aus den Arrondissements Münster, Rees, Steinfurt und Neuenhaus ein eigenes Lippedepartement gebildet und Münster – obgleich ungünstig in der äußersten Südostecke gelegen – zu dessen Hauptort erklärt wurde.

Auch der direkte Anschluß an Frankreich an der Jahreswende 1810/11 löste keine Freudenbekundungen bei den Münsteranern mehr aus, obgleich man sich aus der Einbeziehung in den französischen Wirtschaftsraum Vorteile erhoffte. Jubel beim Einzug der Franzosen, Erleichterung bei ihrem Abzug – zwischen diesen beiden Polen entwickelte sich die Einstellung der hiesigen Bevölkerung gegenüber den neuen Landesherren. Wohl gab es weit mehr kulturelle, geistige und religiöse Verbundenheit über den Rhein als über die Elbe hinweg. Auch begünstigte anfänglich eine verbreitete Napoleonbewunderung Zustimmung zur Ausweitung seines *Empire*. Aber in erster Linie war der Jubel vom Oktober 1806 doch nur Ausdruck der Freude über das Ende der preußischen Beherrschung. Als dann bleibend eine französische an deren Stelle trat und diese „im Zielkonflikt zwischen moralischen Eroberungen und finanzieller Ausbeutung" napoleonische Reformkonzepte zunehmend „dem Primat der französischen Macht- und Hegemonialinteressen" nachordnete [2095: Fehrenbach, Reformprojekte, S. 66f], da wich die Sympathie für die Franzosen rasch entschiedener Ablehnung, und zwar – wenngleich mit unterschiedlichen Begründungsakzenten – bei allen Bevölkerungsschichten. Dabei galten die Proteste konkreten Einzelmaßnahmen der Franzosen, und nur in wenigen Ausnahmefällen waren sie Ausdruck einer generellen nationalen Entrüstung über den Übergriff einer fremden Macht auf deutsches Reichsgebiet. Zum Vorkämpfer der nationalen Erhebung gegen die napoleonische Herrschaft entwickelte sich das Münsterland denn auch keineswegs. Die Befreiung wurde hier nicht selbst erkämpft, sie wurde von den Truppen der Großmächte gebracht. Dabei galt das „Zuschauerinteresse" der Münsteraner nach wie vor weit mehr der österreichischen als der preußischen Haltung gegenüber Frankreich. In Münster „ist alles österreichisch", stellte Beugnot fest, und der Polizeikommissar resümierte gegenüber seinem kaiserlichen Herrn: „Seine Majestät hat von diesem Land nichts zu fürchten, aber auch nichts zu hoffen." – „Die relative innere Ruhe war nicht eine Folge breiter aktiver Zustimmung, sondern von Passivität und Anpassung an die Umstände" [2449: Molitor, Untertan, S. 212]; diese für die linksrheinischen Departements getroffene Feststellung gilt auch für das Münsterland in der Franzosenzeit.

Wandel unter französischem Einfluß

Der Charakter Bergs als französischer Modellstaat bedingte, daß trotz des Souveränitätswechsels vom Dezember 1810 die Jahre von 1807 bis 1813 schon von den Zeitgenossen als Einheit in der Geschichte Münsters empfunden wurden, als die Franzosenzeit, die die preußische Herrschaft zwar nur als kurzes Zwischenspiel noch einmal unterbrach, in der aber unter französischem Einfluß entscheidende Weichen auch für die spätere Zukunft gestellt wurden. Nur die Umgrenzung der Verwaltungs- und Justizbezirke mußte beim Wechsel von Berg zu Frankreich neu erfolgen, und im Beamtenpersonal gab es einige neue Gesichter, da im Lippedepartement Franzosen die leitenden Posten besetzten. Die Einführung der französischen administrativen und gesellschaftlichen Ordnung geschah weit zügiger als die preußische Angliederung. Von abwägender Berücksichtigung regionaler Besonderheiten und eigenständigen Reformkonzepten der vor Ort tätigen Beamten war wenig zu spüren. Die oft schablonenhafte Übertragung französischer Vorbilder mochte aus einer ausgeprägteren Zentralismustradition in Frankreich entspringen, sie erklärte sich aber auch aus der bewußten Absicht, das wachsende *Empire* Napoleons durch Vereinheitlichung zu konsolidieren. Mehr und mehr wurde die gesamte innere Neuordnung dann bloße Funktion der Sicherung und Ausweitung der napoleonischen Herrschaft in Europa, bis sie 1812/13 ganz unter dem Vorzeichen des Krieges stand.

Das kurze Zwischenspiel, das die Stände in der Gouvernementszeit noch einmal hatten geben können, endete unmittelbar nach dem Anschluß an Berg. Stadt und Land Münster blieben der zentral gelenkten Bürokratie größerer, fremder Staaten unterstellt, ohne institutionalisierte Einflußmöglichkeiten der „Administrés" (Hansgeorg Molitor). Erst die Verfassungsbewegung der nachnapoleonischen Ära schuf, freilich mit veränderter Zusammensetzung und Kompetenz, in den Kreis- und Provinziallandtagen wieder eine Regionalvertretung.

Die Einführung der französischen Verwaltungsordnung wurde ab Dezember 1808 in die Wege geleitet. Sie konnte in vielen Punkten in der Preußenzeit Begonnenes fortsetzen, war in ihrem Grundzug des bürokratischen Zentralismus aber doch wesensverschieden vom kollegialen – Entscheidungskompetenz zumindest in Maßen delegierenden – Behördenkonzept preußischer Zeit. Im hierarchisch gegliederten Aufbau von Kommune, Arrondissement und Departement war der leitende Beamte an der Spitze jeder Einheit auch in Detailfragen weisungsabhängig von der nächsthöheren Instanz und garantierte so eine staatsbezogene Administration. Die mangelnde Eigenkompetenz der nachgeordneten Ebenen erklärt es, daß dort, wo wie in Münster Departements- und Arrondissementshauptort zusammenfielen, die meisten Arrondissementsorgane gar nicht eingerichtet wurden. Das Ems- bzw. das Lippedepartement, für die Münster nun Verwaltungszentrum wurde, waren von etwas kleinerem Zuschnitt als der preußische Kammerbezirk oder das Fürstbistum; eine gewisse

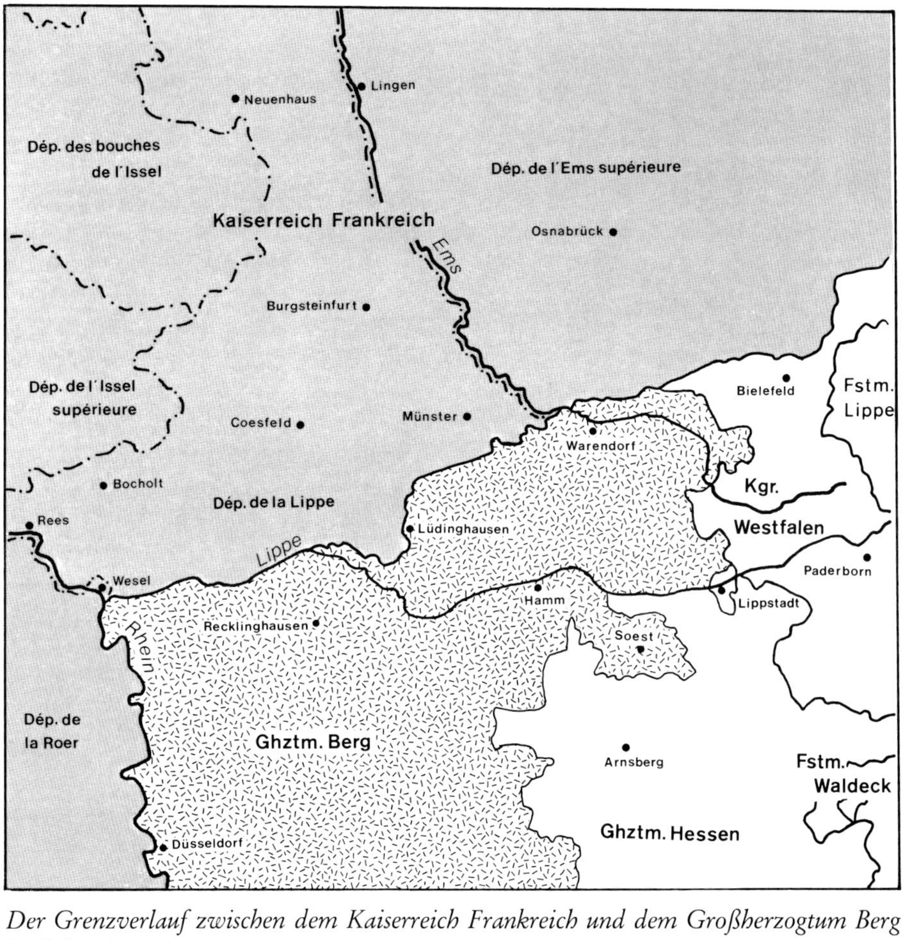

Der Grenzverlauf zwischen dem Kaiserreich Frankreich und dem Großherzogtum Berg im Jahr 1811

Hauptstadttradition konnte aber durch die Funktionszuweisungen an die Stadt hier fortleben. Leitender Beamter des Departements war der Präfekt, dessen fünf bis sechs Fachbüros die breite Palette aller Verwaltungsaufgaben des Departements zu erledigen hatten. Auch die Aufsicht über Steuer- und Domänensachen und die Konskription lagen beim Präfekten. Insofern kann die ab 1811 im Schloß untergebrachte Präfektur als Nachfolgeorgan der Kammer betrachtet werden. Da sich im münsterischen Personenkreis offenbar kein befähigter, zuverlässiger Kandidat für den hiesigen Präfektenposten fand, brachte Beugnot den aus einer Kölner Patrizierfamilie stammenden Karl Joseph Mylius in Vorschlag, der als sein Generalsekretär und zuvor als Präfekturrat im Roerdepartement schon Kenntnisse im französischen Administrationssystem hatte sammeln können.

Mylius amtierte von Mai 1808 bis Juli 1811 in Münster, mußte dann aber im Lippedepartement seinen Platz einem Franzosen räumen, dem einer alten Adelsfamilie des Limousin angehörenden Jean Charles Anet Victorin de Lasteyrie Graf Dusaillant, der nach abgebrochener Militärlaufbahn in napoleonische Verwaltungsdienste eingetreten war. Beide Präfekten suchten ihre Amtspflichten getreulich zu erfüllen, aber Kenntnisse und Initiative eines Stein oder Vincke besaßen sie offenbar nicht. Ihre unentbehrliche Stütze wurde Generalsekretär Druffel, der sowohl mit dem altmünsterischen wie mit dem preußischen Verwaltungserbe vertraut war. Hingegen war der den Präfekten für strittige Fragen beigeordnete drei- bis vierköpfige Präfekturrat fast ausschließlich mit Steuerermäßigungsanträgen befaßt. Die französische Verwaltungsordnung kannte ferner als Beratungsorgane den sechzehn- bis zwanzigköpfigen Departements- und den zehnköpfigen Arrondissementsrat, die aus dem Kreis der Höchstbesteuerten einer Region durch ein Mischsystem von indirekter Wahl und Ernennung hervorgingen. Ihre einzige Aufgabe war die jährlich einmal zu vollziehende Steuerumlage, so daß sie nicht etwa als ein Nachfolgeorgan der alten Stände aufgefaßt werden können, auch wenn der Landesadel stark in diesen Gremien vertreten war. Aber auch begüterte Kaufleute, selbst Landwirte saßen in diesen Räten.

Die Steuern waren ähnlich wie in der Preußenzeit ein vorrangiges Thema der Neuordnung, bei dem die Franzosen aber sehr viel rascher und umfassender Änderungen durchsetzten. Die in Frankreich üblichen direkten Steuern wurden auch in Münster eingeführt. Davon war die wichtigste die Grundsteuer, gewissermaßen eine Nachfolgerin der Schatzung, zu der nun aber alle Grundbesitzenden beitrugen und deren Repartition jährlich neu erfolgte. Das setzte eine forcierte Fortsetzung der schon in der Preußenzeit begonnenen Katastrierung des Grundbesitzes voraus. Die Mobiliar- und die Patentsteuer trafen hauptsächlich die Stadtbewohner, denn erstere errechnete sich neben einer Pro-Kopf-Summe aus dem Mietwert von Wohnungen, letztere besteuerte mit gestuften Sätzen die verschiedenen Gewerbe. 1812 kam noch die wiederum den Hausbesitz treffende Tür- und Fenstersteuer hinzu. Die Gesamtlast der direkten Steuern galt offenbar als tragbar, zumal mit der Abschaffung von Befreiungen mehr Steuergerechtigkeit eingetreten war. Die Stadt Münster hatte eine etwa doppelt so hohe direkte Steuersumme an die Staatskasse abzuführen wie in altmünsterischer Zeit. Es kamen aber noch indirekte Steuern auf Luxusartikel wie Alkoholika, Tabak, Gold- und Silberwaren hinzu. Neu war, daß das gesamte Steueraufkommen an die zentralen Staatskassen abzuführen war, während für die Departements- und Kommunalbedürfnisse Zusatzcentimes erhoben wurden und in der Stadt außerdem eine

Jean Charles Anet Victorin de Lasteyrie Graf Dusaillant, Präfekt in Münster von 1811 bis 1813

weitere indirekte Steuer. Klagen der hiesigen Bevölkerung galten weniger dem Steuersystem, wohl aber den zusätzlichen, kriegsbedingten Belastungen und vor allem den nicht funktionierenden Auszahlungen aus den Staatskassen.

Ein Aufgabenbereich blieb den Verwaltungsbehörden vorenthalten: die Polizei, denn sie hatte nicht nur öffentliche Sicherheits- und Strafverfolgungsfunktionen, sondern trug sehr deutlich die Züge einer geheimen politischen Überwachungsorganisation, die eventuelle oppositionelle Regungen in den eroberten Gebieten kontrollieren sollte. In der Person des gefürchteten Generalpolizeikommissars Jacques Etienne Joseph Garnier manifestierte sich denn auch für die Münsteraner deutlich Fremdbeherrschung durch die Franzosen. Zwar blieben ernsthafte politische Unruhen hier aus, aber dank der Rührigkeit der Polizei waren Buddenturm und Zuchthaus bald überfüllt mit Schmugglern, Deserteuren und anderen dem Staat Unbotmäßigen.

Dabei war im übrigen das Rechtswesen ein Bereich, in dem die französischen Reformen durchaus eine positive Wertung verdienen. Im Vergleich zu den diesbezüglichen zaghaften Einzelmaßnahmen der Preußen wirkte das französische Programm revolutionierend. Der Gerichtsaufbau nach französischem Muster wurde zum Frühjahr 1811 eingeführt. In klarer Dreistufigkeit der Instanzen entschied ein Friedensrichter für den Stadtbezirk Münster über geringfügige Zivil- und Strafsachen. Die gewichtigeren Fälle gingen an das Arrondissementsgericht, das eigentliche Nachfolgeorgan der preußischen Regierung. Es war zugleich Appellationstribunal für die Friedensgerichte, während in letzter Instanz Zivilsachen in Lüttich, Strafsachen in Aachen verhandelt wurden. Privilegierter Gerichtsstand und patrimoniale Gerichtshoheit waren damit beseitigt. Das Arrondissementsgericht etablierte sich im Kanzleigebäude auf dem Domhof, und eine Guillotine wurde davor postiert. Die Domimmunität als Hinrichtungsstätte! – das unterstrich ihre Vereinnahmung durch den Staat sehr drastisch. Die ebenfalls eingeführte französische Prozeßordnung mit öffentlicher und mündlicher Verhandlung und Hinzuziehung von Geschworenen bei schweren Straftaten stieß auf skeptisches Erstaunen bei vielen Münsteranern, wies aber den Weg in die moderne Prozeßführung.

Viel weiterreichende Konsequenzen aber hatte zweifellos die Einführung des Code civil im Münsterland zum 1. Januar 1810, denn dieses napoleonische Gesetzbuch verwirklichte die in der Revolution postulierte bürgerliche Freiheit und rechtliche Gleichheit aller und überwand damit die feudalständische Sozialordnung und den Privilegienstaat. Als rechtlicher Rahmen beeinflußte es ferner nahezu alle anderen Reformbereiche.

Um den Code Napoleon überhaupt anwendbar zu machen, waren einige vorbereitende Eingriffe in die Sozialordnung notwendig, vor allem eine Änderung der bäuerlichen Abhängigkeitsverhältnisse. Die sogenannten Bauernbefreiungsgesetze stellten eine mit jahrhundertealten Traditionen brechende Zäsur für die Landbevölkerung dar. Die meisten münsterländischen Bauern standen als sogenannte Eigenbehörige in einer dinglichen, aber auch noch in einer persönlichen Bindung gegenüber ihrem Grundherrn. Erbpächter mit lediglich dinglicher Rechtsbeziehung zum Grundeigentümer waren die Minderheit. Der Eigenbehörige war mit gewissen und ungewissen Gefällen belastet, wobei die gewissen, also in Höhe und Abgabetermin festgelegten Zahlungen und hinzukommende Dienste sich aus der Überlassung des Bodens erklärten. Ihr Umfang entsprach etwa dem der staatlichen Schatzung und galt als erträglich. Als sehr viel belastender wurden die ungewissen Gefälle empfunden, besonders die bei einem Besitzerwechsel anfallenden Sterbfall- und Gewinnzahlungen, denn sie konzentrierten sich auf einen unkalkulierbaren Zeitpunkt und fielen, da bis zur Hälfte der beweglichen Habe abzugeben war, um so höher aus, je besser der Hof florierte. Das hemmte naturgemäß den Erwerbssinn. Die Gesamthöhe der ungewissen Gefälle machte nach vorsichtiger Schätzung 25 Prozent der fixen Lasten aus. Inwieweit sie grundherrlichen oder leibherrlichen Ursprungs waren, war teilweise strittig. Schollenbindung, Heiratskonsens und Gesindezwang galten jedenfalls als persönliche Abhängigkeiten. Bei Eigenbehörigen des Landesherrn oder des Domkapitels – und das waren im heutigen Stadtbezirk Münster die meisten – fielen die leibherrlichen Lasten und Bindungen geringer aus. Das entscheidende bergische Befreiungsgesetz erging am 12. Dezember 1808. 1811 kamen ergänzende Gesetze hinzu, und zwar, da das Münsterland – wie schon erwähnt – geteilt war, sowohl ein bergisches als auch ein französisches. Die Gesetze realisierten im wesentlichen ein übereinstimmendes Reformprogramm: die entschädigungslose Aufhebung aller leibherrlichen Abhängigkeiten, die Ablösbarkeit aller dinglich begründeten Lasten – wobei als Ablösesumme der 25fache Betrag aller Jahresabgaben zu entrichten war – und das dadurch möglich werdende ungeteilte Eigentumsrecht des Bauern am Hof. Wohl erwies sich die Franzosenzeit als zu kurz, um die Ablösung schon in Gang zu setzen;

auch ergaben sich aus Unklarheiten in den Gesetzen zahlreiche Streitigkeiten um die Frage, welche Abgaben und Dienste entschädigungslos entfielen, aber gleichwohl muß die grundlegende Bedeutung der Gesetze sehr hoch veranschlagt werden. Sie brachten den Angehörigen des bäuerlichen Standes die volle persönliche Freiheit und leiteten den Übergang des Grund und Bodens in die Hände der Bauern ein, wobei vornehmlich dank des geldlichen Ablöseverfahrens – im Gegensatz zu Ostelbien etwa – die Mehrzahl der Hofstellen trotz aller Anfangsschwierigkeiten im nun freien Wirtschaftsleben erhalten blieb.

Zwar wurde schon 1814 das napoleonische Recht im Münsterland wieder durch das preußische Allgemeine Landrecht ersetzt, aber einzelne Liberalisierungsgesetze wurden nicht rückgängig gemacht, zumal Preußen selbst inzwischen durch die Reformära geprägt war. Besonders die Bauernbefreiung vollzog sich im Münsterland im wesentlichen auf der Grundlage der französischen Gesetze.

Auch für den Adel ergaben sich daraus bleibende Konsequenzen. Zu seinen Funktionsverlusten im politisch-administrativen Bereich und den damit einhergehenden Einkommenseinbußen kam der Wegfall eines Teils der bäuerlichen Leistungen hinzu. Da gleichzeitig die Anlage der Hypothekenbücher die Verschuldung seines Grundbesitzes offenbarte und die Fideikommisse als Garant des ungeteilten Familienbesitzes ihre rechtliche Gültigkeit verloren, schwand die Kreditwürdigkeit der Rittergutsbesitzer, während andererseits durch Aufhebung der Steuerfreiheit und neue Familienlasten die Ausgabenposten wuchsen. Wohl blieb aufgrund der Entschädigungsregelungen der Grundbesitz langfristig die entscheidende Basis für eine fortdauernde ökonomische Stärke des münsterländischen Adels, aber zunächst stellten sich die Auswirkungen von preußischer und napoleonischer Herrschaft für den hiesigen Adel als „Zerstörung einer umfassenden Lebensordnung“ mit deren beiden „Primärzielen der Status- und der Liniensicherung“ dar [2581: Reif, Umbruchserfahrung, S. 230f].

Für Beamte und Juristen brachte die Einführung französischer Gesetzbücher und Verwaltungsordnungen erneut viel Mehrarbeit mit sich, wobei nun auch noch Französischkenntnisse erworben oder aufgebessert werden mußten. Die Zahl der Staatsbediensteten in Münster ging etwas zurück, da Präfektur und Tribunal nicht von der gleichen Bedeutung wie Kammer und Regierung waren. Amtsverweigerungen aus politischen Gründen gab es unter Preußen wie Münsteranern kaum, aber die höheren preußischen Beamten hielt es gleichwohl nicht in Münster. Die Spitzenposten bei Verwaltung und Polizei wurden ohnehin bevorzugt mit Landfremden besetzt (ab 1811 mit Franzosen), während die Justizposten den Münsteranern offenstanden. Der Adel wurde wieder ein wenig stärker an den Landesgeschäften beteiligt, fand sich allerdings in erster Linie in den politisch wenig einflußreichen und finanziell uninteressanten Räten. Die Beamtengehälter und Pensionen waren niedriger als in preußischer Zeit und wurden unregelmäßig gezahlt.

Da nach der französischen Verfassung Städte und Gemeinden keine Selbstverwaltungsverbände waren, sondern kleinste Einheiten der staatlichen Verwaltungshierarchie, erfolgte die Neuordnung des münsterischen Kommunalwesens zusammen mit dem Aufbau der Departementsverwaltung ab Dezember 1808. An der Spitze der Stadt stand der auf Vorschlag des Präfekten vom Kaiser ernannte Maire. Zwei oder drei Beigeordnete arbeiteten mit ihm zusammen, ohne daß die Verfassung aber kollegialisch zu interpretieren gewesen wäre. Ferner wurden ein bis zwei Polizeikommissare ernannt, deren politische Überwachungsfunktion auch auf städtischer Ebene gegen Ende der Franzosenzeit zunahm. Der vormalige Stadtdirektor Hildebrand machte sich in dieser Funktion sehr unbeliebt. Der Kreis der übrigen Munizipalbediensteten entsprach zahlenmäßig und personell weitgehend dem Stand vorangegangener Jahre; Franzosen waren auf kommunaler Ebene nicht eingesetzt.

Da das französische Recht keine Eximierten kannte, die Bürgergemeinde sich also zur Einwohnergemeinde weitete, und da ferner gerade Personen von Vermögen, Rang und Ansehen die wichtigsten Ämter bekleiden sollten, wurden für den Posten des Bürgermeisters – ein Ehrenamt übrigens – Männer aus dem Landesadel vorgeschlagen, ein absolutes Novum für Münster. Der Präfekt hatte jedoch Schwierigkeiten, einen bereitwilligen Kandidaten zu finden, so daß das Amt erst im September 1811 besetzt wurde, und zwar mit Maximilian Anton von Böselager-Heessen. Auch er fügte sich nur zögernd der Nominierung, obwohl er dann über die Franzosenzeit hinaus – nun unter dem Titel Stadtdirektor – bis zu seinem Tod 1821 im Amt blieb. Auch auf städtischer Ebene gab es ein beratendes Repräsentativorgan, den anfangs neunzehn-, später dreißigköpfigen Munizipalrat aus dem Kreis der Höchstbesteuerten. Auch hier waren einige adelige Gutsbesitzer neben den reichsten Kaufleuten und Landesbeamten vertreten. Der Rat sollte hauptsächlich zu Budgetfragen gehört werden. Da aber noch vieles neu zu organisieren war, erlaubten seine Mitglieder sich wiederholt eine über die Verfassungsnormen hinausgehende Einmischung. Unter den städtischen Aufgaben waren nun wieder einige staatliche Auftragsangelegenheiten wie Steuerumlage, Konskription und Einquartierung. Der Schwerpunkt lag jedoch auf den städtischen Belangen wie Haushaltsfragen, Gemeindeeinrichtungen, den neu eingeführten Zivilstandsregistern und dem ebenfalls neu ins Leben gerufenen Bürgerwachdienst. Schon in der Gouvernementszeit waren in Münster Nationalgarden nach französischem Revolutionsbeispiel zum Schutz der inneren Sicherheit formiert worden. Ein anfänglicher diesbezüglicher Enthusiasmus der Münsteraner aller Schichten war aber rasch verflogen. In den weiteren Jahren blieb die Garde nur ein bescheidenes Wachbataillon, in dem nicht patriotische Bürger in Waffen, sondern gedungene Stellvertreter Dienst taten.

Im städtischen Finanzwesen wurde die von den Preußen begonnene Modernisierung durch Trennung staatlicher und städtischer Gelder, Zusammenfassung der letzteren in einer einzigen Kasse und die Aufstellung von Etatentwürfen für das jeweils kommende Haushaltsjahr fortgesetzt. Die geplante Etathöhe stieg erheblich gegenüber altmünsterischen Zeiten, denn der Verwaltungsapparat und der Aufgabenkatalog waren gewachsen. De facto aber brach das städtische Finanzwesen weitgehend zusammen; schon im Januar 1812 schrieb der Maire an den Präfekten, es sei kein Sou mehr in der Stadtkasse, denn in ihrem eiligen, schematischen Reformvorgehen hatten die Franzosen das alte Einnahmesystem abgeschafft, bevor noch das neue funktionierte. Die Stadt sollte ihren Finanzbedarf zum kleineren Teil aus Zusatzprozenten zu den Staatssteuern, zum größeren aus einer indirekten Besteuerung von Vieh, Brenn- und Baumaterialien decken. Der Tarif für diesen sogenannten Oktroi wurde aber erst im Sommer 1813 genehmigt.

Die Finanzmisere traf sehr spürbar auch die Armenpflege, da die Stiftungen hauptsächlich nun ausbleibende Zinseinnahmen vom Staat oder von der Stadt bezogen hatten. Organisatorisch schritt die schon in der Preußenzeit begonnene Zentralisation der Sozialfürsorge fort, indem zwei Drittel der Armenpflegemittel von den zwei nach französischem Muster eingerichteten, unter Aufsicht des Maire arbeitenden Kommissionen für Hausarme bzw. für hospitalisierte Arme und Kranke verwaltet wurden.

Da die Munizipalordnung trotz der situationsbedingten faktischen Unzulänglichkeiten im Prinzip praktikabel war und sich mit der straffen staatlichen Bevormundung gerade in Zeiten des Aufbaus einer neuen Landesherrschaft als günstig erwies, behielt sie nach der Rückkehr der Preußen noch bis 1835 Gültigkeit in Münster.

Auch auf das platte Land fand sie ab Mai 1809 in den Untergliederungen des Ems- bzw. des Lippedepartements Anwendung. Ohne Rücksichtnahme auf ältere Amts- oder Kreiseinteilungen wurden Munizipalitäten eingerichtet, die jeweils mehrere Kirchspiele umfassen konnten. Im heutigen Stadtbezirk Münster waren das ab 1811 die Mairien: St. Mauritz mit Lamberti, Handorf und Hiltrup; Nienberge mit Überwasser; Wolbeck mit Angelmodde; Roxel mit Albachten; Amelsbüren mit Rinkerode. Die Mairien St. Mauritz, Nienberge und Wolbeck gehörten zum Kanton St. Mauritz, Roxel zum Kanton Nottuln und Amelsbüren – bei Berg verblieben – zum Kanton Sendenhorst. Der Kanton als Einheit zwischen Arrondissement und Kommune war unter anderem ein Friedensgerichtsbezirk. Wie in der Stadt Münster stand auch an der Spitze jeder Mairie ein Bürgermeister, der die gesamte Gemeindeverwaltung in Abhängigkeit vom Präfekten leitete. Auch hier finden wir Landadelige unter den Funktionsträgern, zum Beispiel Clemens August Droste zu Hülshoff als Maire von Roxel. In St. Mauritz übernahm das Amt Lambert Hammer, der spätere erste Landrat des Landkreises Münster. Je nach Einwohnerzahl gab es einen oder zwei Beigeordnete als Stellvertreter des Maire sowie zehn- oder zwanzigköpfige Munizipalräte für Finanzberatungen. Sie hatten ähnliche Sorgen wie der stadtmünsterische Rat, denn auch um die Haushalte der Landgemeinden war es in der Franzosenzeit schlecht bestellt, da die Zusatzcentimes zu den Staatssteuern ihren Bedarf nicht deckten.

Die öffentliche Finanzmisere wirkte auch auf die Kirchenpolitik zurück, indem die Verstaatlichung von Kirchengut vorrangig mit dem Ziel der Geldbeschaffung für die Staatskassen betrieben wurde. Wohl hatte die napoleonische Ära durch das Konkordat von 1801 eine Restauration des Katholizismus im nachrevolutionären Frankreich ermöglicht, aber sehr rasch hatte sich das Verhältnis Paris–Rom wieder gespannt. Der napoleonische Staat beanspruchte Beaufsichtigung und Dienstbarmachung des kirchlichen Lebens für seine Zwecke. Dabei sollte sich die Kirche auf die Kultausübung konzentrieren, während soziale Aufgaben, Schulwesen und Zivilstandsregister in staatliche Kompetenz überwechselten. Auch aus dieser Zielsetzung heraus war die Weiterführung der Vermögenssäkularisation konsequent.

Von Düsseldorf aus verfuhr man jedoch mit dieser Thematik noch ähnlich behutsam wie zuvor die Preußen. Es kam nur zur Aufhebung der drei kleinen Kongregationen Rosenthal, Hofringe, Reine und der beiden Ordenskommenden, der Georgskommende des Deutschen Ordens und der Johanniterkommende, für die im Rheinbundgebiet nun ebenfalls das Säkularisationsprogramm galt. Nach dem Anschluß an Frankreich dagegen erging im November 1811 ein generelles Aufhebungsdekret für alle im Lippedepartement noch existenten Klöster und Kapitel. In Münster waren dies neben dem Domkapitel und den vier Stiften noch fünf Männer- und vier Frauenklöster. Die Exkapitulare und -konventualen wurden auf Pensionen gesetzt. Nur die Barmherzigen Brüder konnten einstweilen ihre Krankenpflegedienste fortsetzen. Das für die Seelsorge notwendige Kirchengut blieb Eigentum der Kirche, also der Dom, die vier Stiftskirchen, Wohngebäude für den – allerdings reduzierten – Klerus an diesen Gotteshäusern sowie Kirchengeräte, auch aus den Klöstern. Der gesamte übrige mobile und immobile Besitz fiel dagegen an den Staat. Nur den Domherren und Stiftskanonikern wurde noch Wohnrecht auf Lebenszeit in ihren Kurien gewährt. Die Ausbreitung staatlicher Einrichtungen rings um den Domplatz, wie sie uns heute vertraut ist, vollzog sich also nicht abrupt. Für die Verwendung der Klostergebäude gab es offenbar keine sinnvolle Planung. Die meisten dienten in der Folgezeit als Kaserne oder Militärdepot. Auch mit Kunstgegenständen, Büchern, Möbeln der aufgelösten Ordensgemeinschaften ging man nicht sehr sorgsam um. „Die Kirchenzieraten“ seien „wie die Schneeflocken umhergeflogen“, heißt es in einer Chronik [StadtAM, Handschriften 11, S. 26].

Den Hauptgewinn für den Staat brachten der Grund- und der Kapitalbesitz der geistlichen Institutionen. Dabei leitete die französische Regierung im Gegensatz zur preußischen einen baldigen Verkauf von Teilen des Grund und Bodens ein, da so am raschesten Geld in die Staatskassen floß. Bis zum Juli 1813 wurden im Lippedeparte-

Département de la Lippe.

Affiche N.o XXXIII.

CAISSE D'AMORTISSEMENT.

VENTE DE BIENS NATIONAUX A MUNSTER.

Adjudication définitive le 14 Avril 1813.

La première séance d'enchère aura lieu le samedi 10 Avril 1813, et l'adjudication définitive le mercredi suivant 14 Avril.

A la diligence du Directeur de l'enregistrement et des domaines, il sera procédé, mercredi le 14 Avril 1813, à neuf heures du matin, en une des salles de la maison commune de Munster et par-devant Mr. le Préfet du Département de la Lippe, ou de son délégué, à la vente définitive des domaines nationaux ci-après détaillés, le tout conformément aux lois des 15 et 16 floréal an 10, 5 ventose an 12, et au décret impérial du 28 Mars 1812.

Definitiver Zuschlag den 14. April 1813.

Die erste Verkaufs-Sitzung wird statt finden am Samstag den 10. April 1813, und der definitive Zuschlag am folgenden Mittwoch den 14. April.

Auf Betrieb des Direktors der Domainen und des Enregistrements wird am Mittwoch den 14. April 1813, Morgens 9 Uhr, in einem Saale des Gemeinde-Hauses zu Münster vor dem Herrn Präfekt des Lippe-Departements oder seinem Delegirten zum Definitiv-Verkauf der hiernach benannten Domainen-Güter geschritten werden, und zwar in Gemäßheit der Gesetze vom 15. und 16. Floreal des Jahrs 10, 5. Ventose des Jahrs 12, und des kaiserlichen Dekrets vom 28. März 1812.

Ankündigung des Verkaufs von Nationalgütern in Münster und Umgebung (1813)

Ferdinand August Graf Spiegel als Erzbischof von Köln (1825–1835). Spiegel wurde 1813 von Napoleon zum Bischof von Münster ernannt, erhielt aber keine päpstliche Bestätigung

ment Ländereien für etwa 8 Millionen Francs verkauft (4 Francs = 1 Taler). In der unmittelbaren Umgebung Münsters wechselten ca. 1500 Hektar Land für 1,3 Millionen Francs den Eigentümer. Es handelte sich dabei überwiegend um Einzelparzellen aus dem Garten- und Ackergürtel rings um die Stadt, deren Zeitpachtverträge ausliefen. Ganze Höfe standen dagegen nur vereinzelt zum Verkauf. Für die Bauern mit kirchlichem Obereigentümer wurde nun der Staat Grundherr, aber die Möglichkeit des bäuerlichen Eigentumserwerbs am Hof ergab sich ohnehin aus den Bauernbefreiungsgesetzen. Die veräußerten Ländereien wurden für den zwanzigfachen Betrag der Jahrespacht zur Ersteigerung geboten; von rascher Verschleuderung läßt sich da nicht sprechen. Das Kaufinteresse bei den Münsteranern war lebhaft, denn die Bodenmobilität war ein Gebot der Zeit, und religiöse Bedenken gegen den Erwerb von Säkularisationsgut spielten offenbar keine Rolle. Hauptgewinner der Aktion wurde freilich nicht Frankreich, sondern Preußen, denn beim Abzug der Franzosen waren erst ein kleiner Teil des Bodens verkauft und in der Regel nur die erste Fünftelrate des Preises entrichtet. Preußen erkannte die französische Säkularisationsgesetzgebung an und setzte die Durchführung fort. Die Kirche sah sich durch die Herrschafts- und die Vermögenssäkularisation doppelt getroffen. Neben ihrer politischen Rolle büßte sie nun auch ihre wirtschaftliche Funktion in Stadt und Land Münster ein und wurde als Trägerin kultureller und sozialer Einrichtungen zurückgedrängt.

Die Aufhebung des Domkapitels und die territoriale Neuverteilung Westfalens warfen auch die Bistumsfrage wieder auf. In bergischer Zeit schien es denkbar, daß Münster den Bischofssitz an Düsseldorf würde abtreten müssen. Unter direkter französischer Regierung wurde dann, ohne daß die Zirkumskription eines Bistums schon festgelegt gewesen wäre, ein auf elf Köpfe verkleinertes neues Domkapitel gebildet, dessen Mitglieder nun alle Priester, aber nicht mehr alle adeligen Standes waren. Spiegel, der zu allmählicher Bejahung der französischen Herrschaft gelangt war, aber auch gezielt das Bischofsamt anstrebte, wurde im April 1813 von Napoleon zum Oberhirten in Münster bestimmt. Da die napoleonischen Maßnahmen jedoch der kanonischen Rechtmäßigkeit entbehrten, verloren sie nach 1813 ihre Gültigkeit. Erst 1821 kam es zu einer Vereinbarung zwischen Preußen und dem Heiligen Stuhl über Bistumsumgrenzung, Bischofswahl und Domkapitel.

Die Wirtschaft Münsters genoß in der Franzosenzeit keine gezielte Förderung; andererseits bewahrte ihr bescheidener Zuschnitt sie aber auch vor ruinösen Einbußen. Besonders die napoleonische Handelspolitik war nicht von wirtschaftspolitischer, sondern von außenpolitischer Räson bestimmt. Um England in die Knie zu zwingen, wurde der gesamte Kontinent für englische Waren gesperrt; der Inselstaat seinerseits konterte mit einer ausfuhrhemmenden Gegenblockade. So erlebten seit dem Sommer 1807 auch die münsterischen Kaufleute wiederholt Hausdurchsuchungen und Konfiskationen englischer Waren. Auch Überseeprodukte wie Kaffee, Tee, Zucker wurden knapper, obwohl ihr Vertrieb gegen hohen Zoll gestattet blieb und außerdem ein lebhafter Schmuggel blühte. Härter wurden Handel und Gewerbe durch Zollinien auf dem Kontinent getroffen, die ältere Handelsverbindungen abschnitten. Die Grenzen zum Königreich Westfalen und seit 1811 auch zum Großherzogtum Berg verliefen in unmittelbarer Stadtnähe; andererseits blieben aber – entgegen allen Erwartungen – auch das linksrheinische Frankreich und das für den münsterländischen Textilexport besonders wichtige Holland durch Prohibitivzölle gegenüber dem nordwestdeutschen Raum gesperrt. So können Klagen seitens der münsterischen Händler nicht verwundern.

Das Handwerk dagegen hatte sich, dem Revolutionserbe entsprechend, auf Liberalisierung einzustellen. Mit Einführung der Patentsteuer erfolgte die Aufhebung der 28 münsterischen Zünfte. Fortan genügte die bloße Steuerzahlung zur Gewerbeberechtigung. Die Geräuschlosigkeit, mit der sich dieser Vorgang vollzog, zeugt davon, daß die Handwerks- und Kaufmannsgilden sich überlebt hatten und die Gewerbefreiheit ein Gebot der Zeit war.

Ein Wirtschaftszweig, dem die französische Regierung besondere Aufmerksamkeit schenkte, war der Straßenbau, denn er diente auch militärischen Zwecken, und Aufbesserung des nach einhelligem Urteil desolaten Zustandes der münsterländischen Verkehrswege tat dringend not. Im April 1811 wurde der Ausbau der Straße Wesel–Hamburg angeordnet, die das Lippedepartement durchlief und auch Münster berührte. Allein für den Bau der Strecke Appelhülsen–Telgte wurden täglich 800 Arbeiter und 140 Wagen benötigt. Beim Abzug der Franzosen waren allerdings erst kurze Teilstücke chaussiert, doch wie in manchen anderen Bereichen konnten auch hier die Preußen Begonnenes fortsetzen.

Die Rücksichtnahme auf militärische Belange beeinflußte hemmend oder fördernd nahezu alle Reformbereiche in der Franzosenzeit, da die dauernde Kriegssituation zum alles prägenden Vorzeichen wurde. Schon in der Gouvernementszeit wurden in Münster Freiwillige für den Dienst im kaiserlichen Heer geworben. Ein westfälisches Regiment war auf 3000 Mann veranschlagt, doch hat es die vorgesehene Stärke nie erreicht. Etwas mehr Anklang bei den Münsterländern fand ein Reiterkontingent. Das Regiment der bergischen Lanciers wuchs auf tausend Mann an und kam im

Spanienkrieg zu verlustreichem Einsatz. Die französischen Konskriptionsgesetze erhielten unmittelbar nach dem Anschluß an Berg Gültigkeit. Sie brachten mehr Wehrgerechtigkeit, denn die Revolution hatte in Frankreich die allgemeine Wehrpflicht bei begrenzten Dienstjahren durchgesetzt. Konskribiert wurden alle 20- bis 25jährigen, wobei durch Losentscheid die Aktiven entsprechend der einem jeden Ort zugeteilten Quote ermittelt wurden. Für die Gezogenen betrug die Dienstzeit dann fünf bis acht Jahre. Die allgemeine Wehrpflicht wurde allerdings insofern unterlaufen, als Wohlhabende einen Ersatzmann stellen konnten. Sie mußten ihn jedoch selbst anwerben, wobei die dafür üblichen Zahlungen sehr hoch waren. Außerdem wurde von den vermögenderen Familien erwartet, daß sie ihre Söhne für die napoleonische Garde auf eigene Kosten ausrüsteten. Noch im Sommer 1813 stellte das Lippedepartement 42 Gardisten, davon die knappe Hälfte aus Münster. Zu den regulären Truppen wurden in den Jahren 1808 bis 1813 235 Münsteraner eingezogen, etwa viermal soviel wie vom preußischen Kantonreglement erfaßt worden waren. Die Rekruten mußten nach kurzer Ausbildung, in bergische oder französische Regimenter eingereiht, auf die Kriegsschauplätze in Spanien und Rußland ausrücken. Die Zahl der Desertionen war infolgedessen nicht geringer als in der Preußenzeit, obwohl die Militärpolizei dem mit hohen Strafen, auch mit Druck auf die Angehörigen zu begegnen suchte. Die Stärke der Garnison in Münster ging aufgrund der Kriegssituation zurück, dafür hatte aber der Etappenort mehrfach den Andrang durchziehender Truppen zu bewältigen.

3. *Der Abzug der Franzosen und der Wiederanschluß an Preußen (1813–1815)*

Die französische Konskription ging fast nahtlos in die Rekrutierungen für den Befreiungskrieg über. Seit November 1812 wußte man auch in Münster vom Debakel des Rußlandfeldzugs. Die Position der Franzosen in der Stadt wurde schwieriger, obwohl das Münsterland kein Raum antinapoleonischen Volksaufstands wurde. Selbst Österreichs Beitritt zur russisch-preußischen Koalition im August 1813 steigerte allenfalls die passive Hoffnung auf eine baldige Befreiung von der französischen Herrschaft. Die Truppen der Verbündeten brachten sie im November. Am 4. verließen die französischen Beamten Münster unter Mitnahme der Verwaltungsakten und Kassenbestände. Vierzehn Tage lang beobachtete Präfekt Dusaillant noch vom linksrheinischen Kleve aus die Geschehnisse im Lippedepartement; dann hatten die Verbündeten den Rhein erreicht. Schon am 7. November waren erste Kosakenverbände als Vorhut der alliierten Nordarmee in Münster eingerückt. Kurz darauf folgten preußische Einheiten. Im Gegensatz zu 1802 begrüßten die Münsteraner sie diesmal mit freudiger Erleichterung, wobei diese allerdings wiederum in erster Linie den Befreiern von den Franzosen galt und weniger den zurückkehrenden Landesherren.

Der Wiederanschluß an Preußen stand noch nicht fest, war aber doch sehr wahrscheinlich. In Vorvereinbarungen mit den Verbündeten hatte sich Preußen bereits seinen Gebietsumfang von 1806 und zusätzliche Arrondierungen zusichern lassen,

Karikatur auf die napoleonische Militärpolitik und den Verlust früherer Eroberungen

wobei allerdings als Alternativen zu den Säkularisationsgewinnen auch der Erwerb Sachsens oder Neuvorpommerns in Berlin diskutiert, ja favorisiert wurde. Das am 19. November 1813 eingerichtete Militärgouvernement zwischen Weser und Rhein mit Sitz in Münster unterstand nicht den Verbündeten, sondern allein der preußischen Regierung, wobei neben den preußischen Altbesitzungen in diesem Raum auch die enklavierten Kleinterritorien miterfaßt wurden. Das waren deutliche Vorentscheidungen für die definitive Territorialregelung, die auch schon erkennen ließen, daß die unter napoleonischem Einfluß erfolgte Bereinigung der deutschen Landkarte nicht wieder rückgängig gemacht werden sollte.

Vincke kehrte als Zivilgouverneur nach Münster zurück, um zusammen mit dem Militärgouverneur Levin Karl von Heister die Gouvernementsgeschäfte zu leiten. Eine achtköpfige Regierungskommission aus münsterischen und preußischen Beamten übernahm die Aufgaben der verwaisten französischen Verwaltungs- und Finanzbehörden. Ansonsten erfolgten aber noch wenig Eingriffe in die Administration, zumal die Militärbelange anfangs allen Arbeitseinsatz erforderten. Die in der preußischen Reformära erlassenen Wehrgesetze erhielten auch in den zurückeroberten Gebieten unmittelbare Gültigkeit. Linientruppen, die Landwehr als allgemeines Volksaufgebot im Krieg und der Landsturm zur engeren Heimatverteidigung waren zu organisieren. Dabei galt nun auch in Preußen die allgemeine Wehrpflicht, von der es auch kein Freikaufsrecht gab. In Linie und Landwehr dienten die 17- bis 40jährigen; den Landsturm bildeten auch Ältere. Insgesamt hatte das Gouvernement etwa 30 000 Mann für Linie und Landwehr zu stellen. Aus der Stadt Münster waren es 268; dazu kamen noch 117 freiwillige Meldungen für die Jägerdetachements, besonders aus dem Adel und dem gehobenen Bürgertum. Das waren mehr junge Leute, als für die napoleonische Armee eingezogen worden waren, wobei die Landwehrmänner allerdings nur mit einem auf die Kriegsmonate beschränkten Dienst rechneten. Wieder gab es Desertionen, aber insgesamt setzte sich doch auch bei den Münsterländern mehr und mehr das Bewußtsein durch, die nationale Sache mittragen zu müssen. Ihren Haupteinsatz leisteten die westfälischen Regimenter erst im Sommerfeldzug 1815 in den Gefechten von Ligny (Belgien) am 16. Juni 1815 und an der Seine gegen den aus der Verbannung noch einmal zurückgekehrten Napoleon. Hier hatte das münsterländische Regiment mehr als 300 Tote zu beklagen, davon etliche aus Münster. Die Stadt war außerdem 1814/15 immer wieder durch sehr hohe Quartier- und Requisitionsforderungen, vereinzelt auch durch Zusatzsteuern belastet – Leistungen, die zusammengerechnet die Höhe der französischen Kontributionsforderungen der Gouvernementszeit durchaus erreichten. Aber auch zu diesen Aufwendungen waren die Münsteraner jetzt eher bereit, zumal Vergütungen aus den Staatskassen geregelter erfolgten.

Besonders seit dem 1815 erneut notwendig gewordenen Feldzug gegen Napoleon war auch in Münster die Akzeptanz für eine Rückkehr unter die Herrschaft Preußens und für den Ausbau von dessen Position im Westen Deutschlands gewachsen. Die Schlußakte des Wiener Kongresses (9. Juli 1815) und entsprechende Einzelverträge der beteiligten Mächte entsprachen in ihren Territorialregelungen weitgehend den Weichenstellungen der Gouvernementszeit. Das gesamte mittlere und südliche Westfalen fiel als nun geschlossener Komplex an Preußen, wobei das ehemalige Herzogtum Westfalen den hauptsächlichen Zugewinn ausmachte. Im Norden dagegen mußten Gebiete, auch aus dem ehemaligen Niederstift Münster, an Hannover und Oldenburg abgetreten werden. Die Verordnung vom 30. April 1815, durch die Preußen seine territoriale Untergliederung in Provinzen neu regelte, war gleichzeitig Gründungsurkunde für die Provinz Westfalen mit ihren drei Regierungsbezirken Münster, Minden und Arnsberg. Münster, in günstiger Lage und durch Zentralfunktionen vorgeprägt, wurde Provinzialhauptstadt und Sitz des Generalkommandos. Vincke erhielt am 25. Mai 1815 seine Ernennung zum ersten Oberpräsidenten Westfalens und Regierungspräsidenten von Münster. Nach Erledigung aller Aufgaben endete das Gouvernement im August 1816; die neuen Provinzial- und Bezirksbehörden nahmen ihre Tätigkeit auf. Die Münsteraner hatten schon im Oktober 1815 durch eine Festwoche mit dem Höhepunkt der Huldigung an den preußischen König das Ende des Interims erlebt. Zumindest diese Feiertage, in denen die Stadt eine Woche lang „einem Paradiese ähnlich“ war [StadtAM, Handschriften 11, S. 60], hatten sie in aufrichtiger Freude mitgestaltet, wenn auch in dem anschließenden zweiten preußischen Integrationsprozeß die Alltagsernüchterung bald wieder Platz griff.

Im zusammenfassenden Rückblick zeigte sich ihnen das Jahrzehnt zwischen 1802 und 1813/15 als eine typische „Übergangszeit“, als „politische Umbruchsperiode“, die vielfältige Anstöße und Bedingungen für Veränderung geschaffen hatte, ohne diese selbst aber schon vollständig zu realisieren. Die Aufhebung des Fürstbistums 1802 hatten sie zweifellos als die stärkste Zäsur erlebt, aber mehr im Sinne eines Endes, einer Infragestellung des Althergebrachten, ohne daß neue Konzepte für alle Bereiche öffentlichen Lebens sofort erkennbar gewesen wären. Die Reformen der ersten Preußenzeit konzentrierten sich auf eine zweckmäßigere Administration und beließen es selbst hierin teilweise bei bescheidenen Veränderungsansätzen. Im wesentlichen als nachgeholter Absolutismus der Vorreformära geprägt, wurde der dirigistische, staatskonzentrierte Integrationsprozeß abgemildert, aber auch verzögert durch das Provinzialprinzip, das Besonderheiten in Historie und Struktur der Angliederungsgebiete berücksichtigte.

Gemessen daran brachte die Franzosenzeit einen sehr viel kräftigeren und einseitiger an Gesamtstaatskonzepten orientierten Veränderungsschub. In einer raschen, diskussionslosen En-bloc-Übertragung erfolgte der Export des Revolutionserbes, soweit es den inzwischen dominanten außenpolitischen Zielen Napoleons nicht zuwiderlief. Im Bereich von Administration und Justiz, Kirchenpolitik und Militärwesen ergaben sich Anknüpfungen an erste preußische Reformschritte, doch waren Tempo und Ausmaß der französischen Eingriffe ungleich höher. Vor allem aber stellte die französische Gesetzgebung auch die Weichen für eine neue Sozialordnung: die entprivilegierte bürgerliche Gesellschaft. Wohl verankerte sich in den fünf Jahren der Zugehörigkeit zum napoleonischen *Empire* die Liberalisierung französischer Prägung im Münsterland schwächer als etwa in den zwei Jahrzehnte lang französisierten Rheinlanden, aber in der Überlagerung mehrerer Erneuerungswellen war bis 1815 die Überwindung der überkommenen Ordnung fürstbischöflicher Zeiten doch in allen Bereichen des öffentlichen Lebens vollzogen: Die Entflechtung weltlicher und kirchlicher Funktionen, die Trennung von Justiz und Verwaltung, eine effiziente, bürokratisierte Administration bei gehobenem Steuerniveau, ein klarer Gerichtsaufbau und ein kodifiziertes Recht, eine – auch durch die Wiedereinführung des Allgemeinen Landrechts nur noch unwesentlich eingeschränkte – Gleichheit aller hinsichtlich des Rechts, der Steuer, des Wehrdienstes, die freie Verfügung aller über Person und Eigentum, die gewerbliche Freiheit, Besitzumschichtungen durch Bauernbefreiung und Kirchengutssäkularisation waren bleibende Ergebnisse.

Die Stadt Münster hatte sich administrativ zur Einwohnergemeinde mit geschlossenem Verwaltungsgebiet entwickelt. In ihren Mauern waren Adel, Ordens- und Weltklerus, Beamten- und Offiziersstand von den Veränderungen unmittelbarer betroffen als das Wirtschaftsbürgertum. Auch für die Umlandbauern zeigten sich die Wirkungen deutlicher erst in der Zeitverzögerung etlicher Jahre. Bei allen war das Augenblicksurteil über die Franzosenzeit geprägt durch die alle Reformen unter ein Negativvorzeichen stellenden dauernden Kriegsbelastungen. Nach 1815 konnte Preußen, das inzwischen selbst in der Reformära seinen Modernisierungsweg gegangen war, im Münsterland in vielen Bereichen als Erbe und Vollstrecker französischer Reformansätze fungieren und war damit von einem erneuten eigenen Rechtfertigungszwang entbunden.

Quellen und Literatur

Die Übergangsperiode vom fürstbischöflichen Münster zur preußischen Provinzialhauptstadt stellt sich auch in den Aktenbeständen der Archive als Zäsur dar. Im Stadtarchiv Münster beginnen die Akten der Stadtregistratur mit der ersten Preußenzeit; aber es sind auch die jeweils letzten Akten des „Alten Archivs" heranzuziehen. Im Staatsarchiv Münster sind die Akten der Übergangszeit in besonderen Beständen zusammengefaßt. Für Münster kommen in erster Linie folgende Bestände in Frage: Königreich Preußen – Spezialorganisationskommission Münster, Kriegs- und Domänenkammer Münster, Landesregierung Münster; Großherzogtum Berg – Präfektur des Emsdepartements; Kaiserreich Frankreich – Präfektur, Domänendirektion und

Amortisationskasse des Lippedepartements; Königreich Preußen – Zivilgouvernement. Eine sehr gute Übersicht über diese Bestände vermitteln Wilhelm Kohl und Helmut Richtering [1266: Behörden der Übergangszeit]. Für die in den hiesigen Archiven weniger dicht dokumentierte Franzosenzeit sei auch auf Bestände der Archives Nationales in Paris (Série F, Administration générale de la France und Série AF IV, Secrétairie d'Etat Impériale) verwiesen; eine Übersicht liefert Helmut Richtering [2593: Französisches Nationalarchiv]. Die Münster betreffenden Gesetze aus der Übergangszeit finden sich in verschiedenen Sammlungen [2616: Sammlung der Gesetze 3; 2139: Gesetz-Bulletin; 2617: Präfekturverfügungen; 1244: Mémorial administratif].

Aus einer breiten Palette von Lebenserinnerungen, Tagebüchern oder Briefsammlungen sei hier besonders auf die „Neue Steinausgabe" [2708: Briefe und amtliche Schriften] verwiesen, wobei Band 1 die Tätigkeit Steins in Münster widerspiegelt. Der Vincke-Nachlaß liegt im Staatsarchiv Münster. Veröffentlicht sind die Tagebücher 1813–1818 [1260: Tagebücher Vinckes]. Für Vinckes erste Jahre in Münster sind die Tagebücher in der Darstellung Bodelschwinghs [1293: Leben des Ober-Präsidenten] sowie in der biographischen Skizze von Heinrich Kochendörffer [1379: Vincke] aufgearbeitet. Als jüngste Biographie liegt die Arbeit von Ludger Graf von Westphalen [2813: Vincke 1774–1809] vor. Quellen zur Rolle des Domdechanten Spiegel gegenüber Preußen und Franzosen sind im zweiten Band der Spiegelbiographie von Walter Lipgens [1402: Ferdinand August Graf Spiegel] veröffentlicht. Ergänzend dazu erschien 1989 der Briefwechsel zwischen Spiegel und Stein [1207: Briefe Spiegel an Stein]. Von französischer Seite sind weniger Nachlässe veröffentlicht. Die Memoiren Beugnots [1243: Mémoires du Comte Beugnot] geben einige Aufschlüsse über Münsters bergische Zeit.

Eine umfassende Darstellung der stadtmünsterischen Geschichte zu Beginn des 19. Jahrhunderts bietet Monika Lahrkamp [1397: Napoleonische Zeit]; dort sind die einschlägigen Quellen nachgewiesen und ist die gesamte ältere Literatur aufgeführt und verarbeitet. Von den später erschienenen Veröffentlichungen verdienen besonders die Monographien von Reif und Walter Aufmerksamkeit, die in längerfristiger Perspektive über die Umbruchzeit hinweg deren Rückwirkungen auf je eine Gesellschaftsgruppe Münsters bzw. des Münsterlandes untersuchen [2580: Reif, Westfälischer Adel; 1460: Walter, Beamtenschaft]. Einen neueren Überblick bietet der Aufsatz von Susanne Kill [1377: Vom alten Münster]. Zur Thematik französischer Revolutionsemigranten in Westfalen erschien 1989 eine umfassende Quellenveröffentlichung mit vorgeschaltetem Darstellungsteil [964: Veddeler, Emigranten]. Eine neuere Beurteilung der französischen Agrargesetzgebung bietet der Aufsatz von Arnulf Jürgens [2292: Aufhebung der Leibeigenschaft]. Die Territorialabgrenzungen des Großherzogtums Berg, die 1808 und 1811 für Münster wichtig wurden, behandelt – durchsetzt von Kartenskizzen – der Aufsatz von Heinz-K. Junk [2290: Großherzogtum Berg]. Zahlenangaben über Münsters Kriegstote in der Franzosenzeit bietet der Beitrag von Helmut Lahrkamp [1396: Opfer].

Verschiedene Kartenveröffentlichungen verdeutlichen die Territorialveränderungen im Münsterland zu Beginn des 19. Jahrhunderts [1272: Westfälische Länder; 2332–2334: Kohl, Karten].

BERND WALTER

Von der fürstbischöflichen Haupt- und Residenzstadt zur preußischen Provinzialhauptstadt (1815–1835)

1. Verwaltung, Verfassung und Gesellschaft im Umbruch – 2. Der Ausbau der Stadt Münster zur Provinzialhauptstadt – 3. Integration und Stadtgesellschaft – 4. Verfassungswünsche und bürokratische Herrschaft

1. Verwaltung, Verfassung und Gesellschaft im Umbruch

Das Jahr 1815 als „Wende"-Jahr zur Innenpolitik

Als die „strahlende Herbstsonne", die den Teilnehmern der Huldigungszeremonie auf den preußischen König am 15. Oktober 1815 eine „glückverheißende" Zukunft angekündigt hatte, untergegangen und auch die Illumination von Schloß, Rathaus und Schauspielhaus mit Tausenden von Lämpchen erloschen war, begann nach der Erinnerung von Zeitgenossen eine Zeit völliger politischer „Windstille". Für den heranwachsenden Levin Schücking, den späteren literarischen Freund der Droste, „erfreute man sich zwar nicht des Gewordenen und mit all den Leiden und Opfern Erreichten, aber vorläufig der Ruhe" [2660: Schücking, Lebenserinnerungen 1, S. 63]. Das Jahr 1815 wurde offenbar als typisches „Wende"-Jahr erlebt.

Die mehrfachen Gebiets- und Herrschaftsveränderungen der napoleonischen Zeit hatten die Angst in der Bevölkerung und die Ungewißheit über die zu erwartende Zukunft zur Dauerbelastung werden lassen, aber auch dem noch im Jahr 1802 empfundenen „schroffsten Gegensatz" zwischen den preußischen und fürstbischöflich-münsterischen Verhältnissen die Spitze genommen. Selbst Oberpräsident Vincke zeigte sich von dieser „Klima"-Verbesserung anläßlich der Huldigung überrascht und notierte in sein Tagebuch: „Die Münsteraner sogar regten sich aus ihrer Indolenz und alles ging vortrefflich" [1260: Tagebücher Vinckes, S. 198]. Die aktive Beteiligung der Bevölkerung an den öffentlichen und für die Öffentlichkeit inszenierten Huldigungsfeierlichkeiten wurde von offizieller Seite nur allzugern als „patriotische Begeisterung" interpretiert, um der erneuten preußischen Besitzergreifung in Westfalen eine Basislegitimation zu geben. Für den aufmerksamen Zuhörer offenbarte sich jedoch in den Nebensätzen der zahlreichen Festreden und -veranstaltungen eine Stimmungslage, deren positive Ausrichtung aus mehreren Quellen gespeist war.

Preußen wurde als Befreier von der zunehmend als Belastung empfundenen napoleonischen Herrschaft begrüßt. Die auf Mobilisierung aller ökonomischen, finanziellen und militärischen Ressourcen gerichtete französische Machtpolitik war damit beendet. In das Gefühl der Erleichterung mischten sich Äußerungen einer nationalen Einstellung. Diese „vage Emphase" für Deutschland fand auch Ausdruck in einem Theaterstück, das am Vorabend des Huldigungstages aufgeführt wurde. Es beschwor die Erinnerung an den Befreiungskrieg der Germanen unter dem Cherusker Hermann. Einer der Akteure artikulierte die aufkeimende „teutsche" Gesinnung mit den

Worten: „Sie ist vorbei! die Zeit, wo unser edles, geliebtes Deutschland, tiefgebeugt in Fesseln, im Staube lag; sie ist vorbei, die Schmach – wir heben frei und kühn das Haupt empor!" [1225: Huldigungs-Feyer, S. 59]. In der gemeinsamen Kraftanstrengung gegen das napoleonische Frankreich verlor der territoriale Horizont seine distanzierende Kraft.

Mit der nationalen Erregung verbanden sich innenpolitische Erwartungen. Die französische Revolution und die napoleonische Herausforderung hatten in den Staaten Mitteleuropas jenen Entwicklungen in Staat, Wirtschaft und Gesellschaft zum Durchbruch verholfen, die im Staat des aufgeklärten Absolutismus bereits eingeleitet worden waren. Es war insbesondere ein Wechsel auf die Zukunft, der auch nach der Niederringung Napoleons und der territorialen Neuordnung seine langfristige Bedeutung für die Erneuerung von Staat und Gesellschaft, für das Bewußtsein und die politisch-soziale Wirklichkeit behielt. Als Domdechant von Spiegel im Namen der Deputierten noch vor der Ablegung des Huldigungseides „pflichtgemäß" seine Freude über den militärischen Sieg wie auch den errungenen Frieden äußerte und dem König von Preußen die „allgemeinste Ergebenheit" versicherte, erinnerte er ihn gleichzeitig an das Versprechen auf baldige Einführung einer ständischen Verfassung. Im Bewußtsein der Zeitgenossen war die Arrondierung der Herrschaftsräume offensichtlich eng mit der Verfassungsentwicklung von der Feudalordnung zur bürgerlichen Partizipation verknüpft und wurde auch in ihrer Ungleichzeitigkeit wahrgenommen.

Nicht zuletzt speiste sich die „patriotische Begeisterung" aus einem verständlichen Lokalpatriotismus. So begrüßte Stadtdirektor von Böselager den königlichen Huldigungsbevollmächtigten, Staatsminister Freiherr von der Recke, vor dem Mauritztor im Namen der Stadt mit den Worten: „Die Freude und Dankbarkeit über das bevorstehende glückliche Ereigniß, [. . .] wird für uns um vieles dadurch erhöhet, daß unsere Stadt, durch die Gnade Sr. Königl. Majestät, zur Hauptstadt der Provinz ausersehen worden" [1225: Huldigungs-Feyer, S. 49]. In dem Bewußtsein, zur „Metropole" der Provinz bestimmt zu sein, schien ein Großteil der Bürger den Verlust der Residenzstadtfunktion verschmerzen zu können. Vor allem im Dienstleistungssektor, im Handwerk und Handel konnte man weiterhin auf eine sichere Existenzgrundlage hoffen.

Eine genauere Betrachtung des eher oberflächlichen Spektakels der Huldigung liefert genügend Hinweise auf die gesellschaftlichen Probleme, die mit der erneuten preußischen Besitzergreifung verbunden waren. Es war kein Übergang zu „ruhigeren" Zeiten, sondern eher ein Vorstoß in eine neue Dimension gesellschaftspolitischer Probleme. Das Jahr 1815 war das „Wende"-Jahr vom „Primat der Außenpolitik" zur Innenpolitik, von der zwischenstaatlichen zur innerstaatlichen Konsolidierung.

Der Zusammenstoß des revolutionären Frankreich mit den Mächten des alten Europa hatte zur Säkularisation, Mediatisierung und Reichsauflösung, zur völligen Umgestaltung der politischen und territorialen Lage geführt. Mit der Schlußakte des Wiener Kongresses und durch eine Reihe von Staatsverträgen fand die „territoriale Flurbereinigung" auch in Westfalen ihren Abschluß.

Die von außen angestoßenen politisch-gesellschaftlichen Veränderungen, die Auswirkungen französischer Gesellschaftspolitik in Westfalen und die tiefgreifenden po-

Entwurf eines Schmucktransparents zur Feier der Huldigung am 15. Oktober 1815

litischen und gesellschaftlichen Reformen in Preußen ließen sich jedoch nicht vom Kabinettstisch aus kanalisieren. Sie hatten ihre eigene Dynamik, die allerdings nach dem Wegfall der außenpolitischen Bedrohung und dem Zwang zur innerstaatlichen Angleichung neugewonnener Gebiete auf besondere Rahmenbedingungen stießen. In der Provinz Westfalen sollte sich zeigen, wie eng das Integrationsproblem mit der Annäherung von Staat und Gesellschaft in der Verfassungsfrage verbunden war.

Verwaltungsreform und Verfassungsversprechen in Preußen

Mit dem preußischen Besitzergreifungspatent für die Provinz Westfalen vom 21. Juni 1815 wurden die zwei zentralen Fragen der Nach-Napoleonära auch von staatlicher Seite programmatisch miteinander verknüpft. Dort hieß es: „Wir werden mit sorgfältiger Beobachtung der früheren Verhältnisse dieser Länder ihnen eine ständische Verfassung verleihen, welche ihren Bedürfnissen angemessen ist, und dieselbe an die allgemeine Verfassung anschließen, die wir unseren gesamten Staaten gewähren werden." Daß die Verfassungsfrage in der Eingliederungsphase dennoch in den Hintergrund gedrängt wurde, lag nicht nur an den Sachzwängen, sondern auch an der innenpolitischen Entwicklung im preußischen „Rest"-Staat nach der politisch-militärischen Katastrophe des Jahres 1806.

Die Niederlage in der Schlacht bei Jena und Auerstedt bereitete den Weg für eine rasche und gründliche Reform des Staatswesens. Sie verfolgte einerseits mit der Überwindung der Kriegsfolgen, zum anderen mit dem Entwurf eines „neuen Systems“ in Staat und Gesellschaft zwei sich notwendig ergänzende Zielsetzungen. Die weitgespannten Ziele dieses Entwurfs strebten eine umfassende Erneuerung des preußischen Staates und seiner Einrichtungen, den Neubau der Staatsspitze und die Einführung der Selbstverwaltung an. Als treibende Kraft kristallisierte sich ein reformerisch-liberal gesinnter Kreis der Beamtenschaft heraus, der bereits seit den 1790er Jahren in Konfrontation mit den französischen Ereignissen Vorstellungen von einer Reform als Alternative zur Revolution entwickelt hatte. Doch erst die Niederlage von 1806 schuf die machtpolitischen Voraussetzungen für die Verwirklichung des Reformprogramms.

Der Druck der Reformbedürftigkeit des besiegten Staatswesens machte die Beamtenschaft zur politisch tonangebenden Schicht im Staat. Schon in den Jahren vor den Reformen war das preußische Beamtentum in der Praxis zunehmend zum einzigen Träger einer verfassungsmäßigen Beschränkung der Königsmacht geworden. Grundlegende Veränderungen konnten die Beamten in dieser Machtkonstellation nicht einleiten, wohl aber die kollektive, berufliche, soziale und politische Stellung der Verwaltungsbürokratie stärken. Erst in der Krisensituation des Jahres 1806 konnte die Beamtenschaft beim Krisenmanagement das „Konkurrenzverhältnis“ zum König für sich entscheiden und sich als dominierende Führungsgruppe etablieren.

In den Augen Friedrich Wilhelms III. mußte der Staat „durch moralische Kräfte ersetzen, was er an physischen verloren“ hatte. Das sollte insbesondere durch „die nationale Mobilisierung der Selbstverwaltung“ gelingen [2241: Hubatsch, Stein-Studien, S. 101]. Den Beamten stellte sich damit die Aufgabe, die freie Entwicklung der Persönlichkeit als Idee, die der neuen Staatsverfassung eine tragfähige Basis geben sollte, in konkrete Verwaltungsmaßnahmen umzusetzen. Im Reigen der Reformgesetze und Gesetzesinitiativen der Jahre 1807 bis 1821 zur Heeresverfassung und Verwaltungsorganisation, zur Aufhebung von Leibeigenschaft, Gesindezwangsdienst und Schollenpflichtigkeit wie zur Gewerbefreiheit und schließlich zur kommunalen und gesamtstaatlichen Verfassung nahm die Verwaltungsreform jedoch einen Vorrang ein. Das lag nicht nur daran, daß die Verwaltungsreform gleichsam eine Selbstreform war und sich ohne gesellschaftliche Widerstände durchführen ließ. So wie sich die Beamten als berufene Vertreter des Allgemeininteresses fühlten, sollte auch der „Charakter der Nation“ erst durch die Verwaltung gebildet werden. Die Priorität der Verwaltungsreform, aber auch altständischer Widerstand verhinderten, daß die geplante Ergänzung des administrativen Systems durch die Beteiligung des Staatsbürgers am politischen Entscheidungsprozeß auf der mittleren und oberen Ebene verwirklicht wurde. Mit dem Hinauszögern der konstitutionellen Verfassung steigerte sich allerdings auch der Selbstbehauptungswille der Bürokratie.

Selbst das von Staatskanzler Hardenberg veranlaßte Verfassungsversprechen Friedrich Wilhelms III. vom 22. Mai 1815, das Preußen den Weg zu einem von geistigen und bürgerlichen Kräften getragenen Rechts- und Verfassungsstaat wies und mit der „Repräsentation des Volkes“ einen neuen Fixpunkt im Erwartungshorizont der sich formierenden liberalen bürgerlichen Schichten markierte, kann nicht über folgenden Tatbestand hinwegtäuschen: Die propagierte Einheit von Verwaltungsreform und Verfassungspolitik hatte sich in der Verwaltungspraxis und -organisation mit einer zunehmenden Betonung zentralistischer Strukturen und der Tendenz zur Rationalisierung bereits aufgelöst. Mit der Erweiterung des preußischen Staates um die mittel- und westdeutschen Provinzen wurde diese Tendenz noch verstärkt, da die administrative Organisation und Integration der neuen Staatsteile sich zunächst als Verwaltungsproblem darstellte. Der „Vorrang der Verwaltung vor der Verfassung" schien noch einmal das Gebot der Stunde zu sein [2345: Koselleck, Preußen, S. 218]. In der Umbruchsituation zwischen Feudalordnung und bürgerlicher Emanzipation und Partizipation konnte die Bürokratie als zentraler Initiativ- und Innovationsfaktor ihre Rolle als dominante Kraft erneut ausspielen.

Integration als Problem von Verwaltung und Gesellschaft

Die Integration der Provinz Westfalen, verstanden als „Veränderung in der Zeit nach gesamtstaatlichem Maßstab" [2031: Burg, Einführung, S. 21], erscheint also zunächst als Problem der Verwaltungsorganisation. Unter Orientierung an der Vision des Einheitsstaats ging es hier zunächst um die Errichtung hierarchisch-vertikaler Strukturen. Der politischen Grenzziehung und dem Aufbau übergeordneter Behörden, der neuen Verwaltungsgliederung sowie ihrer effektiven und homogenen Ausgestaltung kam – als tragenden Elementen eines Staatsaufbaus – zweifellos eine normative Kraft zu. Das Ordnungshandeln der Bürokratie entfaltete eine integrationsfördernde Wirkung. Im gesellschaftlichen Zusammenhang war es aber doch nur eine der „Realitäten des Alltags", die neben Beruf, Besitz, Wohnort, privaten Bindungen, politischer Willensbildung, Vereinsaktivitäten und Militärdienst die Menschen integrierte. Damit ist die horizontale Perspektive, die eher lebensweltliche Dimension des Problems angesprochen.

Im provinzialen, regionalen oder städtischen Zusammenhang gab es zwischen staatlicher Verwaltung und Kommunalverwaltung, zwischen der Beamtenschaft und anderen Sozial-, Berufs- und Interessengruppen nicht nur ein hierarchisch-bürokratisches Verhältnis, sondern auch andere Formen der Kooperation und ein gesellschaftliches Zusammenleben. Hier stellte sich Integration als soziale Integration und als Prozeß der sozialen Angleichung dar. Unter den Lebensbedingungen des Alltags trafen dabei besonders die Wirkungen der bereits realisierten Strukturen und das Selbstverständnis der Personen aufeinander, da sich die mentalen Prozesse ungleichzeitig entwickelten. Ob sich das Zusammentreffen harmonisch oder konfliktbeladen darstellte, hing nicht zuletzt von den subjektiven Erfahrungen, persönlichen Interessen, vom politischen Bewußtsein oder der Verwurzelung in traditionellen Vorstellungen ab.

Die Geschichte Münsters von der fürstbischöflichen Haupt- und Residenzstadt zur preußischen Provinzialhauptstadt gewinnt ihren Reiz also nicht so sehr durch den Ausbau zum Verwaltungszentrum, sondern durch die sozialen und gesellschaftlichen Problemlagen, die sich daraus ergaben. Da Münster trotz mehrfachen Souveränitätswechsels stets Verwaltungszentrum blieb und die neuen Regierungsvertreter beherbergte, war es auch den eingeleiteten tiefgreifenden verfassungsmäßigen und politischen Veränderungen mit ihren sozialen Folgen stets unmittelbar ausgesetzt. In Münster lebten Beamte und Staatsbürger, preußische und ehemals fürstbischöfliche

Beamte, Adelige und Bürgerliche, Kaufmannschaft und Gewerbebürgertum in einem überschaubaren Bereich zusammen, der den persönlichen Kontakt und gesellschaftliche Beziehungen ermöglichte.

Für die stadtgeschichtliche Forschung öffnet sich damit der unentbehrliche Blick auf die gruppenspezifischen und gesellschaftlichen Folgen der „großen" Politik. Die Stadt erscheint zum einen als Kaleidoskop allgemeiner Entwicklungen, zum anderen aber auch als das eigentliche Untersuchungsfeld, in dem gesellschaftliche Integration unter den jeweils unterschiedlichen lokalen Voraussetzungen greifbar wird. Vor Ort mußten daher auch zuerst die Reibungsflächen zwischen (Stadt-)Gesellschaft und (Staats-)Bürokratie spürbar werden und die stets virulente Verfassungsfrage als Partizipationsanspruch wieder ins Spiel kommen.

2. *Der Ausbau der Stadt Münster zur Provinzialhauptstadt*

Die neue politische Raumordnung in Westfalen

Die preußische Provinz Westfalen entstand als geschlossener Gebietskomplex durch Anerkennung der preußischen Besitzrechte an den bereits 1806 besessenen Gebieten, durch die Mediatisierung der westfälischen Fürstentümer und in kleinerem Rahmen durch Tausch und Arrondierungsverträge. Die Grenzziehung war eher das Ergebnis „von territorialpolitischen Zufälligkeiten und Schiebungen" und nahm auf landsmannschaftliche oder funktionale Verbundenheit wenig Rücksicht [1995: Blotevogel, Zentrale Orte, S. 63]. Auch die napoleonischen Verhältnisse spielten für die preußische Verwaltungsgliederung kaum eine Rolle. Bis auf zwei Ausnahmen nördlich von Rheine und südlich von Siegen folgten die Provinzgrenzen vielmehr den alten Territorialgrenzen. Das gleiche galt für die Abgrenzung der neu gebildeten Regierungsbezirke, in denen die alten Territorien als geschlossene Blöcke wiederzufinden waren. Zum neuen Regierungsbezirk Münster gehörten zum Beispiel als Kern das ehemalige Oberstift Münster, ergänzt durch Tecklenburg, die Obergrafschaft Lingen, Steinfurt, Gemen und Anholt. Ehemalige Territorialgrenzen wurden zu Binnen- und Verwaltungsgrenzen.

Die Stadt Münster bot sich aus mehreren Gründen als Verwaltungszentrum der neugebildeten Provinz an. Zum einen war Münster mit 15 158 Einwohnern (1818) die größte Stadt in Westfalen. Erst mit großem Abstand folgte Minden mit 6800 Einwohnern. Als nächstgrößere Städte sind Bielefeld, Paderborn, Iserlohn, Soest, Hamm und Dortmund mit etwa 4000 bis 6000 Einwohnern zu nennen. Zum anderen war Münster hinsichtlich seiner zentralörtlichen Ausstattung den anderen Städten überlegen. Die einheitliche politische und konfessionelle Entwicklung des Münsterlandes und die Haupt- und Residenzstadtfunktion für das größte westfälische Territorium hatten seit dem Ausgang des Mittelalters die Entwicklung Münsters zum höheren Zentrum und zur größten Stadt Westfalens begünstigt. Auch als das Fürstbistum Münster seit dem Tod des letzten allein auf dieses Bistum beschränkten Bischofs von Münster, Franz Arnold von Wolff-Metternich, ständig in Personalunion mit dem Erzbistum Köln verbunden war und damit den Charakter eines „Nebenlandes" annahm, trat kein entscheidender Funktionsverlust ein.

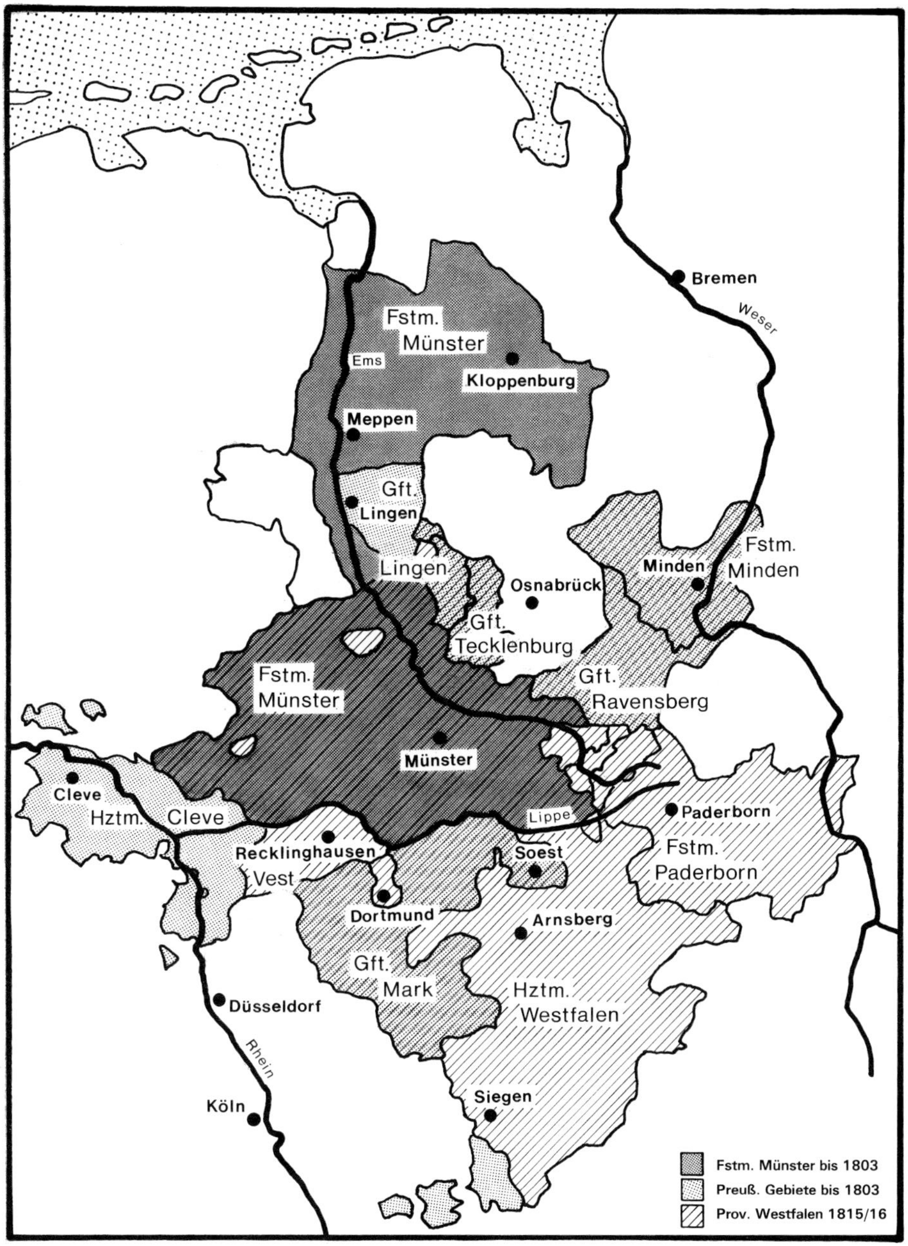

Die politische Gliederung in Westfalen um 1800 mit den Grenzen der neugebildeten Provinz Westfalen (1815)

Mit dem Verlust der Residenzstadtfunktion und der Erhebung zur Provinzialhauptstadt erhielt Münster Verwaltungsfunktionen für einen völlig anders strukturierten Raum. Er erstreckte sich nicht mehr wie früher unter Einbeziehung des Niederstifts Richtung Norden, sondern hatte sich in südlicher und östlicher Richtung ausgedehnt und flächenmäßig fast verdoppelt. Im Vergleich zur Fläche des Hochstifts Münster, also einschließlich des Niederstifts, mit rd. 10 500 Quadratkilometern, erstreckte sich das Provinzgebiet über rd. 20 000 Quadratkilometer. Die Bevölkerung der neuen Verwaltungseinheit umfaßte mit 1,07 Millionen Einwohnern (1818) mehr als die dreifache Zahl der Einwohner des ehemaligen Fürstbistums Münster [2571: Reekers, Beiträge zur statistischen Darstellung 1, S. 122, 152].

Die Provinz setzte sich zu fast zwei Dritteln aus säkularisierten geistlichen Gebieten zusammen, während die ehemals preußischen Gebiete in Westfalen flächenmäßig nur einen Anteil von 27 Prozent ausmachten. Dennoch war aufgrund der höheren Bevölkerungsdichte in den zuletzt genannten Gebieten der Anteil der evangelischen Konfession relativ hoch. Er machte 43,1 Prozent aus, während die Katholiken 55,8 Prozent der Bevölkerung stellten. Das darf jedoch nicht darüber hinwegtäuschen, daß die Provinz in Anlehnung an die alten Territorialgrenzen einem Flickenteppich konfessionell relativ homogener Gebiete glich. Die Bevölkerung des neu geschaffenen Regierungsbezirks Münster bestand zu 95 Prozent aus Katholiken.

In seine Rolle als Metropole der am Kabinettstisch entstandenen Provinz mußte Münster jedoch erst noch hineinwachsen. Die Übernahme der Hauptstadtfunktion und die Binnenintegration der Provinz stellten zwei korrespondierende Prozesse dar. Sie glichen den zwei Seiten einer Medaille, die erst durch den Aufbau neuer Raumbeziehungen und durch funktionale Verflechtungen ihren Wert bekam. Genauso wie die Integration der Provinz zunächst von der Neuorganisation der Verwaltung getragen wurde, sollte der Hauptstadtcharakter Münsters zuerst an der Übernahme überregionaler Verwaltungsfunktionen sichtbar werden.

Münster als Verwaltungszentrum

Nichts manifestierte den Aufstieg Münsters zur Provinzialhauptstadt deutlicher als der „Oberpräsident", der im ehemals fürstbischöflichen Schloß seinen Dienstsitz nahm. Sein Kompetenzbereich umfaßte die Leitung, Aufsicht und Kontrolle der gesamten Provinzialverwaltung. Als unentbehrlicher administrativer Vereinigungspunkt der Provinz war er auch den Bezirksregierungen in Minden, Münster und Arnsberg übergeordnet, ohne zugleich in deren selbständige Amtsführung eingreifen zu dürfen. Zum Geschäftsbereich des Oberpräsidenten gehörten vor allem solche Angelegenheiten und Probleme, die sich in ihrer Wirksamkeit nicht auf den Bereich eines Regierungsbezirks beschränkten und durch eine übergeordnete Instanz einer einheitlichen Regelung zugeführt werden sollten. Hervorzuheben sind: alle ständischen Angelegenheiten, die Aufsicht über die Verwaltung derjenigen öffentlichen Institute, die nicht ausschließlich für einen einzelnen Regierungsbezirk eingerichtet waren, sowie Sicherheits- und Militärmaßnahmen in außerordentlichen Fällen.

Das Oberpräsidium war außerdem für die Angelegenheiten des Kultus, des öffentlichen Unterrichts und des Medizinalwesens zuständig. Zur Erfüllung dieser Aufgaben standen dem Oberpräsidenten als neu geschaffene Behörden das Provinzialkon-

Ludwig Freiherr von Vincke (1774–1844), der erste Oberpräsident der Provinz Westfalen. Gemälde von August von der Embde (1816)

sistorium und das Provinzialmedizinalkollegium, aber auch die entsprechenden Fachbeamten der Regierungen zur Verfügung. Hauptaufgabe des Konsistoriums war es, in „rein-geistlicher und wissenschaftlicher Hinsicht die allgemeine Leitung des evangelischen Kirchenwesens und der Schulangelegenheiten in der Provinz zu besorgen“ [2140: Gesetz-Sammlung 1817, S. 237ff]. Zu den kirchlichen Angelegenheiten der evangelischen Konfessionen gehörte unter anderem die Einrichtung von Synoden, die Aufsicht über den Gottesdienst, die Prüfung von Kandidaten für ein geistliches Amt, das Bestätigungsrecht für einzustellende Geistliche und das Vorschlagsrecht für die Superintendenten. In schulischen Angelegenheiten hatte das Konsistorium die Aufsicht über die Elementar- und Bürgerschulen; wichtig war auch die Organisation, Aufsicht und Leitung von Schullehrerseminaren.

Das Medizinalkollegium verstand sich als eine „rein wissenschaftliche und technisch-ratgebende“ Behörde. Zu seinen Aufgaben gehörten allgemeine Maßnahmen zur Hebung der medizinischen Wissenschaft, zur Verbesserung der Ausbildung von Medizinalpersonal und Beamten und zur Errichtung von öffentlichen Medizinalanstalten, die Prüfung von Medizinalpersonen, allgemeine Maßnahmen zur Seuchenbekämpfung und die Herausgabe periodischer Berichte zum Medizinal- und Sanitätswesen.

Die Funktionsfähigkeit der genannten Provinzialbehörden wäre ohne personelle Unterstützung der Regierung Münster, der zentralen Verwaltungsbehörde für den Regierungsbezirk, nicht denkbar gewesen. Auf der Verwaltungsebene der Regierung konzentrierten sich alle Gegenstände der inneren Landesverwaltung in einer Behörde. In zwei Abteilungen gegliedert war sie unter anderem für Angelegenheiten der Landeshoheit, für die gesamte Sicherheits-, Ordnungs-, Gewerbe- und Medizinalpolizei, das Kommunalwesen, die geistlichen und Schulangelegenheiten, für Militärsachen, die Zensur von Schriften, das Bauwesen und das gesamte Steuer- und Rechnungswesen zuständig. Schon dieser Aufgabenkatalog zeigt, daß in der ersten Hälfte des 19. Jahrhunderts die Regierungen als Verwaltungsebene ein höheres Gewicht hatten als die Provinz. Äußerlich erkennbar wird das auch an der personellen Ausstattung der Regierung und den personellen Verflechtungen zwischen der Regierungs- und Provinzebene. Dieser Personalverbund war allerdings nur für die Provinzialhauptstadt typisch, da sich hier die entsprechenden Behörden in räumlicher Nähe befanden.

Für die Kooperation richtungweisend wurde die Personalunion zwischen dem Amt des Oberpräsidenten und des Regierungspräsidenten, die in Münster bis über die Jahrhundertmitte hinaus erhalten blieb. Auch nach der Ernennung eines relativ selbständigen Regierungsvizepräsidenten blieb die Erstverantwortlichkeit des Oberpräsidenten aufgrund der personellen Zusammensetzung der Kollegien nicht nur reine Formsache. Beamte der Regierung nahmen am Geschäftsbetrieb des Oberpräsidiums, des Konsistoriums und des Medizinalkollegiums teil, so daß vor allem im Bereich der schulischen und medizinischen Angelegenheiten nicht mehr von einer Eigenständigkeit der jeweiligen Verwaltungsebene gesprochen werden kann.

Im Jahr 1818 hatte die Regierung Münster einen Personalstand von 24 höheren Beamten bzw. Titularräten sowie 48 Subalternen und Beamten des unteren Verwaltungsdienstes. Im Oberpräsidium arbeiteten zwei höhere Beamte und drei Subalterne, im Konsistorium acht Räte und ein Sekretär, im Medizinalkollegium sechs höhere Beamte. Sieht man einmal von der umfassenden Funktion des Oberpräsidenten ab, dann saßen in den zuletzt genannten Behörden vier Räte, die auch der Regierung angehörten. Schon aufgrund dieser Personalstruktur war der Ausbau von Verwaltungsfunktionen, die zu einer stärkeren Bindung der Provinz an ihre Hauptstadt geführt hätten, nicht zu erwarten.

Die Intensivierung der Verwaltungsbeziehungen Münsters zur Provinz vollzog sich in den folgenden Jahren insbesondere über die Gründung neuer Behörden und Einrichtungen. So wurde in Westfalen im Jahr 1823 eine Provinzialsteuerdirektion als Sonderverwaltung auf Provinzebene eingerichtet. Es war die erste ihrer Art in einer preußischen Provinz. Die Provinzialsteuerdirektion verwaltete die indirekten Steuern und Abgaben, die vorher zu den Geschäftsangelegenheiten der Regierungen gehört hatten. Der Direktor unterstand dem Finanzministerium. Zum Oberpräsidenten hatte er ein ähnliches Unterstellungsverhältnis wie die Regierungspräsidenten, denen er gleichberechtigt nebengeordnet war.

Erst 1832 wurde mit der Westfälischen Provinzial-Hilfskasse eine weitere Einrichtung mit Sitz in Münster geschaffen, die sich in ihrem Wirkungskreis an den Provinzgrenzen orientierte. Sie vergab Darlehen zur Tilgung von Gemeindeschulden, für Kirchen- und Schulbauten, für den Wegebau, für gewerbliche Zwecke und die Ablösung gutsherrlicher Rechte. Die Westfälische Provinzial-Hilfskasse stand unter der Aufsicht der im Jahr 1823 ins Leben gerufenen Provinzialstände, auf die noch zurückzukommen sein wird. Zu nennen ist auch die Westfälische Provinzialsynode. Da sie seit 1839 meist in Soest tagte, wurden die funktionalen Beziehungen Münsters zwar nicht erweitert, es entstand jedoch ein Forum, das auf die evangelische Kirche in Westfalen typisierend und prägend wirkte und durch das Denken in synodalen Kategorien die Formierung eines Provinzbewußtseins förderte.

Mit der „Ernennung“ zur Provinzialhauptstadt war Münster natürlich auch für die Ansiedlung anderer überregionaler Institutionen prädestiniert, die in ihrem Zuständigkeitsbereich über die Provinzgrenzen hinausgriffen. Ein Gesetz aus dem Jahr 1820 bestimmte Münster zum Sitz einer Generalkommission, die ein Jahr später unter der Leitung eines Generalkommissars für Gemeinheitsteilungen ihre Arbeit aufnahm. In dieser Behörde waren zunächst vier höhere Beamte als Spitze einer entsprechenden Verwaltungsstruktur mit der Regulierung der gutsherrlich-bäuerlichen Verhältnisse, insbesondere mit der Abwicklung der Ablösung von Verpflichtungen beschäftigt, die auf bäuerlichen Grundstücken lastete. Ihr Zuständigkeitsbereich umfaßte die Provinz Westfalen und den nördlichen Teil der Rheinprovinz.

Im Jahr 1822 begann die preußische Verwaltung in den rheinisch-westfälischen Provinzen mit den Vorbereitungen für eine Neuordnung der Grundbesteuerung. Der erste Schritt dahin war eine Katastralabschätzung, also eine genaue Ermittlung des Wertes und Reinertrags jeder Nutzungsfläche. Die Oberaufsicht lag in den Händen eines Generaldirektors des Katasters für die rheinisch-westfälischen Provinzen. Als Fachleute standen ihm zwei Generalkommissare für die Vermessung und Abschätzung zur Seite. Für die praktische Ausführung wurden in jedem Regierungsbezirk sogenannte Katasterkommissionen als Spezialkommissionen der Regierung eingesetzt. Da der westfälische Oberpräsident von Vincke seit 1822 das Amt des Generaldirektors innehatte, liefen die Fäden der Abschätzungsorganisation bis zu ihrer Aufhebung 1834 ebenfalls in Münster zusammen. Die Fortschreibung des Katasters wurde danach von den Katasterbüros der Regierungen und den nachgeordneten Katasterämtern übernommen.

Der Charakter Münsters als provinziales Verwaltungszentrum stützte sich in der ersten Hälfte des 19. Jahrhunderts nur auf wenige Verwaltungsfunktionen, die auch nur von einer kleinen Beamtengruppe getragen wurden. Dennoch zeigte sich schon in diesen Jahren, wie allein diese höherrangige Zentralität eine Sogwirkung erzeugte, die im Laufe des Jahrhunderts eine zunehmende Zahl von staatlichen, militärischen, kirchlichen, kommunalen und Justizbehörden, Selbstverwaltungskörperschaften, Finanz- und Verkehrsbehörden und Bildungsanstalten nach Münster brachte. Städtetypologisch verstärkte sich dadurch der Charakter Münsters als Verwaltungsstadt, zumal sich hier nun im Verwaltungssektor die höherrangigen Funktionen und die gewachsenen Funktionen territorialen Zuschnitts überlagerten. Das Gewicht Münsters als Verwaltungsstadt wurde jedoch nach wie vor durch seine unangefochtene Stellung im Münsterland selbst bestimmt.

Das regionale Gewicht gründete sich vor allem auf die Tätigkeit der bereits erwähnten Regierung und des Oberlandesgerichts mit ihren personell gut ausgestatteten Kollegien. Da man sich bei der Festlegung ihres Wirkungskreises an den alten Territorialgrenzen orientierte, konnten sie auf vorhandene Raumbeziehungen aufbauen. Auch der Bezirk des 1813 neu gegründeten Oberpostamts Münster umfaßte nahezu das gesamte Münsterland. Das im Jahr 1819 zur Erhebung der indirekten Steuern errichtete Hauptsteueramt, zunächst der Bezirksregierung, dann seit 1823 der Provinzialsteuerdirektion unterstellt, erhielt dagegen einen wesentlich begrenzte-

Der ehemalige „Fürstenhof" am Domplatz, seit 1816 Sitz der münsterischen Bezirksregierung

ren Zuständigkeitsbereich und konnte nicht in der gleichen Weise an alte Strukturen anknüpfen.

Das Oberlandesgericht war aufgrund seines umfassenden Aufgabenkatalogs in der Rechtspflege, im Vormundschafts-, Privatlehns- und Hypothekenwesen in der Region in der gleichen Weise präsent wie die Bezirksregierung. Es war vor allem die Aufsichtsbehörde über die Stadt- und Landgerichte und das Inquisitoriat als Untersuchungsbehörde in Kriminalfällen. Als Gerichtsinstanz war es zuständig für alle Personen und Grundstücke des Bezirks, die von der Gerichtsbarkeit der unteren Gerichte ausgenommen waren. Außerdem fungierte es als oberster Kriminalgerichtshof seines Bezirks und als Appellationsinstanz in Zivil- und Strafsachen für die von den Untergerichten des Bezirks entschiedenen Sachen. Die anhand des Aufgabenkatalogs sichtbar werdende Allzuständigkeit der ordentlichen Gerichte für alle Rechtsstreitigkeiten sollte für die gesellschaftliche und politische Entwicklung des Vormärz von besonderer Bedeutung sein. Damit fanden in Preußen die justizstaatlichen Bestrebungen einen Abschluß, die auf eine Trennung von Verwaltung und Justiz angelegt waren.

Die Übernahme neuer Verwaltungsfunktionen und der Prozeß der inneren Rationalisierung und Modernisierung der Verwaltung durch den Ausbau und die Verselbständigung einzelner Verwaltungszweige wie auch die Herauslösung der Rechtspflege lassen sich stadttopographisch an der Dislozierung der Behörden genau nachvollziehen. Dabei ruft vor allem die Inanspruchnahme ehemals kirchlicher und klösterlicher Einrichtungen für die Zwecke der Verwaltung noch einmal den engen Zusammenhang von Säkularisation, politischer Umwälzung und Verwaltungsneuordnung in Erinnerung. Im Gegensatz zur fürstbischöflichen Zeit, in der nahezu alle zentralen Behörden im „Fürstenhof" am Domplatz unter einem Dach vereint waren, finden wir hier oder in der Nähe mit der Regierung im „Fürstenhof", dem Oberlandesgericht in der ehemaligen Landsbergschen Kurie und dem Oberpostamt in der früheren Dompropstei bezeichnenderweise nur jene Einrichtungen, die mit ihrem Zuständigkeitsbereich das alte Territorium abdeckten.

Die neu entstehenden Verwaltungen mit überregionaler Bedeutung wurden auch räumlich aus dem traditionellen Behördenzentrum herausgelöst und in anderen Stadtbereichen angesiedelt. Der symbolträchtigste Akt für den Verlust der Souveränität und die Einführung der neuen Verwaltungsstrukturen war die Inanspruchnahme des ehemaligen Residenzschlosses als Sitz des Oberpräsidenten. Ein anderes Behördenzentrum bildete sich im aufgehobenen Dominikanerkloster am Alten Steinweg heraus. Hier fanden das Hauptzollamt, die Generalkommission, die Katasterkommission und schließlich auch die Provinzialsteuerdirektion eine Unterkunft, bis sie gegen Ende des Jahrhunderts in neue Gebäude umzogen. Mit der Entwicklung Münsters zum überregionalen Verwaltungszentrum verlor der Domplatz auch in städtebaulicher Hinsicht seine Attraktivität.

Die Erhebung zur Provinzialhauptstadt war erst der Ausgangspunkt einer Entwicklung, die ihr Ziel in einer engen, möglichst viele Funktionsbereiche umfassenden Bindung der gesamten Provinz an ihre Hauptstadt hatte. Der „Vorrang der Verwaltung" führte zunächst zum Ausbau von provinzialen Verwaltungsfunktionen, wobei der Blick auf die Institutionengeschichte gezeigt hat, daß auch diese bis zur Mitte des 19. Jahrhunderts für den Charakter der Stadt als Verwaltungszentrum noch nicht prägend wurden. Durch die nur langsam vorangehende Stärkung der Provinzbehörden behielten die regionalen Funktionen ein Übergewicht.

Andere, über die institutionellen Zuständigkeiten hinausgehende Raumbeziehungen zwischen Münster und den neuen Landesteilen der Provinz stellten noch Besonderheiten dar. So ist etwa für den Einzugsbereich des münsterischen Gymnasium Paulinum wie der örtlichen Medizinisch-Chirurgischen Lehranstalt eine deutliche Steigerung des Besuchs aus dem süd- und ostwestfälischen Raum nachweisbar. Grundsätzlich ist jedoch festzustellen, daß im kulturellen Bereich die traditionellen Zentren ihre Eigenständigkeit behaupteten.

Ein kulturell bestimmtes, provinziales Eigenbewußtsein artikulierte sich erst seit den 1820er Jahren. Es wurde getragen vom vaterländisch-heimatlichen Bildungsgedanken der Romantik und fand zunächst im bürgerlichen Vereinswesen seine organisatorische Basis. In Paderborn konstituierte sich bereits 1824 eine „Gesellschaft für westfälische Geschichte und Altertumskunde", die sich 1827 mit der Schwestergesellschaft in Münster unter Schirmherrschaft des Oberpräsidenten Vincke zum „Verein für Geschichte und Altertumskunde Westfalens" zusammenschloß. Mit der Gründung des Historischen Vereins und des Westfälischen Kunstvereins im Jahr 1832 wurde die Basis für eine spezifische Kulturarbeit im provinzialen Zusammenhang erweitert. Sie konnten mit der Unterstützung der staatlichen Einrichtungen rechnen, da der Wert dieser bildungsbürgerlichen Initiativen für die Herausbildung eines westfälischen Eigenbewußtseins erkannt wurde. In diesem Sinne leisteten auch die 1823/24 ins Leben gerufenen Provinzialstände einen wichtigen Beitrag, auf den im Kontext der Verfassungsfrage näher eingegangen wird. Provinzweite, von Münster ausgehende kulturelle Raumbeziehungen hatten die ideengeschichtliche und praktische Begründung eines Westfalenbewußtseins zur Voraussetzung, aber auch zum Ziel.

Souveränitätsanspruch und Personalpolitik

Der Auf- und Umbau der Behörden nach preußischen Ansprüchen hatte auch eine gesellschaftspolitische Dimension. Für jeden besitzergreifenden Staat schien es eine Mindestforderung, zur Durchsetzung und Demonstration des eigenen Machtanspruchs wichtige Führungs- und Verwaltungspositionen mit eigenen Beamten zu besetzen. Das hatte zur Folge, daß sich in der personellen Struktur und inneren Organisation der Verwaltungs- und Rechtsprechungsorgane die zahlenmäßig gleich starken Gruppen der Beamten aus den ehemals brandenburg-preußischen und den fürstbischöflichen Gebieten Westfalens in sehr unterschiedlichen Positionen und Rollen wiederfanden. Dem Zusammenschluß der westfälischen Territorien unter preußischer Souveränität entsprach der Vorrang und die bestimmende Funktion der preußischen Beamten in den Behörden. Die eingesessenen münsterischen Beamten mußten sich mit zweitrangigen Funktionen zufriedengeben. Durch ein Kontrollsystem, das sich auf die Aufsichtsfunktion der Führung, die Geschäftsorganisation in den Behörden und die richterliche Gewalt stützen konnte, wurden sie in die Pflicht genommen und im Sinne der Zentralgewalt geprägt.

Der scheinbar „moderne" Charakter der preußischen Behördenorganisation mit seiner Trennung von Verwaltung und Justiz, von kirchlichen Interessen und Schulverwaltung, von Hochschule und Verwaltung wurde durch eine Personalstruktur mit eher archaischem Personenverbandscharakter überlagert. Diese Struktur, die jedes Kollegium nach dem Kriterium „Herkunft" in zwei Lager spaltete, war grundsätzlich geeignet, unabhängig von der Behörde und der jeweiligen Verwaltungs- und Rechtsprechungsproblematik die Interessen preußischer Politik in der Praxis durchzusetzen.

Der Anspruch auf personelle Absicherung des Souveränitätsanspruchs orientierte sich an der Funktion der Beamten und der Aufgabe der einzelnen Behörden. Entsprechend differenziert entwickelte sich die Zusammensetzung der Beamtenkollegien. Daß unter diesen Voraussetzungen alle Führungspositionen der Verwaltung und Justiz mit preußischen Beamten besetzt wurden, so im Bereich des Oberpräsidiums und der Regierung die Ämter des Oberpräsidenten, des Regierungsvizepräsidenten und der Abteilungsdirektoren, im Bereich der Justiz die Ämter des Oberlandesgerichtspräsidenten und -vizepräsidenten wie auch des Stadt- und Landgerichtsdirektors, erscheint fast selbstverständlich. Es ist aber auch bemerkenswert, daß in der Justiz und in Verwaltungszweigen mit eher wissenschaftlicher Orientierung, wie den Bereichen der Schul-, Kirchen- und Medizinalverwaltung, der Anteil der alteingeses-

Arbeitszimmer des Zivilgouverneurs und Oberpräsidenten im Schloß

senen Münsteraner relativ hoch war. Je geringer die praktisch-politische Relevanz einer Aufgabe eingeschätzt wurde, um so größer waren die Chancen für die ehemals fürstbischöflichen Beamten.

Die Auswirkungen dieser Personalorganisation auf das bürokratische Handeln sollen hier nicht weiter verfolgt werden. Aus stadtgeschichtlicher Sicht ist vielmehr von Interesse, in welcher Weise eine durch die Neuorganisation der Verwaltung institutionalisierte Ungleichheit auch gesellschaftliche Brisanz besaß und gesellschaftliche Veränderungen einleitete. Im stadtgesellschaftlichen Kontext können die sozialen Folgen der zunächst nur auf der Verwaltungsebene weitgehend kontrolliert stattfindenden Neuorganisation und Integration betrachtet werden. Das Problem der Integration bzw. Ausgrenzung begegnet uns hier in den alltäglichen Lebensformen in doppelter Hinsicht: zum einen als Problem der gesellschaftlichen Integration der stadtfremden preußischen Beamten, zum anderen als Prozeß der Anpassung und Neuorientierung der überwiegend in Münster ansässigen ehemals fürstbischöflichen

Beamten. Die Herkunft aus gegensätzlichen gesellschaftlichen und staatlichen Verhältnissen, insbesondere die unterschiedliche Konfession, stellte die Stadtgesellschaft vor neue Herausforderungen.

3. *Integration und Stadtgesellschaft*

Strukturmerkmale der Gesellschaft

Bevor nach der Verteilung von Macht, Besitz und Ansehen als Kriterien sozialer Schichtung gefragt wird, sollen die Rahmenbedingungen anhand einiger Daten zur Bevölkerungs- und Gewerbestruktur, zur Konfessionsverteilung und zu den Besitzverhältnissen aufgezeigt werden. Ähnlich wie in Arnsberg und Minden, den anderen Verwaltungszentren der Provinz, stieg die Einwohnerzahl Münsters von 1817 bis 1834 nur langsam. Der absolute Zuwachs um rd. 3600 Personen auf 18 605 Einwohner lag weit unter dem Bevölkerungszuwachs der zur Expansion ansetzenden Städte in den Industriezentren. Als wesentliche Ursache für diesen Anstieg ist eine positive Wanderungsbilanz anzusehen. Neben der vorindustriellen gewerblichen Verdichtung und den Anfängen der Verstädterung förderte insbesondere der Ausbau der Stadt zum Verwaltungszentrum diese Entwicklung.

Die Funktion Münsters als Verwaltungs- und Kulturzentrum prägte auch die Berufsstruktur der Erwerbstätigen. Die Anwesenheit der zahlreichen Beamten der Oberbehörden wie der Angehörigen der vielen kirchlichen Einrichtungen und die Attraktivität der Stadt für Adelige, Akademiker und Künstler wurden zum besonderen Merkmal. Der Aufenthalt dieser relativ vermögenden Schicht und ihr aufwendiger Lebensstil hatten überdies Auswirkungen auf das Gewicht des Dienstleistungsbereichs und die Gruppe der Handel- und Gewerbetreibenden.

Betrachtet man die berufliche Zusammensetzung der männlichen Mitglieder der evangelischen Gemeinde in der Stadt Münster, so ergibt sich erwartungsgemäß eine besondere Berufsgliederung. Innerhalb der Gruppe der gut 200 männlichen evangelischen Erwerbstätigen war der Anteil der Beamten mit 44 Prozent sehr hoch. Bezogen auf die gesamte Beamtenschaft der Stadt bedeutete das ein Kontingent von 25 Prozent, obwohl der Anteil der Protestanten an der Gesamtbevölkerung 1816 nur 3,7 Prozent betrug.

Nicht allein der konfessionelle Unterschied, auch die berufliche Orientierung der Protestanten begründete eine gesellschaftliche Sonderstellung. Die soziale und gesellschaftliche Distanz der Protestanten zu weiten Teilen der Bevölkerung war nicht geeignet, bestehende Ressentiments abzubauen, die sich in der Umbruchphase um 1815 zeigten. Vielmehr ist anzunehmen, daß sich im Bewußtsein der städtischen Bevölkerung die Vorstellungen von privilegierter Schicht, preußischem Staatsbeamtentum und Protestantismus zu einer Einheit verbanden und daß diese Vorurteile gerade in der Zeit des Vormärz, also einer Zeit zunehmender Bürokratiekritik und fortschreitender Distanzierung von Staat und Gesellschaft, zu sozialen Konflikten führen mußten.

Der Grund- und Hausbesitz kann als weiteres wichtiges Kriterium für eine Zustandsbeschreibung der innerstädtischen sozialen Schichtung herangezogen werden. Nach der detaillierten preußischen Katasteraufnahme aus den Jahren 1825 bis 1830 stehen hierfür genaue Unterlagen zur Verfügung. Die folgenden Aussagen orientieren sich jeweils an den Steuersätzen für Liegenschaften und Gebäude. Insgesamt wurden nach der Erstaufnahme rd. 1400 münsterische Privatbesitzer zur Steuer veranlagt. Das entsprach einem Anteil von mindestens 70 Prozent der selbständig Erwerbstätigen in den Berufsgruppen der Beamten, freien Berufe, von Handel und Handwerk. Gemessen an der Zahl der männlichen Einwohner der Stadt in der Altersklasse ab 29 Jahren, also einem Alter, in dem eine gesellschaftlich, wirtschaftlich und geschäftlich selbständige und eigenverantwortliche Lebensführung angenommen werden kann, betrug der Anteil 40 Prozent.

Aber die Verteilung des Eigentums war auch innerhalb der Besitzerschicht ungleich, was am Beispiel des Grundeigentums skizziert werden kann. In den unteren Steuerklassen bis zu einem Taler, das entsprach einer Grundstücksgröße von 500 Quadratmetern, finden wir annähernd drei Viertel aller Grundeigentümer. Schon deutlich weniger Besitzer finden wir mit knapp 16 Prozent in der Steuerklasse zwischen einem und drei Talern und einer Größe von ca. 1500 Quadratmetern. Der Anteil der Besitzer größerer Flächen bis hin zu den Großgrundbesitzern bestand schließlich nur noch aus einer Gruppe von 116 Personen, die gut 8 Prozent aller Grundeigentümer ausmachte. Im Vergleich zum Grundbesitz fällt die Verteilung des Wohneigentums nicht so kraß auseinander. Von den kleineren Häusern bis zum Eigentum an repräsentativen Bauten oder mehreren Häusern nahm die Zahl der Besitzer eher gleichförmig und langsam ab. Die Struktur der Besitzverhältnisse veränderte sich trotz zahlreicher Besitzwechsel bis zur Mitte des Jahrhunderts kaum.

Der berufliche Status und die Verfügung über Grund- und Hausbesitz stellen wichtige Kriterien sozialer Schichtung dar. Auf der kontinuierlichen Leiter zu Reichtum und Ansehen bildeten die unselbständigen Gesellen, Gehilfen, Diener, Mägde und unteren Staatsdiener den Unterstock, da sie in der Regel nicht über Besitz verfügen konnten. Eine Position in der Oberschicht konnte entweder durch einen angesehenen Beruf oder reichen Besitz erlangt werden. Aus der Oberschicht rekrutierten sich schließlich die Führungsgruppen in Stadt und Staat.

Die Voraussetzungen für die Übernahme von Positionen, von denen aus man in Vertretung anderer und über andere Macht ausüben kann, kennzeichnen den Zustand einer Gesellschaft. Die Identität von Macht, Reichtum und Prestige ist charakteristisch für eine eher altständische Gesellschaftsform, während das Zusammenfallen von Macht und Prestige, für die Reichtum neben anderem nur eine Vorbedingung darstellt, eher Hinweise auf eine berufsständisch orientierte Gesellschaft liefert. Beide Formen der Machtsicherung mußten sich an verfassungsmäßig garantierten Möglichkeiten der Herrschaftsbeteiligung und -kontrolle reiben. Damit ist das Problem von kommunalen und staatlichen Führungsschichten unter den Bedingungen gesellschaftlichen und politischen Wandels umrissen. Aus gesellschaftspolitischer Sicht waren die räumliche Neuordnung und die Neuorganisation der Verwaltung zunächst einmal ein Problem der Führungsschichten, das durch die unterschiedliche soziale, konfessionelle und landsmannschaftliche Herkunft der einzelnen Gruppen eine besondere Brisanz erhielt.

Macht, Herrschaft und gesellschaftlicher Wandel

Die aus Münster stammenden Beamten in den preußischen Behörden gehörten fast vollständig zum Kreis der ehemals fürstbischöflichen Beamtenfamilien. Durch ihre Tätigkeit in der fürstbischöflichen Verwaltung zu Ansehen und Reichtum gekommen, darüber hinaus vielfach verwandt und verschwägert, bildeten sie eine deutlich abgrenzbare Schicht in der Gesellschaft der Stadt. Ihr Zugriff auf die kommunalen und staatlichen Ämter machte sie zur einflußreichsten und mächtigsten Gruppe der städtischen Oberschicht und sicherte ihren Nachkommen den Aufstieg in die höhere Beamtenschaft. Nach den Beobachtungen eines preußischen Beamten umfaßte dieses Honoratiorentum etwa sechzig Familien [1205: Berghaus, Wallfahrt 1, S. 160ff].

Gegen Ende des 18. Jahrhunderts bewirkte die Einheirat aufstrebender Beamter in diese Beamtenfamilien nicht nur eine Erhöhung der fachlichen Qualität der Beamtenschaft. Sie bedeutete auch eine Annäherung an neue Berufsgruppen, deren Mitglieder als adäquate Heiratspartner akzeptiert wurden. Hier zeigte sich die Bereitschaft zur Entwicklung neuer beruflicher Perspektiven, allerdings noch im Rahmen der durch den fürstbischöflichen Staat gestellten Aufgaben. Die Geschichte der Familien Druffel, Forckenbeck, Giese, Hüffer, Olfers und Lindenkampf steht beispielhaft für diesen gesellschaftlichen und beruflichen Öffnungsprozeß.

Wie erfolgreich eine geschickte „Familienpolitik" sein konnte, das zeigt der Aufstieg der Familie Olfers. Der Rat und Referendar am Weltlichen Hofgericht und fürstbischöflich-münsterische *advocatus fisci* Franz Theodor von Olfers (1755–1828) wechselte im Jahr 1798 direkt von einer traditionsreichen und erfolgversprechenden Beamtenlaufbahn in das kaufmännische Metier. Er trat als Teilhaber in das Bankgeschäft Franz Hermann Lindenkampfs ein, das vornehmlich die Geschäfte des westfälischen Adels und der Geistlichkeit führte. Lindenkampf stammte wie Olfers aus einer angesehenen münsterischen Beamtenfamilie. Schon 1785 hatte Olfers durch die Heirat mit Maria Elisabeth Lindenkampf (1763–1848), einer Schwester Franz Hermanns, die Grundlage für die zukünftige Zusammenarbeit gelegt. Als Lindenkampf 1798 starb, wurde Olfers der alleinige Inhaber des Bankhauses. Sein Sohn Johann Heinrich (1791–1855) folgte ihm in das Bankgeschäft. Als Beigeordneter und Magistratsmitglied in den Jahren 1827 bis 1850, dann als Oberbürgermeister ab 1850 wurde er zu einem der bedeutendsten und einflußreichsten Beamten im kommunalen Bereich. Die hervorragende Position, die er als Geschäftsmann erreichte, läßt sich daran messen, daß er 1835 zum ersten Vorsitzenden des Vereins der Kaufmannschaft in Münster gewählt wurde und dieses Amt bis 1853 inne hatte. Die anderen Söhne des Franz Theodor von Olfers setzten die Beamtentradition fort.

Der Kreis der bürgerlichen Beamtenfamilien bot zum Ende der fürstbischöflichen Zeit nur noch nach außen hin ein geschlossenes Bild. Innerlich war er facettenreicher geworden. Insbesondere die fachliche Qualifikation hatte sich neben Herkunft und Besitz zur unbedingten Zugangsvoraussetzung für ein höheres Amt herausgebildet. Die Ausweitung des staatlichen Aufgabenbereichs im Medizinal-, Schul- und Hochschulwesen führte zu einer stärkeren fachlichen Differenzierung der Beamtenschaft. Sowohl die personelle Ergänzung wie auch die fachliche Spezialisierung bereiteten langfristig die Auflösung berufsständischer Strukturen und die Herausbildung einer allgemeinen Schicht von Besitz- und Bildungsbürgern vor.

Das von den Preußen beim Aufbau der Behörden praktizierte personelle Auswahlverfahren erfolgte nach Maßgabe des preußischen Qualifikations- und Ausbildungssystems. Akademische Bildung und eine Verwaltungspraxis, die in Qualität und Effizienz den Mindestansprüchen preußischer Verwaltung genügte, wurden zu den entscheidenden Auslese- und Bewertungskriterien vor den sonst gleichzeitig wirksamen Einflußfaktoren wie Herkunft und Besitz.

Das preußische Selektionsverfahren dividierte die fürstbischöfliche Beamtenschaft in zwei Personengruppen: Die eine wurde aufgrund ihrer Lokalkenntnis in den folgenden Jahrzehnten zum unentbehrlichen Bestandteil jedes Kollegiums und war damit auch in ihrer Existenz abgesichert; die andere – bei weitem größere – Gruppe war unmittelbar vor die Existenzfrage und damit vor die Frage der beruflichen Neuorientierung gestellt. Durch die schon in fürstbischöflicher Zeit stattfindende berufliche Differenzierung in der staatlichen Führungsschicht und durch die wechselvollen politischen Verhältnisse in den Jahren bis 1815 wurde diese Neuorientierung erleichtert. Für den einzelnen war der Weg in andere akademische Berufe oder in eine kaufmännische Tätigkeit kein Schritt in das gesellschaftliche Abseits, da andere Berufe schon in fürstbischöflicher Zeit als „standesgemäß“ akzeptiert worden waren.

Neue Impulse ergaben sich schließlich für die schon eingeleitete Herausbildung eines allgemeinen Besitz- und Bildungsbürgertums. Die Aufhebung des fürstbischöflichen Staates veränderte nicht nur die Verwaltungs- und Machtstrukturen und entzog vielen Angehörigen der alten, berufsständisch organisierten Beamtenschaft die materielle Existenzgrundlage. Gleichzeitig wurde damit den Beamten auch die Voraussetzung einer gemeinsamen, identitätsstiftenden Tätigkeit genommen, die bis dahin ihr soziales Verhalten und ihr gesellschaftliches Leben geprägt hatte. Sowohl die fehlende staatliche Funktionszuweisung als auch der Zwang, für die eigene Familie die berufliche Zukunft und materielle Existenz zu sichern, erleichterten es den Beamtenfamilien, die althergebrachten Grenzen der sozialen und gesellschaftlichen Beziehungen zu überschreiten. Die seit dem Beginn des 19. Jahrhunderts angeknüpften Beziehungen zu kapitalkräftigen Kaufmannsfamilien sind ein Zeichen dieser Entwicklung. So bildeten im Grunde die fürstbischöflichen Beamtenfamilien weiterhin die soziale Kerngruppe, die wie ein Katalysator die Herausbildung eines allgemeinen Bildungs- und Besitzbürgertums förderte – um schließlich darin aufzugehen.

Durch familiäre und gesellschaftliche Kontakte blieben auch die ehemals fürstbischöflichen Beamten im preußischen Verwaltungsdienst dieser Gesellschaftsschicht verbunden. Den politischen Umwälzungen und den ihnen folgenden Selektionsvorgängen und Verteilungsprozessen stand eine hohe Stabilität der sozialen Beziehungen gegenüber. Nachdem die alte berufsständische Klammer fortgefallen war und auch der neue Staat aufgrund seiner Personalpolitik nur begrenzte Möglichkeiten zum Arrangement bot, löste sich die Einheit von Beruf, Sozialleben und staatlicher Machtausübung auf. Die soziale Geschlossenheit sicherte zumindest vor Ort noch für längere Zeit den Status als Führungsgruppe.

Im Gegensatz zur Organisation der höheren Verwaltungsbehörden hatte die französische Munizipalverfassung in Münster bis zum Jahr 1835/36 Bestand. Die städtischen Beamten wurden in ihrer Position bestätigt, der Munizipalrat durch eine Verfügung vom 28. August 1816 als Provisorium in seiner Funktion belassen. Da der

Maire und seine Beigeordneten der Staatsverwaltung unterstellt waren und auch der Munizipalrat lediglich gefragt und gehört werden mußte, war ein unbeschränkter zentralistischer Dirigismus möglich.

In französischer Zeit wurden die Gemeinderatsmitglieder zum größten Teil aus den hundert Höchstbesteuerten der Stadt Münster ausgewählt. Nach der Berufsangabe gehörte bis zum Jahr 1815 die Hälfte der Munizipalräte zur Gruppe der Kaufleute, Händler und Fabrikanten, jeweils 20 Prozent gehörten zur Gruppe der Gutsbesitzer und zur Gruppe der Beamten bzw. ehemaligen Beamten. Die freien Berufe und die Handwerker stellten mit rd. 10 Prozent den geringsten Anteil der Gemeinderatsmitglieder. Beachtet man die soziale Herkunft, die Berufsausübung und die gesellschaftliche Einbindung der Familien in der fürstbischöflichen Zeit, dann stammten 1815 fast 50 Prozent der Ratsmitglieder aus dem Kreis der fürstbischöflichen Beamtenfamilien.

Die personellen Ergänzungen, die von der preußischen Regierung in den Jahren 1816 bis 1835 vorgenommen wurden, veränderten die berufliche Zusammensetzung des Gemeinderats zugunsten der Kaufmannschaft. Von den 38 Ratsmitgliedern, die von 1825 bis 1835 dem Rat angehörten, übten 70 Prozent einen kaufmännischen Beruf aus. Eine erste Schwächung der Beamtengruppe erfolgte bereits 1816, als mit dem Übertritt von fünf ehemaligen fürstbischöflichen Beamten in den preußischen Verwaltungs- und Justizdienst vakante Stellen entstanden, die von der Regierung fast ausschließlich mit Kaufleuten besetzt wurden. Da die gleichzeitige Wahrnehmung eines Amtes in der Regierung und in der Kommunalverwaltung auch weiterhin ausgeschlossen war und bei personellen Ergänzungen die Kaufleute den Vorzug erhielten, konnten die kaufmännischen Berufe ihre Position im Gemeinderat langfristig sichern. Durch die zeitgleich erfolgende soziale Öffnung der ehemaligen Beamtenfamilien gegenüber diesen Berufszweigen blieb das Machtgefüge der Stadtgesellschaft jedoch stabil. Das zeigte sich auch bei der Besetzung des Magistrats.

Erst nach dem Tod des Stadtdirektors Freiherr von Böselager im Jahr 1821 zeichneten sich im Magistrat, der seit der französischen Zeit amtierte, personelle Veränderungen ab. Als die Wahl des Bürgermeisters an der geforderten Qualifikation und an der Ablehnung bzw. den Ansprüchen der Kandidaten scheiterte, wurde der langjährige Beigeordnete und frühere Bürgermeister Johann Heinrich Schweling (1760–1824) zum „provisorisch dirigierenden Bürgermeister“ berufen. Zur Unterstützung stellte man ihm Joseph Bernhard Münstermann (1773–1842) zur Seite. Münstermann stammte aus einer Beamtenfamilie. Sein Vater war fürstbischöflich-münsterischer Geheimer Hofrat und Kriegssekretär wie auch Sekretär des Geheimen Rates, sein Schwiegervater Pfennigmeister und Leiter der münsterischen Landeskasse. Seit 1796 arbeitete er als Advokat, seit 1801 auch gegen Diäten bei der Pfennigkammer, bis er schließlich in den Jahren 1803 bis 1808 das erste Mal ein Bürgermeisteramt bekleidete. Nach dem Tod Schwelings im Jahr 1824 rückte Münstermann als Oberbürgermeister in die Spitzenstellung nach.

Bis 1827 hatte Münstermann die gesamten Magistratsgeschäfte allein zu bestreiten, dann wurden ihm der Rentner Dr. jur. Joseph von Zurmühlen (1780–1863) und der Bankier Johann Heinrich von Olfers (1791–1855) zur Unterstützung beigeordnet. Mit Münstermann, Zurmühlen und Olfers erlangten die alten Beamtenfamilien im

Johann Heinrich Schweling als Bürgermeister. Gemälde von A. Sprickmann

Magistrat das in der französischen Zeit verlorene Terrain zurück. Damit lag wie zur Zeit der alten Ratsverfassung das Schicksal der Stadt wieder in der Hand weniger Kaufmanns- und Beamtenfamilien.

Auf der Ebene des Magistrats, der der Aufsichtspflicht der Regierung Münster unterstellt war, bildete sich eine neue Reibungsfläche zwischen gesellschaftlichen Ansprüchen und staatlichen Machtinteressen. Hier standen sich die städtischen Führungsschichten, die aufgrund der preußischen Personalpolitik gezwungen waren, die eigene berufsständische Orientierung zu überwinden – und damit die Entwicklung zur bürgerlichen Gesellschaft forcierten –, und die preußischen Verwaltungsbeamten als die Repräsentanten „moderner Staatlichkeit" gegenüber. Ein Klima der Konfrontation entstand erst allmählich, als sich in der Zeit der Restauration die politischen Bedingungen zuungunsten einer aktiven Verfassungspolitik veränderten, die provisorische Verfassungssituation in der Stadt zum Dauerzustand wurde und das Verfassungsversprechen unerfüllt blieb.

Das gesellschaftliche Leben der Stadt Münster vermittelt den Eindruck, daß zumindest in den Jahren nach der preußischen Wiederinbesitznahme die vorhandenen Möglichkeiten zur gesellschaftlichen Kontaktaufnahme genutzt wurden – unbeschadet der bereits angesprochenen Gegensätze aufgrund von Konfession, Herkunft, Funktion und sozialer Einbindung.

Gesellschaftliches Leben als Integrationsfaktor

Im Prozeß des Übergangs von der ständischen zur bürgerlichen Gesellschaft bildeten auch in Münster die Vereine eine tragfähige Grundlage für den sozialen Ausgleich. Voraussetzung hierfür war die Organisation nach Interessen und nicht nach ständischen Prinzipien. Insofern erscheinen die Vereine nach beruflicher Zusammensetzung und Mitgliederbewegung gleichsam wie ein Spiegelbild der münsterischen Macht- und Gesellschaftsstruktur. Die hier wirksam werdenden Integrations- und Abgrenzungsmechanismen sollten dabei als Merkmale der Veränderung hervortreten.

Der 1775 gegründete Civilclub, im Volksmund auch „Hofratsclub" genannt, hatte mit der Anerkennung von Besitz, Bildung und Herkunft als adäquaten Kriterien für die gesellschaftliche Stellung die berufsständische Orientierung überwunden. Nach der Jahrhundertwende bot die Mitgliederstruktur mit ehemals fürstbischöflichen Beamten, reichen Kaufleuten, Justizbeamten, Advokaten, Ärzten und Apothekern einen repräsentativen Ausschnitt aus der Oberschicht Münsters. Während der Zeit der mehrfachen Souveränitätswechsel wurde der Verein zum Integrationsfaktor der sich permanent wandelnden Führungsschicht, also zwischen adeligen und bürgerlichen, ehemals fürstbischöflich-münsterischen, französischen und preußischen Beamten.

Im Jahr 1813 zählte der Verein den späteren Oberpräsidenten Vincke, den Regierungsdirektor Keßler, Beamte des Konsistoriums und des Oberlandesgerichts zu seinen Mitgliedern. Bei den preußischen Regierungsräten deutete sich eine zunehmende Zurückhaltung an. Die Tendenz zur Exklusivität, die einem Postsekretär im Jahr 1819 die Mitgliedschaft verwehrte, führte schließlich durch den demonstrativen Austritt des Oberpräsidenten zum Bruch mit den preußischen Verwaltungsbeamten. Ursache für die folgende Austrittsbewegung war aber auch die Gründung des „Deutschen", später „Gesellschaftlichen Vereins" durch einen Teil des Adels und die leitenden preußischen Beamten im Jahr 1817.

Die Gründung der „Gesellschaft" und die damit verbundene Abkoppelung eines Großteils der Regierungsmitglieder vom Civilclub markierte auf der Ebene der geselligen Begegnung eine erste Trennungslinie durch die in Münster lebende Oberschicht. Sie sollte sich im Vormärz spürbar vertiefen. Als Produkt der gesellschaftlichen und staatlichen Gegensätze in der Zeit der preußischen Besitzergreifung stellte die „Gesellschaft" durch ihre Existenz ungewollt einen Katalysator für die gesellschaftliche und politische Bewegung dar. Lange Zeit war der Gesellschaftliche Verein als Treffpunkt der staatlichen Verwaltungsbeamten, des westfälischen Adels und der Militärs für die gebürtigen Münsteraner unter den Beamten der einzige Ort, an dem in organisierter Form die gesellige Begegnung mit den preußischen Arbeitskollegen ermöglicht wurde. In den dreißiger Jahren, als insbesondere infolge des „Kölner Ereignisses" der Adel die „Gesellschaft" verließ und auch die münsterischen Beamtenfamilien ausgeschieden waren, entwickelte sich der Verein zu einem Kreis preußischer Beamter und Militärs.

Wie im Civilclub machte sich die Gründung der „Gesellschaft" auch in der Zusammensetzung der Loge „Friedrich zu den drei Balken" bemerkbar. Durch den Rückgang der Mitgliederzahlen aus der höheren und mittleren Beamtenschaft und dem Offizierskorps bestimmten nach 1816 die Kaufleute, Bankiers und Fabrikanten das gesellschaftliche Leben der Loge. Insbesondere die Kaufleute und Grundbesitzer, die gleichzeitig Angehörige des Gemeinderats waren, übernahmen sehr bald die Führungsfunktionen.

Erwähnt sei noch der Zwei-Löwen-Club, in dem ebenfalls die Kaufmannschaft den Ton angab. Dieser Club war gedacht als Vereinigung von Personen, „die bereits ihre Studien geendigt haben“, für „wirkliche und eigene Handlung treibende Bürger, Militair, das Offizieren-Range hat, und beneficirte Geistliche“ [1476: Zwei-Löwen-Klub, S. 30]. In preußischer Zeit traten an die Stelle der ausbleibenden höheren Beamtenschaft die Beamten des mittleren Dienstes. Angesichts der vorherrschenden Rolle der Kaufmannschaft und der Mitgliedschaft zahlreicher katholischer Geistlicher wird es verständlich, daß die Beamten und Militärs preußischer Herkunft wenig Neigung zeigten, in den Zwei-Löwen-Club einzutreten.

Trotz der Tendenz zur organisatorischen und personellen Abschließung der Vereine in den Jahren 1815 bis 1835 bleibt es ein besonderes Kennzeichen des münsterischen Vereinswesens, daß die gesellschaftliche Gruppenbildung durch die gewachsenen Beziehungen der städtischen Führungsschichten überwunden wurden. Hierbei spielten insbesondere die vielfach verwandten und verschwägerten Familien der ehemals fürstbischöflichen Beamtenschaft eine wichtige integrierende Rolle. Die mit den politischen Umwälzungen eingeleitete berufliche Neuorientierung läßt sie als „preußische“ Staatsdiener in der „Gesellschaft“ ebenso erscheinen wie als Rentner und Juristen im Civilclub oder als erfolgreiche Geschäftsleute und Kommunalpolitiker in der Loge und im Zwei-Löwen-Club. Diese Ausgleichsfunktion konnte mit dem Ausscheiden der Münsteraner aus den Verwaltungsbehörden nicht mehr wahrgenommen werden, obwohl sie gerade in der Zeit zunehmender Konfrontation von (Stadt-)Gesellschaft und Staatsbürokratie besonders notwendig gewesen wäre.

In den Jahren nach 1820 blieb es einer kleinen Schicht des gebildeten Bürgertums vorbehalten, die Gegensätze auszugleichen. Dies geschah beispielsweise durch die gemeinsame Aufarbeitung literarischer und religiöser Probleme und der damit verbundenen individuellen Erlebnisformen, also in der Abkehr vom Tagesgeschehen. Einige höhere Verwaltungs- und Justizbeamte nahmen bei der Herausbildung dieser im familiären Milieu wurzelnden biedermeierlichen Kultur eine zentrale Funktion ein. Genannt seien die literarischen Lesezirkel um Christoph Bernhard Schlüter (1801–1884), seit 1826 Philosophiedozent an der Akademie in Münster, und um Elise Rüdiger (1812–1899), Frau eines im Jahr 1833 nach Münster versetzten Regierungsrats. Die Lesezirkel überwanden in einem eng begrenzten gesellschaftlichen Bereich die Glaubens- und Herkunftsunterschiede und das tief verwurzelte Mißtrauen zwischen Einheimischen und Preußen, zwischen Bürgern und Staatsbeamten.

4. *Verfassungswünsche und bürokratische Herrschaft*

Die Erfahrung der Ohnmacht

Die Karlsbader Beschlüsse des Deutschen Bundes verstärkten die Bestrebungen der Restauration. Auch in Preußen veränderten sich die politischen Bedingungen zuungunsten einer aktiven Verfassungspolitik im konstitutionellen Sinne. Die wachsen-

Entwurf für das Haus der Freimaurerloge „Zu den drei Balken" in der Lütken Gasse. Aquarellzeichnung von W. Harsewinkel (1861)

den personellen und sachlichen Spannungen innerhalb der Regierung und Verwaltung und der allgemeine Geist der Reaktion, der das Eingehen auf die Verfassungswünsche schon als Zugeständnis an die „Revolution" ansah, deuteten auf ein Scheitern des Verfassungsversprechens hin. Es wurde mit Hardenbergs Tod – im November 1822 – endgültig besiegelt.

Das Scheitern hatte sich schon in der Anwendung des sogenannten Staatsschuldengesetzes angekündigt. Hardenberg hatte darin eine Bestimmung einfügen lassen, wonach neue Staatsschulden nur unter der Mitgarantie der Reichsstände aufgenommen werden durften. Obwohl diese Klausel gerade als neue gesetzliche Garantie für die Einlösung des Verfassungsversprechens gedacht war, wurde sie zum Ausgangspunkt für eine rigorose und erfolgreiche Sparpolitik mit dem Ziel, die Einberufung der Reichsstände überflüssig zu machen. Die Vertretung des gesamtstaatlichen Interesses blieb noch einmal „in den Händen der Bürokratie, die im Zeichen der Restauration und des Erstarkens eines liberalen Wirtschaftsbürgertums und einer oppositionellen Intelligenz zunehmend aus ihrer Funktion als ‚allgemeiner Stand' verdrängt und zu einem Werkzeug der konservativen und adelsständischen Politik im preußischen Vormärz wurde" [2088: Faber, Restauration und Revolution, S. 118ff].

Da die „Sehnsucht nach konstitutionellen Einrichtungen", das Verlangen nach der „wiederholt verheißenen Gemeinde- und ständischen Verfassung" in der Bevölkerung ungebrochen waren, mußte diese Entwicklung entweder den „unübersehbaren Zug zum Privaten, zur prosaischen Begrenztheit und landschaftlichen Idylle" in der

Biedermeierzeit fördern oder aber auf den Konflikt zusteuern [2306: Keinemann, Westfalen im Zeitalter der Restauration, S. 101]. Wie sich die Kräfte zur Konfliktbereitschaft unter den Wirtschaftsbürgern und Gebildeten in Auseinandersetzung mit einem politischen System entfalteten, das auf die Erhaltung der alten Herrschaftsstrukturen ausgerichtet war und die Entfaltung der gesellschaftlichen und ökonomischen Kräfte behinderte, kann in den überschaubaren Verhältnissen der Stadt Münster beobachtet werden. Es lag nahe, daß sich hier die Kritik zunächst gegen die Bürokratie und die Beamten als Repräsentanten dieses Systems richtete. Sie entzündete sich vor allem an den Eingriffen der Bezirksregierung in die Belange der städtischen Selbstverwaltung.

Ein drastisches Bild des Verhältnisses von Regierung und Stadt zeichnet der Verlagsbuchhändler Johann Hermann Hüffer (1784–1855) in seinen Lebenserinnerungen. Hüffer, Sohn eines fürstbischöflich-münsterischen Hofrats und Professors, war von 1817 bis 1835 Mitglied im Munizipalrat, dann bis 1841 in der Stadtverordnetenversammlung, die er in den letzten drei Jahren auch als Vorsteher vertrat, und schließlich von 1842 bis 1848 Oberbürgermeister der Stadt Münster. Für ihn waren die „Kämpfe“ gegen die Anmaßung der Regierung, „die beharrlich danach trachtete, jede Selbständigkeit der städtischen Behörden zu vernichten und ihre Willkür an die Stelle zu setzen, ohne je auf die Förderung der städtischen Interessen Bedacht zu nehmen“, das prägende Erlebnis seiner langen kommunalpolitischen Tätigkeit [1224: Lebenserinnerungen, S. 88]. Aufgrund von ähnlichen Klagen über das Verhalten der anderen Regierungen in den Westprovinzen wurde der Dirigismus der Bürokratie als allgemeiner „Übelstand“ in der Restaurations- und Vormärzzeit empfunden.

Hüffer nennt in seinen Lebenserinnerungen eine Fülle von Sachverhalten, „worin die Regierung mit großer Hartnäckigkeit die Pläne der städtischen Behörden zu vereiteln strebte und mehrfach nur durch ernstliches Einschreiten der Ministerien zurückgewiesen werden konnte“. Für böses Blut sorgte auch der Streit im Jahr 1819 um die Verfügungsgewalt über 9000 Reichstaler aus gezahlten Ausmietungsgeldern, die von den Hausbesitzern im Rahmen des Einquartierungswesens zuviel gezahlt worden waren. Heftigen Protest provozierte auch eine Anordnung der Regierung im Jahr 1822, den schadhaft gewordenen Rathausgiebel abzubrechen, zumal es sich um ein städtisches Gebäude handelte und nicht einmal der Gemeinderat dazu gehört worden war. Andere Streitigkeiten entbrannten um die Besetzung von Stellen in der Stadtverwaltung; selbst die laufenden Geschäfte des Gemeinderats wurden von der Regierung kritisch beobachtet. So widersetzte sie sich dem Beschluß des Rates, die Protokolle der Verhandlungen zur leichteren Nutzbarkeit in chronologischer Folge abschreiben zu lassen. Der Konflikt kulminierte jedoch zwangsläufig, wenn in der Auseinandersetzung mit der staatlichen Verwaltung die Verfassungsfrage aufgeworfen wurde.

Nach dem Tod von Böselagers im Jahr 1821 mußte der Gemeinderat bei der Neubesetzung der Bürgermeisterstelle erneut die Grenzen seiner Einflußmöglichkeiten erfahren. In Reaktion darauf stellte er die Forderung, „daß der Stadt Münster wieder vergönnt seyn mögte ihre Ortsobrigkeit selbst zu wählen“. Sein Ziel war die verfassungsmäßige Garantie des ihm seit langem vorenthaltenen Selbstverwaltungsrechts. Die Regierung erinnerte an die noch ausstehende Rechtsgrundlage und erklärte, „daß ohne Gesetz und bestimmt vorgeschriebene Wahlordnung der hiesigen Bürgerschaft ein bestimmtes Wahlrecht nicht eingeräumt werden könne". Diese Argumentation wiederum forderte das Verlangen nach einer Verfassung geradezu heraus oder führte zur Resignation [StadtAM, Stadtregistratur 19–6, 19–15].

Im Jahr 1826 mußte der Gemeinderat feststellen, daß ihm seit Jahren die Kämmereirechnungen nicht mehr zur Prüfung und Gutheißung vorgelegt worden waren und daß die staatliche Verwaltung eigenmächtig über städtisches Eigentum verfügte. Daraufhin drohte er in einem – allerdings aussichtslosen – Protestschreiben vom 27. Juli 1826 mit dem Ausstieg aus der kommunalen Verantwortung. „Das Mißliche der Stellung des Gemeinderats ist uns von jeher nicht entgangen. [. . .] Die letzte verehrliche Verfügung [. . .] zeigt indes zu deutlich, welchen geringen Wert die Hochlöbl. Regierung unsern Beratungen beilegt, als daß wir dadurch ermutigt werden könnten, selbe fortzusetzen und indirekt eine Art von Verantwortlichkeit gegen das Publikum beizubehalten. Dieserhalb finden wir uns gezwungen, der Hochlöbl. Regierung zu erklären: Daß wir, solange die Rechte und Befugnisse des Gemeinderats nicht auch durch die Tat anerkannt werden, an keiner Versammlung desselben ferner Anteil nehmen können" [1224: Hüffer, Lebenserinnerungen, S. 391ff].

Die Regierung indes ließ sich von solchen Protestformen nicht beirren und beharrte auf der korrekten Anwendung der französischen Gemeindeverfassung. Durch Orientierung an formalrechtlichen Prinzipien erstickte sie so jede Initiative und Beteiligung der Gemeinderatsmitglieder an der kommunalen Selbstverwaltung. Was blieb, war die Hoffnung auf die Erfüllung des Selbstbestimmungsanspruchs im Rahmen der versprochenen Verfassung, verbunden mit der Genugtuung über eine sich verschärfende öffentliche Kritik an der Bürokratie. Sie richtete sich nun auch gegen die Person des Beamten selbst. Dieser erschien als die Verkörperung eines Staates, der durch polizeiliche Maßnahmen und systematische Überwachung aller politischen Aktivitäten einer kritischer werdenden „Öffentlichkeit" Herr zu werden suchte.

Die Kritik an der Bürokratie war ein Ventil, über das sich die Unzufriedenheit mit den bestehenden Verhältnissen entlud. In der gleichen Weise könnte man die demonstrative Anteilnahme der Münsteraner am Schicksal des griechischen Volkes in seinem Kampf gegen die türkische Herrschaft interpretieren. Im Jahr 1826 entstand ein Griechenverein; außerdem wurden Konzerte und Sammlungen zur Unterstützung der Griechen durchgeführt. Diese Aktivitäten waren zwar in erster Linie Teil einer europaweiten philhellenistischen Bewegung, in der die Begeisterung für das klassische Altertum, die Freiheitsideologie der frühen Liberalen, die Kreuzfahrergesinnung und das Volkstumserlebnis der christlichen Patrioten zusammenflossen. Nichtsdestoweniger zeigte dieses Engagement – wie schon 1821 die Sympathie der Bevölkerung für die „Sache" der aufständischen „Neapolitaner" –, daß der Wunsch nach Freiheit und politischer Partizipation lebendig war.

Die Erwartungen richteten sich auf die Neuordnung der städtischen Selbstverwaltung, d. h. auf eine neue Städteordnung und die Verwirklichung der Gesamtstaatsverfassung durch die Einführung von „Reichsständen". Von der Verwirklichung der erstrebten Volksvertretung war man durch die Entscheidung Friedrich Wilhelms III. vom Juni 1821, die Verfassungsreform auf die Einberufung von Provinzialständen zu beschränken, noch weit entfernt. Hier zeigte sich endgültig, wie weit das Verfassungsversprechen gegen die konservativen Minister und Räte durchzusetzen war.

Das Ergebnis stellte weder die altständischen Wünsche noch die Hoffnungen des liberalen Bürgertums zufrieden. Mit der Einrichtung der Provinzialstände erhielt jedoch das liberale Bürgertum dort, wo es wie in der Rheinprovinz und in Westfalen die Mehrheit der städtischen und ländlichen Abgeordneten stellte, ein Forum, auf dem es im Vormärz die Forderung nach einer gesamtpreußischen Konstitution erheben konnte. Daß gerade Hüffer als Abgeordneter der Stadt Münster zu einem der Wortführer der Verfassungsbewegung auf den Provinziallandtagen avancierte, findet seine Erklärung vor allem im städtischen Erfahrungshorizont, denn hier war die Wechselwirkung von beruflich-gesellschaftlichen Umbruchprozessen, kommunalpolitischen Ansprüchen und politisch-bürokratischen Strukturen besonders dicht. Am Verhalten Hüffers läßt sich beispielhaft verfolgen, wie soziale und kommunale Erfahrung auf politisches Bewußtsein wirkte und in politisches Handeln umschlug.

Der dritte Stand auf dem Westfälischen Provinziallandtag

Auf der Grundlage des „Allgemeinen Gesetzes wegen Anordnung der Provinzialstände" vom 5. Juni 1823 und besonderer Ausführungsgesetze für die einzelnen Provinzen wurde auch in Westfalen eine Provinzialvertretung als „das gesetzmäßige Organ der verschiedenen Stände" eingerichtet. Schon die Bezeichnung „Stände" sollte andeuten, daß es sich nicht um eine „Repräsentation", sondern um Interessenvertretungen der wahlberechtigten und im Provinziallandtag vertretenen Gruppen handelte.

Die westfälische Provinzialvertretung setzte sich aus 71 Abgeordneten zusammen, die sich in vier Stände gliederten: die Standesherren als geborene Mitglieder, die gewählten Vertreter der Ritterschaft, der Städte und der übrigen ländlichen Grundbesitzer. Der Grundbesitz war also die Voraussetzung für die Wahl der Vertreter des dritten und vierten Standes. Damit blieben die landlosen Unterschichten und selbst viele Beamte und Gewerbetreibende automatisch ausgeschlossen. Die Provinzialstände waren auf eine beratende Funktion beschränkt. Zum Versammlungsort des Landtags wurde Münster bestimmt. Die Eröffnung des 1. Westfälischen Landtags fand am 29. Oktober 1826 im Königssaal des Schlosses zu Münster statt. Zu den weiteren Sitzungen trafen sich die Abgeordneten im Friedenssaal des Rathauses.

Die Städte als dritter Stand stellten insgesamt zwanzig Abgeordnete. Mehr als die Hälfte gehörte zur Berufsgruppe der Kaufleute und Fabrikanten, die allerdings zum größten Teil auch städtische Ämter bekleideten. Die Stadt Münster wurde durch Johann Hermann Hüffer und Ignatz Hermann Goesen (1775–1843) vertreten. Wie Hüffer konnte auch der ehemalige Sekretär der Kriegs- und Domänenkammer und Weinhändler Goesen auf eine langjährige kommunalpolitische Tätigkeit zurückblikken. In den Jahren 1809 bis 1811 war er dritter Beigeordneter im Magistrat, dann Mitglied des Gemeinderats. Diese Funktion sollte er fast dreißig Jahre lang ausüben.

Hüffer hatte sich bereits durch die Mitarbeit in einer Kommission, die im November 1822 unter dem Vorsitz des Kronprinzen zur Vorbereitung der Provinzialstände in Berlin zusammentraf, als Vertreter bürgerlicher und städtischer Interessen einen Namen gemacht. Er selbst sah sich während dieser Verhandlungen zwischen „aristokratischen" und „demokratischen" Auffassungen eher in einer Position der „Mitte".

Auch wenn Hüffers Erwartungen hinsichtlich der Wirkungsmöglichkeit der Provinzialstände durch die tatsächliche Provinzialverfassung bitter enttäuscht wurden, versuchte er, als Abgeordneter den zugestandenen Spielraum zur Artikulation und Durchsetzung der Ansprüche des dritten Standes zu nutzen.

Hüffer trat als selbstbewußter Vertreter einer Bildungs- und Wirtschaftsbürgerschicht auf, die nach der teilweise erzwungenen Lösung aus der berufsständischen Orientierung und in Opposition zu jeder bürokratischen Beschränkung die politische Emanzipation anstrebte. Dennoch hing man an der monarchischen Staatsform und wandte sich gegen radikal-demokratische und umstürzlerische Tendenzen. Hüffer selbst wollte die Gleichheit aller vor dem Gesetz, nicht aber die politische Gleichberechtigung. Die politischen Rechte sollten nach der Leistung in Gewerbe, Industrie und Handel, nach Bildung und Besitz verteilt sein. Sein Ziel war ein Rechtsstaat, in dem die Rechte des Monarchen und des Volkes gegeneinander abgegrenzt und die Rechte des Individuums gesichert sein sollten. Mit diesen Gedanken kam er den Grundüberzeugungen des Liberalismus sehr nahe. In seinen gesellschaftspolitischen Forderungen blieb er dem Geist der alteingesessenen, besitzenden und gebildeten Aristokratie verhaftet.

Auf den ersten Provinziallandtagen wurde über eine neue Städteordnung und über die preußische Verfassungsfrage verhandelt. Dies waren zwei Themen, die für den dritten Stand eine besondere Herausforderung darstellten, ging es hier doch für das nach Emanzipation strebende Bildungs-, Besitz- und Wirtschaftsbürgertum um die Selbstbestimmung vor Ort und die Mitbestimmung im Staat. Hüffer hat als Abgeordneter der Provinzialhauptstadt und einer der Meinungsführer des dritten Standes den Verlauf der Verhandlungen wesentlich beeinflußt.

Das Verfassungsproblem auf den ersten Provinziallandtagen

Die Einführung einer Städteordnung beschäftigte die ersten vier Provinziallandtage von 1826 bis 1833. Bereits der 1. Provinziallandtag wurde durch eine königliche Proposition aufgefordert, sein Gutachten über die Anwendbarkeit der Grundsätze der Städteordnung vom 19. November 1808 unter Berücksichtigung der vom Staatsministerium gemachten Abänderungsvorschläge zu erstatten. Zum Referenten für die Städteordnung wurde Hüffer bestimmt. Die Vorberatungen fanden im Kommunalverfassungsausschuß statt, dem Hüffer ständig angehörte; ein von ihm redigierter „Entwurf einer Städteordnung für die Provinz Westfalen" fand mit wenigen Änderungen die Zustimmung des Landtags.

Als im März 1831 die Revidierte Städteordnung vorlag, eröffnete eine königliche Kabinettsordre vom 24. Februar 1831 den Städten die Möglichkeit, zwischen der neuen oder der Städteordnung von 1808 zu wählen. Zu diesem Zweck sollten die Landtagsabgeordneten der Städte zusammentreffen, ohne jedoch die Vor- und Nachteile der Ordnungen noch einmal inhaltlich zu diskutieren. Zur Überraschung Hüffers, der als Vorsitzender die Versammlung der städtischen Landtagsabgeordneten im April 1831 in Münster leitete und mit Oberpräsident Vincke für die Annahme der Revidierten Städteordnung eintrat, entschied sich die Städtekurie für die Ordnung von 1808.

Der überwiegende Teil der Abgeordneten äußerte Bedenken gegen die Fassung der §§ 112 und 127 der Revidierten Städteordnung. Beide Bestimmungen machten den Magistrat in Fragen der polizeilichen Auftragsverwaltung von den Voten der Stadtverordnetenversammlung praktisch unabhängig. Auch Hüffer teilte diese Auffassung. In einem Brief vom 20. April 1831 schrieb er an den Landtagsmarschall Freiherrn vom Stein: „Eine Stadt, die jeder Anforderung der Staatsbehörden ohne weiteres genügen muß, bedarf keiner Stadtverordneten, und diese sind vollends unnütz, wenn ihre ermangelnde Zustimmung durch eben diese Staatsbehörde ergänzt werden kann. Überdies verrücken die angezogenen beiden Paragraphen das eigentliche Ziel des Gesetzes und verlegen die Beratung über die städtischen Angelegenheiten außerhalb der Versammlung der Stadtverordneten wieder in die Sitzung der Regierung" [1224: Lebenserinnerungen, S. 280]. Hüffer wollte die richtige Interpretation der umstrittenen Paragraphen jedoch durch zusätzliche schriftliche Erklärungen sicherstellen.

Es war daher durchaus im Sinne Hüffers, daß der 4. Provinziallandtag sich über das Votum der Städte hinwegsetzte und mit dem Landtagsabschied vom 30. Dezember 1833 für die Ordnung von 1831 stimmte. Damit war der Weg frei für eine kommunale Selbstbestimmung.

Die Revidierte Städteordnung dehnte das Bürgerrecht auf die Einwohner ohne Grundbesitz aus, band das Wahlrecht aber zugleich an einen höheren Zensus. Sie unterschied zwischen aktivem und passivem Wahlrecht und schuf damit zwei Kategorien von Bürgern: Eine Kategorie war zur Annahme des Bürgerrechts und kommunaler Ämter verpflichtet, die andere lediglich zur Annahme des Bürgerrechts berechtigt. Ein abgestufter Zensus aus Grundbesitz und Gewerbeeinkommen regelte die Aufnahme in die jeweilige Gruppe, wobei die zu den Stadtverordneten und damit auch zum Magistrat wählbaren Bürger nochmals durch einen erhöhten Zensus bestimmt wurden. Diese Form der Privilegierung des Besitz- und Wirtschaftsbürgertums mußte Hüffer als Angehörigen dieser Gesellschaftsschicht eigentlich zufriedenstellen.

Auch wenn in der Revidierten Städteordnung durch die erweiterte Kompetenz des Stadtmagistrats gegenüber der Stadtverordnetenversammlung und einer verstärkten Staatsaufsicht der Zug zur Bürokratisierung unverkennbar war, beendete ihre Einführung auf kommunaler Ebene ein über zwanzigjähriges Provisorium und schuf die Voraussetzungen für die Überwindung der lokalen Konflikte. Mit der Lösung der kommunalen Verfassungsfrage verlor der Drang nach einer staatlichen Verfassung jedoch keineswegs an Vehemenz. Wie eng beide Fragen verknüpft waren, zeigt sich schon daran, daß zeitgleich mit der Diskussion um die Städteordnung die preußische Verfassungsfrage auf die Tagesordnung der provinzialständischen Verhandlungen gelangte. Sie wurde zum beherrschenden Thema des 3. Westfälischen Provinziallandtags.

Den Anstoß gab ein Antrag des Abgeordneten Franz Anton Bracht (1773–1862) auf Einberufung von preußischen Reichsständen im Sinne des Verfassungsversprechens Friedrich Wilhelms III. Er hielt eine Verfassungsurkunde zum damaligen Zeitpunkt für dringend erforderlich, da sie nach den Erfahrungen in anderen Ländern ein wirksames Mittel gegen revolutionäre Bewegungen darstellte. Wenige Tage später folgte der Abgeordnete Franz Egon Freiherr von Fürstenberg mit dem Antrag, „Sei-

(Zum alleinigen Gebrauch der Mitglieder.)

Die Verhandlungen

wegen der an Se. Majestät den König zu stellenden Bitte

um Gewährung einer

Reichsständischen Verfassung

betreffend.

Auszug aus dem Protocoll der X. Plenar-Sitzung des dritten westphälischen Provinzial-Landtags d. d. 10. Januar 1831.

Verfassungsverhandlungen der Provinzialstände 1830/31 – Druck der Protokolle durch die Aschendorffsche Verlagsbuchhandlung

ner Majestät den allgemein gefühlten Wunsch einer näheren und zusammenhängenderen Vertretung des gesamten Reichs [. . .] vorzutragen“. Nachdem in einer ersten Diskussion die Frage, ob die Anträge überhaupt zum Kompetenzbereich der Provinzialstände gehörten, in einer Abstimmung positiv entschieden worden war, wurde die Angelegenheit zur Beratung an den Verfassungsausschuß überwiesen. Hüffer wurde als Mitglied dieses Ausschusses zum Berichterstatter über die Anträge bestellt, der Abgeordnete Ernst von Bodelschwingh (1794–1854) zum Korreferenten.

Beide Abgeordneten bejahten in ihren Referaten die Kompetenz des Landtags in der Verfassungsfrage und sprachen sich für die „Einführung einer Reichsständischen Verfassung“ aus. Uneinigkeit herrschte jedoch hinsichtlich des richtigen Zeitpunkts. Während Hüffer sofort aktiv werden wollte und eine Dankadresse an den König empfahl, in der zugleich die Bitte um „Einberufung achtbarer Männer aus allen Provinzen und Ständen behufs Vorbereitung zu einer reichsständischen Verfassung“ vorgebracht werden sollte, hielt Bodelschwingh den Zeitpunkt für unangebracht [2186: Hartlieb von Wallthor, Auftakt zum Vormärz, S. 16, 28]. Man einigte sich schließlich darauf, den Generalgouverneur für Rheinland-Westfalen, Prinz Wilhelm, zu bitten, das Anliegen der Provinzialstände zur Vermeidung einer offiziellen Petition an den König heranzutragen. Eine öffentlichkeitswirksame Konfrontation sollte offensichtlich vermieden werden.

Diesem Anliegen widersprach jedoch der Entschluß des Provinziallandtags, das Protokoll der entscheidenden Plenarversammlung mit den Referaten „bloß zum eigenen Gebrauch der Mitglieder zu 400 Exemplaren abdrucken zu lassen". Die treibende Kraft für den Abdruck der Verfassungsverhandlungen war wiederum Hüffer, in dessen Buchhandlung er schließlich auch hergestellt wurde. Über die Wirkung war er sich durchaus bewußt. In einem Schreiben an Stein vom 28. Januar 1831 heißt es: „Noch jetzt kann ich mich übrigens nicht von der Meinung trennen, daß der Abdruck der betreffenden Verhandlungen durchaus erforderlich war, wenn der Landtag in der öffentlichen Meinung nicht unwiederbringlich verloren gehen sollte" [1224: Lebenserinnerungen, S. 267].

Im nachhinein betrachtet war es tatsächlich die Landtagsdrucksache, die weit über den Landtag hinaus bekannt und als „gravierendster Teil des Verfassungsbegehrens" angesehen wurde. Ihre Publizität trug allerdings auch dazu bei, daß die angestrebte Mission des Prinzen Wilhelm nicht zustande kam, die Berliner Zentralbehörden jede Zuständigkeit der Provinzialstände bestritten und die Diskussion der Verfassungsfrage rigoros ablehnten.

Welche Bedeutung dem Engagement Hüffers in der Verfassungsfrage auch in der Öffentlichkeit beigemessen wurde, ist daran zu erkennen, daß man ihn 1832 erneut für die Stadt Münster in den Landtag wählte und er ein Aufsehen erregendes Schreiben seiner Wähler erhielt. In diesem Schreiben, das durch den liberal gesinnten Schwager Hüffers, Franz von Forckenbeck, veranlaßt worden war und dessen Strafversetzung nach sich zog, wurde Hüffer aufgefordert, auf dem 4. Provinziallandtag den Antrag auf Einrichtung von Reichsständen zu erneuern und eine Adresse an den König vorzuschlagen. Zu einer erneuten Verfassungsdiskussion kam es auf dem 4. Provinziallandtag zwar nicht, Hüffer hielt mit einer Denkschrift an den Kronprinzen die Verfassungsfrage jedoch im Gespräch.

Aufgrund des Verfassungsbegehrens von 1830/31 ist den westfälischen Provinzialständen eine Schrittmacherrolle in der preußischen Verfassungsbewegung zuzusprechen, und die münsterischen Abgeordneten gehörten zu den Akteuren, die den Schritt angaben. Sie hatten entscheidenden Einfluß darauf, daß langfristig die Verfassung wieder den Vorrang vor der Verwaltung bekam.

Quellen und Literatur

Der Aufbau der preußischen Verwaltungsbehörden in Münster, die Entwicklung der Stadtverfassung und die Diskussion um eine Staatsverfassung haben in zahlreichen Verwaltungsakten ihren Niederschlag gefunden. Im Stadtarchiv Münster haben die Bestände der Stadtregistratur und der Stadtverordnetenregistratur, im Staatsarchiv Münster die entsprechenden Akten der Regierungskommission Münster, des Zivilgouvernements, Oberpräsidiums, Medizinalkollegiums, Provinzialschulkollegiums, der Regierung Münster wie auch des Oberlandesgerichts und der Oberfinanzdirektion eine besondere Bedeutung. Eine wichtige Ergänzung stellen die Adreßbücher der Regierung Münster und der Provinz Westfalen, die „Handbücher über den Königlich-Preußischen Hof und Staat" und die „Gesetz-Sammlung für die Königlich-Preußischen Staaten" dar [2140: Gesetz-Sammlung]. Die Verfassungsbestrebungen in Westfalen werden über die Akten der Provinzialstände im Archiv des Landschaftsverbandes Westfalen-Lippe greifbar.

Um die Auswirkungen des allgemeinen politischen und gesellschaftlichen Wandels im Sozialgefüge der Stadt erfassen zu können, müssen Quellen erschlossen werden, die eine Analyse im Kontext der städtischen Gesellschaft und anderer Sozialgruppen ermöglichen und Indikatoren für Kriterien wie Macht, Reichtum und Ansehen liefern. Die Auswertung von Katasterunterlagen (im Staatsarchiv Münster) ergibt einen Anhalt für das Kriterium Reichtum; die durch die Auswertung von Kirchenbüchern (im Bistumsarchiv Münster), Vereinsregistern, Personalakten und anderer biographischer Literatur gewonnenen Erkenntnisse zu Heirats-/Verwandtschaftsbeziehungen und gesellschaftlichen Kontakten stellen Indikatoren für Ansehen und Einfluß dar.

Die beachtenswerten Lebenserinnerungen, Tagebücher, Briefsammlungen und Monographien zur stadtmünsterischen Geschichte in der Umbruchzeit und im Vormärz sind an anderer Stelle genannt. Zu ergänzen ist die mit einer ausführlichen Einleitung versehene Quellensammlung von Friedrich Keinemann zur Entwicklung der Wirtschaft, materiellen Lage der Bevölkerung und zur Volksstimmung in Westfalen in den Jahren 1815 bis 1833. Sie beschränkt sich weitgehend auf die auszugsweise Wiedergabe von Zeitungs- und Verwaltungsberichten der Verwaltungsinstanzen [2306: Westfalen im Zeitalter der Restauration].

Der Versuch, Stadtgeschichte und Regionalgeschichte miteinander zu verknüpfen und in moderne sozialgeschichtliche Fragestellungen einzubetten, rezipiert verschiedene Forschungskonzepte. Grundlegendes zur Regional- und Landesgeschichtsschreibung ergänzt sich hier mit besonderen Fragen zum Problem von Integration und Regionalismus. Eine Bestandsaufnahme und einen Einblick in die Komplexität bietet ein jüngst erschienener Tagungsband des Westfälischen Instituts für Regionalgeschichte [2809: Westfalen und Preußen]. Die Arbeit von Werner K. Blessing [1990: Staatsintegration] lenkt den Blick auf die Bedeutung der sozialen Integration; Adelheid von Saldern [2611: Stadt in der Zeitgeschichte] sieht gerade in der lokalen Lebenswelt ein Untersuchungsfeld, in dem gesellschaftliche Integration greifbar wird. Hans H. Blotevogels Ausführungen zum Konzept der zentralen Funktionen und Orte sind für die Analyse der Stadt-Umland-Beziehungen nach wie vor richtungweisend [1995: Zentrale Orte].

Zur Geschichte und Funktion der Behörden in Münster, insbesondere zur Regierung, zum Provinzialschulkollegium und Medizinalwesen, zu den Justizbehörden, zur Finanzverwaltung und zum Postwesen liegen zahlreiche Jubiläumsschriften und Einzeldarstellungen vor; die einzelnen Titel sind bei Bernd Walter [1460: Beamtenschaft] aufgeführt.

Für die Darstellung des Kapitels „Integration und Stadtgesellschaft" war die bereits genannte Monographie von Bernd Walter [1460: Beamtenschaft] grundlegend. Diese Arbeit stellt zwar Probleme der Beamtenschaft unter den Bedingungen gesellschaftlichen und politischen Wandels in den Vordergrund; da sie jedoch die konkrete Lebenswelt der Beamten in der Stadt Münster in die Untersuchung mit einbezieht, werden auch differenzierte Aussagen zu den städtischen Führungsschichten, den Besitz- und Machtstrukturen wie auch zu den sozialen Beziehungen und zum gesellschaftlichen Leben gemacht. Die vorliegende Literatur zu den münsterischen Vereinen insbesondere von Steinbicker [1173: Gründer des Civilclubs], Kirchhoff [203: Mitgliederbewegung], Förster [117: Geschichte der Loge] und Müller [251: Zwei-Löwen-Club] hat die Rekonstruktion der gesellschaftlichen Beziehungen wesentlich erleichtert.

Die von Wilhelm Steffens herausgegebenen und kommentierten Lebenserinnerungen und Briefwechsel von Johann Hermann Hüffer [1224: Lebenserinnerungen] vermitteln ein lebendiges Bild von den Auseinandersetzungen zwischen Stadt- und Staatsverwaltung und den Aktivitäten Hüffers in der Verfassungsbewegung. In neuerer Zeit hat Alfred Hartlieb von Wallthor die Bedeutung der westfälischen Provinzialstände für die politische Entwicklung in Preußen betont und dabei auch die Rolle Hüffers in der Verfassungsdiskussion hervorgehoben [2186: Auftakt zum Vormärz]. Der Einsatz der münsterischen Abgeordneten auf den westfälischen Provinziallandtagen für eine neue Städteordnung findet auch bei Horst Conrad Beachtung [2041: Kommunaler Konstitutionalismus].

HANS-JOACHIM BEHR

Zwischen Vormärz und Reichsgründung

1. Gesellschaftliche Konflikte und politische Entwicklungen im Vormärz – 2. Die Revolution von 1848/49 – 3. Von der Revolution zur Reichsgründung. Selbstbehauptung des Katholizismus

1. *Gesellschaftliche Konflikte und politische Entwicklungen im Vormärz*

Politische und soziale Rahmenbedingungen

Bis zum Jahr 1834 war die Bevölkerung Münsters bei unverändertem Stadtgebiet gegenüber 1818 um etwa 20 Prozent auf 18 605 Zivil- und 2473 Militärpersonen gewachsen. Diese Entwicklung, die sich auch in der Folgezeit fortsetzte, hatte ihre Gründe nicht im Geburtenüberschuß, sondern fast ausschließlich in der durch den Ausbau der Stadt zum Verwaltungszentrum und durch gewerbliche Verdichtung bedingten Zuwanderungsbilanz. In Ermangelung einer eigenen städtischen Feldmark auf ein Gebiet von etwa zwei Quadratkilometern beschränkt, wurde Münster Anfang der vierziger Jahre zu der am dichtesten besiedelten Stadt der Provinz.

Wirtschafts- und Sozialstruktur wurden dadurch bestimmt, daß Münster wirtschaftlicher Mittelpunkt einer Region mit entwickelter Landwirtschaft sowie als Hauptstadt der Provinz und des Regierungsbezirks Sitz zahlreicher Behörden war, ein General- und Divisionskommando beherbergte und Standort einer bedeutenden Garnison war. Der reiche Adel des ehemaligen Hochstifts Münster verbrachte den Winter in seinen Stadtsitzen. In Münster residierten Bischof und Domkapitel. Akademie, Gymnasium, andere Bildungseinrichtungen und kulturelle Vereinigungen machten die Stadt auch zum kulturellen Mittelpunkt der Provinz. Es dominierte der tertiäre Sektor, und der ausgedehnte administrative Bereich schuf zugleich gehobene Konsumbedürfnisse. Justizkommissar Johann Matthias Gierse, der 1843 auf eigenen Wunsch nach Münster versetzt wurde, schrieb später über diese Zeit: „Münster zeichnete sich damals durch ein vorzügliches Theater, reizende Konzerte und Bälle aus, und seine üppige Umgebung fesselte uns sehr; auch war hier außer dem Bergamt jede Behörde des Staates vertreten“ [1238: Lebenserinnerungen, S. 87].

Im Jahr 1843 stellte das Militär 11,3 Prozent der Einwohner. Von den Zivilpersonen gehörte 1849 mit 51 Prozent mehr als die Hälfte zur städtischen Unterschicht der Tagelöhner, des Gesindes und der Arbeiter. 33,2 Prozent der Bevölkerung waren Handwerker, 2,9 Prozent Kleinhändler. Kaufleute stellten 3 Prozent, Rentiers 1,9 Prozent, Beamte 3 Prozent und Geistliche 0,5 Prozent. Die oberen Schichten der städtischen Gesellschaft, die wohlhabenden Kaufleute und Rentiers, Offizierkorps, Beamtenschaft, höhere Geistlichkeit und Adel, die sich im Löwenklub und im Civilclub trafen, setzten sich deutlich von der Masse der übrigen Bevölkerung ab. Wie in vielen Städten gab es auch in Münster eine Anzahl von alteingesessenen Bürgerfamilien, die – nach außen abgeschlossen – oftmals entscheidenden Einfluß in städtischen

Angelegenheiten ausübten und früher auch in der Verwaltung des Stifts tätig gewesen waren.

In ähnlicher Weise wie sich die oberen Schichten der münsterischen Gesellschaft von der übrigen Bevölkerung abhoben, waren die katholischen Einheimischen und die zugezogenen preußisch-evangelischen Einwohner durch eine Kluft geschieden, die nur in den oberen Schichten durch das gesellschaftliche Leben überspielt wurde. Dieser lediglich 5,1 Prozent der Zivilbevölkerung umfassende evangelische Teil wurde hauptsächlich von der Beamtenschaft gestellt, wodurch sich die Abneigung gegen die neue Landesherrschaft mit dem Bewußtsein des konfessionellen Gegensatzes verbunden hatte.

Die politische Verfassung der Stadt gab nur einigen wenigen Einwohnern die Möglichkeit, an den städtischen Belangen mitzuwirken. Nach den weiterhin gültigen Bestimmungen aus französischer Zeit wurde das beratende Repräsentativorgan der Gemeinderäte aus den hundert Höchstbesteuerten der Stadt genommen, was einer dünnen Schicht des heimischen Bürgertums, Grundbesitzern, Kaufmannschaft, Rentiers und Angehörigen freier Berufe sowie einigen Beamten über Jahrzehnte die Führungspositionen sicherte.

Die Stadtverordnetenversammlung – eine neue, gewählte Bürgervertretung

Diese alte Führungsschicht wurde, im Endergebnis allerdings doch nur scheinbar, bedroht durch die am 30. Dezember 1834 im Landtagsabschied für den 4. Westfälischen Provinziallandtag angeordnete Einführung der Revidierten Städteordnung vom 17. März 1831 in der Provinz Westfalen. Sie stärkte die Selbstverwaltung dadurch, daß sie neben das Magistratskollegium als Verwalter der Gemeindeangelegenheiten und Organ der Staatsgewalt als Beschlußorgan die Stadtverordnetenversammlung setzte. Am 7. April 1835 erließ die Regierung in Münster eine entsprechende Verfügung an den Oberbürgermeister von Münstermann. Die nötigen Vorbereitungen hatte der Oberpräsident zu treffen. An ihm lag es, wie weit die Stadtbehörden, die dafür lediglich Vorschläge und Gutachten abgeben konnten, überhaupt gehört wurden. Noch bevor Oberpräsident Freiherr von Vincke die Zahl der Stadtverordneten festgesetzt hatte, entspann sich ein Streit um ihre Wahl. Auf Vinckes Weisung hatte die Regierung trotz Bedenken wie in den übrigen Städten Westfalens eine gemischte Wahl sowohl nach Klassen wie nach Bezirken angeordnet. Dieses führte zu Protesten von Gemeindevertretern, zu Eingaben und einer Beschwerde beim Ministerium. Der Gemeinderat, den Vincke übrigens nicht als Organ der öffentlichen Meinung gelten lassen wollte, war auf die irrige Idee geraten, daß mit der Klassenwahl eine Bevorzugung der Beamten bezweckt werde. Auch der gerade erst ins Leben getretene Verein der Kaufmannschaft votierte gegen die den „kaufmännischen Gewerbetreibenden" zugedachte eigene Vertretung innerhalb der Gemeindevertretung.

Das Ministerium stellte sich schließlich am 29. Oktober auf die Seite der Stadt und gab dem Oberpräsidenten anheim, die von dieser gewünschte Wahl ausschließlich nach Bezirken zu erlauben, zumal ein Rekurs an den König, wie man meinte, ihr vermutlich Recht geben würde. Vincke verteidigte sich in einem langen, selbstbewußten Bericht. Er sah keine Veranlassung, an der zwischen dem 18. und 23. Oktober bereits stattgefundenen Wahl nach zwei Klassen und drei Bezirken nachträglich noch etwas zu ändern. In seinem Bericht sprach der Oberpräsident von einer gewissen „Geneigtheit des münsterischen Publikums, sich gegen Regierungsverfügungen auszusprechen". Da sein Erlaß zugunsten der Stadt ohnehin zu spät ergangen war, entschied das Ministerium darauf am 10. Dezember, daß es zunächst bis zur Fertigstellung des Statuts bei der vorläufigen Regelung sein Bewenden haben müsse. Eine von Vincke veranlaßte Bestrafung des Oberbürgermeisters wegen Eigenmächtigkeiten wurde aufgehoben. Um die Jahreswende konstituierte sich die Stadtverordnetenversammlung. Angeblich infolge einer Absprache, die ein Großteil der Wähler getroffen hatte, fanden sich in der Versammlung keine Altpreußen oder Protestanten, sondern nur einheimische Katholiken. Vincke bemerkte dazu, daß auch bei anderem Wahlmodus sicherlich auf keinen Altpreußen oder Protestanten die Wahl gefallen wäre; „woran niemand zweifeln wird, der die Denkungsart des münsterischen Publikums in der Nähe und länger wahrzunehmen Gelegenheit gehabt hat" [StaatsAM, Oberpräsidium 4167]. Wahlberechtigt waren 943 Hausbesitzer, deren Häuser einen Kapitalwert von 600 Talern erreichten, dazu neunzig Personen mit einem Mindesteinkommen von 300 Talern aus stehendem Gewerbe und 187 Einwohner, die zum Erwerb des Bürgerrechts berechtigt, aber nicht verpflichtet waren. Die Gesamtzahl der zum Bürgerrechtserwerb Berechtigten und Verpflichteten betrug 1220 Personen. Das waren 30 Prozent der männlichen Bevölkerung über 29 Jahre. Davon besaßen 663 Personen das passive Wahlrecht. Fast 94 Prozent der gesamten städtischen Bevölkerung waren als Schutzverwandte lediglich wirtschaftlich den Bürgern gleichgestellt, blieben jedoch von der politischen Mitbestimmung ausgeschlossen. Da nach Kriterien gewählt wurde, die der alten Führungsschicht früher den Vorrang verschafft hatten, sind die Strukturen auch künftig nicht wesentlich verändert worden. Bemerkenswert ist lediglich der zunehmende Anteil von Handwerkern in der Stadtverordnetenversammlung bis auf ein Drittel im Jahr 1840. Sie haben in der Revolution 1848 in Verbindung mit einigen Kaufleuten den Versuch unternehmen können, der etablierten Führungsschicht den Rang streitig zu machen.

Die Zahl der Wahlberechtigten schwankte von 1835 bis 1846 zwischen 1101 und 1133, davon 735 bis 767 aus den Bezirken, zu denen man jeweils zwei der sechs Leischaften zusammengefaßt hatte, 152 bis 189 aus der Klasse der Kaufleute und 224 bis 239 aus der Klasse der Beamten, Pensionäre, Geistlichen, Lehrer, Ärzte und Rentiers. „Damit es umso mehr einleuchte, daß es nicht Absicht ist, die Beamten pp. zu begünstigen, sondern nur ihnen den verfassungsmäßigen Anteil an der Wahl pp. zu sichern", wie Vincke es ausdrückte [StaatsAM, Oberpräsidium 4167], setzte er die Zahl der Stadtverordneten für jede der beiden Klassen gleichermaßen auf sechs fest, begünstigte also die Kaufmannschaft. Von den dreißig Stadtverordneten entfielen mithin achtzehn auf die Bezirke und zwölf auf die Klassen.

Nachdem die Stadtverordnetenversammlung zum erstenmal zusammengetreten war, schritt sie alsbald zur Wahl der Verwaltungsorgane des Magistrats, der am 18. Juni 1836 durch den staatlichen Kommissar vereidigt und in sein Amt eingeführt wurde. Oberbürgermeister wurde wieder Joseph Bernhard von Münstermann. Die ihr vom Oberpräsidenten dringend nahegelegte Anstellung eines Juristen zur Vertretung des Oberbürgermeisters hatte die Versammlung abgelehnt.

Als nächstes wurden die Erarbeitung des Verwaltungsstatuts und andere noch anstehende Aufgaben in Angriff genommen und teilweise nur mit großen Schwierigkeiten zu Ende gebracht. Streit gab es auch wieder um die Art der Wahl. Die Stadtverordnetenversammlung war für die Einführung einer Wahl nach Bezirken, während der Magistrat den eingeführten Modus beibehalten wollte. Die Regierung hielt bei dem Umfang der städtischen Verwaltung einen Juristen im Magistrat für wünschenswert und verlangte die Aufnahme einer entsprechenden Bestimmung in das Statut, konnte aber ihre Bestätigung davon nicht abhängig machen. Inzwischen war im April 1842 Oberbürgermeister von Münstermann gestorben und Johann Hermann Hüffer zu seinem Nachfolger gewählt worden. In der Stadtverordnetenversammlung hatte sich eine kräftige Opposition gegen die herrschende Schicht gebildet. Erst am 8. März 1848 konnte das Innenministerium in Berlin nach langem Hin und Her das Verwaltungsstatut der Stadt Münster bestätigen.

Die konfessionellen Spannungen und der Kölner Kirchenstreit von 1837

Wenn bei dem Streit um den Modus für die Wahl der Stadtverordneten der Verdacht aufkommen konnte, der Oberpräsident Vincke wolle mit seinem Vorschlag der protestantisch-preußischen Beamtenschaft einen unverhältnismäßigen Einfluß auf die städtischen Belange verschaffen, so ist das sicher bezeichnend sowohl für das Klima zwischen den Konfessionen wie auch für das Verhältnis der einheimischen Bevölkerung zum preußischen Staat. Oberpräsident Vincke hatte wohl als erster hoher Staatsbeamter in Preußen das in den konfessionellen Verhältnissen liegende Problem erkannt. In seinem Bericht an den Staatskanzler Fürst Hardenberg vom 19. Juni 1816 heißt es: „Die große Mehrzahl der Einwohner jenseits der Weser ist der katholischen Konfession zugetan und darin allerdings ein Hindernis ihrer Aneignung begründet, welches die allersorgsamste Behandlung fordert“ [zit. nach 1293: Bodelschwingh, Vincke, S. 611]. Vincke hat im Rahmen seiner Möglichkeiten für einen Ausgleich gewirkt und sich nicht zuletzt auch um die Einstellung katholischer Beamter bemüht. Gleichwohl stand Hüffer mit seinem Urteil sicherlich nicht allein, wenn er meinte, Vincke wäre ein „intoleranter Protestant [. . .] mit parteiischer Vorliebe den Interessen der Grafschaft Mark und Minden-Ravensberg zugewandt“ [1224: Hüffer, Lebenserinnerungen, S. 75].

Die Belastungen waren zu verschiedenen Zeiten unterschiedlich. Ganz konfliktfrei ist das Verhältnis zwischen protestantischem Staat und katholischer Kommune nie gewesen. Bis in die zwanziger Jahre gab es Auseinandersetzungen zwischen dem Generalvikar Clemens August von Droste-Vischering und der Verwaltung um die Besetzung der Elementarschulen, um Ernennungen und um die Verwaltung von Schul- und Armenfonds. Daneben bestand von Anfang an das Problem der konfessionell gemischten Ehen.

Die Mischehenfrage war für Kirche und Staat gleichermaßen von grundsätzlicher Bedeutung. Wenn der konfessionell gemischte Staat für die Freiheit und Gleichberechtigung der Partner gemischter Ehen eintrat, so verteidigte er damit zugleich nicht nur seine Autorität und Kompetenz im Eherecht, sondern letztlich die Staatseinheit. Für die katholische Kirche aber handelte es sich um die Verteidigung von Glaubenssätzen, wenn sie die kirchliche Eheschließung, die freilich immer auch ein

Clemens August von Droste-Vischering, von 1807 bis 1813 und 1815 bis 1821 münsterischer Kapitularvikar, seit 1835 Erzbischof von Köln. Gemälde von Franz Ittenbach (1839)

bürgerlich-rechtlicher Vorgang war, zwischen konfessionsverschiedenen Partnern von dem Versprechen des nichtkatholischen Teils abhängig machte, alle Kinder im katholischen Bekenntnis zu erziehen.

Während der Verhandlungen über die Neuordnung des katholischen Kirchenwesens suchte die preußische Regierung vergebens eine Zusage der Kurie für eine mildere Behandlung der Mischehe zu erlangen. Schließlich setzte sie auch in den westlichen Provinzen den in den anderen Teilen der Monarchie geltenden Rechtsgrundsatz in Kraft, nach dem die Kinder der Konfession des Vaters zu folgen hatten. In den Augen mancher Katholiken bedeutete dies für das Rheinland und Westfalen eine „Protestantisierung" bis dahin weitgehend katholischer Gebiete. Durch die Umstände bedingte Abordnungen zahlreicher junger evangelischer Offiziere und Beamter aus altpreußischen Gebieten hatten hier zur Vermehrung der Mischehen besonders in gehobenen Schichten geführt, bei denen der Mann protestantisch war. Ein Breve des Papstes machte im März 1830 einige Konzessionen (wie die passive Assistenz des katholischen Geistlichen bei der Eheschließung), ging dem König aber nicht weit genug. Die preußische Regierung suchte deshalb das vertrauliche Gespräch und erreichte im Juni 1834 den Abschluß einer rechtlich problematischen Konvention mit den vier Bischöfen in den Westprovinzen, die das Breve ergänzte.

Im Zusammenhang mit der geistigen und geistlichen Erneuerungsbewegung des Katholizismus wuchs im Stillen der Widerstand gegen die Reste des Staatskirchentums. Kaum hatte die Deklaration des Papstes mit den vom König zugelassenen Modifikationen den früheren Hader der katholischen Geistlichkeit gegen die Mischehen etwas in Vergessenheit geraten lassen und das Gewissen der in gemischter Ehe getrauten Katholiken beruhigt, als eine Predigt des Pfarrdechanten Kellermann in der Ludgerikirche am Himmelfahrtstag 1835 Aufsehen erregte. Kellermann hatte schon früher von der Kanzel herab die Evangelischen mit den Wiedertäufern auf eine Stufe gestellt. Es hatte auch Beschwerden über ihn gegeben, weil er katholischen Frauen aus gemischter Ehe die Beichte verweigerte. Jetzt wurde er beschuldigt, in seiner Predigt mit Angriffen auf die Mischehen Zwietracht unter den Religionsparteien und den Eheleuten verschiedener Konfession zu erregen. Ein Ersuchen der Regierung, „dem Kellermann ferner gleiche Predigten zu verbieten", wurde vom Bischof zurückgewiesen [StaatsAM, Regierung Münster 1160]. Das Ministerium in Berlin ließ dem Pfarrdechanten ankündigen, daß seine „Versetzung auf eine andere" mit seiner „Eigentümlichkeit in dieser Beziehung verträgliche Stelle, sofern nicht strengere Maßregeln gesetzlich vorgeschrieben sind", erfolgen müsse, sobald noch einmal deutlich werde, daß er durch seine Handlungen das friedliche Zusammenleben der Konfessionen gefährde. Dem Bischof Caspar Max von Droste-Vischering wurde von dem Tadel Kenntnis gegeben mit der Erklärung, „daß die Erneuerung des früheren leidenschaftlichen Streites über die gemischten Ehen unter keinen Umständen geduldet werden dürfe" und man nicht zweifle, daß auch dem Bischof selbst „die Notwendigkeit, jedenfalls sehr schmerzlichen Mißverhältnissen vorzubeugen", einleuchte „und eine dementsprechende Einwirkung von seiner Seite nicht ausbleiben" werde [StaatsAM, Regierung Münster 1160].

Kaum ein Jahr nach dem Abschluß der Berliner Konvention starb der Kölner Erzbischof Ferdinand August Graf von Spiegel, der das Berliner Abkommen über die Ausführung des päpstlichen Breve gefördert hatte. Trotz erheblicher Bedenken erwirkte der Kultusminister von Altenstein die Zustimmung des Königs zur Designation des Weihbischofs von Münster, Clemens August Freiherr von Droste-Vischering, für dieses wichtige Kirchenamt. Es war für den preußischen Staat eine unverständliche personelle Fehlentscheidung, die weitreichende Folgen haben sollte. Droste war schon als Bistumsverweser in Münster mit den Behörden in Konflikt geraten, und weitere Schwierigkeiten mit diesem asketischen Eiferer waren vorauszusehen. Am 1. Dezember 1835 wurde der neue Erzbischof gewählt, und schon bald nach seinem Amtsantritt entstanden erste Mißhelligkeiten um die an der Bonner Universität von Anhängern des Georg Hermes vertretenen Lehren des kritischen Idealismus der hermesianischen Theologie, die Droste allerdings erfolglos zu einem prinzipiellen Konflikt hochtreiben wollte. Die Kurie verhielt sich weniger ereifernd als der Erzbischof.

Bald darauf jedoch nahm der Streit um die Mischehe schärfere Formen an. Nachdem sich die Kurie im Frühjahr 1837 entschlossen hatte, die Beachtung des päpstlichen Breve zu erzwingen, lehnte der Erzbischof jede weitere Diskussion über dessen Auslegung und die Berliner Mischehenkonvention, deren Beachtung er vor seiner Wahl noch zugesagt hatte, ab. Die preußische Regierung legte ihm nahe, auf sein Amt zu verzichten, wenn er zu dessen Verwaltung in den gesetzlich vorgeschriebenen Grenzen nicht imstande wäre. Als Droste diesen Erlaß und seine schroff zurückweisende Antwort darauf mündlich und schriftlich verbreiten ließ, sah sich der preußische Staat zum Handeln gezwungen.

Einblattdruck zum Kölner Ereignis „Triumph des Heiligen Stuhls und der Kirche". Lithographie aus dem Jahr 1837

An das Kölner Domkapitel erging die Aufforderung, alle zur Aufrechterhaltung des Geschäftsverkehrs nötigen Maßnahmen zu ergreifen. Der Erzbischof aber wurde am 20. November seines Amtes enthoben und nach Minden abgeführt, wo man ihm einen Aufenthaltsort bestimmte. Die katholische Intelligenz, soweit sie von der kirchlichen Erneuerung erfaßt war, stellte sich auf die Seite Drostes. Vor allem im Münsterland, dem der geistliche Oberhirte als Sproß eines alten dort ansässigen Adelsgeschlechts besonders nahestand, rief seine Verhaftung tiefe Erregung hervor. Der münsterische Adel zog sich von allen Empfängen und sonstigen gesellschaftlichen Veranstaltungen zurück und brüskierte den Oberpräsidenten und die höheren preußischen Beamten in der Öffentlichkeit. In der Überwasserschule benutzte eine Lehrerin die Beschwerdeschriften Droste-Vischerings im Unterricht als Übungsvorlage. Gassenjungen und Gymnasiasten insultierten Offiziere und verhöhnten das Militär. Ein Unteroffizier wurde geohrfeigt. Man fand Maueranschläge mit Angriffen auf den König und Aufrufe zur Empörung.

Das Militär lieferte auch den Zündstoff für den Aufruhr am 11. Dezember 1837. Stein des Anstoßes war eine ehemalige Zirkusbude auf dem Domhof, in der bei schlechtem Wetter exerziert wurde. Dem Gerücht nach wurden dort Soldaten geprügelt. Bei dieser Bude und an der Wache am Prinzipalmarkt versammelte sich abends eine Volksmenge. Die Wache, die sich bedrängt fühlte, ging mit dem Bajonett gegen die Menschen vor, worauf sie mit Steinen beworfen wurde. Generalmajor Friedrich von Wrangel, bei dem in Abwesenheit des Korpskommandeurs, des Generals der Infanterie Karl von Müffling, die Befehlsgewalt über die Garnison lag, reagierte mit unangemessener Schärfe. Nachdem eine Anfrage beim Oberbürgermeister ohne Antwort geblieben war, befahl Wrangel, das in Münster stationierte Militär gegen die Bürger einzusetzen. Während die Infanterie und die 1. und die 4. Eskadron des 11. Husarenregiments lediglich auf dem Prinzipalmarkt Aufstellung nahmen, trabten die Reiter der 3. Eskadron über den Markt und den Domhof, stürmten den Posthof, galoppierten durch die angrenzenden Straßen und unter die Bögen und sprengten die Menge rücksichtslos mit Säbelhieben auseinander. Sogar der Regierungsvizepräsident Justus Wilhelm Duvignau geriet unter ihre Klingen. Nach zwei Stunden war alles vorbei. 27 Menschen wurden verhaftet. Nach dem zweifellos übertriebenen Bericht Annette von Droste-Hülshoffs sollen 300 Personen verletzt worden sein, davon 18 schwer. Vorsorglich wurden aus Minden militärische Verstärkungen heranbeordert, die allerdings nicht mehr zum Einsatz kamen. Oberpräsident Vincke lobte ausdrücklich die „weisen Anordnungen" des Generals und das „vortreffliche Benehmen" der Garnison [2302: Keinemann, Kölner Ereignis – Nachtrag, S. 3]. Im Magistrat sah man die Dinge etwas anders. Oberbürgermeister von Münstermann beanstandete das Vorgehen des Militärs. Es wurde jedoch vom König gedeckt, der Wrangel am 30. März 1838 zum Generalleutnant beförderte. Weitere Maßnahmen wurden nicht ergriffen. Das Urteil des Akademiegerichts gegen vier an den voraufgegangenen Ausfällen beteiligte Studenten fiel milde aus.

Nach dem Bericht Wrangels waren die Vorfälle lediglich auf die Untätigkeit des Magistrats und der Polizei zurückzuführen. Adel und Geistlichkeit hätten mit ihrem „verderblichen Einfluß" auf die geringeren Bürger sowie Tagelöhner und Arbeiterklasse wesentlich den Ausbruch der Unruhen gefördert. Die höhere Bürgerklasse hielt er noch für „gut gesinnt" [1403: Lüdicke, Straßenauflauf, S. 44]. Hatte die Mißbilligung der Behandlung des Erzbischofs bis dahin alle Bevölkerungsschichten Münsters vereint, so kam es nun zu einer schweren Verstimmung zwischen den niederen Bevölkerungsschichten und den Angehörigen des vornehmen Bürgerstandes, weil diese sich weigerten, die Klagen der Verletzten aufzunehmen und zu vertreten.

Wie 1829, nach dem Tod des beliebten Generals Heinrich Wilhelm von Horn, erwuchsen nach den Unruhen in Münster wieder Befürchtungen, das Generalkommando könnte zum Schaden der Stadt Münster nach Düsseldorf verlegt werden. Man erhielt auf entsprechende besorgte Anfragen jedoch ein beruhigendes Schreiben des Kronprinzen.

Die Wirren um den Mischehenstreit wurden schließlich in komplizierten Verhandlungen beigelegt, in deren Verlauf die preußische Regierung als ein wichtiges Zugeständnis an die katholische Kirche die Einrichtung einer eigenen Abteilung für die katholischen Kirchenangelegenheiten im Kultusministerium zusagte. Droste-Vischering kehrte nicht auf den Stuhl des Erzstifts zurück; sein Fall leistete jedoch einen entscheidenden Beitrag zur politischen Bewußtseinsbildung der rheinischen und westfälischen Katholiken und zu den Anfängen einer katholischen Parteibewegung.

Nach den Zugeständnissen des Staates an die Kirche fiel es nicht schwer, König Friedrich Wilhelm IV. und der Königin Elisabeth einen prächtigen Empfang zu bereiten, als sie die Provinzialhauptstadt Westfalens vom 24. bis 26. August 1842 auf ihrer Reise in das Rheinland besuchten. Die Stadt war illuminiert. Auf dem Domhof war ein Festzelt errichtet, in dem das Königspaar mit den Honoratioren feierte. Die Ritterschaft gab ein Fest. Der Altertumsverein präsentierte dem König eine Auswahl seiner Sammlungen. Paraden fanden nicht statt, da die Truppen zur großen Revue an den Rhein beordert waren. Ganz anders war der Empfang des Prinzen Wilhelm zwei Jahre vorher auf dem Höhepunkt des Konflikts verlaufen. Damals hatten sich außer den Standesherren nur zwei katholische Adelige zur Begrüßung eingefunden, und auch die Bürger hatten den Besuch kaum zur Kenntnis genommen. Dafür aber hatten am Tage der Abreise des Prinzen demonstrativ 10 000 Menschen, das Vierfache der üblichen Menge, an der Großen Prozession teilgenommen.

Es dauerte geraume Zeit, bis sich die durch den Konfessionsstreit erregten Gemüter beruhigten. Im April 1840 war gegen den Pfarrkaplan Schlun in der Überwasserkirche eine polizeiliche Untersuchung angestrengt worden wegen einer dem Vernehmen nach anstößigen Predigt über die Lehre von der alleinseligmachenden Kirche. Der Bischof hatte der Bezirksregierung auf deren Anforderung den Text der Predigt übersandt, dazu aber bemerkt, er könne nichts Anstößiges darin finden und wünsche nur, daß „die evangelischen Prediger dieselbe Schonung und Duldung gegen die katholische Kirche in ihren Vorträgen beobachten" würden [StaatsAM, Regierung Münster 1060]. 1843 sah sich die Bezirksregierung zu einer „Erörterung" veranlaßt, weil während einer Andacht im Dom am Karfreitag das Problem der konfessionell gemischten Ehen mit „Bitterkeit" abgehandelt worden war. Andererseits gab im Oktober 1844 ein Sendschreiben der Provinzialsynode dem konfessionellen Zwiespalt Nahrung.

Besonders empfindlich reagierte die Bevölkerung bei jeder – auch nur scheinbaren – staatlichen Einmischung in das Schulwesen. Als Ostern 1843 die Leitung des Gymnasiums in Münster an Dr. Friedrich Stieve übertragen wurde, artikulierte sich unter der Leitung des geistlichen Lehrers Siemers außerordentlicher Widerwille gegen die Einstellung eines weltlichen und zudem jungen Direktors. Dr. Stieve konnte sich aber durchsetzen. 1847 erhielt er den Roten Adlerorden 4. Klasse, was von den katholischen Vertretern des Gymnasialwesens ausdrücklich als Beweis dafür gewertet wurde, „daß sie von der Beteiligung an solchen Zeichen höherer Anerkennung ihrer Leistungen nicht ausgeschlossen" würden [StaatsAM, Oberpräsidium 81,1].

Innerstädtische Auseinandersetzungen vor 1848

Mitte der vierziger Jahre kam es zu einer merklichen Verschiebung der Mehrheitsverhältnisse in der Stadtverordnetenversammlung, nachdem bis 1840 der Anteil der Handwerker bereits auf ein Drittel gestiegen war. Gestützt vor allem auf die jungen Handwerker, opponierte nun eine Gruppe der sogenannten Jungmünsteraner oder Partei „Jung-Münster" gegen die herrschende „obere Bürgerklasse". Obwohl sie eine

Politik zugunsten der „minderbemittelten Stände“ durchzusetzen suchten, waren ihre Ideen für das „Westphälische Dampfboot“ eher liberal als demokratisch. Ihr Hauptgegner war Oberbürgermeister Hüffer, der zwar als Vorkämpfer für die Rechte des Bürgertums galt, aber zugleich auch bemüht war, die überlieferten Vorrechte der höheren bürgerlichen Schichten gegen andere Ansprüche zu behaupten. Versuche der Opposition, den Wahlzensus zu senken oder ein Mitglied in den Magistrat zu entsenden, vermochte er weitgehend abzublocken.

Ein anderer Geist war in die Stadtverordnetenversammlung eingezogen, die lange Zeit eine gesetzte, ruhige Haltung bewahrt hatte. Ein Stadtverordneter, der Bäcker und Branntweinbrenner Franz Hermann Hartmann, stellte wiederholt Anträge, welche nach Ansicht des Magistrats „teils nicht vorbereitet, teils offenbar unstatthaft“ waren und deshalb zurückgewiesen wurden. So sollten beim Provinziallandtag mehrere Chausseebauten auf Staatskosten und die Einrichtung einer Dampfschiffahrt auf Lippe, Ems und Max-Clemens-Kanal beantragt werden. Nachdem Hartmann in der Angelegenheit der städtischen Gasbeleuchtung einen „verletzenden“ Antrag gestellt hatte, dem nicht stattgegeben worden war, trat ein anderes Mitglied des Kollegiums, der Gutsbesitzer und Rentier Christoph Bernhard Linde, zu seiner Unterstützung auf. In mehreren Beschwerden an die Stadtverordnetenversammlung und an die Regierung vom Juni 1845 wurde unter anderem darauf hingewiesen, daß Stadtverordnete als Aktionäre an dem Unternehmen beteiligt seien und somit „das öffentliche Interesse zum Deckmantel für das Privatinteresse diene“. Dem Protokollführer warf Linde falsche Aufzeichnung vor. Durch einen Regierungsbescheid wurde Linde im August 1845 angewiesen, „alles zu vermeiden, was die gemessene Haltung störe und gerechte Verstimmung herbeiführe“ [StaatsAM, Oberpräsidium 4167]. Er fuhr aber fort, Magistrat und Stadtverordnete wegen ihrer Geschäftsführung anzugreifen. Als im „Westfälischen Merkur“ ein Artikel von ihm erschien, den der Vorsteher als Verunglimpfung empfinden mußte, nahm die Versammlung dieses als Anlaß zur Abrechnung. In der Sitzung am 14. März 1846 wurden den Stadtverordneten die Beschwerden gegen Linde ins Gedächtnis gerufen. Die Versammlung erkannte einstimmig in seiner Handlungsweise „ein ungebührliches Benehmen, eine vorsätzliche Störung der Ordnung und offene Widersetzlichkeit“. Sie betrachtete Linde als straffällig nach § 40 der Instruktion zur Städteordnung. Dennoch fand sich keine Mehrheit für seinen Ausschluß aus der Versammlung.

Der Vorsteher, Bankier Ferdinand Niedieck, sowie 15 Stadtverordnete und Stellvertreter erklärten darauf, daß sie an den Verhandlungen der Stadtverordnetenversammlung nicht mehr teilnehmen wollten. Sie behielten ihre Funktionen zwar vorläufig bei, baten aber, die Versammlung aufzulösen oder Maßregeln zu treffen, durch welche den Beschwerden abgeholfen werde und sie in die Lage versetzt würden, „ohne Gefährdung ihrer Ehre und zum Wohle der Stadt ihre Funktionen als Stadtverordnete fortführen zu können“ [StaatsAM, Oberpräsidium 4167]. Oberpräsident und Regierung lehnten es indes ab, die nach § 83 der Revidierten Städteordnung allein dem König zustehende Auflösung der Versammlung zu befürworten und bestritten, daß die Vorkommnisse den Rücktritt vom Amt vor Ablauf der gesetzlichen Zeit rechtfertigten. Für einen Ausschluß Lindes aus der Versammlung oder andere Maßnahmen gegen ihn gab es keine Rechtsgrundlage.

Im Hinblick auf die bevorstehenden Wahlen trugen die Bürgervorsteher Sorge, den Mitbürgern „über die stattgehabten Vorgänge Aufklärung zu verschaffen, damit sie das Rechte erkennen“ konnten. Bei der Stadtverordnetenwahl im August 1846 wurden von dreißig Stadtverordneten zehn und von zwölf Stellvertretern acht von der sogenannten Opposition gewählt. Wie es im Zeitungsbericht hieß, konnte von einer „systematischen Opposition“ allerdings „nicht die Rede sein“. Dagegen war, wie Hüffer schrieb, „eine gewisse Aufregung und ein Streben nach Veränderung in der Repräsentation der Kommune nicht zu verkennen, welche durch den Ehrgeiz einzelner und durch spezielle Reibungen geweckt, zum Teil aber auch in dem Gefühl der Unbehaglichkeit entstanden durch den Druck der Zeitumstände seinen Grund haben mag“ [StadtAM, Stadtregistratur 18–4]. Ausdruck der Unruhe war zweifellos auch der alsbald von der Stadtverordnetenversammlung gestellte Antrag, ihre Verhandlungen zu veröffentlichen.

Bei dem fortgesetzten Konflikt um das Statut ging der Streit unter anderem um die Verwaltung der Armenmittel, hauptsächlich jedoch darum, ob für Zuziehende, vor allem Beamte, eine Verpflichtung oder nur eine Berechtigung zum Erwerb des Bürgerrechts bestehen sollte, und um die Wahlordnung für die Stadtverordnetenversammlung. Sowohl münsterische Regierung und Oberpräsident wie auch der Magistrat wünschten die von Vincke durchgesetzte Wahl nach Bezirken und Klassen beizubehalten, weil sie sich als nützlich erwiesen hatte. Die Mehrheit der Stadtverordneten mit ihrem Vorsteher, dem Kaufmann und Spediteur David van Nuys, dagegen trat weiterhin für eine ausschließliche Wahl nach Bezirken ein.

Dieser Streit berührte aber nur einen Teil der Unstimmigkeiten zwischen Stadtverordneten und Magistrat in dieser Zeit. Wie Oberbürgermeister Hüffer im August an die Regierung schrieb, stand van Nuys mit den Stadtverordneten Wagener und Linde an der Spitze einer Partei, „die seit zwei Jahren eine traurige Berühmtheit erlangt und der städtischen Verwaltung großen Nachteil verursacht“ habe. Bezeichnend ist ein umfangreicher Schriftwechsel mit den Regierungsbehörden, der im Januar 1847 daraus erwuchs, daß der Magistrat überschüssige Kieselsteine an die Direktion der Hamm-Mindener Eisenbahn verkauft hatte, ohne vorher die Zustimmung der Stadtverordneten einzuholen. Diese verlangten von der Regierung sogar, daß sie deswegen einen Prozeß gegen den Magistrat einleite.

Am 5. Mai 1847 hielt Oberbürgermeister Hüffer es für erforderlich, der Regierung in einer Beschwerde von der „fortschreitenden Demoralisation“ in der Stadtverordnetenversammlung Kenntnis zu geben. „Auf dem jetzt eingeschlagenen Wege muß diese Versammlung bald dahin gelangen, daß eine zu Recht bestehende Verhandlung in derselben gar nicht mehr stattfinden kann“, schrieb er. Nachdem der Oberlandesgerichtsrat Martin von Zurmühlen sein Ausscheiden angezeigt hatte, wurde die Regierung gebeten, einzuschreiten, damit „Ruhe und Ordnung“ in die Versammlung zurückkehrten. Andernfalls lasse sich mit Sicherheit vorhersehen, daß bei den Ergänzungswahlen in wenigen Monaten „alle für die Versammlung im Interesse der Stadt geeigneten Personen“, namentlich auch aus der Klasse der Beamten, Geistlichen und anderer, sich „aus allen Kräften“ von ihr fernhalten würden [StaatsAM, Regierung Münster 155,2].

Johann Hermann Hüffer (1784–1855), Oberbürgermeister von 1842 bis 1848. Gemälde von A. Sprickmann

Als im Sommer 1847 drei neue Stadträte zu wählen waren, versuchte die Opposition, die nun immerhin 13 Stadtverordnete umfaßte, wenigstens einen ihrer Anhänger durchzubringen. Oberbürgermeister Hüffer verzögerte trotz aller Beschwerden der Opposition die Wahl. Vorsorglich ersuchte er die Regierung vorab, eine Wahl des Verordneten van Nuys nicht zu bestätigen, und führte umständlich aus, weshalb dieser zum Magistratsmitglied ungeeignet sei. Bei einem Eintritt van Nuys' in den Magistrat bleibe ihm selbst nichts anderes übrig, als „eine Stellung aufzugeben, die mit Ehre und Berufstreue nicht ferner aufrecht zu halten sein würde". Eine Petition von 200 stimmberechtigten Bürgern unterstützte Hüffer. Van Nuys wurde zwar am 5. Juli mit 16 Stimmen zum Nachfolger des nach Halberstadt versetzten und damit ausgeschiedenen Oberlandesgerichtsrats Welter in den Magistrat gewählt, doch zögerte die Regierung mit der Bestätigung. Sie brachte ihr altes Argument vor, es wäre im Interesse der Stadt erforderlich, daß dem Magistrat ein Jurist angehöre. Weder wurde die Wahl van Nuys' bestätigt noch eine neue angeordnet; statt dessen faßten 15 Stadtverordnete ungeachtet der Wahl vom Juli in der Versammlung am 8. November rechtlich etwas fragwürdig den Beschluß, daß für Welter ein „rechtsverständiges Mitglied" gewählt werden müsse. 13 Stadtverordnete enthielten sich der Stimme. Eine Immediatbeschwerde wurde im April 1848 durch den Innenminister zurückgewiesen. Auch Lindes Wahl am 23. August wurde von der Regierung nicht bestätigt. An seiner Stelle wurde der Bankier Johann Heinrich von Olfers in den Magistrat gewählt. Die Opposition setzte aus ihren Reihen den Kaufmann und Tabakfabrikanten Bernhard Anton Wagener durch – „ein junger Mann, dem es an Fähigkeiten und Eifer nicht gebricht, dem aber Umsicht und Erfahrung abgeht", wie Hüffer urteilte [StaatsAM, Regierung Münster 155,2]. Als Jurist wurde im Dezember der Justizrat Andreas Hellweg gewählt und zum Mitglied des Magistrats ernannt.

Konflikte um Versammlungs- und Pressefreiheit

Von den revolutionären Ereignissen in Frankreich 1830 war das Münsterland kaum berührt worden, denn die politische Aufklärung hatte damals hier wie überhaupt im westfälischen Raum noch kaum gewirkt. Es gab in Münster auch keine revolutionären Umtriebe durch Burschenschafter. Wohl wurde die Akademie überwacht, doch ergaben Nachforschungen die Ungefährlichkeit der bestehenden Studentenvereinigungen. Die im Bericht des Oberbürgermeisters aufgeführten Gruppierungen wurden hauptsächlich von Schülern getragen, denen jegliche Beziehung zu den politischen Burschenschaften in anderen Städten fremd war.

Im Jahr 1836 wies die Regierung den Magistrat darauf hin, daß auch Aufzüge in der Karnevalszeit der Genehmigung des Königs bedürften. Oberpräsident Vincke empfahl dem Ministerium jedoch, „die Sache in der jetzigen Lage zu belassen, d. h. der Behörde die Autorisation zu erteilen, den Aufzügen unter gehöriger Aufsicht nachzusehen" [StaatsAM, Regierung Münster 228], denn sie fänden in Münster nur wenig Anklang und dürften von selbst aufhören. Maskenbälle und andere Karnevalsveranstaltungen mußten jedoch bis zur Märzrevolution der Polizeibehörde bzw. der Regierung unter Angabe der Teilnehmer mitgeteilt werden, und selbst Bekanntmachungen des Komitees waren der Zensurbehörde und der Polizei vorzulegen.

Die Überwachung der Buchhandlungen Theissing, Wundermann, Coppenrath, Deiters, Regensberg, Aschendorff und des Antiquars Grünewald war auf politische Druckerzeugnisse wie Georg von Struves „Politische Briefe", auf Heines Gedichte und ebensosehr auf alle Schriften gerichtet, die den konfessionellen Frieden bedrohten oder allgemein antireligiöse Tendenzen zeigten. 1835 gingen die Behörden gegen Neigebaurs bissige Satire vor, die in Arnsberg unter dem Titel „Katechismus der Münsterländer" erschienen war. Im selben Jahr wurden in vier münsterischen Buchhandlungen 43 von 47 Exemplaren der verbotenen Schrift „Memoiren eines Verstorbenen" beschlagnahmt, deren Tendenz als aufrührerisch gegen die privilegierten Stände angesehen wurde. In der Wundermannschen Buchhandlung waren angeblich bereits alle zehn übersandten Exemplare verkauft, als die Polizei eintraf. 1843 wurden gegen die Buchhändler Hast, Theissing und Wundermann wegen Verbreitung der im Ausland gedruckten Schrift „Die wahrhafte Geschichte des deutschen Michel" polizeiliche Strafverfahren eingeleitet. Häufig sandten die Buchhändler die ihnen zugeschickten Exemplare „gefährlicher" Schriften gleich wieder an den Verleger zurück, um sich Unannehmlichkeiten zu ersparen, so Coppenrath 1844 die von Otto Lüning in Rheda herausgegebenen „Gedichte".

Die über die Stadt hinaus für die ganze Region wichtigste und mit 1700 Stück auflagenstärkste Zeitung war der „Westfälische Merkur", der seit 1822 zunächst dreimal wöchentlich, dann täglich außer sonnabends in der Coppenrathschen Buch- und Kunsthandlung erschien. Sein politischer Teil enthielt nach dem Bericht der Regierung von 1842 fast nur Auszüge aus inländischen und fremden Zeitungen. Gleichwohl hat das Blatt mehrere Zensoren verschlissen. Einer von ihnen war der Staatsarchivar Dr. Erhard. Daneben erschienen dreimal wöchentlich schon seit dem 18. Jahrhundert das „Intelligenzblatt" mit einer Auflage von 425 Stück und seit 1842 das „Sonntagsblatt für katholische Christen" zur Vertretung religiös-sittlicher Bildung mit 1000 Exemplaren bei Hast. Die Presse ging an der Hand des Staates, mußte loben, was dieser lobte, tadeln, was dieser tadelte. In ganz engen Grenzen nur konnte sie auf politischem Gebiet wirksam werden, und auch bei religiösen Themen war große Zurückhaltung geboten. Nur einmal während des griechischen Freiheitskampfes bekam sie Gelegenheit, unbelästigt von der Zensur an die Öffentlichkeit zu treten.

Der „Westfälische Merkur" zeichnete sich durch sein unbedingtes Eintreten für die Belange der Katholiken aus. Dennoch enthielt er sich nicht nur im hannoverschen Verfassungskonflikt, sondern auch im Mischehenstreit vorsorglich jeder Parteinahme. Gleichwohl meinte Oberpräsident Vincke während der „Kölner Wirren" an einer dem preußischen Gouvernement nicht günstigen Tendenz des Blattes Anstoß nehmen zu müssen. Die Herausgeber Coppenrath erklärten ihm damals, „daß, wenn ihr Unternehmen den beabsichtigten Gewinn abwerfen und ihr Blatt nicht durch fremde Blätter verdrängt werden solle, sie bei der Redaktion desselben die Stimmung des Publikums beobachten und, unvermögend dessen Sinn zu leiten, der Richtung desselben folgen müßten" [StaatsAM, Regierung Münster 270]. Auch in der hannoverschen Verfassungsangelegenheit entging die Zeitung trotz aller Vorsicht nicht dem Mißfallen Vinckes wegen oppositionsfreundlicher Haltung, die sich für den Oberpräsidenten auch aus familiären Bindungen der Herausgeber nach Osnabrück erklärte.

Am 12. August 1845 fanden sich am Schluß eines langen Schreibens aus Berlin im „Westfälischen Merkur" die folgenden Sätze abgedruckt: „Das Volk knirscht auf beiden Seiten und wird schwierig. Kürassiere und Husaren reiten es nieder. Gibt es denn kein anderes Gesetz mehr in unserer Monarchie? Armes, armes Vaterland." Der Zensor Dr. Erhard hatte sie, schwerlich mit Absicht, durchgehen lassen. Zur Rechenschaft gezogen, machte er seiner Empörung über das kleinliche Aufpasserwesen Luft und legte das Zensoramt nieder, als der Oberpräsident seine Entschuldigung nicht annahm.

Mangels anderer Gelegenheiten artikulierte sich der Wunsch nach Pressefreiheit bald auf den Provinziallandtagen, die, selbst eine anachronistische Konzession, um die gesamtstaatliche Verfassung abzublocken, sich gerade solcher Fragen annahmen. Wie die Provinzialstände war auch die Zensurinstruktion vom 4. Februar 1843 nur eine billige Abschlagszahlung auf die Forderungen des Volkes. Bei der „gebildeten Klasse" der Einwohner Münsters brachte sie „unverkennbar [. . .] einen unangenehmen Eindruck" hervor. Nachdem die Weisung an die Oberpräsidenten vom Dezember 1841, eine „freimütige und anständige Publizität" zu fördern [StaatsAM, Regierung Münster 253], Hoffnungen auf eine spürbare Lockerung der Zensur geweckt hatte, wurden diese nun wieder zerstört. Die Verordnung befreite Bücher über zwanzig Bogen von der Zensur und stellte damit für Preußen lediglich den Bundesstandard her. Sonst änderte sich nur wenig. Die 1841 aufgehobene Bilderzensur wurde schon 1843 wieder eingeführt.

Soziale Not und karitative Bemühungen

Die Sorgen der unteren Bevölkerungsschichten freilich waren von ganz anderer Art. Krisen und Konjunkturen der Landwirtschaft, der Ausfall der Ernten, selbst im näheren Umland, wirkten sich besonders auf das Leben der Armen aus. 1816/17 hatten Mißernten bei Getreide zu Hungerkrisen geführt. 1824 waren es die sinkenden Preise, welche die Existenz der Bauern in Westfalen in solchem Maße bedrohten, daß die Behörden diese „sehr beachtenswerte Klasse der Staats-Eingesessenen, vielleicht die festeste Grundlage der Gesellschaft" überhaupt, wanken sahen und dafür eintraten, ihr „auf jede mögliche Weise [. . .] selbst mit Aufopferung der unter anderen Zeitverhältnissen sich bewährten Staats-Verwaltungs-Maximen und staatswirtschaftlichen Grundsätzen, selbst mit größerem Staatsaufwand [. . .] Hilfe und Unterstützung" zu gewähren [StaatsAM, Oberpräsidium 352,2].

Schon bevor erneute Mißernten und die Kartoffelfäule nach der Mitte der vierziger Jahre Massenarmut und Elend der Unterschichten verschärften, war die Not im Münsterland gestiegen. Das häusliche Leinengewerbe war durch die Einfuhr der englischen Maschinengarne nicht mehr konkurrenzfähig. Außerdem hatten neue Zolltarife der Niederlande zum Verlust großer Absatzgebiete geführt.

Am 21. Dezember 1844 bildete sich auf Initiative des Oberpräsidenten Vincke in Münster ein „Provinzialverein für das Wohl der arbeitenden Klassen". Seine erste Versammlung war allerdings nur von wenigen Gewerbetreibenden, von einigen hohen Militärs und überwiegend von Zivilbeamten besucht. Bei den wohlhabenden Bürgern fand diese Vereinigung von „Gewerbs- und Menschenfreunden", die Elend und Entbehrungen unter den durch die Industrialisierung angewachsenen unteren Klassen mildern, die sittliche wie materielle Lage der Arbeiter gleichermaßen verbessern wollte, auch später keinen besonderen Anklang. Bürgermeister Hüffer lehnte eine Beteiligung strikt ab. Bei den Armen aber schien der Verein vorübergehend einige Hoffnung auf Erleichterung ihrer Lage zu wecken.

Im Januar 1845 machte sich auch in Münster die Aufregung deutlich bemerkbar, die anläßlich der nahen Eröffnung der Ständeversammlung sich der Gemüter in allen Provinzen bemächtigt hatte, und die alsbald beginnenden Verhandlungen wurden im bürgerlichen Lager mit gespannter Aufmerksamkeit verfolgt. Die neue Gewerbeordnung dagegen wurde ohne besonderes Interesse aufgenommen.

Da wegen des starken Frostes zu Beginn des Jahres alle öffentlichen Arbeiten zum Erliegen kamen, brachte der „gänzliche Mangel an Verdienst der gemeinen Tagelöhner [. . .] Not unter diese Klasse Menschen, der auch die Tätigsten nicht zu steuern" wußten, wie es im Bericht des Oberbürgermeisters hieß.

Mehrere Mißernten seit der Mitte des Jahrzehnts hinterließen ihre Spuren auch in der Stadt. Auswachsendes Getreide infolge anhaltend schlechter Witterung und Auftreten der Kartoffelfäule hatten den Magistrat bereits im August 1845 veranlaßt, darauf hinzuweisen, „daß ein Einschreiten der Behörden [. . .] wohl motiviert sein dürfte" [StadtAM, Stadtregistratur 18–4]. Die Kartoffelernte fiel so schlecht aus, daß nicht mehr als das Doppelte bis Dreifache der Saat eingebracht wurde und der Preis für den Scheffel infolgedessen im Oktober bereits auf einen Taler stieg und damit fast dem normalen Preis für Roggen entsprach.

Am 6. Oktober 1845 wurde in Münster ein „Verein zur Beschaffung von Lebensmitteln für die unbemittelten Klassen“ ins Leben gerufen. Die wohlhabenden Bürger wurden aufgerufen, Aktien zu je 25 Talern zu zeichnen, deren Ertrag von einer Bürgerkommission unter Vorsitz eines Magistratsmitglieds zur Anschaffung von Lebensmitteln verwandt werden sollte. Für 7175 Taler wurden hauptsächlich Erbsen und Graupen gekauft und in kleinen Mengen 10 bis 16 Prozent unter Marktpreis der „geringen Einwohnerklasse abgelassen“. Als im Frühjahr die Getreidepreise stiegen, wurde auch Roggen zum Scheffelpreis von 2 Talern und 10 Silbergroschen an Eingesessene zum eigenen Verbrauch abgegeben. 1846 fiel die Ernte an Getreide und Kartoffeln abermals schlecht aus, und im Oktober ließ sich absehen, daß der nächste Winter eher noch schlimmer für die Unterklassen werden würde. Die Inhaber der Aktien wurden deshalb gebeten, den um mehr als 3 Taler Verlust reduzierten Betrag noch ein Jahr zu belassen. In Übereinstimmung mit der Armenkasse wurde im Dezember 1846 eine eigene Bäckerei eingerichtet, die bis Ende Juni 1847 fast 54 000 Brote aus einem Gemisch von Korn und gelben Erbsen backte. Außerdem wurden vor Anbruch des Winters über 2000 Scheffel Steinkohlen beschafft und billig an Bedürftige verteilt.

Wie Hüffer am 10. Juli 1847 in seinem Verwendungsnachweis schrieb, haben diese Maßnahmen, „wiewohl nicht ausreichend um schwere Sorgen von allen Herzen zu nehmen und zu verhindern, daß manche bedrängte Familie ihre letzte irgend entbehrliche Habe zum Pfandhause hat bringen müssen [. . .] doch eine überaus segensreiche Wirksamkeit geübt und die Verhältnisse der hiesigen Armen im allgemeinen weit günstiger gestellt, als solches in dem bei weiten größten Teil des deutschen Vaterlandes leider der Fall gewesen ist“.

Die Eisenbahndirektion ließ im Winter 1846/47 die Erdarbeiten fortsetzen, soweit es die Witterungsverhältnisse nur irgend erlaubten, und auch bei den städtischen Arbeiten suchte man Unterbrechungen tunlichst zu vermeiden.

Die anhaltende Teuerung, die alle Lebensbereiche erfaßte, wirkte sich nach vielen Seiten nachteilig aus. Der Mittelstand mußte seine Mittel zur Deckung der notwendigsten Bedürfnisse verwenden, worunter wiederum die Gewerbe litten. Die sich bereits mit dem Beginn des Jahrzehnts abzeichnende Krise der Kleingewerbe wurde dadurch noch verschärft. Von über tausend Meistern in Münster trieben 1845 nur 212 ihr Gewerbe in einem steuerpflichtigen Zustand. Von 4713 Männern und Frauen über 24 Jahre waren mehr als 12 Prozent ungelernte Arbeiter. 195 Einwohner wurden regelmäßig durch kirchliche oder städtische Institutionen unterstützt. Doch scheint sich darin nur teilweise das Ausmaß der Armut widerzuspiegeln, da lediglich der kommunale Anteil der Hilfeleistungen erfaßt wird.

Erst die Ernte des Jahres 1847 brachte wieder eine Ertragssteigerung bei Weizen von 27 Prozent, bei Erbsen von 7 Prozent und bei Roggen gar um 94 Prozent. Die Preise sanken auf ein erträgliches Maß. Hatten sie im Februar 1847 für den Scheffel Weizen bei 3 Talern 26 Silbergroschen, für den Scheffel Roggen bei 3 Tlr. 14 Sgr. und für den Scheffel Kartoffeln bei 1 Tlr. 10 Sgr. 8 Pfg. gelegen, so waren sie im Februar 1848 auf 2 Tlr. 8 Sgr. für Weizen, 1 Tlr. 15 Sgr. 1 Pfg. für Roggen und auf 24 Sgr. 3 Pfg. für Kartoffeln gefallen.

Sinkende Preise für die Grundnahrungsmittel und die durch öffentliche Bauten – besonders an der Eisenbahn Münster-Hamm – gebotenen Arbeits- und Verdienstmöglichkeiten bewirkten, daß die außerordentlichen Unterstützungsmaßregeln Anfang August 1847 ohne Störungen eingestellt werden konnten. Die sozialen Probleme aber blieben im Grunde ungelöst. Nach den Angaben des preußischen Statistischen Bureaus waren im Jahr 1849 in Münster nicht weniger als 12,9 Prozent der Bevölkerung Almosenempfänger, befristete und sachbezogene Hilfen eingeschlossen. Auf dem Land und in den kleinen Städten waren es gerade 2,7 bzw. 7,1 Prozent.

2. *Die Revolution von 1848/49*

Die Märzereignisse und ihr Echo in Münster

Im Jahr 1830 war Münster von den revolutionären Ereignissen kaum berührt worden. Auch die aufrüttelnden Reden Georg von Vinckes auf dem Vereinigten Landtag 1847 haben in der Stadt nur wenig Widerhall gefunden. Die Stimmung der Bürger auf die Nachricht vom Sturz der Julimonarchie in Frankreich zeigte Überraschung und kaum verborgene Unsicherheit. Der „Westfälische Merkur" forderte zu einem allgemeinen Kampf gegen Sittenverderbnis, Egoismus und Regierungssucht auf, damit solche Vorgänge in Deutschland verhütet würden. Nicht zuletzt würde die Befreiung der Presse von der Zensur dazu beitragen, die allgemeinen Zustände zu bessern. Noch am 10. März 1848 berichtete Oberbürgermeister Hüffer der Regierung auf deren Anfrage, daß es in Münster „keine Anzeichen von Hervortreten politischer Bewegung" gebe [StadtAM, Polizeiregistratur IV 86]. Offenbar trug die katholisch ausgerichtete Weltanschauung ihren Teil dazu bei, den Einblick in die sozialen und politischen Probleme zu verstellen.

Spannung und Erregung äußerten sich zum erstenmal am 12. März anläßlich eines Militärkonzerts in der Gaststätte Vogelsang unweit des Doms, als der Sohn des Pumpenmachers Melters den Versuch unternahm, eine politische Adresse zu verlesen und die Gäste zum Absingen revolutionärer Lieder zu bewegen. Ihm wurde lediglich wegen seines ungeziemenden Benehmens ein Verweis erteilt. Erst am Sonntag, dem 19. März, kam es, ausgelöst durch die Nachrichten aus Berlin, zu einem Auflauf der unteren Bevölkerungsschichten vor dem Rathaus und zu Protesten gegen die stets als unsozial empfundene Mahl- und Schlachtsteuer. Die Militärwache wurde mit Steinen beworfen, hielt sich aber zurück. Erst als der Lärm zunahm, rückte auf Veranlassung des Regierungsvizepräsidenten Karl von Bodelschwingh eine Eskadron Husaren heran und drängte die Menge in die Seitenstraßen ab. Abends sammelte sich noch einmal eine Volksmenge vor dem Haus des Oberbürgermeisters in der Salzstraße. Ein einzelner Stein wurde geworfen, richtete aber keinen nennenswerten Schaden an. Dann zerstreuten auch hier die Husaren die Menge und beendeten den Tumult. Der Magistrat dankte dem Divisionskommandeur von Tietzen am folgenden Tag ausdrücklich dafür, daß er nicht von der Waffe hatte Gebrauch machen lassen.

Hüffer sprach später von der „üblichen Stufenleiter politischer Erregung", die man in Münster durchlaufen habe, aber „dem ruhigen, gesetzlichen Sinn der Bewohner entsprechend, [. . .] ohne daß es zu gefährlichen Ausschreitungen gekommen wäre". Für die Tumulte wurden Fremde verantwortlich gemacht, hätten sich doch „Subjekte mit wenig vertrauenswürdigem Äußeren, die man damals Bassermannsche Gestal-

Posten des Infanterieregiments Nr. 13 vor dem Stadtweinhaus. Gemälde von Cornelis Springer (1872)

ten nannte", an den Toren und öffentlichen Plätzen gezeigt. Sein Verdikt, daß auch in Münster die Regierung nach den Ereignissen in Berlin „alle Fassung und Energie verloren" hätte und die städtischen Behörden sich selbst helfen mußten, ist übertrieben, denn nicht nur wurde der Auflauf am 19. März auf Drängen des Regierungsvizepräsidenten durch das Militär beendet, Bodelschwingh berief auch am folgenden Tag eine Konferenz ein, um über die notwendigen Folgerungen aus den Unruhen zu beraten [1224: Hüffer, Lebenserinnerungen, S. 36].

Der Magistrat erließ am 20. März eine Bekanntmachung, in welcher die Bürger bei Strafe aufgefordert wurden, sich auf den Straßen anständig aufzuführen. Am 23. März rief auch Bischof Müller die Gläubigen in einem Hirtenbrief auf, die Ruhe zu bewahren.

Mit aller Macht versuchten Regierungs- und Kommunalbehörden, das Eigentum zu schützen und die Ruhe wiederherzustellen. Unmittelbar nach den Unruhen schritt man zur Bildung einer Bürgergarde. Die Aufrechterhaltung von Ruhe und Ordnung in der Stadt war bisher neben der städtischen Polizei vor allem auch Sache des münsterischen Bürgerschützenkorps gewesen. Diese mehrere hundert Mann umfassende Truppe, die bei festlichen Anlässen zu paradieren pflegte, hatte sich der ernsten Situation nicht gewachsen gezeigt. Ein Teil der Bürgerschützen war am 19. März in Gerbaulets Gasthof „Zum König von England" vom Magistrat zusammengerufen worden. Wegen des drohenden Tumults verlangte der Oberst, daß man sich bewaffne. Sein Verlangen wurde indes zurückgewiesen. Drei führende Mitglieder der Bürgerschützen erklärten am folgenden Tag dem Regierungspräsidenten, daß das Korps „in seiner geringen Anzahl" nicht geeignet wäre, „gegen aufgereizte Massen in der Stadt aufzutreten" [StaatsAM, Regierung Münster 258]. Der Magistrat zog daraus die Konsequenzen und beschloß die Errichtung einer Bürgerwehr.

Am 22. März forderte auch Oberpräsident Eduard Flottwell von Minden aus, wo er sich dienstlich aufhielt, zur Bildung städtischer Sicherheitswehren gemäß der Kabinettsordre von 1830 und einer Verfügung von 1840 auf. Eine Bewaffnung suchte man zunächst möglichst zu vermeiden. Schon zwei Tage später wurde sie jedoch empfohlen. Generalleutnant Wilhelm Ferdinand Josef von Tietzen und Hennig, der vertretungsweise das VII. Armeekommando führte, und Regierungsvizepräsident von Bodelschwingh hatten keine Einwände gegen die Auslieferung von Gewehren an die münsterische Bürgergarde. Das Generalkommando hatte schon am 21. des Monats eine allgemeine Zusage gegeben, die Bürgerwehr mit Waffen auszustatten. Der General wollte die Märzforderung nach Volksbewaffnung benutzen, um durch Abgabe von Waffen an „gesinnungstüchtige" – d.h. regierungstreue – Bürger diese in die Verantwortung einzubeziehen zu einer Zeit, in der sich noch gar nicht absehen ließ, „welche Ereignisse durch Mithilfe fremder und auswärtiger bösgesinnter Menschen vorkommen" konnten [StaatsAM, Regierung Münster 1025].

Am 21. März wurde die Bildung einer Ordnungstruppe in der Presse bekannt gemacht, und bereits am folgenden Tag hatten sich 1060 Personen in die Einzeichnungslisten eingetragen. Es wurden zwei Bataillone zu je drei Kompanien, für jede der sechs Leischaften eine, mit insgesamt 22 Offizieren, 127 Unteroffizieren und 1650 Gardisten gebildet. Die Studenten der Akademie wollten eine Studentenkompanie aufstellen, und die Schüler des Paulinums baten den Magistrat, ihnen eine eigene Kompanie zu gestatten. Jenen wurde es vom Bischof untersagt, und auch die Schülerkompanie kam nicht zustande.

Bekanntmachung des Magistrats vom 20. März 1848 als Reaktion auf die Proteste gegen die Mahl- und Schlachtsteuer

Bekanntmachung.

Zur Verhütung ähnlichen Straßenunfugs, als solcher gestern Abend statt gefunden hat, wird hiermit verordnet:

alle Hausväter, Lehrer, Meister und Dienstherrschaften haben ihre Untergebenen über die unausbleiblich nachtheiligen Folgen solcher Störungen der öffentlichen Ruhe zu belehren, die strengste Aufsicht über dieselben zu führen, und namentlich darauf zu halten, daß ihre Untergebenen nicht unnöthig auf den Straßen sich aufhalten oder umhertreiben.

Wir machen zugleich darauf aufmerksam, daß alles Schreien, Pfeifen und Singen auf den Straßen nach dem Gesetz vom 17. August 1835 bei schwerer Ahndung untersagt ist, und wir verbinden hiermit die wohlgemeinte dringende Warnung, dem Königlichen Militair, sowie den Polizei-Beamten bei Ausübung dienstlicher Funktionen nicht hindernd in den Weg zu treten, da solches unvermeidlich den Waffengebrauch und strenge gesetzliche Strafe herbeiführen würde.

Münster, am 20. März 1848.

Der Magistrat.

Hüffer. v. Olfers. Schmedding.
Scheffer-Boichorst. Hellweg.

Die Bewaffnung der Bürgergarde aus Militärbeständen zog sich allerdings noch bis Mitte Mai hin. General von Tietzen, um ein gutes Verhältnis zur Bürgerschaft bemüht, wies die Soldaten an, Mitgliedern der Bürgerwehr mit der gleichen Achtung zu begegnen, wie sie selbst sie erwarteten. Die Bürgerwehr, mit der das Bürgertum nunmehr förmlichen Anteil am Gewaltmonopol des Staates nahm, wählte ihre Offiziere selbst und befand auch kompanieweise über Aufnahme neuer Mitglieder sowie über einen etwaigen Ausschluß. Zum Schutz der Freiheit und des bürgerlichen Eigentums zusammengetreten, war die Bürgerwehr ein Instrument der Bourgeoisie, das, wie das „Westphälische Dampfboot" bereits im April feststellte, als Hort der Reaktion zur Unterdrückung jeder der Bourgeoisie feindlichen Meinung diente. Sie betrachtete dieses Instrument tatsächlich als ihr eigenes und beanspruchte darum auch die Entscheidung über seine Zusammensetzung. Der Literat Bernhard Johann Fralig aus Nordwalde wurde hauptsächlich deshalb noch im März bei Gericht denunziert, weil er Schüler des Paulinums aufgefordert hatte, sich Waffen zu besorgen. Die Alarmierung der Bürgerwehr erfolgte durch Oberbürgermeister und Stabsoffiziere. Anläßlich der Wahl des Reichsverwesers versammelten sich ihre Mitglieder zu einem großen Fest auf Haus Lütkenbeck. Sonst hatten sie außer Wachestehen und

Exerzieren kaum irgendwelche Verpflichtungen. Erst im November 1848 mußte die Bürgerwehr gegen Tumulte einschreiten.

Die Ursachen für die Unruhen jener Märztage in Münster wie im Münsterland lagen vor allem in wirtschaftlichen und sozialen Notständen. Einen wichtigen, wenn nicht überhaupt den wichtigsten Grund zur Unzufriedenheit in der Stadt lieferte die Mahl- und Schlachtsteuer mit ihrer Belastung gerade für die unteren Bevölkerungsschichten. Sie war eine direkte Besteuerung von Mehl und Fleisch beim Einkauf und konnte seit 1820 als Alternative zur Klassensteuer erhoben werden. In den Städten, in denen die Mahl- und Schlachtsteuer erhoben wurde, entfiel die nach dem Einkommen erhobene Klassensteuer. Hüffer hatte in seinem Bericht an die Regierung über die Vorfälle vom 19. März noch betont, daß „in Ermangelung anderen Grundes" die Mahl- und Schlachtsteuer den Vorwand gegeben habe. Bereits am 28. März war jedoch auch er der Meinung, daß „ihre Abschaffung jedenfalls erfolgen" müsse. Die Diskussion hielt nämlich an, und der Oberbürgermeister wurde gedrängt, „etwas Bestimmtes" über die Abschaffung dieser Steuer zum 1. April „sofort" bekanntzumachen [StaatsAM, Regierung Münster 258]. Der Oberpräsident war bereit, sich für die Abschaffung der unsozialen Abgabe zugunsten einer Klassensteuer einzusetzen. Eine Kabinettsordre vom 4. April 1848 gab die Möglichkeit, die Mahl- und Schlachtsteuer auf Antrag durch einen Staatssteuerzuschlag zur kommunalen Einkommensteuer zu ersetzen. Schon am 14. Juli, ein Vierteljahr nach den Unruhen, ordnete eine weitere Kabinettsordre die Einführung der Klassensteuer für Minden, Paderborn und Münster an. Um die Einteilung der Steuerklassen entbrannte darauf sogleich ein Streit, der sich hinzog. Das Problem der Einschätzung war in Münster noch nicht gelöst, als zum 1. Juli 1851 die Mahl- und Schlachtsteuer wieder eingeführt wurde, die dann bis 1875 als Staatssteuer bestehen blieb.

Anfang April konnte Oberpräsident Flottwell feststellen, daß „die Zerstörer der gesetzlichen Ordnung" zwar „größtenteils unter dem Beistande der bewaffneten Macht", aber „ohne Anwendung der Waffen verhaftet und dem Richter zur Bestrafung übergeben" wären. Die Anarchie wäre „nach wenigen Tagen einem Zustande gehöriger Ruhe und Ordnung gewichen", eine Tatsache, die Zeugnis gebe „von der durch keine Erschütterung gestörten Fortdauer des ehrenhaften und biederen Sinnes der Westfalen" [Westfälischer Merkur vom 9. April 1848]. Dem Bericht des Magistrats zufolge, den dieser über die allgemeine Stimmung in Münster nach den politischen Umstürzen in Europa abfaßte, war man dort „ob all der Wunder erstaunt" und wartete „in ängstlicher Spannung der Dinge, die da kommen" sollten. „Bürger und Militär leben in bester Harmonie und eine ernstliche Ruhestörung haben wir wohl nicht zu befürchten, wenn sie uns nicht von außen kommt", schrieb Hüffer. Das friedliche Bild der münsterischen Akademie war durch die Märzunruhen nicht gestört worden. Auch anderenorts galt Münster als so ruhig und sicher, daß die Frau des Generals von Radowitz daran dachte, für den Fall einer Flucht aus Karlsruhe nach Münster zu ziehen.

Wirtschaftlich wirkte sich der durch die politischen Erschütterungen herbeigeführte ungeheure Wertverlust der Staatspapiere und Aktien schädlich aus, besonders als das Kölner Bankhaus Abraham Schaaffhausen am 29. März seine Zahlungen einstellen mußte. Ehe überhaupt bekannt wurde, wieweit Handlungen in Münster betroffen waren, erwuchsen daraus Mißtrauen und Mutlosigkeit. Die Geschäfte reduzierten sich „auf ein Minimum“. Das Geld verschwand immer mehr aus dem Verkehr. Gutes Geld war gefragt, dagegen wurden die „sonst beliebtesten Papiere nurmehr ungern und mit Zögern angenommen“ [StadtAM, Stadtregistratur 18–4].

Die Anfänge des politischen Vereinswesens und die Wahlen vom 1. Mai

Nach der Verkündung von Presse- und Vereinigungsfreiheit bildeten sich die ersten politischen Vereine. Die Vereinsbildung ging einher mit den Vorbereitungen auf die allgemeinen, indirekten und geheimen Wahlen im Mai, für die das Vorparlament in Frankfurt und der zweite Vereinigte Landtag bis Anfang April die Voraussetzungen geschaffen hatten. Neben Splittergruppen waren es Katholiken, Liberale, Konstitutionelle und Demokraten, die sich in Münster zusammenfanden. Die ersten politischen Vereine waren ein „Katholischer“ und ein „Konstitutioneller Verein“.

Der Gedanke an eine politische Organisation der Katholiken zum Schutz gegen Übergriffe des Staates war schon in den Ereignissen um den Kölner Erzbischof Droste-Vischering gereift. Es diente der Kommunikation, wenn die westdeutschen Bistümer sich 1842 über die Herausgabe eines Kirchenblattes verständigten. „Als daher das Jahr 1848 einbrach,“ bekannte Hermann Joseph Kappen, Pfarrer an der Lambertikirche, „da waren wir nicht ganz unvorbereitet“ [1228: Erinnerungen, S. 140].

Im großen und ganzen war die Lage des westfälischen Katholizismus bei Ausbruch der Märzunruhen erträglich. Gefahren schienen hauptsächlich vom Linksradikalismus zu drohen, und Furcht vor einer Unterdrückung der Kirche durch das neue Regiment war denn auch die treibende Kraft für den Zusammenschluß der westfälischen Katholiken. Zwar wurden einige Bedenken laut, daß eine solche Vereinsgründung Auseinandersetzungen zwischen dem protestantischen Staat und der katholischen Kirche nach sich ziehen könnte, doch setzte man sich darüber hinweg. Bereits am 9. und am 12. April erschienen Aufrufe an die Katholiken im „Westfälischen Merkur“, sich zur Verteidigung der religiösen Freiheiten zu organisieren. Am 13. trat in Münster ein „Katholischer Verein“ nach dem Vorbild der Piusvereine in Mainz und Limburg ins Leben. Zu den Gründungsmitgliedern gehörten neben Vertretern der Geistlichkeit der Rechtsanwalt Eduard Windthorst, ein Vetter des späteren Zentrumsführers, Justizkommissar Johann Wilhelm Fuisting und der Stadtverordnete Kaufmann Bernhard Wagener. Die Satzung des Vereins brachte klar zum Ausdruck, daß man sich nicht auf religiös-kirchliche Fragen beschränken, sondern auch Politik betreiben wollte. Der „Westfälische Merkur“ und das „Sonntagsblatt für katholische Christen“ wurden zu Vereinsorganen erklärt. In einem – allerdings nicht vom Verein, sondern von der Zeitungsredaktion verfaßten – Wahlaufruf des „Sonntagsblatts“ am 23. April wurde die Wahl von Andersgläubigen zwar keineswegs abgelehnt, von diesen jedoch verlangt, daß sie die „Rechte und Befugnisse der Katholiken gleich denen ihrer eigenen Konfession anerkennen“ würden. Ein paar Tage später aber setzte der „Westfälische Merkur“ sich dann doch dafür ein, daß katholische Wahlmänner nur Katholiken, vor allem Kleriker, wählen sollten.

Der münsterische Piusverein hat im politischen Leben der Stadt eine beachtliche Rolle gespielt. Da die Urwahlen aus Mangel an geeigneten Räumlichkeiten oftmals in den Kirchen nach Beendigung des Gottesdienstes stattfanden, bot sich manche Möglichkeit klerikaler Beeinflussung. Von besonderer Bedeutung für die katholische

Johann Georg Müller, Bischof von Münster (1847–1870) und erster Abgeordneter des Wahlkreises Münster-Warendorf in der Frankfurter Paulskirche. Ausschnitt aus einem Gemälde von C. Coerre (1857)

Wahlbewegung wurde auch die Verkündung eines Wahlhirtenbriefs durch den münsterischen Bischof Johann Georg Müller am 18. April 1848.

Als vornehmlich Beamte und Angehörige anderer staatstragender Schichten nach einem Aufruf im „Westfälischen Merkur“ vom 28. April den Konstitutionellen Verein gründeten, war es bereits zu spät, um noch Einfluß auf die Wahlen zu nehmen. Die Katholiken hatten einen Vorsprung in der politischen Organisation, der nicht mehr so schnell aufzuholen war.

Die Urwahlen nach allgemeinem und gleichem Wahlrecht fanden am 1. Mai für beide Parlamente zusammen, die Abgeordnetenwahlen zur preußischen Nationalversammlung am 8. und zur deutschen Nationalversammlung in Frankfurt am 10. Mai statt. Es waren eindeutige Honoratiorenwahlen. Kaufleute, Bankiers und studierte Juristen stellten ein Drittel der Wahlmänner.

Klarer Sieger der Urwahl für die Frankfurter Versammlung war der Piusverein. Der Wahlkreis umfaßte Stadt und Kreis Münster und die Gemeinde Beelen des Kreises Warendorf. Von den 128 Wahlmännern, darunter 38 Geistliche, stimmten 112 für Bischof Müller. Dieser wollte zuerst ablehnen, entschloß sich dann aber doch zur Annahme des Mandats, als auch der Bischof von Breslau die Wahl annahm. Müller schied allerdings schon am 7. August aus der Paulskirche wieder aus. Nachdem auch sein Stellvertreter Matthias Aulicke zurückgetreten war, wurden Neuwahlen nötig, die am 5. März 1849 stattfanden. Dabei fiel die Mehrzahl der Stimmen auf den Assessor Josef Brockhausen. Sein Stellvertreter wurde der münsterische Kaufmann Ferdinand Theissing.

Bei den Wahlen zur preußischen Nationalversammlung, bei denen die Stadt einen eigenen Wahlkreis bildete, waren 22,2 Prozent der Einwohner wahlberechtigt. Sie hatten 42 Wahlmänner zu wählen. Aus dieser Wahl gingen, bei der Kürze der Vorbereitungszeit verständlich, gleichfalls stadtbekannte Persönlichkeiten als Sieger hervor. Nach drei Wahlgängen siegten Oberbürgermeister Hüffer und als sein Stellvertreter der Obertribunalrichter Benedikt Waldeck, der, in einem Berliner Stadtwahlkreis gewählt, die Stellvertretermandate in Münster und Paderborn sowie das Mandat in Lippstadt ausschlug. An seine Stelle trat der schon 71jährige Geheime Justizrat Matthias Anton von Hartmann. Auch im stadtmünsterischen Mandat gab es mehrfachen Wechsel. Bis zur Auflösung der preußischen Nationalversammlung am 6. Dezember 1848 wurde es von folgenden vier Abgeordneten vertreten, die alle in der Versammlung nicht sonderlich hervorgetreten sind: Hüffer, von Hartmann, Assessor Christian Fischer und im November noch für vier Wochen von Assessor Brockhausen, der wegen der Vertagung an den Verhandlungen in Berlin nicht mehr teilnehmen konnte, aber als erklärter Gegner der Steuerverweigerung in Brandenburg Platz nahm.

Nach den Wahlen wurde der Auf- und Ausbau politischer Vereine fortgesetzt. In Münster waren es im wesentlichen sechs Vereine, die politisch aktiv wurden: Der Katholische oder Piusverein, der Konstitutionelle oder Deutsche Verein, der „Patriotische Verein für Stadt und Land Münster", der „Westfälische Verein zum Schutze des Privatrechts und des Eigentums sowie zur Förderung des allgemeinen Wohls", der Urwählerverein und der Demokratische Verein. Dazu kamen später noch ein paar Splittergruppen von geringer Bedeutung. Politischen Einfluß haben außer dem Katholischen Verein nur der Demokratische Verein, der Deutsche Verein und der Patriotische Verein gewonnen. Dieser übernahm nach seiner Gründung im Juli unter Leitung des Rittmeisters Schimmel und des Freiherrn von Landsberg-Steinfurt die Rolle des Konstitutionellen Vereins. Mit neunzig Mitgliedern war dieser Verein in Münster ziemlich klein. Die beste Organisation und den größten Einfluß von allen Vereinen hatte zunächst der katholische Piusverein. Er verlor seine beherrschende Position dann aber an den in sich geschlosseneren Demokratischen Verein. Neben den politischen Vereinen gab es rein standesgemäße Interessenvertretungen wie den Handwerkerverein, der sich am 14. Mai in Münster konstituierte und 250 bis 300 Mitglieder zählte.

Der Katholische Verein hat sich vor allem bemüht, auf die kirchen- und schulpolitischen Verfassungsbestimmungen Einfluß zu nehmen. Zahlreiche Denkschriften sind 1848 und 1849 aus Paderborn und Münster von den Piusvereinen an die Parlamente geschickt worden, darunter im Juli 1848 eine mit 13 000 Unterschriften versehene Petition an die Frankfurter Nationalversammlung, in der allgemein das Verlangen nach Freiheit der katholischen Kirche zum Ausdruck gebracht wurde, und im September die ausführliche Darlegung und Begründung der Forderungen nach Unabhängigkeit der Kirche, Freiheit des Unterrichts und konfessionellem Charakter der Schule in einer Petition an die Berliner Nationalversammlung mit 12 000 Unterschriften. Aufsehen erregten die Vorstellungen der Verfassungskommission in

Frankfurt zur Schulgesetzgebung. Gegen ihre Beschlüsse vom 11. Juli 1848, wonach die Elementarschulen in Gemeindeschulen umgewandelt, der Unterricht fortan kostenlos und die Geistlichen von der Aufsicht über die Schulen ausgeschlossen werden sollten, protestierte der Verein energisch.

Wahre Empörung löste es aber in Münster aus, als Oberpräsident Eduard Flottwell, der als Abgeordneter aus der Provinz Sachsen in Frankfurt zur äußersten Rechten gehörte, einen Antrag auf Abschaffung des Zölibats unterstützte. Es half wenig, daß Flottwell seine Zustimmung alsbald zurückzog. Diesmal brachte nicht nur der Katholische Verein seine scharfe Mißbilligung über das Verhalten des Oberpräsidenten zum Ausdruck. Auch der Demokratische Verein forderte in Berlin seine sofortige Abberufung. Zahlreiche auch nicht politisch organisierte Bürger beteiligten sich an einer Unterschriftensammlung und forderten, daß Flottwell „schleunigst seines Amtes entlassen und durch einen Mann, der das Vertrauen besitzt, ersetzt werde". Er habe durch Unterstützung des Antrags „den katholischen Glauben, die katholische Kirche und ihren Priesterstand beschimpft". Dieses wie auch seine Wirksamkeit früher in Posen und jetzt in Westfalen mache ihn, „der niemals das Vertrauen der Provinz besessen, unfähig, länger Vorsteher derselben zu sein" [Westfälischer Merkur vom 4. August 1848].

In der Frage der deutschen Einheit war man in Münster großdeutsch gesinnt. Heinrich von Gagerns „kühner Griff", die Wahl des Erzherzogs Johann zum Reichsverweser und das Gesetz über die provisorische Staatsgewalt für Deutschland vom 28. Juni 1848 wurden freudig begrüßt. Bischof Müller ordnete einen Dankgottesdienst an. Am 6. August wurde aus diesem Anlaß ein großes Fest gefeiert, das am Abend vorher mit Glockengeläut und Salutschüssen begann. Die Stadt war mit Fahnen geschmückt und abends illuminiert. Nach einem Gottesdienst im Dom und feierlichem Hochamt zog die Bürgerwehr zur Parade. Dem Militär wurde zwar die unmittelbare Beteiligung untersagt. Der Kommandierende General hatte aber Offiziere und Mannschaften angewiesen, der Parade als Zuschauer beizuwohnen. Am folgenden Tag veranstaltete die Bürgerwehr noch ein „Eintrachtsfest" zu Ehren des Reichsverwesers auf Haus Lütkenbeck. Die Feierlichkeiten wurden zu einem Volksfest, an dem 4000 Personen teilgenommen haben sollen. Sinnfällig kam dabei die großdeutsche und antipreußische Gesinnung der münsterischen Bevölkerung zum Ausdruck. Ob man allerdings preußische Fahnen zerrissen und Spottlieder auf die Preußen gesungen hat, wie erzählt wird, mag dahingestellt bleiben. Die Zeitungen berichten darüber nichts.

Änderung der Stadtverfassung und demokratische Bewegung

Mit der Revolution waren auch die Revidierte Städteordnung und das eben erst genehmigte Verwaltungsstatut der Stadt Münster in Frage gestellt. Als der Justizrat Hellweg daher am 21. März 1848 seinen Rücktritt aus dem Magistrat erklärte, beschlossen die Stadtverordneten, die fällige Wahl einstweilen auszusetzen und Personen aus der Bürgerschaft zur Hilfe bei den Geschäften heranzuziehen. Die Regierung hatte gegen dieses Verfahren jedoch erhebliche Bedenken und setzte es durch, daß am 29. Mai ein neues unbesoldetes Magistratsmitglied gewählt wurde. Die Wahl fiel auf den Referendar Nikolaus Zumloh. Ausgesetzt wurde dagegen die Wahl des Oberbürgermeisters. Johann Hermann Hüffer hatte bereits kurz nach Ausbruch der Unruhen seine Absicht erklärt, vom Amt des Oberbürgermeisters zurückzutreten. Seine sechsjährige Amtszeit lief zum 1. Juli ab. Als die Regierung am 6. Juni von den Stadtverordneten verlangte, gemäß der Revidierten Städteordnung einen neuen Oberbürgermeister zu wählen, erhob sich Protest. Man nahm unter der Einwohnerschaft Anstoß an dem Widerspruch zwischen dem auf Stadtbürgerrecht begründeten städtischen Wahlrecht, das breite Teile der städtischen Bevölkerung ausschloß, und dem liberalen Wahlgesetz vom 8. April 1848 für die Parlamentswahlen. Außerdem wurde die Einführung einer neuen Gemeindeordnung erwartet. Nach dem Beschluß einer außerordentlichen Generalversammlung vom 15. Juni protestierte der Demokratische Verein beim Stadtverordnetenkollegium gegen die Wiederbesetzung der Oberbürgermeisterstelle „vor der Publikation der bald in Aussicht gestellten neuen Gemeinde-Ordnung“. Dem Protest schlossen sich mehrere Bürger an, die nicht zum Demokratischen Verein gehörten. Auch der Vorstand des Konstitutionellen Vereins ersuchte die Stadtverordneten am 17. Juni, bis zur „Emanierung einer neuen volkstümlichen Städteordnung“ sich für eine interimistische Verwaltung der Stelle einzusetzen. 43 Bürger sandten eine weitere Eingabe. Obwohl die Proteste und Meinungen von „Abteilungen der Bürger“, wie es im Protokoll hieß, den Beschluß der Versammlung nicht bestimmen dürften, blieben sie nicht ohne Eindruck. Mit Genehmigung der Regierung wurde die Neuwahl bis zum Erlaß einer neuen Städteordnung vertagt. Die Aufgaben wurden dem ältesten Stadtrat von Olfers übertragen [StaatsAM, Regierung Münster 629,1]. Zwar wurde am 11. März 1850 eine neue Gemeindeordnung einheitlich für die ganze Monarchie erlassen, ihre Durchführung aber schon 1852 im Zuge der reaktionären Politik des Ministeriums von Manteuffel sistiert. Zum neuen Oberbürgermeister wurde im Oktober Johann Heinrich von Olfers gewählt, zu seinem Stellvertreter der Bankier Ferdinand Niedieck.

Im Herbst 1848 traten die Demokraten verstärkt in den Vordergrund und prägten in kurzer Zeit das politische Leben der Stadt. Mitte Oktober umfaßte der Demokratische Verein etwa 360 Mitglieder, unter ihnen als führende Köpfe der Publizist Friedrich Steinmann, Rechtsanwalt Matthias Gierse und Assessor Moellenhoff. Die Justizbeamten spielten überhaupt eine wichtige Rolle in der radikalen demokratischen Bewegung Münsters. Als besonders geschickte Agitatoren erwiesen sich mehrere Referendare wie Hammacher, Jacobi, Banzi und Stierlin, die später wegen Verbreitung eines Aufrufs verhaftet wurden. Als Gegenspieler des Piusvereins, des Adels und des Klerus, die er als natürliche Verbündete gegen die Demokratie ansah, tat sich auch der in Westfalen bekannte Publizist und Gerichtssekretär Friedrich Steinmann hervor. Voller Unverständnis für konfessionelle Beweggründe hatte Steinmann schon im Mischehenstreit in oft maßloser Sprache gegen den Kölner Erzbischof polemisiert.

Schwankend zwischen Republik und konstitutioneller Monarchie neigten die Demokraten in Münster durchweg mehr zur konstitutionellen Seite. Im November spaltete sich deshalb auch ein Teil der Mitglieder ab und gründete den Urwählerverein, der seine Aufgabe darin sah, die Abgeordneten zu überwachen. Der militante Flügel des Demokratischen Vereins konstituierte sich als „Arbeiterverein“, der durch seine Forderung nach allgemeiner Bewaffnung auffiel. Insgesamt waren im Oktober

Eines der ersten politischen Flugblätter, die in Münster verbreitet wurden: Aufruf zur Teilnahme am „Reform-Banket" in der Mauritzheide

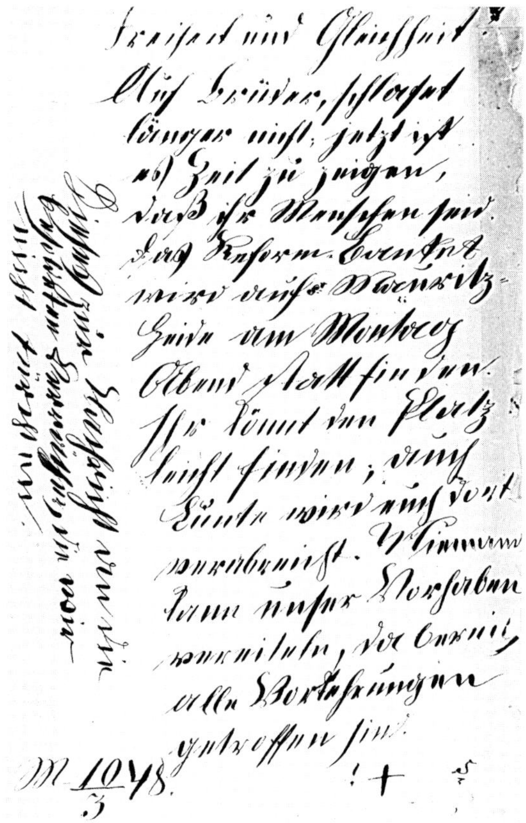
Freiheit und Gleichheit!
Auf Brüder, schlafet
länger nicht; jetzt ist
es Zeit zu zeigen,
daß ihr Menschen seid.
Das Reform-Banket
wird auf der Mauritz-
Heide am Montag
Abend stattfinden.
Ihr könnt den Platz
leicht finden, auch
[illegible]
vereinigt. Niemand
kann unser Vorhaben
vereiteln, da bereits
alle Vorkehrungen
getroffen sind.

1848 1339 Bürger und Einwohner Münsters, d. h. etwa 28 Prozent der Urwähler, in politischen Vereinen aktiv.

Mit der Aufhebung der Zensur war die bis zum Beginn der vierziger Jahre durch kleinliche Schikanen in ihrer Berichterstattung eingeengte Presse zu einem bedeutenden Faktor der politischen Meinungsbildung geworden, den besonders die Demokraten zu nutzen verstanden. Zwar blieb der „Westfälische Merkur" unter der Redaktion des Buchhändlers Friedrich Coppenrath auch weiterhin die wichtigste Zeitung in der Region. Daneben aber tauchten jetzt andere Presseerzeugnisse auf, die „Demokratische Zeitung für Westfalen", das „Westfälische Volksblatt", die „Westfälische Volkshalle" und das „Westfälische Wochenblatt", redigiert von dem Referendar von Bernuth, von Caspary und Steinmann. Der „Westfälische Merkur" verhielt sich in der unruhigen Zeit mitunter schwankend, um es mit keiner Partei ganz zu verderben, nahm aber namentlich nach dem Verfassungsoktroi vom Dezember der Opposition gegenüber eine zunehmend ablehnende Haltung ein. Von seinen 1600 Abonnenten waren deshalb Ende des Jahres 120 bis 125 zur „Westfälischen Volkshalle" übergegangen. Dieses mit einer Auflage von 400 bis 500 Stück in der Wundermannschen Buchhandlung erscheinende Blatt mit seinem Wahlspruch „Alles durch das Volk“ war schnell zum führenden Demokratenblatt in ganz Westfalen geworden. Die anderen Zeitungen mit Ausnahme des „Merkur“ standen ihm wenigstens nahe.

Die Novemberunruhen und ihre Niederschlagung

Die Berufung des reaktionären Ministeriums unter dem Grafen von Brandenburg am 2. November 1848 stieß in Münster auf breite Betroffenheit und Ablehnung. Der „Westfälische Merkur“ schrieb am 13. November: „Dieses Ministerium wird und muß fallen [. . .] unsere Geschicke wollen wir nicht Männern von der alten verrufenen Sorte anvertrauen.“ Die Verlegung der Nationalversammlung von Berlin nach Brandenburg fand jedoch die Zustimmung des Blattes, das sowohl Reaktion wie extreme Linke bekämpfte.

Die gemäßigten Kreise wurden jetzt allerdings zunehmend durch radikale Demokraten in den Hintergrund gedrängt, die zu großen Protestveranstaltungen aufriefen. In einer ersten, gut besuchten Volksversammlung am 11. November in der Knappschen Reitbahn vor den Toren Münsters wurden ein „Aufruf an das Volk von Westfalen“ beschlossen und die in Berlin gebliebenen Abgeordneten durch eine Solidaritätsadresse zum Ausharren aufgefordert. Am 13. November richtete das „Westfälische Volksblatt“ im Namen der Volksversammlung an Bischof Müller das Verlangen, einen Gottesdienst zur Anerkennung der Rechte des Volkes anzuordnen. Infolge der weiteren Zuspitzung der innenpolitischen Lage durch die Verkündung des Belagerungszustands kamen bereits am 15. November abermals etwa 3000 Bürger zu einer Großkundgebung zusammen. Sie beschlossen einen zweiten „Aufruf an das Volk Westfalens“, der sich besonders an die Soldaten und Wehrmänner richtete. Erste Reaktionen ließen nicht lange auf sich warten. Eine Handvoll Wehrmänner weigerte sich spontan, den Anordnungen der Regierung Brandenburg weiterhin Folge zu leisten. Einige Bürgerwehrmänner wandten sich in einer Veröffentlichung gegen die Maßnahmen des Ministeriums und erklärten unter Berufung auf das Bürgerwehrgesetz vom 17. Oktober 1848, daß sie zum Schutz der verfassungsmäßigen Freiheit und gesetzlichen Ordnung verpflichtet wären und deshalb der organisierten Gewalt des Ministeriums Widerstand leisten würden. Sie forderten sämtliche Bürgerwehren in der Provinz auf, sich ihnen anzuschließen. Oberst Hötte und die anderen Offiziere distanzierten sich sofort von dieser Erklärung. Wie sich später herausstellte, handelte es sich bei dem Aufruf der Bürgerwehrmänner tatsächlich um einen Alleingang des Referendars Gustav Banzi.

Nachdem sie von der Adresse an die Abgeordneten der preußischen Nationalversammlung erfahren hatten, wandten sich am 14. November auch noch zwanzig Stadtverordnete mit einer Adresse nach Berlin, in der sie die besonderen Rechte der Abgeordneten betonten. Zu den Unterzeichnern gehörten nicht nur die Demokraten Linde, Grünewald und Hartmann, sondern auch der Vorsitzende des Katholischen Vereins, Justizkommissar Fuisting.

Zur herausragenden und folgenreichsten Veranstaltung der westfälischen Demokraten wurde der „Kongreß für die Sache und Rechte der Preußischen Nationalversammlung und des Preußischen Volkes“ am 18. und 19. November. Er fand weit über Münster hinaus Beachtung. Dem von elf führenden Vertretern des münsteri-

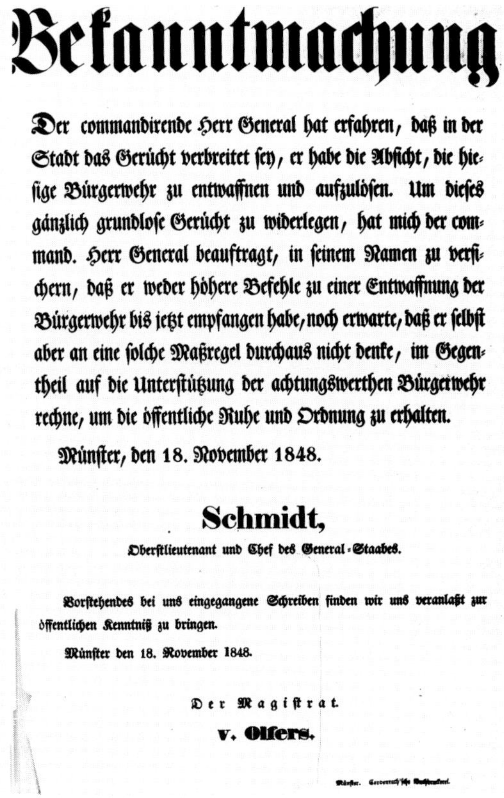

Bekanntmachung

Der commandirende Herr General hat erfahren, daß in der Stadt das Gerücht verbreitet sey, er habe die Absicht, die hiesige Bürgerwehr zu entwaffnen und aufzulösen. Um dieses gänzlich grundlose Gerücht zu widerlegen, hat mich der command. Herr General beauftragt, in seinem Namen zu versichern, daß er weder höhere Befehle zu einer Entwaffnung der Bürgerwehr bis jetzt empfangen habe, noch erwarte, daß er selbst aber an eine solche Maßregel durchaus nicht denke, im Gegentheil auf die Unterstützung der achtungswerthen Bürgerwehr rechne, um die öffentliche Ruhe und Ordnung zu erhalten.

Münster, den 18. November 1848.

Schmidt,
Oberstlieutenant und Chef des General-Staabes.

Vorstehendes bei uns eingegangene Schreiben finden wir uns veranlaßt zur öffentlichen Kenntniß zu bringen.

Münster den 18. November 1848.

Der Magistrat.
v. Olfers.

Münster. Coppenrath'sche Buchdruckerei.

Aufruf zur Unterstützung der Bürgerwehr vom 18. November 1848

schen Demokratenvereins unterzeichneten Aufruf an alle westfälischen Vereine und Bürgerwehren, nach der Vertagung der Nationalversammlung die neue Lage in Münster zu beraten, waren 153 Vertreter von 68 Vereinen, Bürgerwehren und Stadtverordnetenversammlungen gefolgt. In den von der Versammlung unter Leitung des münsterischen Justizkommissars Gierse, des Justizrats Groeneweg und des Referendars Jacobi gefaßten Beschlüssen wurde der Regierung das Recht abgesprochen, fernerhin Steuern zu erheben, solange die Nationalversammlung nicht ungestört ihre Verhandlungen fortführen könne. Auf Antrag Friedrich Hammachers wurde ein Beschluß gefaßt, die Landwehr zum Schutz der Nationalversammlung aufzubieten. An die Soldaten richtete die Versammlung einen Appell, sich nicht zur Unterdrückung der Volksfreiheiten mißbrauchen zu lassen und an die „weggelaufenen“ Deputierten aus Westfalen die Aufforderung, ihr Mandat niederzulegen.

Bisher hatte es, abgesehen von einem Zusammenstoß vor dem Schloß wegen Befreiung eines Gefangenen, in Münster keine nennenswerten Konflikte zwischen Zivil und Militär gegeben. Die Versuche massiver Einwirkung auf das Militär verschlechterten das Verhältnis zwischen Bürgern und Soldaten aber schlagartig und führten zu den schwersten Ausschreitungen der Revolutionszeit in Münster überhaupt. Sie begannen am 26. November bei einer Veranstaltung in der Knappschen Reitbahn, an der zahlreiche Soldaten des 13. und des 15. Infanterieregiments teilnahmen. Das in Minden und Bielefeld stationierte 15. Regiment versah den Dienst hier, seitdem das 1. Bataillon des 13. Regiments an den Rhein verlegt worden war. Es bestand größtenteils aus Nichtwestfalen. Angeblich hatte der Magistrat deshalb aus Furcht vor Zusammenstößen auch darum gebeten, das Regiment wieder aus Münster abzuziehen. Am folgenden Tag, dem 27. November, setzten sich die Tumulte fort, als ein bewaffneter Haufen einen Anschlag auf Soldaten versuchte. Der Kommandierende General des VII. Armeekorps, Graf Karl von der Groeben, reagierte drastisch. Er forderte die Bürgergarde auf, umgehend für Ruhe und Ordnung in der Stadt zu sorgen, und drohte anderenfalls mit dem Einsatz des Militärs. Die Soldaten sollten nicht mehr unbewaffnet in der Öffentlichkeit auftreten und erhielten die Erlaubnis, bei persönlichem Angriff von der Waffe Gebrauch zu machen.

Der Magistrat leitete am 28. November eine Untersuchung der Vorfälle ein und erstattete Anzeige gegen eine Anzahl von Personen: Tagelöhner, Handwerker und Referendare, von denen mehrere bereits verhaftet waren. Außer den Teilnehmern an diesen Tumulten wurden Anfang Dezember auch die führenden Köpfe der Demokraten in Münster verhaftet. Von den zwanzig Teilnehmern des Demokratenkongresses, gegen die Haftbefehl erlassen wurde, konnten sich allerdings sechs durch Flucht der Festnahme entziehen. Als Begründung für den Haftbefehl dienten verschiedene Verstöße gegen Presse- und Vereinsgesetze, aufrührerische Reden und Verteilung von Plakaten, in erster Linie Druck und Verbreitung des „Aufrufs an das Volk Westfalens" vom 15. November. Unter den Verhafteten waren außer dem Justizkommissar Gierse allein sechs Referendare des Oberlandesgerichts. Der Referendar Jacobi stellte sich freiwillig. Friedrich Hammacher, ein anderer von ihnen, hatte zwei Tage vor seiner Verhaftung an seine Braut geschrieben, „hier im Münsterland hört unser persönliches Wirken auf. Wir haben mehr geleistet als erwartet, wir haben die schläfrigen Münsteraner nur für kurze Zeit aufgerüttelt und zum Nachdenken gebracht" [1288: Bein, Hammacher, S. 24].

Im politischen Leben der Stadt kehrte vorläufig wieder Ruhe ein. Auf die Nachricht von der Auflösung der preußischen Nationalversammlung und der Oktroyierung der Verfassung am 5. Dezember 1848 reagierte man gleichgültig. Mehrere bürgerliche Vereinigungen und Privatpersonen sandten sogar Dankadressen an den König, weil er einen Damm aufgerichtet hätte gegen die Anarchie. Der Steuerverweigerungsbeschluß der Berliner Rumpfversammlung, der das Risiko des politischen Kampfes auf den einzelnen Bürger abwälzte, kostete diese nicht wenig Sympathien und verstärkte den Stimmungsumschwung zugunsten der Regierung. „Münster, das sich anfangs mausig machte und Opposition spielte, ist in wahrem Jubel", schrieb die Gräfin Esterhazy, Schloßherrin von Nordkirchen [2558: Quellen zur politischen und sozialen Geschichte 1, S. 195 Anm. 89].

Der als Nachfolger Hüffers gewählte Assessor Brockhausen war noch nicht in Berlin, als die Versammlung die Steuerverweigerung beschloß. Der Stellvertreter, Assessor Fischer, hatte dem Beschluß zwar nicht zugestimmt, sich aber offen für die Rechte der Abgeordneten ausgesprochen, die sich dem Auflösungsbeschluß widersetzten. Wie er dem Magistrat schrieb, hielt er es für nötig, „daß das Land zum akti-

Jodokus Temme (1798–1881), Vizepräsident des Oberlandesgerichts in Münster – später Verfasser sozialkritischer Romane und Kriminalgeschichten

ven Widerstand übergehe", zu dem es „wohlberechtigt" wäre [Westfälischer Merkur vom 1. Dezember 1848]. Er wollte weiter dem verbliebenen Rest der Abgeordneten folgen. Der Magistrat, dem sich die Offiziere der Bürgergarde anschlossen, mißbilligte in einem scharf gehaltenen Schreiben diese Haltung Fischers.

Der Magistrat der Stadt war bereits am 21. November vom Oberpräsidenten aufgefordert worden, im Fall einer tatsächlichen Steuerverweigerung sofort Anzeige zu erstatten. Wegen seiner Beteiligung an dem Steuerverweigerungsbeschluß und weil er an den Sitzungen einer Fraktion der vertagten Versammlung teilgenommen hatte, wurde am 27. Dezember Jodokus Temme verhaftet, der zwei Wochen vorher, von einer Menschenmenge mit Fackelzug begrüßt, nach Münster zurückgekehrt war, um wieder seine Stelle als Direktor des Oberlandesgerichts anzutreten. Der Haftbefehl gegen Temme, der als „Führer der entschiedenen Linken" galt, wurde begründet mit dem Verdacht auf Hochverrat und Aufruhr. Obwohl er im Januar im Kreis Neuss in die deutsche Nationalversammlung gewählt wurde, dauerte es noch fast drei Wochen, ehe man ihn nach mehrmaliger Intervention aus Frankfurt aus der Haft entließ.

Mittelfristig war es jedoch ein zweischneidiger Erfolg, den die preußische Regierung mit den Verhaftungen vom Dezember in Münster erzielt hatte. Sie schwächten zwar im Moment die Organisation der Demokraten, trugen aber nicht wenig dazu bei, daß diese im Januar und Februar 1849 einen überraschenden Wahlerfolg erzielten. Die Presse nahm sich der Dezembergefangenen ausgiebig an, und vor allem den demokratischen Blättern gelang es, ihr Schicksal geschickt publizistisch zu verarbeiten.

Die Wahlen des Frühjahrs 1849 und das Ende der demokratischen Bewegung

Die gleichzeitig mit der Parlamentsauflösung am 5. Dezember 1848 von der Regierung angeordneten Neuwahlen zum preußischen Landtag fanden am 22. Januar und 5. Februar 1849 statt. Zur Wahl der neugeschaffenen Ersten Kammer waren nach dem provisorischen Wahlrecht nur 872 Einwohner Münsters berechtigt. Zur Zweiten Kammer wählte die Stadt aufgrund der veränderten Wahlkreise jetzt gemeinsam mit den Kreisen Münster und Warendorf zwei Abgeordnete. Kurz vor den Urwahlen hatten sich 120 Delegierte der Piusvereine, die Hälfte davon Geistliche, aus dem preußischen Teil des Bistums in Münster getroffen, um mit dem münsterischen Hauptverein über die künftigen Aufgaben zu beraten. Mit Ausnahme der Schulfrage und einiger weniger anderer Fragen hat sich die katholische Geistlichkeit allerdings weitgehend politischer Stellungnahmen enthalten, was sich bei den Wahlen alsbald negativ auswirkte. Erst in der Woche vor den Wahlen erschienen einige Flugblätter, in denen ein Erlaß des Bischofs an die Pfarrer abgedruckt wurde, der auf die Bedeutung der Wahl für Staat und Kirche hinwies und sich kritisch mit den Forderungen der Demokraten auseinandersetzte. Etwas energischer betrieben die Konstitutionellen den Wahlkampf.

Die „Neue Rheinische Zeitung“ schrieb am 1. Januar 1849 über die Stimmung in der Stadt: „Der sehr reiche Adel und der damit verbundene Klerus, der seine Wirksamkeit durch den katholischen Verein bestätigte und sämtliche Deputierte durchsetzte, das sog. Alt-Münster und die Patrizier und Rentner, endlich das hier zusammengehäufte Beamtentum verhinderte jede liberale Wahl. Dem Volk hatte man glauben gemacht, es handele sich bloß um Religion. Doch allmählich entstand eine zahlreiche demokratische Partei in der Bürgerschaft wie auf dem Lande.“

Im Wahlkampf war es hauptsächlich um die Frage der Anerkennung oder Ablehnung der oktroyierten Verfassung gegangen. Dabei standen Katholiken und Konstitutionelle eindeutig hinter der Regierung, während Demokraten und andere linke Gruppierungen die Rechtsverbindlichkeit der Verfassung ganz entschieden bestritten.

Das Ergebnis der Wahlen kam einem politischen Erdrutsch gleich. Hatten die Wahlmänner im Mai 1848 größtenteils dem Katholischen Verein nahegestanden, so gehörten sie im Januar 1849 zu 80 Prozent dem Demokratischen Verein an. Den Hauptanteil stellten auch nicht mehr die Akademiker. Die Handwerker waren jetzt gut vertreten, weniger die Arbeiter trotz ihres hohen Anteils von 12,2 Prozent an den Wahlberechtigten.

Bei der Hauptwahl am 5. Februar 1849 wurden im Wahlkreis Münster-Warendorf an erster Stelle Jodokus Temme, an zweiter Matthias Gierse gewählt. Als beide die Wahl ablehnten und Mandate in anderen Wahlkreisen annahmen, wurden bei der Nachwahl Justizkommissar Thüssing aus Warendorf und Leutnant a.D. Caspary aus Münster gewählt. Beide gehörten dem Demokratischen Verein an; letzterer zählte zum linken Flügel. Insgesamt waren unter den 31 in der Provinz Westfalen für die

Zweite Kammer gewählten Abgeordneten acht Demokraten. Die Katholiken errangen nur noch fünf Mandate.

Die Demokraten äußerten sich zu ihrem Wahlsieg in einem Aufruf, in dem es hieß, daß die Stadt sich „durch die Wahlen zur Zweiten Kammer unsterblichen Ruhm erworben“ habe [Westfälischer Merkur vom 9. Februar 1849]. Neben der Passivität des Katholischen Vereins, bei dem die Wähler nicht zuletzt eine klare Stellungnahme zur künftigen deutschen Staatsform vermißten, hat vor allem das Vorgehen gegen die Teilnehmer des Demokratenkongresses den Wahlausgang beeinflußt, denn die Verhaftungen hatten berechtigte Furcht vor einer Reaktion aufkommen lassen.

In der Paulskirche hatte man am 20. Dezember 1848, als sich der Erfolg der Reaktion bereits klar abzeichnete, endlich die Grundrechte verabschiedet. Seit Ende Oktober befaßte sich das Plenum mit politischen Fragen der Verfassung, der Staatsform und des Staatsoberhaupts sowie mit dem Verhältnis Österreichs zum neuen deutschen Reich. Auch unter den Katholiken Münsters gab es einige Stimmen, die unter politischen Gesichtspunkten für eine kleindeutsche Lösung eintraten. Der „Westfälische Merkur“ brachte zahlreiche propreußische Artikel. Bei der Abstimmung in Frankfurt am 28. März 1849 stimmten 15 Abgeordnete aus Westfalen, darunter Brockhausen, für Friedrich Wilhelm IV. als Kaiser der Deutschen. Der weitaus größte Teil der Katholiken hing allerdings nach wie vor dem großdeutschen Gedanken an und sträubte sich gegen den Ausschluß Österreichs, selbst wenn man die politische Notwendigkeit nach Schwarzenbergs Absage an den Frankfurter Verfassungsentwurf einsah. Freudig begrüßt wurde die Wahl durchweg nur in den protestantischen altpreußischen Gebieten der Provinz. Die Katholiken registrierten die Ablehnung des preußischen Königs mit offensichtlicher Genugtuung, während die Konstitutionellen sie kritisierten und Friedrich Wilhelm IV. vergeblich durch Adressen umzustimmen suchten. An der Erklärung, daß eine andere Entscheidung des Königs Deutschland geteilt und Millionen Deutsche von der nationalen Einheit ausgeschlossen hätte, wie sie von vielen Piusvereinen abgegeben wurde, hat sich der münsterische Verein indes nicht beteiligt. Er machte aber durch einen eigenen Plan zur Lösung der deutschen Frage von sich reden, der ein Direktorium aus neun Köpfen vorsah.

Die abermalige Auflösung der Zweiten Kammer des preußischen Landtags am 27. April, nachdem diese die Rechtsgültigkeit der in Frankfurt beschlossenen deutschen Verfassung anerkannt hatte, erregte zwar Empörung in allen Schichten der Bevölkerung. Auf die weitere politische Entwicklung in der Stadt aber ist der Wahlsieg der Demokraten vom Beginn des Jahres ohne Folgen geblieben. Es war eine einmalige Entscheidung für die „Linke“ gewesen. Das politische Interesse ließ nach, und die Parteiarbeit kam fast zum Erliegen. Den Jahrestag der Revolution begingen nur wenige Leute. Am Stadtwall wurden ohne Erlaubnis ein paar Böllerschüsse abgefeuert. Sie gerieten indes ebensowenig zur Aufregung in der Stadt wie der Zug, den etwa 180 Demokraten zum Gedenken der Märzgefallenen von einem Wirtshaus in der Nähe des Doms aus unternahmen und mit dem sie, wie es im Polizeibericht hieß, nur „sich selber geschadet und sich lächerlich gemacht“ hätten.

Zweifellos gab es angesichts des totalen Scheiterns der deutschen Nationalversammlung auch in Münster Befürchtungen, daß man in die Zustände der Vergangenheit zurückfallen könnte. Der „Volksverein" sandte eine Adresse nach Frankfurt, in der er vor der zunehmenden Reaktion warnte und die Volksvertreter zu einem „kühnen Beschluß" aufforderte [2255: Hüttermann, Parteipolitisches Leben, S. 92]. Am 8. Mai 1849 fanden sich auf Initiative des Paderborner „Volksvereins" in Münster noch einmal hundert Vertreter von Vereinen und Gemeinden zu einem Kongreß zusammen, der – von einigen Petitionen und einer Solidaritätserklärung an die Paulskirche abgesehen – jedoch ohne sonderliche Wirkung blieb. Die Delegierten erklärten sich auch mit den Kölner Beschlüssen der rheinischen Konstitutionellen vom 3. Mai einverstanden, in denen die Anerkennung der Reichsverfassung gefordert und zum Widerstand gegen die Gegenrevolution aufgefordert wurde. Nach den Ereignissen in Dresden, im Bergischen und in Iserlohn schließlich rückten weite Kreise der Bevölkerung aus Sorge vor der zunehmenden Radikalisierung von den Demokraten ab. Als das preußische Staatsministerium am 14. Mai die Mandate der preußischen Abgeordneten in der Paulskirche für aufgehoben erklärte, blieb in Münster alles ruhig. Die „Westfälische Volkshalle" stellte Ende des Monats fest, das Ministerium habe seine Absichten in bezug auf die inneren Angelegenheiten Preußens und Österreichs durchgesetzt, es könne schalten und walten, wie es wolle, es könne Pressefreiheit und Versammlungsrecht aufheben und die Menge würde noch Beifall klatschen.

3. Von der Revolution zur Reichsgründung. Selbstbehauptung des Katholizismus

Die neuen Verfassungsbestimmungen und ihre Auswirkungen in Münster

Man hat die Oktroyierung des Dreiklassenwahlrechts durch die Verordnung vom 30. Mai 1849 als den zweiten Staatsstreich bezeichnet, „der die preußische Gegenrevolution erst vollendete" [2242: Huber, Verfassungsgeschichte 3, S. 49]. Das neue preußische Wahlgesetz mit der Einführung des Dreiklassensystems und öffentlicher Stimmabgabe war gegen die Demokraten gerichtet und begünstigte eindeutig das Besitzbürgertum. In Münster gehörten 7,5 Prozent der Wahlberechtigten zur ersten Klasse, 17,5 Prozent zur zweiten und 75 Prozent zur dritten Klasse, die hier erheblich unter dem preußischen Durchschnitt von 82,7 Prozent lag. Verständlicherweise stieß das neue Wahlgesetz vor allem bei den Demokraten auf scharfen Widerspruch. Um der drohenden Niederlage zu entgehen, riefen sie zum Boykott der nächsten Wahl auf und verstärkten somit den der Regierung ohnehin sicheren Sieg.

Die Urwahlen zur Zweiten Kammer fanden am 17. Juli unter durchweg nur geringer Beteiligung statt. In Münster wirkte sich jedoch der hohe Anteil der Beamten und des Militärs aus. Hier betrug die Wahlbeteiligung 33,8 Prozent gegenüber 6,4 Prozent im Kreis Münster und 8,6 Prozent im Kreis Warendorf. Gewählt wurden am 27. Juli der ehemalige Abgeordnete zur deutschen und preußischen Nationalversammlung Josef Brockhausen und der Freiherr Wilderich von Ketteler-Thüle, ein Bruder des Bischofs von Mainz, der aber schon zwei Tage nach der Wahl aus beruflichen Gründen verzichtete. Die Nachwahl wenige Tage später fiel auf den Amtmann Wildermann.

Unter Ausschluß der demokratischen Linken begannen die von konservativen Fraktionen und rechtem Zentrum beherrschten Kammern eine vom König verlangte Revision der Verfassung und brachten sie bis Ende des Jahres zum Abschluß. Die Verhandlungen wurden begleitet von einer Denkschrift der Bischöfe und Adressen des Katholischen Zentralvereins zu Münster, welche die Aufmerksamkeit auf die Frage des Schulunterrichts lenkten und darum baten, das „göttliche Recht" der katholischen Kirche zu wahren. Man beanspruchte ein katholisches Kultusministerium, eine katholische Universität in Münster und außer der Leitung des Religionsunterrichts in den Elementarschulen und Gymnasien für die katholische Kirche auch „Mitüberwachung" der anderen Unterrichtsgegenstände in den Elementarschulen [2250: Huperz, Anfänge, S. 108]. Wenn diese Wünsche auch größtenteils unerfüllt blieben, so waren die Katholischen Vereine mit den in der Verfassung verankerten Bestimmungen über das Verhältnis von Staat und Kirche, wie sie am 2. Februar 1850 verkündet wurden, im allgemeinen doch zufrieden. In Artikel 15 sicherte die Verfassung den Kirchen und anderen Religionsgesellschaften ausdrücklich das Recht zur selbständigen Ordnung und Verwaltung ihrer Angelegenheiten sowie den Besitz und Genuß der für ihre Kultus-, Unterrichts- und Wohltätigkeitszwecke bestimmten Anstalten, Stiftungen und Fonds zu. Das neue Wahlgesetz wurde nachträglich durch die revidierte Verfassung legalisiert.

Bereits durch Verordnungen vom 29. und 30. Mai 1849 waren unter Berufung auf Artikel 105 der oktroyierten Verfassung Einschränkungen der Versammlungs- und Pressefreiheit verfügt worden. Das demokratische „Westfälische Wochenblatt" war schon am 1. Juli 1849 eingegangen. Die „Westfälische Volkshalle" konnte trotz scharfer Überwachung noch bis zum 30. Juni 1850 erscheinen. Erst eine neue Verordnung für die Postverwaltung vom 5. Juni, den Zeitungsversand „nach Umständen" abzulehnen, sowie das Erfordernis einer hohen Kaution brachten das Ende für die demokratische Presse in Münster. Fortan war der „Westfälische Merkur" wieder die einzige eigentlich politische Zeitung in der Stadt, der es zwar nach einem Bericht vom Mai 1851 an den Innenminister, „ausgenommen allein bei Vertretung der katholischen Interessen", an Entschiedenheit „fast gänzlich" fehlte, die sich aber dennoch von „allen demokratischen Tendenzen" durchaus fernhielt und „vielmehr als Organ der konservativen Partei der Provinz" zu betrachten war [StaatsAM, Regierung Münster 271]. Das Blatt konnte als loyal gelten, wurde aber nicht zum Werkzeug der Regierung.

Wenn es um Rechte der katholischen Kirche ging, stand auch das in der Buchhandlung Conrad Theissing herausgegebene „Sonntagsblatt für katholische Christen", das sonst der christlichen Erbauung diente, dem „Merkur" nicht nach. Ab 1855 erschien dann als neues Blatt der „Münsterische Anzeiger" in der Aschendorffschen Buchhandlung. Nicht genehme Blätter wurden, soweit sie nicht durch Verweigerung des Postdebits oder auf andere Weise zum Schweigen gebracht werden konnten, wenigstens von der Vergabe staatlicher Druckaufträge, insbesondere der amtlichen Bekanntmachungen, ausgeschlossen. Die münsterischen Offizinen der Buchhändler Hüffer, Regensberg und Coppenrath waren davon allerdings nicht betroffen. Wie die Regierung im September 1851 an den Innenminister berichtete, stand keine von ihnen „in schlechtem Ruf". Andererseits bediente sich die preußische Regierung aber auch unmittelbar der Presse für ihre Zwecke. Innenminister Otto Freiherr von

Manteuffel hatte bereits kurz nach seinem Amtsantritt im November 1848 die Regierungspräsidenten angewiesen, außer durch den Einsatz loyaler Männer zur Beruhigung der Gemüter und die Überwachung unzuverlässiger Beamter die Bevölkerung durch die Zeitungen über die Ziele der Regierung aufzuklären. Zumeist geschah das durch die Inserierung für wichtig gehaltener Veröffentlichungen und durch bestimmte Artikel, ohne daß auf die amtliche Urheberschaft hingewiesen wurde.

Halbherzig und ohne festen Willen verfolgte Preußen nach dem Scheitern der Paulskirche seine Pläne einer föderalistischen Union der deutschen Staaten ohne Österreich weiter. Aber die Wahlen zum Erfurter Volkshaus am 24. und 31. Januar 1850 stießen von vornherein auf wenig Interesse. Dem katholischen Münsterländer war die Vorstellung von einem Kleindeutschland unter preußisch-protestantischer Führung ohnehin alles andere als angenehm. Die Demokraten lehnten die Wahl überhaupt ab, und selbst der „Westfälische Merkur" kritisierte, daß ein Erfurter Volkshaus den nationalen Wünschen der Deutschen nicht gerecht werden könne. Bedingt durch das Sozialgefüge und das Militär wurde in Münster dennoch mit 17,9 Prozent eine relativ hohe Wahlbeteiligung erreicht. Sieger war wieder der Piusverein. Vermutlich aufgrund einer Absprache zwischen Bischof Müller und dem Breslauer Bischof Melchior von Diepenbrock wählten die Wahlmänner den ihnen kaum bekannten Breslauer Domdechanten und Kirchenhistoriker Professor Dr. Joseph Ignaz Ritter. Von den Verfassungsberatungen des Erfurter Parlaments nahm man in der Stadt kaum Kenntnis. Das Dreikönigsbündnis scheiterte an der Politik des österreichischen Ministerpräsidenten Fürst Schwarzenberg, der auf der Kontinuität des Deutschen Bundes beharrte, am 2. September einen von Preußen boykottierten Rumpfbundestag berief und Preußen am 29. November 1850 im Vertrag von Olmütz zur endgültigen Aufgabe seiner Unionspläne zwang. In den folgenden Jahren versuchte der Deutsche Bund, die deutschen Einzelstaaten auf eine einheitliche Politik der Reaktion festzulegen, um den konservativ-bürokratischen Obrigkeits- und Ordnungsstaat erneut fest zu etablieren und gegen alle revolutionäre Bedrohung abzuschirmen.

Trotzdem erschienen noch einige Reformgesetze, eine Zahl von Rechts- und Justizgesetzen und am 11. März 1850 die drei Grundgesetze der Lokalverwaltung, darunter die Gemeindeordnung und die Kreis-, Bezirks- und Provinzialordnung. Die Gemeindeordnung sah für ganz Preußen ein einheitliches Gemeinderecht vor, durch welches der Wandel von der Bürgergemeinde zur Einwohnergemeinde vollzogen wurde. Der frühere Unterschied zwischen Stadt und Land in der Gemeindevertretung und im Wahlrecht fiel fort. Auf gleiche Weise wie die Urwähler zur Zweiten Kammer in drei Klassen nach Steuerleistung unterteilt, hatten die Gemeindewähler den Gemeinderat zu wählen. Der von diesem gewählte Gemeindevorstand führte die laufenden Verwaltungsgeschäfte. Die Gemeinden erhielten volle Selbstverwaltung mit erheblich begrenzter Staatsaufsicht.

Fast das ganze Jahr über war die Stimmung der Bürger als „gedrückt, ängstlich" und „besorgt" geschildert worden [StadtAM, Stadtregistratur 18–4]. Darüber konnten auch glanzvolle Militärparaden, Fackelzüge und Bälle nicht hinwegtäuschen, wie sie im September anläßlich der Rückkehr der Truppen unter dem General Graf von der Groeben aus Baden und im November anläßlich eines Besuchs des Prinzen von Preußen stattfanden. Durch die politischen Ereignisse und den drohenden kriegerischen Konflikt zwischen den beiden deutschen Großmächten wurde die Existenz nicht weniger Einwohner ernstlich gefährdet. Bei der Mobilmachung wurde eine große Zahl von Gewerbetreibenden eingezogen, die teilweise den Betrieb ganz einstellten. Die Vermögenden suchten sich unter dem Eindruck der drohenden Kriegsgefahr möglichst einzuschränken. Nach dem Vorbild anderer Städte hatte sich bereits im Sommer in Münster eine Gesellschaft gebildet, um für die untere Bevölkerungsschicht „gesündere und billigere" Wohnungen zu beschaffen [Westfälischer Merkur vom 21. Juni 1850]. Diese Schicht war es auch gerade, die von den Einberufungen besonders betroffen war, denn die von der Stadt gesetzlich zu zahlende Unterstützung war meistens unzureichend. Durch Bekanntmachungen wurde zur außerordentlichen Unterstützung armer Familien von Reserve- und Landwehrmannschaften aufgerufen, worauf sich in kürzester Zeit hundert hilfsbedürftige Frauen mit 130 Kindern meldeten.

Die Erleichterung über den Vertrag von Olmütz war allgemein. Der „Westfälische Merkur", für den die „Lage des deutschen Vaterlandes" zu Beginn des Jahres noch „eine höchst trostlose und beklagenswerte" gewesen war, bezeichnete in einigen politischen Betrachtungen zum Jahresende das Jahr 1850 als „das Jahr der Rückkehr zur politischen und sozialen Ordnung, der Rückkehr von dem Boden der Gewalt zu dem des Rechts, der Umkehr vom Rückschritt zum Fortschritt".

In der nächsten Zeit ließ das Interesse an der Politik spürbar nach, was sich nicht zuletzt an der geringen Wahlbeteiligung selbst bei Stadtverordnetenwahlen zeigte. Im Oktober 1849 erschienen dazu von 1076 Wahlberechtigten nur noch 256. Die Beteiligung an den Kammerwahlen erreichte bei den Septemberwahlen 1855 mit 15 Prozent in den Zivilwahlbezirken in Münster einen Tiefpunkt. Nur durch die hohen Wählerzahlen in den Militärwahlbezirken der Stadt wurde hier dennoch stets ein Ergebnis erreicht, das um einige Prozente über dem Landesdurchschnitt lag. Unter der Landbevölkerung nahm man bald schon beinahe traditionell keine Notiz mehr von den Wahlen zur Zweiten Kammer.

Wenige Monate nach dem Abschluß der Verfassungsrevision ordnete der Innenminister von Westphalen im Mai 1851 durch einfache Verwaltungserlasse die Reaktivierung der Kreistage und der Provinzialstände des Vormärz an. Damit war das große Programm der Kommunalgesetzgebung mit dem Ziel der Stärkung bürgerlicher Mitverantwortung und Selbstverwaltung gescheitert. Die einheitliche Gemeindeordnung blieb ein kurzes Zwischenspiel. Zugleich mit einer neuen Landgemeindeordnung wurde 1856 eine neue Städteordnung für Westfalen erlassen. Ausgerichtet am Vorbild der Städteordnung für die sechs östlichen Provinzen von 1853 brachte sie eine Weiterentwicklung auf der Linie der Magistratsverfassung der Revidierten Städteordnung mit Dreiklassenwahlrecht und öffentlicher Stimmabgabe bei der Wahl der Stadtverordnetenversammlung, weiterer Verstärkung der Position des Magistrats und der Staatsaufsicht.

Verfolgungsmaßnahmen gegen die Demokraten

Die Dezembergefangenen von 1848 waren im April 1849 wieder auf freien Fuß gesetzt worden. Ihr Prozeß begann erst Ende 1850. Seine Durchführung konnten die Angeklagten mit Erfolg verzögern, bis die in der neuen preußischen Gerichtsverfassung vorgesehenen Schwurgerichte eingerichtet waren. Nachdem das Berliner Obertribunal dem Antrag der Angeklagten entsprochen und die zuständigen Richter in Münster für befangen erklärt hatte, wurde der Prozeß nach Hamm verwiesen, wo alle Angeklagten vom Vorwurf des Hochverrats freigesprochen wurden. Freigesprochen von der Anklage des Hochverrats wurden unter großer Teilnahme der Bevölkerung auch Jodokus Temme und Benedikt Waldeck. Temme hatte die Verordnung des Innenministers vom 14. Mai 1849 ignoriert und an den Sitzungen des Rumpfparlaments in Stuttgart teilgenommen, worauf er im Juli in Münster erneut verhaftet worden war. Waldecks Verhaftung im Mai 1849 hatte überall in Deutschland beträchtliches Aufsehen erregt. Aufgrund gefälschter Unterlagen wurde der Obertribunalrat beschuldigt, an Plänen zum Sturz des preußischen Königtums und zur Errichtung einer Republik beteiligt gewesen zu sein.

Ungeachtet des Freispruchs durch das Schwurgericht wurden Temme wie auch eine Anzahl von Referendaren disziplinarisch belangt. Temme wurde 1851 seines Amtes als Appellationsgerichtsdirektor enthoben. Er verlor seine Pensionsansprüche und wurde damit um seine bürgerliche Existenz gebracht. Ein Komitee, für das auch in Münster gesammelt wurde, unterstützte die Familie in der ersten Not. Waldeck konnte immerhin seine Tätigkeit am Obertribunal in Berlin wieder aufnehmen. Eine politische Betätigung jedoch konnte es für ihn vorerst nicht mehr geben. Er war im Konflikt mit der Krone so sehr zur anerkannten Führungsfigur geworden, daß in der münsterischen Stadtverordnetenversammlung im Januar 1850 der Antrag gestellt

Der Berliner Prozeß gegen Benedikt Waldeck. Waldeck wurde von der Anklage freigesprochen, einen Mordanschlag auf den König geplant zu haben

wurde, ihm die Ehrenbürgerschaft der Stadt zu verleihen. Der Antrag wurde mit 17 zu 11 Stimmen im Magistrat unter Vorsitz des Oberbürgermeisters von Olfers abgelehnt, weil man ihn, wie es hieß, in dem § 18 der Revidierten Städteordnung nicht begründet fände, auch nicht annehmen könne, „daß die langwierige Haft und die unbedingte Freisprechung des Herrn etc. Waldeck zu der beantragten Ehren-Auszeichnung Veranlassung geben" würden [Westfälischer Merkur vom 12. Januar 1850].

Bespitzelung und polizeiliche Überwachung der politisch Verdächtigen nahmen zu. Presse und Literatur wurden kaum weniger als vor der Revolution kontrolliert. 1852 wurde unter anderem der „Wahl-Katechismus" von Friedrich Harkort beschlagnahmt. Auch die von Joseph von Görres begründeten „Historisch-politischen Blätter" erregten das Mißfallen der staatlichen Behörden. Als 1855 die Konfiszierung eines Heftes angeordnet wurde, fand sich in Münster jedoch lediglich ein Exemplar im Theissingschen Journal-Lesezirkel. Friedrich Steinmanns Bücher wurden auf die Liste der für Leihbüchereien verbotenen Werke gesetzt; er selbst wurde zuerst nach Ahaus versetzt, dann im März 1854 in einem Revisionsverfahren seines Amtes enthoben. Coppenrath erhielt unter anderem 1852 Verwarnungen wegen Veröffentlichung einer Petition der Zweiten Kammer zur Gemeindeordnung von 1850 und eines Hirtenbriefs über Unglauben und konfessionelle Parität im „Westfälischen Merkur". Ganz besonders hatte man an dem Passus des Hirtenbriefs Anstoß genommen, daß „unreligiöse Lektüre und Bürokratie [. . .] sich in fanatischem Eifer" die Hand reichten, „um die kaum gepflanzten Blumen im Weinberge des Herrn wieder zu zerstören". Einen peinlichen Eindruck machte in katholischen Kreisen das Verbot der in Münster viel gelesenen „Rheinischen Volkshalle" im Juli 1855, weil man den Grund dafür nicht in der politischen Haltung, sondern auf religiösem Gebiet sah. Der Leutnant a.D. Wilhelm Caspary, der im Frühjahr 1848 Münster ohne Paß verlassen hatte, sich danach lange Zeit in der Schweiz aufgehalten und dort unter anderem politische Flüchtlinge betreut hatte, wollte nach seiner Rückkehr angeblich ein Buch militärischen Inhalts herausgeben. Allein das war Anlaß, seine Wohnung zu durchsuchen, Papiere und Druckschriften zu beschlagnahmen. Der Oberbürgermeister berichtete im Frühjahr 1852 nach mehreren ergebnislosen Aktionen, es habe sich überhaupt nicht ergeben, „daß die Demokratische Partei in Verbreitung von Druckschriften hierorts in merkbarer Weise sich tätig" erweise [StaatsAM, Regierung Münster 248]. Ein Reisender wurde festgenommen, weil er in Münster Aufrufe des italienischen Revolutionärs Mazzini verkauft hatte. Später tauchte das Gerücht auf, Mazzini selbst befände sich mit einem Begleiter auf der Reise nach Münster. Der Magistrat zog sich 1855 eine Rüge des Regierungspräsidenten Naumann zu, weil er selbst die Genehmigung zur Herausgabe einer landwirtschaftlichen Zeitung durch den ehemaligen Oberlandesgerichtssekretär Steinmann befürwortet und die Polizeibehörde dem ehemaligen Verleger der „Westfälischen Volkshalle", Grünewald, eine Schankkonzession erteilt hatte. Selbst Vereine mit betont sozialen Zecken wie der „Verein zum Wohl der arbeitenden Klassen" wurden polizeilich überwacht.

Der „politische Katholizismus" und konkurrierende Bewegungen

Das Verhältnis der Katholiken zum Staat wurde nachhaltig wieder durch die Raumerschen Erlasse vom 22. Mai und 16. Juni 1852 gestört, durch welche die

Silberner Deckelpokal, den die Bürgerschaft Jodokus Temme nach seiner Freilassung aus dem münsterischen Zuchthaus am 28. Januar 1849 überreichte. Die Inschrift lautet: „Dem Volksmanne Jodocus Temme – dem Vorkämpfer für Freiheit und Recht – bei seiner Entlassung aus rechtswidriger Haft – gewidmet von Bürgern der Stadt Münster“

Volksmission der Jesuiten und das Studium preußischer Theologen am Collegium Germanicum in Rom beschränkt werden sollten. Sie riefen besonders in den beiden Westprovinzen einen Sturm der Entrüstung hervor und waren schließlich auch der Anlaß für den Zusammenschluß der katholischen Abgeordneten zur „Katholischen Fraktion" im preußischen Abgeordnetenhaus im November des Jahres. Auf die staatliche Einmischung in innerkirchliche Angelegenheiten reagierte sogar das sonst sehr gemäßigte „Sonntagsblatt für katholische Christen" mit ungewöhnlicher Schärfe. Es sprach von „Willkür" und einem „Faustschlag in das Gewissen der Katholiken". Eine Protesteingabe mit 1048 Unterschriften wurde aus Münster nach Berlin gesandt. Nur inoffiziell waren die Erlasse auch Thema für die 6. Generalversammlung der Katholischen Vereine in Münster vom 20. bis 23. September 1852, die sich sonst in der Hauptsache mit wirtschaftlichen und sozialen Fragen befaßte, darunter die vom Bischof ausdrücklich gewünschte Gründung eines Kolping-Gesellenvereins, die am 14. November realisiert wurde. Im Juli 1853 forderte der Innenminister Ferdinand von Westphalen auch zur Überwachung der katholischen Vereine, namentlich der Piusvereine und der Katholischen Gesellenvereine, auf. Begründet wurde diese Forderung damit, daß sie über die religiösen Zwecke hinaus politische Wirksamkeit entfalteten, die geeignet sei, den konfessionellen Gegensatz in einer „die Ruhe und Sicherheit des Staates gefährdenden Weise zu verschärfen" [StaatsAM, Regierung Münster 250]. Mehrmals wurden in den fünfziger Jahren, auch in der offiziösen „Preußischen Correspondenz", Verdächtigungen über mögliche Bündnisse zwischen Katholiken und der politischen Linken verbreitet. Auf Pressemeldungen hin, daß die katholische Geistlichkeit in einem Ministerialerlaß der Verbindung mit der Demokratie verdächtigt worden sei, legte der Bischof beim Innenminister in Berlin Protest ein, worauf von Westphalen beruhigend erklärte, daß es sich dabei nur um Anfragen gehandelt habe.

Die Übernahme der Regentschaft durch den Prinzen von Preußen und die Berufung des neuen Ministeriums Hohenzollern-Auerswald wurde in Münster wie allerorts als Systemwandel von großer Bedeutung gewertet. Für die preußischen Katholiken war es dabei nicht ohne Bedeutung, daß mit dem Fürsten von Hohenzollern erstmals ein Mann ihres Glaubens an der Spitze des Ministeriums stand. Man registrierte es mit besonderer Befriedigung, als der Prinzregent in seiner feierlichen Ansprache an die Minister am 8. November 1858 auf die Sicherung der verfassungsmäßigen Rechte der katholischen Kirche hinwies und zugab, daß die frühere Regierung sich in der Kirchenfrage vergriffen habe. Die Raumerschen Erlasse wurden seit dem Beginn der Neuen Ära nicht mehr zur Anwendung gebracht.

In erster Linie suchte die neue Regierung freilich den Ausgleich mit den liberalen Kräften. Die nächsten Wahlen zum Abgeordnetenhaus fanden ohne staatliche Lenkung statt. In den Jahren der Reaktion hatten die Wahlen stets unter dem Druck von Manipulation und Einschüchterung gestanden. Die Wahlkämpfe hatten sich auf die Veröffentlichung einiger Kommentare und Aufrufe in der Presse, die Verteilung des bischöflichen Hirtenbriefs und wenige Urwählerversammlungen beschränkt. Trotz aller Pressionen war die Wahlbeteiligung nur gering gewesen. 1855 hatten in den Militärwahlbezirken Münsters mehr Wahlberechtigte ihre Stimme abgegeben als im gesamten Stadtgebiet. Dennoch konnten die Klerikalen ihre Stellung unangefochten behaupten. Die ersten Wahlen unter der Neuen Ära im Herbst 1858 änderten daran nichts. Vermutlich aus dem Lager freisinniger Bürger und Beamter wurde in Münster der den Altliberalen um Georg von Vincke nahestehende ehemalige Justizminister von Rintelen als Kandidat vorgeschlagen. Er unterlag jedoch gegen die Altmünsteraner, deren Vertreter von Ketteler, Krabbe, Zumloh und Scheffer-Boichorst seit ihrer Gründung stets in den Reihen der Katholischen Fraktion Platz nahmen.

Ihre nach wie vor großdeutsche politische Gesinnung, wie sie die Brüder Reichensperger inzwischen zum Programm des katholischen Zentrums erhoben hatten, brachte Münsters Bevölkerung einmal mehr 1859 während des Krieges Sardiniens und Frankreichs gegen Österreich zum Ausdruck, als die Stimmung in der Stadt entschieden für die Mobilmachung der Truppen und eine Teilnahme Preußens am Krieg auf seiten Österreichs war.

Mit aller Kraft wurde diese Haltung der Mehrheit der Katholiken Westfalens vom „Westfälischen Merkur" vertreten. Sie zeigte sich in einer ausgesprochen austrophilen Berichterstattung während der ganzen Dauer des Krieges. Nach dem Waffenstillstand trat die Zeitung dann in zahlreichen Artikeln für die Wiederherstellung der abgefallenen weltlichen Gebiete des Papstes ein. Mit Besorgnis wurde die Entwicklung verfolgt, als die Erfüllung der Restitutionsverpflichtungen des Züricher Friedens durch die nationale Bewegung in Italien erst in Frage gestellt und schließlich ganz verhindert wurde. Das Blatt verbreitete im November 1859 die Einladung der Katholischen Vereine zu einer Rechtsverwahrung, im Januar und März des folgenden Jahres Adressen und die Kollektiverklärung des Episkopats für den Papst unter Berufung auf das europäische Völkerrecht. Nach Ansicht des „Merkur" war der Kampf gegen Österreich in letzter Konsequenz gegen den Papst als „den obersten Wächter des Rechts und der Moral" gerichtet gewesen. Er betonte, wie sehr diejenigen im Unrecht gewesen wären, die Österreich in seinem Kampf im Stich gelassen hatten, und wies darauf hin, daß gegen den „Napoleonismus" nur das „geeinigte Deutschland" etwas ausrichten könne. Im Oktober 1860 brachte der „Merkur" einen Aufruf mehrerer Adeliger und Bürger der Stadt Münster, dem Oberbefehlshaber der päpstlichen Truppen „eine eklatante Anerkennung zu bereiten". Wie 1848 die Piusvereine warben seit 1860 die Michaelisbruderschaften für die Aufbringung des Peterspfennigs zur Verteidigung des Kirchenstaats.

Mit dem alsbald nach dem Thronwechsel vom 2. Januar 1861 einsetzenden Konflikt zwischen Regierung und Parlament um die Heeresreform verband sich eine Veränderung im Parteienspektrum, die für die folgenden Jahre entscheidend sein sollte. Mit ihren bei den Wahlen im Dezember 1861 errungenenen 54 Sitzen stellte die Katholische Fraktion zwar einen nicht unerheblichen Faktor im preußischen Abgeordnetenhaus dar. Eigentliche Gewinnerin aber war die im Juni gegründete Deutsche Fortschrittspartei, zu der sich die radikale Linke, die seit einem Jahrzehnt aus dem politischen Spiel nahezu völlig ausgeschaltet gewesen war, neu formiert hatte. Sie zog mit 109 Abgeordneten in den Landtag ein. An ihren Wahlsiegen 1861 und 1862 hatte Münster freilich keinen Anteil. Der „Westfälische Merkur" erklärte, der neue Liberalismus habe als „Haupterfolg" wieder nur „in der großen Masse überspannte Ideen hervorgerufen". In der Reaktionszeit hatte in der Kammer prinzipielle Übereinstimmung zwischen Katholiken und Liberalen geherrscht. Ihre Wahlbündnisse zerbrachen nach 1861 weniger an einer konservativen Wendung in der Katholischen Fraktion als an der Tatsache, daß diese sich mit dem Beginn der Neuen Ära in den liberalen Zeitungen und auch in der Kammer zunehmend einer weltanschaulichen Kampagne ausgesetzt sah.

Im Dezember 1859 war in Münster ein neuer „Handwerkerverein" gegründet worden, der im Mai 1861 durch einen Protest an das Herrenhaus gegen die Gewerbefreiheit hervorgetreten war. Innerhalb dieses mitgliederstarken Vereins bildete sich Anfang Oktober 1861 unter Leitung namhafter Vertreter des früheren Piusvereins ein konservatives Wahlkomitee. Es wandte sich in einem Sechs-Punkte-Programm gegen die von der Fortschrittspartei angestrebte Liberalisierung der Gewerbegesetze und, vermutlich um die Unterstützung der einflußreichen Geistlichkeit zu gewinnen, auch gegen die Einführung der Zivilehe und die Aufhebung der kirchlichen Schulaufsicht. Im Frühjahr 1862 wurde der Handwerkerverein unter seinem Vorsitzenden, Sattlermeister Theodor Matthiesen, bei den Wahlen dann aber zum großen Konkurrenten der Klerikalen. Er vertrat eine katholisch-liberale Richtung und übte auch Kritik an der Haltung der beiden Abgeordneten Froning und Zumloh, weil sie die Regierung unterstützt hatten. Anhänger dieser katholisch-liberalen Richtung war auch Scheffer-Boichorst, der bei der letzten Wahl, vermutlich wegen Meinungsverschiedenheiten mit der Zentrumsleitung, nicht kandidiert hatte, 1862 aber neben Rudolph Froning im Wahlkreis Münster-Coesfeld als Abgeordneter gewählt wurde.

Das katholische Zentrum befand sich offensichtlich in einer Krise. Die Fraktion hatte sich für die Heeresvorlage der Regierung eingesetzt und dafür bei den Wahlen im Mai 1862 mit einer Verringerung ihrer Mandate von 54 auf 28 bezahlt. Im Rheinland waren zahlreiche Mandate an die Fortschrittspartei gegangen.

Selbst der „Westfälische Merkur" mußte der mangelnden Bereitschaft der Katholiken zur weiteren Zusammenarbeit mit der Regierung Rechnung tragen. Seine Haltung war bis dahin in dieser Frage schwankend gewesen. Wohl wurde einerseits die Reformbedürftigkeit des Wehrsystems anerkannt, doch sah man auch, daß „außerhalb der Feudalen Partei [. . .] nirgendwo ein günstiges Urteil über die Militär-Vorlage" laut wurde [Westfälischer Merkur vom 12. August 1862]. Wie der Magistrat im September 1862 an die Regierung berichtete, wünschten die Bürger Münsters Erleichterung von Steuern und Einquartierungslasten und waren deshalb überwiegend gegen eine Vermehrung des stehenden Heeres und gegen die Militärorganisation überhaupt. Am 19. September 1862 verkündete der „Merkur" seinen Lesern, daß er künftig eine mehr oppositionelle Richtung verfolgen werde, um „neue" und „frische Kräfte zu gewinnen". „Konnten wir es früher als unsere dringendste Aufgabe betrachten, in katholisch konservativem Sinne zu wirken und nach dieser Seite hin die Regierung zu unterstützen, so ist es jetzt dahin gekommen, daß wir die Erlasse eines hohen Ministeriums und einer hohen Regierung nur zu oft mit zweifelndem Ernste prüfen und ihnen unsere Zustimmung geradezu verweigern müssen." Es sollte keine prinzipielle Opposition betrieben werden, doch wurde auf die unerledigten Wünsche der Bürger hingewiesen, die seit langem erwartete Erweiterung der Akademie zur Universität, Erleichterung des Steuerdrucks, eine freie Kommunal- und Provinzialverfassung. Anträge der Regierung auf Übernahme von der Staatsregierung ausgewählter politischer Beilagen wurden vom „Merkur" abgelehnt. Angeblich verlor das Blatt durch seinen Kurswechsel zahlreiche Leser im Lager der Konservativen und des Adels. Nach einem Regierungsbericht soll auch der Bischof sein Abonnement gekündigt haben. Der „Münsterische Anzeiger" blieb seiner katholisch-konservativen

Prozession auf dem Domplatz. Unsigniertes Aquarell aus dem Jahr 1863

Richtung treu. Auch sein Herausgeber Hüffer zeigte sich aus Sorge um den Ruf des Blattes als unabhängige Zeitung allerdings nicht geneigt, ihm die von der Regierung vertriebene halboffizielle „Provinzial-Correspondenz" beizulegen, versprach aber, ihren Inhalt in den Text aufzunehmen.

Vermehrt suchten in Münster kritische Wähler der Klerikalen nach anderen Möglichkeiten. Als der am 24. September 1862 berufene neue Ministerprädident von Bismarck den Übergang zum budgetlosen Regiment verkündete, trat in Münster zum erstenmal seit dem Scheitern der Revolution wieder ein politischer Verein in Erscheinung. Die 80 bis 90 Mitglieder des Ende 1862 von mehreren Gewerbetreibenden gegründeten „Bürgervereins" waren zumeist Kaufleute. Der Verein lehnte sich programmatisch eng an die Fortschrittspartei an, übernahm aber auch einige für die katholische Wählerschaft Münsters unerläßlich erscheinende religiöse Ziele der Zentrumspartei. Mehr als tausend Bürger Münsters unterzeichneten im Januar 1863 eine vom Verein verabschiedete Adresse an die Abgeordneten des preußischen Landtags, in der sie sich hinter die oppositionellen Beschlüsse der Mehrheit stellten. Vor der Wahl suchte der Bürgerverein Kontakte zu dem im Züricher Exil lebenden Jodokus Temme, der sich jedoch nicht für eine Kandidatur in Münster gewinnen ließ. Bei verhältnismäßig niedriger Wahlbeteiligung siegten im Oktober 1863 hier wieder die Kandidaten des Zentrums. Mit zunehmender Schärfe des Konflikts schaltete sich die preußische Regierung massiv in das Wahlgeschehen ein. Die Freiheit der Presse wurde durch eine Presseordonnanz vom 1. Juni 1863 deutlich eingeschränkt. Sie gab den Behörden freie Hand, Zeitungen und Zeitschriften nach zweimaliger Verwarnung befristet oder dauernd zu verbieten. Coppenrath erhielt eine Verwarnung, weil in einem Artikel über den Frankfurter Fürstentag im „Merkur" „gehässige Angriffe" gegen die preußische Regierung gesehen wurden. Das „Sonntagsblatt" wurde wegen eines Artikels unter der Überschrift „Schmerzensschreie aus Westfalen" von der Polizei beschlagnahmt.

„Lokalpolitik" und die Kriege von 1866 und 1870/71

Seit der Neuen Ära schien das Verhältnis zwischen katholischen Untertanen und protestantischer Obrigkeit gleichwohl wieder auf dem Weg der Besserung, als der drohende Konflikt mit Österreich die alten Wunden erneut aufriß. Schon die Feiern zum 50. Jahrestag der Zugehörigkeit der Provinz Westfalen zu Preußen standen unter keinem guten Stern. Nach einer dem Oberpräsidenten Franz von Duesberg zugegangenen Willensmeinung der preußischen Staatsregierung sollten in einem feierlichen Akt die Wohltätigkeit der Hohenzollernherrschaft für die Beherrschten wie deren Dankbarkeit demonstrativ deutlich gemacht werden. König und Königin wurden eingeladen, um in der Provinzialhauptstadt die Erneuerung der Huldigung entgegenzunehmen. Der Landtagsmarschall Clemens August Graf von Westphalen hatte die Absicht, in seiner Ansprache Bedenken gegen Bismarcks Politik des kleindeutschen Partikularismus und der Sonderbündelei mit Frankreich und Italien vorzubringen. Sein Manuskript wurde von König Wilhelm I. selbst bis auf einige nichtssagende Sätze zusammengestrichen, die er dann am 18. Oktober 1865 auf der vor dem Schloß errichteten Tribüne vortragen durfte. Trotz Fackelzug und Militärparade verhielt sich die Bevölkerung Münsters ziemlich reserviert und nahm an der Feier kaum Anteil. Selbst die Presse schenkte ihr nur wenig Aufmerksamkeit. Man hatte in Münster an diesen Tag Hoffnungen auf Erfüllung der Wünsche wegen der Errichtung einer katholischen Universität und der Konzessionen zum Bau der Paris-Hamburger Eisenbahn geknüpft. Um so schmerzlicher wurde es empfunden, daß es nicht möglich war, die entsprechenden Immediatgesuche in einer Audienz durch eine gemischte Deputation aus Stadtverordneten und Magistratsmitgliedern vorzubringen. Graf von Westphalen ließ später den vollen Wortlaut seiner Rede im Druck verbreiten und lehnte konsequent die Weiterführung des Marschallamts ab.

Als sich im Frühjahr 1866 die preußisch-österreichischen Beziehungen wegen der schleswig-holsteinischen Frage zunehmend verschlechterten, kam bald allgemeine Besorgnis vor einem Krieg auf, wenngleich, wie es im Stimmungsbericht des Magistrats hieß, auch die Möglichkeit kaum denkbar schien, daß es zu einem Krieg mit Österreich kommen könnte. Der „Westfälische Merkur", der Bismarck ohnehin nur wenig Sympathien entgegenbrachte und immer die Meinung vertreten hatte, daß die

Deutsche Frage durch ein preußisch-österreichisches Bündnis rasch gelöst werden könnte, gab deutlich zu verstehen, daß eine militärische Auseinandersetzung der beiden Staaten unbedingt vermieden werden müsse.

Nachdem Regierung und Parlament sich wieder um keinen Schritt näher gekommen waren, wurden der Landtag am 23. Februar 1866 geschlossen und das Abgeordnetenhaus am 9. Mai schon im Angesicht der drohenden Kriegsgefahr aufgelöst. Die für den 25. Juni und 3. Juli ausgeschriebenen Neuwahlen standen ganz im Schatten der preußisch-österreichischen Auseinandersetzungen. Wie in anderen Städten Westfalens richteten auch in Münster die Stadtverordneten eine Immediateingabe an König Wilhelm I., in der sie ihn beschworen, unter allen Umständen einen militärischen Konflikt zu verhindern. Man betonte die Friedensliebe der Bürger und beklagte die durch die Aushebungen hervorgerufene Not in Gewerbe und Landwirtschaft, brachte seine Befürchtungen vor einer langfristig nicht aufzuhaltenden Verelendung gewisser Bevölkerungskreise zum Ausdruck und appellierte an den König, alles in seiner Macht Stehende zu tun, „damit Deutschland gebührend bewahrt und gleichzeitig die Einheit und das Vertrauen zwischen der Regierung und dem Volk wieder hergestellt werde“ [Westfälischer Merkur vom 23. Mai 1866].

Sicherlich hatte Österreich viele Sympathien in Münster; ob allerdings Nachrichten von preußischen Niederlagen mit allgemeinem Jubel aufgenommen wurden, wie ein Zeitzeuge berichtet [1247: Münster im Kaiserreich, S. 8f], mag dahingestellt bleiben. Unter dem Eindruck des sich abzeichnenden preußischen Sieges schlug die Stimmung jedoch um. Die Neuwahl am Tag der Schlacht von Königgrätz brachte einen Sieg der Konservativen. Die Katholische Fraktion konnte sich mit 15 Sitzen behaupten. Verlierer waren mit nur noch zwei Fünfteln ihrer Sitze die Liberalen. In Münster aber endete die Wahl, an der sich ein Drittel der Wähler beteiligte, mit einer Überraschung, denn hier siegte mit zwei Dritteln der Stimmen für Benedikt Waldeck zum erstenmal die Fortschrittspartei. Nach seiner Niederlage in Ostwestfalen nahm Waldeck das Mandat auch an. Zweiter wurde mit Karl von Kleinsorgen ein Vertreter der katholisch-liberalen Richtung. Kleinsorgen siegte über seine Mitbewerber in allen drei Wahlen des Jahres 1867, den direkten Wahlen nach allgemeinem, gleichen und geheimen Wahlrecht zum konstituierenden Reichstag des Norddeutschen Bundes am 12. Februar und, nachdem Waldeck verzichtet hatte, zum Reichstag am 31. August sowie zusammen mit dem ehemaligen Direktor des Paulinums Friedrich Stieve, einem Vertreter der konservativen Klerikalen, bei den Wahlen zum preußischen Abgeordnetenhaus am 30. Oktober und 7. November 1867. Als er seine Mandate aus beruflichen Gründen 1869 niederlegen mußte, folgte ihm der damals schon sehr populäre Verfechter des bäuerlichen Vereinswesens Burghard von Schorlemer-Alst in den Reichstag und in den Landtag. Inzwischen war in den Soester Konferenzen der Jahre 1864 bis 1866 der Grund zur Erneuerung der vom Zerfall bedrohten katholischen Partei gelegt worden. Angeregt von dem Freiherrn Wilderich von Ketteler, dem Regierungsrat Hermann von Mallinckrodt aus Düsseldorf und dem Paderborner Kreisrichter Alfred Hüffer, einem Sohn des Oberbürgermeisters Johann Hermann Hüffer, hatten sich führende Persönlichkeiten des katholischen Lebens, darunter aus Münster Nikolaus Zumloh, der Inhaber der Aschendorffschen Buchhandlung, Eduard Hüffer, und der Redakteur des „Westfälischen Merkur“, Dr. Ludger Suing, in der westfälischen Stadt neunmal zu Gesprächen getroffen, um auf der

Blick vom Turm der Martinikirche auf die Stadt. Lithographie von Gustav Frank (1850)

Grundlage ihrer religiösen Überzeugung zu grundsätzlicher Meinungsbildung über politische Gegenwartsfragen zu gelangen. Mallinckrodt entwickelte in einem „Soester Programm" Orientierungshilfen, die später für die Politik der 1870/71 neugegründeten Zentrumspartei im Reichstag und im preußischen Abgeordnetenhaus Bedeutung gewannen.

Die großen Umwälzungen des Jahres 1866 hatten auch in der Stadt Münster „einen mächtigen Eindruck hervorgerufen und zurückgelassen, aber nicht in gleicher Weise wie in anderen vorherrschend evangelischen Teilen des Münsterlandes", wie die Bezirksregierung bemerkte. „Das Wachsen der evangelischen Macht Preußen, die Niederlage eines großen katholischen Reiches" habe „unverkennbare Besorgnis für die katholische Kirche entstehen lassen, welche vielfach auch von denen genährt" worden sei, die wohl zu würdigen wüßten, welche „Freiheit der katholischen Kirche in Preußen gegeben und gewährleistet" sei. Man stellte aber fest, daß sich „erfreulicherweise [. . .] nach und nach eine gesundere Anschauung Bahn zu brechen" scheine [StaatsAM, Regierung Münster 329]. Mochte es auch manchem schwerfallen, man mußte sich auf den Boden der Tatsachen stellen. Die großdeutschen Vorstellungen waren zu Grabe getragen. „Ablehnung oder Nichtanerkennung des mächtigen Umschwunges ist unmöglich, ist lächerlich", schrieb der „Westfälische Merkur". „Es gibt keinen Deutschen Bund mehr; Österreich ist ausgeschieden." Die allgemeine Entwicklung gab Anstöße zur weiteren Organisation des politischen Katholizismus. Im Juni 1867 kam es in Dortmund auf Einladung des Dortmunder Piusvereins zur großen Heerschau der katholischen Vereine der Rheinlande und Westfalens. Aus Münster waren unter anderem der gesellige Verein „Eintracht" und der akademische

Verein „Germania" vertreten. Im Hinblick auf die preußischen Landtagswahlen des Jahres 1870 drängten einflußreiche Katholiken auf die Erarbeitung eines definitiven politischen Programms. Mallinckrodt legte einen ausführlichen neuen Entwurf vor, der im Frühsommer 1870 zuerst in Ahlen, dann in kleinerem Kreis in Münster beraten wurde. Das in Münster angenommene Programm wurde zur Grundlage für Wahlaufrufe und Propaganda.

Der Ausbruch des Deutsch-Französischen Krieges rief eine patriotische Begeisterung hervor, wie sie ähnlich nur in den Befreiungskriegen geherrscht hatte. Nachdem die Nachricht von der Kriegserklärung am 16. Juli 1870 bekannt geworden war, zog abends eine große Menschenmenge unter Musik und Absingen patriotischer Lieder zum Schloß, um dem Kommandierenden General Alexander Friedrich von Zastrow von der „freudig gehobenen Stimmung" Ausdruck zu geben, welche die Bürgerschaft Münsters beherrschte. In den folgenden Tagen wiederholte sich, wie es im Zeitungsbericht hieß, solche „Bestätigung echt deutschen Geistes". Keine Spur zeigte sich von jenen Bedenklichkeiten, die 1866 bei Ausbruch des deutschen Krieges in Münster und Westfalen vielfach bemerkt worden waren. Diesmal gingen auch aus der Stadt Ergebenheitsadressen an den König. Am 26. und 27. Juli zogen die meisten Truppen ab. Ihnen folgten 4000 Mann neugebildete Ersatztruppenteile, die zumeist in Bürgerquartieren untergebracht werden mußten, da von vornherein drei Kasernen zu Lazaretten und die anderen größtenteils zu Handwerkstätten bestimmt wurden. Die Stadtverordneten ersuchten den Magistrat noch im Juli, geeignete Schritte für einen Steueranschlag zum Besten der Hinterbliebenen vorzunehmen. Im September wurden für die Truppen vor Metz 500 Taler aus städtischen Mitteln bewilligt. Gleichzeitig wurde zur Sammlung von Liebesgaben aufgerufen. Bis Ende 1870 spendete die Stadt für hilfsbedürftige Familien von Landwehrmännern und Reservisten allein 5100 Taler, ferner 1000 Taler für Liebesgaben und für die durch den Krieg betroffenen deutschen Grenzstädte ebenfalls 1000 Taler. Der Stadtarchivar Adolf Hechelmann schreibt in der Stadtchronik, daß man nach den örtlichen Verhältnissen zeitweilig habe glauben können, man lebe im tiefsten Frieden, „hätten nicht hin und wieder einige Vorkommnisse vom waltenden Kriege gezeugt und freilich auch die drückende Einquartierungslast daran erinnert". Tatsächlich war Münster durch nicht vergütete Leistungen nach dem Kriegsleistungsgesetz, Einquartierungen und andere Kriegslasten zu den besonders belasteten Städten der Monarchie zu rechnen. Die Anzahl der einquartierten Soldaten belief sich von Juli 1870 bis Juni 1871 auf 40 748 Mann, die der Pferde auf 4366. Dafür, für Unterstützungen und Lieferungen hat die Kämmereikasse mehr als 65 000 Taler ausgegeben. An die 9000 Taler brachte der Lokalverein zur Pflege verwundeter und erkrankter Soldaten unter Vorsitz des Oberbürgermeisters auf.

Mit Besorgnis blickten die Katholiken wie 1859 und 1866 auch während dieses Krieges wieder auf Rom. Im Jahr 1867 hatte der Anschlag Garibaldis auf den Rest-Kirchenstaat eine lebhafte Reaktion in Münster hervorgerufen. Versammlungen wurden abgehalten, Sammlungen für das Oberhaupt der katholischen Kirche veranstaltet, Adressen für ihn zirkulierten zur Unterschrift. Als im September 1870 Rom nach dem Abzug der französischen Besatzung von italienischen Truppen besetzt und der Kirchenstaat wenig später nach einer Volksabstimmung mit Italien vereinigt wurde, riefen Adelige und Bürger im „Westfälischen Merkur" zum Massenprotest auf.

80 000 Diözesanen richteten im November an König Wilhelm I. die Bitte, sich für das bedrängte Oberhaupt der katholischen Kirche zu verwenden. Am 15. Dezember nahmen nach einem Aufruf des St.-Michael-Vereins 2000 Menschen an einer Katholikenversammlung im Rathaus teil, um gegen die Besetzung zu protestieren und eine Adresse an den Papst zu verabschieden. Die preußische Staatsregierung vertrat jedoch den Standpunkt, daß der Papst sich unter gewissen Garantien von italienischer Seite mit der neuen Lage abfinden müsse.

Die Proklamation König Wilhelms I. zum Deutschen Kaiser am 18. Januar 1871 fand in Münster nur ein erstaunlich geringes Echo. Hechelmann bemerkte: „kein äußerer Jubel, kein Freudenschießen, keine Flaggen als höchstens von 10 bis 12 Häusern in ganz Münster und seiner Umgebung". Aufrichtige Freude dagegen bekundete der „Westfälische Merkur": „Preußen stellt die deutsche Kaiserkrone wieder her. Es vereinigt sich mit seiner Krone und richtet dadurch ein deutsches Erbkaisertum auf. Dieser Schritt bezeichnet, daß das neue Deutsche Reich auf fester Grundlage errichtet ist, daß es den völlig veränderten Verhältnissen Rechnung tragend, wirklich ein Deutsches Reich deutscher Nation sein soll."

Wenige Tage nach dem Vorfrieden von Versailles wurde am 3. März zum ersten deutschen Reichstag gewählt. Mit überwiegender Mehrheit fiel das Mandat des Wahlkreises Münster-Coesfeld an den Freiherrn Clemens Heereman von Zuydtwyck, der im November 1870 neben August Reichensperger in Münster schon in das preußische Abgeordnetenhaus gewählt worden war. Da Reichensperger eine Wahl in Koblenz annahm, war eine Nachwahl notwendig, die auf den Kreisgerichtsrat von Hatzfeld fiel. Nach der Gründung der Zentrumsfraktion – zunächst für das preußische Abgeordnetenhaus im Dezember 1870 – war es schon bei den Märzwahlen gelungen, die katholische Wählerschaft Preußens in großem Maße für die Zentrumspartei zu mobilisieren.

Das VII. Armeekorps mit den münsterischen Regimentern blieb zunächst noch als Besatzungstruppe in Frankreich. Landwehr und Ersatztruppenteile kehrten bereits im März und April zurück. Anfang Juni folgten, feierlich begrüßt von Behörden und Bürgerschaft, auch die anderen Truppen mit dem Kommandierenden General. Die Stadt gab für sie am 12. Juli ein Fest im Rathaus.

Noch nahm kaum jemand den Widerspruch zur Kenntnis, der zwischen dem für das neue Deutsche Reich verbürgten Grundsatz der Bekenntnisfreiheit und dem *Syllabus Errorum* Papst Pius' IX. von 1864 bestand, der gerade dieses Prinzip als einen Grundirrtum der Zeit verwarf. Die preußische Regierung war auch bemüht, den innerhalb der katholischen Kirche schon entbrannten Streit um die Beschlüsse des Vatikanischen Konzils als ausschließlich innerkirchliche Angelegenheit zu behandeln. Zwangsläufig jedoch wurde sie bald durch den öffentlichen Status der Kirche in die Auseinandersetzungen hineingezogen, die schließlich zum großen „Kulturkampf" zwischen Staat und Kirche führten, der das Verhältnis der katholischen Westfalen zum preußischen Staat noch lange und nachhaltig belasten sollte.

Quellen und Literatur

Wichtige Quellen sind der „Westfälische Merkur“ und das „Amts-Blatt der Königl. Regierung zu Münster“ 1834 bis 1871. An ungedrucktem Material wurden herangezogen aus dem Stadtarchiv Münster Akten der Stadtregistratur (Fächer 1, 4, 6, 18 bis 20, 119, 150 bis 152) und der Stadtverordnetenregistratur (Nr. 127), aus dem Nordrhein-Westfälischen Staatsarchiv Münster die Bestände „Oberpräsidium“ mit Dienststellenverwaltung, Kommunalangelegenheiten, Polizei, Kirchen und Schulen sowie „Regierung Münster“ mit Präsidialregistratur, Polizei, Kommunalaufsicht und Kirchensachen.

Eine Gesamtdarstellung über die Zeit von 1835 bis 1871 in Münster gibt es bisher nicht. Für den allgemeinen Hintergrund sei verwiesen auf Thomas Nipperdey [2487: Deutsche Geschichte 1800–1866]. Zur allgemeinen Verfassungs- und Parteiengeschichte ist vor allem heranzuziehen das Werk zur deutschen Verfassungsgeschichte seit 1789 von Ernst Rudolf Huber [2242: Verfassungsgeschichte], zur Kirchengeschichte die Dokumentensammlung von Ernst Rudolf Huber und Wolfgang Huber [2243: Staat und Kirche].

Grundlegend für Vormärz und Revolution in Westfalen ist immer noch die materialreiche Arbeit von Wilhelm Schulte [2663: Volk und Staat]. Die Auseinandersetzungen um die Einführung der Revidierten Städteordnung behandelt in einem Aufsatz Gerd Filbry [1321: Städteordnung]. Zur Person des ersten Oberpräsidenten und zur Frühgeschichte der Provinz ist zu verweisen auf die nicht abgeschlossene Biographie von Ernst von Bodelschwingh [1293: Leben des Ober-Präsidenten]. Zur Gesellschaftsstruktur und vor allem den sozialen Beziehungen der Beamtenschaft ist die mit reichem biographischen Material ausgestattete Arbeit von Bernd Walter [1460: Beamtenschaft] für die Zeit bis 1850 unentbehrlich. Zur Situation des Militärs im Vormärz liefert Helmut Lahrkamp eine Skizze nach autobiographischen Aufzeichnungen aus den Jahren 1833 bis 1843 [1236: Münsters Militär]. Die wichtigsten staatlichen Beamten behandelt Dietrich Wegmann [2791: Verwaltungsbeamte].

Der Mischehenkonflikt und die Wirren nach der Amtsenthebung des Kölner Erzbischofs Droste sind unter besonderer Berücksichtigung Westfalens bearbeitet von Friedrich Keinemann [2301: Kölner Ereignis; 2302: Kölner Ereignis – Nachtrag]. Nützlich ist auch noch die ältere Arbeit von Heinrich Schrörs [2659: Kölner Wirren] und für die Beendigung der Streitigkeiten Rudolf Lill [2394: Beilegung]. Die Tumulte in Münster und der Militäreinsatz sind in mehreren Aufsätzen ausführlich behandelt worden: [1475: Zurbonsen, Dezember-Unruhen; 1403: Lüdikke, Straßenauflauf], zuletzt auch die Rolle der Gymnasiasten [1375: Keinemann, Schülertumulte]. Unter Verwendung bisher weitgehend unbekannter privater Archivalien ist kürzlich der Versuch unternommen worden, das Handeln Drostes als Kapitelsvikar in Münster und Erzbischof zu rechtfertigen. Die umfangreiche Dissertation ist jedoch nicht frei von Einseitigkeiten [1343: Hänsel-Hohenhausen, Droste zu Vischering].

Zur Revolution von 1848 in Münster liegt lediglich eine maschinenschriftliche Magisterarbeit von Bernd Haunfelder [1347: Revolution] vor. Zeitlich etwas weiter geht die ebenfalls ungedruckte Magisterarbeit von Andreas Determann [1311: Reaktion und Revolution]. Sie steht in ihrer Ausführlichkeit allerdings hinter der Arbeit von Haunfelder zurück. Eine Kurzfassung mit Materialsammlung für den Schulunterricht bietet Bernd Haunfelder [1269: Erhebung der Bürger]. Lageberichte und andere Quellen aus der Provinz bringt Friedrich Keinemann [2558: Quellen zur politischen und sozialen Geschichte]. Kurzbiographien der münsterischen Abgeordneten in Frankfurt hat Hermann Niebour zusammengestellt [1423: Westfälische Abgeordnete]. Für andere Politiker dieser Zeit liegen mehr oder weniger ausführliche Lebensbilder von Alex Bein [1288: Hammacher], Max Bickhoff [1290: Steinmann], Manfred Botzenhart [1298: Waldeck], Karl Hüser [1238: Lebenserinnerungen; 2252: Löher] vor; weitere biographische Angaben bei Wilhelm Schulte [2662: Westfälische Köpfe] und Helmut Lahrkamp [50: Ehrenbürger]. Mit dem Verhalten der Studenten beschäftigt sich in einem Aufsatz Georg Erler [1318: Studentenschaft]. Zum Demokratenkongreß vom November 1848 bringt Karl Hüser [1366: Westfälischer Kongreß] neben einer Darstellung der Ereignisse Auszüge aus den Verhandlungsprotokollen und ein Verzeichnis der Teilnehmer. Von zeitgenössischen Schriften zu den Reaktionsprozessen sind zu nennen: „Die Dezember-Gefangenen in Münster an den Justizminister“ [1211: Dezember-Gefangene], „Verhandlungen des Kgl. Schwurgerichtshofes zu Hamm“ [1261:

Verhandlungen] und „Der Waldeck'sche Prozeß. Authentischer Bericht" [1250: Waldeck'scher Prozeß]. Politische Vereine und Wahlen 1848/49 behandelt Wilhelm Hüttermann [2255: Parteipolitisches Leben], die Frühzeit des für Münster besonders wichtigen Katholischen Vereins Gottfried Huperz [2250: Anfänge]. Die Arbeit von Hüttermann wird ergänzt und fortgesetzt durch Bernd Haunfelder [1348: Politische Wahlen].

Zur Geschichte der münsterischen Presse dieser Zeit liegt lediglich eine Dissertation über den „Merkur" von Joseph Massenkeil vor [1406: Westfälischer Merkur]. Kurze Angaben über andere Blätter der Revolutionszeit liefert die Zusammenstellung von Martin Henkel und Rolf Taubert [2208: Deutsche Presse]. Unter den Aufzeichnungen autobiographischer Art sind die Erinnerungen, Briefe und Akten des Oberbürgermeisters Johann Hermann Hüffer eine besonders wichtige Quelle zur Geschichte Münsters im Vormärz und während der Revolution [1224: Lebenserinnerungen]. Erinnerungen an Kindheit und Studium in Münster enthalten die Aufzeichnungen seines Sohnes Hermann (1830–1905), eines katholischen Kirchenrechtlers an der Universität Bonn [1223: Lebenserinnerungen], und die auf Tagebuchaufzeichnungen beruhende Biographie Fickers von Julius Jung [1369: Julius Ficker]. Nicht immer zuverlässig und unparteiisch sind die Erinnerungen des Pfarrers von St. Lamberti, Hermann Joseph Kappen [1228: Erinnerungen], die von den Anfängen der preußischen Herrschaft bis in die Zeit des Kulturkampfes führen. Die Verhandlungen über eine Neuorganisation des politischen Katholizismus behandelt Friedrich Gerhard Hohmann [2228: Soester Konferenzen]. Eine angesichts der Dürftigkeit der Literatur für die Zeit zwischen Reaktion und Kulturkampf besonders wichtige Quelle erschließt Helmut Lahrkamp [1247: Münster im Kaiserreich].

HORST GRÜNDER

„Krieg bis auf's Messer" – Kirche, Kirchenvolk und Kulturkampf (1872–1887)

1. Die bedrängte Kirche – 2. Klerus, Adel und preußischer Staat – 3. Zwischen Beharren und Fortschritt

Während man in Münster noch die allgemeine Euphorie über die soeben erreichte nationalstaatliche Einheit teilte, tauchten bereits am Horizont die dunklen Gewitterwolken jenes gewaltigen Konflikts auf, der sich zwischen Staat und Kirche abspielte und der unter dem Namen „Kulturkampf" bekanntgeworden ist. Wohl kaum ein Ereignis der neueren Geschichte hat das politische und gesellschaftliche Leben in der Bistums- und Provinzialhauptstadt so erschüttert und die Leidenschaften der streitenden Parteien so aufgewühlt wie jene große Auseinandersetzung in der zweiten Hälfte des 19. Jahrhunderts, in welcher der sich säkularisierende und weite Bereiche des öffentlichen Lebens durchdringende Staat auf eine ihren traditionellen politisch-gesellschaftlichen Einfluß mit aller Macht verteidigende, aber auch ihren verfassungsrechtlich garantierten Besitzstand einklagende Kirche traf.

Daß der Kulturkampf in Münster mit einer solchen Härte und Schroffheit ausgetragen worden ist und die Kulturkampfgesetze hier weit schärfer als in anderen Provinzen und Städten der preußischen Monarchie gehandhabt worden sind, hat sicherlich eine ganze Reihe von Ursachen, von denen die wichtigste unzweifelhaft in dem strengkatholischen Profil der Stadt und in der festen Verwurzelung der Bevölkerung in den von der Kirche vorgegebenen Normen und den von ihr bestimmten Traditionen lag. Das Übergewicht des Katholizismus dokumentierte sich schon in der konfessionellen Zusammensetzung der Bürgerschaft. Nach der Volkszählung vom 1. Dezember 1871 waren von den 21 377 Einwohnern der Stadt (ohne Militär) 19 206 Katholiken, mithin also ziemlich genau 90 Prozent der Bevölkerung. Die 1791 Protestanten, zumeist Angehörige des Beamten- und Militärapparates, und die 371 Juden spielten demgegenüber ebensowenig eine Rolle wie die vier gezählten Altkatholiken. Selbstverständlich besaßen auch nur katholische, kirchlich gesinnte Männer einen sicheren Platz bei den Kommunal-, Landtags- und Reichstagswahlen. So erhielt der für das Zentrum, die katholisch-konservative Partei, kandidierende Freiherr Clemens von Heereman bei den Reichstagswahlen von 1871 im Stadtgebiet die überwältigende Mehrheit von 4572 der 4975 Stimmen. Bei den Stadtverordnetenwahlen von 1872 fielen neun der zwölf Mandate an das Zentrum, und nur das Dreiklassenwahlrecht, das das liberale Besitzbürgertum begünstigte, verhinderte einen noch größeren Erfolg. Bei den Stadtverordnetenwahlen 1874 und 1876 vermochte sich kein einziger Kandidat der Liberalen durchzusetzen. Die auffällig geringe Beteiligung bei Wahlen in Münster dürfte überdies auch ein Ausweis für die stabilen politisch-gesellschaftlichen Verhältnisse in der Stadt sein. Adel, Klerus, Bürgerschaft und Landbevölkerung waren fest verwurzelt im „katholischen Milieu", in dem man anstehende Konflikte durch einen weitherzigen karitativen Patriarchalismus umging.

An diesem Zustand hatte sich im Grunde seit Jahrhunderten nur wenig geändert. Trotz Aufklärung und allmählich einsetzender Industrialisierung wies die Stadt in vielen Bereichen noch die typischen Merkmale einer altständisch-frühbürgerlichen Gesellschaft auf, und auch das geistig-kulturelle Leben war in gewisser Weise immer noch von seinen mittelalterlichen Wurzeln geprägt. Vor allem bestimmte jedoch die Kirche das Leben in der Stadt. Der in Wesel geborene Dichter Heinrich Hart (1855–1906), der in Münster das Gymnasium besuchte und mit seinem Bruder Julius einer der Wortführer des literarischen Naturalismus in Deutschland wurde, hat seine Eindrücke von Münster an der Schwelle des Kulturkampfes wohl nicht ganz unzutreffend wie folgt geschildert:

„Auch äußerlich bot die Stadt Münster in den sechziger Jahren beinah noch den Anblick, den sie etwa zur Wiedertäuferzeit geboten haben mochte. In allem Wesentlichen wenigstens. [. . .] Und ebenso unberührt Leben, Denken und Fühlen der Bevölkerung. Das Zentrum allen privaten und öffentlichen Lebens bildete die Kirche. Von ihr ging alle Anregung und Erregung, alles was das Leben erhöhte, verfeinerte, erleichterte, alles Licht und alle Weihe aus, und alles Leben mündete in ihr. Mit ihrem Kultus, mit ihren Festen erfüllte sie das ganze Sein, auch das alltägliche, alle Interessen des einzelnen waren mit dem Kirchlichen verwebt und verbunden" [2183: Werke 3, S. 12].

In der Tat gestalteten sich alle Lebensbereiche – Familie, Schule, Politik und Gesellschaft – nach den Geboten, Vorstellungen und Vorgaben der Kirche. Ihr Einfluß auf öffentlich-kommunalem Gebiet war ebenso dominierend wie ihre Stellung in der Gesellschaft. Eine in der Restaurationsphase aufgekommene volkstümliche Frömmigkeit hatte es ihr bereits in den 1840er Jahren erlaubt, die Schäden der Säkularisation zu überwinden und verlorenes Terrain zurückzugewinnen. Bischof Johann Georg Müller (1846–1870) verhalf anschließend der sogenannten ultramontanen Bewegung in Münster zum Durchbruch, jener Richtung im (politischen) Katholizismus, die im Gegensatz zu national-staatskirchlichen Tendenzen innerhalb der Kirche für den unbedingten Primat des Papstes eintrat und gemeinsam mit dem Papsttum Aufklärung, Liberalismus und Protestantismus aufs schärfste bekämpfte. In den Augen der säkularen Gegner dieser Haltung stand „ultramontan" dagegen für „national unzuverlässig" und „abhängig von Rom". Kein Wunder also, daß Münster, das gemeinhin als das „nordische Rom" galt, zu einem Mittelpunkt der Auseinandersetzungen wurde. Für beide sich unversöhnlich gegenüberstehende Lager galt denn auch in der Hochphase des Kulturkampfes die Parole: „Krieg bis auf's Messer" [Westfälischer Merkur vom 23. Januar 1884].

Der Konflikt, wie er Anfang der 1870er Jahre ausbrach, stellte jedoch nicht nur eine politische Auseinandersetzung zwischen dem mit neuen Ansprüchen auftretenden Staat und der auf Besitzstandswahrung und gesellschaftliches Mitspracherecht pochenden Kirche dar, sondern er erwies sich durch die Verbindung des Staates mit dem national gesinnten Liberalismus und dem modernen Fortschrittsdenken auch als ein geistiger Veränderungsprozeß. Während der mit einem gewandelten weltanschaulichen Selbstverständnis auftretende Interventionsstaat und der mit ihm in enger Beziehung stehende bürgerliche Liberalismus Begriffe wie „Aufklärung", „Fortschritt", „Emanzipation" und „geistige Befreiung" auf ihre Fahnen schrieben und ihre Gegner als antinational und antifortschrittlich definierten, beriefen sich diese auf die Werte der Tradition, der Freiheit der Kirche und vor allem den Vorrang des göttlichen und natürlichen Rechts gegenüber staatlicher Omnipotenz und Omnikompetenz. Sowohl das übersteigerte, geradezu religiös bestimmte Fortschrittsdenken der Liberalen als auch der starre Beharrungswille konservativ-kirchlicher Kreise reduzierten allerdings auch und gerade in Münster die Debatten oftmals auf eine simplifizierende Schwarzweißmalerei („Licht–Finsternis", „Fortschritt–Mittelalter" usw.), die – wie bei der Diskussion um die Existenz und Wirksamkeit des „Teufels" – mitunter nahezu skurrile Züge annahm.

Hinzu kam indessen noch ein weiterer Aspekt, der wohl gleichfalls zu der geradezu singulären Verschärfung des Konflikts in Münster beitrug, nämlich die im Grunde immer noch ausstehende, vor allem voluntaristische Integration der Westfalen in den damals die Vorhut staatlich-bürokratischer Modernisierung verkörpernden preußischen Staatsverband. Katholische Bevölkerung und die „neuen Herren", zumeist protestantische Beamte und Militärs, lebten weitgehend getrennt voneinander, wobei jede Seite den Kontakt auf die notwendigen Berührungspunkte zu beschränken suchte. Zwar hatte das Militär nach den Siegen von 1870/71 in der nicht sonderlich militärfrommen Stadt Münster unzweifelhaft an Prestige gewonnen, aber die militärischen Aufmärsche und Veranstaltungen vermochten in keiner Weise an die traditionellen Hochfeste des kirchlichen Jahres heranzureichen.

Im Zusammenhang mit der nachgeholten Borussifizierung ist schließlich auch die Politik des Oberpräsidenten Friedrich von Kühlwetter zu sehen, der seit 1871 an der Spitze der Provinz Westfalen und der Regierung in Münster stand und der durch sein intransigentes, zum Teil ungeschicktes, zum Teil bewußt aggressives Vorgehen zu einem nicht geringen Teil zur Eskalation des Kulturkampfgeschehens in Münster beitrug. Auf der anderen Seite trat der „Bekennerbischof" Johann Bernhard Brinkmann nicht minder konsequent für die traditionellen Rechte und Freiheiten der Kirche ein und lehnte jeden Kompromiß in dieser Hinsicht ab. Sicherlich läßt sich die Schärfe des Kulturkampfes in Münster weder ausschließlich noch überwiegend durch die indolente Haltung der Protagonisten auf beiden Seiten erklären; aber persönliche Faktoren sind deswegen keineswegs außer Betracht zu lassen.

1. Die bedrängte Kirche

Bereits in dem heraufdämmernden Streit zwischen Staat und Kirche hatten die Münsteraner deutlich gemacht, auf welcher Seite sie standen. Als Bismarck nach der Reichsgründung es aus politischen Gründen ablehnte, zugunsten der Wiederherstellung des von den Italienern besetzten Kirchenstaats zu intervenieren, forderte am 13. Oktober 1870 eine Anzahl Adeliger und Bürger im „Westfälischen Merkur" dazu auf, in einer Massenadresse gegen die Beschneidung der päpstlichen Herrschaft zu protestieren und den Schutz des Reiches anzurufen. Am 15. Dezember fand unter dem Vorsitz Wilderich von Kettelers, eines Bruders des Mainzer Bischofs, eine große Versammlung im Rathaussaal als „Huldbeweis" gegenüber dem bedrängten Oberhaupt der katholischen Kirche statt. Als im Juni des darauffolgenden Jahres das 25jährige Papstjubiläum Pius' IX. gefeiert wurde, demonstrierte das katholische Münster seine Verbundenheit mit dem kirchlichen Oberhaupt durch eine großartige

Bischof Johann Bernhard Brinkmann (1870–1889). Gemälde aus dem Jahr 1888

Illumination, Häuserbeflaggung und einen Fackelzug zum Bischof. „Recht erfreut war man, als auswärtige Blätter meldeten, unter den deutschen Städten möchte Münster mit seiner Papstfeier wohl an der Spitze stehen", notierte der Stadtchronist stolz zu diesem Ereignis. Wenige Tage später (3. August 1871) bemerkte er aber auch: „Die Unfehlbarkeits-Streitigkeiten sind in Münster außer einigem Gelehrten-Zank bisher nicht erheblich störend in die Öffentlichkeit getreten" [1247: Münster im Kaiserreich, S. 65, 68].

In der Tat hatte im Zusammenhang mit den hitzigen Diskussionen um die Verkündigung des Dogmas der päpstlichen Unfehlbarkeit in Fragen der Glaubens- und Sittenlehre der Kirche eine Aussage des Braunsberger Gymnasialprofessors Friedrich Michelis in der breiteren Öffentlichkeit mehr Staub aufgewirbelt als die akademischen Kontroversen um die „Infallibilität" des Papstes. Der vormalige Direktor des münsterischen Borromäums und inzwischen zum Altkatholizismus übergetretene Professor, der in der Stadt keinen Saal für einen Vortrag gefunden hatte, rächte sich insofern, als er im Vorwort der daraufhin gedruckt vorgelegten Fassung schrieb, daß die Münsteraner an Kultur „selbst den afrikanischen Wilden nachständen" [1247: Münster im Kaiserreich, S. 69]. Demgegenüber bewegte der Übertritt von drei Professoren der Philosophischen Fakultät der Akademie zum Altkatholizismus die Gemüter der Münsteraner schon nicht mehr sonderlich. Zwar waren auch aus der westfäli-

Friedrich von Kühlwetter, Oberpräsident der Provinz Westfalen von 1871 bis 1882

schen Metropole Zustimmungsadressen, zumeist von Professoren der Akademie, darunter auch von zwei Angehörigen der Theologischen Fakultät, an den Wortführer der kirchlichen Opposition in Deutschland gegen das Infallibilitätsdogma, den Münchener Stiftspropst und Kirchenhistoriker Ignaz von Döllinger, gerichtet worden. Aber nach der Verkündigung des Dogmas unterwarfen sich die meisten, und die kleine altkatholische Kirchengemeinschaft blieb bedeutungslos.

Auch der ohnehin wenig angewandte „Kanzelparagraph" (Reichsgesetz vom 10. Dezember 1871), der Geistlichen verbot, in Ausübung ihres Amtes Angelegenheiten des Staates „in einer den öffentlichen Frieden gefährdenden Weise" zu erörtern, sorgte in Münster nicht für irgendwelche Aufregung. Anders dagegen das am 4. Juli 1872 verkündete „Jesuitengesetz", das den Orden der Gesellschaft Jesu vom Gebiet des Deutschen Reiches verbannte. Mit diesem Ausnahmegesetz begann der Kulturkampf in Münster, bestand doch zwischen der münsterischen Bevölkerung und den Jesuiten eine besonders enge Beziehung. Nach der Wiederbegründung des 1773 aufgehobenen Ordens hatte dieser Münster als den Ort einer ersten Niederlassung auf deutschem Boden gewählt. Am Vorabend des Kulturkampfes besaßen die Jesuiten in und um Münster drei Häuser. Darüber hinaus wirkten sie als Prediger, Beichtväter, Leiter geistlicher Übungen sowie von Kongregationen für junge Akademiker, junge Kaufleute und anderer Sodalitäten. Söhne aus elf münsterischen Familien waren in den Orden eingetreten, wodurch sich die Verbindung zu den Jesuiten noch vertieft hatte. Eine am 25. April 1872 an den Reichstag gerichtete Petition, er möge den Entwurf des Jesuitengesetzes „als unbegründet, rechts- und verfassungswidrig" zurückweisen, fand daher auch in nur drei Tagen 4381 Unterschriften. Nach dem Erlaß des Gesetzes folgten ostentative Solidaritätsbekundungen des münsterländischen

Adels, Besuche des Bischofs und des aus Münster gebürtigen Kölner Erzbischofs und immer wieder Sympathiekundgebungen von seiten der Bevölkerung. Sie konnten indes nicht verhindern, daß die letzten Jesuiten am 1. Dezember 1872 die Stadt verlassen mußten.

Der nächste Ausweisungsbefehl traf die Schwestern vom Heiligsten Herzen Jesu, die im Kloster Marienthal ein Pensionat für Töchter des Adels und des höheren Bürgerstandes unterhielten. Man hatte in Berlin diese weibliche Kongregation für einen „jesuitenverwandten" Orden gehalten, die Ausweisung aber damit begründet, „daß die Schwestern der ihnen anvertrauten Jugend nicht nur Liebe zur katholischen Kirche, sondern auch Gehorsam gegen den Papst als Stellvertreter Christi einpflanzen, ja daß sie an der Vergötterung des Papstes [sic!] arbeiten" würden [1353: Hellinghaus, Ausweisung der Gesellschaft, S. 19]. Die anderen zahlreichen Orden, Kongregationen und Gesellschaften, die sich in und um Münster angesiedelt hatten, waren erst durch das preußische Gesetz vom 31. Mai 1875 betroffen, das alle geistlichen Orden und ordensähnlichen Kongregationen der katholischen Kirche vom Gebiet der preußischen Monarchie verwies. Noch im selben Jahr wurden das Kapuziner-, das Franziskaner- und das Klarissenkloster geschlossen. Schwesternorden mußten ihre Tätigkeit selbst in den Waisenhäusern einstellen. Auf die Intervention der Kaiserin Augusta hin entgingen allein von allen Genossenschaften, die unter das Gesetz subsumiert wurden, die Schwestern vom Guten Hirten (Vorsehungsschwestern), die ein Heim für „gefallene" und verwahrloste Mädchen betreuten, der Auflösung. Allerdings hatten sie ihre Schule zu schließen und ihre Statuten dahingehend zu ändern, daß ihr Haus den Charakter einer Krankenanstalt erhielt. Nur die Clemensschwestern und die Franziskanerinnen waren als reine Krankenpflegeorden nicht vom Gesetz betroffen. Sie standen jedoch unter Polizeiaufsicht und hatten ständige kleinliche Repressalien zu erdulden. Durch die Ausweisung der Schwesternorden mußte auch eine ganze Reihe von Kinderbewahranstalten geschlossen werden.

Nach dem Abzug der Orden und Kongregationen wurden die Kloster- und Kirchentüren in der Regel verschlossen und versiegelt. Vermögen und Besitz fielen dem Staat indessen nicht in die Hand, da alle betroffenen Orden die Häuser und ihr Inventar vorher verkauft bzw. an die zumeist adeligen Eigentümer zurückgegeben hatten. Die neuen Besitzer hielten, nachdem die Rechtsansprüche gegen die Intervention des Oberpräsidenten zu ihren Gunsten geklärt waren, die Kapellen weiterhin geöffnet und ließen um 18 Uhr den Englischen Gruß läuten. Gelegentlich konnten auch Laienbrüder in die Klöster zurückkehren. Später sind die Gebäude dann zumeist an ihre Vorbewohner zurückgegeben worden.

Fast gleichzeitig mit dem „Jesuitengesetz" war ein weiteres Kampfgesetz verabschiedet worden, das sogenannte Schulaufsichtsgesetz (11. März 1872), das dem Staat die alleinige Schulaufsicht sichern sollte und das letztlich die Trennung von Kirche und Schule bezweckte. Bis dahin lag die Schulinspektion durchweg in den Händen der Geistlichen. Als Ortspfarrern stand ihnen im Schulvorstand das *praesidium in internis* zu, und selbstverständlich erteilten sie oder ein anderer Geistlicher auch den Religionsunterricht. Die enge Verbindung von Schule und Kirche dokumentierte sich schon in der Identität von Kirchspiel- und Gemeindegrenzen. Nunmehr sollten die Pfarrgeistlichen in ihrer Eigenschaft als Schulinspektoren und Religionslehrer sowie die katholischen Orden als Schulträger zur Unterordnung unter den Staat gezwungen werden, was fürs erste aber noch nicht ihre Entfernung aus der Schule beinhaltete.

Wie im Fall des „Jesuitengesetzes" protestierten die Münsteraner bereits im Vorfeld gegen das geplante Gesetz. Am 10. Januar 1872 veröffentlichten namhafte Bürger der Stadt eine Erklärung gegen den Gesetzentwurf zur Schulaufsicht. Ihr folgte am 29. Januar eine Eingabe an das preußische Abgeordnetenhaus mit 3983 Unterschriften aus der Stadt Münster und mehr als 5000 aus der übrigen Diözese. Die Empörung erwies sich jedoch zunächst als weitgehend unbegründet; denn vorerst änderte sich nur wenig an den Aufsichtsverhältnissen vor Ort. Zwar ernannte die Regierung einen hauptamtlichen Kreisschulinspektor, nachdem ein Pfarrer bis dahin die Inspektion im Nebenamt wahrgenommen hatte. Aber sie griff dabei auf den Seelsorger der städtischen Strafanstalt zurück, der auch sofort vom Bischof bestätigt wurde. Die Pfarrer verblieben – entgegen weitverbreiteter Meinung selbst in der wissenschaftlichen Literatur – in den lokalen Schulvorständen. Von einer wirkungsvollen Einschränkung des kirchlichen Einflusses auf die Schule konnte mithin vorläufig keine Rede sein.

Dieser eher durch Ruhe an der Schulfront gekennzeichnete Zustand sollte sich erst im Jahr 1875 geradezu abrupt ändern. Mit den Ministererlassen vom 23. Februar bzw. 21. Mai 1875 wurde den Geistlichen die Beteiligung am Religionsunterricht entzogen und dieser in die Hand des Lehrers gelegt. Lediglich der Kommunionunterricht sollte den Pfarrern überlassen bleiben. Zudem wurde auf Anordnung des Provinzialschulkollegiums der Religionsunterricht stundenmäßig begrenzt – in den zweiklassigen Schulen auf fünf und in den dreiklassigen Schulen auf vier Wochenstunden. Ferner verbot man den Lehrern, die Kinder zur Messe zu führen. Sie durften die Schüler auch nicht mehr zum Besuch der Schulmesse anhalten. Diese wurde auf zwei Tage in der Woche – für die höheren Lehranstalten schon am 22. Oktober 1874 verfügt – und der sonntägliche Nachmittagsgottesdienst auf die Zeit der Kommuniontage beschränkt. Der Kommunionunterricht selbst sollte nicht länger als acht Wochen dauern und die Kinder zu dessen Besuch nur für zwei Stunden in der Woche vom Schulunterricht entbunden werden. Überdies wurden kirchliche Lehr- und Lesebücher eingezogen und durch „staatsfreundliche" Lehrmittel ersetzt. Schließlich erfolgten jetzt definitiv die Entlassung sämtlicher Pfarrer aus den lokalen Schulvorständen und der Entzug ihrer Rechte als Lokalschulinspektoren (21. September 1875). Betroffen waren in Münster insgesamt sechs Pfarrer. Ähnliche Rechtsvorschriften in bezug auf Schulleitung, Schulmesse und Religionsunterricht trafen die Gymnasien und Realschulen.

Erst mit der Absetzung der Pfarrer und dem Entzug des Religionsunterrichts erreichte der Kulturkampf auf dem Schulgebiet seine Konfrontationsphase. Viel von der Schärfe des „Schulkampfes" ging allerdings auf die besonderen münsterischen Verhältnisse zurück, namentlich auf die Person des Oberpräsidenten. So lehnte von Kühlwetter kategorisch alle Vorschläge ab, den Geistlichen wenigstens die Aufsicht über diesen Unterricht zu belassen, was bis zu dem preußischen Gesetz vom 18. Februar 1876 über die Ausdehnung der staatlichen Schulaufsicht auf den Religionsunterricht durchaus möglich gewesen wäre. Die Trennung der Schule von der Kirche sollte nach seinen Vorstellungen unnachgiebig durchgeführt werden. Indem er den Gymnasial- und Elementarschullehrern den Besuch und die Mitgliedschaft in der katholischen gesellschaftlichen Vereinigung „Eintracht“ untersagte, griff er zudem massiv in die private Sphäre der Lehrer ein, wohingegen seine Empfehlung an die Seminaristinnen des Lehrerseminars, anstelle der vorgeschriebenen einfachen schwarzen Tracht bunte Kleider zu tragen, vielleicht nicht nur aus heutiger Perspektive Sympathien erweckt.

Geradezu pedantisch-bürokratische Züge nahm der Streit um die Schule in der Lambertipfarre an. Um den Geistlichen keine Möglichkeit zu geben, mit ihren alten Schlüsseln die Schule zu betreten, wurden die Schlösser der Türen ausgewechselt und zusätzlich ein Polizist vor dem Eingang postiert. Als daraufhin Vertreter der Gemeinde die Lehrer, die keineswegs bis zum bitteren Ende hinter ihrer bisherigen Leitung standen, zum Verlassen des der Kirche gehörenden Schulhauses aufforderten, kam es zu einer Anklage von seiten des Staates. Stadtdechant Hermann Joseph Kappen, ohnehin für die Regierung Symbolfigur der katholischen Schulverbände und als einziger schon vor dem September 1875 als Schulvorsitzender von Lamberti entlassen, die Kapläne der Lambertipfarrei und das Kirchenvorstandsmitglied Joseph Albers wurden daraufhin wegen Hausfriedensbruchs verurteilt.

Der Schulkampf kulminierte schließlich in der Auseinandersetzung um die Große Prozession im Jahr 1876. In diesem Streit wurde einmal mehr offenbar, wieweit die Behörden vor Ort die staatlichen Vorgaben bewußt zu verschärfen suchten, was freilich zur Folge hatte, daß sich das Kirchenvolk noch eindeutiger um seine Oberen scharte. Am 8. Juli 1876 ordnete die Regierung bzw. das Provinzialschulkollegium, dessen Vorsitzender von Kühlwetter war, an, daß am Tag der Großen Prozession (10. Juli) der Unterricht nicht wie üblich ausgesetzt werde. Dagegen wandte sich eine spontane Bürgerinitiative aufgebrachter Eltern mit einer Eingabe, in der es hieß: „Seit dem Bestehen dieser Prozession, dem Jahre 1383, hat die Bürgerschaft es als einen Akt der Pietät und Dankbarkeit gegen Gott betrachtet, mit der ganzen Familie an dieser Prozession teilzunehmen, wovon die vergangenen Jahrhunderte sowohl als auch die jüngsten Jahre sprechendes Zeugnis ablegen“ [1407: Mehler, Ereignisse des Kulturkampfes, S. 85]. Die Regierung war sich über diese Reaktion der Erziehungsberechtigten wohl nicht im unklaren gewesen und hatte am Tag der Großen Prozession eigens einen Inspektor beauftragt, die Namen der fehlenden Schüler festzustellen. Da nahezu alle Eltern ihre Kinder zur Teilnahme an der Prozession angehalten hatten, ordnete man Nachholunterricht an. 2300 Eltern erhielten Strafmandate in Höhe von jeweils einem Taler. Über 2000 von ihnen legten daraufhin gleich- oder ähnlichlautende Beschwerden ein, was die Ortspolizeibehörde wochenlang mit dem Ausfüllen der Ablehnungsbescheide beschäftigte. Als sich die Eltern schließlich direkt an den Kultusminister wandten, verfügte dieser im Dezember 1876 die Niederschlagung aller Strafen und gab auch künftighin den Elementarschülern für den Tag der Großen Prozession unterrichtsfrei. Hinsichtlich der Aussetzung des Unterrichts an den höheren Lehranstalten dauerte der Entscheidungsprozeß länger. Erst am 7. Juli 1877 wurde den Gymnasien vom Provinzialschulkollegium bekanntgegeben, daß der Unterricht am Tag der Großen Prozession nicht ausfiele – um bereits am Nachmittag die Weisung aus Berlin nachzureichen, daß doch unterrichtsfrei sei.

Die Eskalation im Schulkampf fiel zusammen mit jenen spektakulären Ereignissen der Jahre 1875/76, die den eigentlichen Höhepunkt des Kulturkampfes in Münster darstellten: der zeitweisen Gefangenschaft des Bischofs, seiner Absetzung und dem

Prozeß gegen ihn im Dezember 1876. Johann Bernhard Brinkmann (1813–1889), der aus dem kleinen münsterländischen Dorf Everswinkel stammte und der am 6. April 1870 als 67. Nachfolger des hl. Liudger den Bischofsstuhl in Münster bestiegen hatte, war ein ausgesprochen konservativer, in der kirchlichen Tradition fest verwurzelter Geistlicher, der von der „Erhaltung der christlichen Ordnungsidee im Staat" (Norbert Kuse) durchdrungen war. In seiner ausgesprochen pessimistischen Zeitkritik machte er Liberalismus, Sozialismus, Atheismus, Materialismus und Libertinismus für jeglichen Sittenverfall verantwortlich. In seinen Hirtenworten war immer wieder die Rede vom Satan, dessen Geisteskinder diese modernen Ideen seien. Als Folgerung aus seiner düsteren Gegenwartsanalyse lehnte es der Bischof grundsätzlich ab, irgendwelche Konzessionen an den „Zeitgeist" und gegenüber dem sich absolut setzenden und nach seiner Meinung aus der christlichen Verantwortung zurückziehenden Staat zu machen. So erklärte er bei einer Prozession zum Ludgerusbrunnen nach Billerbeck am 4. August 1873: „Ich bin nicht würdig, auf dem Stuhl des hl. Ludgerus zu sitzen, aber nachdem mich der Herr auf denselben berufen hat, da danke ich ihm, daß er mir den festen Willen gegeben, zur Bewahrung des von Ludgerus überkommenen römisch-katholischen Glaubens, Alles zu geben und Alles zu tragen. Sie mögen mein Hab und Gut nehmen, ich gebe es gerne, ich achte es wie Kot, sie mögen mir das Haupt abschlagen; – dahin werden sie es nicht bringen, daß ich ein Pünktlein oder Strichlein preisgebe von der mir überkommenen Pflicht" [1395: Kuse, Brinkmann, S. 20]. Sein großes Vorbild war denn auch der Kölner Erzbischof Clemens August Freiherr von Droste zu Vischering, der durch seine unbeugsame Haltung in der Frage der Mischehen die sogenannten Kölner Wirren (1837) entfacht hatte und der auf der Festung Minden inhaftiert worden war. Noch im Exil bewegte Johann Bernhard vor allem die Sorge, daß die Kirche zu weitgehende Kompromisse gegenüber dem Staat eingehen und einen „faulen Frieden" abschließen könnte. Er spielte sogar ernstlich mit dem Gedanken, wie er im September 1877 an den Erbdrosten Clemens Graf Droste zu Vischering schrieb, die katholischen Eltern zu einer Boykottierung des Religionsunterrichts durch ihre Kinder aufzurufen. In seiner bekennerhaften „Alles-oder-nichts"-Haltung vermochte er den Kulturkampf schließlich sogar als „gnadenreiche Heimsuchung" zu bezeichnen.

Der Bischof hatte sich in seinen Hirtenworten und sonstigen öffentlichen Äußerungen von Anfang an unmißverständlich gegen das Zivilehegesetz, das Schulaufsichtsgesetz und den Kanzelparagraphen gewandt. Im Mittelpunkt seiner Auseinandersetzung mit dem Staat stand indessen die „Maigesetzgebung", die das Kernstück des Kulturkampfes bildete. Als Auslöser des Streites erwies sich namentlich das Gesetz über die Vorbildung und Anstellung der Geistlichen vom 11. Mai 1873. Es bestimmte, daß der priesterliche Nachwuchs nach der theologischen Prüfung noch ein Staatsexamen abzulegen hatte. Des weiteren wurden alle kirchlichen Bildungsanstalten der staatlichen Aufsicht unterworfen, und die Anstellung der Geistlichen wurde von der staatlichen Genehmigung abhängig gemacht.

Betroffen von der Staatsaufsicht waren in Münster die sogenannten Tridentinischen Seminare, das Priesterseminar, das Borromäum als Theologenkonvikt und das Ludgerianum als Gymnasialkonvikt. Der Bischof war zwar bereit, die Gebäude der bau-, feuer- und gesundheitspolizeilichen Aufsicht des Staates zu unterwerfen, nicht jedoch eine Staatsaufsicht über die interne Ordnung zu akzeptieren, da er hierin einen Eingriff in den Autonomiebereich der Kirche sah. In ruhiger, aber bestimmter Weise hatte er dem Oberpräsidenten, wie dieser am 25. Mai 1873 an den Kultusminister Falk berichtete, erklärt, er werde niemals Kandidaten zu Priestern weihen, die sich der durch das Gesetz vom 11. Mai 1873 vorgeschriebenen staatlichen Prüfung unterziehen oder – wie es dem Gesetz zufolge möglich war – um die Befreiung von derselben nachsuchen würden; überhaupt versage er entsprechend dem Beschluß der Fuldaer Bischofskonferenz den neuen kirchenpolitischen Gesetzen seine Anerkennung und Mitwirkung. Diese bewußte Ablehnung einer staatlichen Gesetzgebung, die er nicht mit seinem christlichen Gewissen und seiner kanonischen Rechtsauffassung vereinbaren zu können glaubte, hielt der Bischof konsequent durch, ebenso wie er den nachfolgenden Strafmaßnahmen des Staates ungebrochen passiven Widerstand entgegensetzte. Fortan lehnte er alle Aufforderungen der Behörden ab, für die bischöflichen Anstalten um eine Anerkennung als Ersatz für das theologische Universitätsstudium nachzusuchen, Statuten, Lehrpläne und Hausordnungen einzureichen und einen Einblick in das innere Leben der Priesterbildungsanstalten zu gestatten. Daraufhin wurden 1876, nachdem schon vorher der jährliche Staatszuschuß für das Priesterseminar und das Borromäum gestrichen worden und Versuche des Bischofs gescheitert waren, das Ludgerianum wenigstens als normales Gymnasium zu erhalten, alle drei Anstalten endgültig geschlossen. Wie bei den Klöstern und Kirchen traten auch bei den geistlichen Lehranstalten Privatleute als Pächter auf. Vor die Alternative gestellt, die Oberaufsicht für die Anstalten aus den Händen zu geben oder ihre Schließung zu riskieren, hatte sich der Bischof ohne Zögern für das letztere entschieden.

Trug die Verweigerungshaltung im Streit um die Konvikte Johann Bernhard nur eine Reihe von Straf*androhungen* ein, so ergingen die ersten Straf*maßnahmen* gegen ihn wegen des Verstoßes gegen die Anzeigepflicht der Neubesetzung vakanter Pfarrstellen. Auch diese „Kampfmaßnahme" bezweckte letzten Endes die Loslösung der Geistlichen von Rom und ihre Unterordnung unter den nationalen Staat. Keine andere Bestimmung der „Maigesetze" hat so wie diese zur Desorganisation der Diözese Münster beigetragen. Da sich Bischof Brinkmann beharrlich weigerte, der Anzeigepflicht nachzukommen und ebenso unbeirrt fortfuhr, in Übereinstimmung mit den anderen Bischöfen Preußens Geistliche ohne Mitteilung an die staatlichen Behörden einzustellen, summierten sich die Amtsenthebungen dieser Art eingesetzter Pfarrer und die Strafverfügungen gegen den Bischof. Zwischen Oktober 1873 und Januar 1874 ist er elfmal aufgefordert worden, vor dem Untersuchungsrichter zu erscheinen. Die Strafgelder beliefen sich Anfang 1874 auf 7200 Mark. Da Johann Bernhard alle Zahlungsbefehle ignorierte, schritten die Behörden zu Pfändungen im Bischöflichen Palais. Am 28. Januar 1874 erschien zum erstenmal der Gerichtsexekutor, um eine fällige Geldstrafe einzutreiben. Die für den 23. Februar angesetzte Versteigerung scheiterte allerdings. Die Szene, die sich dabei abspielte, wird in der zeitgenössischen Darstellung des Kulturkampfes von Ludwig Ficker wie folgt beschrieben [1234: Kulturkampf, S. 101f]:

„Nachdem der Gerichtsbeamte vergeblich versucht hatte, Dienstmänner zum Transport der Möbel zum Appellationsgericht willig zu machen, nahm er polizeiliche Hilfe in Anspruch. Die Polizeibehörde ließ nun die Dienstmänner zur Hilfeleistung bei Vermeidung der Konzessionsentziehung auffordern. Die Leute zerstreuten sich aber schleunigst, und es gelang dem Polizeisergeanten nur mit Mühe, zwei von ihnen zu erwischen und zum Domplatz, wo sich inmittelst große Menschenmassen angesammelt hatten, zu führen. Die gepreßten Dienstmänner trugen auch einige Möbel in den Hof des Palais, stellten dann aber auf Zureden ihrer Frauen die Arbeit ein. Da andere Arbeitskräfte nicht zu erlangen waren, so blieb dem Beamten nichts übrig, als den Verkauf aufzuheben. Kaum wurde das bekannt, so machten sich die zahlreich anwesenden Gymnasiasten über die herausgebrachten Möbel her und trugen dieselben unter dem Jubel der Menge in das Palais zurück."

Gewarnt durch die Ereignisse während der ersten Pfändung, gingen die Behörden bei ihrem zweiten Versuch sorgfältiger zu Werk. Die gepfändeten Gegenstände wurden in einer „Nacht- und Nebelaktion" unter Zuhilfenahme eines „protestantischen" Tischlers abgeholt, gegen den sich anschließend der Volkszorn richtete, so daß seine Wohnung unter den Schutz von Militär gestellt werden mußte. Schließlich wurde sogar Kavallerie zur „Säuberung" der Straßen eingesetzt. Einige Demonstranten erhielten anschließend wegen Vergehens gegen die öffentliche Ordnung Gefängnisstrafen zwischen acht Tagen und zwei Monaten. Bei der zweiten Pfändung am 5. März ließ man vorsichtshalber acht Dienstmänner aus dem protestantischen Tecklenburg kommen.

Die jeweiligen Versteigerungen der bischöflichen Habe einschließlich seiner Milchkuh verliefen dann nach dem gleichen, abgesprochenen Schema: Bei der ersten bot allein der Bürger Joseph Hötte, bei der zweiten der bereits mehrfach als engagierter Laie hervorgetretene Kaufmann Joseph Albers. Beide gaben ihre Gebote so ab, daß der erforderliche Gesamtbetrag exakt gedeckt wurde. Dabei bot man nicht nach dem tatsächlichen Wert der Gegenstände, sondern in klar erkennbarer Absicht: Für eine Gipsbüste Papst Pius' IX., die allenfalls einige Taler wert war, zahlte Albers zum Beispiel 300 Taler. Anschließend wurden die Sachen jeweils im Triumphzug in das Bischöfliche Palais zurückgebracht. Die Szenen, die sich bei den Pfändungen und Versteigerungen abspielten, sind im Kulturkampfgeschehen in Deutschland einmalig geblieben. Diese Umzüge im Rahmen der Rückführung der bischöflichen Möbel waren aber nur ein Teil jener Unterstützung und Solidarität, die der Bischof inzwischen von seiten der Bevölkerung erfuhr. Denn schon nach den ersten Pfändungen hatten sich auf Initiative des Stadtdechanten Kappen und des Stadtklerus Abordnungen zum Bischof begeben, die sich zu großen Massendeputationen ausweiteten. Täglich pilgerten nun aus der gesamten Diözese Delegationen zum Bischöflichen Palais; insgesamt sollen es zwischen 30 000 und 40 000 Menschen gewesen sein.

Als der Bischof auch nach den Pfändungen fortfuhr, Geistliche ohne Anzeige an die Regierung einzusetzen, und alle Strafbefehle mißachtete, erhielt er am 27. Februar 1875 die Aufforderung, für die nicht bezahlten Strafmandate eine ersatzweise verhängte vierzigtägige Haft im Kreisgefängnis Warendorf anzutreten. Am 18. März begleitete eine große Menge „unter Hochrufen und allen Zeichen der innigsten Teilnahme" (Ludwig Ficker) den Zug, der sich über den Prinzipalmarkt und die Salzstraße zum Mauritztor hinaus bewegte. Auch die nach der Durchfahrt des Bischofs auf der Warendorfer Straße niedergelassenen und von Polizeibeamten bewachten Schranken am Übergang der Köln-Mindener Bahn halfen wenig, die Begleitfahrzeuge abzudrängen. Die Haft selbst verlief für den Bischof in durchaus angenehmer Weise. So waren während der gesamten Zeit die Türen seiner Räume unverschlossen.

Generalvikar Dr. Joseph Giese – nach der Absetzung Bischof Brinkmanns übernahm er die Verwaltung des Bistums

Johann Bernhard konnte Besuche empfangen, seine Post erledigen und Spaziergänge unternehmen.

Auch die Rückkehr am 27. April 1875 gestaltete sich einmal mehr zum Triumphzug. Nur der Polizeikommissar Delsen, der sich geweigert hatte, den Bischof ins Gefängnis zu bringen, wurde aus dem Dienst entlassen. Freilich stand der Oberhirte inzwischen nicht viel besser da. Seit Beginn des Jahres war ihm sein Gehalt gesperrt worden, und zwar noch vor Erlaß des sogenannten Sperr- oder Brotkorbgesetzes (22. April 1875), das die Leistungen aus Staatsmitteln für die römisch-katholischen Bistümer und Geistlichen strich. In der Steuerliste für die anstehende Stadtverordnetenwahl fand er sich nunmehr in der dritten Abteilung unter „Numero 1151" zwischen einem Domküster und einem Barbier wieder. Ähnlich erging es den meisten Domherren, die über kein festes Einkommen mehr verfügten. Ein Domkapitular namens Lünnemann zahlte für seinen Hund sechs Mark Steuern, für seine Person dagegen nur drei Mark.

Unmittelbar nach der Rückkehr aus dem Gefängnis erwartete den Bischof der nächste Schlag der Behörden. Der Oberpräsident forderte ihn ultimativ auf, sein Amt niederzulegen (28. Mai 1875). Gleichzeitig hatte er bereits das Absetzungsverfahren eingeleitet, das vor dem im Zuge der „Maigesetze" neugeschaffenen Staatlichen Gerichtshof für kirchliche Angelegenheiten in Berlin stattfand. Die von 68 Aktenfaszikeln begleitete, 71 Seiten lange Anschuldigungsschrift gipfelte in den Sätzen: „Der Bischof hat unter Ableugnung der Kirchenhoheit des Staates den Gesetzen desselben einen beharrlichen und unbeugsamen Ungehorsam entgegengesetzt, [...] er hat durch Wort und Beispiel bewirkt, daß auch Klerus und Laien in der ganzen Diözese eine gleiche unbeugsame, widerstandsvolle Haltung angenommen und bei jeder Gelegenheit bestätigt haben" [1234: Kulturkampf, S. 496f]. Da der Bischof jedoch seine Amtsenthebung und Verhaftung vorausgesehen hatte, begab er sich von Karlsbad aus, wohin er am 15. September 1875 zur Kur gereist war, direkt ins Exil nach Holland. Dort lebte er unter falschem Namen an verschiedenen Orten, ohne daß seine Identität bekannt wurde. Nur ein kleiner Kreis, an der Spitze der Generalvikar Joseph Giese, wußte um seinen jeweiligen Aufenthalt. Auf diese Weise blieb er zumindest über die Vorgänge in seinem Bistum stets unterrichtet. Zuvor hatte er bereits die wichtigsten Vermögensfragen geregelt. So band man das eigentliche Diözesanvermögen, das vor allem aus Gebäuden und Anstalten bestand, durch langfristige Vermietungen – zum Beispiel das Diözesanmuseum dadurch, daß man es an den darin wohnenden Vikariatsboten vermietete. Alle die bischöflichen Anstalten und Einrichtungen betreffenden Akten wurden den beteiligten Korporationsvorständen zur Aufbewahrung übergeben, die anderen kassiert und eingestampft. Am Tag der Amtsenthebung, am 8. März 1876, wurde das Generalvikariat aufgelöst und sämtliche kirchlichen Beamten verabschiedet. „Brinkmann und Giese hatten 75 tollste Transaktionen geschlossen!", wie Josef Winckler die Erinnerungen seines Vaters, des zeitweisen Redakteurs des „Westfälischen Merkur", wiedergibt [2818: Im Banne des Zweiten Gesichtes, S. 312].

Diese Situation fand der staatlich bestellte Vermögensverwalter, der Oberbergrat Albert Gedike aus Breslau, vor, als er das geschlossene Vikariatsgebäude von Polizeibeamten aufbrechen ließ. Die Kasse enthielt einen Bestand von 45 Pfennig mit ordnungsmäßigem Beleg. In der Folgezeit sollte der „Königliche Kommissar für die bischöfliche Vermögensverwaltung in der Diözese Münster" nicht wenige Energien darauf verwenden, das verschwundene Vermögen des Bistums ausfindig zu machen. Nachdem das Herausbrechen von Dielen, Wänden usw. ebensowenig weitergeführt hatte wie die Suche nach einem „geheimen Delegaten", der angeblich in päpstlichem Auftrag die Diözese leiten sollte, gelang es Gedike durch Haussuchungen und gerichtliche Vernehmungen doch noch, an einen Teil der Akten zu gelangen, so daß er einige der unter bischöflicher Aufsicht stehenden Stiftungen an sich ziehen konnte. Er selbst nahm im Palais des Bischofs Wohnung, ebenso wie eine Reihe von Offizieren, die ihre Bälle nunmehr in den bischöflichen Räumen feierten.

Die Vermögensangelegenheit gab schließlich Anlaß zu dem Prozeß gegen den Bischof. Gegen ihn wurde der Vorwurf der Amtsunterschlagung bzw. Urkundenunterdrückung im Amt erhoben. Daraufhin wurde er am 4. Dezember 1876 in einem der „fragwürdigsten Prozesse des Kulturkampfes" (Manfred Scholle) zu einer Gefängnisstrafe von einem Jahr verurteilt, der mitangeklagte, inzwischen ebenfalls flüchtige und steckbrieflich gesuchte Generalvikar sogar zu zwei Jahren Gefängnis. Ferner ergingen Haftstrafen von drei Monaten an den früheren Generalvikariatssekretär und von vier Wochen an einen weiteren Geistlichen, drei Angeklagte wurden freigesprochen. In der zweiten Instanz wurde der Bischof jedoch freigesprochen, in der dritten alle Angeklagten (13. Juni 1878). Das Gericht konnte dem Bischof letztlich kein unrechtmäßiges Verhalten nachweisen, da er bis zu seiner Absetzung die volle Verfügungsgewalt besessen hatte und sich eine gesetzwidrige Verwendung der Gelder nicht belegen ließ.

Die Berufungsverhandlungen hatten gezeigt, auf welch schwachen juristischen Füßen die Anklage stand. Um sie ging es aber letztlich auch gar nicht. Denn tatsächlich besaß der Prozeß in erster Linie ein politisches Ziel: den Bischof in der Öffentlichkeit als Rechtsbrecher hinzustellen und auf diese Weise einen Keil zwischen den staatlicherseits mißliebigen Kirchenoberen und das Kirchenvolk zu treiben, wobei heute kein Zweifel mehr besteht, daß der Oberpräsident von Kühlwetter als treibende Kraft hinter dem Verfahren der Amtsenthebung des Bischofs stand. Wie bei einer Reihe anderer Maßnahmen mußte er allerdings auch in diesem Fall erleben, daß einzelne seiner von ihm empfohlenen bzw. durchgeführten Aktionen selbst den Berliner Zentralbehörden zu weit gingen und deshalb zurückgewiesen, geändert oder aufgehoben wurden.

2. *Klerus, Adel und preußischer Staat*

Friedrich von Kühlwetter (1809–1882, 1866 in den erblichen Adelsstand erhoben) war ohne Zweifel ein tüchtiger Verwaltungsbeamter, der eine steile Karriere als Beamter, Politiker und im Wirtschaftsleben hinter sich hatte, als er seinen münsterischen Posten antrat. Trotz seiner offensichtlichen verwaltungstechnischen Fähigkeiten fehlte es ihm aber an Einfühlungsvermögen und politischem Geschick. Vor allem verstand sich der vormalige Liberale, der sich offenbar in Richtung eines gouvernementalen Konservativismus entwickelt hatte, jedoch als geschworener Gegner des „Ultramontanismus“. 1872 bekannte er, daß er „zwanzig Jahre nicht nachgelassen habe, seine Stimme gegen das Wachsen und die Ausschreitungen des jesuitischen Ultramontanismus zu erheben“ [1234: Kulturkampf, S. 75]. In der Auseinandersetzung zwischen Staat und Kirche schlug sich der „Staatskatholik“ von Kühlwetter – als praktizierender Katholik pflegte er in seiner Aachener Regierungspräsidentenzeit mit brennender Kerze bei den Fronleichnamsprozessionen mitzugehen – eindeutig auf die Seite des von der Lehre Hegels und der historisch-rechtspositivistischen Staatslehre indoktrinierten allmächtigen Staates, dem er auch das Recht zuwies, die Grenzen zwischen Kirche und Staat zu bestimmen. In dieser Absolutsetzung des Staates lag nicht zum wenigsten ein Grund für die im Vergleich mit anderen überwiegend katholischen Provinzen Preußens überzogene Schärfe des Konflikts in Münster.

Für den münsterischen Oberpräsidenten waren es zwei Gesellschaftsgruppen, die sich diesem Primat des Staates widersetzten und die auf diese Weise bislang eine Integration der westfälischen Bevölkerung in einen homogenen Untertanenverband unter preußisch-nationalen Vorzeichen verhindert hatten: der Klerus und der katholische Adel Westfalens. Adel und Klerus hielt er allein verantwortlich für die oppositionelle Haltung der Bevölkerung im Kulturkampf. Seine intransigenten Verwaltungsmaßnahmen und politischen Bestrebungen richteten sich daher in erster Linie darauf, die Münsteraner bzw. Westfalen ihren überkommenen engen Bindungen an

Adel und Klerus zu entziehen und sie zu einer stärkeren Ausrichtung auf den preußischen Staat zu zwingen. Am 25. Februar 1873 schrieb er in einem Vorschlag zur Erweiterung der münsterischen Akademie an den preußischen Innenminister Graf zu Eulenburg: Diese Maßnahme sei in allererster Linie darauf gerichtet, die „zähen" Westfalen aus dem Einflußbereich des mächtigen Adels und des „der Kurie willenlos" ergebenen Klerus zu lösen [1325: Frings, Liberale Strömungen, S. 48].

Neben dem Bischof stand folglich der gesamte Klerus unter dem Druck der Behörden. Die Geistlichen wurden in ihrem politischen Verhalten schärfstens überwacht, und jeder Verstoß gegen die neuen Gesetze, vor allem gegen den Kanzelparagraphen, wurde streng geahndet. Der Oberpräsident verfolgte alle Verfahren aufs genaueste und erreichte nicht selten die Wiederaufnahme bzw. Fortsetzung zunächst ergebnisloser Rechtshändel. Namentlich der „Stellvertreter" des Bischofs, Generalvikar Prälat Dr. Joseph Giese, hatte unter den Nachstellungen zu leiden. Hausdurchsuchungen, Pfändungen und Geldstrafen gegen ihn gehörten zur Tagesordnung. 1883 waren in Westfalen ca. 40 Prozent aller katholischen Pfarreien infolge Amtsenthebung der Pfarrer unbesetzt – in Westpreußen waren es dagegen nur knapp 17 Prozent. Hinzu kam, daß durch Todesfall vakant werdende Stellen nicht wiederbesetzt werden konnten und das Vermögen der Pfarreien beschlagnahmt wurde.

Besonders scharf ging der Staat gegen die sogenannten Preßkapläne vor – Vikare, die an der Spitze des katholischen Pressewesens standen. In Münster war dies an erster Stelle der Kaplan der Aegidiikirche, Karl Böddinghaus, der 1870 den „Westfälischen Merkur" übernommen hatte. Als größere Tageszeitung existierte daneben noch der „Münsterische Anzeiger", der sich im Besitz des Buchhändlers und Verlegers Eduard Hüffer befand. Beide Blätter wurden im katholisch-konservativen Geist redigiert, wobei der „Anzeiger" nicht die ultramontane Schärfe des „Merkur" erreichte. Wie das gesamte katholische, namentlich mittlere und kleinere Pressewesen im Kulturkampf einen enormen Aufschwung erlebte, stiegen auch die Auflagenzahlen der beiden münsterischen Zeitungen; die des „Anzeigers" zum Beispiel von 4000 (1870) auf 9450 (1887). Seit dem Frühjahr 1872 wurden beide Organe ständig überprüft; wegen mißliebiger Artikel ging man gegen die Redakteure mit Geld- und Haftstrafen vor. Die Behörden erhielten die Anweisung, den beiden Blättern keine amtlichen Inserate mehr zukommen zu lassen. Dem „Münsterischen Anzeiger", welcher zugleich als „Kreisblatt für die Kreise Münster, Ahaus und Beckum" fungierte, wurde wegen seiner „staatsfeindlichen Haltung" am 30. Oktober 1873 die Eigenschaft als Kreisblatt genommen und die Weiterführung der betreffenden Bezeichnung untersagt. Die Zeitung erschien daraufhin mit der Bezeichnung „früher Kreisblatt". Als auch dieser Zusatz bei einer Strafe von fünfzig Talern verboten wurde, setzte der Verleger an die Stelle des zunächst freigebliebenen Raumes die Devise: „Für Wahrheit, Recht und Freiheit gegen Lüge und Heuchelei". 1875 verbüßte Eduard Hüffer im Zusammenhang mit der Berichterstattung über die Zwangsvollstreckungen gegen den Bischof eine zweimonatige Festungshaft in Wesel.

Wenige Blätter sind dagegen im Kulturkampf so verfolgt worden wie der „Westfälische Merkur". Mehrfach wurde sein Besitzer, Kaplan Böddinghaus, wegen Beleidigungen Bismarcks und des Königs verurteilt. Bereits im November 1873 verbüßte er zum erstenmal eine sechsmonatige Haft, weil er sich geweigert hatte, den Verfasser eines regierungskritischen Artikels zu nennen. Insgesamt sind 72 Monate Gefängnis-

Kaplan Karl Böddinghaus, Vikar an St. Aegidii und von 1870 bis 1882 Besitzer und Redakteur des „Westfälischen Merkur"

und Haftstrafen gegen Redakteure des „Merkur" (Böddinghaus, Winckler, von Wendt) verhängt worden. Der redaktionelle Teil der Zeitung schloß eine Zeitlang Tag für Tag mit der Unterschrift: „Verantwortlicher Redakteur: Dr. Suing (gefangen), in Vertretung Dr. A. Winckler (gefangen), in Vertretung Freiherr v. Wendt" [1406: Massenkeil, Westfälischer Merkur, S. 107]. Die Zeitungen gingen deshalb bald dazu über, sogenannte Sitzredakteure einzustellen, die als Verantwortliche zeichneten und die Gefängnisstrafen absaßen. So unterzeichnete im „Westfälischen Merkur" vom 2. September bis 14. Oktober 1875 ein gewisser Gärtner Schmitz. An den Bahnhöfen der Eisenbahndirektion Münster war der Verkauf des „Merkur" verboten.

Um dem einflußreichen katholischen Pressewesen, zu dem noch das kirchliche „Sonntagsblatt" gehörte, ein gouvernementales Gegengewicht entgegenzusetzen, wurde schließlich ein unter maßgeblicher Protektion der Regierung stehendes Blatt gegründet. Es handelte sich um die seit Anfang Oktober 1873 erscheinende „Westfälische Provinzialzeitung", die bald vom münsterischen Volksmund auf den Namen „Pferdeblatt" getauft wurde, weil sie das Wappen der Provinz, das springende Pferd, im Kopf führte. Bis zu ihrer Einstellung am 1. Oktober 1882 sind jährlich ausdrücklich als geheim eingestufte Subventionen in Höhe von durchschnittlich 8000 Mark an diese „Regierungszeitung" geflossen. Die Mitglieder und Beamten der Regierung wurden mehr oder weniger direkt zur Abonnierung des Blattes gezwungen, das alle amtlichen Inserate erhielt und die Kulturkampfmaßnahmen der Regierung verteidigte. Die Abonnentenzahl stieg indes in Münster nur knapp über 400, in der übrigen Provinz lag sie meistens noch darunter. Eine ernste Herausforderung des ultramontanen Pressewesens stellte das Blatt nie dar. Als es überdies seit Anfang der 1880er Jahre durch seinen eher nationalliberalen Kurs in Gegensatz zur konservativen Politik der preußischen Regierung geriet, ging es nahezu sang- und klanglos ein.

Neben dem Presse- war es das katholische Vereinswesen, auf das sich das besondere Augenmerk der Behörden im Kampf gegen den Ultramontanismus richtete; war der Verbandskatholizismus doch nicht nur in den Augen des Staates der eigentliche Sammelpunkt und die Bastion des politischen Widerstandes. Alle katholischen Vereine wurden, verschärft durch den Diensteifer von Kühlwetters, peinlich genau überwacht, so daß es zunehmend zur Schließung verdächtiger, aber auch erwiesenermaßen harmloser Vereine und Gesellschaften kam; Neugründungen wurden kaum noch zugelassen. Selbst gegen das katholische Verbindungswesen ging man staatlicherseits rigoros vor. Im Oktober 1872 verbot das Kultusministerium die Marianische Akademikerkongregation und drei Jahre später die katholische akademische Verbindung „Germania". Am 6. August 1878 wurde die Verbindung „Alsatia" (heute „Saxonia") durch Mehrheitsbeschluß des Senats aufgelöst, um sie „aus ihrer sklavischen Abhängigkeit von Parteimännern zu befreien und dem Parteiwesen wirksam entgegenzutreten", das sie vom Studium abhalte: Die Studenten hatten auf ihrem Festkommers demonstrative Toasts auf das Zentrum und die preußischen Bischöfe ausgebracht [125: Saxonia, S. 54]. Nicht immer waren die Behörden sich aber einig, ob man den Studenten „politische Vergehen" oder nur „groben Unfug" zur Last legen sollte. Insgesamt spielte sich auf der studentischen Ebene jedoch, trotz ständiger Nachforschungen und Bestrafungen von seiten des Staates und der liberalen Universitätsleitung, kein ausgesprochener „Kulturkampf" ab, vielleicht auch ein Indiz dafür, daß die meisten Studenten den engen Konfessionalismus der Akademie nicht mehr als zeitgemäß empfanden.

Mehr Aufmerksamkeit schenkte der Staat dagegen dem „Mainzer Katholikenverein", dem unter Leitung von Böddinghaus stehenden katholischen Gesellenverein und dem von dem Freiherrn von Schorlemer-Alst gegründeten Westfälischen Bauernverein, die als besonders „staatsgefährlich" galten. Da der „westfälische Bauernkönig", wie Schorlemer von der Bevölkerung genannt wurde, mit seinem Verband eine Wiederbelebung des alten Ständegedankens anstrebte und ein Zusammengehen von Bauern und modernem Liberalismus mit allen Mitteln zu verhindern suchte, mußte er dem aufgeklärt-bürokratischen von Kühlwetter naturgemäß ein Dorn im Auge sein. Vielleicht aber weniger die konservativ-agrarische, industriefeindliche Ausrichtung des „Bauernvereins" als die Tatsache, daß der Oberpräsident in dieser Einrichtung ein machtvolles, vom Staat unabhängiges Organ des katholischen westfälischen Adels sah, veranlaßte ihn zu der ablehnenden Haltung namentlich auch gegenüber seinem Präsidenten.

Neben dem Klerus war es ja der westfälische Adel, gegen den sich der kulturkämpferische Eifer des Oberpräsidenten und der staatlichen Behörden richtete. Ohnedies galt er in den Augen der Preußen als „mit dem Odium des parasitären geistlichen Adelsstaates behaftet und zudem noch [als] extrem selbstbewußt, sogar arrogant" [2580: Reif, Westfälischer Adel, S. 384]. An den Rand eines Berichts an die Staatsregierung vom 29. April 1875 über die Abführung des Bischofs nach Warendorf und dessen triumphale Rückkehr schrieb der Oberpräsident: „Die feindliche Stellung des westfälischen Adels gegen die Staatsregierung hat sich bei dieser Veranlassung wiederum recht eklatant aufgespielt" [1234: Kulturkampf, S. 495]. Dabei ging von Kühlwetter allerdings davon aus, daß nur etwa „ein halbes Dutzend der durch Geschlechtsalter und Grundbesitz am meisten hervorragenden Familien" an der Spitze standen und die übrigen sich nur fügten, um ihre Geltung und Anerkennung bei den Standesgenossen nicht zu verlieren [zit. nach 2791: Wegmann, Verwaltungsbeamte, S. 183 Anm. 227]. Der Oberpräsident war daher bestrebt, dem Adel, der für ihn wohl auch den alten deutschen Partikularismus verkörperte, seinen Platz in dem auf Effizienz und Machtrepräsentation ausgerichteten zentralistischen Anstaltsstaat zuzuweisen, während jener noch längst nicht seine Vorstellungen von einer – wenn auch begrenzten – Führungsrolle innerhalb einer ständisch gedachten Gesellschaft aufgegeben hatte. Als regionale Herrschaftselite widersetzte er sich am heftigsten dem von Kühlwetter geforderten Primat des Staates und suchte sich zäh seiner Integration in den preußischen Herrschaftsverband zu entziehen.

Zweifellos hat das katholische Selbstverständnis des westfälischen Adels den staatlich-gesellschaftlichen Integrationsprozeß in den preußischen Staat ebenso verzögert, wie sich westfälisches Überlegenheitsgefühl gegenüber den „armen" Vettern in Preußen und offensichtliche politische Benachteiligung durch den preußischen Staat gegenseitig ergänzten. Jedenfalls war der im allgemeinen begüterte und zugleich sparsame westfälische Adel auch nach der „Krummstab-Zeit" nicht in den Status eines Hofadels abgeglitten. Davon zeugt bereits die zahlenmäßig geringe Vertretung westfälischer Adeliger in den Regierungen, in den Reihen der Bürokratie und am Hof; kaum ein Vertreter des westfälischen Adels hat im 19. Jahrhundert eine große Militärkarriere gemacht. Politisch in der preußischen Monarchie ohne wirksamen Einfluß, hatte er sein Ansehen und nicht zuletzt sein Vermögen dazu benutzt, sich gegenüber den liberalprotestantischen und preußischen Staatsvorstellungen und gesellschaftlichen Reformmodellen zu immunisieren.

Demgegenüber gestalteten sich die Bindungen an die Kirche traditionell sehr eng. Mag sein, daß die westfälische katholische Aristokratie nach dem Verlust ihrer staatlichen Herrschaftsfunktion in einem noch engagierteren Wirken für die Kirche eine gewisse Kompensation fand. Tatsache ist sicherlich aber auch, daß die Kirche noch immer ein wichtiges Versorgungsinstitut für nachgeborene Söhne darstellte und diese durch die Kulturkampfmaßnahmen unmittelbar betroffen waren. Jedenfalls nahm die eingesessene münsterische Aristokratie während der Kulturkampfzeit eine entschieden kämpferische Haltung für die Kirche ein und bewies ein hohes Maß an ideeller und politischer Solidarität mit dem verfolgten Klerus.

Adelige waren bereits bei den ersten Eingaben, Adressen und Protestversammlungen führend beteiligt gewesen. Während der staatlichen Exekutionen gegen den Bischof boten Angehörige des münsterischen Adels ihre Höfe Johann Bernhard an, falls er gezwungen werden sollte, sein Palais zu verlassen. Der Erbdroste Clemens Graf Droste-Vischering stieg während der Fahrt des Bischofs zum Haftantritt nach Warendorf ostentativ in dessen Kutsche, um ihm das Geleit zu geben. Auf dem Erbdrostenhof hißte er die schwarze Flagge, wofür er vom Magistrat zu einer Ordnungsstrafe von drei Talern verurteilt wurde. Zahlreiche konfiszierte Klöster ließ er auf seinen Namen überschreiben. Der Freiherr von Twickel verlegte während der Kulturkampfzeit sogar seinen Wohnsitz nach Österreich. Schon seit 1873 bezog der Adel nicht mehr wie üblich im Winter seine Höfe in Münster und blieb allen Tanzvergnügungen in der Stadt fern. Wie zur Zeit der „Kölner Wirren“ brach er den Kontakt zum Oberpräsidenten und zum Kommandierenden General vollständig ab.

Den Höhepunkt dieser Solidarisierung stellte die berühmte Adresse westfälischer adeliger Damen vom 3. Februar 1874 dar. In ihr hatten zunächst 36, später 50 Damen des münsterischen Adels unter Führung der Gräfin Theres Droste-Vischering von Nesselrode-Reichenstein, welche auch die Abordnung anführte und die Adresse verlas, dem Bischof nach den ersten Pfändungen ihre Anteilnahme bekundet. Die Formulierungen bewegten sich allerdings, wie selbst der strengkatholische Chronist des Kulturkampfes, Ludwig Ficker, bemerkte, „in sehr kräftigen Ausdrücken“ [1234: Kulturkampf, S. 107]. So war darin die Rede von einem „Akt roher Vergewaltigung, welchen die verblendeten Machthaber“ an dem Bischof verübt hatten, und insbesondere den Vergleich mit der Verfolgung Christi „durch Schergen und Henkersknechte“ konnten die staatlichen Behörden kaum ungeahndet überhören [zit. nach 1277: Sagebiel, Kulturkampf, S. 15]. Die Damen wurden denn auch zu empfindlichen Geldstrafen verurteilt. Der Oberpräsident ging in seiner erbitterten, kaum allein kulturkämpferisch begründeten Gegnerschaft gegenüber dem westfälischen Adel sogar so weit, in Berlin anfragen zu lassen, ob sich nicht vielleicht einige der unterzeichneten Damen ihren angegebenen Titel angemaßt hatten. Das Heroldsamt lehnte jedoch die Untersuchung als zu „zeitraubend und schwierig“ ab [StaatsAM, Oberpräsidium 1923].

Das harte Vorgehen hatte jedoch zur Folge, daß die Aktion selbst im Ausland Aufsehen erregte. So sahen sich katholische Edeldamen Englands, Schottlands und Irlands veranlaßt, den verurteilten Standesgenossinnen ihre Sympathie in einer mit 500 Unterschriften versehenen Adresse auszusprechen, die am 4. Dezember 1874 von einer Deputation im feierlich beflaggten Nesselrodeschen Haus in Anwesenheit beinahe des gesamten Adels überreicht wurde. Das Manifest hatte freilich nicht nur ein Nachspiel für die beteiligten Damen. Die Staatsregierung mußte nämlich davon ausgehen, daß die Aktion kaum ohne die inhaltliche Zustimmung ihrer Ehemänner zustande gekommen war. Eine erste Konsequenz war denn auch, daß Freiherr Heinrich von Droste-Hülshoff, Landrat des Kreises Münster und Inhaber des Familienfideikommisses, aufgrund der Beteiligung seiner Gemahlin an der Adresse zur Disposition gestellt wurde. Andere Entlassungen folgten. Von den zehn in der Kulturkampfzeit wegen ihrer politischen Einstellung aus ihren Ämtern entfernten Landräten gehörten neun dem westfälischen Adel an. Ihre Stellen sind bis auf eine Ausnahme mit protestantischen Beamten besetzt worden. Allerdings waren gerade die westfälischen Landratsämter wohl auch Nischen „adeliger Exklusivität“ und Bastionen des konservativ-katholischen Partikularismus gewesen.

Die kulturkämpferischen Maßnahmen des Staates betrafen indessen nicht nur die als Scharnier zwischen den zentralstaatlichen Behörden und der lokalen Selbstverwaltung fungierenden Landräte, sondern auch den Magistrat der Stadt. Als am 25. Juli 1875 der Mainzer Bischof Ketteler sein 25jähriges Amtsjubiläum feierte, gratulierte man dem Sohn Münsters auch von seiten der Stadtverwaltung. Die Regierung sah darin eine „regierungsfeindliche Demonstration“ und verhängte gegen die Mitglieder des Magistrats eine Ordnungsstrafe von jeweils neunzig Mark. Gegen den verantwortlichen Bürgermeister Schlichter sollte sogar ein förmliches Disziplinarver-

Sympathieadresse von 500 englischen adeligen Damen, in der sie die Haltung der angeklagten Damen des münsterischen Adels unterstützen (20. Juli 1874)

fahren eingeleitet werden mit dem Ziel, ihn seines Amtes zu entheben. Schließlich erkannte man auch für seine Person auf eine Strafe von neunzig Mark. Nachdem der Oberpräsident die Geldbußen bestätigt hatte, brachte der Freiherr von Heereman die Angelegenheit im preußischen Abgeordnetenhaus zur Sprache, woraufhin die Staatsregierung nach einigem Zögern die Strafmaßnahmen aufhob. Die Angelegenheit hatte aber noch insofern ein Nachspiel, als der Mainzer Bischof, der das Vorgehen der Provinzialregierung kritisiert, und der Redakteur des „Westfälischen Merkur", der diese Kritik gedruckt hatte, zu Geldstrafen von je 300 Mark verurteilt wurden.

In jeder Weise suchte der Staat die von ihm abhängigen Beamten im Sinne der Kulturkampfgesetze zu disziplinieren. So war seit der Einführung der Westfälischen Städteordnung von 1856, die ein Bestätigungsrecht gewählter Mitglieder durch die Regierung vorsah, keinem Kandidaten die gesetzlich erforderliche Anerkennung versagt worden. Im Jahr 1874 geschah dies gleich zweimal, weil die Gewählten dem Mainzer Katholikenverein angehörten. Geradezu schikanös gingen die Provinzialbehörden auch gegen Subalternbeamte vor, die Mitglieder in ultramontanen Vereinen oder Verbänden waren; sie wurden zum Austritt aufgefordert und bei widerstrebendem Verhalten mit den höchstmöglichen Ordnungsstrafen belegt. 1875 erließ von Kühlwetter eine Weisung an die Regierungspräsidenten, insbesondere die Postbeamten aller Kategorien zu überwachen, da er wahrgenommen zu haben glaubte, „daß sich diese Beamten an vielen Orten in bemerkenswerter Weise an regierungsfeindlichen ultramontanen Bestrebungen beteiligten" [zit. nach 2791: Wegmann, Verwaltungsbeamte, S. 95]. Die daraufhin in großem Umfang in Gang gesetzte Aktion verlief jedoch im Sande.

Mit seinem Vorgehen gegen den Magistrat bezweckte von Kühlwetter allerdings keinen Angriff auf die kommunale Selbstverwaltung; vielmehr stand auch hinter diesen Maßnahmen als letztes Ziel die Absicht, auch die Verwaltung aus ihren überkommenen inneren Bindungen an Adel und Klerus zugunsten einer stärkeren, auf den preußischen Staat ausgerichteten Loyalität zu lösen. Andere Maßregeln sind wiederum nicht allein unter dem Aspekt des Kulturkampfes zu sehen, sondern lassen auch Züge grundsätzlich staatlich-verwaltungsmäßiger Modernisierung erkennen. Wenn der Oberpräsident zum Beispiel 1875 die Wochenkollekte mit der Stadtarmenbüchse verbot, eine Einrichtung aus der Zeit der fürstbischöflichen Armenpflege, die bis dahin in den Händen der Armenkommission gelegen hatte, so lag dies auch daran, daß die Spenden längst nicht mehr ausreichten und die städtische Armenpflege nur noch als öffentliche, als Zwangsarmenpflege zu leisten war.

3. *Zwischen Beharren und Fortschritt*

An die Spitze aller Maßnahmen staatlicher Modernisierungspolitik stellte von Kühlwetter indessen die Erweiterung und Entkonfessionalisierung der münsterischen Akademie, deren Kurator der Oberpräsident gleichzeitig war. Mit dem Ausbau der seit 1818 nur noch aus einer theologischen und einer philosophischen Fakultät bestehenden Akademie zu einer Volluniversität beabsichtigte er nicht nur – wie bereits erwähnt – dem politisch-gesellschaftlichen Einfluß von Adel und Klerus auf Dauer zu begegnen, mit seinem Entgegenkommen gegenüber lang gehegten Wünschen der Münsteraner hoffte er zugleich, antipreußische Ressentiments in der Stadt abzubauen. Ganz im Sinne des kulturkämpferischen Bündnisses von preußisch-konservativem Etatismus und liberaler Kulturstaatsidee suchte sich der Oberpräsident in diesem Fall auf die an der Akademie vorhandenen liberalen Kräfte zu stützen sowie durch eine gezielte Berufungspolitik den bis dahin katholischen Charakter der Anstalt zu beseitigen.

Dabei war die Theologische Fakultät nicht einmal unmittelbar von den Kulturkampfmaßnahmen betroffen, weil es sich bei der Akademie um eine staatliche Lehranstalt handelte. In den Statuten von 1832 war allerdings festgelegt, daß die preußische Regierung vor der Ernennung eines Professors der Theologie das Einverständnis des Bischofs einzuholen hatte, was angesichts der Absetzung Johann Bernhards freilich nicht mehr möglich war. Nur zwei der vier durch Tod und Pensionierung im Kulturkampf freigewordenen Lehrstühle (von insgesamt sechs) konnten noch vor der Flucht des Bischofs besetzt werden. Im Hinblick auf die Lehre hielt man in Münster an den traditionellen neuscholastischen Vorgaben fest und suchte die Studenten möglichst von modernen Strömungen in Wissenschaft und Kultur fernzuhalten. Das Hauptinteresse galt auch in Münster traditionellerweise der „‚Reinerhaltung‘ der kirchlichen Priesterbildung" [2000: Boehm, Katholizismus, S. 57], wie man ohnedies die Philosophische Fakultät nur als Vorschule der Theologischen betrachtete. So ist auch stets der „katholische" Charakter der Akademie hervorgehoben worden, obwohl dies keineswegs so zwingend aus den Statuten hervorging, wie die ultramontane Seite in der Auseinandersetzung immer wieder betonte. Faktisch war die Akademie allerdings seit 1818 der Kirche überlassen worden, wie auch der staatliche Zuschuß von 22 500 Mark (bis 1874) eher unbedeutend ausfiel. Die Lehre bestritten ausschließlich Katholiken.

Schon hinsichtlich des Finanzrahmens sorgte von Kühlwetter insofern für Abhilfe, als er eine Erhöhung des Staatszuschusses auf jährlich 105 539 Mark bis 1880 bewirkte. 1880 wurde zudem ein neues Akademiegebäude eingeweiht. Vor allem wurde jedoch seit 1875 in relativ kurzer Zeit die Zahl der Lehrstühle erhöht und es wurden fähige auswärtige Gelehrte nach Münster berufen. Neu waren die Ordinariate für Chemie, Mineralogie, Botanik, Staatswissenschaften, Kunstgeschichte, Neuere Sprachen sowie jeweils ein zweites Ordinariat für Mathematik und Geschichte. Unter den neuen Professoren befand sich freilich kein einziger kirchlich gesinnter Katholik – der Mathematiker Paul Bachmann trug sich mit der Bemerkung in das Album der Akademie ein: „Der erste evangelische Ordinarius an der katholischen Akademie" –, weshalb Ludwig Ficker denn auch von der „Berufung ungläubiger und protestantischer Professoren" sprach [1234: Kulturkampf, S. 203]. Selbst der strengkatholische Chronist ging aber nicht so weit wie der münsterische Stadtdechant und Preßkaplan Hermann Joseph Kappen, der in seiner extrem starren Kulturkampfhaltung die vormalige katholische Akademie geradezu idealisierte und ihre „Entkatholisierung" zum Anlaß nahm, in teilweise bis zu persönlichen Verunglimpfungen reichenden anonymen Artikeln im „Westfälischen Merkur" gegen die neuen Professoren zu polemisieren. Später faßte er seine Kritik in „Erinnerungen aus alter und neuer Zeit von einem alten Münsteraner" (1880) zusammen, die er ebenfalls anonym erscheinen ließ. Nicht zuletzt diese „Erinnerungen" zeigen, in welch festgefahrenen Bahnen führende Vertreter des konservativen Katholizismus dachten und wie überzogen sie

Titelillustration zur „Naturgeschichte des Teufels“ von Anton Karsch

mitunter auf die Herausforderungen einer neuen Zeit und die eigene Mediatisierung reagierten. Allerdings schossen auch die liberalen Gegner nicht minder weit über das Ziel hinaus, wenn etwa der Geschichtsprofessor und Altkatholik Joseph Rospatt 1874 in seiner Festansprache zum Königsgeburtstag die „Ultramontanen“ zu Reichsfeinden erklärte, „welche einem auswärtigen Vorgesetzten gehorchten und in Verbindung mit einer in Frankreich herrschenden Partei ihr Ziel zu erreichen suchten“ [1234: Kulturkampf, S. 113].

Die Äußerung Rospatts zeigt, daß sich der Oberpräsident in seinem Engagement für die münsterische Akademie keineswegs nur auf sich selbst und die Staatsbürokratie verlassen mußte. Wie bereits die Reaktionen innerhalb der Philosophischen Fakultät auf das „Unfehlbarkeitsdogma“ erkennen ließen, gab es an der Akademie ein Potential, das sich nicht mehr ohne weiteres in die alten kirchlichen Dogmen und Strukturen einbinden ließ. Sicher, der „weitaus größte Teil der Professoren war noch katholisch, wenigstens katholisch getauft“, wie die Professorengattin Adelheid Sturm in ihren „Erinnerungen“ bemerkte. Aber es waren, wie sie fortfährt, „gar keine Fanatiker, nicht einmal gute Kirchgänger. Sie überließen das Kirchgehen meist ihren Frauen, wenn sie nämlich solche hatten“ [1259: Lebens-Erinnerungen, S. 57]. Daß die Philosophische Fakultät seit 1874 geschlossen der traditionellen Großen Prozession fernblieb, unterstreicht ihre Aussage. Selbst in der Katholischen Fakultät gab es aufgeklärte, liberale Theologen, die jedoch gegenüber der konservativen Orthodoxie einen schweren Stand besaßen. Während etwa der zum Altkatholizismus übergetretene bedeutende neutestamentliche Exeget August Bisping von den ultramontanen Eiferern verunglimpft und geschmäht wurde, finden sich keine derartigen Anwürfe gegen seinen alttestamentlichen Kollegen August Rohling, der mit seiner in Massenauflage verbreiteten Schrift „Der Talmudjude“ (1. Auflage 1871, 6. Auflage 1877) ein übles Pamphlet antisemitischer Couleur verfaßt hatte.

Aber auch die neuberufenen oder etablierten katholischen Professoren der Philosophischen Fakultät waren zumeist keine „Bilderstürmer“ und hatten erst nach 1870 mit der Amtskirche gebrochen. Diese Aussage trifft noch am wenigsten für den Arzt und Botaniker Anton Karsch (1822–1892) zu, obgleich sich auch der in Münster geborene Wissenschaftler und Politiker zunächst um eine Versöhnung zwischen den modernen Wissenschaften und der christlichen Dogmatik bemüht hatte. Er gehörte zu den Mitbegründern der Zeitschrift „Natur und Offenbarung“, die den programmatischen Untertitel führte: „Organ zur Vermittlung zwischen Naturforschung und Glauben für Gebildete aller Stände.“ Erst nach dem Unfehlbarkeitsdogma änderte er seine Haltung, stellte seine Mitarbeit an der Zeitschrift ein und schloß sich der altkatholischen Gemeinde an. 1877 entfachte er in kirchlich gesinnten Kreisen einen Sturm der Empörung, als er sich in drei öffentlichen Vorträgen über die „Naturgeschichte des Teufels“ ausließ. In den kurz darauf auch publizierten Ausführungen geißelte er die seiner Meinung nach engstirnige kirchliche Dogmatik, indem er „Ultramontanen und Orthodoxen“ vorwarf, sich gegenüber den modernen Wissenschaften geradezu „durch eine chinesische Mauer“ abzuschotten [2298: Karsch, Naturgeschichte, S. 71] und jeglichen naturwissenschaftlichen und erkenntnistheoretischen Fortschritt zu verteufeln. Selbst bei staatlichen Stellen stieß die Schrift auf Widerspruch, wenngleich sie auch als Reaktion auf die stete Präsenz des „Teufels“ in der katholischen Argumentation zu sehen ist.

Wesentlich diplomatischer als Karsch ging da schon sein naturwissenschaftlicher Kollege Hermann Landois (1835–1905) vor, Zoologe und Begründer des „Westfälischen Zoologischen Gartens“ sowie der „Abendgesellschaft Zoologischer Garten“. Der eher als münsterisches Original bekannte Professor war indessen ein anerkannter Wissenschaftler – sein Schriftenverzeichnis umfaßt nicht weniger als 1150 Titel – und überzeugter Demokrat. Allerdings verstand er es, seinen politischen Standort und seine aufgeklärt-liberale Gesinnung unter dem Deckmantel von Ironie, Spott und Satire zu verbergen. Sein mit autobiographischen Zügen ausgestatteter und in münsterländischer Mundart verfaßter „Frans Essink“ (1. Auflage 1881, 10. Auflage 1921), nicht zuletzt als Reaktion auf die tendenziös-polemische Schrift Kappens verfaßt, enthielt im zweiten Band eine heftige Kritik am kirchlichen Establishment. Dabei hatte sich der ursprüngliche Theologe, wie Karsch in Münster geboren und ebenfalls Mitarbeiter der Zeitschrift „Natur und Offenbarung“, bis zu seiner Exordinierung im Jahr 1876 durchaus um eine vermittelnde Position bemüht. Seine ultramontanen Gegner apostrophierten ihn zumeist als „abgefallenen Priester“, wobei es zwar zutrifft, daß seine Suspendierung auch mit seinem freizügigen Lebenswandel zusammenhing, seine wissenschaftlichen Grundanschauungen aber nicht außer acht zu lassen sind. Denn der Zoologe Landois war ein engagierter Verfechter der Abstammungslehre Charles Darwins. Sie beherrschte seine naturwissenschaftlichen Arbeiten und stand im Mittelpunkt seiner akademischen Lehrtätigkeit. Bei seinen öffentlichen Vorträgen führte er stets als Attraktion das Skelett eines erwachsenen Gorillas mit, wobei ihn sein diplomatisches Geschick bisweilen auch Konzessionen an das Publikum machen ließ: Vor jedem Vortrag ließ er nach eigenem Bekenntnis anfragen, ob das Auditorium eher liberal oder ultramontan gesinnt war. Je nach der Antwort beendete er seinen gleichlautenden Vortrag mit einer zustimmenden oder ablehnenden Bemerkung zum Darwinismus [2377: Landois, Essink 5, S. 131].

Hermann Landois, Professor für Zoologie und Verfasser des satirischen Romans „Frans Essink“

„Krone und Hauptzierde der Akademie“ war indes der Physiker und Chemiker Johann Wilhelm Hittorf (1824–1914). Der 1871 ebenfalls zum Altkatholizismus übergetretene Gelehrte und glühende Bismarckverehrer ist zwar nicht offen als Kulturkämpfer hervorgetreten, hat aber engagiert die materiellen Belange und wissenschaftlichen Interessen der Akademie bei Regierungsstellen vertreten. Von ihm ist die zeittypische Bemerkung überliefert, die er angesichts einer verwunderten Bekundung über die vielen Kirchen und Klöster Münsters geäußert haben soll: „In hundert Jahren sind es lauter Laboratorien, lauter Laboratorien“ [1259: Sturm, Lebens-Erinnerungen, S. 60].

Aber nicht nur im Bereich der positivistischen und rationalistischen Naturwissenschaften suchten von Haus aus katholische Wissenschaftler den Anschluß an die Zeit nicht zu verpassen, auch in den Geisteswissenschaften übernahmen Katholiken die Methoden einer aufgeklärt-empirischen Wissenschaft. So vollzog sich etwa in der Geschichtswissenschaft in Münster der Übergang von der theologisch-philosophischen Geschichtsauffassung im Sinne einer älteren, universal- und heilsgeschichtlichen Betrachtungsweise zur modernen autonomen Geschichtsforschung im Sinne des Historismus mit der Berufung Theodor Lindners (1843–1919) zwar unter liberalprotestantischen Vorzeichen. Aber auch ein so fest im Katholizismus verwurzelter Historiker wie der Schüler Lindners und erste Vertreter der modernen historischen Hilfswissenschaften an der Akademie, Wilhelm Diekamp (1854–1885), hatte sich längst mit dem wissenschaftlichen Übergang zur modernen autonomen Historie abgefunden.

Unzweifelhaft besaß der Kulturkampf für das Bildungsbürgertum eine katalytische Wirkung und leitete einen geistigen Klärungsprozeß ein. Was von der veröffentlichten katholischen Meinung, nicht zuletzt unter dem Druck von Adel und Klerus, als antikatholische Kulturkampfhandlung hingestellt, ja – wie etwa im Fall Kappen – diffamiert wurde, erwies sich im letzten als notwendiger Modernisierungsschub, der breite Teile – breitere, als zumeist angenommen – des katholischen Bildungsbürgertums erfaßte oder sogar von ihm mitinitiiert wurde. Der bereits eingangs zitierte Heinrich Hart begriff die Zeit nach 1870 geradezu als einen „Wendepunkt zweier Kulturepochen". „Immer merkbarer", schrieb er, „traten Unterschiede zwischen ultramontanen Katholiken einerseits und liberalen und nationalen Katholiken andererseits zutage, immer offener wagten diejenigen, die sich von dem Wesen der Neuzeit beeinflußt zeigten, ihre Anschauungen zu bekennen. Ein neuer frischer Geist regte sich überall" [2183: Werke 3, S. 11, 16]. Die Kehrseite dieses von säkularisiertem Fortschritt und moderner Kultur durchdrungenen Nationalkatholizismus war allerdings dessen Anpassung an die nationalliberale Machtstaatsidee und den konservativ-preußischen Etatismus, wohingegen der sogenannte ultramontane Katholizismus stärker naturrechtlich und rechtsstaatlich begründete Vorbehalte gegenüber der absolut gesetzten „Reichsnation" behielt.

Die Politisierung und Polarisierung, wie sie sich zugleich mit der Erweiterung und Gleichstellung der Fakultäten der Akademie ergeben hatte, erfaßte auch das münsterische Vereins- und Gesellschaftsleben, wobei die Frontlinien nicht nur zwischen „ultramontanen" auf der einen und „liberalen" Einrichtungen auf der anderen Seite verliefen, sondern mitten durch die Vereine selbst. Exklusiv katholisch war die 1863 gegründete „Katholische Bürgergesellschaft Eintracht", die ihr Domizil in einem vom bischöflichen Stuhl angemieteten Haus am Domplatz besaß. Sie war mit ca. 400 Mitgliedern die größte Gesellschaft Münsters, war streng ultramontan ausgerichtet und vereinigte in ihren Reihen alle sozialen Gruppierungen von der höheren Geistlichkeit bis zum Handwerker. Im „Schmand" bzw. „Schmandclub", wie seine liberalen Gegner den Verein spöttisch apostrophierten, wurden dezidiert katholische Interessen artikuliert und propagiert, was den Oberpräsidenten ja auch bewogen hatte, staatlichen Beamten die Mitgliedschaft in dieser Gesellschaft zu verbieten.

Spiegelbild der „Eintracht" unter allerdings entgegengesetzten politischen Vorzeichen war die „Freie Vereinigung", die zwar bereits 1866 von nationalliberal oder freisinnig gesinnten münsterischen Bürgern begründet worden war, die aber erst im Laufe des Kulturkampfgeschehens an Gewicht gewann. Die Zahl ihrer Mitglieder bewegte sich immerhin zwischen 200 und 300, zumeist Vertreter des münsterischen Besitz- und Bildungsbürgertums sowie der protestantischen Beamtenschaft. Ihr führender Kopf war Anton Karsch, der 1877 mit seiner Schrift „Nicht Revision, sondern strengste Handhabung der Maigesetze" im Kulturkampf eindeutig die Seite des Staates bezogen hatte. Als von der „Freien Vereinigung" für den Reichstag präsentierter Kandidat der Nationalliberalen erreichte er im Wahlkreis Münster-Coesfeld zwar nur 761 Stimmen, davon aber 672 in der Stadt Münster.

Die „Freie Vereinigung" erfreute sich unzweifelhaft der Sympathien von Regierungsseite. Das ausgesprochene Lieblingskind des Oberpräsidenten war jedoch der 1872 auf seine Initiative hin gegründete „Westfälische Provinzialverein für Wissenschaft und Kunst", zumal dieser nach außen ohne jedes politische Etikett firmierte. Bei der konstituierenden Versammlung waren denn auch sogar so konservativ-katholische Anhänger der Zentrumspartei wie Eduard Hüffer und Hermann Kappen anwesend, und selbst mit seinem Kandidaten für den Vorsitz, dem Regierungsvizepräsidenten Delius, vermochte sich von Kühlwetter nicht durchzusetzen; gewählt wurde der Stadtrat und spätere Oberbürgermeister Theodor Scheffer-Boichorst. Gedacht war dieses Forum wissenschaftlicher Diskussion indes vom Oberpräsidenten als Sammelpunkt liberaler und staatsloyaler Kräfte, die in der Tat auch den Ton angaben.

Zu wahren „Kulturkampfszenen" kam es dagegen in den beiden etablierten münsterischen Geselligkeitsvereinen, dem Civilclub und dem Zwei-Löwen-Club. Der ältere von beiden, die 1775 gegründete „Gesellschaft zum Stadtweinhaus", gewöhnlich „Civilclub" genannt, war in den Anfangsjahren vor allem ein Treffpunkt von höheren Beamten, Geistlichen und Offizieren gewesen. Seit etwa 1820 traten auch verstärkt Kaufleute dem Club bei. Beamte blieben jedoch dominant, was wohl mit dazu beitrug, daß im Civilclub die gegensätzlichen politischen Anschauungen mit besonderer Heftigkeit aufeinanderprallten. Die Folge war, daß die streitenden Flügel sogar räumlich auseinanderrückten. Ein Wortwechsel zwischen dem Justizrat Eduard Windthorst, Vetter des Zentrumsführers und Verteidiger im Prozeß gegen die adeligen Damen, und einem jüngeren Regierungsrat brachte ersterem sogar die Herausforderung zu einem Duell ein, die der Katholik Windthorst aber nicht annahm. Während der liberale protestantische Schulrat Dr. Hermann Probst nicht zuletzt infolge des verdeckten Einsatzes des Oberpräsidenten, der seit 1871 Mitglied des Clubs war, bei der Ballotage reüssierte, fielen zwei als „ultramontan" bekannte Kandidaten aufgrund der „liberalen" Opposition gegen sie durch. „Seitdem herrschte in den Räumen des Civilclubs ein wahrer Kriegszustand" [1234: Kulturkampf, S. 151]. Die Gesellschaft änderte ihre Physiognomie insofern, als der hohe Adel und die Geistlichkeit sich von ihm beinahe gänzlich abwandten. Dafür stieg die Zahl der liberalen Akademiemitglieder.

Weniger heftig prallten die unterschiedlichen Auffassungen im Zwei-Löwen-Club (gegründet 1796) aufeinander, schon weil in ihm von der sozialen Zusammensetzung her seit jeher Kaufleute und jüngere Beamte vorherrschten und er somit als eine „Domäne liberaler Elemente" (Ludwig Ficker) galt. Hier demonstrierte man eher „Eintracht" unter liberal-gouvernementalen Vorzeichen, wenn der Verein auch nicht völlig von kulturkämpferischen Eruptionen freiblieb.

Abgesehen von der katholischen Vereinigung „Eintracht" spiegelte das Gesellschaftsleben Münsters am deutlichsten die politische Haltung und Gesinnung des Besitz- und Bildungsbürgertums wider. Dieses besaß zwar nicht die innere und äußere Geschlossenheit, wie sie Adel und Klerus demonstrierten. Von einer Marginalität liberaler Positionen in Münster zu reden, wäre allerdings verfehlt. Auch fanden sich im liberalen Lager nicht nur diejenigen, die das Brot des Staates aßen. Selbst die scheinbar so offensichtliche Geschlossenheit der münsterischen Bevölkerung im Protest gegen die antikirchlichen Maßnahmen des Staates ist nicht völlig isoliert von ihrem politischen und sozialen Hintergrund zu sehen. Sicher – in Münster gab es noch eine tiefe Verwurzelung weiter Teile der Bevölkerung im christlichen Glauben. Adelheid Sturm hat auch diese, sich nicht zuletzt im Alltag manifestierende Volksfrömmigkeit anschaulich, wenn auch aus liberalem Blickwinkel, beschrieben:

„Der religiöse Fanatismus oder, wenn man es lieber leidenschaftliche Frömmigkeit nennen will, hat ja noch immer seine Stätte in dem alten Münster. Den ganzen Tag hört man die Glocken läuten, die frommen Beterinnen sieht man nicht bloß am Sonntag mit ihren Gesangbüchern und Rosenkränzen, sondern alle Tage und zu jeder Tageszeit. Fast in jeder Straße der alten Stadt gibt es eine Kirche und zwar wundervolle Kirchen, und am Rande der Stadt findet sich ein Kloster neben dem anderen. In jeder alten religiösen Münsterer Familie ist wenigstens eine Tochter Nonne, und jedes Bauernhaus sieht es als höchsten Ehrgeiz an, daß wenigstens ein Sohn Geistlicher wird" [1259: Lebens-Erinnerungen, S. 56].

Diese nach Aufklärung, Säkularisation und Staatskirchentum wiederbelebte volkstümliche Frömmigkeit war – wie es David Blackbourn gezeigt hat – Hand in Hand mit der Wiederbelebung der kirchlichen Organisation gegangen. Deshalb war es nur folgerichtig, daß die katholische Bevölkerung Münsters ihre Verbundenheit mit der bedrängten und verfolgten Kirche so offen und eindrücklich demonstrierte, päpstliche und bischöfliche Geburts- und Jahrestage sowie andere kirchliche Festtage mit allem Prunk feierte, während man den staatlich verordneten Feiertagen wie dem Sedanstag (2. September) oder Militärparaden fernblieb. Und deshalb entsprach auch das von Heinrich Hart in diesem Zusammenhang gezeichnete und im folgenden wiedergegebene Stimmungsbild nicht der ernsten und tatsächlichen Verletzung der religiösen Gefühle weiter Teile der münsterischen Bevölkerung. Aber es steht dennoch gegen die Formel von der „katholischen Einheitsfront", wie es durch die ultramontane Geschichtsschreibung bis heute vorgezeichnet worden ist. Der Schriftsteller und Lyriker aus Münster schrieb zu den Massendemonstrationen in der Stadt anläßlich des staatlichen Vorgehens gegen den Bischof:

„Aber es blieb bei drohenden Worten, ein Tatfanatismus kam nicht auf. Zur Seite der Masse zogen Schwärme von Mädeln und Flaneuren, die das Ganze als ein unterhaltsames Schauspiel betrachteten. Und dazu wurde es am Ende auch. Tauchte irgendwo ein Soldat auf, so wurde ihm von Hunderten ‚Nieder mit den Preußen' entgegengebrüllt: alsdann aber warf irgend ein Witzbold ein Schlagwort dazwischen, alles lachte, und das gute Volk ging in Heiterkeit auseinander. Überdies fehlte es nicht an Gegenkundgebungen. Die Liberalen hielten Versammlungen ab, in denen man sich an den Worten Finsternis und Licht, Rom und Anti-Rom, Toleranz, Freiheit, Priesterknechtschaft, nebstbei an saurem Altbier und Münsterschem Korn bis zum Übermaß berauschte. Nach der Versammlung ging es dann in langem Zuge mit Fackeln und Musik zum Schlosse des Oberpräsidenten; neue Reden über das Thema Licht und Finsternis wurden gehalten, ein Hoch nach dem anderen wurde ausgebracht, und die lautesten Schreier waren zum Teil dieselben, die am Abend zuvor am kräftigsten das ‚Nieder mit den Preußen' von sich gegeben hatten" [2183: Werke 3, S. 17f].

Ohne Zweifel hat der Kulturkampf in Münster Spuren hinterlassen, die nicht sofort vernarbten. Dennoch gelang der Prozeß der Annäherung und allmählichen Aussöhnung mit dem preußischen Staat. Die Erkenntnis auf staatlicher Seite, daß sich politische Ziele nicht mit den Mitteln des Strafrechts und positivistischen Rechtsdenkens durchsetzen ließen, sowie die bewußte Hinwendung der Katholiken zum modernen Industriestaat und zur neuzeitlichen, liberal-protestantisch bestimmten Nationalkultur schufen gleichermaßen die Voraussetzungen. Schon seit 1878, als auch in der Reichspolitik die „liberale Ära" zu Ende ging und Bismarck eine Anlehnung an die mehr konservativen Parteien suchte, begannen auch in der westfälischen Metropole die starren Kulturkampffronten abzubröckeln. Bereits bei der Totenfeier für den verstorbenen Papst Pius IX. zeigte es sich, daß die Regierung eine ruhigere Gangart einschlug. So durften die Schulkinder nicht nur an der Feier teilnehmen, sie wurden von ihren Lehrern auch wieder in die Kirche geführt. Seit 1878 salutierte das Militär wieder bei der Begegnung mit dem Allerheiligsten. Ohnedies hatte es für die kulturkämpferischen Behörden in Münster keinen Aktivposten dargestellt. Zwar war es während der heißen Phase der Auseinandersetzungen gelegentlich auch von militärischer Seite zu Schikanen gegenüber der katholischen Bevölkerung gekommen, so wenn die Militärkapelle durch laute Marschmusik den Gottesdienst im Dom störte. Aufs ganze gesehen bewahrte das Militär unter seinem Kommandierenden General, Graf von Stolberg-Wernigerode (1871–1882 in Münster), jedoch Zurückhaltung und war nicht unmittelbar in den Kulturkampf involviert.

Auch von seiten der evangelischen Geistlichkeit und des evangelischen Bevölkerungsteils wurden die konfessionellen Gegensätze nicht unnötig verschärft. Abgesehen von wenigen verbalen Ausfällen gegen das „jesuitisch-römische System" kam es zu keinen Konfrontationen im Kulturkampf. Mit seinem Beginn trat die protestantische Kirche zwar naturgemäß auf die Seite des die Kirchenhoheit verkörpernden Staates. Aber im Grunde trafen die dem politischen Liberalismus entstammenden Kulturkampfgesetze die evangelische Kirche ebenso wie die katholische, so daß man zum Beispiel im Bereich der Konfessionsschulen und der Schulaufsicht Gemeinsamkeiten betonen konnte. Darüber hinaus paralysierte der unvereinbare Gegensatz zwischen Liberalen und Orthodoxen im Streit um die Neuordnung der evangelischen Kirchenverfassung die westfälische Kirche im Kulturkampf.

Mit dem ersten Milderungsgesetz (14. Juli 1880), das den Verwaltungsbehörden „diskretionäre Vollmacht" gab, die Maigesetze elastischer zu handhaben, setzte dann eine Lockerung der strengen Überwachung des katholischen Presse- und Vereinswesens ein, ohne daß freilich das Mißtrauen gegenüber den Katholiken gänzlich schwand. Unversöhnliche „Kulturkämpfer" auf der Behördenseite wie der Kommissar der bischöflichen Vermögensverwaltung Gedike und der Oberregierungsrat Tschoppe, der sich durch besonderen „Eifer" auf dem Gebiet der Schulpolitik hervorgetan hatte, wurden versetzt. Am 2. Dezember 1882 starb Oberpräsident von Kühlwetter. An seine Stelle trat, auch dies ein Signal des Entgegenkommens des Staates, der bisherige Düsseldorfer Regierungspräsident von Hagemeister, der von vornherein auf Konzilianz und Entgegenkommen eingerichtet war. Er suchte nicht nur den Orden durch karitative und fürsorgerische Betätigungsfelder die Wiederaufnahme ihrer Arbeit zu ermöglichen, sondern setzte sich auch für die Begnadigung des Bischofs ein. Nach einem Gnadengesuch des Domkapitels (12. Dezember 1883), das diesem von den Behörden angesichts der starren Haltung des Bischofs nahegelegt worden war, konnte Johann Bernhard schließlich am 11. Februar 1884 in die Domstadt zurückkehren. Die Bevölkerung bereitete ihm einen geradezu triumphalen Empfang. Das kirchliche Leben besserte sich nun zusehends. Vakante theologische Lehrstühle konnten ebenso wiederbesetzt werden wie die verwaisten Pfarrstellen. Allmählich kehrten auch – mit Ausnahme der Jesuiten – die meisten der vertriebenen Orden und Schwesterngemeinschaften zurück. Die bischöflichen Anstalten wurden wieder geöffnet, und als Bischof Brinkmann 1889 starb, hatte sich das kirchliche Leben weitgehend normalisiert.

Empfang des zurückkehrenden Bischofs Brinkmann auf dem Domplatz am 13. Februar 1884

Mit der Rückkehr des Bischofs änderte sich auch die Zurückhaltung, die die Münsteraner gegenüber den sogenannten nationalen Festen eingenommen hatten; sie wurden jetzt mit ähnlicher Begeisterung gefeiert wie die kirchlichen. Als Kaiser Wilhelm I. 1884 im Rahmen der großen Herbstmanöver erstmals wieder seit 19 Jahren den Boden der Stadt betrat, errichtete man ihm ähnliche Triumphbögen wie dem Bischof bei dessen Rückkehr und bereitete dem Monarchen einen ebenso begeisterten Empfang. An der Ehrentafel beim Festmahl nahmen Kaiser und Bischof gemeinsam Platz. Etwas mehr Zurückhaltung wahrte man vorerst noch gegenüber dem Reichskanzler Bismarck, als ein Jahr später für ein Ehrengeschenk zu seinem 70. Geburtstag gesammelt werden sollte. Trotz einer verbleibenden gewissen Distanz des sich politisch artikulierenden Katholizismus gegenüber einem übersteigerten „Reichsnationalismus" begann jedoch auch in Münster nunmehr definitiv die Integration in den nationalen Industrie- und imperialen Machtstaat. Der kollektive Widerstand gegen offenbares Unrecht geriet deswegen nicht in Vergessenheit und sollte gerade im katholischen Münster eine Wiederbelebung erfahren, als die Nationalsozialisten tatsächlich die christliche Kultur zu vernichten drohten.

Aber auch die Kirche stand nicht unmittelbar als Verliererin da. Nach den Milderungs- und Friedensgesetzen, insbesondere der Aufhebung der ihre Substanz treffenden „Maigesetze", ergab sich für sie ein Kompromiß, mit dem sie leben konnte. Gewiß hatte sie nicht zuletzt in Münster an direktem politischem und gesellschaftlichem Einfluß eingebüßt. Fortan fehlte ihr – wie es Heinrich Hart treffend formuliert hat – „das Hauptsächliche: die Ausschließlichkeit" [2183: Werke 3, S. 17]. Andererseits war jedoch ihre Freiheit *neben* dem Staat – nicht *unter* ihm – gewahrt geblieben. Ihr dominanter Einfluß im Schul- und Bildungswesen konnte in einer zunehmend säkularisierten Welt naturgemäß nicht ungeschmälert bestehen bleiben. Aber im Grunde hielten sich selbst in diesem Bereich die Verluste in Grenzen. So konnten bereits seit dem 4. Januar 1880 die Pfarrer wieder den schulplanmäßigen Religionsunterricht aufnehmen. Das zweite Milderungsgesetz vom 4. Juli 1882, das im Elementarschulbereich die Pfarrer wieder in die Schulvorstände einsetzte und ihr Mitspracherecht an den Lehrinhalten ausdrücklich betonte – ausgeschlossen blieben nur die ultramontanen Heißsporne Böddinghaus und Kappen –, bedeutete praktisch die Revision des Schulaufsichtsgesetzes und den entscheidenden Schritt zur Annäherung zwischen Staat und Kirche. Nicht zuletzt infolge konservativ-ideologischer gesellschaftlicher und politischer Vorgaben insbesondere nach 1878, die die wenigen Reformversuche im Elementarschulbereich seit 1876 blockierten oder versanden ließen, überlebte die systemerhaltende Dreiheit von „Gebet, Gesang und Gottesdienst“ im Sinne des christlichen Erziehungsauftrags. Faktisch herrschten nach der Beendigung des Kulturkampfes nahezu die gleichen Zustände wie vor dem Ausbruch des Konflikts. Jedenfalls hatte die „Okkupation der Schule“ durch den Staat – mit Ausnahme des Aufsichtsrechts – nicht stattgefunden. Erfolgreicher gestaltete sich demgegenüber schon eher die Modernisierung „von oben“ an der münsterischen Akademie, wenngleich die Formel: „vom Hort der klerikalen Reaktion“ zur „Bastion der naturwissenschaftlichen Aufklärung“ [1394: Kurz, Akademie im Kulturkampf, S. 206] die Entwicklung etwas verkürzt zusammenfaßt. Allerdings bedeuteten die Aufwertung und Gleichstellung der Philosophischen Fakultät gegenüber der Theologischen sowie die „Entkonfessionalisierung“ eine der notwendigen Voraussetzungen für den späteren Ausbau der Akademie zur paritätischen Volluniversität (1902).

Hatte die Kirche – trotz der ideellen und materiellen Schäden, etwa durch die jahrelang verwaisten Pfarreien und die persönliche Not vieler Priester – den Kulturkampf dennoch alles in allem ohne wirklichen Substanzverlust überstanden, so gilt dies nicht für ihren bis dahin treuen „Verbündeten“, den Adel. Er mußte seine Träume von einer politisch-gesellschaftlichen Führungsrolle auf der Basis einer noch immer ständisch verstandenen Gesellschaft nunmehr endgültig begraben. Das Ende seiner Illusionen wurde indessen nicht nur von der Notwendigkeit einer Verständigung mit dem preußischen Staat bestimmt – die nach dem Kulturkampf allmählich erfolgte –, sondern auch von der Konkurrenz des seinen politischen Machtanspruch anmeldenden Bürgertums. Der Konflikt brach sichtbar 1884 angesichts der bevorstehenden Neuwahlen zum Abgeordnetenhaus aus, als man sich im Zentrum nicht über einen zweiten Kandidaten neben dem Freiherrn von Heereman einigen konnte. Der aristokratische Flügel der Partei setzte sich für den Freiherrn von Droste-Hülshoff ein, der adelig-bäuerliche Interessen bei der Neugestaltung der Kreis- und Provinzialordnung für Westfalen vertreten sollte, während man in der Bürgerschaft einen Kandidaten bevorzugte, der für wirtschaftliche Anliegen der Stadt wie den Kanal- und Hafenbau eintrat. Die Auseinandersetzung demonstriert nicht nur, daß politisch-wirtschaftliche Fragen inzwischen die religiös-weltanschaulichen zurückgedrängt hatten, sie zeigt auch, daß sich mit der Wahl des in jeder Beziehung qualifizierten Rechtsanwalts Bernhard Wuermeling, des späteren Oberpräsidenten, bürgerliche Belange durchgesetzt hatten. Diesen politisch-gesellschaftlichen Wandel spie-

Nach seiner Rückkehr aus dem Exil erteilt Bischof Johann Bernhard vor dem Domportal den bischöflichen Segen

gelte auch die binnen zweier Jahrzehnte veränderte Physiognomie der Stadt wider. Hatte Heinrich Hart sie noch zu Anfang des Kulturkampfes in ihrem mittelalterlich anmutenden Weichbild beschrieben und dieses als Ausdruck der adelig-klerikalen Vorherrschaft interpretiert, so bot sie dem Betrachter im Jahr 1887, dem Jahr, das mit der Verabschiedung des zweiten Friedensgesetzes gemeinhin als das Ende des (offiziellen) Kulturkampfes gilt, offenbar bereits ein ganz anderes, bürgerliches Gesicht. Denn in eben jenem Jahr schrieb der in seine Vaterstadt zurückgekehrte Pädagoge Friedrich W. Evels [1216: Nordisches Rom, S. 11]:

„Wer nach vieljähriger Abwesenheit von der Hauptstadt Westfalens [...] heute dorthin zurückkehrt, der wird nicht gar leicht den ehemaligen Fürstbischofssitz und die Winterresidenz des westfälischen Adels in der Umgestaltung wieder erkennen; denn die Grenzen des alten Mimigardefort sind größtenteils verschwunden, die Stadtgräben in Rasenplätze, eine Reihe von Stadtgärten in Baustellen und kleinere Häusergruppen in größere Vorstädte umgewandelt, dazu sind in der Altstadt viele Prachtbauten, neue Straßen, Denkmäler, Springbrunnen und Anlagen entstanden, ja Verbesserungen und Verschönerungen der verschiedensten Art vorgenommen, so daß das Stadtbild an Schönheit und Großartigkeit bedeutend gewonnen hat."

Quellen und Literatur

Ausgangspunkt und Grundlage für jede Beschäftigung mit dem Thema „Kulturkampf in Münster" stellen immer noch die „Aufzeichnungen" des unmittelbar am Geschehen beteiligten Kreisgerichtsrats und Mitglieds des Magistrats, Ludwig Ficker (1826–1902), dar. 1928 hat der Gymnasialdirektor Otto Hellinghaus diese in strengkatholischer Perspektive abgefaßte, aber nach 1878 einen versöhnlicheren Ton anschlagende „Kulturkampfchronik" in unveränderter Form herausgegeben, ihr allerdings für die Anfangsphase der Auseinandersetzungen zwischen Staat und Kirche (1871/72) eine „Einleitung" vorangestellt – da die ausführlicheren Notizen Fickers erst 1873 einsetzen – und sie mit einem Anmerkungsapparat versehen [1234: Kulturkampf]. Letzterer ist insofern von Bedeutung, als der Herausgeber für diese ergänzenden, zum Teil auch berichtigenden „Anmerkungen" das seinerzeit verfügbare Archivmaterial heranziehen konnte. Dazu gehören in erster Linie die Akten des Oberpräsidiums, wobei anzumerken ist, daß der damalige Oberpräsident außerdem Kurator der Akademie, Präsident des Provinzialschulkollegiums und Präsident der münsterischen Regierung war. Außerdem hat Hellinghaus die einschlägigen Akten des bischöflichen Generalvikariats berücksichtigt, die heute nur noch in Restbeständen erhalten sind. Die gegenwärtig im Staatsarchiv Münster lagernden staatlichen Akten (Bestände „Oberpräsidium" und „Regierung") erweitern daher unsere Kenntnis über das Werk von Ficker hinaus nur noch in Einzelbereichen, zumal der größte Teil der Akten Finanzangelegenheiten wie die „Kommissarische bischöfliche Vermögensverwaltung" und die „Sperrgeldverwendungskommission" (allein 446 Faszikel) betreffen. Was die kirchliche Seite anbelangt, so ist ein Großteil der Akten im Zusammenhang mit dem Prozeß gegen den Bischof bewußt vernichtet, andere Archivalien sind durch Kriegseinwirkungen zerstört worden. Das Stadtarchiv Münster besitzt nur noch wenige Deposita (zum Beispiel zu Hermann Kappen im Bestand „Persönlichkeiten" sowie acht Faszikel zu Urteilen und Anklageschriften aus dem Jahr 1877). Bedeutsam dagegen ist die „Chronik der Stadt Münster", deren Teilabschnitt für die Jahre von 1870 bis 1873 vom ersten (nebenamtlichen) Stadtarchivar Adolf Hechelmann angefertigt wurde und inzwischen in einer von Helmut Lahrkamp bearbeiteten Fassung gedruckt vorliegt [1247: Münster im Kaiserreich]. Der von dem Stadtarchivar Heinrich Geisberg geschriebene Zeitbereich von 1874 bis 1885 ist noch nicht publiziert [StadtAM, Handschriften 17]. Im Stadtarchiv befinden sich auch die für das Kulturkampfgeschehen als Quelle unentbehrlichen Zeitungen „Westfälischer Merkur" und „Münsterischer Anzeiger", während das „Sonntagsblatt für katholische Christen" im Bistumsarchiv vorhanden ist.

Eine neuere, quellenkritische Gesamtdarstellung des Kulturkampfes in Münster existiert nicht. Allerdings ist das vorhandene Archivmaterial gelegentlich auch in Überblicksdarstellungen wie der von Herta Sagebiel [1277: Kulturkampf] berücksichtigt worden. Diese in der Reihe „Geschichte original – am Beispiel der Stadt Münster" erschienene Studie enthält zudem Faksimiles einiger Dokumente sowie Bildbeilagen. Erwähnung findet der Kulturkampf in Münster daneben in Darstellungen zu größeren Zeitabschnitten, so bei Robert Stupperich [1453: Kirchliche Bedeutung] und im Rahmen der von Wilhelm Kohl herausgegebenen „Westfälischen Geschichte" in den Beiträgen von Eduard Hegel [2197: Katholische Kirche] und Hans-Joachim Behr [1963: Westfalen und Lippe]. Von den zahlreichen Werken zum allgemeinen Hintergrund des Kulturkampfes seien hier nur zwei neuere Arbeiten erwähnt, zumal diese die ältere Literatur meist berücksichtigen: Winfried Beckers Aufsatz über den „Kulturkampf als europäisches und deutsches Phänomen" [1957: Kulturkampf], der den Kulturkampf typologisch zwischen absolutistischem Staatskirchentum und dem Kirchenkampf des totalitären Staates einordnet und ihn als einen „begrenzten Modernisierungskonflikt" deutet, sowie die Studie von David Blackbourn, der den Kulturkampf mentalitätsgeschichtlich als Auseinandersetzung zwischen „Volksfrömmigkeit und Fortschrittsglauben" [1987: Volksfrömmigkeit] begreift. Hinsichtlich der Kulturkampfgesetze sei auf die Edition von Huber/Huber [2243: Staat und Kirche 2, S. 395ff] verwiesen.

Relativ gut aufgearbeitet sind – nicht zuletzt auf der Basis von Ficker – die Vorgänge für die kirchliche Seite. Zur Person Bischof Johann Bernhard Brinkmanns sind zunächst die älteren Lebensbilder des Domkapitulars Wilhelm Cramer [1310: Johann Bernard] und Johannes Schürmanns [1446: Brinkmann], des langjährigen bischöflichen Hauskaplans, heranzuziehen. Nützlich wegen der Verwendung der Akten des Bistumsarchivs ist die 1962 angefertigte Introitusarbeit von Theodor Webbeler [1461: Brinkmann]. Als fundierter erweist sich allerdings die 1974 zunächst als Pädagogische Hausarbeit angefertigte Biographie Johann Bernhards von Norbert Kuse, die inzwischen in gestraffter und überarbeiteter Form als Hauptbeitrag der vom Pfarrgemeinderat Everswinkel herausgegebenen Gedenkschrift anläßlich des 100. Todestages des „Bekennerbischofs" vorliegt [1395: Brinkmann]. Einen biographischen Vorspann enthalten auch die von Dietrich Graf von Merveldt edierten, für die Sicht des Bischofs aufschlußreichen Briefe Johann Bernhards aus dem Exil an seinen treuen Parteigänger, den Erbdrosten Clemens Graf Droste zu Vischering [1410: Erster Bischof von Münster, S. 205ff]. Die Protokolle des Prozesses gegen den Bischof (7. Dezember 1876) liegen gedruckt vor [1242: Es ist das erste Mal], während der gesamte Prozeß von Manfred Scholle [2649: Preußische Strafjustiz, S. 119ff] unter strafrechtlichen und von Martin Heckel [2195: Kulturkampfaspekte, S. 545ff] unter staatskirchenrechtlichen Gesichtspunkten untersucht worden ist. Hinsichtlich der Ausweisung der Orden und der Schließung der kirchlichen Anstalten finden sich kleinere Beiträge vor allem im „Katholischen Kirchenblatt für die Stadt Münster" und in der Zeitschrift „Unsere Heimat". Der letztgenannte Aspekt ist auch behandelt in den Arbeiten von Willi Astrath [73: Borromaeum] und Peter Löffler [233: Ludgerianum] sowie in der Magisterarbeit von Barbara Redemann [1431: Tridentinisches Seminar, S. 112ff]. Was die Vermögensfragen anbetrifft, so enthalten – wie erwähnt – die staatlichen und kirchlichen Akten noch umfangreiches Material. Besonders genannt sei indes der ausführliche Bericht des staatlich bestellten Vermögensverwalters Albert Gedike über seine Tätigkeit vom 13. April 1881 [StaatsAM, Oberpräsidium 74]. Über die Beschlagnahme der bischöflichen Ferdinandeischen Stiftung liegt eine zeitgenössische Dokumentation vor [1258: Ferdinandeische Stiftung]. Abschnitte über die Kulturkampfzeit enthalten auch die Arbeiten von Johannes Gerhard über die Große Prozession [136: Große Prozession, S. 41ff] und die von Clemens Steinbicker verfaßte Geschichte der münsterischen Familie Giese, in welcher der „Stellvertreter" des Bischofs, der Generalvikar und Prälat Joseph Giese, Erwähnung findet [318: Giese, S. 243ff].

Die Haltung der münsterischen Presse im Kulturkampf ist dagegen bislang noch kaum behandelt worden. Joseph Massenkeil widmet diesem Zeitabschnitt in seiner Dissertation über den „Merkur" von 1914 lediglich zehn Seiten [1406: Westfälischer Merkur, S. 101ff]. Die als maschinenschriftliches Manuskript vorliegende Arbeit von Joseph Mehler über das „Sonntagsblatt für katholische Christen" [1407: Sonntagsblatt] behandelt rein deskriptiv die zentralen Ereignisse und ist zudem auf die Jahre 1871 bis 1877 begrenzt. Über diesen Zeitraum hinaus reicht die 1991 angefertigte Magisterarbeit von Ralf Mickholz [1411: Kulturkampf]. Einen informativen Beitrag liefert Albert Wand über die „antiultramontane", von Regierungsseite gestützte „Westfälische Provinzialzeitung" [2785: Provinzialzeitung]. Erwähnung findet dieses Blatt auch in der Monographie von Dietrich Wegmann über die leitenden staatlichen Verwaltungsbeamten der Provinz Westfalen. Diese fundierte Studie enthält überdies die besten Informationen zu den Personen und zur Politik der beiden in der Kulturkampfzeit amtierenden Oberpräsidenten von Kühlwetter und von Hagemeister [2791: Verwaltungsbeamte]. Ergänzend heranzuziehen ist Reimund Haas [1341: Dingelstad]. Was die Akademiepläne und die Simultanisierungspolitik von Kühlwetters anbetrifft, so sind neben den Beiträgen in der Festschrift der Westfälischen Wilhelms-Universität von 1980 [334: Universität Münster 1780–1980] ein parallel erschienener, kritischer Artikel von Lothar Kurz [1394: Akademie im Kulturkampf] und eine neuere Magisterarbeit von Bernhard Frings [1325: Liberale Strömungen] zu nennen. Für die Katholische Fakultät liegt die umfangreiche Untersuchung von Eduard Hegel [149: Katholisch-Theologische Fakultät] vor. Die Geschichtswissenschaft in Münster behandelt grundlegend Bernd Mütter in seiner Dissertation [1418: Geschichtswissenschaft]. Während das Volksschulwesen eine aus den Akten erarbeitete Behandlung durch Christoph Sturm [1454: Gebet, Gesang und Gottesdienst] erfahren hat (als Staatsexamensarbeit leider ungedruckt), stehen Untersuchungen zur Haltung der Studentenschaft in der Kulturkampfphase ebenso aus wie zum studentischen Korporationsleben [vgl. 125: Saxonia, S. 45ff] sowie zu den münsterischen Geselligkeitsvereinen. Für letztere sind allein die jeweiligen Festschriften heranzuziehen, zur Bürgergesellschaft „Eintracht" ein Artikel von Walter Werland in den „Westfälischen Nachrichten" vom 18. August 1973. Hinsichtlich der Haltung der Protestanten im Kulturkampf finden sich einige Bemerkungen bei Klaus Breuer [2022: Westfälische Provinzialkirche], über den westfälischen katholischen Adel in dieser Zeit breitere Ausführungen bei Friedrich Keinemann [195: Ancien Régime; 2303: Westfälischer Adel] und Heinz Reif [2580: Westfälischer Adel]. Von den zeitgenössischen biographischen Zeugnissen sind für die Mentalitätsgeschichte des Kulturkampfes vor allem hervorzuheben die „Erinnerungen" des Naturalisten Heinrich Hart [2183: Werke 3], der Professorengattin Adelheid Sturm [1259: Lebens-Erinnerungen], des Pädagogen Friedrich W. Evels [1216: Nordisches Rom], des Pfarrers von St. Lamberti, Hermann Joseph Kappen [1228: Erinnerungen] sowie nicht zuletzt der zweite Band des satirischen „autobiographischen" Romans „Frans Essink" von Hermann Landois [2377: Essink 2]. Die politisch-gesellschaftliche Situation des Katholizismus im Übergang von der Kulturkampfphase zur Integration in den modernen Industrie- und nationalen Machtstaat ist dargelegt in zwei Studien von Horst Gründer [2163: Rechtskatholizismus; 2162: Nation und Katholizismus].

JOCHEN-CHRISTOPH KAISER

Vom Ende des Kulturkampfes bis zum Zusammenbruch 1918 – Aspekte der politischen Entwicklung

1. Parteien und politische Gruppierungen – 2. Stadt und Monarchie – 3. Die Stadt im Weltkrieg – 4. Das Jahr 1918 und der Zusammenbruch

Situation und Entwicklung Münsters im Kaiserreich darzustellen, das bedeutet den Versuch, die Vernetzung dieser mittelgroßen Kommune als Provinzialhauptstadt Westfalens mit der preußischen Metropole Berlin zu beschreiben, die am Anfang unseres Berichtszeitraums Zentrum des zweiten deutschen Kaiserreichs wurde. Damit klingt bereits ein Dreifaches an, das die Geschicke der Stadt seit Beginn des 19. Jahrhunderts bestimmte: Münster als wichtiger Vorort des rheinisch-westfälischen Katholizismus, der erst in der Säkularisation seine beiden geistlich-politischen Zentren Köln und Münster verlor; die Stadt als Verwaltungsmittelpunkt der preußischen Provinz Westfalen mit Bezirksregierung, Oberpräsidium und VII. Armeekorps, die den Ort zum wichtigen Außenposten des Landes Preußen im Westen machten; schließlich Münster als Teil des neuen Einheitsstaates, dessen föderative Struktur der Kommune in ihren regionalen, konfessionell-kulturellen und verwaltungspolitischen Bezügen Eigenständigkeit einräumte und kulturelle Identität ermöglichte.

Was eine Stadtgeschichte Münsters im Kaiserreich ohne Frage erschwert, ist das Fehlen einer übergreifenden Darstellung der Geschichte Münsters in diesem Zeitabschnitt. Wo die Quellen reichlich fließen, mangelt es in der Regel nicht an entsprechenden Vorarbeiten. Wo die Quellenlage jedoch Lücken aufweist oder sich Materialien höchstens fragmentarisch ausmachen lassen, wird es schwierig. Das betrifft etwa die innerhalb des katholischen Milieus der Provinzialhauptstadt „randständigen" politischen Vereinigungen und gesellschaftlichen Gruppen, die für die Sozialgeschichte des Kaiserreichs von kaum zu unterschätzender Bedeutung waren. Zu denken ist an die Ausformungen der sogenannten Sammlungsbewegungen rechten Zuschnitts mit ihren nationalistischen und antisemitischen „Botschaften" sowie an ihren Widerpart im entgegengesetzten Spektrum: die sozialdemokratischen und linksliberalen Strömungen. Das gilt nicht für die spannungsreichen Beziehungen zwischen Preußen als protestantisch geprägter Größe und dem rheinisch-westfälischen Katholizismus, der mit Recht nach den Erfahrungen des Kulturkampfes nur schwer in die neue Identität eines preußisch dominierten „größeren Deutschland" Eingang fand. In mancherlei Hinsicht vollzog sich in der Mehrheitsgesellschaft dieser Stadt von ihrer mentalen Prägung und ihrer ursprünglich eigenständigen regionalen Tradition her also eine Entwicklung, die *nicht* mit jener in vielen anderen preußischen – und übrigens auch rheinisch-westfälischen – Kommunen konform ging, die bereits seit Anfang des 17. Jahrhunderts zu Berlin gehörten und von daher ein viel ungebrocheneres Verhältnis zu dieser Metropole, den von dort ausgehenden politischen Entwicklungen und nicht zuletzt dem jeweiligen Landesherrn besaßen.

Mithin: Nicht der *parallele* historische Verlauf scheint die Geschichte Münsters im Kaiserreich primär zu charakterisieren, sondern ein in manchem „alternativer" Grundzug der politisch-sozialen Verhältnisse, der gerade in diesem Zeitabschnitt zunehmend von Bemühungen um die – auch gesellschaftlich wirksame – Integration in den größten deutschen Einzelstaat und damit in das Reich abgelöst wurde.

1. Parteien und politische Gruppierungen

Abgesehen von der Tatsache, daß es im ausgehenden 19. Jahrhundert weder auf kommunaler noch auf Landes- oder Reichsebene politische Parteien in unserem heutigen Sinne gab – es handelte sich in der Regel um Wahlvereine, die sich nur zu Zwecken der Wahlvorbereitung konstituierten und darüber hinaus kaum kontinuierliche politische Arbeit leisteten –, wird ein Blick auf diesen Aspekt in Münster zusätzlich durch die überragende Stellung des politischen Katholizismus erschwert. Das Zentrum, das ebenfalls bis zur Revolution 1918/19 über keine festgefügte Organisation verfügte, war in Stadt und Region die unangefochtene politische Kraft, neben der Strömungen liberaler, konservativer und erst recht sozialdemokratischer Tendenz weder im öffentlichen Leben eine Rolle spielten, noch bei den Wahlen eine Chance besaßen. Die Nominierung eigener Kandidaten hatte für die oppositionellen politischen Kräfte mehr symbolischen Charakter. Letztere wußten sehr genau, daß sie nur als „Zählkandidaten" auftraten, aber an ihrer wechselnden Stimmenzahl ließ sich ablesen, in welche Richtung sich das unangefochtene Zentrumsmonopol entwickelte. In der Regel wertete man den Wahlausgang bereits als „Erfolg", wenn eine oppositionelle Gruppierung überhaupt mit einigen Prozentpunkten in die Statistik einging. Kommunalpolitische Themen blieben – mit Ausnahmen bei der Sozialdemokratie nach der Jahrhundertwende – von untergeordneter Bedeutung; meist ging es um strittige Fragen der Politik des Reiches. Die Wahlen und die ihnen vorausgehenden öffentlichen Kampagnen boten Gelegenheit, die gegensätzlichen Positionen der jeweiligen Partei auch der Bevölkerung vor Ort vorzustellen, welche mangels anderer oder nur einseitiger Informationen die unterschiedlichen Standpunkte dann oft erstmals zur Kenntnis nehmen konnte. Das wirkte sich freilich auf den Wahlausgang wenig oder gar nicht aus; die Bindungen des katholisch geprägten Milieus erwiesen sich bis weit in das 20. Jahrhundert hinein stets als dominant, woran auch Irritationen und Flügelkämpfe innerhalb des westfälischen Zentrums wenig zu ändern vermochten.

Nicht nur die Protestanten der Stadt – meist Beamte, Militärs und zunehmend Professoren –, auch eine Reihe von Kaufleuten, Unternehmern, Rechtsanwälten und Ärzten katholischer Konfession standen in Opposition zum städtischen Zentrum. Sie stießen sich nicht allein an der „Schaukelpolitik" der Partei im Bemühen darum, als „Zünglein an der Waage" im Reich und in Preußen politische Entscheidungen mitzubestimmen, sondern ebenso am katholisch-ultramontanen Grundzug einer politischen Kultur, welche Stadt und Region politisch und gesellschaftlich prägte. Die Bindungen von Zentrum und Geistlichkeit und der nicht erst seit dem Kulturkampf unübersehbare Einfluß der „Amtskirche" auf das öffentliche Leben blieben den Protestanten fremd, weil sie dies von der nur schwach ausgebildeten und zudem staatsabhängigen „Hierarchie" ihrer Konfession nicht kannten. Hier wirkte der alte Antagonismus zwischen dem ehemals geistlichen Territorium und der nun von Protestanten majorisierten Provinzverwaltung nach. Aber es gab auch neue Konfliktfelder: Neben dem Mißtrauen gegenüber einer klerikalen Überformung von Politik und Gesellschaft, wie es vor allem die Liberalen artikulierten, schwang bei den konservativen Kritikern der Argwohn mit, das Zentrum werde gewissermaßen von außen, von der Weltkirche, „ferngesteuert" und könne deshalb nicht jene nationale Politik treiben, die für die noch nicht vollendete Konsolidierung der inneren Einheit des Reiches unerläßlich sei. Das Zerrbild einer „schwarz-rot-goldenen Internationale" aus politischem Katholizismus, Sozialdemokraten und Judentum, welche die in der wilhelminischen Ära auf imperialistische Zielsetzungen fixierte Nation angeblich bedrohten, machten sich die Opponenten des Zentrums nicht in dieser Geschlossenheit zu eigen; aber sie waren bereit, miteinander Zweckbündnisse auf Zeit zu schließen, um so ihren „Widerstand" wenigstens symbolhaft kundzutun und in Richtung Berlin ein besonderes westfälisches Treueverhältnis zum Reich und zur Reichsleitung zu dokumentieren. Ausgenommen davon waren lediglich die Linksliberalen, die nur einmal – 1907 – zugunsten einer bürgerlichen „Einheitsfront" gegen das Zentrum auf eine eigene Reichstagskandidatur im Wahlkreis Münster-Coesfeld verzichteten – und das vermutlich auch nur, weil ihr langjähriger Zählkandidat Eugen Richter im Jahr zuvor verstorben war. Und verständlicherweise gingen die Sozialdemokraten, deren Fundamentalopposition keinerlei Kompromisse mit Vertretern des bürgerlichen Lagers gestattete, ebenfalls keine Absprachen dieser Art ein.

Ein Blick auf die – allerdings nicht ganz vollständig überlieferten – Ergebnisse der Reichstagswahlen von 1884 bis 1912 in den Stadtbezirken Münsters macht das eben Gesagte anschaulich: Die äußerste Rechte, die Antisemiten, der Freisinn und die Sozialdemokratie verzichteten entweder ganz oder doch lange Zeit auf die Nominierung örtlicher Kandidaten und benannten statt dessen auswärtige prominente Politiker ihres Lagers. So trat für die Antisemiten der Deutschen Reformpartei von 1890 bis 1903 stets ihr Vorsitzender und Reichstagsabgeordneter Max Liebermann von Sonnenberg in Münster-Coesfeld an. Die linksliberale Deutsche Fortschrittspartei und nach deren Spaltung die 1893 entstehende Freisinnige Volkspartei stellten ihr Vorstandsmitglied Eugen Richter bis 1903 in Münster auf; 1912 kandidierte der Mindener Chefredakteur Friedrich Kuhle. Ähnlich bei den Sozialdemokraten: Erst 1903 hatte sich die regionale Sozialdemokratie soweit entwickelt, daß der Maurer Groenewold den bis dahin nominell als Kandidat fungierenden Parteivorsitzenden August Bebel ablösen konnte.

Zentrum und politischer Katholizismus

Das Zentrum, die Partei des politischen Katholizismus in Deutschland, hatte seit der Reichsgründung einen deutlichen Schwerpunkt in den preußischen Westprovinzen; die Städte Köln und Münster bildeten die wichtigsten „Vororte" der Partei, in denen ihre führenden Persönlichkeiten immer wieder zusammenkamen, um politische Zielsetzungen abzusprechen oder vor den Parlamentswahlen an die (katholische) Öffentlichkeit zu treten und um Stimmen zu werben.

Reichstagswahlergebnisse in der Stadt Münster 1884–1912 (Zahl der Stimmen):

Jahr	Zentrum	Antisemiten	Konservative	Nat. Wahlverein	Nationalliberale	Freisinn	SPD	Sonstige
1884	v. Heereman 3302	–	Oermann 153		Falk 230	Richter 44	Bebel/ Vollmar 12	31
1887	v. Heereman 3721	–		Kiesekamp 1183		Richter 49	Bebel 93	19
1890	v. Heereman 3089			Kiesekamp 860		Richter 134	Bebel 370	94
1893	v. Heereman 3668	Liebermann 128		v. Laer 1416		Richter 77	Bebel 515	32
1898	v. Heereman 4088	Liebermann 271		Hölker 179		Richter 89	Bebel 582	45
1903	v. Hertling 6422	Liebermann 36		Löbker 1622		Richter 78	Groenewold 1237	24
1907	v. Hertling 8258			Spannagel 2239		–	Düren 1511	80
1912	v. Hertling 8425				Zabel 1548	Kuhle 887	Düren 1783	39

Lokale Wahlkomitees organisierten die Aufstellung von Kandidaten für den Reichstag und das preußische Abgeordnetenhaus; daneben spielte der Westfälische Bauernverein unter seinem populären Vorsitzenden, dem „Bauernkönig" Dr. Burghard Freiherr von Schorlemer-Alst, in der Politik des Zentrums der Provinz jahrelang eine ausschlaggebende Rolle. Es gab noch keine eingeschriebenen Parteimitglieder; und da sich die örtlichen Komitees durch Kooptation ergänzten, blieb der bürgerlich-adelige Charakter dieser Honoratiorenvereine in Westfalen und auch in Münster bis über die Jahrhundertwende hinaus erhalten. Derartige Komitees traten ausschließlich zu Zwecken der Wahlvorbereitung zusammen und lösten sich anschließend wieder auf. Als lockeres Band, das die Anhänger der Partei umschloß, fungierte eine Art Provinzialverband der westfälischen Zentrumspartei unter Graf Ferdinand Heribert von Galen, der diesem von der Gründung bis zu seinem Tod 1906 vorstand. Geschäftsführer und damit einer der wichtigsten Männer der Partei in der Region war jedoch der münsterische Geistliche Prälat Dr. Hülskamp, der auch die Organisation der Kommunalwahlen jahrelang verantwortlich leitete. Ihm standen freundschaftlich miteinander verbundene Honoratioren der Stadt zur Seite, die man wegen eines gemeinsamen Angelreviers bei Stapelskotten auch als „Fischerklub" bezeichnete. Da bis 1908 kein Ortsverein des Zentrums in Münster existierte, firmierte man als „christlich-konservatives Wahlkomitee", das bis zur Bildung der erst 1919 rechtsförmig etablierten Zentrumsfraktion im Stadtparlament die Kandidatenaufstellung gemeinsam mit der 1907 gegründeten „Stadtverordneten-Vereinigung" vornahm. Verschiedentliche Versuche, in den einzelnen Stadtbezirken sogenannte Bürgervereine an der Kandidatennominierung zu beteiligen, scheiterten regelmäßig an der politischen Machtstellung dieses Kartells. Es konnte auf Unterstützung durch den Stadtklerus rechnen, mit dessen Hilfe es 1903 gelang, in Münster eine nach Pfarrbezirken geordnete Zentrumsorganisation durchzusetzen, deren Einfluß auf die Festlegung der Listenplätze aber wohl gering blieb.

Das Ansteigen der sozialdemokratischen Bewegung und die damit verbundene immer drängender werdende Soziale Frage waren *ein* Motiv, die katholische „Volkspartei" von der Organisationsbasis her zu reformieren und zu demokratisieren – nicht zuletzt um die unerwünschte Konkurrenz der Sozialdemokraten, die nun verstärkt auch um die katholische Arbeiterschaft warben, abwehren zu können. Zentrale Bedeutung in diesem „Abwehrkampf" erlangte rasch der 1890 gegründete „Volksverein für das katholische Deutschland", der als Sammlungsbewegung neuen Typs die traditionelle Verbandsstruktur des politischen Katholizismus überformte und mit ausgeprägten antisozialistischen und antiliberalen Feindbildern zur Festigung des katholischen Milieus und gleichzeitig zu seiner vorsichtigen Annäherung an die Gesellschaft des Kaiserreichs einen gewichtigen Beitrag leistete.

Vorausschauende Führer der Zentrumsfraktionen im preußischen Landtag wie im Reichstag erkannten denn auch seit den 1890er Jahren zunehmend die Notwendigkeit einer breiteren Öffnung des katholischen „Lagers", dessen ursprünglich von außen erzwungene Ausgrenzung in eine gefährliche Selbstisolation führen mußte. Angesichts der als Bedrohung empfundenen fortschreitenden Entkirchlichung, für die man den Liberalismus und die Sozialdemokraten verantwortlich machte, schien es unerläßlich, sich nach Bündnispartnern umzusehen, die manche Zentrumspolitiker jetzt auch unter konservativen Protestanten suchten.

Bis es 1906 in Anlehnung an die rheinische Schwesterpartei zur Bildung eines westfälischen Generalsekretariats des Zentrums in Münster kam, war ein weiter Weg zurückzulegen. Soziale, ökonomische und weltanschauliche Auseinandersetzungen bestimmten die Entwicklung des Zentrums in Westfalen zwischen 1890 und 1914. An ihnen war das führende münsterische Zentrumsblatt, der „Westfälische Merkur", an entscheidender Stelle beteiligt, dessen Redakteure sich nicht auf die Berichterstattung über die Konflikte beschränkten, sondern im Streit oft dezidiert Partei ergriffen. Das gilt besonders für den seit 1897 in der Redaktion tätigen, außerordentlich engagierten, aber einseitig gegen den überfälligen Kurswechsel der Partei agitierenden Theodor Warnecke, der 1905 Hauptschriftleiter des Blattes wurde und von 1907 bis 1932 zu den führenden Zentrumspolitikern der Stadtverordnetenversammlung gehörte. Wie aus seiner unveröffentlichten Geschichte des „Westfälischen Merkur" hervorgeht, focht Warnecke unbeirrt für einen noch dem geistigen Klima des Kulturkampfes verpflichteten politischen Katholizismus. Er vertrat im sogenannten Zentrums- und Gewerkschaftsstreit stets die reformabgeneigte Richtung der Fuldaer Bischofskonferenz und war in seiner Ablehnung jeder noch so vorsichtigen interkonfessionellen Öffnungsbereitschaft der Berliner Zentrumsfraktionen ein zunehmend einsamer werdender Vorkämpfer der kompromißlosen Antimodernisten in Kirche und Partei. Damit stellte er sich zugleich gegen die „Rechtskatholiken" im Bauernverein *und* gegen die „linken", stetig an Boden gewinnenden demokratisch-sozialreformerischen Kräfte des Zentrums. Beide versuchten ja auf ihre Weise, die soziale Barriere der katholischen „Inferiorität" zu überwinden und den ungerechten Vorwurf

Die führenden Mitglieder der Zentrumsfraktion im Reichstag: Ludwig Windthorst, Hermann von Mallinckrodt, Bischof Wilhelm Emanuel von Ketteler, August Reichensberger, Peter Reichensberger

nationalpolitischer Unzuverlässigkeit zu entkräften. Damit sollte die Zukunft der Katholiken und ihrer politischen Partei im Reich gesichert werden. Nicht dieses Ziel, wohl aber die Vorschläge zu seiner Verwirklichung verwarfen der „Westfälische Merkur“ und die in Münster hinter ihm stehenden geistlichen und bürgerlichen Honoratioren; sie vertrauten weiterhin auf die im Kulturkampf bewährte Einheit von Kirche und Kirchenvolk und sahen im Einklang mit der Weltkirche in allen Diskussionen um eine Reform der sozial-kulturellen Funktionen des politischen Katholizismus in erster Linie nur die – natürlich auch vorhandenen – Risiken für die Religion und die katholisch geprägte Gesellschaft.

Von den Wahlergebnissen her traten die kontroversen Diskussionen über die künftige Richtung des westfälischen Zentrums wenig in Erscheinung. Im Reichstagswahlkreis Münster-Coesfeld erhielt die Partei zwischen 1893 und 1912 kontinuierlich rd. 85 Prozent der Stimmen. Man muß allerdings in Rechnung stellen, daß sich durch den hohen Anteil der ländlich geprägten Regionen der Provinz das Wählerpotential anders zusammensetzte bzw. andere Interessen vertrat, als es etwa im Rheinland oder in Süddeutschland der Fall war. Die konservative Ausrichtung der traditionellen Erwerbszweige, in erster Linie Landwirtschaft, dann Handwerk, Handel und Verkehr, sowie des öffentlichen Dienstes, war noch kaum in Frage gestellt, und die Stammwähler des Zentrums sahen von daher keinen Anlaß zur Neuorientierung einer für sie bisher erfolgreichen Politik. Für die parteiintern aktiven Gruppen galt das jedoch nicht. Hier machten sich in den 1890er Jahren doch die Anpassungszwänge einer nach Ende des Kulturkampfes veränderten politischen Gesamtkonstellation bemerkbar. Kirche und konfessionelles Milieu als einzige verläßliche Bezugspunkte verloren langsam ihre exklusive Klammerfunktion; die schon immer im Zentrum vorhandenen sozialen und ökonomischen Gegensätze traten bei nachlassender Außenbedrohung erneut hervor. Das zeigte sich besonders innerhalb des Bauernverbandes, dessen Führung im Vorfeld der Reichstagswahlen von 1893 im Gegensatz zur Fraktions- und Parteimehrheit dazu neigte, der umstrittenen Militärvorlage der Regierung zuzustimmen. Die Interessenidentität zwischen konservativen katholischen und evangelischen Agrariern erwies sich als so stark, daß Bauernführer Schorlemer, der in der Reichstagsfraktion seit 1882 als Führer der Rechtsopposition und Gegenspieler Ludwig Windthorsts galt, sein Mandat niederlegte und erfolglos für eine eigene Landwirtschaftsliste kandidierte. Daß der Edelmann der Partei den Rücken kehrte, deren Ziele er gerade während des Kulturkampfes jahrelang energisch vertreten hatte, stieß in den Zentrumskreisen Münsters auf Verständnislosigkeit. Der „Westfälische Merkur“, der allerdings durch das von Schorlemer nach diesem Schritt gegründete, die Landwirtschaftslobby vertretende Konkurrenzblatt „Der Westfale“ manche Abonnenten verlor, attackierte ihn heftig und ließ nun selbst seine Verdienste um die katholische Sache aus früheren Jahren nicht mehr gelten. Der Vorfall ist von Bedeutung, weil er ein Licht auf die Spannungen zwischen katholischem Stadtbürgertum und konservativ-adeligen Großgrundbesitzern wirft, die aufgrund gemeinsamer Standes- und Berufsinteressen und in ihrem Drängen auf Überwindung der konfessionell bedingten gesellschaftlichen „Inferiorität“ rascher an die Politik der Reichsleitung und die sie stützenden Massenorganisationen Anschluß fanden als das westfälische Zentrum insgesamt.

Ludwig Robert (1855–1933), seit 1906 im Vorstand des münsterischen Zentrums, 1911 bis 1930 unbesoldeter Stadtrat. 1924 wurde ihm das Ehrenbürgerrecht verliehen

Als in den Jahren nach der Jahrhundertwende der Streit um die interkonfessionelle Orientierung der christlichen Gewerkschaften und wenig später der sogenannte Zentrumsstreit den politischen Katholizismus reichsweit erschütterten, ergriff der „Westfälische Merkur" nach einer kurzen Phase der Unentschiedenheit, die ihn weitere zahlreiche Abonnenten zunächst aus dem konservativen Lager und dann umgekehrt aus der katholischen Arbeiterschaft kostete, in beiden Fällen für die integralistische Richtung Partei. Ungeachtet des Risses, der in diesen Fragen auch durch das münsterische Zentrum ging, unterstützte das westfälische Parteiblatt nach Übernahme der Chefredaktion durch Theodor Warnecke seit 1905 vorbehaltlos diejenigen Kreise, die zusammen mit der Mehrheit der Bischöfe jede Öffnung des katholischen Vereinswesens und der Partei für die Vertreter anderer christlicher Religionsgemeinschaften verwarfen. Dies geschah aus Furcht vor einer Zersplitterung des in ihren Augen noch festgefügten katholischen Sozialmilieus und aus Sorge vor einer Aufweichung der katholischen Weltanschauung.

Wie angedeutet fand die Auseinandersetzung der gewerkschaftsfreundlichen Köln-Mönchengladbacher Richtung mit ihren Gegnern in Berlin und Trier auch in Münster ihren Niederschlag. Im Dezember 1909 sandte ein unter Leitung des Diözesanpräses der katholischen Arbeitervereine durchgeführter „Sozialer Kursus" der Redaktion des „Westfälischen Merkur" eine Resolution zu, in der die Teilnehmer dringend um eine Änderung der gegen die christlichen Gewerkschaften gerichteten Linie des Blattes baten. Man stehe im gemeinsamen Kampf gegen Freidenker, Sozialdemokraten und linksliberale Kräfte und bedauere es außerordentlich, wenn das dazu berufene Zentrumsorgan in Münster die Aufklärung über diese Ziele behindere und die Abwehrfront der christlichen Arbeiterschaft damit schwäche. Daraufhin berief die Redaktion eine Aufsichtsratssitzung ein, an der auch Generalvikar von Hartmann und der Vorsitzende des örtlichen Zentrums, Kaufmann Ludwig Robert, teilnahmen. Mit ihrer Rückendeckung bestritt das Blatt in seiner Antwort gegenüber dem Diözesanpräses alle erhobenen Vorwürfe und forderte ihn auf, seine Klagen im einzelnen zu belegen. Im übrigen seien für die Haltung des „Westfälischen Merkur" zu den christlichen Gewerkschaften die „Weisungen des Hl. Stuhls und des deutschen Episkopates in der Arbeiterfrage bestimmend". Danach besäßen die christlichen Gewerkschaftler kein Monopol auf die Abwehr der „sozialistischen Gefahr", sondern hätten mit den sozialen „Fachabteilungen" der katholischen Vereine – ihren erbittertsten innerkirchlichen Gegnern! – vertrauensvoll zu kooperieren [1263: Warnecke, Erinnerungen, S. 199].

Eine andere „Affäre", die ebenfalls eine das Zentrum berührende politische Dimension besaß, erregte 1907 in Münster großes Aufsehen. Es ging um das seit Jahrhunderten von der Kirche beanspruchte Recht, Bücher, deren Lektüre ihrer Auffassung nach für Katholiken nicht zuträglich sei, zu indizieren, d. h. den Mitgliedern ihrer Konfession zu verbieten. Von diesen seit langem umstrittenen Eingriffen der Kurie machte der Papst zwischen 1903 und 1914 in 150 Fällen Gebrauch, was vor allem jene Katholiken außerordentlich irritierte, die für mehr geistige Freiheit und für die Öffnung ihrer Kirche gegenüber den modernen Strömungen der Zeit eintraten.

Nun hatte eine römische Zeitung die Gründung einer angeblich geheimen, international tätigen „Liga gegen den Index und für die Kultur" gemeldet, die als katholischer Laienbund den Papst in einer Petition um eine grundlegende Reform des *Index librorum prohibitorum* bitten wolle, und – das war die Sensation – ihren Sitz in Münster habe. Recherchen des „Westfälischen Merkur" ergaben dann, daß eine derartige Liga tatsächlich bestand, die von Rechtsanwalt Dr. Adolf ten Hompel, dem Bruder des bekannten Kaliindustriellen und Reichstagsabgeordneten, als Geschäftsführer vertreten wurde. Mitglieder des Ligakomitees in Münster waren ferner der Landtagsabgeordnete des Zentrums, Landesrat Schmedding, Justizrat Hellraeth und Gymnasialprofessor Dr. Josef Plassmann. Ein überregional agierender Förderkreis der Liga, zu dem neben anderen auch der münsterische Historiker Professor Aloys Meister und der Berliner Abgeordnete Professor Martin Fassbender gehörten, sollte das Anliegen der Petenten publizistisch unterstützen. Die Initiatoren wollten aber offensichtlich noch mehr: nämlich die Gründung einer Gesinnungsgemeinschaft in Anlehnung an Vorstellungen des „Reformkatholizismus". Den aus dem Jahr zuvor stammenden Entwurf ihrer Eingabe hatten auch der Reichstagsabgeordnete des Wahlkreises Münster-Coesfeld, der Münchener Philosophieprofessor Georg Freiherr von Hertling, der Chefredakteur des „Hochlands", Karl Muth, und – noch wenige Tage vor seinem Tod – der des verpönten theologischen „Modernismus" verdächtigte Würzburger Theologe Hermann Schell zustimmend zur Kenntnis genommen; nur Hertling zog seine Unterschrift auf Druck seiner innerparteilichen Gegner später wieder zurück und widerrief seine ursprüngliche Bereitschaft, den Ehrenvorsitz der Liga zu übernehmen.

Es verwundert nicht, daß die integralistisch-antimodernistische „Partei" in Münster sogleich mit Hilfe des „Merkur" eine Pressefehde gegen die Liga inszenierte, die man als Vorreiterin eines gefährlichen weltanschaulichen wie politischen Kurswechsels des Katholizismus und seiner Partei begriff. „Gefährlich" an dieser katholischen Laien- und Akademikerbewegung mußte ihren Gegnern auch erscheinen, daß es Indizien für geheime Verbündete oder Sympathisanten der Liga bis in den münsterischen Diözesanklerus hinein gab, selbst wenn sich diese Geistlichen nicht öffentlich auf die Seite der reformbereiten Kräfte stellten. Das geschah allerdings in der Gegenpartei, die von einigen Klerikern eindeutig gestützt wurde. So fand der „Feldzug" Pius' X. gegen alle Formen einer gesellschaftlichen und geistigen Modernisierung der Weltkirche und des katholischen Milieus auch in Münster treue Verbündete. Als der Papst im September 1907 in der Enzyklika *Pascendi domini gregis* den Modernismus als „Zusammenfluß aller Häresien und die Quintessenz aller Glaubensirrtümer" verdammte, konstatierte der Schriftleiter des „Westfälischen Merkur" befriedigt, der Kampf sei überstanden, das päpstliche Sendschreiben habe dem ganzen Modernismus endlich „den Garaus" gemacht.

Es ist verständlich, daß der „Merkur" mit seinem kämpferischen Eintreten gegen alle Reformansätze innerhalb des westfälischen Zentrums polarisierend wirkte und sich viele Feinde machte. Als nach dem Tod Graf von Galens 1906 Landesökonomierat Carl Herold den Zentrumsvorsitz in Westfalen übernahm, begann die Partei – wenigstens auf Provinzebene – sich von ihrem führenden Organ und seinem Chefredakteur abzuwenden. Herolds Kandidatur war nicht unumstritten: Einmal hätte eine Minderheit der Delegierten lieber den Sohn des verstorbenen Grafen von Galen als Nachfolger gesehen, und zum anderen haftete dem neuen Spitzenmann und Gutsbesitzer in den Augen seiner Kritiker der „Makel" an, als Protegé des „Sezessionisten" von Schorlemer 1889 an sein erstes Mandat für den preußischen Landtag gekommen zu sein. Der promovierte Landwirt gehörte 41 Jahre dem preußischen Landtag und seit 1898 zugleich auch für 32 Jahre dem Reichstag an. Er kooperierte zunächst mit den „Integralisten" in Münster, tendierte dann aber in den Auseinandersetzungen um die christlichen Gewerkschaften und um den neuen Kurs der Partei stärker zur Kölner Richtung und förderte 1910 sogar die Kandidatur des Straßburger Historikers Martin Spahn für den Wahlkreis Warburg-Höxter gegen den renommierten Dortmunder Verleger Lambert Lensing. Spahn hatte ein Jahr zuvor in einer literarischen Auseinandersetzung die politisch-kulturelle Selbstabschließung des deutschen Katholizismus hart attackiert, seine Modernisierung als Vorbedingung für den Wiederanschluß an die deutsche Kulturnation gefordert und von seiner Kritik auch die Kirche selbst nicht ausgenommen, was in der Zentrumspresse einen Sturm der Entrüstung hervorrief. – Ein solcher Mann war durch Herold gefördert worden, was seine innerparteilichen Gegner geradezu auf den Plan rufen *mußte*. Es glückte dem Zentrumsvorsitzenden jedoch, sich der gegen ihn auftretenden Opposition im Provinzialvorstand 1911 zu entledigen und anstelle seiner Kontrahenten, zu denen auch Warnecke gehörte, zwei Vertreter der katholischen Arbeitervereine nachrücken zu lassen. Bis in das münsterische Zentrum hinein reichte der lange Arm Herolds jedoch nicht; der „kaltgestellte" Warnecke blieb Stadtverordneter und wurde nach dem Krieg sogar zeitweise Vorsteher der Stadtverordnetenversammlung.

Am Vorabend des Ersten Weltkriegs befand sich die Zentrumspartei in Münster und Westfalen also in einer Krise. Die Frage, ob man den Katholizismus als „Gegenmodell gegen die moderne Welt“ (Thomas Nipperdey) konservieren – und auf diese Weise die gesellschaftliche Marginalisierung der Angehörigen dieser Konfession in Preußen-Deutschland festschreiben – oder ob man sich, wie es die Gruppe der Kölner Reformer vorschlug, „aus dem Turm befreien“ sollte, um den Anschluß an die gesellschaftliche Entwicklung und die vorherrschenden geistig-politischen Tendenzen der Zeit zu gewinnen, spaltete das gebildete Bürgertum und hatte Rückwirkungen auch auf Klerus und konservativen Adel. Die sozial und ideologisch motivierte Zerreißprobe endete jedoch nicht in einer Sezession. Die Gemeinsamkeiten der religiösen Tradition wie auch die fortschreitende „Nationalisierung“ der katholischen Bevölkerung im Sinne ihrer nicht mehr rückgängig zu machenden De-facto-Integration in das neue Reich verhinderten eine solche Entwicklung. Mit dem Kriegserlebnis und der Burgfriedenspolitik nach 1914 schienen das Trauma der „Reichsfeindschaft“ und der uneingelösten Parität endgültig überwunden, wenngleich sich im Kontext der Diskussionen über Kriegsziele und Wahlrechtsreformen bald neue Konflikte am Horizont abzeichneten.

Arbeiterbewegung und Sozialdemokratie

Anders als in den Städten des Industriereviers an der Ruhr, in Minden-Ravensberg oder im Wittgensteiner Land hat die Geschichte der westfälischen Arbeiterbewegung in der Provinzialhauptstadt vergleichsweise geringe Spuren hinterlassen. Weil die Soziale Frage und die gesellschaftlichen Wirkungen der in ihrem Kontext entstandenen Sozialdemokratie die politische Kultur des Kaiserreichs jedoch maßgeblich mitgeprägt haben, ist dennoch auch ein Blick auf Anfänge und Wirken dieser Partei in Münster unentbehrlich.

Was der Stadtarchivar Adolf Hechelmann in der Stadtchronik für das Jahr 1870 niederschrieb, sollte die Entwicklung der münsterischen Sozialdemokratie bis zum Zweiten Weltkrieg bestimmen: „Das Fabrikwesen hat in unserer Behörden- und Beamtenstadt so wenig Bedeutung, daß wir bei der geringen Anzahl derartiger Anlagen von der in Deutschland immer bedrohlicher werdenden sogenannten Arbeiterbewegung bislang wenig oder gar keine Anzeichen verspürten“ [1247: Münster im Kaiserreich, S. 19].

Die ausbleibende Industrialisierung, das konfessionelle Klima mit der Dominanz des Zentrums und schließlich der dem preußischen Obrigkeitsstaat mental wie sachlich verpflichtete Apparat der Provinzbehörden verhinderten die Entstehung eines sozialdemokratischen Milieus, das als Basis die Ausbreitung und das Wachstum der „Umsturzpartei“, wie sie von den bürgerlichen Parteien, den Honoratioren und nicht zuletzt von Bischof und Klerus auch in Münster apostrophiert wurde, hätte fördern können.

Immerhin formierten sich die Sozialdemokraten trotz der skizzierten schlechten Ausgangsbedingungen auch in dieser Stadt. Kennzeichnenderweise waren es in erster Linie zugewanderte Bauhandwerker, kaum Einheimische, die sich zudem anfangs nur gewerkschaftlich organisierten: So konstituierten sich 1870 eine Ortsgruppe des auf Ferdinand Lassalle zurückgehenden „Allgemeinen deutschen Zimmerervereins“

Achtung! Münster. Achtung!

Samstag, den 6. Januar, abends 8 Uhr
im Saale des Herrn Mellin, am Marienplatz:

Oeffentliche Versammlung.

Tages-Ordnung:

Die bevorstehenden Reichstagswahlen
und die Sozialdemokratie.

Referent: Karl König-Dortmund.

Freie Aussprache! Freie Aussprache!

Bürger! Arbeiter! In letzter Stunde ergeht die Mahnung an euch: Wahrt eure eigenen Interessen. Besucht diese Versammlung vollzählig. In freiem Meinungsaustausch soll die Politik der bürgerlichen Parteien, besonders des Zentrums, beleuchtet werden.

Verlag: A. Peters, Münster. Druck: A. Gerisch, Dortmund. Der Einberufer.

Bekanntmachung einer Versammlung der münsterischen Sozialdemokraten zur Reichstagswahl 1912

und 1877, vier Jahre nach dessen Auflösung, ein ebenfalls nur kurzlebiger Zweigverein des „Allgemeinen Deutschen Maurer- und Steinhauer-Bundes“ unter Leitung der beiden Maurer August Schütt und Adolf Christen, dessen 18 Mitglieder von der Polizei sogleich „sozialdemokratischer Tendenzen“ verdächtigt wurden. Als man nach den Reichstagswahlen von 1878, bei denen 23 Stimmen für August Bebel abgegeben wurden, im August des Jahres daran ging, unter der harmlos klingenden Bezeichnung eines Lesevereins „Unitas“ eine sozialdemokratische Gesinnungsgemeinschaft zu gründen, geschah das schon im Schatten des bald darauf erlassenen Sozialistengesetzes. Auch dieser Verein löste sich nach entsprechenden Repressionsmaßnahmen der Stadtverwaltung – den Arbeitgebern wurde sogleich empfohlen, die namentlich bekannten Mitglieder dieser Gruppe zu entlassen – schon im September wieder auf. Das bis 1890 geltende Sozialistengesetz machte dann erneute Organisationsversuche für mehr als ein Jahrzehnt unmöglich. Erst in den darauffolgenden Jahren unternahmen SPD-Anhänger – zunächst noch unter Tarnbezeichnungen wie „Belle Alliance“ (1891) und Arbeitergesangverein „Hoffnung“ (1894) – neue Anstrengungen zur Bildung von Vereinen, die ständig Gefahr liefen, aufgelöst oder strafrechtlich verfolgt zu werden, wenn sie als satzungsgemäß *unpolitische* Vereinigungen durch eingeschleuste V-Männer der Polizei politischer Betätigung auch nur bezichtigt, geschweige denn überführt wurden. Im November 1896 fand die erste ordentliche SPD-Versammlung in Münster statt, aber die Partei blieb auch in der Folgezeit klein, ja sie mußte an die in Münster einflußreichen konkurrierenden katholischen Arbeitervereine bis zum Weltkrieg immer wieder Mitglieder abgeben.

Im März 1909 zählte der Ortsverein Münster 187 Mitglieder und erreichte damit den Höhepunkt der Vorkriegsentwicklung; aus den Vergleichszahlen des Kreisvereins, in dem der Stadtverband dominierte, läßt sich dann aber ein steter Rückgang der Sozialdemokratie in Münster in den Jahren bis zum Weltkrieg ableiten. Diese negative Entwicklung hatte *auch* mit dem häufigen Wechsel in der Führung der Partei zu tun, da sich tüchtige Funktionäre wie der Maurer und Reichstagskandidat Groenewold, der 1908 als Redakteur einer Arbeiterzeitung nach Duisburg ging, oder der Schriftsetzer Friedrich Henßler, der aus dem gleichen Grund 1910 nach Dortmund zog, von den Verhältnissen in Münster keine Chancen in beruflich-parteipolitischer Hinsicht erhoffen durften. Henßler war erst ein Jahr zuvor aus Württemberg nach Münster gekommen, errang hier rasch durch sein mutiges Eintreten für sozialdemokratische Ziele in Versammlungen der christlichen Gewerkschaften und des „Volksvereins für das katholische Deutschland" die Anerkennung seiner Parteifreunde und rückte schon nach wenigen Monaten zum Vorsitzenden des sozialdemokratischen Wahlvereins für den Wahlkreis Münster-Coesfeld auf. In der kurzen Zeitspanne seines Wirkens vermochte er es jedoch nicht, die Partei dauerhaft zu konsolidieren, die zusätzlich durch Flügelkämpfe miteinander rivalisierender Fraktionen geschwächt wurde.

Viele der Sozialdemokratie nahestehende Handwerker und Arbeiter waren in den zahlreichen Gewerkvereinen organisiert, die bereits 1897 acht und 1914 vierzehn Ortsverbände von Einzelgewerkschaften umfaßten. Die meisten von ihnen entstammten dem Bau- und Verkehrsgewerbe; aber auch Interessenvertretungen der Gärtner, Metall- und Textilarbeiter sowie der Buchdrucker bildeten sich bis zum Krieg. Selbst wenn die Zahl der Gewerkschaftsmitglieder und SPD-Wähler jene der Parteigenossen weit übertraf, eine reelle Chance für ein Mandat bei den Reichstagswahlen hatte die SPD des Wahlkreises Münster-Coesfeld im Kaiserreich nicht. Da man sich angesichts der fortdauernden Geltung des preußischen Dreiklassenwahlrechts erst recht keinen Erfolg bei den Kommunal- und Landtagswahlen ausrechnen konnte, beteiligte sich die münsterische SPD bis 1918 konsequenterweise nicht daran. An den Reichstagswahlergebnissen läßt sich der Stellenwert der Sozialdemokratie im Wahlkreis Münster-Coesfeld ablesen. Es wird jedoch auch deutlich, daß die Partei im Vergleich zu ihren politischen Mitbewerbern durchaus keine Splittergruppierung darstellte und bis 1912 neben dem übermächtigen Zentrum an die zweite Stelle vorzurücken vermochte.

Die freien Gewerkschaften und die Partei verfolgten in Münster ähnliche Ziele wie auch sonst in der Region und im Reich. Ihre Außenwirkung blieb – wie angedeutet – beschränkt, aber das hieß nicht, daß man die als „gefährlich" empfundene kleine sozialistische Strömung bei den Stadt- und Landesbehörden sowie in der Öffentlichkeit nicht sorgfältig beobachtet hätte. Gelegentliche Streiks, vor allem der Bauhandwerker, lassen erkennen, daß sich die Partei und ihr Umfeld primär als Bewegung zur Wahrnehmung der Arbeitnehmerinteressen verstand, die „großen Fragen" der Politik und Ideologie vor der Jahrhundertwende jedoch weitgehend ausklammerte. Notgedrungen legte man den Akzent der Parteiarbeit auf die *interne* Schulung der Gesinnungsgenossen, was die äußere Form unpolitischer Bildungsvereine auch erzwang. Im Jahrzehnt vor dem Ersten Weltkrieg wurde dann zunehmend in der Öffentlichkeit für die Einführung des Achtstundentages, für die Abschaffung des preußischen Dreiklassenwahlrechts und gegen die Reichsfinanzreform agitiert. Daneben bildete die soziale Lage der Arbeiter und Kleinhandwerker in Münster ein Thema, das man kritisch mit Spitze gegen das Zentrum und seinen linken Flügel diskutierte. Wichtigster Punkt war die von der Kommune nur unzureichend geförderte Industrialisierung der Stadt, die vor allem die Unterschichten treffe, deren geringes Einkommen mangels entsprechender Arbeitsplätze mit der allgemeinen Entwicklung der Stadt nicht mithalten könne.

Trotz weitgehender Beschränkung der sozialdemokratischen Forderungen auf ökonomische und soziale Themen und des bewußten Verzichts auf weltanschaulich-politische Attacken gegen die bedeutende Rolle von Kirche und Geistlichkeit in Münster gelang den Sozialdemokraten hier wie auch sonst in der Region kein Einbruch in die katholisch bestimmte Arbeiterschaft. Der anderenorts erfolgreichere Versuch zur Bildung eigener sozialdemokratischer Milieu- und Lebensformen scheint auf enge Grenzen gestoßen zu sein. Zwar gab es auch in Münster seit den 1890er Jahren immer wieder Feiern und Umzüge zum 1. Mai, bei denen auswärtige Funktionäre die Ansprachen hielten, aber die wenigen erhaltenen Zeugnisse der Aktionen zum „Internationalen Kampftag der Arbeiterklasse“ in den Akten der politischen Polizei signalisieren das beschränkte Interesse der zur Sozialdemokratie gerechneten Klientel selbst an diesen für Selbstverständnis und Identitätsstiftung der deutschen Arbeiterbewegung zentralen Festen und Kundgebungen.

Das liberal-konservative Parteienspektrum

Wahlbündnisse auf Zeit hatte es, wie bereits angemerkt, zwischen Sympathisanten der nationalliberalen und konservativen Parteien schon seit den 1880er Jahren gegeben, ohne daß sich aus dem disparaten Quellenmaterial detaillierte Rückschlüsse auf innere Struktur und politisches Wollen dieser Zweckkoalitionen erschlössen. In der Presse wurden sie meist „Mittel-“ oder „nationale Partei“ genannt, womit sich lediglich ihre Abgrenzung nach „links“ und gegenüber dem Zentrum, nicht aber in Richtung völkisch-antisemitischer radikaler Gruppen auf der Rechten ergibt. 1884 kandidierten Konservative und Liberale noch getrennt, doch ohne großen Erfolg, was nicht verwundert, wenn man bedenkt, daß sich auf seiten letzterer der ehemalige preußische Kultusminister Falk, nun wahrlich *die* Symbolfigur des Kulturkampfes, ausgerechnet im „schwarzen“ Münster aufstellen ließ. Drei Jahre später fand man jedoch zu einer gemeinsamen Liste, die Dampfmühlenbesitzer Kiesekamp anführte. Im Rahmen des Streites um die gegen Frankreich gerichtete Heeresvermehrung hatte sich das Zentrum zusammen mit dem Freisinn nicht gegen die Erhöhung des Etats, jedoch gegen seine erneute Fixierung auf mehr als drei Jahre gewandt, was von seiten des „Kartells“, des Bündnisses der beiden konservativen Parteien mit den Nationalliberalen, als weiterer Beleg für die Mißachtung nationaler Interessen gewertet wurde. Aus dieser Stimmung heraus entstand auch in Münster ein Ableger des Kartells, dem im Vergleich zu den hier kläglichen Ergebnissen für Konservative und Nationalliberale von 1883 (zusammen 383 Stimmen) eine beachtliche Vermehrung der Stimmen

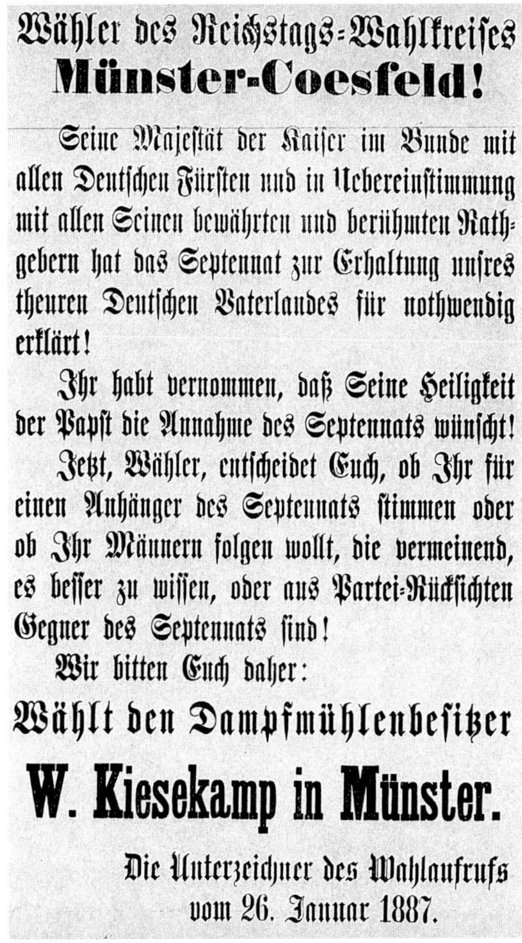

Wähler des Reichstags-Wahlkreises
Münster-Coesfeld!

Seine Majestät der Kaiser im Bunde mit allen Deutschen Fürsten und in Uebereinstimmung mit allen Seinen bewährten und berühmten Rathgebern hat das Septennat zur Erhaltung unsres theuren Deutschen Vaterlandes für nothwendig erklärt!

Ihr habt vernommen, daß Seine Heiligkeit der Papst die Annahme des Septennats wünscht!

Jetzt, Wähler, entscheidet Euch, ob Ihr für einen Anhänger des Septennats stimmen oder ob Ihr Männern folgen wollt, die vermeinend, es besser zu wissen, oder aus Partei-Rücksichten Gegner des Septennats sind!

Wir bitten Euch daher:

Wählt den Dampfmühlenbesitzer

W. Kiesekamp in Münster.

Die Unterzeichner des Wahlaufrufs
vom 26. Januar 1887.

In seinem Wahlaufruf vom 26. Januar 1887 tritt der Dampfmühlenbesitzer Kiesekamp für die Annahme der Heeresvorlage ein

auf etwa das Dreifache (1183 Stimmen) gelang. Nach einem deutlichen Einbruch bei den Wahlen von 1890 konnte das Kartell in einer mit 1887 vergleichbaren Situation nach Auflösung des Reichstags drei Jahre später noch einmal zulegen.

Die Einsicht, daß es die liberal-konservativen Gegner des politischen Katholizismus nicht bei lockeren Absprachen belassen dürften, sondern sich eine gemeinsame, verbandlich organisierte Plattform geben müßten, um ihre Anhänger erfolgreich zu mobilisieren, setzte sich erst im Vorfeld der Reichstagswahlen von 1903 durch. Im April bildete sich im Regierungsbezirk Münster ein „Nationaler Wahlverein", dessen führende Persönlichkeiten aus der Provinzialhauptstadt kamen. Neben einer Reihe von Professoren der Akademie, darunter der Historiker Karl Spannagel sowie der Physiker und spätere Ehrenbürger der Stadt Johann Wilhelm Hittorf, beteiligten sich auch bekannte Juristen und Unternehmer daran. So gehörten zu den Gründungsmitgliedern die Rechtsanwälte Löbker und Justizrat von Portugall sowie der Direktor des Verwaltungsgerichts, Wiesmann, ferner Kommerzienrat Kiesekamp und die Fabrikanten Hochherz und Winkhaus. Die Anwesenden beklagten die ungenügende politische Vertretung der 50 000 „durchweg echt national" gesonnenen Protestanten im Regierungsbezirk; am schlimmsten sei es im Wahlkreis Münster-Coesfeld, wo die Opposition gegen den Ultramontanismus nach langem Zögern erst jetzt aktiv werde. Der Wahlverein trete für vaterländische Prinzipien ein und mache aus seinem Gegensatz zum Zentrum keinen Hehl. Allerdings wolle man den Kampf „in echter und ehrlicher Duldsamkeit" führen. Das Motto des Nationalen Wahlvereins lautete: „Erst das Vaterland, dann die Partei!" – Das „Programm" des Nationalen Wahlvereins selbst vermied jedoch explizite Angriffe auf den politischen Katholizismus und war so allgemein gehalten, daß ihm an sich innerhalb des gesamten bürgerlichen Parteienspektrums – unter Einschluß des Zentrums – jeder hätte zustimmen können.

Am 4. Mai konstituierte sich im Theatersaal des Centralhofs auch eine münsterische Ortsgruppe des neuen „Kartells". Unter den etwa 500 Teilnehmern waren, wie der „Merkur" süffisant anmerkte, kaum alteingesessene Bürger der Stadt, sondern vornehmlich Beamte der Provinzverwaltung und der anderen Zentralbehörden. Ihre Vorgesetzten hätten sie offensichtlich quasi dienstlich zu dieser Veranstaltung „befohlen", und die meisten seien nur erschienen, um nicht eine Versetzung in den ungeliebten Osten der Monarchie zu riskieren. Das mochte überzogene Polemik sein; richtig beobachtet war aber der hohe Anteil des öffentlichen Dienstes und die konfessionell einseitige, protestantisch geprägte Ausrichtung der Gründungsversammlung.

In den Ansprachen der beiden Hauptredner, Stahl und Spannagel, bildete die Gegnerschaft zum Zentrum das wichtigste Thema. Schließlich nominierte die Versammlung den Stadtverordneten des Bürgervereins Überwasser, Rechtsanwalt Löbker, als Kandidaten für die kommende Reichstagswahl. An dem für den Nationalen Wahlverein enttäuschenden Ergebnis dieser Wahl, in der auf Löbker 1628, auf den unangefochtenen Zentrumskandidaten Freiherrn von Hertling 6422 und auf den münsterischen Sozialdemokraten Groenewold immerhin noch 1237 Stimmen in den städtischen Wahlbezirken entfielen, läßt sich ablesen, daß der konfessionelle Gegensatz als einzig bestimmendes Thema des Wahlkampfes nicht hinreichte, um Einbrüche in das Zentrumslager zu erzielen. Im Gegenteil, die Opposition förderte den politischen Katholizismus gerade durch ihr Vorhandensein, wie Zentrumspolitiker befriedigt anmerkten: Ihnen entstand dadurch erst ein sichtbarer Widerpart, der die eigenen Anhänger mobilisieren und so die Gefahren der im Kaiserreich durchweg nur geringen Wahlbeteiligung wieder ausgleichen konnte. Zudem machte sich diesmal das Fehlen größerer innenpolitischer und parlamentarischer Konflikte bemerkbar. Vermutlich sahen deshalb die mit der nationalen Liste sympathisierenden Wähler 1903 keinen Grund, ihre Opposition gegen das Zentrum durch den Urnengang öffentlich kenntlich zu machen.

Das änderte sich erst in den sogenannten Hottentottenwahlen von 1907, die durch die Reichstagsauflösung infolge des Streites um die Mittelbewilligung zur Niederschlagung des Aufstands in Deutsch-Südwestafrika notwendig wurden. In seiner Agitation behauptete der Nationale Wahlverein, wieder lasse das Zentrum in der

Stunde der Gefahr das Vaterland im Stich, und – was am schlimmsten sei – es mache mit den erklärten Feinden des Reiches, der Polenpartei, gemeinsame Sache. Offenbar gehöre es zu den Grundsätzen des politischen Katholizismus – so der Rechtskatholik und Wahlkämpfer Leo von Savigny – die eigenen Glaubensbrüder auf jeden Fall „dem evangelischen Landsmann" vorzuziehen. Es sei ein Skandal, daß der „Benjamin des Zentrums", Matthias Erzberger, sich ohne Widerspruch seiner Reichstagsfraktion mit kolonialpolitischen Themen persönlich zu profilieren suche und dabei auf die Interessen des Reiches keine Rücksicht nehme [1262: Wahlversammlung am 15. Januar 1907].

Die Situation des Nationalen Wahlvereins verbesserte sich 1907 nicht zuletzt auch durch die gelungene Einbeziehung der rechtsstehenden „Nationalkatholiken", die sich im folgenden Jahr zur „Deutschen Vereinigung" zusammenschließen sollten. Es handelte sich um einen Kreis rechtsnationaler, auf seiten der Regierungsmehrheit engagierter Katholiken, dessen Schwerpunkt im Rheinland – weniger in Westfalen – lag und der von einer konservativ-adeligen Schicht unter Einbeziehung von Bildungsbürgern aus Schule und Universität und einer nur wenig schwächeren Gruppe von selbständigen Kaufleuten und Unternehmern geprägt wurde. Nicht von ungefähr zählte der erste katholische Oberpräsident des Rheinlandes, Clemens Freiherr von Schorlemer-Lieser, ein Sohn des „Bauernkönigs", zu den führenden Persönlichkeiten der Nationalkatholiken. Unter den neun Professoren aus Münster, die den Gründungsaufruf der „Deutschen Vereinigung" Ende 1907 unterzeichneten, befand sich auch der schon genannte Staats- und Verwaltungsrechtler Leo von Savigny, der bald als ihr „Chefideologe" fungierte. Seine öffentlichen Auftritte für den Nationalen Wahlverein dokumentieren die Bitterkeit jener unzufriedenen Katholiken, „die sich mit dem Ausschluß des Zentrums aus seiner parlamentarischen Schlüsselstellung und mit dem Ausbruch neuer konfessioneller Spannungen nicht abfinden wollten" [2163: Gründer, Rechtskatholizismus, S. 133]. Katholische Geistliche spielten in der Vereinigung keine Rolle, dagegen traten einige protestantische Pfarrer für ihre Ziele ein. Überhaupt überrascht es auf den ersten Blick, daß mit Ausnahme Savignys und weniger anderer in Münster vornehmlich evangelische Honoratioren für die Nationalkatholiken Partei ergriffen. Das nationale Moment erwies hier anschaulich seine gegenüber der Konfessionszugehörigkeit weit stärkere Bindekraft, auch wenn hinzugefügt werden muß, daß die Schar dieser bündniswilligen Katholiken klein blieb und in ihrer Mehrzahl zuvor dem Zentrum *nicht* angehört hatte.

Mit Rechtsanwalt Dr. Swart, der zusammen mit seinem Kollegen Justizrat Löbker 1918 die Deutsche Volkspartei in Münster begründete, saßen auch der spätere Geheime Archivrat Dr. Krumbholtz und Professor Spannagel 1907 im Vorstand der Nationalen Wahlvereinigung. Letzterer löste dann Löbker als Reichstagskandidat ab. Er kam bei den Wahlen in Münster auf 19,2 Prozent, während Freiherr von Hertling 67,8 Prozent erreichte. Diesen Achtungserfolg konnte die Liste 1912 nicht wiederholen; vielleicht auch deshalb nicht, weil sich ihr liberaler Flügel nach den Erfahrungen mit dem „blau-gelben" Bülowblock, dem Bündnis der Liberalen und Konservativen gegen das Zentrum, spaltete und die Fortschrittliche Volkspartei mit dem Mindener Chefredakteur Friedrich Kuhle, der auch das „Münstersche Liberale Wochenblatt" herausgab, wieder einen eigenen Bewerber „ins Rennen" schickte.

Die Antisemitenpartei in Münster

In Westfalen hatte sich der in den 1870er Jahren auftauchende *neue*, völkisch orientierte Rassenantisemitismus seit 1883 in sogenannten Deutschen oder Patriotischen Vereinen organisiert. Treibende Kraft war der Wittener Arzt Dr. König mit seinem in Dortmund erscheinenden Wochenblatt „Westfälische Reform". Auch in Münster konstituierte sich 1887 ein Ableger, der Deutsche Reformverein. Er setzte sich „aus Männern des Mittelstandes" zusammen, wie es ein nationalsozialistischer Autor Jahrzehnte später formulierte; zu seinen Mitgliedern zählten wohl in erster Linie kleine und mittlere Kaufleute und Handwerksmeister. Aus seiner nur in Umrissen rekonstruierbaren kurzen Geschichte – nach der Jahrhundertwende brechen alle Informationen ab – läßt sich schließen, daß der Reformverein die örtliche Basis der 1889 von König und dem bekannten Berliner Antisemiten Liebermann von Sonnenberg gegründeten Deutschsozialen Partei bildete, nach deren Vereinigung mit der Deutschsozialen Reformpartei von 1894 er eine Zeitlang auch die Funktion eines Provinzialverbandes dieser Splittergruppe übernahm.

Der den älteren, primär religiös fundierten Antijudaismus ablösende, nun auf rassistische und ökonomisch-kulturelle Vorurteile rekurrierende neuartige Antisemitismus gewann nach der Reichsgründung in Westfalen eine begrenzte Anhängerschaft, die nicht auf das protestantische Milieu beschränkt blieb, sondern auch in den katholischen Regionen der Provinz auf Resonanz stieß. Dieser Antisemitismus gehörte zu den Kehrseiten der seit 1869 und 1871 vollzogenen *rechtlichen* – nicht *gesellschaftlichen* – Emanzipation der Mitbürger jüdischer oder ehemals jüdischer Religion im Norddeutschen Bund und später im Reich. Der umfassende soziale und ökonomische Modernisierungsprozeß mit seinen oft problematischen Folgen für die davon Betroffenen schuf sich neue Feindbilder, die dann für die Kosten dieser Entwicklung verantwortlich gemacht wurden. Die Verbindung des Judentums mit dem Liberalismus, der einzigen politischen Kraft, die den Emanzipationsprozeß vorangetrieben hatte, ließ die liberalen Parteien zur politischen Heimat einer Mehrheit der deutschen Juden werden. Damit hatten sie auch Anteil am Kulturkampf, und für viele Katholiken wie für konservative Protestanten stand die Identität von liberalen ökonomischen und kulturellen Vorstellungen mit den Zielen des Judentums außer Zweifel. Liberales Gedankengut schien ökonomische Ausbeutung und soziale Unterdrükkung gerade jener kleinbürgerlichen Schichten zu fördern, die etwas zu verlieren hatten, und trug in den Augen seiner Gegner dazu bei, Religion und Kirchen beider Konfessionen als integrale Stützen der Gesellschaft zu desavouieren und zu zerstören, was am Ende die auf diese Werte gründende Nation und die Reichseinheit gefährden mußte.

Die fatale Vermischung von antiliberalen und – vor allem in der Landbevölkerung virulenten – traditionellen antijüdischen Ressentiments war bis in das Zentrum hinein verbreitet und schuf die Voraussetzungen für die Entstehung antisemitischer Parteien und Verbände. Wer solche Ideen teilte, mußte aber nicht notwendig den organisatorischen Zusammenschluß suchen, solange auch die etablierten politischen Kräfte und mit ihnen die Mehrheitsgesellschaft des Reiches solche Stimmungen integrierten. Das gilt etwa für die vielfältigen bürgerlichen „Clubs" in Münster, in denen sich auf dem Boden der christlichen Weltanschauung das gesellschaftliche Leben der

August Rohling (1839–1931), von 1866 bis 1874 Privatdozent und Professor für Exegese an der Akademie

Stadt abspielte. Auch die lange führende Zeitung des Zentrums, der „Westfälische Merkur", besaß bis um die Jahrhundertwende eine antisemitische Tendenz, was selbst sein späterer Chefredakteur Theodor Warnecke in seiner sonst recht unkritischen Geschichte des Blattes bedauernd anmerkte. Der „Merkur" berichtete häufig ausführlich über lokale Ereignisse, die Juden betrafen, druckte 1884 ganze Passagen aus dem antisemitischen Machwerk „Der Judenspiegel" nach, den ein jüdischer Konvertit namens Aron Israel Briman unter dem Pseudonym Dr. Justus ein Jahr zuvor in Paderborn veröffentlicht hatte, und schrieb über die Antisemitenparteien mit bei diesem Blatt ungewohnter Zurückhaltung. Vermutlich war das unter anderem eine Reaktion darauf, daß die zum gehobenen Bürgertum der Stadt zählenden Juden Münsters während des Kulturkampfes und in vielen, das Verhältnis zum Preußentum betreffenden Auseinandersetzungen häufig auf seiten der protestantischen Bevölkerung gestanden hatten.

Weil die Antisemiten keinen Monopolanspruch auf ihre „Botschaft" erheben konnten und auch weil die völkischen Tendenzen bei ihnen eine religionskritische Komponente besaßen, an der viele Katholiken Anstoß nahmen, blieb ihre organisatorische Zusammenfassung in Münster klein. Ob und welche Beziehungen der Reformverein zum Adolph-Russell-Verlag unterhielt, ist ungeklärt. Hier veröffentlichte der katholische Theologieprofessor an der Akademie, August Rohling, 1871 sein beschämend erfolgreiches antisemitisches Pamphlet „Der Talmudjude", das in den Jahren darauf zahlreiche Auflagen erlebte. Anfang der 1890er Jahre erschien eine ganze Serie weiterer Broschüren dieser Art, die ein Beleg dafür sind, daß es für solche pseudowissenschaftlichen Auseinandersetzungen mit dem Judentum in Westfalen offenbar einen „Markt" gab [1587: Krüger, Treudeutsch allewege, S. 18, 33ff].

Die konkret faßbaren *politischen* Wirkungen der antisemitischen Kampagnen des Verlages und des Reformvereins in Münster waren gering. In den Reichstagswahlen von 1890 bis 1903, an denen sich ihre Exponenten beteiligten, kamen sie nur 1898 im Stadtgebiet auf mehr als 200 Stimmen und verschwanden nach dem Desaster von 1903 (26 Stimmen) als Partei völlig von der Bildfläche. Nachhaltiger dürfte ihr Einfluß jedoch auf die Programmatik der Gruppierungen des nationalen Spektrums in Münster gewesen sein; von einigen Sportvereinen ist bekannt, daß sie schon vor der Jahrhundertwende – wenigstens zeitweise – einen „Arierparagraphen" einführten: so der Turnverein „Westfalia" von 1883.

Die vaterländisch-nationalen Verbände in Münster

Ausdruck einer umfassenden Protestbewegung gegen die Moderne waren auch die in den 1880er und 1890er Jahren im Reich entstehenden nationalen Verbände. Sie wandten sich vehement gegen die längst begonnene pluralistische Öffnung der Gesellschaft, boten ihren Mitgliedern – ähnlich wie den radikaleren Antisemiten – Gelegenheit, ihren rückwärtsgerichteten Protest gegen die Auflösung traditioneller Werte bezogen auf Ökonomie, Emanzipation, Kultur und Religion zu artikulieren, und wiesen ihnen vermeintliche Perspektiven, die auf imperiale Expansion und europäische Hegemonie des Reiches zielten. Der „verspäteten Nation" sollte der berühmte „Platz an der Sonne" gesichert werden. Daß Deutschland „Weltpolitik" treiben müsse – diese Überzeugung teilten allerdings nahezu alle bürgerlichen Eliten, gleich ob sie eher dem liberalen oder dem konservativen Lager entstammten. Als Avantgarde dieser „deutschen Bestimmung" sahen sich jedoch die sogenannten nationalen Sammlungsbewegungen der wilhelminischen Ära. Sie inszenierten und forcierten bewußt jene „Nationalisierung der Massen" (George L. Mosse), die das merkwürdig ambivalente Verhältnis zur Moderne kennzeichnete – eine Moderne, die man fürchtete und doch mit ihren neuartigen ökonomischen und militärischen Ressourcen für die beschriebenen Politikziele zu instrumentalisieren suchte.

Das doppelte Anliegen: Sicherung und Stärkung deutscher Machtpolitik auf der einen und gnadenloser Kampf gegen alle als „Reichsfeinde" stigmatisierten innenpolitischen Gegner auf der anderen Seite beschränkte die Anhängerschaft der nationalen Verbände weitgehend auf den evangelischen Volksteil. Auch in Münster standen „praktisch alle nationalen Agitationsverbände in dem Ruf, protestantisch dominierte Träger einer gegen die katholische Kirche und das Zentrum gerichteten Politik zu sein" [1587: Krüger, Treudeutsch allewege, S. 44f]. Weil die katholische Partei nach der Jahrhundertwende im Zeichen der Integrationspolitik in das Reich aber zunehmend zur nationalen Kooperation bereit war, liefen die Attacken der Alldeutschen und der mit ihnen gesinnungsmäßig verbundenen Verbände in Westfalen vielfach ins Leere, ja festigten unfreiwillig das katholische Milieu, das nach dem Abflauen der Kulturkampfstimmung durchaus Erosionserscheinungen gezeigt hatte. Als erster mußte das der Alldeutsche Verband erfahren, der für ein alle Deutschen umfassendes

Großdeutschland eintrat und die damit zu gewinnende mitteleuropäische Hegemonie als Basis für ein weiteres Ausgreifen der kolonialen Expansion nutzen wollte. Seine 1898 von Assekuranzdirektor Roer gegründete münsterische Ortsgruppe erkannte rasch, daß trotz Förderung durch preußische Regierungsstellen und hoher Opferbereitschaft der wenigen Mitglieder, die kostenlose Agitationsabende veranstalteten und auf eigene Rechnung Flugblätter für die Flottenpropaganda drucken ließen, die Resonanz gering blieb. Auch ein ebenfalls von Roer am Geburtstag des „eisernen Kanzlers" am 1. April 1901 ins Leben gerufener „Bismarckbund", der die notwendigen Mittel zum Bau eines Bismarckdenkmals sammeln wollte, gelangte nicht an sein Ziel; anders als in zahlreichen Städten Preußens und Westfalens wurde in Münster nie eine Bismarckgedenkstätte errichtet. Ein ähnliches Schicksal erlebte der im Februar 1900 gegründete Ortsausschuß des Deutschen Flottenvereins, der um Sympathien und Verständnis für eine verstärkte Aufrüstung der Kriegsmarine als Voraussetzung für die militärische Präsenz des Reiches in Übersee warb. Auch hier blieben die preußischen Beamten und Universitätsprofessoren unter sich, nur einige städtische Bedienstete schlossen sich an, darunter Oberbürgermeister Jungeblodt, der die Ortsgruppe bis 1908 führte. Die Kaufmannschaft der Stadt war dagegen so gut wie nicht vertreten. Vereinzelte Versuche, mit Hilfe der Autorität der Landräte im Umland Mitglieder zu gewinnen, verliefen im Sande. Weltmachtdenken, Flottenpolitik und Kolonialgedanke wurden von der ebenfalls um die Jahrhundertwende konstituierten Abteilung Münster der „Deutschen Kolonialgesellschaft" vertreten. Wieder findet sich hier an prominenter Stelle der Oberbürgermeister, den 1908 der Geograph Professor Wilhelm Meinardus als Vorsitzender ablöste, was kein Zufall war, da sich in dieser Ortsgruppe eine wachsende Zahl von Hochschullehrern sammelte.

Vom internen Vereinsleben dieser Ableger der anderenorts wesentlich erfolgreicher operierenden nationalen Verbände ist noch weniger bekannt als von ihren öffentlichen Auftritten, von denen die zentrumsnahe Presse nur selten Notiz nahm. Alles in allem spielten sie eine marginale Rolle, wenngleich die Hemmschwelle zum Beitritt unter den Protestanten wie einzelnen „Nationalkatholiken" hier wesentlich niedriger lag als etwa bei den Antisemiten. Alldeutschen, Flottenbefürwortern und Kolonialenthusiasten gelang es jedoch, einen Teil jener protestantischen Funktionseliten mit ihren Ideen zu „infizieren", die in der Öffentlichkeit eine bestimmte Multiplikatorenfunktion wahrnahmen. Ihre Distanz zum katholischen Milieu und damit ihre als politisch-kulturelle Diaspora erfahrene Existenz ließ sie in den zentrumsaversiven vaterländischen Gruppierungen eine „Heimat" finden, die im Namen eines preußisch geprägten „größeren Deutschland" diese „Fremdheit" ein Stück weit aufhob. Nach 1914, als der Rausch des Kriegserlebnisses die gesellschaftlichen und parteipolitischen Grenzziehungen zeitweise überbrückte, errangen sie als Sprecher der nationalen Rechten und Annexionisten dann auch in einem Teil des katholischen Lagers jene „Erfolge", die ihnen dort bis Kriegsbeginn verweigert worden waren.

2. *Stadt und Monarchie*

Die Bindungen zwischen der westfälischen Provinzialhauptstadt und der Hohenzollernmonarchie *konnten* nach dem Gesagten so eng nicht sein wie diejenigen vergleichbarer Städte in Preußen und im Reich. Die räumliche Entfernung zu Berlin, das hier auf Mißtrauen stoßende, in den Landesteilen östlich der Elbe schwächer entwikkelte Selbstbewußtsein der führenden bildungs- und wirtschaftsbürgerlichen Schichten und immer wieder das andersartige konfessionelle Klima bestimmten das Verhältnis des Königs zu „seiner" Stadt Münster und umgekehrt.

Auf zwei voneinander getrennten Ebenen entfalteten sich die Beziehungen zwischen Monarchie und Kommune. Im Zuge ihrer Kontroll- und Bestätigungsrechte konnte die Krone in die Verwaltung eingreifen, Entscheidungen der Stadtverordnetenversammlung bestätigen oder zurückweisen und dadurch vor allem auf die Personalpolitik der Städte einen über formale Verwaltungsakte hinausgehenden Einfluß ausüben. Das war die mehr interne Seite obrigkeitlicher Herrschaft – nicht für die Öffentlichkeit bestimmt, für das Funktionieren des politischen Systems jedoch auch im Zeichen eines verfassungsmäßigen wie faktischen Rückgangs persönlicher Regentschaft von Bedeutung. Auf der anderen Seite spielte angesichts eingeschränkter Partizipation und der damit verknüpften mangelnden Identifikationsmöglichkeiten der Bürger mit ihrem Staat die öffentliche Sichtbarkeit der Monarchie und ihres Trägers als Symbol der Nation und ihrer politischen Kultur nach 1871 eine zunehmend wichtigere Rolle. In diesem Kontext sind die zahlreichen Kaiserbesuche zu nennen, die Wilhelm I. und sein Enkel Wilhelm II. – der nur 88 Tage regierende Friedrich III. kann hier außer Betracht bleiben – „ihren" Städten, darunter auch Münster, mehrfach abstatteten. Derartige Visiten erfüllten im Zeichen der Modernisierungsdefizite des Reiches eine wesentliche kompensatorische Funktion. Sie demonstrierten machtvoll und mit Glanz die Einheit von Nation und Gesellschaft, des obersten Repräsentanten der Herrschaft mit seinen „Untertanen". Auf diese Weise wurde jener eigentlich nur in Teilsegmenten der Gesellschaft vorhandene, gleichwohl im Zuge der „negativen Integration" selbst von fundamentaloppositionellen Gruppen irgendwo doch geglaubte und damit geschichtsmächtige Grundkonsens beschworen, der über alle sozialen, politischen und kulturellen Antagonismen hinweg Harmonie und Stabilität konstitutieren sollte. Es ist nicht damit getan, solchen Unternehmungen politischer Sinnstiftung das sozialgeschichtlich operationalisierbare Fundament abzusprechen; denn die lange unterschätzte Bedeutung von politischen Symbolen, von mentalitätsbildenden Faktoren, zu denen nicht zuletzt der neue *politische Stil* staatlicher Selbstdarstellung im Kaiserreich gehört, blieb nicht ohne Eindruck und Folgen für das Verhältnis auch Münsters zum Reich: Ungeachtet der historisch gewachsenen Reserven gegenüber dem Borussianismus erleichterten die beeindruckenden Begegnungen des Monarchen mit der westfälischen Provinzhauptstadt auf allen Ebenen der Bevölkerung den schwierigen Integrationsprozeß der westfälischen Katholiken in das Reich.

Die königliche Bestätigungspraxis bei der Einsetzung der politischen Kommunalbeamten

Nach der preußischen Kommunalverfassung war es notwendig, die Wahl der städtischen haupt- und nebenamtlichen politischen Beamten, also in erster Linie der Beigeordneten und Bürgermeister, durch den König bestätigen zu lassen. Dies ging in der Praxis so vor sich, daß Regierungs- und Oberpräsident über persönliche Umstände, fachliche Eignung und politische Einstellung der von der Stadtverordnetenversammlung Gewählten an den Innenminister berichteten, der diese Informationen dann an den Monarchen zur letzten Entscheidung weitergab. In aller Regel – bis auf Ausnahmen, von denen gleich zu reden sein wird – gaben die preußischen Monarchen ihr Plazet zu den münsterischen Personalentscheidungen; historiographisch ergiebiger als der eigentliche Vorgang ist die damit in Zusammenhang stehende, oft umfängliche Korrespondenz zwischen Mittelbehörden und Ministerialbürokratie, die in plastischer Weise erkennen läßt, von welchen Kriterien man sich in Preußen bei der Besetzung kommunaler Spitzenämter leiten ließ.

Regierung und Verwaltungen waren primär an der Frage interessiert, wo die von den Stadtverordneten bereits gewählten Kandidaten parteipolitisch eingeordnet werden mußten und wie sie zur Krone standen. Natürlich wußte man in Berlin, daß in Münster niemand Erster Beigeordneter oder gar Bürgermeister bzw. Oberbürgermeister werden konnte, wenn er nicht katholisch war und mit dem Zentrum wenigstens sympathisierte. Das mußte man akzeptieren, sollten die preußische Städteordnung und das Selbstverwaltungsrecht der Kommunen nicht ausgehöhlt werden. Diese erschien den Mittelbehörden als hohes Gut, so daß sie gelegentlich auf den Einspruch gegen bestimmte Wahlvorschläge auch dann verzichteten, wenn sie den Kandidaten für fachlich ungeeignet, intellektuell wenig begabt und charakterlich schwach hielten. „Mangel an Begabung und des Fleißes“ seien kein Grund zur Ablehnung, belehrte der Oberpräsident 1878 die Regierung Münster, die eine Nichtbestätigung der Wahl des ehrenamtlichen Beigeordneten und Magistratsmitglieds Boele aus diesen Motiven empfohlen hatte. Die Verantwortung für unbefriedigende Personalentscheidungen trage allein die Wahlkörperschaft. Innenminister Graf Eulenburg schloß sich in seiner Vorlage für den Monarchen dieser Stellungnahme mit dem ausdrücklichen Hinweis darauf an, daß ein Veto im vorliegenden Fall zu tief in die Selbstverwaltungsrechte der Stadt eingreifen würde und deshalb nicht ratsam erscheine. – Anders reagierte die Krone jedoch in der Angelegenheit des ehrenamtlichen Bürgermeisters Schlichter, dessen Wiederwahl 1878 anstand. Dieser hatte sich in den Wirren des städtischen Kulturkampfes so vorbehaltlos auf die Seite der Kirche und des Bischofs Brinkmann geschlagen, daß die Regierung ihm Amtsmißbrauch und staatsfeindliche Bevorzugung der Zentrumspartei bei jeder sich bietenden Gelegenheit vorwarf. Ein ganzes Bündel weiterer Gravamina untermauerte das Urteil, dem sich in diesem Fall Oberpräsident, Innenminister und schließlich auch der König anschlossen, so daß in Münster neu gewählt werden mußte [GehStaatsA Merseburg, 2.2.1. Zivilkabinett 14753].

Ein derartiger Skandal wiederholte sich in den kommenden Jahrzehnten nicht; durchweg bescheinigten die Regierung Münster und das Innenministerium nun den in Aussicht genommenen Kandidaten, entweder politisch nicht besonders hervorgetreten zu sein oder doch trotz ihrer Mitgliedschaft in der Zentrumspartei königstreues Verhalten, Loyalität und Mäßigung an den Tag gelegt zu haben. Einen besonderen Indikator zur Empfehlung eines Beamten für die höhere Kommunallaufbahn bildete die Zugehörigkeit zum Reserveoffizierkorps, die in den Personalbeurteilungen stets an erster Stelle aufgeführt wurde. Eine Mehrheit der Beigeordneten und Zweiten Bürgermeister Münsters in den Jahren bis zum Ersten Weltkrieg besaß diese Qualifikation, deren Fehlen in der wilhelminischen Gesellschaft und erst recht im öffentli-

Max Jungeblodt (1854–1923), Oberbürgermeister der Stadt Münster von 1898 bis 1916. Gemälde von Theodor Klaas

chen Dienst als Makel galt. Die Hochschätzung des Reserveoffizierpatents im Kaiserreich hatte mit der zunehmenden Militarisierung aller Lebensbereiche im Zeitalter des Imperialismus zu tun, besaß aber in Münster noch einen sehr konkreten Hintergrund. Denn hier lagen das VII. Armeekorps samt Generalkommando, das mit dem im Schloß residierenden Kommandierenden General das gesellschaftliche Leben der Stadt maßgeblich prägte. Die notwendigen vielfältigen Kontakte zwischen Kommune, Regierung, militärischen Stäben und Verbänden konnten nur davon profitieren, wenn die Spitzen der Stadtverwaltung erfolgreich „gedient" hatten und wenigstens in dieser Hinsicht als „gesellschaftsfähig" betrachtet wurden.

Hier handelte es sich nicht nur um ungeschriebene Gesetze, mit denen in der Tagespolitik gleichwohl pragmatisch verfahren werden konnte, sondern um sehr reale Vorgaben, auf die man innerhalb der Berliner Ministerialbürokratie und bei Hof penibel achtete. Das zeigte sich, als der Rechtsanwalt Max Jungeblodt (1854–1923), der seit 1890 als Magistratsmitglied und seit 1896 als Erster Beigeordneter fungierte, im Jahr darauf zum Nachfolger des Ersten Bürgermeisters Karl Windthorst gewählt wurde. Bisher war es üblich gewesen, den Amtsinhabern schon beim Antritt der ersten zwölfjährigen Wahlperiode den Titel „Oberbürgermeister" zu verleihen. Das geschah diesmal nicht. Obwohl der König Jungeblodt ohne weiteres bestätigte, verweigerte er ihm den begehrten Titel mit ausdrücklichem Hinweis darauf, daß Jungeblodt als junger Referendar 1880 wegen einer Satisfaktionsverweigerung aus der Reserveoffizierliste gestrichen worden war, wenngleich aus nichtigem Anlaß. Es ging um eine Duellforderung, die der überzeugte Katholik und Rechtsreferendar zurückwies, obwohl ihm der Präsident des Oberlandesgerichts Hamm als sein Dienstvorgesetzter inoffiziell bedeutete, er solle die Forderung aus gesellschaftlichen Gründen akzeptieren. Das Delikate der Affäre, die dann zum Prozeß und zur Verurteilung des Herausforderers zu 14 Tagen Festung führte, lag darin, daß nicht nur zwei junge, noch verhältnismäßig unbedarfte Juristen, sondern mit dem Präsidenten des Oberlandesgerichts der oberste Richter der Provinz darin involviert waren, das Strafgesetzbuch aber unzweideutig das vollzogene Duell mit einer verhältnismäßig harten Freiheitsstrafe ahndete.

Es kostete die Regierung Münster und den Innenminister außerordentliche Mühe, dem von beiden geschätzten Jungeblodt, der 1898 auch in das preußische Herrenhaus berufen wurde, zwei Jahre später zum Oberbürgermeistertitel zu verhelfen. Man scheute sich nicht, zu diesem Zweck ein förmliches Verfahren mit dem Ziel der Rehabilitierung und erneuten Aufnahme Jungeblodts in die Reserveoffizierliste anzustrengen, um auf diese Weise seine Satisfaktionsfähigkeit wiederherzustellen, was auch zum Erfolg führte. Außerdem hob der Innenminister dem Monarchen gegenüber die großen Verdienste Jungeblodts um seine Heimatstadt, die Provinz und um ganz Preußen hervor. Stets sei er den Wünschen der Staatsregierung entgegengekommen und habe in dieser, solchen Plänen an sich abgeneigten katholischen Region derart erfolgreich für den Schlachtflottenbau geworben, daß sogar in Münster ein Ortsverband des Flottenvereins entstanden sei. Schließlich werde sich die Verleihung des Oberbürgermeistertitels auch „vorteilhaft auf die Gesinnung der Bevölkerung einwirken und geeignet sein, Jungeblodts Einfluß im Sinne einer regierungsfreundlichen Haltung noch zu verstärken“ [GehStaatsA Merseburg, 2.2.1. Zivilkabinett 14753].

Beinahe zwangsläufig wurde Jungeblodt daraufhin ernannt. Über das Anekdotenhafte hinaus zeigt diese Geschichte die Schwierigkeiten noch einmal auf, die das Verhältnis Preußens zu seiner westfälischen Provinzhauptstadt charakterisierten. Allerdings ist nicht zu übersehen, daß die Beziehungen zwischen den Spitzen der Kommune, Regierungs- und Oberpräsident häufig gut bis herzlich waren; zweifellos hätten sich letztere sonst nicht in dieser Intensität für Jungeblodt und andere eingesetzt. Offenbar verstanden es die politischen Repräsentanten der Stadt, durch persönliche Fühlungnahme, loyales Verhalten und dezidierte Bekundung ihrer königstreuen, pro-preußischen Gesinnung, gängige Vorurteile und aus dem Kulturkampf zurückgebliebene Ressentiments seit den 1880er Jahren zunehmend zu überwinden.

Die Kaiserbesuche

Bei den ersten beiden Kaiserbesuchen von 1884 und 1889 ging die Initiative vom Westfälischen Provinziallandtag aus, dessen Marschall, Freiherr von Bodelschwingh-Plettenberg, 1884 in Berlin vorstellig wurde, um den 87jährigen Monarchen anläßlich seiner regelmäßigen Reisen zu den jährlichen Herbstmanövern in die Provinzialhauptstadt einzuladen. Offensichtlich erschien der nicht nur Teile des ehemaligen geistlichen Territoriums von Westfalen, sondern auch dessen ältere preußische Gebiete repräsentierende Landtag als das besonders geeignete Forum, um nach den religiös-kulturellen Auseinandersetzungen des vergangenen Jahrzehnts die Beziehungen der Region zur preußischen Metropole und zur Monarchie neu zu knüpfen. Der Landtagsmarschall wußte um die mentalen Reserven der Staatsregierung und des alten Kaisers gegenüber einer Visite in Münster, denn er beeilte sich, seinem Vorschlag hinzuzufügen, Konflikte zwischen den unterschiedlichen Parteien und Ständen Münsters werde es angesichts der – von ihm arrangierten – Zusammensetzung des Festkomitees nicht geben; auch sei gerade bei den Katholiken der Stadt das Bestreben deutlich, „Seiner Majestät einen glänzenden Empfang zu bereiten".

Tatsächlich stimmte das Staatsministerium zu und gab das Plazet für einen – nur fünfstündigen – Abstecher Wilhelms am 24. September 1884 mit der Kaiserin, dem Kronprinzen und seinen Enkeln Wilhelm und Heinrich von Schloß Brühl aus nach Münster. Wenngleich die zeitgenössischen Quellen von einem großen Erfolg der Visite sprechen, blieben unterschwellige Spannungsmomente in der Öffentlichkeit nicht verborgen. Zwar machten die den Kaiser begleitenden Minister der Staatsregierung vor Beginn des Galadiners in der Akademie dem erst im Februar des Jahres aus dem holländischen Exil nach Münster zurückgekehrten Bischof Johann Bernhard in seinem Palais ihre Aufwartung, und der Oberhirte konnte im Anschluß daran an der kaiserlichen Tafel in der Akademie Platz nehmen, aber der münsterische Adel hielt gegenüber den Berliner Gästen deutlich erkennbare Distanz. Das war auch verständlich, hatte er doch während des Kulturkampfes alle gesellschaftlichen Beziehungen zu Oberpräsident und Kommandierendem General abgebrochen; anscheinend gab der Kaiserbesuch erstmals neue Gelegenheit, in repräsentativem Rahmen aufeinander zuzugehen. Doch die Bereitschaft, sich entgegenzukommen, blieb auf beiden Seiten begrenzt: Die Familien der Standesherren lehnten es ab, Mitglieder des kaiserlichen Gefolges in ihren städtischen Adelshöfen aufzunehmen. Freilich hatte zuvor Wilhelm selbst ihr Gesuch verworfen, ihm während des Banketts eine Petition überreichen zu dürfen. Die 95 adeligen Unterzeichner dieser Bittschrift, zu der noch eine parallele Eingabe ähnlichen Inhalts hinzukam, die immerhin 8000 Pfarrgemeinderatsvorstände unterschrieben hatten, bekundeten darin ihre Ergebenheit gegenüber der Krone und ihren Dank für die Rückkehr des Bischofs, beklagten aber auch die Verwüstungen des Kulturkampfes und baten den König um Wiederherstellung der früheren Rechtsverhältnisse der katholischen Kirche. Eigentlich mußte es niemanden überraschen, daß Wilhelm das vor der Reise pflichtgemäß in Berlin zur Begutachtung eingereichte Papier wegen seiner politischen Brisanz zurückwies und auch in Münster nicht mehr darauf zurückkam. Immerhin verlief der Kaiserbesuch ansonsten ohne äußere Störungen und Irritationen, die an die Öffentlichkeit gedrungen wären; im inneren Zirkel der katholischen Gesellschaft Münsters sah das jedoch anders aus. Bezeichnend für die Hartnäckigkeit der Petenten war nämlich, daß die Frauen des katholischen Adels – sicher nicht zufällig – genau einen Tag *nach* dem Kaiserbesuch in dreißig prächtig herausgeputzten Kutschen vor dem Bischöflichen Palais vorfuhren und Johann Bernhard feierlich eine kostbare Mitra als Geschenk überreichten – dies gewiß mit der Absicht, nach der am Vortag erfolgten Huldigung des Monarchen nun Gesinnungstreue und Loyalität gegenüber dem Bischof und dem alten Glauben zu demonstrieren [1464: Weiß, Kaisertage, S. 107].

Immerhin war das „Timing" so gewählt, daß zwar jedermann über den Zusammenhang von Petition, Kaiserbesuch und Ehrengeschenk für den Oberhirten Bescheid wußte, es aber nicht zu einem Eklat kam, der die Hoffnungen auf eine Besserung der Beziehungen wieder zunichte gemacht hätte. Gleichwohl blieb nicht nur in den „gehobenen" Kreisen Münsters ein gewisses Mißtrauen gegenüber Berlin bestehen; auch umgekehrt scheint das Gefühl einer partiellen „Fremdheit" noch lange Bestand gehabt zu haben. Dafür ist etwa die Tatsache ein Indiz, daß der gerade ins Amt gelangte junge Wilhelm II. 1889 eine Einladung des in Berlin hochangesehenen Oberbürgermeisters Karl Windthorst nach Münster ignorierte, auf eine erneute Besuchsinitiative des Provinziallandtags jedoch positiv reagierte. Auch diese Reise nach Münster dauerte nur einen Tag; der Kaiser kam in Begleitung seiner Frau Auguste Viktoria, für die man ein Damenprogramm im Stil der Zeit arrangiert hatte: einen Empfang der Damen des westfälischen Adels und anderer Würdenträger im Schloß und dann kurze Besuche im Clemenshospital sowie im evangelischen Johannisstift. Der Kaiser seinerseits nahm nach dem feierlichen Einzug in die Stadt vor dem Schloß die Parade ausgewählter Truppenteile des VII. Armeekorps ab und gab einen großen Empfang für die Spitzen der Zivilbehörden wie auch für die westfälischen Standesherren.

Der Rest des Tages war geschlossenen Veranstaltungen im Festzelt auf dem Ludgeriplatz und im Schloß vorbehalten. Wie schon fünf Jahre zuvor spielten die *Bürger* Münsters mitsamt ihrer politischen Vertretung eine untergeordnete Rolle in dieser von Staats wegen, d. h. von Regierung und Generalkommando besorgten Inszenierung, allerdings nicht zuletzt auch deshalb, weil nicht sie, sondern offiziell der Provinziallandtag als Gastgeber fungierte. Anders als 1884 gab es diesmal keinerlei auch nur implizite Kritik am Monarchen und seiner Regierung, mit anderen Worten: Die Hypotheken der Vergangenheit wurden nicht mehr zum heimlich bis offen diskutierten Begleitthema des Besuchs. Man feierte den Kaiser und König und verstand seine Anwesenheit zugleich als Auszeichnung für die Stadt.

Es war schon davon die Rede, daß sich gegen Ende des 19. Jahrhunderts ein neuartiger politischer Stil entwickelte, der anstelle demokratischer Mitbestimmung emotionale Partizipation erlaubte und damit als Integrationsmoment zur inneren Konsolidierung des „von oben" gegründeten Reiches zu dienen vermochte. Dazu gehörte auch das Angebot zur Identifikation von Volk und Souverän, das auf eine lange Tradition zurückblicken konnte, etwa in Gestalt des mittelalterlichen und frühneuzeitlichen feierlichen Einzugs des Fürsten oder Königs in „seine" Stadt. Hier „zeigte" sich der Herrscher nach einem genau fixierten Ritual, dem sogenannten *adventus*, seinen Untertanen, die ihm ihrerseits huldigten und mit diesem kommunikativen Akt fester Bestandteil der Zeremonie wurden. Diese formale Interaktion von Fürst und Volk hatte die Aufgabe, Herrschaft zu legitimieren, und machte den letzten Sinn derartiger königlicher Besuche auf seinem eigenen Territorium aus. Sie unterlag mit Beginn der Moderne einem tiefgreifenden Form- und Stilwandel, der sich auch an den drei Kaiserbesuchen in Münster innerhalb eines Zeitrahmens von fast 25 Jahren ablesen läßt. 1884 und 1889 nur in Ansätzen der Begegnung von Kaiser und Stadt zu erkennen, kam dieser Stil 1907 in viel perfekterer und erfolgreicherer Weise zum Ausdruck. Wilhelm II. befand sich auf der Höhe seiner Macht, der Weltkrieg war noch nicht in Sicht, und die Stadt Münster partizipierte durch die wachsende ökonomische Prosperität, mit der – etwa durch den Ausbau der Akademie zur Volluniversität

– ein kultureller Aufschwung einherging, an der positiv beurteilten Entwicklung des Reiches, in die man jetzt ohne Vorbehalte und quälende Rückerinnerung an die Belastungen der Vergangenheit einbezogen werden wollte.

Anders als in den 1880er Jahren ergriff 1907 das Berliner Hofmarschallamt selbst die Initiative für einen Besuch des Kaisers in Münster. Die Stadt war offensichtlich nach so langer Zeit wieder „an der Reihe"; das wichtigere Motiv dürfte jedoch die geplante militärische Besichtigung des VII. Armeekorps gewesen sein, die man mit einem Besuch in der Provinzialhauptstadt verbinden konnte. Von Beginn an schaltete sich diesmal die Kommune intensiv in die organisatorischen Vorbereitungen ein; die Stadtverordneten bewilligten für die zu erwartenden Auslagen eine Summe von 100 000 Mark, zu denen noch 40 000 Mark von der Provinzialverwaltung traten, sowie die erheblichen Kosten für die aus Anlaß des hohen Besuchs beschlossenen Straßenausbesserungsarbeiten. Die Bürgerschaft sollte möglichst umfassend an der Vorbereitung beteiligt werden; zu diesem Zweck wurde ein Festkomitee geschaffen, das sich in sechs Kommissionen unterteilte, die für die Ausschmückung und Beleuchtung der Straßen, für Verkehr, die Einhaltung der Ordnung und das Spalier beim Vorbeizug des Monarchen und seines Gefolges, schließlich für Musik und Presse zuständig waren.

Rekrutierten sich die Mitglieder dieser Kommissionen vornehmlich aus der „besseren" Gesellschaft, so sollten auch die „Normalbürger" nicht abseits stehen. Ihnen übertrug die Stadt die Aufgabe, ihre Straßen für den Umzug entsprechend würdig zu dekorieren. Die vereinigten Liedertafeln und Turnvereine der Stadt bereiteten sich auf öffentliche Gesangs- und Turndarbietungen vor, Krieger- und Schützenvereine auf das Defilee vor dem Kaiser und auf ihre – allerdings mehr repräsentativen – Ordnungsfunktionen beim Vorbeimarsch des Monarchen und seines Gefolges. Die Polizei wurde durch Sonderinstruktionen auf die notwendige Gewährleistung von Sicherheit und öffentlicher Ordnung eingestellt, denn man fürchtete Störungen von seiten der anarchistischen und sozialdemokratischen Bewegung. Tatsächlich war im Vorfeld des Besuchs Kritik von sozialdemokratischer Seite laut geworden. So meinte die Bielefelder „Volkswacht" im August, im münsterischen „Byzanz des Nordens" sei alles mit höchster Perfektion für die Ankunft des Kaisers geregelt; wie üblich dürften die Arbeiter bei Aufzügen wie diesen nur die Staffage bilden. Durch die überzogene Ausschmückung der Stadt präsentiere man Wilhelm Potemkinsche Dörfer, anstatt ihm die sozialen Realitäten ungeschminkt zu zeigen. Folgerichtig rief das Blatt alle Sozialdemokraten und Gewerkschaftler zum Boykott des Umzugs auf; denn die bürgerlichen Honoratioren, die den Kaiser umjubelten, täten dies allein aus eigensüchtigen Motiven – entweder in der Hoffnung, einen Orden zu erhalten, oder aus geschäftlichen Interessen. Außerdem seien sie – wie allseits bekannt – „die grimmigsten Feinde der Arbeiter- und Gewerkschaftsbewegung" [Volkswacht vom 9. August 1907].

Abgesehen von der Mobilisierung der Bevölkerung, die allerdings primär auf ehrenamtliche Mitwirkung rechnete, ja sogar Aufwendungen in Form von Zeit und Geld für die Betroffenen mit sich brachte, gestaltete sich der Kaiserbesuch schon im Vorfeld zu einem nicht unbedeutenden Wirtschaftsfaktor für die Stadt. Auswärtige Firmen offerierten ihre Dienste: so eine in Berlin und London ansässige Fahnenfabrik, die einen Entwurf zur Dekoration der Stadt unterbreitete, oder eine internationale Presseagentur, die mit ihren Fotos in- und ausländische Illustrierte beliefern wollte. Heimische Betriebe wie die Kunstanstalt Mazotti boten „Kaiserbüsten" an; die alteingesessene Weinhandlung Ad. Schmedding jun. wollte drei Flaschen 1893er Rüdesheimer Rotland Beerenauslese für den Willkommenstrunk spenden und reagierte höchst indigniert, als der Oberbürgermeister dieses werbewirksame Anerbieten freundlich ablehnte, weil der Regierungspräsident schneller gewesen war. Das schon damals mit sieben Filialen in der Stadt vertretene „Münstersche Kaufhaus für Lebensmittel" von Heinrich Hill annoncierte für die Kaisertage „delikate billige Wurstwaren", und Heinrich Lebbing in der Wilhelmstraße warb ausdrücklich zur Kaiserfeier für „5000 lebende fette Mastenten zum Stückpreis von 1,50 Mark". Wer sonst nichts zu verkaufen hatte, aber eine Wohnung in entsprechender Lage besaß, stellte wenigstens einen guten Fensterplatz für den Festzug oder ein Gästezimmer für auswärtige Schaulustige gegen Entgelt zur Verfügung.

Zum Auftakt der „Kaisertage in Münster" verlieh Wilhelm II. durch Kabinettsordre vom 22. des Monats der erst 1902 in diesen Rang erhobenen jüngsten preußischen Universität den Namen „Westfälische Wilhelms-Universität", was hier im Vorfeld des hohen Besuchs mit Begeisterung aufgenommen und gefeiert wurde. Das Eintreffen des Monarchen und die Abfolge seines voluminösen Besuchsprogramms vom 29. August bis zum 1. September übertrafen dann alles, was an öffentlicher Präsentation glanzvoller preußisch-deutscher Selbstdarstellung in Münster je stattgefunden hatte. Militär, Provinzregierung, Stadtverwaltung, örtliche Vereine und Bevölkerung überboten sich gegenseitig, um dem Monarchen und seinem Gefolge zu huldigen, sich selbst und ihnen das Gefühl der inneren Einheit von Nation und Reichsleitung zu vermitteln. Der berühmte Kaiserspruch von 1892: „Ich führe euch herrlichen Zeiten entgegen" schien in jenen Spätsommertagen des Jahres 1907 für viele Münsteraner ein Stück weit Realität, zu der man sich um so lieber bekannte, als nach den Spannungen des vergangenen Jahrhunderts zwischen katholischem Westfalen und protestantischer Preußenmonarchie ein deutlicher Nachholbedarf an identitätsstiftender Konsensbildung bestand.

Umgekehrt taten auch der Kaiser und seine Begleitung alles, um diesen Erwartungen zu entsprechen und keinen Schatten auf die allgemeine Begeisterung, ja Euphorie fallen zu lassen. Angesichts dieser Stimmung konnte es Wilhelm sogar wagen, das so lange umstrittene Gebiet religiös-konfessioneller Fragen in den Mittelpunkt seiner Tischrede auf dem festlichen Bankett für die Provinz Westfalen im Landesmuseum zu stellen; freilich verklärte er die Konflikte der Vergangenheit nun in charakteristischer Weise als endlich gelungenes Experiment des Zusammenlebens zweier ursprünglich verfeindeter Konfessionen. Das Stichwort dazu gab ihm möglicherweise der Leitartikel der anläßlich des Kaiserbesuchs publizierten Sondernummer des „Westfälischen Merkur", wo behauptet wurde, die Monarchie und das (katholische) Westfalen ließen sich von den gleichen religiösen Grundüberzeugungen leiten. Auf der Basis des beide verbindenden Glaubens beruhe die westfälische „Treue zu König und Vaterland, zu Kaiser und Reich" – ein Gedanke, der sich mit der besonderen Mission des Monarchen als „Friedenskaiser" des Zeitalters verband. Heute nun, so Wilhelm, biete Westfalen „ein schönes Bild dafür", daß es wohl möglich sei, „histo-

Verabschiedung Wilhelms II. vor dem Rathaus am 1. September 1907

rische, konfessionelle und wirtschaftliche Gegensätze in versöhnlicher Weise zu einen in der Liebe und Treue zum gemeinsamen Vaterlande". Er mache als Herrscher keinen Unterschied zwischen alten und neuen preußischen Landesteilen und auch keinen zwischen den Konfessionen. Die Religion bilde das geeignete Mittel zur Einigung aller Bürger und Stände, der gemeinsame Glaube an den Erlöser und die von ihm verkündete Brüderlichkeit aller Menschen sei das Symbol auch der nationalen Einheit. Gelinge der Zusammenschluß aller Deutschen in diesem Zeichen, dann werde „unser deutsches Volk der Granitblock sein, auf dem unser Herrgott seine Kulturwerke an der Welt weiter aufbauen und vollenden kann"; dann erfülle sich das Wort: „Am deutschen Wesen wird die Welt genesen" [1263: Warnecke, Erinnerungen, S. 232f].

Zu dieser intellektuell eher schlichten, aber bei seinem Publikum wie in den Medien weit über Westfalen hinaus mit großer Zustimmung aufgenommen Rede – „Schulthess' Europäischer Geschichtskalender" druckte sie 1908 im Wortlaut ab – nur zwei Anmerkungen: Es überrascht schon, daß Wilhelm in Münster ausgerechnet das brisante Religionsthema ansprach; die signifikant neue Interpretation, die er der religiösen Frage gab, stieß bei den Angehörigen beider Konfessionen jedoch auf Akzeptanz – nicht im Sinne einer Nivellierung dogmatischer Unterschiede, sondern als gemeinsame Verankerung in einer religiösen Glaubenswelt, in der die kirchlichen Lehraussagen nicht länger fundamental trennend wirkten, sondern gegenseitig toleriert werden konnten, zumal sich ein gemeinsames *politisch-konservatives* Programm damit verband. Mit dieser Toleranz – das ist die zweite Anmerkung – begegneten sich aber allein die christlichen Kirchen; andersartige Weltanschauungen, Ideologien und politische Richtungen, die im (links-)liberalen Spektrum der bürgerlichen Gesellschaft und in der sozialistischen Arbeiterbewegung artikuliert wurden, fielen *nicht* darunter, im Gegenteil. Damit waren die großen, wirklich drängenden und zentralen Fragen der Zeit ausgeklammert. Der gerade zustande gekommene sogenannte Bülowblock und die – polemisch so charakterisierten – Bestrebungen unter den Liberalen zur Bildung eines Blockes von „Bassermann bis Bebel", ließen den politischen Katholizismus und die protestantischen Konservativen näher zusammenrücken. Ihre Interessen konzentrierten sich auf den Erhalt des christlich überformten gesellschaftlichen Wertekanons und die aktive Ausgrenzung all derjenigen Gruppen, die für einen Normenpluralismus offen eintraten. Denn jede Form von Pluralismus bedrohte aus solcher Perspektive die mühsam errungene innere Einheit des Reiches und mußte deshalb bekämpft werden.

Der Kaiserbesuch in Münster demonstrierte insgesamt den Willen der dem politischen Katholizismus verbundenen Bevölkerung zur Vollendung ihrer politischen Integration in das Reich. Mit den protestantisch-konservativen Schichten teilte man die Abneigung gegen die geistig-mentale Modernisierung aller gesellschaftlichen Lebensbereiche, die längst eingesetzt hatte und in Westeuropa wie in den Vereinigten Staaten weit fortgeschritten war. Und doch blieben die Strukturen eines sich an das Zentrum anlehnenden katholischen Milieus weiterhin erhalten, wie wir an den bis zum Ersten Weltkrieg entstehenden politischen Verbänden und ihren Wahlaussagen gesehen haben. Das Ja zum Reich mit der Verwerfung liberal-pluralistischer Lebens- und Denkformen und das Festhalten an vertrauten, katholisch geprägten Sozial- und Politikkategorien sind *gleichzeitige* Phänomene. Erst ihre Zusammenschau läßt die notwendige Historisierung jener Zeit gelingen und ermöglicht Verständnis für das irritierende und sonst nicht auflösbare Schwanken zwischen Antimodernismus und der Überwindung eingefahrener Inferioritätsgefühle.

3. *Die Stadt im Weltkrieg*

Kriegsausbruch 1914

Das öffentliche Leben Münsters im Frühsommer 1914 war zunächst von anderen großen und unmittelbar bevorstehenden Ereignissen bestimmt, die alle Gedanken an einen kommenden Weltkrieg verdrängten: In der Zeit vom 9. bis 13. August sollte nämlich der Deutsche Katholikentag stattfinden – jene jährlich wiederkehrende machtvolle Demonstration des politischen Katholizismus, die man auch die „Herbstmanöver der Zentrumspartei" genannt hat. Seine Austragung war der Provinzialhauptstadt 1913 in Metz gegen die starke Konkurrenz Kölns zugesprochen worden. Außerdem stand für Anfang September erneut ein mehrtägiger Kaiserbesuch auf der Tagesordnung, der eingedenk des großen Erfolgs sieben Jahre zuvor wiederum besonders sorgfältig vorbereitet wurde, aber wie auch der Katholikentag wegen des Kriegsgeschehens nicht mehr realisiert werden konnte.

In jenen Wochen und Tagen des Juli/August 1914 machten sich die Spannungen und Sorgen, aber auch ein hoher positiver Erwartungsdruck im Hinblick auf den drohenden Krieg in verschiedener Weise bemerkbar: Der aus zahlreichen anderen Städten bekannte Jubel über die Nachricht vom Beginn der Mobilmachung und der ersten militärischen Auseinandersetzungen, die nach den Ungewißheiten und widersprüchlichen Meldungen der letzten Friedenstage von vielen Menschen als ein „Befreiungsschlag“ empfunden wurden, kannte keine Grenzen und mutet im Rückblick gespenstisch an. Daß jedoch schon die Mitlebenden, wenn auch meist unreflektiert, etwas von der Ambivalenz dieser Kriegsbegeisterung spürten, von dem engen Zusammenhang zwischen Hoffnungen fast eschatologischer Qualität auf eine unbestimmte, aber „bessere“ Zukunft und ebenso vagen dunklen Ängsten vor einer sich anbahnenden existentiellen Katastrophe, das wird aus den zeitgenössischen Berichten über das Verhalten der Bevölkerung in den ersten Kriegstagen deutlich.

Die Furcht vor ausländischen Spionen, die man an jeder Ecke Münsters witterte, rief ein kaum nachvollziehbares Mißtrauen gegenüber allen Fremden, ja eine regelrechte Xenophobie hervor. So sahen übereifrige Spaziergänger mehrfach feindliche Saboteure in der Kanalisation am Werk, die verdächtigt wurden, von diesen unterirdischen Gelassen aus Kasernen und militärisch wichtige Anlagen in die Luft sprengen zu wollen. Nervöse Fernmeldeoffiziere machten Jagd auf Elektriker, die auf den Dächern Stromleitungen reparierten, in der Annahme, diese versuchten dem Feind Zugang zu den Telefonnetzen der Armee zu verschaffen. Immer wieder war die Rede von angeblichen großen Goldlieferungen, die als Alteisenexporte versteckt von Frankreich aus durch das Reich nach Rußland transportiert würden, was die Phantasie der münsterischen Straßenjungen außerordentlich anregte, die bald in jedem auf-

Menschenmenge auf dem Prinzipalmarkt während der „Julikrise“

Suche nach Spionen in der Kanalisation am Spiekerhof (August 1914)

fälligen Fuhrwerk solche Beute witterten und sich auf eigene Faust davon einen Teil sichern wollten. In Personen mit ortsunüblicher Bart- und Haartracht glaubte man Russen zu erkennen und denunzierte sie bei den Behörden; ein städtischer Obergärtner, der seinen von einer Englandreise stammenden neuen Sommeranzug trug, wurde an einem einzigen Tag viermal verhaftet, weil man ihn für einen britischen Spion hielt. Selbst Stadtarchivar Eduard Schulte, der Chronist dieser Vorkommnisse, entging dem Schicksal in Gestalt eines „aufmerksamen" Universitätsbediensteten nicht, der ihn nach der Lektüre englischer Zeitungen in der Universitätsbibliothek des Diebstahls der Blätter bezichtigte und den vermeintlichen Räuber und Spion vorläufig sistierte. Es kam vor, daß aufgeregte Bürger Frauen, die nicht in männlicher Begleitung waren, selbst weiblichen Ordensangehörigen, Hüte und Hauben vom Kopf rissen, weil man in ihnen auswärtige Kundschafter in Frauenkleidern vermutete. Diese Hysterie wurde durch die unwahrscheinlichsten Gerüchte und Falschmeldungen der Presse angeheizt, die in der Stadt kursierten und die viele besorgte Bürger für bare Münze nahmen: Die Armee habe seit kurzem Luftabwehr-Maschinengewehre auf dem Lambertikirchturm installiert, weshalb die in der Innenstadt wohnenden Bürger bei Angriffen feindlicher Zeppeline ihre Häuser nicht verlassen dürften; überall seien Geheimagenten am Werk, um Wasserleitungen und Brunnen mit Bakterien zu vergiften; der Kronprinz sei ermordet worden, in Paris herrsche die Revolution, der Louvre stehe in Flammen; die russische Ostseeflotte sei vernichtend geschlagen, und Japan habe den Russen den Krieg erklärt.

Zu den charakteristischen Kennzeichen der fehlenden geistigen und politischen Orientierung in diesen Augusttagen gehörten neben der unreflektierten und naiven

Augenblicksbegeisterung in weiten Teilen der Bevölkerung und bei den Soldaten auch Symptome einer Endzeitstimmung, die in den Tiefenschichten katholischer Volksfrömmigkeit wurzelte. Dafür ein Beispiel: Das aus Anlaß des nicht zustande gekommenen Katholikentags errichtete Begrüßungsmonument auf dem Platz vor dem Hauptbahnhof bestand aus sechs halbkreisartig angeordneten viereckigen Pfeilern, in deren Mitte ein großes Kreuz hing. Vielen Bürgern und Durchreisenden, die täglich den Bahnhofsvorplatz überquerten, erschien dieses Ensemble als Symbol für drohendes Unheil; man erinnerte sich an die Weissagungen der stigmatisierten Nonne Anna Katharina Emmerick († 1824) aus Dülmen, die nach den Aufzeichnungen von Clemens Brentano am 11. September 1822 in einer Vision beschrieben hatte, wie ein Engel aus einer Schwertscheide Blut auf den Domplatz zu Münster goß. Dieses, so wurde kolportiert, sei ein Zeichen für den bevorstehenden Krieg und die furchtbarsten Zerstörungen in seinem Gefolge; Münster werde von den kommenden Auseinandersetzungen derart in Mitleidenschaft gezogen, daß man bald vom Neuplatz (dem heutigen Hindenburgplatz) bis zum Prinzipalmarkt blicken könne.

Solche an apokalyptische Endzeiterwartungen gemahnenden Zeugnisse blieben jedoch in der Minderheit; Siegessicherheit und die Gewißheit, den Krieg in wenigen Monaten zu gewinnen, dominierten in der Stadt, ohne daß die zuständigen Dienststellen des stellvertretenden Generalkommandos, das inzwischen die vollziehende Gewalt von den zivilen Behörden übernommen hatte, etwas zur „moralischen Aufrüstung" der Bevölkerung tun mußten. So heißt es in dem Stimmungsbild vom 1. August 1914: „Da brach mit urgewaltiger Kraft die beispielloseste Begeisterung unaufhaltsam und übermächtig hervor. Unvergeßlich für immer prägte sich den Menschen, die in jener denkwürdigen Stunde auf dem Markte standen, der endlose Jubelruf, der feierliche Gesang, das donnernde Hurra in das weit geöffnete Herz ein. Stundenlang dauerten die Kundgebungen auf dem Markte, vor den Kasernen und in den Straßen, nicht so überschäumend, nicht so unbekümmert um nichts, nicht so leichten Herzens wie vor einer Woche, als es sich nur um Serbiens Bestrafung für Sarajewo handelte. Vom Gefühle für die Verantwortung ernster gestimmt, mit Mannesmut furchtlos durchsetzt, von edelster Opferwilligkeit erfüllt, von lauterster Vaterlandsliebe getragen, so zogen, als die Sommernacht mit blinkenden Sternen am blauleuchtenden Firmamente aufgegangen war, Zehntausende vom Markte über den Drubbel, den Roggenmarkt und Spiekerhof hinab, durch die Rosen- und die Frauenstraße zum Königlichen Schloß, geführt von studentischen Wichschargierten mit flatternden Fahnen und blitzenden Schlägern. Am Kaiser-Wilhelm-Denkmal wurden die schönsten Vaterlandslieder gesungen und zündende Ansprachen gehalten, wurde auf den vielgeliebten Kaiser ein donnerndes Hoch ausgebracht und vor dem Kommandierenden General von Einem und dem Oberpräsidenten Prinz Ratibor der Schwur der Treue für Kaiser und Reich wiederholt" [1496: Schulte, Kriegschronik, S. 9].

Dieser emotional aufgeladene Bericht des Stadtarchivars gibt wohl nicht nur die persönlichen Eindrücke wieder, sondern vermittelt offensichtlich ein authentisches Bild der Situation. Bei allem Überschwang des Gefühls und im Bewußtsein der geschichtlichen Stunde wird auch ein gewisser Ernst spürbar, der sich deutlich von den leichtsinnig-unverantwortlichen Parolen und Jubelszenen einige Tage später abhebt, als die ersten Truppenteile, darunter das in Münster besonders beliebte 13. Infanterieregiment „Herwarth von Bittenfeld“, in feierlichem Rahmen verabschiedet wurden und zum Abtransport mit der Bahn durch die Innenstadt marschierten. Schilder mit der Aufschrift „Auf zur Bärenjagd“ oder „Bald winken die 13ner vom Eifelturm [sic!]“ demonstrierten nicht nur Siegeszuversicht, sondern auch Geringschätzung des Gegners und damit erhebliche Unkenntnis der realen Situation: Bis Kriegsende sollten 175 Offiziere und 4038 Unteroffiziere und Mannschaften dieses Regiments fallen. Der fast grenzenlose Optimismus und die Ignoranz gegenüber den noch nicht abzusehenden menschlichen, materiellen und politischen Kosten einer mit modernsten technischen Mitteln geführten militärischen Auseinandersetzung waren kein westfälisches Spezifikum. Von der Reichsleitung über die Armee bis zu den meisten Parlamentariern unter Einschluß der Sozialdemokratie und erst recht in einer breiteren Öffentlichkeit unterschätzte man die Risiken und rechnete sich andererseits so gute Chancen aus, daß die Grundsatzfrage nach Krieg oder Frieden gar nicht mehr debattiert wurde.

Die Auffassung, daß dieser Krieg dem „von Feinden eingekreisten“ Deutschland von außen aufgezwungen worden sei, sich also als Verteidigungskrieg darstelle, in dem das Reich die besseren moralischen Argumente besitze und in den man deshalb guten Gewissens hineingehen könne, teilten die Bürger der Provinzialhauptstadt ungeachtet ihrer politischen Herkunft mit der Mehrheit der deutschen Bevölkerung. Man durfte, ja mußte diesen weltweiten Konflikt akzeptieren und in ihm die Fortset-

Ausrückendes Infanterieregiment Nr. 13 (7. August 1914)

zung einer bewährten Friedenspolitik mit legitimen Mitteln sehen, weil es sich für die meisten Zeitgenossen um einen *gerechten* Krieg, keinen unbedachten Eroberungs- oder Rachefeldzug handelte. Wer als Nachgeborener diesen Aspekt nicht bedenkt, wird die Risikobereitschaft der Militärs, die Begeisterung der Menschen, schließlich auch die heute mit Recht problematisch erscheinenden religiösen Weihereden und politischen Parolen von einer „deutschen Sendung", die Geistliche und Professoren von Kanzeln und Kathedern herab verkündeten, nur verständnislos zur Kenntnis nehmen und *ausschließlich* als chauvinistische Propaganda und imperialistisches Expansionsstreben verurteilen. Gewiß spielten übersteigerter Nationalismus und hemmungslose Annexionswünsche eine zunehmende Rolle, je länger der Krieg dauerte, aber für die Anfangsphase trifft das nicht zu, wie sich etwa an der Abschiedsrede des Universitätsrektors und Historikers Spannagel für die ins Feld ziehenden Studenten ablesen läßt. Der Akzent kritischer Betrachtung muß auf zwei anderen Punkten liegen: einmal auf der Intransigenz, mit der viele bürgerliche Kommentatoren und Parteipolitiker die verkrusteten gesellschaftlichen und politischen Strukturen des Wilhelminismus über den Krieg hinaus konservieren und „retten" wollten, obwohl die technisch-ökonomische und soziale Entwicklung das nicht mehr zuließ. Die gleiche kompromißlose Starrheit zeigten zweitens jene, die bis zum Waffenstillstand unbeirrt an maximalen Kriegszielprogrammen festhielten, utopische Annexionsvorstellungen verfochten und gleichzeitig alle Bemühungen um einen auf Interessenausgleich beruhenden rechtzeitigen Friedensschluß als unpatriotisches Schwächebekenntnis oder gar als Ausdruck einer jüdisch-marxistisch-demokratischen Verschwörung gegen das Reich denunzierten.

Politik und Weltkrieg bis zur Wende 1916/17

Die Erörterung der „großen Fragen der Nation" erhielt in Münster wie in anderen Städten nach Ausbruch des Krieges einen ganz neuen Stellenwert. Die Hintergründe der militärischen Konfrontation, die Ursachen des Krieges und die Rolle Deutschlands in der (Welt-)Politik bildeten den Themenkatalog, mit dem man sich beschäftigte. Von einer kontroversen Diskussion ist jedoch nichts überliefert. Denn die Zeitungszensur des stellvertretenden Generalkommandos, das im Herbst 1914 erlassene Verbot einer öffentlichen Erörterung deutscher Kriegsziele und die strikte Untersagung aller Äußerungen, die den inneren Burgfrieden verletzen konnten, sorgten dafür, daß sich nur Positionen artikulierten, die im Einklang mit dem von oben verordneten Staatsinteresse standen. Damit kamen die parteipolitischen Auseinandersetzungen in den ersten Kriegsjahren auch in Münster praktisch zum Erliegen – zusätzlich bedingt durch die Einberufung zahlreicher Stadtverordneter, Magistratsmitglieder und politisch interessierter Bürger zum Heer. In die entstandene Bresche sprang eine Berufsgruppe, die in Münster schon immer politisch aktiv gewesen war, jetzt aber eine Art „Monopol auf Zeit" als Multiplikator der öffentlichen Meinung erlangte: die Professorenschaft der Universität, vorzugsweise der geisteswissenschaftlichen Disziplinen. Natürlich verschonten die Kriegslasten auch die Hochschule nicht. Mehr als 50 Prozent der rd. 2100 männlichen Studenten des Wintersemesters 1914/15 waren zur Erfüllung ihrer Wehrpflicht beurlaubt; auch von den 112 Mitgliedern des Lehrkörpers leisteten 40 ihren Kriegsdienst. Dagegen stieg der Anteil der weiblichen Studenten, der 1914 schon bei 240 lag, bis Kriegsende kontinuierlich an, so daß sich die Frauen bei durchschnittlich knapp 900 Studierenden in den Kriegssemestern bald in der Mehrheit befanden. – Der militärische Konflikt wirkte sich auch auf die Gestaltung des Lehrplans der Universität aus; für die Stadtgeschichte größere Bedeutung hat jedoch das Engagement der Professoren, zumeist Theologen beider Konfessionen, Historiker und Nationalökonomen, bei den „Hochschulkursen für jedermann" und allgemeinen Kriegsvorträgen, die ausdrücklich über die enge Plattform des akademischen Unterrichts hinaus eine breitere Bevölkerung Münsters erreichen wollten.

Seine vaterländische Gesinnung hatte mit 74 Lehrenden das Gros der münsterischen Professoren bereits durch die Unterschrift unter die „Erklärung der Hochschullehrer des Deutschen Reiches" zum Kriegsausbruch unter Beweis gestellt, die von dem bekannten Berliner Altphilologen Ulrich von Wilamowitz-Moellendorff verfaßt worden war. Die von Dietrich Schäfer, dem alldeutschen Historiker an der Berliner Universität, verbreitete Resolution bestritt die deutsche Mitschuld am Krieg, verteidigte den Militarismus als Ausdruck der nationalen Wehrkraft und rechtfertigte die Verletzung der belgischen Neutralität als Akt deutscher Notwehr. Auch die „Erklärung der 93 an die Kulturwelt", ein in dichterischer Form gefaßter ähnlicher Appell deutscher Professoren, Künstler und Schriftsteller, der am 4. Oktober 1914 publiziert wurde, unterzeichneten zwei Münsteraner: der Moraltheologe Joseph Mausbach und der Kirchenhistoriker August Schmidlin.

Vor diesem Hintergrund wird es verständlich, wenn sich gleich nach Kriegsausbruch ein Ausschuß bildete, der aus dem amtierenden Rektor Spannagel, dem Prorektor und Juristen Krückmann und dem designierten Rektor Mausbach bestand und der sich um die Organisation allgemeinverständlicher Vorträge zu den bedrängenden Zeitfragen bemühte; die Geschäftsführung dieses Gremiums übernahm der Historiker Ernst Robert Daenell. Diese Vorträge stießen innerhalb der Bürgerschaft Münsters auf große Resonanz; die Aula des Städtischen Gymnasiums reichte nicht aus, um den Andrang der Hörer zu bewältigen, von denen viele keinen Einlaß fanden. Dabei wurde ein geringes Eintrittsgeld von 30 Pfennigen erhoben; die Nettoeinkünfte betrugen nach Abzug der Kosten im Wintersemester 1914/15 2846 Mark, es mußten also etwa 9500 Personen an diesen Veranstaltungen teilgenommen haben. Thematisch kreisten die Referate stets um die moralischen, historischen und juristischen Fragen, die der Krieg aufgeworfen hatte. Den Theologen erschien er als das reinigende Gewitter, eine Art Katharsis, die eine Epoche fortschreitenden Verfalls abgelöst habe und nun den Wiederaufschwung der Nation in religiöser und geistiger Hinsicht ermögliche. Die Historiker, Nationalökonomen und Juristen beschäftigten sich demgegenüber stärker mit den Problemen der belgischen Neutralität, deren Verletzung sie stets rechtfertigten. Als Hauptfeind betrachteten sie England, das nicht nur einen militärischen, sondern zugleich einen Wirtschaftskrieg gegen das Reich führe, flankiert von einem „Lügen- und Propagandafeldzug" mit Zielrichtung auf angebliche deutsche Greuel in Belgien, dessen Abwehr qualitativ neuartige Anstrengungen erfordere.

Die Professoren selbst empfanden ihre öffentliche Tätigkeit nicht nur als Sachinformation über die geistig-politisch-sozialen und ökonomischen Rahmenbedingungen der Zeit, sondern als ‚wissenschaftliche' Deutung der Weltereignisse" [1314: Ellerich, Münster im Ersten Weltkrieg, S. 30] oder – um mit Friedrich Meinecke zu sprechen – als Beitrag zur allgemeinen „Mobilmachung des Geistes", zu der sie sich als „öffentliches Gewissen der Nation" in besonderer Weise befähigt fühlten [2669: Schwabe, Wissenschaft und Kriegsmoral, S. 30]. Dieses „Sendungsbewußtsein", mit dem vor allem die Vertreter der Geisteswissenschaften und hier in erster Linie die Historiker in der Öffentlichkeit agierten, hatte Sinnstiftung zum Ziel, wollte zur „seelischen Mobilmachung des Volkes" beitragen und damit die Heimatfront stabilisieren. Der unbestreitbare Erfolg gab diesen Bemühungen recht; ein wichtiger Nebenaspekt war auch die engere Verbindung von Stadt und Hochschule, die anders als in traditionellen Universitätsstädten in Münster bisher nicht sehr gefestigt erschien. Durch ihr vaterländisches Engagement empfahlen sich die Professoren den städtischen Honoratioren als gleichberechtigte Partner, was ihrem gesellschaftlichen Prestige nur zugute kommen konnte.

Kriegsvorträge und Hochschulkurse vermittelten den Hörern neben grundlegenden Informationen auch die politische Überzeugung der Professoren, besaßen jedoch noch nicht die Funktion einer geplanten und strukturierten Beeinflussung der Bevölkerung zugunsten einer bestimmten politischen Richtung. Da die Kommunalpolitik, wie angedeutet, durch Einberufungen, Zensur und Konsenszwang im Namen des Burgfriedens dieses Forum nicht bieten konnte, bildete sich – wiederum an der Universität – ein Kreis von Dozenten, der in enger Koordination untereinander und mit Hilfe auswärtiger Geld- und Ideengeber konkreten Einfluß auf die Politik der Reichsleitung zu nehmen suchte, aber auch innerhalb des Möglichen bzw. Erlaubten bestimmte Positionen der Stadtbevölkerung nahebringen wollte. Dies erschien um so notwendiger, als die Zensur eine öffentliche Diskussion der deutschen Kriegsziele bis 1917 untersagte und Kanzler Bethmann Hollweg gerade im Lager einer konservativ bis alldeutsch ausgerichteten Politik als „unsicherer Kantonist" galt, dessen festen Willen zur Durchsetzung „lebenswichtiger deutscher (Annexions-)Interessen" man bezweifelte.

Außer für die *äußeren* warb der münsterische Professorenzirkel auch für *innere* Kriegsziele, die vor allem im Schutz der traditionellen Gesellschaftsordnung vor einer schleichenden Auflösung bestanden. Solche Gefahren erblickte man in den sich im Zeichen der Burgfriedenspolitik entfaltenden Tendenzen zur Abschaffung des Dreiklassenwahlrechts und der schrittweisen Anerkennung alter Partizipationsforderungen der Gewerkschaften und der ihr verbundenen Sozialdemokratie. Eigentlicher Kopf des informellen Gremiums, das derartige Ideen propagierte, war der Altphilologe Professor Otto Hoffmann; unter den neun Mitgliedern befanden sich die Juristen Paul Krückmann und Ernst Rosenfeld, die Historiker Otto Seeck und Ernst Robert Daenell, wahrscheinlich auch Aloys Meister, ferner der Geograph Wilhelm Meinardus und der Anglist Wolfgang Keller. Von Krückmann und Keller weiß man, daß sie Mitglieder des Alldeutschen Verbandes waren, während Meinardus, wie schon einmal erwähnt, seit 1908 als Vorsitzender der Deutschen Kolonialgesellschaft fungierte.

Dieser Kreis unterhielt beste Beziehungen zu einem politischen Freundesring bedeutender Ruhrindustrieller mit Alfred Hugenberg an der Spitze, damals noch Vorsitzender des Krupp-Direktoriums in Essen. Besonders Hugenberg war daran interessiert, die doppelte Kriegszielplanung in engem Schulterschluß von Schwerindustrie und unabhängigen bürgerlichen Intellektuellen der Reichsregierung zu unterbreiten, weil man sich von einer Zusammenarbeit eine größere Durchschlagskraft in Berlin versprach. In der Folgezeit kursierten zwischen Essen und Münster zahlreiche Denkschriftentwürfe, die Deutschlands künftige Politik aus rechtsnational-alldeutscher Perspektive beschrieben und nach erfolgter Feinabstimmung durch Hugenberg, Hugo Stinnes und Emil Kirdorf in einer Audienz am 12. Mai 1915 dem stellvertretenden Kommandierenden General Freiherrn von Gayl übergeben wurden. Der General leitete diese Papiere guten Gewissens an den Reichskanzler weiter, da er davon ausgehen durfte, hier nicht lediglich die Voten einer isolierten politischen Interessentengruppe mit Bündnispartnern in der Universität vor sich zu haben. Auch der münsterische Zentrumsabgeordnete im preußischen Abgeordnetenhaus und Exponent des rechten agrarisch-konservativen Flügels seiner Partei, Landesrat Schmedding, signalisierte ihm die Zustimmung seiner Fraktion, und angeblich dachten selbst die meisten Sozialdemokraten des Regierungsbezirks ähnlich. Es schien sich also um eine Vorlage auf breiter politischer Basis zu handeln, die der Burgfriedenskonzeption genau entsprach. Schon in der ersten Phase des Krieges entwickelte sich Münster damit zu einem wichtigen reformfeindlichen Mittelpunkt deutschnationaler Annexionspolitik. Zu Recht spricht Gerd Krüger von der Westfälischen Wilhelms-Universität als „Zentrum der Kriegspropaganda im Sinne eines alldeutsch-annexionistischen ‚Siegfriedens'" [1587: Krüger, Treudeutsch allewege, S. 53]. Gegen diese Ziele hatten auch Vertreter des politischen Katholizismus vorerst wenig einzuwenden; die Frage war, ob sie an dieser Position festhalten oder dem Kurswechsel der Berliner Zentrumsfraktionen nach der Kriegswende 1916/17 folgen würden.

Kriegszieldiskussionen und Politisierung der Öffentlichkeit

In kritischer Reaktion auf die von Mitgliedern und Sympathisanten des rechtsnationalistischen Alldeutschen Verbandes inspirierten, einstweilen noch verdeckt erhobenen Forderungen nach umfangreichen politischen, ökonomischen und territorialen Zugewinnen für das Reich im Westen und im Osten konstituierte sich 1916 der „Deutsche Nationalausschuß für einen ehrenvollen Frieden". Er unterstützte die vergleichsweise gemäßigte Linie des Kanzlers in dieser Frage und versuchte, ein Gegengewicht zu den aus der Perspektive nach Kriegsende geradezu utopisch erscheinenden Vorstellungen der Annexionisten zu bilden. Prominentes Gründungsmitglied dieses Ausschusses aus Münster war Professor Joseph Mausbach, der damit seine ursprünglich weiter gesteckten Ziele für den Kriegsausgang zurücknahm und auf die Linie der Berliner Zentrumsführung einschwenkte. Der mit der Reichsleitung abgesprochenen Tätigkeit des Nationalausschusses blieb jedoch der Erfolg weitgehend versagt. Die wichtigste Ursache dafür lag in der raschen Formierung seiner Gegner, die sich auch in Münster bald sammelten und in Gestalt eines konkurrierenden „Unabhängigen Ausschusses für einen Deutschen Frieden" im August 1916 reichsweit an die Öffentlichkeit gingen. Diese Initiative kam ebenfalls aus dem Kreis um den schon genannten Berliner Historiker Dietrich Schäfer und bestand zunächst aus einem Zirkel von Professoren und Intellektuellen. Dessen Basis verbreiterte sich dann jedoch schnell durch die Intensivierung bereits bestehender Kontakte zu Gruppen aus Mit-

Joseph Mausbach (1861–1931), Moraltheologe, Publizist, zuletzt Dompropst in Münster – Abgeordneter des Zentrums in der Weimarer Nationalversammlung

telstand und Industrie, die mit dem Alldeutschen Verband und seinen weitgespannten Expansionshoffnungen sympathisierten. In Münster wurde der Rechtsanwalt Adolf ten Hompel, der schon als Vorkämpfer der Anti-Index-Liga begegnete, zum wichtigen Verbindungsmann des Unabhängigen Ausschusses. Ten Hompel hielt den Kontakt zum Hauptgeschäftsführer des Alldeutschen Verbandes, Freiherr von Vietinghoff-Scheel, wie auch zu den zahlreichen münsterischen Professoren, die sich der Aktion zur Verfügung stellten. Man trat nach Freigabe der Kriegszieldiskussion Ende 1916 gemeinsam für den uneingeschränkten U-Boot-Krieg, für den Anschluß Belgiens an das Reich und für Gebietserweiterungen auf Kosten Rußlands ein und verlangte mehr oder weniger offen den Rücktritt des Reichskanzlers, mit dessen Politik *dieser* Siegfrieden nicht zu erreichen sei.

Alldeutsche, Nationalliberale und Nationalkatholiken gehörten zu den wichtigsten Trägern des Unabhängigen Ausschusses. Aber auch bekannte Zentrumspolitiker des rechten Flügels waren in seinem „Niederrheinisch-Westfälischen Bezirksverband" vertreten, darunter der Oberbürgermeister von Essen, Theodor Machens, und Freiherr von Landsberg-Velen. In Münster zählten bis auf wenige Ausnahmen die Professoren des Hoffmann-Kreises zum Unabhängigen Ausschuß, ferner mit Justizrat Hermann Terrahe einer der beiden Vorsitzenden des örtlichen Zentrumswahlkomitees. Außerdem engagierten sich hier der katholische Kaufmann und langjährige Stadtverordnete Robert Terfloth, der Geschäftsmann Schürmann-Sarrazin und der evangelische Landesbaurat Hermann Zimmermann, der seit 1910 nebenamtliches

Mitglied des Magistrats war. Auch Landesrat Schmedding, der bereits 1915 die gemeinsamen Eingaben der Professoren mit Vertretern der Schwerindustrie des Reviers an das Generalkommando gebilligt hatte, nahm 1917 zeitweise an Sitzungen des Ortskomitees teil. Historisch ist diese Kooperation von einiger Bedeutung, weil die im September 1917 erfolgte Gründung der nationalistisch-völkischen Deutschen Vaterlandspartei im wesentlichen von jenen politischen Kräften vorbereitet und mitgetragen wurde, die sich zuvor im Unabhängigen Ausschuß organisiert hatten. Daß sich geachtete Zentrumsführer und Parteimitglieder unter ihnen befanden, belegt als weiteres Indiz den unabhängigen Kurs des westfälischen und münsterischen Zentrums gegenüber den Vorgaben aus Berlin.

Die Deutsche Vaterlandspartei verstand sich als neuartige politische Sammlungsbewegung von rechts und als Speerspitze gegen alle Tendenzen einer Parlamentarisierung des Reiches und der notwendig damit verbundenen Demokratisierung der Gesellschaft. Außenpolitisch kämpfte sie in kompromißloser Manier für einen Siegfrieden mit weitreichenden Annexionen an beiden Fronten, der nicht nur die Risiken der deutschen „Mittellage" verringern sollte, sondern im Fall des Gelingens die dauerhafte Hegemonie des Reiches in (Kontinental-)Europa bedeutet hätte. Es sieht so aus, als sei es in erster Linie das starre Festhalten am innenpolitischen Status quo gewesen, das führende Zentrumspolitiker – nicht die Wählerbasis des politischen Katholizismus – zu einer Koalition auf Zeit mit Alldeutschen, Unabhängigem Ausschuß und Vaterlandspartei bereit machte. Einmal war man mit der Schwenkung der Berliner Zentrumspolitik in Richtung eines Verständigungsfriedens, der geplanten Demokratisierung des Wahlrechts in Preußen und einer grundsätzlichen Stärkung des parlamentarischen Einflusses auf die Politik nicht einverstanden, und dann spürte man auch in Westfalen den zunehmenden Druck des Arbeitnehmerflügels der Partei, der spätestens für die Zeit nach Kriegsende vehement Forderungen nach mehr Partizipation in- und außerhalb des Zentrums anmeldete.

Irritationen über die Berliner Zentrumspolitik gab es im Münsterland nicht erst jetzt und nicht nur in Kreisen des Bauernverbandes; auch weite Teile des katholischen Stadtbürgertums beobachteten mißtrauisch alle Versuche des Reformflügels, das katholische Milieu aufzubrechen und für die Anforderungen der Moderne zu öffnen. Zu diesen gehörten für die Reformer seit der Wende des Krieges zweifellos ein Verständigungsfrieden *nach außen* und ein Interessenausgleich unter Einbeziehung der Arbeiterschaft *nach innen* – Ziele, denen man in Münster mit Skepsis und Ablehnung begegnete. Viele der katholischen Honoratioren aus dem städtischen Wirtschafts- und Bildungsbürgertum vermochten den Weg von der seit den 1890er Jahren beginnenden Nationalisierung des politischen Katholizismus hin zu seiner Demokratisierung nicht mitzuvollziehen und beharrten auf dem Erhalt der Vorkriegsordnung, ganz so, als habe diese noch eine Zukunft. Ihre ökonomischen und sozialen Interessen und deren politische Absicherung schienen sowohl durch eine breitere Mitbestimmung der eigenen Parteibasis wie durch eine Beteiligung der sozialdemokratischen „Umsturzpartei" an der politischen Verantwortung nicht gewährleistet. Das richtete sich primär gegen die von Bethmann Hollweg erwogene Aufhebung des preußischen Dreiklassenwahlrechts, die Wilhelm II. in seiner Osterbotschaft vom April 1917 feierlich angekündigt hatte – eine grundlegende Reform, die bis zum Ende der Monarchie anderthalb Jahre später allerdings nicht mehr realisiert werden sollte.

In der Fuldaer Bischofskonferenz, die von einer Wahlrechtsänderung ein Ansteigen der sozialdemokratisch inspirierten, christentumsfeindlichen Strömungen in der Politik befürchtete, erhofften sich die Reformgegner einen gewichtigen Bundesgenossen, obwohl seit den Kontroversen um die kulturelle und politische Öffnung des Zentrums und dem Gewerkschaftsstreit eigentlich deutlich geworden sein mußte, daß die Partei sich nicht zum verlängerten Arm des Episkopats und der Weltkirche machen ließ. Im Mittelpunkt dieser Kritik an der Berliner Politik des Wandels stand die Person des Abgeordneten Matthias Erzberger, der schon früher für Nationalkatholiken wie für Integralisten zur Symbolfigur eines neuartigen Politikertypus geworden war: dem des Berufsparlamentariers. Das „Unsympathische" dieser neuen Spezies des *homo politicus* lag für viele Zeitgenossen nicht nur des katholischen Lagers in der Tatsache einer zunehmenden Professionalisierung des Tätigkeitsfeldes Politik, das man nach traditioneller Auffassung nur auf der Basis einer gesicherten bürgerlichen Existenz ausüben durfte. Wer diese nicht vorweisen konnte oder anstrebte, geriet leicht in den Verdacht, entweder willenloser Funktionär seiner Partei zu sein oder seine Politik an beliebig wechselnden Optionen je nach Karrierechancen und persönlicher Opportunität auszurichten. Das aber tangierte das auch in Münster noch sehr lebendige altliberale Leitbild einer Notabelngesellschaft, in der das Geschäft des Politischen unabhängigen Honoratioren vorbehalten blieb, also jenen, die aufgrund von Bildung und Besitz vermeintlich als einzige die Kompetenz mitbrachten, um Politik jenseits parteilicher Interessen zu gestalten.

In dieser etwa vom „Westfälischen Merkur" und seinem Chefredakteur Theodor Warnecke propagierten kritischen Personalisierung der reformbereiten Berliner Zentrumspolitik und eines ungewohnt neuartigen politischen Stils konnten sich konservative katholische Landwirte und städtischer Mittelstand treffen; die Richtung des Sozialkatholizismus mit christlicher Arbeiterbewegung und Gewerkschaften hatte in dieser informellen Koalition keinen Platz. Der linke Flügel nahm das jedoch nicht widerspruchslos hin. Auf Versammlungen der katholischen Arbeitervereine in Münster wurde immer wieder herausgestellt, daß gerade die unteren Volksschichten während des Krieges die größten Opfer brächten und deshalb nach Kriegsende eine erweiterte Mitbestimmung bei der Neugestaltung des Reiches beanpruchen könnten. Auch sonst meldete man Forderungen an, die formal auf die Gleichberechtigung der Katholiken innerhalb der Gesellschaft zielten, realiter aber genauso die *parteiinterne* Parität im Visier hatten. Damit vollzog sich in Münster eine ähnliche Entwicklung wie im übrigen Rheinland-Westfalen seit der Jahreswende 1914/15: Der Ruf nach innerer Demokratisierung und gleichem Wahlrecht nach außen wurde drängender und machte die wachsenden Gegensätze des „Linkskatholizismus" zur national-konservativen Politik der Zentrumsführung in der Provinz immer deutlicher. Für letztere spielten der alte konfessionelle Gegensatz und die vieldiskutierten Fragen um Parität bzw. Inferiorität eine zunehmend geringere Rolle. An die Stelle dieser Thematik trat nun das Ringen um den Erhalt der Vorkriegsgesellschaftsordnung und die Abwehr von Emanzipationsforderungen der klein- und unterbürgerlichen Schichten in Sozialdemokratie und Linkskatholizismus. Der katholische Adel des Münsterlandes, den protestantischen Standesgenossen ohnehin durch gleiche agrarische Interessen verbunden, fühlte sich diesen gemeinsamen Belangen im Grunde genauso verpflichtet wie dem politischen Spektrum, dem er eigentlich angehörte. Nicht nur die Honoratioren der Provinzialhauptstadt, sondern auch der Adel sah die alten Kampfziele des Zentrums – konfessionelle *und* gesellschaftliche Parität – nun eingelöst und brachte wenig Verständnis dafür auf, daß aus dem Linkskatholizismus wie den Berliner Fraktionen weitergehende Forderungen nach Parlamentarisierung und Verständigungsfrieden an die Öffentlichkeit drangen.

Kriegswende 1916/17

Münster als Verwaltungs- und größte Garnisonstadt der Provinz wurde von den Kriegsfolgen in anderer Weise betroffen als vergleichbare Ballungszentren des westfälischen und rheinischen Industriegebiets. Dennoch zahlte auch hier die Bevölkerung ihren Tribut an die allgemeine Verknappung der Ressourcen und die dadurch erfolgte Verteuerung des Lebensunterhalts. Trotz und gerade wegen der öffentlichen Preiskontrollen entwickelte sich ein florierender Schwarzmarkt für Mangelprodukte, darunter Fleisch, Butter und Gemüse. Im Juli 1915 kam es zu heftigen Auseinandersetzungen, nach dem „Westfälischen Merkur" sogar zu einem regelrechten „Butterkrieg" zwischen Händlern aus dem ländlich geprägten Umland mit seiner noch funktionierenden landwirtschaftlichen Produktion und erbitterten Bürgern, die sich

Gemüseverkauf durch die Stadt auf dem Syndikatplatz im Juli 1915

weigerten, die geforderten Höchstpreise für das Lebensmittelangebot zu entrichten. Um der schlimmsten Not abzuhelfen, ließ die Stadt auf den Rieselfeldern und anderen freien Flächen Gemüse anbauen, das dann über städtische Verkaufsstellen verteilt wurde.

Besonders hart traf es natürlich kinderreiche Familien und solche aus den Unterschichten, deren Lobby in Münster schon ihrer verhältnismäßig geringen Zahl wegen begrenzt blieb. Seit dem Herbst 1914 mußte die Stadt für die Kriegswohlfahrtspflege beträchtliche Mittel aufwenden, die bis 1918 weiter steil anstiegen. Parallel dazu verschlechterte sich die Grundversorgung mit zunehmender Kriegsdauer. Seit April 1916 gab es sogar Kartoffeln nur noch auf Marken; die Ausgabemenge war pro Person und Tag auf ein Pfund begrenzt. Fleisch wurde zur seltenen Delikatesse. Wenn Informationen über neue Lieferungen durchsickerten, bildeten sich vor den Läden lange Schlangen, die man mit einem Rest von Galgenhumor „Polonäsen" nannte. Auch der berüchtigte „Steckrübenwinter" 1916/17, der durch einen katastrophalen Ausfall von Kartoffel- und Brotlieferungen bedingt war, zeigte in Münster schlimme Wirkungen: Die Säuglings- und Kindersterblichkeit stieg nicht zuletzt wegen des Mangels an Vollmilch außerordentlich an; gleiches galt für die Tuberkulose, die im Vergleich zu 1913 um fast 50 Prozent zunahm und an der allein im Winter 1917 344 Menschen starben. In den kalten Monaten wurde die Lebenshaltung zusätzlich durch die Verknappung von Brennstoffen erschwert; manche Familien mußten Einrichtungsgegenstände verfeuern, um über die Runden zu kommen. Angesichts dieser Situation überrascht es nicht, wenn auch in Münster das sich an das Apostolikum anlehnende sogenannte Kriegsglaubensbekenntnis die Runde machte, das in ironisch-blasphemischer Weise die Ausweglosigkeit und Verzweiflung der Bevölkerung zum Ausdruck brachte. Darin hieß es: „Ich glaube an die Marmelade, die allgemeine Ernährung des deutschen Volkes und an die Steckrübe, die stammverwandte Genossin, gelitten unter der Zentraleinkaufsgesellschaft, gesammelt und gepreßt, niedergefallen zur Erde, am dritten Tage wieder aufgelesen als Tafeläpfel, von dannen sie kamen als Aufstreichmittel für Deutschlands hungernde Söhne. Ich glaube an den heiligen Profit, an eine allgemeine große Wuchergesellschaft, Gemeinschaft der Hamsterer, Verteuerung des Fleisches und an einen ewigen Kriegszustand. Amen!" [1496: Schulte, Kriegschronik, S. 276].

Die geschilderten Nöte dieser Art bewirkten jedoch keine breit angelegte, meßbare Kriegsmüdigkeit mit *konkreten* politischen Auswirkungen oder auch nur ein deutliches Abrücken von maximalen Kriegszielforderungen zugunsten eines Verständigungsfriedens. Freilich war die Begeisterung der ersten Kriegsmonate verflogen, und man sehnte sich allgemein nach Frieden, aber nicht um jeden Preis. Paradoxerweise glaubte man offenbar, durch Intensivierung aller Mittel der Kriegsführung auf schnellstem Wege zum Frieden zu kommen. Dazu gehörte vor allem die Verkündung des umstrittenen uneingeschränkten U-Boot-Krieges. Selbst die infolge der Freigabe der Kriegszieldiskussion in der Öffentlichkeit verstärkte Propaganda der Annexionisten, denen gegenüber die Befürworter eines Verständigungsfriedens in Münster kaum oder gar nicht zu Wort kamen, schien das baldige Kriegsende und einen dauerhaften Frieden zu garantieren: Operierten doch die Anhänger eines Siegfriedens mit weitreichenden Gebietserwerbungen mit dem Argument, territoriale

Gewinne machten den Frieden sicherer und würden künftig potentielle Gegner des Reiches davon abschrecken, sich auf neue militärische Konflikte einzulassen.

In dieser Perspektive erschienen alle Bemühungen um einen „Frieden ohne Annexionen und Kontributionen", wie ihn der SPD-Abgeordnete Philipp Scheidemann am 15. Mai 1917 im Reichstag forderte, dem eigentlichen Ziel eines raschen Kriegsendes wenig dienlich. Als sich der prominente Zentrumspolitiker Matthias Erzberger mit einer aufsehenerregenden Rede im Hauptausschuß des Reichstags am 6. Juli dieser Position anschloß, kam dies einer kleinen Sensation gleich, deren Erschütterungen bis nach Rheinland-Westfalen hinein deutlich zu spüren waren. Auch in Münster löste seine Rede, mehr noch aber die in ihrem Sinne am 19. Juli verabschiedete Friedensresolution der Mehrheitsfraktionen des Reichstags (Zentrum, SPD, Linksliberale) heftige kritische Reaktionen aus. Die westfälischen Abgeordneten Graf Galen und Bauernführer Engelbert Kerckerinck zur Borg stimmten gegen die Friedensresolution oder blieben der Abstimmung fern – wie der katholische Theologieprofessor und Sozialreformer Franz Hitze –, ein Beleg dafür, daß die Frage nach Zielvorgaben und strategischer Annäherung an einen Frieden quer zu allen politischen Lagern offen war und auch innerhalb der Zentrumsflügel unterschiedlich beantwortet wurde.

In Münster stieß die Friedensresolution – wie gesagt – ebenfalls auf Ablehnung. Hier sah man sie in engem Zusammenhang mit der preußischen Wahlrechtsreform, die in Stadt und näherem Umland gegensätzlich beurteilt wurde. So begrüßte Oberbürgermeister Dieckmann zunächst die angekündigte Abschaffung des Dreiklassenwahlrechts, während der Regierungspräsident von anhaltendem Desinteresse, ja Kritik an den politischen Irritationen sprach, die durch die Wahlrechtsdiskussion ausgelöst worden seien. Im Oktober des Jahres äußerte Dieckmann dann aber Bedenken gegenüber der Reform, die sich in erster Linie auf deren Folgen für das kommunale Wahlrecht bezogen. Dieses Wahlrecht orientierte sich ja ebenfalls am Zensusprinzip und garantierte den städtischen Honoratioren ihre unangefochtene Vertretung in der Stadtverordnetenversammlung; jede Reform konnte ihre Stellung gefährden.

Eindeutiger verurteilte man in Münster und im Münsterland die Friedensresolution, wenngleich die Einschätzung ihrer innenpolitischen Wirkung gespalten blieb. So konstatierte der Oberbürgermeister am 17. Oktober 1917 in seinen regelmäßigen Berichten an die Regierung eine große Friedenssehnsucht in der Bevölkerung; andererseits wies er darauf hin, daß „bis tief in die Kreise der sogenannten kleinen Leute hinein" die Ansicht vorherrsche, daß die Resolution Deutschland schwächen und „nur zur Verlängerung des Krieges beitragen werde". Die Folge sei eine deutliche Mißstimmung gegenüber der Berliner Politik, die auch in der Mehrheit des örtlichen Zentrums vorherrsche [StaatsAM, Regierung Münster 4837]. Der politische Katholizismus Westfalens hütete sich aber, seine Kritik gegenüber den Berliner Fraktionen der Partei öffentlich zu machen; das geschlossene Außenbild des Zentrums und seine organisatorische Einheit waren der Führungsspitze wichtiger als der Dissens über Wahlrechtsreform und Friedensresolution. Beide Initiativen wurden als „Aktion Erzberger" tituliert und durch diese Personalisierung der eigenen politischen Mitverantwortung entzogen.

Die offenkundige Unzufriedenheit innerhalb des politischen Katholizismus in Münster bot rechtsstehenden Verbänden wie dem alldeutsch orientierten Unabhängigen Ausschuß und der im September 1917 offiziell gegründeten Deutschen Vaterlandspartei die erwünschte Gelegenheit, ihre Agitation gegen den äußeren Verständigungsfrieden und die inneren Reformen unter Einbeziehung breiter Zentrumskreise durchzuführen. Jetzt erwiesen sich jene milieubedingten Barrieren, die noch bis 1914 die Mitgliedschaft der nationalistischen Sammlungsbewegungen primär auf den protestantischen Bevölkerungsteil beschränkt hatten, als durchlässig und damit partiell überwindbar. Selbst der mahnende Hinweis des „Westfälischen Merkur" auf völkisch-neuheidnische Weltanschauungselemente bei den Alldeutschen, mit dem das Blatt seine katholischen Leser vor zu engen Kontakten mit dieser Gruppierung warnte, verfehlte jetzt seine Wirkung, zumal der Zweite Vorsitzende des Alldeutschen Verbandes auf Reichsebene, Freiherr von Gebsattel, in einem Leserbrief an den „Merkur" diese Tendenzen „als überzeugter Katholik" vehement bestritt. Erst die Deutsche Vaterlandspartei, deren Mitgliedschaft mit jener des Alldeutschen Verbandes und des Unabhängigen Ausschusses nahezu identisch war, konnte die konfessionsbedingten Ressentiments in Münster dann endgültig überwinden und ein breites Bündnis von protestantischen und katholischen Honoratioren der Stadt zustande bringen. Zwar stellte sich das örtliche Zentrumswahlkomitee Ende Oktober 1917 hinter die Erklärung des Reichsausschusses der Berliner Parteizentrale, der Vaterlandspartei keinesfalls beizutreten, weil sich das Zentrum in Vaterlandsliebe von niemandem übertreffen lasse; aber auch dieser Schritt bewirkte keine deutliche Scheidung. Führende Zentrumspolitiker Münsters – neben dem genannten Justizrat Terrahe auch der Lokalredakteur des Zentrumsblattes „Münstersche Zeitung", Mehls, und „Merkur"-Chefredakteur Warnecke – vollzogen die empfohlene strikte Trennung nicht mit. Alles in allem „kann festgehalten werden, daß der Deutschen Vaterlandspartei [. . .] der Einbruch in die katholisch geprägten führenden Kreise Münsters gelang, bis hinein in Magistrat und Stadtverordnetenversammlung" [1314: Ellerich, Münster im Ersten Weltkrieg, S. 102].

Den Erfolg der nationalistischen Gruppierungen stimulierte im Herbst 1917 auch die außenpolitische Entwicklung. Nach der harschen Antwort des amerikanischen Präsidenten auf die Friedensbotschaft des Papstes, der die Wiederherstellung des Status quo ante gefordert hatte, was Wilson mit Hinweis auf das Selbstbestimmungsrecht der Völker zurückgewiesen hatte, kam es in Münster zu einer Reihe von Protestversammlungen. Besonders erregte die zahlreichen Teilnehmer der versteckte Hinweis des US-Präsidenten auf den notwendigen Systemwechsel im Reich vor der Aufnahme von Friedensverhandlungen. Nach einem Treuegelöbnis für den Kaiser wandten sich die Redner unter lautem Beifall gegen die Friedensresolution vom Juli. So behauptete Oberbürgermeister Dieckmann am 16. September vor 1200 Menschen, die derzeit auschlaggebenden Repräsentanten des Reichstags, denen man diese Initiative zu verdanken habe, besäßen nicht mehr das Vertrauen der Bevölkerungsmehrheit, womit er genau jene Argumentation übernahm, die auch die Vaterlandspartei gegen den Verständigungsfrieden ins Feld führte. Der Generalsekretär des Zentrums beschwor auf der gleichen Versammlung die Siegeszuversicht der ersten Kriegsmonate, und am Ende schickten die Anwesenden ein Telegramm an Hindenburg, den „Retter des Vaterlandes", in dem sie ein flammendes Bekenntnis zum Siegfrieden ablegten: Man werde „ausharren, einig, stahlhart und siegesbewußt, bis Hindenburgs

Besuch des Apostolischen Nuntius Eugenio Pacelli im Kriegsgefangenenlager II (24. September 1918)

Schwertfriede Deutschland die Freiheit seiner wirtschaftlichen Entwicklung, die Sicherheit seines nationalen Lebens erkämpft hat für immerdar" [Westfälischer Merkur vom 17. September 1917].

4. *Das Jahr 1918 und der Zusammenbruch*

Als der Frieden mit Sowjetrußland am 3. März endlich besiegelt wurde, atmete die Bevölkerung förmlich auf; Münsters Schüler erhielten schulfrei, und auf dem fahnengeschmückten Prinzipalmarkt feierte man mit Böllerschüssen und Militärmusik das Ereignis. In die darin zum Ausdruck kommende Friedenssehnsucht mischten sich allerdings schon bald wieder andere Töne. Die in der Provinzialhauptstadt ohnehin nur schwach vertretenen Anhänger eines Verständigungsfriedens mußten erleben, daß der militärische Erfolg gegen Rußland denjenigen politischen Kreisen neuen Auftrieb gab, die unbeirrt und unbelehrbar auf ihren Siegfriedensträumen beharrten. Nicht nur notorische Annexionisten wie Otto Fürst von Salm-Horstmar oder der ehemalige preußische Landwirtschaftsminister Freiherr von Schorlemer, der auf einer Veranstaltung der Vaterlandspartei die Reichstagsresolution vom Juli 1917 als „Friedensgewinsel und Friedensgesäusel" denunzierte, das man nun endgültig ad acta legen könne [Münstersche Zeitung vom 4. April 1918] – auch ein zurückhaltenderer Politiker wie Oberbürgermeister Dieckmann sprach in seinen Stimmungsberichten für die Regierung vom gewachsenen Bewußtsein der Einwohnerschaft, daß nur der militärische Sieg den Frieden bringen werde, einen Frieden, dessen Bedingungen „den gemachten Opfern entsprechen müssen".

Durch den Vertrag von Brest-Litowsk hatte die Position eines Verständigungsfriedens schweren Schaden erlitten. Kennzeichnend für die neue Einschätzung der Lage war nicht nur der Auftrieb für die alten Anhänger weitreichender Kriegsziele, sondern auch die Abwendung prominenter Zentrumspolitiker von der Friedensresolution und ihr Einschwenken auf den Kurs der nationalistischen Verbände. Dennoch waren die jetzt in greifbare Nähe gerückten innenpolitischen Ziele der Mitte-Links-Richtung des Zentrums – Wahlrechtsreform und weitgehende Demokratisierung des politischen Systems – nicht mehr aufzuhalten, wenngleich sich diese Erkenntnis unter den führenden Repräsentanten des münsterischen Zentrums nur langsam durchsetzte. Das Ortskartell der christlichen Gewerkschaften als Sprecher des Arbeitnehmerflügels forderte im Laufe des letzten Kriegsjahres vernehmlicher denn je „Taten" in der Frage des Wahlrechts und bezog sich dabei ganz unverblümt auf die ausstehende parallele Reform auf kommunaler Ebene, die für rechte Zentrumskreise ja den Ausschlag gegeben hatte, die Abschaffung des Dreiklassenwahlrechts zum preußischen Landtag abzulehnen. Überhaupt zeichnete sich im Rahmen der Lockerung der Zensurvorschriften seit dem Frühjahr 1918 erstmals eine Differenzierung der öffentlichen Meinung in Abhängigkeit von der Sozialstruktur der Bevölkerung in Münster ab. Während die kriegsmüden Unterschichten nach dem „Zwischenhoch" des Friedens mit Rußland bald wieder auf eine Verständigung mit den Feindstaaten ohne Annexionen vertrauten, blieb das Stadtbürgertum aller politischen Richtungen mehr oder weniger auf den Annexionsfrieden fixiert.

Als der letzte Kanzler der Monarchie, Prinz Max von Baden, dem amerikanischen Präsidenten Woodrow Wilson am 3./4. Oktober auf Drängen Hindenburgs den sofortigen Waffenstillstand anbot, kam das auch für die Bevölkerung Münsters völlig überraschend. Noch Ende des Monats klagte der Regierungspräsident in einem Bericht an das Generalkommando, bis zuletzt habe man auf die Oberste Heeresleitung und den „Endsieg" gebaut und sehe sich nun plötzlich aller Hoffnungen auf ein glückliches Ende beraubt. Oberbürgermeister Dieckmann beurteilte die Situation in der Stadt ähnlich, schätzte aber die militärische Lage der Mittelmächte völlig unrealistisch ein, wenn er erklärte, der Waffenstillstand sei aus humanitären Erwägungen heraus angeboten worden, nicht wegen des drohenden Zusammenbruchs der Front. Und für den Fall der Ablehnung durch die Entente rief er die Bürger „zum letzten Gefecht" auf, um in Erinnerung an die Freiheitskriege vor hundert Jahren unter Anspannung aller Kräfte das Kriegsglück doch noch zu wenden. Solche Durchhalteappelle korrespondierten mit den Propagandaanstrengungen der Deutschen Vaterlandspartei in Münster in den letzten Kriegswochen.

Bei Ende Oktober stattfindenden Massenversammlungen, auf denen auch der Oberbürgermeister auftrat, wurde gegen die Bedingungen Wilsons für den Abschluß des Waffenstillstands agitiert, deren weitreichende Reformforderungen die Demokratisierung des Reiches und implizit die Abschaffung der Monarchie zum Inhalt hatten. Gerade die akute Gefährdung der königlichen Staatsspitze erhitzte die Gemüter ein letztes Mal, bevor die Revolution auch Münster erreichte. Am 3. November beschwor der „Westfälische Merkur" das Unglück der Nation, „wenn der Hort der Eintracht und Ordnung, die monarchische Verfassung, in das Wanken und Fal-

Westfälischer Merkur

Verantwortlich: Hauptredakteur: Theodor Warnecke in Münster i. W.

Extra-Blatt

Verlag und Depeschen-Druck der Westfälischen Vereinsdruckerei in Münster i. W.

Abdankung des Kaisers

Thronverzicht des Kronprinzen.

WTB. Berlin, 9. Nov. (Telegr.) Amtl. Der Kaiser und König hat sich entschlossen, dem Thron zu entsagen.

*

Der Reichskanzler bleibt noch solange im Amte, bis die mit der Abdankung des Kaisers im Thronverzicht des Kronprinzen des Deutschen Reiches und von Preußen und der Einsetzung der Regentschaft verbundenen Fragen geregelt sind. Er beabsichtigt, dem Regenten die Ernennung des Abgeordneten Ebert zum Reichskanzler und die Vorlage eines Gesetzentwurfs wegen der sofortigen Ausschreibung allgemeiner Wahlen für eine Verfassunggebende deutsche Nationalversammlung vorzuschlagen, der es obliegen würde, die künftige Staatsform des deutschen Volkes einschließlich der Volksteile, die ihren Eintritt in die Reichsgrenzen wünschen sollten, endgültig festzusetzen.

Berlin, den 9. November 1918.

Der Reichskanzler
Prinz Max von Baden.

Extrablatt des „Westfälischen Merkur" vom 9. November 1918: Nachricht vom Ende der Monarchie und Ankündigung allgemeiner Wahlen zu einer verfassunggebenden Nationalversammlung

len geraten sollte"; und der Rektor der Universität, der evangelische Theologe Professor Julius Smend, übertrumpfte diese Ergebenheitsadresse noch, wenn er ausgerechnet am 9. November zusammen mit dem Senat in einer schriftlichen Erklärung zu den Akten gab, daß trotz des äußeren Gangs der Geschehnisse die königstreue Gesinnung der Professoren der Westfälischen Wilhelms-Universität unerschüttert bleiben werde.

Politische Unbeweglichkeit, ja Intransigenz der politisch führenden bürgerlichen Schichten scheinen ein charakteristisches Kennzeichen der vier Jahre des Ersten Weltkriegs in Münster gewesen zu sein. Das Leitmotiv einer doppelten, nach *innen* wie nach *außen* gerichteten Kriegszielvorstellung bestimmte das Denken der Eliten in Regierung, Generalkommando und Stadtverwaltung. Ein mehr als gradueller Wandel dieses Denkens in expansionistisch-autoritären Grundstrukturen ist auch unter den bedrängenden Erfahrungen des Kriegsgeschehens nicht zu beobachten und führte noch im Angesicht der beginnenden revolutionären Veränderungen zu eigensinnigem Beharren auf dem politischen Wertekanon einer vergehenden Zeit. Die Revolution wurde eben nicht in Münster gemacht, sondern von außen in die Stadt hineingetragen. Das verschaffte den Bürgern in der Mischung aus lähmender Furcht vor dem Kommenden und dem Bewußtsein, in einer gewissen Weise an den Dingen unbeteiligt zu sein, eine Art Zuschauerrolle, die gerade auch deshalb möglich war, weil das revolutionäre Geschehen hier in besonders gemäßigten Bahnen verlief. Für diese Haltung der münsterischen Bevölkerung und ihrer Führungsschichten sind viele Gründe und Motive auszumachen, von denen abschließend einige noch einmal genannt seien.

1. Der durch die Präsenz des VII. Armeekorps bedingte hohe Militarisierungsgrad der Gesellschaft und der besondere Charakter Münsters als Beamten- und Behördenstadt schuf günstige Voraussetzungen für die Entwicklung einer auf Tradierung und Erhaltung bestehender politischer Normen hin orientierten Mentalität, die auch angesichts des Fehlens oppositioneller Strömungen aus Arbeiterbewegung oder Linksliberalismus wenig Anlaß zur Korrektur sah.
2. Damit hängt die gewisse provinzielle Enge der Region und ihrer Metropole zusammen, die einerseits auf das agrarisch geprägte Umland und die relative Entfernung zu modernen großstädtischen Milieus des Reiches, andererseits aber auch auf die Besonderheiten der konfessionellen Strukturen zurückzuführen ist. Bei allen Bemühungen, diese aufzubrechen, zeigte sich vor allem die „Basis" des politischen Katholizismus viel stärker milieuresistent, als es der Führung des westfälischen Zentrums lieb sein konnte. Es wäre eine reizvolle, freilich nicht leicht zu beantwortende Frage, in welchem Ausmaß umgekehrt die evangelische Bevölkerung in ihrem politisch-gesellschaftlichen Denken und Handeln von der Diasporasituation geformt wurde, d. h. ob und in welcher Beziehung sie sich von *protestantisch* dominierten Stadtgesellschaften Preußens unterschied.
3. Handfeste sozial-ökonomische Interessen des städtischen Bürgertums wie der (Groß-)Landwirtschaft des Umlandes bedingten die konservative Grundausrichtung der damit verbundenen Schichten. Für sie bildete die Zugehörigkeit zur Zentrumspartei nur *eine*, wenngleich die vielleicht wichtigste gesellschaftliche Option; ihre oft besten Verbindungen zur protestantischen Minderheit ergaben sich aus der Identität der wirtschaftlichen und standespolitischen Interessen.

Quellen und Literatur

Die Bestände des Stadtarchivs und vor allem des Staatsarchivs enthalten für unseren Themenbereich aufschlußreiche Materialien, die von der Forschung bisher nur punktuell ausgewertet wurden. Die im Auftrag der Verwaltung vom Stadtarchivar jährlich fortgeschriebene und zum Teil publizierte Chronik [1247: Münster im Kaiserreich] zählt zur Gattung einer Traditionsquelle, da sie verständlicherweise vor allem die Perspektive des Magistrats wiedergibt und davon abweichende Auffassungen kaum je ausführlich diskutiert. Ähnliches gilt für die Zeitungen, die meist den verschiedenen Flügeln des Zentrums verpflichtet waren und davon jeweils abweichende Positionen – wenn überhaupt – nur kritisch-polemisch referierten. Dies waren in den 1890er Jahren vier Blätter: Münsterischer Anzeiger, Westfälischer Merkur, Der Westfale, Münstersche Zeitung. Im Umland wurde nach der Jahrhundertwende der „Merkur" als meistgelesene Tageszeitung vom Dortmunder Zentrumsblatt „Tremonia" abgelöst. Als wertvolle Einzelquelle, wenngleich wegen ihrer integralistischen Tendenz einer sorgfältigen Interpretation bedürftig, erwiesen sich die ungedruckten Erinnerungen des langjährigen Chefredakteurs des „Westfälischen Merkur", Theodor Warnecke, von denen je ein Exemplar im Staats- und im Stadtarchiv aufbewahrt wird [1263: Erinnerungen]. Von Bedeutung sind ferner die Stimmungsberichte des Oberbürgermeisters an den Regierungspräsidenten und die erst im Krieg wieder einsetzenden Lagemeldungen des Oberpräsidenten der Provinz an das stellvertretende Generalkommando, das mit Kriegsausbruch die vollziehende Gewalt in Westfalen übernahm (beide im

Staatsarchiv). Dort liegt auch der umfangreiche Nachlaß des Rechtsanwalts und Nationalkatholiken Dr. Adolf ten Hompel, der vor allem Nachrichten über den rechten Flügel des Zentrums und kleinere nationalistische Gruppen in Münster enthält. Nicht unwesentliche Informationen konnten den Westfalen betreffenden Akten des ehemaligen Staatsarchivs der DDR, Dienststelle Merseburg – vorläufig jetzt Geheimes Staatsarchiv, Stiftung Preußischer Kulturbesitz, Abteilung Merseburg – entnommen werden, darunter der die Ernennung und Bestätigung der Spitzenbeamten der Stadt betreffende Schriftwechsel zwischen Oberpräsidium, Ministerium des Innern und Krone.

Für die Erschließung der in Münster liegenden Materialien ist der Verfasser Herrn Armin Owzar verbunden, der wichtige Materialien für diesen Abschnitt der Stadtgeschichte zusammengestellt hat. – Von wesentlicher Bedeutung für die Aufarbeitung der Geschichte Münsters im Kaiserreich waren auch die im Historischen Seminar der Westfälischen Wilhelms-Universität angefertigten akademischen Qualifikationsarbeiten dreier Autoren, die hier hervorgehoben werden müssen. Angesichts fehlender wissenschaftlicher (Gesamt-)Darstellungen zur Stadtgeschichte im Kaiserreich wurde es erst durch ihre Leistung möglich, diese Skizze zur erstellen. Dank schuldet der Verfasser vor allem Gisela Weiß mit ihrer materialgesättigten Studie über die Kaiserbesuche in Münster [1464: Kaisertage], sodann Gerd Krüger mit seiner zur Dissertation umgearbeiteten profunden Arbeit [1587: Treudeutsch allewege] und schließlich Martin Ellerich mit seiner beeindruckend problembewußten und dabei detailgenauen Untersuchung [1314: Münster im Ersten Weltkrieg].

HANS-ULRICH THAMER

Stadtentwicklung und politische Kultur während der Weimarer Republik

1. Von der Monarchie zur Republik: Umbruch und Kontinuität in der Revolutionszeit 1918/19 – 2. Soziale Unzufriedenheit und politische Krisen (1919–1923) – 3. Münster in der Stabilisierungsphase der Republik (1924–1929) – 4. Die „große Krise" (1929–1933)

Die Geschichte Münsters in der Zeit der Weimarer Republik war die Geschichte von Beharrung und Herausforderung, von kommunaler Eigenständigkeit und zentralistischer Überformung. Die Stadt war und blieb weiterhin ein traditionelles Verwaltungs-, Handels- und Kulturzentrum ohne größere gewerblich-industrielle Konzentration. Ihr kulturelles und politisches Leben wurde bestimmt von der Dominanz des katholischen Milieus. Dies alles waren Momente der Kontinuität, die in Münster ein größeres Gewicht besaßen als in den Metropolen und industriellen Ballungszentren des Reiches.

Nationale Entwicklungen und Zäsuren bestimmten aber mehr und mehr auch das kommunale politische und soziale Leben; die lokalen Wandlungen in Wirtschaft und Gesellschaft, Kultur und Politik wurden beschleunigt und überlagert von allgemeinen nationalen Veränderungen und Herausforderungen. Die Auswirkungen von Krieg und Inflation, von Revolution und Gegenrevolution, von Parlamentarisierung und Massenmobilisierung, von wachsender Reichsvereinheitlichung und -kompetenz einerseits und wachsender kommunaler Aufgaben- und Vollzugszuständigkeit andererseits, von politischen Konflikten und Polarisierung und schließlich von Wirtschafts- und politischer Systemkrise berührten Münster ebenso wie die anderen Städte im Deutschen Reich. Auch wenn sie in ihren tatsächlichen politisch-sozialen Auswirkungen weniger durchschlagend waren, so haben sie die Wahrnehmungen und Werthaltungen der Bürger der Stadt ebenso beschäftigt und irritiert. Denn die Grenzen des Lokalen und Regionalen zum Nationalen und Zentralen in der politisch-administrativen und sozialen Wirkungsgeschichte ebenso wie in der subjektiven Wahrnehmung und mentalen Betroffenheit wurden immer mehr überschritten. Umgekehrt galt weiterhin die Beharrungskraft kommunaler Sonderheiten und Alternativen, galt weiterhin der Grundsatz, daß politisch-soziale Erfahrung und Entfaltung sich im lokalen Lebensraum umsetzten und vollzogen. Die lokalen Eigenheiten in den politisch-sozialen Bauformen und in der Wirtschaftsstruktur trugen zur Verstärkung oder Abschwächung zentraler Verlaufsformen und Herausforderungen bei.

Die Zäsuren in der politischen wie in der wirtschaftlich-sozialen Geschichte Münsters waren dieselben wie auf Reichsebene: die Phase der revolutionären Erschütterungen von 1918 bis 1923, die kurze Zeit der relativen Stabilisierung von 1924 bis 1929, die Zeit der Wirtschafts- und Staatskrise von 1929 bis 1933. Doch in Münster war der Einfluß der Revolution auf das öffentliche Leben kurzfristiger und eher marginal, schlugen die politischen Pendelbewegungen zwischen Revolution und Gegenrevolution nicht so heftig aus, waren die materiellen und sozialen Auswirkungen der großen Wirtschaftskrise zwar groß, aber nicht so katastrophal wie in mancher Industriestadt. Auch in Münster führte die Wirtschafts- und Staatskrise der dreißiger Jahre zu einem Anschwellen des politischen Radikalismus von links und noch stärker von rechts, doch zeigten die überkommenen politisch-kulturellen Strukturen eine größere Resistenz gegenüber der totalitären Herausforderung. Die Wahlergebnisse und Mobilisierungserfolge der Nationalsozialistischen Deutschen Arbeiterpartei (NSDAP) lagen deutlich unter dem Reichsdurchschnitt, aber auch in Münster vollzog sich die nationalsozialistische Machteroberung nach denselben Mustern und Rhythmen wie im übrigen Deutschen Reich. Stadtgeschichte im 20. Jahrhundert ist darum immer auch allgemeine Zeitgeschichte, die Verschränkung von Lokalgeschichte und Nationalgeschichte.

1. *Von der Monarchie zur Republik: Umbruch und Kontinuität in der Revolutionszeit 1918/19*

Münster in der Revolution von 1918/19

Die Revolution kam von außen und hat das politische Leben der Provinzialhauptstadt nur für einige Wochen und Monate berührt. Das Ensemble jener Elemente der Tradition und Beharrung, die die politisch-sozialen und kulturellen Strukturen der Stadt bestimmten, hat dafür gesorgt, daß die Revolution nur eine Episode blieb, daß die Republik zwar neue politische Verfassungsformen brachte, daß sich aber die politische Kultur nur langsam wandelte und die gesellschaftlichen Machtverhältnisse überhaupt nicht veränderten. Die Bürger der Stadt beobachteten mit Schrecken und Distanz den Zusammenbruch der alten Ordnung und die Signale einer revolutionären Wende. Sie waren beunruhigt über die Nachrichten, daß sich die Revolte der Matrosen der Hochseeflotte wie ein Steppenbrand über ganz Deutschland ausbreitete, daß Soldaten und Arbeiter mit roten Armbinden und Gewehren durch die Straßen marschierten und Arbeiter- und Soldatenräte bildeten. Dies und die Tatsache, daß sich ihnen nirgendwo nennenswerter Widerstand entgegenstellte, zeigten überdeutlich, wie weit die Erosion der politisch-sozialen Ordnung vorangeschritten, wie verbreitet die Kriegsmüdigkeit und die materielle wie die mentale Erschöpfung, wie groß der Wunsch nach Frieden war. Friedenssehnsucht, aber auch die Angst vor „russischen Zuständen" waren es, die Vertreter der wichtigsten sozialen, politischen und religiösen Gruppen der Stadt, unter ihnen auch zwei Sozialdemokraten, am 7. November 1918 im Rathaus unter Leitung des Oberbürgermeisters zusammenkommen ließen, wo sie schließlich einen gemeinsamen Aufruf an die Bürger der Stadt verfaßten. Die Furcht vor dem Chaos und das Bemühen um die Aufrechterhaltung der öffentlichen Daseinsvorsorge bildeten den Grundtenor der Entschließung und ließen eine politische Orientierung erkennen, die vielerorts bestimmend war und auch für die Mehrheit der sozialdemokratischen Arbeiterbewegung galt. Darin wurden die Bürger dringend ermahnt, „Ruhe und die öffentliche Ordnung" aufrechtzuerhalten, damit nicht die „staatliche Ordnung", wie bereits in einigen Städten geschehen, durch „Gewaltakte nach russischem Vorbild" gestört werde und die Versorgung mit Lebensmitteln und Kohle gesichert werden könnten. Ganz im Sinne des alten Obrigkeitsstaates warnte Oberbürgermeister Dieckmann (Zentrum) in einem Aufruf vom selben Tag die Bürgerschaft davor, „sich an Ansammlungen und Ruhestörungen zu beteiligen" [1256: Schulte, Münstersche Chronik 1918, S. 23]. Die Revolution verhindern sollten auch bewaffnete Patrouillen, die das Generalkommando in den Straßen und vor dem Hauptbahnhof aufziehen ließ. Auch sollte die Eisenbahnverbindung nach Osnabrück unterbrochen werden, um ein „Vordringen der Revolution bis Münster" abzuwehren – gingen doch in Münster am 8. November Nachrichten um, in Hannover und selbst in Haltern hätten sich Soldatenräte gebildet.

Gleichwohl kamen die „Sturmvögel der Revolution" auch nach Münster. Am Abend des 8. November empfingen Soldaten aus der Aegidiikaserne eine Abordnung des Kieler Arbeiter- und Soldatenrates. Gemeinsam zog man durch die Stadt und befreite Gefangene aus dem Militärarresthaus und den Gefängnissen. Zur selben Zeit hatte sich das Generalkommando zu Verhandlungen mit den örtlichen Führern der Mehrheitssozialdemokratie entschlossen, um die politische Bewegung im eigenen Befehlsbereich nicht außer Kontrolle geraten zu lassen. Am Morgen des 9. November trafen sich Vertreter des Generalkommandos und die zukünftigen Mitglieder eines „vorläufigen Vollzugsausschusses" des Arbeiter- und Soldatenrates, bestehend aus den Sozialdemokraten Duhme und Düren, dem christlichen Gewerkschaftssekretär Camps (am folgenden Tag kam von den christlichen Gewerkschaften noch Bonifaz Müller hinzu) und den Soldaten Hoffmann, Buse, Kahlert und Knülle. Man einigte sich auf die Bildung eines Arbeiter- und Soldatenrates, der paritätisch besetzt sein sollte, und auf einen zwölf Punkte umfassenden Aufruf, der „zur Vermeidung von Blutvergießen" Maßnahmen anordnete, die „Ruhe und Disziplin" gewährleisten sollten [1256: Schulte, Münstersche Chronik 1918, S. 54]. Zu diesem Zweck wurden die bisherigen Dienststellen und Behörden in ihrer Funktion bestätigt und dem Arbeiter- und Soldatenrat zumindest kurzfristig ein Kontrollrecht eingeräumt. Demonstrationen auf den Straßen, Befehlsverweigerungen und Tätlichkeiten von Soldaten gegenüber Offizieren, vereinzelte Plünderungen und Lebensmittelknappheit – all diese ungewohnten und bedrohlichen Erfahrungen erklären das Sicherheits- und Wohlfahrtsmotiv, das auch hinter diesem Machtkompromiß stand.

Auf den Straßen Münsters kam es am 9. November zu Szenen, die in der Wahrnehmung der Bürger einer Revolution ähnelten. Mehr noch, am späten Nachmittag konnte das Mitglied des Arbeiter- und Soldatenrates, Emmerich Düren (MSPD), bei einer Kundgebung auf dem Neuplatz verkünden, daß in Berlin Philipp Scheidemann die Republik proklamiert habe. Dennoch war der politische Umbruch nicht das Ergebnis einer städtischen Volksbewegung, sondern Folge des Drucks von außen und der besonderen Situation der Stadt als Sitz einer militärischen Kommandozentrale. Denn die lokale Arbeiterbewegung war viel zu schwach, und sie beschränkte sich ohnehin, ganz im Vertrauen auf den Sieg der Demokratie auf Reichsebene, auf eine sporadische Propagandatätigkeit. Die Mehrheit der münsterischen Bevölkerung stand dem Umsturz überdies ablehnend gegenüber, und diese Haltung steigerte sich noch, als Mitte November die harten Waffenstillstandsbedingungen bekannt wurden, für die nun gleich die Revolution mitverantwortlich gemacht wurde.

Außerdem schwächten Differenzen innerhalb des Arbeiter- und Soldatenrates dessen politischen Einfluß. Bereits am 10. November traten die beiden christlichen Gewerkschaftler aus „prinzipiellen Erwägungen" heraus zurück, nachdem die Sozialdemokraten die Mehrheit im Arbeiterrat gefordert und überdies von ihren christlichen Kollegen die Bereitschaft verlangt hatten, notfalls auch mit Gewalt für die bisherigen Ergebnisse der Revolution einzutreten. Der Arbeiter- und Soldatenrat war damit zwar politisch homogener, aber dafür um so isolierter. Das wurde bereits erkennbar, als am 22. November auf Initiative des Oberbürgermeisters etwa dreißig Vertreter wichtiger sozialer, wirtschaftlicher und politischer Gruppen und Organisationen die Bildung eines „Bürgerrates" erörterten. Zwar hatte der sozialdemokratische Buchdrucker Max Duhme noch die Versammlung eröffnet, doch führte der Oberbürgermeister schließlich den Vorsitz und machte unmißverständlich klar, daß er durch seine Weiterarbeit nichts von seiner „inneren Überzeugung preisgeben würde" [1256: Schulte, Münstersche Chronik 1918, S. 143]. Am Ende waren die Mitglieder des Arbeiter- und Soldatenrates ausmanövriert; an ihrer Stelle wurden zwei Vertreter der christlichen bzw. freien Gewerkschaften Mitglieder des 31köpfigen Bürgerausschusses. Obwohl sich der Bürgerausschuß – ohne Beteiligung der SPD – als ein lockerer Zweckverband zunächst nur mit der Absicht konstituiert hatte, die wirtschaftliche und soziale Not zu beheben, wurde er bald zu einem politischen Gegengewicht gegen die sozialistische Rätebewegung. Das wurde bereits auf dem ersten Reichsbürgertag am 5. Januar 1919 in Berlin deutlich, an dem als Vertreter des münsterischen Bürgerausschusses der Stadtkämmerer Dr. Georg Sperlich und als Vertreter des Allgemeinen Studentenausschusses der Universität cand. phil. Josef Kannengießer teilnahmen. Beide unterzeichneten einen Aufruf an „alle bürgerlichen Parteien Deutschlands", durch Wahlbündnisse bei den bevorstehenden Wahlen zur Nationalversammlung „ihre Geschlossenheit gegen die Sozialdemokratie" zu beweisen [1495: Schulte, Münstersche Chronik 1919, S. 24f].

Den Weg für rasche Wahlen zur Nationalversammlung vorzubereiten, war das erklärte Ziel der münsterischen Sozialdemokratie wie der Gesamtpartei. Das entsprach dem eigenen Politik- und Demokratieverständnis wie dem Wunsch, die eigene politische Position dadurch zu konsolidieren, daß man den Bedürfnissen der Bürgerschaft entgegenkam. Dazu gehörte vor allem, das Chaos abzuwenden, Ruhe und Sicherheit in den Straßen zu garantieren und die knappen Ressourcen möglichst gerecht zu verteilen. Der Vorsitzende des Arbeiterrates, Max Duhme, bekräftigte dies bei seiner Rede zur Eröffnung der Bürgerausschußsitzung am 22. November 1918: „Unser Grundsatz ist: Des Volkes Wille ist oberstes Gesetz" [1256: Schulte, Münstersche Chronik 1918, S. 143]. Auch die Funktion des Arbeiter- und Soldatenrates sah er nicht anders als die Mehrheit seiner Parteifreunde: Man wolle nicht „störend in die Verwaltungsorgane" eingreifen, sondern nur die politische Kontrolle ausüben. Von einem Rätesystem, wie es USPD und Spartakus forderten, war man weit entfernt, und auch von dem Gedanken, die lokale „Sicherheitswache" als eine proletarische Wehrorganisation aufzubauen, um damit die eigene Macht abzustützen. Vielmehr dienten die vier Wachen, die in Münster nach einer Vereinbarung zwischen Oberbürgermeister Dieckmann, Vertretern des Generalsoldatenrates, des Arbeiterrates und des Garnisonskommandos am 12. November 1918 eingerichtet worden waren, als „polizeiähnliche freiwillige Hilfsorgane zur Bewältigung allgemeiner Sicherheitsaufgaben" [1581: Kluge, Generalsoldatenrat, S. 337]. Die Stadtverordneten hatten für den Ausbau der Sicherheitswehr auf 200 Mann am 27. November 1918 einen

Empfang des Infanterieregiments Nr. 13 am 8. Dezember 1918 auf dem Prinzipalmarkt. Oberbürgermeister Dieckmann dankt General von Watter

Kredit bewilligt, und der Oberbürgermeister konnte dem Regierungspräsidium Anfang Dezember mitteilen, daß sich die Organisation des Sicherheitsdienstes „bis jetzt" bewährt habe. Als jedoch kurze Zeit später das Infanterieregiment Nr. 13 in Münster einzog, veränderten sich die Verhältnisse. Die „Dreizehner" wurden von der Bevölkerung wie von den Spitzen der Stadt und der Behörden (einschließlich des Arbeiterrates) am 8. Dezember – eher als Sieger und nicht als Besiegte – begeistert empfangen. Girlanden und schwarz-weiß-rote Fahnen säumten den Prinzipalmarkt, von schwarz-rot-goldenen oder gar roten Fahnen war nichts zu sehen. Die Begrüßungsreden und der Ausbruch nationaler Begeisterung ließen ahnen, daß die Schlagworte von den „im Felde unbesiegten Truppen" und vom Verrat der Heimat durch den „Dolchstoß" bald bereitwillig aufgenommen werden sollten. Für den Augenblick war deutlich, daß die Mehrheit des münsterischen Bürgertums den „Dreizehnern" allemal mehr vertraute als dem Arbeiter- und Soldatenrat. Überdies kündigten Ausschreitungen einzelner Frontsoldaten gegen Mitglieder des Sicherheitsdienstes, wie sie sich in diesen Tagen in vielen Städten ereigneten, künftige Konflikte an. Nach Gesprächen mit dem Regimentskommandeur übertrug der Oberbürgermeister nun den Wach- und Sicherheitsdienst an die heimgekehrte Fronttruppe.

Seit Ende Dezember spitzten sich überall im Reich die Gegensätze zwischen Rätebewegung und Militär immer mehr zu, und auch Münster blieb davon nicht unberührt. Als Kommandozentrale des VII. Armeekorps war die Stadt auch Aktionszentrum des Generalsoldatenrates, der am 13. November gegründeten zentralen Organisation aller Soldatenräte aus dem nördlichen und mittleren Westfalen, dem Niederrhein und aus Lippe. Dieser war sicherlich die radikalste und politisch-organisatorisch weitreichendste Erscheinungsform der Rätebewegung in Münster. Seine Entwicklung spiegelt die Radikalisierung der Revolution sowie die wachsende politische Polarisierung.

Die zunehmende Enttäuschung über die Machtlosigkeit der Arbeiter- und Soldatenräte gegenüber den Militär- und Zivilbehörden – vor den Zechentoren wie vor den Rathäusern – fand ihren Niederschlag in den Debatten des Allgemeinen Kongresses der Arbeiter- und Soldatenräte in Berlin vom 16. bis 20. Dezember und steigerte sich noch in den kommenden Tagen und Wochen. Überall erhielt die Linke in den Räteorganisationen Auftrieb und geißelte die allzu konzessionsbereite Politik der Volksbeauftragten – so auch in der Militärpolitik. Es konnte nicht ausbleiben, daß sich auch der erweiterte Generalsoldatenrat in Münster am 6. Januar 1919 offen gegen Regierung, Heeresleitung und Generalkommando stellte. Man kündigte einen Boykott aller Verfügungen von Regierung, Kriegsministerium und Oberster Heeresleitung an, die nicht im Sinne der Revolution waren. Man forderte den Abzug aller Armee-Einheiten aus dem Ruhrgebiet und die rasche Demobilisierung der alten Armee. Überdies sollte eine proletarische Volkswehr gebildet werden, ebenso eine Zechenwehr. Das war vor dem Hintergrund der wachsenden Polarisierung zwischen provisorischer Reichsregierung und Rätebewegung kaum noch möglich, programmierte aber den Konflikt mit dem Generalkommando geradezu vor. Den Versicherungen des Generalkommandos, daß Armee und Freikorps voll hinter der Republik stünden, mißtraute der Generalsoldatenrat zutiefst. Andererseits gelang es ihm

Der engere Generalsoldatenrat für den Bezirk des VII. Armeekorps im November 1918

nicht, in Münster selbst, wo man die radikale Position des Generalsoldatenrates nicht teilte, Soldaten für eine Sicherheitswehr zu finden. Anhänger fand man dann im Revier.

Die Reichsregierung hatte mittlerweile am 7. Januar die Bildung von Freiwilligenverbänden genehmigt, die nur verbal den Arbeiter- und Soldatenräten attachiert waren, tatsächlich bald zu einem Instrument gegen sie und gegen ihre Radikalisierung wurden. In Münster bildete sich schon am 8. Januar unter Führung des Hauptmanns Franz Pfeffer von Salomon ein „Westfälisches Freiwilligen-Bataillon", dessen Existenz auch den Generalsoldatenrat in Regierungsgegner und Regierungsanhänger spaltete. Protestbewegungen und Streiks im Ruhrgebiet mit dem Ziel der Sozialisierung ließen Mehrheitssozialdemokraten und bürgerliche Kräfte, Liberale wie Konservative enger zusammenrücken in eine Front gegen die Gegner der von ihnen gewünschten Ordnung, d. h. gegen Unabhängige Sozialisten und Kommunisten. Die Polarisierung und Schwächung innerhalb der Front der Revolutionäre beschleunigte sich in dem Maße, in dem Militärs und Bürgertum sich vom ersten Schrecken erholten und ihrerseits in die Offensive gingen.

Im Bereich des VII. Armeekorps bildeten sich Mitte Januar weitere Freikorps, die sogar von den gemäßigten Arbeiter- und Soldatenräten akzeptiert wurden. In Münster bewaffneten sich am 11. Januar auch Teile des Bürgertums: Ein Aufruf zur Bildung einer „Akademischen Volkswehr" aus Studenten und Dozenten der Universität fand selbst die Zustimmung des lokalen Arbeiter- und Soldatenrates. Gleichwohl ließen die Vorgänge im Revier und die Existenz einer militärischen Räteorganisation Regierung und Heeresleitung nicht ruhen. Die Ernennung von Generalleutnant Oskar Freiherr von Watter zum Kommandeur des VII. Armeekorps war Ausdruck der Suche nach einem starken Mann und sollte für die kommenden Entwicklungen von großer Bedeutung sein. Als sich der erweiterte Generalsoldatenrat, auch unter dem Eindruck einer Generalstreikdrohung im Revier, am 7. Februar den Anordnungen über die Kommandogewalt und die Stellung der Soldatenräte sowie über deren Wahlverfahren widersetzte, sich überdies erneut zu den revolutionären militärpolitischen „Hamburger Punkten" wie zur Bildung einer Volkswehr bekannte und schließlich noch die Aufstellung einer Sicherheitswehr aus allen Bezirkssoldatenräten in Münster beschloß, bot sich dem General der Anlaß zum Eingreifen. Am 11. Februar ließ er das Freikorps „Lichtschlag" in Münster einmarschieren, unterstützt vom Freikorps „von Bock" und von der Akademischen Volkswehr. Ein Augenzeuge berichtete später von der Peripetie der revolutionären Ereignisse in Münster: „Ein sehr gefährlicher, wenngleich unblutiger Tag war auch der 11. Februar 1919. [. . .] An diesem Tag starrte die Garnison wieder in Waffen. Prinzipalmarkt und Schloßplatz waren zeitweise abgesperrt, das Schloß war nebst den beiden Wachthäusern in Verteidigungszustand versetzt. Telephon- und Telegrammverkehr nach auswärts blieben für einige Stunden untersagt. Das General-Kommando stützte sich bei dieser Aktion auf das Freiwilligencorps Lichtschlag, auf einzelne Truppenteile der 13. Division, sowie auf die Bürger- und Studentenwehr. Die revolutionären ‚Sicherheitswehr'-Mannschaften, die aus Barmen, Oberhausen, Duisburg und anderen Industriestädten herkamen, wurden bei ihrer Ankunft in Münster entwaffnet und gefangen genommen. [. . .] Dieser Tag, der 11. Februar 1919, bereitete den revolutionären Gewalten in Münster ein Ende" [1484: Aus den Tagen der November-Revolution,

Motorgeschütz des Freikorps „Lichtschlag", das bei der Verhaftung des münsterischen Generalsoldatenrates am 11. Februar 1919 vor dem Rathaus Stellung bezog

S. 12]. Nicht nur die Mannschaften der Sicherheitswehr wurden verhaftet, sondern vor allem der Generalsoldatenrat, der der „Aufwiegelei" und des „Hochverrats" bezichtigt wurde. In Münster löste diese Aktion breite Zustimmung und nur wenig Protest aus: Mit Ausnahme der SPD, die die Entlassung Watters und Entwaffnung der Studenten forderte, unterstützten alle Parteien und Organisationen das Vorgehen des Generalkommandos. Die Eisenbahnarbeiter wollten den Verkehr unterbrechen, falls es zu weiteren Konflikten käme. Die münsterischen Beamten priesen Watter in einem Telegramm an die Regierung als Retter der Stadt; die Parteivorstände von Zentrum, Deutschnationaler Volkspartei (DNVP) und Deutscher Volkspartei (DVP) forderten die Regierung auf, Watter im Amt zu belassen. Selbst der Bezirkssoldatenrat trat für Regierung und Nationalversammlung ein. Das änderte nichts daran, daß auch die Bezirkssoldatenräte und alle örtlichen Soldatenräte am 12. März 1919 für aufgelöst erklärt wurden. Um so heftiger waren die Reaktionen außerhalb: Im Ruhrgebiet kam es zum Generalstreik gegen die als „Gegenrevolution" gebrandmarkte Verhaftung des Generalsoldatenrates. Umgekehrt stellte sich Reichswehrminister Noske (SPD) hinter den Kommandierenden General.

Auch das Ende des lokalen Arbeiterrates war absehbar. Als am 5. Februar in der Stadtverordnetenversammlung eine Verlängerung der Zahlungen an den Arbeiterrat anstand, lehnten dies alle Parteien mit der ironischen Empfehlung ab, daß der Arbeiterrat, wenn er schon die Ordnungsmacht beanspruche, sich selbst finanzieren solle. Der Einspruch des Regierungspräsidenten, den der Arbeiterrat um Unterstützung gebeten hatte, wurde am 28. März vom Stadtparlament mit dem Hinweis zurückgewiesen, daß es dem Regierungspräsidenten nicht zustünde, Anordnungen solcher Art zu erlassen. Schließlich zahlte die Stadt doch bis Ende Mai an den Arbeiterrat, der sich am 24. Mai auflöste.

Die Neuorganisation der Parteien und die Wahlen von 1919

Mit den Wahlen zur Nationalversammlung (19. Januar 1919) sowie zum preußischen Landtag (25. Januar 1919) und schließlich zur Stadtverordnetenversammlung (2. März 1919) sollte das politische Leben wieder in traditionellere Bahnen zurückkehren. Die Wahlen waren eines jener Elemente der Kontinuität, die die junge Republik der Revolution abrang. Das Parteienspektrum hatte sich fast unverändert schon im November und Dezember 1918 neu begründet; bald sollten an seinen Rändern neue Gruppierungen auftauchen, sollte die Erosion auch in der Mitte der bürgerlichen Parteien einsetzen. Verändert hatten sich freilich die parlamentarischen Entscheidungsformen und das Wahlrecht, und damit standen auch die Parteien in ihrer politischen Verantwortung wie in ihrer inneren Verfassung vor neuen Herausforderungen. Die trafen freilich die politischen Lager je nach ihrer Tradition und Ausgangssituation in unterschiedlicher Intensität und wurden von ihnen auch entsprechend ungleichmäßig wahrgenommen.

Im politischen Leben Münsters waren die Momente der Kontinuität besonders ausgeprägt. Die politischen Gewichte verschoben sich nur unmerklich. Das Zentrum war und blieb die bestimmende Kraft. Das nationalliberale, überwiegend protestantisch-preußische Bürgertum, das sich nun in der DVP politisch organisierte, schloß sich mit der politischen Rechten in Gestalt der DNVP zum „Nationalen Wahlverein“ zusammen. Die SPD, die durch Revolution und Republik neues politisches Selbstbewußtsein und neue Mitglieder erhalten hatte – die Partei war von 15 Mitgliedern im Herbst 1918 auf etwa 300 im Januar 1919 gewachsen –, mußte bei den Wahlen eine empfindliche Niederlage und vor allem die Erkenntnis hinnehmen, daß ihr ein Einbruch in das Potential der katholischen Arbeiterschaft nicht gelungen war. Gleichwohl gab es auch beim Zentrum Irritationen und Anzeichen für künftige Probleme. Man tat sich schwer bei der Bestimmung des eigenen politischen Standorts und mit der Anpassung an die veränderten Formen von Verfassung und Politik. Bis zum letzten Tag des Krieges hatte sich das westfälische Zentrum zur Monarchie und zum Durchhalten bekannt. Das Waffenstillstandsangebot und die Parlamentarisierung kamen für das Zentrum überraschend, und der rechte Flügel sprach sich gegen eine „Verbrüderung“ mit den Sozialdemokraten aus, wie sie sich in der Regierung des Prinzen Max von Baden schon herausgebildet hatte. „Wir bleiben Monarchisten auch in der Zukunft“, hatte Adam Stegerwald stellvertretend für seine Partei in Hamm erklärt [zit. nach 2454: Morsey, Zentrumspartei, S. 30]. Wenige Tage später mußte sein Parteifreund Matthias Erzberger die Leitung der Waffenstillstandskommission übernehmen und damit auch den politischen Schlußstrich unter die Monarchie ziehen. Wie groß die politische Konfusion war, zeigte sich bei der ersten Versammlung des münsterischen Zentrums am 17. November. Das Ende der Monarchie hatte auch den Auftrag von Reichstag und preußischem Abgeordnetenhaus beendet. Man war sich einig, daß Neuwahlen so bald wie möglich durchgeführt werden sollten. Über die Revolution und die Veränderungen, die sie mit sich bringen würden, sprach man nicht. Ein Zugeständnis an die neue Zeit war, daß die Zentrumspartei, wie andere Parteien übrigens auch, sich nun als „Volkspartei" darstellte, die auf der Grundlage von „Wahrheit, Recht und Freiheit" alle Schichten des Volkes umfassen sollte. Auf dieser Grundlage war man bereit, mit der provisorischen Regierung in Berlin zusammenzuarbeiten, vorausgesetzt, daß „beleidigende Äußerungen über die Monarchie und ihre bisherigen Träger" vermieden würden, da dies die Gefühle weiter Teile der Bevölkerung verletzen könnte [Westfälischer Merkur vom 18. November 1918]. Auf kommunaler Ebene forderte man die Gründung eines Bürger- oder eines Wohlfahrtsausschusses, nachdem allgemein bedauert wurde, daß die beiden christlichen Gewerkschaftler nicht mehr im Arbeiterrat vertreten waren und dieser damit nicht den tatsächlichen Verhältnissen in der Stadt entspräche.

Wie schwer es fiel, sich der neuen Zeit anzupassen, zeigte nicht nur die politische Sprache der Partei, die sich noch an überkommenen Mustern orientierte, sondern auch ein Vorfall am Rande der ersten Parteiversammlung nach dem Umsturz am 17. November. Als drei Frauen ihre neuen politischen Mitspracherechte in Anspruch nehmen wollten, wurden sie aus dem Versammlungsraum hinauskomplimentiert. Frauen, so ließ sich ein Redner vernehmen, seien viel zu kostbare Geschöpfe, um in den Lärm und Kampf des politischen Alltags hineingezogen zu werden. Das änderte freilich nichts daran, daß Frauen in ihrer überwiegenden Mehrheit ihr neuerworbenes Wahlrecht für das Zentrum einsetzten. Die Frage, ob sich die Zentrumspartei in ihrer überkommenen Struktur und Programmatik auch in dem neuen „Volksstaat" werde behaupten können oder ob sie sich verändern müsse, wurde vorerst nicht beantwortet. Zu drängend waren die Alltagsfragen, zu groß waren die Meinungsverschiedenheiten innerhalb der Partei. In Münster und in Westfalen dominierte die konservative Tendenz, und alle Konflikte über den künftigen Kurs bzw. die Organisation der Partei traten zurück hinter die gemeinsame Abwehr von religions- und schulpolitischen Bedrohungen aus Berlin. Die als antikirchlich empfundene Kulturpolitik des in das preußische Kultusministerium berufenen Unabhängigen Sozialdemokraten Adolf Hoffmann weckte eine neue Kulturkampfstimmung und verstärkte die Furcht vor Sozialisierung und Säkularisation. Dadurch erhielt nicht nur der Ruf nach der Nationalversammlung zusätzliches Gewicht; das Zentrum konnte sich auch als Sammlungsbewegung gegen das „rote Berlin" und gegen Preußen präsentieren. Denn der radikale Berliner Kurs weckte in den westlichen (aber auch östlichen) Landesteilen Preußens regionale Autonomiebestrebungen, die mit ihren Parolen „Los von Berlin" bzw. „Los von Preußen" mitunter schrill klangen und Pläne eines katholisch bestimmten rheinisch-westfälischen Bundesstaates oder eines separatistischen „Ems-Staates" laut werden ließen. Nach kurzen, aber heftigen Debatten entschied sich das westfälische Zentrum schließlich doch dafür, daß alles beim alten bleiben sollte.

Um so vehementer war der Wahlkampf des Zentrums, das starke Unterstützung vom Klerus erfuhr. Hauptangriffspunkt war die SPD, die zum „Feind der Religion" stilisiert wurde. In einem Hirtenwort erklärten die westdeutschen Bischöfe Christentum und Sozialdemokratie für grundsätzlich unvereinbar, und in einem Flugblatt machte das Zentrum die Wahl zu einer Entscheidung für oder gegen das Christentum, für oder gegen die Freiheit der Kirche. Mehr noch, die Trennung von Staat und

Kirche führe auch zur Zerstörung der christlichen Ehe, mit den allerschrecklichsten Folgen und „tiefste[r] Erniedrigung" für die Frau [1495: Schulte, Münstersche Chronik 1919, S. 100, 154].

Auch die Deutsche Demokratische Partei (DDP) stand im Zielpunkt der konservativen Angriffe, vertrat sie doch gemeinsam mit der SPD die Forderung nach einer Trennung von Staat und Kirche. Vergeblich versuchte sie ihre Vorstellungen von Toleranz auch in kirchlich-religiösen Fragen gegen die heftigen Attacken zu behaupten. Als „Partei der Juden" [1495: Schulte, Münstersche Chronik 1919, S. 190f] wurde sie gebrandmarkt. Solche antisemitischen Töne kamen vor allem aus dem Umfeld der DNVP, die als Parteineugründung aus den konservativen Parteien der Vorkriegszeit und der Vaterlandspartei entstanden war und von dem Sprachwissenschaftler Otto Hoffmann geführt wurde. Dieser war im Krieg Wortführer einer Professorengruppe für eine alldeutsche, annexionistische Kriegszielpolitik gewesen und hatte zum Vorstand der Deutschen Vaterlandspartei in Westfalen gehört.

Die Wahl vom 19. Januar selbst verlief ruhig. Die wichtigsten Gebäude wurden von der Akademischen Volkswehr bewacht. Die dramatischen Ereignisse der vergangenen Wochen und Monate schlugen sich in einer hohen Wahlbeteiligung (81 Prozent) nieder. Die Wahlkampfstrategie des Zentrums war aufgegangen: Die katholische Wählerschaft unterstützte in ihrer großen Mehrheit die bedrohte Kirche. Allerdings erreichte die Partei mit 62 Prozent nicht den Stimmenanteil der Reichstagswahl von 1912 (66,4 Prozent), und der langfristige Rückgang der Zentrumspräferenz der Katholiken war nur gebremst, um sich später weiter fortzusetzen. Sein gutes Ergebnis verdankte das Zentrum vor allem den Frauen. Wie gering die Auswirkungen der Revolution auf das politische Leben und Verhalten der Münsteraner waren, zeigen auch die Ergebnisse der anderen Parteien. Sie alle erhielten fast denselben Stimmenanteil wie in der letzten Vorkriegswahl. Auch die SPD kam wie 1912 auf 14 Prozent der Stimmen.

Eine Woche später wurde – bei einer deutlich geringeren Wahlbeteiligung – der preußische Landtag gewählt. Das Zentrum konnte – nicht zuletzt unter dem Eindruck einer scharfen Kritik an „Berlin" und der „linken" preußischen Schul- und Kulturpolitik – knapp 2 Prozent an Wählerstimmen zulegen. Ganz anders sah das bei der dritten Wahl am 2. März zur münsterischen Stadtverordnetenversammlung aus. Die Wahlbeteiligung lag mit 61,3 Prozent deutlich unter dem Grad der politischen Mobilisierung von Reichstags- bzw. Landtagswahlen. Das hatte seinen Grund auch in der Haltung von Magistrat und Stadtverordneten, die sich heftig gegen die Ausschreibung von neuen Wahlen durch die ohnehin ungeliebte preußische Regierung verwahrt hatten, da die Städte und preußischen Provinzialversammlungen zuvor nicht konsultiert worden waren. Die traditionellen Führungsgruppen erwarteten vom neuen Wahlrecht und der damit verbundenen Demokratisierung das Vordringen „einer großen Zahl von unerfahrenen" Abgeordneten und den Verlust der beherrschenden Rolle des Zentrums [1599: Marshall, Political Development, S. 63]. Das Wahlergebnis konnte das Zentrum beruhigen, da es mit 59,9 Prozent der Stimmen und 38 von 60 Sitzen die absolute Mehrheit behaupten konnte. Aber die Integrationskraft der Partei – und das trat bei diesen und bei künftigen Kommunalwahlen deutlicher hervor als bei Wahlen auf Reichsebene – nahm ab. Trotz aller Beteuerungen, das Zentrum stünde „über allen Klasseninteressen", fühlten sich die Angehörigen des neuen Mittelstandes von der vom höheren Bürgertum beherrschten Partei in Münster nicht hinreichend repräsentiert. Eine Liste der „Privatangestellten“ errang 5 Prozent der Stimmen und drei Mandate. In der Verwaltungsspitze veränderte sich – wie in vielen anderen Städten auch – in der personellen Zusammensetzung nichts: Franz Dieckmann blieb Oberbürgermeister, bis er Anfang 1920 das Amt des Landeshauptmanns der Provinz Westfalen übernahm. Sein Nachfolger sollte der bisherige Stadtkämmerer Dr. Georg Sperlich werden, der am 4. Juni 1919 zum Zweiten Bürgermeister gewählt worden war.

2. *Soziale Unzufriedenheit und politische Krisen (1919–1923)*

Mit der Auflösung der verschiedenen Räteorganisationen und den Wahlen am Jahresbeginn 1919 war die politisch-soziale Lage keineswegs befriedet. Materielle Not, sozialer Protest und die Empörung über den Versailler Friedensvertrag prägten die Stimmung und das politische Verhalten. Für die Mehrheit der Deutschen lagen die Ursachen für die Trostlosigkeit der wirtschaftlichen und politischen Nachkriegssituation ganz einfach in „Versailles“ und nicht im Krieg selbst. Der „Münsterische Anzeiger“ schrieb am 31. Dezember 1919 in seinem Rückblick auf das „tieftraurige“ Jahr 1919, was viele dachten und für die Zukunft fürchteten: „Wie dieser Frieden unserem Vaterlande den Stempel der Not und Entbehrungen, der Schmach und der Schande aufdrückt, so wird er auch unserem städtischen Gemeinwesen Fesseln auflegen, die in ihrer Schwere jetzt nur noch geahnt, im Laufe des Jahres aber unzweifelhaft bitter empfunden werden.“ So kamen zu Hunger und Wohnungsnot, zu Inflation und Wirtschaftskrise politische Resignation und Realitätsverweigerung. „Versailles“ wurde zum übermächtigen und destruktiven Symbol der jungen Republik; zum Anknüpfungspunkt auch des politischen Radikalismus und radikalen Nationalismus, der den Kampf gegen die Demokratie als Kampf gegen die Friedensbedingungen von Versailles führte.

Soziale Not und Unruhe bestimmten auch in Münster den Alltag und das politische Geschehen der krisenhaften Nachkriegsjahre. Kaum eine Versammlung der Stadtverordneten, die sich nicht mit Problemen der Lebensmittelversorgung und Wohnungsnot beschäftigen mußte. Wie bedrückend die Versorgungslage und wie gespannt die soziale Lage waren, zeigten Demonstrationen und Streiks im Sommer 1919 und Frühjahr 1920.

Politische Auseinandersetzungen 1919/20

Am 17. Juni 1919 kam es auf dem Ludgeriplatz zu einer Demonstration gegen die überhöhten Lebensmittelpreise und Mißstände bei der Lebensmittelverteilung. Als sich der Demonstrationszug anschließend zum Amtssitz des Oberbürgermeisters in der Klemensstraße bewegte, trennte sich ein Teil der Demonstranten und plünderte das Kaufhaus Kluxen. Als die Polizei die Kontrolle verlor, wurden Militäreinheiten eingesetzt, deren hartes Vorgehen mehrere Schwerverletzte und den Tod eines Unbeteiligten zur Folge hatten. Als Reaktion auf die Tumulte verhängte General von Watter den Belagerungszustand über Münster und ließ durch das Freikorps „Licht-

Plünderung des Kaufhauses Kluxen am 17. Juni 1919

schlag" zentrale Punkte in der Stadt und die Lebensmitteldepots sichern. Auf Initiative von Oberbürgermeister Dieckmann wurden überdies die Einwohnerwehren zur Unterstützung herangezogen. Als Unruhestifter wurden Matrosen verdächtigt, und das Generalkommando nutzte Gerüchte von einem bevorstehenden Putsch, um die „Verhaftung aller Personen in Matrosenuniform" anzuordnen [StadtAM, Amt 43 E 3]. Auch wenn nach eigenen Aussagen das Generalkommando sehr schnell wieder Herr der Lage war, haben die Erfahrungen der Novembertage und die Nachrichten von Streiks und Unruhen im benachbarten Ruhrgebiet das Gefühl der Bedrohung und den Wunsch nach der „starken Hand" geweckt. Zwar kam es zu keinen weiteren Unruhen, doch es blieb in der Wahrnehmung der Bürger ein unruhiges Jahr, in dem „das Barometer manchmal bedenklich auf Sturm" stand [Münsterischer Anzeiger vom 31. Dezember 1919].

Dazu trug auch eine Welle von Streiks bei, in denen sich eine reichsweite und in den Industrierevieren ungleich heftigere soziale Unzufriedenheit Luft verschaffte. Am 8. Mai 1919 streikten die Kellner, nachdem in Tarifverhandlungen ihre Forderungen nach geregelten Arbeitszeiten und einem festen Grundlohn gescheitert waren. Obwohl daraufhin Soldaten am Pfingstsonntag alle bestreikten Gaststätten besetzten, konnten die Kellner ihre Forderungen weitgehend durchsetzen [StaatsAM, Büro Kölpin III 2/13]. Ihr Erfolg sollte anderen Streikbewegungen Auftrieb geben, was umgekehrt von Ordnungskräften bereits als möglicher Anfang eines Generalstreiks gedeutet wurde. Im Juni 1919 traten die Straßenbahner und Friseure in den Streik. Im Dezember streikten die Versicherungsbeamten, im Frühjahr 1920 die Transport- und Bahnarbeiter. Als Gewerkschaften und Sozialdemokratie im März 1920 einen Generalstreik zur Niederwerfung des Kapp-Putsches proklamierten, bildete sich in Münster ein Organisationskomitee aus MSPD, USPD und einigen Kommunisten, das auch die Unterstützung der christlichen Arbeiterschaft fand. Auch im

Herbst setzten sich die Unruhen fort. Der Deutsche Gewerkschaftsbund organisierte am 4. Oktober Protestdemonstrationen gegen die hohen Kartoffelpreise, im November rief schließlich der Bürgerrat zu einer Demonstration gegen die hohen Milchpreise und die gleichzeitige Ablieferung von 800 000 Milchkühen an die Siegermächte auf [1599: Marshall, Political Development, S. 102]. Auch in der Folgezeit führten Währungsverfall und Preisentwicklung zu Streiks: 1921 streikten die Arbeiter der Firma Stille zehn Tage lang für höhere Löhne, im Inflationsjahr 1922 streikten die Eisenbahner vom 1. bis 8. Februar.

Es herrschte eine Atmosphäre der sozialen Erregung und Angst, obwohl die Generalstreiks- und Putschgerüchte, wie sie im Frühjahr und Frühsommer 1919 auch in Münster im Umlauf waren, jeder Realität entbehrten. Aber auch Ängste können Wahrnehmungen und Handeln bestimmen, und so war es nicht verwunderlich, daß sie – wie überall in deutschen Städten – Anlaß zu bürgerlichen Selbstschutzeinrichtungen und gegenrevolutionären Abwehrmechanismen boten. Obwohl die Einwohner- und Bürgerwehren sich, wie es auch in den Statuten hieß, „aus allen Schichten der Bevölkerung“ zusammensetzen sollten [StadtAM, Polizeiregistratur IV 29a], waren Angehörige der Arbeiterschaft so gut wie ausgeschlossen, und ihre Organisation war gerade gegen revolutionäre Aktivitäten aus der Arbeiterbewegung gerichtet. Die Gründung einer Bürgerwehr, zu der der Oberbürgermeister im April 1919 aufgerufen hatte, kam nur langsam voran. Im Juni hatte sie 120 Mitglieder und ihre Ausrüstung galt als schlecht, ihre Disziplin als lax. Im Winter 1919/20 zählte die Bürgerwehr immerhin schon 1745 Mitglieder; die überwiegende Mehrheit von ihnen waren Handwerker und Ladenbesitzer. Sie war in fünf Bataillone untergliedert, von denen zwei von den Universitätsprofessoren Spannagel und Naendrup geführt wurden. Letzterer befehligte auch die parallel dazu eingerichtete Akademische Wehr, die nach ihrer Gründung im Herbst 1919 rasch auf 189 Mitglieder anwuchs. Auch wenn die Bürgerwehr nie zum Einsatz kam, weil es kaum Gelegenheit dazu gab und die Armee mit dem Freikorps „Lichtschlag“ von sich aus bei den geringsten Anzeichen von Unruhen eingriff, so war sie Ausdruck einer politischen Mobilisierung, die nicht ohne Wirkung bleiben sollte.

Das wurde deutlich, als sich aus dem Generalstreik zur Abwehr des Kapp-Putsches (13. bis 17. März 1920) im Ruhrgebiet eine Aufstandsbewegung entwickelte, die rasch das gesamte Industriegebiet erfaßte und darum auch in Münster Ängste auslöste, die Stadt könne ebenfalls von den „roten“ Truppen besetzt werden. Der Putsch polarisierte nicht nur die öffentliche Meinung, er wurde zugleich zum Auslöser einer Radikalisierung und neuer Organisationsbildungen auf der Rechten.

Der gegenrevolutionäre Putsch des Generallandschaftsdirektors Wolfgang Kapp und des Befehlshabers im Wehrkreis II, Generalleutnant Walther Freiherr von Lüttwitz, vom 13. März 1920 stieß in Münster auf ein zwiespältiges Echo. Während die christliche Arbeiterschaft – ganz im Unterschied zur Zurückhaltung des Verbandsvorstands – dem Aufruf zum Generalstreik fast geschlossen folgte, schwankte die Armee, ähnlich wie das städtische Bürgertum, zwischen Sympathie für die Ziele der Putschisten und Loyalität zur Regierung. Der Kommandierende General von Watter zog sich auf eine äußerlich unpolitische und zugleich zweideutige Position zurück, als er es am Mittag des 13. März in einem Aufruf „im vaterländischen Interesse“ als seinen Auftrag formulierte, „die Ruhe und Ordnung in meinem Bezirke aufrecht zu erhalten", und die Behörden aufforderte, „ihre Arbeit fortzusetzen"; von der Bevölkerung erwartete er, „daß sie nicht voreilig handelte" [zit. nach 2413: Lucas, Märzrevolution 1, S. 99]. Seine Sympathie für den Putsch von rechts konnte er kaum verbergen.

Als der Oberpräsident der Provinz Westfalen, Dr. Bernhard Wuermeling, und Reichskommissar Carl Severing Watter dazu bewegen wollten, eine öffentliche Erklärung zur Unterstützung der rechtmäßigen republikanischen Regierung zu unterzeichnen, weigerte sich dieser mit dem Hinweis, daß er zur „Aufrechterhaltung der Ruhe und Ordnung", nicht zur Unterzeichnung politischer Erklärungen verpflichtet sei. Als ihm prominente Vertreter von SPD und freien Gewerkschaften, die zu einer Krisenbesprechung mit Severing am 14. März nach Münster gekommen waren, eine ähnliche Erklärung mit dem Hinweis vorlegten, daß „sich die Dinge im Industriegebiet verhältnismäßig leicht meistern" ließen, „wenn auch die militärischen Stellen sich unzweideutig auf den Boden der alten Regierung stellen würden" [zit. nach 2413: Lucas, Märzrevolution 1, S. 103], verweigerte Watter wiederum seine Unterstützung. Der Gedanke, eine Regierung zu unterstützen, die sich offen auf die Arbeiterbewegung und einen Aufruf zum Generalstreik stützte, war dem Kommandierenden General wie vielen seiner Kameraden unheimlich. Aus ähnlichen Gründen ersuchte der Oberpräsident die alte Reichsregierung in einem Telegramm um ein Dementi, daß diese selbst den Streikaufruf erlassen habe, weil durch den „angeblichen" Streikaufruf der Regierung das „Eintreten leitender Beamter für die verfassungsmäßige Regierung dadurch aufs äußerste erschwert" werde [zit. nach 2608: Runge, Politik und Beamtentum, S. 124].

Auch Watter stellte sich nach einem entsprechenden Dementi, das Reichswehrminister Noske ihm am 16. März telefonisch gab, schließlich widerwillig auf die Seite der alten Regierung. Auf Proteste des örtlichen sozialdemokratischen Aktionsausschusses kündigte Reichskanzler Bauer (SPD) aus Stuttgart eine Untersuchung der einseitigen Parteinahme Watters an, was eine Welle von Solidaritätsbekundungen für den General auslöste. In einer Versammlung des münsterischen Zentrums am 18. März bescheinigte ihm Universitätsprofessor Konen, „die westfälische Heimat vor dem Untergang bewahrt zu haben", auch wenn man mit Watters ersten Aufrufen nach dem Putsch nicht zufrieden gewesen sei [Westfälischer Merkur vom 19. März 1920]. Einen Tag später nannte das Zentrum in einer offiziellen Erklärung die Angriffe auf Watter sogar „unbegründet". Noch entschiedener stellte sich das Militär hinter den General, dessen Rücktrittsdrohungen vom 19. März die Regierung Bauer am selben Tag ihrerseits angesichts der Aufstände im Ruhrgebiet nur noch mit einer Vertrauenserklärung für den umstrittenen Kommandeur meinte beantworten zu können.

Die Nachbarschaft zu den bürgerkriegsähnlichen Zuständen im Ruhrgebiet bestärkte die Mehrheit der münsterischen Bürgerschaft in ihrem Wunsch nach einem „entschlossenen Mann". Bevor am 22./23. März bewaffnete Arbeitergruppen aus dem Industriegebiet bis nach Haltern und Lüdinghausen vorstießen, wurden bereits am 17. März Bürgerwehr und Akademische Wehr – eine Kompanie stand unter Führung des Theologiestudenten Martin Niemöller – ohne konkreten Anlaß mobilisiert, um zusammen mit Reichswehreinheiten Münster zu „verteidigen". Mit großem Unwillen und Ärger hatte die Mehrheit der Professoren und Studenten den dreitägigen

Generalstreik beobachtet; die Studenten drängten auf die Einberufung der Akademischen Wehr. Der Generalstreik wurde am 18. März abgebrochen, eine reale Bedrohung des Militärs in der Stadt bestand zu keinem Zeitpunkt. Auch wenn die „rote Front gegen Münster" kaum mehr als eine Legende war, so blieb in der Stadt noch Monate später die angstvolle Erinnerung an jene vierzehn Tage lebendig, „in denen der rote Terror im Industriegebiet schrankenlos sein Haupt erhob und die Rote Armee zum Schlag gegen die Städte Wesel und Münster ausholte" [Münsterischer Anzeiger vom 31. Dezember 1920].

Das war der Hintergrund, vor dem am 17. März auch die Stadtverordneten den Kapp-Putsch debattierten. Nur die Abgeordneten von DDP, SPD und einer Unteroffiziersliste verurteilten den Putsch entschieden. Die anderen Parteien machten ihre Einschränkungen: Das Zentrum erklärte sich zwar loyal zur Regierung, zeigte sich aber mit deren Handeln nur bedingt einverstanden und sah die eigentliche Aufgabe darin, in der Stadt für „Ruhe und Ordnung" zu sorgen. DVP und DNVP kritisierten nur die Art und Weise, wie der Putsch von einer kleinen Gruppe gewaltsam durchgeführt worden sei. Ein Antrag der SPD, die Bürgerwehren aufzulösen und deren „nationalistische und monarchistische Führer" zu entlassen, wurde darum von der Mehrheit abgelehnt. Schließlich könne, so das Argument, sich die Bürgerwehr ihre Befehlshaber selbst wählen [StadtAM, Stadtregistratur 19–41]. Auch das Bielefelder Abkommen, mit dem Reichskommissar Severing den Ruhrkampf entschärfen wollte, stieß am 8. April in einer Versammlung des Zentrums auf scharfe Kritik, sah man darin doch eine zu große Nachgiebigkeit der Regierung und eine Desavouierung der Armee. Was man sich wünschte, war hingegen eine „starke Armee mit entschlossenen Offizieren". Hinter dem Wunsch nach einer starken Armee verbarg sich auch der Unmut im münsterischen Zentrum über die Politik der Reichsregierung und der eigenen Partei auf Reichsebene. Weder war man über die Erneuerung der Koalition des Zentrums mit der „Linken" erfreut, noch wollte man sich mit der Einrichtung von Staatskommissaren abfinden, die in Gestalt des Sozialdemokraten Severing in Münster als „Organe einer einseitigen Parteiregierung" empfunden wurden [Münsterischer Anzeiger vom 9. April 1920]. Die Opposition gegen Severings Pazifizierungspolitik im Ruhrgebiet weckte wieder einmal antipreußische Ressentiments. Auf einer Zentrumsversammlung am 8. April verkündete ihr Vorsitzender unter großem Beifall, daß man nach den Vorgängen der letzten Wochen über ein Scheitern der preußischen Regierung in Berlin nicht traurig sei, sondern Westfalen dann vielmehr in der Lage sei, sich alleine zu regieren.

Die Reichstagswahl von 1920 und die Neuorganisation der Rechten

Ein Ergebnis des gescheiterten Putsches war die vorzeitige Auflösung der Nationalversammlung und die Ausschreibung von Reichstagswahlen zum 6. Juni 1920. Sie fanden in einer Atmosphäre der Unzufriedenheit und Enttäuschung statt. Der gewerbliche Mittelstand protestierte überall im Reich heftig gegen sozialdemokratische Pläne einer Kommunalisierung gewerblicher Betriebe im Bereich der Lebensmittelversorgung. Auch wenn diese nie Wirklichkeit wurden, so lösten sie – zusammen mit anderen Sozialisierungsparolen – doch tiefe Enteignungsängste aus, die sich politisch im Abwandern des alten Mittelstandes nach rechts niederschlugen. Kamen die Klagen des Mittelstandes zunächst vor allem DVP und DNVP zugute, so profitierte die DNVP auch von den Spannungen innerhalb des Zentrums. Dessen rechter Flügel, der starke Bastionen in Westfalen besaß, polemisierte erneut gegen die Koalitionspolitik der Parteiführung. Mehr noch, dem Zentrum erwuchs im Wahlkampf mit einer „Nationalen Arbeitsgemeinschaft deutscher Katholiken", die zur Wahl der DNVP aufrief, eine „organisierte Gegnerschaft aus dem Lager des deutschen Katholizismus" [2453: Morsey, Deutsche Zentrumspartei, S. 312]. Die Kritiker kamen aus dem Milieu der Intellektuellen und des Adels. Ein „Verein katholischer Edelleute" mit Sitz in Münster forderte auf einer Versammlung am 24. Februar 1920 die Wiederherstellung der Monarchie und verband dies mit heftigen antisemitischen Tönen, die im Wahlkampf häufiger zu hören waren. Auch die Kohäsionskraft der Partei ließ nach. „Ganze Berufsstände drohten", so warnte Oberpräsident Wuermeling auf einer Zentrumsveranstaltung am 18. März 1920, „die alte Fahne zu verlassen" [zit. nach 2453: Morsey, Deutsche Zentrumspartei, S. 309]. Besonders die Beamten forderten in Münster einen größeren politischen Einfluß. Gleichwohl wählte die Mehrheit der katholischen Bürger ihre Zentrumspartei, vor allem nachdem die Kirche sie massiv unterstützte. Die konfessionellen Bindungen waren größer als die soziale Unzufriedenheit, so daß die Verschärfung der sozialen Interessengegensätze nicht in eine politische Totalopposition gegen die Republik und die sie tragenden Parteien mündete.

Schließlich verlor das Zentrum bei der Wahl vom 6. Juni in Münster 7 Prozentpunkte. Zwar wurde damit der langfristige Trend fortgesetzt und verstärkt, doch behielt die Partei mit nach wie vor 55,4 Prozent ihre überragende Stellung in der politischen Kultur der Stadt. Der eigentliche Gewinner der Wahl war die nationalliberale DVP, die sich von 6 Prozent im Jahr 1919 auf 16,3 Prozent der gültigen Stimmen verbesserte. Geringe Verluste mußte hingegen die DNVP mit 5 Prozent hinnehmen, während die SPD mit 14,1 Prozent ihren Stimmenanteil fast halten konnte. Soziale Enttäuschung und Protest kamen in den 5,6 Prozentpunkten zum Ausdruck, die die USPD gewinnen konnte. Das völkische Spektrum blieb diesmal noch völlig unbedeutend, die Deutschsozialistische Partei erreichte gerade 17 Stimmen. Insgesamt stimmten noch knapp drei Viertel der Wähler in Münster für eine der Parteien der „Weimarer Koalition", bestehend aus SPD, Zentrum und DDP, auch wenn die Veränderungen und Spannungen im Parteienspektrum unübersehbar waren und durch die Verluste von Zentrum und DDP seit den Wahlen von 1919 immerhin 14 Prozent der Wähler den „Weimarer Parteien" den Rücken kehrten.

Der Kapp-Putsch und der anschließende Arbeiteraufstand im Ruhrgebiet im März 1920 gaben den Anstoß zu Um- und Neuformierungen auf der politischen Rechten. Der Ruhrkampf nach der Besetzung des Ruhrgebietes durch französische und belgische Truppen im Januar 1923 und der Hitler-Ludendorff-Putsch im November 1923 verstärkten die Rechtsbewegung, bis sie mit der relativen Stabilisierung der Republik seit 1924 wieder rückläufig wurde. Angesichts der Schwäche des Staates in den Krisenjahren nach der Novemberrevolution mußte sich der „Wunsch nach vorbeugenden Gegenmaßnahmen [...] auf nichtstaatliche Organe konzentrieren, die wirksamen Schutz versprachen" [1587: Krüger, Treudeutsch allewege, S. 71].

Es bildeten sich 1920 nicht nur neue Selbstschutzeinrichtungen, sondern militante Wehrverbände und völkische Organisationen. Neben dem aus dem Zusammenschluß bürgerlicher Berufs- und Interessenverbände entstandenen „Bürgerbund" und

Zerstörtes Verlagsgebäude der sozialdemokratischen Zeitung „Volkswille" in der Dammstraße

dem „Ortsschutz" als Nachfolgeorganisation der Einwohnerwehren sind vor allem die aus der Akademischen Wehr hervorgegangene lokale Gruppierung der „Organisation Escherich" und als dritter Strang der „Deutsch-Völkische Schutz- und Trutzbund" zu nennen. Damit drängte sich ein neuer radikaler, völkischer Nationalismus, der sein Feld vor allem auf der Straße sah, neben den alten Nationalismus wilhelminischer Prägung.

Diese Organisationen waren in der Regel nur kurzlebig und traten in der Öffentlichkeit auf, wenn es einen „nationalen" Gedenktag zu begehen galt. Außer völkisch-nationalistischen und antisemitischen Parolen besaßen sie kaum ein Programm und ihre Organisation erreichte selten die Effizienz, die sie in ihrer eigenen Propaganda forderten. Immer wieder gruppierten sie sich neu, tauchten in Verbotsphasen – wie nach dem Attentat auf Außenminister Rathenau im Juni 1922 – unter oder tarnten sich als Stammtische. Aus dem Stammtisch „Nothung" ging im Sommer 1922 auch die Ortsgruppe der NSDAP in Münster hervor, die sich vor dem Hintergrund des Ruhrkampfes und des sich in Münster organisierenden aktiven Widerstandes gegen die französische Besatzungsarmee in einer Front mit anderen „vaterländischen" Verbänden trotz des in Preußen bestehenden Parteiverbots etablieren und profilieren konnte. Nicht nur durch ihre aktive Beteiligung am Kampf gegen den äußeren Feind, sondern auch durch spektakuläre und rigorose Attacken gegen den innenpolitischen Gegner versuchte sich die münsterische Ortsgruppe Aufmerksamkeit zu verschaffen. Das gelang ihr ganz sicherlich mit einem Sprengstoffattentat auf das Druckereigebäude der sozialdemokratischen Zeitung „Volkswille“ am ersten Jahrestag der Ermordung Walther Rathenaus, in der Nacht vom 23. auf den 24. Juni 1923. Zwei der Täter konnten ermittelt und vor Gericht gestellt werden, doch erhielten sie nur die Mindeststrafen, weil das Gericht sicherlich zu Recht in ihnen nicht die eigentlichen Urheber sah, vor allem aber auch die Behauptung der Täter strafmildernd beurteilte, sie hätten aus „nationalen“ Beweggründen gehandelt. Die heftigen Auseinandersetzungen, die um ein Darlehen des Magistrats für den Wiederaufbau der zerstörten Druckerei in der Stadtverordnetenversammlung und in der Lokalpresse entbrannten, ließen vermuten, daß die Täter zumindest bei einem Teil der Bevölkerung auf Verständnis für ihren Anschlag rechnen konnten, galt er doch einer Partei, der viele feindselig gegenüberstanden und deren Presseorgan polemisch behauptet hatte, Münster sei das Hauptquartier Albert Schlageters gewesen, des in nationalen Kreisen gefeierten „Märtyrers des Ruhrkampfes“, der wegen eines Sprengstoffattentats am 23. Mai 1923 von den Franzosen erschossen worden war. Überdies hatte am 6. Juni, veranstaltet vom „Westfalen-Treubund“, in der Stadthalle im Beisein des Oberbürgermeisters Dr. Sperlich und des Zweiten Bürgermeisters Kiwit eine Schlageter-Gedenkfeier stattgefunden, die dem Haß der nationalistischen Täter zusätzliche Nahrung gab.

Auch ein Jahr zuvor war das münsterische Zentrum nicht darauf eingestellt gewesen, an einer von der SPD organisierten Protestdemonstration gegen die Rathenau-Mörder teilzunehmen, obwohl die Parteileitung den Mord scharf verurteilt hatte. Auch die christlichen Gewerkschaften distanzierten sich von einem Streikaufruf der sozialdemokratischen freien Gewerkschaften, die mit ihrem Protest endlich das nachholen wollten, was nach dem Kapp-Putsch versäumt worden war, nämlich die Republik gegen den „Feind von rechts“ zu schützen. Die Tatsache, daß solche Aktionen „von links“ kamen, war Grund genug für den bürgerlich-konservativen Teil der Bevölkerung, auf Distanz zu gehen.

Als das „Gesetz zum Schutz der Republik“ vom 26. Juni 1922 die Möglichkeit bot, Beamte zu entlassen, an deren Republiktreue berechtigte Zweifel bestanden, wurde von der preußischen Regierung auch der Regierungspräsident in Münster, Graf Merveldt, entlassen, dem man vorwarf, die völkisch-nationalistischen Organisationen, für die Münster nach dem Urteil Severings zu einem regelrechten „Sammelpunkt“ geworden war, nicht hinreichend kontrolliert bzw. bekämpft zu haben [2679: Severing, Mein Lebensweg 1, S. 354]. Diese Maßnahme weckte in Münster erneut Aversionen gegen die preußische Regierung und die Linkskoalition des Zentrums. Der Ortsverband des Zentrums gab die eigene Einstellung wieder, als er den preußischen Landtag über „die tiefe Erregung“ informierte, die die Entlassung von Merveldts in Münster ausgelöst hatte. Was die Entrüstung hervorrief, war vor allem die Tatsache, daß der Graf stets „unbeirrt namentlich für die konfessionelle Schule eingetreten [ist] und er der einzige Regierungspräsident war, der dem Drängen konfessionsloser Kreise auf Einführung der weltlichen Schule widerstanden hat“ [Münsterischer Anzeiger vom 30. Juli/2. August 1922]. Nicht den Schutz der Republik hatte man vorrangig im Blick, sondern die Verteidigung des katholischen Milieus. Man sah sich gleich von mehreren Seiten herausgefordert, was zu einer Haltung der vielfachen Abwehr bzw. Distanzierung führte. Das Verhältnis des münsterischen Zentrums zur Republik blieb indifferent. Mit der öffentlichen Kritik am Koalitionskurs der Reichstagsfraktion hielt man sich zurück, was freilich mehr einem Bedürfnis nach Harmonie als einer politischen Einstellung entsprang.

Offen vorgetragen wurde die Kritik nach links. Die „einseitig sozialistisch orientierten Äußerungen der Regierung", so räsonierte Theodor Warnecke, hätten den „berechtigten Unwillen" der Wähler hervorgerufen und zu den Verlusten des Zentrums bei den Wahlen von 1920 geführt [Westfälischer Merkur vom 15. Juni 1920]. Die Koalition des Zentrums mit der SPD verstand man in Münster und im Münsterland als Verrat an den ethischen und politischen Grundsätzen des alten Zentrums und als Ausdruck eines übergroßen Einflusses der Arbeitervertreter innerhalb der eigenen Partei. Besonders deutlich wurde dies, als nach dem altersbedingten Ausscheiden von Dr. Bernhard Wuermeling die Zentrumsfraktion im preußischen Landtag am 18. Januar 1922 den ehemaligen christlichen Arbeitersekretär Gronowski zum neuen Oberpräsidenten nominierte. Nicht nur an der Tatsache, daß die Entscheidung für Gronowski voreilig und ohne Konsultation des Provinzialausschusses, in dem das Zentrum die Mehrheit hatte, gefallen war, führte zu einer in der Geschichte des westfälischen Oberpräsidiums beispiellosen Auseinandersetzung. Sowohl der Vorstand der Zentrumspartei in Münster als auch die sechs Zentrumsmitglieder im Provinzialausschuß votierten, getragen von einer breiten Unterstützung in der Partei, massiv gegen Gronowski. Man sprach ihm die fachliche Qualifikation ab und störte sich an seiner sozialen Herkunft. „Für das konservative Münster und die festgefügte münsterländische Gesellschaft war der Gedanke unvorstellbar, die Provinz von einem Angehörigen des Arbeiterstandes und nicht des westfälischen Adels oder des gehobenen Bürgertums repräsentiert zu wissen, wie dies seit 1815, seit dem ersten Oberpräsidenten Ludwig von Vincke, traditionell der Fall war" [2739: Teppe, Gronowski, S. 28f]. Im „Westfälischen Merkur" hieß es: „Es sind neben politischen Gesichtspunkten doch auch noch ethische vorhanden, die stark ins Gewicht fallen. Abgeordneter Gronowski z. B. als Kurator der Universität – bislang ist der Oberpräsident Kurator der Universität – wäre einfach unmöglich"; und der Westfälische Bauernverein erklärte in einer Resolution unmißverständlich: „Die westfälischen Bauern sind nicht gewillt, sich einen Arbeitersekretär als Oberpräsidenten gefallen zu lassen."

Mit dem Justitiar des Westfälischen Bauernvereins, dem Rechtsanwalt und Stadtverordneten Reinecke, wurde ein konservativer Gegenkandidat präsentiert, der ganz in das traditionelle Karrieremuster paßte. Was das konservative Milieu innerhalb und außerhalb des Zentrums ablehnte, als es sehr heftig gegen den „Parteibuchbeamten" Gronowski polemisierte, war der Prozeß einer sozialen Öffnung der staatlichen Verwaltung und einer Demokratisierung der Gesellschaft, der sich mit der Revolution und der Republik angekündigt und teilweise auch beschleunigt hatte, um freilich bald auch wieder steckenzubleiben. Nur die Presse der christlichen Gewerkschaften und katholischen Arbeitervereine machte sich für Gronowski stark, unter anderem auch der damalige Geschäftsführer der christlichen Gewerkschaften Heinrich Brüning. Der „Fall Gronowski" belegte wieder einmal, wie groß letztlich die sozialen und politischen Gegensätze innerhalb des Zentrums waren. Das zeigt auch der knappe Ausgang der geheimen Abstimmung im Provinzialausschuß, die schließlich den

Weg zur Ernennung Gronowskis zum Oberpräsidenten mit Sitz im Schloß am 28. April 1922 ebnete.

Bei aller Abgrenzung und Kritik an den linken Tendenzen innerhalb des Zentrums und mehr noch in der preußischen Regierung blieb das münsterische Zentrum auf Distanz zu den Parteien und Organisationen des rechten und völkischen Spektrums. Das hatte seinen Grund einmal in der Konkurrenzsituation, in die man durch das verstärkte Werben der Deutschnationalen um die katholische Bevölkerung geraten war. Das hatte aber auch mit den Warnungen der katholischen Bischöfe vor den geistigen und moralischen Folgen eines „engstirnigen-egoistischen" Nationalismus zu tun, die schließlich im Jahr 1924 dazu führten, daß der münsterische Klerus Katholiken die Mitgliedschaft im Jungdeutschen Orden und „Stahlhelm" untersagte, da deren „übertriebene und fanatische Demonstration eines einseitigen Nationalismus [...] nur dem internationalen Frieden schaden könne" [Kirchliches Amtsblatt vom 10. April 1924].

Das Krisenjahr 1923

Das Krisenjahr 1923 mit Ruhrbesetzung und passivem Widerstand, mit Hyperinflation und materieller Entbehrung, mit politischem Radikalismus und nationaler Empörung traf Münster wie viele andere Städte. Die Nähe zum Ruhrgebiet brachte die Stadt in eine besondere Situation, stand sie doch unter dem unmittelbaren Eindruck des Ruhrkampfes. Dadurch kamen zahlreiche Flüchtlinge in die Stadt, die einquartiert werden mußten. Überdies wurde Münster zu einem jener Orte, in denen der Widerstand gegen die Besetzung formuliert und organisiert wurde. Das Klima des „wiedererwachenden Widerstandswillens" [2486: Niemöller, Vom U-Boot zur Kanzel, S. 196] bot überdies den völkisch-nationalistischen Gruppen, vor allem der noch immer illegalen NSDAP, die günstige Gelegenheit, sich darzustellen und breitere Anerkennung bzw. Unterstützung zu erwerben. Als am 11. Januar 1923 französische und belgische Truppen mit der Besetzung des Ruhrgebietes begannen, rief die Reichsregierung am 13. Januar zum passiven Widerstand auf. Neben der anfänglichen Sorge in der Bevölkerung, daß die Stadt auch noch besetzt werden könnte, überwog eine trotzige Zustimmung zu dem Aufruf. Als erste Partei verurteilte das Zentrum bereits am 12. Januar die Invasion französischer Truppen nach Westfalen und forderte, die Freiheit Deutschlands und Westfalens wiederherzustellen. Bald schlossen sich Mittelstand, christliche Gewerkschaften und Westfälischer Bauernverein dem nationalen Protest gegen den französischen „Rechtsbruch" an. Für den 13. Januar riefen die Behörden der Stadt zu einer Protestkundgebung auf, zu der weder SPD noch freie Gewerkschaften eingeladen wurden. Bei einer erneuten Kundgebung mit prominenten Zentrumsmitgliedern, zu der der Arbeiterflügel der Partei am 21. Januar eingeladen hatte, war die öffentliche Erregung und Unterstützung schon merklich abgeflaut. Mittlerweile war auch erkennbar, daß Münster von einer französischen Besetzung nicht bedroht war.

Heftige Proteste kamen von der Universität, die schließlich Frankreich zum „Weltfeind Nummer eins" erklärte und die Hoffnung aussprach, daß der Ruhrkampf den „Glauben an Deutschland" stärken könne [zit. nach 1599: Marshall, Political Development, S. 178f]. Noch weiter gingen die „nationalen" Verbände, die – unterstützt von Teilen der Reichswehrführung – für einen aktiven Widerstand plädierten. Es waren vor allem Angehörige dieser Verbände, die sich von der Reichswehrführung als „Zeitfreiwillige" anwerben ließen und damit die geheimen Verbindungen zwischen Reichswehr und Wehrverbänden verstärkten. Besonders nachhaltig unterstützte der Befehlshaber des Wehrkreises VI, General von Loßberg, in Münster diese Politik. Ende Februar richtete der Freikorpsaktivist Pfeffer von Salomon, der 1926 Oberster Führer der SA („Sturmabteilung") werden sollte, unter der Bezeichnung „Zentrale Nord" im heimatlichen Westfalen eine jener Kommandostellen ein, die den aktiven Widerstand und vor allem Sabotageaktionen planen und ausführen sollten. Das Wehrkreiskommando und auch einige staatliche Institutionen waren von den Aktivitäten der Gruppe von Pfeffer voll im Bilde.

Vor allem der Westfalen-Treubund und dann auch die NSDAP, die nun Zulauf durch „Ruhrflüchtlinge, Ausgewiesene und nationalistische Abenteurer" erhielt, profitierten davon [1587: Krüger, Treudeutsch allewege, S. 171]. Die illegale Ortsgruppe der NSDAP bemühte sich einerseits durch Tarnnamen darum, weiteren polizeilichen Verfolgungen vorzubeugen, andererseits versuchte sie, sich durch Organisation und Aktion einen Platz innerhalb des völkischen Lagers und in der Führung der örtlichen Widerstandsgruppen zu sichern. Dabei wagte sie sich, um die Gunst der Stunde zu nutzen, zunehmend auch in die Öffentlichkeit. Obwohl Hitler der NSDAP die Beteiligung an der „nationalen Einheitsfront" untersagt hatte, nahmen viele westfälische und münsterische Nationalsozialisten an nicht wenigen Aktionen des passiven und aktiven Widerstandes – mitunter auch in führender Stellung – teil, was dem Renommee der jungen Partei innerhalb des Milieus der „vaterländischen" Verbände und der „nationalgesinnten" Kreise sicherlich förderlich war. Das klägliche Scheitern des Hitler-Ludendorff-Putsches am 8./9. November 1923 konnte die Aktivitäten nur vorübergehend dämpfen und brachte der NSDAP im Gegenteil – auch in Westfalen – eine Welle von Sympathiekundgebungen ein. Zwar zerfiel die NSDAP nach der Verhaftung Hitlers in zwei rivalisierende Gruppen, doch verlagerte das die Aktivitäten der Anhänger zunächst nur auf die selbständig gewordenen lokalen Gruppierungen, die sich nun unter neuem Namen um den Zusammenhalt in einer neuen, legalen Organisation bemühten. In Münster rief der Freikorps- und Ruhrkämpfer Pfeffer von Salomon Anfang 1924 den „Völkisch-Sozialen Block" (VSB) ins Leben, der dank seiner Autorität einen raschen Aufstieg nahm. Nach außen gab sich der Block als reine Wahlorganisation; innerhalb dieser völkischen Sammlungsbewegung gab es Auseinandersetzungen über den parlamentarischen Weg, der vor allem von den sich revolutionär verstehenden ehemaligen NSDAP-Mitgliedern kritisiert wurde. Immerhin gab der Wahlkampf zu den Reichstagswahlen vom 4. Mai 1924 den „Völkischen" genügend Raum für eine vehemente Agitation und bescherte ihnen mit 5,5 Prozent der gültigen Stimmen ein achtbares Ergebnis.

Der Rechtsruck bei den Wahlen war Ausdruck einer tiefen Erschütterung der Gesellschaft durch die Hyperinflation und die aufgewühlten nationalen Leidenschaften. Das alles mündete in einen weiteren Vertrauensschwund des parlamentarisch-demokratischen Systems.

Der galoppierende Verfall des Geldwertes hatte auch in Münster zu dramatischen Finanzproblemen geführt und die Handlungsfähigkeit der Stadt immer weiter eingeschränkt. Bereits im Jahr 1922 sah der Haushaltsentwurf einen Fehlbetrag von mehr

Hunger und Mangel als Folgen der Inflation (September 1923): Münsterische Kinder danken Spendern aus dem Ausland – rechts im Bild Oberbürgermeister Sperlich

als 17 Millionen Reichsmark vor, und auch eine „Sparsamkeitskommission" konnte das Loch im Stadtsäckel nicht schließen. Schließlich sah sich die Stadtverwaltung zu drastischen Einsparungen im Personalbereich gezwungen, im September 1922 wurden die städtischen Straßenbahnen (bis 1924) eingestellt. Im Zuge der Sparmaßnahmen mußte auch die Stelle des Türmers von St. Lamberti gestrichen werden.

Noch bedrückender waren die sozialen Folgen der Geldentwertung: Mit der Massenarmut wuchs das Heer der Fürsorgeempfänger um soziale Gruppen an, die bislang eine gesicherte, wenn auch bescheidene Existenz hatten. Schließlich gehörten mehr als 10 Prozent der Münsteraner zu den Unterstützungsempfängern. Zunächst veranstalteten Oberbürgermeister und städtische Körperschaften „zur Behebung der Not" eine umfangreiche „Sammlung in Geld und Naturalien, an der sich Kaufmannschaft, Industrie, Banken, Beamte, Landwirtschaft usw. beteiligten". Auch die Pfarreien richteten Hilfsstellen ein, die Spenden sammelten und verteilten. Gleichzeitig eröffnete die Stadt eine Volksküche, in der durchschnittlich 150 Personen täglich ein warmes Essen erhielten. Um den bescheidenen Ertrag ihrer früheren Erwerbstätigkeit sahen sich vor allem die in Münster überproportional vertretenen Klein- und Sozialrentner gebracht, deren finanzielle Rücklagen aus Kapital- und Grundbesitz wie aus privaten Versicherungsrenten von der Inflation aufgezehrt wurden. Eine planmäßige Fürsorge konnte erst im Frühjahr 1922 beginnen, als durch ein Reichsgesetz den Gemeinden die Unterstützung zur Pflicht gemacht wurde und sie dafür ein Fünftel der Unterstützungsleistung selbst aufbringen mußten. Bis dahin hatte die Stadt für zunächst 369 Kleinrentner eine einmalige Beihilfe gewährt; im Laufe des Jahres 1923 mußten bis zu 910 Kleinrentner und 1100 Sozialrentner regelmäßig von der Fürsorge unterstützt werden [1498: Verwaltungs-Bericht 1915–1926, S. 288ff].

Darüber hinaus bemächtigte sich eine allgemeine wirtschaftliche Unruhe und Unzufriedenheit der gesamten Bevölkerung und veränderte ihr Alltagsleben. Die täglichen Börsenberichte, die den schwindelerregenden Wertverfall des Geldes notierten, bestimmten den Rhythmus des Alltags. Schließlich sah sich der Magistrat gezwungen, nach dem Vorbild anderer Städte eigenes Geld in Umlauf zu bringen. Die Verbitterung richtete sich gegen die ständig steigenden Preise für Nahrungsmittel und besonders gegen die Bauern, die die Situation für sich auszunutzen suchten. Die Stadt erließ eine spezielle Marktordnung und drohte für den Fall von überhöhten Preisen mit Strafgebühren. In der Verwaltungsstadt Münster erlebten nicht wenige Bürger mit ihren Familien die Dramatik der Geldentwertung, wenn sie ihre Gehälter und Ruhegelder schließlich nur noch in Wochen- oder Halbwochenbeträgen erhielten und sich dennoch beeilen mußten, um den Haufen Papiermark, den sie gerade ausgezahlt bekommen hatten, sofort in Sachwerte umzusetzen, um nicht schon Stunden später das Doppelte und mehr dafür bezahlen zu müssen. Es war kein Glanz, sondern nur Elend, was die Republik zu bieten hatte, und die Festlichkeiten, mit denen der Oberpräsident in Vorkriegszeiten im Schloß den Staat darzustellen pflegte, waren schon längst in Zahl und Aufwand auf ein Minimum eingeschränkt.

3. *Münster in der Stabilisierungsphase der Republik (1924–1929)*

Die Wahlen 1924 und Anfänge der Stabilisierung

Die Folgen des Krisenjahres 1923 machten sich bei den Wahlen des Jahres 1924 auch in Münster bemerkbar. Gleich viermal wurde in diesem Jahr gewählt, das im Rückblick immerhin eine Wende zu besseren wirtschaftlichen Verhältnissen erkennen ließ. Die Parteien der Weimarer Koalition gerieten bei den Reichstagswahlen im Mai 1924 in den Sog der politischen, wirtschaftlichen und sozialen Krisen des Jahres 1923. Zwar konnten sie vor allem dank der Stärke des Zentrums noch immer zwei Drittel der Wähler hinter sich scharen, doch die Verluste von 10 Prozent und die damit verbundenen Trendveränderungen waren unübersehbar. Während die DDP mit 2,4 Prozent der Stimmen bereits in die Bedeutungslosigkeit versank, mußten Zentrum (50,2 Prozent) und SPD (8,9 Prozent) Verluste von jeweils mehr als 5 Prozent hinnehmen. Einen Teil ihrer Stimmen mußte die SPD, wie anderswo auch, an USPD und KPD abgeben, die zusammen auf 4,6 Prozent kamen. Das Zentrum behielt seine dominierende Stellung, erlitt aber seit den Wahlen von 1919 einen ständigen Stimmenrückgang von mehr als 12 Prozentpunkten. Nicht wenige dieser Stimmen dürften nach rechts abgewandert sein. Vor allem die DNVP hatte verstärkt um die katholischen Wähler geworben. Unterstützung hatte sie durch den Beitritt des aus seinem Amt entlassenen Regierungspräsidenten Graf Merveldt und durch den Westfälischen Bauernverein erfahren, der bereits im November 1923 in Münster sehr lautstark die Unzufriedenheit der ländlichen Wähler mit der Politik des Zentrums artikuliert hatte. Die Bauern wollten, so drohten ihre Sprecher, nicht länger den Verlust der staatlichen Autorität hinnehmen und riefen nach einer Ordnungsdiktatur. Auf einer Massenkundgebung der DNVP unmittelbar vor den Wahlen im April 1924 bezichtigte Graf Merveldt das Zentrum, die einstige Position einer konservativen Partei aufgegeben zu haben. Tatsächlich konnte die DNVP sich um mehr als 10 Prozent steigern und überflügelte mit 15,4 Prozent die DVP innerhalb des bürgerlich-konservativen Lagers. Der Rechtsruck der Wahlen war unübersehbar: Ein Drittel der gültigen Stimmen in Münster ging nun auf das Konto der Parteien rechts von der Weimarer Koalition. Dazu gehörte auch der beachtliche Erfolg des Völkisch-Sozialen Blocks, der 5,5 Prozent der Stimmen erhielt und damit nur um einen Prozentpunkt unter dem Reichsdurchschnitt lag. Auffällig sind hingegen die geringen Mobilisierungserfolge der „Völkischen" auf dem Land: Im Landkreis Münster kamen sie auf 0,9 Prozent, im Regierungsbezirk Münster auf 1,9 Prozent der Stimmen.

Die Wählerverschiebungen und Risse im „Zentrumsturm" wurden noch deutlicher bei den gleichzeitig abgehaltenen Wahlen zur Stadtverordnetenversammlung, bei der überdies nur noch 48 statt bisher 60 Sitze zu vergeben waren. Erstmals in seiner Geschichte verlor das münsterische Zentrum seine absolute Mehrheit und erhielt mit 37,7 Prozent der Stimmen nur noch 19 Sitze. Die großen Gewinner der Wahl waren die lokalen Gruppierungen aus dem Mittelstand: die „Wirtschaftspartei" und die „Bürgerliche Mittelstandsvereinigung", die beide erst im Vorfeld der Wahl gegründet worden waren und mit ihrem Erfolg die nachlassende Integrationskraft des Zentrums demonstrierten. Zwar hatte das Zentrum noch während des Wahlkampfes auf besonderen Veranstaltungen für den Mittelstand beteuert, daß Handwerk, Handel und Kleingewerbe den Fels darstellten, auf dem das Zentrum begründet sei, doch konnte das den Aufstieg der beiden Interessengruppen nicht verhindern, die mit der Parole „Fort mit der Politik vom Rathaus" neben wirtschaftlicher Unzufriedenheit auch tiefe Ressentiments gegen Parlamentarismus und Parteiensystem artikulierten. Von der Zentrumspresse als „Partei der Unzufriedenen" bezeichnet [Münsterischer Anzeiger vom 10. April 1924], beanspruchte die Wirtschaftspartei, die Interessen der „abhängigen Existenzen" aus dem Arbeiter-, Angestellten- und Beamtenmilieu sowie der Mieterschaft zu vertreten.

Die Bürgerliche Mittelstandsvereinigung rekrutierte sich hingegen teilweise aus unzufriedenen Gruppen des Zentrums, teilweise aus Anhängern und Vertretern der Liste der „Privatangestellten", die 1919 als berufsständische Interessenvertretung bereits 5 Prozent der Stimmen und drei Mandate errungen hatte. Unterstützung fand die Mittelstandsvereinigung vor allem bei Hausbesitzern, Handwerkern und Kleinhändlern; geführt wurde sie von dem Fabrikanten Franz-Anton Deckwitz, der zuvor für das Zentrum Stadtverordneter gewesen war. Die Wirtschaftspartei wurde mit 16,2 Prozent der Stimmen und acht Sitzen zweitstärkste, die Bürgerliche Mittelstandsvereinigung mit 12,8 Prozent und sechs Mandaten drittstärkste Partei. Zur schwächsten Partei sank hingegen die DDP mit ganzen 2 Prozent der Stimmen und einem Mandat ab. Zwar konnte die SPD denselben Stimmenanteil wie bei der Reichstagswahl erzielen, aber auch sie mußte im Vergleich zu 1919 Verluste hinnehmen, die zu einem Teil der KPD (2,9 Prozent) zugute kamen. Nur wenig kommunalpolitische Kompetenz trauten die Wähler dem Kandidaten der „Völkischen", Karl Gärtner, zu, der als Wehrverbandsführer offensichtlich nur Stimmen aus den eigenen Reihen erhielt. Gleichwohl fand Gärtner Aufnahme in eine gemeinsame Fraktion der „Bürgerlichen Arbeitsgemeinschaft", die sich aus Abgeordneten der DVP und DNVP, aber auch der DDP und des VSB bildete. Diese Verbindung war überraschend und bemerkenswert zugleich: überraschend, weil die Zusammenarbeit der als

„Partei der Juden" denunzierten DDP mit Rechtsparteien und vor allem „Völkischen" ungewöhnlich war; bemerkenswert, weil damit deutlich wurde, daß „Deutschvölkische" (und in ihrem Gefolge auch Nationalsozialisten) durchaus als politische Partner akzeptiert wurden.

Daß die Wahlen im Mai 1924 unter außerordentlichen Umständen stattgefunden hatten und die Weimarer Republik zusammen mit den sie tragenden Parteien sich wieder festigen konnte, war der Eindruck nach den Reichstagswahlen vom Dezember 1924. Die Gruppen rechts von der DNVP, Nationalsozialistische Freiheitsbewegung NSFB (886 Stimmen = 1,7 Prozent) und Deutsch-Soziale Partei (37 Stimmen), erhielten nur noch ein Drittel der Stimmen, die sie bei den Maiwahlen erhalten hatten, und schrumpften zu Splittergruppen. Auch die beiden bürgerlichen Rechtsparteien DNVP (von 15,3 auf 13,1 Prozent) und DVP (von 11,4 auf 9,8 Prozent) mußten leichte Stimmenverluste hinnehmen, während sich die Parteien der Weimarer Koalition deutlich verbessern konnten. Die SPD verzeichnete mit einem Zuwachs von 4,4 Prozentpunkten den größten Sprung auf nunmehr 13,3 Prozent; auch das Zentrum gewann mit insgesamt 51,6 Prozent wieder 1,4 Prozentpunkte hinzu. Die leichten Zugewinne der DDP (von 2,4 auf 3,1 Prozent) konnten an ihrer relativen Bedeutungslosigkeit hingegen wenig ändern. Auffällig war der Rückgang der mittelständischen Interessengruppen Wirtschaftspartei und Bürgerliche Mittelstandsvereinigung, die mit 2,7 Prozent der Stimmen nicht an die Kommunalwahlergebnisse herankamen und ebensoviel Stimmen erhielten, wie die beiden radikalen Arbeiterparteien USPD (0,2 Prozent) und KPD (2,5 Prozent) zusammen erzielten. Die Wahlen zum preußischen Landtag, die ebenfalls am 7. Dezember stattfanden, brachten für alle Parteien fast identische Ergebnisse.

Was die Wahlen vom Dezember 1924 erkennen ließen, das verzeichneten auch die Chronisten der lokalen Presse in ihrem Rückblick auf das Jahr 1924: Es mehrten sich die Anzeichen für eine „Besserung, die jeder Tag mit sich bringt" [Münsterischer Anzeiger vom 31. Dezember 1924]. Symbolischen Ausdruck fand das Ende der Krise darin, daß der Wächter vom Lambertiturm wieder eingesetzt werden konnte.

Wirkungsvoller waren die Investitionen und Infrastrukturmaßnahmen, die nach der Währungsreform vorgenommen werden konnten. Sie sollten das nachholen, was im Jahrzehnt der Mangel- und Inflationskrise vernachlässigt bzw. zurückgestellt werden mußte. Erleichtert wurde das durch die Tatsache, daß durch die Inflation auch die hohe Schuldenlast der Stadt getilgt worden war und sich nach der Währungsreform viele Möglichkeiten zur Kapitalaufnahme boten. In der Kommunalpolitik brach damit eine kurze Phase verstärkter Gestaltungsmöglichkeiten an, nachdem man über Jahre nur auf Krisen und neue Herausforderungen reagieren konnte. Zugleich wuchsen mit neuen Gesetzen und Verordnungen des Reiches – wie beispielsweise im Bereich der Wohlfahrtspolitik – die Aufgaben und finanziellen Belastungen der Kommunen. Mit der relativen Ruhe und Stabilisierung traten aber auch die konstitutiven Elemente der politischen Kultur und der Verhaltensformen von Parteien und Bürgern deutlicher aus dem Schatten der sich überstürzenden Ereignisgeschichte der Krisenjahre hervor. Es zeichneten sich die Entwicklungslinien und -chancen der parlamentarisch-demokratischen Ordnung ab, aber auch die Hindernisse und Defizite, auf die das Neue stieß, sowie die Widersprüche, die die Moderne selbst schuf.

Katholisches Milieu und Zentrum

Politisches Verhalten und politische Wahrnehmung im Münster der Weimarer Republik waren weitgehend durch die Dominanz des katholischen Milieus bestimmt. Dieses spezifische „geschlossene Sozialgefüge mit eigenem Kommunikations- und Organisationsnetz und besonderen Symbolen und Feindbildern" [1577: Kaufmann, Katholisches Milieu, S. 7] hatte sich im 19. Jahrhundert zur Verteidigung katholischer Lebensformen gegen die Eingriffe des Staates und gegen die Herausforderung einer sich säkularisierenden Gesellschaft gebildet und seinen inneren Zusammenhalt wie seine Haltung gegenüber der Außenwelt vor allem durch gemeinsame kirchen- und kulturpolitische Interessen hergestellt. Die Erinnerung an den Kulturkampf und Warnungen vor seiner Wiederholung wurden auch in den Krisen und Konflikten der Zwischenkriegszeit immer wieder geweckt, wenn es galt, die Einheit des politischen Katholizismus allen berufsständischen und sozialpolitischen Interessengegensätzen zum Trotz zu wahren. Die Abwehrhaltung des katholischen Milieus verstärkte sich in den zwanziger Jahren, als Veränderungen in politischer Verfassung, Kultur und Gesellschaft und die Verschärfung sozialer Spannungen zu einer Krise der katholischen Sozial- und Lebensformen führten, die überdies mit der politischen Strukturkrise der Weimarer Republik zusammentraf.

Das Geflecht des katholischen Milieus konstituierte sich aus mehreren Strukturdimensionen, zu denen vor allem „Religion, regionale Tradition, wirtschaftliche Lage, kulturelle Orientierung und schichtspezifische Zusammensetzung" gehörten [2391: Lepsius, Parteiensystem, S. 68]. In diesem Geflecht aus Denk-, Lebens-, Verhaltens- und politisch-sozialen Organisationsformen kam der kirchlichen Lehre und ihrer Vermittlung durch den Klerus weitaus größere Bedeutung zu als den katholischen Verbänden und vor allem der politischen Partei des Katholizismus. Darum umfaßt das katholische Milieu weit mehr als die Zentrumspartei und die ihr nahestehende Presse, und diese parteipolitische Organisation des Katholizismus war aufgrund ihrer Mittlerfunktion zwischen der Interessenwahrung des katholischen Milieus einerseits und den spezifischen Erfordernissen der politisch-parlamentarischen Praxis sowie der Integration sozialer Teilgruppen des Milieus andererseits stets besonderen Belastungen und Schwankungen in der politischen Akzeptanz ausgesetzt.

Die Sorge der Kirche nach der Revolution von 1918/19 galt vor allem dem Schutz kirchlich-kultureller Belange; die Frage nach der Staats- und Verfassungsform war eher zweitrangig. Das erlaubte innerhalb von Episkopat und Klerus eine Vielfalt von politischen Einstellungen gegenüber der Weimarer Republik, die von einem engagierten Gestaltungswillen über ein vorläufiges Arrangement bis hin zu antirepublikanischen Positionen reichte. Dabei konnte ein vernunftrepublikanisches, sozialpolitisches Engagement sehr wohl mit einer kulturpolitischen und konfessionellen Unduldsamkeit und einem Mißtrauen vor allen sozialistischen Tendenzen verbunden sein. Das hatte seine Wurzeln vor allem in dem Erschrecken des katholischen Klerus in Münster und anderswo vor der „Hochflut des Sozialismus" in der Phase der revolutionären Nachkriegswirren. In Münster kamen die politischen Impulse aus der Kirche weniger vom Bischof als von einigen Prälaten. Bischof Johannes Poggenburg, seit 1913 im Amt, hatte sich kaum durch dezidierte politische Stellungnahmen hervorgetan. Er galt jedoch als volkstümlicher Bischof, dem selbst die Sozialdemokraten ein großes sozialpolitisches Engagement bescheinigten [Volkswille vom 27. November 1921]. Die politische Debatte weit über Münster hinaus bestimmten vielmehr die Universitätsprofessoren Joseph Mausbach, Georg Schreiber und Adolf Donders. So verteidigte Mausbach auf dem Münchener Katholikentag 1923 gegen Kardinal Faulhaber die Legitimität der Weimarer Republik, da sie von der freien Entschließung des Volkes getragen sei. Auch der Klerus von Münster und aus dem Münsterland bekannte sich, unter massiver Einflußnahme von Mausbach, im Vorfeld der Reichstagswahlen 1920 zur vernunftrepublikanischen Politik der Zentrumspartei und damit gegen die Positionen des zur DNVP strebenden Rechtskatholizismus.

Als der Westfälische Bauernverein unter seiner adeligen Führungsgruppe anläßlich der Reichspräsidentenwahlen den Kandidaten des „Reichsblocks", Hindenburg, unterstützte, votierte der münsterische Klerus in einem offenen Brief für den Zentrumskandidaten Wilhelm Marx. Während die Vertreter des Rechtskatholizismus auf eine Unterstützung ihrer Linie durch den Episkopat hofften, unterstützten münsterische Geistliche und Zentrumspolitiker, unter ihnen auch Dompropst Professor Linneborn, gegen die Kampagnen von deutschnationaler Seite die Wahl von Marx als eine Entscheidung, die der katholischen Sache diene. Noch einmal übertrugen sich sozialpolitische Konflikte auf die innerkirchliche Meinungsbildung, als die harte Aussperrungspolitik der Unternehmer im Ruhreisenstreit von 1928 Geistliche zu eindeutigen Stellungnahmen zugunsten der Arbeiter und zu harscher Kritik an dem „rein wirtschaftlichen, rechts- und staatswidrigen" Verhalten der Unternehmer veranlaßte. Daraufhin wurde ihnen von Unternehmerseite „Verhetzung" vorgeworfen, und ähnlich wie die Großagrarier vermuteten die Industriellen, daß die Kirchenbehörde über die „eigenartige Stellung" ihres Klerus nicht informiert sei [1577: Kaufmann, Katholisches Milieu, S. 70].

Daß den Äußerungen des Klerus eine so hohe Bedeutung beigemessen wurde, hat seine Ursache darin, daß nach wie vor der Geistliche im Volk als berufener Anwalt und Repräsentant politischer Interessen galt. Das berechtigte ihn zu politischen Stellungnahmen, die vor allem darauf zielten, die Identität von Katholizismus und Zentrum gegen alle Auflösungserscheinungen zu behaupten.

Der Geschlossenheit des Milieus dienten auch die zahlreichen katholischen Vereine, deren Spektrum von Organisationen und Gruppen, die der materiellen wie ideellen Förderung von Glaubensanliegen dienten, bis zu Standesvereinen reichte, die die unterschiedlichsten sozialen und kulturellen Interessen repräsentierten. Nicht nur diese Vielfalt macht es schwierig, ihre Wirkung zu bestimmen; hinzu kam die Tatsache, daß ihre Organisationsstärke nicht allein über ihren Einfluß entschied, gab es doch neben ausgesprochenen Großorganisationen elitäre Gruppen, die gleichwohl zu den Meinungsführern innerhalb des katholischen Milieus gehörten. Eines ist jedoch sicher: Die katholischen Vereine erreichten in Münster einen vergleichsweise hohen Organisationsgrad, der bei den Frauen besonders hoch war. Trotzdem trugen nicht wenige der Vereine, vor allem die Standes- und Jugendverbände, zur Auflösung des Milieuzusammenhangs bei, brachten sie doch die neuen Denk- und Verhaltensmuster bzw. Spannungslagen ihres sozialen Umfelds auch in das Milieu hinein: Das zeigten die sozialpolitischen Gegensätze zwischen katholischen Unternehmern und Arbeitervereinen, die in ihren jeweiligen Beiräten überdies parteipolitisch organisiert waren; das zeigten aber auch die katholischen männlichen Jugendorganisationen, die

Wahlkampfplakate aus den zwanziger Jahren

nicht nur mit Erfolg nach politischer Repräsentation innerhalb der Zentrumsfraktion strebten, sondern die zum Leidwesen anderer katholischer Gruppen in besonderer Weise einem aktivistischen, militanten politischen Stil und einer Interpretation des Katholizismus als einer Männerreligion huldigten. Darin spiegelten sich nicht nur die Wandlungen innerhalb der politischen Kultur der Zwischenkriegszeit, damit mußten sie auch „das bestehende Milieumodell im Denkansatz und teilweise auch in der Praxis sprengen" [1577: Kaufmann, Katholisches Milieu, S. 113].

Die sozialen und politischen Erneuerungsbemühungen innerhalb der katholischen Jugendverbände am Ende der zwanziger Jahre waren auch eine Reaktion auf die Tatsache, daß das Zentrum mehr und mehr den Monopolanspruch auf die politische Interessenvertretung des Milieus verloren hatte. Einerseits hatte sich das Verhältnis von Zentrum und katholischer Kirche verändert, als diese zur Wahrung ihres Besitzstandes mehr auf vertragliche Bestätigung durch den Staat und weniger auf eine parteipolitische Sicherung setzte und als gleichzeitig die mangelnde Integrationskraft des Zentrums den drohenden Verlust der politischen Einheit des Katholizismus anzeigte. Andererseits brach in den zwanziger Jahren die „soziale Strukturproblematik der Weltanschauungspartei" offen auf [1577: Kaufmann, Katholisches Milieu, S. 35]. Die im Zentrum schon immer vorhandenen sozialen und ökonomischen Spannungslagen zwischen den verschiedenen sozialen Gruppen ließen sich nicht länger durch den Konsens im kirchen- und kulturpolitischen Bereich überdecken oder neutralisieren, als die Partei – in vielfacher Regierungsverantwortung stehend – sozial- und wirtschafts- wie verfassungs- und staatspolitische Entscheidungen treffen mußte, die mit den verschiedenen Partikularinteressen kollidieren konnten oder mußten. Das neue Verhältniswahlrecht mit dem Kampf um einen günstigen Listenplatz förderte überdies die Aufsplitterung der Partei in Verbands- und Gruppeninteressen bis hinunter auf die kommunale Ebene und war Gegenstand vieler innerparteilicher Auseinandersetzungen bzw. Ausgleichsbemühungen. Mit wachsender politischer Verantwortung und Politisierung verlor die Partei an innerem Zusammenhalt. Hinter dem Konflikt zwischen dem sogenannten Rechtskatholizismus und den Vernunftrepublikanern bzw. Verfechtern einer offenen katholischen Volkspartei standen mithin grundsätzliche Probleme des Politikverständnisses des Katholizismus wie der Integrationsfähigkeit in einer sich wandelnden Gesellschaft und politischen Kultur. Das Zentrum hatte Abschied genommen von dem älteren Typus einer politischen Gesamtvertretung des Katholizismus und befand sich auf der kontroversen Suche nach einem neuen politischen Selbstverständnis, das vom Modell einer antisozialistischen Volkspartei bis hin zur Ablehnung des Partei- und Partizipationsgedankens reichte. Auch wenn sich die einzelnen Konzepte und ihre politisch-sozialen Trägergruppen nicht immer deutlich voneinander trennen ließen, so verbargen sich hinter den politischen Gegensätzen zumeist auch soziale Konflikte zwischen traditionellen Führungsgruppen aus grundbesitzendem Adel und städtischen Honoratioren einerseits und aufstrebenden Gruppen aus dem Angestellten- und Arbeitermilieu und ihren berufsständischen Organisationen andererseits.

Die Mehrheit des münsterischen Ortsverbandes des Zentrums stand wie die westfälische Zentrumsführung auf dem rechten Flügel der Partei. Das galt bereits für die Vorkriegs- und Kriegszeit und hatte sich im Verhalten der lokalen Zentrumspartei und ihrer Anhängerschaft in den Konflikten und Entscheidungen der Krisenjahre von der Novemberrevolution bis zum Jahr 1923 wiederholt oder bestätigt. Das reicht von der Abwehr der preußischen Schul- und Kulturpolitik und vom Verhalten während des Kapp-Putsches über die Vorgänge nach der Ermordung Rathenaus bzw. der Entlassung des Regierungspräsidenten von Merveldt bis hin zur „Affäre Gronowski“ und sollte sich beim Besuch des Reichspräsidenten Ebert 1924 und verschiedenen „Fahnendemonstrationen“ fortsetzen. Immer galt das Interesse vorrangig der Verteidigung des katholischen Milieus und weniger dem Bekenntnis zur Republik. Und immer erwies sich die Beschwörung einer Kulturkampfsituation und entsprechender Abwehrhaltungen als wirksames Mittel zur politischen Mobilisierung und Integration.

Der politischen Grundhaltung entsprach die soziale Zusammensetzung des Parteivorstands und der Stadtverordneten, die bis zu den Kommunalwahlen von 1929 eindeutig vom oberen Mittelstand beherrscht wurde. 1919 waren von den insgesamt 38 Zentrumsvertretern in der Stadtverordnetenversammlung 15 Angehörige des akademischen Bürgertums, elf stammten aus Handwerk und Handel, nur sieben waren Arbeitervertreter und fünf Hausfrauen. Im örtlichen Parteivorstand dominierten die höheren Beamten, was ihrer sozialen Bedeutung und ihrem Prestige innerhalb der Sozialverhältnisse der Stadt entsprach. Von 27 Vorstandsmitgliedern kamen acht aus dem höheren Beamtentum, dazu kam noch ein mittlerer Beamter. Der mittelständische Charakter wurde verstärkt durch sieben Angestellte (davon drei in leitender Position), einen Freiberufler, zwei Kaufleute und vier Handwerksmeister.

1930 besaßen die Arbeitervertreter von den 28 Zentrumsmandaten nur noch drei Sitze. Die schwache Repräsentanz von Arbeitervertretern entsprach freilich dem relativ geringen Anteil der Arbeiterschaft in der Sozialstruktur der städtischen Bevölkerung. Die katholischen Arbeitervereine besaßen in Münster zwischen 1927 und 1932 etwa 1200 Mitglieder, der Diözesanverband Münster erfaßte Mitte der zwanziger Jahre 17,4 Prozent der katholischen Arbeiter. Diese schwache Stellung erklärt vermutlich auch, warum die Gegensätze zwischen katholischen Arbeitervereinen und christlichen Gewerkschaften, die anderswo in den zwanziger Jahren mitunter heftig aufeinanderprallten, in Münster fast gar nicht auftauchten, sondern im Gegenteil die Aufforderungen überwogen, sich gegenseitig zu unterstützen. Die politische Legitimation der Zentrumspartei und ihrer örtlichen Führung wurde darum von seiten der katholischen Arbeitervereine bis zum Jahr 1929 auch nicht in Frage gestellt, als die Vorsitzenden der Arbeitervereine schließlich im Vorfeld der Kommunalwahlen über ihre mangelhafte Vertretung und die soziale Rückständigkeit der Zentrumsorganisationen klagten und die Aufstellung einer eigenen Arbeiterliste forderten. Zusammen mit dem Angestelltenbeirat innerhalb des Zentrums und seinem Vorsitzenden, Dr. Fritz Stricker, dem Führer der parteiinternen Opposition, stellte man 1929 eine eigene Zentrumsliste auf, die sich an Arbeiter, Angestellte und untere Beamte wandte. Bereits ein Jahr später, als die Gemeindewahl wiederholt werden mußte, weil die Aufstellung zweier Listen unzulässig war, war die Zentrumspartei wieder unter dem Banner eines gemeinsamen sozial-kulturellen Abwehrkampfes gegen „Gottlosigkeit, Bolschewismus und Sozialdemokratie“ vereint.

Ungleich heftiger und folgenreicher war die Kritik an der Zentrumspolitik aus dem Lager des westfälischen Adels und der von ihm geführten westfälischen Bauernvereine. Dort warf man der Zentrumsführung Verrat an der katholischen Tradition und an der Monarchie vor und nutzte die Koalition des Zentrums mit der Sozialdemokratie auf Reichs- und Landesebene, um den Austritt aus der Partei und einen Schwenk zur DNVP als der wahren Hüterin alter Zentrumspositionen zu empfehlen bzw. zu rechtfertigen. Dahinter standen auch wirtschaftliche Interessen, nachdem es dem Zentrum nicht mehr gelungen war, agrarische Interessen hinreichend zu vertreten und durchzusetzen. Mit der Adelsopposition gegen das Zentrum drohte der Partei ein Abbröckeln ihrer ländlichen Wählerbasis, denn dort galt noch das Wort der adeligen Führungsgruppen.

Der enge Zusammenhang von Kirchentreue und Zentrumspräferenz sowie das vom oberen Mittelstand bestimmte Sozialprofil der lokalen Zentrumspartei prägten auch deren Organisationsformen. Am Ende der Weimarer Republik war das Zentrum in Münster primär eine Wähler- und keine Mitgliederpartei. Eine ausgebaute Organisation galt lange als überflüssig, da Klerus und katholische Vereine für Wahlhilfe und politische Integration sorgten. Überdies waren die Vorsitzenden der verschiedenen Vereine in den leitenden Gremien der Partei vertreten, was zu einer engen personalen Verflechtung von Parteihierarchie, Stadtverordnetenfraktion, Verbänden und Vereinen, katholischen Gesellschaften und Bruderschaften, dem Pressewesen und verschiedenen Ehrenämtern in der Stadt führte. So war der Chefredakteur des „Westfälischen Merkur“, Theodor Warnecke, zeitweise im Vorstand der westfälischen Zentrumspartei sowie Mitglied bzw. Vorsitzender des Stadtverordnetenkollegiums; er war Mitglied des Katholikenkomitees zur Vorbereitung des kleinen Katholikentags in Münster, saß in den Kuratorien des Städtischen Gymnasiums und Realgymnasiums und war Vorsitzender des Elternbeirats des Paulinums. Die politische Meinungs- und Entscheidungsbildung vollzog sich nicht selten in diesem Verbund städtischer Honoratioren und Funktionsträger, was der Zentrumspartei häufig den Vorwurf der „Wirtshauspolitik" einbrachte und es dem Historiker schwer macht, die Wege der politischen Willensbildung nachzuvollziehen.

Der ursprünglich parochiale Charakter des münsterischen Zentrums kam auch in der Organisation der 14 Bezirksverbände zum Ausdruck, die sich an die Einteilung der Pfarrgemeinden anlehnten und ihre Delegierten für die Gesamtvertretung der Partei nach der Zahl der Mitglieder des Kirchspiels und nicht nach der Zahl der eingeschriebenen Parteimitglieder bemaßen. Im Vorstand der Gesamtpartei saßen neben dem Vorsitzenden, seinen Stellvertretern und Beisitzern die Bezirksvorsitzenden, der Fraktionsvorsitzende und die Vertreter katholischer Verbände sowie der am Ort erscheinenden Zentrumszeitungen. Die Parteiführung erreichte die Wähler darum vor allem über den Klerus und die verschiedenen kirchlichen Organisationen und Vereine. Das verstärkte ihre Unabhängigkeit von der Basis, schränkte umgekehrt die politische Partizipation der Bürger noch einmal ein. Die politische Linie der Partei wurde vorgestellt und erläutert auf den Bezirksversammlungen, die relativ selten stattfanden, und bei den Massenveranstaltungen des Ortsverbandes, die sich in Wahlzeiten zwar häuften, aber nur Ort der Selbstdarstellung und nicht der Diskussion waren. Die Berichte der zentrumsnahen Presse hoben immer wieder die Einmütigkeit dieser Veranstaltungen hervor; Kritik und innerparteiliche Auseinandersetzung, die es natürlich gab, galten als Ausdruck mangelnder Geschlossenheit und wurden darum auch nicht in der Öffentlichkeit bzw. der Zentrumspresse dargestellt.

Exponenten unterschiedlicher Interessen und parteiinterner Auseinandersetzungen waren die zahlreichen Berufs- und Standesbeiräte der Partei, die auf nationaler wie auf kommunaler Ebene zunehmend Einfluß auf die politischen Entscheidungen des Zentrums zu erlangen suchten. Eine Sonderstellung nahmen die Industrie- und Handelsbeiräte ein, die sich unter Führung des münsterischen Generaldirektors und Reichstagsabgeordneten Rudolf ten Hompel auf überregionaler Ebene mit einem eigenen Sekretariat in Berlin zusammengeschlossen hatten. Daneben verlangten Bauern, Arbeiter und Vertreter des Mittelstandes mehr Einfluß, was umgekehrt den Westfälischen Angestelltenbeirat um Dr. Stricker auf den Plan rief. Zu einer heftigen Kontroverse kam es im Herbst 1927, als der Reichstag unter dem Beifall des münsterischen Beamtenbeirats der Zentrumspartei eine Gehaltserhöhung für den öffentlichen Dienst beschlossen hatte, die heftige Kritik bei Adam Stegerwald und den christlichen Gewerkschaften an der Institution des Berufsbeamtentums auslöste. Als ein offener Konflikt zwischen den einzelnen Beiräten und Interessengruppen in der Partei drohte, berief das westfälische Zentrum Anfang Februar 1928 eine außerordentliche Versammlung nach Hamm unter Beteiligung der gesamten westfälischen und münsterischen Parteiprominenz ein, um angesichts der bevorstehenden Reichstagswahlen das Gespenst des Klassenkampfes in der eigenen Partei zu bannen. Noch einmal wurden die sozialpolitischen Gegensätze, wie sie vom Vertreter der katholischen Arbeitervereine, Heinrich Imbusch, deutlich angesprochen wurden, neutralisiert durch die Beschwörung des alten Zentrumsgeistes.

Der „Zentrumsprälat“ Georg Schreiber (1882–1963) vertrat den Wahlkreis Westfalen-Nord von 1920 bis 1933 im Reichstag

Den Grundton der Debatte und den anschließenden Formelkompromiß bestimmte die unbestrittene Führungsfigur, Prälat Professor Georg Schreiber, Reichstagsabgeordneter des Wahlkreises Westfalen-Nord und Ordinarius für Kirchengeschichte an der Universität Münster. Seine politische Autorität in Münster gründete sich auf seine Stellung als Geistlicher wie auf seine politische Rolle als führender Kultur- und Wissenschaftspolitiker seiner Partei und Referent des Reichstags für den Etat des Reichsinnenministeriums. Hinzu kamen sein wissenschaftliches Renommee und seine wissenschaftsorganisatorische Arbeit. Den Weg in die Politik hatte er durch die Herausforderung gefunden, die für ihn und weite Teile der katholischen Bevölkerung die Novemberrevolution und die Kulturpolitik der sozialistischen Regierung Hirsch in Preußen bedeuteten. Bald hatte er sich durch „flammende Reden“ und „markige Resolutionen“ [1603: Morsey, Schreiber, S. 131] einen Namen gemacht, und 1920 zog er als Nachfolger von Joseph Mausbach, einem anderen „Zentrumsprälaten“, in den Reichstag. Mit seinen politischen Publikationen prägte er maßgeblich die Programmatik seiner Partei, vor allem in der Endphase der Weimarer Republik. In Münster gründete er 1927 das Deutsche Institut für Auslandskunde und bereits vorher den vaterländischen „Deutschen Schutzbund“ zur Unterstützung der Interessen der Auslands- und Grenzdeutschen. Die Treffen des Schutzbundes, vor allem seine Reichskonferenz, die 1925 in Münster abgehalten wurde, fanden in Stadt und Universität große Unterstützung und Resonanz, während ein Treffen des „Friedensbundes der Deutschen Katholiken“, dem es um die Aussöhnung der Deutschen mit ihren Nachbarn in Ost und West ging, fast unbemerkt blieb – ein Beleg mehr für die „nationale“ Atmosphäre, die in Münster wie anderswo auch herrschte. Schreiber sprach auf fast allen großen Veranstaltungen des münsterischen Zentrums und brachte seinen Zuhörern die „große Politik“ und den politischen Kurs der Partei nahe. Seine Berichte „direkt aus dem Reichstag“ vermittelten „das Gefühl von Authentizität und Unmittelbarkeit der Teilnahme am politischen Geschehen und ließ[en] lokale Politiker und Wähler sich mit der Politik der Zentrumsfraktion besonders verbunden fühlen“ [1577: Kaufmann, Katholisches Milieu, S. 117]. Auf ihn bezog sich vor allem die in der Zentrumspresse vielzitierte katholische Treue und Gefolgschaft.

Instrument der politischen Mobilisierung und Integration war nicht zuletzt die Zentrumspresse, der einerseits die Aufgabe zukam, die Politik von Partei und Fraktion den Anhängern zu vermitteln, die andererseits aber auch neben den Interessen der Gesamtpartei oft als Organ bestimmer Richtungen und Flügel im Zentrum fungierte. Unabhängig von ihrem parteipolitischen Standort sollten die Zentrumszeitungen nach den Wünschen des Klerus erzieherisch wirken und Fragen des öffentlichen wie privaten Lebens vor allem „vom Standpunkt der katholischen Glaubens- und Sittenlehre aus besprechen und bewerten“. Der Bischof hielt seinen Klerus immer wieder an, die Gläubigen von der Lektüre kirchenfeindlicher Blätter abzuhalten und „für die Verbreitung der katholischen Presseorgane sorgen zu helfen“ [zit. nach 2645: Schmolke, Schlechte Presse, S. 223]. Die „Not der Presse“ während der Inflation veranlaßte ihn im Oktober 1922 in einem Hirtenschreiben, die Unterstützung der katholischen Presse nun zu einer „doppelten Pflicht aller Katholiken“ zu erklären: „Für die Erhaltung und Verbreitung des Glaubens, für den Schutz der guten Sitte ist heute auch jener wirksam tätig, der eine katholische Zeitung hält“ [Katholisches Missionsblatt vom 22. Oktober 1922].

In Münster gab es drei Zentrumszeitungen, die den örtlichen Zeitungsmarkt fast unter sich aufteilten. Sie waren zwar weder redaktionell noch finanziell direkt von der Zentrumspartei abhängig, dieser aber auf vielfache Weise verbunden. Sie gehörten zu katholischen Verlagshäusern; Verleger und Redakteure waren im „Augustinusverein zur Pflege der katholischen Presse“ zusammengeschlossen. Die Verleger Anton Hüffer und C. J. Fahle wie die Hauptredakteure Warnecke und Mehls gehörten lange Jahre der Zentrumsfraktion in der Stadtverordnetenversammlung an; der Herausgeber der „Morgenpost“, Fritz Stricker, war zeitweilig Vorsitzender der Zentrumsfraktion, und schließlich waren alle Hauptredakteure geborene Mitglieder des lokalen Parteivorstands.

Eine der auflagenstärksten Zeitungen des katholischen Deutschland war der „Münsterische Anzeiger“, der Ende 1918 noch 49 188 Bezieher hatte, dann aber einen stetigen Rückgang seiner Auflage auf 37 706 Bezieher im Juni 1920 und 32 500 im Jahr 1929 erleben mußte. Er erschien zweimal täglich im Verlag Aschendorff, der unter Leitung des zeitweiligen münsterischen Zentrumsvorsitzenden Anton Hüffer stand. Der „Anzeiger“ wandte sich vor allem an den oberen Mittelstand und das Besitzbürgertum und war mithin Exponent jener Gruppen, die auch die örtliche Partei- und Kommunalpolitik bestimmten. Bis zum Jahreswechsel 1929/30 wurde diese konservativ-nationale Linie auch vom „Westfälischen Merkur“ vertreten, der sich durch seine entschiedene Haltung im Kulturkampf für die „Freiheit der katholischen

Kirche" profiliert hatte, Ende der zwanziger Jahre aber in finanzielle Nöte geraten war, aus denen auch die Unterstützung durch Bischof Poggenburg nicht mehr heraushelfen konnte. Niedriger war die Auflage der „Münsterschen Zeitung", die auch aus einem katholischen Verlagshaus (Fahle) kam. Ihre Auflage schwankte zwischen 15 000 und 21 000 Exemplaren. Die „kleine Zeitung", die diesen Beinamen ihrem Format verdankte, war „mehr für das Volk" gedacht [359: Zons, MZ, S. 19] und wandte sich vor allem an Beamte und Angestellte, fand aber auch Leser unter den evangelischen Einwohnern, da sie ihre grundsätzlich katholische Position weniger dezidiert vortrug. Ihr Anspruch, die Interessen der unteren Mittelschicht zu artikulieren, wurde der „MZ" seit 1926 von der „Münsterischen Morgenpost" strittig gemacht, die „als erste eine ‚Linksposition' in die münsterische Zentrumspresselandschaft" brachte [1577: Kaufmann, Katholisches Milieu, S. 119]. Finanzielle Unterstützung bekam die „Morgenpost" unter ihrem Herausgeber Dr. Fritz Stricker von den christlichen Gewerkschaften, doch zeigt ihre mit 4000 Exemplaren geringe Auflage, wie schwach der linke Zentrumsflügel in Münster war.

Eingeschränkt wurde die Monopolstellung der Zentrumspresse durch den sozialdemokratischen „Volkswillen" und vor allem durch die national-unabhängige „Westfälische Landeszeitung". Während der „Volkswille" mit einer Auflage von etwa 7000 Exemplaren für das gesamte Münsterland dem Anspruch einer wirkungsvollen Oppositionspresse kaum nachkommen konnte und Anfang der dreißiger Jahre nur noch als Kopfblatt der Dortmunder „Westfälischen Allgemeinen Volkszeitung" erschien, konnte die ebenfalls 1919 gegründete „Westfälische Landeszeitung" schon stärkere Einbrüche in die katholische Presselandschaft erzielen. Ursprünglich der DVP nahestehend, bewegte sie sich allmählich weiter nach rechts, zeichnete sich vor allem durch eine anspruchsvolle journalistische Arbeit aus und verstand es nicht nur, sich als Sprachrohr von mittelständischen Interessen darzustellen, sondern auch der Behauptung von DVP und DNVP publizistischen Nachdruck zu verleihen, sie seien die wahren politischen Vertreter des Katholizismus.

Die anderen politischen Lager und Parteien

Opposition zur Zentrumspolitik in Münster kam in der Regel aus dem Zentrum selbst. Das sagt ebensoviel über die schwindende Integrationskraft der Partei des politischen Katholizismus wie über die Schwäche der übrigen politischen Lager und Parteien aus. Über deren Sozial- und Organisationsstruktur wissen wir weit weniger, was auch mit deren Marginalität bzw. Unbestimmtheit zu tun hat. Denn im Unterschied zum katholischen Milieu verfügten das deutsch-nationale preußische Lager über eine geringe organisatorische Konsistenz und das sozialdemokratische über eine geringe politisch-soziale Bedeutung. Zudem waren beide Lager – wenn auch in unterschiedlicher numerischer und politischer Bedeutung – von Verschiebungen und Abwanderungen hin zu konkurrierenden, politisch radikaleren Gruppen an ihren jeweiligen Rändern bedroht: Das deutsch-nationale Lager war Reservoir für völkisch-nationalsozialistische Gruppen, das sozialdemokratische für die unversöhnliche kommunistische Konkurrenzbewegung.

Rückgrat des deutsch-nationalen und meist auch protestantischen Lagers waren die Universität und die preußische Verwaltung einschließlich der Armee. Der Einfluß der Universität auf das geistige Leben der Stadt war begrenzt – nicht zuletzt auch wegen der preußischen Berufungspolitik und dem Übergewicht der Protestanten im Lehrkörper. Doch gab es eine Reihe von Querverbindungen im politisch-kulturellen Bereich, und vor allem innerhalb des nationalen politischen Lagers spielte die Universität eine nicht unbeträchtliche Rolle, war doch die Mehrheit des Lehrkörpers deutsch-national eingestellt. Einige Universitätsprofessoren nahmen führende Positionen in Fraktionen und Vereinigungen sowohl des traditionellen bürgerlich-nationalen wie auch des völkischen Spektrums ein, und die Studenten der Universität bildeten in Zeiten der politischen Unruhe und Radikalisierung immer wieder ein Rekrutierungsfeld für rechtsgerichtete Verbände und Gruppen.

Die politischen Verbindungen zwischen Stadt und Universität waren am engsten während der revolutionären Nachkriegszeit: Zwei Professoren und eine Professorengattin waren Mitglieder des Stadtverordnetenkollegiums; Professoren und Studenten waren im Bürgerrat vertreten; Studenten bildeten die Akademische Wehr; die Universitätsprofessoren Konen (Zentrum) und Hoffmann (DNVP) waren örtliche Parteivorsitzende, wobei letzterer dieses Amt bis in die dreißiger Jahre innehatte. Überdies gab es eine Reihe von Vereinen und wissenschaftlich-kulturellen Vereinigungen, die von der Universität in die städtische Gesellschaft hineinreichten und unter der Leitung von Professoren standen. Dazu gehörten die „Medizinisch-naturwissenschaftliche Gesellschaft“, die „Akademische Gesellschaft für Philosophie und Pädagogik“, der „Bund der Kinderreichen“, der katholische Vinzenzverein und der Westfälische Heimatbund. Auch spielten Universitätsangehörige eine Rolle bei der Diskussion um die Schulpolitik in der Stadt. Verbindungen zur Industrie bestanden durch die 1919 gegründete „Weltwirtschaftliche Gesellschaft“ und die „Gesellschaft zur Förderung der Westfälischen Wilhelms-Universität“, die sich der finanziellen Förderung der Universität widmete und unter anderem ein Institut für Zeitungswissenschaften gründete.

In ihrer Mehrheit standen die Professoren politisch rechts, auch wenn nur wenige sich politisch aktiv betätigten. Am 9. November 1918 hatten Rektor und Senat ihre Treue zur Monarchie bekannt, und in seinem Jahresbericht vom Herbst 1919 beklagte der Rektor die Unfähigkeit der ungebildeten Massen, sich selbst zu regieren und stellte fest, daß nur dank des bewaffneten Schutzes die Universität inmitten dieser „arbeitsscheuen Räuberbanden“ arbeitsfähig geblieben sei. Freilich gab es auch andere politische Positionen an der Universität, wie zum Beispiel die des Staatswissenschaftlers Johann Plenge, der Verfechter einer Synthese von Nationalismus und Sozialismus war, die er als „Organisationssozialismus“ bezeichnete. Er stand in Kontakt mit führenden sozialdemokratischen Politikern, aber auch mit Erzberger vom Zentrum, was ihm vorübergehend einen größeren Einfluß bescherte. So konnte er auf einer Versammlung aller Dozenten am 14. November eine Resolution mit bestimmen, die den Wunsch der Universität zum „Dienst am Volk“ beim Wiederaufbau Deutschlands bekundete. Plenge gründete 1919 ein Staatswissenschaftliches Institut und führte dort in den Jahren 1920 bis 1922 „Akademische Gewerkschaftskurse“ durch, bis 1923 nach heftigen fakultätsinternen Konflikten sein Institut aufgelöst und er, mittlerweile als Sonderling politisch völlig isoliert, für unbestimmte Zeit beurlaubt wurde. 1925 konnte Plenge ein der Universität attachiertes Forschungsinstitut eröffnen.

Auch in der Studentenschaft hatten sich unmittelbar nach der Revolution neue Organisationsformen entwickelt, die bald wieder von traditionellen Gruppierungen verdrängt wurden. Eine „Freie Politische Vereinigung" mit etwa 200 Mitgliedern hatte sich im Wintersemester 1918/19 als politisches Diskussionsforum gebildet und Politiker aller Schattierungen eingeladen, unter anderen auch Gustav Stresemann, Matthias Erzberger, den radikalen Antisemiten Arthur Dinter und den Maler Heinrich Vogler aus Worpswede, der sich zum Kommunismus bekannt hatte. Bald wurden solche Veranstaltungen wegen ihres politischen Charakters innerhalb der Universität untersagt, und die Freie Politische Vereinigung mußte sich im Februar 1921 auflösen. Auch die Hochschulgruppen der politischen Parteien von DDP, DVP und Zentrum, die anfangs einen regen Zuspruch fanden, mußten nach einigen Jahren einen stetigen Mitgliederschwund verzeichnen und teilweise aufgeben. Etwa 40 Prozent der münsterischen Studenten gehörten Verbindungen an, unter denen den katholischen das größte Gewicht zukam. In ihrer Mehrheit neigten sie politisch der DNVP zu, und einige katholische Verbindungen gehörten zeitweise dem nationalistischen „Hochschulring deutscher Art" an. Dessen Bekenntnis zum Antisemitismus und zum Duell erwies sich jedoch bald als unüberwindliche Barriere für die katholischen Studenten. So konnten katholische und protestantische Studenten schließlich in einer gemeinsamen „Akademischen Wahlvereinigung" bei den Wahlen zum Allgemeinen Studentenausschuß die „Waffenstudenten" verdrängen.

Der „Deutsche Tag" am 14. September 1924 – Freikorpsführer und Hitleranhänger Pfeffer von Salomon (rechts) empfängt den ehemaligen Generalstabschef Ludendorff am Hauptbahnhof

In Krisenzeiten bildeten Studenten neben ehemaligen Soldaten und Offizieren aus den Wehrverbänden ein Reservoir für eine völkisch-nationalsozialistische Radikalisierung und Mobilisierung, die freilich immer dort ihre Grenze fand, wo die konfessionellen Bindungen noch stark waren. So hatte der gescheiterte Hitler-Ludendorff-Putsch unter den nationalistischen Studenten eine große Sympathiewelle ausgelöst und den Hochschulring deutscher Art zu einem Gelöbnis verleitet, „im Andenken an die gefallenen Brüder rastlos für die Freiheit der völkischen Bewegung zu kämpfen" [Westfälische Landeszeitung vom 15. November 1923]. Mit dem Niedergang der völkisch-nationalsozialistischen Bewegungen schrumpften auch deren studentische Gruppen, bis 1929 – und das war vergleichsweise spät – eine kleine Gruppe des „Nationalsozialistischen Deutschen Studentenbundes" an der Universität gegründet wurde.

Das Krisenjahr 1923 hatte der jungen nationalsozialistischen Gruppe in Münster eine erste Gelegenheit geboten, sich im Spektrum der rechtsgerichteten Verbände zu profilieren. Ihre führenden Aktivisten hatten sich bereits im Deutsch-Völkischen Schutz- und Trutzbund und in anderen Verbänden Reputation in der rechten Szene verschaffen können und nutzten das Aufsehen, das der Hitler-Ludendorff-Putsch und der anschließende Prozeß brachten, um innerhalb des Völkisch-Sozialen Blocks – gemessen an ihrer numerischen Stärke – unverhältnismäßig viele Führungspositionen zu erobern, bis sie durch ihre intransigente Haltung bald wieder ihren Einfluß verspielten. Propagandistischer Höhepunkt in der Frühgeschichte des Nationalsozialismus war der „Deutsche Tag" am 14. September 1924, der unter Beteiligung von Ludendorff, Ernst Röhm und Gregor Strasser „fast ausschließlich in der Regie der NSFB durchgeführt" wurde [1587: Krüger, Treudeutsch allewege, S. 219] und mit seinen Versammlungen, Kundgebungen, Fahnenweihen und Parademärschen die erste nationalsozialistische Großveranstaltung darstellte, deren Teilnehmerzahl zwar nicht mit Sicherheit bestimmt werden kann, wahrscheinlich aber weit über tausend Personen umfaßte. Schon an der geschlossenen Mitgliederversammlung der NSFB am Vormittag hatten 200 Personen teilgenommen; bei der allgemeinen Veranstaltung mit Ludendorff am Nachmittag mußte die Stadthalle wegen Überfüllung von der Polizei gesperrt werden. Auch wenn der Rückfall der Nationalsozialisten in die (vorübergehende) Bedeutungslosigkeit nicht lange auf sich warten ließ, so hatten sie hier zum erstenmal im bürgerlich-nationalistischen Lager von sich reden gemacht und eine gewisse Akzeptanz erzielt: Das bezeugt die Aufnahme ihres Stadtverordneten Gärtner in die Fraktion der Bürgerlichen Arbeitsgemeinschaft im Mai 1924 ebenso wie die dominierende Stellung bei der Veranstaltung des „Deutschen Tages", einer jener „nationalen" Propagandaveranstaltungen und Gedenkfeiern, die als Heerschau der antirepublikanischen Kräfte einen Gegenpol zur insgesamt eher tristen republikanisch-parlamentarischen Öffentlichkeit bildeten und dem revolutionären Nationalsozialismus den Anstrich der „Wohlanständigkeit" verliehen.

Eine Minderheit war und blieb das sozialdemokratische Lager innerhalb der münsterischen Gesellschaft, auch wenn die SPD vermutlich nicht so vollständig isoliert war, wie das vielfach behauptet wird. Immerhin stellte sie zwischen 1919 und 1933 ständig ein oder zwei – allerdings unbesoldete – Magistratsmitglieder und hatte damit Zugang zu städtischen Entscheidungsprozessen, wenn auch kaum Einfluß darauf. Denn die Klage einer Parteizeitung von 1925, daß die Verhältnisse in der „Beam-

Der „Rote Tag" (4. August 1929) – Umzug der KPD vor dem Rathaus

ten-, Militär- und Rentnerstadt" für die Arbeiterbewegung ungünstig seien, war sicherlich berechtigt [zit. nach 1544: Franke, Zeit der Weimarer Republik, S. 30].

Die SPD in Münster bildete in dieser Zeit einen einzigen Ortsverein ohne weitere Untergruppierungen. Das „Familienbewußtsein" im Ortsverband wurde durch ein Netzwerk von Vorfeldorganisationen bestärkt, die überall in der Arbeiterbewegung konstitutive Elemente einer eigenen (Gegen-)Kultur waren. Bei der Organisation der Arbeitersport-, Gesangs-, Theater- und Jugendgruppen wirkten SPD und der Allgemeine Deutsche Gewerkschaftsbund eng zusammen, die überdies personell miteinander verflochten waren. Michael Wenig, sozialdemokratischer Stadtverordneter und nach dem 4. Dezember 1929 auch Magistratsmitglied, war zugleich Vorsitzender der Brauerei- und Mühlenarbeiter. Franz Niemeyer, Ortsvorsitzender der SPD, war außerdem Vorsitzender der lokalen Eisenbahnergewerkschaft. Der „Volkswille" war zugleich Organ der Partei und der freien Gewerkschaften.

Ständiges Angriffsziel der SPD war das münsterische Zentrum, dem man eine „reaktionäre" und unsoziale Politik vorwarf, ohne dadurch größere Einbrüche in das Milieu der katholischen Arbeiter und Angestellten zu erzielen. Vorrangig widmete sich die SPD in Münster jedoch der internen Organisation und Kommunikation, um die eigene Geschlossenheit zu wahren. Ihr Interesse galt, nicht anders als bei den übrigen Parteien, mehr den Grundsatzfragen der „großen Politik" und ideologischen Debatten als der kommunalen Politik. Immer heftiger wurden die Auseinandersetzungen mit den Kommunisten, die in Münster 1920 eine Ortsgruppe gegründet hatten, aber zunächst noch völlig isoliert blieben und auch eine schroffe Abfuhr von den USPD-Anhängern erhielten, die 1920 mehrheitlich gegen eine Verschmelzung mit der lokalen KPD votierten. Erst die wachsende Unzufriedenheit mit der wirtschaftlichen und politischen Entwicklung der Weimarer Republik verschaffte der KPD Zulauf, ohne daß die Partei durch spezifische alternative Lösungsvorschläge aufgefallen war. Sie mobilisierte ihre Wähler und Anhänger aus den verarmten proletarischen Randgruppen der Stadt. In den wenigen Industriebetrieben konnte sie bezeichnenderweise nicht Fuß fassen. Gleichwohl erreichte die KPD bei den beiden Reichstagswahlen 1924 in Münster 3,9 bzw. 2,5 Prozent der Stimmen und konnte nach den Kommunalwahlen im selben Jahr einen Stadtverordneten stellen. In der großen Krise der dreißiger Jahre wuchs die Partei auf 6,5 bis 7,2 Prozent der Wählerstimmen, womit sie freilich noch immer deutlich unter dem Reichsdurchschnitt lag. Erst nach 1929 konnte sie ein eigenes, mit der SPD konkurrierendes Netz von Sport- und Kulturvereinen aufbauen und größeren Einfluß im „Verband für Freidenkertum und Feuerbestattung" gewinnen, was zur Verfestigung ihrer Anhängerschaft beitrug. Das Wachstum ihrer Ortsgruppe, das zu Lasten der SPD ging, gründete sich vor allem auf ihre kontinuierliche Agitation unter den Erwerbslosen und Notstandsarbeitern, zu deren Sprachrohr sich die Kommunisten machten. Im betrieblichen und gewerkschaftlichen Bereich blieb die KPD jedoch weiterhin ohne Einfluß. Auch ihre Minderheitenposition hinderte die beiden Arbeiterparteien nicht daran, die tiefen politisch-ideologischen Gräben auch auf lokaler Ebene aufzureißen, die das Verhältnis der beiden Linksparteien vor allem in der Endphase der Weimarer Republik überall im Reich kennzeichneten. Die ultralinke Politik der KPD-Führung im Zeichen der „Sozialfaschismusthese" setzte sich auch auf lokaler Ebene rasch durch. Schon 1929 veranstalteten SPD und KPD getrennte Maikundgebungen, und die Erfahrung massiver Polizeieinsätze gegen Erwerbslosendemonstrationen gab der These vom „Arbeiterverrat" durch sozialdemokratische Funktionäre eine scheinbare Bestätigung. Auch auf lokaler Ebene meinte man nun, die gesamte Agitation gegen die „SPD-Bonzen" richten zu müssen, bis die heftigen verbalen Auseinandersetzungen immer schärfere Formen annahmen; am 12. September 1930 kam es im Anschluß an eine Veranstaltung der SPD in der Stadthalle zu einer Straßenschlacht. Allen antifaschistischen Gemeinsamkeitsparolen zum Trotz betrachtete man bis zum Ende des Jahres 1932 die Sozialdemokratie als Hauptfeindin und unterstellte ihren Funktionären, die Arbeiterschaft in den „faschistischen Sumpf" führen zu wollen.

Politische Feste und Gedenktage

Der Umgang mit Gedenktagen und politischen Festen verrät viel über eine politische Kultur. Die Fragmentierung der politischen Kultur der Weimarer Republik spiegelt sich in dem Dissens über einen für alle verbindlichen nationalen Feiertag. Statt dessen gab es mehrere Erinnerungsdaten, die für die unterschiedlichen politischen Lager eine positive oder negative Identifikation bedeuteten. In der Regel gab es drei Tage, die im politischen Festkalender als potentielle oder tatsächliche Feiertage diskutiert und teilweise begangen wurden: der 9. November als Revolutionstag, der 11. August als Verfassungstag, der 18. Januar als Reichsgründungstag.

Der 9. November fand in Münster nur wenig Zustimmung, dafür um so mehr Ablehnung. Nur die Sozialdemokratie feierte ihn anfangs als „Tag der Befreiung vom militärischen und absolutistischen Joch", als Tag, der den „Traum ferner Zeit" verwirklicht habe, nämlich die Errichtung einer deutschen Republik [Volkswille vom 10. November 1920]. Für die Zentrumspresse galt der November als „Monat des Unheils“, und von Anfang an wurde der Gedanke abgelehnt, den 9. November als Feiertag zu begehen, stand er doch nur für den Untergang des Reiches und alle Kriegsfolgen, die der Revolution angelastet wurden. Den Sieg der Demokratie und damit das Ende der Revolution habe erst der 19. Januar 1919, der Tag der Wahlen zur Nationalversammlung, gebracht.

Als 1922 erstmals der 11. August mit offiziellen Verfassungsfeiern begangen wurde, schien die von Putschen und politischen Attentaten bedrohte Republik einen gemeinsamen symbolischen Bezugspunkt gefunden zu haben, der sich freilich bald überall als ein mißlungener Versuch politischer Identitätsstiftung erweisen sollte. Der sozialdemokratische „Volkswille“ freute sich, daß mit dem Übergang von „Kaisergeburtstagsfeiern und Schlachttagen“ zur Erinnerung an die Verfassungsgebung sich ein „tiefgreifender Wandel der Anschauungen“ ankündige [Volkswille vom 11. August 1922]. Doch blieben die Ortsverbände von SPD, USPD und ADGB am ersten Verfassungstag 1922 noch unter sich und boykottierten das „behördlich angeordnete Unternehmen“, da dies dem Gedanken einer Volksverfassung widerspreche [StaatsAM, Oberpräsidium 12 081]. Ein Jahr später beteiligte der Oberpräsident auch SPD und ADGB an der Vorbereitung der Feier. Auch die politischen Repräsentanten des katholischen Milieus setzten sich energisch für den 11. August ein und riefen zur Teilnahme an der Verfassungsfeier auf. Freilich klangen die Begründungen für diesen Gedenktag schon unterschiedlich: Verlangten die Sozialdemokraten auch vom Oberpräsidenten Gronowski ein klares Bekenntnis zur republikanischen Staatsform, so sahen die Zentrumsblätter die größte Leistung der Weimarer Verfassung darin, daß „sie uns aus der modernen Süntflut das kostbare Gut der Reichseinheit gerettet hat“ [Westfälischer Merkur vom 11. August 1922].

Bedenklicher mußte schon stimmen, daß in Münster – wie in anderen Orten auch – die Bevölkerung „kaum Anteil“ an den Verfassungsfeiern nahm [1921: Amelunxen, Ehrenmänner, S. 104]. Nur bei der Verfassungsfeier im Jahr 1924, bei der Reichspräsident Ebert auf Einladung von Gronowski anwesend war, herrschte in der Stadthalle ein so großer Andrang, daß eine zusätzliche Veranstaltung vor dem Gebäude organisiert wurde. Auch wenn am 10. Jahrestag der Verfassung sich wieder an die 5000 Teilnehmer in der Halle Münsterland einfanden, so war und blieb der 11. August ein verordneter Feiertag vor offiziellen Festgästen und Vereinsabordnungen. Vor allem drohte der Gedanke der Verfassungsfeier immer wieder von parteipolitischen und ideologischen Auseinandersetzungen zerrieben zu werden. Oberpräsident Gronowski hatte Reichspräsident Ebert spontan eingeladen, den 11. August 1924 in Münster zu verbringen, und mit dieser Demonstration für die Republik gehofft, „den republikanischen Gedanken“ in Münster zu verankern [Westfälische Landeszeitung vom 7. August 1924]. Tatsächlich stieß er damit bei den Behörden und den führenden politisch-sozialen Gruppen der Stadt auf eine ablehnend-frostige Haltung. Bereits im Vorfeld des Besuchs kam es zu „skandalösen Vorfällen und peinlichen Erklärungen“ [2739: Teppe, Gronowski, S. 31]. Der Magistrat sah plötzlich Schwierigkeiten bei der Finanzierung der Feier und störte sich an dem Termin, der mitten in den Ferien läge. Der Oberbürgermeister erklärte, daß er vergeblich versucht habe, den Oberpräsidenten von seiner Einladung abzubringen. Allerdings versicherte er

Besuch des Reichspräsidenten Ebert in Münster am Verfassungstag – Empfang im Schloß (1924)

dann, die Stadt werde den Herrn Reichspräsidenten „feierlich empfangen" [StadtAM, Stadtregistratur 19–47]. Die Parteien – mit Ausnahme der SPD – teilten diese Bedenken nur zu gerne, denn man störte sich daran, daß man sich „zum Zwecke des Aufmarsches sozialdemokratischer Organisationen den Reichspräsidenten bestellt hat" [Westfälische Landeszeitung vom 7. August 1924]. Der Oberbürgermeister bezweifelte noch einmal, ob man „unter diesen Umständen" die Festveranstaltung in der Stadthalle stattfinden lassen könne. Auch der Rektor der Universität und der Wehrkreiskommandeur nutzten den Hinweis auf den ungünstigen Termin in der Ferienzeit, um ihre ablehnende Haltung zu kaschieren. Schließlich setzte sich der Regierungspräsident durch und befahl den Behördenvertretern „mit herzerfrischender Offenheit", an der Feier teilzunehmen, die schließlich „eine große und imponierende Kundgebung" wurde [2679: Severing, Mein Lebensweg 2, S. 23f].

Der Kampf um politische Symbole verdeutlichte immer wieder, wie tief die Gräben zwischen den Lagern und wie gering der demokratische Konsens ausgebildet waren. Beim Verfassungstag von 1927 verweigerten die städtischen Behörden dem republikanischen „Reichsbanner" die Teilnahme an der offiziellen Feier in der Stadthalle mit der Begründung – die auch gegenüber dem preußischen Innenministerium aufrechterhalten wurde –, daß das Mitführen von Stöcken und Schirmen und ähnlichen Gegenständen aus Sicherheitsgründen untersagt sei. Man setzte dabei unausgesprochen die verfassungsmäßige Reichsflagge, die das Reichsbanner beim Einzug in die Stadthalle mitführen wollte, mit Stöcken und Schirmen gleich. Daß diese Auffassung kein einmaliger Ausrutscher war, zeigten zwei andere „Fahnendemonstrationen". Beim Besuch des Prinzen Eitel Friedrich von Preußen in Münster 1926 – auf dem Höhepunkt der von der politischen Linken angestrengten Kampagne für die Fürstenenteignung – zeigte sich die Stadt in schwarz-weiß-roter Beflaggung, und auf Münsters städtischen Gebäuden hing die alte Stadtfahne mit dem Hohenzollernemblem. Der Oberbürgermeister empfing den Prinzen feierlich im Rathaus und nahm mit seinem Ehrengast zusammen die Parade des Gardevereins ab. Trotz eines massiven Einspruchs des Regierungspräsidenten, der darin ein Verhalten sah, das „der Festigung der republikanischen Gesinnung in der Bevölkerung abträglich sein" und den „berechtigten Unwillen überzeugungstreuer Republikaner" hervorrufen könne, wiederholte sich der Vorfall 1927 bei der Feier von Hindenburgs 80. Geburtstag. Nach dem erneuten Einspruch des Regierungspräsidenten wurde zusätzlich die republikanische Reichsflagge gehißt. Zwei Jahre später sah sich der Regierungspräsident wiederum zu der Klage veranlaßt, „daß die verfassungsmäßige Reichsflagge in der Stadt Münster bisher nicht annähernd in dem Umfange gezeigt wird, wie das von verfassungstreuen Männern gewünscht wird" [StaatsAM, Regierung Münster VII–89–1]. Ob solche Interventionen des Oberpräsidenten und des Regierungspräsidenten eine Wirkung erzielten, muß bezweifelt werden. Auf jeden Fall verhärteten sie die Fronten. Man warf Gronowski von bürgerlich-nationaler Seite „mehr oder weniger verschleiert Amtsmißbrauch vor und unterstellte ihm, auf eine Aufsplitterung des Zentrums in Münster in eine ‚rote und eine bürgerliche Partei' hinzuarbeiten mit dem Ziel, die Stadt ‚auf dem Umwege über eine radikalisierte Kommunalpolitik' politisch erobern zu wollen" [2739: Teppe, Gronowski, S. 32].

Das In- und Nebeneinander von nationalen Identitätsbedürfnissen und antirepublikanischer Gesinnung, das zweifelsohne auch bei den „Fahnendemonstrationen"

Reichsgründungsfeier in der Stadthalle (1921)

zu beobachten war, wurde noch deutlicher bei den Feiern, die erstmals überall im Reich am 50. Jahrestag der Reichsgründung vom 18. Januar 1871 mit großer öffentlicher Resonanz begangen wurden. In Münster veranstaltete die Universität im Beisein von politischen Repräsentanten der Stadt eine Feier, um „einen Tag stolzer Freude und starken Hochgefühls" zu begehen [Münsterischer Anzeiger vom 19. Januar 1921] – ein Höhepunkt in der offiziellen Repräsentation der Universität. Der abendliche Fackelzug wurde am Kaiser-Wilhelm-Denkmal beschlossen, und auch die Tatsache, daß die Korporationen Trauerflor an ihren Fahnen trugen, macht die antirepublikanische Tendenz dieser Veranstaltung deutlich. Man fühlte sich dem verlorenen Kaiserreich verpflichtet, der jungen Republik stand man distanziert bis ablehnend gegenüber. Solche Untertöne waren in der katholischen Presse nicht zu vernehmen, die den Gedenktag als Aufforderung interpretierte, „am Aufbau des Vaterlandes" mitzuwirken [Westfälischer Merkur vom 18. Januar 1921]. Einen Zweifel an der Loyalität zur bestehenden staatlichen Ordnung ließ man nicht aufkommen. Daß dieser Staat mit Notwendigkeit republikanisch sein mußte, das war aus den Aufrufen nicht zwingend herauszulesen, die sich lieber auf allgemeinere Leitbegriffe wie „Vaterland", „Volksgemeinschaft" oder „Staatswohl" bezogen. Darum wollte man im Zentrum diesen Tag auch nicht als Feier-, sondern als Besinnungstag begehen und verzichtete, wie das von den rechten Parteien gefordert worden war, auf große Schulfeiern und auf jede „Verherrlichung der früheren Staatsform" [zit. nach 1564: Hohl, Schulkampf, S. 71].

In den folgenden Jahren gehörte die Reichsgründungsfeier, in all ihrer politischen Vieldeutigkeit, zum festen Bestandteil des bürgerlich-nationalen Festkalenders. Neben die alljährliche Feier der Universität traten Feiern, die von Veteranenverbänden wie von vaterländischen Verbänden und Wehrverbänden, aber auch von Schützengesellschaften organisiert wurden. Dahinter stand ein breites Spektrum von politischen Einstellungen, wobei die Übergänge zwischen Verfassungs- und Staatsloyalität und rückwärtsgewandten, monarchisch-autoritären Optionen durchaus fließend waren. Eindeutig antirepublikanischen Zuschnitts war die Langemarckfeier, die die Universität am 20. November 1929 im Beisein von politischen Repräsentanten der Stadt und des Staates in der Stadthalle veranstaltete. Dazu trug vor allem Hermann Göring bei, der als einer der Hauptredner zum Thema „Die Studenten im Weltkrieg" wegen seiner demagogischen Ausfälle im überfüllten Saal zwar lebhaften Beifall erhielt, gleichwohl nach Meinung des „Münsterischen Anzeigers" sich mehrfach im Ton vergriffen hatte und sich besser „nicht auf das politische Gebiet begeben hätte". Als der Rektor bald vom Ministerium und auch von konservativen Politikern heftig kritisiert wurde, flüchtete er sich in die fragwürdige Behauptung, ihm sei Göring nur als Hauptmann, nicht als Nationalsozialist bekannt gewesen [1565: Hörster-Philipps/Vieten, Westfälische Wilhelms-Universität, S. 85].

Die politische Linke beging ihre Traditionsfeiern erstmals in voller Freiheit und mit großer Resonanz. Der 1. Mai 1919, erstmals Feiertag, wurde mit einer Kundgebung im Schloßgarten und einem Umzug durch die Hauptstraßen der Innenstadt begangen, an denen rd. 2000 Personen teilnahmen. Ein Jahr später war zwar der allgemeine Feiertag wieder abgeschafft, und christliche Gewerkschaften stritten mit den sozialdemokratischen, ob man am 1. Mai arbeiten solle oder nicht. Doch die Tradition der Maiumzüge, der Konzerte und Feste blieb ungebrochen, und SPD wie

ADGB demonstrierten wieder für eine allgemeine Arbeitsruhe und für den Erhalt des Achtstundentages. Bald drückte sich die Spaltung der Arbeiterbewegung auch in den Maifeierlichkeiten aus: 1927 beschlossen die Ortsausschüsse von ADGB und SPD, auf der Kundgebung nur die Traditionsfahnen der Arbeiterbewegung, nicht aber die „russische Nationalfahne" der KPD zuzulassen [zit. nach 121: Froese, Kurze Geschichte des 1. Mai, S. 18]. Seither wurden die Auseinandersetzungen immer heftiger; die beiden feindlichen Arbeiterparteien feierten jeweils ihren eigenen 1. Mai und gerieten immer häufiger in Handgreiflichkeiten aneinander, bis die Wirtschaftskrise und die Angst vor Gewalt die Zahl der Maidemonstranten 1932 drastisch zurückgehen ließen.

Kommunalpolitik

Die Klage über die „Politisierung" oder „Parteipolitisierung" der bis dahin vermeintlich ideologiefreien und sachbezogenen kommunalen Selbstverwaltung war, wie überall in der zeitgenössischen Diskussion der Weimarer Republik, auch in Münster wiederholt zu hören. Sicherlich setzten sich die heftigen parteipolitischen Grundsatzdebatten auf lokaler Ebene fort, und auch das Vereinswesen der verschiedenen sozial-moralischen Milieus war in der Regel auf eine bestimmte Partei bezogen, „doch hatte der Übergang von der Honoratiorenselbstverwaltung zur Kommunalpolitik der politischen Parteien schon lange vor dem Weltkrieg eingesetzt" [2569: Rebentisch, Selbstverwaltung, S. 88]. Die Weimarer Republik mit ihrem veränderten Wahlrecht und damit der veränderten sozialen Repräsentation brachte nur eine graduelle Steigerung in einer langfristigen Entwicklung. Sicherlich hatte sich auch in Münster das soziale Spektrum innerhalb des Stadtverordnetenkollegiums vor allem um Vertreter der Arbeiterbewegung erweitert, doch änderte dies nichts an den politischen Mehrheitsverhältnissen und der Dominanz des katholischen Milieus und seiner bürgerlichen Führungsgruppen.

Tiefgreifender waren die Veränderungen, die mit der Erzbergerschen Finanzreform von 1920 in das traditionelle Selbstverwaltungsgefüge eingriffen und Länder und Gemeinden weitgehend von den Steuerzuweisungen des Reiches abhängig machten. Den Gemeinden blieb die Grund- und Gewerbesteuer, aber indem sie das Zuschlagsrecht zur Einkommensteuer verloren, mußten sie ihre wichtigste Einnahmequelle und damit ihren finanziellen Handlungsspielraum aufgeben. Die Klage der Gemeinden über die Not der kommunalen Finanzen war dementsprechend groß und wurde noch dadurch verstärkt, daß den Gemeinden durch die Reichsgesetzgebung überdies zusätzlich neue Aufgaben im Bereich der Daseinsvorsorge und vor allem der Sozial- und Wohlfahrtspolitik einschließlich der Wohnungsbauförderung übertragen wurden, die sie zunehmend in die Rolle von Ausführungsorganen der Reichsbehörden versetzten. Dementsprechend wuchs die Interessenwahrnehmung und verfassungspolitische Funktion der kommunalen Spitzenverbände, insbesondere des Deutschen Städtetags, dessen Vorstand auch der münsterische Oberbürgermeister angehörte.

Das immer komplizierter werdende Verwaltungssystem verlangte nach immer größerem juristisch-administrativen Sachverstand, was den leitenden Kommunalbeamten Einfluß und Ansehen einer politischen Elitegruppe einbrachte und zugleich als Barriere gegen übermäßigen Parteieinfluß wirkte. In ihrem Selbstverständnis als Sachwalter der Gemeinde und als Impulsgeber für die kommunale Entwicklung bestimmten die leitenden Kommunalbeamten mehr und mehr die politische Zielbestimmung und wollten nicht nur ausführendes Organ des Gemeindewillens sein. Das gab vielen Oberbürgermeistern in einem bis dahin unbekannten Maße die Möglichkeit zur politischen Profilierung, zumal sie mit den politischen Fraktionen der Stadtverordneten in der Regel mit taktischem Geschick umzugehen und sich dabei durchzusetzen verstanden. Nicht selten konnten sie mit dem Hinweis auf Sachzwänge und ihr überparteiliches Verwaltungshandeln unliebsame Einflußnahmen von Stadtverordneten ausschalten oder umgehen. Sie verbanden Professionalität mit parteipolitischer Absicherung. Auch die münsterischen Oberbürgermeister der Jahre 1919 bis 1933 – Dieckmann, Sperlich und Zuhorn – verfügten über eine juristische Ausbildung und Verwaltungserfahrung und waren zudem parteipolitisch fest in das Zentrum eingebunden. Das verschaffte ihnen eine relativ große Unabhängigkeit von der Gemeindevertretung. Sie verstanden sich als Koordinations- und Lenkungsinstanz der Kommunalpolitik und konnten sich dabei, anders als viele andere Stadtoberhäupter, auf eindeutige politische Mehrheitsverhältnisse stützen. Dennoch gab es immer wieder Spannungen zwischen dem Stadtverordnetenkollegium und den leitenden Kommunalbeamten – vor allem mit Oberbürgermeister Sperlich –, und die von der Mehrheit der Stadtverordneten und der eigenen Zentrumsfraktion abgelehnte Wiederwahl Sperlichs 1931 führte schließlich zu heftigen politischen und persönlichen Auseinandersetzungen und einer Polemik, die nach dem Urteil des Präsidenten des Deutschen Städtetags, Dr. Mulert, „beispiellos in der deutschen Kommunalgeschichte" waren [Der Mittag vom 2. Juni 1931].

Prägende Wirkung auf die kommunale Entwicklung der zwanziger Jahre ging vor allem von Dr. Georg Sperlich aus, dessen Amtszeit 1920 bis 1932 neben den Jahren der bittersten Not auch jene kurze Spanne eines bescheidenen wirtschaftlichen und finanziellen Aufschwungs umfaßte, die es der Kommunalpolitik erlaubte, nach dem bloßen Reagieren auf Notsituationen auch zu gestalten und den Weg Münsters zur Großstadt im Bereich der Infrastruktur, der Bau- und Gewerbepolitik sowie im Bereich von Kultur und Freizeit in Planung und Realisation voranzutreiben.

Gleichwohl blieben als Dauerprobleme für die kommunale Politik und Verwaltung materielle Not, Arbeitslosigkeit und Wohnungsnot. Denn auch in der Phase der wirtschaftlichen Erholung blieben überall im Reich die Arbeitslosenzahlen auf einem relativ hohen Sockel. So wurden im Februar 1926 in Münster 3000 Arbeitslose gezählt, ein Jahr später 2700, um im Januar 1928 den niedrigsten Winterstand mit 1856 zu erreichen. Im Januar 1929 stieg die Arbeitslosenzahl dann wieder deutlich auf 2725 an, um dann kontinuierlich auf 6786 im Januar 1932 anzuwachsen. In diesen Krisenjahren nahm die Erwerbslosenzahl auch in den Sommermonaten in immer geringeren Raten ab. Auch die Zahl der Fürsorgeempfänger blieb nach dem Inflationsjahr noch immer groß. So mußte die Stadt 1924 3,7 Millionen Mark, 1925 sogar 4,8 Millionen Mark für die Wohlfahrtspflege aufbringen. 1927 verschlang der Fürsorgeetat 2,6 Millionen Mark, 1929 3,1 Millionen Mark, das waren etwa 15 Prozent des Gesamtetats. Insgesamt 3201 Personen wurden im Jahr 1929 von der Fürsorge unterstützt. Jeder Fürsorgeetat führte, wie der Berichterstatter des Haushaltsausschusses 1929 bemerkte, „uns immer das Bild unserer Verarmung vor Augen" [StadtAM,

Die in den Jahren 1926 bis 1932 angelegte Wohnsiedlung Habichtshöhe

Nachlaß Sperlich]. Mit dem Beginn der großen Krise sollten die Zahlen vor allem der Wohlfahrtserwerbslosen noch drastisch steigen.

Das größte Dauerproblem war die Wohnungsnot. Wie in vielen anderen Städten war auch in Münster durch Krieg und unmittelbare Nachkriegszeit der Wohnungsbau fast völlig zum Erliegen gekommen, während umgekehrt die Stadt einen starken Zustrom an Menschen zu verzeichnen hatte. Münster nahm viele Flüchtlinge aus den abgetretenen Ostgebieten auf und wurde während der Rheinland- und Ruhrbesetzung nächstliegender Aufnahmeort für die Flüchtlinge aus dem Westen. Ende 1920 suchten 3626 Familien Wohnungen, 334 davon gehörten zur Gruppe der Flüchtlinge. Zwischen März und Juli 1923 wurden für 978 Personen aus dem Ruhrgebiet Quartierscheine ausgestellt bzw. deren Verpflegung organisiert; an einem Tag waren es allein 275 Personen, die Aufnahme fanden. Die Zahl der Wohnungssuchenden stieg dadurch weiter an: Ende 1922 waren es 4700 Familien, ein Jahr später bereits 5569 Familien, die sich beim Wohnungsamt meldeten. Im März 1926 suchten noch immer 4797 Familien eine Wohnung, das waren 14 Prozent der vorhandenen Haushaltungen. Die Stadtverwaltung reagierte darauf zunächst mit den Instrumentarien der Kriegswirtschaft, d. h. mit einer Zwangsbewirtschaftung der Wohnungen durch eine Mietzinsregelung, durch die Einrichtung bzw. den Ausbau eines Mieteinigungs- und eines Wohnungsamts sowie mit ersten Baumaßnahmen. Vor allem aber, und das war ein Ergebnis der politischen Veränderungen von 1918, erkannte die Stadt die Lösung der Wohnungsnot als eine soziale Aufgabe der Kommune an.

Mit der Stabilisierungsphase und der Einführung der Hauszinssteuer ergaben sich neue Gestaltungs- und Wohnungsbaumöglichkeiten. Die Wohnungszwangswirtschaft wurde abgebaut. Hatte die Stadt seit der Novemberrevolution sich erstmals selbst als Bauherr betätigt und zunächst das Vorkriegsprojekt „Blitzdorf" (am Dortmund-Ems-Kanal östlich der Warendorfer Straße) neben anderen Mietbauten realisiert, so beschränkte sie sich von 1924 bis 1928 auf die Durchführung eines Notprogramms und die Erstellung von Barackenunterkünften. Die großen Bauprogramme der Jahre 1928 und 1929 wurden von privaten Unternehmern und Baugesellschaften realisiert. Bei dieser Entscheidung war die politische Einflußnahme vor allem mittelständischer Interessen bei der Planung und Förderung unübersehbar, was sich neben der Vergabe der Aufträge darin äußerte, daß Wohnungen gebaut wurden, deren Größe die Wünsche und Möglichkeiten der Mehrheit der Wohnungssuchenden überstiegen. Umgekehrt brachte diese liberale Phase der Wohnungspolitik eine rege Bautätigkeit mit öffentlicher Unterstützung, deren Höhepunkt in die Jahre 1929 bis 1931 fiel. Mit der Notstandsgesetzgebung der Regierung Brüning wurden die öffentlichen Mittel reduziert und die Hauszinssteuer für den allgemeinen Haushaltsbedarf verwandt.

Das hatte seit 1932 einen drastischen Rückgang des Wohnungsbaus und seiner öffentlichen Förderung zur Folge. Zusammen mit dem raschen Abbau der öffentlichen Wohnungsbewirtschaftung kam es zu Beginn der dreißiger Jahre zu einer erneuten Verschärfung der Wohnsituation: Ende 1930 suchten 2510 Familien eine Wohnung. 85 Prozent von ihnen wünschten eine Kleinwohnung, während umgekehrt zwischen 1928 und 1930 nur 26 Prozent des Wohnungsbaus dieser Wohnungsgröße entsprach. Die anhaltende Wohnungsnot führte immer wieder zu öffentlichen Debatten und im Oktober 1928 auch zu einer Sondersitzung der Stadtverordnetenversammlung. Doch wurden Anträge und teilweise auch Beschlüsse der Fraktionen und Stadtverordneten nicht selten vom Magistrat durch die Überweisung an eigens eingerichtete Kommissionen dilatorisch behandelt oder unterlaufen. Dies betraf nicht nur Anträge der Wirtschaftspartei und der SPD – etwa zur Förderung des Wohnungsbaus durch außerordentliche Haushaltsmittel sowie zur ausschließlichen Verwendung der Hauszinssteuermittel für den Kleinwohnungsbau –, sondern auch Initiativen der Zentrumspartei. Magistrat und Oberbürgermeister nutzten den ihnen gesetzlich zustehenden Handlungsspielraum voll aus und hielten die Stadtverordnetenversammlung aus den Entscheidungen weitgehend heraus.

Das wurde überdeutlich bei dem „Bauskandal", der die kommunalpolitische Debatte der Jahre 1930 bis 1932 beherrschte. Verursacht wurde der Skandal durch Unterschlagungen bzw. Bereicherungen einer Baugesellschaft und mehrerer Bauunternehmer. In die Kritik geriet jedoch die ungewöhnliche Bürgschaftsvergabepolitik des Magistrats, der hundertprozentige Bürgschaften gewährt und keine Vorkehrungen gegen private Bereicherung der beteiligten Bauunternehmer getroffen hatte. Bei dieser Vergabe waren zudem weder die Stadtverordnetenversammlung noch der zuständige Finanzausschuß in die Entscheidung einbezogen. Im Abschlußbericht einer Untersuchungskommission vom Februar 1932 wurden darum Maßnahmen gegen die zuständigen Dezernenten und Beamten empfohlen und vor allem auch der Oberbürgermeister heftig kritisiert. Sein Sturz in der zweiten Jahreshälfte 1931 ist mit den Vorgängen um den „Bauskandal" eng verbunden.

Neben der Wohnungsnot bildeten Armut und Fürsorge ein ständiges Problem, das den Etat der Stadt immer mehr in Anspruch nahm. Vor allem die rapide steigenden Arbeitslosenzahlen führten in der großen Krise dazu, daß der städtische Haushalt, wie überall im Reich, zu einem großen Teil von den Wohlfahrtsmaßnahmen aufgebraucht wurde. Der Etat des Wohlfahrtsamts stieg zwischen 1928 und 1932 von 1,8 auf 4,4 Millionen Reichsmark. Verwaltung und Finanzierung des Wohlfahrtsbereichs hatten sich mit der Reichsfürsorgepflichtverordnung vom 14. Februar 1924 entscheidend verändert. Die städtische Armenkommission wurde in ein neues Wohlfahrtsamt verwandelt, das wiederum in ein Fürsorge-, ein Jugend- und ein Gesundheitsamt untergliedert und bei seiner Arbeit von Haupt- und Unterausschüssen begleitet wurde. Dort waren neben Mitgliedern des Magistrats und Stadtverordneten Repräsentanten der freien Vereinigungen für Wohlfahrtspflege und der Geistlichkeit vertreten. Damit war die Zusammenarbeit von kommunaler Verwaltung und privater Fürsorge, der in einem relativ homogenen sozial-kulturellen Milieu eine traditionell große Bedeutung zukam, institutionell geregelt. Diese Zusammenarbeit hatte sich schon bei der Errichtung des städtischen Wohlfahrtsamts gezeigt, dessen Richtlinien vom Caritasdirektor der Diözese erarbeitet worden waren. Hinzu kam eine große personale Identität von Caritas, politischer Partei und Stadtverordnetenvertretung, was konfessionellen Verbänden einen großen Einfluß auf die kommunale Politik sicherte. Die Verbände waren es auch, die vor Ort wirkten. Das Stadtgebiet wurde in zwanzig Fürsorgebezirke eingeteilt, in denen mehr als 300 ehrenamtliche Fürsorgepfleger und -pflegerinnen tätig waren. Sie sollten auch das Rückgrat der Wohlfahrtspflege bilden, als im Zeichen der Weltwirtschaftskrise vor allem die Zahl der Wohlfahrtserwerbslosen drastisch anstieg, was die kommunale Verwaltung zu immer größeren Einsparungen zwang.

Über die Verwaltung des Mangels hinaus bot die kurze Zeit der Stabilisierung und der Verlockung, günstige ausländische Kredite aufzunehmen, der kommunalen Verwaltung die Chance einer „intensiven kommunalpolitischen Arbeit" im Sinne einer Modernisierung der Stadt. „Wenn wir nicht eine sterbende Stadt werden wollen", gab der „Münsterische Anzeiger" in seinem Jahresrückblick auf 1927 eine verbreitete Einsicht wieder, „müssen wir mit der Entwicklung Schritt halten". Das war vor allem die Position von Oberbürgermeister Sperlich, dessen Leistungen auf dem Feld der Verbesserung der städtischen Infrastruktur und Gewerbepolitik sowie zur Rettung der Verwaltungsfunktionen der Stadt auch von seinen Kritikern anerkannt wurden.

In seiner Stadtentwicklungspolitik, als deren „allein verantwortlicher Lenker" sich Georg Sperlich verstand, suchte der Oberbürgermeister eine „richtige mittlere Linie zu finden". Das bedeutete für ihn, den Charakter der Stadt als „Kulturstadt, als Wohnstadt und als Behördenstadt" zu bewahren, aber zugleich ihren Weg zur Großstadt, der sich gerade erst in den „letzten Jahren entwickelt hatte", weiter zu beschreiten und zu fördern. Dem sollte die Ansiedlung von Industrie sowie die Weiterentwicklung der Stadt „zur modernen Kaufstadt ihrer Umgebung" und ihr „Ausbau als Tagungs- und Fremdenstadt" dienen. Denn wer sich nicht rechtzeitig „auf den Ansturm der neuen Zeit" umstelle, der werde, so warnte der Oberbürgermeister, immer mehr an Bedeutung verlieren. Aber nicht nur den wirtschaftlichen Niedergang müsse man verhindern, sondern bei der behutsamen Modernisierung zugleich die „Auswüchse der Industrie" vermeiden. Darum sollten Industriebetriebe in der Stadtrandlage so angesiedelt werden, daß sie weder städtebaulich noch landschaftlich größere Schäden hervorriefen. Deshalb drängte der Oberbürgermeister immer wieder auf eine Erweiterung des Stadtbezirks, um dort Platz für neue Wohnsiedlungen zu erhalten. Den Wunsch, mit der Lösung der Wohnungsfrage auch die Soziale Frage zu lösen, verband er mit dem politischen Argument, daß durch eine Stadterweiterung ein Ausgleich der Wählerbewegung gesichert werde, denn die Gefahr „einseitiger Wahlausgänge" sei schon dann gegeben, wenn sich in einer kleinen Gemeinde nur „ein industrielles Werk und mit ihm eine neue Menschenschar niederliesse" [StadtAM, Nachlaß Sperlich].

Die Realisierung seiner Pläne stieß immer wieder an finanzielle Grenzen; sie waren durch kommunalpolitische Entscheidungen eng gezogen, und die Spielräume wurden mit der Weltwirtschaftskrise dramatisch verkleinert. Die wiederholte Weigerung der von mittelständischen Interessen dominierten Stadtverordnetenversammlung, den von Sperlich geforderten Steuererhöhungen zuzustimmen, führte immer mehr auf den Weg der Anleihepolitik: 1928 war die Stadt mit 25 Millionen Mark Anleiheschulden belastet. Das brachte Sperlich den Vorwurf vor allem seitens der Kaufmannschaft und des mittelständischen Gewerbes ein, die Stadtentwicklung zu rasch vorangetrieben und dadurch den hohen Schuldenstand verursacht zu haben. Der Oberbürgermeister verwies zu seiner Verteidigung darauf, daß er in den Jahren 1926 bis 1928 vergeblich die Bildung von Rücklagen durch Steuererhöhungen gefordert habe und daß der größte Teil der Schulden langfristig sei und diesen ausreichende Vermögenswerte gegenüberstünden.

Zu den Aktiva der Kommunalpolitik in der Amtszeit Sperlichs gehören neben dem Wohnungs- und Siedlungsbau der Ausbau der städtischen Straßen, der städtischen Schulgebäude und Krankenanstalten, die Anlage des Aasees und von Grünflächen. Auch für den Ausbau der Universität hat sich der Oberbürgermeister eingesetzt und dafür die Würde eines Ehrenbürgers und Ehrendoktors erhalten. 1925 konnte die Medizinische Fakultät eröffnet werden, für die sich der Magistrat ebenso eingesetzt hatte wie – in diesem Fall vergeblich – für die Errichtung einer Technischen Fakultät. Dieser Vorstoß war, wie andere auch, gegen den Konkurrenten Dortmund gerichtet. Der zähe Kampf um die Standortvorteile und -erhaltung in Münster gehörte sicherlich zu dem erfolgreichsten Kapitel in der Kommunalpolitik. Mit zahlreichen Denkschriften stritt der Oberbürgermeister für die Erhaltung der Provinzialhauptstadt Münster und gegen die Verlegung von Behörden wie der Oberpostdirektion, der Handelskammer und des Wehrkreiskommandos aus der Westfalenmetropole.

Dem Erhalt der Wettbewerbsfähigkeit diente auch der Bau der Halle Münsterland, der freilich hohe kommunalpolitische Wellen schlug, hatte der Magistrat doch den Bau ohne Zustimmung des Stadtverordneten begonnen und erst nachträglich die Bewilligung der Kosten beantragt. Kein Wunder, daß bei der Vorlage dieses Antrags eine „kleine Parlamentsschlacht" entbrannte und alle Fraktionen „das eigenmächtige Vorgehen des Magistrats insbesondere des Oberbürgermeisters mißbilligten" [Münsterischer Anzeiger vom 1. Januar 1928]. Auch wenn man dem Oberbürgermeister

1926 wurde auf dem Gelände des ehemaligen Gaswerks die Halle Münsterland errichtet

die „besten Absichten" für die Förderung Münsters als Verkehrsstadt zugute hielt, so forderten nicht wenige Zeitungsartikel ihn zu einem „Gang nach Canossa" auf. Zwar blieb den Stadtverordneten nicht viel anderes übrig, als nachträglich die Vorlage zu bewilligen, doch führte der Vorfall zu einer Vertrauenskrise und zu einer Verschärfung der Spannungen zwischen Magistrat und Stadtverordneten. Ein weiterer Schritt in der Stadtplanung sollte der von Sperlich mit der ihm eigenen Energie betriebene Plan zur Neugestaltung des Hindenburgplatzes einschließlich der Errichtung eines Justizgebäudes werden, mit dem der Oberbürgermeister nicht nur einen alten Gedanken des Barockbaumeisters Schlaun aufgriff, sondern zugleich Arbeitsplätze schaffen wollte. Sperlichs Pläne stießen jedoch auf heftigen Widerstand im Stadtverordnetenkollegium und auf Proteste aus der Bürgerschaft. Die erregten Debatten um die Neugestaltungspläne vermengten sich schließlich im Frühsommer 1931 mit der Oberbürgermeisterkrise und gaben dieser zusätzlichen Zündstoff.

Ein Erfordernis der „neuen Zeit", dem sich die Kommunalpolitik Sperlichs stellte, war die Förderung von Verkehrsentwicklung und moderner Kommunikation: Der Straßenbahnbau in der Stadt wurde vorangetrieben; der Bau der Eisenbahnstrecke von Dortmund nach Münster – auch wenn der zweispurige Ausbau nicht realisiert wurde – wurde 1928 abgeschlossen; mit dem Erwerb der Loddenheide sollte der „Flughafen der Zukunft" (Sperlich) geschaffen werden. Für eine „neuzeitliche" Verkehrspolitik wollte der Oberbürgermeister schließlich den Erwerb von Grundstükken für einen Kaufhausbau der Karstadt AG nutzen, um den Neubau zugleich mit einem neuen Straßendurchbruch von der Salzstraße zur Klemensstraße zu verbinden. Das sollte der Auftakt zu weiteren Straßendurchbrüchen in der Altstadt sein, doch brachte die Ansiedlung eines Warenhauses dem Oberbürgermeister heftige Angriffe von der Kaufmannschaft ein. Schließlich förderte der Oberbürgermeister zusammen mit dem Dezernenten der Städtischen Betriebswerke, Tormin, die Gründung der Rundfunkanstalt „Westdeutsche Funkstunde" in Münster. Im März 1924 hatte Sperlich die Geschäftsführer rheinisch-westfälischer Industrie- und Handelskammern zur

Kleiner Musik- und Vortragsraum im Sender Münster

Vorführung eines Werbefilms nach Münster eingeladen, im September bildeten die Kammern eine Aktiengesellschaft, am 10. Oktober konnte der Sender mit seinem Programmdienst beginnen. Auch dies ein weiterer Beleg für die Ambivalenz der politischen Kultur in Münster: Man öffnete sich der neuen Zeit im Bereich der technischen Zivilisation, während man den neuen Formen von politischer Demokratisierung und Partizipation sehr reserviert gegenüberstand.

4. *Die „große Krise" (1929–1933)*

Die Oberbürgermeisterkrise

Die münsterische Kommunalpolitik des Jahres 1931 stand ganz im Zeichen der Oberbürgermeisterkrise. Nach außen erkennbar wurde sie, als am 20. Mai 1931 die Stadtverordneten mit 29 gegen 17 Stimmen die Wiederwahl von Dr. Sperlich ablehnten. Die entscheidende Abstimmung hatte am Abend zuvor in der Zentrumsfraktion stattgefunden, wo sich eine Mehrheit von 16 zu 8 Stimmen gegen Sperlich ausgesprochen hatte. Unter der Oberfläche hatten die Konflikte, die zur Abwahl führten, schon lange geschwelt, und es waren mehrere Ursachen und politische Gegensätze, die zusammenkamen und der politischen Auseinandersetzung nach dem aufsehenerregenden Beschluß der Stadtverordneten vom 20. Mai, der am 15. Juli noch einmal mit einem ähnlichen Stimmenverhältnis bestätigt wurde, eine ungewöhnliche Schärfe verliehen. Neben den schon länger bestehenden Gegensätzen und Konflikten zwischen Magistrat und linkem Zentrum, die verstärkt wurden durch Kontroversen zwischen dem Oberpräsidenten bzw. Regierungspräsidenten einerseits und dem Oberbürgermeister auf der anderen Seite, kam es spätestens mit der „Karstadt-Affäre" zu einem Gegensatz zwischen Oberbürgermeister und Kaufmannschaft, der seinen politischen Niederschlag dann auch in der Zentrumsfraktion fand. Schließlich gab es Rivalitäten innerhalb des Magistrats, dem man auch in der Zentrumspresse mangelnden Korpsgeist vorhielt. So war es mehr als der in einer Sitzung der Kaufmannschaft erhobene Vorwurf einer mangelnden Sparsamkeit in der Haushaltsführung, der zur politischen Isolierung Sperlichs in seiner eigenen Partei führte. Vielmehr bündelten sich in der Oberbürgermeisterkrise alle politischen Konfliktlinien und Strukturprobleme innerhalb der politischen Mehrheitskultur in Münster. Vor allem bestätigten die politischen Entscheidungen im Sommer 1931 einmal mehr, daß die eigentliche Opposition zur Politik des Zentrums aus den eigenen Reihen kam.

Der entschiedenste Kontrahent des Oberbürgermeisters war der Herausgeber der „Münsterischen Morgenpost" und damalige Fraktionsvorsitzende des Zentrums Fritz Stricker. Ihr Gegensatz war Ausdruck tiefer innerparteilicher Gegensätze und sehr persönlicher Animositäten. So wurde Sperlich nicht nur von seinen Gegnern dem „allerrechtesten Flügel des Zentrums" zugeordnet, während Stricker nach Aussagen des „Dortmunder Generalanzeigers" vom 22. Juli 1931 aus seiner republikanischen Gesinnung keinen Hehl machte. Ihr Gegensatz führte wiederholt zu scharfer Kritik Strickers an der Kommunalpolitik des Oberbürgermeisters. So hatte jener in der „Morgenpost" im September 1927 Sperlich „mangelnde Staatsgesinnung" vorgeworfen, was er nach einem massiven Einspruch des Beschuldigten bald darauf zurücknehmen mußte. Noch heftiger wurden die Gegensätze, als nach der Spaltung der Zentrumsliste 1929 der Einfluß des linken Flügels und damit Strickers gewachsen war. So warf Strickers „Morgenpost" dem Magistrat nicht unbegründet vor, die Rechte der Stadtverordneten zu schmälern, oder beklagte die „Starrheit" des Magistrats, von dem kaum wichtige Initiativen ausgingen, die ausschließlich von der Stadtverordnetenversammlung kämen [Münsterische Morgenpost vom 15. Juni 1930]. Was den Oberbürgermeister an den Forderungen der Zentrumsfraktion nach einer besseren Vertretung in Kommissionen beunruhigte, war in diesem Fall offensichtlich weniger der wachsende Einfluß der Parteipolitik als vielmehr die Tatsache, daß dadurch „Herr Dr. Stricker, dessen demagogischer Dialektik kaum irgend jemand gewachsen ist, das Feld allein beherrscht" [StadtAM, Nachlaß Sperlich]. Immer wieder kam es zu Mißhelligkeiten zwischen dem Parteivorstand und der Fraktion der Zentrumspartei einerseits und dem Oberbürgermeister andererseits, der sich Anfang Februar heftig darüber beklagte, daß man ihn wiederholt von Beratungen ausgeschlossen hätte.

Die Front der Kritiker und Gegner des Oberbürgermeisters war offensichtlich auch mit den Auseinandersetzungen um den Bau der Halle Münsterland, die Planungen eines Warenhauses und den Bauskandal gewachsen, und zwar nun unter Beteiligung der Kaufmannschaft und anderer gewerblich-mittelständischer Interessenvertreter. Es war im Februar 1929 in der Stadtverordnetenversammlung zu erregten Debatten und Zwischenfällen gekommen, als ein Vertreter der DDP, Rincklake, dem

Oberbürgermeister Sperlich (vorne) bei der Einweihung eines neuen Flugzeugtyps im Mai 1930

Magistrat vorwarf, er habe positiv bei der Grundstücksbeschaffung für das Warenhaus mitgewirkt. Der Oberbürgermeister verstand dies als Vorwurf, der Magistrat handele „im Interesse Karstadts", und setzte sich vehement zur Wehr. Rincklake goß Öl in das Feuer, als er in einem Schreiben an den Magistrat klagte: „Einen so unerhört frechen Ton und eine derartige aufgeregte Sprechweise hörte man seit den Tagen der Revolution nicht mehr. Es ist unfaßbar, wie ein Oberbürgermeister es wagt, einen Stadtverordneten anzubrüllen" [StadtAM, Nachlaß Sperlich]. Der Oberbürgermeister stellte daraufhin einen Strafantrag gegen Rincklake, zog diesen aber im November 1929 zurück. Folgenreicher waren vermutlich die Differenzen mit der Kaufmannschaft, die sich nach der Warenhausaffäre weigerte, dem Oberbürgermeister auf einer ihrer Versammlungen eine Möglichkeit zur Rechtfertigung zu geben. Auf dem Höhepunkt der Debatte um Sperlichs Abwahl hüllte sich die Kaufmannschaft offiziell in Schweigen; ihr Vorsitzender Engberding warf ihm in einer persönlichen Erklärung vor, er habe es an einer sparsamen Haushaltsführung fehlen lassen.

Begleitet und verschärft wurde die Debatte um die Wiederwahl Sperlichs durch einen Beschluß der Stadtverordnetenversammlung, in Analogie zu den allgemeinen Sparbeschlüssen der Zeit das Gehalt des Oberbürgermeisters um eine Stufe und seine Aufwandsentschädigung um die Hälfte zu kürzen. Eine Kontroverse über die Gehaltsregelung der beiden Bürgermeister zwischen Magistrat und Regierungspräsidium hatte es zwar schon einmal 1924/25 gegeben, doch nun löste die Entscheidung – in Verbindung mit der Abwahl – eine lang anhaltende, heftige politische und administrative Auseinandersetzung aus und gab dem Vorgang eine sehr persönliche und polemische Note, vor allem aber führte sie Sperlich privat in erhebliche finanzielle Schwierigkeiten.

Alles deutet darauf hin, daß es sich bei den Abstimmungen in der Zentrumsfraktion und im Stadtverordnetenkollegium am 19. und 20. Mai um einen Überraschungscoup handelte. Stricker erklärte Sperlich am Tag nach der Fraktionssitzung, daß die Abstimmung dort „ohne Aussprache" stattgefunden habe und eine „reine Gewissensentscheidung" mit einer geheimen Stimmabgabe gewesen sei. Er weigerte sich, über die Gründe für diese Entscheidung Auskunft zu geben [StadtAM, Nachlaß Sperlich]. Die Gegenoffensive des Oberbürgermeisters, der in einem Schreiben an den Stadtverordnetenvorsteher unter Berufung auf die Städteordnung die Beschlußfassung über die Wahl für unzulässig erklärte, weil sich zuvor der Magistrat mit einer solchen Entscheidung vorbereitend beschäftigen müsse, konterte Stricker mit einem Schreiben an den Regierungspräsidenten, in dem er um eine baldige Klärung der Rechtslage bat und Sperlich vorwarf, durch seine Stellungnahme „eine unerträgliche Unruhe in die Verwaltung und in die Bevölkerung" gebracht zu haben [StaatsAM, Regierung Münster 2019].

In der Tat löste die Entscheidung eine beträchtliche Erregung in der öffentlichen Meinung aus. Eine Versammlung konservativer Bürgervereine ergriff Partei für Sperlich und sprach von einer „Vergewaltigung durch den linken Zentrumsflügel". Auch der Oberpräsident und ein Magistratsmitglied wurden verdächtigt, die „Finger im Spiel" gehabt zu haben [Der Mittag vom 2. Mai 1931]. Bezeichnend für das Politikverständnis der Bürgervereine und die tiefen Risse im Zentrum war ihr Vorwurf, die Stadtverordneten würden die „wahre Stimmung der münsterischen Bürger nicht kennen, weil sie durch die Listenwahl bloß Vertreter eines Berufsstandes" seien [Westfälische Landeszeitung vom 24. Mai 1931]. Umgekehrt lag die SPD-Fraktion mit ihrem Urteil nicht völlig falsch, als sie zur Abwahl Sperlichs erklärte, der „Oberbürgermeister habe zwar beachtliche kommunalpolitische Gedanken, an deren realer Verwirklichung fehle es dann allerdings. Er bringe es nicht fertig, sich seinen Dezernenten gegenüber durchzusetzen" [Volkswille vom 1. Mai 1932].

Viele Vorwürfe und Unterstellungen, die sich in den Wochen nach der erneuten Entscheidung der Stadtverordneten gegen Sperlich am 15. Juli zuspitzten und sehr persönlich wurden, lassen sich aufgrund der Quellenlage nicht aufklären. Es folgte eine monatelange erbitterte und für das Ansehen der kommunalen Politik und Verwaltung nicht eben förderliche Kontroverse zwischen Zentrumsfraktion, Stadtverordnetenversammlung und schließlich auch dem Magistrat auf der einen und Sperlich auf der anderen Seite um die Hintergründe der Abwahl sowie die Regelung der Dienstbezüge, die sich bis Anfang des Jahres 1933 hinziehen sollte. (Der neue Oberbürgermeister, der bisherige Landesrat für Finanz-, Kultur- und Kommunalangelegenheiten, Dr. Karl Zuhorn, hatte sein Amt am 24. Mai 1932 angetreten.) Nach seinem Abschied vom Rathaus übernahm Sperlich an der Rechts- und Staatswissenschaftlichen Fakultät der Universität einen Lehrauftrag für Kommunalrecht, den er bis zur Aufkündigung dieses Vertrags im November 1938 wahrnahm. Seine Antrittsvorlesung fand im April 1932 vor einem großen Auditorium statt und war eine Demonstration des bürgerlich-nationalen Milieus gegen die Politik von Zentrum und Stadtverordnetenkollegium. Im Frühjahr 1932 trat Sperlich zugleich aus der Zentrumspartei aus, übernahm eine Führungsposition innerhalb des westfälischen „Stahlhelms" und unterstützte nun den Wahlkampf von Franz von Papen im November 1932 sowie im März 1933. So rief er in einem Flugblatt an „unsere katholischen Glaubensgenossen" zur Wahl Papens auf, der „sein Gewissen über das Parteiinteresse stellte", und charakterisierte dabei seinen eigenen politischen Weg, der dem mancher Rechtskatholiken glich: „Wir sind alle, parteipolitisch, im Laufe der letzten Jahre, vom Zentrum mehr und mehr abgewichen“ [StadtAM, Nachlaß Sperlich].

Auch die Neuwahl des Oberbürgermeisters war nicht ohne Schwierigkeiten verlaufen. Nach der öffentlichen Ausschreibung, bei der auch Sperlich eine Bewerbung eingereicht hatte, konnte man keinen konsensfähigen Kandidaten finden, und als auch der amtierende Oberbürgermeister Geyer aus Bochum abgelehnt hatte, kam Zuhorn ins Gespräch, während Stadtrat Schlanstein, dem man in der Öffentlichkeit eine zentrale Rolle beim Sturz Sperlichs unterstellt hatte, „wegen der Einheit der Partei“ seine Bewerbung zurückzog. Die überwältigende Mehrheit, die Zuhorn bei der Abstimmung im Zentrum (27. Oktober) und im Stadtverordnetenkollegium (3. November) fand, war auch Ausdruck des Wunsches, den tiefen Riß in Bürgerschaft, Stadtparlament und Mehrheitsfraktion zu überwinden, den die Oberbürgermeisterkrise hinterlassen hatte.

Doch Zuhorn blieb nur ein knappes Jahr im Amt, bis er am 20. Mai 1933 von den Nationalsozialisten entlassen wurde. Die Hauptsorge in seiner kurzen Amtszeit galt der katastrophalen Finanzlage der Stadt und den sozialen Auswirkungen der Wirtschaftskrise.

Wirtschaftskrise und Aufstieg der NSDAP

Weder die Kommunalpolitik mit ihren Skandalen und Kontroversen noch die Wirtschafts- und Finanzsituation im Reich, in den Ländern und der eigenen Stadt

Demonstration von Arbeitslosen im Dezember 1928

schufen Vertrauen in die Leistungsfähigkeit und Legitimation der politischen Verfassung und kommunalen Selbstverwaltung. Eine Folge davon war die nachlassende Integrationsfähigkeit der politischen Parteien, vor allem des Zentrums. Es entstanden wirtschaftliche Interessenparteien bzw. Parteiabspaltungen, von denen letztlich die NSDAP profitierte. Hinzu kamen die wachsenden Defizite des städtischen Haushalts, die steigenden Sozial- und Wohlfahrtslasten, die zunehmende Sorge um den Arbeitsplatz und das tägliche Brot, die auch in der eher friedlich-gemächlichen bürgerlichen Atmosphäre Münsters zu nachhaltigen Erschütterungen, Ängsten und politischen Radikalismen, Straßenschlachten und Formen politischer Gewalt führten, die man bisher nur vom Hörensagen kannte – und die trotz allem nie die Ausmaße wie in vielen deutschen Groß- und Industriestädten in den frühen dreißiger Jahren erreichten.

Schon das Jahr 1929 hatte sich als ein „Krisenjahr erster Ordnung" dargestellt; das Jahr 1930 wurde im Rückblick dann bereits als „Notjahr" verabschiedet, dem noch mehrere folgen sollten [Münsterischer Anzeiger vom 1. Januar 1931]. Der städtische Haushalt wurde mehr und mehr zum „Wohlfahrtsetat", obwohl die Zeitungen ihren Lesern immer wieder und mit Recht versichern konnten, daß Münster gemessen an den Belastungen durch die Erwerbslosenunterstützung unter allen deutschen Großstädten am günstigsten stünde [Westfälische Landeszeitung vom 2. Januar 1933]. Ähnliches galt für die Arbeitslosenzahl insgesamt, die zwar von 1492 im März 1928 auf 6812 Personen Anfang 1932 anstieg, aber mit einer Quote von 12,8 Prozent weit unter dem Durchschnitt der Großstädte lag.

Die Finanznot wuchs, auch wenn die Erhöhung bestehender Abgaben und die Einführung neuer Steuern zusammen mit den von der Reichsregierung verordneten drastischen Senkungen der öffentlichen Personalkosten um insgesamt 20 Prozent auch den städtischen Haushalt etwas entlasteten. Dennoch konnten Ende 1932 nur noch die dringendsten gesetzlichen Verpflichtungen erfüllt werden. Die Kommunalpolitik hatte ihren Handlungsspielraum fast völlig verloren und wurde zur reinen Finanz- und Notstandspolitik.

Im Rahmen des kommunalen Fürsorgeprogramms beschäftigte die Stadt viele Arbeitslose als „Pflichtarbeiter" bei städtischen Notstandsmaßnahmen: Der Aasee wurde auf diese Weise weitergebaut; daneben gab es Arbeitsmaßnahmen auf der Loddenheide und auf den Rieselfeldern, ferner Bachregulierungen, Straßenbauten und den Bau von Kleinstwohnungen. Es wurden Randsiedlungsprojekte in Kinderhaus, Gievenbeck und am Kappenberger Damm begonnen. Doch auch diese Notstandsmaßnahmen wie die von den christlichen Gewerkschaften gegründeten Verbraucherausschüsse gerieten in das Visier sozialer und politischer Auseinandersetzungen, die allesamt verdeutlichten, wie groß die sozialen Konflikte und protektionistischen Ängste oder Neidgefühle im Gefolge der großen Krise waren. Viele mittelständische Gewerbetreibende sahen sich von den Arbeitsbeschaffungsprogrammen benachteiligt und vor allem bei der Vergabe von Aufträgen übergangen. Die Parolen von einer „kalten Sozialisierung" [Westfälische Landeszeitung vom 18. Dezember 1932], die von deutschnationaler und nationalsozialistischer Seite ausgestreut wurden, trafen die Ängste des Mittelstandes und schürten seine Panik.

Noch heftiger waren die Reaktionen der Geschäftswelt auf die Aktivitäten der Verbraucherausschüsse, die von christlichen wie von sozialdemokratischen Arbeiter-,

Angestellten- und Beamtenorganisationen gemeinsam ins Leben gerufen worden waren und versuchten, den mangelhaft durchgeführten Preissenkungsbeschlüssen der Regierung Brüning durch Selbsthilfeaktionen Nachdruck zu verleihen. Man drohte mit Käuferstreiks für den Fall, daß die Verhandlungen mit den Geschäften und die Preisveröffentlichungen, auf die sich die Maßnahmen vorerst beschränkten, keinen Erfolg haben sollten. Kaufmannschaft und Gesamtgilde eröffneten im November 1930 daraufhin eine Pressekampagne gegen die Verbraucherbewegung, der man nicht nur „windige Preisabbau-Parolen“ vorwarf, sondern der man auch die Kompetenz für ein Urteil in wirtschaftlichen Dingen absprach [Münsterischer Anzeiger vom 7./18. November 1930]. Im übrigen verwies man darauf, daß man bereits freiwillig die Preise reduziert habe und die Lage von Handel und Gewerbe katastrophal sei. Dies ließ sich mit der Zahl der Konkurs- und Vergleichsverfahren, die 1931 eröffnet wurden, wie mit der Zahl der arbeitslosen kaufmännischen Angestellten leicht belegen.

Neben den kommunalen Not- und Unterstützungsmaßnahmen verstärkten oder konstituierten sich Hilfsaktionen von Verbänden. Katholische Vereine organisierten im Rahmen der „produktiven Arbeitsfürsorge“ eine Arbeitslosenhilfe, die vor allem auf die sozial-kulturellen Folgen der Arbeitslosigkeit und die Integration der Erwerbslosen in die „religiöse Kultgemeinschaft des Milieus“ zielten [1577: Kaufmann, Katholisches Milieu, S. 142]. Durch Spenden, Geld- und Kleidersammlungen wie durch karitative ehrenamtliche Tätigkeit leistete die katholische Kirche eine Winterhilfe, der angesichts der leeren Kassen der Stadt großes Gewicht zukam. 1932 begann auch in Münster der „Freiwillige Arbeitsdienst“, die Arbeitslosen zu erfassen. Auch hier waren katholische Jugendverbände federführend, daneben aber auch nationale, rechtsgerichtete Verbände wie Jungdeutscher Orden, „Stahlhelm“ und schließlich auch die SA. Im Frühjahr 1932 gründete die NSDAP einen „Verein für Umschulung freiwilliger Arbeitskräfte“, der vor allem an der Universität um Mitglieder warb und ein Arbeitslager auf der Loddenheide errichtete, das sich als Vorstufe für die spätere Erfassung zum Reichsarbeitsdienst erweisen sollte, vorerst aber vor allem mit öffentlichen Mitteln finanziert wurde.

Soziale Unzufriedenheit, Arbeitslosigkeit und Hunger waren neben angeblichen oder tatsächlichen Ungerechtigkeiten und Skandalen in der „großen“ wie in der kommunalen Politik die Themen, die vor allem von den radikalen Parteien von links und rechts für ihre Agitation ausgebeutet wurden. Auf der einen Seite versuchten die Kommunisten die Bewegung der Erwerbslosen zu organisieren. Am 25. Februar 1931 veranstaltete die KPD einen Demonstrationszug der Erwerbslosen, an dem allerdings nur 130 Personen, davon 40 bis 50 Mitglieder der münsterischen KPD, teilnahmen; im November registrierte die Polizei einen erneuten Demonstrationsversuch auf dem Domplatz. Seit 1929 erschien die Agitationsschrift „Der rote Rieselfelder“, mit der man die münsterischen Notstandsarbeiter gegen die unzulängliche Erwerbslosenpolitik und damit das gesamte „kapitalistische System“ aufzubringen und Streiks zu provozieren suchte. Auch ein Verein „Dienst am Volk“, der sich im Sommer 1931 als Verbrauchereinrichtung zur Verbilligung von Lebensmitteln gebildet hatte, wurde von der Polizei als kommunistische Einrichtung eingestuft.

Umgekehrt versuchten die Nationalsozialisten, nicht nur die Arbeitsbeschaffungsprogramme, sondern auch andere kommunalpolitische Entscheidungen bzw. Vorgänge, die sich nur irgendwie als Fall von Korruption oder Verschleuderung von öffentlichen Mitteln aufbauschen ließen, für ihre Agitation vor allem in mittelständischen Kreisen zu nutzen. Da ließen sich die Oberbürgermeisterkrise als „Verschwörung einer gewissenlosen Clique" und – von Presseerklärungen des gestürzten und verbitterten Georg Sperlich immer wieder entfacht – als Beleg für die „Parteibuchbeamtenwirtschaft" ausschlachten oder der Ankauf einer Dienstvilla für den neuen Oberbürgermeister als überflüssiger Luxuskauf aus Mitteln, die man für andere Zwecke besser einsetzen könne, demagogisch denunzieren und damit vor allem die Haus- und Grundbesitzer aufhetzen. Auch die dramatische Krise des Einzelhandels versuchten die Nationalsozialisten für ihre Zwecke zu nutzen und die „Warenhäuser und Konsumvereine" zu „Totengräber[n] der deutschen schaffenden Stände" zu stempeln [1488: Meldungen aus Münster, S. 24ff].

Veränderungen im Parteiengefüge hatten sich bei den Kommunalwahlen am 17. November 1929 angekündigt. Trotz der gegenteiligen Empfehlungen des Vorstands der Deutschen Zentrumspartei und trotz der Mahnungen des Schriftstellers und Jesuitenpaters Friedrich Muckermann standen die Wahlvorbereitungen auf Druck des linken Flügels im Zeichen berufsständischer Interessenpolitik. Aus taktischen Motiven wurden zwei Zentrumslisten aufgestellt, die auf diese Weise zwar vom Bürgerblock wieder acht Mandate zurückholen konnten; auf Protest der SPD mußte die Wahl im Jahr 1930 jedoch wiederholt werden. Auch wenn diese, nun wieder ganz vom Rückgriff auf religiöse Themen bestimmt, sehr günstig ausfiel und dem Zentrum noch einen weiteren Sitz bescherte, so hat sie das Ansehen demokratischer Parteien nicht gerade gestärkt. Zugleich gelang es bei diesen Wahlen am 30. März dem Evangelischen Volksdienst, der als eine christlich-konservative Bewegung nach der Spaltung der DNVP um die Jahreswende 1929/30 gegründet worden war, auf Anhieb, fünf Mandate zu gewinnen. Eines davon besaß Pfarrer Martin Niemöller, der bis zu seinem Ausscheiden am 20. Mai 1931 zugleich Fraktionsvorsitzender des Volksdienstes in der Stadtverordnetenversammlung war. Sowohl Zentrum wie vor allem DNVP mußten sich von dieser neuen Partei bedroht fühlen, die „eine Abbildung des Zentrums unter evangelischem Vorzeichen" darstellte [1577: Kaufmann, Katholisches Milieu, S. 122]. Doch während das Zentrum offensichtlich von der Mobilisierung der katholischen Wählerschaft gegen das evangelische Konkurrenzunternehmen profitieren konnte, erlitt die DNVP dadurch erhebliche Stimmenverluste. Hatte die bürgerliche Einheitsliste (DNVP/DVP) bei den Wahlen 1929 noch 6658 Stimmen und damit acht Mandate gewonnen, so erhielten die Deutschnationalen 1930 nur noch 1320 Stimmen und ein Mandat, die DVP 2947 Stimmen und drei Mandate. Wie gering die Integrationskraft der traditionellen politischen Parteien war, zeigte sich an der Tatsache, daß 1929 14 von 48 Stadtverordneten zu lokalen oder überregionalen Interessenparteien gehörten, deren Existenz nur von kurzer Dauer war. Weder Volksdienst noch Wirtschaftspartei konnten ihre Wähler und Mandatsträger mittelfristig binden. Im Februar 1931 und im Januar 1933 trat jeweils ein „Volksdienstler" zur NSDAP über, und der organisatorische Zerfall der Wirtschaftspartei seit dem Frühjahr 1932 führte ebenfalls zum Übertritt einiger ihrer Funktionäre zur NSDAP. Es waren diese Verschiebungen und Auflösungserscheinungen im Spektrum der bürgerlich-mittelständischen Parteien und Interessengruppen, die auch in Münster den Aufstieg der NSDAP wesentlich beförderten.

Reichskanzler Brüning (links) und Oberpräsident Gronowski verlassen die Stadthalle in der Neubrückenstraße (1932)

Diese hatte bei den Kommunalwahlen von 1929 ihre Stimmenzahl um 800 auf 3,4 Prozent der Wähler erhöht und ein Stadtverordnetenmandat für ihren Propagandisten Bolwin erhalten. Ein erster Durchbruch gelang der NSDAP – wie überall im Reich – bei den Reichstagswahlen am 14. September 1930, als sie 5704 Stimmen und damit 9,6 Prozent der gültigen Wählerstimmen erhielt. Damit lag sie in Münster deutlich unter dem Reichsdurchschnitt von 18,3 Prozent der Stimmen, und auch ihr weiterer Aufstieg war zwar stetig, blieb aber immer unter dem Reichsdurchschnitt. Auffällige Zugewinne hatte auch die KPD erreicht, die in Münster auf 7,6 Prozent der Stimmen kam (bei einem Reichsdurchschnitt von 13,1 Prozent) und sich auch in den folgenden Wahlkämpfen behaupten bzw. leicht steigern konnte. Nicht weniger signifikant war die breite Streuung der bürgerlich-nationalen Stimmen rechts vom Zentrum. Fünf Parteien – Wirtschaftspartei (4,1 Prozent), DVP (5,1 Prozent), Evangelischer Volksdienst (2,9 Prozent), Konservative Volkspartei (3,8 Prozent) und DNVP (5,4 Prozent) – suchten sich in diesem Milieu zu behaupten und errangen insgesamt 21,3 Prozent der Stimmen. Ihre Zersplitterung zeigt deutlich die Auflösungserscheinungen des Parteiensystems und die Suche nach einer neuen politischen Identifikation. Dafür bot sich die NSDAP als Sammlungs- und Glaubensbewegung an, die beanspruchte, den Kampf gegen das „System“ von Weimar und Versailles mit besonderer Entschiedenheit zu führen.

Leichte Gewinne hatte bei diesen „Katastrophenwahlen“ das Zentrum in Münster zu verzeichnen, das nun mit dem am 29. März 1930 zum Reichskanzler ernannten

Heinrich Brüning sowohl aus lokalpatriotischen wie aus politischen Gründen eine auf große Zustimmung stoßende politische Führungsfigur besaß. Brünings Abkehr vom parlamentarischen Parteienstaat entsprach ganz den Politikvorstellungen des münsterischen Zentrums und einer weitverbreiteten Parteienverdrossenheit. Man verstand seine Kanzlerschaft als „Zeitenwende" und Weg zur „wahren Demokratie", die der „Qual und Würgerei im Reichstag ein Ende" bereiten werde. Darum war man sich im „Münsterischen Anzeiger" sicher, daß dem Reichstag „keine Träne nachgeweint" werde und daß die Reichstagsauflösung und die Anwendung des Artikels 48 der Reichsverfassung „eine befreiende Tat" bedeute, die ihre Rechtfertigung nicht „vor der buntgewürfelten Mehrheit des Reichstages", sondern vor „der Vernunft und dem gesunden Instinkt des deutschen Volkes finden werde" [Münsterischer Anzeiger vom 17./18. Juli 1930]. Auch die von Brüning betriebene Abkehr von der SPD und die Öffnung zur deutsch-nationalen Rechtsopposition stieß im münsterischen Zentrum auf eine erleichterte Zustimmung und öffnete die Schleusen für eine aus Koalitionsgründen lange gebremste Polemik gegen „die nunmehr als ‚verantwortungsscheu', ‚vom Machtstreben besessen', ‚kulturzersetzend' charakterisierte" Sozialdemokratie [1577: Kaufmann, Katholisches Milieu, S. 125].

Die Hoffnungen auf Brüning und sein Bündnis mit Hindenburg, der auch im katholischen Milieu als nationale Identifikationsfigur galt, wurden anläßlich der Reichspräsidentenwahl auf mehreren großen Hindenburg-Kundgebungen des Zentrums beschworen. Man versprach sich vom Reichspräsidenten wie vom Reichskanzler „überparteiliches Handeln für das Wohl des Gesamtvolkes" und die Sicherung einer „christlichen Zukunft deutscher Kultur". Dieses Votum verstand man zugleich als ein Votum gegen die religionsfeindliche Bewegung Hitlers, des Gegenkandidaten Hindenburgs. Entsprechend groß war die Zustimmung zu Hindenburg in beiden Wahlgängen in Münster, auch wenn er im zweiten bei einer geringeren Wahlbeteiligung nur 47 166 Stimmen im Vergleich zu 49 017 Stimmen bei der ersten Wahlrunde erhielt. Auf Hitler hingegen entfielen im zweiten Wahlgang mit 17 094 Stimmen (25 Prozent) knapp 3000 Stimmen mehr als beim ersten Wahlgang.

Die Entlassung Brünings durch Hindenburg bald nach der Reichspräsidentenwahl stieß in Münster auf Betroffenheit und Empörung und löste bei der Reichstagswahl im Juli 1932 eine gewisse Trotzreaktion aus. Der Zentrumswahlkampf stand ganz im Zeichen eines Treuebekenntnisses zu Brüning, dem das Stadtverordnetenkollegium mit großer Mehrheit am 8. Juni die Ehrenbürgerschaft übertragen hatte. Bei einer Kundgebung in der Halle Münsterland am 24. Juli wurde Brüning von über 20 000 Besuchern stürmisch gefeiert und sogar von Versammlungsteilnehmern auf den Schultern aus der Halle getragen. „Selten hat man die münsterische Bevölkerung so begeistert gesehen wie heute", berichtete die „Morgenpost".

Das Zentrum, das sich scharf von Brünings Nachfolger Franz von Papen distanzierte und diesen als Verräter katholischer Grundsätze angriff, stellte sich überdies im Wahlkampf als „Ordnungsblock der Mitte" und als „Bollwerk" gegen jeden Angriff auf die Prinzipien und Institutionen der Reichsverfassung dar. Das schloß auch eine starke Solidaritätsbekundung von Zentrumspartei und katholischer Kirche für den im Zuge des Staatsstreichs am 20. Juli 1932 entlassenen Regierungspräsidenten Amelunxen ein. Das Zentrum konnte sich bei der Wahl mit 32 813 Stimmen und damit 50,2 Prozent behaupten, um allerdings bei den Novemberwahlen auf 47,4 Pro-

Erster Aufmarsch der münsterischen SA nach der Aufhebung des Uniformverbots am 5. Juli 1932 (links die Promenade, rechts das Gebäude des Provinziallandtags)

zent abzusinken. Unbestrittene Integrationsfigur für die Zentrumspartei in Münster auch bei den Wahlkämpfen im Herbst war und blieb Heinrich Brüning, während sich die Angriffe der Parteiführung gegen die Regierung Papen an einer wachsenden Gruppe von Anhängern des neuen Reichskanzlers brachen. Ihr Kern war vor allem der westfälische Adel, angeführt vom preußischen Landtagsabgeordneten Franz Graf von Galen, der auf einer Versammlung des „Windthorstbundes" behauptete, daß die gesamte Zentrumswählerschaft, mit Ausnahme der Arbeiterschaft, hinter der Regierung Papen stünde. Dem hielt der Exponent des linken Flügels, Stricker, den Protest der katholischen Arbeiterschaft und der christlichen Gewerkschaften entgegen, die sich durch die Lohnpolitik der Regierung in ihrer materiellen Existenz bedroht sahen. Strickers Warnung vor „sozialpolitischen Grausamkeiten" im Namen christlicher Erwägungen, die von der Regierung beansprucht würden [Münsterische Morgenpost vom 13. September 1932], wurde von Pater Muckermann unterstützt, der zur Verwirklichung der sozialen Ideen des Katholizismus aufrief. Die alten Spannungen innerhalb des Zentrums hatten sich trotz der neuen Herausforderungen erhalten, und auch Brüning erinnerte sich an die starke Ablehnung, die der Aufruf des Parteivorsitzenden des Zentrums, des Prälaten Kaas, zur Versöhnung und Einheit der Partei bei einer Versammlung in Münster fand. Vielmehr habe „eine gedrückte Stimmung" im Wahlkampf geherrscht [2029: Brüning, Memoiren, S. 631].

Im Unterschied zum allgemeinen Trend hatte die NSDAP, gemessen an den 25,5 Prozent der Stimmen, die sie bei den preußischen Landtagswahlen am 24. April 1932 erhalten hatte, in Münster mit nunmehr 24,8 Prozent sogar erstmals leichte Einbußen hinnehmen müssen. Damit hatte sie ihre größte Ausdehnung in freien Wahlen in Münster erreicht, denn bei den Novemberwahlen von 1932 erzielte sie vor dem Hintergrund der „Strasser-Krise" auch nur 24,3 Prozent, obwohl sie noch neunzig Wählerstimmen dazugewonnen hatte. Während die Richtungskämpfe innerhalb des Nationalsozialismus in Münster wie in vielen anderen Orten auch bei den Parteimitgliedern zu Irritationen, Rücktritten und heftigen Fehden zwischen SA und SS („Schutzstaffel") führten, so daß zum Zeitpunkt der Machtübernahme Hitlers in Berlin die NSDAP einen sehr desolaten, mitunter handlungsunfähigen Eindruck machte, hatten der politische Stil des Nationalsozialismus mit endlosen Aufmärschen, schriller Agitation und zahllosen Straßenkämpfen sowie sein Profil als „Pöbelbande" im katholisch-bürgerlichen Münster mehr Ablehnung als Zustimmung erfahren. Nach ersten propagandistischen Offensiven im Sommer und Herbst 1929, die an die Adresse des bedrohten Mittelstandes, dann aber im Zusammenhang mit dem Volksbegehren gegen den Young-Plan (Oktober 1929) und der Langemarckfeier der Universität am 20. November 1929 an das „nationale" Bürgertum der Stadt gerichtet waren, brachte der unerwartete Wahlerfolg des Jahres 1930 für die NSDAP in Münster den eigentlichen Durchbruch. 1931 wurde das „Jahr der Großversammlungen" [1571: 15 Jahre NSDAP, S. 24]. Die noch relativ kleine Ortsgruppe entfaltete eine rege Propagandatätigkeit und führte insgesamt sechzehn große Veranstaltungen durch, neun davon im großen Saal des Schützenhofs mit auswärtigen Rednern, zu denen nicht nur benachbarte Gauleiter, sondern auch Parteigrößen wie Hermann Göring und jene im deutsch-nationalen Milieu besonders attraktiven Renommiernationalsozialisten wie General a. D. Litzmann und Prinz August Wilhelm von Preußen gehörten. Entsprechend groß war der Zulauf; die rd. 6000 Teilnehmer einer Versammlung am 25. August 1931 wurden von Prinz „Auwi" aufgefordert, es ihm gleichzutun und sich unter das Kommando Hitlers zu stellen und sich mit ihm in die große braune Armee einzuordnen. Diese Versammlung war in der Geschichte der münsterischen NSDAP eine „Art Wendepunkt" [1488: Meldungen aus Münster, S. 38, 60].

Nicht nur die große Teilnehmerzahl erregte Aufsehen, es gelang der Partei vielmehr, sich mit ihrem prominenten Redner einen Hauch von Wohlanständigkeit zu geben. „Selbst Leute, die sonst nur mit Verachtung von uns als ‚Schwarzweißroten Marxisten' sprachen, ließen sich herab, diese Kundgebung zu besuchen", bilanzierte die Parteigeschichtsschreibung später [1558: Unterm Hakenkreuz, S. 238]. Der Aufschwung fand seinen Niederschlag auch in einer organisatorischen Ausweitung und Stabilisierung der Ortsgruppe: Eine Geschäftsstelle wurde gemietet, lokale Gruppierungen der SS und NS-Frauenschaft wurden gegründet, eine Volksküche der NSDAP wurde eingerichtet und eine Liste „nationalsozialistisch einwandfreier Geschäfte" veröffentlicht. Im Jahr 1932 steigerten sich die Massenkundgebungen, die

Veranstaltung der NSDAP in der Stadthalle mit Hermann Göring als Redner (1932)

nun nach einem festen Ritual abliefen. Auch der organisatorische Ausbau der Partei schritt voran. Höhepunkt der Kundgebungswelle, zu der nun fast die gesamte Parteispitze von Strasser über Frick und Ley bis Goebbels anrückte, war die Versammlung am 8. April 1932, die mit Hitler in der Halle Münsterland – im Beisein des abgewählten und politisch verbitterten ehemaligen Oberbürgermeisters Sperlich – vor rd. 7000 Teilnehmern und zusätzlichen 3000 Zuhörern in der Halle Kiffe stattfand.

Nun konnten auch Magistrat und Regierungspräsident ihre Weigerung nicht mehr aufrechterhalten, der NSDAP die Halle Münsterland zur Verfügung zu stellen, wie sie das noch 1931 – und damit der NSDAP noch zusätzliche Munition für ihre Propaganda liefernd – getan hatten. Eine solche Haltung war schon allein darum immer schwieriger geworden, weil die Behörden erkennen mußten, daß auch „in Beamtenkreisen und sogar innerhalb der Polizei Sympathie für die NSDAP" vorhanden war [StaatsAM, Büro Kölpin 339]. Die Mitgliederzahl der NS-Ortsgruppe war im Laufe des Jahres 1932 stark angestiegen und erreichte Ende 1932 1247 Mitglieder. Wähler wie Mitglieder stammten vorwiegend aus dem unteren und mittleren Angestellten- bzw. Beamtenbereich, ferner aus Teilen des gewerblichen Mittelstandes. Hinzu kamen bei den Wählern ganz offensichtlich Stimmen von Studenten. Es waren vielfache Ängste und Bedrohungsgefühle, die das Votum für die NSDAP herbeiführten. Arbeitslosigkeit, Gehaltskürzungen, wirtschaftliche Not und eine mehr als unsichere Zukunft bestimmten die Suche nach scheinbar starken Alternativen; hinzu kam angesichts von Hungerrevolten, Straßenkämpfen und einer ausweglosen parlamentarischen Situation ein wachsender Verlust des Vertrauens in das bestehende politische System und eine Mobilisierung jenes Spektrums von bürgerlich-nationalen Stimmen, das seit den Wahlen von 1920 rechts vom Zentrum auf der Suche nach einer neuen politischen Heimat war und mehrere Parteigruppierungen durchlaufen hatte. Für all diese Erwartungen und Ängste bot die NSDAP ein Auffangbecken. Auch wenn der „Zentrumsturm" in Münster stabil blieb und auch die Sozialdemokratie ihre kleine, aber geschlossene politische Position einigermaßen behaupten konnte, so waren die Angriffsflächen und Mobilisierungschancen für die NSDAP auch in Münster in jenem politisch-sozialen Sektor gegeben, der über keine feste Bindung an ein Milieu verfügte – nur daß dieser Bereich in Münster sehr viel schmaler war als in anderen, ungleich fragmentierteren und politisch stärker mobilisierten Städten und Regionen. Das hinderte die politischen Kräfte und Parteien in der Stadt freilich nicht daran, dieselben Fehleinschätzungen bezüglich des Nationalsozialismus zu entwickeln wie anderswo auch. Nicht zuletzt darin lag einer der Gründe für Aufstieg und Machtmonopolisierung einer Glaubens- und Kampfbewegung, die zwar Bewahrung und Erneuerung versprach, tatsächlich aber zur größten Herausforderung und Gefahr für die liberale wie demokratische und christliche politische Kultur werden sollte.

Quellen und Literatur

Zur Geschichte von Politik und Verwaltung, von Gesellschaft und Kultur in Münster in der Zeit der Weimarer Republik liegt bislang keine umfassende Darstellung vor. Wichtige Beiträge zu Teilaspekten bieten die neueren Monographien von Doris Kaufmann [1577: Katholisches Milieu] sowie die Dissertationen von Gerd Krüger [1587: Treudeutsch allewege] und Ludger Grevelhörster [1552: Zwischen Revolution und Inflation]. Dort finden sich ausführliche Literatur- und Quellennachweise. Grundlage für viele kleinere Untersuchungen und nach wie vor als Überblick unverzichtbar ist die unveröffentlichte Dissertation von Barbara Marshall [1599: Political Development]. Diese vergleichende Studie konzentriert sich vor allem auf die politische Geschichte der bürgerlichen Mittel- und Rechtsparteien, bringt aber darüber hinaus wichtige Hinweise auf die gesamte lokale politische Entwicklung. Einen knappen Überblick bietet Ludger Grevelhörster [1554: Münsters Weg]. Für die Endphase der Weimarer Republik sei auf einen Aufsatz von Joachim Kuropka verwiesen [1595: Auf dem Weg in die Diktatur]. Eine kommentierte Quellendokumentation zum Aufstieg der NSDAP zwischen 1924 und 1933 hat ebenfalls Joachim Kuropka herausgegeben [1488: Meldungen aus Münster].

Es fehlt bisher eine umfassende Untersuchung der Geschichte der Zentrumspartei in Münster. Zur Geschichte der SPD liegt ein Aufsatz von Klaus-Dieter Franke vor [1544: Zeit der Weimarer Republik], der allerdings nur die vorhandene Sekundärliteratur auswertet. Aus den Quellen gearbeitet ist hingegen die unveröffentlichte Staatsexamensarbeit von Christoph Wenge [1644: Ortsgruppe der KPD]. Eine erste und wichtige Teiluntersuchung zur Kommunalpolitik bietet die unveröffentlichte Magisterarbeit von Alfred Reckendrees [1615: Wohnungspolitik]. Untersuchungen zur kommunalen Wohlfahrts- und Finanzpolitik in Münster werden zwei Forschungsvorhaben im Rahmen des DFG-Schwerpunktprogramms „Die Stadt als Dienstleistungszentrum" beitragen, die kurz vor dem Abschluß stehen. Nur am Rande behandelt und in der öffentlichen Geschichtserinnerung völlig in Vergessenheit geraten ist die Oberbürgermeisterkrise von 1931, zu der sich wichtige Quellen im Nachlaß Sperlich befinden, der sich jetzt im Stadtarchiv Münster befindet und dort zunächst vorläufig verzeichnet wurde.

Eine Ursache für die unbefriedigende Forschungssituation dürfte in der schwierigen Quellenüberlieferung liegen. So verbrannten die kirchlichen Archivbestände und das Material der münsterischen Zentrumspartei sowie der katholischen Vereine während des Zweiten Weltkriegs. Überliefert sind die Protokolle der Stadtverordnetenversammlung, die aber kaum Aufschluß über die politischen Entscheidungsprozesse geben. Zur Geschichte von Parteien und politischen Konflikten bzw. Straßenkämpfen bietet die Polizeiregistratur im Stadtarchiv verstreutes Material, ebenso die Akten des Regierungspräsidiums Münster sowie für die Revolutionszeit und den politischen Radikalismus der Bestand „Büro Kölpin" im Staatsarchiv Münster. Dort sind auch wichtige Quellen zum Verhältnis des Regierungspräsidenten zur Stadtverwaltung enthalten. Den wichtigsten Quellenbestand zur Geschichte von Politik und Kommunalverwaltung bilden die lokalen Tageszeitungen. Ihre systematische Auswertung steht noch aus.

Für die Erschließung der archivalischen Quellen und der Zeitungen ist Herrn Armin Owzar zu danken.

JOACHIM KUROPKA

Münster in der nationalsozialistischen Zeit

1. Die „Machtergreifung“ in Münster – 2. Die Doppelgesellschaft – 3. Verfolgung und Widerstand – 4. Der Kirchenkampf – 5. Münster als Gauhauptstadt – 6. Der Zweite Weltkrieg – 7. Vom „nationalen Aufbruch“ zum totalen Zusammenbruch

1. Die „Machtergreifung“ in Münster

Vom 30. Januar bis zur letzten Kommunalwahl am 12. März 1933

Einen Tag nach der Reichstagswahl vom 5. März 1933 bildete Münster im Kreis der westdeutschen Städte noch eine Ausnahme. Im „Flaggenkrieg“ in den rheinisch-westfälischen Städten hatten sich Oberbürgermeister und Magistrat gegenüber den nationalsozialistischen Forderungen nach Hissung der Hakenkreuz- und der schwarz-weiß-roten Fahne auf dem Rathaus grundsatztreu verhalten und dieses Ansinnen einstimmig abgelehnt, während man anderswo die NSDAP gewähren ließ. Trotz der Standfestigkeit der leitenden Beamten unter Oberbürgermeister Dr. Zuhorn nahm das „Vorspiel“ [2425: Matzerath, Nationalsozialismus, S. 66] zur Eroberung der kommunalen Positionen seinen Lauf. Unter Berufung auf einen Funkspruch Görings, des kommissarischen preußischen Innenministers, hatte NSDAP-Kreisleiter Aschhoff mit einer Gruppe Nationalsozialisten die Flaggenhissung verlangt und, als er auf Ablehnung stieß, wiederholt damit gedroht, die zuständigen Beamten verhaften zu lassen. Der Magistrat ließ schließlich die Rathausschlüssel herausgeben, um Gewalttätigkeiten zu vermeiden, erhob aber „schärfsten Protest“. In einer Ansprache vom Balkon des Stadtweinhauses brüstete sich der Kreisleiter damit, die Hissung „mit Gewalt“ durchgesetzt zu haben und gab bekannt, man habe in einem Telegramm an Göring die Abberufung des Oberbürgermeisters und die Einsetzung eines Staatskommissars gefordert.

Aufschlußreich für die Stimmung in der Stadt sind die wenigen kommentierenden Bemerkungen des „Münsterischen Anzeigers“ vom 7. März 1933: In Münster habe es keine Mehrheit für die NSDAP gegeben, und der Vorgang habe bei der gesamten Bürgerschaft Erregung und Verbitterung hervorgerufen. „Mehr möchten wir zu dieser Angelegenheit, die natürlich einen sehr ernsten Hintergrund hat, nicht sagen.“ Damit wurde in der Öffentlichkeit angedeutet, daß es nicht mehr angebracht war, offen seine Meinung zu sagen, und dies bereits gut fünf Wochen nach der sogenannten Machtergreifung. Von den Ereignissen in Berlin am 30. Januar schienen sich zunächst kaum irgendwelche Auswirkungen auf Münster zu ergeben. In der Sitzung der Stadtverordnetenversammlung am 1. Februar wurde die Tagesordnung wie vorgesehen abgewickelt. Die NSDAP befand sich im Januar 1933 ganz offensichtlich in der Krise und versuchte, von ihrem desolaten Zustand durch eine Kampf- und Werbewoche abzulenken, in die der 30. Januar, ein Montag, fiel. Mußten auch viele Bürger die Ernennung Hitlers zum Reichskanzler mit gemischten Gefühlen und gewissem Schrecken zur Kenntnis nehmen, so erwarteten doch die wenigsten eine Veränderung ihrer Lebenssituation oder gar eine Änderung in den festgefügten Lebensabläufen und Lebensgewohnheiten in ihrer Stadt. Doch konnte dem aufmerksamen Zeitgenossen nicht entgehen, daß weitreichende politische Veränderungen bevorstanden. Der Reichspräsident löste den erst im November gewählten Reichstag auf, und die Reichsregierung schrieb Neuwahlen für den 5. März aus. Am 7. Februar wurden für den gleichen Termin Landtagswahlen in Preußen angesetzt. Der Wahlkampf begann sofort. Am 5. Februar sprach der Präsident des preußischen Landtags, der Abgeordnete Hanns Kerrl (NSDAP), in Münster und nannte die Ziele seiner Partei beim Namen: „Adolf Hitler habe jetzt die Macht, und niemand in der Welt könne ihn wieder davon abbringen. Die Wahlen des 5. März fänden statt, nicht um eine neue Regierung zu bestimmen, sondern um die feste Fundamentierung dieser Regierung im Volke vor aller Welt durch die Zahl der Stimmen bekunden zu lassen" [Münsterische Morgenpost vom 7. Februar 1933].

Zu diesem Zweck inszenierte die NSDAP einen Wahlkampf, wie man ihn in Münster bisher nicht gekannt hatte. Das galt nicht nur für den Einsatz der örtlichen NSDAP in vielfältigen Werbeaktionen, sondern es galt vor allem für den in Münster erstmals zu beobachtenden Terror, durch den die bürgerlich geprägte Stadt tief erschreckt wurde. Schon im Januar 1933 war es zu Schlägereien zwischen Nationalsozialisten und Kommunisten gekommen, deren Kampfmannschaften in Münster etwa gleich stark waren. Bei einer „Massenkundgebung gegen den Bolschewismus" am 13. Januar 1933 auf dem Aegidiiplatz hatte SA-Sturmbannführer Lorenz verkündet, daß der Kampf „auf Leben und Tod" gehe und ausgetragen werde „bis aufs Messer" [Volkswille vom 16. Januar 1933]. In den ersten Februartagen begannen die Nationalsozialisten damit, Ernst zu machen, indem sie ganz im Sinne der Wahlkampfparole ihres Führers – „Angriff gegen den Marxismus" – gegen die Kommunisten vorgingen, die sich zu diesem Zeitpunkt noch ihrer Haut wehrten. Obwohl SA und SS eindeutig als Provokateure in diesen Scharmützeln auszumachen waren, vermutete die Polizei die Täter in der Regel in „linksgerichteten Kreisen". Die Atmosphäre in der Stadt änderte sich sichtlich, als eintrat, was am 2. Februar vor dem Bahnhof angetrunkene, randalierende SA-Männer einem sie zurechtweisenden Polizisten geantwortet hatten: Nun seien sie die Polizei. Seit Ende Februar sah man auf den Straßen durch eine Armbinde als Hilfspolizisten ausgewiesene SA-Männer und Angehörige des „Stahlhelm".

Die Zentrumspartei als bislang unbestrittene Mehrheitspartei hatte nach eigenem Bekunden den schwersten Wahlkampf seit ihrem Bestehen zu führen und war als eher bürgerliche Honoratiorenpartei der Demagogie und dem Terror der Nationalsozialisten in keiner Weise gewachsen. Das zeigte sich am deutlichsten bei einer Zentrumskundgebung in der Halle Münsterland am 21. Februar. In einem am 16. Februar veröffentlichten Aufruf katholischer Organisationen wurden der Regierung Hitler Rechtsbruch, wirtschaftliche Bevorzugung bestimmter Schichten und Verführung der deutschen Jugend vorgeworfen: „Wir erfahren es: Bolschewismus kann auch werden unter nationalem Vorzeichen" [zit. nach 2461: Müller, Katholische Kirche, S. 61]. Als daraufhin vom preußischen Innenminister Göring ein Zeitungsverbot ausgesprochen wurde, weigerte sich der münsterische Oberpräsident Johannes Gronowski, dieses zu vollstrecken mit der ehrenwerten Begründung, er müsse seine Vergangenheit verleugnen, wenn er seinen Namen unter ein Verbot der Wahrheit setzen würde. Als die Zentrumskundgebung in der Halle Münsterland, auf der Gronowski und der frühere Reichskanzler Wirth sprachen, durch Schreien und Toben der Nationalsozialisten, Absingen des Horst-Wessel-Liedes, Benutzung von Trillerpfeifen, durch Zerstörung der Lautsprecheranlage und Tätlichkeiten brutal gestört wurde, gab Gronowski noch der Überzeugung Ausdruck, „diese Stunde heute Abend wird größeren Erfolg für das Zentrum tragen als zehn Reden von Wirth und hundert von mir“ [Münsterische Morgenpost vom 22. Februar 1933]. Gronowski wurde am folgenden Tag in den einstweiligen Ruhestand versetzt.

Seine Prognose über den Wahlausgang der Reichstagswahl war für die Stadt Münster so falsch nicht gewesen. Die NSDAP konnte ihren Stimmenanteil gegenüber der Novemberwahl zwar erheblich steigern (von 16 246 auf 26 490 Stimmen) und sich von 24,3 auf 36,1 Prozent verbessern, aber der „Zentrumsturm“ hatte doch standgehalten. Der Stimmenanteil der Zentrumspartei fiel von 47,4 auf 41,6 Prozent. Sie verlor aber nur gut tausend Stimmen (von 31 661 auf 30 529) und lag damit etwa in gleicher Position wie bei den vorangegangenen Reichstagswahlen, während die anderen bürgerlichen Parteien schon bis zur Bedeutungslosigkeit abgeschmolzen waren. Starke Verluste gegenüber der Novemberwahl hatten die Kommunisten (von 4783 auf 3234 Stimmen) hinnehmen müssen. Die Deutsche Volkspartei (DVP) hatte von ihren 1305 Stimmen noch einmal die Hälfte verloren und war von 1,9 auf 0,9 Prozent gefallen. Die SPD verlor von 5783 Stimmen 400 und sank von 8,6 auf 7,2 Prozent. Der Gewinn der Nationalsozialisten erklärte sich überwiegend aus der gestiegenen Wahlbeteiligung, die von 80,1 (66 628 Stimmen) auf 88,4 Prozent (73 756 Stimmen) zunahm. Der Rest des NSDAP-Anstiegs resultierte aus den Verlusten der anderen Parteien. Einen leichten Gewinn konnte auch die Deutschnationale Volkspartei (DNVP) verbuchen, die als „Kampffront Schwarz-Weiß-Rot“ angetreten war und auf 6595 Stimmen (von 8,9 auf 9 Prozent) kam. Unter der natürlich nicht sicheren Voraussetzung, daß im wesentlichen die gleichen Wähler wie 1932 zur Urne gegangen waren, ergibt sich ein durchaus nicht selbstverständliches Bild bei der Interpretation des NSDAP-Zuwachses, denn die etwa 3500 Stimmen, die NSDAP und Kampffront hinzugewannen, hätten sich dann nicht nur aus den Verlusten der DVP (600), des Zentrums (1000), der Christlich-Sozialen Volkspartei (100), der sonstigen Parteien (250) und der SPD (400) zusammengesetzt, sondern auch aus den 1500 Stimmen der Kommunisten. Naheliegend dürfte sein, daß der Gewinn der Kampffront aus dem DVP- und Zentrumsreservoir stammte.

Die Machtergreifung in den städtischen Körperschaften und das Ende der Parteien

Am Tag nach der Reichstagswahl schienen die politischen Kräfteverhältnisse in Münster unverändert; das Zentrum repräsentierte weiterhin die Mehrheit der Bürgerschaft. Eine Woche später stand die Kommunalwahl in Preußen an, der man in Kreisen des Zentrums mit gewisser Gelassenheit entgegensah, weil man das zu erwartende Ergebnis auf der Grundlage des Reichstagswahlergebnisses prognostizierte. Aber die Kommunalwahl stand im Sog der Reichstagswahl, die von den Nationalsozialisten als großer Erfolg gefeiert wurde. Nun war eigentlich nicht mehr zu übersehen, was der in Münster als Schriftsteller und Journalist tätige Jesuitenpater Friedrich Muckermann auf eine einprägsame Formel brachte: In Deutschland gäbe es zwei Lager, „im einen befinden sich die Leute, die mit Handgranaten umgehen können, im andern die Katholiken und die Pazifisten" [1489: Muckermann, Lebenserinnerungen, S. 540].

Zwei Tage nach der Flaggenhissung auf dem Rathaus gab der preußische Kultusminister schulfrei wegen „der geschichtlichen Wende", die der Wahlsieg der Nationalen Front für Deutschland bedeute. Am gleichen Tag (8. März) wurde in Münster vor dem Gebäude der sozialdemokratischen Zeitung „Volkswille" die schwarz-rot-goldene Reichsflagge von SA-Männern verbrannt und das Gebäude in der darauffolgenden Nacht durchsucht. Einige in einem Maschinensaal untergebrachte Obdachlose mußten nach einem Bericht der noch recht mutigen, dem Arbeitnehmerflügel des Zentrums nahestehenden „Münsterischen Morgenpost" ihre Betten verlassen, sich mit dem Gesicht zur Wand stellen und „mit erhobenen Händen unter Drohung mit Revolvern warten, bis die Haussuchung vollendet war". Der „Volkswille" wurde verboten. Am 10. März kam es zur Schließung von Warenhäusern und von Geschäften jüdischer Inhaber. Die Nachrichten von SA-Übergriffen, Personalablösungen bei hohen Beamten und Übertritten zur NSDAP aus dem ganzen Reich häuften sich, und als am 10. März die letzte große „Massenkundgebung" der Zentrumspartei vor der Kommunalwahl als geschlossene Veranstaltung in der Stadthalle abgehalten werden sollte, wurde bekannt, daß die SA die Versammlung zu sprengen beabsichtigte, so daß sie vom Oberbürgermeister verboten wurde, weil Ruhe und Ordnung nicht zu gewährleisten gewesen wären. Damit hatte man vor dem Terror der NSDAP schon vor der Wahl kapituliert.

Obwohl sich äußerlich weder Gegenwehr noch Äußerungen von Abscheu bemerkbar machten, zeigt eine Notiz der „Münsterischen Morgenpost", wie sich die Situation verändert hatte; die Zeitung schrieb am 9. März über die Schließung der jüdischen Geschäfte: „Eine Bemerkung hierzu müssen wir uns in Anbetracht der derzeitigen Lage versagen." Die münsterischen Zeitungen waren seit dem 25. Februar aufgrund der auf Vorschlag der Regierung Hitler vom Reichspräsidenten erlassenen „Verordnung zum Schutz des deutschen Volkes" unter Zensur gestellt. Im Manuskript des Hauptredners der verbotenen Zentrumsversammlung, des Landtagsabgeordneten Graf Franz von Galen, findet sich eine Passage, die nicht mehr die Öffentlichkeit erreichte, aber doch die Beurteilung dieser Vorgänge in der Bevölkerung widerspiegelt. An die Adresse des inzwischen als Nachfolger Gronowskis eingesetzten Ferdinand Freiherrn von Lüninck gewandt, richtete Franz von Galen den Appell: „Möge er wenigstens die Wiederholung so unwürdiger Vorgänge, wie wir sie erleben mußten, in seinem Amtsbereich unterbinden und die staatliche Autorität zum Schutz der Rechte und Freiheiten aller Bürger, auch der Bürger jüdischen Glaubens, kraftvoll einsetzen! Die überwältigende Mehrheit der Bevölkerung nicht nur der Provinzialhauptstadt, sondern ganz Westfalens, würde es ihm danken" [Archiv Cappenberg, Nachlaß Franz von Galen].

Die Folge der Vorgänge in der zweiten Märzwoche war ein Kommunalwahlergebnis, das für Münster eine große Überraschung bedeutete: Die NSDAP war nach der Zahl der Stimmen und der Mandate stärkste Partei geworden. Sie hatte mit 24 318 Stimmen das Zentrum (24 042 Stimmen) knapp überflügelt und damit zwanzig Mandate in der Stadtverordnetenversammlung gewonnen – das Zentrum nur 19. Das Zentrum hatte damit das zweitbeste Ergebnis in einer Kommunalwahl seit 1924 erzielt und in der gleichzeitig stattfindenden Wahl zum Provinziallandtag die NSDAP

Zug der katholischen Stadtverordneten der NSDAP von der Lambertikirche zum Rathaus am 3. April 1933

hinter sich gelassen. Allerdings waren in den früheren Kommunalwahlen nach 1919 nur zwischen 26 000 und 47 000 Wähler an die Urnen gegangen, diesmal waren es 60 000. In der Stadtverordnetenversammlung ergab sich eine schwierige Situation. Eine Koalition von Zentrum, Mittelstandspartei und SPD, wie sie vom Zentrum angeboten wurde, wäre mit 24 Mandaten zwar möglich gewesen – NSDAP und Kampffront kamen nur auf 23 Mandate (der KPD-Stadtverordnete blieb außer Betracht) –, doch spielte die Mittelstandspartei in den Vorgesprächen nicht mit und ging eine Arbeitsgemeinschaft mit der Kampffront ein. Nach der Kommunistischen Partei geriet auch die SPD immer mehr in das Trommelfeuer gegen „die Marxisten", so daß politisch nicht mehr ohne weiteres möglich schien, was bisher unproblematisch gewesen war.

Die erste Sitzung der Stadtverordneten am 3. April 1933 begann dann doch nach alter Tradition mit Gottesdiensten in der Stadt- und Marktkirche St. Lamberti und in der Erlöserkirche. Die hl. Messe in Anwesenheit der NSDAP-Fraktion zu feiern, hatte sich der Pfarrer von St. Lamberti, Clemens August Graf von Galen, nach den Ereignissen bei der Flaggenhissung zunächst geweigert, bis er nach der Regierungserklärung Hitlers vom 23. März und der Erklärung der Bischöfe vom 28. März, die allgemein als Akzeptieren des neuen Regimes verstanden worden war, einlenkte und sich auf sehr ernste und mahnende Worte in seiner Predigt beschränkte, in der er die „katholischen Christen" – also auch und gerade in der NSDAP-Fraktion – an „Gerechtigkeit und Nächstenliebe" als Grundlagen des christlichen Gemeinschaftslebens erinnerte [Münsterischer Anzeiger vom 3. April 1933]. Bei der Wahl des Stadtverordnetenvorstehers wurden die parlamentarischen Spielregeln zunächst eingehalten. Mit dem Obersteuerinspektor Albert Hillebrand (NSDAP), der 42 Stimmen erhielt, wurde ein Mitglied der stärksten Fraktion zum Stadtverordnetenvorsteher gewählt; sein Stellvertreter wurde der Postinspektor Gerhard Boyer vom Zentrum mit 41 Stimmen. Es gab drei Stimmenthaltungen von der SPD; das KPD-Mandat war bereits kassiert. Zu unbesoldeten Magistratsmitgliedern wurden fünf NSDAP- und fünf Zentrumsstadtverordnete sowie je ein Ratsherr des bürgerlichen Mittelstandes und der „Kampffront Schwarz-Weiß-Rot" gewählt. Die Kommissionen wurden einstimmig konstituiert, ohne daß jedoch die SPD-Fraktion Berücksichtigung fand, die deshalb unter Protest die Sitzung verließ. Obwohl alle anderen „nicht-marxistischen" Fraktionen in den Gremien der Stadt vertreten waren, konnte nicht verborgen bleiben, welches Ziel die NSDAP verfolgte. Hillebrand erklärte die „Gleichschaltung" zur Voraussetzung aller „Aufbauarbeit". Im übrigen hatte man die Zentrumspartei schon im Vorfeld zu einem selbstverleugnenden Nachgeben gezwungen, indem die NSDAP die Zentrumsstadtverordneten Kampschulte und Stricker als Mitglieder der Kommissionen nicht akzeptierte und der Parteivorstand den „freiwilligen" Verzicht der beiden annahm. Im weiteren wurden auf Antrag der NSDAP einstimmig vier Straßen und ein Platz umbenannt sowie für Hindenburg und Hitler die Ehrenbürgerschaft beschlossen.

Mit ihrer Zustimmung zu diesen demagogischen, aber taktisch geschickt formulierten Anträgen begaben sich die Bürgerlichen auf die abschüssige Bahn. Weitsichtige Männer – wie Oberbürgermeister Zuhorn – hatten hier schon ihren Rücktritt ins Auge gefaßt, sich dann aber noch von ihren politischen Freunden zum Weitermachen bewegen lassen. Während das Zentrum, die Deutschnationalen und die Mittelstandspartei die Arbeit in der Stadtverordnetenversammlung in gewohnter Weise –

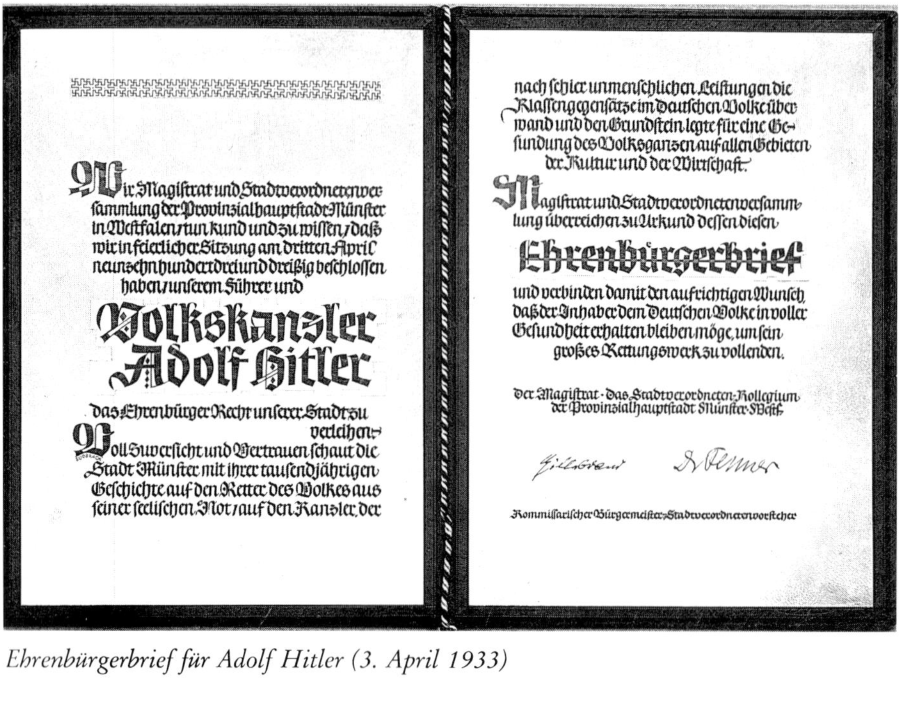
Wir Magistrat und Stadtverordnetenversammlung der Provinzialhauptstadt Münster in Westfalen, tun kund und zu wissen, daß wir in feierlicher Sitzung am dritten April neunzehnhundertdreiunddreißig beschlossen haben, unserem Führer und

Volkskanzler Adolf Hitler

das Ehrenbürger Recht unserer Stadt zu verleihen.

Voll Zuversicht und Vertrauen schaut die Stadt Münster mit ihrer tausendjährigen Geschichte auf den Retter des Volkes aus seiner seelischen Not, auf den Kanzler, der nach schier unmenschlichen Leistungen die Klassengegensätze im Deutschen Volke überwand und den Grundstein legte für eine Gesundung des Volksganzen auf allen Gebieten der Kultur und der Wirtschaft.

Magistrat und Stadtverordnetenversammlung überreichen zu Urkund dessen diesen

Ehrenbürgerbrief

und verbinden damit den aufrichtigen Wunsch, daß der Inhaber dem Deutschen Volke in voller Gesundheit erhalten bleiben möge, um sein großes Rettungswerk zu vollenden.

Der Magistrat · Das Stadtverordneten-Kollegium der Provinzialhauptstadt Münster-Westf.

Hillebrand Dr. Pelster

Kommissarischer Bürgermeister, Stadtverordnetenvorsteher

Ehrenbürgerbrief für Adolf Hitler (3. April 1933)

wenn auch in spannungsgeladener Atmosphäre – begannen, machten die Nationalsozialisten keinen Hehl aus ihren Absichten. Offen blieb zunächst nur, auf welche Weise diese verwirklicht werden sollten. Durch eine Reihe von Dringlichkeitsanträgen brachten sie zunächst die Zentrumsfraktion in Bedrängnis und Verwirrung, so daß diese bei einigen Anträgen mitstimmte, bei anderen Verwahrung einlegte, wobei sie sich unversehens als „mittelstandsfeindlich" etikettiert sah. Die NSDAP erklärte offen, daß sie „eine fruchtbringende, ersprießliche Arbeit" nur gewährleistet sehe, wenn die übrigen Mitglieder „sich dem Willen der Nationalsozialisten unterordnen". Mit Hilfe der neuen Geschäftsordnung wurde der SPD-Stadtverordnete Heinrich Hemsath an der weiteren Teilnahme gewaltsam gehindert, nachdem er beim Hinausgehen aus der Eröffnungssitzung „Freiheit" gerufen hatte [1508: Kuropka, Machtergreifung, S. 7].

In der Stadtverordnetensitzung vom 10. Mai 1933 ging dann nach den Worten des Pfarrers von Galen gegen das Zentrum „ein gut berechnetes nervenzerrüttendes Trommelfeuer los", das die Zentrumsfraktion „vollständig erschüttert" hinterließ. Man erwog auf Zentrumsseite sogar, alle Mandate niederzulegen, was dann auf Anraten Galens unterblieb, weil man hoffte, so lange aushalten zu können, bis sich die Kraft der Nationalsozialisten erschöpft habe, und weil man eine „unkontrollierte Alleinherrschaft der Nazis" befürchtete [1593: Kuropka, Graf von Galen, S. 121].

Als Instrument der Aushebelung des Zentrums wurde, wie in anderen Großstädten, ein Untersuchungsausschuß eingesetzt, dem kein Mitglied der Zentrumsfraktion angehörte. Schon am 10. Mai präsentierte der Ausschuß seine ersten „Ergebnisse", nämlich eine Zusammenstellung der Kosten für Bewirtungen des Magistrats. Zum Spektakel geriet die Sitzung, als im passenden Moment SA- und SS-Leute Weinflaschen und Zigarren „aus dem Bestand für die Stadtverordnetenschützenfeste" hereintrugen und die Tribüne – besetzt mit SA und SS – tobte. Als Sensation empfand die Presse jedoch, daß zuvor die besoldeten Magistratsmitglieder von der NSDAP-Fraktion herbeizitiert wurden und sich dunkle Darstellungen über die katastrophale Finanzlage der Stadt anhören mußten, ohne daß ihnen Gelegenheit zur Stellungnahme gegeben wurde. Der NSDAP-Fraktionsvorsitzende sprach dem Magistrat das Mißtrauen aus und erklärte, es sei den Nationalsozialisten nicht mehr möglich, mit dem jetzigen Magistrat zusammenzuarbeiten. Ein nachgerückter Stadtverordneter wurde vom neuen Stadtverordnetenvorsteher per Handschlag verpflichtet, der damit das Amt des Oberbürgermeisters okkupierte. Das war die eigentliche Sensation der Sitzung. Mit dem protestierenden Oberbürgermeister Zuhorn verließ auch der Fraktionsvorsitzende der Kampffront die Sitzung, der mit diesem Vorgehen seiner Koalitionspartner nicht mehr einverstanden war. Eine Woche später endeten die Auseinandersetzungen zwischen Magistrat und NSDAP-Fraktion, als Zuhorn, der Zweite Bürgermeister Schlanstein und Stadtschulrat Professor Linneborn auf Anweisung des preußischen Innenministers Göring vom Regierungspräsidenten beurlaubt wurden und mit der Wahrnehmung der Geschäfte des Zweiten Bürgermeisters der bisherige Stadtverordnetenvorsteher Hillebrand beauftragt wurde. Weitere NSDAP-Stadtverordnete wurden zu besoldeten Magistratsmitgliedern ernannt. Damit wurde Münster – wie die Presse berichtete – als letzte Großstadt „gleichgeschaltet".

Die Zentrumsfraktion hatte inzwischen durch Mandatsniederlegungen von ihren 19 Mitgliedern nicht weniger als neun verloren. Vier prominente Mitglieder verlie-

Sitzung der Stadtverordnetenversammlung am 22. September 1933 im Rathausfestsaal

ßen die Partei, weil es ihnen nicht mehr möglich erschien, „durch weitere Zugehörigkeit zu einer Partei abseits der werdenden Volksgemeinschaft zu stehen", ohne in die NSDAP einzutreten [1508: Kuropka, Machtergreifung, S. 9]. Als sich die Zentrumspartei am 5. Juli auflöste, blieben die restlichen Stadtverordneten des Zentrums in ihrem Amt, doch waren in der Sitzung am 16. August nur noch drei von ihnen anwesend.

Am 22. September 1933 wurde der bisherige Zweite Bürgermeister Hillebrand kommissarisch zum Oberbürgermeister bestellt und am 27. September 1933 feierlich von Regierungspräsident Matthaei und NSDAP-Gauleiter Dr. Meyer in sein Amt eingeführt. Ende November wurde die demokratische Selbstverwaltung durch die Bürgermeistereiverfassung abgelöst, mit der die Befugnisse des Magistrats auf den Oberbürgermeister übergingen. Die letzte Sitzung der Stadtverordnetenversammlung fand am 21. Dezember 1933 statt. Es war der „Abschluß demokratischer Gemeindeherrschaft in Münster", wie die nationalsozialistische „Nationalzeitung" schrieb. Durch ein neues Gemeindeverfassungsgesetz wurde das Führerprinzip auch auf die Kommunen übertragen; die Ratsherren wurden berufen und fungierten lediglich als Berater des Oberbürgermeisters.

„Nationaler Aufbruch" und beginnende Verfolgung

Die Überwältigung der städtischen Selbstverwaltungskörperschaften war begleitet von einer Emotionalisierungswelle, die in geschickter Inszenierung an die nationalen Gefühle appellierte und diese mit einer Art Erlösungsmythos verknüpfte. In den sonnigen Frühlingstagen des Jahres 1933, so wurde nicht ohne Erfolg suggeriert, war das

Oberbürgermeister Hillebrand und Gauleiter Meyer sammeln für die „Hitler-Geburtstags-Spende"

Ende der „Weimarer" Beschwernisse gekommen. Der Aufbruch zu neuer Größe, der durch die sich jagenden Erfolgsnachrichten und die nicht enden wollende Reihe der Feiern und Feiertage von einer gewissen Atemlosigkeit geprägt war, schien begonnen zu haben. Schon am 21. Februar war von der Parteileitung der 4. März, der Tag vor der Reichstagswahl, zum „Tag der erwachenden Nation" ausgerufen und mit einem Fackelzug und großer Illumination des Prinzipalmarkts gefeiert worden. Vier Tage später gab es den nächsten Fackelzug, an dem neben den Parteigliederungen auch der Arbeitsdienst der NSDAP, die Polizeischule mit ihren Schülern und Offizieren, Schuljugend und Beamte der verschiedenen Verwaltungen teilnahmen. Am 8. März wurde zwar nicht gefeiert, aber es gab wegen des Wahlausgangs schulfrei; der 12. März, der Tag der Kommunalwahl, wurde als „Volkstrauertag" begangen. Der neue Reichstag trat am 21. März in der Potsdamer Garnisonkirche zu einem Staatsakt zusammen; dieser „Tag von Potsdam" war erst drei Tage vorher zum Nationalfeiertag erklärt worden. 62 Jahre zuvor hatte sich der erste Reichstag des Kaiserreichs konstituiert.

Der Münsteraner Heinrich Brüning empfand die Potsdamer Feier als das „Niederdrückendste seit dem Einmarsch nach Deutschland 1918". Ihm entging nicht, wie mit Emotionen Politik gemacht wurde: „Das deutsche Volk war in einem Rausch, die Abgeordneten ebenfalls" [2029: Memoiren, S. 657]. Natürlich war Münster auch am 21. März voll beflaggt; es gab Platzkonzerte, Feiern in den Schulen, in der Universität, in den Behörden. In den Kinos liefen „nationale Filme" wie „Blutendes Deutschland" und „Der Choral von Leuthen". Am Abend war in der Stadt viel

Betrieb, da man einen Fackelzug erwartete; sein Ausbleiben wurde mit einiger Enttäuschung vermerkt. Am 10. April wurde der Provinziallandtag eröffnet. Wieder war die Stadt beflaggt, und man konnte den festlichen Zug der Abgeordneten von den Eröffnungsgottesdiensten im Dom bzw. in der Erlöserkirche zum Landeshaus sehen. Am 20. April wurde Hitlers Geburtstag gefeiert. Die Nationalsozialisten sammelten eine „Hitler-Geburtstags-Spende“ und verteilten diese an 9000 Bedürftige, die sich bei der Ausgabe eingefunden hatten. Vier Tage später veranstaltete die Hitlerjugend einen dreistündigen Propagandamarsch durch die Stadt. Das alles wurde in den Schatten gestellt durch die Feiern am 1. Mai, der zum erstenmal als staatlicher Feiertag, als „Tag der nationalen Arbeit“, begangen wurde. Am Abend bewegte sich erneut ein Fackelzug durch die illuminierte Stadt, die „ein märchenhaftes und magisches Aussehen“ hatte [Münsterische Morgenpost vom 2. Mai 1933]. Der Zug nahm seinen Ausgang vom Hindenburgplatz, wo eine Rede Hitlers über Lautsprecher übertragen wurde.

Die Formulierungen der Zeitungsberichte lassen etwas von der „zwanghaften Emotionalisierung“ ahnen [2781: Vondung, Magie und Manipulation, S. 193f], als die man die propagandistische Verführung beschrieben hat: Da warteten die „Menschenmassen [. . .] auf die Worte des Volkskanzlers Adolf Hitler, [. . .] auf seine Botschaft. [. . .] Voll dankbarer Begeisterung sang man das Deutschlandlied zum dunklen Nachthimmel empor. Als [. . .] das alles ein Bild großer Begeisterung und Seelenfreude darbot, da sang man immer noch die Lieder des neuen Deutschland“ [Münstersche Zeitung vom 2. Mai 1933]. In der ersten Maiwoche gingen die Feiern weiter. Im

Feier der Städtischen Betriebe am 1. Mai 1933

Stadthaus, auf der Loddenheide, im Schloßgarten und in den städtischen Betrieben fanden Fahnenweihen statt. Am 21. Mai wurde ein großer Aufmarsch der SA und SS des Landkreises Münster organisiert. Als am 16. und 17. September 1933 in Münster der 13. Westfalentag stattfand, wurde den 200 000 Teilnehmern der Hauptkundgebung auf dem Hindenburgplatz die Identität Westfalens mit dem Nationalsozialismus nahegelegt. Der Westfalentag war zum „Treuebekenntnis der Westfalen zum Führer" geworden. Neben dem neuen Oberpräsidenten von Lüninck und leitenden Männern der NSDAP sprach Karl Wagenfeld, der Geschäftsführer des Westfälischen Heimatbundes und bedeutendste Heimatdichter Westfalens, und so schienen sich in den Personen und in deren Reden die Heimat Westfalen, das Reich und die NSDAP nahtlos ineinander zu fügen.

Der Wahlkampf im Frühjahr 1933 war noch „gegen die Marxisten" geführt worden; allerdings blieb es in der politischen Praxis durchaus unklar, wer zu den „Marxisten" gezählt wurde. Zunächst jedenfalls gehörten Kommunisten und Sozialdemokraten sowie Organisationen in deren Umfeld dazu; sehr bald wurden die Grenzen fließend, als man sich gegen „jüdisch-marxistische" und „internationalistische Elemente" wandte. Über die ersten Razzien gegen Kommunisten wurde noch in den Zeitungen berichtet, weil es die Versprechungen der eigenen Propaganda vom Januar 1933 einzulösen galt. Damals hatten die Nationalsozialisten die von ihnen provozierten Schlägereien mit Kommunisten genutzt, um auf Flugblättern zu fordern: „Die Straße frei den braunen Bataillonen! Adolf Hitler die Macht, und Sicherheit, Ruhe und Ordnung sind in Deutschland gewährleistet. Bürger Münsters aufgewacht! [...] Helft Deutschlands und unserer Kinder Zukunft durch Ausrottung des Kommunismus sicherzustellen" [zit. nach 1508: Kuropka, Machtergreifung, Nr. 3a]. Allerdings gab es in Münster nun wirklich keine kommunistischen Größen. Seit 1929 war der Schneider Franz Albrecht, der persönlich durchaus gewisses Ansehen genoß, KPD-Stadtverordneter. Die kommunistische Stammwählerschaft, zwischen tausend und zweitausend Wähler, und noch mehr die Mitglieder (Anfang 1933: 86) rekrutierten sich mehrheitlich aus dem proletarischen Milieu, das zum Teil ins Asoziale und Kleinkriminelle ausfaserte und dessen Schwerpunkt in einem Wohnviertel der Innenstadt zu suchen war, das mit einem geflügelten Wort in der Stadt beschrieben wurde: „Tasche, Brink- und Ribbergasse – Messerstecher erster Klasse."

Mochte also die erste Aktion gegen Kommunisten nach dem Reichstagsbrand in den Märztagen nicht gerade Ablehnung finden, so zeigte sich bald, daß von den Nationalsozialisten nicht allein die Kommunisten als Gegner angesehen wurden. Das Zentrum machte im Wahlkampf entsprechende Erfahrungen. Der „Münsterische Anzeiger" resümierte am 13. März: „Die rücksichtslose, das Maß des Ungewöhnlichen überschreitende Wahlpropaganda der Nationalsozialisten hat gesiegt. Weiter konnte man die Herabsetzung des politischen Gegners als Partei und Person nicht übertreiben, als es in Münster geschehen ist." Die mit falschen Anschuldigungen betriebene Ablösung der leitenden städtischen Beamten war im Sommer 1933 abgeschlossen. Stadtrat Dr. Engelmeier war schon am 29. April durch den Regierungspräsidenten von seinen Amtsgeschäften entbunden und zum 1. Januar 1934 in den Ruhestand versetzt worden. Am 19. Mai wurden Oberbürgermeister Zuhorn, Bürgermeister Schlanstein und Stadtschulrat Linneborn beurlaubt. Zuhorn und Schlanstein wurden aufgrund des „Gesetzes zur Wiederherstellung des Berufsbeamtentums" zum

1. Mai in den Ruhestand versetzt, Linneborn nach Ablauf seiner Amtszeit am 21. September 1933. Die Wahlperiode von Stadtrat Kohlschein war am 15. März 1933 ausgelaufen. Stadtbaurat Schirmeyer wurde am 19. August pensioniert und Stadtrat Dr. Balkhausen zum 1. Februar 1934. Stadtrat Tormin, der Generaldirektor der Städtischen Betriebe, war am 8. Mai 1933 verstorben, so daß sich nur noch Stadtrat Dr. Fulda im Dienst befand.

Nun war es nicht mit der einfachen Ablösung der Magistratsmitglieder getan. Man beschuldigte sie öffentlich, Mißwirtschaft betrieben, sich persönlich bereichert, ja „Schandtaten" begangen zu haben, ohne daß sich die Betroffenen dagegen zur Wehr setzen konnten. Die Vorwürfe der Unfähigkeit und des Amtsmißbrauchs gipfelten darin, daß die sogenannte Zentrumsherrschaft mit dem Marxismus verglichen wurde. So bezeichnete Oberbürgermeister Hillebrand das Zentrum in der Stadtverordnetensitzung am 9. November 1933 als „die allerchristlichste Partei", die hier in Münster „schlimmer als die marxistische Partei" versagt habe [StadtAM, Stadtverordnetenregistratur 70].

Gegen die „Marxisten" war man noch vor der Kommunalwahl vorgegangen. Nach dem Vorspiel vom 10. März besetzte die SA einige Tage das Gewerkschaftshaus, das gleichzeitig Verlagsgebäude der Zeitung „Volkswille" war. Der städtische Polizeidirektor fügte sich der Anforderung der SA-Standarte und schickte zwei Polizeibeamte mit. Sechzig SA-Männer durchsuchten das Haus und warfen Schriften, Bücher und Fahnen auf die Straße, wo sie verbrannt wurden. Am 7. April wurde das Gewerkschaftshaus nach „Verhandlungen" der Polizei mit der NSDAP-Gauleitung zwar von der SA geräumt, aber durch Hilfspolizei der Ortspolizeibehörde besetzt, also letztlich wiederum durch SA-Männer. Somit erfolgte die Gleichschaltung der Gewerkschaften und die Besetzung des Gewerkschaftsgebäudes in Münster längst vor dem 2. Mai. Der Gewerkschaftssekretär Niemeyer wurde in Schutzhaft genommen, aus der er am 6. Mai wieder entlassen wurde. Das Polizeiprotokoll vermerkt über die SA-Besetzung des Gewerkschafthauses, daß es nicht zu irgendwelchen Störungen gekommen sei [1508: Kuropka, Machtergreifung, Nr. 6a, 6e]. So verliefen nach Presseberichten auch die sogenannten Abwehrmaßnahmen gegen die jüdischen Geschäfte „überall sehr ruhig und diszipliniert", und die Suche der SA im Gerichtsgebäude nach Richtern und Staatsanwälten jüdischer Abstammung und „marxistischer Einstellung" ging „ohne Aufsehen in aller Ruhe und ohne störenden Zusammenlauf vor sich" [Münstersche Zeitung vom 30. März 1933]. Allerdings waren die münsterischen Nationalsozialisten in dieser Frage ebenso wie beim Vorgehen gegen die Gewerkschaften besonders aktiv. Die nun nach dem Boykottplan der Partei für den 1. April vorgesehenen Aktionen begannen in Münster bereits einige Tage vorher. Sogar in der „Frankfurter Zeitung" war zu lesen, der Boykott sei in Münster von SA und SS am 29. März „mit großer Energie" aufgenommen worden. Die von Propagandaminister Goebbels – als Antwort auf die angeblich vom „internationalen Judentum" gegen Deutschland organisierte Hetze – popularisierte Aktion bedeutete eine neue Qualität in den terroristischen Aktivitäten des Regimes, denn die Diskriminierung der Mitbürger jüdischen Glaubens geschah vor aller Augen und betraf neben den Geschäftsleuten auch Ärzte, Richter, Rechtsanwälte, Staatsanwälte und Hochschullehrer. Zumindest die öffentlich registrierten Reaktionen zeigten einen Anpassungsprozeß an die vom Regime ausgehenden Zwänge; Konzerne beeilten sich, Mitarbeiter jüdischen Glaubens aus den Geschäftsleitungen zu entfernen; Geschäftsinhaber gaben bekannt, daß sie nicht mit jüdischem Kapital arbeiteten, und Rechtsanwälte lösten ihre langjährigen Sozietätsverbindungen mit Kollegen jüdischen Glaubens. Zu Äußerungen von Abscheu kam es höchstens im privaten Kreis, was nicht immer vertraulich blieb und beispielsweise dem bekannten Freiballonführer Eimermacher aus Münster, der seine Sympathie für die Juden zum Ausdruck gebracht hatte, die Aufnahme in den Deutschen Luftsportverband erschwerte.

Wie weit das Spektrum der vom Regime ins Auge gefaßten Gegner reichte, machten weitere Aktionen deutlich. Durch Funkspruch wurden am 1. Juli katholische Verbände (Friedensbund deutscher Katholiken, Windthorstbund, Kreuzschar, Sturmschar, Volksverein für das katholische Deutschland und Katholischer Jungmännerverband) verboten und deren Geschäftsstellen geschlossen. Das Verbot wurde allerdings wenige Tage später wegen der Rückwirkungen auf die Konkordatsverhandlungen wieder aufgehoben. Rechtliche Grundlage der Aktion war die Verordnung des Reichspräsidenten „zum Schutz von Volk und Staat", die „zur Abwehr kommunistischer staatsgefährdender Gewaltakte" erlassen worden war. Das Vorgehen gegen die Verbände, noch dazu mit dieser Begründung, empörte nicht nur die als Präsides betroffenen Kapläne – Kaplan Degener von der Heilig-Kreuz-Gemeinde erhob „als deutscher Priester und deutscher Offizier energisch Protest" [zit. nach 1508: Kuropka, Machtergreifung, Nr. 7f] –, sondern auch Pfarrer von Galen, der persönlich und schriftlich bei der Polizei und beim Regierungspräsidenten protestierte.

Daß die neuen Herren von Gedanken- und Gewissensfreiheit nichts hielten, zeigte die Aktion gegen den „undeutschen Geist", die zur Verbrennung von sogenannten jüdischen, marxistischen und liberalistischen Werken der Literatur durch die Studen-

Aktion „Wider den undeutschen Geist" auf dem Domplatz

tenschaft am 10. Mai 1933 auf dem Hindenburgplatz führte. Die Bücher waren aus öffentlichen und privaten Bibliotheken – auch der Universität – sowie aus Buchhandlungen gesammelt und zum Teil einige Tage vorher an einen „Schandpfahl“ auf dem Domplatz angenagelt worden. Im August wurden die kleinen Gemeinden der Zeugen Jehovas und der Siebenten-Tags-Adventisten aufgelöst, und selbst Vereine wurden bespitzelt und bedroht. Im November 1933 durchsuchte auf Veranlassung des Oberbürgermeisters eine Reihe von SA-Männern unter Begleitung eines Polizisten das Vereinslokal eines Gesangvereins. Man kam in das Lokal und rief „Hände hoch, alles stehen bleiben“. Als der Wortführer nach seinem Ausweis gefragt wurde, griff dieser „in seine Gesäßtasche, entnahm derselben 1 Revolver und sagte hierbei: ‚Das ist mein Ausweis.‘“ Immerhin wagte es der Vereinsvorsitzende noch, bei der Polizei Anzeige zu erstatten [1508: Kuropka, Machtergreifung, Nr. 8d].

Stimmung statt Sachpolitik

Schon 1931 hatte Hitler gefordert, man müsse wenigstens das Gefühl der Not beseitigen, wenn man schon nicht die Not selbst beseitigen könne. Das war in der ersten Phase der NS-Herrschaft die eigentliche Maxime, nach der Politik und auch Kommunalpolitik betrieben wurde. Die neuesten Zahlen der Wirtschafts- und Arbeitsmarktstatistik kamen ebenfalls dem neuen Regime zugute. Die Börse reagierte auf den Ausgang der Reichstagswahl mit einer Hausse; am 15. März sank die Zahl der Arbeitslosen erstmalig unter die Sechs-Millionen-Grenze (5 935 000), und auch die Zahl der Insolvenzen sank gegenüber dem Vorjahr beträchtlich. Die Stadt Münster war von der Wirtschaftskrise nicht in dem Maße betroffen wie Städte vergleichbarer Größe, denn über ein Drittel der Beschäftigten arbeitete im öffentlichen Dienst und in anderen Dienstleistungsbereichen, nur knapp 30 Prozent in Industrie und Handwerk. Der Höchststand der Arbeitslosenzahl lag nach Zeitungsberichten bei 6913 Personen im Februar 1933 (von denen die Stadt 3518 zu unterstützen hatte), nach der offiziellen Statistik bei 5898 im Januar 1933. Mit einer Arbeitslosenquote von 12,8 Prozent stand Münster unter den Großstädten des Reiches weitaus am günstigsten da. Ab Februar sank die Arbeitslosenzahl, was zunächst jahreszeitlich bedingt war, kontinuierlich auf 3810 im September und stieg dann nicht mehr auf den früheren Stand.

Den Beginn dieser Entwicklung konnten die Nationalsozialisten im Frühjahr 1933 noch nicht als ihren Erfolg verbuchen. Ihnen war es bis zur Kommunalwahl darauf angekommen, Münsters Politiker und Verwaltungsbeamte als unfähige und in Skandale verstrickte, sich bereichernde „Hyänen“ darzustellen. In der Perspektive der Wähler mochte sich die tatsächliche oder die als Gefahr vor Augen stehende Not mit dem Gefühl verbinden, es könnte ja doch etwas an diesen „Skandalen“ sein. So kann das unerwartete Ergebnis der NSDAP-Mehrheit bei der Kommunalwahl doch eine einigermaßen einleuchtende Erklärung finden. Schon am 28. September 1930 hatte der „Münsterische Anzeiger“ über die Anhängerschaft der NSDAP geschrieben: „Die Leute sind nur durch eines geeint: nämlich durch den Wunsch, daß alles anders werden möge.“ Das Wahlkampfversprechen der NSDAP lautete daher in einer für Münster nicht ungeschickt gewählten Formulierung „Mit Gott unter Adolf Hitler für Sauberkeit und Ordnung in der Gemeindepolitik“ [Nationalzeitung vom 10. März 1933]. Unter den dreißig Antworten, die ein NSDAP-Flugblatt auf die Frage „Was wollen die Nazis auf dem Rathaus in Münster?" gab, betrafen 29 Dinge, die aus der Vergangenheit aufgedeckt werden sollten. Eine einzige Aussage wurde zur künftigen Kommunalpolitik gemacht, nämlich sofort eine Million Reichsmark für Arbeitsbeschaffung zur Verfügung zu stellen.

In den ersten Wochen des Umbruchs konnte man die Erwartungen der Öffentlichkeit zwar mit immer neuen Enthüllungen befriedigen, die hinsichtlich der Etatfragen einigermaßen im unklaren blieben, dafür jedoch effektvoll inszeniert wurden und durch eine Affäre um die Ansprüche des 1932 nicht wiedergewählten, aber durchaus anerkannten Oberbürgermeisters Sperlich eine gewisse Glaubwürdigkeit erhielten. Sperlich erhob verschiedene Forderungen gegenüber der Stadt und verfocht seine Position mit großem Nachdruck, wobei er sich als Opfer der „Parteibuchwirtschaft" darstellte. So goß er Wasser auf die Mühlen der NSDAP, der er jedoch selbst nicht beitrat, bis die Nationalsozialisten die Affäre nicht mehr benötigten, ihn in der Stadtverordnetensitzung vom 9. November 1933 fallenließen und für die „Mißwirtschaft" verantwortlich machten.

Über die angebliche Mißwirtschaft selbst wurden immer wieder Katastrophenmeldungen verbreitet, doch blieben die Zahlen und Fakten reichlich im ungewissen. Waren in der Stadtverordnetensitzung am 28. Juli 1933 Schulden (55 Millionen Reichsmark) und Bürgschaften (15 Millionen Reichsmark) der Stadt zu einer Schuldensumme von 70 Millionen Reichsmark zusammengezogen worden, sprach man in der Sitzung am 9. November 1933 von 37,5 Millionen Schulden und 15,6 Millionen Bürgschaften, zusammen also 53,1 Millionen Mark, wobei die Bürgschaften mit einer Fälligkeitsrate von 7,8 Millionen kalkuliert wurden und somit die – immer noch unseriös ermittelte – Summe 45,3 Millionen Reichsmark betrug. Am Ende des Jahres 1933 war sachlich vom Vorwurf der Mißwirtschaft nicht mehr viel übriggeblieben. Hillebrand verwies sogar selbst auf die gesunde Struktur der Stadt, die in der Lage sei, sich selbst zu tragen. Wirklich vorgewiesen werden konnte nur der Plan für ein Arbeitsbeschaffungsprogramm, das über Baumaßnahmen 2200 Männer für sechs Monate beschäftigen sollte und dessen städtischer Finanzierungsanteil sich recht gut durch die – seit 1933 wieder reichlicher fließenden – Steuereinnahmen finanzieren ließ. Bei gleichbleibenden Steuer- und Gebührensätzen nahm die Stadt 1932 nur 4,85 Millionen, 1933 aber schon 6,27 Millionen Mark eigene Steuern ein. Sie erhielt nach 8,66 Millionen Mark Reichssteuerüberweisungen im Jahr 1932 nun 11,23 Millionen und nach 6,05 Millionen Überweisungen zur Realsteuersenkung (1932) im folgenden Jahr 7,8 Millionen Mark.

Natürlich veränderte sich die materielle Lebenslage der Bürger nicht zum Besseren, so daß man auch hier zur Stimmungsmache eines sogenannten Sozialismus der Tat greifen mußte. Das begann mit der „Hitler-Geburtstags-Spende" am 20. April und setzte sich fort in der Propaganda der SA auf dem Wochenmarkt, wo Sprechchöre darüber aufklärten, daß 1,10 Mark für das Pfund Butter und 7 Pfennig für das Ei in dieser Zeit angemessene Preise wären. Über Lautsprecher wurde dazu aufgefordert, „Gemeinnutz vor Eigennutz" zu stellen und ungerechtfertigte Preise abzulehnen. Vom 6. bis 14. Mai gab es eine „Deutsche Woche" unter der Parole „Kauft deutsch – und bekämpft die Arbeitslosigkeit", und unter dem Slogan „Helft Arbeit schaffen" wurden Bauunternehmer, Handwerker und Kaufleute bedrängt, weitere Arbeitskräfte einzustellen.

Nationalsozialistische Propaganda in den münsterischen Straßen (November 1933) – hier am Drubbel

Die Hoffnungen derer, die gemeint hatten, nun würde „alles anders" werden, wurden Ende des Jahres durch die mit großem Aufwand betriebene Werbung für die „Reichstagswahl" und die Volksabstimmung über den Austritt Deutschlands aus dem Völkerbund am 12. November 1933 auf die Außenpolitik abgelenkt. SA-Sprechchöre skandierten in der Stadt Parolen für Hitlers Friedenspolitik, und auf Spruchbändern über den Straßen wurde Deutschland als Hort des Friedens dargestellt: „Mit Hitler gegen den Rüstungswahnsinn der Welt" oder „Mit Adolf Hitler ‚Ja' für Gleichberechtigung und Frieden". Wer sich auch durch außenpolitischen Aktionismus nicht blenden ließ, der fand sich schlicht der Androhung von Gewaltmaßnahmen ausgeliefert. So wurde „Verrätern an der Arbeitsschlacht" in der Presse KZ-Haft angedroht. In einer Art Interview in der Stadtverordnetensitzung am 21. Dezember 1933 von einem NSDAP-Stadtverordneten gefragt, ob er glaube, „ohne Verhaftungen durchkommen zu können", und warum er wegen kritischer Äußerungen „noch keine Verhaftungen vorgenommen" habe, antwortete Oberbürgermeister Hillebrand zugleich versöhnlich und drohend. Bei Vorwürfen, die über „gesunde Kritik" hinausgingen, würde er natürlich einschreiten: „Ich werde in dieser Beziehung vor keiner Person in Münster zurückschrecken" [StadtAM, Stadtverordnetenregistratur 70]. Jedermann wußte also, woran er war.

2. *Die Doppelgesellschaft*

Praktizierte Volksgemeinschaft?

Wenigstens äußerlich schien in den Feiern und Festlichkeiten im Frühjahr und Frühsommer 1933 so etwas wie die vielberufene Volksgemeinschaft sichtbar zu werden. Einige der geschilderten Aktionen ließen sich als Signal für die Überwindung aller Gegensätze verstehen: Die Reichen gaben reichlich zur Adolf-Hitler-Geburtstagsspende, die von der NSDAP verteilt wurde; der Frieden mit der Kirche schien geschlossen, als im Juli das Konkordat unterzeichnet wurde. Wie bislang üblich, nahm die Stadtleitung an der Großen Prozession teil, wenn auch in brauner Parteiuniform etwas zu demonstrativ. Als am 28. Oktober der neue Bischof Clemens August von Galen geweiht wurde, waren die Spitzen der Behörden – wenn auch nicht der Partei – vertreten, und SA stand auf dem Domplatz Spalier. Was äußerlich zumindest als Arrangement der Bevölkerung mit den neuen Verhältnissen gelten konnte, bedeutete jedoch noch nicht tatsächliche Zustimmung. Schon von ihrem Auftreten her waren die Nationalsozialisten der bürgerlichen Gesellschaft unsympathisch, wo man sie als „Rabauken" ansah. Hinzu kam, daß die Männer, gegen die jetzt eine Art öffentlicher Treibjagd veranstaltet wurde – leitende Beamte und Kommunalpolitiker – in der münsterischen Gesellschaft fest verwurzelt waren und daher mit ihnen auch ihr soziales Umfeld angegriffen wurde, so daß die Zustimmung zu den neuen Verhältnissen schon deshalb begrenzt blieb. Als Indiz kann auch die Tatsache gelten, daß es in der Konfliktphase um die Übernahme der kommunalen Körperschaften kaum spektakuläre Übertritte von Zentrumspolitikern und prominenten Mitgliedern zur NSDAP gegeben hatte.

So sprach sogar der neue Regierungspräsident Matthaei bei der Einführung des Oberbürgermeisters Hillebrand im September 1933 davon, daß es für die Nationalsozialisten hier in Münster „ein ganz gefährliches Pflaster" sei und die NSDAP vor einer „gewaltigen Aufgabe" stünde. Die Nationalsozialisten versuchten sich entsprechend einzustellen. Als die NSDAP in der Stadtverordnetenversammlung die Umbenennung von Straßen beantragte, wies man eigens darauf hin, nicht alte Innenstadtstraßen gewählt zu haben, so daß dann die Bahnhofstraße – nicht der Prinzipalmarkt – zur Adolf-Hitler-Straße wurde, die Südstraße zur Albert-Leo-Schlageter-Straße und die Nordstraße zur Hermann-Göring-Straße. Die Diskrepanz zwischen der in der Presse immer wieder beschriebenen ungeheuren Beteiligung der Bevölkerung und der Realität wurde angesichts der Befehls- und Zwangsstrukturen denn auch nur hier und da greifbar, etwa wenn der Stadtverordnetenvorsteher Dr. Fenner (NSDAP) in der Stadtverordnetenversammlung am 28. Juli 1933 – eine Woche zuvor war das Reichskonkordat unterzeichnet worden – kritisierte, „wie kläglich in Münster geflaggt" gewesen sei, und auf Dortmund als leuchtendes Vorbild hinwies. Ausdrücklich wünschte er „in Zukunft mehr Hakenkreuzfahnen". Zwar ging – wiederum äußerlich – für den Normalbürger alles weiter seinen Gang, aber an verschiedenen Stellen des öffentlichen Lebens kam es bald zu Reibungen, die tiefgreifende Veränderungen erwarten ließen. Die Kündigung des städtischen Zuschusses und der Räumlichkeiten im Krameramtshaus für die öffentliche Bücherei des Katholischen Bücher- und Lesehallenvereins im Mai 1933 mochte sich angesichts der gut ausgebauten

Borromäusbüchereien verschmerzen lassen. Problematischer war es schon, wenn die Stadt für das Wohlfahrtswesen das Monopol beanspruchte und andere Auffassungen als „Gefährdung der Staatsautorität" eingestuft wurden, gegen die man nötigenfalls auch mit „Verhaftungen" vorzugehen bereit war.

Angeblich hatte es gegen den neuen Oberbürgermeister sogar „Angriffe" gegeben, deren Urheber die NSDAP-Fraktion in den „sogenannten exklusiven Klubs" (Civilclub und Zwei-Löwen-Club) lokalisierte, die „heute keine Existenzberechtigung" mehr hätten. Dunkel verlautete, es handele sich um Kräfte, die die Arbeit der Stadtleitung „sabotierten". Allerdings schätzte Hillebrand die in Opposition verharrenden Kräfte zahlenmäßig lediglich auf ein- bis zweitausend Personen unter einer Einwohnerschaft von 123 000. Doch ging es der NSDAP nicht allein um diese „Opposition", sondern um eine grundsätzliche Änderung: „Der Zentrumsgeist und der reaktionäre Geist in Münster muß unter allen Umständen zurückgedrängt werden" [Nationalzeitung vom 22. Dezember 1933].

Die neuen Männer und das alte Milieu

Bis ins Frühjahr 1933 hätte sich in Münster kaum jemand vorstellen können, daß Albert Hillebrand wenige Monate später Oberbürgermeister der Stadt sein würde. Er paßte einfach nicht in eine Reihe mit so gebildeten und qualifizierten Persönlichkeiten wie Sperlich und Zuhorn. Ähnlich verhielt es sich mit den weiteren Mitgliedern des neuen NS-Magistrats. Hans Aschhoff wurde Verkehrsdezernent, Wilhelm Glowsky Stadtschulrat, Hans Querfeld Polizeidezernent; Querfeld schied allerdings schon im Juni 1933 wieder aus und wurde Landrat des Kreises Warendorf, so daß Max Lorenz das Amt übernahm. Neben dem verbliebenen Stadtrat Dr. Fulda wurde der frühere Landrat von Moers, Günther van Endert, als Zweiter Bürgermeister nach Münster versetzt, was insofern bemerkenswert war, als van Endert sein Amt in Moers als Beamter des „alten Systems" verloren hatte. Nachfolger Hillebrands als Stadtverordnetenvorsteher wurde Dr. Franz Fenner; Dr. Gerhard Bommel übernahm die Fraktionsführung der NSDAP-Fraktion in der Stadtverordnetenversammlung.

Der neue Oberbürgermeister Hillebrand stammte aus Barmen (geboren 1890) und war seit 1931 als Obersteuerinspektor in Münster tätig. Im Krieg verwundet, hatte er nach eigenen Angaben das Eiserne Kreuz I. Klasse erhalten, sich zwischen 1920 und 1922 in Freikorpsorganisationen betätigt; 1927 war er in die NSDAP eingetreten. Hans Aschhoff, 1899 in Münster geboren, war als Gymnasiast Soldat geworden, hatte in Freikorps gekämpft und war 1920 bei der Verwaltung der Polizeischule in Münster eingestellt, 1924 wegen seiner politischen Betätigung jedoch wieder entlassen worden. Seit 1923 Parteimitglied und deren Propagandaleiter in Münster, hatte er 1932 die Kreisleitung Münster-Stadt übernommen. Seit 1925 war er Angestellter bei der Landesversicherungsanstalt Westfalen. Max Lorenz, Jahrgang 1886, aus Meeder (Kreis Coburg) hatte eine Lehre als Steinmetz absolviert. Im Ersten Weltkrieg hatte er es zum Offiziersstellvertreter gebracht und war mit dem „EK I" ausgezeichnet worden. Zunächst war er als Angestellter bei der Landwirtschaftskammer in Münster, dann als Bankangestellter und schließlich wieder bei der Landwirtschaftskammer als Obersekretär tätig. In die SA war er 1929, in die NSDAP 1930 eingetreten. Der zum neuen Stadtschulrat avancierte Wilhelm Glowsky (geboren 1881) stammte aus Lübbecke, hatte Präparandenanstalt und Lehrerseminar absolviert und war seit 1902 Volksschullehrer. Glowsky war Kriegsteilnehmer gewesen und politisch nicht hervorgetreten, bis er am 1. Mai 1933 in die NSDAP eintrat und schon wenige Tage später zum kommissarischen Stadtrat ernannt wurde, wohl in Ermangelung eines anderen halbwegs sachkundigen Kandidaten. Der erste NS-Polizeidezernent Querfeld war 1903 in Wesel geboren, hatte unter anderem in Würzburg, Köln und Münster Jura studiert und war 1931 als Assessor wegen Zugehörigkeit zur NSDAP aus dem Staatsdienst entlassen worden. Daraufhin hatte er sich in Münster als Rechtsanwalt niedergelassen. Der Arzt Dr. Franz Fenner (geboren 1880) stammte aus Schleswig und war 1931 in die NSDAP eingetreten. Dr. Gerhard Bommel war 1902 in Zeitz geboren, hatte sich 1920 als Freikorpskämpfer in Mitteldeutschland betätigt und seit 1923 Jura studiert. 1927 wurde er Assessor bei der Staatsanwaltschaft in Magdeburg und gleichzeitig Mitarbeiter in der evangelischen Kirchenverwaltung. 1932 kam Bommel als Konsistorialrat nach Münster und trat am 1. April dieses Jahres in die NSDAP und die SS ein.

Angesichts des teilweise raschen Personalwechsels können nicht alle weiteren Männer in leitenden Funktionen beschrieben werden, doch wandelt sich das Bild im weiteren nicht merklich. Bei den genannten Männern, die sozusagen die erste Garde der NSDAP im Jahr 1933 darstellten, fällt auf, daß sie überwiegend mittlere Schul- bzw. Berufsabschlüsse hatten oder sie, soweit es sich um Akademiker handelte, der Partei relativ früh beigetreten waren. Gemeinsam war ihnen, daß außer Aschhoff niemand aus Münster selbst stammte und niemand kommunalpolitische oder – abgesehen von Bommel – Verwaltungserfahrung mitbrachte. Für die Mitglieder der NSDAP-Fraktion in der Stadtverordnetenversammlung und die berufenen Ratsherren gilt ähnliches. Der überwiegende Teil kam aus kleinbürgerlichen Kreisen, stammte nicht aus Münster, war ursprünglich evangelisch gewesen und relativ früh zur NSDAP gestoßen.

Solche Männer waren natürlich nicht die wirklichen Repräsentanten der Bürgerschaft, sondern vertraten eher die untermittelständischen Gruppen, in denen die NSDAP den Schwerpunkt ihrer Wählerschaft gehabt hatte. Es gibt eine Reihe von Indizien, die angesichts der aus anderen Städten vorliegenden Forschungsergebnisse die Vermutung nahelegen, daß die Nationalsozialisten im Bürgertum nicht Fuß fassen konnten und die politische Leitung und der überwiegende Teil der münsterischen Gesellschaft unverbunden nebeneinander standen. Es gab also ein „Partei-Milieu“ und eben das „alte“, überwiegend katholisch und bei der Minderheit evangelisch gefärbte Milieu Münsters, dessen Kommunikationszusammenhang im überwiegend kirchlich geprägten Vereinswesen weiterhin bestand, so daß eine „doppelte“ Gesellschaft existierte.

Zwischen Anpassung und Abgrenzung – die Partei und die anderen

Die NSDAP-Ortsgruppe Münster hatte am 1. Oktober 1932 nach eigenen Angaben 1247 Mitglieder – mit zu diesem Zeitpunkt wahrscheinlich fallender Tendenz. Im Herbst 1929 waren es erst 114 Mitglieder gewesen, so daß das Strukturproblem der Partei schon in diesen Zahlen deutlich wird. Der kleine Kern von – wohl auch im Sinne des antisemitischen Kerns der NS-Ideologie – überzeugten Nationalsozialisten erhielt mit dem Aufstieg der Partei erheblichen Zulauf, zunächst vor allem von Studenten und Arbeitslosen. Die Ortsgruppe blieb mittel- bis untermittelständisch geprägt, bis 1933 der Zulauf von Beamten und Freiberuflern einsetzte. Der Volksmund verhöhnte diese in die NSDAP strömenden Neumitglieder als „Märzgefallene" und „Maiglöckchen", durch die der Mitgliederstand bis zum Herbst 1935 auf etwa 4100 anstieg, was angesichts der auf den öffentlichen Dienst ausgeübten Zwänge einen eher bescheidenen Wert darstellt; allerdings lag Münster mit einem Organisationsgrad von 3,35 Prozent unter den Städten des Gaues Westfalen-Nord an der Spitze.

Mit dieser Größenordnung waren die Integrationsprobleme der Partei noch gewachsen, denn der alte Kern war inzwischen fast schon verschwindend klein geworden. Vor der „Machtergreifung" waren nur 32 Prozent der Mitglieder eingetreten. Die Verhältnisse in der Stadtverwaltung mögen dies noch einmal beleuchten: Unter den Beamten der Stadtverwaltung befanden sich Ende 1935 nur 22 Parteigenossen, von denen wiederum lediglich sechs vor dem 30. Januar 1933 der NSDAP beigetreten waren, neben einem Polizeiamtmann ausschließlich Stadtinspektoren. Acht waren offenbar als sogenannte alte Kämpfer erst seit dem Herbst 1933 eingestellt worden; sieben waren nach dem 30. Januar 1933 Mitglied geworden. In den dauernden Klagen der politischen Leiter auf Ortsgruppenebene spiegeln sich die beschriebenen Probleme. Insbesondere über die schwache Beteiligung und das unzureichende Engagement der Parteigenossen aus dem öffentlichen Dienst wurde Klage geführt, und als Ursache des mangelnden Interesses galt, daß zu viele der Partei erst nach der Machtübernahme beigetreten seien und der Beitritt „fast ausschließlich aus materiellen Gesichtspunkten erfolgte" [1596: Kuropka, Widerstand, S. 178]. Die direkte Folge für die Parteiorganisation war der eklatante Mangel an politischen Leitern, der aus der Distanz der „sogenannten besseren Leute" resultierte. Eine praktische Folge war die Überlastung der aktiven Nationalsozialisten; gegen Ende des Jahres 1936 mußten sich zum Beispiel nicht weniger als 70 Prozent der Mitglieder der Ortsgruppe Münster-Bahnhof als politische Leiter aller Kategorien in der Partei und ihren Gliederungen betätigen.

Ein weiteres Hemmnis für eine intensivere soziale Verankerung der Partei bildete die religiöse Einstellung der Bevölkerung. Noch 1937 sah es die NSDAP-Kreisleitung als wichtigste Aufgabe an, unter den Gegnern besonders „den gefährlichsten Feind des Dritten Reiches historisch festzunageln: den politischen Katholizismus, der [. . .] die Mehrzahl der Bürger bis zum 12. März 1933 in seinem finsteren Bann hielt" [1571: 15 Jahre NSDAP, S. 38]. Der Bann war nun keineswegs gebrochen, denn neben den ersten Reibungen, die sich aus dem zentralistisch-autoritären Anspruch der NSDAP ergaben, wurde schon im Herbst 1933 deutlich, daß trotz des Konkordats die praktische Politik der Partei die Kirchen aus dem öffentlichen Leben verdrängen wollte. Ende 1933 hatte Oberbürgermeister Hillebrand für das rigorose Vorgehen gegen den früheren Magistrat noch biblische Vorbilder in Anspruch genommen: Christus, der doch die Pharisäer aus dem Tempel getrieben habe, hätte „hier diese Aufgabe [. . .] viel schärfer durchgeführt [. . .] als wir" [StadtAM, Stadtverordnetenregistratur 70].

Nach der ersten deutlichen Ablehnung der NS-Rassenideologie im Fastenhirtenbrief vom 29. Januar 1934 durch Bischof Clemens August von Galen und die „absolut klare Sprache" seines Osterhirtenbriefs von 1934, der „einen gewaltigen und klä-

Beflaggung in der Ludgeristraße (1933)

renden Eindruck“ [1611: Portmann, Kardinal von Galen, S. 90] machte, fanden die Katholiken in ihrer Kirche solchen Rückhalt, daß auch für die Mitglieder der neuen Staatspartei im Loyalitätskonflikt die Entscheidung nicht in Zweifel stand. Ein Beamter, der in einer Ortsgruppenversammlung gegen antikirchliche Bemerkungen eines Redners protestiert und damit einen Eklat hervorgerufen hatte, erhielt bei der folgenden Vernehmung von sieben anwesenden Beamten Unterstützung, die den Protest als „sehr mutig, wenn auch nicht gerade weltklug“ empfunden hatten. Ein anderer Parteigenosse erklärte 1935 bei einer Vernehmung, er teile zwar in der Rassenfrage aus eugenischen Gründen die Ansicht der Partei; gäbe es jedoch eine kirchliche Ex-cathedra-Entscheidung, wäre dies für ihn als treuen Katholiken bindend, denn selbst in einem Konflikt um einen der wichtigsten Programmpunkte der Partei könne er als „überzeugter Anhänger der Kirche nicht anders handeln“ [zit. nach 1596: Kuropka, Widerstand, S. 179].

Obwohl die Stadt Münster seit 1933 mit einem dichten Netz von Dienststellen der NSDAP und ihrer Gliederungen überzogen worden war, so daß man allenthalben auf die Symbole der Partei stieß, war dies doch eher äußerer Schein. Die leitenden Nationalsozialisten konnten weder von ihrer Vorbildung noch durch ihre Kompetenz oder ihr Auftreten breitere Anerkennung in der Stadt gewinnen. Sicherlich floß ihnen eine gewisse Akzeptanz über ihre terroristisch unterlegte Amtsautorität zu, mit der sie sich auch in die traditionellen städtischen Repräsentations- und Brauchtumsabläufe fügten. Doch selbst dabei mangelte es manchem, vor allem dem Oberbürgermeister, an den nötigen Voraussetzungen.

3. Verfolgung und Widerstand

In der politischen Auseinandersetzung hatten die Nationalsozialisten schon vor 1933 niemanden über ihre Absichten gegenüber den jüdischen Mitbürgern im unklaren gelassen – ebensowenig gegenüber den sogenannten „Marxisten“, zu denen von der KPD über die SPD selbst das Zentrum gezählt wurde. Die Juden mußten „ausgeschaltet“ und der Marxismus „vernichtet“ werden. Auch in den Straßen Münsters war die Hetzparole „Juda verrecke!“ zu hören gewesen, und bei Veranstaltungen im Schützenhof waren Transparente mit der Aufschrift „Die Juden sind unser Unglück“ angebracht. So waren die programmatischen Aussagen gegenüber Juden und Marxisten ziemlich eindeutig gewesen, wenn auch kaum jemand diese Eindeutigkeit vermutet hatte, mit der die tatsächliche Ermordung der Juden später vorbereitet und ausgeführt wurde. Weniger präzise hatte sich die NSDAP vor 1933 über die Katholiken geäußert, was sich aber schon Ende 1933 ändern sollte, als Juden, Marxisten und Katholiken in einem Atemzug – als internationale Mächte – genannt wurden und auch in Münster von SA und Hitlerjugend gesungen wurde: „Hängt die Juden, stellt die Schwarzen an die Wand“ [zit. nach 1590: Kuropka, Antisemitismus, S. 202].

In Münster hatten sich die Nationalsozialisten allerdings seit der Reorganisationsphase der Partei nach 1925 mit antisemitischen und antikirchlichen Äußerungen auffällig zurückgehalten.

Verfolgung der jüdischen Mitbürger

Drei Tage nach der Reichstagswahl sahen die völkisch motivierten Alt-Nationalsozialisten ihre Stunde zum erstenmal gekommen und schritten zum Boykott einiger jüdischer Geschäfte. Der von der Reichs-NSDAP für den 1. April 1933 ausgerufene Boykott hatte in Münster schon am 29. März ein Vorspiel. Wenn auch in den Zeitungen betont wurde, die Aktion sei ruhig und diszipliniert abgelaufen, löste der Boykott doch ein tiefes Erschrecken aus. Die etwa 700 in Münster lebenden Bürger israelitischen Bekenntnisses, die sich über alle sozialen Schichten verteilten, waren eine in der Stadt anerkannte und respektierte Gruppe, so daß die Boykottaktion und die folgenden Gesetze und Verordnungsmaßnahmen gegen diese Mitbürger durchweg auf Unverständnis und Ablehnung stießen und das Verhältnis zwischen Partei und Bevölkerung belasteten, wenn auch den „Realitäten“, wie es oft verbrämend hieß, Rechnung getragen wurde.

Bis zum 9. November 1938 klagte die Partei immer wieder über das mangelnde Verständnis der katholischen Bevölkerung für die „Judenfrage“ und die Aktivitäten von Partei und SA, die diese Frage bald „restlos“ lösen wollten. Es kam in Münster zwar auch zu vereinzelten antisemitischen Aktionen wie dem Umstürzen von Grabsteinen auf dem jüdischen Friedhof im Jahr 1936, doch konnte die Partei den privaten und geschäftlichen Kontakt zu den jüdischen Mitbürgern kaum unterbinden und beklagte häufig, daß selbst Beamte und Soldaten, ja sogar Parteigenossen mit Abzeichen in jüdischen Geschäften einkauften. Doch verstärkten sich seit 1937 die Zwänge gegen diejenigen, die öffentlich mit jüdischen Mitbürgern verkehrten, und im Juli 1938 fanden sich 98 Münsteraner als „artvergessene Männer und Frauen“ im „Stürmer“ namentlich genannt, weil sie Patienten zweier jüdischer Ärzte waren. Erst am 9. November 1938 wurde deutlich, in welcher Gefahr die jüdischen Münsteraner schwebten. Auch in Münster wurde die Synagoge in Brand gesteckt und zerstört und die Feuerwehr gewaltsam an Löscharbeiten gehindert. Der Rabbiner Dr. Fritz Steinthal wurde gezwungen, die Wohnungen seiner Gemeindemitglieder den meist von auswärts eingesetzten SA-Leuten zu zeigen, wobei er sie jedoch nach Kräften in die Irre führte. Neben der Synagoge wurden mindestens neun Geschäfte und elf Wohnungen zerstört bzw. demoliert. Das Gefängnis füllte sich mit den aus Münster und Umgebung eingelieferten Juden, allein aus Münster etwa vierzig Männer, unter ihnen auch der mißhandelte Dr. Steinthal.

Während der ganz überwiegende Teil der Bevölkerung mit Abscheu und Schrekken das Treiben der NSDAP und der SA zur Kenntnis nahm, jedoch ängstlich wegsah und sich bestenfalls im privaten Kreis äußerte, gab es die kleine Zahl der Fanatiker, die sich zum Beispiel damit brüsteten, ihre Kinder hätten bei der Zerstörung der Synagoge mitgemacht und ihretwegen könnten alle Juden umgebracht werden. Allerdings hatte einer seine Hilfe wenigstens angeboten, nämlich Bischof Clemens August Graf von Galen, der einen Boten zur Frau des Rabbiners schickte und fragen ließ, ob er etwas für ihren Mann tun könne.

Von den 700 münsterischen Juden wanderten 280 aus. Von den Deportierten und Verschleppten überlebten nur 24, vier weitere im Untergrund.

Verfolgung und Widerstand von Kommunisten und Sozialdemokraten

Über die Verhaftung von Kommunisten nach dem Reichstagsbrand wurde sogar offen in den Zeitungen berichtet – ein Zeichen dafür, daß sich die Partei recht weiter Zustimmung sicher sein konnte. Während die politisch aktiven Sozialdemokraten versuchten, vorsichtig und getarnt miteinander Kontakt zu halten, war die Motivation zu aktivem Widerstand bei den Kommunisten stärker ausgeprägt; in Münster waren zeitweise zwei von Kommunisten geführte Widerstandsgruppen tätig.

Eine illegale Gruppe des 1929 verbotenen Rotfrontkämpferbundes war von Dortmund aus 1932 gegründet worden. Die etwa zwanzig Mitglieder verteilten im Dezember 1932 und Januar 1933 vor allem vor Kasernen und Polizeirevieren Flugblätter, klebten Plakate und gaben sich in den Parolen gegen die Weimarer Republik durchaus kämpferisch, wenn es etwa hieß: „Weg mit Schleicher und seinen sozialdemokratischen und nationalsozialistischen Stützen“ oder „Der politische Massenstreik als Vorstufe des bewaffneten Aufstandes schlägt alle Feinde des Proletariats“. Tatsächlich übte die Gruppe einige Male Militärisches und beschaffte sich einige Waffen: fünf Pistolen und Revolver und zwei Karabiner. Mitte Februar 1933 war die Gruppe noch aktiv gewesen und hatte zuletzt im Sommer 1933 KPD-Losungen an Eisenbahnbrücken gemalt, bis die Mitglieder verhaftet und 1935 auf der Grundlage vor 1933 ergangener gesetzlicher Regelungen wegen Vorbereitung eines hochverräterischen Unternehmens zu hohen Strafen verurteilt wurden.

Während in dieser Gruppe die Kommunisten lediglich ihre subversive Tätigkeit gegen die Weimarer Republik über den 30. Januar hinaus fortsetzten, begann eine weitere unter kommunistischer Regie stehende Gruppe den Kampf gegen das NS-Regime Ende 1933. Kommunisten, Sozialdemokraten und ein katholischer Student, der über die Freundschaft mit einem Mädchen aus dem kommunistischen Milieu dazugestoßen war, verteilten Flugblätter und nach eigenen Angaben monatlich einige hundert Exemplare einer Zeitung mit dem Titel „Roter Arbeiter", von der leider kein Exemplar erhalten ist. Die Gestapo war der Gruppe bald auf der Spur. 1935 wurde die Gruppe zerschlagen und die Mitglieder zu hohen Zuchthausstrafen verurteilt. Trotz des einen katholischen Studenten gelang es nicht, die Gruppe selbst oder deren Aktivitäten für weitere Kreise zu öffnen, weil man weder die kommunistische Terminologie noch die Ideologie wenigstens um der Wirksamkeit der Widerstandstätigkeit willen beiseite lassen wollte. Im Gegenteil konnte die Partei im Prozeß noch Nutzen aus dieser Konstellation ziehen und mit dem Beispiel des katholischen Studenten die Nähe der Katholiken zu den Kommunisten „belegen", was dann in der Stadt durchaus Verblüffung hervorrief.

Zwischen Resistenz und Widerstand – der Kampf um die Jugend

Mit der Beeinflussung der Jugend versucht jedes totalitäre Regime seine Basis zu verbreitern und sein Überdauern zu sichern. Dafür bietet sich zunächst die Schule an, die alle Kinder und Jugendlichen durchlaufen und auf die der Staat über die Lehrpläne und die Beeinflussung der Lehrer nachhaltig einwirken kann. Zwar ist die Ansicht verbreitet, die Lehrerschaft sei dem Regime schnell und widerstandslos erlegen, doch zeigt sich bei näherem Hinsehen, daß etwa die hohen Mitgliedszahlen des Nationalsozialistischen Lehrerbundes (NSLB) für solche Beurteilungen keinen zureichenden Beleg darstellen. So waren am 1. Februar 1933 von den etwa 8000 festangestellten Lehrern im Gau Westfalen-Nord nur 242, also 3 Prozent, im NSLB organisiert. Zwar paßten sich die Lehrer den an sie herangetragenen Zumutungen an, doch blieb es im katholisch geprägten Münster doch eher bei den Äußerlichkeiten. Gegen die Exponenten eines kämpferischen NS-Kurses, zu denen zum Beispiel Stadtschulrat Glowsky und NSLB-Gauamtsleiter Reimpell gehörten, wandte sich vor allem Clemens August von Galen. Er stützte damit die sich verstärkende Interessenkongruenz zwischen Eltern und Lehrern – und in Münster auch der Geistlichkeit [1596: Kuropka, Widerstand, S. 168]. Als 1939 die Gemeinschaftsschule eingeführt wurde, gab es in Münster zwischen 10 000 und 14 000 Einsprüche, die bei 98 000 Katholiken eine ganz beträchtliche Anzahl darstellten, da nur die Erwachsenen einspruchsberechtigt und nur die Eltern schulpflichtiger Kinder aktuell interessiert waren.

Die Gemeinschaftsschule konnte zwar nicht verhindert werden, doch vertrauten die Eltern darauf, daß ihre Kinder von den Lehrern in aller Regel nicht gegen die Normen und Werte des Elternhauses indoktriniert wurden. Mitte 1935 gab es nach Ansicht des NSLB-Kreisamtsleiters drei Gruppen von Lehrern in der Stadt: 1. eine Minderheit ausgesprochener „Staatsfeinde", 2. eine Mehrheit politisch Passiver und dem Nationalsozialismus distanziert Gegenüberstehender und 3. wenige Nationalsozialisten. Von den 25 Schulleitern gehörten lediglich drei der Partei an.

Der Herausbildung eines „Deutschen Menschen" standen auch die Jugendverbände im Weg, von denen insbesondere die katholischen Verbände in Münster über eine beträchtliche Mitgliederzahl verfügten. Schon im Herbst 1933 brach der Gegensatz in der Jugend deutlich auf. Durch Erlaß des Oberpräsidenten der Provinz Westfalen vom 4. Dezember 1933 war den katholischen Verbänden praktisch jede Tätigkeit außerhalb kirchlicher Gebäude untersagt worden, woran sich die Jugendlichen nicht hielten und nach Kräften den Kampf mit der Hitlerjugend aufnahmen. Durch ihr rüdes Benehmen und ihre brutale Vorgehensweise verlor die HJ bald an Ansehen in der eher bürgerlich geprägten Öffentlichkeit Münsters – besonders als 1936 das Heim des katholischen Gesellenvereins in Fuestrup ausbrannte und der stellvertretende HJ-Gebietsjungvolkführer keine Aussage über die Brandursache machen wollte und sich daraufhin die Politischen Leiter der NSDAP anhören mußten, daß „das ein interessanter HJ-Führer sei, der fast einen Meineid geleistet hätte und Brandstifter sei" [zit. nach 1596: Kuropka, Widerstand, S. 172].

Den Jugendlichen blieb nichts anderes übrig, als „auf Tauchstation" zu gehen, indem sie getarnt weiterhin auf Fahrt gingen, Lager veranstalteten (zum Teil als Caritas-Kindererholung getarnt) und ihre Formen des Jugendlebens weiterführten. Gelegenheit zum Protest bot sich hie und da in der Anonymität, wie etwa bei einem Vortrag des Leiters der deutschen Glaubensbewegung, Professor Hauer, am 3. Mai 1935, als Angehörige katholischer Jugendverbände die Versammlung störten und es nach den Feststellungen der Polizei zu „Tumulten" und „größeren Schlägereien" sowie „Nieder-mit-Hitler"-Rufen kam. Bei einer Reihe von Glaubenskundgebungen gaben die Jugendlichen Zeugnis für ihren Glauben und ihre Ideale und dokumentierten damit öffentlich ihren Protest gegen die Unterdrückung ihrer Verbände. Die Folge war allerdings ein schärferer Kurs des Regimes durch die Überwachung und Auflösung von einzelnen Verbänden sowie die Verhaftung von Verbandsfunktionären. Aus Münster floh der DJK-Führer Franz Ballhorn nach Holland, wo er 1940 verhaftet wurde. Die Gruppen gingen immer mehr in die Illegalität. Eine bündische Gruppe der „Nerother Wandervögel" versuchte, innerhalb der HJ weiterzuarbeiten, was

Verhaftung katholischer Sturmschärler vor der Polizeiwache in der Syndikatgasse (1934)

Große Prozession 1935. Ovationen für den Bischof auf dem Domplatz

der Gestapo bekannt wurde und zu einem Sondergerichtsprozeß wegen „Geheimbündelei" führte.

Im Juni 1939 war der letzte Verband verboten worden. Nur einige kleine Gruppen versuchten illegal weiterzuarbeiten. Mit den daraus entstehenden psychischen Spannungen und der Gefahr für ihre Lebenschancen fertig zu werden erforderte tiefe Überzeugung, Mut und praktisches Geschick, nicht nur von den Jugendlichen, sondern auch von den geistlichen Betreuern und den Eltern. Die Jugendlichen haben ihr Tun nicht im praktischen Sinn des Wortes als „Widerstand" empfunden [1478: Baldauf, Gespräch, S. 60], doch ließen sich religiös bestimmtes Jugendleben und Politik auch nicht trennen, wie dies eine Eintragung in die Chronik einer Gruppe des katholischen Schülerbundes „Neudeutschland" zeigt, in der unter dem 14. Mai 1941 vermerkt ist: „Denn nicht der augenblickliche Nutzen rettet das Volk, sondern die Wahrhaftigkeit und die Gerechtigkeit" [zit. nach 1596: Kuropka, Widerstand, S. 177].

Zonen religiös-kultureller Resistenz

Mit viel Geschick und Rücksichtnahme sollte sich die NSDAP nach Ansicht des Regierungspräsidenten in Münster auf die für die Partei schwierigen Verhältnisse in der Stadt einstellen. Die Gestapo meinte, es käme dabei „auf die geistige Haltung mehr an als auf wirtschaftliche Fortschritte" [zit. nach 1596: Kuropka, Widerstand, S. 179]. Das ist eine sehr bemerkenswerte Einschätzung, steht sie doch im Gegensatz zu den in den letzten Jahren nicht unbeliebten materialistisch orientierten Interpretationen. Die geistige Haltung jedoch bedurfte aktueller Stärkung und Erneuerung; das war eine natürliche Funktion der Kirchen, die sich sehr flexibel auf die Notwendigkeiten einstellten, moderne Formen der Seelsorge entwickelten und dabei nicht zuletzt in interkonfessionellen Gebetsgruppen erste Ansätze ökumenischen Verständnisses fanden. Darüber hinaus waren aber auch die Personen von großer Bedeutung, die besondere Ausstrahlung entwickelten und so zu Kristallisationskernen des Resistenzverhaltens weiter Bevölkerungskreise wurden.

Seit 1924 war der Jesuit *Friedrich Muckermann* in Münster als Redner, Prediger und Publizist rastlos tätig und den Nationalsozialisten durch seine kritische Auseinandersetzung mit den völkischen Ideen schon in der Weimarer Zeit ein Dorn im Auge. Er gab die Kulturzeitschrift „Der Gral" heraus und versorgte mit der „Katholischen Korrespondenz" und weiteren daraus hervorgegangenen Pressediensten eine große Anzahl von Zeitungen und Zeitschriften mit Nachrichten und Kommentaren. Schon Mitte Juli 1934 mußte Muckermann vor der Gestapo nach Holland fliehen. Er blieb praktisch bis zum Kriegsende auf der Flucht vor den NS-Schergen, gleichzeitig aber auch in der Emigration in seiner Aufklärungsarbeit gegen den Nationalsozialismus wirksam. „Der Deutsche Weg", von ihm in Holland herausgegeben, wurde „von Freund und Feind [. . .] als die Speerspitze des katholischen Widerstandes gegen die Hitler-Diktatur" eingestuft [1586: Kroos, Muckermann, S. 60]. In Münster hatte Muckermann einen Kreis junger Intellektueller als Mitarbeiter und Gesprächspartner um sich gesammelt, die die Arbeit am „Gral" bis zu dessen Verbot im Jahr 1937 fortsetzten; von ihnen hat Nanda Herbermann über ihre Haft im KZ Ravensbrück einen erschütternden Bericht gegeben.

Im Jahr 1930 war *Peter Wust* als Professor für Philosophie an die Universität Münster berufen worden, wo er bis 1939 wirkte. Obwohl Wust in seinen Vorlesungen und Seminaren nie auf politisch-weltanschauliche Probleme einging, waren doch seinen Studenten die aktuellen Bezüge seines Philosophierens gegenwärtig. Was in Wusts Lehre geschah, war Widerstand „als geistige Aktivität" [1617: Rest, Geistiger Widerstand]. In einer besonderen Form charismatisch geprägter christlicher Existenzphilosophie, die an die Abgründe des Seins heranführte, wies Wust den Weg, allem zu widerstehen, was sich gegen die Wahrheit und das Gute stellt. Für seinen großen Hörerkreis entfaltete Wust eine Ausstrahlung weit über Münster hinaus, die sich noch einmal im Abschiedswort an seine Studenten – kurz vor seinem Tod im Dezember 1939 veröffentlicht – entfaltete. Immer wieder abgeschrieben und bis an die Fronten verbreitet, war die Schrift in der vierten Auflage 1942 von der Gestapo beschlagnahmt und verboten worden. Peter Wust, am 3. April 1940 verstorben, war, so unpolitisch er gedacht und gelebt hatte, zur Staatsgefahr geworden.

Seit dem Sommersemester 1935 lehrte *Hans Erich Stier* als Professor Alte Geschichte in Münster, wohin er zunächst als Vertreter einer Professur gekommen war. Die Partei hatte ihn wohl als jungen Mann gesehen, der nicht „wider den Stachel löcken" würde, und sich darin gründlich verschätzt. Stier fiel nicht nur wissenschaftlich im Sinn des Regimes unangenehm auf, so daß seine 1934 erschienene „Deutsche Geschichte" – die durch eine Verbeugung vor den neuen Herren im Vorwort den nicht-konformen Inhalt verdeckte – nicht mehr aufgelegt wurde. Sogar der „Völkische Beobachter" attestierte Stier den „Schritt vom Wege" in dessen Interpretation der ägyptischen Einflüsse auf das alte Griechenland. Als Stier im Medium der Wissenschaft auf die Zerstörung der Moral hinwies und zum Beispiel Kleon als demagogischen Zerstörer der Demokratie und Verderber der politischen Sitten unausgesprochen mit Goebbels verglich, fand er bei seinen Hörern „tosende Zustimmung", wie Zeitgenossen berichten. Aus allen Fakultäten strömten ihm Studenten zu und fanden an seinem eindeutig christlichen Standpunkt ebenso Halt wie Vorbild in seinem nicht von ängstlicher Vorsicht, sondern von sympathischer Klugheit geprägten Verhalten, wie dies einer seiner Schüler ausgedrückt hat.

Ein Dokument geistigen Widerstandes und innerer Emigration zugleich ist der 1937 erschienene Roman „Bockelson – Geschichte eines Massenwahns" des Schriftstellers *Friedrich Reck-Malleczewen.* Thema des Romans ist die Täuferzeit in Münster, doch schilderte Reck-Malleczewen in historischer Verkleidung die nationalsozialistische Herrschaft der Gegenwart und erregte mit diesem verschlüsselten satirisch-antinationalsozialistischen Buch zunächst noch nicht einmal den Verdacht der Kulturkontrolle des Regimes. Dort wurde nicht bemerkt, daß es dem Erzähler nicht um die Historizität seiner Titelgestalt ging, sondern das historische Geschehen nur dazu diente, „die Darstellung eines ‚Massenwahns', eines ‚dämonischen deutschen Rausches'" zu ermöglichen [2647: Schnell, Literarische Innere Emigration, S. 105]. Das mutige Werk fand seine Leser in ganz Deutschland, die den Roman seines historischen Hintergrundes entkleideten und Bestärkung in Reck-Malleczewens Schilderung des NS-Regimes fanden. Dem Tagebuch des 1933 zum Katholizismus konvertierten und im Februar 1945 im KZ Dachau umgekommenen Autors ist diese Interpretation zu entnehmen: „Wie bei uns sind also hysterische Weiber, stigmatisierte Volksschulmeister, fortgelaufene Pfaffen, arrivierte Kuppler und Outsider aller Berufe die Hauptstützen dieses Regimes. Die Ähnlichkeiten häufen sich in einem Maße, daß ich sie, um meinen Kopf nicht noch mehr zu gefährden, direkt unterdrücken mußte. Ein Mäntelchen von Ideologie verhüllt in Münster just wie bei uns einen Kern von Geilheit, Habgier, Sadismus und bodenlosem Geltungsbedürfnis, und wer an der neuen Lehre zweifelt oder sie gar bekrittelt, ist dem Henker verfallen. [...] Aufgerichtet auf den Fundamenten der Lüge reckt sich da [...] ein Banditenstaat, der die ganze Welt [...] bedroht und im Grunde nur den Zweck hat, die Herrschergelüste von ein paar Banditen zu stillen" [2570: Reck-Malleczewen, Bockelson, S. XVIIIf].

4. *Der Kirchenkampf*

Die evangelischen Christen und der neue Staat

Um das Verhältnis der evangelischen Kirche zum nationalsozialistischen Staat entwickelten sich Konflikte, die innerhalb der Gemeinden und auf allen Ebenen der Kirchenleitungen ausgefochten wurden, während gleichzeitig die Bedrängnisse für die Kirchen zunahmen und sie im Laufe der Jahre in ihren seelsorglichen und sozialkaritativen Aktivitäten behindert und eingeschränkt wurden. Wiewohl es im evangelischen Kirchenkampf in erster Linie um innerkirchliche Auseinandersetzungen ging, blieben diese nicht ohne öffentliche und politische Implikationen. Dies wurde schon in der Presbyteriumswahl am 30. Juli 1933 deutlich, als mehrere NS-Hoheitsträger in Münster auf der Liste der „Deutschen Christen" in kirchliche Leitungsorgane gewählt wurden, sich dann aber bald wieder daraus zurückzogen oder sich – wie „alte Kämpfer" im Presbyterium – als „Zwischenträger zwischen Kirche und öffentlichen wie Parteidienststellen“ betätigten [76: Bauks, Evangelische Kirchengemeinde, S. 172].

Als am 1. April 1934 Pfarrer Flemming den Presbyteriumsvorsitz übernahm, spitzten sich die Gegensätze in Münster zu. Seit Pfingsten 1933 hatte sich in der Stadt als Gegenbewegung zu den Deutschen Christen die „Bekennende Kirche“ konstituiert, die viel Zustimmung unter den evangelischen Christen fand. Man verspürte neuen Rückhalt und versuchte, in den Konflikten standzuhalten. Flemming wurde von den Deutschen Christen in ein Disziplinarverfahren verwickelt; Deutsche Christen und Bekennende Kirche verweigerten sich gegenseitig die Benutzung von Kirchenräumen. Obwohl es so schien, als hätten die Deutschen Christen mit der feierlichen Einführung des Pfarrers Adler als Bischof in der Apostelkirche am 11. November 1934 einen Sieg errungen, erwies sich schon zwölf Tage später, daß sie in Westfalen eine zu schmale Basis hatten; Adler verließ das Konsistorium wieder. 1935 kam es gar zu handgreiflichen Auseinandersetzungen, als Anhänger der Deutschen Christen die Glocken der Apostelkirche läuteten und damit die von seiten der Bekennenden Kirche ausgerufene Kirchentrauer mißachteten. 1937 zerbrach die münsterische Kirchenleitung, weil eine Reihe von Mitgliedern des Presbyteriums ihre Ämter niederlegte.

Der Schwerpunkt der Bekennenden Kirche lag in den Altstadtgemeinden, während die Deutschen Christen in der Kirche „auf der Geist“, der späteren Trinitatiskirche, ihren Mittelpunkt hatten. Als 1938 eine sechste Pfarrstelle eingerichtet wurde, kam es erneut zu öffentlich ausgetragenen Konflikten zwischen den beiden deutschchristlichen Pfarrern und dem Bekennerbund – eine Konstellation, die sich 1940 wiederholte.

Trotz aller Konflikte war das kirchliche Leben beider Richtungen lebendig; allerdings standen die kirchlichen Vereine und die karitative Arbeit unter den Repressionen von staatlicher und städtischer Seite. Nachdem im Dezember 1933 die Evangelische Jugend korporativ der Hitlerjugend angeschlossen worden war und den kirchlichen Jugendgruppen lediglich eine gewisse religiöse Betätigung innerhalb der Staatsjugend verbleiben sollte, brach die Jugendarbeit unter dem Angriff der HJ zusammen; der Verein in Münster löste sich am 19. Februar 1934 auf. Im gleichen Jahr wurde jedoch ein Evangelisches Jungmännerwerk der Gemeinde Münster gegründet, das in enger Bindung an Gottesdienst und kirchlichen Unterricht erfolgreich arbeitete und unter Leitung des Stadtjugendpfarrers Gründler – wie die weibliche Jugendarbeit – seit 1938 zahlenmäßig einen Aufschwung nahm.

Bischof Clemens August Graf von Galen und das katholische Kirchenvolk Münsters

Das lautlose Verschwinden der Zentrumspartei, der Abschluß des Konkordats und die demonstrative Beteiligung von NS-Prominenz und SA-Gruppen an kirchlichen Feiern wie der Großen Prozession und der Einführung des neuen Bischofs hatten im Jahr 1933 vielfach den Eindruck aufkommen lassen, als gäbe es zwischen katholischer Kirche und NS-Staat keine Probleme mehr. Die konkreten Erfahrungen in der kirchlichen Arbeit und besonders in der Jugendarbeit vermittelten allerdings ein anderes Bild, das eine Integration der antikirchlichen Kräfte in der Partei unter einer

Bischof Clemens August von Galen während der Großen Prozession 1936

dem Christentum gegenüber positiv eingestellten Führung immer zweifelhafter erscheinen lassen mußte. In dieser Situation fielen die Worte des Fastenhirtenbriefs Clemens Augusts von Galen vom 26. März 1934 „wie Donnerschläge" [1611: Portmann, Kardinal von Galen, S. 91]. Der Hirtenbrief wandte sich gegen das in der NSDAP vertretene Neuheidentum, geißelte aber gleichzeitig die gesellschaftspolitische Entwicklung: „Es greift die Fundamente der Religion und der gesamten Kultur an, wer das moralische Gesetz im Menschen zerstört". In der Partei wurde dies wohl verstanden und Unmut am deutlichsten von Carl Röver, dem Gauleiter im Gau Weser-Ems, artikuliert, der jeden Satz „vom Haß gegen den Nationalsozialismus diktiert" sah [1481: Akten, Briefe und Predigten, S. 68, 74].

Dem Nationalsozialismus stand Galen, wie inzwischen klar geworden ist, von Anfang an ablehnend gegenüber; seine Haltung war jedoch vor allem von den seelsorglichen Notwendigkeiten bestimmt und daher eigentlich „unpolitisch" auf die Wahrung der naturrechtlich begründeten Grundlagen des Gemeinschaftslebens und auf die Rechte der Kirche gerichtet. Im Frühjahr 1934 mahnte Galen in einer internen Konferenz, nur dort solle Widerstand geleistet werden, „wo tatsächlich das Recht verletzt und Wesentliches angegriffen, wo einwandfrei feststeht, daß Wahrheit, Recht oder Freiheit gefährdet werden", wenn aber „Wahrheit und Gerechtigkeit und die Freiheit der Kirche" beeinträchtigt würden, werde man „mit der Kirche auf seiten der Freiheit stehen" [1481: Akten, Briefe und Predigten, S. 85].

Dazu war in den folgenden Jahren genügend Gelegenheit, und Galen engagierte sich für eben die genannten Ziele. Die Edition der Schriften Galens ist in großen Teilen eine Sammlung seiner Proteste gegen die Übergriffe des Staates und der Partei bzw. gegen die Einschränkungen und Verbote, die insbesondere die katholischen Verbände, den Religionsunterricht, die kirchlichen Kommunikationsmittel und die

Konfessionsschulen betrafen. Galens Beschwerden waren an die zuständigen staatlichen Stellen – bis zu Hitler – gerichtet, wurden zum großen Teil öffentlich vorgebracht und fanden Resonanz weit über das katholische Kirchenvolk hinaus. In der Bevölkerung für Aufklärung zu sorgen und zur inneren Stärkung der Menschen beizutragen, war Galen ein großes Anliegen. Das begann damit, daß er im Gegensatz zu seinen Amtsbrüdern den Mut aufbrachte, 1934 die „Studien zum Mythus des 20. Jahrhunderts" als Beilage zum „Kirchlichen Amtsblatt" zu veröffentlichen, die von katholischen Wissenschaftlern erarbeitet worden waren und Rosenbergs „Mythus des 20. Jahrhunderts" als unwissenschaftliches Machwerk entlarvten. Höhepunkte öffentlicher Aufmerksamkeit waren im Sommer 1935 der Protest des Bischofs beim Oberpräsidenten gegen das Auftreten Rosenbergs in Münster anläßlich des NSDAP-Gauparteitags und seine weltbekannt gewordenen Predigten vom Sommer 1941 gegen Klosterenteignungen und „Euthanasie".

Rosenberg sprach natürlich trotz des Protests und sparte nicht mit Verunglimpfungen, doch machten die Münsteraner aus ihren Sympathien keinen Hehl, sichtbar an der von der Partei kritisierten mageren Beflaggung der Straßen und an der die Vorjahre weit übertreffenden, gewaltigen Beteiligung an der wenige Tage später stattfindenden Großen Prozession. Mehrfach entwickelten sich religiöse Feiern mit dem Bischof zu Glaubensbekundungen von Tausenden von Gläubigen. Als nach der Brandprozession 1936 die Polizei eine ähnliche Entwicklung durch Absperrungen verhindern wollte, waren die Vertrauensleute der Partei fassungslos über die Begeisterung der Menge; es kam sogar zu handgreiflichen Auseinandersetzungen. Am 30. Mai 1937 predigte Galen im Dom über das Verbot der Kirchenpresse und die Schließung der Druckerei Regensberg wegen des Drucks der Enzyklika „Mit brennender Sorge". Der Gestapo-Beobachter schilderte die Beifall äußernden Gläubigen als „eine wogende und völlig führerlos gewordene Menschenmenge", in der die Worte des Bischofs nicht mitstenografiert werden konnten, wollte sich der V-Mann nicht „der unmittelbaren persönlichen Gefährdung durch die Kirchenbesucher aussetzen" [zit. nach 1592: Kuropka, Bild des Bischofs, S. 110].

Die Polizei bezeichnete die Aufläufe und Kundgebungen als „Demonstrationen", die sich deutlich von den früher üblichen Ehrenbezeugungen und von den ehrenvollen Begrüßungen anderer Bischöfe unterschieden. Was in Münster zu beobachten war, wurde als „fanatische kirchliche Demonstration" qualifiziert. Zu „tumultartigen Szenen" kam es nach einem Bericht des Sicherheitsdienstes, als Galen am 13. Juli 1941 in einer Predigt in der Überwasserkirche gegen die Vertreibung der Ordensleute und die Klosterenteignungen protestierte (in Münster und Umgebung wurden die Ordensniederlassungen in der Königsstraße, Haus Sentmaring, Frauenstraße, Wilkinghege, Sudmühle und Hiltrup beschlagnahmt). „Gewaltige Pfui-Rufe" waren mehrfach zu hören, als er am 3. August 1941 in der Lambertikirche die sogenannten Euthanasiemaßnahmen des Regimes öffentlich anprangerte.

Die drei Predigten vom 13. und 20. Juli sowie vom 3. August 1941 begründeten Galens Weltruhm und bedeuteten insofern eine neue Qualität seiner Proteste, durch die sich das Regime in besonderer Weise politisch getroffen sah. Der Bischof hatte artikuliert, was weit über die Konfessionsgrenzen hinaus empfunden wurde. Er hatte Strafanzeige wegen Mordes gestellt und war von der Auslandspresse in Rundfunksendungen und auf über Deutschland abgeworfenen englischen Flugblättern „als einer der Hauptkronzeugen" gegen das Regime zitiert worden, wie Goebbels vermerkte [2219: Hockerts, Goebbels-Tagebücher, S. 389]. Dies geschah zu einer Zeit, als sich die Siegesmeldungen aus Rußland überschlugen und der Krieg schon zugunsten Deutschlands entschieden schien. „Gewiß, wir Christen machen keine Revolution [. . .] wir sind in diesem Augenblick nicht Hammer, sondern Amboß", hatte Galen am 20. Juli in der Überwasserkirche den Gläubigen zugerufen und ermutigend hinzugefügt: „der Amboß kann nicht und braucht nicht zurückzuschlagen. [. . .] Wenn er hinreichend zäh, fest, hart ist, dann hält meistens der Amboß länger als der Hammer" [1481: Akten, Briefe und Predigten, S. 859].

Galens Versicherung, Christen machten keine Revolution, beruhigte das Regime nicht, denn sein Hinweis auf die Grenzen des „Tausendjährigen Reiches" manifestierte sich für dessen Vertreter in der Resonanz der Anklagen des Bischofs in der Bevölkerung. Seine Predigten gingen in Abschrift von Hand zu Hand und fanden ihren Weg bis an die Fronten und in die besetzten Länder und unterminierten die Zustimmung zum Regime, dessen Repräsentanten sich nicht getrauten, gegen Galen vorzugehen, obwohl Gauleiter Meyer das für dringend erforderlich hielt und in diesem Sinne in Berlin vorstellig wurde. Im Propagandaministerium sah man nur ein sicheres Mittel gegen den Bischof, nämlich ihn aufzuhängen. Goebbels wollte auf eine günstige Gelegenheit warten und Hitler mit ihm nach Kriegsende „abrechnen".

Möglich war die „Abrechnung" schon jetzt mit denjenigen Geistlichen, die nicht in gleichem Maße im Blickpunkt der Öffentlichkeit standen und deretwegen nicht befürchtet werden mußte, daß man für den Krieg „ganz Westfalen" abschreiben müsse, wie dies Goebbels für den Fall einer Verhaftung des Bischofs befürchtet hatte. Für die Verbreitung der Galenschen Predigten sind viele Personen in Konzentrationslagern gequält, einige zum Tode verurteilt und hingerichtet worden. Pfarrrektor Hermann Stammschröer aus Gelmer und Pater Anton Krähenheide von den Hiltruper Missionaren kamen dafür ins Konzentrationslager, Kaplan Josef Wischeler wurde in eine Strafkompanie versetzt, wo er fiel. Neben drei katholischen Kaplänen wurde der evangelische Pfarrer Stellbrink aus Münster in Hamburg wegen dieses „Vergehens" verurteilt und am 10. November 1943 hingerichtet. Wegen anderer Beschuldigungen waren allein aus Münster neun Geistliche inhaftiert, sieben weitere ins Konzentrationslager eingeliefert, zwei andere mit Aufenthaltsverboten belegt.

5. *Münster als Gauhauptstadt*

Bevölkerung und Beschäftigung

Die Provinzialhauptstadt Münster war für die Nationalsozialisten mit der Verlegung der Gauleitung ihrer Partei von Gelsenkirchen nach Münster am 1. Oktober 1932 auch „Gauhauptstadt" geworden. Was zunächst ziemlich bedeutungslos schien, bekam seit dem 30. Januar 1933 zunehmend Relevanz, vor allem seit Provinz und Gau 1938 nach der Absetzung des Oberpräsidenten Lüninck und der Ernennung des Gauleiters Meyer zum Oberpräsidenten von Westfalen verschmolzen. Als Gauhauptstadt wurde Münster der Sitz verschiedener Parteibehörden und Dienststellen der Parteigliederungen (SA-Brigade 66, SA-Standarte 13, SS-Abschnitt XVII, SS-Standarte, HJ-Gebietsführung 9, BDM-Obergauführung 9 u. a.), was neben dem Zuzug durch den Ausbau der Wehrmachtsdienststellen auch ein Grund für die erhebliche Bevölkerungszunahme in der Stadt war. 1933 hatte Münster 123 000 Einwohner, 1940 waren es 145 000, so daß die Einwohnerschaft in nur sieben Jahren um fast 18 Prozent angewachsen war; dieser Anstieg war nur mit den Steigerungsraten in der zweiten Hälfte des 19. Jahrhunderts zu vergleichen.

An der Berufsgliederung ist der durch die Aufrüstung und später den Krieg beschleunigte, aber auch durch die allgemein fortschreitende ökonomische Entwicklung bedingte Wandel deutlich abzulesen. Die Zahl der in Landwirtschaft, Industrie und Handel Beschäftigten nahm von 1933 bis 1939 ab (von 4 auf 3,1 Prozent, 29,3 auf 24 Prozent bzw. 32,5 auf 31,3 Prozent), während der Anteil des öffentlichen Dienstes und der Dienstleistungen von 24,2 auf 41,6 Prozent anstieg – ein Prozeß, der sich während des Krieges noch stärker beschleunigte und an der Zahl der Mitarbeiter der Stadtverwaltung gut sichtbar wird. Am 1. Juli 1928 gab es dort knapp 2000 Beschäftigte, elf Jahre später waren es 2325, und Mitte 1944 wurde der Höchststand mit 3282 erreicht, obwohl inzwischen 196 Mitarbeiter durch die Verstaatlichung der Polizeiverwaltung ausgeschieden waren. Allein 215 Bedienstete arbeiteten 1943 im städtischen Ernährungs- und Wirtschaftsamt. 1944 befanden sich 759 städtische Angestellte im Kriegseinsatz, für deren Tätigkeit Hilfskräfte eingestellt wurden, deren Zahl bis zum Juli 1943 auf 487 anstieg.

Das bewegende Problem der Arbeitslosigkeit wurde nach der Machtübernahme zunächst von den vielen Feiern überdeckt, dann durch die Arbeitsbeschaffungsmaßnahmen ganz augenscheinlich auch intensiv angegangen. Bei 616 Arbeitslosen herrschte 1937 praktisch Vollbeschäftigung. Die Stadt Münster hatte für Arbeitsbeschaffungsmaßnahmen zwischen 1933 und 1937 insgesamt etwa 9,7 Millionen Reichsmark ausgegeben, die durch den ordentlichen Haushalt, aus Rücklagen und aus den Betriebseinnahmen der städtischen Betriebe finanziert wurden. Die Steuereinnahmen stiegen seit 1936 beträchtlich an und erreichten in diesem Jahr 8,0 Millionen Mark (nach 6,3 Millionen in den Jahren 1933 bis 1935), 1942 waren es gar 16,3 Millionen Mark, ohne daß das Geld noch hätte sinnvoll investiert werden können. Trotz dieser positiven wirtschaftlichen Entwicklung stieg nicht etwa der Lebensstandard für die Masse der Bevölkerung; das weist die Einkommensstatistik aus, war aber auch den Zeitgenossen bewußt, deren Klagen über Versorgungsmängel und enge Lebensverhältnisse in der Parteiberichterstattung eine Rolle spielten. Als Indiz für die nur ganz allmähliche, kaum wahrnehmbare materielle Verbesserung kann die Zahl der Fürsorgeempfänger gelten, die von 6214 im Jahr 1933 trotz Vollbeschäftigung 1938 nur auf 2390 zurückging.

Eine geradezu gegenläufige Entwicklung zum allgemeinen Wachstum erlebte die Westfälische Wilhelms-Universität mit nur 1884 Studenten im Sommersemester 1939 gegenüber 5704 im Sommersemester 1932. Während des Krieges stieg die Zahl der Immatrikulierten wieder an, überwiegend bei den Medizinern, die vom Militärdienst befreit waren. Die geringe Zahl der Studenten bedeutet andererseits, daß der Bevölkerungszuwachs um so höher zu veranschlagen ist, weil es sich um einen echten Zuwachs handelt, nicht um Studenten mit zeitweiligem Wohnsitz in der Stadt.

Entwurf für einen Teil des geplanten Parteiforums

Wachstumsprobleme und Stadtplanung

Das schnelle Anwachsen der Einwohnerschaft Münsters brachte für die Stadt eine Reihe von Problemen, die sich auf das städtische Leben nachhaltig auswirkten, ohne daß das Regime ihnen in den sechs Friedensjahren beizukommen vermochte. Nach Kriegsbeginn wurde dann die Verwirklichung aller das zivile Leben betreffenden Pläne auf die Zeit nach dem „Endsieg" verschoben. Mit dem vermehrten Zuzug nach Münster wurde die ohnehin schon vorhandene Wohnungsnot immer drückender. Die Nationalsozialisten hatten die Beseitigung der Wohnungsnot zu einem ihrer besonderen Anliegen erklärt und auch städtische Mittel zur Förderung des Wohnungsbaus bereitgestellt (1933 und 1934 für 109 Wohnungen 361 000 Reichsmark). Zwischen 1933 und 1940 entstanden in Münster 5818 Wohnungen durch Neubau, Ausbau oder Umbau. Von den Neubauten wurden gut 30 Prozent mit öffentlichen Mitteln gefördert, während es vor 1933 über 60 Prozent gewesen waren. Abgesehen von der Weiterführung des Siedlungsbaus in Kinderhaus, Gievenbeck und am Kappenberger Damm waren die wichtigsten Baugebiete der Baugesellschaften an der Emdener Straße, Schillerstraße, Hubertistraße (Bauverein), am Enkingweg, Vinzenzweg, Niedersachsenring (Gemeinnütziger Wohnungsverein), an der Ostmarkstraße, am Heideweg (Gemeinnützige Wohnungsgesellschaft), an der Oberschlesierstraße, Grevener Straße, am Dahlweg, und in der Vennheide (Gemeinnützige Wohnstättengesellschaft). 1938 wurden die insgesamt neun städtischen Baugesellschaften in einer Dachgesellschaft zusammengefaßt (Wohnbau Süd GmbH), die nach einer finanziellen Bereinigung als „Deutsches Heim GmbH, Gemeinnütziges Wohnungsbauunternehmen" firmierte. Weitaus größere öffentliche Mittel waren in die Wehrmachtsbauten geflossen, die zwischen 1934 und 1938 entstanden (Weseler Straße, Loddenheide, Grevener Straße, Albersloher Weg, Hoher Heckenweg, Handorf), neben Kasernen auch Bauten für die Kommando- und Stabsstellen der 17 in Münster stationierten Einheiten sowie die weiteren militärischen Verwaltungs-, Gerichts-, Wehrersatz- und Versorgungsbehörden. Angesichts dieses Zuwachses machte sich die Überlastung der städtischen Infrastruktur immer stärker bemerkbar, unter anderem auch in der Zahl der Verkehrsunfälle. In diesen Verhältnissen lag dann auch eine Begründung für die städtebauliche Umgestaltung der Stadt. Die Pläne hatte Gauleiter Meyer im Januar 1938 Hitler persönlich vorgelegt. Am 31. März 1939 erging ein „Erlaß des Führers und Reichskanzlers über städtebauliche Maßnahmen in der Stadt Münster (Westf.)“, durch den der Gauleiter zum Beauftragten für die Durchführung ernannt wurde. Der Architekt Bartels begründete seine in Zusammenarbeit mit der Gauleitung entwickelte Planung unter anderem damit, daß die im Mittelalter angelegten Straßen der Altstadt dem zunehmenden Verkehr nicht gewachsen seien und der Mangel an Wohn-, Geschäfts- und Behördenbauten neue Lösungen erfordere. Diese sollte ein „neues Münster“ bieten, das gleichzeitig die Repräsentationsbedürfnisse der Partei befriedigen sollte. Am Aasee war ein Parteiforum vorgesehen mit einem sechzig Meter hohen Glockenturm, einer „Volkshalle“ und Parteibehördenbauten sowie Sportanlagen. Nördlich davon wollte man hinter den Universitätskliniken ein neues Verwaltungs- und Wohnviertel errichten, durch eine breite Verbindung auf die Volkshalle ausgerichtet. Nach der Beschreibung der Architekten war Münsters Altstadt durch Kirchen, Adelshöfe und Bürgerhäuser geprägt. Das „neue“ Münster sollte demgegenüber das in Stein aufgeführte Gegenprogramm des Nationalsozialismus werden. Den Beteiligten ging aber nicht auf, daß sie mit Glockenturm und Volkshalle nur die Kopie einer Kirche boten.

Unpolitische Ideologisierung

Den ersten Stützpunkt des projektierten „neuen“ Münster bildete das Gauhaus der NSDAP an der Bismarckallee, dessen Richtfest am 24. März 1936 in Anwesenheit von Rudolf Heß gefeiert und das am 15. März 1937 eingeweiht wurde. Die Gauleitung Westfalen-Nord war zunächst an der Annette-von-Droste-Hülshoff-Allee untergebracht, im Februar 1934 aber ins Zentrum der Stadt gezogen, wo sie den Kern

Massenappell und Fahnenweihe vor dem Schloß am 15. Oktober 1933

des nun zu entwickelnden Gegenpols zum Domplatz bilden sollte. Nach dem Richtfest hatte Heß auf einer Kundgebung in der Halle Münsterland gesprochen; an großen Worten fehlte es bei diesen und anderen Gelegenheiten nicht. Im Februar 1934 wurden auf dem Hindenburgplatz 40 000 politische Leiter vereidigt; am 15. März 1934 sprach Alfred Rosenberg in der Halle Münsterland über die „Weltordnung des Nationalsozialismus"; am 28. Oktober 1934 gab es einen Aufmarsch von 16 000 SA-Männern auf dem Prinzipalmarkt. Am 8. Februar 1935 sprach Joseph Goebbels in Münster, und die Grundsteinlegung für das Gauhaus fügte sich in das Gautreffen der „Alten Garde" ein. Im Dezember 1936 sprach wieder Rosenberg, diesmal über „Weltanschauliche Erneuerung und Umformung des deutschen Menschen". Am 1. Dezember 1937 hielt Goebbels eine Rede, am 10. Januar 1939 wiederum Rosenberg, der den Ehrenbürgerbrief der Stadt Münster erhielt und in der Halle Münsterland auftrat. Am 17. Juni 1939 war Münster Endpunkt der Westfalenfahrt der „Alten Garde", an die sich eine Kundgebung mit Ley, Rosenberg, Himmler, Lutze und zahlreichen Gauleitern anschloß. Das sind nur einige Beispiele aus der langen Reihe der Großveranstaltungen der Partei und ihrer Gliederungen. Auffällig ist, daß Hitler nach der Machtübernahme nicht mehr nach Münster kam und Rosenberg häufigster Gast war, was auf eine enge Verbindung zu Gauleiter Meyer schließen läßt.

Politische Kundgebungen dieser Art erreichten die Parteigenossenschaft weit über Münster hinaus und in Münster selbst auch den zur Teilnahme kommandierten öffentlichen Dienst. Was vor 1933 – in Maßen – aus den Wahlkämpfen bekannt war, war nun zu einer regelmäßigen Erscheinung geworden. Die Partei war darüber hinaus auf weiteren Gebieten des öffentlichen Lebens präsent, indem die NS-Volkswohlfahrt (NSV) karitative Aufgaben übernahm bzw. okkupierte und fast die gesamte Jugend HJ und BDM durchlief. Weil dabei Zwang ausgeübt wurde, absolvierte man die geforderten Rituale, doch haperte es mit der Beteiligung dort, wo man sich entziehen konnte, wie zum Beispiel bei den Parteikulturveranstaltungen. Als bei der Gaukulturwoche 1937 in einer „Feierstunde der Bewegung" das Chorwerk „Einer baut einen Dom" in der Halle Münsterland mit sieben Orchestern bzw. Musikzügen und 700 Mitwirkenden aufgeführt wurde, gelang es der Partei – wie auch bei vergleichbaren anderen Gelegenheiten – nicht, die Münsteraner zur Teilnahme zu motivieren. Sie seien, hieß es in einem Ortsgruppenbericht, „zum großen Teil noch von Ideen geleitet", die „der heutigen aufbauenden Zeit" nicht mehr entsprächen [zit. nach 1591: Kuropka, Aspekte des kulturellen Lebens, S. 117].

Es könnte fast so scheinen, als habe das „alte" Münster neben dem „neuen", nationalsozialistischen Münster sein Leben zumindest bis zum Krieg relativ unbehelligt weiterführen können. Die Kinder gingen weiter – trotz aller staatlichen Reglementierungen – zu den katholischen Lehrern in die Schule. Das Theater erschloß sich zwar neue Besucherschichten, spielte aber weiter gutes Theater für alle Interessierten, bis hin zu Gastspielreisen nach Holland. Das kirchliche Büchereiwesen versorgte weiter die Katholiken mit Lesestoff; zusätzlich wurde eine kommunale Bücherei errichtet. Die Fremdenverkehrswerbung wurde verbessert, 1939 dafür sogar ein Münster-Film gedreht. Man feierte weiter auf münsterische Art Karneval, und die städtische Kulturzeitschrift „Das schöne Münster" thematisierte weiter – sieht man von einem Heft des Jahrgangs 1933 ab – Münsters kulturelle und kulturhistorische Schönheiten und Besonderheiten.

Das 1937 fertiggestellte Gauhaus am Aasee

Bei genauerem Hinsehen stellt man jedoch fest, daß hinter dem schönen Schein der nationalsozialistischen Bemühungen „um Münster“ sehr konkrete Veränderungsabsichten standen, die nicht ungeschickt und flexibel das Ziel eines „nationalsozialistischen Münster“ ansteuerten. Zähneknirschend mußte man feststellen, daß Ende 1937 von 25 Schulleitern in der Stadt nur vier überzeugte Nationalsozialisten waren; doch wurden 1939 die konfessionellen Schulen – wenig später auch die Privatschulen – aufgelöst. Der Weg zur nationalsozialistischen Schule wurde mit den von den Hochschulen für Lehrerbildung kommenden neuen Lehrern und den durch die HJ geleiteten Lagern weiter beschritten. Die neu errichtete Städtische Volksbücherei sollte die Borromäusbüchereien möglichst ersetzen und nach den Worten des Oberbürgermeisters nach „ausschließlich nationalsozialistischen Grundsätzen“ geführt werden [zit. nach 1591: Kuropka, Aspekte des kulturellen Lebens, S. 105]. Der Theaterspielplan veränderte sich für den Theaterfreund fast unmerklich; Klassik wurde zwar weitergespielt, aber man verbreitete unter dem Intendanten Willi Hanke durch die Programmauswahl recht nachdrücklich nationalsozialistisches Gedankengut. Andere hochgeschätzte Kulturinstitutionen verloren im Laufe der Jahre ihre Unschuld. Das Landesmuseum stellte im September 1940 erbeutete Feindwaffen aus, im Mittelbau war ein englisches Flugzeug zu sehen. Der Karneval endlich hatte seinen Biß verloren, da die politische Würze fehlte. „Das schöne Münster“ zeigte eine Idylle, die es seit 1933 nicht mehr gab. Der Übergang in die andere Zeit war für Münster ein ungleichzeitiger Prozeß, der von manchem eine Zeitlang unbemerkt geblieben oder verdrängt worden ist, von den meisten aber doch im Laufe der Zeit eine Entscheidung forderte: äußerliche Anpassung, Rückzug ins Private oder – fast ausschließlich verdeckte – Gegnerschaft.

Heimat Münster

Die Münsteraner waren stolz auf ihre Heimatstadt und nahmen mit Befriedigung zur Kenntnis, wenn Fremde ihrer Bewunderung Ausdruck gaben. Für diese schöne Stadt schienen sich auch die Nationalsozialisten nicht ohne Erfolg einzusetzen. Die „Heimat" spielte eine wichtige Rolle im kulturellen Leben, und die Heimat Münster entwickelte Ausstrahlung auf ganz Westfalen und darüber hinaus. Im Dezember 1934 zum Beispiel fand in Münster ein „Westfälisch-niederdeutscher Dichtertag" statt; die Niederdeutsche Bühne, die jährlich ein Stück herausgebracht hatte, war in engere Verbindung zum Stadttheater gebracht worden und spielte nun drei Stücke im Jahr. Hermann Löns, der in Münster Gymnasiast gewesen war, wurde wiederentdeckt und gefeiert. Das Landesmuseum veranstaltete 1936 eine Ausstellung „Berühmte Männer und Frauen in Westfalen", 1937 eine Ausstellung zum Thema „Westfalens Beitrag zur deutschen Kunst der Gegenwart". 1939 war dort eine Ausstellung über „Westfälische Volkskunst" zu sehen. Die Idee eines münsterischen Stadtmuseums fand mehr und mehr Zustimmung, vor allem nachdem der Wagen des Barons von Romberg – des legendären „tollen Bomberg" – vom Besitzer in Buldern der Stadt zum Geschenk gemacht und vom rührigen Verkehrsdirektor Theodor Breider und vom Oberbürgermeister öffentlichkeitswirksam abgeholt worden war. 1938 war durch private Initiative mit städtischer Unterstützung eine Bockwindmühle am Aasee aufgebaut worden. 1939 fand erstmals das Reit- und Fahrturnier auf der von der Stadt erworbenen Westerholtschen Wiese statt. Große Dinge schienen sich für die weitere Zukunft anzubahnen: 1940 kam eine Briefmarke heraus, die den Giebel des Rathauses zeigte; der Plan, Münster als Ort des Friedensschlusses anzubieten, wurde in der Stadt bekannt und fand breite Zustimmung – ebenso die vom Stadtarchivar Eduard Schulte vorbereitete Reichsausstellung zum Westfälischen Frieden, die dann allerdings in der Versenkung verschwand, weil sie nicht mehr ins politische Konzept paßte.

Manchem arglosen Münsteraner war der Streit mit der Kirche das einzige Problem geblieben, das ihn wirklich belastete. Doch der Konflikt um die Rechte der Kirche war eben nicht das eigentliche Problem, wenn auch ein für Münster ganz wesentliches, denn ohne Kirche war Heimat in Münster bis dahin nicht denkbar gewesen. Wo der Kern des Konflikts lag, war in der seit 1933 veränderten Lebenswelt der Münsteraner direkt zu spüren. In den Gastwirtschaften, um ein Beispiel zu nennen, war das offene Wort an der Theke und am Biertisch nicht mehr ohne weiteres möglich. Das militärische Element hatte sich in der Stadt überproportional verstärkt. Die in der Bürgerschaft kaum verankerte Stadtleitung steuerte zielbewußt auf eine „andere Stadt" zu, nicht nur durch städtebauliche Pläne für die Zukunft, sondern indem sie die öffentlichen Einrichtungen offen oder schleichend instrumentalisierte und mit manchen Traditionen brach.

Als seit 1941 die Wahrzeichen der Stadt in Trümmer fielen, versank auch das alte Münster. Die ganze Hilflosigkeit spricht aus einigen Zeilen eines plattdeutschen Gedichts, das ein Luftschutzbeobachter niederschrieb: „De Sirene h-u-u-u-lt, dann is et still, De Tommy kümp, watt he wull will?" Doch die Unmenschlichkeit war nicht erst im Krieg zum System geworden. Die Grundsätze der Menschenrechte hatte Bischof von Galen vielfach eingefordert. Als er 1941 in der Lambertikirche öffentlich die Bedrohung jedes einzelnen durch die Gestapo anprangerte – „Der psychischen Übermacht der Geheimen Staatspolizei steht jeder deutsche Staatsbürger völlig schutzlos und wehrlos gegenüber. Völlig wehrlos und schutzlos!" [1481: Akten, Briefe und Predigten, S. 1847] –, führte dies zum ungeheuren Widerhall seiner Worte, weil er die NS-Wirklichkeit in Münster beim Namen nannte und damit die NS-Realität überhaupt beschrieb.

6. *Der Zweite Weltkrieg*

Kriegsbeginn

Am 26. August 1939 notierte Stadtarchivar Eduard Schulte, ein sehr nationalbewußter Mann und seit 1933 Anhänger des Regimes: „Überhaupt ist hier alles so ganz anders als 1914. [. . .] Der Frauen, Mütter und Bräute hat sich jetzt zumeist eine sehr schlechte Stimmung bemächtigt. Selten trifft man tapfere, zuversichtliche, heldische Haltung an" [zit. nach 2367: Kuropka, Stimmung und Lage, S. 170]. Nach dem Wechselbad der Gefühle um Krieg und Frieden durch den Abschluß des Hitler-Stalin-Paktes war die Stimmung in den letzten Augusttagen auf dem Tiefpunkt. In Münster blieb selbst die Freude über die Kriegserfolge gedämpft. Beobachter beklagten die fehlende Begeisterung für die Ende Oktober aus dem siegreichen Polenfeldzug heimkehrenden Soldaten, was in augenfälligem Kontrast zu den Begeisterungsstürmen stand, denen sich marschierende Reichswehr 1932 in der Stadt gegenübersah. Das Leben veränderte sich seit den letzten Augusttagen 1939 spürbar. Mitte August hatte bereits ein Sturm auf die Sparkassen eingesetzt, danach wurde noch gehamstert, was in den Geschäften zu haben war, während die Gaststätten und Cafés vollkommen leer blieben. Es verbreiteten sich die unsinnigsten Gerüchte; die Einführung der Bezugsscheinpflicht wurde zwar angesichts der Erfahrungen im letzten Krieg allgemein begrüßt, doch führte die praktische Handhabung zu vielen Schwierigkeiten. Anfangs wurde vor allem der Andrang in den Ausgabestellen nicht bewältigt, was großen Unmut hervorrief. Später kam die Zuverlässigkeit der Markenverteilung immer wieder ins Gerede: 1942 wurde eine Bezirksstellenleiterin in einem Sondergerichtsprozeß wegen Veruntreuung zu zwei Jahren und sechs Monaten Zuchthaus verurteilt. Die nachhaltigste Veränderung brachten natürlich das Einrücken vieler Männer zur Wehrmacht und die sich daraus ergebenden Folgen für die Familien und das Arbeitsleben mit sich. In vielen Bereichen wurden nunmehr Frauen tätig, sichtbar an den jetzt häufig anzutreffenden Straßenbahnschaffnerinnen. Schon in den ersten Septembertagen nahm die Stadt auch äußerlich neue Züge an: Luftschutzgräben wurden an mehreren Stellen ausgehoben, Sandsäcke vor Kellerfenster gelegt; man sah Passanten mit Gasmasken am Gürtel und vermehrt Wehrmachtsangehörige in den Straßen, bald auch die ersten Verwundeten.

Die Mobilisierung war zwar reibungslos verlaufen, doch kam es zu Friktionen, weil die Bevölkerung die Parteigenossenschaft als besser behandelt ansah. „Der Frontsoldat ist wieder da – Wo bleibt SS, wo bleibt SA?" war auf Eisenbahnzügen zu lesen [2367: Kuropka, Stimmung und Lage, S. 184], so daß die Gauleitung in Münster schon Anfang September eine Anweisung an die Parteigenossen übermittelte, das Parteiabzeichen nicht in der Öffentlichkeit zu tragen und den politischen Leitern Zurückhaltung empfahl.

Münster im Bombenkrieg

Schon 1939 hatte es die erste Luftwarnung für die Stadt gegeben; sechs Tage nach Beginn des Westfeldzugs erlebte Münster am 16. Mai 1940 dann den ersten Bombenangriff, bei dem ein Industrielager zerstört wurde. Die ersten Bombeneinschläge in der Stadt galten noch als Sensation, alle wollten sie gesehen haben. Doch bald wurde daraus bitterer Ernst. Am 2. Juli 1940 wurde durch einen Bombenangriff ein Großfeuer im Lager einer Holzhandlung im Hafengebiet verursacht, bei dessen Bekämpfung über fünfhundert auswärtige Feuerwehrleute die münsterischen Wehren unterstützten. Vom 6. bis 8. und am 10. Juli 1941 wurde Münster Ziel schwerer Nachtangriffe, die 47 Todesopfer forderten und die Bevölkerung in große Angst versetzten, so daß viele Münsteraner nachts die Innenstadt verließen. Über 21 000 Brandbomben waren abgeworfen worden und hatten das Gebiet um die Sonnenstraße stark zerstört und erstmals wertvolle Gebäude beschädigt (Dom, Schloß, Landesmuseum, Stadttheater, Clemenskirche und Lambertikirche). In der Bevölkerung kam starker Unmut auch deshalb auf, weil kaum Flakschutz vorhanden war und man sich gegenüber den Industriestädten benachteiligt sah.

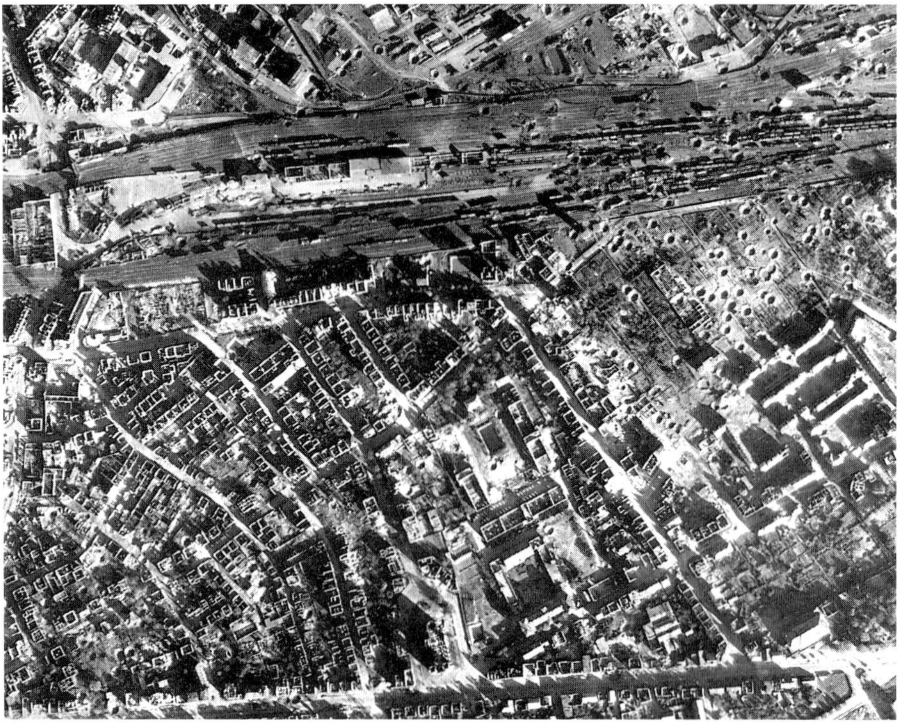

Die Luftaufnahme eines britischen Aufklärungsflugzeugs von 1944 zeigt die Zerstörungen im Gebiet zwischen den Gleisanlagen des Güterbahnhofs (oben) und der Hammer Straße (unten).

Die Zerstörungen boten der Partei den willkommenen Anlaß, gegen die Ordensniederlassungen vorzugehen; angeblich sollten ausgebombte Volksgenossen dort untergebracht werden, was tatsächlich jedoch kaum geschah. Weitere Höhepunkte der Bombardierungen waren die Angriffe vom 12. Juni 1943 (mit dem erstmaligen Einsatz von sogenannten Minenbomben), vom 10. Oktober 1943 – einem klaren, warmen Sonntag mit Ausflugsverkehr in der Stadt und der Folge, daß 473 Zivilisten und fast 200 Soldaten den Tod fanden – und vom 5. November 1943, als etwa 90 000 Brandbomben geworfen wurden, die zum Teil bis nach Mecklenbeck, Gievenbeck und Roxel abgetrieben wurden. 80 000 Brandbomben wurden am 12. September 1944 geworfen, 5000 Spreng- und 200 000 Brandbomben am 30. September und 22. Oktober 1944; am 28. Oktober wurden der Prinzipalmarkt verwüstet und das Rathaus zerstört. Der letzte Rest von Vertrauen in die Sicherheit der Bunker verschwand mit dem Angriff am 18. November 1944, als der Schützenhofbunker von einer Luftmine getroffen wurde, die in der 1,40 Meter dicken Betondecke explodierte, so daß 68 Menschen, die im Bunker Schutz gesucht hatten, von den herabstürzenden Trümmern erschlagen wurden. Nach weiteren schweren Angriffen im Februar und März wurde am 25. März 1945 (Palmsonntag) auch noch das Kuhviertel in der Altstadt vernichtet.

Insgesamt gab es 1128 Fliegeralarme, die 1532 Stunden dauerten. Abgeworfen wurden ca. 32 000 Sprengbomben, 640 000 Brandbomben und 8100 Phosphorbomben. 1314 Menschen fanden den Tod, davon 211 Fremde und 57 Ausländer. 62,7 Prozent aller Wohnungen waren zerstört oder unbewohnbar geworden. Unter einem Schadensgrad von 5 Prozent blieben überhaupt nur 1500 Gebäude in der Stadt. In bezug auf die Todesopfer war Münster mit 9,5 Toten auf tausend Einwohner (1939) noch einigermaßen glimpflich davongekommen, doch hinsichtlich des Zerstörungsgrades lag die Stadt nach Aachen und Köln mit 61,2 Prozent mit an der Spitze aller Städte des späteren Nordrhein-Westfalen. Fast alle kunsthistorisch bedeutsamen Bauwerke, Profan- wie Sakralbauten, wurden ein Opfer der Bomben, wogegen die ausgesprochen militärischen Anlagen kaum Beschädigungen davontrugen. Sie waren bekanntlich in Städten von der Struktur Münsters ebensowenig ein wichtiges Ziel wie die Industrieanlagen; es ging den Briten und Amerikanern vielmehr darum, die Moral der Bevölkerung zu brechen, was indes nicht gelang.

Immer mehr wurde die Stadt Münster zu einer Trümmerwüste, in der sich ein normales städtisches Leben nicht mehr aufrechterhalten ließ. Hatte man anfangs versucht, die Schäden zu reparieren, gelang später nicht einmal mehr die Schadensaufnahme. Die ersten Hilfsleistungen über Sonderbezugsscheine, Spendenaufrufe und die staatliche Aktivierung der Nachbarschaftshilfe blieben im weiteren buchstäblich in den Trümmern stecken. Die emotionale Bewältigung versuchte die Partei über pathetische Totenfeiern (zum Beispiel nach dem Oktoberangriff 1943) und über eine Haßpropagandakampagne gegen die Engländer zu steuern, der Bischof Clemens August von Galen widersprach: „Ist das wirklich ein Trost für eine Mutter, deren Kind einem Bombenangriff zum Opfer fiel, wenn man ihr versichert: demnächst werden wir auch einer englischen Mutter ihr Kind töten? Nein, solche Ankündigung von Rache und Vergeltung ist wahrlich kein Trost! Sie ist unchristlich, sie ist überdies undeutsch, weil unwürdig, weil unedel, weil unritterlich!“ [1481: Akten, Briefe und Predigten, S. 984]. Zwar gelang es durch den Aufbau von Flakstellungen, in denen viele Schüler als Flakhelfer eingesetzt wurden, den angreifenden Bombern auch beträchtliche Verluste zuzufügen (am 10. Oktober 1943 wurden zum Beispiel 30 von 236 gestarteten Bombern abgeschossen), aber der einzig wirksame Schutz war die Evakuierung der Bevölkerung in weniger gefährdete Gebiete. Nach den Angriffen von 1941 begann die Evakuierung in die Landkreise Münster, Steinfurt, Tecklenburg, Ahaus und Warendorf, während die berufstätige Bevölkerung in den Städten und Dörfern in der Umgebung unterzukommen suchte. In der sogenannten Kinderlandverschickung (KLV) wurden ganze Schulen verlagert. Die Volksschulen Münsters schlossen am 1. Juli 1943, die weiterführenden Schulen folgten und wurden durchweg nach Süddeutschland verlegt. Auch diese Aktion blieb nicht ohne ideologischen Hintersinn, versuchte man doch in den unter Leitung der Hitlerjugend stehenden KLV-Lagern, die Schüler dem Elternhaus und der Kirche zu entfremden, wogegen wiederum der Bischof von Münster öffentlich protestierte. Etwa 2000 schulpflichtige Kinder verblieben nicht zuletzt aus diesem Grund bei ihren Eltern – teils ohne Schulunterricht, teils in Schulen der Umlandgemeinden oder neuerrichteten Ausweichschulen.

Soldaten, Gefallene, Gefangene, Zwangsarbeiter

Mit Kriegsbeginn war die öffentliche Bautätigkeit praktisch eingestellt worden. Zu Ende gebracht wurden noch einige militärische Bauten; außerdem wurden zwischen 1942 und 1944 zehn Luftschutzbunker mit einer Gesamtnutzfläche von 8563 Quadratmetern für 12 750 Personen fertiggestellt. Dabei waren – wie auch bei der Schadensbeseitigung nach den Luftangriffen – vornehmlich Kriegsgefangene und Fremdarbeiter als Arbeitskräfte eingesetzt. 1944 waren auf das Stadtgebiet von Münster – bei noch 65 483 Einwohnern – 1289 ausländische Zivilarbeiter verteilt. In den verschiedensten Lagern – Kasernen, Schulen, Gaststätten, Baracken – in Münster und seiner näheren Umgebung waren 1944 über 20 000 Kriegsgefangene untergebracht, die sich ebenfalls in irgendeiner Form im Arbeitseinsatz befanden. In der Anfangsphase des Krieges erleichterten die militärischen Erfolge dem Regime die Kriegspropaganda, zu der auch Veranstaltungen mit den aus der Stadt stammenden Ritterkreuzträgern gehörten. Doch waren Anzeichen für die ungünstige Gesamtsituation schon zu diesem Zeitpunkt nicht zu übersehen. Nach der Katastrophe von Stalingrad schwoll in den Zeitungen die Zahl der Todesanzeigen an. Die Bekanntmachung des Oberkommandos der Wehrmacht vom 3. Februar 1943 über die Kapitulation der 6. Armee in Stalingrad führte in Münster zu großer Unruhe, weil sich Angehörige der Stalingradkämpfer aus dem ganzen Münsterland in der Stadt einfanden, um bei den hier stationierten Ersatzabteilungen der 6. Armee etwas über das Schicksal ihrer Söhne und Männer zu erfahren. Wenige Tage vorher hatte die Partei den zehnten Jahrestag der Machtübernahme mit Kranzniederlegungen und einer Großkundgebung in der Stadthalle begangen. Die vorgegebene Rede stand unter dem Leitwort „Wir werden siegen, weil uns Adolf Hitler führt“. Etwa 6200 Soldaten aus Münster fanden auf den Schlachtfeldern oder in den Gefangenenlagern den Tod.

Die Siegesparolen mußten die Menschen in ihren existentiellen Nöten eher abschrecken. Man suchte Trost bei den Kirchen, die sich in neuen Formen der Seelsorge auf diese Bedürfnisse einstellten und durch Exerzitien für Einberufene, Liebesgabenpakete an Soldaten, Hilfsaktionen für Ausgebombte, Heimatbriefe der Pfarrge-

Das Rathaus erhielt während des Bombenangriffs vom 28. Oktober 1944 einen schweren Treffer. Nachdem das Gebäude ausgebrannt war, stürzte der Giebel auf den Prinzipalmarkt

meinden an die Front und anderes mehr größere Teile der Bevölkerung erreichten als vor dem Krieg. Demgegenüber blieben die Versuche der Partei, etwa durch Heimatbriefe der Ortsgruppen in ähnlicher Weise die Verbindungen aufrechtzuerhalten, bald stecken, weil die Hohlheit ihrer Parolen angesichts der Trümmerwüsten nur zu augenscheinlich war.

7. *Vom „nationalen Aufbruch" zum totalen Zusammenbruch*

Vom „nationalen Aufbruch" war in Münster nach dem 30. Januar 1933 nicht viel zu spüren. Eine kleine Gruppe von Nationalsozialisten, überwiegend Außenseiter aus kleinbürgerlichen Verhältnissen, hatte unter exzeptionellen Bedingungen in der letzten Kommunalwahl die relative Mehrheit erhalten und machte sich daran, die Stadt unter ihre Herrschaft zu bringen. Es war ein Aufbruch der Außenseiter, die in den folgenden Monaten Zulauf erhielten von Karrieristen, aus dem öffentlichen Dienst und von solchen, die durch die Massenspektakel im Frühjahr und Sommer 1933 angezogen wurden. Bei aller Erleichterung und zum Teil auch Begeisterung über den „Ausgleich", den das Konkordat zwischen Kirche und Staat zu bringen schien, kam es doch nicht zum Zusammenbruch der „Zentrumsgesellschaft", da ihre

Repräsentanten nicht zur NSDAP übergingen bzw., sofern sie mit diesem Gedanken gespielt hatten, durch das Verhalten der Nationalsozialisten – spätestens durch die Mordaktion im Zuge der Röhm-Affäre – davon abgehalten wurden. Die neuen Amtsträger in den städtischen Körperschaften und der Verwaltung setzten sich nicht ungeschickt öffentlich in Szene, indem sie unter anderem die antibürgerlichen Affekte zu mobilisieren versuchten und die öffentlichen Traditionen Münsters fortsetzten; darüber hinaus gaben sie vor, nun erst werde wirklich etwas für Münster und seine Bürger getan.

Damit aber war es nach gut sechseinhalb Jahren – zu Kriegsbeginn – nicht sonderlich weit her. Wirklich zustande gekommen waren Kasernen, für deren Errichtung jedoch nicht die Stadt verantwortlich war. Ansonsten gab es Pläne für neue Sportanlagen und Schwimmbäder, die nicht gebaut wurden, und eben für das „neue" Münster mit Parteiforum und Volkshalle. Das in diesen Plänen sich ausdrückende Programm war das einer verdeckten bis offenen Zwangssäkularisierung einer christlichen, überwiegend katholischen Stadt.

Das „Pech" der Protagonisten dieses Programms war, daß ihnen in der Person Galens einer der „stärksten Gegner" des Regimes gegenüberstand. Galen widersprach öffentlich und wuchs durch die Unterstützung, die er im katholischen Kirchenvolk und bei vielen Protestanten fand, in die Rolle eines „Landesvaters" hinein [1602: Morsey, Kardinal von Galen, S. 22], der für die Rechte der Kirche und für die Menschenrechte eintrat und sich auch nicht scheute, in kommunalen Angelegenheiten deutliche Worte zu sprechen. Als für die „Metallspende des deutschen Volkes" vom Oberbürgermeister im Oktober 1940 auch die Bronzestatue der Gottesmutter von der Mariensäule an der Ludgerikirche vereinnahmt werden sollte, weil sie angeblich landfremden, süddeutschen Charakters war, schrieb der Bischof dem Oberbürgermeister: Wenn die Rohstofflage so schlimm sei, würde das Bekanntwerden „in breiten Volkskreisen verhängnisvolle Wirkungen herbeiführen". Wenn die Notlage nicht so schlimm sei, müßte er „mit dem größten Teil der alteingesessenen Bevölkerung Münsters und des Münsterlandes [...] eine Nichtbeachtung der traditionsgebundenen und religiösen Gefühle der Bevölkerung sehen, die an den Bildersturm der wiedertäuferischen Revolutionäre des 16. Jahrhunderts erinnern würde, die bekanntlich die religiösen Standbilder des Mittelalters zur Verstärkung der Befestigungswerke verwendet haben" [StadtAM, Zentralbüro 150].

Die Spitzen der NSDAP in Gau und Stadt taktierten äußerst ungeschickt, indem sie die Eskalation gerade auf dem religiösen Gebiet nicht zu vermeiden suchten und ausgerechnet Rosenberg „als Antwort auf Galens Vorgehen beim Gauparteitag 1935" [2602: Rosenberg, Letzte Aufzeichnungen, S. 146] die Ehrenbürgerschaft verliehen. Im Krieg wurde dann vollends deutlich, wo die Menschen ihre Heimat fanden; eben nicht in der Partei, sondern in der Kirche. Ein NS-Beobachter fand Anfang Dezember 1940 die Aegidiikirche vollbesetzt und sah Schupoleute, einen Oberleutnant, Soldaten und BDM-Mädel in Uniform, die alle kräftig das Adventslied „O komm, o komm, Emanuel, mach frei dein armes Israel" mitsangen und dem Beobachter zeigten, daß man in der Kirche immer noch „an die unversöhnlichen Feinde des deutschen Volkes erinnert wird".

Seit Kriegsbeginn war unübersehbar, daß dem Regime die Integration der Münsteraner in eine „nationalsozialistische Volksgemeinschaft" nicht gelungen war. Der

Appell an die antibürgerlichen Affekte konnte das gegen die münsterische „Cliquenwirtschaft" gerichtete „volkssozialistische Programm" durchaus attraktiv erscheinen lassen. Allerdings fand man lediglich im kulturellen Leben Ansätze einer vermeintlichen Realisierung. Die realen Ergebnisse der nationalsozialistischen Politik entsprachen keineswegs ihren Ansprüchen, was der Bevölkerung in Münster dadurch im Bewußtsein gehalten wurde, daß es der Partei nicht gelang, die öffentliche Meinungsbildung zu monopolisieren. Ein Jesuitenpater erläuterte dem anläßlich der NSV-Weihnachtssammlung 1940 vorsprechenden Zellenleiter, weshalb er nichts geben könne: „Weil die Partei eine sich aus der Gemeinschaft des Volkes heraus emanzipierende Sondergruppe sei und darum nicht mit dem Volke gehe. Er würde gern spenden, wenn er für eine wirkliche Volksgemeinschaft spenden könnte. Sein Kreis gehöre nicht zu den Nazis. Und darum gebe er nichts" [StadtAM, Amt 43 E 32].

Was bis 1942 durch die außenpolitischen „Erfolge" und die Siege der Wehrmacht überdeckt war, wurde mit dem Beginn des Bombenkrieges unübersehbar. Das Regime war nicht in der Lage, die Lebensverhältnisse der Bevölkerung zu verbessern; die Partei versagte im „Kriegseinsatz", und bei alledem wurde die Zwangsideologisierung radikalisiert. Für die Zeitgenossen mußte es fast schon als Symbol erscheinen, wenn Bischof Clemens August von Galen in einem Türrahmen stehend den 10. Oktober 1943 überlebte, während um ihn das Haus in Trümmern zusammenstürzte.

In allgemeiner Perspektive erlebte die münsterische Gesellschaft in diesen Jahren die Modernitätsschübe von Migrationsbewegungen, Bürokratisierung und einer gegen den Totalitarismus noch einmal zurückgedrängten Säkularisierung. Als am Ostersonntag 1945 amerikanische und britische Truppen Münster besetzten, gab es die Stadt eigentlich gar nicht mehr. Was danach neu entstand, war äußerlich gesehen ein am Vergangenen orientierter Wiederaufbau, letztlich aber ein anderes Münster.

Quellen und Literatur

Über die NS-Zeit in Münster gibt es bislang keine Gesamtdarstellung, sieht man einmal von einem Überblick zu den „Brennpunkten" zwischen 1918 und 1945 ab [1554: Grevelhörster, Revolution bis Kapitulation]. Bis in die siebziger Jahre wurde die Zeit zwischen 1933 und 1945 nur hier und da berührt – in der Regel recht unkritisch – und lediglich in bezug auf die Person Clemens August von Galens thematisiert [1610: Portmann, Bischof von Münster; 1490: Portmann, Dokumente; 1611: Portmann, Kardinal von Galen; 1531: Bierbaum, Nicht Lob, nicht Furcht; 1559: Hasenkamp, Kardinal].

Die Erforschung der NS-Zeit begann faktisch erst 1978 [1508: Kuropka, Machtergreifung] und erhielt ihren Antrieb im weiteren durch das sich anläßlich verschiedener Gedenktage manifestierende gewachsene Geschichtsinteresse sowie durch die im Rahmen von Schülerwettbewerben entstandenen Arbeiten [1585: Krieg frißt eine Schule; 1522: Schon fast vergessen]. Es lassen sich grob zwei Linien der Stadtgeschichtsschreibung unterscheiden. Zum einen bemüht man sich, die Defizite durch die auf Quellen gestützte Aufarbeitung verschiedener Aspekte der NS-Zeit zu verringern; zum anderen sind materialistisch orientierte Historiker bestrebt, eine bestimmte Interpretation der Entwicklung zu popularisieren, die Bürgertum und Kirche in Münster für „den Faschismus" historisch haftbar machen will [1604: Zeit des Faschismus; 1625: Schmidt, Kardinal und 3. Reich; 1632: Überwältigte Vergangenheit; 1614: Rahner u. a., Treu deutsch]. Mit welcher Verbissenheit dies verfolgt wird, zeigt sich darin, daß selbst zu falschen Tatsachenbehauptungen gegriffen wird [1579: Klein, Münsteraner Mittelstand, S. 44f] und deren Richtigstellung [1595: Kuropka, Weg in die Diktatur, S. 195f] zu gerichtsrelevanten Verhaltensweisen der Betroffenen [1596: Kuropka, Widerstand, S. 178] sowie der nachdrücklichen Wiederholung der These: „Politik und Wissenschaft sind nicht zu trennen“ [1632: Überwältigte Vergangenheit, S. 11] geführt hat.

Inzwischen liegt eine Reihe von informativen Arbeiten vor, insbesondere zu den Aspekten Machtergreifung [1508: Kuropka, Machtergreifung; 1595: Weg in die Diktatur], Widerstand [1626: Schwarze, Widerstand und Verweigerung; 1596: Kuropka, Widerstand], Juden [1574: Juden in Münster; 24: Aschoff, Juden in Münster; 1562: Heuwing/Sosna, Verfolgung der Münsteraner Juden; 1607: Mussinghoff, Rassenwahn in Münster; 1590: Kuropka, Antisemitismus], Kulturpolitik [1529: Behr, Reichsausstellung; 1589: Kulturpolitik], Universität [1565: Hörster-Philipps/Vieten, Westfälische Wilhelms-Universität; 1633: Vieten, Medizin ohne Menschlichkeit], Kriegszeit [1501: Beer, Inferno des Bombenkrieges; 1528: Beer, Kriegsalltag; 1502: Bomben auf Münster; 1520: Weidner, Unbequemes Erbe; 1641: Weidner, Nur Gräber als Spuren] sowie zum Kirchenkampf [1586: Kroos, Muckermann; 1577: Kaufmann, Katholisches Milieu; 1597: Lahrkamp, Katholische Kirche; 1545: Frieling, Priester im KZ], wobei der evangelische Kirchenkampf noch wenig erforscht ist [76: Bauks, Evangelische Kirchengemeinde]. Clemens August von Galen trat seit Mitte der siebziger Jahre wieder stärker in den Blickpunkt [1601: Morsey, Versuch einer Würdigung; 1638: Volk, Schweigen oder Bekennen; 1792: Kuropka, Eine diplomatische Aktion; 1568: Iserloh, Galen; 1594: Kuropka, Grundwerte leben; 1602: Morsey, Kardinal von Galen; 1481: Akten, Briefe und Predigten], teilweise auch mit wissenschaftlich indiskutablem Ergebnis [1620: Sandstede-Auzelle/Sandstede, Bischof von Münster]. Zuletzt wurde der Frage nach den Wirkungen seines Handelns nachgegangen [1596: Kuropka, Widerstand; 1592: Bild des Bischofs] sowie bislang nicht zureichend geklärten Problemen um seine Person und sein Wirken [1593: Kuropka, Graf von Galen; 1547: Neue Forschungen].

Die Quellenlage ist für die NS-Zeit insgesamt nicht befriedigend. Die Parteiakten sind lediglich in geringen Teilen im Staatsarchiv und in Splittern im Stadtarchiv und Bistumsarchiv erhalten. Reichhaltig sind die Überlieferung der Stadtverwaltung Münster sowie die Materialien der Zeitgeschichtlichen Sammlung des Stadtarchivs. Die Akten des Generalvikariats (im Bistumsarchiv) sind zum größten Teil im Krieg verbrannt. Eine Fülle von Einzelheiten ist durch die Befragung von Zeitgenossen zutage getreten, obwohl damit leider erst spät begonnen wurde.

Die Erinnerungsliteratur ist vom Umfang eher gering [1486: Herbermann, Abgrund; 1479: Ballhorn, Kelter Gottes; 1499: Vienerius, Widerstand; 2750: Tietmeyer, Wind; 1487: Iserloh, Rückschau]. Als Quellenedition liegt neben der Veröffentlichung von Portmann [1490: Dokumente] eine Publikation der Lage- und Stimmungsberichte vor [1488: Meldungen].

2.

Strukturen und ihre Veränderungen

HANS-JÜRGEN TEUTEBERG

Bevölkerungsentwicklung und Eingemeindungen (1816–1945)

1. Münsters Einwohnerschaft im 19. und frühen 20. Jahrhundert im Gesamtüberblick – 2. Die Eheschließungen – 3. Die Geburten – 4. Die Sterblichkeit – 5. Die Zu- und Abwanderungen – 6. Die Eingemeindungen 1875 und 1903

1. Münsters Einwohnerschaft im 19. und frühen 20. Jahrhundert im Gesamtüberblick

Vergleicht man den Stadtplan von 1873 mit dem ersten Katasterplan von 1828/29, dann läßt sich erkennen, daß bis zur Reichsgründung Münsters Stadtbild seinen spätmittelalterlich-frühneuzeitlichen Charakter weitgehend beibehalten hatte. An dem jahrhundertealten Straßennetz war wenig verändert worden; auf relativ kleinen Grundstücken wohnten die Familien von Adel, Kaufmannschaft und Kleinbürgern mit den städtischen Unterschichten noch immer ohne deutliche räumliche Betonung der Standesunterschiede dicht zusammen. Ein Blick auf die Entwicklung der Gesamteinwohnerschaft bestätigt diesen Eindruck einer verspäteten Modernisierung.

Nach dem Ende der napoleonischen Kriege und der endgültigen Eingliederung des Fürstbistums in den preußischen Staat wurden 1816 15 088 und 1874 erst 26 248 Bewohner gezählt. Die jährlichen Zuwachsraten schwankten im ganzen Zeitraum zwischen 0,04 und 2,03 Prozent, nimmt man einen Teil der frühen 1820er Jahre aus. Zwischen 1828 und 1831 sowie in den ganzen 1860er Jahren ging die Bevölkerungszahl sogar leicht zurück. Die jährliche Wachstumsrate betrug in diesem halben Jahr-

Münsters Einwohner 1816–1941 (1816–1864 ortsangehörige, 1867–1924 ortsanwesende, 1925–1945 ortsangehörige Bevölkerung):

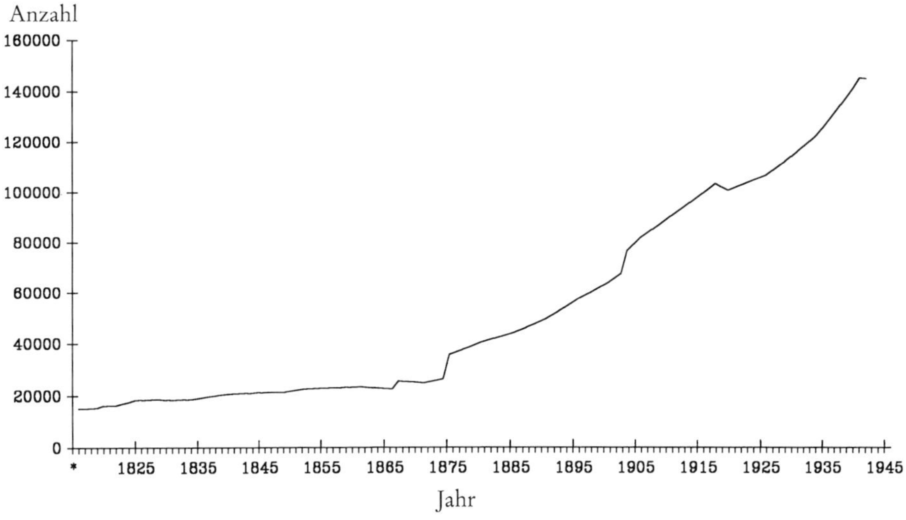

hundert nur 0,96 Prozent und spiegelt damit deutlich ein bescheidenes vorindustrielles Bevölkerungswachstum wider. Bis zur ersten Eingemeindung von 1875 betrug die gesamte Stadtfläche auch nur 1,89 Quadratkilometer.

Erst nach 1874 wuchs die Einwohnerzahl merklich schneller an. In den nächsten 15 Jahren stieg die ortsanwesende Bevölkerung innerhalb der neuen Stadtgrenzen von 26 248 auf 49 340 im Jahr 1890, um sich dann nochmals bis zur Jahrhundertwende auf 63 754 ruckartig zu vermehren. Dieser stürmische Aufschwung setzte sich bis 1910, als ein Stand von 90 254 Einwohnern erreicht wurde, ununterbrochen fort. Die durchschnittliche jährliche Zuwachsrate betrug in dieser Periode 2,68 Prozent und war damit wesentlich höher als in der Zeit zwischen 1816 und 1874. Dies war eine Entwicklung, die in gedanklicher Verkürzung als „Bevölkerungsexplosion" bezeichnet werden kann. Münsters Gesamteinwohnerschaft hatte sich damit zwischen 1816 und 1910 fast versechsfacht, doch erfolgte die wirkliche Beschleunigung erst in den letzten Jahrzehnten beim Übergang ins 20. Jahrhundert. Im Ersten Weltkrieg wurde erstmals die Grenze von 100 000 Einwohnern überschritten und die westfälische Provinzialhauptstadt in den Kreis der deutschen Großstädte aufgenommen.

Die Ursachen für dieses rasche Wachstum im späten 19. und frühen 20. Jahrhundert lassen sich rückschauend leicht ausmachen. Da sind zunächst die beiden Eingemeindungen von 1875 und 1903 zu nennen, bei denen die höchsten Zuwachsraten von 36,03 und 13,83 Prozent erzielt wurden. Aber dies waren zwei äußerliche Anlässe, bei denen die Bevölkerung des Umlands einverleibt wurde. Viel wichtiger für die Erklärung des steilen Bevölkerungsanstiegs ist die Tatsache, daß Münsters zunehmende Funktionen eines Oberzentrums im westfälischen Städtesystem einen Strom von Zuwanderern anlockten. Nicht die Ansiedlung von Industriebetrieben, wie in vielen anderen deutschen Städten, sondern die zunehmende Ausstattung der westfälischen Provinzialhauptstadt mit zahlreichen zivilen und militärischen Einrichtungen, die sich personell verstärkten, war maßgeblich an dem Anstieg der Einwohnerschaft beteiligt. Die Stadt stellte die Mischung einer Verwaltungs- und Garnisonstadt mit einer Rentner- und Universitätsstadt dar.

Die Bevölkerung Münsters nach Hauptberufen 1882–1907:

	1882		1895		1907	
	(abs.)	(%)	(abs.)	(%)	(abs.)	(%)
Land- und Forstwirtschaft	595	3,1	565	2,1	2 085	5,2
Handwerk und Industrie	6 109	32,3	9 278	34,7	12 348	30,8
Handel und Verkehr	2 662	14,1	4 405	16,5	7 456	18,6
Häusliche Dienste } Tagelohn }	1 361	7,2	290	1,1	636	1,6
			1 219	4,5	633	1,6
Öffentliche Dienste, freie Berufe	4 647	24,6	6 513	24,3	7 087	17,7
Ohne Beruf	3 532	18,7	4 492	16,8	9 811	24,5
Gesamt	18 906	100,0	26 762	100,0	40 056	100,0

Quelle StadtAM, Stadtregistratur 16–17a

Über 40 Prozent aller Erwerbspersonen waren im „Öffentlichen Dienst“ (Beamte, Militär, Kirche, einschließlich freie Berufe) oder der Gruppe „ohne Beruf“ (Pensionäre, Studenten, Schüler, Anstaltsinsassen) zwischen 1882 und 1907 zugeordnet.

Wenngleich Münster schon 1848 einen ersten Eisenbahnanschluß nach Hamm erhielt, so wurde die wichtige Fernstrecke nach Köln und Hamburg erst in den frühen siebziger Jahren eröffnet. Die westfälische Metropole bekam dadurch eine direkte Verbindung zum emporstrebenden rheinisch-westfälischen Industriegebiet und zu Deutschlands größtem Hafen an der Nordseeküste. Die Zu- und Abwanderung der Menschen wurden dadurch wesentlich erleichtert. Auch die Eröffnung des Stadthafens 1899, der einen Anschluß an den Dortmund-Ems-Kanal brachte, verstärkte Münsters Funktion als Oberzentrum des westfälischen Städtesystems. Er förderte erste Industrieansiedlungen, wenngleich nur in sehr bescheidenem Maß, und damit das Wachstum der Gesamteinwohnerschaft.

Stellt man einen überregionalen Vergleich an, dann fällt auf, daß Münsters Bevölkerungswachstum bis 1874 deutlich geringer, danach aber bis 1914 signifikant höher als der Durchschnitt der preußischen Städte war. Ordnet man die westfälische Provinzialhauptstadt in eine Liste von anderen deutschen Städten zwischen 1875 und 1905 ein, dann ist Münster zwar hinter dem Bevölkerungswachstum der Industrie- und Handelsstädte zurückgeblieben, lag jedoch etwa in der durchschnittlichen Zuwachsrate anderer Verwaltungs-, Garnison-, Pensionärs- und Universitätsstädte. Die Gegenüberstellung des Einwohnerwachstums mit den übrigen westfälischen Landkreisen im Regierungsbezirk Münster zwischen 1818 und 1905 bestätigt die regional führende Position. Die Stadt lag im Wachstumstempo wie auch in der absoluten Einwohnerzahl im Vergleich mit anderen Städten in der heimischen Region stets an der Spitze und wurde in den letzten Jahrzehnten nur von dem industriereichen Kreis Recklinghausen überflügelt.

Die Veränderungen des Bevölkerungsstandes zwischen den beiden Weltkriegen, nimmt man die anormalen Jahre des staatlichen Zusammenbruchs 1918/1919 sowie der Luftangriffe und Evakuierungen 1943/44 aus, sind weiterhin durch ein stetiges Wachstum gekennzeichnet gewesen: 1919 hatte Münster eine ortsangehörige Bevölkerung von 100 452 und 1925 von 106 418, dann 1933 aber 122 200 und 1939 141 059 ortsanwesende Bürger. Dies entsprach einer durchschnittlichen jährlichen Zuwachsrate seit 1910 von 1,55 Prozent. Infolge der alliierten Bombardierungen und damit verbundenen Evakuierungen sank die Zahl der ortsanwesenden Einwohner 1944 vorübergehend auf 35 700 ab, hatte aber schon am Ende des darauffolgenden Jahres wieder auf 75 984 zugenommen. Zwischen 1816 und 1941 betrug Münsters Bevölkerungszuwachs im Mittel 1,82 Prozent pro Jahr.

Diese groben Bevölkerungsangaben können anhand der überlieferten Statistiken weiter aufgegliedert werden. So hat höchstwahrscheinlich bis 1867, als das Militär der ortsanwesenden Bevölkerung erstmals zugerechnet wurde, sicherlich aber danach, der männliche Einwohneranteil stets über 50 Prozent gelegen. Erst im 20. Jahrhundert setzte sich mit zwei Ausnahmejahren dann ein ebenso leichter Frauenüberschuß durch. Das von dem Nationalökonomen Karl Bücher aufgestellte Gesetz, wonach jede Stadtbevölkerung mit mittel- und westeuropäischen Verhältnissen die Tendenz hat, aus sich selbst einen den Landesdurchschnitt überschreitenden Frauenüberschuß zu erzeugen, der mit der bei den Geschlechtern verschiedenen Geburts- und Absterbeordnung zusammenhängt, scheint für Münster im 19. Jahrhundert keine Gültigkeit besessen zu haben. Dies kann vor allem mit der damals relativ hohen Zahl der Militärpersonen erklärt werden.

Aus den im drei- bzw. später fünfjährigen Abstand durchgeführten amtlichen Volkszählungen läßt sich ferner entnehmen, daß im ganzen 19. Jahrhundert nur 24 bis 29 Prozent der münsterischen Gesamtbevölkerung verheiratet waren und sich diese Anteile dann offenbar erst im 20. Jahrhundert auf 34 bis 36 Prozent erhöhten. Dabei gab es drei- bis fünfmal mehr verwitwete Frauen als Männer. Dieser Umstand hängt damit zusammen, daß die weibliche Bevölkerung wie überall durchschnittlich ein höheres Lebensalter erreichte und seltener eine Zweitehe einging. Bei den Ledigen überwog aus erklärten Gründen im vorigen Jahrhundert der männliche Prozentsatz. Die Zahl der alleinstehenden Geschiedenen, 1861 erstmals statistisch nach einer Neuordnung der preußischen Statistik erfaßt, blieb im katholisch dominierten Münster zwischen 1816 und 1945 weit unter einem Prozent. Einzig bemerkenswert scheint das Kriegsjahr 1870/71 zu sein, als die Zahl vorübergehend auf 66 Personen bzw. 0,27 Prozent der Gesamteinwohnerschaft kletterte. Die meisten alleinstehenden Geschiedenen waren Frauen, weil geschiedene Männer ganz offensichtlich eher eine Zweitehe eingingen.

Wendet man sich der Altersschichtung zu, dann ist festzustellen, daß die Altersgruppe der Kinder bis zu 14 Jahren in Münster gegenüber Gesamtpreußen stark unterbesetzt gewesen ist. Das bedeutet, daß die beiden anderen Altersklassen der 14- bis 60jährigen und der alten Menschen über 60 Jahre jeweils einen höheren Prozentsatz und damit auch vergleichsweise mehr alte Frauen als durchschnittlich in anderen Städten Preußens aufwiesen. Münster besaß bis ins späte 19. Jahrhundert hinein nicht die für eine schnell wachsende Bevölkerung typische Pyramide, sondern noch eine Art Glockenform, wie sie für vorindustrielle, relativ statische Populationen charakteristisch ist. In entscheidendem Maß wurde die Altersstruktur durch Wanderungsüberschüsse geprägt, was sich in einer überproportionalen Besetzung der 20- bis 30jährigen ausdrückt.

Greift man als Beispiel das Jahr 1905 heraus, dann erkennt man in der Altersschichtung deutlich die starken Jahrgänge der 20- und 25jährigen, die offenbar primär mit der starken Zuwanderung in dieser Zeit zusammenhängen. Auch das Militär ist natürlich für den starken Überhang junger Männer verantwortlich. Der Altersaufbau für das Stichjahr 1925 zeigt den tiefgreifenden Einfluß des Ersten Weltkriegs auf die Geburtenziffer der männlichen wie weiblichen Einwohner. Es wird hier auch ähnlich wie 1905 die durchschnittlich längere Lebenszeit der Frauen sichtbar.

Das hier vorgeführte Verhältnis der Geschlechter hat wie der jeweilige Altersaufbau maßgeblichen Einfluß auf die natürliche Bevölkerungsvermehrung ausgeübt. Die Sexualproportion bestimmte die Sterbequote wegen der bei den Geschlechtern unterschiedlichen Absterbeordnung. Zum anderen hingen die Zahl der Eheschließungen und damit auch wieder die der Geburten und Todesfälle davon ab, wie stark die jeweiligen Altersjahrgänge besetzt waren. Vergleicht man den Altersaufbau von Münster, Dortmund, Koblenz und Düsseldorf, dann wird auf den ersten Blick sichtbar, daß die Industriestadt Dortmund und die Handelsstadt Düsseldorf wesentlich

Altersschichtung der Bevölkerung Münsters 1905:

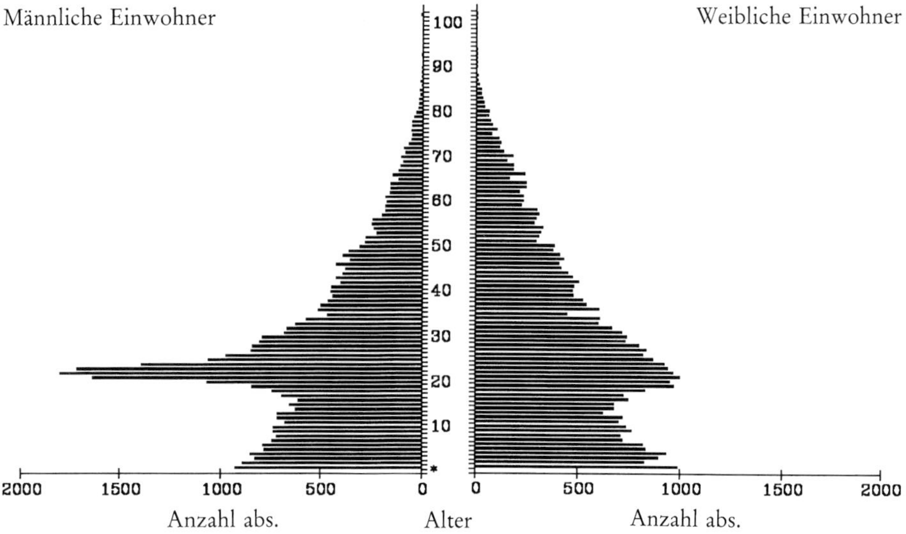

Altersschichtung der Bevölkerung Münsters 1925:

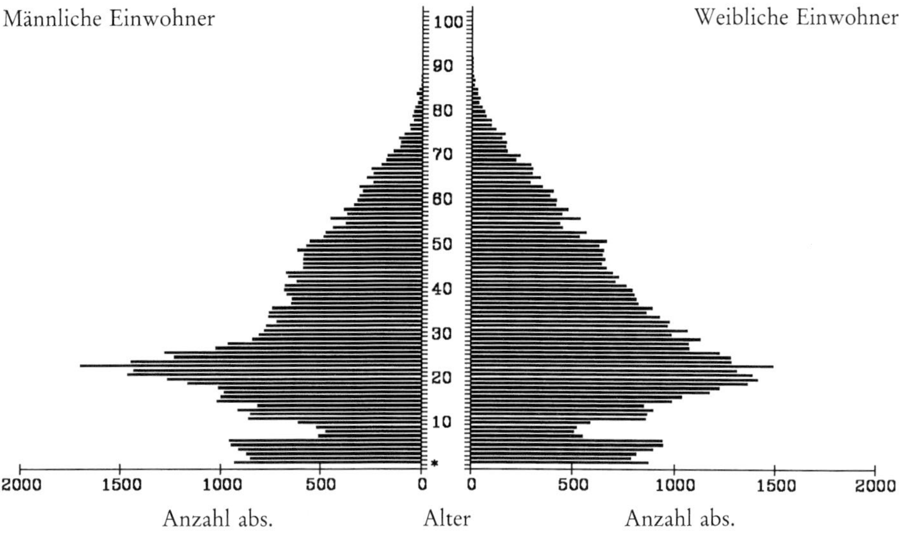

mehr Kinder bis 14 Jahre als die beiden Garnisonstädte Münster und Koblenz aufwiesen. Bei den Kindern unter sechs Jahren war Münster am schwächsten vertreten. Dies hatte seinen Grund darin, daß in der westfälischen Provinzialhauptstadt im Verhältnis zur Gesamtbevölkerung weniger Kinder geboren wurden. In Dortmund, wo die neugegründeten Steinkohlenzechen und die wachsende Schwerindustrie viele junge Arbeitskräfte besonders aus Ostdeutschland anzogen, gab es dagegen eine hohe eheliche Fruchtbarkeit. In den höheren Altersklassen, besonders denen über 60

Jahre, hatte Münster dagegen wie Koblenz ein Übergewicht: Typische Charakteristika einer Beamten-, Garnison-, Universitäts- und Pensionärsstadt treten hier hervor.

In der alten Bischofsstadt Münster, Mittelpunkt einer Diözese und aktiver katholischer Kirchenpolitik, erscheint es besonders reizvoll, auch der konfessionellen Zusammensetzung der Bevölkerung und ihren Veränderungen nachzugehen. Münster ist zwischen 1816 und 1945 erwartungsgemäß eine Stadt gewesen, in der ein hoher Prozentsatz der Einwohner der römisch-katholischen Kirche angehörte. Im „Nordischen Rom" waren nach den Volkszählungen der amtlichen „Preußischen Statistik" 1816 95,8 Prozent katholisch und 3,7 Prozent evangelisch. Die westfälische Provinzialhauptstadt wurde zwar, wie schon erwähnt, Sitz vieler preußischer Oberbehörden, die auch Beamte für den höheren Dienst aus den älteren Teilen des Königreichs einstellten, doch hatte dies zunächst nur geringen Einfluß auf die konfessionelle Grundstruktur. Die Zahl der Protestanten nahm erstmals merklich Mitte der 1830er Jahre zu, so daß sich ihr Anteil mit rd. acht Prozent mehr als verdoppelte. Danach folgte aber eine nur noch sehr langsame Vermehrung, die zwischen 1858 und 1864 sogar durch einen merklichen Rückgang unterbrochen wurde. Durch die Hinzuzählung des Militärs ab 1867 erhöhte sich dann sprunghaft der Anteil der Protestanten. Im Jahr 1910, dem letzten Jahr einer Volkszählung vor dem Ersten Weltkrieg, hatte Münster bei 90 254 Einwohnern genau 73 969 oder 81,96 Prozent Katholiken sowie 15 553 oder 17,23 Prozent Protestanten. Die Daten zwischen 1925 und 1933 belegen, daß sich die Anteile dann etwa bei 78 bzw. 20 Prozent stabilisierten.

Der katholische und evangelische Bevölkerungsanteil Münsters 1816–1933:

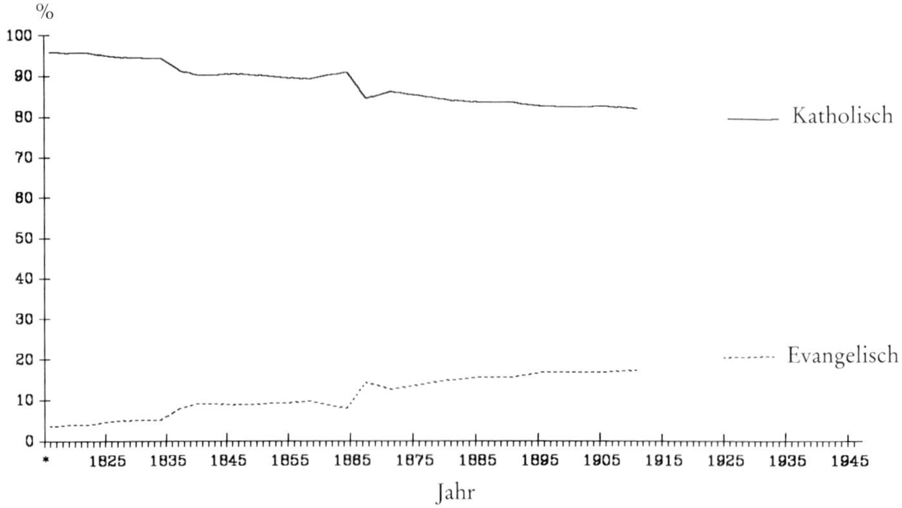

Die jüdischen Gemeindeangehörigen spielten demgegenüber zahlenmäßig kaum eine Rolle. Ihr Prozentanteil überschritt nach dem Ende der Revolution von 1848/49 erstmals die Ein-Prozent-Marke, war aber schon 1892 wieder rückläufig. Die jüdischen Mitbürger machten dann bis 1910 nur 0,6 bis 0,8 Prozent der Gesamteinwohnerschaft aus, um in der Weimarer Republik noch weiter abzunehmen. Die absolute Zahl der münsterischen Juden hatte sich zwar zwischen 1816 und 1933 von 78 auf 588 erhöht, doch blieb dies weit unter dem übrigen Bevölkerungswachstum. Als die Nationalsozialisten 1933 die Macht übernahmen, gehörten nominell nur 0,46 Prozent zum jüdischen Glauben. Die Zahlen der Angehörigen sonstiger Glaubensbekenntnisse waren vor dem Ersten Weltkrieg noch geringer, so daß man sie bei der Betrachtung des ganzen 19. Jahrhunderts gänzlich vernachlässigen kann. Erst in der Weimarer Republik wuchs ihre Zahl deutlich an und erreichte 1925 1207 Personen.

Der evangelische und jüdische Bevölkerungsanteil Münsters 1816–1933:

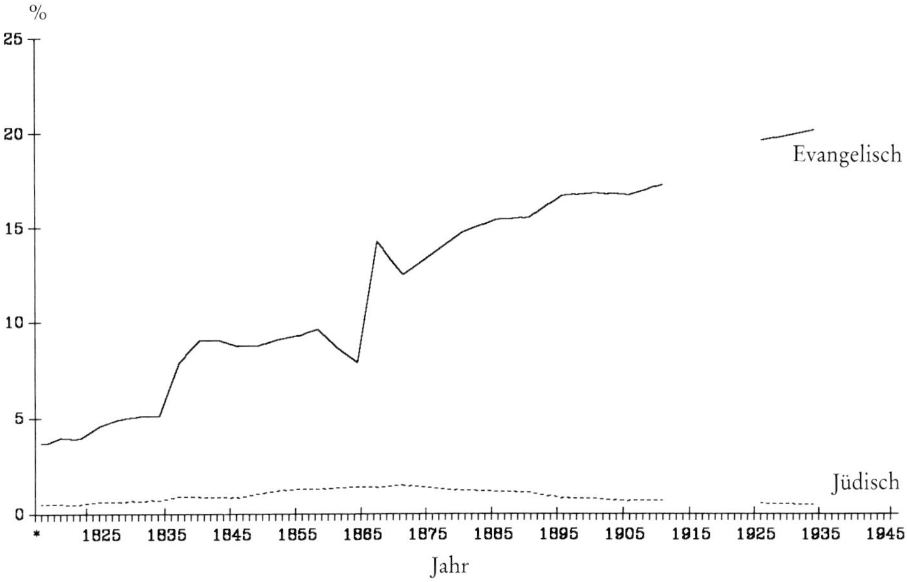

Setzt man diese konfessionellen Verschiebungen in Münster mit den größeren Konfessionsstatistiken im Deutschen Reich während der Urbanisierungsphase zwischen 1871 und 1914 in Beziehung, dann ergibt sich, daß die Stadt hier keine Sonderstellung einnahm. Ganz im Gegenteil zeigen sich parallele Trendverläufe: Obwohl sich die deutsche Gesamtbevölkerung in dieser Periode um 24 Millionen vermehrte, blieb ähnlich wie in Münster der Prozentsatz derjenigen, die sich zu einer der beiden großen christlichen Kirchen bekannten, mit rd. 98 Prozent völlig konstant. Die zeitgenössische Vermutung, der moderne Verstädterungsprozeß habe vor 1914 den Beginn einer Entchristlichung eingeleitet, trifft statistisch nicht zu. Auch wenn es erste Tendenzen zu einer Säkularisierung gab, so führten sie noch nicht zu einer massenhaften Kirchenaustrittsbewegung. Auch auf Reichsebene fielen die „Israeliten" kontinuierlich insgesamt unter die Ein-Prozent-Marke ab. Die Kategorie „Sonstige Glaubensbekenntnisse" (die auch die Atheisten einschloß) kann auch hier wegen der äußerst geringen Zahlen bis 1905 unbeachtet bleiben.

Ähnlich wie in der westfälischen Hauptstadt zeigte sich auf Reichsebene eine leichte Verschiebung von den katholischen zu den evangelischen Glaubensanhängern, was erst nach 1890 in das Gegenteil umschlug. Als Erklärung hierfür wird auf die vorher durchschnittlich höhere Zahl von Lebendgeborenen bei katholischen Ehen in dieser Zeit und auf die Tatsache verwiesen, daß die Kinder aus Mischehen, die relativ zunahmen, regelmäßig dem evangelischen Bevölkerungsteil zuwuchsen. Die katholische Kirche verlangte zunächst bei dem Abschluß einer konfessionell gemischten Ehe vom Brautpaar das Versprechen einer katholischen Taufe und Erziehung. Der preußische Staat erhob anfangs gegen diese Regelung keine Bedenken. Wem die Kinder aus Mischehen, die sich durch den Zuzug preußisch-protestantischer Beamter nach 1815 erstmals auch in Münster geringfügig mehrten, in den Taufregistern zugeschlagen wurden, ist ungeklärt. 1825 erließ Preußen ein Edikt, wonach Kinder aus Mischehen dem Bekenntnis des Vaters zu folgen hatten. Dies führte zu einem langandauernden Konflikt zwischen der katholischen Kirche und dem Staat, der natürlich gerade die Stadt Münster berührte, wo es deswegen 1837 im Gefolge der „Kölner Wirren“ zu Straßentumulten kam.

Erst 1841 wurde der Mischehenstreit beigelegt, als Preußen das Entscheidungsrecht des Bischofs anerkannte. Im Verlauf dieser Auseinandersetzung sollen sich Geistliche zuweilen geweigert haben, gemischt konfessionelle Brautpaare zu trauen. Nichteintragungen der Nachkommen in die Kirchenbücher wegen dieses Streites sind aber nicht belegt. Mehrheitlich wurden Mischehenkinder in Münster um die Jahrhundertwende zu etwa 70 Prozent katholisch getauft und vermehrten im Gegensatz zu den allgemeinen Verhältnissen im Reich den evangelischen Anteil weniger. Bei den offiziellen Übertritten von der einen zur anderen großen Konfession gab es auf Reichsebene bis 1905 zwar ein leichtes Mitgliederplus bei der evangelischen Kirche, das aber durch eine Austrittsbewegung danach wieder verlorenging. Die „Bekehrungen“ spielten bei den Veränderungen in der Konfessionslandschaft offensichtlich nur eine völlig untergeordnete Rolle. Im gesamten Deutschen Reich wie auch in Münster blieb im späten 19. Jahrhundert und auch noch weit danach das in der Mitte des 17. Jahrhunderts entstandene konfessionelle Grundmuster erhalten. Anders als im Reich fielen die Verschiebungen zugunsten der evangelischen Minderheiten in Münster aber umfangreicher aus.

2. *Die Eheschließungen*

Nach den einleitenden Betrachtungen über die Veränderungen des Bevölkerungsstandes in seiner Gesamtheit und inneren Struktur muß nun der Frage nachgegangen werden, welche Faktoren die natürliche Bevölkerungsbewegung in Münster zwischen 1816 und 1945 bestimmt haben. Zwar ist die Zivilehe mit ihrer Beurkundung vor dem städtischen Standesamt in Preußen am 1. Oktober 1874 obligatorisch geworden, doch gab es nach diesem Datum kein auffälliges Steigen oder Sinken der Heiratsziffern. Man kann daraus schließen, daß auch schon vorher die von den Pfarreien geführten Heiratsregister die Eheschließungen vollständig und korrekt wiedergeben, zumal durch die preußischen Behörden 1815 amtliche „Bevölkerungslisten" eingeführt wurden.

Die Eheschließungsziffern, d. h. die Trauungen auf je 1000 Einwohner, waren in Münster offenbar starken Schwankungen und damit äußeren Einflüssen ausgesetzt. Sie betrugen zum Beispiel 1816 11,53 Promille, 1874 8,9 Promille, 1910 nur 5,87 Promille, 1925 wieder 6,7 und 1938 10,4 Promille. Zum anderen machen sie ebenso deutlich, daß die Ehefreudigkeit in der Stadt in den meisten Jahren weitaus geringer blieb als im übrigen Preußen. Die Gründe für diesen auffälligen Tatbestand sind relativ leicht zu finden: Unter den Einwohnern Münsters befanden sich viele Personen, die an einem anderen Ort, relativ spät oder auch überhaupt nicht den Bund für das Leben schlossen. Hier ist in erster Linie an in der Garnison stationierte Soldaten und Offiziere sowie die vielen ebenfalls ledigen Studenten, Schüler und Schülerinnen der zahlreichen Lehranstalten zu denken. Aber auch die zahlreichen weiblichen Dienstboten, die überwiegend aus der näheren Umgebung zugewandert waren und im Haus ihrer Herrschaft lebten, blieben nach alter Sitte unverheiratet und schritten oft erst dann zu einer Ehe, wenn sie die Rückwanderung in die heimatliche bäuerliche Gemeinde vollzogen hatten.

Eheschließungen auf 1000 Einwohner in Münster und Preußen 1816–1941:

Der relativ hohe Anteil von höheren Beamten mußte ebenfalls eheverzögernd wirken, da in Preußen seit 1770 für ihre Laufbahn lange Vorbereitungszeiten und strenge Examina vor der endgültigen Übernahme in den Staatsdienst vorgeschrieben waren. Dadurch wurde der Zeitpunkt der Familiengründung im Durchschnitt etwa um fünf Jahre verschoben. Universitätsprofessoren, Juristen und Mediziner hatten ebenso wie ihre Ehefrauen das höchste Heiratsalter im ganzen Königreich Preußen. Schließlich ist an das Zölibat des Welt- und Ordensklerus zu denken. Allein die Zahl der meist in Krankenanstalten tätigen Ordensschwestern wuchs von 490 (1900) auf 1099 (1905) und dann auf 1323 (1910).

Wahrscheinlich spielte in Münster aber auch das jahrhundertealte westfälische Anerbenrecht, bei dem der ganze Besitz allein auf den ältesten Sohn überging, noch lange eine maßgebliche Rolle. Die relativ geringe Zahl von Trauungen weist auf ein vorindustriell agrarisch-kleingewerblich geprägtes Verhaltensmuster hin: Die Heiratshäufigkeit und das Heiratsalter bildeten hier die entscheidenden Variablen bei der Steuerung des Bevölkerungswachstums. Während die unehelichen Geburten durch kirchlich-staatliche Sanktionen relativ niedrig blieben, wurde der eheliche „Kindersegen“ aus religiös-kirchlichen wie staatlich-steuerlichen Motiven von den Obrigkeiten stark gefördert. Die jeweilige Bevölkerung paßte sich daher hauptsächlich über die Steuerung der Heiratsfrequenz und des Heiratsalters dem jeweils vorhandenen Nahrungsspielraum an. Durch die Bindung der Heiratserlaubnis an den Vermögensnachweis, den Meisterbrief und allgemein die Fähigkeit, einen eigenen Hausstand führen zu können, konnten Grundherren, Zünfte und die städtische Obrigkeit eine Eheschließung jahrhundertelang wesentlich erschweren und einen Teil der „handarbeitenden Klassen“ zur lebenslangen Ehelosigkeit zwingen. Waren auch die Verehelichungsbeschränkungen in einigen Territorien Westfalens schon im späten 18. Jahrhundert bei der Ausbreitung der ländlichen Gewerbe umgangen und dann durch den revolutionären Code civil Napoleons 1803 und schließlich in ganz Preußen im Zuge der liberalen Reformen offiziell ganz außer Kraft gesetzt worden, so verharrte offenbar aber doch die Masse der westfälischen Bevölkerung in der Stadt wie auf dem Land noch lange bei dem gewohnten Heiratsverhalten. Die Eheschließungen, die meistens noch von den Eltern vermittelt wurden, richteten sich in erster Linie nach den vorhandenen wirtschaftlichen Grundlagen und weniger nach den abstrakten, neu verkündeten Emanzipationsgrundsätzen. Entscheidend war noch lange der Gedanke der ausreichenden „Nahrung“. Schon der preußische Militärgeistliche Johann Peter Süßmilch hatte als erster deutscher Bevölkerungswissenschaftler dies auf die entscheidende Formel gebracht: „Wer sich zum Heyrathen entschließt, der übernimmt zugleich Pflichten, die ihn zum Unterhalt einer Familie verbinden. Wenn es daher an der Gelegenheit zum Unterhalt fehlt, so wird der Entschluß gehemmet“ [2727: Süßmilch, Göttliche Ordnung 1, S. 146].

Die Wirtschaft eines Landes sollte nach seiner Ansicht aus möglichst vielen solcher kleinen „Nahrungen“ bestehen; die Ehen waren daher grundsätzlich aus sittlichen Gründen zu fördern. Waren aber die zur Verfügung stehenden Unterhaltsmöglichkeiten „besetzt“, so erforderte es in seinen Augen die „Staatsklugheit“, die Eheschließungen umgekehrt zu erschweren. Die Furcht vor einer Übervölkerung bezog sich nicht auf die gesamte Volksmasse, sondern es sollte nur das Anwachsen der „Vermögenslosen“ verhindert werden, die der Armenversorgung zur Last fielen. Auch in Westfalen waren solche Einstellungen, die sich an der Existenz eines kleinen, sich selbst versorgenden Haushalts orientierten, noch lange weit verbreitet. Erst in den letzten Jahrzehnten vor der Jahrhundertwende vollzog sich hier beim Eintritt in die Phase der Industrialisierung und Urbanisierung ein grundlegender Wandel. Infolge der sinkenden Geburtenraten wurde nun staatlicherseits ein zu geringes Bevölkerungswachstum als große Bedrohung angesehen, wobei das Interesse am Heiratsverhalten zurücktrat. Wie die Heiratsziffern aus sechs westfälischen Kreisen zwischen 1862 und 1905 belegen, war die Heiratshäufigkeit in den industriereichen Landkreisen wesentlich höher als in den mehr ländlich-kleingewerblich geprägten: Während im Landkreis Dortmund im Zeitraum 1881/85 eine Heiratsziffer von 9,3 Promille erreicht wurde, vermerkte der ostwestfälische Landkreis Büren nur eine solche von 6,3 Promille. Vergleicht man die Eheschließungsziffern von Münster und Bochum zwischen 1881/90 und 1901/10, dann wird die geringere Heiratsfreudigkeit in der westfälischen Metropole noch einmal bestätigt.

Mit Sicherheit hatten das disproportionale Geschlechterverhältnis und der schon erwähnte überdurchschnittliche Anteil älterer Menschen mit der geringeren Heiratshäufigkeit zu tun. Wenngleich diese nicht in erster Linie als Ausdruck wirtschaftlicher Verhältnisse interpretiert werden darf, so können aber doch einige der auffälligen Schwankungen auch mit den ökonomischen Wechsellagen zusammengesehen werden. So verzeichnen die Jahre mit einer allgemein guten Konjunktur, wie die zwischen 1834 und 1836, etwa drei bis vier Promille mehr Trauungen als die vom Niedergang der Leinengewerbe und einer großen Hungersnot geprägten vierziger Jahre. Mit dem wirtschaftlichen Aufschwung beim Übergang zur ersten Industrialisierung und dem beginnenden Zeitalter des Freihandels stiegen auch in Münster die Eheschließungsziffern dann relativ kontinuierlich bis in die 1870er Jahre an.

Nimmt man zur weiteren quantitativen Präzisierung des Heiratsverhaltens den monatlich im „Amtsblatt der Regierung zu Münster“ veröffentlichten Roggenpreis als Meßlatte für die jeweiligen Lebenshaltungskosten, dann ergeben sich für die Periode zwischen 1816 und 1850 ebenfalls einige auffällige Abhängigkeiten. Ein starkes Ansteigen des Brot- und Mehlpreises wirkte sich offenbar mit gewisser Verzögerung regelmäßig negativ auf die Heiratshäufigkeit aus. Die letzten drei großen Ernährungskrisen in Westfalen – 1816/17, 1830/31 und 1846/47 – sind erkennbar, besonders signifikant die von 1830/31. Dabei muß im Auge behalten werden, daß das Getreide und dann auch die Kartoffel im Vormärz die wichtigsten Grundnahrungsmittel für die Masse der Bevölkerung darstellten. Diese mußte vermutlich weit mehr als die Hälfte ihres Einkommens in diesem Zeitraum für die täglichen Lebensmittel ausgeben. Erst im späten 19. Jahrhundert, als die Reallöhne stark anstiegen und man für die Nahrungsmittel relativ weniger aus den Haushaltseinnahmen aufzuwenden hatte, verloren die Getreidepreise ihren Einfluß auf das Heiratsverhalten. Eine große Rolle spielte dabei auch, daß sich die außerordentlich starken Schwankungen der Getreidepreise, die mit der Witterung und den jeweiligen Ernteergebnissen zusammenhingen, tendenziell immer mehr abflachten. Die bessere Anbindung Münsters durch den Eisenbahnanschluß an die größeren Märkte machte sich hier bemerkbar.

Ebenso wichtig wie der Getreidepreis war freilich auch die zunehmende Überfüllung des Handwerks in Münster nach Aufhebung des Zunftzwangs. Da eine steigende Zahl von Handwerksgesellen nicht sogleich oder überhaupt nicht eine Meisterstelle erlangen konnte, wurde die Gründung eines eigenen Hausstandes hinausgeschoben, was die Heiratsfrequenz senkte.

Eheschließungen und Sterbefälle auf 1000 Einwohner im Vergleich zu den durchschnittlichen jährlichen Roggenpreisen in Münster 1816–1850 (1816 – 100):

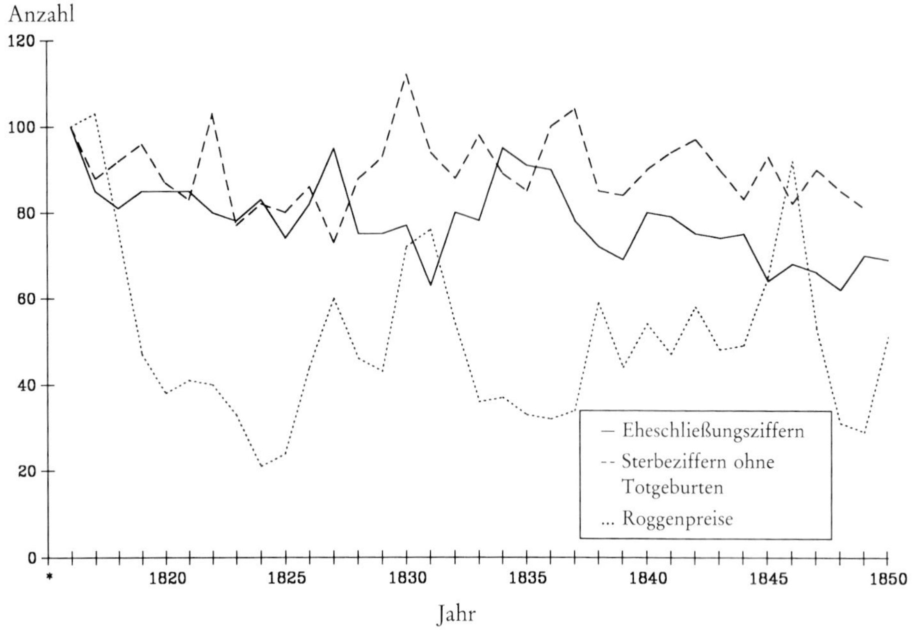

Handwerksmeister, Gesellen und Lehrlinge in Münster 1819–1843:

Jahr	Meister	Gesellen und Lehrlinge
1819	735	900
1822	826	918
1825	889	1 197
1828	974	1 220
1831	1 061	1 105
1834	1 045	897
1837	1 109	1 063
1840	1 132	1 041
1843	1 200	1 143

Quelle StadtAM, Stadtregistratur 17–4

Alle diese Erklärungen vermögen freilich letztlich immer nur Teilaspekte des Heiratsverhaltens zu beleuchten und machen nur quantitative Veränderungen sichtbar. Da sich ein rasches Absinken des Heiratsalters und ein schnelles Steigen der Heiratsfrequenz nicht in Form richtungsweisender Einschnitte nachweisen lassen, kann den wirtschaftlichen Konjunkturen und Krisen ein bestimmter Erklärungswert eingeräumt werden. Aber gerade für Münster, wo die regelmäßigen Einkommen eine besondere Rolle spielten, können die wirtschaftlichen Einflüsse nur begrenzt als Ursachen gelten. Es scheint vielmehr, als hätten die wirtschaftlichen Wechsellagen die Heiratsfreudigkeit zwar stimuliert, aber doch nicht beherrschend regiert. Offenbar blieb das traditionelle, an der auskömmlichen „Nahrung“ des bürgerlichen Hausstandes orientierte Heiratsbrauchtum noch weit in die moderne Zeit hinein das entscheidende Verhaltensmuster. Einen Beleg für dieses lange Fortdauern des traditionellen Heiratsverhaltens bietet ein Blick auf die zeitliche Verteilung der Eheschließungen: Zwischen 1875 und 1914 wurden die meisten Trauungen im Oktober/November nach der Ernte bzw. im April/Mai nach der Aussaat vollzogen. In der Osterfastenzeit im März und im Weihnachtsmonat Dezember blieb die Eheschließungsziffer gering – ein Zeichen dafür, daß der Kirchenkalender wie der alte agrarische Arbeitsrhythmus noch stark beachtet wurden. Natürlich mußte dies auch Auswirkungen auf die Geburten haben. Wurde in diesen Monaten dennoch geheiratet, so galt das im Volksmund als Zeichen, daß ein Kind unterwegs war und deshalb schnellstens geheiratet werden mußte.

3. Die Geburten

Wie überall in Deutschland gab es auch in Münster nach dem endgültigen Übergang zur Epoche des „Industrialismus“ und der Verstädterung generell einen Rückgang der Lebendgeborenenziffern. So sanken die Promillewerte von 33,6 (1816) auf 23,74 (1874). Anschließend stiegen sie wieder etwas an und betrugen zum Beispiel 1910 26,44 Promille, 1925 dann 23,67 und 1939 schließlich 21,19 Promille. Analysiert man die Kurven genauer, dann erkennt man die drei letzten Ernährungskrisen 1816/17, 1830/31 und 1846/47 sowie die Folgen der Kriege von von 1870/71 und 1914 bis 1918. Der wichtigste Punkt ist aber die seit 1906 beginnende Wende, d. h. die rasche und längere Zeit anhaltende Abnahme der jährlichen Lebendgeburten, die in den entbehrungsreichen Kriegsjahren zwischen 1916 und 1918 und besonders im Hungerjahr 1917 ihren absoluten Tiefststand mit 12,57 Promille erreichte. Das Anschwellen der Geburten nach der Rückkehr der Soldaten aus dem Feld, die wechselhaften Zahlen in der krisenreichen Weimarer Epoche und der starke Wiederanstieg der Geburten während des Dritten Reiches infolge der massiven staatlichen Förderung des Nachwuchses aus „rassischen“ Gründen erklären den weiteren Kurvenverlauf.

Ein weiteres auffälliges Merkmal ist die im Vergleich mit Preußen sehr niedrige Gebürtigkeit in Münster – was mit den relativ niedrigen Eheschließungsziffern korrespondiert. Die Differenz zu Preußen betrug zwischen 1816 und 1874 durchschnittlich knapp zehn Promille. Dabei waren die Unterschiede in einzelnen Jahren beträchtlich. Insgesamt folgte die Geburtenkurve Münsters aber der gesamtpreußischen auf einem niedrigeren Niveau. Der Trendverlauf erscheint daher sehr ähnlich. Die quantitativen Unterschiede lassen sich bis in die 1870er Jahre nicht durch Stadt-Land-Gegensätze erklären, da die durchschnittlichen Geburtenziffern im gesamten Königreich und der Gesamtheit der preußischen Städte im wesentlichen übereinstimmen. Danach sanken die Geburtenziffern in den Städten unter die des Gesamtstaates.

Lebendgeburten auf 1000 Einwohner in Münster und Preußen 1816–1941 (1816–1864, 1867 ortsangehörige, 1865–1866 und 1868–1945 ortsanwesende Bevölkerung):

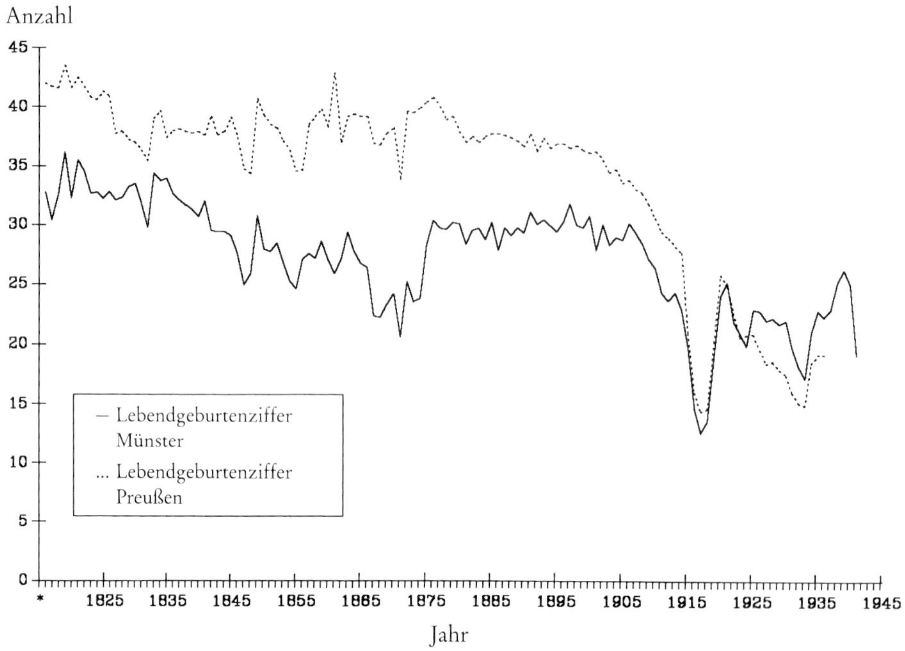

Natürlich haben nur die lebendgeborenen Kinder das Bevölkerungswachstum mitbestimmt. Nimmt man den Prozentanteil der Totgeborenen (einschließlich der Fehlgeburten) an den Gesamtgeburten zwischen 1816 und 1945 in Augenschein, so erkennt man nach starken jährlichen Schwankungen im frühen 19. Jahrhundert tendenziell ein Ansteigen bis zum Jahr 1869. Diese relativ hohe Todesquote blieb bis zur Mitte der 1890er Jahre wenig verändert. Dann ging sie stark zurück, um im Verlauf des Ersten Weltkriegs wieder stark emporzuschnellen. Insgesamt bewegten sich die Totgeburtenanteile an den Gesamtgeburten etwa zwischen 1,2 und 5,26 Prozent jährlich, wobei die in diesem Punkt etwas ungenaue Registrierung bis 1840 in Rechnung zu stellen ist. Am auffälligsten bleibt die Tatsache, daß die Rate der Totgeburten in Münster auf lange Zeit offenbar wesentlich höher als in der Gesamtheit der anderen Städte Preußens war.

Bei der Analyse der Gebürtigkeit muß noch auf einen nicht ganz unwichtigen Umstand verwiesen werden. Wegen der großen Krankenanstalten haben in der westfälischen Provinzialhauptstadt seit dem späten 19. Jahrhundert, besonders aber nach dem Bau der großen Universitätskliniken 1925, auch mehr Frauen aus dem Umland entbunden. Eine Gegenüberstellung der Geburten von Ortsangehörigen und Ortsanwesenden am Ende der 1920er Jahre offenbart hier eine gewisse Diskrepanz, so daß die wahre Zahl der Lebend- und Totgeburten der ansässigen Wohnbevölkerung deutlich geringer gewesen ist.

Prozentanteil der Totgeburten an den Gesamtgeburten in Münster und Preußen 1816–1945 (für Münster in gleitenden Fünfjahresschnitten):

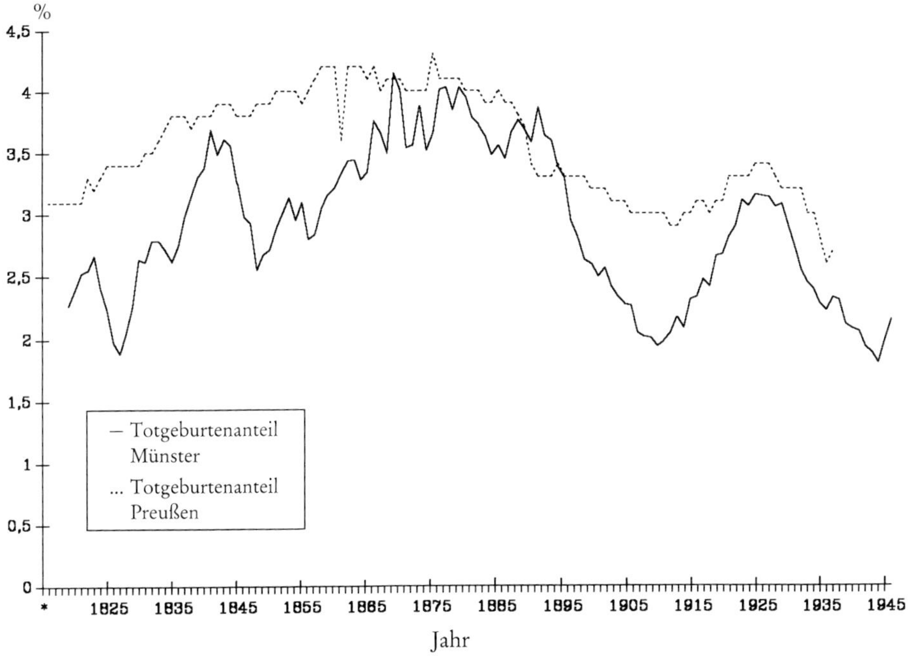

Von großem öffentlichen Interesse war stets auch das Verhältnis der ehelichen zu den unehelichen Geburten, was sich anhand der genauen Eintragungen in den Kirchenbüchern gut zurückverfolgen läßt. Die Zahlen der illegitimen Geburten in Münster und Preußen nahmen im ganzen Zeitraum zwischen 1816 und 1945 einen relativ ähnlichen Verlauf. Nur in der Zeit nach der großen Hungersnot 1816/17 und während der Weltwirtschaftskrise am Ende der 1920er sowie zu Beginn der 1930er Jahre dieses Jahrhunderts stieg die Zahl der in Münster unehelich geborenen Kinder erheblich über den preußischen Gesamtdurchschnitt, um dann in den 1930er Jahren ständig darüber zu bleiben. Insgesamt wies die Unehelichenkurve in säkularer Betrachtung zunächst eine abnehmende Tendenz auf, um seit der Jahrhundertwende relativ anzuwachsen. Die Unehelichenquote betrug zwischen 1816 und 1874 6,8 Prozent, zwischen 1875 und 1910 4,7 Prozent und danach bis zum Kriegsausbruch 1939 11,2 Prozent. Insgesamt ergibt sich daher in Münster für die Zeit zwischen 1816 und 1939 eine Unehelichenquote von 7,8 Prozent. In diese Zahlen sind natürlich auch wiederum die unverheirateten Mütter einzurechnen, die aus dem ländlichen Umland stammten und bei der Geburt in einer münsterischen Klinik die Zahl der Ortsanwesenden erhöhte. Es kann vermutet werden, daß gerade solche Geburten oftmals vom Land in die mehr anonyme Stadt verlegt wurden.

Prozentanteil der unehelichen Geburten an den Gesamtgeburten in Münster und Preußen 1816–1941 (für Münster in gleitenden Fünfjahresschnitten):

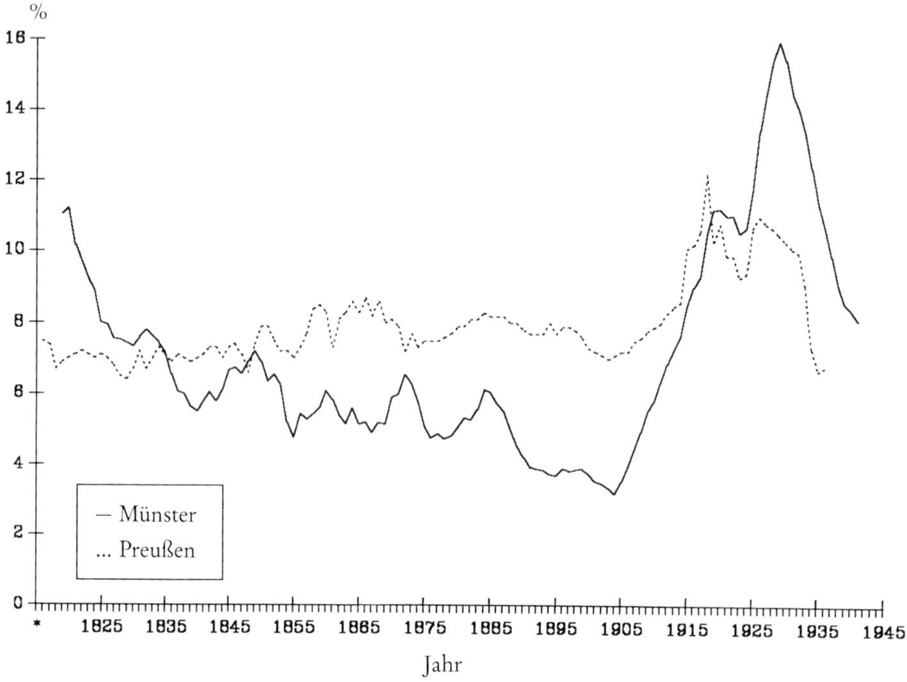

Die überlieferten Daten der „Preußischen Statistik" lassen auch die Möglichkeit zu, alle Geburten zwischen 1873 und 1918 jahreszeitlich zu differenzieren. Die Berechnungen zeigen einen Kulminationspunkt in den Monaten März und April. Die Geburten nahmen dann zahlenmäßig ab, um im Dezember ihren Tiefpunkt zu erreichen. Dies würde bedeuten, daß die Monate Juni und Juli Zeiten erhöhter Konzeption waren, was mit den besonders beliebten Heiratsmonaten April und Mai zusammenpaßt. Die großen zeitlichen Varianten, die durch die Mittelzahlen verdeckt werden, und der zu geringe zeitliche Ausschnitt mit den anormalen Verhältnissen des Ersten Weltkriegs erlauben es aber nicht, hier wirklich quantitativ gesicherte Aussagen zu machen.

Die hier festgestellte höchst auffällige Differenz der Gesamtgeburtenziffern zwischen Münster und Preußen hatte möglicherweise weniger mit dem unterschiedlichen generativen Verhalten, als vielmehr mit dem abweichenden Geschlechterproporz und der anderen Altersschichtung zu tun. Dies läßt sich mit Hilfe der Fruchtbarkeitsziffern, d. h. der Zahl der ehelichen Geburten bezogen auf je 1000 Frauen im gebärfähigen Alter (15 bis 45 Jahre), überprüfen. Ein Vergleich dieser Fertilitätsziffern erbringt folgendes Schaubild.

Geburten auf 1000 Frauen im gebärfähigen Alter (15 bis 45 Jahre) in Münster 1816–1841 (gerundete Zahlen):

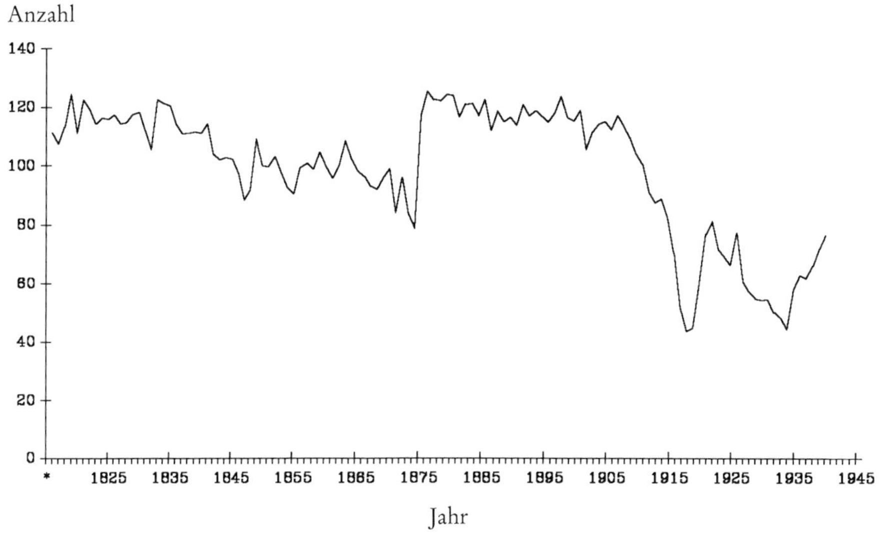

Wie diese Graphik belegt, lag die Fruchtbarkeitsrate der Frauen in Münster im gebärfähigen Alter deutlich unter der entsprechenden in Preußen und bestätigt damit die schon getroffenen Feststellungen über die auffallenden Unterschiede bei der Gebürtigkeit. Die Veränderung der Zahlen ist auf verschiedenem Niveau aber wiederum recht ähnlich verlaufen. Insgesamt vollzog sich nicht nur in Preußen und Deutschland, sondern auch in anderen vergleichbaren Industriestaaten Europas seit dem späten 19. Jahrhundert ein Rückgang der ehelichen Fruchtbarkeit. Es wird angenommen, daß durch die sich ändernde wirtschaftliche Situation eine stärkere Familienplanung notwendig wurde. Die Industrialisierung und Urbanisierung machten, so läßt sich zugespitzt sagen, die Kinderaufzucht relativ teuer. Der sinkende Anteil der Kinderarbeit infolge staatlicher Verbote und zunehmender Gewerbeinspektion wurde von wachsendem Pflichtschulunterricht begleitet. Das Einkommen floß nicht mehr wie jahrhundertelang zuvor von den arbeitenden Kindern zu den Eltern, sondern umgekehrt immer mehr von den Eltern zu den Kindern. Zudem wurden die Kindheit und die Jugend als eigene Lebensphase des Menschen erstmals entdeckt. Weniger Kinder mit einer besseren Ausbildung erschienen im Gefolge eines wachsenden Lebensstandards als neues gesellschaftlich erstrebenswertes Ziel. Die strengen ethisch-religiösen Verbote gegen eine aktive Geburtenbeschränkung begannen sich allmählich zu lockern. Das Thema „künstliche Geburtenbeschränkung“ wurde erstmals auch wissenschaftlich erörtert. Schließlich hatte die sinkende Säuglingssterblichkeit seit dem späten 19. Jahrhundert die Folge, daß die gleiche Familiengröße auch mit weniger geborenen Kindern erreicht werden konnte. Die sinkende eheliche Fruchtbarkeit, seit 1900 zum großen Thema der Industrienationen erhoben, wird von der demographischen Forschung heute teilweise als rationale Reaktion auf eine veränderte Umwelt interpretiert. Schließlich hatte die abnehmende Geburtenrate möglicherweise auch eine Ursache darin, daß sich durch sinkendes Heiratsalter der Fruchtbarkeitsraum der Frau stark ausdehnte, so daß auch aus diesem Grund eine restriktive Familienplanung notwendig wurde. Die Beantwortung der Frage, ob alle diese ökonomischen, sozialen und mentalen Einflüsse in Münsters Bevölkerungsentwicklung tatsächlich eine ausschlaggebende Rolle gespielt haben, bedarf einer noch weiteren Differenzierung des Datenmaterials.

Entscheidend bleibt hier zunächst die Frage: Welchen Einfluß hatte das Heiratsverhalten auf die Geburtenzahlen? Wie schon früher erwähnt, wird in der demographischen Wissenschaft heute angenommen, daß sich in der vorindustriellen Phase das Bevölkerungswachstum an den vorhandenen Subsistenzmitteln orientierte und hauptsächlich durch die Zahl der Eheschließungen variabel gesteuert wurde, während die innereheliche Fruchtbarkeit und die Sterblichkeit als Konstanten relativ stabil blieben. In Münster lassen sich solche Zusammenhänge aber nur in begrenztem Umfang quantitativ nachweisen. Zwar blieb die Heiratshäufigkeit meistens geringer als im Gesamtstaat Preußen, doch folgten beide Kurven auf verschiedenem Niveau einem recht ähnlichen Verlauf. Ein Vergleich der Lebendgeburtenziffern zwischen der westfälischen Provinzialhauptstadt und Preußen zeigt dagegen erheblich größere Abweichungen. Entscheidend für die niedrige Gebürtigkeit in Münster war der geringe Anteil der Verheirateten an der Gesamtbevölkerung. Des weiteren trugen die verhältnismäßig vielen Spätheiraten in Münster zu den unterdurchschnittlichen Geburtenraten bei. Auch ist ein Zusammenhang zwischen den Eheschließungsziffern und der zeitlichen Verteilung der Geburtenraten erkennbar. Bei einer Gegenüberstellung der Geburts- und Heiratsziffern läßt sich ablesen, daß nach einem Anstieg der Heiratsziffern zeitversetzt nach einem Jahr auch eine entsprechende Geburtenerhöhung folgte. In diesem Zusammenhang ist noch einmal daran zu erinnern, daß von 1816 bis 1874 und noch darüber hinaus weniger als ein Drittel der Bevölkerung verheiratet war und daher eine ungewöhnlich hohe Ledigenquote bestand. Dieser wichtige Sachverhalt läßt die Rolle der innerehelichen Fruchtbarkeit für das Bevölkerungswachstum in einem stark reduzierten Licht erscheinen.

Die auffällig niedrige Geburtenziffer in Münster korrespondierte im übrigen bis zur Reichsgründung mit der Gebürtigkeit des Regierungsbezirks. Er hatte bis zur Reichsgründung 1871 die niedrigste Fruchtbarkeitsrate im gesamten Königreich Preußen, was besonders für die erste Hälfte des 19. Jahrhunderts mit dem spezifischen westfälischen Erbrecht in Zusammenhang gebracht worden ist. Wenngleich den alten Erbsitten ein Einfluß auf die Eheschließungen und die Geburten mit einiger Sicherheit unterstellt werden kann, so muß aber auch noch einmal auf Münsters besondere Sozialstruktur hingewiesen werden. Wie eine Reihe neuerer demographischer quantitativer Untersuchungen nachgewiesen hat, haben insbesondere Angehörige der Beamtenschaft und der Angestellten noch vor den Industriearbeitern als erste Berufsgruppe eine betonte Geburtenbeschränkung im 19. Jahrhundert eingeleitet, während die gesellschaftlich mehr beharrenden Handwerker und Bauern sowie vor allem die ländlichen Unterschichten noch sehr viel länger an relativ hohen Kinderzahlen pro Familie festhielten. Die Angehörigen von sozialen Aufstiegsberufen sahen sich offenbar eher genötigt, mit der Aristokratie und der reichen Kaufmannschaft gesellschaftlich zu konkurrieren. Die neue Schicht der Staats- und „Privatbeamten" mußte daher wegen des vergleichsweise geringen Einkommens relativ viel für soziale Repräsentationszwecke ausgeben. Ein Mittel dazu war, den Kindern eine gute Ausbildung zu verschaffen, um ihren weiteren sozialen Aufstieg zu sichern. Dies waren Motive, die Nachkommenschaft zahlenmäßig zu beschränken. Innerhalb der Beamten, Offiziere, Universitätsprofessoren, Lehrer, Angestellten sowie der freien Berufe, die zusammen in Münster eine relativ große Gruppe ausmachten, unterschied sich die eheliche Fruchtbarkeit wahrscheinlich wie an anderen Orten auch nach der gesellschaftlichen Hierarchie: Je höher der Dienstrang, das Gehalt und die Bildung, desto bewußter wurde vermutlich die Familienplanung in Richtung Geburtenbeschränkung betrieben. Auf jeden Fall gab es hier ein sozialschichtentypisches generatives Verhalten. Welche Rolle der „neue Mittelstand" beim Übergang zu niedrigeren Geburtenzahlen in Münster gespielt hat und wann diese rationale Familienplanung auf andere Berufsgruppen und Sozialschichten übergriff, bedarf noch der weiteren Erforschung.

Eine historisch brisante Frage ist natürlich, ob sich bei der ehelichen Fruchtbarkeit konfessionelle Unterschiede entdecken lassen. Georg von Viebahn, der aus Soest stammende bekannte preußische Statistiker, hatte schon in der Mitte des 19. Jahrhunderts bei ersten Jahresstichproben vermutet, daß die Katholiken generell in Deutschland eine höhere Fruchtbarkeitsrate hätten als die Protestanten, während der jüdische Bevölkerungsanteil jeweils die geringste Kinderzahl pro Familie aufweise [2705: Statistik Deutschlands 2, S. 226]. Vergleicht man die Geburtsziffern der Protestanten in Münster und der Gesamtbevölkerung zwischen 1816 und 1874, dann läßt sich erkennen, daß die Gebürtigkeit des evangelischen Bevölkerungsanteils abgesehen von den Jahren zwischen 1822 und 1835 weit unter dem Durchschnitt gelegen hat. Die These von der frühzeitig bei den Beamten und Angestellten einsetzenden Geburtenbeschränkung findet hier damit eine gewisse Bestätigung. Daß dieses Ergebnis keinen Zufall darstellt, kann auch daraus gefolgert werden, daß in allen preußischen Regierungsbezirken zwischen 1881 und 1893 nach zeitgenössischen Berechnungen die Kinderzahlen bei katholischen Familien signifikant höher gelegen haben. Auch ein Vergleich von Städten mit unterschiedlicher konfessioneller und wirtschaftlicher Struktur 1882 und 1907 zeigt, daß die Konfession weit mehr als die Wirtschaftsstruktur die eheliche Kinderzahl bestimmte. Es wird heute in der demographischen Forschung vermutet, daß in den eindeutig katholisch geprägten Städten und Regionen die künstliche Geburtenbeschränkung, von der Kirche strikt untersagt, sich erst nach der Jahrhundertwende nachweisen läßt. In Münster kann vermutlich erst um 1900 von ersten Maßnahmen einer bewußten Familienplanung bei der katholischen Bevölkerung ausgegangen werden.

4. *Die Sterblichkeit*

Wendet man sich nach den Eheschließungen und Geburten den Sterbefällen als drittem bestimmendem Faktor der natürlichen Bevölkerungsentwicklung zu, so findet man erwartungsgemäß seit dem 19. Jahrhundert eine tendenzielle Abnahme der Sterbeziffern. Betrachtet man die jährliche Mortalität je 1000 Einwohner einschließlich der Totgeborenen und der im ersten Lebensjahr gestorbenen Säuglinge zwischen 1816 und 1874, dann sank die Sterblichkeitsrate von 33,80 auf 25,37 Promille. Die Jahre dazwischen zeigen aber außerordentliche Schwankungen, die zum Beispiel 1830 mit 38,51 Promille den höchsten und 1868 mit 22,10 Promille ihren niedrigsten Wert aufwiesen. Insgesamt blieb der Rückgang der allgemeinen Sterblichkeit aber noch relativ geringfügig. Die durchschnittliche Sterblichkeitsrate pro Jahr betrug in dieser ersten Betrachtungsperiode noch 28,4 Promille. Dies deckt sich mit dem schon erwähnten relativ lange stagnierenden allgemeinen Bevölkerungswachstum in Münster.

Vergleicht man die Geburten- und Sterbeziffern in dieser Periode, dann erkennt man deutlich gelegentliche Geburtendefizite, zum Beispiel 1830, 1867, 1870 und 1871. In dem zuletzt genannten Jahr wurde als Spitze eine Diskrepanz von 8,26 Promille zwischen der Geburten- und Sterberate erreicht. Diese Sterbeüberschüsse waren oft die Folgen krisenhafter Erscheinungen der vorindustriellen Wirtschaft: Mißernten mit steigenden Getreidepreisen bzw. sinkenden Realeinkommen führten zum zeitweisen Absinken der Heiratsfrequenz und der Geburten. Eine ähnliche Rolle spielten aber auch die plötzlich auftretenden Epidemien und die Kriegsfolgen.

Sterbefälle auf 1000 Einwohner in Münster 1816–1941 (1816–1864, 1867 ortsangehörige, 1865–1866, 1868–1945 ortsanwesende Bevölkerung):

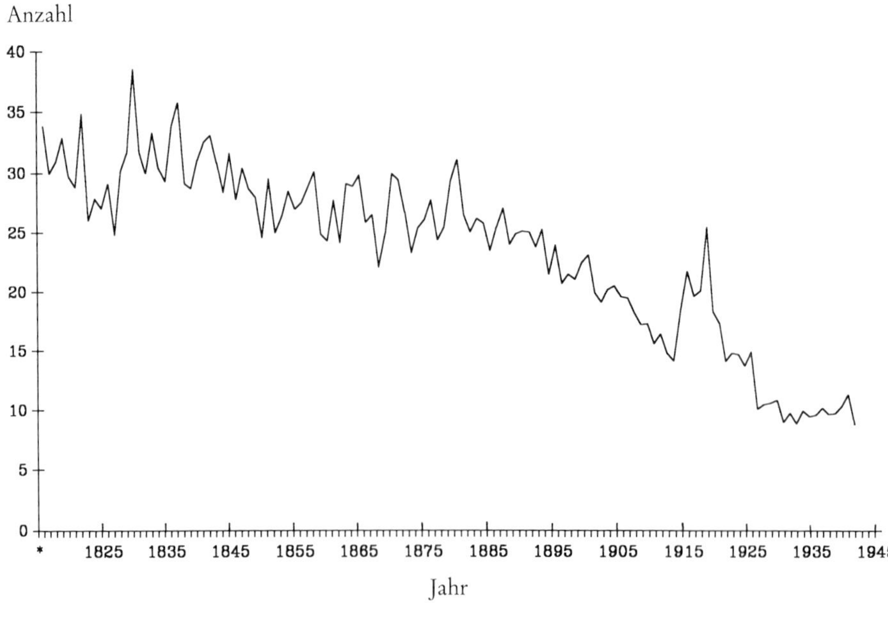

Erst in den Dezennien vor der Jahrhundertwende begann die Todesrate zunächst allmählich und dann kontinuierlich schneller abzunehmen, klammert man die großen Menschenverluste des Ersten Weltkriegs aus. Starben zum Beispiel 1875 von 35 705 Einwohnern 930 oder 26,05 Promille, so waren dies 1910 bei 90 254 Bürgern

1403 oder nur noch 15,55 Promille. Insgesamt lag dann die durchschnittliche Sterberate zwischen 1875 und 1910 bei 23,10 Promille. Die Geburtenrate blieb nun im Gegensatz zur Zeit vor 1874 stets über der Sterbeziffer, nimmt man die anormalen Kriegsjahre aus. Die Sterbeziffern betrugen 1926 nur noch 11,86 Promille, um sich dann anschließend auf einem ähnlich niedrigen Niveau bis zum Kriegsausbruch 1939 zu halten. 1944 schnellte dann die Mortalitätsziffer auf eine einmalige Spitze von 64 Promille, wobei die bis zum 31. Dezember 1948 bekannt gewordenen Kriegstoten sowie in Münster umgekommenen Zwangsarbeiter (nicht aber die hier verstorbenen Kriegsgefangenen) eingerechnet wurden. Zur gleichen Zeit gab es ein einmaliges Geburtendefizit von 38,35 Promille. 1945 betrug die Sterberate 19,35 Promille. Zwischen 1911 und 1941 starben jährlich durchschnittlich 15,23 Promille und insgesamt zwischen 1816 und 1941 23,60 Promille, die meisten regelmäßig in der kältesten Jahreszeit von Januar bis März.

Wie ein Blick in die überregionale Statistik lehrt, gibt es im Verlauf der Sterblichkeit zwischen Münster und Preußen nur geringe Abweichungen. Während aber in der Domstadt oftmals mehr Einwohner verstarben als geboren wurden, gab es im Gesamtstaat Preußen einen permanenten Geburtenüberschuß. Die Geburtenüberschüsse Münsters blieben vergleichsweise gering, was nicht mit einer höheren Mortalität, sondern wie erwähnt, mit der geringeren Gebürtigkeit der münsterischen Bevölkerung zu tun hatte, was wiederum durch den Verlauf der Fruchtbarkeitsrate der Frauen im gebärfähigen Alter bestätigt wird. Erst zu Beginn des 20. Jahrhunderts näherte sich Münster dem allgemeinen Geburtenniveau Preußens. Im Trendverlauf der Sterberaten zwischen Münster, der Provinz Westfalen und Preußen zeigen sich allerdings keine wesentlichen Differenzierungen. Man kann daher sagen, daß die Ursachen für die abnehmende Sterblichkeitsquote in erster Linie nicht in lokalen Ursachen zu suchen sind. Die einzelnen Jahrgänge besaßen eine ganz unterschiedliche Lebenserwartung. Hatte ein Säugling die ersten drei Monate bzw. das erste Lebensjahr und dann als Kleinkind die ersten drei Lebensjahre überstanden, dann war die größte Gefahr des Sterbens vorbei. Nach der Säuglings- und Kleinkindersterblichkeit kamen die „besten Jahre", und die durchschnittliche Lebenserwartung stieg wieder beträchtlich an. Wie die Altersschichtungen ebenfalls verdeutlichen, hatte der weibliche Bevölkerungsteil in Münster wie auch anderswo eine beträchtlich höhere Lebenschance, die sich erst ab dem 60. Lebensjahr wieder etwas ausglich.

Die durchschnittliche Lebenserwartung wurde im 19. Jahrhundert und noch etwas länger vor allem durch die für heutige Maßstäbe unverhältnismäßig hohe Säuglings- und Kleinkindersterblichkeit beeinflußt. Diese muß daher als eine ganz entscheidende Determinante des natürlichen Bevölkerungswachstums angesehen werden. So verstarben zum Beispiel 1816 von 100 lebendgeborenen Säuglingen in Münster rd. 30 und 1866 noch immer etwa 24. Die Säuglingssterblichkeit pro 100 Lebendgeborenen nahm in Münster etwa bis zur Jahrhundertmitte unter großen Schwankungen leicht ab, um dann wieder anzusteigen und bis zur Jahrhundertwende auf dem traditionell hohen vorindustriellen Niveau zu verharren. Die kurzen Phasen des Rückgangs der Säuglingssterblichkeit sind aber bis 1874 vermutlich nicht auf eine Verbesserung der Gesundheits- oder Ernährungsverhältnisse, sondern mehr auf die zuweilen rückläufigen Geburtenziffern zurückzuführen. Die Beibehaltung der relativ hohen Sterblichkeit bei den Säuglingen im letzten Drittel des 19. Jahrhunderts kennzeichnete auch noch die Zeit der Hochindustrialisierung und raschen Verstädterung. Die Ursachen dürfen daher nicht in den besonderen Umständen Münsters gesucht werden. Im Jahr 1900 erreichte die Säuglingssterblichkeit in Münster einen mit dem Beginn des 19. Jahrhunderts vergleichbaren Höhepunkt, was mit den gestiegenen Geburten- und Fruchtbarkeitsziffern übereinstimmt: Von 100 Lebendgeborenen verstarben an der Jahrhundertwende rd. 25, in ganz Preußen 21 Säuglinge. Erst im beginnenden 20. Jahrhundert sank unter allmählich geringer werdenden Abweichungen vom jährlichen Mittelwert der Anteil der Säuglingstoten bezogen auf die Lebendgeborenen auf wenige Prozent ab, um sich in den 1930er Jahren nochmals wieder leicht zu heben. Die Sterblichkeitsquote der männlichen Säuglinge lag dabei so gut wie immer über der der weiblichen, was bei der unterschiedlichen durchschnittlichen Lebenserwartung der Geschlechter auf eine biologische Komponente verweist. Ferner läßt sich ebenso eindeutig ablesen, daß die Sterblichkeit der unehelichen Säuglinge stets sehr viel höher war als die der ehelich Lebendgeborenen. Setzt man den Rückgang der Säuglingssterblichkeit mit der allgemeinen Mortalitätsrate in Beziehung, dann erkennt man, daß die Verbesserungen der Volksgesundheit die Altersklassen nicht gleichzeitig erreicht haben. Mit dem Sinken der Geburtenziffer ab 1906 wurde in Münster die eigentliche Wende in der Säuglingssterblichkeit eingeleitet, was sich mit dem allgemeinen Trend in Deutschland deckt.

Prozentanteil der Säuglingssterblichkeit auf 100 Lebendgeborene in Münster 1816–1940 (1867–1874 keine Daten vorhanden):

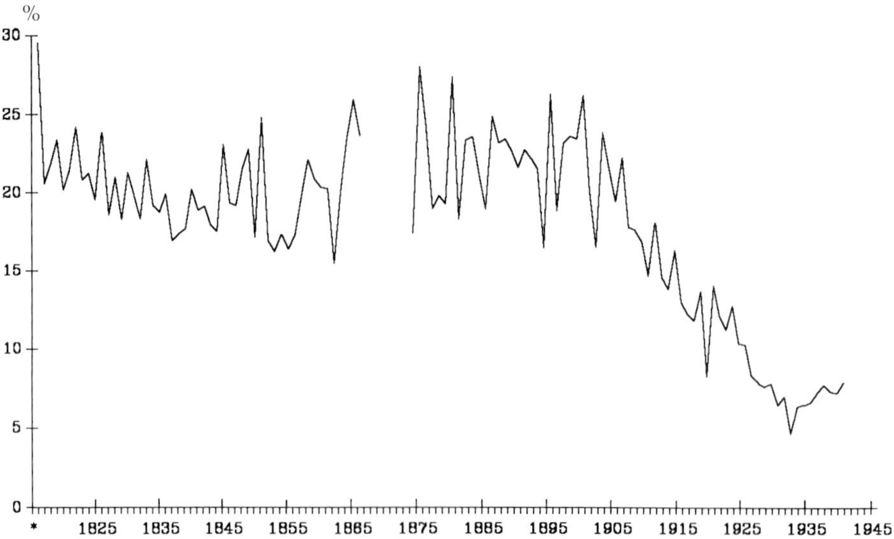

Insgesamt stellt sich das frühe 20. Jahrhundert in Münster ähnlich wie im Deutschen Reich als eine Phase des raschen Rückgangs der Säuglings- und Kleinkindersterblichkeit dar, freilich mit starken sozialen Differenzierungen. Soweit man bisher aus verstreuten territorialen und lokalen Aufzeichnungen erkennen kann, hat es bis dahin niemals eine so bedeutende und langanhaltende Abnahme der Kindermortalität in Deutschland gegeben. Verständlicherweise hat die demographische Forschung versucht, die ökonomisch-technischen, politisch-rechtlichen, soziokulturellen sowie medizinisch-generativen Ursachen für dieses einmalige Bevölkerungsgeschehen zu klären, das die Sterbequote insgesamt entscheidend beeinflußte und den demographischen Übergang zur modernen Bevölkerungsweise einleitete. Aufgrund der ausgewerteten Statistiken und zeitgenössischen Quellen ist dafür ein allgemeines Erklärungsschema entwickelt worden.

Bestimmungsfaktoren für die Kindersterblichkeit im Deutschen Reich 1871–1933:

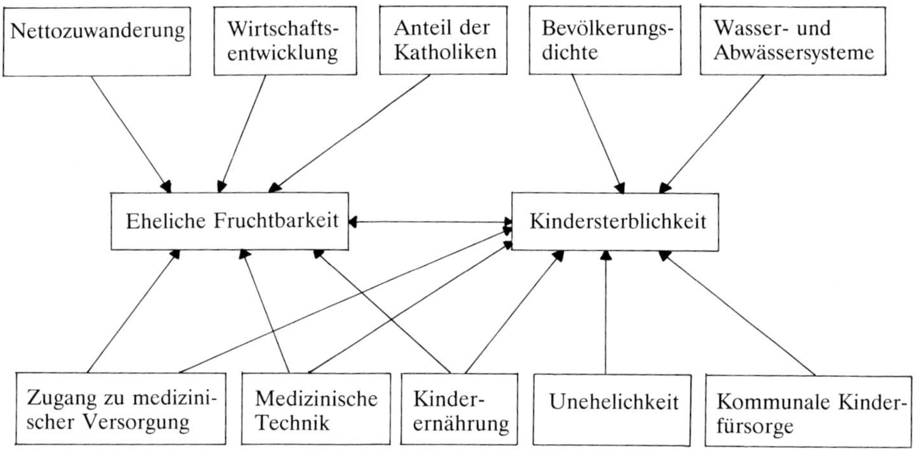

Quelle 2310: Kintner, Determinants of Infant Mortality, S. 268

Wie dieses Modell auf den ersten Blick verrät, war die Kindermortalität in ein Geflecht der verschiedensten Wirkungsfaktoren eingebunden, in dem eine eindeutige Rangfolge schwer zu bestimmen ist.

Die Historiker haben je nach ihrem besonderen Forschungsaspekt die Wichtigkeit verschiedener Faktoren hier betont. So wiesen einige auf die durchgreifende Verbesserung der Quantität und Qualität der Kuhmilch etwa ab 1870 als Ergänzung zu der niemals ausreichenden Muttermilch hin, während andere den Ausbau der medizinischen Grundversorgung und Hospitäler sowie der kommunalen Fürsorgeeinrichtungen unterstrichen, was mit einer gesteigerten gesellschaftlichen Aufmerksamkeit für das Wohl des Kindes einherging. Schließlich wurde mit ebensolchem Nachdruck auf die veränderte eheliche Fruchtbarkeit und die sinkende Geburtenrate hingewiesen, die einer geringeren Kinderzahl eine bessere Überlebenschance einräumte. Die Untersuchungen zeigten, daß die Praktiken der Kinderernährung aber im 19. und frühen 20. Jahrhundert noch stark zwischen Stadt und Land differierten und eine ähnliche Nahrungsweise regional unterschiedliche Säuglingssterblichkeitsraten produzieren konnte. Die Untersuchung der konfessionellen Unterschiede erweist sich in diesem Zusammenhang ebenfalls als wichtig, weil katholische Ehepaare wie erwähnt höhere Geburtenraten als die evangelischen hatten. Der Abstand zwischen den Geburten war dann oftmals kürzer, was ein vorzeitiges Ende des Bruststillens bedeuten konnte. Die bisherigen Forschungen in Münster reichen bei weitem nicht aus, um hier die komplizierten Zusammenhänge hinreichend genau zu durchleuchten.

Eine wichtige Ursache für den auffälligen Rückgang der Kindersterblichkeit muß auf jeden Fall in dem steigenden Lebensstandard und der sich verbessernden Ernährung von Mutter und Kind gesucht werden. Vergleicht man die Sterbeziffern und die Lebenserwartung der Säuglinge in Münster zwischen 1816 und 1865, dann lassen sich einige Zusammenhänge feststellen. Bei Mißernten und anschließenden Hungerkrisen infolge der scharf anziehenden Getreide-, Brot- und Mehlpreise 1816/17, 1830/31 und 1846/47 stiegen die Sterblichkeitsziffern regelmäßig an. Dies korrespondiert mit den erwähnten Rückgängen der Eheschließungs- und Geburtenziffern, die sich im Anschluß zeitversetzt bemerkbar machten. Bemerkenswert ist freilich, daß die letzte Ernährungskrise 1846/47 trotz der explodierenden Roggenpreise in der Reihe der Sterbeziffern nur noch schwach abgebildet ist. Diese letzte vorindustrielle Hungerkrise fand zwar in der Öffentlichkeit Westfalens ein sehr viel breiteres Echo als die früheren Krisen, war aber in seinen tatsächlichen Folgen offenbar weit weniger gravierend, da jetzt zahlreiche bürgerliche Hilfsvereine die Not linderten. Welche Rolle die Lebensmittelpreise im ganzen Vormärz für die münsterische Bevölkerung spielten, kann man daran ermessen, daß zum Beispiel 1830 zwölf Prozent der Einwohner von Almosenunterstützung lebten. 1848 kam es in der Stadt vor allem wegen der preußischen Mahl- und Schlachtsteuer zu Unruhen, so daß der Magistrat zur wahlweise zugelassenen Klassensteuer überging, die die sozialen Unterschichten weniger belastete, da sie keine Verbrauchssteuer war. In der zweiten Hälfte des 19. Jahrhunderts läßt sich der Einfluß der Getreidepreise auf die Sterbeziffern sowie die Säuglingssterblichkeit nicht mehr nachweisen.

Die wirtschaftlichen Krisen und Lebensmittelteuerungen mußten verständlicherweise die Haushalte je nach ihrem Einkommen unterschiedlich treffen. Es erscheint daher sinnvoll, die Säuglingssterblichkeit auch nach Sozialschichten, d. h. nach dem Beruf des Vaters (bei Unehelichen der Mutter) weiter aufzuschlüsseln. Erste Berechnungen für Preußen zwischen 1877 und 1945 zeigen, daß zum Beispiel die Gruppe der Dienstboten bzw. des Gesindes bei weitem die höchste Säuglingssterblichkeit hatte und diese traurige Spitze auch dann noch beibehalten wurde, als die Sterbeziffer bei den Säuglingen allgemein im frühen 20. Jahrhundert zurückging. Es folgten in relativ weitem Abstand die ungelernten und gelernten Arbeiter, die Selbständigen und Angestellten sowie als letzte Berufsgruppe die Beamten, die stets die geringste Säuglingssterblichkeit hatte. Da Münster besonders viele Beamte, aber auch Dienstboten im 19. Jahrhundert aufwies, wäre eine Überprüfung dieser aus der gesamtpreußischen Statistik gewonnenen Erkenntnisse wichtig.

Die wirtschaftlichen Faktoren können aber viele kurzfristige Schwankungen mit zum Teil heftigen Ausschlägen nicht erklären. Hier ist deswegen auch nach dem Einfluß von Epidemien und in diesem Zusammenhang dann nach den Haupttodes-

Ein an Lupus, einer Tuberkulosekrankheit, leidender Tischler aus Münster (1906)

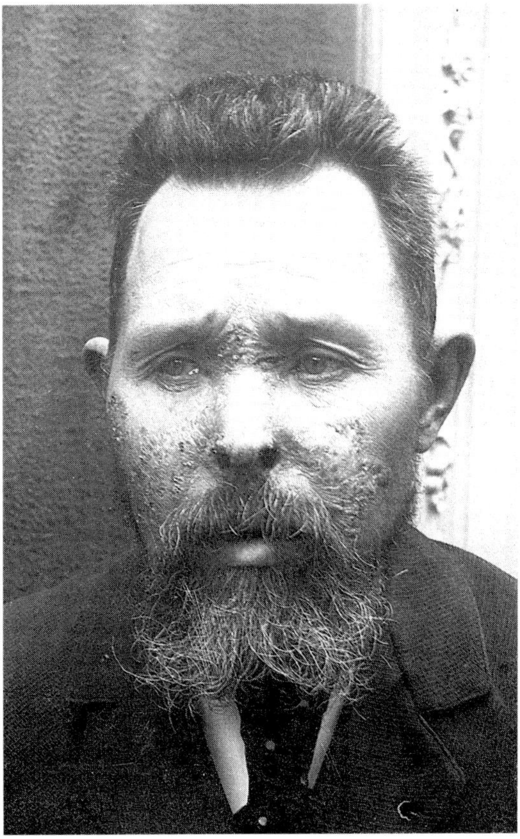

ursachen zu fragen. Wirklich präzise Aussagen lassen sich für einen längeren Zeitraum, besonders im frühen 19. Jahrhundert, nicht gewinnen, da in der Statistik die Todesursachen zunächst zu großen Gruppen zusammengefaßt wurden und statt Krankheitsursachen oft nur die äußeren Symptome beschrieben wurden. Zudem wurden manchmal heute unverständliche Bezeichnungen verwandt, die nur mühsam oder auch gar nicht in die moderne medizinische Fachsprache übersetzt werden können. Zur Erklärung muß daher besonders oft auf überlieferte Sanitätsberichte, Abhandlungen von Ärzten und einschlägige städtische Medizinalakten zurückgegriffen werden. Insgesamt wurden die Formulare für die Todesursachenstatistik in Preußen zwischen 1816 und 1907 viermal entsprechend dem medizinischen Fortschritt überarbeitet und die Nomenklatur verändert.

Aus den zeitgenössischen Schriften und Akten wird ersichtlich, daß Münster 1822 von einer heftigen Scharlachepidemie, der allein 60 Kinder zum Opfer fielen, 1831 von den Masern und 1833 von den Pocken (Blattern) heimgesucht wurde. 1837 starben 86 Personen an Influenza (Grippe), und 1842 grassierten die Masern und im Jahr 1857 das „Wechselfieber“ (Malaria). 1863 brach erneut eine Masernepidemie aus.

1867 wurden Massenerkrankungen wegen Scharlach und „Wechselfieber" verzeichnet; 1871 kam es sogar noch einmal zu einer großen Pockenseuche, die unter den rd. 3000 französischen Kriegsgefangenen in Münster ausbrach. Insgesamt erkrankten 318 Personen, wovon 91 Münsteraner und 30 Franzosen verstarben. Ein Blick auf die allgemeine Sterblichkeitskurve zeigt, daß in jedem dieser genannten Jahre eine deutlich höhere Mortalität zu verzeichnen war. Daß in wirtschaftlichen Notjahren die Anfälligkeit für Infektionen besonders bei Säuglingen und Kleinkindern sich steigerte, versteht sich dabei von selbst. Natürlich wurden die verschiedenen Altersklassen von den Seuchen unterschiedlich betroffen. Während die Malaria, die mit versumpftem Gelände an der Aa und mangelnder Abwasserkanalisation zu tun hatte, ebenso wie die Pocken prozentual mehr Erwachsene befiel, wurden Scharlach und Masern allmählich immer mehr typische Kinderkrankheiten, während sie früher alle Altersgruppen befallen hatten.

Soweit man aus den Bevölkerungslisten und der „Preußischen Statistik" erkennen kann, schwankte in Münster die Kindbettsterblichkeit (ab 1861 die Schwangerschaftsmortalität) der Mütter zwischen 1817 und 1874 zwischen 0,34 und 2,08 Prozent; durchschnittlich betrug sie in dieser Periode 0,86 Prozent pro Jahr, was als nicht besonders hoch anzusehen ist. Bei den mit Schwangerschaft und Geburt zusammenhängenden Sterbefällen der Mütter lassen sich im zeitlichen Verlauf keine auffälligen Trends entdecken. Auch die in der demographischen Forschung behauptete generelle Übersterblichkeit der Frauen im gebärfähigen Alter zwischen 15 und 45 Jahren gegenüber den Männern in gleichen Jahrgängen ist in Münster nicht nachweisbar. Wie die Entwicklung der Kindbettsterblichkeitsfälle zwischen 1817 und 1907 in Münster belegt, gab es im frühen 19. Jahrhundert zunächst starke Auf- und Abbewegungen mit einem steilen Anstieg dieser Art Müttersterblichkeit im Hungerjahr 1846/47. Auch in der zweiten Hälfte des 19. Jahrhunderts kam es noch einmal 1853 und 1871 bzw. 1874 zu neuen Sterblichkeitsgipfeln, wobei auch Epidemien die Todeskurve mitbestimmten. Seit dem späten 19. Jahrhundert war aber dann wie im Deutschen Reich ein rascher Rückgang der Wöchnerinnensterblichkeit zu verzeichnen.

In den münsterischen Bevölkerungslisten tauchte bis zur Mitte des 19. Jahrhunderts in fast jedem Jahr das „Nervenfieber" als die am meisten genannte Todesursache auf, worunter nach heutiger Terminologie Typhus (einschließlich des durch Kleiderläuse beim Zusammenleben auf engem Raum sich leicht verbreitenden Flecktyphus), aber auch mit Brechdurchfall verbundene verschiedene Erkrankungen der Darmschleimhaut unter dem Sammelbegriff „Krämpfe", vornehmlich Dysenterie und Diarrhöe, verstanden wurden. Die durch Ansteckung oder verseuchtes Trinkwasser verursachten, meist tödlich verlaufenden Krankheiten waren in Münster auch noch in den 1850er und 1860er Jahren sehr häufig und flauten erst ganz allmählich unter großen jährlichen Schwankungen ab. Besonders in heißen Sommermonaten und während des Krieges 1870/71 kam es zu verstärkten Infektionen und Bazillenruhr, doch blieb Münster im Gegensatz zu anderen größeren deutschen Städten von der *cholera nostra* und *asiatica* verschont. Bis zum Ausbruch des Ersten Weltkriegs stellte die „Sanitätspolizei" bei der münsterischen Bevölkerung aber immer noch eine erhöhte Typhus- und Ruhrsterblichkeit fest. Rechnet man die mit Darmschleimhautentzündungen („Krämpfe") zusammenhängenden Todesfälle nach Umstellung der

Nomenklatur in der „Preußischen Statistik" zwischen 1875 und 1902 zusammen, dann verstarben jährlich durchschnittlich rd. 33,3 von 10 000 Einwohnern an epidemischen Krankheiten. Diese Todesursachenart zeigte erst nach 1890 tendenziell eine leichte und ab 1900 eine stärkere Abnahme. Die Zahlen sind bei aller begrifflichen Ungenauigkeit ein Hinweis darauf, daß bei der Trinkwasserversorgung wie auch bei Müll-, Exkrementen- und Abwasserbeseitigung noch starke gesundheitsgefährdende Mängel bestanden haben müssen.

Todesfälle infolge Tuberkulose pro 10 000 Einwohner in Münster im Vergleich mit anderen deutschen Städten und dem Deutschen Reich 1876–1911:

Jahr	Münster	Deutsche Städte insgesamt	Gelsen-kirchen	Bocholt	Soest	Deutsches Reich
1876	54,4	38	–	–	–	–
1881	53,5	39	–	–	–	
1886	57,9	37	–	–	–	–
1891	47,6	31	–	–	–	–
1896	37,0	25	–	–	–	23,4
1902	26,6	22,5	–	–	–	20,6
1907	10,3	–	12,3	29,5	18,7	18,3
1908	13,2	–	13,3	34,8	20,3	17,8
1909	12,6	–	14,3	20,5	17,9	16,8
1910	12,5	–	13,1	23,7	25,8	16,3
1911	10,9	–	13,8	19,5	22,1	16,0

Quellen 1226: Stand der Gemeinde-Angelegenheiten 1911–1913; 2100: Festschrift des Statistischen Bureaus 3, S. 31; 1980: Bevölkerung und Wirtschaft, S. 121 (Zahlen für Münster neu berechnet)

An zweiter Stelle aller Todesursachen stand wahrscheinlich lange die Tuberkulose, die sich zunächst unter verschiedenen anderen Bezeichnungen (zum Beispiel „Bluthusten", „Schwindsucht", „Abzehrung") versteckte. Sie bildete im späten 19. und frühen 20. Jahrhundert eindeutig die Haupttodesart. Sie machte zwischen 1875 und 1902 durchschnittlich 18,5 Prozent aller Todesfälle in Münster aus, wobei jährlich rd. 47 von 10 000 Einwohnern daran verstarben. Die Gefährlichkeit der Tuberkulose wurde auch in den Berichten der damaligen Amtsärzte in Münster bestätigt. Sie galt als die größte soziale Krankheit im späten 19. und frühen 20. Jahrhundert; man versuchte sie deshalb staatlicherseits vor allem durch eine Meldepflicht aller Todesfälle, Isolierung der Schwerkranken und spezielle Heilfürsorgemaßnahmen einzudämmen, da es noch an einer ausreichenden Prophylaxe fehlte. Münsters Tuberkulosesterblichkeit bewegte sich aber ähnlich wie der Reichsdurchschnitt seit 1880 allmählich tendenziell nach unten. Die Zahl der gemeldeten tödlichen Tuberkulosefälle nahm von 26,15 Prozent aller Todesfälle 1875 auf 20 Prozent im Jahr 1890 und dann auf 11,92 Prozent im Jahr 1900 und schließlich 10 Prozent im Jahr 1907 ab. Die Sterblichkeitsrate sank von 66 Todesfällen pro 10 000 Einwohner im Jahr 1880 auf 26,6 im

Kinderheim der Stadt Münster auf der Nordseeinsel Juist

Jahr 1902 und dann auf 10,9 im Jahr 1911. Wenn Münsters Tuberkulosefälle wesentlich über dem Durchschnitt des Deutschen Reiches lagen, so hatte das mit der frühen Einrichtung geschlossener Anstalten für „Schwindsüchtige", die lange als unheilbar galten, zu tun. Diese Krankenhäuser, wie die 1854 eröffnete „Genossenschaft der Clemensschwestern", nahmen viele Ortsfremde auf, die statistisch als ortsanwesende Bürger geführt wurden. Dieser Anteil der Tuberkulosekranken schnellte am Ende des Ersten Weltkriegs und der entbehrungsreichen Nachkriegszeit wieder empor, so daß Münster nun über dem Durchschnitt des Deutschen Reiches lag. Danach sank diese Sterbeziffer kontinuierlich ab, um nur noch in der Zeit der Inflation 1923 etwas anzusteigen. 1926 wurde der Vorkriegsstand der Tuberkuloseerkrankungen unterschritten. Die Tuberkulose hatte als typische Armenerkrankung vor allem mit Mangelernährung, feucht-dunklen und überfüllten Wohnungen sowie fehlender körperlicher Hygiene zu tun, wodurch sich die Tuberkelbazillen sehr leicht vermehrten und andere Mitmenschen ansteckten. Ein Vergleich mit anderen Industriestädten, besonders des Ruhrgebietes, zeigt aber, daß es sich hier um ein überregionales Phänomen gehandelt hat und der Prozentsatz der Tuberkuloseerkrankungen in typischen Arbeitervierteln noch sehr viel höher liegen konnte.

Wenngleich Robert Koch schon im Jahr 1882 die Entdeckung des Tuberkelbazillus gelang, dauerte es noch geraume Zeit, bis es auf diesem Gebiet zu wirksamen staatlichen Maßnahmen kam. Zunächst beschränkte man sich in der Tradition der alten Medizinal- und Sanitätspolizei nur auf die Meldepflicht bei solchen Todesfällen und den Wohnungswechsel von Erkrankten. Nach dem preußischen Gesetz zur Bekämpfung der Tuberkulose sollten daneben die Gemeinden entsprechende Beratungsstellen einrichten, wobei das vom Reich geförderte „Deutsche Zentralkomitee zur Bekämpfung der Tuberkulose" mit seinem weitverzweigten Vereinsnetz zur Seite stand. Auch die Stadt Münster erkannte hier den Handlungsbedarf. Die Stadtverordnetenversammlung bewilligte nach einjährigen Verhandlungen des Stadtarztes mit der Landesversicherungsanstalt Westfalen (LVA) im Jahr 1910 die Mittel für die Eröffnung einer speziellen Fürsorgestelle für Lungenkranke. Die kostenlose Verteilung von kräftigenden Lebensmitteln an minderbemittelte Tuberkulosepatienten, die Isolierung der Schwerkranken von der Familie, Sprechstunden und aufklärende öffentliche Vorträge sowie eine umfassende Kindererholungsfürsorge (Schulspeisungen, Einrichtung einer in Wolbeck gelegenen „Waldschule", Einweisung in Lungenheilanstalten sowie die Einrichtung eines städtischen Kindererholungsheims auf der Nordseeinsel Juist 1921) halfen mit, der ansteckenden Volkskrankheit ihre gefährlichste Spitze zu nehmen.

Daneben werden natürlich noch zahlreiche weitere zum Tode führende Krankheiten in der Statistik aufgeführt. In den Spalten der „Preußischen Statistik" finden sich unter anderem die Bezeichnungen „Angeborene Lebensschwäche", „Altersschwäche", „Diphtherie und Kroup", „Keuchhusten", „Akuter Gelenkrheumatismus", „Skropheln/Englische Krankheit" (d. h. Rachitis), ferner werden Erkrankungen der Atemorgane sowie Herz-, Nieren- und Gehirnleiden neben den schon erwähnten epidemischen Krankheiten und dem Kindbettfieber genannt. Auch Schlaganfall und Krebs tauchen als Todesursache auf. Eine genaue zahlenmäßige Analyse aller dieser Todesursachen erscheint bis zum letzten Drittel des 19. Jahrhunderts nicht sinnvoll. Aber auch noch danach blieben viele Zuordnungen von Todesfällen zu Krankheiten begrifflich dunkel. Diese Unklarheiten sind weniger verwunderlich, wenn man bedenkt, daß sich die Todesfälle überwiegend zu Hause ereigneten und Pfarrer wie Standesbeamte wegen der geringen Zahl an Ärzten auch auf die Angaben der Angehörigen angewiesen blieben, da es bis zur Weimarer Republik keine obligatorische Leichenbeschau gab. Bezeichnenderweise führte jede Todesursachenstatistik eine Rubrik „Todesursache unbekannt". Die nachfolgenden Angaben bleiben daher zum Teil unsicher und beziehen sich auf die Zeit nach 1875. So verstarben an Lungenentzündung in Münster von diesem Zeitpunkt bis 1902 durchschnittlich pro Jahr von 10 000 Männern 18,4 und von 10 000 Frauen 16,7. Nach den vorhandenen Zahlen gab es bis 1934 in Münster ähnlich wie im Deutschen Reich eine Zunahme der tödlich verlaufenden Atemwegserkrankungen. Bei Grippe (Influenza), Bronchitis und Pneumonie konnte mit den höheren Sterberaten in den Winter- und Frühjahrsmonaten die Abhängigkeit von der feuchtkalten Witterung nachgewiesen werden, wobei die Erkältungskrankheiten zur Förderung der Tuberkulose beitrugen.

Der enge Zusammenhang von Klima und Sterbefällen zeigt sich auch daran, daß sich zwischen 1816 und 1914 27,68 Prozent aller Todesfälle zwischen Januar und März, 25,39 Prozent zwischen April und Juni ereigneten und nur 23,74 Prozent zwischen Juli und September sowie 23,23 Prozent von Oktober bis Dezember. Die tödlich verlaufenden Atemwegserkrankungen machten zwischen 1912 und 1931 den größten Anteil aller Todesursachen aus, wobei im letzten Kriegsjahr 1918 ein Höchstwert von 81,18 Fällen auf 10 000 Lebende in Münster erreicht wurde. Die mit Diphtherie und Krupp zusammenhängenden Todesfälle, die sich anscheinend nach 1860 ausgebreitet hatten, sind nach 1907 offenbar zurückgegangen. Gliedert man diese Statistik nach Berufen auf, dann zeigt sich erwartungsgemäß, daß oftmals im Freien tätige Arbeiter, Handwerker sowie durch Ansteckungen in Krankenhäusern besonders gefährdete Ordensschwestern und Geistliche einer erhöhten Anfälligkeit ausgesetzt waren. Unhygienische Wohnungsverhältnisse, körperlich schwere Arbeit und ungünstige Ernährung kamen als verstärkende Faktoren hinzu und zeigen wie bei der Tuberkulose den Einfluß der sozialen Lage auf die Sterblichkeit.

Ältere Münsteraner verstarben nach Kirchenbucheintragungen im frühen 19. Jahrhundert auch an „Brust"-, „Bauch"-, oder „Kopfwasser" bzw. „Wassersucht" oder einfach an „Entkräftung", wobei neben Erkrankungen der Atemwege wohl auch an die von Herz und Kreislauf gedacht werden muß. Der Anteil der reinen „Altersschwäche" am Todesursachenspektrum blieb im ganzen 19. Jahrhundert möglicherweise recht konstant, wobei aber zu beachten ist, daß ein hohes Alter bis zum Beginn der staatlichen Sozialversicherung kein Grund war, den Beruf aufzugeben. Erst offensichtliche Altersgebrechen und Kräftenachlaß, die den Widerstand gegen Krankheiten herabsetzten, wurden dann als unheilbare „Altersschwäche" anerkannt, was zur Aufnahme in ein Krankenhaus berechtigte. In Münster ging die Zahl der an Altersschwäche Verstorbenen auf 10 000 Einwohner von 20,3 (1892) auf 15,03 (1907) zurück, womit man meist unter dem Reichsdurchschnitt blieb. Die Medizin des frühen 19. Jahrhunderts rechnete den Krebs wie andere bösartige Geschwüre noch unter die „äußern Krankheiten und Schäden" und erfaßte diese alte Geißel der Menschen erst ab 1875 gesondert. Der zunächst geringe Anteil der Krebserkrankungen an den allgemeinen Sterbeursachen (1875: 1,9 Prozent; 1907: 3,37 Prozent) muß mit Zweifel betrachtet werden, da die Diagnosetechnik noch wenig entwickelt war. Der statistisch zu beobachtende Anstieg des Krebstodes, der 1925 mit 10,41 Prozent Anteil an der Gesamtsterblichkeit in Münster erstmals die Tuberkulosemortalität überrundete,

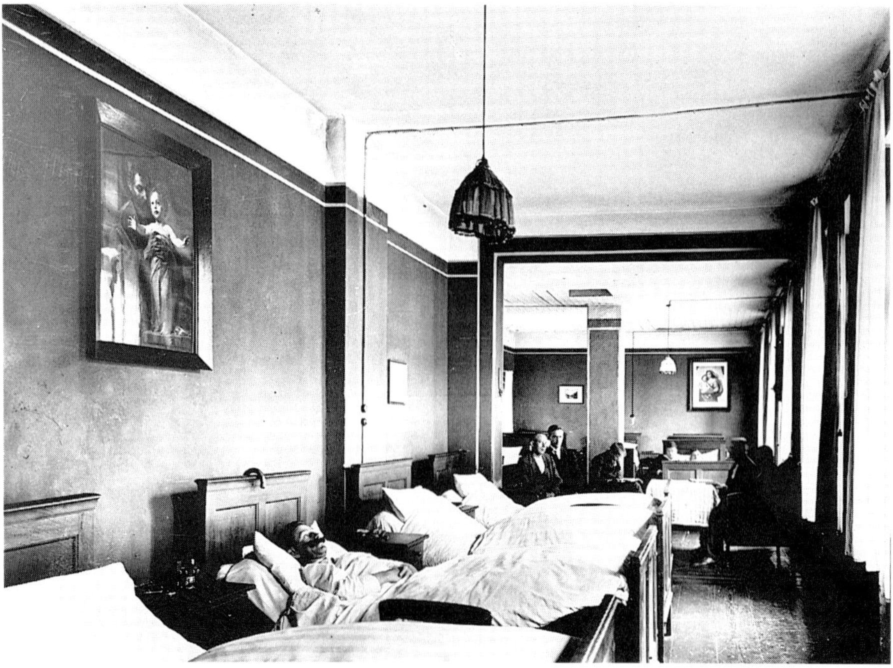

Krankensaal des Clemenshospitals in den 1920er Jahren

hat sicherlich mit den verbesserten Untersuchungsmethoden, der veränderten medizinischen Statistik sowie der sich wandelnden Altersschichtung zu tun, wobei daran zu erinnern ist, daß Krebserkrankungen primär ältere Menschen betrafen.

Der „Schlagfluß“, von den Zeitgenossen auch als „Blut“-, „Stich“-, „Gehirn“-, „Lungen“- oder „Nervenschlag“ bezeichnet, war ebenfalls eine häufige Todesursache bei älteren Menschen. Interessanterweise verstarben in Münster zwischen 1875 und 1902 daran mehr als doppelt soviel Männer wie Frauen: Auf 10 000 Männer entfielen 25 Fälle, aber nur zehn Fälle auf 10 000 Frauen. Wenngleich der Schlaganfall oder Herzschlag als wahre Todesursache früher wohl oft schwer zu erkennen war, scheint es sicher zu sein, daß die Kreislaufkrankheiten seit dem späten 19. Jahrhundert zugenommen haben.

Zuletzt ist noch nach den Hauptursachen der früher beschriebenen hohen Säuglingssterblichkeit zu fragen. Nach den Bevölkerungslisten der Stadt Münster ab 1861 und der dann einsetzenden „Preußischen Statistik“ war die „angeborene Lebensschwäche“ hierfür oft maßgeblich. Daneben wurden in weit geringerem Ausmaß Frühgeburten und Schädigungen bei der Geburt für diese Form der Frühsterblichkeit verantwortlich gemacht. Epidemien und wirtschaftliche Notzeiten hatten wie schon erwähnt Einfluß auf diese Form der Mortalität. Nach den überlieferten Angaben starben die Säuglinge oft in den ersten Stunden oder Tagen an „Krämpfen“. Die den ganzen Körper oder Teile davon erfassenden unnatürlichen heftigen Muskelzusammenziehungen konnten mit gastro-intestinalen Infekten wie auch mit akuten Infektionskrankheiten zusammenhängen. Offenbar waren mehr männliche als weibliche Säuglinge davon betroffen. Da die Krämpfe ähnlich dem Fieber nur die äußeren Symptome bezeichneten, sind die unter „Krämpfen“ verstorbenen Säuglinge besser unter „angeborener Lebensschwäche“ oder einer der Infektionskrankheiten einzuordnen. Der Brechdurchfall und die Diarrhöe gehörten in Münster wie in ganz Deutschland ebenfalls zu den häufig angegebenen Todesursachen. Eine weitere häufige Todesursache bei den Säuglingen bildeten die Erkrankungen der Atmungsorgane.

Alle ersten Berechnungen über die Todesursachen können angesichts der ungelösten Zuordnungsprobleme noch keine wirklich verläßliche Quantifizierung ergeben; selbst allgemeine Trendaussagen erscheinen schwierig. Gesichert erscheint freilich, daß die früher regelmäßig wiederkehrenden großen Seuchen nach der letzten Pockenepidemie 1871 in Münster verschwunden und überhaupt die ansteckenden Krankheiten (Scharlach, Masern, Diphtherie) wegen der Impfungen zurückgegangen sind, während Kreislauferkrankungen und Krebs zunahmen. Natürlich muß man bei solchen Aussagen die sich verbessernden ärztlichen Diagnosen berücksichtigen. Die Zahl der unnatürlichen Todesfälle, nämlich tödliche Unfälle, Selbstmorde, Mord und Totschlag sowie Hinrichtungen, schwankten jährlich dagegen nur zwischen einem und drei Prozent und konnten den Trend der Gesamtmortalität daher nicht beeinflussen. Münsters Selbstmordziffer war im Vergleich mit anderen deutschen Städten außerordentlich niedrig und bestätigt die Berechnung, daß der Regierungsbezirk Münster um 1900 die geringste Zahl von Selbstmördern in der Provinz Westfalen und auch in ganz Preußen aufwies. Diese auffällig niedrige Rate hatte wiederum mit der Berufs-, Konfessions- und Sozialstruktur zu tun: Geschiedene, Lohnarbeiter und Protestanten wiesen jeweils höhere Prozentsätze von Selbstmördern auf, während

Verheiratete, Angehörige des öffentlichen Dienstes und Katholiken weit unterdurchschnittlich repräsentiert waren.

Natürlich hatte der Rückgang der Sterblichkeit in Münster ähnlich wie in anderen Städten auch mit der sich allmählich verbessernden medizinischen Versorgung zu tun, wie zum Beispiel aus der wachsenden Zahl der Arztpraxen (ohne Krankenhausärzte) hervorgeht.

Ärzte und Ärztedichte in Münster 1834–1900:

Jahr	Anzahl der praktischen Ärzte (davon Wundärzte in Klammern)		Einwohner pro Arzt in Münster	Preußen
1834	21	(5)	886	3 001
1853	21	(4)	1 076	2 929
1870	21	(3)	1 189	3 476
1883	29	(–)	1 468	
1890	41	(–)	1 203	
1895	68	(–)	840	
1900	58	(–)	1 099	
1906	66	(–)	1 260	

Quellen 1447: Schwanitz, Krankheit – Armut – Alter, S. 117; 2021: Breuer, Ärzte und Fachärzte, S. 19

Die Ärzteversorgung war damit schon vor 1870 etwa dreimal so hoch wie im preußischen Durchschnitt, wobei freilich zu beachten ist, daß die Ärztedichte im Osten Preußens und besonders auf dem Land sehr viel geringer war. Dies hängt damit zusammen, daß alle Universitätsstädte mit Medizinerausbildung eine relativ höhere Dichte von Arztpraxen und Privatkliniken aufwiesen, wobei die enge Verbindung zu den Krankenanstalten eine Rolle spielte. Die Zunahme ab 1870 war eine Folge davon, daß die früher übliche Trennung zwischen Medizin und Chirurgie aufgehoben wurde und den noch wenigen ehemaligen „Wundärzten" die Bezeichnung „Praktischer Arzt" erlaubt wurde. 1906 gab es in Münster bereits 19 Fachärzte mit neun Privatkliniken.

Neben der umfangreichen Hauskrankenpflege, die bis ins späte 19. Jahrhundert hinein bei der medizinischen Versorgung die Hauptrolle spielte, kam es zu einer starken Vermehrung der Krankenanstalten. Neben den 22 Armen- und Altersheimen, die zur Hälfte kirchlichen Stiftungen unterstanden und von vier Armenärzten betreut wurden, bestand das schon 1732 gestiftete und 1754 neu erbaute städtische Clemenshospital für „alleinstehende oder ansteckende Kranke sowie erkrankte Handwerksgesellen", das jährlich bis zu 500 Patienten aufnahm, von denen dann vier Fünftel nach einem Monat wieder als geheilt entlassen wurden. Im wesentlichen wurden hier mittellose Kranke gepflegt, die sich einen teuren ärztlichen Hausbesuch nicht leisten konnten oder keine Familie hatten. 1824 wurde hier eine Abteilung für 24 unheilbar Kranke angegliedert. Im Laufe des 19. Jahrhunderts kamen noch zwölf weitere Krankenhäuser dazu, unter anderem in den 1850er Jahren das Franziskushospital, ein Krankenhaus für verwahrloste Mädchen beim Kloster „Zum Guten Hirten"

Das am 3. Oktober 1857 eingeweihte Franziskushospital in St. Mauritz

in St. Mauritz und 1863 das Evangelische Johannisstift mit zwanzig Patienten. Dadurch wuchs die Zahl der Krankenbetten besonders seit dem späten 19. Jahrhundert stark an. Eine wesentliche Neuerung bedeutete auch die Verbesserung der Ausbildung der Hebammen; seit 1838 mußten sich Geburtshelferinnen der Stadt Münster an einer Paderborner Unterrichtsanstalt theoretisch wie praktisch in der Säuglingspflege ausbilden lassen.

Der Einfluß der Medizin auf die Bevölkerungsentwicklung in Münster darf zunächst aber nur sehr gering eingeschätzt werden. Bis zur Mitte des 19. Jahrhunderts wurden alle menschlichen Leiden hauptsächlich noch nach den äußeren Symptomen und der Erfahrung kuriert und die nichtansteckenden Krankheiten zum Beispiel mit den Witterungsverhältnissen, die ansteckenden Epidemien dagegen mit den in der Luft und in der Ernährung befindlichen Krankheitsstoffen (Kontagium, Miasmen) in Verbindung gebracht. Nach der jahrhundertealten und bis in die Antike zurückreichenden Humoralpathologie wurden daher Brech- und Abführmittel (zum Beispiel Glaubersalz) verabreicht und zur Ader gelassen bzw. für die Nahrung, das Tabakrauchen und die Kleidung entsprechende Ratschläge gegeben, im übrigen die Kranken dem göttlichen Beistand empfohlen. Gegen das „Wechselfieber“ (Malaria) wurde das recht wirkungsvolle Chinin verordnet und die Pockenseuche seit der französischen Herrschaft mit Schutzimpfungen bekämpft. In den 1830er Jahren sollen bereits 50 bis 70 Prozent der Neugeborenen in Münster in dieser Weise gegen die „Blattern“

geimpft worden sein, doch erfährt man wenig über entsprechende Präventivmaßnahmen bei den Erwachsenen. Der Ausbruch der Pockenseuche 1871 läßt darauf schließen, daß der Schutz bis dahin noch zu wünschen übrigließ. Insgesamt muß man feststellen, daß der Rückgang der Mortalität und insbesondere der hier entscheidenden Säuglingssterblichkeit sicherlich mit dem Rückgang von Typhus, Cholera, Diphtherie, Ruhr, Fleckfieber und vor allem auch den Pocken zusammenhängt. Alle diese Krankheiten hatten aufgrund des damaligen Mangels an wirksamen therapeutischen Mitteln eine schwerwiegende Schädigung der Gesundheit zur Folge und führten bei dem meist bösartigen Verlauf zum sofortigen Tod.

Eheschließungen, Lebendgeburten und Sterbefälle (einschließlich Totgeburten) auf 1000 Einwohner in Münster*:

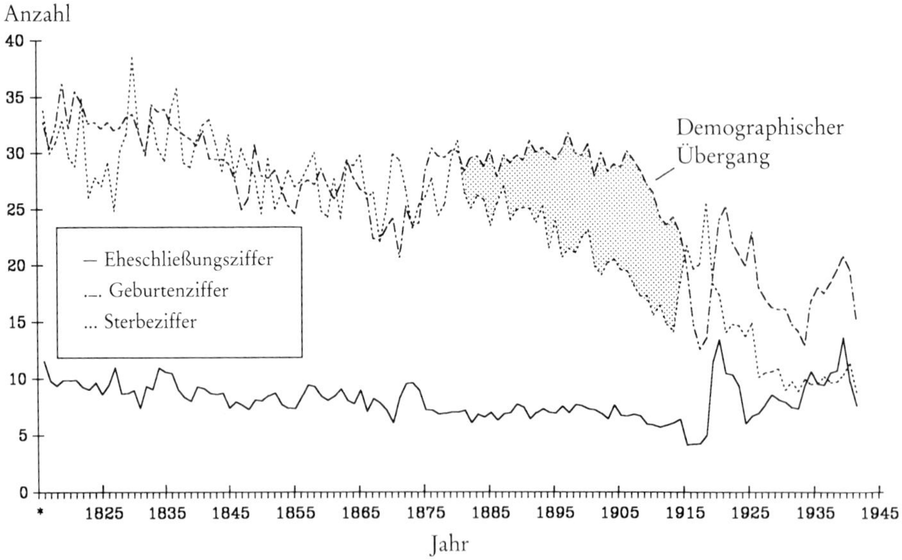

* Die Lebendgeburtenziffer bezieht sich 1925–1941 auf die ortsangehörigen Geburten ohne Geburten ortsfremder Personen und unterscheidet sich damit von der Graphik auf Seite 344, für die die ortsanwesenden Geburten in diesem Zeitraum maßgeblich sind.

Wenn man abschließend das gesamte generative Verhalten der Bevölkerung Münsters vom Beginn des 19. bis zur Mitte des 20. Jahrhunderts in ein stark abstrahierendes statistisches Schema bringt, dann erkennt man den typischen Übergang von der präindustriellen zur industriellen Bevölkerungsweise, den man in der Bevölkerungswissenschaft als „demographischen Übergang" bezeichnet. Die Geburten- und Sterbeziffern, die sich in der ersten Phase tendenziell beide auf einem hohen Niveau bewegten, öffneten sich scherenartig zu Beginn der 1880er Jahre. In der nun beginnenden zweiten Phase blieb die Zahl der Geborenen pro 1000 Bewohner noch auf der traditionellen Höhe, während die Promillezahl der Gestorbenen bis zum Weltkriegsausbruch 1914 ständig absank. Die bis über die Jahrhundertwende konstant bleibenden Geborenenziffern und die fallende Sterberate haben ein weder vorher noch nachher je wieder beobachtetes starkes natürliches Wachstum der Bevölkerung Münsters bewirkt, wie sich an der Zunahme des Geburtenüberschusses ablesen läßt. Dieser demographische Wachstumsschub, der sich in analoger Form zur gleichen Zeit auch für Gesamtpreußen feststellen läßt, war Ausdruck tiefgreifender Umstrukturierungen im wirtschaftlich-technischen, politischen und mental-kulturellen Bereich, die bereits erörtert wurden.

In einer abschließenden dritten Phase ging bei weiter stark fallender Mortalitätsrate kurz nach der Jahrhundertwende nun auch die Gebürtigkeit stark zurück, so daß sich in der letzten und vierten Phase nach 1920 die Geborenen- und Sterbeziffern auf einem sehr viel niedrigeren Niveau wieder ähnlich wie in der ersten Phase einpendelten, womit die neue, bis heute fortdauernde industrielle Bevölkerungsweise erreicht wurde. Wegen der völlig anormalen Kriegs- und Notjahre zwischen 1914 und 1930 sowie der dann einsetzenden massiven Geburtenförderung des Dritten Reiches aus ideologischen Gründen tritt diese Tendenz zwar nicht ganz so klar heraus, doch kann, wie auch Vergleiche mit anderen Ländern bestätigen, kein Zweifel daran bestehen, daß unsere äußerst niedrige und in Stagnation übergegangene Bevölkerungsweise der Gegenwart ihre Wurzeln bereits im frühen 20. Jahrhundert hat.

Dieser „demographische Übergang“ vom älteren zum modernen generativen Verhalten erklärt noch nicht, warum es zu den auffälligen, zeitlich verschiedenen Rückgängen der Sterbe- und Geburtenraten gekommen ist. Es läßt sich vermuten, daß der Fruchtbarkeitsrückgang ähnlich dem dramatischen Absinken der Mortalität wahrscheinlich auch schon in den frühen 1880er Jahren einsetzte, sich dies aber wegen der Altersschichtung nicht sofort bemerkbar machte. Wegen der Länge des menschlichen Lebens tritt eine neue Einstellung zur künstlichen Geburtenbeschränkung statistisch nicht sofort zutage. Sicherlich haben aber auch noch andere früher geschilderte Umstände in dieses vielschichtige Geburtengeschehen hineingespielt. So ist zum Beispiel daran zu denken, daß sich durch die Eingemeindungen und verstärkten Zuzüge die Stadtbevölkerung gegenüber früher verjüngte, mehr traditionell agrarisch-kleingewerblich eingestellte Menschen und mehr Angehörige sozialer Unterschichten und damit mehr Berufsgruppen hinzukamen, die eine größere Geburtenfreudigkeit zeigten. Dadurch wurde wahrscheinlich das Absinken der hohen Geburtenrate noch zwei Jahrzehnte hinausgeschoben. Bei alledem darf aber nicht übersehen werden, daß das starke Bevölkerungswachstum Münsters in den Jahrzehnten um die Jahrhundertwende in erster Linie nicht durch die Geburten-, sondern die Wanderungsüberschüsse erzielt wurde.

5. *Die Zu- und Abwanderungen*

Nachdem die Eheschließungen, Geburten und Sterbefälle als bestimmende Faktoren der natürlichen Bevölkerungsbewegung und der damit verbundenen generativen Verhaltensweisen betrachtet wurden, müssen nun im Anschluß daran die räumlichen Bevölkerungsbewegungen – d. h. vor allem die Zu- und Abwanderungen – näher beleuchtet werden. Diese Wanderungen sind für Münsters Bevölkerungsentwicklung besonders wichtig, weil sie weit mehr als die Geburtenüberschüsse zum Wachstum der Einwohnerschaft beitrugen. Sie veränderten nicht nur den allgemeinen Bevölkerungsstand, sondern griffen zugleich tief in die bestehende Sozial- und Wirtschaftsstruktur sowie den inneren Bevölkerungsaufbau ein. Dabei änderte sich der Charakter der regionalen und lokalen Mobilität in dem hier betrachteten Zeitraum beträchtlich: Wurden in der vorindustriellen Phase die Wanderungen vor allem durch häufige Mißernten, Naturkatastrophen, den allgemeinen Mangel an bebaubarem Boden und überhaupt durch die blanke Existenznot bestimmt, so daß sich die Menschen unter äußerem Zwang vom Heimatort dauernd oder nur saisonal wegbewegten, so wurde im beginnenden Industriezeitalter allein der Arbeitsmarkt für den nun freiwilligen „Zug in die Stadt" bestimmend.

Münster übte als größte Stadt der preußischen Provinz Westfalen mit seinen wachsenden zentralörtlichen Funktionen in Verwaltung, Justiz, Militär, Bildung und Kultur, aber auch als städtischer Marktort auf das rein agrarisch geprägte Umland schon im frühen 19. Jahrhundert eine magnetische Anziehungskraft aus. So konnte die Einwohnerzahl zwischen 1817 und 1825 von 15 094 auf 18 319 Personen gesteigert werden. Während der Geburtenüberschuß in dieser Zeit aber nur 633 betrug, trug der Überschuß aus den Zu- und Abwanderungen mit 3339 Personen ganz überwiegend zu diesem Bevölkerungswachstum bei. Die Zuwanderer bedeuteten in diesen acht Jahren einen Beitrag von 84,06 Prozent zum städtischen Bevölkerungswachstum oder 2,56 Prozent Zuwachs jährlich. Diese beträchtlichen Wanderungsgewinne waren eine Folge der Tatsache, daß Münster Sitz zentraler preußischer Behörden mit einem Oberpräsidium an der Spitze wurde, was den Zuzug zahlreicher Beamter nach sich zog. Der Anteil der preußischen Beamten in Münster betrug schon 1816 7,7 Prozent der Einwohnerschaft. Diese Zuwanderungen verstärkten daher die schon vorher angelegten Tendenzen Münsters, zu einer Stadt der Beamten, Rentner, Gelehrten und Geistlichen zu werden.

Zuziehende Handwerker spielten bei den Wanderungsbewegungen bis zur Mitte des 19. Jahrhunderts vermutlich nur eine geringe Rolle. Im Vormärz zwischen 1815 und 1848 herrschte auch in Westfalen ein allgemeiner Zustand des „Pauperismus", d. h. eine strukturelle Massenarbeitslosigkeit infolge der auf dem Land herrschenden Übervölkerung und dem Mangel an geeigneten Erwerbsmitteln. Die neue liberale Gewerbefreiheit in Preußen brachte zwar eine formale Aufhebung städtischer Zunftprivilegien mit der Möglichkeit, sich auch vermehrt in den Städten niederzulassen und das Bürgerrecht dort zu erwerben, aber offenbar bot Münsters Arbeitsmarkt zunächst nur wenig Chancen für einen solchen neuen Broterwerb. Bezeichnenderweise gingen seine anfangs positiven Wanderungsbilanzen wieder zurück, was sich in dem schon erwähnten vorübergehenden absoluten Rückgang der Einwohnerzahl zwischen 1828 und 1831 niederschlug. Eine allgemeine Wirtschaftskrise mit scharf anziehenden Lebensmittelpreisen fiel bekanntlich in diese Jahre. Auch der sowieso geringe Geburtenüberschuß ging zurück und verwandelte sich 1830 sogar in einen Negativsaldo. Dies deckt sich mit der Gesamtentwicklung in Preußen, wo ebenfalls zwischen 1828 und 1831 ein Rückgang der jährlichen Bevölkerungszuwachsraten verzeichnet wurde.

Die Stadt Münster ist von der gewaltigen westfälischen Auswandererbewegung zwischen 1831 und 1868 offensichtlich weniger betroffen worden, wie die im Vergleich zu anderen Landkreisen niedrigeren Auswandererzahlen des Landkreises Münster vermuten lassen. Die Wanderungsbilanz zwischen 1825 und der Reichsgründung 1871 blieb insgesamt geringfügig positiv, wies aber in zwölf verschiedenen Jahren Wanderungsverluste auf, so in den Jahren 1827, 1829, 1831 und 1849 sowie in den ganzen 1860er Jahren. Die relativ geringen Wanderungsgewinne und Wanderungsverluste lassen vermuten, daß Arbeitssuchende aus der ländlichen Umgebung in Münster immer noch selten dauerhaft Fuß fassen konnten und ihr Glück lieber im Ausland, später dann in den aufstrebenden Städten des Ruhrreviers suchten. Dies hing natürlich wiederum mit der geringen Stadtfläche zusammen, die eine massenhafte Zuwanderung nicht erlaubte. In den siebziger Jahren konnten erstmals seit den frühen 1820er Jahren wieder stärkere Wanderungsgewinne verbucht werden, die dann ab 1886 bis zum Weltkriegsjahr 1917 auf einem relativ hohen Niveau verblieben.

Eine genauere Durchdringung der Zu- und Abwanderungen ist zwischen 1880 und 1900 mit Hilfe der überlieferten Einwohnermeldekarteien und Veröffentlichungen des Statistischen Amtes der Stadt Münster möglich. Die Resultate neuerer Berechnungen zeigen, daß die Anzahl der Zu- und Abwanderungen, bezogen auf 1000 Einwohner in Münster, bis 1893 unter denen vergleichbarer deutscher Mittelstädte mit 50 000 bis 100 000 Einwohnern lag, dann aber bis zur Jahrhundertwende stark anstieg. Aus der nun stark zunehmenden Anzahl der Zu- und Abmeldungen kann geschlossen werden, daß sich ein beträchtlicher Anteil der münsterischen Einwohner nur für relativ kurze Zeit in der Stadt aufhielt. Nicht nur die schnell wachsenden Industriestädte des Ruhrgebietes, sondern auch die typische Verwaltungs-, Garnison-, Rentner- und Universitätsstadt Münster hatte nun in der Phase der Urbanisierung und Industrialisierung neben dem Kern der alteingesessenen Bürgerschaft einen erstaunlich hohen Anteil von Zuwanderern, die zum Teil hochmobil waren und sich keineswegs hier dauernd niederließen.

Knapp drei Viertel der so in die Stadt strömenden Menschen kamen allerdings nur aus einer Entfernung von höchstens hundert Kilometern und müssen daher als Nahwanderer bezeichnet werden. Wie die Einwohnerkarteien zeigen, entstammten die meisten sogar den allernächsten Umlandgemeinden. Diese Beobachtung deckt sich nicht nur mit einem schon früher aufgestellten Migrationsgesetz, sondern auch mit neueren Untersuchungen über die Stadt Bochum, wo zum Beispiel auch 1907 ein Drittel aller Zuwanderer aus der nächsten Nachbarschaft kam. Dabei muß freilich im Auge behalten werden, daß sich dieses schnelle Kommen und Gehen nur auf ganz bestimmte Sozial- und Altersgruppen beschränkte und der Kern der alteingesessenen münsterischen Bürgerschaft davon so gut wie unberührt blieb. Das hohe Wanderungsvolumen bestand wie in vergleichbaren anderen deutschen Mittelstädten der damaligen Zeit zu einem nicht geringen Teil aus Arbeitskräften, die saisonal eine Erwerbsmöglichkeit suchten.

Gliedert man die Zu- und Abwanderer in Münster zwischen 1880 und 1900 nach Sozialgruppen auf, dann setzten sich diese mit kurzer Verweildauer zu 28,3 Prozent aus unselbständigen Facharbeitern und Handwerkern (Handwerksmeister nicht eingeschlossen) sowie zu 25,2 Prozent aus Gesellen und Lehrlingen des Handwerks sowie ungelernten Arbeitern zusammen, wobei insgesamt 48,3 Prozent ausgesprochene Nahwanderer waren. Eine Differenzierung nach Berufsbranchen zeigt, daß Hauspersonal (Mägde, Dienstboten) mit 26 Prozent die größte Einzelgruppe der Wanderer stellte, gefolgt von Angehörigen des Nahrungs- und Gaststätten-, Textil- und Bekleidungs- sowie schließlich des Baugewerbes. Diese Aufgliederung korrespondiert wiederum mit der Wirtschafts- und Sozialstruktur Münsters. Alle anderen Berufszweige spielten, von den mittleren Angestellten und Angehörigen qualifizierter Dienstleistungsberufe abgesehen, so gut wie keine Rolle bei diesem Wanderungsgeschehen. 85 Prozent der Zuwanderer waren bezeichnenderweise nicht älter als 31 Jahre, wobei der männliche Anteil leicht überwog. Offenbar überwanden junge Mädchen und Frauen seltener größere Entfernungen bei solcher Zuwanderung. So kamen 95 Prozent der 155 erfaßten Mägde in Münster in dieser Zeit aus der allernächsten Umgebung. Alle diese Angaben wurden durch eine Berechnung der wichtigsten Berufszweige ermittelt, die nur knapp die Hälfte aller Wanderungsfälle abdecken. Dennoch wird man folgende These aufstellen können: Es handelte sich im Kern um eine stark heimatverbundene Migration, die nicht mit der großen Ost-West-Wanderung, die zum Aufbau des Ruhrgebietes führte, oder den großen Binnenwanderungen zu den Großstädten verglichen werden kann. Da 70 Prozent der Zuziehenden dem katholischen Glauben angehörten, änderten sich die Anteile der verschiedenen Konfessionen in der münsterischen Bevölkerung nur langsam in Richtung einer wachsenden evangelischen Minderheit, und die alte konfessionelle Grundstruktur blieb deutlich erkennbar erhalten. Bei den aus der Ferne Zuwandernden überwog dagegen der protestantische Anteil und auch bei denen, die Münster nach relativ kurzer Zeit wieder verließen. Etwa ein Drittel aller Zuwanderer hielt sich nur ein bis zwei Monate in der Stadt auf, um dann wieder auf das Land zurückzugehen oder in einer anderen Stadt das Glück zu suchen. Die Wanderungsbewegungen hingen natürlich mit den bei Mägden und Dienstboten üblichen halbjährigen Dienstverträgen, bei den Bauarbeitern mit der Witterung, dem konjunkturellen Geschehen sowie großen Bauprojekten zusammen.

Verfolgt man die jährlichen Wanderungsbilanzen seit der Eingemeindung 1875, dann sind sie bis auf wenige Ausnahmen generell positiv und oftmals im Vergleich zum frühen 19. Jahrhundert relativ hoch gewesen. Die zugewanderten Neubürger haben mit anderen Worten wesentlich mehr zum Bevölkerungswachstum Münsters als die Geburtenüberschüsse beigetragen. Die größten Wanderungsüberschüsse sind zwischen 1891 und 1893, 1900 und 1905 sowie in den ganzen 1930er Jahren zu registrieren. Im Jahr 1909 war zum Beispiel mehr als die Hälfte der münsterischen Bevölkerung im Zu-, Ab- oder Umzug begriffen, was ohne Übertreibung als eine kleine Völkerwanderung neuer Art bezeichnet werden kann. Ein beachtlicher Anteil gehörte daher nicht zu den alteingesessenen „Pfahlbürgern". Offenbar bewies die westfälische Provinzialhauptstadt in der ganzen Zeit eine überwiegend positive Anziehungskraft auf den regionalen Arbeitsmarkt, vor allem in den Sektoren Handwerk, öffentliche Dienste einschließlich freie Berufe sowie Handel und Verkehr, während die Sparten häusliche Dienste und Tagelöhner seit 1880 stark abnahmen.

Sehr gering blieb in der Phase der Hochindustrialisierung zwischen 1880 und 1900 die Zahl der aus weiter Ferne zuziehenden Menschen. Sie kamen im Gegensatz zu der Masse der Nahwanderer hauptsächlich nicht vom Land, sondern aus Mittel- oder sogar Großstädten. Die protestantischen Neubürger erlebten in den Jahren des Kulturkampfes und auch noch danach anscheinend beim Handwerk oder bei einheimischen Zimmervermietern eine wenig freundliche Aufnahme, so daß sie manchmal nach kurzer Zeit wieder die Stadt verließen. Die Überrepräsentanz der Protestanten bei der Gruppe besonders hochmobiler Zuwanderer mit kurzer Verweildauer kann damit teilweise erklärt werden.

Bilanz der Zu- und Abwanderungen in Münster 1816–1945
(ohne die Jahre 1867, 1875 und 1903):

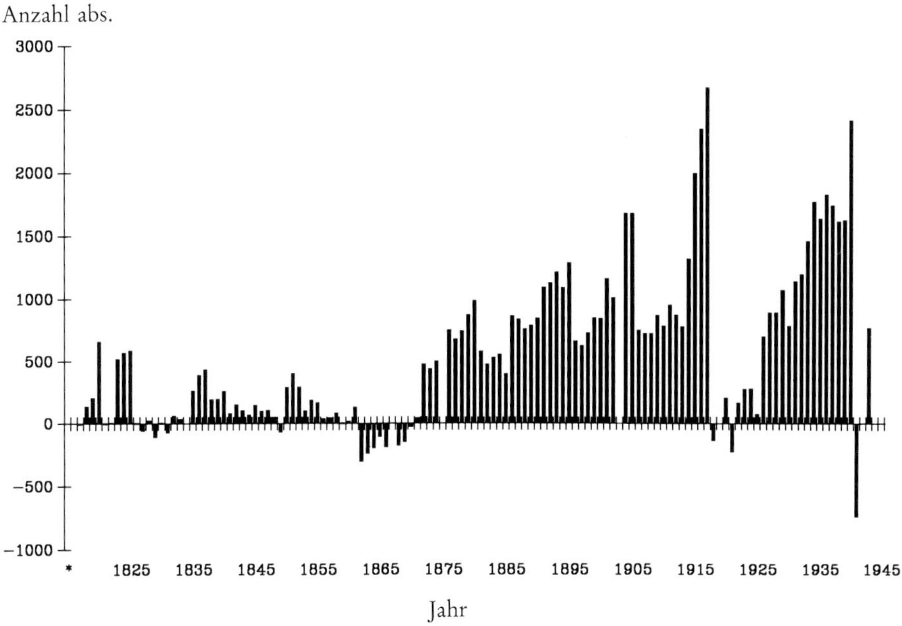

Unter den Fernzuwanderern gab es im späten 19. Jahrhundert erstmals auch Arbeitskräfte, die den Status von vorübergehenden Wander- oder Gastarbeitern hatten. Dies hatte vor allem mit einem großen Bauprojekt zu tun. Hatten der staatliche Chaussee- und private Eisenbahnbau, die beim Aufbau eines modernen Verkehrsnetzes in der preußischen Provinz Westfalen zunächst allein eine Rolle spielten, sich noch mit Arbeitskräften aus nächster Nachbarschaft begnügen können, so konnte der Bau des großen Dortmund-Ems-Kanals als Verbindungsglied des Rheins mit der Elbe bzw. des Ruhrgebietes mit der Nordsee nur mit Hilfe einer größeren Zahl von Fremdarbeitern durchgeführt werden. Für den Bau der 269 Kilometer langen Schifffahrtsverbindung, die das gesamte Münsterland durchschnitt und von einer besonderen Königlichen Kanalkommission mit Sitz in Münster geleitet wurde, mußten gewaltige Erdmassen mit der Hand und Schubkarre bewegt werden.

Die ersten Kontakte mit den ausländischen Arbeitnehmern beim Kanalbau blieben eine kursorische Angelegenheit, die die Einwohner Münsters so gut wie nicht berührte. Dennoch hat es im Hafengebiet, an der Warendorfer Straße sowie im Herz-Jesu-Viertel Bewohner gegeben, die im Zuge des Eisenbahn- und Kanalbaus nach Münster gekommen waren und sich dann länger oder dauernd dort niederließen.

Während sich im Deutschen Reich zwischen 1871 und 1910 die Zahl der ausländischen Wanderarbeiter vervierfachte und diese in einigen Regionen wie im Ruhrgebiet eine große Rolle spielten, blieb die Verwaltungs-, Rentner-, Universitäts- und Garnisonstadt Münster von solchen Zuzügen so gut wie unberührt.

6. *Die Eingemeindungen 1875 und 1903*

Münster hat vor der großen Gebietsreform von 1975, bei der die Umlandgemeinden Albachten, Amelsbüren, Angelmodde, Handorf, Hiltrup, St. Mauritz, Nienberge, Roxel und Wolbeck dem Stadtgebiet einverleibt wurden, und vor der 1956 erfolgten Einbeziehung von Teilen der Bauerschaften Coerheide, Kemper und Gelmer schon in den Jahren 1875 und 1903 zwei große Eingemeindungen erlebt. Sie verdienen im Rahmen der Stadtgeschichte besondere Beachtung, weil es nicht nur zu einer erheblichen Vergrößerung der Stadtfläche und der Einwohnerzahl, sondern auch zu starken Veränderungen innerhalb der städtischen Wirtschafts-, Verkehrs- und Sozialstruktur sowie des generativen Verhaltens kam. Die beiden ersten Eingemeindungen spiegeln daher zugleich entscheidende Etappen auf dem Weg zur modernen Großstadt und in das beginnende Industriezeitalter wider.

Auf dem Wiener Kongreß 1815 war Münster wegen seiner relativ bedeutenden Zahl von „Civil-Einwohnern" zwar zur „Immediat- und Provinz-Hauptstadt" erhoben worden, doch veränderte sich zunächst das traditionelle Stadtbild kaum. In den ersten Jahrzehnten des 19. Jahrhunderts gab es innerhalb der Altstadt mit ihrem mittelalterlich-frühneuzeitlichen Grundriß offenbar noch Ausbauflächen für die nur langsam wachsende Bürgerschaft. Die wenigen Hauptstraßen, die zum Aegidii-, Ludgeri-, Servatii- sowie Hörster Tor und in geringerem Maß zum Kreuz- und Jüdefelder Tor führten, wiesen zwar eine durchgehende giebelständige und in den Nebenstraßen eine dachtraufenständige Bebauung auf, doch gab es zwischen den Baublöcken noch etwas Raum für Gärten, und die sumpfige Aaniederung war wie in den früheren Zeiten kaum besiedelt. Aber dieses äußere topographische Bild einer geruhsamen deutschen Kleinstadt darf nicht darüber hinwegtäuschen, daß Münster eine sehr geringe Stadtfläche von nur 1,89 Quadratkilometern besaß und daher 1816 mit 7983 Menschen pro Quadratkilometer die am dichtesten besiedelte Stadt Westfalens war. Dies bildete einen Gegensatz zu dem gleichnamigen umliegenden Landkreis, der zwischen 1818 und 1858 gerade die niedrigste Einwohnerzahl pro Quadratkilometer im Regierungsbezirk aufwies. Die Ursache für diesen Unterschied ist in der Tatsache zu suchen, daß die Stadt keine eigene Feldmark besaß und sich daher nicht wie viele andere Städte auf eigenem Grund und Boden ausdehnen konnte. Schon die nächsten Gärten vor dem ehemaligen Stadtwall, in einer Tiefe von etwa tausend Metern in kleine „Gartenstiegen" aufgeteilt, gehörten verwaltungsmäßig zum Amt St. Mauritz, das die Landgemeinden Amelsbüren, Handorf, Hiltrup, Überwasser, Lamberti und St. Mauritz vereinigte, wobei die zuletzt genannten drei Gemeinden die Stadt vollständig umrahmten. Die im Nordwesten gelegene Gemeinde Überwasser setzte sich aus den Bauerschaften Gievenbeck, Uppenberg, Sandrup und Sprakel, die im Süden gelegene Lambertigemeinde aus den Bauerschaften Mecklenbeck, Geist und Delstrup zusammen, während die Landgemeinde St. Mauritz aus den Bauerschaften Gelmer, Kemper, Laer und Werse bestand. Ein Ankauf von Wiesen und Gärten war für die Stadtbewohner außerhalb des Stadtkreises rechtlich schwierig, was die Boden- und Baupreise in Münster entsprechend nach oben trieb.

Die Stadt versuchte in geringem Umfang, Gartenland unmittelbar vor der Promenade durch Pacht zu erwerben, um später Boden durch Verkauf der privaten baulichen Nutzung zuzuführen, was aber auch nur von geringem Erfolg begleitet war. Nach einer ersten ungeregelten Bebauung vor dem vielbefahrenen Aegidiitor ließ der Ausbau der Holländischen Chaussee (heute Steinfurter Straße) und der Grevener Straße zu Beginn der 1840er Jahre eine erste Vorstadtsiedlung am Neutor mit dort schnell steigenden Grundstückspreisen entstehen. Der Magistrat der Stadt Münster machte deshalb 1843 die Bezirksregierung auf diese Bautätigkeiten sowie auf die Tatsache aufmerksam, daß sich die Beschränkung des städtischen Gebietes auf den Bereich hinter dem Stadtgraben immer mehr als hinderliches Übel herausstellte. Zwar wurde noch kein ausdrücklicher Antrag auf eine Eingemeindung gestellt, doch klang hier erstmals deutlich der Gedanke an, daß die „wilde“ Bebauung vor den Stadttoren der städtischen Aufsicht bedürfe. Ferner wurde darauf aufmerksam gemacht, daß das Amt St. Mauritz nicht über genügend polizeiliche Kräfte verfüge, um die häufigen Obst- und Holzdiebstähle in den vor den Stadttoren liegenden Gärten zu unterbinden. Die Überwachung von herumziehenden Musikanten und Bettlern durch die „Wegepolizei“ sowie eine bessere Verteilung der Einquartierung der Soldaten sprächen für eine solche Ausdehnung des Stadtgebietes. Der bessere Bürgerschutz vor Kriminalität, die Weiterwälzung eines Teils der Einquartierungslasten auf die umliegenden Gemeinden und die Wiederbelebung des alten Handelsverkehrs mit den Niederlanden auf der Fernstraße Münster–Wesel standen offensichtlich hinter dieser ersten Eingabe.

Der Landrat des Landkreises Münsters, Graf Schmising, wies namens des ihm unterstellten Amtes St. Mauritz den Vorwurf der mangelnden Polizeiaufsicht zurück und bemerkte spitz, daß es doch gerade die „Brodlosen“ der Stadt Münster seien, die für solche Diebstähle und „Devastationen“ verantwortlich zu machen seien. Die Stadt täte daher gut daran, die schon früher von der Regierung angeregte „Beschäftigungsanstalt für männliche Individuen“ einzurichten. Er könne sich auch nicht damit einverstanden erklären, gerade die steuerkräftigsten Gebiete seiner Landgemeinden der Stadt abzutreten. Der von der Stadt vorgebrachte Hinweis, die neue preußische Landgemeindeordnung von 1841 biete eine passende Gelegenheit zur Neuordnung dieser Gemeindegrenze, wurde von dem Landrat beinahe mit Entrüstung abgewiesen. Die Begrenzung Münsters durch die angrenzenden Kirchspiele sei „seit wenigstens acht Jahrhunderten durch alle Wechsel der Zeitverhältnisse unverändert“, und es sei daher Ehrensache der Gemeinden, „altes ererbtes Besitzthum zu wahren“ [StaatsAM, Regierung Münster 5069].

Vergeblich versuchte der Magistrat, an die im 17. Jahrhundert dem Bischof von Münster verliehenen Pfahlgerichtsrechte rund um die Stadt zu erinnern, um die vom Landrat aufgeführten geschichtlichen Begründungen zu widerlegen, und schlug als Kompromiß vor, aus den drei Landgemeinden Überwasser, Lamberti und St. Mauritz eine eigene Bürgermeisterei zu bilden und diese als neuen Amtsverband dem Magistrat als Oberbehörde zu unterstellen. Auf diese Weise sollte die städtische Polizeigewalt ausgedehnt werden, was aber nach der Landgemeindeordnung nicht statthaft war.

Clemens August Graf von Korff-Schmising (1834–1921), Landrat des Kreises Münster und Vertreter der Gemeinde St. Mauritz bei den Beratungen zur ersten Eingemeindung 1875

Oberbürgermeister Hüffer arbeitete dann noch zwei weitere Vorschläge zur Erweiterung des städtischen Polizeibezirks aus. Auf einer am 9. Juni 1845 abgehaltenen Konferenz mit dem Regierungsrat Frantzius als Beauftragtem des westfälischen Oberpräsidenten trug Hüffer folgenden Begründungskatalog für diese Forderung vor [StaatsAM, Regierung Münster 5069]:

1. Sicherung der städtischen Gärten und Grundstücke vor den Stadttoren.
2. Aufsicht über die zahlreichen Wirtshäuser in der Umgebung.
3. Schaffung einer Behörde zur Überwachung von Bettlern und Vagabunden und „Verhütung des Unfuges, der von den in der Gegend sich umhertreibenden Schulkindern aus der Stadt verübt wird".
4. Bessere Ausgestaltung der „Marktpolizei" mit Kontrolle der vom Land kommenden unbefugten Verkäufer.
5. Vereinheitlichung der Feuer- und Baupolizei für die an den Stadtbezirk angrenzenden Gebäude.
6. Bessere Förderung der gemeinsamen „Communalwege".
7. Gerechtere Verteilung des Einquartierungswesens.
8. Regelung der Stauverhältnisse an der Aa und Beaufsichtigung beim Betreten des Eises im Winter und der Badeplätze im Sommer.
9. Neuordnung der Beerdigungen außerhalb der Stadt.
10. Vereinfachte Verwaltung der Strafanstalt außerhalb des Stadtwalls.

11. Erleichterte Abwicklung des Fremden- und Eisenbahngüterverkehrs am im Bau befindlichen Bahnhof, der sich ebenfalls außerhalb des städtischen Areals befand.

Die Bezirksregierung sah hier zwar bei der Regelung der Wasserverhältnisse, des Eisenbahnverkehrs und der Strafanstaltsaufsicht einen gewissen obrigkeitlichen Handlungsbedarf, konnte sich aber nicht zu der von Hüffer vorgeschlagenen Aufteilung der behördlichen Zuständigkeiten entschließen, zumal die Grenzen der neuen Polizeidirektion nur ungenau bezeichnet worden waren. Die ersten Pläne für eine Ausdehnung der Stadtgrenzen wurden damit unerledigt zu den Akten gelegt.

Aber der Bau der „Westphälischen Eisenbahn" nach Hamm als Stichbahn der Köln-Mindener Strecke verstärkte Münsters Bedeutung als Verkehrsknotenpunkt und lockte neue Zuwanderer an, sich am Bahnhof und entlang des Schienenstrangs in der Hoffnung auf neuen Verdienst anzusiedeln. Insbesondere ließen sich Bahnarbeiter und Eisenbahnangestellte im östlich gelegenen Teil der Gemeinde St. Mauritz nieder. Dies gab der Regierung 1855 Anlaß, erstmals einen Bauplan für eine Ausdehnung Münsters in Richtung Osten-Südosten in Angriff zu nehmen. Die erste Planskizze sah dort rechtwinklige neue Straßenblöcke vor, welche die Straßen nach Wolbeck und Warendorf durchschneiden sollten. Die zu bebauenden Grundstücke sollten 250 Meter lang und 150 Meter tief sein, um anscheinend auch mehrgeschossige größere Häuser darauf zu errichten. Aber noch immer sah der Oberpräsident nur eine „schwach hervortretende Neigung, sich außerhalb der Stadt anzubauen", so daß zunächst nur ein Generalbebauungsplan für die nächsten 70 bis 100 Jahre entworfen werden sollte, aus dem man einen speziellen, für die Bedürfnisse der nächsten 10 bis 15 Jahre dienenden Bauplan entwickeln könne [1557: Gutschow/Wolf, Historische Entwicklung, S. 207].

Vergeblich mahnten einige Bewohner der Lambertigemeinde in einer Eingabe 1859 die baldige Vorlage eines konkreten Bebauungsplans an, wobei sie auf die rasche Bevölkerungszunahme der letzten Jahre, den spürbarer gewordenen Mangel an Wohnungen und Bauplätzen innerhalb des Stadtrings, die vergleichsweise noch geringen Grundstückspreise vor den Stadttoren und auf die dort wachsende „wilde" Bebauung sowie den völlig veränderten Warenverkehr am Servatii- und Ludgeritor seit dem Bahnhofsbau verwiesen.

Der königliche Bauinspektor Teuto legte 1861 einen überarbeiteten Plan für die geregelte Bebauung eines Vorstadtgebietes vor. Er erstreckte sich diesmal auf eine Zone vom Hörster- bis zum Ludgeritor parallel zur Eisenbahnführung und verriet das Bemühen der Regierung, die dortige verstärkte Bautätigkeit in geregelte Bahnen zu lenken. Aber diese großzügige Bauplanung, die in gewisser Weise der Zeit vorauseilte, trieb die Entschädigungsforderungen der Bodeneigentümer in solche Höhen, daß die betroffenen Umlandgemeinden beschlossen, nichts für den notwendigen Straßen- und Wegebau zu unternehmen.

Offenbar fehlte es den umliegenden Landgemeinden an finanziellen Mitteln für die verkehrsmäßige Erschließung. Hier machte sich ein Nachholbedarf bemerkbar: Münster besaß zwar zu dieser Zeit schon recht gut ausgebaute Kreisstraßen nach Hamm, Greven, Steinfurt und nach Wesel, doch liefen diese alle sternförmig auf das Stadtgebiet zu und hatten untereinander keine Verbindung. Dies wirkte sich für die Eingemeindungspläne wie für den zunehmenden Verkehr als ernstes Hindernis aus.

So mußten alle Lastfuhrwerke mühsam durch die engen Altstadtstraßen geleitet werden und unterlagen damit auch dem an den Stadttoren fälligen Oktroi. Die in der Umgebung ansässigen Ziegeleien, Sägewerke und Getreidemühlen, aber auch die Brauereien und kleinen industriellen Etablissements in Münster fühlten sich hier gegenüber der Konkurrenz in anderen Städten benachteiligt und drängten mit Hilfe der Handelskammer auf eine Veränderung dieser Verhältnisse. Deshalb forderten sie auch als ersten Schritt eine neue Straßenverbindung vom Aegidiikirchhof an der Weseler Straße zum Ludgeritor.

Angesichts des offengelegten Bauplans der Regierung und der wachsenden Beschwerden fühlte sich die Stadt nun gedrängt, ihrerseits wieder aktiv zu werden. Anläßlich der Neubesetzung der Amtmannstelle von St. Mauritz legte Oberbürgermeister Offenberg der Regierung eine neue Denkschrift zur Erweiterung des Stadtgebietes vor. Darin wurde unter anderem ausgeführt, daß die Bewohner dieses Bezirks in Wahrheit städtische seien und mit anderen weiter entfernt wohnenden Landbewohnern nichts mehr gemein hätten. Es sei aber nicht Rechtens, wenn diese bäuerliche Landbevölkerung die Anlage von Chausseen und gepflasterten Wegen in unmittelbarer Nähe der Stadt verhindere. Münster könne hier nicht den ausreichenden Wegeunterhalt leisten, da die Bewohner dieser Umlandgemeinden auch keine Steuern an die Stadt abführten. Es erscheine daher nur billig, sie an dieser kommunalen Last und auch an den Einquartierungskosten zu beteiligen. Auch die Ausdehnung der Anschlüsse an das neue städtische Gaswerk werde so verhindert.

Das Mauritztor – eine Aufnahme des münsterischen Fotopioniers Friedrich Hundt aus dem Jahr 1879

Gegenüber dem ersten Vorstoß von 1843 hatte sich damit die Argumentation verschoben: Es ging nicht mehr um den Schutz privaten Eigentums und die Aufrechterhaltung der öffentlichen Ordnung, sondern um die Ausdehnung der städtischen Leistungen auf das Umland und die Hebung der ganzen Infrastruktur. Aber wiederum erlitt die Stadt eine Abfuhr: Der Landrat übermittelte am 26. April 1862 den Beschluß, daß die auswärts Wohnenden nicht von Münster „annectirt" werden wollten, da der Zuschlag zu den Kommunalsteuern bei der Stadt 75 bis 80 Prozent, in den angesprochenen drei Gemeinden aber nur ein Drittel davon betrage [StaatsAM, Regierung Münster 5083].

Da aber die Auflösung des Umlands in eine sich verstädternde und ländliche Zone nicht mehr zu übersehen war, machte die Regierung nun den Kompromißvorschlag, aus den umliegenden Landgemeinden eine eigenständige neue Landgemeinde als eine Art neue „Ringstadt" mit etwa 3000 bis 4000 Bewohnern zu bilden. Landrat Graf Schmising setzte sich zunächst für diesen Vorschlag ein, da auch er nun erkannt hatte, daß die inzwischen auf 13 000 Bewohner angewachsene Einwohnerzahl des Amtes St. Mauritz die Leistungsfähigkeit der Verwaltung einer bäuerlichen Gemeinde bei weitem überschritten hatte. Als sich aber bei einer Befragung die Mehrheit der ländlichen Grundbesitzer gegen eine solche Lösung aussprach, war auch dieser Vorstoß zur Vergrößerung der kommunalen Einheit gescheitert.

Der Beginn der endgültigen Eingemeindungsverhandlungen ging dann einige Jahre später von den Umlandgemeinden aus. Am 15. November 1871 richteten diese an den preußischen Oberpräsidenten von Kühlwetter die Beschwerde, daß die in ihren Landgemeinden wohnenden und in Münster tätigen Beamten ihrer Steuerpflicht am Dienstort und nicht am Wohnort nachkämen; sie trügen damit nicht genügend zu den Kommunallasten des Umlands bei. Interessanterweise hieß es in der Eingabe, daß man bei Nichterfüllung dieses Antrags bereit sei, „einen Theil der nächsten Umgebung an die Stadt Münster abzutreten". Die Regierung verwies auf die gesetzlichen Grundlagen der bisher geübten Besteuerungspraxis, doch sah man nun die Zeit gekommen, „mit Rücksicht auf die hervorgehobenen Mißstände auch gegen den Willen einzelner Betheiligter mit einer Einverleibung einzelner noch näher festzustellender Theile des Amtes St. Mauritz in das Stadtgebiet vorzugehen" [StaatsAM, Oberpräsidium 2337,1].

Das Amt St. Mauritz und die Stadt wurden im Januar 1872 zur Bildung einer Eingemeindungskommission aufgefordert. Der Magistrat betrachtete diese Initiative im Gegensatz zu früher aber etwas kritisch, weil sich inzwischen die Verhältnisse stark verändert hatten. Die drei Umlandgemeinden Lamberti, Überwasser und St. Mauritz waren nämlich inzwischen so stark bebaut worden, daß die Kommunalsteuern keine Einnahmen mehr abwarfen. Die Ausgaben für Straßenbau, Schulen und Armenpflege waren so angestiegen, daß diese Kosten die von Münster relativ überstiegen. Nicht nur in der Stadt arbeitende gutsituierte Beamte, sondern auch minderbemittelte untere Sozialschichten hatten sich in einer „Menge neuer Mietshäuser" vor den Toren der Stadt angesiedelt, was den schon mehrfach bemerkten Bevölkerungsrückgang in Münster in den 1860er Jahren erklären hilft. Die Stadt fürchtete aber auch wie schon vorher die Landgemeinden die hohen Entschädigungsforderungen der Grundbesitzer, wenn der vorliegende Bebauungsplan der Regierung durchgeführt würde.

Doch wurde auch Bereitschaft zum Einlenken signalisiert: Wenn die Umlandgemeinden wirklich an einer Abtretung interessiert seien, dann würde man in Verhandlungen eintreten. Als die Regierung eine Abänderung des umstrittenen Bebauungsplans in Aussicht stellte und die Vertreter der drei Landgemeinden der Eingemeindung unter der Bedingung zustimmten, „daß den der Stadt überwiesenen Eingesessenen keine lästigen Bedingungen zugemuthet werden", erklärte der Magistrat nun sein endgültiges Einverständnis, wobei ein vom Stadtrat Scheffer-Boichorst erarbeiteter Forderungskatalog der Konferenz der beteiligten Gebietskörperschaften vorgelegt werden sollte. Diese Denkschrift des Magistrats zur geplanten Eingemeindung vom 21. Januar 1873, die nach mehrfacher Überarbeitung am 14. Mai von der Stadtverordnetenversammlung verabschiedet wurde, sah folgende Bedingungen vor [StadtAM, Stadtverordnetenregistratur 87]:

1. Aufhebung des Bebauungsplans und Übernahme aller eventueller Entschädigungskosten durch die Landgemeinden.
2. Übernahme aller Vermögensobjekte und Schulen mit Ausnahme des „im Amte liegenden Arrestlokals" durch die Stadt, aber nicht der Schulden mit Ausnahme der auf den Schulen ruhenden Belastungen.
3. Herauslösung der Eingemeindungsgebiete aus dem Kreis Münster.
4. Übernahme aller neuen Ausgaben erst vom Tag der Eingemeindung an.
5. Einführung der Einkommen-, Hunde- und Pferdeluxussteuer in dem neuen Stadtgebiet.
6. Einrichtung eines gemeinsamen Armenverbandes für das alte und neue Stadtgebiet, aber Schaffung zweier getrennter Armenfonds für die Aufwendungen der jeweiligen Teilgebiete.

Verständlicherweise stieß gerade die letzte Bedingung auf den Protest der Landgemeinden, da Münster sich offensichtlich an den hohen Armenkosten für die neuen Stadtteile vorbeidrücken wollte. Aber gerade davon wollte sich das Amt St. Mauritz befreien, indem es immer wieder darauf hinwies, es handele sich hier mehrheitlich um Minderbemittelte aus Münster, die nur wegen der hohen Miete vor die Stadttore gezogen seien. Demgegenüber verfochten der Magistrat wie auch die Regierung den Standpunkt, daß das Vermögen der zahlreichen münsterischen Armenstiftungen satzungsgemäß allein den Bewohnern des bisherigen Stadtgebietes zustehe und nur ein genereller Armenfonds alle Bewohner des neuen wie des alten Stadtkreises einschließen könne. Den neuen Stadtbewohnern wurde aber ein Mitspracherecht bei allen städtischen Angelegenheiten zugesichert: So sollten aus den drei eingemeindeten Teilen der Landgemeinden je zwei zusätzliche Stadtverordnete und ein Magistratsmitglied durch die bisherigen Gemeinden ernannt werden, um „sofort mit den Verhältnissen des Außenterrains vertraute Personen in der Stadtvertretung zu haben" [StadtAM, Stadtverordnetenregistratur 87].

Die Meinungen über den Nutzen der Eingemeindung blieben aber im Magistrat geteilt. Oberbürgermeister Offenberg nannte in einer Rede drei Gründe, die für einen bedingungslosen Anschluß sprachen:

1. Verteilung der Einquartierungslasten auf mehrere Schultern.
2. Vereinfachung der Verwaltung, besonders auf dem Gebiet des Polizeiwesens.

3. Einbeziehung der außerhalb der Promenade wohnenden Beamten in das Stadtgebiet, damit nicht doch eines Tages ihre Kommunalabgaben der Stadt verlorengingen.

Überdies wies er darauf hin, daß nach der neuen Kreisordnung, die allerdings vorerst nur in den älteren Teilen Preußens galt, ein selbständiger Stadtkreis mindestens 25 000 „Civil-Einwohner" vorweisen müsse, was in Münster mit der beschränkten Grundfläche niemals erreicht werden könne. Der dann möglicherweise drohende Verlust der „Immediat-Freiheit" würde den Status der Provinzialhauptstadt gefährden. Aber offenbar konnten seine Argumente die Mehrheit des Magistrats noch nicht veranlassen, sich seinen massiven Übernahmeforderungen vorbehaltlos anzuschließen. Insgesamt vermittelte die Denkschrift eher den Eindruck, die Stadt sei prinzipiell nicht auf eine Eingemeindung angewiesen und erweise der Regierung wie den Landgemeinden durch Übernahme zusätzlicher finanzieller Belastungen einen Gefallen.

Nachdem im Spätsommer 1873 die beteiligten Grundbesitzer der Landgemeinden – diesmal mit einer Mehrheit von drei zu eins – für die Eingemeindung votiert hatten, ein Einspruch der Gemeinde Lamberti in letzter Minute noch ausgeräumt werden konnte und Oberpräsident von Kühlwetter den Antrag befürwortend weitergeleitet hatte, erklärte sich der preußische Innenminister Graf Eulenburg mit dem Vollzug der Eingemeindungen einverstanden; am 22. Juni 1874 wurde durch Kabinettsordre Kaiser Wilhelms I. in seiner Eigenschaft als preußischer König die Teileingemeindung von Lamberti, St. Mauritz und Überwasser zum 1. Januar 1875 angeordnet. Gemäß einer Auflage arbeitete man einen Regulierungsplan insbesondere für die vermögensrechtlichen Fragen aus, der im wesentlichen die sechs Punkte enthielt, die Münster in seinem Forderungskatalog 1873 erhoben hatte. Die finanziellen Auseinandersetzungen zwischen den Gebietskörperschaften zogen sich aber noch bis 1882 hin, so daß erst sieben Jahre nach der offiziellen Regierungsanordnung die Eingemeindung tatsächlich vollzogen worden war.

Durch die 1875 erfolgte Eingemeindung einer ringförmigen Umlandzone vergrößerte sich das Stadtgebiet von 1,89 auf 10,80 Quadratkilometer oder um etwas mehr als das Fünffache. Die Einwohnerzahl erhöhte sich mit einem Schlag um 8963 Neubürger. Die einzelnen Veränderungen gehen aus folgender Zusammenstellung hervor:

Flächen- und bevölkerungsmäßige Veränderungen der Stadt Münster durch die Eingemeindung von 1875:

Gemeinde	Gesamtfläche vor 1875 in qkm	Abgetretene Fläche 1875 (qkm)	(%)	Abgetretene Einwohner 1875 (abs.)	(%)
St. Mauritz	48,61	2,48	5,1	3 590	66,08
Lamberti	27,15	2,71	10,0	3 380	73,31
Überwasser	43,29	3,72	8,6	1 993	51,02
Gesamt	119,05	8,91	23,7	8 963	

Quelle 2574: Reekers/Schulz, Bevölkerung Westfalens, S. 35ff, 365f, 375f, 417ff

Die durchschnittliche Bevölkerungsdichte war mit 534 Einwohnern in den eingemeindeten Teilen relativ hoch. Die Bauerschaft Kemper der Gemeinde St. Mauritz besaß zum Beispiel bei der Eingemeindung nach Münster eine Bevölkerungsdichte von 1356 Menschen pro Quadratkilometer, während der übrige nicht zum Anschluß kommende Teil der Gemeinde nur vierzig Bewohner pro Quadratkilometer zählte. Dies zeigt, wie hoch der Verstädterungsgrad der Umlandgemeinden damals bereits angestiegen war.

Überblickt man die erste Eingemeindung, dann erkennt man, daß die Verhandlungen weniger an einer in die Zukunft weisenden Perspektive als vielmehr etatistisch an der Sicherung der Kommunalfinanzen orientiert waren. Bemerkenswerterweise wurden die hohen Grundstückspreise und Mieten nicht wie in den 1840er Jahren als Argument aufgeführt. Wenngleich man die Erhebung des Oktrois an den Stadttoren, d. h. die Abgabeerhebung auf Lebensmittel, Brennholz und Kohlen, 1871 eingestellt hatte, so war man im Rathaus zu Münster aber noch weit von einer modernen Stadt- und Raumplanung, zum Beispiel mit einer Ausweisung von Gewerbeflächen für die Industrialisierung, entfernt. Die Umwandlung der mittelalterlichen Altstadt in einen modernen Großstadtkern mit einer Trennung von Geschäfts- und Wohnvierteln kam jetzt erst in Gang, wie die Standortentwicklung vor allem von Dienstleistungsgruppen anhand der Adreßbücher lehrt.

Vor der zweiten großen Eingemeindung 1903 kam es noch zu einem bemerkenswerten Zwischenspiel um die Arbeiterkolonie Werse-Delstrup, die nach 1875 als „wilde" Ansiedlung auf freiem Feld entstanden war. Offenbar hatten einige Bauherren darauf spekuliert, daß in der Nähe Militärkasernen gebaut würden, was sich dann aber nicht realisierte. Die an der heutigen Wolbecker Straße gelegenen etwa achtzig Gebäude, auch „Klein-Wolbeck" genannt, wurden zum öffentlichen Ärgernis, als sich wegen der abgelegenen Lage und mangelnden behördlichen Aufsicht hier Prostitution und Kriminalität breitmachten. Der auf Haus Boniburg wohnende Graf Hatzfeld wandte sich deswegen 1888 beschwerdeführend an den Oberpräsidenten von Hagemeister und plädierte ebenso wie der Amtmann von St. Mauritz für den Anschluß dieser Kolonie an die Stadt, um sie so einer besseren Polizeiaufsicht zu unterstellen. Auch die Gemeindeverordneten von Lamberti schlossen sich 1899 diesem Antrag an, da die Kolonie den „Landbewohnern zum größten Schaden gereiche" [StadtAM, Kreisarchiv E 90]. Der Magistrat wandte sich aber ganz entschieden gegen ein solches Ansinnen und kritisierte, daß die beiden in Frage kommenden Landgemeinden Lamberti und St. Mauritz durch Erlaß eines Ortsstatuts die „wilde" Bebauung außerhalb ordentlicher Straßen untersagen und einen Bebauungsplan hätten aufstellen können.

Die 1875 neugezogenen Stadtgrenzen erwiesen sich bald als viel zu knapp bemessen. Zählte Münster 1875 nach der Eingemeindung 35 705 Einwohner, so waren 1900 bei gleichen Gebieten dort bereits 63 754 Bewohner ansässig. In diesen 15 Jahren hatte sich Münsters Bevölkerung allein um rd. 28 000 Menschen vermehrt. Über die generativen Ursachen des raschen Bevölkerungswachstums und die positiven Wanderungsbilanzen ist bereits gesprochen worden. Hinzuweisen ist in diesem Zusammenhang aber noch einmal auf die Fertigstellung des Dortmund-Ems-Kanals und die Eröffnung des Stadthafens 1898, wodurch die verspätete Ansiedlung von Industriebetrieben und größeren Handelsunternehmen eingeleitet wurde. Von der

Die 1875 und 1903 eingemeindeten Gebiete

hier ausgehenden Bebauung waren besonders Teile der ehemaligen Gemeinde St. Mauritz betroffen.

Die Initiative für die zweite große Eingemeindung ging von dem neuernannten Regierungspräsidenten von Gescher aus. In einem Gespräch bei Oberbürgermeister Jungeblodt regte er im Sommer 1898 unter dem Eindruck der Kanaleröffnung an, eine weitere kleine Ausdehnung in Richtung des Geländes Werse-Delstrup vorzunehmen. Der Magistrat griff diese Idee mit größtem Interesse auf, arbeitete einen entsprechenden Plan aus und ließ die Stadtverordnetenversammlung eine entsprechende Kommission wählen, die zu der Überzeugung kam, „daß eine Erweiterung des Stadtgebietes zu einem unabweisbaren Bedürfniß" geworden sei [StadtAM, Stadtregistratur 20–24].

Gemäß dem Vorschlag des Regierungspräsidenten wurde folgende „kleine Eingemeindung" vorgeschlagen: Im Süden sollte der Schnittpunkt der Eisenbahn mit der Hammer Straße und im Osten der Kanal die neue Grenze bilden. Wegen der erwarteten Industrieansiedlung erschien es aber ratsam, an dieser Stelle durch Erwerb des Exerzierplatzes Loddenheide die Stadtgrenze noch 250 Meter weit auf die andere Kanalseite vorzuschieben. Im Norden war an eine geringere Vergrößerung an der Straße nach Kinderhaus gedacht, weil dort bereits eine engere Besiedlung durch Privat- und Militärbauten entstanden war.

Münsters Stadtverordnetenversammlung stimmte diesen Vorstellungen zu, doch stießen diese auf den Widerstand der Landgemeinden. Sie machten geltend, daß „die Stadt überall die lebens- und steuerkräftigsten Theile für sich beansprucht" und ihnen nur die minderwertigen, für eine Verwaltung nicht mehr ausreichenden schmalen Streifen übriglasse. Eine Amtsverwaltung dieser zerrissenen Gemeindereste sei überhaupt nicht mehr möglich. Wenn im übrigen die erste Erweiterung schon nach 25 Jahren nicht mehr genüge, so würde jede weitere Eingemeindung wieder nur für kurze Zeit ausreichen [StadtAM, Stadtregistratur 20–24]. Graf Hatzfeld als Ehrenamtmann von St. Mauritz machte auf einer gemeinsamen Konferenz aller Beteiligten am 26. Mai 1899 daher den Vorschlag, lieber eine zweite große Eingemeindung vorzunehmen, die dann eine völlige Auflösung des Amtes St. Mauritz bedeute.

Dieser überraschende Vorstoß wird bei einem Blick auf die damaligen Kommunalfinanzen verständlicher: Die Gemeinde St. Mauritz hätte bei einer kleinen Eingemeindung die Hälfte, die Gemeinde Lamberti sogar zwei Drittel ihrer Steuereinnahmen verloren. Für die „große Lösung" wurden nun entsprechende detaillierte Vorschläge ausgearbeitet. Da die drei Gemeindevertretungen – St. Mauritz allerdings erst nach einigen Bedenken – ebenso wie der Magistrat und die Stadtverordnetenversammlung diesen Plan guthießen, schienen alle Hindernisse für eine schnelle Eingemeindung im Juli 1898 aus dem Weg geräumt zu sein. Die Zustimmung der Stadt zu der „großen Lösung", an die sie vorher gar nicht gedacht hatte, läßt sich ebenfalls gut erklären. Der Magistrat hatte nämlich mit Interesse vermerkt, daß durch die Ansiedlung „steuerkräftiger Faktoren" die Kommunalsteuereinnahmen in den drei Landgemeinden in den letzten Jahren erheblich verbessert worden waren. Da zudem diesmal die Landgemeinden insgesamt in Form einer Auflösung übernommen werden sollten, entfielen seiner Ansicht nach alle vermögensrechtlichen Auseinandersetzungen. Wesentliche Hemmnisse der ersten Eingemeindung von 1875 waren damit aus dem Weg geräumt.

Diese freundliche Verhandlungsatmosphäre wurde dann aber durch die heftige Agitation des Landtagsabgeordneten Herold gestört. Er versuchte der bäuerlichen Bevölkerung einzureden, dem Landkreis Münster würden die „besonders kapital- und steuerkräftigen Theile verloren gehen", so daß die Kreissteuer erhöht werden müsse [StaatsAM, Oberpräsidium 2337,2]. Der rührige Regierungspräsident von Gescher ließ daraufhin eine Denkschrift ausarbeiten, um gemäß der geltenden preußischen Städteordnung die große Eingemeindung „im öffentlichen Interesse als nothwendiges Bedürfniß" nachzuweisen. Die wichtigsten Argumente darin lauteten: Eine

Der Kreis- und Provinziallandtagsabgeordnete Carl Herold (links) und Regierungspräsident Alfred von Gescher (rechts) – Gegner und Befürworter des Eingemeindungsprojekts

allzu dichte Bebauung der Altstadt würde in sozialer wie hygienischer Hinsicht schädliche Folgen haben. Die immer noch ländlich strukturierten Umlandgemeinden seien zu einer selbständigen städtischen Entwicklung gar nicht fähig und auf die Hilfe von Münster angewiesen, da ihnen gewachsene Ortskerne als notwendige Mittelpunkte fehlten. Die Errichtung von breiten Straßen und offenen Plätzen wären aber Vorbedingungen für eine künftige Stadtentwicklung. Kritisiert wurde auch das Fehlen einer städtischen Leistungsverwaltung, die sanitären Mißstände (zum Beispiel am Schiffahrter Damm), das Fehlen eines Wasserwerks, von Elektrizität und gepflasterten Straßen, von öffentlicher Sicherheit, Baupolizei und überhaupt von Bauplänen sowie schließlich die immer noch ausstehende Regulierung der sumpfigen Aawiesen inner- und außerhalb der Stadt. Die zunehmende „wilde" Bebauung sei nur durch eine großzügige Eingemeindung zu verhindern. Der Magistrat gab auch zu bedenken, daß im neuen Hafengebiet dringend eine einheitliche Verwaltung notwendig sei, zumal Mittel für Straßen und Eisenbahngleise bereitgestellt werden müßten, die der Gemeinde Lamberti nicht in diesem Maß zur Verfügung ständen. Es wurde auch beklagt, daß diese Gemeinde es abgelehnt habe, zu den Kosten des Bahnhofbaus irgend etwas beizutragen. Die Denkschrift erfuhr noch eine Ergänzung, in der auf die auf die Dauer unhaltbaren Wegeverhältnisse hingewiesen wurde. So mußte zum Beispiel der ganze Verkehr von Überwasser-Uppenberg nach Überwasser-Gievenbeck auf einem großen Umweg durch die Altstadt abgewickelt werden, da es keine direkten Straßen gab. In den Umlandgemeinden fehlte es zudem noch an Brücken über die Wasserläufe. Über die Aa konnte man, von den städtischen Brücken abgesehen, nur an der Grenze von Hohenfelde gelangen.

Die geharnischte Denkschrift bot dem Regierungspräsidenten den gewünschten Anlaß, die strittigen Parteien am 20. Oktober 1900 im Centralhof zum Abschluß der Eingemeindungsverhandlungen zu versammeln. Aber diese Besprechung verlief ergebnislos, da der als prinzipieller Gegner von Stadteingemeindungen bekannte Landrat des Landkreises Münster, Graf Westphalen, auf einer Entschädigung von 356 000 Mark beharrte. Der Regierungspräsident von Gescher sah nun nur noch so wenig Chancen für die „große Lösung“, daß er wieder den Plan der „kleinen Eingemeindung“ aufnahm, um diesen notfalls durch eine Zwangsvollstreckung durchzusetzen, wozu allerdings der Oberpräsident beim preußischen Innenminister Beschwerde gegen einen eventuellen Beschluß des Kreistags einzulegen hatte.

Eine solche Zwangsumgemeindung im Rahmen der „kleinen Lösung“ hätte freilich die Umlandgemeinden in die schon charakterisierte finanziell fast aussichtslose Situation hineinmanövriert. Der Magistrat der Stadt Münster wandte sich deshalb noch einmal direkt an die mehr anschlußwilligen Gemeinden Überwasser und Lamberti und versuchte, sie durch Konzessionen bei den Grund- und Schulsteuern sowie durch eine Vertretung im Magistrat doch noch zur vollständigen Eingemeindung zu bewegen. Nach längeren zähen Verhandlungen, bei denen es im wesentlichen um die Zuschüsse Münsters zum Ausbau der Gemeindestraßen und die Schulzugehörigkeit ging, konnte Bürgermeister Wilhelm Farwick am 30. Juni 1901 den Abschluß der Verhandlungen mit diesen beiden Gemeinden an die Stadtverordneten berichten.

Obwohl der Landkreis Münster offiziell gar nicht als Beteiligter in diesem Verfahren vorgesehen war und ein Oberlandesgericht die Frage, ob ein vergrößerter Stadtkreis einen verkleinerten Landkreis wegen der durch die neue Grenzziehung bedingten Steuerausfälle schadlos zu halten habe, verneint hatte, wurden doch um die Jahrhundertwende die Kreistage bei städtischen Eingemeindungen regelmäßig um Zustimmung ersucht. Die im preußischen Abgeordneten- und Herrenhaus maßgeblichen Vertreter des grundbesitzenden Adels vertraten nämlich den Standpunkt, man dürfe der Erweiterung der Städte auf Kosten des Landes nicht besonders Vorschub leisten. Unter dem Druck der stadtfeindlichen Großagrarier wurden daher oftmals die Eingemeindungen durch die preußische Staatsregierung erschwert. Der Regierungspräsident von Gescher befand sich nicht auf dieser Linie. Dennoch hielt er es für wünschenswert, wenn die Stadt im Interesse der Einigung dem Landkreis eine Entschädigung für die Steuerausfälle zahle.

Münsters Stadtväter wiesen demgegenüber darauf hin, daß bei einer Gesamtübernahme der beiden Gemeinden nicht nur alle vorhandenen Lasten, sondern auch Einnahmen an die Stadt übergingen und jeder Anspruch auf eine Entschädigung im Gegensatz zu einer Teileingemeindung daher entfallen müsse. Die Entschädigungsfrage könne überhaupt frühestens bei der noch ausstehenden Eingemeindung von St. Mauritz aufgerollt werden. Der Kreistag sprach sich nun unter Einfluß des Kreis- und Landtagsabgeordneten Herold „mit Entschiedenheit gegen die Abtrennung der ganzen Gemeinden aus“ [StadtAM, Stadtregistratur 20–24; StaatsAM, Oberpräsidium, 2337,2], wollte einer kleinen Abtretung bei entsprechender Entschädigung jetzt aber nicht mehr ablehnend gegenüberstehen. Wie schon 1899 versuchte man, die Schwerfälligkeit der Landbevölkerung, ihr Mißtrauen gegen alle Neuerungen und die Angst vor Steuererhöhungen als Argument gegen die Eingemeindungspläne zu nutzen. Der Hinweis auf die „kleine Eingemeindung" war offenbar nur eine Scheinlösung, da diese finanziell für beide Teile wenig attraktiv geworden war. Im Grunde sollte damit wohl jede Eingemeindung torpediert werden.

Die Eingemeindungsverhandlungen mit der Gemeinde St. Mauritz waren inzwischen wieder in Gang gekommen, als Bewohner der Arbeiterkolonie Werse-Delstrup in einer Eingabe am 6. Oktober 1901 auf Unzuträglichkeiten hinwiesen, wenn der zur Gemeinde Lamberti gehörende Teil südlich der Wolbecker Straße eingemeindet werde und der nördlich davon gelegene nicht. Sie baten daher um vollständige Inkorporierung ins Stadtgebiet aus schon früher angeführten Umständen, wobei diesmal aber die Teilhabe an städtischen Dienstleistungen (Wasserleitung, Kanalisation und Elektrizität) die Hauptrolle spielte. Da die Bewohner von „Klein-Wolbeck", alle beruflich wie unterstützungsmäßig auf Münster orientiert, von den Nachbarn schon immer als ein Fremdkörper betrachtet worden waren und die Gemeinde deswegen schon früher ihre Abschiebung betrieben hatte, konnte man ebenso wie die Stadt gegen eine solche Abtretung nichts einwenden.

Aber den beiden Verhandlungspartnern schien diese kleine Eingemeindung angesichts der hier angehäuften Probleme nicht ausreichend, und sie setzten die Verhandlungen anschließend fort. Sie einigten sich nun darauf, ein Gebiet abzutreten, das im Süden von der Wolbecker Chaussee bis Wiemanns Kotten, im Osten durch eine von Kötter Bunge zwischen Haus Grael und Maikotten auf den Bahnhof Mauritz, Berthings Kotten und die Schleuse gezogene Linie, im Norden von den Grundstücken des Hauses Hacklenburg, Rumphorst und Nevinghoff sowie im Westen von der Stadt begrenzt wurde.

Nachdem die verbleibende Landgemeinde St. Mauritz von der Landgemeinde Überwasser die von der Stadt weit entfernten Bauerschaften Sandrup und Sprakel zu übernehmen bereit war, konnten die Verhandlungen zu einem Abschluß gebracht werden. Das Ergebnis wurde von den Gemeindevertretern am 24./25. März angenommen. Glücklicherweise konnte auch die leidige Entschädigungsfrage nun schnell gelöst werden, als sich der Kreisausschuß mit der von Münster zuletzt angebotenen Summe von 68 862 Mark einverstanden erklärte und einen Verzicht auf alles Gemeinde- und Kreisvermögen, insbesondere den Reservefonds der Kreissparkasse, leistete.

Die restlichen Schritte erfolgten nun zügig: Am 9. Januar 1903 legte der preußische Innenminister beiden Häusern des Landtags ein „Gesetz betreffend die Erweiterung des Stadtkreises Münster" vor. Das preußische Abgeordnetenhaus stimmte dem Gesetzentwurf am 6. Februar 1903 zu. Am 30. März erreichte Oberbürgermeister Jungeblodt aus Berlin ein Telegramm mit den Worten: „eingemeindung münster soeben im herrenhaus angenommen". Im April unterzeichnete Wilhelm II. in seiner Eigenschaft als preußischer König das Gesetz, wodurch die zweite Eingemeindung in Kraft trat.

Die zweite Eingemeindung ließ die Stadtfläche von 10,80 Quadratkilometern mit 67 282 Einwohnern auf 65,90 Quadratkilometer (Katasterfläche) mit 76 588 Bewohnern ansteigen. Die Einzelheiten dieser Eingemeindung stellen sich wie folgt dar:

Flächen- und bevölkerungsmäßige Veränderung der Stadt Münster durch die Eingemeindung von 1903:

Gemeinde	Abgetretene Fläche (qkm)	Abgetretene Bevölkerung (abs.)
Lamberti (Gesamtgemeinde)	24,44	3 886
Mauritz (Teilausgemeindung von Kemper und Werse)	6,23	1 240
Überwasser (Teilausgemeindung Uppenberg und ganz Gievenbeck)	24,43	2 344
Gesamt	55,10	7 470

Quelle 2574: Reekers/Schulz, Bevölkerung Westfalens, S. 35ff, 365f, 375f, 417ff

Wie diese Zahlen zeigen, waren die aus der Landgemeinde St. Mauritz ausgegliederten Bauerschaften Kemper und Werse mit 199 Einwohnern pro Quadratkilometer etwa doppelt so dicht besiedelt wie die vorher zur Gemeinde Überwasser gehörenden Bauerschaften Uppenberg und Gievenbeck, wo nur 96 Personen auf den Quadratkilometer kamen.

Die zweite Eingemeindung hatte teils ähnlichen, teils anderen Charakter als die erste Stadtvergrößerung. Wie 1875 fehlte auch 1903 eine vorausschauende regionale Raumordnungsplanung, wie sie immerhin schon einige deutsche Großstädte zu dieser Zeit im Ansatz entwickelten. Zwar hatte Preußen durch das Enteignungsgesetz von 1874 und das Fluchtliniengesetz von 1875 die wilde Baufreiheit erstmals eingeschränkt und damit die Grundlagen für die Ausgestaltung der Baupolizei sowie einer modernen Stadtplanung geschaffen, was auch zur Entstehung eines ersten umfassenden Bebauungsplans in Münster führte. Die Erweiterung folgte in erster Linie aber wiederum wie 1875 den bereits vorher eingetretenen verkehrstechnischen, wirtschaftlichen und siedlungsmäßigen Veränderungen. Der Unterschied bestand freilich jetzt darin, daß die neuen Stadtgebiete 1903 noch relativ dünn besiedelt und wenig bebaut waren. Dies bedeutete ein wichtiges Potential für die künftige Verbesserung der Infrastruktur, vor allem auch der noch sehr mangelhaften Stadthygiene. Die Stadt befreite sich auch aus einem hemmenden Abhängigkeitsverhältnis von den Umlandgemeinden, die aus finanziellen Gründen nicht in der Lage waren, am Ausbau einer modernen Stadtstruktur aktiv mitzuwirken. Erst nach Beseitigung dieser rechtlich-ökonomischen Beschränkungen war es möglich, Münster zu einer modernen Metropole zu machen, weil sich nun genügend Flächen für die Gewerbe- und Wohnbesiedlung ergaben.

Die Aa und der Kanal bildeten vorerst nun die Grenzen Münsters in Ost-West-Richtung, in deren Gebiet sich die noch freien Grundstücke schnell mit Bauten füllten. Eine starke Besiedlungsrichtung ergab sich nach Osten in Richtung Bahnhof und Hafen. Hier zeigte sich, daß auch die Verwaltungs-, Garnison-, Universitäts- und Rentnerstadt bei ihrem Flächenwachstum in erster Linie von neuen Verkehrsanbindungen und der nachfolgenden wirtschaftlichen Belebung profitierte. Eine zweite nicht minder starke Besiedlungsrichtung gab es in Richtung Südstadt, wo insbesondere in den 1880er Jahren infolge der raschen Bevölkerungszunahme die einstöckigen Mietshäuser verdrängt wurden. Als 1920 ein städtischer Bebauungsplan für das Geistviertel zwischen Hammer und Weseler Straße erstellt wurde, war dies bereits das bevölkerungsreichste Stadtviertel geworden. Auch in der ehemaligen Bauerschaft Uppenberg nahm nach der Eingemeindung die bauliche Verdichtung zu, doch blieb das Nordviertel wegen des Fehlens einer großen Ausfallstraße hier etwas zurück. Eine um so schnellere bauliche Verdichtung zeigte sich an der Grevener und Steinfurter Straße, die wie erwähnt schon sehr früh begonnen hatte. In der städtischen Bebauung ganz zurückgeblieben war dagegen die Gemeinde Gievenbeck im Nordwesten Münsters. Durch den Anschluß an die Stadt entfaltete sich hier aber auch ein neues Leben. So fanden hier insbesondere die Universität und ihre Kliniken einen willkommenen Raum zur Ausdehnung in der Zeit nach dem Ersten Weltkrieg. Gievenbeck wurde nun zu einem besonders beliebten Wohnviertel. Damit hatte die Ringeingemeindung von 1903 die Voraussetzungen für den Weg Münsters in das moderne Industriezeitalter des 20. Jahrhunderts geschaffen.

Quellen und Literatur

Die Bevölkerungsgeschichte Münsters im 19. und frühen 20. Jahrhundert hat bisher noch keine umfassende, statistisch gesicherte Darstellung erfahren. Die wenigen Vorarbeiten behandeln nur Teilausschnitte und sind wegen falscher Berechnungen großenteils wissenschaftlich wertlos. Es wurde daher mit Hilfe der EDV eine Datenbank (MÜBEV-Datei) eingerichtet. In diese wurden nicht nur die demographischen Grundvariablen (Gesamteinwohnerschaft, Eheschließungen, Geburten, Sterbefälle, Wanderungen), sondern auch die Zahlenangaben über die innere Bevölkerungsstruktur (Geschlecht, Alter, Konfession, Todesursachen) mit zahlreichen Untergliederungen eingegeben und diese Zahlenkolonnen unter verschiedenen Fragestellungen untereinander in Beziehung gesetzt. Insgesamt wurden so 495 Variablen gebildet und damit eine Fülle von einheitlich verarbeitetem Datenmaterial für einen Zeitraum von vier Generationen gewonnen, wie sie anscheinend noch für keine andere deutsche Stadt vorliegt.

Die Konstruktion dieser Langzeitreihen basiert auf einer systematischen Verknüpfung verschiedenster handschriftlicher und gedruckter Quellen, die bisher unverbunden nebeneinander bestanden. Die so errechneten Statistiken beruhen vornehmlich auf den aus der ehemaligen Stadtregistratur stammenden und heute im Stadtarchiv befindlichen Bevölkerungslisten, die ihrerseits auf den Kirchenbucheintragungen beruhen, ferner auf den in Abständen vorgenommenen Volkszählungen sowie dem großen amtlichen Quellenwerk [2704: Preussische Statistik]. Ergänzend wurde die Reichsstatistik [2706: Statistik des Deutschen Reichs], die vergleichende Statistik deutscher Städte [2277: Statistisches Jahrbuch], die Verwaltungsberichte bzw. die Jahresberichte der Stadt Münster sowie das Gemeindelexikon für die Provinz Westfalen [2128: Gemeindelexikon] und schließlich die allgemeine westfälische Bevölkerungsstatistik herangezogen.

Eine detaillierte Charakterisierung aller dieser umfangreichen Zahlenwerke mit einer ausführlichen Beschreibung der angewandten Auswertungsmethoden ist in einem gesonderten Band erfolgt [54: Materialien zur Bevölkerungsgeschichte]. Dort sind alle statistischen Reihen, die hier nur in zusammengefaßten Graphiken präsentiert werden, vollständig mit allen Quellennachweisen abgedruckt. Diese in erster Linie für die Wissenschaft und für statistische Behörden bestimmte Dokumentation legt die einzelnen Quantifizierungsvorgänge offen und macht überdies auf die Grenzen der Aussagefähigkeit solcher Daten sowie widersprüchliche Theorien bei ihrer Interpretation aufmerksam. Auch wird dort versucht, die hier gefundenen Ergebnisse in den allgemeinen Stand der demographischen und stadtgeschichtlichen Forschung einzuordnen.

Zur Unterstützung dieser Studie über den Wandel der Bevölkerungsverhältnisse zwischen 1816 und 1945 in Münster wurden außerdem einige flankierende Untersuchungen über Einzelfragen betrieben. Sie galten den Zu- und Abwanderungen, den Zusammenhängen zwischen wirtschaftlicher, konfessioneller und demographischer Entwicklung, den Trends und Determinanten der Mortalität in Münster, aber auch der Wohnsituation, den Veränderungen des Gewerbes, der städtischen Wasserversorgung und dem Nahverkehr sowie schließlich dem Gang der Eingemeindungen 1875 und 1903. Es ist geplant, auch diese Resultate in Form eines Aufsatzbandes sowie von Monographien der Öffentlichkeit in den nächsten Jahren zugänglich zu machen. Die Publikationen werden dann genaue Zitierungen der einschlägigen Archivalien, der gedruckten Quellen sowie der ganzen Sekundärliteratur enthalten, auf die auch dieser Beitrag teilweise zurückgegriffen hat.

HERBERT SOWADE

Die katholische Kirche

1. Bischofsstadt ohne Bischof – 2. Neugestaltung der kirchlichen Organisations- und Lebensformen bis zum „Kulturkampf" – 3. Kampf um die Kirchenfreiheit und Entfaltung kirchlichen Gemeinschaftslebens bis zur nationalsozialistischen Machtergreifung – 4. Die katholische Kirche im Dritten Reich

1. Bischofsstadt ohne Bischof

Eingriffe in die Bistumsverwaltung durch Preußen und Franzosen

Als auf dem kaiserlichen Lustschloß Hetzendorf am 26. Juli 1801 im Alter von 46 Jahren Erzherzog Maximilian Franz von Österreich, Sohn der Kaiserin Maria Theresia († 1780), als letzter Fürstbischof von Münster starb, ging die weltliche Herrschaft der Kirche im Fürstbistum nach mehr als einem halben Jahrtausend zu Ende. Maximilian Franz' Bruder, Anton Viktor Franz, wurde noch – und zwar einstimmig – zum Nachfolger als Bischof und Landesherr gewählt, trat jedoch seine Herrschaft nicht an. Im Zuge der Ereignisse der Jahre 1802 bis 1815 wurde mit dem Fürstbistum Münster, das größtenteils an Preußen fiel, das bedeutendste Territorium Westdeutschlands aufgelöst; Klöster, Stifte und Kirchengüter wurden säkularisiert. Das Bistum Münster blieb infolge der politischen Ereignisse und in Zeiten der äußersten Krise eine Diözese ohne regierenden Bischof.

Entsprechend den Bestimmungen des Reichsdeputationshauptschlusses von 1803 bestanden die Bistümer, ihrer weltlichen Macht entkleidet, als kirchliche Institutionen weiter fort. In Münster bedeutete das wegen der bischöflichen Sedisvakanz, daß die Leitungsgewalt über den Klerus und die kirchlichen Angelegenheiten der Diözese beim Domkapitel lag. An der Spitze der Verwaltung stand der Kapitularvikar (seit 1801) Franz Friedrich Wilhelm von Fürstenberg, einst mit allen Vollmachten ausgestatteter Minister der fürstbischöflichen Regierung (1762) und seit seiner Entlassung im Jahr 1784 Generalvikar der Diözese. Kapitularvikar blieb er bis 1807; sein Stellvertreter (Koadjutor) war Clemens August von Droste-Vischering, der dann sein Nachfolger wurde und bis 1821 das Bistum leitete.

Auseinandersetzungen zwischen der Bistumsverwaltung und den preußischen Regierungsbehörden gab es in der Zeit vor der französischen Besetzung vor allem aufgrund der Versuche, das Domkapitel in seinen Rechten zu beschneiden bzw. es ganz zu beseitigen, und wegen der Verfügungsgewalt über die Universität.

In der Universitätsfrage spitzte sich der Konflikt besonders zu. 1805 – 25 Jahre nach der feierlichen Eröffnung – wurde ihr Begründer Fürstenberg, der den Studienfonds „der katholischen Religion" erhalten wollte, als Kurator entlassen. Die Auseinandersetzungen entzündeten sich vor allem an der Berufungspolitik des preußisch dominierten Kuratoriums. Zunächst protestierte Fürstenberg beim Oberpräsidenten von Vincke wegen der Berufung Anton Wilhelm Peter Möllers zum Professor für protestantische Theologie. 1806 weitete sich der Streit zum öffentlichen Skandal aus, als das Kuratorium, ohne den Kapitularvikar einzubeziehen, den Rationalisten Michael Wecklein zum Professor für neutestamentliche Exegese an die Katholische Fakultät berief. Die Geistlichkeit der Stadt beschwerte sich, daß Wecklein die in der Bibel berichteten Wunder natürlich deutete. Die daraufhin eingerichtete staatliche Untersuchungskommission verhörte Geistliche und Mitglieder des Gallitzinkreises wegen angeblicher Hetzkampagnen gegen Wecklein und befragte sie über theologische Themen. Fürstenberg verbot den Priesteramtskandidaten den Besuch der Wecklein-Vorlesungen und stellte fest, daß die im § 63 des Reichsdeputationshauptschlusses garantierte Religionsfreiheit der Katholiken in Münster nicht gewährleistet sei.

Während der bergisch-französischen Zeit entschärfte sich die Situation zunächst. Das Domkapitel wurde in seiner Funktion und Zusammensetzung anerkannt, die Verwaltung seiner eigenen Güter wurde ihm belassen. Droste-Vischering konnte nach dem Rücktritt Fürstenbergs dessen Nachfolge als Kapitularvikar antreten. Später, vor allem nach der Eingliederung Münsters in französisches Staatsgebiet im Dezember 1811, änderte sich der Kurs wieder zuungunsten der katholischen Kirche und ihrer Institutionen. Am 14. November 1811 verfügte Napoleon die Aufhebung aller Kapitel, Orden und geistlichen Korporationen; ihr Vermögen wurde beschlagnahmt, ihre Archive eingezogen, Kultgegenstände wurden entfremdet. Die Insassen der Klöster und Stifte entließ man mit gewissen Entschädigungen. Die profanierten Kirchen und Klostergebäude nutzte zu großen Teilen der Militärfiskus als Kasernen und Magazine, sogar als Pferdeställe. Die Jakobikirche auf dem Domplatz verkaufte man meistbietend zum Abbruch; es gab auch Pläne, zur Errichtung eines „Napoleonplatzes“ die Lambertikirche oder den Dom abzutragen.

Ausgenommen von den Auflösungsmaßnahmen blieb das Domkapitel. Durch kaiserliches Dekret vom 24. August 1812 wurde sein Weiterbestehen, allerdings mit erheblichen Modifizierungen, gesichert. Entsprechend den gesetzlichen Bestimmungen für das gesamte Kaiserreich sollte für alle Domkapitulare die Priesterweihe obligatorische Eintrittsvoraussetzung sein und Residenzpflicht bestehen. Ihre Zahl wurde auf elf beschränkt; bei der Auflösung des Fürstbistums im Jahr 1803 hatte sie noch 41 betragen. Betroffen von der französischen Maßnahme waren 31 Domkapitulare. Die meisten von ihnen schieden aus bzw. weigerten sich, unter den veränderten Bedingungen dem formal bestehenbleibenden Kollegium weiter anzugehören. Eine gewisse Rolle spielte dabei offenbar auch die Abschaffung aller Dignitäten, wonach dem General- und Kapitularvikar Droste-Vischering der Vorsitz automatisch zufiel. Das dürfte zum Beispiel für den Domdechanten Ferdinand August von Spiegel ein Anlaß gewesen sein, auf seine weitere Mitgliedschaft im Kapitel zu verzichten. Dieses bestand schließlich nur noch aus sechs zu Zeiten des letzten Fürstbischofs berufenen adeligen Domherren. Der noch von Maximilian Franz konsekrierte Weihbischof Caspar Max von Droste-Vischering, ein Bruder des Kapitularvikars, war der einzige Bischof weit und breit, der für die bischöflichen Weihehandlungen zur Verfügung stand.

Die fünf fehlenden Domherren wurden von der Reichsstatthalterin, der Kaiserin Marie Louise, durch Ernennungsurkunde vom 1. Mai 1813 berufen. Es waren ausnahmslos Mitglieder der aufgehobenen Kollegiatkapitel in Münster, zum erstenmal Geistliche bürgerlicher Herkunft und hochverdiente Priester, wie der Subregens Franz Arnold Melchers und der Offizial Jodocus Zurmühlen. Alle erhielten ein staatliches Jahresgehalt, jedoch kein kirchliches Benefizium; zum Chorgebet und zum Kapitelsoffizium wurden sie zugelassen.

Dieses Domkapitel von Kaisers Gnaden wurde nun auf der Sitzung vom 29. August 1813 durch den Präfekten Dusaillant mit der offiziellen Mitteilung überrascht, Graf Spiegel, der ehemalige Domdechant, sei von Napoleon zum Bischof von Münster ernannt worden. Da der neue Bischof bereits am 26. Mai die kaiserliche Ernennung angenommen und tags darauf in die Hände der Kaiserin den Treueeid abgelegt hatte, wurde nun vom Kapitel die Bestätigung des herrscherlichen Aktes und Gefolgschaft für das ohne jede päpstliche oder sonstige kirchenrechtliche Legitimation eingesetzte geistliche Oberhaupt erwartet. Mit der Bischofsinthronisation in Münster wäre das Amt des Kapitularvikars erloschen. Da man jedoch in der Lage, in der sich die Kirche befand, keine kirchliche Konsekration Spiegels vornehmen konnte, sollte Droste-Vischering formaliter vom Amt des Kapitularvikars zurücktreten und seine Quinquennalvollmachten auf Spiegel übertragen.

Bis auf die beiden Brüder Droste und Franz von Rump stimmten die Domkapitulare dem Verfahren tatsächlich zu. Die Auseinandersetzungen um die rechte Ordnung der kirchlichen Angelegenheiten in Münster erreichten damit jedoch eine neue Qualität. Die Wege der beiden Kontrahenten Droste-Vischering und Spiegel gingen endgültig auseinander: Der eine begab sich zum Papst nach Rom, der nach der endgültigen Niederwerfung Napoleons aus der französischen Gefangenschaft dorthin zurückgekehrt war, der andere nach Wien, um dort seine vermeintlichen Rechte durchzusetzen.

Als die Preußen nach der Flucht der französischen Besatzer am 13. November 1813 in Münster einrückten, wurden sie – anders als 1802 – mit Glockengeläut in der Stadt empfangen. Nach dem Einzug der Alliierten in Paris, dem Ende der Befreiungskriege und der Befreiung des Papstes, machte man sich auch in Münster daran, die schwebenden Fragen um die Leitung des Bistums und das Verhältnis von Kirche und Staat zu klären. Symptomatisch für die Erwartungshaltung und die Stimmung im Land war die Begründung einer „Vereinigung zu einer neuntägigen Andacht um glückliche Beendigung der gegenwärtigen Kirchen- und Staatsangelegenheiten" am Michaelstag, dem 29. September 1814. Es sollten jedoch noch schwierige Zeiten und harte Auseinandersetzungen folgen.

Clemens August von Droste-Vischering hatte bei seinem Romaufenthalt ein lebensgefährliches Nervenfieber befallen, und er kehrte erst im März 1815 mit folgenschweren Entscheidungen der Kurie nach Münster zurück: Entsprechend den Bestimmungen des Kirchenrechts wurden die Maßnahmen der napoleonischen Regierung, die Ernennung Spiegels zum Bischof und die Berufung neuer Domkapitulare sowie die Übertragung der Quinquennalvollmachten für ungültig erklärt. Auch die Haltung Droste-Vischerings, der die Subdelegation seinerzeit nicht verhindert hatte, um – wie er sich rechtfertigte – den Domgottesdienst aufrechtzuerhalten und es nicht zu französischen Gewaltmaßnahmen kommen zu lassen, war verworfen worden. Nach päpstlich-kirchenrechtlicher Auffassung lag die Leitung des Bistums wieder in den Händen Droste-Vischerings als Kapitularvikar; das alte Domkapitel mußte wiederhergestellt werden. Demgegenüber verhielten sich Spiegel und seine Partei weiter staatskonform. Drei in der schwierigen Angelegenheit ausgestellte Gutachten wurden für die dortige Entscheidungsfindung nach Berlin geschickt, wo man darum bemüht war, wegen der Integration der neuen Westprovinzen mit der katholischen Kirche ins reine zu kommen.

Die vorläufigen Maßnahmen sahen so aus, daß bis zur Aushandlung einer endgültigen Regelung mit dem Heiligen Stuhl der Status quo bestehen bleiben sollte; das bedeutete vor allem, daß das alte Domkapitel wiederherzustellen war und daß die kirchliche Leitungsfunktion beim Kapitularvikar Droste-Vischering verblieb. Die drei bürgerlichen Kapitulare aus der Franzosenzeit sollten am Kapitelsoffizium weiter teilnehmen dürfen, obwohl ihr Stimmrecht zweifelhaft blieb. Unter diesen Konditionen war auch Spiegel bereit, wieder in seine alte Funktion zurückzukehren. Als Domdechant berief er das Kapitel für den 10. Oktober 1815 ein und leitete diese erste Sitzung nach den Turbulenzen der Franzosenzeit. Die Spannungen zwischen Droste-Vischering und dem Leiter der neuen preußischen Provinzialverwaltung, dem Oberpräsidenten von Vincke, blieben jedoch bestehen, weil dieser zunächst die staatliche Anerkennung der Absetzung Spiegels als Bischof gefordert hatte. Dem Kapitularvikar hatte er bis dahin alle Amtshandlungen untersagt und den Regierungsdienststellen verboten, mit ihm in amtlichen Verkehr zu treten. Eineinhalb Jahre lang ließ Vincke dem Kapitularvikar wegen mangelnder Subordination und Romreise ohne Regierungserlaubnis das staatliche Gehalt sperren. Droste-Vischering dagegen schärfte allen, die in kirchlichen Diensten standen, ihre Gehorsamspflicht ein, protestierte immer wieder gegen staatliche Anordnungen an Geistliche und bestritt unmittelbare Weisungsbefugnisse der Regierung in kirchlichen Angelegenheiten.

Im Dezember 1815 war die Krise schließlich ausgestanden. Das päpstliche Breve vom 18. Oktober 1814 und die Entscheidung Berlins vom 30. August 1815 lagen dem Kapitel gemeinsam vor. Danach war die Wiederherstellung der kirchlichen Amtsführung des Kapitularvikars, auch wenn dessen autokratisches Vorgehen beanstandet wurde, anerkannt. Ferdinand Freiherr von Lüninck, der ehemalige Fürstbischof von Corvey (1795–1811), wurde vom Papst und vom preußischen König als Kandidat für den Bischofsstuhl in Münster benannt und fand hier sowohl in Regierungs- wie in Kirchenkreisen Anerkennung. Bis zu seiner Erhebung sollte es allerdings noch einige Jahre dauern. In der Zwischenzeit ging der Kleinkrieg zwischen dem Oberpräsidium und der Bistumsleitung weiter.

Über das Innenministerium setzte Droste-Vischering aufgrund einer Bittschrift der münsterischen Pfarreien gegen das Konsistorium (die kirchliche Aufsichtsbehörde beim Oberpräsidium) durch, daß das Totengeläut wieder erlaubt wurde. Das Konsistorium hatte es als schädlich und unnütz abgelehnt und darauf verwiesen, daß die Einstellung während der Franzosenzeit (1811) ohne jede Aufregung hingenommen worden sei.

Auf der anderen Seite schritt der Oberpräsident im Herbst 1816 bei der Verkündigung eines allgemeinen Ablasses für die deutschen Bistümer ein. Er ließ die Gebetszettel dafür beim Drucker beschlagnahmen und drohte ihm mit Arbeitsverbot, weil der Text ein Gebet „für die Ausrottung der Ketzerei" vorsah. Der Kapitularvikar protestierte wie üblich unter Hinweis auf die im Reichsdeputationshauptschluß garantierte Religionsfreiheit und verwies auf den Gesamttext des Ablaßzettels, durch den der Frieden, die Einheit der christlichen Fürsten und die Erlösung der katholischen Kirche erfleht werde. Er wies die Pfarrer an, das Wort „Ketzer" durch „Irrlehrer" zu ersetzen. Es wurde von polizeilichem Vorgehen gegen die Auslegung der

Ferdinand Freiherr von Lüninck, letzter Fürstbischof von Corvey und erster Bischof von Münster nach der Säkularisation

Ablaßzettel berichtet (etwa durch Vizekurat Johann Bosse von St. Servatii). Die Beauftragung der Pfarrer mit Verwaltungsaufgaben – zum Beispiel aus den zurückgegebenen Kirchenbüchern Bevölkerungsstatistiken und Auszüge aus den Geburts-, Heirats- und Sterbeeinträgen für das Oberpräsidium zu erstellen – focht Droste-Vischering mit der Begründung an, die Pfarrer seien ausschließlich zum Dienst der Kirche angestellt. Auch als 1818 die Vermählung der königlichen Nichte Friederike von der Kanzel verkündet werden sollte, wies der Kapitularvikar das zurück: Die Kirche sei dem Staat nicht untergeordnet, weshalb die staatlichen Stellen den kirchlichen auch nichts vorzuschreiben hätten. Das staatliche Plazet für Pfarrerernennungen lehnte Droste-Vischering rundweg ab. Er unterlief es, indem er lediglich Pfarrkuratoren ernannte. Auf diese Weise blieb der Dauerprotest der Kontrahenten gegen die jeweiligen Maßnahmen der anderen Seite in Gang.

Die katholische Bevölkerung in Münster stand weitgehend geschlossen hinter ihren kirchlichen Amtsträgern. Es gab allerdings nicht nur Konfrontation zwischen den kirchlichen und staatlichen Amtsträgern. So holte zum Beispiel der Weihbischof Caspar Max von Droste-Vischering hoch zu Roß das westfälische Regiment bei seiner Rückkehr aus den Kriegen gegen Napoleon nach Münster ein, und in allen Pfarrkirchen wurden Gefallenenämter gehalten und Ehrentafeln für die Kriegstoten aufgehängt. Als die katholische Universität in Münster im Jahr 1818 zugunsten der gerade in Bonn eröffneten Friedrich-Wilhelm-Universität aufgehoben wurde, protestierte auch der Oberpräsident in Berlin dagegen.

Wegen des Lehrbetriebs an der in Münster verbliebenen Philosophisch-Theologischen Fakultät kam es schon bald zu neuen Auseinandersetzungen. Als im Jahr 1820 der in Münster hochgeschätzte Dogmatikprofessor Georg Hermes nach Bonn berufen wurde, ließ Droste-Vischering in der wohl berechtigten Befürchtung, daß ein großer Teil der Studenten ihrem Lehrer folgen würde und damit die Weiterexistenz der Fürstenbergschen Universität endgültig gefährdet sei, in allen Hörsälen ein an den Dekan Theodor Katerkamp gerichtetes Memorandum aushängen, nach dem die Priesteramtskandidaten ihre theologischen Studien in der Weihediözese zu absolvieren hätten. Vincke suspendierte daraufhin die Vorlesungen, doch Droste-Vischering verlegte sie in das Priesterseminar und rechtfertigte seine Maßnahme in einem Rundbrief an alle Geistlichen damit, daß er für die Ausbildung und Lebensweise des Klerus verantwortlich sei.

Innerkirchliche Situation

Die Maßnahmen der staatlichen Behörden, sowohl des Königreichs Preußen als auch des französischen Kaiserreichs, und die daraus resultierenden Auseinandersetzungen waren in ihren Auswirkungen nicht auf die administrative Ebene beschränkt. Sie veränderten auch das alltägliche Leben in der Stadt. Besonders intensiv und weitreichend waren in dieser Hinsicht die Eingriffe während der Franzosenzeit. Es wurden nicht nur die Räumung aller Klöster verfügt (1811) und damit in Jahrhunderten gewachsene institutionelle Bindungen zerschnitten, die für das religiöse und soziale Leben der Stadtbevölkerung prägend gewesen waren. Die kaiserliche Regierung griff auch massiv in das kultische Leben ein: Alle kirchlichen Feiertage wurden abgeschafft; nur die Sonntage und die vier Hochfeste Ostern, Pfingsten, Mariä Himmelfahrt und Weihnachten blieben erhalten. Anstelle der alten kirchlichen Feiertage wurden der Kult um die kaiserliche Familie sowie Andachten und Messen zur Beförderung des Waffenglücks der französischen Armee angeordnet. Im Friedenssaal des münsterischen Rathauses wurden am Geburtstag des Kaisersohnes und Königs von Rom (9. Juni 1811) symbolträchtig zwei arme Mädchen „standesamtlich" mit Soldaten verheiratet.

Das letztere war ein Hinweis darauf, daß die Kirchenbücher eingezogen waren und nunmehr die zivile Personenstandserfassung und Eheschließung galt. Als die Rote Ruhr im Jahr 1811 die Stadt heimsuchte, wurde wegen der bedrückenden Wirkung auf die Stimmung der Stadt das Totengeläut verboten, und auch das Glöcklein beim Versehgang der Priester durfte nicht mehr klingeln.

Für den Kapitularvikar Droste-Vischering stand das Bemühen um die Bewahrung der Seelsorge an erster Stelle. Er verfügte, daß die Pfarrer die landesherrliche Gewalt des Kaisers anzuerkennen hatten; der Huldigungseid war zu leisten. Die staatlich verordneten Feierlichkeiten mit dem Gedenken an die verschiedensten Ereignisse der napoleonischen Ära sollten auch kirchlich begangen und Dispens vom Gottesdienstbesuch für die aufgehobenen kirchlichen Feiertage erteilt werden. Er begründete das damit, daß Ungehorsam gegen die Obrigkeit Unglück über die Stadt und das Land bringe. Das von der Regierung geforderte Kollationsrecht (Besetzungsrecht von Pfarrerstellen) allerdings wußte er zu umgehen, indem er einfach auch weiterhin keine Pfarrer, sondern eben nur Aushilfsgeistliche ernannte.

So konnte der Gottesdienst in allen sechs Stadtkirchen trotz aller Bedrängnisse der Zeit aufrechterhalten werden. Zweifellos gab es jedoch erhebliche Mängel; in einer internen Stellungnahme zur pastoralen Lage, die die einzelnen Pfarrer unter Benennung der Zahl ihrer Kommunikanten abgaben (Joseph Tecklenborg für St. Aegidii: 1250; Theodor Drömer für St. Jakobi und Dom: 250; Friedrich Berghaus für St. Lamberti: ohne Angabe; Josef Homann für St. Ludgeri: 1600; Johann Heinrich Brockmann für St. Martini: 2500; Bernard Georg Kellermann für St. Servatii: 176; Bernhard Overberg für Liebfrauen-Überwasser: 4500), werden die wichtigsten aufgeführt. Das Verhältnis von Benefizianten und Seelsorgern sowie das Chorgebet der ehemaligen Kanoniker und der Gottesdienst der Pfarrgemeinden müßten besser aufeinander abgestimmt werden. Die Liturgie sollte volksnah und zu günstigeren Zeiten abgehalten werden: es sei zum Beispiel so, daß wochentags alle Geistlichen bereits um 8 Uhr ihr Meßpensum absolviert hätten; die Christenlehre am Sonntag sollte trotz des Widerstands der Eltern nicht um 13 Uhr, sondern abends angesetzt werden. Als größtes Hindernis wurde die wirtschaftliche Lage beklagt. Die Archive seien versiegelt, so daß berechtigte Ansprüche für die Seelsorgeaufgaben nicht geltend gemacht werden könnten. Seit eineinhalb Jahren stünde für die kirchlichen Angestellten das Gehalt aus. Die gestifteten Memorien der aufgehobenen Stifte und Klöster müßten auf die Pfarren übertragen werden. Den Benefizianten könnten dann ihre seelsorglichen Tätigkeiten entgolten werden. Es fällt auf, daß neben dem Gottesdienst auf die Predigt, Christenlehre, Andachten und Prozessionen viel Wert gelegt wurde und man bei der liturgischen Gestaltung deutsches Liedgut und lateinischen Choral nebeneinander pflegte. Eingeführt wurde aus vormals klösterlichem Brauch das vierzigstündige Gebet.

Das Pfarrsystem bewährte sich trotz allem; das Volk blieb gläubig und kirchentreu. Overberg, weithin anerkannter Pädagoge, gab den kleinen und großen Katechismus (1804) und die Bibel (1799) heraus. Am Dom predigten die ehemaligen Franziskanerobservanten Blasius Hanemann und Johann Friedrich (als Observant Herculanus) Salzmann sowie der ehemalige Subprior von Groß-Burlo Josef Goldhagen. Das von Fürstenberg begründete Priesterseminar (1776) war mit Overberg als Regens (seit 1809) in guten Händen. Er sorgte dafür, daß die Priesteramtsanwärter vor der Subdiakonatsweihe ein Schlußexamen im Normalunterricht ablegten.

Die an sich glückliche Verbindung von Spiritualität (Ordensleute der aufgehobenen Klöster), Gelehrsamkeit (Schriftsteller und Hochschullehrer) und Seelsorge in den Pfarren in der Stadt Münster führte zu ersten Auseinandersetzungen mit ihren Hilfsgeistlichen, den Kaplänen. Die Beendigung der Besetzung der höheren geistlichen Stellen nach Standesgesichtspunkten und das Auslaufen der „Sinekuren" (kirchlicher Ämter ohne Seelsorgspflichten) führte jetzt zu einer Ämterhäufung bei den Stadtpfarrern auf Kosten der eigentlichen Seelsorger, der Kapläne.

Durch die Auflösung der Stifte St. Aegidii, Liebfrauen, St. Ludgeri, St. Martini und St. Mauritz war die Verbindung von Kapitelleitung (Propst, Dekan) und Pfarramt hinfällig. Kaplan Liudger Christoph Kunst von Ludgeri berichtete an die Aufhebungskommission, daß die Kapläne de facto die Seelsorge ausübten, zweifelhaft aber bleibe, wem nunmehr die Jurisdiktion zustehe, für die vorher ebenfalls das Stiftskapitel verantwortlich gewesen war.

In Liebfrauen, wo das Kloster bereits 1773 aufgehoben worden war, war der Pfarrer und Dechant gleichzeitig Regens des Priesterseminars. Im „Münsterischen Intelligenzblatt" unterschrieben jedoch die Kapläne Stephan Schlathölter und Konrad Schürmann mit dem Titel „Pfarrer"; das wurde ihnen untersagt. Der Streit ging weiter um Gehalt und Wohnung. Der Pfarrdechant Wilhelm Josef Bußmann resignierte und erhielt die Pfarrstelle in Ennigerloh. Sein Nachfolger Overberg, der auch noch Professor an der Normalschule blieb, ließ seinen Kaplänen freie Hand, und so war eine Entscheidung über Kompetenz und Amtsführung in der praktischen Seelsorge dieser Pfarrei verschoben.

Die Lage war ganz ähnlich in St. Martini, wo der vielbeschäftigte Professor Johann Heinrich Brockmann seit 1801 als Pfarrer amtierte und auch in St. Servatii, wo Bernhard Georg Kellermann, seit 1801 Hofmeister beim Grafen Friedrich Leopold von Stolberg, im Jahr 1811 mit der Pfarrstelle belohnt wurde. Kellermann hatte als Mitglied des Gallitzinkreises Verbindung zu den führenden Köpfen der damaligen Zeit in Münster. Vor allem Brockmann förderte ihn und bildete ihn zu seinem Nachfolger aus. Als er 1816 Pfarrer in St. Ludgeri wurde, fand er den Streit der Kapläne Johann Heinrich Gilhaus und Kunst vor, die sich als die eigentlichen Pfarrer – *parochi actuales* – in der Gemeinde fühlten, wohingegen seine Vorgänger im Pfarramt sie nur als ihre Gehilfen angesehen hatten. Wie Kellermann in seiner Chronik schreibt, löste er das Problem zwischen *cura primaria* und *cura secundaria*, indem er predigte, katechesierte, Kranke besuchte, Religionsunterricht erteilte, „wenn es die Kapläne erlaubten" [BistumsAM, Pfarrarchiv St. Ludgeri K 30, Hs. 26].

Die Stifte und Klöster waren in Münster noch nicht aufgelöst, da begründete Clemens August von Droste-Vischering am 1. November 1808 ein neues Institut: die Barmherzigen Schwestern (Clemensschwestern). Sie waren zunächst in der ambulanten Krankenpflege tätig. Es war die erste neuzeitliche karitative Gründung auf deutschem Boden. Die Statistik der Armen in der Stadt, die Droste-Vischering als Kapitularvikar von den Pfarrern im Jahr 1807 anfertigen ließ, zeigte die Notwendigkeit der Pflege – vor allem von armen Kranken – und der Sterbehilfe. Die Statuten für den neuen Pflegeorden wurden nach dem Vorbild der Genossenschaft vom hl. Vinzenz von Paul aufgestellt. Die Bewährung für die Schwestern und ihren Gründer, der gleichzeitig ihr Direktor blieb, kam mit der Ruhrepidemie von 1811. Droste-Vischering selbst ging durch die Reihen der sterbenden Soldaten und leistete Beistand, wobei ihm seine Sprachkenntnisse sehr zustatten kamen.

Für die Pfarrschulen hatte Visitator Franz Albers schon 1795 vorgeschlagen, was später Richtschnur für das münsterische Schulwesen wurde: Für die Lehrkräfte war das Schullehrerexamen verbindlich; es bestand Verpflichtung zur jährlichen Teilnahme am Normalkurs mit Prüfung und Begutachtung, wovon eventuell Gehaltszulagen abhängig gemacht wurden, zweimal jährlich fanden Schulvisitationen statt. Die Lehrer hatten Rechenschaft über Lehrmethode und Lehrstoff abzulegen, über die Schüler waren Befähigungsurteile anzufertigen, um unter Umständen eine Weiterbildung zu fördern. Berichtet wurde bis 1805 unmittelbar dem Generalvikar Fürstenberg, danach der Schulkommission, ab 1816 dem Konsistorium, ab 1826 dem Provinzialschulkollegium. In alle diese Gremien wurde Overberg berufen. Er konnte sich durch die Tätigkeit in der Schulaufsichtsbehörde selbst von der Wirksamkeit seines pädagogischen Programms überzeugen.

Die Teilnehmer des Normalkurses lud Overberg zur praktischen Anschauung seiner Methode in die Abendschule der Lotharinger Chorjungfrauen ein, wo er dreimal wöchentlich Unterricht erteilte. Darin ist die Wurzel des späteren preußischen Lehrerseminars zu sehen, das 1832 von Caspar Franz Krabbe gegründet wurde.

Ein pastoral-theologisches Bildungsbedürfnis brachte im Jahr 1802 sechs Geistliche dazu, eine Konferenz oder Gesellschaft zu begründen, in der sich Mitbrüder aus Münster und Umgebung wöchentlich zur Erörterung von Themen aus der alltäglichen Pfarrseelsorge (zum Beispiel Ehefragen) trafen. Der Prediger von St. Petri, Schlathölter, wurde ihr Präses, Kaplan Heinrich Reckfort von St. Lamberti ihr Sekretär. Der Kreis vergrößerte sich ständig und verkörperte Aufbruchstimmung und Erneuerungswillen.

Im Zusammenhang mit der sakramentalen Praxis wurden große Anstrengungen unternommen, den Wissensstand der Gläubigen zu heben. Zur Vorbereitung auf die Erstkommunion schrieb Pfarrer Albers (St. Ludgeri) ein Kommunionbüchlein; in den beiden Pfarrschulen von St. Ludgeri erteilte man Kommunionunterricht, wahrscheinlich unter Zugrundelegung der Overbergschen „Anweisung zum zweckmäßigen Schulunterricht". Wie notwendig diese Maßnahmen waren, zeigte sich zum Beispiel daran, daß Pfarrer Kellermann im Jahr 1818 von zwanzig Jugendlichen zwischen 13 und 16 Jahren, die sich zur Erstkommunion angemeldet hatten, nach einer Prüfung nur sieben zuließ.

Nachdem das preußische Innenministerium am 19. Juli 1816 die Weisung erlassen hatte, die Kautelen (die Versprechungen zur katholischen Kindererziehung) zu unterlassen, sind im Zeitraum von August 1816 bis November 1818 in Münster 35 Brautpaare ohne sie in der Kirche nicht mehr aufgeboten worden. Der Kapitularvikar Droste-Vischering vertrat den Standpunkt, daß keine Dispens bei Mischehe zu erteilen sei, außer zu den Bedingungen der katholischen Kirche, d. h. unter der Voraussetzung einer Bejahung der Unauflösbarkeit und Sakramentalität der Ehe sowie des Versprechens der Kindererziehung im Sinne der katholischen Lehre. Zu einem Verfahren führte erst die Bitte einer protestantisch verheirateten Katholikin, in der katholischen Kirche zum Sakramentenempfang zugelassen zu werden. Pfarrer Kellermann verlangte nachträglich die Kautelen, worauf er sich mit dem Kapitularvikar den staatlichen Behörden gegenüber rechtfertigen sollte. Ein anderer Dissens lag in der Aufgebotspflicht. Ein prominenter Streitfall entstand, als Weihbischof Caspar Max von Droste-Vischering bei der Verheiratung der Mimi Gallitzin mit Fürst Salm-Reifferscheidt-Krautheim die staatliche Dispens einzuholen vergaß.

Die eigentliche Ursache für die Auseinandersetzungen zwischen Kirche und Staat im Bereich der Seelsorge lag im Versuch der preußischen Regierung, in dem vormals katholischen Fürstbistum Münster die Anwendung der für einen protestantischen Staat gemachten Gesetze auch für solche Bereiche durchzusetzen, die bislang nach den Normen des Trienter Konzils, d. h. nach den Gesetzen der katholischen Kirche, geregelt waren. Die grundlegende Schrift über dieses Zentralproblem des kirchlichen Selbstverständnisses publizierte Domkapitular Franz Otto von Droste zu Vischering unter dem Titel „Über Kirche und Staat" im Jahr 1817; wie wichtig diese heute fast vergessene Arbeit den Zeitgenossen war, ist der Tatsache zu entnehmen, daß sie 1838 noch einmal neu aufgelegt wurde.

2. *Neugestaltung der kirchlichen Organisations- und Lebensformen bis zum „Kulturkampf“*

Die Bischöfe, das Domkapitel und die geistlichen Gemeinschaften

Die erste Besetzung des Bischofsstuhls in Münster nach der Säkularisation wurde in Rom zwischen dem Heiligen Stuhl und dem Königreich Preußen ausgehandelt. Am 28. August 1820 wurde der bis 1811 als Bischof von Corvey amtierende Ferdinand Freiherr von Lüninck nach Münster transferiert, ohne daß das Domkapitel, dessen Wahlrecht ja weiterbestand, mit der Angelegenheit befaßt worden wäre. Es nahm die Mitteilung auf seiner nur schwach besuchten Versammlung am 10. Januar 1821 ohne Widerspruch entgegen.

Der neue Bischof ließ sich Zeit mit der Inbesitznahme seiner Diözese und der Aufnahme der kirchlichen Verwaltungsgeschäfte. Es galt zunächst, die Frage der „Temporalien“, der Einkünfte und Besitzrechte, mit dem preußischen Staat zu klären. Durch die päpstlichen Vorgaben zur Neuordnung der katholischen Kirche in Deutschland, die dann in der Zirkumskriptionsbulle *De salute animarum* vom 16. Juli 1821 festgeschrieben wurden, sowie angesichts des für den 10. Juli geplanten Besuchs des Königs in Münster erhielt die Angelegenheit den nötigen Nachdruck. Man einigte sich darauf, dem Bischof und dem gesamten Generalvikariat als Verwaltungskörper jährlich 1300 Taler zu gewähren mit der Aussicht auf Rentenfundation ab 1833. Daraufhin begab sich der Bischof am 3. Juli nach Münster. Am 5. Juli legte er den „staatlichen Treueid“ in die Hände des Oberpräsidenten von Vincke ab, am 6. Juli das kirchliche Gelöbnis in die Hände des Weihbischofs Caspar Max von Droste-Vischering. Am 7. Juli schließlich erfolgte die feierliche Inthronisation durch den Weihbischof und den Domdechanten von Spiegel.

Da das Schloß inzwischen Sitz des Oberpräsidenten und des Kommandierenden Generals geworden war, nahm der Bischof seine Residenz in der ehemaligen Domdechanei. Zum Sitz der Verwaltungsbehörden wurde zunächst die zweite Domdechanei (ab 1824) und schließlich – nach vorübergehender Einmietung in einem Privathaus – die Weichssche Kurie bestimmt, die für die Einrichtung von Kanzlei, Registratur und Archiv umgebaut wurde. Erste Maßnahmen zur Sicherung der Finanzen waren die Einführung einer Kathedralsteuer und die Erhebung einer Gebühr von eineinhalb Silbergroschen für jeden Tauf-, Heirats- und Sterbeeintrag in den Kirchenbüchern.

Der neue Bischof blieb nicht lange in Münster. Bereits im Herbst 1821 erkrankte er schwer und zog sich nach Corvey zurück. Mit der Wahrnehmung der Amtsgeschäfte hatte er am 29. Oktober als Provikar Jodocus Zurmühlen betraut. Bemühungen der Regierung, den Bischof wegen geistiger Verwirrung seines Amtes zu entheben, wurden schließlich durch seinen Tod am 18. März 1825 gegenstandslos.

Die Zeiten der Ungewißheit und des Übergangs setzten sich während der fünf Jahre der Amtszeit von Lünincks weiter fort. Der neue Bischof – er war der erste nach der Neuordnung in der Kirchenprovinz Köln – hatte keinen Anhang in Münster und war gesundheitlich seiner Aufgabe nicht gewachsen. Der mit der Durchführung der Bestimmungen der Bulle *De salute animarum* in Deutschland beauftragte Fürstbischof von Ermland, Prinz Josef von Hohenzollern, hatte geglaubt, seine Befugnisse für Münster dem Ortsbischof übertragen zu können, wo sie dann faktisch der Provikar Zurmühlen hätte ausüben müssen. Der jedoch stieß auf passiven Widerstand. Ohne Mitwirkung des alten Domkapitels, das aus schlechter Erfahrung mißtrauisch gegen jede Mandatsübertragung war, und des ehemaligen Kapitularvikars Droste-Vischering, der Personen also, die in zwei schweren Jahrzehnten die Kontinuität des kirchlichen Lebens im Bistum gewahrt hatten, war die Neuorganisation nicht zu Ende zu führen. Das Kapitel aber sah sich dazu nicht in der Lage, da es noch nicht entsprechend den neuen kirchenrechtlichen Bestimmungen installiert war; Droste-Vischering hatte von vornherein auf eine Mitgliedschaft verzichtet und war zur Kur abgereist.

Für die Durchführung der Bestimmungen der päpstlichen Bulle war also in Münster eine Subdelegation erforderlich. Sie wurde am 6. August 1822 aus dem Domdechanten Spiegel, dem Domkapitular Franz Otto von Droste-Vischering, dem Autor des schon erwähnten Memorandums zum Verhältnis von Kirche und Staat, sowie dem Pfarrer von Sendenhorst, Franz Wilhelm Darup, gebildet. Hauptaufgabe dieser Subdelegation war die Organisation des neuen Domkapitels. Das münsterische Gremium erhielt dazu eine aus 39 Kapiteln bestehende Instruktion des päpstlichen Beauftragten Prinz Hohenzollern [155: Helmert, Kapitel, S. 31ff]. Nach einjährigen Bemühungen war das Werk vollbracht. Das alte Kapitel tagte am 23. September 1823 zum letztenmal, und mit der feierlichen Einführung des neuen am 27. September konnte eine neue Ära beginnen.

Die zehn Mitglieder des neuen Gremiums entsprachen in ihrer kirchlichen Haltung den Grundsätzen, die die Instruktion vorgegeben hatte. Zwei jetzt wieder eingerichtete Dignitäten – der Dompropst als Präses des Kapitels und der Domdechant als Verantwortlicher für den Gottesdienst – nahmen mit Heinrich Johann Franz Freiherr Droste-Hülshoff und mit Weihbischof Caspar Max von Droste-Vischering die beiden einzigen noch verbliebenen Mitglieder des alten Kapitels ein. Die drei bürgerlichen Kapitulare aus der Napoleonzeit wurden endlich offiziell bestätigt: Provikar Zurmühlen, Domprediger Johann Heinrich Brockmann und Dompönitentiar Arnold Melchers. Für die Aufnahme in das Kapitel sollten künftig nicht mehr Standeszugehörigkeit, sondern ein theologisch-wissenschaftlicher Befähigungsnachweis (ab 1833 Promotion) und die Priesterweihe die Voraussetzung sein.

Dementsprechend waren von den fünf neu zu berufenden Mitgliedern des Kapitels vier weithin bekannte Professoren: Bernhard Overberg, zugleich Regens des Priesterseminars, Johann Hyazinth Kistemaker, zugleich Scholaster, Theodor Katerkamp und Johann Gerhard Grothues; hinzu kam als fünftes neues Mitglied Dompfarrer Josef Suer. Overberg, der außerdem noch Pfarrdechant in Liebfrauen-Überwasser war, lehnte das ordentliche Numerarkanonikat ab, wurde aber nicht residierendes Mitglied des Kapitels. In der päpstlichen Instruktion war nämlich ausdrücklich vorgesehen, daß der Bischof aus Dom- und Stadtklerus Geistliche zur Bistumsverwaltung heranziehen sollte. Eine Möglichkeit dazu war die Mitgliedschaft im Domkapitel ohne Residenzpflicht. In Artikel 8c der Instruktion hieß es dazu: „Die Ehrenka-

Das goldene Bischofsjubiläum Caspar Max von Droste-Vischerings am 6. September 1845 – Festzug vor dem Domportal

nonikate sollen solchen Pfarrern verliehen werden, die ihr Amt vorzüglich führen und als Gebietsdechanten dieser Ehre würdig sind." Außer Overberg wurden der als Subdelegat bewährte Pfarrer Darup von Sendenhorst und Johann Peter Spenrath, Pfarrer in Xanten, berufen. Die vierte Stelle blieb für den oldenburgischen Diözesanteil zunächst frei. Von den 14 Kapitularen hatten somit sieben Erfahrung als Stiftskanoniker, Spenrath war säkularisierter Benediktiner. Mit Katerkamp kam der Hauslehrer der Droste-Vischering ins Kapitel und mit den anderen akademischen Lehrern Freunde aus dem Gallitzinkreis und Mithelfer bei einem der berühmtesten Werke zeitgenössischer katholischer Kirchengeschichtsschreibung, Graf Stolbergs großer 15bändiger Religionsgeschichte.

Der eigentliche Neubeginn einer geordneten Bistumsverwaltung wurde möglich, als Bischof von Lüninck nach langer Krankheit am 18. März 1825 in Corvey starb. Jetzt sollte das Normalverfahren für die Bischofsnachfolge in den neuen preußischen Provinzen erstmals praktiziert werden. Sogleich traten wieder Spannungen auf, und zwar sowohl gegenüber den staatlichen Behörden als auch gegenüber den übergeordneten kirchlichen Instanzen. Durch beide wurde nämlich das freie Wahlrecht stark eingeschränkt. Von seiten des päpstlichen Beauftragten Prinz Hohenzollern wurde ein bislang unbekanntes, dem Papst bei den Verhandlungen von 1821 aufgezwungenes Zusatzbreve *Quod de fidelium* vorgelegt, durch das in Anlehnung an die östlichen Provinzen dem preußischen Staat erhebliche Mitwirkungsrechte zugestanden wurden (positives Bestimmungsrecht). In Münster oblag die Ausübung dem Oberpräsidenten von Vincke. Sogleich nach Bekanntwerden des Todes Bischof von Lünincks wählte das Kapitel – es hatte inzwischen durch die Ernennung des Pfarrers von Frekkenhorst, Franz Ernst (als Minorit Apollinaris) Sammelmann, und die Zuwahl Franz Otto von Droste-Vischerings die Vollzahl erreicht – den bereits 77jährigen Jodocus Zurmühlen zum Kapitularvikar. Als Termin für die Bischofswahl wurden der 26. Mai und dann der 15. Juni festgesetzt. Für den Oberpräsidenten von Vincke übernahm Graf August Ferdinand von Merveldt das Amt des königlichen Wahlkommissars, des Vertreters des Königs als „Schutz- und Schirmherr der Kirche“. Er war es, der schließlich den Ausgang der Wahl bestimmte. Von den ursprünglich in die engere Wahl genommenen drei Kandidaten – Dompropst Droste-Hülshoff, Franz Otto von Droste-Vischering und Overberg – kam keiner zum Zuge. Merveldt gelang es durch massive Beeinflussung der Wähler – unter anderem mit der Drohung, daß ein anderes Ergebnis gar nicht erst veröffentlicht werde – seinen Kandidaten durchzubringen: Gewählt wurde mit 10 von 14 Stimmen der Weihbischof Caspar Max von Droste-Vischering. Ein päpstlicher Protest gegen diese „unkanonische“ Wahl unterblieb, Papst Leo XI. bestätigte sie.

Damit konnte zunächst einmal Ruhe einkehren in der neu geordneten münsterischen Kirche. Bischof Caspar Max von Droste-Vischering bot in seiner Person und den bisherigen Schwerpunkten seiner Tätigkeit auf seelsorgerischem Gebiet die Gewähr für das innere Erstarken der Kirche nach den tiefgreifenden Wandlungsprozessen der zurückliegenden zwei Jahrzehnte. Caspar Max war für diese Aufgabe bestens gerüstet. Er war, wie beim katholischen Adel damals üblich, bereits im Kindesalter standesgemäß versorgt und mit neun Jahren zum Dompropst in Minden bestimmt worden. Mit 23 Jahren wurde er zum Priester und bereits zwei Jahre später (1795) – mit päpstlicher Dispens – weil ihm jegliche pastorale Praxis fehlte und er das kanonische Mindestalter noch nicht erreicht hatte – zum Weihbischof geweiht. In den Jahren bis zur kirchlichen Neuordnung der Kölner Kirchenprovinz blieb er nun in den großen nordwestdeutschen Territorien der säkularisierten Fürstbistümer der einzige mit der kirchlichen Weihegewalt ausgestattete Bischof. In einer ununterbrochenen Folge von Weihereisen, die ihn bis an den Rhein und die Mosel sowie nach Belgien und in die Niederlande hinein führten, spendete er über eine Million Firmungen und erteilte annähernd 3200 Diakonen die Priesterweihe. Nimmt man noch die zahllosen niederen Weihen und die Konsekrationen von Kultstätten hinzu, so ergibt sich eine erstaunliche persönliche Lebensleistung auf der Basis einer traditionellen kirchlichen Adelskarriere in Zeiten fundamentalen Wandels. Es ist nicht verwunderlich, daß das ungewöhnlich seltene Ereignis eines goldenen Bischofsjubiläums, das Caspar Max am 6. September 1845 begehen konnte, zu einem einzigartigen Fest und einer machtvollen Selbstdarstellung des deutschen Katholizismus in Münster geriet. Allein die Spenden durch Adel, Priesterschaft und Gläubige, die bei dieser Gelegenheit zusammenkamen, waren so groß, daß davon zwei apostolische Schulen gegründet werden konnten: das Ludgerianum in Münster und das Augustinianum in Gaesdonck. Auch in dieser stifterischen Tätigkeit zeigte sich erneut die innerkirchliche Ausrichtung des Amtsverständnisses des Bischofs Caspar Max von Droste-Vischering, die im Schatten der stark politischen seiner Brüder stand. Nur einmal hatte er für beträchtliches Aufsehen gesorgt, als er auf dem Nationalkonzil in Paris (1811) eine Petition für die Freilassung des Papstes einreichte.

Als Caspar Max ein Jahr nach dem großen Jubiläumsfest 76jährig verstarb (am 3. August 1846), wurde als Nachfolger am 10. Dezember 1846 eine Persönlichkeit gewählt, die dessen Werk kontinuierlich fortzusetzen versprach: Bernhard Georg Kellermann, der erste münsterische Bischof von nichtadeliger Herkunft. Er stammte aus ärmlichen Verhältnissen (geboren als Sohn eines Hauswebers in Freckenhorst) und hatte sich – gefördert durch die Adelsfamilien, deren Erbe er nun gewissermaßen antrat – durch persönliche Tüchtigkeit als Lehrer und Seelsorger emporgearbeitet: 16 Jahre lang war er Hauslehrer beim Grafen Stolberg, nacheinander Pfarrer von St. Servatii (1811), St. Ludgeri (1817) und am Dom (1841), Professor für Dogmatik, neutestamentliche Exegese und schließlich Pastoraltheologie, nach dem Begründer Clemens August von Droste-Vischering zweiter Direktor der Barmherzigen Schwestern und als Nachfolger Brockmanns Präses der Marianischen Kongregationen. Das ihm zugedachte Bischofsamt konnte der Siebzigjährige nicht ausüben, da er am selben Tag, an dem in Rom seine Bestätigung erfolgte (29. März 1847), am Schlaganfall, der ihn im Domkreuzgang ereilte, verstarb.

Tatsächlicher Nachfolger Caspar Max von Droste-Vischerings wurde somit der wohl bedeutendste münsterische Bischof des 19. Jahrhunderts, Johann Georg Müller (1847–1870). Anders als seine Vorgänger war er ein Landfremder, der sich als engagierter Vertreter der katholischen Sache gegen staatliche Übergriffe einen Namen gemacht hatte. Er amtierte seit 1844 als Weihbischof in Trier und hatte als rechte Hand des dortigen Bischofs Hommer 1836 dessen Widerruf der geheimen Mischehenkonvention ausgelöst, was bekanntlich die heftigen Reaktionen kirchlicher und staatlicher Stellen in den Jahren 1837 bis 1840 zur Folge hatte. Gelegenheit, Kontakte nach Münster zu knüpfen, hatte er bei der großen Wallfahrt des katholischen Deutschland zum Heiligen Rock in Trier im Jahr 1844 gehabt, als Bischof Caspar Max dort weilte und 1845, als er selbst an den Feierlichkeiten zum goldenen Bischofsjubiläum des münsterischen Oberhirten teilnahm. 1846 verteidigte er die kirchlich-katholische Glaubensbewegung in Deutschland in einer Streitschrift gegen den aufgeklärten Rationalismus seiner Zeit. Obwohl er als landfremder Prälat in Münster zunächst keine besonderen Sympathien genoß, wurde er kaum ein Jahr nach seiner Inthronisation auf dem Bischofsstuhl Liudgers am 22. Dezember 1847 vom Stadt- und Landkreis Münster als Mitglied der Nationalversammlung in die Paulskirche nach Frankfurt entsandt.

In dreifacher Weise setzte Bischof Müller in seiner Diözese Akzente: Während seiner Amtszeit begannen die Neu- und Umbauten der Gotteshäuser in neugotischem Stil; er richtete, gestützt auf die Stiftungen seines Vorgängers Caspar Max, wichtige Institutionen von bleibender Wirkung für die Förderung und Ausbildung des Priesternachwuchses in der Diözese ein, und er schuf die Voraussetzungen für einen Neubeginn der kirchlichen Kongregationen und Orden unter den veränderten Bedingungen der beginnenden Moderne.

Die Kirchenbauaktivitäten, in deren Zuge Bischof Müller die bedeutenden Architekten Emil von Manger und Hilger Hertel nach Münster holte, förderten Kunst und Künstler ganz allgemein. Der Ausstellungskatalog zum 32. Deutschen Katholikentag in Münster im Jahr 1885 ist dafür ein sprechender Beweis.

Die Einrichtung der beiden von seinen Vorgängern gestifteten Knabenkonvikte Ludgerianum in Münster und Augustinianum in Gaesdonck (vorher Hilfspriesterseminar) – letzteres gegen staatliche Verhinderungsversuche und nach Verlagerung des bereits begonnenen Unterrichts ins Museum – ist im Zusammenhang zu sehen mit der Begründung einer dritten Institution zur Förderung des Priesternachwuchses in Münster: des Collegium Borromäum als Wohnstift für die Theologiestudenten vor dem Eintritt ins Priesterseminar.

Die Gründung des Borromäums setzte der Bischof gegen erheblichen Widerstand im Domkapitel mit Hilfe eines Gefolgsmannes aus Trierer Zeiten, des ehemaligen Dompredigers Georg Anton Brinkmann, durch. Die Einwände waren fiskalisch-rechtlicher Natur: Der Staat müsse die Seminare unterhalten; da die Vorlesungen in der Akademie stattfänden, bestünde kein zwingender Grund für die Einrichtung eines solchen Kollegs; der Bischof habe außerdem nicht die finanziellen Möglichkeiten, den dauerhaften Fortbestand zu sichern.

Bischof Müller holte sich dazu bei seinem Ad-limina-Besuch in Rom 1853 den Segen des Papstes. Der erste Kurs konnte mit je zehn Abiturienten aus Gaesdonck und dem Ludgerianum am 1. Oktober 1854 beginnen. Wie alles Neue stieß das Borromäum in Münster auf Mißtrauen: Der Adel befürchtete eine Gleichmachung der Stände, der ältere Klerus eine Verweichlichung der Zöglinge, die die täglichen Sorgen abgenommen bekämen. Die Bevölkerung bemerkte den Mietausfall: Die Kasernierung der angehenden Weltgeistlichen gleiche den gerade neu begründeten Ordenshäusern.

Die inneren Schwierigkeiten waren nicht geringer. Friedrich Michelis, der spätere Altkatholik, hielt sich nicht lange als Rektor. Auch der bekannte Neutestamentler August Bisping scheiterte. Johann Heinrich Bangen, ein Jurist, Rektor von 1856 bis 1862, brachte endlich Ordnung in das Kolleg und schuf die erforderlichen Haus- und Studienordnungen. 1861 war die Gründungsphase abgeschlossen; dem Institut wurde durch königliche Anerkennung der Status einer juristischen Person verliehen. Nicht zuletzt durch Stiftung seines Vermögens konsolidierte der für das Ludgerianum und das Borromäum gemeinsam zuständige Rendant, Kaplan Bernhard Schweling, die Finanzen beider Häuser.

Zu den von Bischof Johann Georg Müller geschaffenen Institutionen für den Priesternachwuchs gehört schließlich auch noch das in St. Mauritz 1865 gegründete Collegium Americanum, das erste deutsche Kolleg für Seelsorger, die nach dem Studium ins Ausland, vor allem nach Nordamerika, zu gehen beabsichtigten. Es war nicht mehr als konsequent, daß Bischof Müller alle diese Aktivitäten zusammenzufassen und weiterzuführen versuchte, indem er sich – nach dem Vorbild Löwens in Belgien – um die Gründung einer katholischen Universität in Münster oder wenigstens in Deutschland bemühte (1865). Das Vorhaben kam jedoch über das Stadium vager Pläne nicht hinaus.

Den dritten der angesprochenen Schwerpunkte bischöflichen Wirkens Johann Georg Müllers bildete die nachhaltige Förderung der Neu- und Wiederbegründung klösterlicher Niederlassungen und des Ordenslebens in Münster. An erster Stelle zu nennen sind in diesem Zusammenhang die Clemensschwestern. Gegen alle Säkularisierungstendenzen und öffentlichen Kampagnen, in denen ihnen die erforderliche Fachkompetenz abgesprochen worden war, hatte die von Clemens August von Droste-Vischering 1808 gegründete Gemeinschaft der Barmherzigen Schwestern im Jahr 1820 das einst von den Barmherzigen Brüdern aufgebaute Clemenshospital – und

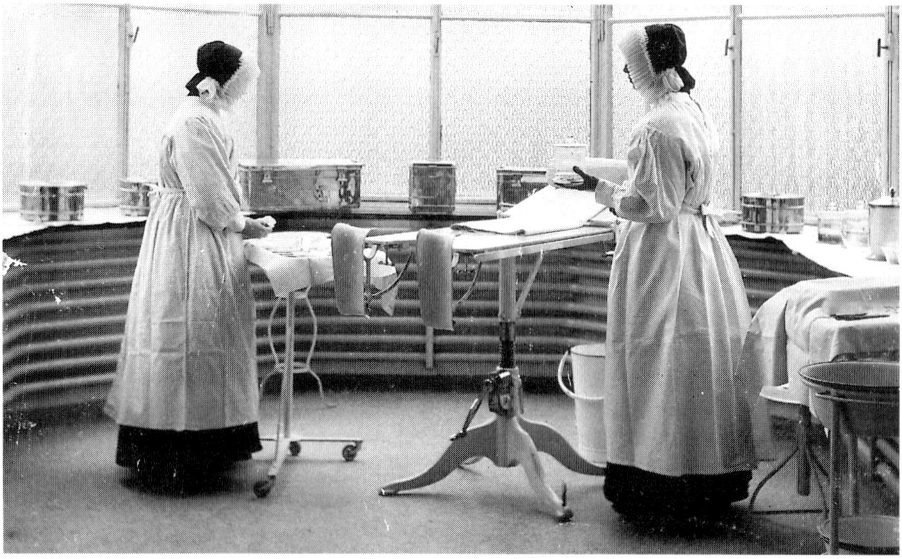

Clemensschwestern bei der Vorbereitung einer Operation (um 1910)

damit die medizinische Versorgung der unteren Bevölkerungsschichten in Münster – übernommen. Eine erhebliche Ausweitung hatte die Kongregation bereits in den 1830er Jahren erfahren: Der Redemptoristenpater Graf Coudenhove, den Droste-Vischering während seines Kuraufenthalts in Karlsbad im Jahr 1822 mit seiner Gründung hatte bekanntmachen können, sorgte dafür, daß 1831 in Wien eine Filiale der Gemeinschaft entstand. 1858, als Bischof Müller ihnen durch ein eigenes Statut den Status einer kirchlichen Kongregation verlieh, verfügten die Clemensschwestern bereits über 42 Niederlassungen.

Fünf weitere Schwesternkongregationen wurden während der Amtszeit Johann Georg Müllers neu ins Leben gerufen: Der Kaplan des Erzbischofs Clemens August von Droste-Vischering, Eduard Michelis, begründete 1842 das Waisenhaus und die Genossenschaft von der Göttlichen Vorsehung (Vorsehungsschwestern) in St. Mauritz, deren Aufgaben Erziehung und Unterricht sowie soziale und karitative Tätigkeit waren. Die 1844 in Telgte gegründete Genossenschaft der Krankenschwestern nach der Dritten Regel des hl. Franziskus übersiedelte 1854 nach Münster, wo seither in Verbindung mit dem Franziskushospital ihr Mutterhaus steht. Die Kongregation der Schwestern „Unserer Frau von der Liebe des Guten Hirten" zum Schutz und zur Rettung gefallener und gefährdeter weiblicher Personen ließ sich 1850 ebenfalls in St. Mauritz nieder; hinzu kamen schließlich noch die Schwestern von der Heimsuchung Mariä und die Schwestern vom Heiligsten Herzen Jesu, die 1861 bzw. 1864 ihre Häuser in Münster gründeten.

Aus dem Bereich der alten Orden, die die Säkularisation überdauert hatten, gab es vier neue Niederlassungen in Münster: 1851 bezogen die Jesuiten die Friedrichsburg und 1857 das Ignatiushaus, 1853 die Franziskaner ihr Kloster am Hörsterplatz, 1857 die Kapuziner ihre Niederlassung bei St. Aegidii und ebenfalls 1857 die Klarissen ihr Kloster an der Stubengasse.

Diözesanverwaltung und städtische Pfarrorganisation

Mit der Bulle *De salute animarum* und der Instruktion zur Neuordnung des Kirchenwesens von 1821/22 war die Jurisdiktionsgewalt der Archidiakone de jure aufgehoben. De facto waren bereits mit der Säkularisation der Stifte die mit den dortigen Dignitäten verbundenen Archidiakonatsfunktionen erloschen.

Als vorläufige Ersatzregelung übertrug der päpstliche Delegat Prinz Hohenzollern die Archidiakonate der ausgeschiedenen Domkapitulare 1822 dem Provikar Zurmühlen. Die archidiakonale Jurisdiktion sollte nach Einführung des neuen Domkapitels insgesamt aufhören und auf den Generalvikar übergehen. Provikar Zurmühlen forderte diese der neuen zentralistischen Oberbehörde zugedachten Rechte bereits 1824 ein. Damit war das Archidiakonat als das eigentliche Hauptamt kirchlicher Verwaltungsorganisation, das – durch Synode, Visitation, Kontrolle des Vermögens sowie der Gebäude und Liegenschaften, durch Überwachung der liturgischen Praxis und Disziplinierung der Geistlichen, des Kirchenpersonals und des Volkes – Rechts- und Leitungskompetenzen ausgeübt hatte, nach acht Jahrhunderten innerkirchlichen Wirkens im Bistum Münster endgültig aufgehoben.

In dreierlei Hinsicht wurden die ehemals bei den Archidiakonen angesiedelten Funktionen neu verteilt:

1. Als neue Gehilfen des Bischofs, die auf Zeit einem größeren Bezirk vorzustehen hatten, sollten aus dem Kreis der Pfarrer Landdechanten berufen werden (erstmals am 29. September 1825). Der Pfarrer von Liebfrauen, Johann Heinrich Schmülling, wurde der erste Dechant des Landdekanats Münster. Das Landdekanat Münster umfaßte mit St. Mauritz 21 Pfarreien. Für die Stadt Münster blieben die Pfarren zunächst (bis 1859) entsprechend dem bisherigen Archidiakonatssystem weiter dem Dompropst zugeordnet. Münster-Stadt umfaßte mit der Dompfarre sieben Pfarreien, die jedoch mit den Außenbezirken von St. Lamberti und Überwasser sowie der ebenfalls zum Stadtbereich zählenden St.-Mauritz-Pfarre weit über die damaligen Stadtgrenzen und sogar noch über das heutige Stadtgebiet hinausreichten.

2. Mit dem Generalvikariat wurde erstmals eine zentrale Verwaltungsbehörde für das gesamte Bistum geschaffen. Der erste Inhaber dieses Amtes, Franz Arnold Melchers, war von Bischof Caspar Max von Droste-Vischering bereits am Tag seiner Amtseinführung, am 4. April 1826, ernannt worden. Er hatte den Neuaufbau für das große Bistum zu organisieren, vor allem auch die neu hinzugekommenen Gebiete, den niederrheinischen und – seit 1831 – den oldenburgischen Teil, zu integrieren. Die Verwaltungsorganisation sah vor, daß die zehn Landdechanten und der Dompropst für die Stadt Münster die Durchführung der Verwaltungsverfügungen zu gewährleisten, die geordnete Seelsorge in ihren Dekanaten zu verantworten, die Schulinspektion auszuüben und die Vermögenslage sowie die Rechnungslegung zu kontrollieren hatten.

3. Für eine kurze Zeitspanne, nämlich bis zum Tod Caspar Max von Droste-Vischerings im Jahr 1846, kam es auch zu einer Wiederbelebung der zwischen 1802 und 1820 nicht mehr durchgeführten Synoden, durch die früher in erster Linie die archidiakonale Gerichts- und Verwaltungsfunktion öffentlich in Erscheinung getreten war. Für den Dom- und Stadtklerus in Münster – den Zuständigkeitsbereich des Dompropstes als Dechant also – fanden sie unter Leitung des Bischofs im Dom statt.

Das Oberpräsidium mußte informiert werden und hatte den Abdruck und die Verteilung der Dekrete zu genehmigen. Die Sitzungen fanden nach dem Hochamt im Chor statt. Der Bischof nahm auf dem Thron Platz und hielt seine lateinische Eröffnungsrede, die Statuten oder Dekrete wurden verlesen und die Ernennung der Synodalexaminatoren für die Prüfung der Weihekandidaten und zur Abhaltung der Pfarrexamina bekanntgegeben. Thematisch stand bei den Beratungen der etwa vierzig Synodalsitzungen zunächst der Vollzug der Bulle *De salute animarum* im Vordergrund, dann aber ging es vor allem um die seelsorgerischen Aufgaben, die in Dekrete gefaßt wurden, wie etwa die Handhabung des Bußsakraments (1826), die Gestaltung der Liturgie (1829), die Pflicht der Pfarrer zu Predigt und Katechese (1844), die Durchführung von Exerzitien (1845), sowie Fragen des Schulwesens und des Klerikernachwuchses (1845). Manche Forderungen – so etwa nach der Neugestaltung liturgischer Bücher, der Verwendung der deutschen Sprache im Gottesdienst, der Aufhebung des Zölibats für Weltkleriker, der Beschränkung der bischöflichen Gewalt und der Erteilung der Synodalmandate durch Wahl für Kleriker wie für Laien – lagen in der Luft und wurden auf den Synoden nicht behandelt. Die Würzburger Bischofsversammlung beschloß im Revolutionsjahr 1848, die Synoden zunächst einmal auszusetzen. Faktisch war damit die Anknüpfung an die Formen des archidiakonalen Systems nach kaum zwei Jahrzehnten endgültig beendet. Es sollte ein halbes Jahrhundert dauern, bis im Jahr 1897 in Münster wieder eine Synode in anderer Form und mit zeitgemäßer Fragestellung stattfand.

Mit der Errichtung des Generalvikariats als der zentralen Verwaltungsbehörde war die Etablierung des Bistums in neuer Gestalt im wesentlichen abgeschlossen. Nur wenige Ergänzungen der Verwaltungsorganisation kamen im Laufe des 19. Jahrhunderts noch hinzu: 1861 wurde entsprechend den Satzungen des Kölner Provinzialkonzils von 1860, durch die der organisatorische Aufbau der Kirchenprovinz Köln abschließend sanktioniert wurde, auch für die Stadt Münster die Dekanatsordnung verbindlich (Einrichtungsinstruktion bereits am 23. Dezember 1859). St. Mauritz und das Rektorat Kinderhaus wurden Teil des Stadtdekanats; erster Stadtdechant war Pfarrer Johann Neuwöhner von St. Martini. 1865 erfolgte die Einrichtung des bischöflichen Offizialats, des geistlichen Gerichts für Kriminal- und Ehesachen beim Generalvikariat. Bereits seit 1857 publizierte das „Kirchliche Amtsblatt" die Rundschreiben und Erlasse des Bischofs und der Bistumsverwaltung.

Entgegen der völligen Umwandlung der Verwaltungsstrukturen des Bistums und der Neubegründung des Domkapitels mit neuen Rechten und in neuer personaler Zusammensetzung hatte das Pfarrsystem alle Veränderungen der Umbruchzeit überdauert. Bei einer wenig fluktuierenden Stadtbevölkerung bestand über den Besuch der Gottesdienste, den Empfang der Sakramente sowie den Schulbesuch eine starke, von Generation zu Generation weiterführende Bindung an die Pfarrgemeinde und Pfarrkirche; die Tatsache, daß in der Bischofsstadt mit der Kathedralkirche und ihrer liturgischen Ausstrahlung ein die ganze Stadt und ihr geistig-religiöses Leben prägendes Zentrum bestand, konnte das nicht verhindern.

Veränderungen der alten Gegebenheiten und des normalen Ablaufs des Gemeindelebens gab es bis in die siebziger Jahre des 19. Jahrhunderts nur wenige. Am meisten ins Gewicht fiel sicherlich die Verlegung der Pfarrkirche der St.-Aegidii-Gemeinde.

Ansicht der Aegidiikirche von Norden vor dem Einsturz des Turmes am 2. Mai 1821

Als am 2. Mai 1821 die Pfarrkirche eingestürzt war, gab es Bestrebungen, die Pfarrei – wie St. Jakobi – der Dompfarre zu integrieren, die sich jedoch nicht durchsetzen konnten. Der Kirchenvorstand mußte sich angesichts der Notsituation – der Gottesdienst fand vorübergehend in der Ludgerikirche statt – nun doch zu einem Schritt entschließen, der 1818 noch mit überwältigender Mehrheit abgelehnt worden war: Man wandte sich am 10. Juli 1821 mit einem Bittgesuch an den preußischen König, um im Tausch gegen die eingestürzte Pfarrkirche die Propstei und die Kaplanei von St. Aegidii sowie die Kirche und die Gebäude des ehemaligen Kapuzinerklosters zugewiesen zu erhalten, die seit 1813 als Zeughaus genutzt wurden. Der König genehmigte das Gesuch; die Kirche konnte unter anderem aus Mitteln einer Hauskollekte hergerichtet werden. Der Umzug der Pfarrei fand mit der Überführung des Allerheiligsten mitten im tiefsten Winter am 25. Januar 1823 seinen Abschluß.

Eine besondere Situation, die nach der Neuordnung der kirchlichen Verhältnisse beseitigt wurde, war im Pfarrsystem der Stadt durch die Verbindung der Ämter des Pfarrers von Liebfrauen-Überwasser und des Regens im Priesterseminar gegeben. Die Trennung der beiden Ämter wurde erstmals erwogen, nachdem Pfarrer Schmülling 1833 residierender Domkapitular geworden war und damit entsprechend den neuen Statuten sein Pfarramt aufzugeben hatte. Sie verzögerte sich jedoch noch bis 1838, da der preußischen Regierung der ältere der Kapläne, Josef Koberg, der als Nachfolger gewünscht wurde, wegen seiner Haltung in der Mischehenfrage nicht genehm war.

Einer Neuregelung bedurfte es angesichts der Größe und Bedeutung der in Münster ansässigen Militärdienststellen und der in der Stadt stationierten Truppen auch im Bereich der Militärseelsorge. Der evangelische Pfarrzwang war für die Katholiken in Münster ein Ärgernis. Einmal im Monat mußten nach den Bestimmungen der preußischen Militärkirchenordnung von 1832 die katholischen Soldaten dem evangelischen Feldgottesdienst beiwohnen, Personenstandsveränderungen waren dem evangelischen Pfarrer zu melden, weil katholische Militärkirchenbücher nicht geführt wurden. Erst 1844 erhielt das katholische Militär mit Johann Josef Lampenscherf einen katholischen Militärpfarrer für die in der Stadt und in ihrer Umgebung stationierten Soldaten. Erster katholischer Armeebischof wurde 1848 Fürstbischof Diepenbrock von Breslau, der dem münsterischen Zuchthausseelsorger Felix Mencke seine Fakultäten delegierte (1859 Feldpropst in Berlin).

In den Zeitraum zwischen 1820 und 1870 fiel ein entscheidender Wandel im Selbstverständnis und in der Selbstdarstellung der katholischen Kirche in der Öffentlichkeit. Wichtige Aspekte der Auseinandersetzungen waren neben der Artikulation allgemeiner religiöser Themen das Schulwesen, die Soziale Frage und die Probleme des Parlamentarismus und der politischen Parteien.

Schulwesen

Entsprechend der schon von Fürstenberg vertretenen Auffassung, wonach die Schule von ihrem Ursprung her eine Tochter der Kirche sei, achteten die Pfarreien als Träger des niederen Schulwesens auf die Wahrung ihrer Kompetenzen. Nach Maßgabe der preußischen Regierung mußten zunächst Schulsozietäten gegründet werden, die den Schulvorstand zu wählen hatten. Die Funktion der Schulinspektoren verblieb jedoch weiterhin bei den Pfarrern; für die Anstellung der Lehrer war die bischöfliche Genehmigung erforderlich. Im Konsistorium und später im Provinzialschulkollegium als staatlicher Aufsichtsbehörde beim Oberpräsidenten waren von 1818 bis 1845 als Regierungsschulräte Overberg, Schmülling und Caspar Franz Krabbe tätig.

Ein Grundproblem stellte die Schulunterhaltung dar, und zwar sowohl, was die Versorgung mit Schulräumen als auch, was die Zuweisung von Lehrerstellen betraf. Die Pfarrgemeinden waren in Schwierigkeiten geraten, da ihnen nach der Säkularisation das gesamte Mädchenschulwesen, das bis dahin vor allem von den Klöstern (Aegidii, Niesing, Lotharinger Chorfrauen) getragen worden war, zusätzlich zufiel. Der Magistrat lehnte es ab, einen Beitrag zur Schulunterhaltung zu leisten, sofern nicht besonders viele Arme in der Pfarrei zu versorgen waren. Da auch die Lehrer wegen ihres an der Zahl der Schüler orientierten Verdienstes an möglichst vielen „zahlenden“ Schülern interessiert waren und da die Schulen nur Schüler aus den jeweiligen Pfarreien aufzunehmen bereit waren, kam es sowohl zu einer teilweise unzuträglichen Überfüllung der Schulräume als auch zu einer ungleichmäßigen Versorgung. In der Frage der Besetzung der Lehrerstellen sah man seitens der Pfarrgeistlichkeit eine Parallele zu den Seelsorgerstellen: Dem Pfarrer waren Kapläne als Hilfsgeistliche zugeordnet; in jedem Kirchspiel sollte es dementsprechend nur einen Hauptlehrer und ihm unterstellte Hilfslehrer geben. Die Bezirksregierung, die selbständige Schulen mit selbstverantwortlichen Lehrern wünschte, sah das grundsätzlich anders, und so waren Konflikte vorprogrammiert.

Zu einer für das gespannte Verhältnis zwischen den Pfarreien und den Regierungsdienststellen symptomatischen Kontroverse kam es im Jahr 1857, als Pfarrer Karl Beelenherm von St. Lamberti einem Hilfslehrer wegen unüberbrückbarer Spannungen zu seinem Hauptlehrer kündigte. In diesem Streitfall wurde zwischen den Kirchen und regierungsamtlichen Dienststellen das zutage tretende Grundsatzproblem der konkurrierenden Rechte und Ansprüche auf die Regelung der schulischen Verhältnisse ausführlich erörtert. Zunächst sprach die Regierung dem Kirchenvorstand die Kompetenz in Schulangelegenheiten rundweg ab; das Hilfslehrerwesen sei nur ein Notbehelf und abzuschaffen; im übrigen gebe es seit 1850 für die Knabenschulen in Aegidii, Liebfrauen-Überwasser und Martini bereits zwei selbständige Lehrer und für die Mädchenschule in Liebfrauen-Überwasser ebenfalls. Daraufhin gab die Gemeinde beim Kaplan Bernhard Schweling ein Gutachten in Auftrag, in dem dem Standpunkt der Regierung aus verschiedenen Erwägungen widersprochen wurde: Es sei sinnvoll, wenn der 21jährige, vom Lehrerseminar kommende Junglehrer unter der Anleitung des Hauptlehrers in die Schulpraxis eingeführt werde und von dessen Erfahrung profitiere; das Verhältnis der zehn Hilfslehrer und sechs Hilfslehrerinnen zu ihrem Hauptlehrer bzw. ihrer Hauptlehrerin sei in den dreißig Jahren, die er überblicken könne, durchweg gut gewesen.

Das Generalvikariat erklärte, die Kirchengemeinde übe das Patronatsrecht über die Schule aus und sei deren Eigentümerin; Pfarrer Beelenherm machte noch einmal deutlich, daß das Patronat über die Knabenschule vom Pfarrer und vier Kirchenprovisoren, über die Mädchenschule infolge der Übertragung archidiakonaler Rechte seit dem 20. März 1827 vom Pfarrer in persona ausgeübt werde; der Kirchenvorstand billige die Sachmittel. Die Stadtpfarrerversammlung unter Vorsitz von Dompfarrer Dr. Nikolaus Püngel stellte fest, zwei Knaben- und zwei Mädchenschulen in jeder Pfarre – und darauf laufe der Regierungsvorschlag, die Lehrerstellen zu verselbständigen, hinaus – seien finanziell nicht tragbar und in pädagogischer Hinsicht nachteilig; in Münster gebe es wohl mehrere Schullokale einer Schule, aber nicht mehrere Hauptlehrer in einem Kirchspiel. Pfarrer Hermann Joseph Kappen von St. Aegidii schließlich unterstellte, von seiten des preußischen Staates solle offensichtlich das Patronatsrecht der Kirche ausgehöhlt werden, während staatlicherseits sonst immer das Prinzip der Subordination vertreten würde. Er führte eine weitere Begründung für die Beibehaltung des bisherigen Systems an: die notwendige Mitarbeit des Hauptlehrers in der pastoralen Arbeit, beim Kommunionunterricht, bei der Vorbereitung auf die Beichte, Aufsicht während der Predigt und der Christenlehre. Die Regierung lenkte schließlich ein und gestand den Pfarrgemeinden das Patronatsrecht zu.

Religiöse und liturgische Erneuerung

Zunächst noch ganz im Zeichen der synodalen Tradition standen die Bemühungen um die Verbesserung der liturgischen Praxis. Am Gottesdienst in Münsters Kirchen

Fahne der Marianischen Bürgersodalität Münster (um 1860/70)

dürfte einiges auszusetzen gewesen sein, wenn sich die Instruktion des päpstlichen Delegaten von 1822 auf die Reformen Christoph Bernhards von Galen (1650–1678) berufen mußte. Vor allem die Unausgewogenheit von Volksgesang, Gregorianik und Privatgebet im liturgischen Vollzug scheinen tadelnswert gewesen zu sein. Die Schülergemeinschaften und Bruderschaften mit der ihnen eigenen Pflege des Gottesdienstes wurden ausdrücklich gelobt. Der Rat der Instruktionen, zur Vermeidung des Müßiggangs sollten sich Vikare um die Kirchenmusik – Gesang und Orgel – kümmern, scheint in Münster bereits durch die schon 1810 erschienenen „Gesänge beim römisch-katholischen Gottesdienste nebst angehängtem Gebetbuch“ des Vikars Christoph Bernhard Verspoell († 1818) erfüllt worden zu sein, die in der Folgezeit in einer ganzen Reihe von Auflagen herauskamen. Verspoell hat durch die Sammlung und Verbreitung katholischen Liedgutes, die bis in das heutige Diözesangesangbuch „Gotteslob“ hinein fortwirken, in ähnlicher Weise zur innerkirchlichen Erneuerung beigetragen wie Overberg durch die Reform des Religionsunterrichts. Später trat der Domkapitular Hermann Ludwig Nadermann († 1860), Direktor des Gymnasium Paulinum und des Philosophischen Seminars, als Dichter katholischer Kirchenlieder hervor. Das 1865 neu herausgegebene Diözesangesangbuch wirkte in diesem Sinne weiter. Vorgänger war Heinrich Distelkamps „Gesang- und Andachtsbuch“ von 1842.

In gleicher Weise wurde die Volksfrömmigkeit gefördert durch öffentliche Gebets- und Sakramentenpraxis. Sie ging mit der Schulerziehung und der religiösen Formung in den Sodalitäten Hand in Hand. Aus jesuitischem Geist wurde die Vorbereitung auf Beichte und Kommunion durch Betrachtung, Exerzitien und Unterweisung vom Pastoraltheologen Brockmann propagiert. Die Sodalen pilgerten bereits 1815 als erste wieder nach Telgte. Bei der Zweihundertjahrfeier des Bestehens der Sodalität im Jahr 1829 lieferte Wilhelm Achtermann, ein Mitglied, sein erstes selbständiges Werk, ein Kreuz für die Sodalen. Die Bürgersodalität trat als überpfarrliche gesamtstädtische Gemeinschaft auf.

Zu den eindrucksvollsten Formen öffentlicher Religionsausübung gehörte sicherlich die traditionelle Große Prozession. Sie wurde – wie auch heute noch – am Vorabend von allen Pfarrkirchen eingeläutet und begann am Morgen des ersten Montags im Juli mit der Heiligen Messe in jeder Pfarre und dem Auszug um 6 Uhr 15. Durch Läuten und Tuchsignale von den Türmen versuchte man, den Ablauf zu regeln. Ab 1851 lag die Oberleitung bei Kaplan Schweling von St. Lamberti; 1857 gab Kaplan Engelbert Peters ein Prozessionsbüchlein heraus.

Ein anderes Mittel der Förderung von Volksfrömmigkeit waren öffentlich praktizierte gemeinschaftliche Gebets- und Andachtsformen. Das früher nur in den Klosterkirchen übliche vierzigstündige Gebet fand erstmals auf Fastnacht 1815 (15. Februar) in St. Aegidii statt, in St. Ludgeri 1825, in St. Lamberti und in St. Martini 1826. Mit einem Zeitplan für die einzelnen Stadtpfarreien – beginnend im Dom – wurden Gebetsstunden vor dem ausgesetzten Allerheiligsten gehalten; die Rosenkranzbruderschaften veranstalteten ihrerseits regelmäßige Andachten. Im Jahr 1825 trafen sich die Gymnasiasten, die Akademiker, die Seminaristen und andere katholische Gruppierungen im Dom und in den Pfarrkirchen der Stadt, um im dreizehnstündigen Gebet eine gute Bischofswahl zu erflehen.

Zur gleichen Zeit – seit 1824 – wirkte mit Bernhard Georg Kellermann, dem späteren – für wenige Monate zum Nachfolger Caspar Max von Droste-Vischering gewählten – Bischof von Münster, ein weithin bekannter Prediger auf der Domkanzel. Bei den ersten Auseinandersetzungen um den hermesianischen Rationalismus („zu zweifeln, solange man könne"), rief Joseph Görres im „Athanasius" aus: „Ihr Münsterländer [...], aus deren Mitte die Nonne aus Dülmen [= Anna Katharina Emmerick († 1824)] mit ihren am Freitag blutenden Wunden hervorgegangen, scheut euch nicht, die Wundermedaillen zu tragen und schämt euch nicht, Kellermanns Predigten zu besuchen." Die Predigten wurden nach der Messe und nach den Andachten gehalten. Ganz Münster strömte sonntags um 16 Uhr in den Dom, um Kellermann zu hören. Die Totenpredigt auf den verstorbenen Bischof Caspar Max am 4. August 1846 war seine 2136. Predigt.

Zu den Dompredigten kamen nach 1848 als außerordentliche Kanzelunterweisungen die von Zeit zu Zeit stattfindenden Volksmissionen hinzu. Die deutschen Bischöfe hatten 1848 festgestellt, daß die Volksmission ein geeignetes Mittel sei, um das kirchliche Leben zu erneuern. Die Jesuiten sollten diese Form der außerordentlichen Seelsorge durchführen. Bereits 1849 wirkten sie im Münsterland, zum Beispiel in der Pfarre Wilhelm Emanuel Kettelers in Hopsten; um 1850 nahmen sie zunächst Wohnung bei Pfarrer Johann Bernhard Aumöller in St. Mauritz, und vom 24. bis 31. März schließlich hielten sie Mission im Dom. Eine begeisterte Dankadresse von 1219 Bürgern der Stadt bezeugte ihren großen Erfolg. Der Bischof verwandte den Ertrag der Ferdinandeischen Missionsstiftung von 1682, um die Kosten zu decken.

Die Missionen organisierten die Pfarreien von sich aus. Thematisch standen die christliche Lebensführung mit der Mahnung zur Umkehr im Mittelpunkt der Predig-

Bernhard Georg Kellermann (1776–1847), erwählter Bischof von Münster. Stahlstich nach einer Zeichnung von W. Busch

ten. Außerordentlich hohe Beicht- und Kommunionpraxis, Ablaßgewinnung und Ehesanierung waren Ziel und im Regelfall unmittelbare Folge der Volksmission. Ihre Erfolge führten zum Vorwurf der Proselytenmacherei und Störung des konfessionellen Friedens.

Formierung einer katholischen Öffentlichkeit

Mit den großen stadtweit besuchten Predigtzyklen und der Volksmission war der innerkirchliche Bereich bereits verlassen und ein erster Schritt auf dem Weg zum Wirken im öffentlichen Raum getan. Die Gläubigen stellten sich hinter ihre Seelsorger, wenn es um Fragen der Stellenbesetzung ging. Sie gingen auf die Straße, wenn Glaubensinhalte in Frage gestellt wurden. Empörung machte sich Luft, als der frühere Kapitularvikar und amtierende Kölner Erzbischof Clemens August von Droste-Vischering am 20. November 1837 wegen der Auseinandersetzungen mit der preußischen Regierung um die Mischehenfrage verhaftet und auf die Festung Minden verbracht wurde. Das Militär mußte in Münster gegen das auf dem Domplatz protestierende Volk vorgehen.

Droste-Vischering wurde vor allem von dem großen Publizisten Joseph Görres mit überregionaler Wirkung in ganz Deutschland als Vorkämpfer der Kirchenfreiheit herausgestellt. Eduard Michelis, Kaplan und Haftbegleiter des Erzbischofs, gründete in Münster 1842 das „Sonntagsblatt für katholische Christen“. Die gefürchtete „Kaplanpresse“ sorgte für Nachrichten aus der Sicht der Kirche. Der damalige Kaplan von St. Aegidii, Hermann Joseph Kappen, wurde ein äußerst wirksamer Mitarbeiter und Redakteur. Die Ministererlasse der preußischen Regierung gegen die Volksmissionen vom 25. Februar und 22. Mai 1851 lösten Proteste und Eingaben aus. Staatlicherseits erging die Weisung, die Predigten zu überwachen; die Regierung sprach ein „Berufsverbot“ für ausländische Geistliche aus und solche, die auf Jesuitenanstalten ausgebildet worden waren, erließ ein Studienverbot für Theologen am Collegium Germanicum in Rom, das 1818 wieder eröffnet worden war, sowie ein Missionsverbot in der Diaspora wegen angeblicher Proselytenmacherei. Die Bischöfe sahen darin eine Verletzung der verfassungsmäßig garantierten Freiheit der Kirche und eine Einschränkung der autonomen Regelung ihrer inneren Angelegenheiten. Die westfälischen Provinzialstände protestierten am 30. September 1852 im Friedenssaal des münsterischen Rathauses gegen die Verletzung der Bundesakte des Deutschen Bundes und der oktroyierten preußischen Verfassung und erinnerten an den Schutz, den Friedrich II. den Jesuiten 1773 gewährt hatte. Die zehn Landdechanten des Bistums Münster baten in einer Eingabe an den König vom 16. Oktober 1852, die Erlasse gegen die Jesuiten und ihre Anstalten zurückzunehmen.

Kirchenpolitisch entwickelten sich aus den Piusvereinen im Zuge der 1848er Revolution die Katholikentage. Als Deputierte des katholischen Vereins für die Gründungsversammlung fuhren Stadtrat Wagner und Kaplan Johann Wilhelm Kres im Jahr 1846 von Münster aus nach Mainz. Bereits der 6. Deutsche Katholikentag vom 21. bis 23. September 1852 fand in Münster statt. Sein Hauptziel war es, darauf hinzuwirken, daß sich Katholiken aller Stände zu Gemeinsamkeit in der katholischen Lebensführung vereinen sollten. Die Soziale Frage gehörte zu den Hauptdiskussionspunkten. Das Referat von Adolf Kolping über Ziele und Grundlinien der Gesellenvereine hinterließ tiefen Eindruck und führte zur Erstgründung eines Kolpingvereins mit dreißig Mitgliedern in St. Aegidii. Präses wurde Kaplan Johann Heinrich Reinermann.

Kirchliche Vereine mit karitativer und sozialer Zielsetzung gründeten sich in großer Zahl: so 1849 der Vinzenzverein unter seinem ersten Präsidenten Pfarrer Johann Neuwöhner, dem sich alsbald der Josephsverein anschloß. Der Vinzenz-Josephs-Verein führte Hausbesuche bei Armen und Kranken durch und versuchte, Arbeitslosen Stellen zu vermitteln. Sammlung und Verteilung von Kleidungsstücken lag in den Händen der zahlreichen Laienmitglieder. Der Verein wurde außerdem Träger der ersten Kleinkinderbewahranstalt für die Kinder aus ärmlichen Verhältnissen (1845); geleitet wurde diese beispielhafte Institution in Münster von den „Schwestern Unserer Lieben Frau“. Die Schwestern im Marienhospital richteten 1868 die erste Volksküche zur Linderung der Not der Arbeitslosen mit täglich etwa hundert Essenausgaben ein.

Priester und Ordensschwestern wurden in den drei Kriegen vor der Reichsgründung gefordert bei der Einrichtung von Lazaretten und der Fürsorge für die Verwundeten an der Front. Alle katholischen Militärgeistlichen erhielten Orden, die Barmherzigen Schwestern aus Münster erhielten ein Meßgewand vom österreichischen

Kaiser wegen ihrer aufopferungsvollen Pflege der Kriegsopfer. 1866 bildete sich in Münster ein Verein zur Pflege verwundeter und erkrankter Soldaten.

Weiter entfalteten sich – gewöhnlich mit den Pfarrkirchen verbundene – Standesvereinigungen mit einem reich differenzierten Spektrum von Aufgabenstellungen und Zielsetzungen bzw. sozialen Einzugsbereichen. Dabei handelte es sich zunächst um die schon erwähnten Sodalitäten und Vereinigungen (Männer, Jünglinge, Jungfrauen, Frauen und Mütter) und Handwerkergesellenvereine, sodann die Kongregationen der jungen Kaufleute und der Akademiker. Exerzitien und Messen am Stiftungsfest der Pfarrkirchen und in der Petri- und Ignatiuskirche gehörten zu ihrem Dauerprogramm.

Beispielhaft sei hier die Entwicklung des katholischen Vereinswesens in der Überwassergemeinde vorgestellt: Hier gab es außer dem überall wirksamen Vinzenz-Josephs-Verein den Franziskusverein (für die Heidenmission), den Bonifatiusverein (für die Arbeit in der Diaspora) und den Borromäusverein (für katholische Büchereien), seit 1831 eine eigenständige Todesangst-Bruderschaft und seit 1845 eine Herz-Mariä-Bruderschaft. Die Marienverehrung fand hier einen besonderen Mittelpunkt, nachdem Bischof Müller die Überwasserkirche im Anschluß an die Verkündigung des Dogmas von der Unbefleckten Empfängnis (8. Dezember 1854) während einer Predigt in einer Maiandacht des darauffolgenden Jahres geradezu zu einem Denkmal dieses Glaubenssatzes erklärt hatte. Im Kulturkampf sollte sich die Innenraumgestaltung der Kirche dann als ein einziges Marienlob darstellen, wobei die Geschichte der Marienverehrung in Münster einbezogen wurde.

Eine ähnlich geartete Akzentuierung mit einem anderen Inhalt erhielt die Aegidiikirche. Hier konstituierte sich die „Bruderschaft der Ewigen Anbetung des Allerheiligsten Altarsakraments", die bereits 1843 6000 und 1857 30 000 Mitglieder zählte. Die Statuten der Bruderschaft fanden 1849 die kirchliche Anerkennung durch Bischof Müller. Die Aegidiikirche wurde in der Folgezeit ein ständiger Anziehungsort für Betende aus Münster und dem Münsterland. Jedes Mitglied der Bruderschaft war verpflichtet, wenigstens eine Stunde im Jahr vor dem Allerheiligsten zu beten. Im Jahr 1864 hielt Freiherr von Druffel vor dem von Geistlichen und Bürgern der Stadt gegründeten Florentiusverein zur Pflege der christlichen Kunst einen Vortrag über die Aegidiikirche als Anbetungskirche. In den 1870er Jahren erhielt die Kirche dann die für Münster einmalige spätnazarenische Ausmalung, die 1877 nach den Entwürfen Eduard von Steinles von dessen Schülern Welts, Tüshaus und Settegast realisiert wurde.

Zwei bedeutsame Jubiläen wurden schließlich in den sechziger Jahren Anlaß zur öffentlichen Selbstdarstellung des katholischen Münster: Vom 29. Juli bis 8. August 1860 beging die Ludgeruspfarre den 1050. Todestag des Kirchenpatrons und Bistumsgründers in einer Festwoche mit allabendlicher Predigt. Gewonnen wurden dafür bekannte Prediger aus Münster: Weihbischof Johannes Boßmann, Dompropst Friedrich Felix Mencke, Domprediger Samuel Kaal und Pfarrer Hermann Joseph Kappen von St. Aegidii sowie zum Abschluß Bischof Martin von Paderborn. 1867 beging ganz Münster unter großer öffentlicher Anteilnahme den 1800. Todestag des Bistumspatrons und Völkerapostels Paulus.

Einen weiteren Höhepunkt kirchlichen Lebens auch in Münster bildeten schließlich die Vorbereitungen auf das Vatikanische Konzil. Die Dekanatsvorstände der

1860 gegründeten Michaelsbruderschaft versammelten sich 1869 in Münster. Es ging um die besondere Unterstützung des Oberhaupts der katholischen Kirche über den Peterspfennig hinaus, nachdem die vorgesehene Gründung einer religiös-militärischen Genossenschaft zur Verteidigung der weltlichen Rechte des Papstes durch die Ereignisse in Italien hinfällig geworden war. Der Regens des Priesterseminars Franz Wilhelm Cramer machte mit den vom Bischof empfohlenen Schriften „Kreuzzug und Rüstung“ und „Zu den Waffen“ auf das allgemeine Konzil aufmerksam. Die Eröffnung am Fest der Unbefleckten Empfängnis Mariens am 8. Dezember 1869 tauchte ganz Münster in ein Flaggenmeer. In einer öffentlichen Erklärung nahm der städtische Pfarrklerus die Beschlüsse des Vatikanischen Konzils, besonders die Infallibilität des Papstes, unter ausdrücklicher Bezugnahme auf die kirchenspaltende Diskussion um den Münchener Kirchenhistoriker Ignaz Döllinger an (1871).

3. *Kampf um die Kirchenfreiheit und Entfaltung kirchlichen Gemeinschaftslebens bis zur nationalsozialistischen Machtergreifung*

Entwicklung des Verhältnisses zwischen Kirche und Staat

Bischof Johann Georg Müller konnte die Eröffnung des ersten allgemeinen Konzils der katholischen Kirche nach über drei Jahrhunderten zwar noch miterleben, jedoch nicht an ihm teilnehmen. Er starb, bevor es beendet war, am 19. Januar 1870. Zu seinem Nachfolger wurde der münsterische Generalvikar Johann Bernhard Brinkmann gewählt und am 6. April 1870 von seinen Priesterfreunden Kardinal Paul Melchers, Erzbischof von Köln und Vorgänger als Generalvikar in Münster, sowie Wilhelm Emanuel von Ketteler, Erzbischof von Mainz und Mitkaplan in Beckum, geweiht. In seine Amtszeit fielen die Kirchenverfolgungsmaßnahmen der preußischen Regierung im neuen Deutschen Reich (der sogenannte Kulturkampf), die ihn zwangen, neun Jahre im holländischen Exil zu verbringen (1875–1884).

Zu den ersten in Münster wirksam werdenden Maßnahmen gehörten die Auflösung der beiden Jesuitenniederlassungen, der Friedrichsburg und des Ignatiushauses, sowie die Schließung der Schwesternhäuser vom Heiligsten Herzen Jesu und von der Heimsuchung Mariä. 1878 wurde auch das Kloster der Schwestern von der Göttlichen Vorsehung geschlossen, konnte allerdings im Gegensatz zu den anderen nach zehn Jahren in der Friedrichsburg neu eröffnet werden. Das gleichzeitig aufgehobene Collegium Americanum des Pfarrers Franz Witte in St. Mauritz, von dem aus 68 Priester in die nordamerikanische Mission entsandt worden waren, blieb für immer geschlossen. Von den Unterdrückungsmaßnahmen ausgenommen waren allein die krankenpflegenden religiösen Gemeinschaften.

Die den Klerus vor- bzw. ausbildenden Anstalten unterstellten die Behörden der Staatsaufsicht. Falls Hausordnungen, Lehrpläne und Statuten nicht dem Oberpräsidenten vorgelegt wurden, waren die staatlichen Zuschüsse zu streichen bzw. die Anstalten zu schließen. In Münster betraf das in erster Linie das Borromäum und das Ludgerianum. Da die Leitung der Kollegien nicht bereit war, die „Maigesetze“ zu befolgen, sondern allenfalls eine Gebäuderevision zu gestatten, wurden die beiden Kollegien schließlich am 3. Juni 1876 von Oberbürgermeister Offenberg und Regie-

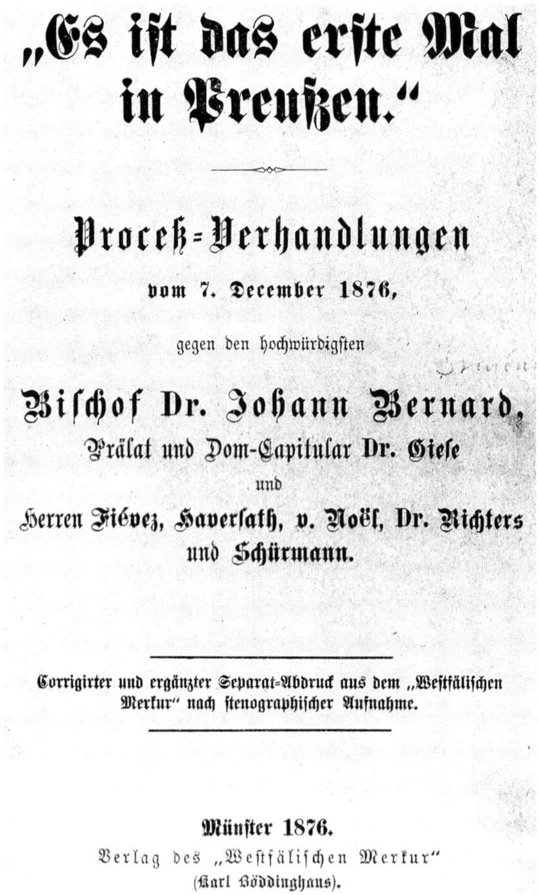

„Es ist das erste Mal in Preußen."

Proceß-Verhandlungen

vom 7. December 1876,

gegen den hochwürdigsten

Bischof Dr. Johann Bernard,

Prälat und Dom-Capitular Dr. Giese

und

Herren Fiévez, Haversath, v. Noël, Dr. Richters und Schürmann.

Corrigirter und ergänzter Separat-Abdruck aus dem „Westfälischen Merkur" nach stenographischer Aufnahme.

Münster 1876.

Verlag des „Westfälischen Merkur" (Carl Böddinghaus).

Titelblatt einer Schrift zum Gerichtsverfahren gegen Bischof Brinkmann, Generalvikar Giese und seine Mitarbeiter (1876)

rungsrat Gedike als Regierungsbeauftragten geschlossen. Vorher jedoch hatten der Verlagsbuchhändler Eduard Hüffer das Borromäum und Clemens Graf Droste-Vischering das Ludgerianum pro forma gemietet und das Inventar gekauft, um das kirchliche Vermögen zu sichern. Jetzt strengten sie gegen den Staat Prozesse an, die sie erst in der dritten Instanz endgültig verloren. Das Inventar blieb in ihrem Besitz, während in die Gebäude die Post und die Provinzialverwaltung mit einem Teil ihrer Amtsstellen einzogen. Da somit die Priesterausbildung in Münster nicht mehr möglich war, gingen die Kandidaten nach Eichstätt, Freiburg und Innsbruck.

Den Höhepunkt der Auseinandersetzungen bildete die persönliche Verfolgung Bischof Brinkmanns. Als er sich den Regierungsanordnungen widersetzte, wurde zunächst am 18. Januar 1874 sein Eigentum gepfändet und er selbst vierzig Tage lang in Warendorf inhaftiert. Da er sich weigerte abzudanken und es vorzog, nach Holland ins Exil zu gehen, machte man ihm schließlich den Prozeß. Am 8. März 1876 wurde er wegen Verletzung staatlicher Anordnungen aus dem Amt entfernt. Das Generalvikariat löste er am 14. April 1876 selbst auf, das „Kirchliche Amtsblatt", in dem die

Verwaltungsverfügungen und Erlasse erschienen waren, stellte sein Erscheinen ein. Die kirchliche Vermögensverwaltung und das Bischöfliche Palais wurden vom Staatskommissar Regierungsrat Gedike übernommen.

Das Bistum des hl. Liudger war somit zum erstenmal seit seinem Bestehen ohne kirchliche Leitung. Die Organisation des kirchlichen Lebens lag nunmehr ganz bei den Dekanaten, zumal im Laufe des Kulturkampfes auch 156 Pfarreien im Bistum verwaisten. In Münster nahm der populäre Seelsorger und seit 1869 als Pfarrer von St. Lamberti, seit 1871 als Stadtdechant amtierende Hermann Joseph Kappen, dem die Stadt später die Ehrenbürgerschaft verlieh, eine besondere kirchliche Führungsrolle wahr.

Die Ereignisse des Kulturkampfes vollzogen sich unter leidenschaftlicher Anteilnahme der katholischen Bevölkerung in Stadt und Bistum. Bereits gegen die Ausweisung der Jesuiten hatten zwei Drittel der gesamten Studentenschaft protestiert, ebenso die Sodalitäten, die Vereinigungen der Handwerker und Kongregationen in der Stadt. Deren Statuten wurden daraufhin eingezogen; prominente Mitglieder wurden bespitzelt und ausgehorcht. Proteste der Katholischen Fakultät und von fünfzig adeligen Damen aus dem Münsterland gegen die Behandlung Bischof Brinkmanns bewirkten nichts außer Geldstrafen. Die Pfarreien in der Stadt organisierten im Jahr 1874 während der ersten Phase des Vorgehens gegen den Bischof ständige Abordnungen, um seine Verhaftung zu verhindern. Aus dem ganzen Bistum setzte eine ununterbrochene Wallfahrt von Delegationen nach Münster ein. Der vierte Jahrestag seiner Bischofswahl am 6. April 1874 geriet zum Volksfest mit Fahnen, Gesang und Feuerwerk. 5000 Frauen versammelten sich auf dem Domplatz; die Firmreise desselben Jahres glich einem Triumph mit ständigen prokirchlichen Demonstrationen. Diese entschiedene Widerstandshaltung und das geschlossene Einstehen für den Oberhirten praktizierten im übrigen auch die 1821 dem Bistum zugewiesenen neuen Gebiete am Niederrhein und in Oldenburg, die jetzt auch von ihrem kirchlichen Selbstverständnis her endgültig in das Bistum Münster integriert wurden.

Als die preußische Regierung nach mehr als zehnjähriger Unterdrückungspolitik schließlich einlenkte, geriet die Rückkehr des Bischofs aus dem Exil zu einem Triumphzug und Volksfest sondergleichen. Am 13. Februar 1884 bereitete eine unübersehbare Menschenmenge auf dem Domplatz ihrem zurückgekehrten Oberhirten einen überwältigenden Empfang. Ein weit über Münster und Westfalen hinaus sichtbares Zeichen der Widerstandskraft und des Selbstbehauptungswillens der Katholiken sowie eine bewußt vorgenommene Ehrung und Auszeichnung der Stadt und des Bistums stellte schließlich der vom 30. August bis 3. September 1885 in Münster stattfindende 32. Katholikentag dar. Ludwig Windthorst ließ als Festredner alle Persönlichkeiten Revue passieren, die seit Fürstenberg in der Stadt Liudgers ein auf traditionsreiche Frömmigkeit gegründetes, einheitliches und unter den Bedingungen der neuen Zeitverhältnisse sich behauptendes Kirchenwesen geschaffen hatten.

Zu einer späten persönlichen Genugtuung für Bischof Brinkmann kam es, als er 1887 das Borromäum und das Ludgerianum wieder eröffnen konnte. Er selbst verhalf diesen Kollegien 1889 durch seine Johann-Bernhard-Stiftung zu einer sicheren finanziellen Grundlage, die sein Nachfolger Hermann Dingelstad durch eine eigene zusätzliche Stiftung noch verbesserte.

Als Bischof Johann Bernhard Brinkmann am 13. April 1889 starb, hatte er von 19 Pontifikatsjahren nur gut sechs unter normalen Bedingungen amtieren können. Dennoch hinterließ er sein Bistum innerlich gefestigt und in einigermaßen geordneten äußeren Verhältnissen. Seine beiden Nachfolger, der „Kinderfreund" Hermann Dingelstad (1889–1911) und der „Volksbischof" Johannes Poggenburg (1913–1933) – die Amtszeit des Bischofs Felix von Hartmann (1911–1912) blieb Episode, da er nach nur einjähriger Amtszeit zum Erzbischof von Köln (1913–1919) erhoben wurde –, konnten ihre Kraft voll und ganz der weiteren Konsolidierung der innerkirchlichen Verhältnisse widmen. In der Stadt Münster stand diese Zeit vor allem im Zeichen der Neuordnung der Pfarreiorganisation nach den Eingemeindungen von 1875 und 1903.

Kleinere Auseinandersetzungen mit den preußischen Regierungsdienststellen hatte allerdings auch Bischof Dingelstad gleich zu Beginn seiner Amtszeit auszufechten, als er sich um die weitere Konsolidierung der Priesterausbildungsinstitutionen bemühte. 1892 hatte er, ohne die nach wie vor erforderliche ministerielle Genehmigung einzuholen, das ehemalige Collegium Americanum als „Carolinum" in das Borromäum integriert und auch die Bestallung des Direktors Bertram Brockes nicht gemeldet. Der Streitfall konnte jedoch alsbald beigelegt werden, und bereits 1895 kam – diesmal mit Genehmigung – als weiteres Ausbildungsinstitut das Collegium Marianum für 18 Alumnen hinzu. Das Ludgerianum erhielt fünfzig Jahre nach seiner Gründung einen Neubau am Domplatz. Der Altbau wurde in das Borromäum integriert und dieses konnte nach Beendigung der Gesamtrenovierung am 8. Dezember 1904, dem 50. Jahrestag der Verkündigung des Dogmas der Unbefleckten Empfängnis Mariens, sein fünfzigjähriges Jubiläum feiern.

Einen „kleinen Kulturkampf" führte nach der Beilegung des großen Konflikts der Generalvikariatssekretär Adolph Tibus als Direktor des Gebetsapostolats und Vorsitzender der Kleinkinderbewahranstalten mit dem Regierungsrat Gedike, der 1878 die Akten der „Seppelerschen Stiftung zugunsten armer Pfarr-, Missions- und Schulstellen" beschlagnahmt hatte. Nur noch einmal standen jedoch das Verhältnis von Kirche und Staat sowie die regionale Gliederung der Kirche in Nordwestdeutschland in der Zeit bis 1933 zentral zur Debatte: bei den Vorbereitungen des Konkordats mit dem Land Preußen im Jahr 1929. Dabei wurden die Bildung einer norddeutschen Kirchenprovinz mit der Erhebung des Bistums Münster zum Erzbistum, die Errichtung einer niederrheinischen Diözese Xanten und die Angliederung des Offizialatsbezirks Oldenburg an das Bistum Osnabrück erwogen. Es blieb jedoch schließlich, was das Bistum Münster betraf, weitgehend beim alten. Lediglich 24 ehemals münsterische Pfarreien wurden dem neugegründeten Bistum Aachen zugeschlagen; Vechta und Xanten verblieben bei Münster. Sitz eines neugegründeten Erzbistums wurde Paderborn; Bischof Poggenburg wurde – sozusagen als Ausgleich für die entgangene Würde – *ad personam* zum Erzbischof erhoben.

Ausweitung der städtischen Pfarrorganisation nach den Eingemeindungen von 1875 und 1903

Im letzten Jahrzehnt des 19. und im ersten Jahrzehnt des 20. Jahrhunderts waren – wie allgemein im kommunalpolitischen Bereich – auch kirchlicherseits die Probleme

Vierzigstündiges Gebet im Dom (1932)

und Auswirkungen der Urbanisierung und des Bevölkerungswachstums zu lösen. Die größte Stadtgemeinde, Liebfrauen-Überwasser, zählte, um nur einen Indikator zu nennen, im Jahr 1903, als dort das goldene Priesterjubiläum von Pfarrer Franz Wolters begangen wurde, 17 000 Seelen. Der Stadtflucht wurde man durch Abpfarrungen gerecht.

Im Laufe der zwölf Jahre von 1897 bis 1909 wurden im vergrößerten Stadtgebiet fünf neue Pfarreien errichtet: 1897 St. Joseph im Bereich der neuen Siedlungskerne um die Hammer Straße, 1903 Herz-Jesu für den Bereich der Wolbecker Straße, 1905 Heilig-Kreuz für das neuentstandene Nordviertel, 1908 St. Josef in Kinderhaus und 1909 St. Antonius im Bereich der Weseler Straße. Hinzu kam die Verselbständigung von St. Anna in Mecklenbeck, das als von St. Lamberti abhängige Kapelle bereits 1848 errichtet worden war, 1903 den ersten selbständigen Seelsorger erhielt und 1906 Rektorat wurde. Die Abpfarrungen wurden im wesentlichen von Liebfrauen-Überwasser und St. Lamberti vorgenommen. Bei der neuen Pfarrgrenzregelung im Jahr 1904 kam die Bauerschaft Sprakel von Überwasser an die Pfarrei Gimbte. Bei den Überlegungen zur Neugestaltung der Pfarrgemeinde St. Mauritz (ca. 12 000 Seelen) legte man 1913 als Idealgröße einer Pfarre 3000 bis 4000 Gemeindemitglieder zugrunde.

Entstehung und Entwicklung der neuen Kirchengemeinden verliefen in Münster durchaus unterschiedlich, im großen und ganzen wuchsen sie aber langsam und organisch heran. Drei Beispielfälle mögen das verdeutlichen:

In Mecklenbeck hatten bis 1807 Franziskaner und ehemalige Jesuiten Gottesdienst abgehalten. Durch Kaplan Bernhard Schweling von St. Lamberti war dann 1845 der Grundstein zu einer Kapelle gelegt worden, die von Bischof Müller der hl. Anna geweiht wurde. 1886 erweiterte man das Gebäude auf Initiative des Repetenten Friedrich Krause. Das Streben nach einer eigenen Pfarrei setzte eine Deputation schließlich 1902 in die Tat um: Das Stiftungskapital von 28 420 Mark für die Anstellung eines Geistlichen wurde aufgebracht, ein Grundstück für die Kirche durch Schenkung zur Verfügung gestellt und das Baumaterial gestiftet. 1903 erfolgte die Abpfarrung von St. Lamberti und 1906 die Einrichtung des Pfarrektorats.

Anders und erheblich schneller verlief die Entstehung von St. Antonius; hier war die treibende Kraft Pfarrer Kappen von St. Lamberti. In der ländlichen Gegend vor dem Aegidiitor bestand seit 1896 eine dreiklassige Schule, 1900 gründete sich ein Kirchenbauverein, 1902 wurde die Antonius-Notkirche errichtet und 1909 erfolgte die Abpfarrung von St. Lamberti. Der Kirchenneubau, für den der Kirchenvorstand der Mutterpfarrei die dann auch erfüllte Erwartung ausgesprochen hatte, daß er in neoromanischem Stil ausgeführt werde, konnte allerdings erst mitten im Ersten Weltkrieg, im Frühjahr 1917, eingeweiht werden.

Im Pfarrbezirk Herz-Jesu, der 1903 abgepfarrt worden war, wurde mit dem Kirchenbau nach den Worten Bischof Dingelstads „das Diözesandenkmal der Jahrhundertwende an das Heiligste Herz Jesu" errichtet [1524: Auling, Geschichte und Beschreibung, S. 23]. Gegen alle Erwartungen konnte die Baufinanzierung zu großen Teilen aus Spenden der Einwohner der übel beleumundeten Siedlung „Klein-Wolbeck" und der ehemaligen Arbeiterkolonie Werse-Delstrup bestritten werden.

Zur Erörterung von Seelsorgefragen auf Stadtebene richtete der Bischof im Jahr 1897 durch Erlaß eines eigenen Statuts die „Allgemeine Stadt-Pastoral-Konferenz" ein, nachdem zunächst 1888 die Pastoralkonferenzen in vier Bezirke aufgeteilt worden waren. Der Stadtkonferenz sollte ein auf drei Jahre gewählter Präses vorstehen, der dann faktisch meist mit dem Stadtdechanten identisch war.

Frömmigkeitshaltungen der Zeit spiegeln sich auch in den Patrozinien der Kirchen wider: Der hl. Joseph wurde 1870 von Papst Pius IX. zum Patron der Kirche erhoben, und 1899 weihte Papst Leo XIII. – im übrigen auf Anregung der aus Münster stammenden Schwester Maria vom Göttlichen Herzen Jesu (Maria von Droste-Vischering) – die Welt dem Heiligsten Herzen Jesu.

Neben der Neuordnung des Pfarrsystems und dem Bau neuer Kirchen war weiterhin die Sorge um das Schulwesen ein zentrales Anliegen der Pfarrgemeinden. Das System der Kirchspielschulen, nach dem zu jeder Pfarrei eine Schule gehörte, war längst durch die Bauerschaftsschulen durchbrochen worden. St. Lamberti zählte 1843 bereits vier Schulen, nämlich neben der Altstadtschule mit vier Klassen eine auf der Geist mit sechs, eine in Delstrup mit zwei Klassen und eine in Mecklenbeck mit einer Klasse. Hinzu kamen zwei Kleinkinderschulen in der Friedrichsburg und an der Josefsstraße. Die Klassenstärke belief sich dabei auf etwa achtzig Kinder. Die ungleiche Schulbesteuerung wurde 1892 mit dem Vertrag über die gleichmäßige Verteilung der Schullasten aufgehoben, die Schulsozietäten als Trägerinstitutionen 1894 aufgelöst. An ihre Stelle traten die katholischen Pfarrgemeinden mit einem gewählten Schulvorstand aus zwölf Mitgliedern.

Die geschilderte Entwicklung ging mit dem Ersten Weltkrieg zu Ende. Die weitere, durch Bevölkerungswachstum und Siedlungstätigkeit erforderlich gewordene Ausdifferenzierung des Pfarrsystems und der Schulbezirke brach ab. Betroffen war davon besonders die St.-Elisabeth-Gemeinde, die erst 1929 eine Notkirche im Kettelerheim erhielt; der Kirchenbau für die Gemeinde konnte erst 1939 verwirklicht werden.

Es sollte bis in die Mitte der 1920er Jahre dauern, ehe sich die durch den Ersten Weltkrieg unterbrochene Entwicklung fortsetzen konnte. Erst durch das Gesetz über die Verwaltung des Kirchenvermögens vom 24. Juli 1924 war gewährleistet, daß die verfügbaren Mittel nach Bedürfnissen und Aufgabenstellung unter den einzelnen Pfarreien gerecht verteilt werden konnten. Der aus allen Kirchenvorständen gewählte „Verband Katholischer Kirchengemeinden“ entschied nach Dringlichkeit über die Kirchenbauten; sie erfolgten in der Reihenfolge Heilig-Geist (1930), Erpho-Christkönig (1930) und St. Elisabeth (1939). Entsprechend der städtebaulichen Entwicklung plante der Verband 1938 neben der dann als einziger noch fertiggestellten Elisabethkirche fünf weitere: St. Sebastian, St. Gottfried, Dreifaltigkeit, St. Thomas Morus und St. Theresia; sie konnten jedoch alle erst nach dem Zweiten Weltkrieg realisiert werden.

Bei den Neubauten Heilig-Geist und Erpho kam es zu einer öffentlichen Auseinandersetzung über Fragen der Architektur. Die Entwürfe des Architekten Becker (Mainz) für St. Clemens in Hiltrup und St. Antonius wichen schon vom historistischen Stil ab, und Heilig-Geist wurde dann der erste moderne Kirchenbau in Münster. Die nach dem – durch Papst Pius XI. 1925 eingeführten – Christkönigsfest benannte und volkstümlich mit dem Namen Bischof Erphos bezeichnete Pfarrgemeinde wandte sich – erschreckt vom „Scheunenstil“ des Duisburger Architekten Kremer – ausdrücklich wieder den traditionellen Bauformen zu.

Das konfessionelle Grundschulsystem blieb bis 1939 unverändert bestehen. Die Kirchenvorstände lehnten jede Änderung ab, auch wenn die neuen Pfarreien mit ihren großen Kinderzahlen sowie die relativ enge Nachbarschaft der Schulen in den Innenstadtpfarreien das vielleicht nahegelegt hätten und entsprechende Vorschläge – sogar solche zur Änderung der Pfarrgrenzen (1924) – gelegentlich gemacht wurden. Änderungen bewirkten schließlich von außen die Nationalsozialisten: Ab 1937 durfte kein Religionsunterricht mehr durch Geistliche erteilt werden, 1939 erfolgte die Umwandlung der konfessionellen Schulen in „Deutsche Gemeinschaftsschulen“.

Gestärktes Selbstbewußtsein und religiöses Leben

Ein Vorgang besonderer Art, in dem sich das neugewonnene Selbstbewußtsein und das religiöse Selbstverständnis der Katholiken und ihrer kirchlichen Institutionen in Münster, aber auch das gespannte Grundverhältnis zwischen Kirche und Staat während der wilhelminischen Ära beispielhaft manifestierten, war die Neugestaltung der Lambertikirche, d. h. sowohl der Abriß des alten und die Errichtung des neuen Turmes – heute weithin sichtbares Wahrzeichen der Stadt –, als auch die neue Formgebung im Inneren und im Figurenschmuck.

Stadtdechant und Pfarrer von St. Lamberti Hermann Joseph Kappen (1869/71–1901), der Initiator des Kirchturmneubaus im neugotischen Stil. Gemälde von Marianne Wagener

Der heutige Lambertiturm konnte erst entstehen, nachdem der schon in den 1860er Jahren geäußerte Vorschlag Bischof Müllers in den 1880er Jahren wiederaufgegriffen wurde, den baufälligen alten Turm und den westlichen Teil der Kirche abzubrechen. Zu den treibenden Kräften bei dem letztlich über zwei Jahrzehnte dauernden Unternehmen wurden Pfarrer Kappen und der Architekt Hilger Hertel der Ältere. Der Bau des neugotischen Turmes, mitten im Kulturkampf begonnen, wurde schnell zum baugestalterischen Konflikt mit den preußischen Behörden, und zwar sowohl wegen von dort geäußerter denkmalpflegerischer als auch wegen verkehrstechnischer Bedenken. Verschiedene Architektenentwürfe mußten beraten werden, und vor allem bezüglich der Frage der Weiterverwendung der Körbe am Turm, der Mahnzeichen aus der Täuferzeit, schlugen die Wellen der Emotionen hoch. 1881 reiste Pfarrer Kappen zu Bischof Brinkmann ins Exil nach Viviers und ließ das Grundkonzept Hilger Hertels absegnen; zusammen mit der Kirchengemeinde wurde das Vorhaben gegen die regierungsamtlichen Widerstände durchgesetzt. Bei der Rückkehr Bischof Brinkmanns aus dem Exil im Februar 1884 war der alte Turm bereits abgerissen und der Nordostabschluß des Prinzipalmarkts eine Baustelle. 1890 starb Hilger Hertel, ohne daß der Abschluß der Bauarbeiten abzusehen gewesen wäre; erst seinen Söhnen Hilger und Bernhard gelang es acht Jahre später, das Bauwerk nach veränderten Plänen fertigzustellen.

Die Stadt Münster besaß damit einen neugotischen Kirchturm von 90 Metern Höhe, der das Zentrum markierte, als Wahrzeichen des siegreichen Bestehens im Kulturkampf. Mit ihm korrespondierten in einer unvollendeten Kreuzform die neugotischen Türme von Herz-Jesu (94 Meter) im Osten, von Heilig-Kreuz (84 Meter) im Norden und von St. Joseph im Süden; lediglich der westliche Kreuzarm blieb wegen des fehlenden Turmaufbaus der Überwasserkirche unvollendet.

Die neue Innenraumgestaltung der Lambertikirche stellt ebenfalls ein Zeugnis des religiösen Selbstverständnisses der Zeit um 1900 dar; sie ist Ausdruck der liturgischen und pastoralen Anliegen, die damals aktuell waren: Der Innenraum enthält nur noch den Hochaltar, den Marienaltar in der südlichen Chorkapelle und im nördlichen Seitenschiff den erstmals dem Kirchenpatron St. Lambertus geweihten Nebenaltar. Das Darstellungs- und Bildprogramm der Fenstergestaltung und der Skulpturen behandelt die aktuellen pastoralen Themen „Leben Jesu", „Leben und Wirken Mariens" und „Bedeutung des Jesuitenordens", etwa mit der Herz-Jesu-Statue des Bildhauers Heinrich Fleige und dem Franz-Xaver-Fenster; die Statuen des Außenprogramms zeigen die bedeutenden Gestalten des kirchlichen Lebens im Münsterland von der Christianisierung an.

Wie schon in den genannten baulichen Maßnahmen zum Ausdruck kommt, waren die Herz-Jesu- und die Marienverehrung besonders charakteristische Manifestationen der Laienfrömmigkeit in der Zeit um 1900. Im Bistum und in der Stadt fanden sie ihren Niederschlag außer in der Gestaltung der Kirchen auch in Andachten und Gebetsaktionen im Jahreszyklus. So waren der Monat Mai der Jungfrau und Gottesmutter Maria, der Monat Juli dem Heiligsten Herzen Jesu und der Monat Oktober dem Rosenkranzgebet geweiht. Hier wie bei anderen Anlässen traten die katholischen Vereinigungen, die Standesorganisationen, die Sodalitäten besonders in Erscheinung. Ihnen galt das Hauptaugenmerk der Pfarrgeistlichkeit. Vor allem die pfarrgebundenen Kongregationen sah man als Gegenmittel gegen die trotz aller positiven Aspekte des kirchlichen Lebens um die Jahrhundertwende zunehmenden Tendenzen religiöser Gleichgültigkeit an. Die Bestrebungen, die Kongregationen pfarrübergreifend zu organisieren, machten in der Mitte der 1890er Jahre entscheidende Fortschritte: 1895 waren Statuten dafür genehmigt, und 1896 konnte eine erste Generalversammlung abgehalten werden. 1919 schließlich lag ein flächendeckendes Organisationsmodell vor, das die Stadt in 32 Bezirke aufteilte.

Besondere Fürsorge galt in diesem Zusammenhang den heranwachsenen Generationen. Auch hier verabschiedete man – diesmal sogar für die gesamte Diözese – ein Statut des Verbandes der katholischen Jugendvereine. Die Präsides trafen sich zur ersten Generalversammlung am 22. März 1903 in Münster; Rektor Poggenburg zitierte den Aufruf des zwei Tage zuvor verstorbenen Papstes Leo XIII., mit allen Kräften zur Bildung einer gläubigen und sittlich gefestigten Jugend beizutragen. Die Arbeit vor Ort sah die feierliche Aufnahme der Jugendlichen nach der Schulentlassung vor. Mit brennender Kerze in der Hand gelobten die neuen Mitglieder Treue zur Kirche und zum Glauben; äußere Zeichen ihres Bekenntnisses sollten die monatliche gemeinsame Kommunion, der Besuch der monatlichen Andacht und Standespredigt, das Halten der Aloysianischen Sonntage sowie die Beteiligung an Exerzitien, Prozessionen, Gebetsstunden und Wallfahrten sein. Außerdem wurden besondere Abteilungen für Wandern, Turnen und Fußball eingerichtet sowie eine eigene Bibliothek und Kasse gegründet (1902).

Für die jüngeren Kinder und Schüler gab es den Kindheit-Jesu-Verein. Für seine Mitglieder wurde jährlich in der Weihnachtszeit eine eigene Andacht mit Ansprache gehalten. Mit ihren Fahnen zogen sie unter Begleitung ihrer Lehrer und Eltern in feierlicher Prozession zur Weihnachtskrippe in St. Lamberti, um dort ihr Missionsopfer zu spenden.

Solche Verbandsaktivitäten wurden ebenfalls für andere Bereiche des Alltagslebens gezielt gefördert bzw. in Gang gesetzt: Das Anliegen, durch die Verbreitung guter Bücher für die religiöse Volksbildung zu sorgen, hatte neben den Borromäusbüchereien in den Pfarrgemeinden den katholischen Bücher- und Lesehallenverein entstehen lassen, der 1903 im Krameramtshaus eine eigene Bücherei eröffnete. Trotz mancher Anfeindungen konnte sich das Institut behaupten und bis zu seiner Auflösung durch die Nationalsozialisten 1935 einen Buchbestand von ca. 170 000 Bänden ansammeln.

Begeisterung für die Weltmission, die ihren Ausdruck in der Gründung des Klosters der Missionare und des Mutterhauses der Missionsschwestern vom Heiligsten Herzen Jesu in Hiltrup (1897 bzw. 1899) fand, führte 1910 zur Gründung des Akademischen Missionsvereins und der Missionsvereinigung des Klerus. Joseph Schmidlin, der eigentliche Begründer der katholischen Missionswissenschaft, hielt neben den systematischen Universitätsvorlesungen in der neuen Disziplin selbst im Ersten Weltkrieg allgemeine Missionskonferenzen und Kurse für Laien und Klerus. Ein eigenes Weltpriestermissionsseminar, das Paulusseminar, wurde 1933 im Lehrlingsheim in der Aegidiistraße gegründet, um die zahlreichen Bewerber für ein Theologiestudium aufzufangen und ihnen eine künftige Wirkungsmöglichkeit in den nordischen Missionen oder in Südamerika zu eröffnen. Die durch Pfarrer Anton Fecke von St. Martini schon 1872 gegründete „Gemeinschaft christlicher Mütter" wurde die erste religiöse Vereinigung auf Bistumsebene. Als ihre Patronin wählte sie sich die Mater dolorosa, die Schmerzensmutter Maria, und als Ziel ihrer Verbandstätigkeit, geistige und materielle Werke der Barmherzigkeit an bedürftigen Müttern und Kindern zu üben.

Diese Zielvorstellung ordnete sich ein in den Gesamtkomplex der sozial-karitativen Initiativen und Aktivitäten. Schon im Fastenhirtenbrief von 1871, also unmittelbar nach seinem Amtsantritt, hatte Bischof Brinkmann ein Hilfsprogramm für die Bedürftigen angekündigt und zu Almosenspenden aufgerufen; sie sollten zu je einem Drittel den bedürftigen Erstkommunionkindern, sonstigen armen Schulkindern und den „verschämten Armen" zukommen. Nach Beendigung des Kulturkampfes wurde das Anliegen energisch wiederaufgegriffen und durch organisatorische Maßnahmen in verschiedenen Bereichen vorangebracht.

Die Unterstützung der armen Familien setzte sich der 1886 gegründete Elisabethverein zum Ziel. Ein eigener Verein für katholische Arbeiterkolonien sollte sich um diese besonders gefährdete Bevölkerungsschicht kümmern. Der Vorsitzende der Kleinkinderbewahranstalten, Adolph Tibus, erhöhte die Zahl der Kindergärten auf fünf. In ihnen erhielten die Bedürftigen Suppe und Milch durch den Mütterverein.

Als Ergänzung enstand 1892 das Josefshaus (später Kettelerhaus) als Hospiz für arme Volksschichten, dessen Aufgabe die Beschaffung von Lebensnotwendigem (Nahrung und Kleidung) war. Als das in den Notzeiten des Ersten Weltkriegs zu einem immer dringlicher werdenden Problem anwuchs, das in den 1920er Jahren anhielt, schlossen sich die Vinzenz- und Elisabethvereine der Pfarreien 1923 zur Pfarrhilfe zusammen. Darin waren in den 1920er Jahren über 350 Personen unent-

Bischof Hermann Dingelstad weiht die Mariensäule vor St. Ludgeri, eine Stiftung des Kaufmanns Joseph Hötte (22. Oktober 1899)

geltlich tätig; annähernd 600 Familien und über 300 Einzelpersonen wurden versorgt. Über den Mütterverein wurde die Verschickung von unterernährten Kindern auf Bauernhöfe in den Schulferien organisiert.

Auf karitativem Gebiet war auch eines der spektakulären Großereignisse angesiedelt, die während der Amtszeit der Bischöfe Dingelstad und Poggenburg Anlaß boten, das Gemeinschaftsbewußtsein und Selbstwertgefühl der Katholiken zu stärken: 1913 versammelte sich in Münster der 18. Allgemeine Caritastag mit über 5000 Teilnehmern; hinzu kamen noch 6000 Teilnehmer vom Katholischen Frauenbund.

Weniger spektakulär, aber für die Stadt nicht weniger bedeutsam waren lokale öffentliche Festlichkeiten, wie zum Beispiel die Einweihung der Mariensäule durch Bischof Dingelstad am 22. Oktober 1899. Die Säule war nach dem Vorbild der Münchener Säule für die Patronin Bayerns von einem privaten Mäzen errichtet worden. Unter Glockengeläut und Gebet zog man in feierlicher Prozession vom Dom zur Ludgerikirche und zum Marienplatz: voran der Arbeiterverein, dann die Gesellenvereine, die fünf Sodalitäten und die Kongregation junger Kaufleute, anschließend das Priesterseminar, der Stadtklerus, das Domkapitel, der Bischof, der Magistrat und schließlich das Kirchenvolk. Es war die auch bei sonstigen Prozessionen übliche Formation.

Festlich begangen wurde in Stadt und Bistum Münster der 50. Jahrestag der Verkündigung des Dogmas von der Unbefleckten Empfängnis Mariens (1904): Die Bruderschaft Maria/Kevelaer wurde vom Dom an die Lambertikirche verlegt. Unter

Schlußgottesdienst zum 69. Deutschen Katholikentag auf dem Schloßplatz

großer Beteiligung krönte Kardinal Fischer das Gnadenbild in Telgte, und am Achten jeden Monats sollten in der Heiligen Messe der Rosenkranz gebetet und der sakramentale Segen erteilt werden.

Von größter überregionaler Bedeutung war der 69. Deutsche Katholikentag vom 4. bis 7. September 1930, der dritte, der in Münster stattfand (der 1914 zum 30. Jahrestag der Rückkehr Bischof Brinkmanns aus dem Exil geplante Katholikentag war wegen des Ausbruchs des Ersten Weltkriegs nicht zustande gekommen). „Volkserziehung und Katholizismus" lautete die Losung, die in zehn Arbeitskreisen thematisiert wurde. Beim Schlußgottesdienst waren 120 000 Menschen versammelt, 20 000 mehr als Münster katholische Einwohner zählte. Die im Jahr darauf folgende Volksmission in der Stadt (15. bis 25. März) sollte die Katholikentagsstimmung nutzen, um die in Umfragen des Kirchenblattes geäußerten Nöte und Probleme (infolge von Arbeitslosigkeit, Wohnungsnot, Alkoholismus) sowie Zweifel an der Zeitgemäßheit des katholischen Kirchenwesens auszuräumen. Die Missionskommission kam zu dem Ergebnis: Münster gehört nicht mehr zu den „glücklichen" Orten.

4. Die katholische Kirche im Dritten Reich

Die Zeit bis zum Zweiten Weltkrieg

Als der Pfarrer von St. Lamberti, Clemens August Graf von Galen, im Sommer 1933 zum Nachfolger des am 5. Januar verstorbenen Erzbischofs Poggenburg gewählt und am 28. Oktober 1933 zum neuen Bischof in Münster geweiht wurde, war nach der Etablierung der nationalsozialistischen Herrschaft über Deutschland auch eine neue Ära im Verhältnis von Kirche und Staat angebrochen, die wie sechs Jahrzehnte zuvor von Konflikten und Spannungen geprägt war, sich jedoch schon bald in Verfolgung und Widerstand qualitativ und quantitativ von der „Kulturkampf-Ära" abheben sollte.

Zunächst galt der neue Bischof, der erste in Deutschland nach Abschluß des Reichskonkordats vom 20. Juli 1933, als Garant des friedlichen Miteinanders. Bei der Bischofsweihe bildeten SA und Stahlhelmformationen Spalier. Schon bald jedoch sollten sich die Fronten zwischen dem nationalsozialistischen Unrechtssystem und dem Bischof als Repräsentanten des katholischen Deutschland verhärten, denn für Galen war das „Christentum Grundlage des Reiches" (Hirtenbrief vom 26. März 1934).

Bischof Galen begann seine Tätigkeit – bei seiner Herkunft aus der Pfarrseelsorge durchaus naheliegend – mit Aktivitäten im pastoralen und sozial-karitativen Bereich. Hier zeigten sich sogleich die Unvereinbarkeit der Standpunkte und Ansprüche sowie die Wertlosigkeit der im Konkordat der Kirche gegebenen Garantien. Auf sie berief sich Galen von Anfang an, sowohl, was die Verteidigung der Eigenständigkeit der karitativen Einrichtungen und Vereinigungen als auch, was die Volksbildungs- und Medienarbeit betraf. Wenn die NSDAP-Organisationen und ihre Aktivitäten im sozial-karitativen Bereich wirksam werden wollten, etwa durch die „Winterhilfe", mußten sie die Werke christlicher Caritas verdrängen. Diese waren gut organisiert und hatten eine lange Tradition mit ihren 2500 Plätzen in den Kleinkinderbewahranstalten (1933: 850 Speisungen), der Sammlung und Verteilung von Kleidung und Nahrungsmitteln durch den Vinzenz-Joseph- und den Elisabethverein, der Pfarrhilfe und dem Kettelerhaus sowie durch die Fortbildungsveranstaltungen in der Koch-, Näh- und Handarbeitsschule, die Müttererholungsfürsorge und die Kinderferienverschickung. Das gleiche galt für die Presse und die Büchereien. Die Bücherei des Katholischen Bücher- und Lesehallenvereins im Krameramtshaus wurde 1935 aufgelöst und durch die „Volksbücherei" ersetzt. Die Schriftenstände in der Kirche galten als „Kanzeln des 20. Jahrhunderts"; die Kirchenblätter erreichten durch die Verbreitung in den Kirchen alle Gottesdienstbesucher. Um wirksam der gleichgeschalteten Presse begegnen zu können, wurden Entgegnungen auf die darin veröffentlichten kirchenfeindlichen Darstellungen als Beilagen zum „Kirchlichen Amtsblatt" verteilt, das durch die Konkordatsbestimmungen geschützt war. Als besonders wirksam jedoch erwies sich die Formierung und Festigung eines katholischen Gegenlagers gegen das „Neu-Heidentum" (Bischof von Galen) durch Intensivierung der religiösen Praxis und Aktivierung der katholischen Verbände. Die erste Maßnahme des neuen Bischofs am Tag seiner Inthronisation, am Christkönigsfest des Jahres 1933, war die Erhebung von St. Servatii zur eucharistischen Anbetungskirche. Die Christkönigs-(Erpho-)Pfarre begleitete das Fest mit dreizehnstündigem Gebet und dreitägigen Standespredigten; in der Stadthalle fand eine Feierstunde der katholischen Jugendverbände statt; die eucharistische Ehrengarde in Heilig-Geist stellte sich als Kriegerkorps Christi dar.

Solche stadtweit koordinierten Großveranstaltungen boten auch weiterhin Gelegenheit zur Demonstration des Selbstbehauptungswillens des katholischen Kirchenvolks in seinen Organisationen. Die Karfreitagsprozession des Jahres 1934 wurde zum öffentlichen Bußgang aller 15 Pfarreien der Stadt, die mit ihren Pfarrkreuzen – angeführt von Dompropst Adolf Donders und Stadtdechant Friedrich Beelert – die sieben Hauptkirchen der Stadt aufsuchten. Im selben Jahr nahm Bischof Galen den 25. Jahrestag seiner Priesterweihe (28. Mai 1904) zum Anlaß, im Dom die Banner aller Einzelverbände der katholischen Jugend zu weihen. 1935 gestaltete man das Gedenken an die Niederschlagung der Täuferherrschaft 400 Jahre zuvor zum Glaubensbekenntnis des katholischen Münster. Der Auszug der Großen Prozession aus dem Dom am 8. Juli dauerte zwei Stunden. 19 000 Gläubige nahmen daran teil. In seiner Predigt verwies Bischof von Galen auf seine Vorbilder Bischof Caspar Max von Droste-Vischering und sein Auftreten gegen Napoleon sowie Bischof Johann Bernhard Brinkmann und seine unbeugsame Haltung im Kulturkampf. Die Prozession deutete er als Demonstration gegen das „Neu-Heidentum", wie es sich in Rosenbergs „Mythus des 20. Jahrhunderts" manifestierte.

Mitten im Kerngebiet des katholischen Gemeindelebens ergab sich jedoch schon bald eine Konfliktlinie besonderer Art: Wie sollte man sich Parteimitgliedern aus den eigenen Reihen gegenüber verhalten? Über seinen Generalvikar Franz Meis und über die Pastoralkonferenz ließ Bischof von Galen die Devise ausgeben: „Nicht die Uniform, sondern die Disposition ist entscheidend für den Sakramentenempfang" [BistumsAM, Stadtdechant A 23]. Entsprechend den Bestimmungen des Konkordats, nach denen sich die Kirche politisch nicht zu betätigen hatte, sollte sie Parteien weder segnen noch verurteilen.

Die katholische Stadtbevölkerung blieb im großen und ganzen trotz der auch in Münster angewandten Doppelstrategie der Nationalsozialisten, mit „Verführung und Gewalt" (Hans-Ulrich Thamer) den inneren Widerstand zu brechen und die „Gleichschaltung" durchzusetzen, weitgehend ihrer Kirche treu. Zu Beginn der 1930er Jahre gab es in der Stadt etwa 98 000 Katholiken in 15 Pfarreien und zehn Filialen. St. Joseph, Herz-Jesu und Kinderhaus waren mit etwa je 14 000 Gläubigen die größten. Von 1930 bis 1937 gab es eine fallende Tendenz durch Kirchenaustritte, allerdings nur in geringem Umfang: 1937 stand die Ludgeripfarre mit 111 Kirchenaustritten an der Spitze, gefolgt von Liebfrauen-Überwasser mit 76, St. Joseph mit 55, Heilig-Geist mit 54 und Martini mit 40. Die Osterkommunion wurde von etwa einem Drittel der Gläubigen gehalten.

Ab 1936 setzten dann die mehr oder weniger offenen Verfolgungsmaßnahmen ein. Zunächst wurde die Laienbewegung, die seit hundert Jahren in der Kirche herangewachsen und im organisierten Vereinsleben ihre äußere Form gefunden hatte, verboten und zerschlagen. Der Jugendbekenntnissonntag am 7. Juni 1936 zum Beispiel, der in Telgte vorgesehen war, durfte plötzlich nicht mehr als Kundgebung im Freien stattfinden, worauf sich abends im Dom über 7000 Kommunikanten einfanden. Als die katholische Zeitung „Unser Kirchenblatt" 1937 Katechismuswahrheiten wie „Der Glaube kommt nicht aus dem Blut" druckte und einen Aufruf zur christlichen Erziehung der deutschen Jugend und zum Erhalt der katholischen Schulen veröffentlichte, wurde sie verboten; als die Druckerei Regensberg (Verleger Dr. Bernhard Lucas) das päpstliche Rundschreiben „Über die Lage der katholischen Kirche im Deutschen Reich" zur Veröffentlichung vorbereitet hatte, wurden der Verlag geschlossen, das Verlagsgebäude und der gesamte Maschinenpark beschlagnahmt.

Dompropst Adolf Donders, der weithin bekannte Domprediger, stellte daraufhin drei Wirkorte für die kirchliche Arbeit heraus, nachdem ihr nahezu alle freien Möglichkeiten der Organisation und Artikulation genommen worden waren: die Kanzel, die kirchlichen Bildungsstätten und den Pfarrsaal. Das Thema der Diözesansynode des Jahres 1936 lautete dementsprechend: „Die Pfarrgemeinde als lebendige Gemeinschaft der in Christus vereinigten Glieder der Kirche."

Auch im Hinblick auf einen der zentralen Streitpunkte zwischen Kirche und Staat in früheren Zeiten, das Unterrichts- und Schulwesen, änderten sich die Verhältnisse. Erstmals 1936 wurde das traditionelle Patronatsrecht der Kirche bei der Besetzung von Lehrerstellen an Höheren Schulen gebrochen. Der Bischof protestierte vergebens. Parallel dazu wurde der Religionsunterricht an den Schulen systematisch eingeschränkt, zunächst an den beruflichen Schulen, dann an den Volksschulen und schließlich insgesamt. Es half kein Protest und Verweis auf die Gesetzeslage, nach der entsprechend dem preußischen Volksschulgesetz von 1906 die Volksschule Konfessionsschule zu sein hatte, und auf das Reichskonkordat, das diese ausdrücklich gewährleistet hatte. Die Bischöfliche Knabenmittelschule wurde in städtische Trägerschaft überführt. Ziel der nationalsozialistischen Schulpolitik war die Deutsche Gemeinschaftsschule, die schließlich 1939 verwirklicht wurde.

Der Bischof mußte seit der Mitte der 1930er Jahre bereits alle kirchlichen Tätigkeiten zu seiner eigenen Sache machen; die Hinweise auf die im Konkordat geschützten Rechte der Kirche fruchteten nichts mehr. Clemens August rechnete seit 1935 bereits mit seiner Verhaftung und hatte für diesen Fall einstündiges Trauergeläut und danach Schweigen der Glocken bis zur Wiederherstellung der freien Amtsausübung verfügt. In seinem Fastenhirtenbrief von 1935 sprach er bereits davon, daß es „wieder Leiden gibt in Deutschland". Der Klerus der Stadt schloß sich den wiederholten Protesten des Bischofs an, protestierte seinerseits gegen die wiederholte Verunglimpfung ihres Oberhirten im „Stürmer", die Auflösung der katholischen Jugendverbände und die Ausweisung der Geistlichen aus den Schulen.

Eine eigenständige Position geistigen Widerstandes nahm der Philosophieprofessor Peter Wust ein. Er wanderte öfters von Münster nach Mecklenbeck, um den streitbaren Pfarrektor Ferdinand Vorholt zu besuchen und mit ihm zu diskutieren. Das Buch „Ungewißheit und Wagnis" (1937) gilt als Frucht dieser Gespräche. Peter Wust widmete sein Buch dem Bischof, der allerdings – „katholisch bis auf die Knochen" (Rudolf Morsey) – nicht begreifen konnte, was es am Glauben zu zweifeln geben könne.

Die Kriegsjahre

Spätestens seit den berühmten drei Predigten in seiner ehemaligen Pfarrkirche St. Lamberti von 1941, in denen er gegen das „Euthanasie"-Programm der Nationalsozialisten protestierte, war Bischof von Galen zum Symbol des katholischen Widerstandes geworden. Als der Bischof daraufhin in der gleichgeschalteten Presse öffentlich der Lüge und des Landesverrats bezichtigt wurde, stellten sich die Pfarrgeistlichen in einer Erklärung über das Stadtdekanat vor ihren Bischof. Sie forderten, die Adressen von Personen bekanntzugeben, die dem Bischof und Ordensleuten, wie etwa den Alexianern von Haus Kannen, Gesetzesverstöße nachsagten, damit man gerichtlich gegen sie vorgehen könne – ohne Erfolg. Unter den zunehmenden Kriegseinwirkungen wurde die pastorale und karitative Arbeit immer mühsamer. Der Druck der staatlichen Behörden und der Gestapo nahmen zu. Es wurde immer schwieriger, angesichts der zunehmenden staatlichen Schikanen, die seelsorgerische Betreuung der notleidenden Zivilbevölkerung zu Hause und darüber hinaus der Soldaten an der Front aufrechtzuerhalten, zumal 1941 die Orden aufgehoben worden waren, die bei manchen personellen Engpässen ausgeholfen hatten.

Die religiöse Unterweisung der Schüler und Jugendlichen drohte als erstes völlig zusammenzubrechen. Das Stadtdekanat erörterte auf einer am 11. November 1937 stattfindenden Seelsorgerkonferenz, wo Religionsunterricht außerhalb der Schule stattfinden könne. Man benutzte in der Folge im wesentlichen die Kirchen und die Pfarrheime dafür. Einige Kapläne versammelten die Schülerinnen und Schüler der Höheren Schulen in Privatwohnungen um sich, nachdem der „Bund Neudeutschland“, der „Heliand“ und die Marianische Kongregation als standesspezifische katholische Jugendverbände verboten worden waren. Sie konnten auf diese Weise de facto weiter existieren. Das Wissen, jederzeit auffliegen und verhaftet werden zu können, formte diese Kreise zu einer verschworenen Gemeinschaft mit lebenslang wirksamen Maximen und Prägungen. In der Wiederaufbauphase nach dem Krieg sollte das noch nachhaltig zur Geltung kommen.

Während der nationalsozialistischen Zeit sind im Bistum Münster insgesamt dreißig Welt- und Ordensgeistliche verhaftet worden; zehn von ihnen kamen in Konzentrationslager. Die Opfer aus dem Bereich des Stadtdekanats Münster waren Franz Schmäing (Direktor des Borromäum), Synodalrichter Laurenz Bocks, Kaplan Heinrich Hennen von Heilig-Geist, Vikar Reinhold Friedrichs von Heilig-Geist, Clemens Echelmeyer (Diözesanpräses des Kolpingwerks) und Studienrat i. R. Hermann Stammschröer (Pfarrektor in Gelmer).

Die Zerstörungen der Kirchen und kirchlichen Einrichtungen in der Stadt durch die verheerenden Bombenangriffe schildert der Regens des Priesterseminars Arnold Francken in einem Erlebnisbericht nach dem 10. Oktober 1943. Im ersten großflächig wirkenden Tagesbombardement an einem sonnigen Sonntagnachmittag, das über 600 Todesopfer forderte, wurde die gesamte Innenstadt verwüstet. Es war das Fanal des Untergangs für die gebaute Kirche als prägendes Moment der Stadt Liudgers schlechthin. Francken schreibt [BistumsAM, Manuskript Francken]:

„Ich stand am 10. in der Domsakristei am Ankleidetisch und wollte fünf vor drei ins Chor gehen, um die Vesper zu halten, als Alarm gegeben wurde, und ging sofort zum Seminar zurück. Mit einigen Nachbarn blieb ich an der Tür stehen und sah erst die Willkür der Flak-Geschosse, als es plötzlich dunkel wurde und eine furchtbare Detonation uns zurückwarf. Mit gewaltigem Getöse brach die Nordwand des Hauses zusammen. Dann folgte 25 Minuten Schlag auf Schlag. Überall in der Stadt flammten Brände auf. Als wir nach der Entwarnung nach draußen gingen, brannte lichterloh das Generalvikariat, der Bischöfliche Hof, die Kurie des Weihbischofs, Donders', Emmerichs usw. Emmerich muß eine innere Verletzung erhalten haben – er wurde sterbend zum Ludgerianum gebracht, wo er bald verschied. Domkapitular Diekamp ist am Herzschlag gestorben. Der Nordturm des Domes hat einen Volltreffer erhalten, das Dach ist abgebrannt, das Gewölbe teilweise eingestürzt. In Überwasser ist das Gewölbe überm Altar heruntergekommen, in Lamberti das ganze

Blick auf Überwasserkirche, Dom und St. Lamberti (1945)

Chorgewölbe, Martini und Antonius haben Volltreffer in der Kirche erhalten, die Clemens-Kirche ist abgebrannt. Das Mutterhaus der Clemensschwestern bekam mehrere Volltreffer, 50 Schwestern sind tot. Überall in der Stadt furchtbare Verwüstungen. Die Amerikaner haben offenbar die Altstadt zum Ziele genommen, und zwar den Mittelpunkt, den Domplatz.“

Bischöfe, Generalvikare und Stadtdechanten in Münster

Bischöfe

Vakanz seit 1801

Ferdinand Freiherr von Lüninck (1821–1825)

Caspar Max Freiherr von Droste zu Vischering (1825–1846)

Bernhard Georg Kellermann (gewählt 1846, präkonisiert 1847)

Johann Georg Müller (1847–1870)

Johann Bernhard Brinkmann (1870–1889)

Hermann Dingelstad (1889–1911)

Felix von Hartmann (1911–1912, Kardinal von Köln)

Johannes Poggenburg (1913–1933, 1930 Titurlar-Erzbischof)

Clemens August Graf von Galen (1933–1945, 1946 Kardinal)

Weihbischöfe

Caspar Max Freiherr von Droste zu Vischering (1795–1825, Bischof)

Clemens August Freiherr von Droste zu Vischering (1827–1835, Erzbischof von Köln)

Franz Arnold Melchers (1836–1851)

Georg Anton Brinkmann (1852–1856)

Johannes Boßmann (1858–1875)

Franz Wilhelm Cramer (1884–1903)

Maximilian Gereon Graf von Galen (1895–1908)

Eberhard Illigens (1909–1914)

Theodor Kappenberg (1914–1920)

Johannes Scheifes (1921–1936)

Heinrich Roleff (1936–1966)

Generalvikare

Clemens August Freiherr von Droste zu Vischering (1807–1813, 1815–1821 Kapitularvikar)

Jodokus Hermann Zurmühlen, Provikar (1821–1825)

Franz Arnold Melchers (1826–1851, seit 1836 auch Weihbischof)

Paul Ludolf Melchers (1851–1857)

Johann Bernhard Brinkmann (1857–1870)

Joseph Giese (1871–1894)

Ludwig von Noel (1894–1905)

Felix von Hartmann (1905–1911, Bischof)

Johannes Poggenburg (1911–1913, Bischof)

Heinrich Hasenkamp (1913–1923)

Franz Meis (1923–1946)

Stadtdechanten und Dompröpste

Heinrich Johann Franz Freiherr von Droste zu Hülshoff (1823–1836)

Johann Heinrich Brockmann (1837)

Heinrich Reckfort (1839–1845)

Franz Arnold Melchers (1846–1851, auch Generalvikar)

Georg Anton Brinkmann (1852–1856, auch Weihbischof)

Felix Friedrich Mencke (1859–1874)

Stadtdechanten

Johannes Neuwöhner, Pfarrer St. Martini (1861–1870)

Wilhelm Schlun, Pfarrer Liebfrauen-Überwasser (1870–1871)

Hermann Joseph Kappen, Pfarrer St. Lamberti (1871–1901)

Franz Wolters, Pfarrer Liebfrauen-Überwasser (1901–1903)

Ewald Bierbaum, Pfarrer St. Mauritz (1903–1905)

Bernhard Hugenroth, Pfarrer St. Ludgeri (1905–1909)

Bernhard Müer, Pfarrer St. Lamberti (1909–1915)

Theodor Kochmeyer, Pfarrer Liebfrauen-Überwasser (1915–1929)

Friedrich Beelert, Pfarrer St. Ludgeri (1929–1938)

Karl Berghaus, Pfarrer St. Mauritz (1938–1953)

Quellen und Literatur

Die Geschichte der katholischen Kirche in Münster ist noch nicht geschrieben. Eine Untersuchung zum Mentalitätswandel der Katholiken im 19. und 20. Jahrhundert in der Stadt unter den veränderten und zunächst fremd empfundenen Entwicklungen in Verwaltung, Politik und Zeitströmungen ist ein Desiderat der Forschung.

Das von Heinrich Börsting und Alois Schröer bearbeitete Handbuch des Bistums Münster [2012: Handbuch Bistum Münster] bietet zum Thema allenfalls eine allgemeine Orientierung und chronikalische Verwaltungsgeschichte; von Bedeutung sind die dort aufgenommenen Antworten auf einen Fragebogen, der an die einzelnen Pfarrgemeinden gerichtet war und die Situation zwischen 1936 und 1939 zu ermitteln suchte. Die Literatur ist im Handbuch nur verkürzt und unvollständig publiziert. Eine Neuausgabe ist in Arbeit.

In guter münsterischer Tradition schrieben die Geistlichen der Stadt die Geschichte ihrer Kirche und der kirchlichen Persönlichkeiten in hohem Maße selbst. Adolph Tibus, der von 1881 bis 1894 Herausgeber der „Zeitschrift für vaterländische Geschichte und Altertumskunde“ („Westfälische Zeitschrift“) war, und Franz Friedrich Schem, der das „Adreßbuch der Geistlichkeit der Diözese Münster“ edierte und mit Anhängen und geschichtlichen Beiträgen als Schematismus für die Zeit von 1857 bis 1890 weiterführte, sind hier an erster Stelle zu nennen.

Die Namen Michelis, Kappen, Kres und Giese sind mit dem „Sonntagsblatt für katholische Christen“ (1849–1890) und dem „Pastoralblatt in Verbindung mit dem Verein von Curat-Geistlichen der Diözese Münster“ (1863–1923) als Begründer und Mitarbeiter zu nennen. Augustin Wibbelt kam durch Franz Hülskamp 1890 als Redakteur des zu begründenden „Ludgerusblattes“ nach Münster. Das „Katholische Kirchenblatt für die Stadt Münster“ (1925–1937) war mit den Domvikaren Johannes Veen und Gustav Albers verbunden.

Die Gegenschrift Droste-Vischerings [1209: Geschichtliche Darstellung] zum Gutachten des Theologieprofessors Georg Hermes über die Auseinandersetzung zwischen Domkapitel und Generalvikar [1221: Gutachten] löste eine Debatte über die Rechtmäßigkeit des Verhaltens des Domkapitels in der Übergangszeit aus. Als Beteiligte bezogen die Domkapitulare Droste-Hülshoff, Zurmühlen, Brockmann und Melchers unverhohlen gegen die Position Droste-Vischerings Stellung [1215: Vier Erklärungen].

Die Wertung der Persönlichkeit Clemens August von Droste-Vischerings, des späteren Erzbischofs von Köln, und das Verhältnis von Kirche und Staat im Vormärz werden von Markus Hänsel-Hohenhausen [1343: Droste zu Vischering] und Reimund Haas behandelt [1340: Domkapitel und Bischofsstuhlbesetzungen]. Außerdem sind die Darstellung von Friedrich Helmert über das neue Domkapitel [155: Kapitel] sowie die neue Wertung der Bischofsversammlung von 1845 durch Haas [1339: Bischofskonferenz] zu nennen.

Die empörte Stimmung der Katholiken gegenüber dem preußischen Staat während des Kulturkampfes wird in den publizierten Prozeßverhandlungen gegen Bischof Brinkmann deutlich [1242: Es ist das erste Mal]. Chronikalische Nachrichten über den Kulturkampf in Münster finden sich in den Schriften von Nikolaus Lepping [1239: Mittheilungen] und Hermann Joseph Kappen [1228: Erinnerungen].

Eduard Hegel hat für Münster die Zusammenstellung der Generalvikare, Weihbischöfe, Bischöfe im biographischen Lexikon der deutschsprachigen Länder für den Zeitraum von 1785 bis 1945 bearbeitet [1985: Bischöfe]. Von Hegel stammt auch ein Aufsatz, der sich mit den geistlichen Universitätsprofessoren befaßt [150: Theologieprofessoren]. Weitere (ältere) biographische Arbeiten stammen von Franz Schem, der sich mit der Person Caspar Max von Droste-Vischerings befaßt [1438: Aus dem Leben] und Adolph Tibus, der die Weihbischöfe bis Johannes Boßmann beschrieben hat [328: Geschichtliche Nachrichten]. Von Friedrich Beelert stammt eine Biographie aus den dreißiger Jahren über Bischof Kellermann [1286: Kellermann]. Franz Wilhelm Cramer hat über Bischof Brinkmann gearbeitet [1310: Johann Bernard]. Leben und Werk Kardinal von Galens sind in den Arbeiten von Portmann [1611: Galen] und Bierbaum [1531: Nicht Lob, nicht Furcht] dargeboten worden. Rudolf Morsey [1602: Kardinal von Galen] und Joachim Kuropka [1593: Graf von Galen] bemühen sich um Wertungen dieser historischen Persönlichkeit. Die einzige Quellenausgabe dieser Zeit über bischöfliches Wirken ist die von Peter Löffler über Kardinal Galen [1481: Akten, Briefe und Predigten]. Die nationalsozialistische Kirchenverfolgung im Bistum Münster wird exemplarisch in den von Christian Frieling bearbeiteten Kurzbiographien dargestellt [1545: Priester im KZ].

Max Bierbaum reflektiert über die münsterischen Synoden im 19. Jahrhundert [84: Diözesansynoden], während die Wirkungsgeschichte der Katholikentage und Synoden im 20. Jahrhundert noch nicht untersucht ist. Schmerzlich vermißt werden Gesamtdarstellungen zur sozialen, karitativen und pädagogischen Tätigkeit und über die Einrichtungen der Kirche in Münster, obwohl mit den Arbeiten von Jungnitz [1371: Krankenhäuser], Krabbe [1389: Schul- und Kulturpolitik] und den Darstellungen über die Kollegien [175: 100 Jahre Borromaeum; 233: Löffler, Ludgerianum; 298: Schröer, Priesterseminar] einige Aspekte schon untersucht worden sind. Das katholische Vereinsleben als Seele des kirchlichen Selbstverständnisses, die Mitgestaltung der Laien in den verschiedenen Entscheidungsgremien (Kirchenvorstände, Konferenzen, Komitees) harrt noch der historischen Bearbeitung.

Eine Dekanatsgeschichte als Gesamtschau gemeinsamen Handelns aller städtischen Kirchspiele – vor allem in der Zeit der Säkularisation, des Kulturkampfes und des Dritten Reiches – ist ebenfalls noch nicht geschrieben. Zu den Herausforderungen der Zeit gehören auch die allgemeine Stadtentwicklung (Bevölkerungszuwachs, Eingemeindungen, soziale Umschichtung), einhergehend mit einem Wandel im Kirchenverständnis und religiöser Bewußtseinsänderung seit den dreißiger Jahren des 20. Jahrhunderts, auf die von seiten der Kirche mit neuen pastoralen Strategien geantwortet wurde.

Beschreibungen und Deutungen der Ausstattungen der einzelnen Pfarrkirchen finden sich in zahlreichen Chroniken und Festschriften der Gemeinden. Zu nennen sind hier unter anderem die Arbeiten von Franz Auling [1524: Geschichte und Beschreibung] und Georg Müller [1414: 60 Jahre Herz-Jesu] zur Herz-Jesu-Kirche. Über die Überwasserkirche haben Franz Wolters [1472: Restauration] und Rudolf Schulze [304: Frauen-Stift] Arbeiten vorgelegt. Die von Werner Hülsbusch herausgegebene Festschrift über St. Martini [184: 800 Jahre St. Martini] ist ein weiteres Beispiel für eine materialreiche Pfarrgeschichte. Die Biographien über die Pfarrer Bernard Aumöller und Friedrich Beelert von Heinrich Schrörs [1444: Aumöller] und Franz und Bernhard Hautkappe [1560: Beelert] sowie die Arbeit über den Domchordirektor Friedrich Schmidt von Rudolf Ewerhart [1320: Schmidt] geben ein lebendiges Bild der münsterischen Geistlichkeit und ihres Wirkens. Der Beitrag von Schmidt bietet darüber hinaus eine Darstellung der Entwicklung der Kirchenmusik und Cäcilienvereine.

Von den ungedruckten Quellen sind, da die Repositur des Generalvikariats ab 1810 am 10. Oktober 1943 beim Bombenangriff auf Münster total vernichtet wurde, vor allem die Bestände des Stadtdekanats und der verschiedenen Pfarrarchive zu nennen, die verhältnismäßig reichhaltiges Material zu den schulischen Verhältnissen enthalten. Dekanalia sind auch im Pfarrarchiv Lamberti überliefert. Im Domarchiv ist Material über die Einrichtung der Dompfarre (1826) und über den Schul- und Mischehenstreit zu finden; im Generalvikariatsarchiv ist Material über die Besetzung der Pfarrstellen und die Gottesdienstordnung in der Stadt vorhanden. Alle genannten Bestände lagern inventarisiert und erschlossen im Bistumsarchiv.

FRIEDRICH WILHELM BAUKS

Die evangelische Kirchengemeinde

1. Die Gemeindegründung und die Anfänge kirchlichen Lebens – 2. Der Niedergang der Gemeinde in napoleonischer Zeit und der Wiederaufbau nach 1813 – 3. Die Gemeinde in der zweiten Hälfte des 19. Jahrhunderts – 4. Von der Differenzierung zur Gleichschaltung – 5. Widerstand und Überleben in der NS-Zeit

1. Die Gemeindegründung und die Anfänge kirchlichen Lebens

Als am 3. August 1802 General von Blücher Besitz von Münster und der neuen preußischen Provinz genommen und neben ihm als dem Militärbefehlshaber auch der Reichsfreiherr vom Stein als Vorsitzender der Spezialorganisationskommission das fürstbischöfliche Schloß am heutigen Hindenburgplatz bezogen hatte, bemühten sich diese beiden mit der Landesregierung Beauftragten schon kurze Zeit später um die Gründung einer evangelischen Gemeinde.

Der Großteil der Beamten und der Militärangehörigen mit ihren Familien war protestantischen Bekenntnisses. Seit etwa 200 Jahren gab es kaum noch andere als katholische Stadtbewohner, schon gar nicht evangelischen Gottesdienst. Wohl waren in den letzten Jahrzehnten des 18. Jahrhunderts einige wenige Evangelische zugewandert. Sie hielten sich aber kirchlich an die nächstgelegenen Gemeinden ihrer Konfession, an die reformierte Gemeinde in Ladbergen bzw. an die lutherische Gemeinde im noch entfernteren Iburg. Es kann nicht verwundern, daß man zur gottesdienstlichen Versorgung der seit 1802 nach Münster versetzten Protestanten auf die für das preußische Heer vorgegebenen Strukturen der Militärseelsorge zurückgriff. Militär- und Verwaltungspersonen, letztere zunächst noch in der Minderzahl, sammelten sich zu gemeinsamen Gottesdiensten. Das bereitete organisatorisch keine großen Schwierigkeiten, denn die Säkularisierung von Ordens- und Stiftskirchen war durch den Reichsdeputationshauptschluß vom 25. Februar 1803 möglich geworden. Der Landesherr konnte nach vorheriger Aufhebung oder Verlegung von Klöstern kirchliche Räume einer Wiederverwendung zuführen. Nachdem anfangs Gottesdienste in der Aula des Jesuitenkollegs stattgefunden hatten, stellte der Generalvikar des Bistums, Freiherr Franz von Fürstenberg, am 22. August 1802 zur Auswahl die Clemens- und die Minoritenkirche zur Verfügung. Blücher traf seine Entscheidung für die Clemenskirche wohl darum, weil in der Klosterkirche der Minoriten eine von Bürgern stark besuchte Sonntagsmesse um 11 Uhr zu berücksichtigen war, was dem evangelischen Gottesdienst hinderlich sein mußte. Zunächst leiteten auswärtige Geistliche den evangelischen Gottesdienst in der Clemenskirche. Aber am 1. November 1802 trat der preußische Feldprediger Johann-Friedrich Blumenthal seinen Dienst in Münster an und stand seitdem für die geistliche Betreuung der Evangelischen zur Verfügung. Diesem umsichtigen Theologen verdankt die junge Gemeinde ihren ersten Aufbau. Was im einzelnen an äußeren Voraussetzungen zu regeln war, geht auf die folgerichtig und präzise abgestufte Zusammenarbeit zwischen Stein, Blücher und den preußischen Zentralbehörden zurück.

Aus der Clemenskirche zog die Gemeinde schon bald in die Dominikanerkirche um. Im Dezember 1802 kam es zu einem anfangs kontroversen Schriftwechsel des Freiherrn mit dem Generalvikar von Fürstenberg, der damals die Grenzen der beiden Konfessionen berührte. Diese Kontroverse zwischen den beiden führenden Persönlichkeiten im damaligen Münster zeigt an der Einstellung zur Übergabe von Kultusgegenständen aus katholischem Kirchenbesitz Überzeugungstreue wie kirchliche Grenzwahrung auf beiden Seiten. Aus heutiger Sicht wird zu urteilen sein, daß Fürstenberg geweihte *vasa sacra* nach katholischem Kirchenrecht nicht zum akatholischen Kultus übereignen konnte; einen ungeweihten Kelch und einen Kommunikantenbecher jedoch war er sehr wohl an die junge Gemeinde weiterzugeben bereit.

Als 1803 eine, wenn auch vage und später nicht erfüllte Hoffnung aufkam, mehrere wohlhabende niederländische Familien würden sich in Münster niederlassen, falls dort reformierter Gottesdienst angeboten würde, nutzte man diese Gelegenheit, den preußischen König um Bildung einer reformierten Gemeinde zu bitten. Der Landesherr ließ in seiner Antwort zwar Bereitschaft erkennen, wenn der anzustellende Prediger gleichzeitig einen Auftrag in der Provinzialkirchen- und -schulverwaltung wahrnehmen könnte, doch winkten die den König beratenden staatlichen Stellen ab. Nachdem doch endgültig wegen der kirchlich und schulisch zu versorgenden Beamtenfamilien – sie waren zum erheblichen Teil reformiert – die Gemeindebildung als unumgänglich festgestellt war, arbeitete Blumenthal einen „Prospekt“ für die zukünftige Kirchengemeinde aus (15. November 1803). Danach war von einer neben der Militärgemeinde bestehenden Zivilgemeinde vorerst abzuraten, da beide getrennt nicht groß genug sein würden. Vielmehr solle es bei einer einzigen (Militär-)Gemeinde bleiben. Als Gottesdienstraum eigne sich die Minoritenkirche. Der Garnisonsprediger könne zunächst den pastoralen Dienst allein tun. Erst wenn ein weiteres Regiment nach Münster verlegt würde, sei an einen zweiten Pastor zu denken, der reformierter Konfession sein solle. Vorgeschlagen wurde, daß der König das Patronat über die Gemeinde übernehmen möchte. Oberpräsident vom Stein und Militärgouverneur von Blücher wären bereit, in den Kirchenvorstand einzutreten.

Dieser Planung, die vom Stein in einigen Punkten erweiterte, wurde in Berlin gefolgt. Am 25. Januar 1804 sprach der König die Umwandlung der früheren Minoritenkirche in eine „Garnison- und erste protestantische Kirche“ aus. Als die Minoritenmönche im Sommer 1804 in das säkularisierte Dominikanerkloster umzogen, stand die Klosterkirche zur Verfügung der Protestanten. Wenig später wurde von Berlin aus Professor D. Wilhelm Möller zum reformierten Pastor ernannt und die Anstellung eines Stadtschullehrers verfügt. Die Errichtung einer zweiten (lutherischen) Pfarrstelle stellte man in Aussicht. Beide Pfarrstellen sollten mit Tätigkeiten in der provinzialen Kirchen- und Schulverwaltung verbunden sein. Weiter erging am 18. Februar 1805 die Anordnung, gemäß dem Blumenthalschen „Prospekt“ den Kirchenvorstand nun zu bilden und den gemeinsamen Gottesdienst in der Minoritenkirche abwechselnd vom lutherischen und reformierten Pastor zu halten. Über einen Fonds für die bauliche Unterhaltung der Kirche und die Personalkosten blieb die Entscheidung vorbehalten. Neben dem reformierten Möller stellte die Regierung im

Bernhard Christoph Ludwig Natorp (1774–1846) übernahm 1816 die zweite Pfarrerstelle und wurde 1836 Vize-Generalsuperintendent für Westfalen

Frühjahr 1805 als ersten Inhaber der lutherischen Pfarrstelle Friedrich Wilhelm Offelsmeyer an. Damit war die Errichtung der Zivilgemeinde vollendet.

2. *Der Niedergang der Gemeinde in napoleonischer Zeit und der Wiederaufbau nach 1813*

Diesem erfolgreichen Beginn folgte nur zu bald mit dem Niedergang Preußens nach der Veränderung der politischen Verhältnisse im Münsterland der Rückgang im evangelischen Kirchenwesen Münsters. Preußen verlor 1807 im Frieden von Tilsit seine westdeutschen Landesteile. Münster geriet an das Großherzogtum Berg. Die Stadt nahm eine französische Garnison auf. Die evangelische Soldatengemeinde war fortgefallen, die preußische Beamtenschaft abgezogen. Nur ein Rest der bisherigen Zivilgemeinde konnte bleiben. Die Pfarrer Möller und Offelsmeyer sahen sich in der Folgezeit genötigt, die Stadt zu verlassen. Für die bauliche Unterhaltung der Kirche standen keine, für die Besoldung des neueingetretenen Pastors Martens nur ungenügende Mittel bereit. Der äußere Niedergang wirkte sich auf das kirchliche Leben und den Arbeitsstil des Geistlichen nicht positiv aus.

Im Oktober 1813 nahm Preußen erneut Besitz vom Münsterland. Mit der Neubildung der Provinzialverwaltung kehrten preußische Beamte und Militärangehörige nach Münster zurück. Der Militärprediger Romberg vertrat vorübergehend auch die geistlichen Funktionen in der Zivilgemeinde, bis 1816 in deren beide Pfarrstellen die

Entwurf Karl Friedrich Schinkels für die Emporen im Langhaus der ehemaligen Minoritenklosterkirche St. Katharinen, der heutigen Apostelkirche (1818).

Konsistorialräte Ludwig Natorp und Wilhelm Möller eingesetzt wurden. Die beiden Pfarrer konnten nach einer Dienstzeit von je drei Jahrzehnten eine blühende Gemeinde hinterlassen. Berufungsgemäß auch im Königlichen Konsistorium der Provinz Westfalen leitend tätig, haben sich beide Lob und Anerkennung erworben. Natorp wies in der Pädagogik und der Kirchenmusik manche neuen Wege, genoß als bekannt tüchtiger Prediger weithin Ansehen, während die Gemeinde ihm auch wegen seiner Menschenfreundlichkeit und Hilfsbereitschaft ein langandauerndes Andenken bewahrte. Seine Predigt wurde auch von manchen katholischen Mitbürgern gehört. Theologisch etwas anders ausgerichtet als der ursprünglich mehr der Aufklärung verbundene Natorp, hatte sich Möller von jeher dem Rationalismus wenig geöffnet. Er stellte mehr den wissenschaftlich ausgeprägten Theologentyp dar und wirkte daher fördernd auf die Bildung der Theologiekandidaten ein. Bis 1871 blieben jeweils zwei Gemeindepfarrer zugleich als Räte im Konsistorium tätig (bis 1935 weiterhin ein Pfarrer). Das Presbyterium der Kirchengemeinde unternahm wiederholt Versuche, diese Pfarrer von der Behördentätigkeit befreit zu sehen, um deren ganze Kraft der Seelsorge zuzuwenden.

Nach den Befreiungskriegen wurde auch die Minoritenkirche aus dem 13. Jahrhundert für die gemeinsamen Gottesdienste sowohl der Militär- wie der Zivilgemeinde instand gesetzt. Um die Innengestaltung bemühte sich der bekannte Berliner Baumeister Schinkel, der Entwürfe für die Emporen und die Gestaltung des Kanzel- und Altarbereichs erarbeitete. Daß dabei der ursprüngliche Raumeindruck der ältesten gotischen Hallenkirche im Stadtbereich durch die weitgehende Verdeckung der hohen Fenster verlorenging, war wegen der Anlage möglichst vieler Kirchensitze nicht zu vermeiden gewesen. Erst in der großen Renovierungsphase von 1937/38, also nach einem Jahrhundert der Schinkel-Ausgestaltung, erhielt die Kirche ihre ursprüngliche Raumwirkung zurück. An die Garnisonkirche erinnerten bis 1937 jeden Besucher die hoch an den Emporen im Mittelgang aufgehängten Erinnerungstafeln der in den Feldzügen des 19. Jahrhunderts gefallenen und mit Orden ausgezeichneten Soldaten der münsterischen Garnison. Immerhin war ein Übelstand – der bei der Übergabe der Kirche (1804) geschaffene Einbau von Unteroffizierswohnungen in den tiefen Chorbereich – seit 1818 beseitigt. Hingegen sorgte die Zuweisung von kanzel- und altarnahen Plätzen zum ausschließlichen Gebrauch durch höhere Beamte und Offiziere gelegentlich für Erregung unter den Nichtprivilegierten. Solche Unstimmigkeiten konnten 1822/24 erst durch allerhöchsten Bescheid des von Unterbeamten angerufenen Königs beigelegt werden. Noch einmal fühlten sich Betroffene, diesmal die Beamten und Offiziere, in ihren Kirchsitzrechten beeinträchtigt. Das Presbyterium der Zivilgemeinde sprach sich daraufhin 1842 gegen die strenge Durchführung der ursprünglichen Richtlinien aus, um eine Verärgerung mancher Gemeindeglieder mit Folgen für den Kirchenbesuch zu vermeiden.

Gottesdienst und Seelsorge

Rein rechtlich bestanden drei Kirchengemeinden: die reformierte, die lutherische und die Militärgemeinde, letztere mit zwei Militärgeistlichen, von denen der eine (der spätere Militäroberpfarrer) für Münsters Militär zuständig und von 1846 bis 1866, erneut von 1877 bis 1920 Mitglied des Konsistoriums war, während der Kollege die Betreuung der kleineren Garnisonen in Mittel- und Südwestfalen und der Landwehr neben seinem Dienst in Münster zu übernehmen hatte.

Die im preußischen Staat einheitlich geordnete Militärseelsorge besaß die Eigentümlichkeit, daß seit 1809 jeder Truppenteil einmal monatlich ohne Unterschied der Konfession am evangelischen Militärgottesdienst teilzunehmen hatte. Diese Vorschrift bezog sich später auch auf die sogenannte Kirchenparade und den der Parade folgenden Kirchenbesuch. In Münster war der gemeinsame „dienstmäßige“ Gottesdienst nur einmal im Jahr, am Geburtstag des Königs, abgehalten worden. Auf Druck aus dem Kriegsministerium richtete die Garnison ab 1826 zunächst einen, später zwei monatliche „dienstmäßige“ Militärgottesdienste ein. Eine solche Regelung mußte in Münster auf Unverständnis stoßen. In fürstbischöflicher Zeit brauchte kein evangelischer Soldat „dienstmäßig“ am katholischen Militärgottesdienst in St. Lamberti teilzunehmen. 1803 hatte die preußische Verwaltung die katholische Militärgeistlichenstelle in Münster aufgelöst, obwohl General von Blücher nachhaltig für ihren Fortbestand eingetreten war. Seit 1826 beschwerte sich der westfälische Provinziallandtag wiederholt beim König über mangelnde katholische Militärseelsorge. Der Landtag sah in der bestehenden Anordnung eine Verletzung der Parität. Aber beim Monarchen fanden diese Vorstellungen keinen Anklang, da für ihn der militärische Gesichtspunkt des besseren Gesamtzusammenhalts seiner Truppen im Vordergrund stand. 1834 sollten die katholischen Soldaten den einzelnen katholischen Pfarreien der Stadt zugewiesen werden. Dieser Versuch war zunächst nicht durchführbar. Doch löste sich das Paritätsanliegen 1838 dadurch auf, daß die Beteiligung katholischer Soldaten am evangelischen Militärgottesdienst in Münster fortfiel.

War seit 1816 zunächst gemeinsamer Kirchenbesuch der Militär- und der beiden Zivilgemeinden üblich gewesen, so trat 1826 eine erste Trennung ein. Den Hauptgottesdienst am Sonntag und die vierzehntägliche Nachmittagsveranstaltung hielten Militär- und Zivilpfarrer im Wechsel. Vierzehntäglich sammelte sich das Militär zum frühen Kirchgang. Da Soldaten vom Zivilgottesdienst aber nicht grundsätzlich ausgeschlossen wurden, bestand keine strenge Unterscheidung zwischen den verschiedenen Gottesdiensten. Eine verbesserte Regelung wurde später zwar vorgeschlagen, fiel aber 1845 der Ablehnung durch den König zum Opfer. Alle kirchlichen Veranstaltungen wurden nach zeitgenössischen Berichten fleißig besucht. Vorgenommene Zählungen um 1840 ergaben eine Beteiligung von bis zu 1400 Personen beim Zivilgottesdienst am Sonntagvormittag, nachmittags von etwa tausend. Zur gleichen Zeit betrug die Zahl der Gemeindeglieder 1400, von der die Ortsabwesenden und die wegen Alters und Krankheit nicht Gottesdienstfähigen abzuziehen sind, der jedoch Besucher aus dem Militärstand zuzurechnen wären. Das Presbyterium konnte 1840 die Feststellung treffen, daß sich die Kirchengemeinde Münster mit jeder anderen wohl messen könne. Der kirchliche Sinn unter den Beamten, besonders den Frauen, müsse anerkannt werden. 1866 wurde berichtet, daß nur wenige Gemeindeglieder sich grundsätzlich von kirchlichen Veranstaltungen und heiligem Abendmahl ausschlössen. Seit der Jahrhundertmitte wurden auch Passionsandachten an Wochentagen und, wohl nach dem Vorbild der katholischen Kirche, im Halbjahresabstand Schulgottesdienste angeboten.

Soziale Zusammensetzung der evangelischen Gemeinde 1838:

Beruf	Anzahl der Familien	Personen (ohne Familie)
Beamte mit akademischer Bildung, Richter	29	3
Beamte im gehobenen und mittleren Dienst	66	13
Unterbeamte (Schreiber, Boten)	56	10
Freiberufliche Akademiker	4	5
Kaufleute, Wirte, Kleinhändler	13	1
Handwerker	92	11
Arbeiter/-innen, Tagelöhner	9	42
Dienstboten	–	191
Sonstige Berufe, ohne Berufsangabe	–	39
	269	315

Quelle ArchEvK, Gemeindeverzeichnis

Das Gemeindeleben und die Diasporasituation

Zum inneren Glaubensstand der Kirchengemeinde, wenn er denn überhaupt zutreffend erhoben werden kann, legte das Presbyterium 1844 dar, daß in den höheren und mittleren Ständen viele ehrenwerte Familien angetroffen würden, daß jedoch der Kirche entfremdete Mitglieder nicht fehlten. 1852 berichtete einer der Gemeindepfarrer von zahlreichem und fleißigem Besuch der Gottesdienste; immerhin wurde nach dieser Quelle der Nachmittagsgottesdienst hier besser als an anderen Orten besucht. Deutlich herausgestellt wurde damals schon die Schwierigkeit, daß durch die starke Fluktuation besonders der Beamten oft ein tieferes Einleben in die Gemeinde nicht möglich sei. Diese Klage setzte sich über das ganze folgende Jahrhundert fort.

Eine andere Negativwirkung im Gemeindeleben entstand durch die zahlenmäßig zunehmenden konfessionsgemischten Ehen. Es konnte nicht ausbleiben, daß die heiratsfähigen Mitglieder auch außerhalb der Gemeinde Ehepartner suchten und fanden. Abgesehen davon, daß in beiden großen christlichen Kirchen das Recht und die Tendenz gegen gemischte Ehen sprachen, bedeutete jede Eheschließung mit einem Andersgläubigen die mögliche Entfremdung von der angestammten Religionsgemeinschaft. Jedenfalls sprachen die Erfahrungen nicht für eine Förderung solcher Ehen.

Sozialstruktur konfessionsverschiedener Ehen in der evangelischen Gemeinde 1838:

Beruf	Ehemann ev./ Ehefrau kath.	Ehefrau ev./ Ehemann kath.
Beamte mit akademischer Bildung, Richter	1	2
Beamte im gehobenen und mittleren Dienst	–	6
Unterbeamte (Schreiber, Boten)	–	2
Freiberufliche Akademiker	–	–
Kaufleute, Wirte, Kleinhändler	–	2
Handwerker	–	9
Arbeiter/-innen, Tagelöhner	–	6
Dienstboten	–	–
Sonstige Berufe, ohne Berufsangabe	–	7
	1	34

Quelle ArchEvK, Gemeindeverzeichnis

Auch wenn die Aufstellung auf nicht völlig eindeutigem Quellenmaterial beruht, macht sie doch deutlich, daß die Bereitschaft evangelischer Frauen zu konfessionsgemischten Ehen zu diesem Zeitpunkt ungleich größer war als umgekehrt die der evangelischen Männer, katholische Frauen zu heiraten. In der Militärgemeinde, aus der ähnliche Quellen nicht vorliegen, waren die inneren Voraussetzungen für konfessionsgemischte Verbindungen vermutlich günstiger. Hier dürfte das Vorbild des von 1817 bis 1835 in Münster diensttuenden Generalleutnants von Luck manche äußeren Hemmungen verringert haben. Luck lebte in konfessionell gemischter Ehe und hatte in seiner Familie katholische Kindererziehung zugelassen. Schon 1817 war die Berliner Staatsregierung auf angebliche Übergriffe des katholischen Klerus in Münster bei Eheschließungen zwischen Glaubensverschiedenen aufmerksam geworden. Der König ließ den Staatskanzler wissen, daß er im Bistum Münster Gewissenszwang durch Versagung der Sakramente an Katholiken in Mischehen und Verpflichtung mit evangelischen Frauen verheirateter katholischer Ehemänner zur katholischen Kindererziehung nicht dulde, so wie er ähnliches der evangelischen Seite nicht erlaube. Oberpräsident von Vincke, zeitweise Mitglied des Presbyteriums in Münster, riet zu fester

Haltung des Ministeriums in der Frage der religiösen Kindererziehung. 1840 spricht das Presbyterium von kirchlichen Konflikten, die durch die gemischten Ehen entstanden seien. Es hebt aber auch hervor, daß als Ergebnis der sogenannten Kölner Wirren im Zusammenhang mit dem Staatskonflikt wegen der Haltung der katholischen Kirche in der Mischehenfrage sich hier die evangelischen Eheschließungen gemischter Ehen mehrten. 1844 beschloß die Kreissynode Tecklenburg, zu der die münsterische Gemeinde damals gehörte, evangelische Ehemänner in gemischten Ehen mit nichtevangelischer Kindererziehung von den Sakramenten auszuschließen. Aber den Gemeindegliedern in Münster wurde dieser Beschluß von den örtlichen Pfarrern nicht bekanntgegeben, da das Presbyterium ihn für mehr schädlich denn nützlich hielt. Das Konsistorium der Provinz Westfalen erklärte daraufhin den Synodalbeschluß für unstatthaft.

3. Die Gemeinde in der zweiten Hälfte des 19. Jahrhunderts

Das Todesjahr der beiden langjährigen Pfarrer Möller und Natorp (1846) bezeichnet einen deutlichen Einschnitt in der Gemeindegeschichte. Die Gemeinde hatte im Leben der Stadt tiefere Wurzeln geschlagen und auch Anerkennung gefunden. Sie gab sich durchaus nicht streitbar, legte ihre Kraft desto mehr in den inneren Aufbau. Das Gemeindeleben gestaltete sich erfreulich gut; ein Zug ernsten christlichen Lebens unter der geistlichen Anleitung bedeutender Pastoren (Natorp, Möller, Daub), nun auch der nachfolgenden Pfarrer Lüttke und Hammerschmidt, die der theologisch-konservativen Richtung bzw. dem Neupietismus zuzuordnen sind, war unverkennbar. Zeichen dafür sind einige Gründungen zur vereinsmäßigen Sammlung der Gemeindeglieder und im diakonischen Bereich.

Vereinsgründungen

Als älteste evangelische Vereinigung ist der Frauenverein zu nennen, gegründet 1824 als einer der ersten seiner Art in Westfalen. Ihm überwies der preußische König eine ehemalige Domherrenkurie am Horsteberg zur Nutzung als „Armenanstalt", und zwar als Heim für alleinstehende, meist ältere Frauen. Seine Hauptaufgabe sah der neue Verein damals auf diakonischem Gebiet. Das Haus wurde zunehmend der Mittelpunkt des außergottesdienstlichen Gemeindelebens. Der Ertrag der Diakoniesammlungen in den Gottesdiensten, seit 1837 vermehrt durch zusätzliche Haussammlungen, ermöglichte größere Unterstützungen an bedürftige Gemeindeglieder. 1839 trat die „Wochenhilfe", die Wöchnerinnen und werdenden Müttern Rat und Beistand gewährte, hinzu. Pfarrer Lüttke stand mit Theodor Fliedner in Kaiserswerth, dem Neuerwecker des apostolischen Diakonissenberufs, in Verbindung und erreichte 1850 die Eröffnung einer Diakonissenstation in Münster im Haus am Horsteberg. Das Arbeitsfeld der Diakonissen breitete sich in der Folgezeit erheblich aus. Ein Pfennigverein sammelte wöchentlich bei Gemeindegliedern und finanzierte damit eine Suppenküche. Um den wirtschaftlichen Unterhalt der Schwesternstation bemühte sich ein Diakonissenverein, der seit 1850 eine jährliche Hauskollekte einsammelte. Der Ertrag dieser Sammlung stieg so sehr an, daß 1853 eine zweite Diakonisse für die neugegründete Kleinkinderschule gewonnen werden konnte. Im Armenhaus am Horsteberg riefen die beiden Diakonissen auch eine Näh- und Strickschule für arme Mädchen und ein Nähkränzchen ins Leben (1852). Mit dem Verkauf der erstellten Waren unterstützten sie die Diakonissenarbeit.

Alle diese Aktivitäten und Gemeindegruppen schloß der Evangelische Frauenverein zusammen und vertrat sie nach außen. Das Armenhaus am Horsteberg entwikkelte sich, nachdem es auch den Vereinen in der Gemeinde geöffnet war, zum Gemeindehaus. Im Januar 1844 wurde in der evangelischen Schule der Hauptverein Münster des 1842 ins Leben getretenen Evangelischen Vereins der Gustav-Adolf-Stiftung gegründet. Die Vereinigung hatte die bessere kirchliche Versorgung der Diaspora als Aufgabe gewählt und beschaffte über ihre Zweigvereine Spendenmittel. Der in Münster gebildete Hauptverein für Westfalen hatte unter seinen Gründern fast nur Pastoren und Gemeindeglieder aus der Provinzialhauptstadt, an ihrer Spitze den bekannten Orts- und Landeshistoriker Dr. Heinrich August Erhard, der Gründungsvorsitzender wurde. Der anfangs auf die Stadt beschränkte Verein dehnte rasch sein Einzugsgebiet auf die ganze Provinz aus, so daß in fast allen Kirchenkreisen Westfalens Zweigvereine entstanden. In der Gemeinde Münster wirkte sich nach dem Bericht des Presbyteriums die Vereinstätigkeit in einer deutlichen Stärkung des evangelisch-kirchlichen Bewußtseins aus. Der Verein kommt seiner Gründungsaufgabe bis heute nach, allerdings liegt das Schwergewicht seit einiger Zeit auf der Hilfe in der Auslandsdiaspora. Eine weitere Vereinigung, der Jünglingsverein von 1850, schloß sich später dem Bund „Christlicher Verein junger Männer" an. Er wirkte mehr in der Stille unter Lehrlingen und Handwerksgesellen. Pastor Lüttke prägte diesen aus Bibel und Bekenntnis lebenden Kreis, bis er seit Ende des 19. Jahrhunderts einen erheblichen Aufschwung nahm und ein breitgefächertes Programm entwickelte, nunmehr auch dem Jugendsport mit später vereinseigenem Sportgelände zeitgemäß Raum gab. Der Posaunenchor des Vereins war die wohl älteste Bläservereinigung der Kirchengemeinde. Auch betreute der Jünglingsverein junge Soldaten während ihrer Militärzeit in Münster. Die Unterstützung der äußeren Mission schloß ebenfalls Gemeindeglieder zusammen. Schon 1859 werden mehrere Vereine für die Missionsarbeit genannt.

Ein weiterer Zusammenschluß, vor allem von Frauen, wandte sich der Krankenpflege – besonders im Krankenhaus – zu. Seit 1853 bemühte sich der bereits genannte Diakonissenverein um ein Grundstück zum Bau eines Krankenhauses. Ein evangelisches Krankenhaus erschien um so notwendiger, als in der Stadt mehrere katholische Anstalten die alleinige Pflege und Versorgung der Kranken übernommen hatten. Erst zehn Jahre später gelang es, den Rohbau eines größeren Wohnhauses zu erwerben und zum Krankenhaus umzurüsten. Im November 1863 konnte das „Johannisstift" eingeweiht werden. Bei der Eröffnung nur 18 Betten umfassend, stieg die Kapazität bis 1888 auf 88 Plätze. Schon vorher (1882) gab die städtische Armenkommission ihre Zusage, die Pflegekosten für bedürftige Patienten zu übernehmen. Da das Krankenhaus durch seine Lage nahe der Bahnlinie starke Störungen hinnehmen mußte, kam es zum Neubau in der Wichernstraße. Das 1909 eingeweihte neue Haus enthielt zunächst hundert Krankenbetten, wurde aber bei wachsendem Bedarf später erweitert.

Das 1863 eingeweihte Johannisstift an der Friedrichsstraße – erstes evangelisches Krankenhaus in Münster

Der ältere „Pfennigverein", der für Sammlungen zur Armenpflege zuständig war, erhielt um 1870 die umfassendere Aufgabe, die Diakonissenstation, das Krankenhaus und die Fürsorge für erkrankte Arme mitzutragen. Die Einteilung in kleine Stadtbezirke machte die Aufgabe der einzelnen Sammlerinnen überschaubarer. Sie ermöglichte Rückmeldung beim Pfarrer und Auflistung der Ergebnisse in gedruckten jährlichen Rechnungsberichten. Damit war ein Kreis erfahrener Mitarbeiterinnen und spendender Gemeindeglieder um den Pfarrer geschlossen – insgesamt ein vorwärtsweisender Ansatz für die spätere Durchorganisation der wachsenden Gesamtgemeinde.

Bei der Amtsübernahme fand Pfarrer Bramesfeld, der 1871 in den Gemeindedienst eintrat, über 3000 Gemeindeglieder vor; 1846 waren es noch nicht 2000 gewesen. Von den damaligen drei Pfarrstellen Münsters waren zwei mit umfangreicher Tätigkeit im Konsistorium der Provinz verbunden; nur Bramesfelds Stelle stand ausschließlich für die Gemeindearbeit zur Verfügung. Der flächengroße ländliche Diasporabereich, der von Drensteinfurt bis Telgte und Havixbeck reichte, ließ sich bei zunehmenden, wenn auch insgesamt schwachen evangelischen Bevölkerungszahlen von Münster aus nicht gerade leicht versorgen. Die verschiedenen kirchlichen Vereine, die Gemeindediakonie, das Krankenhaus, die kirchliche Verwaltungsarbeit und selbstverständlich die pastoralen Aufgaben stellten ein großes Arbeitsfeld dar. 1882 wurde die Gemeinde bei damals 6000 Gemeindegliedern in zwei Pfarrbezirke für Seelsorge und Amtshandlungen aufgeteilt.

Was sich in den sieben Jahrzehnten seit der Gemeindegründung an theologischen und innerkirchlichen Veränderungen grundsätzlicher Art ergeben hatte, kann an den wechselnden Pfarrern abgelesen werden. Da sich die Diasporagemeinde für extreme

Anschauungen weniger zugänglich zeigte, fehlte es in Münster an theologischer Einseitigkeit. Weder eine starke Herausstellung der lutherischen noch der reformierten Lehre ist in Münster festzustellen. Doch war man seit der Mitte des 19. Jahrhunderts gemäßigt lutherisch vor dem Hintergrund der preußischen Unionskirche. Die beiden Gründungsgemeinden in Münster, die lutherische und die reformierte, hatten sich bereits am 31. Oktober 1817 zu einer unierten Kirchengemeinde zusammengeschlossen. Auch ein konsequenter Pietismus konnte in Münster nicht Platz greifen. Pfarrer Lüttkes Haltung wird man nach der schriftlichen Überlieferung als lutherisch und dabei mild-pietistisch umschreiben können. Wesentlich konfessioneller eingestellt – bei persönlich ebenfalls mild-pietistischer Frömmigkeitshaltung – war der Lutheraner D. Wilhelm Hammerschmidt, ähnlich später sein Sohn Theodor Hammerschmidt. Konsistorialrat D. Friedrich Smend kehrte seine reformierte Herkunft nicht heraus, man hätte diesen Förderer der liturgischen Gottesdienste und der Musik Bachs fast für einen Lutheraner halten können. Der aus einer Wuppertaler lutherischen Gemeinde stammende Pfarrer Friedrich Bramesfeld hingegen neigte in seiner Theologie leicht zu einer Art verkirchlichtem Irvingianismus nach dem Wunschbild altchristlicher Gemeinden, der auch in seiner erwecklichen Predigt zum Ausdruck kam. Theologisch geradliniger und von lutherischer Rechtgläubigkeit mit einem Schuß Pietismus durchdrungen stellte sich D. Carl Niemanns Persönlichkeit dar. Bei ihm ist auf seine bedeutsame Tätigkeit im Konsistorium hinzuweisen, wo er in leitender Amtsfunktion die Zügel fest in der Hand behielt. Ähnlich wird die Haltung des Pfarrers und späteren Generalsuperintendenten D. Julius Wiesmann zu umschreiben sein. In der nächsten Generation sah man Pfarrer Emil Knodt, einen mildreformierten Theologen, der sich auch der Kirchengeschichtsforschung widmete.

Neubau des Johannisstifts an der Wichernstraße (nach 1909)

Zu den älteren kirchlichen Vereinen traten seit der Mitte des 19. Jahrhunderts ein Jungfrauenverein und der Tabeaverein für Frauen und Mädchen. Der Donnerstag-Nähverein unterstützte das Evangelische Krankenhaus, während der Freitag-Nähverein Kleidungsstücke für arme Gemeindeglieder herstellte. Ein Mädchenkränzchen sorgte sich um Weihnachtsgeschenke für die Kinder in den Kleinkinderschulen. Der Lydiaverein wurde Anlaufstelle für alleinstehende junge Verkäuferinnen. Zur Unterstützung des Krankenhauses entstand der Diakonissenverein. Eine Art private Krankenversicherung für den Fall der Unterbringung im Krankenhaus war ebenso vorhanden wie eine geregelte Versorgung für Dienstboten. Mit den beiden letztgenannten Einrichtungen wollte man nicht-unterstützungskassenpflichtigen Gemeindegliedern Vorsorgemöglichkeiten geben.

Neben den Vereinen zeigen einzelne feste Einrichtungen, daß und wie die diakonische Verantwortung der Gemeinde wahrgenommen wurde. Dem 1852 eröffneten Kindergarten (Kleinkinderschule) im Armenhaus Horsteberg, der mit zu den ersten dieser Art in Münster gehörte, folgte 1879 ein weiterer in der Sternstraße und 1905 ein dritter in der Zumbrockstraße. Die beiden neueren Einrichtungen wurden lange Zeit von Gemeindegliedern mitfinanziert, bis die Kirchengemeinde sie vor dem Ersten Weltkrieg auf ihren Etat übernahm.

Schon bald nach der Jahrhundertmitte war das Jugendheim des Jungmännervereins zur Anlaufstelle für wandernde Handwerksburschen geworden. Aus einer privaten Initiative evangelischer Männer entstand die „Herberge zur Heimat" in der Sternstraße, eine stark frequentierte Wandererarbeitsstätte, die Schlafgelegenheit für arbeits- und meist wohnungslose Durchwanderer bot. Das bis 1943 den „Brüdern von der Landstraße" in ihren äußeren und inneren Nöten Hilfe leistende Haus stand unter der Leitung von Bethel-Diakonen. Die geringe Wirtschaftlichkeit dieser Arbeitsstätte und die daraus folgende Schuldenlast bereitete der Kirchengemeinde dauernde Sorge.

Im baulichen Anschluß an die Herberge entstand 1891 das Christliche Hospiz. Die Nähe zum Hauptbahnhof mag die Gründung nahegelegt haben. Auch die damals beginnende christliche Hospizbewegung hielt die räumliche Nachbarschaft zu den Wandererarbeitsstätten für vorteilhaft, weil beide die gleiche ethisch „saubere" Basis vertraten. Das Hospiz unterschied sich in der äußeren Ausstattung allerdings erheblich von der Herberge. Beide Häuser erlitten im Bombenkrieg 1944 so starke Zerstörungen, daß sie nicht wieder aufgebaut werden konnten.

Konfessionelle Toleranz und Beginn des Kulturkampfs

Wie vorher die Franzosen betrachtete man auch die Preußen lange mit Argwohn und einigem Mißtrauen. Anders als die bedächtigen und weniger martialisch gesinnten Münsteraner kehrten die Preußen ihre Freude an allem Militärischen heraus. Dazu stießen sie sich am katholisch-kirchlichen Leben. Doch hat die neuere Forschung erkannt, daß der preußische Staat seine Ordnungen eher kompromißbereit, im Bereich von Kirche und Schule sogar elastisch durchsetzte. Bemühungen von höheren Offizieren und Beamten evangelischen Bekenntnisses, den gesellschaftlichen Anschluß an die alteingesessenen Bürger- und Adelskreise zu finden, hatten zwar einigen Erfolg, doch konnte der einmal bestehende Gegensatz nicht wirklich aufgehoben werden. Wenn äußerer Anlaß dazu gegeben war, zeigte sich an vielen Stellen die Zurückhaltung der Münsteraner. Die langsam wachsende Annäherung durch Gewöhnung an die konfessionellen Unterschiede erfuhr im sogenannten Mischehenstreit seit 1835 eine deutliche Störung. Die schon im preußischen Allgemeinen Landrecht von 1794 vorgesehene Regelung, in glaubensverschiedenen Ehen die Töchter nach dem Bekenntnis der Mutter, die Söhne nach dem des Vaters zu erziehen, die der Anschauung des Aufklärungszeitalters folgte, hatte sich im bürgerlichen Zusammenleben praktisch bewährt. Die Geheimkonvention in der Mischehenfrage, 1834 vom Kölner Erzbischof Graf Spiegel mit der preußischen Regierung geschlossen, widersprach den päpstlichen Richtlinien von 1830. Die Kölner Wirren wurden durch die Gefangensetzung des Erzbischofs Clemens August von Droste-Vischering seitens der preußischen Regierung (1837) ausgelöst. Die Erbitterung der münsterischen Katholiken darüber beruhigte sich lange Zeit nicht. Dabei hatten nach dem Vorbild des im Schloß zu Münster residierenden preußischen Generalleutnants von Luck das Offizierkorps und die Beamtenschaft in manchen Fällen die ausschließliche katholische Kindererziehung zugelassen. Die glaubensverschiedenen Ehen wurden zu einer Dauerreibungsfläche zwischen den beiden Kirchen.

Doch öffnete sich trotz der belastenden konfessionellen Gegensätze in Münster eine, wenn auch schmale Brücke vor den auf beiden Seiten kirchlich tiefer empfindenden Gebildeten. Bemüht um die Überwindung der als religiös zu schwach empfundenen Aufklärung, nahm ein Lesekränzchen für christliche Literatur, das sich in den zwanziger Jahren des 19. Jahrhunderts gebildet hatte, auch evangelische Teilnehmer auf. Als der Kreis 1823 auf das Werk von August Tholuck „Die Lehre von der Sünde und vom Versöhner oder die wahre Weihe des Zweiflers", das die Abkehr vom christusfernen Rationalismus zum Inhalt hatte, aufmerksam wurde, ergab sich bei der inneren Übereinstimmung mit dem Autor ein intensiver Austausch. Im Vorwort der Zweitauflage des genannten Buches (1825) sprach der lutherisch-neupietistische Universitätstheologe den Lesern in Münster besonderen Dank für Trost und Erquickung aus. Unter den Brieffreunden Tholucks traten unter den evangelischen Bürgern Münsters namentlich hervor: Militärpfarrer Dr. Wilhelm Adolf Schickedanz, Regierungsrat Theodor Kottmeier und Apotheker Räber, der in der Löwen-Apotheke des ebenfalls zu den Tholuckverehrern zählenden katholischen Professors Ferdinand Herold tätig war, sowie einige evangelische Offiziere.

Tholucks genanntes Buch gelangte auch in die Hände des Oberpräsidenten Ludwig von Vincke. Der Oberpräsident vertiefte sich während der Passionszeit des Jahres 1824 in das Werk und vertraute dem persönlichen Tagebuch seine innere Ergriffenheit an, die ihn zur Erkenntnis seiner bisherigen mehr rationalistischen Kirchlichkeit und zur inneren Befreiung durch die ihm zur Gewißheit gewordene Glaubensüberzeugung von der Wiedergeburt durch die Heilstat Christi führte. Wieweit sich diese Veränderung im Leben Vinckes bei seinem Einfluß auf die weitere Gestaltung der kirchlichen Verhältnisse in der Provinz ausgewirkt hat, bleibt einstweilen noch unerforscht. Festzuhalten ist, daß die innere Erneuerung in beiden Kirchen aus der Quelle des Evangeliums entsprang und sich, wie hier im Tholuckkreis, an der neuen Christlichkeit aus dem evangelischen Raum orientierte.

Aus dem Tholuckkreis gingen Teilnehmer in den für Münster bedeutsameren Zirkel um den Philosophen Christoph Bernhard Schlüter über, unter ihnen der schon genannte Kottmeier. Im Schlüterschen Kreis, der sich 1832 gebildet hatte, pflegte

Christoph Bernhard Schluter (1801–1884), Philosoph und Philologe, galt unter protestantischen Professoren als einer der aufgeklärtesten Katholiken

man außer Literatur (Schlüter war Freund und Förderer der Annette von Droste-Hülshoff) und Musik auch den Austausch über kirchliche und theologische Neuerscheinungen. Von den evangelischen Besuchern Schlüters traten besonders die Gerichtsräte Ernst von Klinzing und Gustav von Untzer, beide zeitweise Mitglieder des Presbyteriums der evangelischen Gemeinde, hervor. Die vielschichtige geistige Welt Schlüters, die vom streng kirchlich-dogmatischen Standpunkt aus wohl als etwas einseitig angesehen worden ist, wirkt nach in Annettes „Geistlichem Jahr" und in ihrer „Liebe im Glauben", wie sie auch im Kreis um Schlüter gelebt wurde. Vielleicht erklärt sich so, daß die münsterische Geistlichkeit beider Konfessionen in diesem Kreis nicht Eingang fand. Es gab aber durchaus Verbindungen. Untzer war Schwager des evangelischen Pfarrers Lüttke, und die Familie des Tholuckfreundes Pfarrer Schickedanz war mit einer Tochter im Schlüterkreis vertreten.

Die Liebe im Glauben scheint auch mögliche Spannungen durch die Anwesenheit von Konvertiten im Kreis verhindert zu haben. Man anerkannte die Trennung der Christen in Konfessionen, bejahte aber das Gemeinsame der beiden Kirchen. Innere Achtung vor der Glaubenswelt der anderen Kirche und Kenntnisnahme ihrer Ausprägung in einer geachteten Vertreterin mag für den evangelischen Ernst von Klinzing der Grund für den Erwerb von Tagebüchern der Fürstin Amalie von Gallitzin gewesen sein, die im Mittelpunkt der bedeutungsvollen „Familia Sacra" in Münster stand. Sein Freund Christoph Bernhard Schlüter veröffentlichte die Tagebücher später. Nur wenige solcher Spuren von *una sancta* können noch offengelegt werden. Aber die wenigen aufgefundenen Belege sprechen für wohl viele andere, die nicht mehr bekannt sind. Bezeichnend für die Frömmigkeitshaltung des Kreises ist, daß Schlüter den bei Annette von Droste-Hülshoff zu beobachtenden Widerspruch zwischen ihrem kindlich-treuen Verhältnis zum katholischen Glauben und ihrer persönlichen Auseinandersetzung damit (besonders im „Geistlichen Jahr") herausstellte. Schlüter und Klinzing sprachen sich mehr für die schlichteren, den christlichen Glauben nicht anzweifelnden Gedichte der Konvertitin Luise Hensel, einer evangelischen Pfarrerstochter, aus. Der Glaube müsse gelebt werden, nicht solle man sich – womöglich zweifelnd – mit ihm auseinandersetzen. Darin traf sich Schlüter mit seinem evangelischen Freund und wohl mit der Mehrheit des frommen Kreises.

Noch in die Blütezeit des Schlüterkreises fallen die politischen Veränderungen des Revolutionsjahres 1848 und des Deutsch-Französischen Krieges von 1870/71. Das Jahr 1848 sah die alteingesessene Bevölkerung Münsters politisch im Banne Österreichs und in der Hoffnung auf einen gesamtdeutschen Zusammenschluß. Man mochte nicht den preußischen König an der Spitze eines nur kleindeutschen Staatenverbundes sehen. Doch die bald danach eingeführte Verfassung Preußens, die die Freiheit des religiösen Bekenntnisses und die selbständige Verwaltung der Kirchen sichern sollte, brachte einigen Bewegungsspielraum. Der konfessionelle und mit ihm politische Gegensatz zeigte sich in Münster an dem Austritt sämtlicher preußischen Offiziere aus dem renommierten Civilclub; erst seit 1860 traten wieder Offiziere in diese Gesellschaft ein.

Der deutsche Katholizismus, damals wurzelnd in der politischen Ideenwelt der Romantik, formierte sich seit dem bereits erwähnten Kölner Mischehenstreit von 1837 zunehmend kirchlich, seit der Revolution von 1848 auch politisch. Strengere katholische Kreise mußten sich an der Verbindung von Thron und Altar stoßen, wie sie für den Protestantismus wesensbedingt war. Auch da, wo in der evangelischen Kirche politischer Konservatismus vorherrschte, wurde er als Pseudodeutschtum und als konfessioneller Störenfried empfunden, eben weil – so die katholische Sicht – von evangelischer Seite die Eigentümlichkeit des deutschen Volkes mit dem Protestantismus gleichgesetzt würde und damit die Katholiken aus dem Gesamtzusammenhang des Volkes ausgegrenzt seien. Stark vereinfacht sind damit die im bald beginnenden Kulturkampf vorzufindenden Fronten aufgezeigt.

1871 begannen die feindseligen Maßnahmen des preußischen Staates gegen die katholische Kirche. Ihren Höhepunkt erreichten sie mit den sogenannten Maigesetzen, die die bisherigen Freiheiten und ausgeübten Rechte der katholischen Kirche wesentlich einschnürten. Im Abwehrkampf führend, trat die Zentrumspartei hervor. 1878 begann die Staatsregierung einzulenken, indem sie die Gesetze abmilderte, die den Kulturkampf ausgelöst hatten.

Selbst auf den Musikverein wirkte sich das konfessionelle Klima aus. Musikdirektor Julius Otto Grimm, ein baltischer Lutheraner, hatte Händel und Johann Sebastian Bach ins Programm des Musikvereins aufgenommen. Zum Repertoire dieser Vereinigung zählte die alljährlich im großen Rathaussaal aufgeführte Matthäuspassion Bachs. Die vielen musikausübenden katholischen Mitglieder nahmen die ihrem Glauben nicht ganz angemessenen Texte duldend in Kauf. Aber seit dem Kulturkampf entfiel die Mitwirkung des Domchors.

Auch die münsterische Hochschule wurde nach der Reichsgründung von 1871 politisiert. Bis dahin wirkten sich in der gebildeten Schicht der Bevölkerung noch die Ausläufer der deutschen Romantik aus. Der Schlüterkreis und die Droste stehen beispielhaft dafür. Nicht unähnlich war die Haltung der älteren Professorenschaft.

Noch hatte der Szientismus, der die Wissenschaft auf den Selbstzweck konzentrierte, nicht Eingang in die Hochschule gefunden. Sehr bald erfolgten jedoch Berufungen evangelischer Hochschullehrer, besonders in der Philosophischen Fakultät. Professoren waren es auch, die in der „Freien Vereinigung“ anti-ultramontan Gesinnte aus der Stadtbevölkerung anzogen und das Kulturkampfbewußtsein auch unter Beamten und Arbeitern zu fördern versuchten. Unter den katholischen Professoren befanden sich die Kirchentreuen in dieser Zeit in der Minderheit. Als 1880 das neue Hochschulgebäude bezogen werden konnte, wurden in der großen Menge der Zuschauer keine katholischen Geistlichen, wohl aber acht evangelische gesehen. Im gesellschaftlichen Leben der Stadt standen sich in der Kulturkampfzeit die streng katholische Gesellschaft „Eintracht“ und das liberal eingestellte und von manchen evangelischen Juristen besuchte „Vergnügte Krokodil“ gegenüber. Das „Krokodil“ war national geprägt und teils bismarckfreundlich. Frühere farbentragende katholische Studenten waren zumeist in der Gesellschaft der Carlisten versammelt, die sich deutlich zur Zentrumspartei bekannten. In der wohl angesehensten Vereinigung, dem Civilclub, der im Gesamtmitgliederbestand in den ersten hundert Jahren seines Bestehens (1875) 27 Prozent Beamte errechnete, war das preußisch-evangelische Element stark vertreten. Aber während des Kulturkampfes saßen im Civilclub Liberale und Klerikale an getrennten Tischen, und die Aufnahme Klerikalgesinnter war zu jener Zeit kaum möglich. Im Civilclub wurden nach 1870 patriotische Aufführungen zwar beliebter, doch fehlte es andererseits keineswegs an Erinnerungsstücken aus Münsters kirchlicher Vergangenheit. Wenn auch die politisch liberalen Mitglieder in diesen Clubs überwiegend der evangelischen Kirche angehörten, sind hier doch auch Katholiken freierer Richtung zu finden. Der den Liberalen zuzuordnende spätere Schriftsteller Heinrich Hart, Sohn eines evangelischen Kirchenvorstandsmitglieds und Abiturient des Paulinums, sah in seinen Erinnerungen den – wie er es nannte – mittelalterlichen Geist und das überkommene patriarchalische System im Bürgertum Münsters seit dem Kulturkampf als überwunden an.

In der breiten Masse der katholischen Bevölkerung wechselte in dieser Zeit der Spitzname „luttersker Dickkopp“, der doch auch eine Bekenntnishaltung der Evangelischen anerkannte, in „Prüsse“ und „liberaler Hund“. Die politisch liberale Haltung und den religiös ebenfalls liberalen Standpunkt mancher Evangelischen gibt auch die volkstümliche Bezeichnung „lutherische Madonna“ für das nach 1871 am Ludgeriplatz aufgestellte Kriegerdenkmal wieder, das von einer Germania gekrönt war. Im Leben der evangelischen Gemeinde war von diesen, die katholischen Bürger anfechtenden Erscheinungen nur wenig zu spüren. Der Chronist des Kulturkampfes in Münster, Ludwig Ficker, läßt die evangelischen Geistlichen fast unerwähnt. Nur in ganz wenigen Fällen bringt er Beanstandungen ihres Verhaltens vor. Seit der Gründung der Kirchengemeinde 1804 kann kaum einem der Pastoren eine kirchlich oder politisch liberale Haltung attestiert werden. So hat etwa die Freimaurerloge bis auf einen Militärpfarrer keinen evangelischen Geistlichen zum Mitglied gehabt. Außer wenigen evangelischen Pfarrern der Anfangszeit fand keiner der Nachfolger den Weg in die Clubs.

Die Kulturkampfchronik Ludwig Fickers belegt ungewollt die mehr passive Widerstandshaltung der katholischen Bürger gegenüber den häufigen staatlichen Eingriffen in das katholisch-kirchliche Leben der Stadt, die bis hin zur Verurteilung und

Bestrafung des Bischofs Johann Bernhard Brinkmann gingen. Bis auf verbale Verwünschungen kam es kaum zu strafbaren Tathandlungen aus der Bürgerschaft. An den von Toleranz geprägten öffentlichen Versammlungen – selbst an Sympathiekundgebungen für den preußischen Staat – beteiligten sich stets auch katholische Bürger.

Gerade der so deutlich seinen katholisch-kirchlichen Standpunkt vertretende Chronist Ficker aber war der tatkräftige Förderer des Zentralfriedhofsprojekts. Nach jahrelangen Querelen über das Eigentumsrecht an den drei Friedhöfen in Münster, die konfessionellen Charakter trugen und daher nur erzwungenermaßen auch den Evangelischen zur Verfügung standen, wurde 1887 der Zentralfriedhof mit getrennten Grabfeldern für die einzelnen am Ort bestehenden Kirchengemeinden eröffnet. Aller Friedhofszank der Vergangenheit war nun beendet, und es ist nicht bekannt, daß in der nunmehr über hundertjährigen Geschichte der Begräbnisstätte tiefgreifender Streit zwischen den Konfessionen auszutragen gewesen wäre. Der mitten im Kulturkampf entstandene Plan des Zentralfriedhofs löste wenigstens auf einem Teilgebiet allseits Befriedigung aus.

Der durch den Kulturkampf erstarkte Katholizismus, besonders sein politischer Einfluß, rief in der evangelischen Bevölkerung Besorgnis hervor. Zur Abwehr bildete sich 1886 in Erfurt der „Evangelische Bund zur Wahrung der deutsch-protestantischen Interessen“. Ein erster Aufruf des Vereins an die Glaubensgenossen in Deutschland am 15. Januar 1887 war vom münsterischen Pfarrer und Oberkonsistorialrat D. Carl Niemann mitunterzeichnet und löste umfangreiche Artikel im „Westfälischen Merkur“, dem Zentrumsorgan in der Provinzialhauptstadt, aus. Niemann, in dieser Zeit Vorsitzender des Evangelischen Bundes in der Provinz Westfalen, wurde dabei wenig schonend behandelt. Niemanns Stellungnahme ebenso wie die Äußerungen anderer evangelischer Pfarrer der Stadt bezeichnete die katholische Bevölkerung als taktlos. Noch befremdlicher wirkte auf sie die mit Unterstützung des Staates von 1873 bis 1883 herausgegebene „Westfälische Provinzialzeitung“ als Sprachrohr der preußischen Provinzialverwaltung. Dort äußerte sich 1879 und 1880 auch der Student Julius Hart, ein Bruder des schon genannten Heinrich Hart, zur „ultramontanen Ästhetik“ in den Dichtungen Annette von Droste-Hülshoffs. Dabei wird mit konfessionell verbrämter Polemik, die den nachmaligen bekannten Berliner Literaturkritiker bereits erahnen läßt, nicht gespart.

Später setzte sich der 1893 gegründete Evangelische Männerverein stark für die Evangelischen und ihre Anliegen im bürgerlichen Leben ein. Sein Gründungsvorsitzender, der Gymnasiallehrer Pastor Albrecht Schoeler, setzte vor allem das Konzept des Evangelischen Bundes in die Praxis um. Die Vereinssatzung umriß das Tätigkeitsfeld mit Pflege von evangelischer Gesinnung, Vaterlandsliebe, Berufstüchtigkeit und kirchlichem Zusammenhalt. Die Mittel dazu sollten regelmäßige Vortragsveranstaltungen und die Ausrichtung kirchlicher und nationaler Feiertage sein. Vereinsintern wurde Wert auf Betreuung in Krankheits- und Unterstützungsfällen gelegt. Auch ließ man sich Werbung für evangelische Geschäftsleute und Gewerbetreibende angelegen sein. Bei der Durchführung der angestrebten „Gesinnungspflege“ ergaben sich schon bald Konfrontationen. Der Vereinsvorsitzende glaubte seine Kirche verletzt zu sehen durch die päpstliche Enzyklika *Praeclara* vom 20. Juni 1894 und ließ daher 1895 im Selbstverlag des Vereins eine „Evangelische Antwort an Papst Leo XIII.“

erscheinen. In dieser Schrift wollte er die Annahme der päpstlichen Einladung zur Rückkehr der Evangelischen in die katholische Kirche abhängig machen von Zurückgabe des vollen hl. Abendmahls (Forderung nach dem Laienkelch) und der Freigabe des Bibellesens für die katholischen Christen. Der „Westfälische Merkur" nahm den Fehdehandschuh auf und gab in sieben Leitartikeln seine Stellungnahme zu der Broschüre ab. Bald im weiteren Umfeld bekanntgeworden, entstand Bedarf nach weiteren vier Auflagen des Pamphlets, das ein Nachwort an den „Westfälischen Merkur" richtete. Daß die evangelische Kirchengemeinde als solche sich hinter den Vorgang stellen würde, war kaum zu erwarten. Der von Superintendent Friedrich Bramesfeld bearbeitete Kirchenkalender der Gemeinde für das Jahr 1896 jedenfalls enthält zu dieser Aktivität des Männervereins keinen Hinweis. Aber am 25. Dezember 1895 ging von diesem Verein ein Rundschreiben aus, das für die Errichtung eines evangelischen Progymnasiums warb. Darin stellte man den hohen Erziehungswert einer rein evangelischen Anstalt heraus. Nachgewiesen wurde, daß sich im Gymnasium Paulinum 127, im städtischen Realgymnasium 114 evangelische Schüler befanden. Eine Unterschriftenliste, vor allem unter Beamten aller Dienstränge weitergereicht, gelangte nach Unterstützung des Anliegens durch das Presbyterium an den Oberpräsidenten von Studt; dessen Einfluß beim Kultusministerium führte am 1. April 1900 zur Eröffnung eines staatlichen Progymnasiums evangelischer Prägung. Aus dieser Schule ging später das humanistische Schillergymnasium hervor.

4. Von der Differenzierung zur Gleichschaltung

Pastorale Arbeit

Mit der sich stark vergrößernden Gemeinde (zwischen 1900 und 1910 stieg die Gemeindegliederzahl von etwa 10 000 auf fast 16 000) vermehrten sich die Anforderungen wie die Aktivitäten. Nachdem ein angemessen großes und günstig gelegenes Grundstück für eine notwendige zweite Kirche gefunden war, wurde der Bau der Erlöserkirche in der Nähe des Hauptbahnhofs vorangetrieben (geweiht 31. Oktober 1900). Es drückt die mehr konservative Haltung der Gemeinde aus, wenn die neue Kirche im eklektizistischen Stil unter Verwendung mittelalterlicher Stilelemente entstand. Das erhebliche Spendenaufkommen konnte in die stark raumprägende Innengestaltung eingebracht werden. Daß die Gemeinde wiederholte Gesuche der Militärgemeinde, ihr den Mitgebrauch zu ermöglichen, stets ablehnte, geht auch auf ein unblutiges Scharmützel zurück, das abkommandierte bewaffnete Soldaten am Karfreitag 1897 zur Durchsetzung einer neuen Ordnung der Gottesdienstzeit angefangen hatten. Dieses Erlebnis störte das zwar nicht spannungsfreie, aber bis dahin geordnete Miteinander nachhaltig. Vor allem der größere Gottesdienstbesuch bei zunehmender Seelenzahl hätte eine Einschränkung der „Zivil"-Gottesdienste in der Erlöserkirche kaum zugelassen. Seit 1876 waren regelmäßige Kindergottesdienste und liturgische Andachten eingerichtet. Für die Ausgestaltung des Gottesdienstes waren schon in den vorhergehenden Jahrzehnten manche Neuerungen eingeführt. Insbesondere die Kirchenmusik durch Chor und Orgel hatte in der Gemeinde große Resonanz gefunden. Sie war ein Lieblingskind des Pfarrers und Konsistorialrats

Die Erlöserkirche an der Eisenbahnstraße (1900). Nach ihrer Zerstörung im Zweiten Weltkrieg wurde sie 1950 als „Notkirche“ neu errichtet

D. Friedrich Smend. Durch Smends musikalische Ausstrahlung drangen vor allem Johann Sebastian Bachs Werke in das Bewußtsein breiter Kreise ein. Tüchtige Dirigenten führten die kirchenmusikalische Arbeit auch mit zeitgenössischen Programmen fort. Die Orgel der Apostelkirche reizte später selbst einen zu seiner Zeit so bedeutenden Interpreten wie den Urwaldarzt und Theologen Albert Schweitzer zu einem Besuch (1928), der auf die Einladung des Apostelorganisten Karl Seubel zurückging.

Für die pastorale Arbeit nach neuer Pfarrbezirkseinteilung erreichte man einen Fortschritt durch die Gründung einer vierten Pfarrstelle im Jahr 1904 und die Dezentralisierung der Pfarrwohnungen. Die neuen Pfarrhäuser boten jetzt auch Raum für kleinere gemeindliche Veranstaltungen.

Der Zuwachs der Gemeinde seit der Jahrhundertwende ergab sich besonders aus den der Stadtmitte nahen Neubaugebieten. Für sie lagen die beiden Kirchen in der Innenstadt und die Kirche auf der Geist relativ fern, so daß die Planung von Kirchenneubauten nordöstlich der Warendorfer Straße und im Kreuzviertel durch Grundstücksankäufe vorbereitet werden mußte. Große Finanzierungsschwierigkeiten in der Zeit der wirtschaftlichen Depression und der damit zusammenhängenden Arbeitslosigkeit sowie seit 1933 wegen der Unsicherheit der politischen Lage ließen es nicht zur Durchführung der Bauvorhaben kommen. Nach dem Krieg forderte der Wiederaufbau den Vorrang. Aber seit der Mitte der fünfziger Jahre bei nunmehr 43 500 evangelischen Einwohnern kam es doch in dichter zeitlicher Folge zur Verwirklichung der Neubauten, allerdings mit dem Preis einer hohen Verschuldung der Gesamtgemeinde.

Die Endstufe des Ausbaus der Universität durch Gründung der Evangelisch-Theologischen Fakultät 1914 berührte die Kirchengemeinde auch durch die nun eingeführten Studentengottesdienste, zunächst in der Apostelkirche, seit 1961 in der alten Observantenkirche an der Schlaunstraße. Die Gottesdienste standen und stehen noch in der Verantwortung des jeweiligen Professors für praktische Theologie. Ebenso wurde die gottesdienstliche und seelsorgerische Betreuung der Patienten, Ärzte und Pflegekräfte der Universitätskliniken den Gemeindepfarrern übertragen, bis 1930 eigens dazu berufene Klinikenseelsorger folgten.

Konfessionelle Fürsorge und Diakonie

Am Anfang des 20. Jahrhunderts genügte die Sozialfürsorge älterer Art nicht mehr; sie mußte nach Fachrichtungen aufgegliedert werden. Konsistorialrat D. Carl Culemann (Pfarrer in Münster von 1909 bis 1914) sammelte, besorgt um alkoholabhängige Gemeindeglieder, die Freunde der Blaukreuzbewegung. 1919 wurde ein hauptamtlicher Trinkerfürsorger angestellt. Um 1910 gelang es den evangelischen Geistlichen auch, in die ihnen lange verschlossene städtische Armenkommission aufgenommen zu werden. Damit bereitete sich die in den bald folgenden Kriegsjahren überkonfessionell aufgebaute Betreuung von sozial gefährdeten Bürgern und ihren Familien vor. Bald nach Kriegsausbruch 1914 verlangten innere und äußere Notlagen in manchen Familien – ausgelöst durch die Einberufung der Männer zum Militärdienst – nach Hilfe. Sogenannte Schutzdamen kamen zum ehrenamtlichen Einsatz.

Albert Schweitzer mit Frau und Tochter vor der Apostelkirche (10. November 1928)

Nahrungsmittel- und Kleidungsbeihilfen wurden aus kirchlichen Mitteln gewährt, Kuraufenthalte und Kinderlandverschickungen organisiert sowie in einer Küche Kindermahlzeiten verabreicht. Diese Arbeit erwies sich auch nach dem Kriegsende als weiterhin notwendig. Schon 1917 trat erstmals eine Fürsorgerin, die insbesondere in der Mütterberatungsstelle tätig war, in den Dienst der Gemeinde. Ihr folgte 1919 ein Berufskollege für die männliche Fürsorge und die Jugendarbeit.

Verantwortlich für diese Arbeitsausweitungen zeichnete der 1919 gegründete Evangelische Fürsorgeverein, der in der Trägerschaft der Frauenhilfe stand. Schon seit 1908 stand für jeden Pfarrbezirk eine Diakonisse als Gemeindeschwester zur Verfügung. Ein nach dem Krieg gebildeter Ortsausschuß für evangelisch-kirchliche Gemeindepflege hielt enge Verbindung zum städtischen Wohlfahrtsamt; zu den dort tätigen sieben katholischen Mitarbeiterinnen kamen zwei evangelische hinzu. Die Kirchengemeinde begrüßte diese Regelung sehr. Auch das in dieser Zeit gegründete Jugend- und Wohlfahrtsamt der Kirchengemeinde kooperierte seit 1924 mit der Stadtverwaltung. Gemeinsame Arbeitsbereiche waren das Vormundschaftswesen, die Jugendfürsorge, die Fürsorge für Männer und Frauen und die Arbeit mit Alkoholabhängigen. Elf Diakonissen zählten 1929 zum Personalbestand der Gemeinde. Die gesamte Gemeindediakonie unterstand der Leitung des Pfarrers Ewald Dicke, der als erster in Münster mit fachspezifischer Sozialarbeit begonnen hatte.

Unter tatkräftiger Mitwirkung des Pfarrers Culemann gelang die fast schon gescheiterte Eröffnung eines dritten westfälischen Diakonissenhauses in Münster am 17. Mai 1914. Anfangs für die Arbeit in deutschen Auslandsgemeinden vorgesehen, wies man dem neuen Mutterhaus bald die Versorgung der Kirchengemeinden des nördlichen Westfalens durch Diakonissen zu. Vor der Errichtung des Schwesternhauses gab das Evangelische Krankenhaus den äußeren Mittelpunkt der Schwesternschaft ab. Dieses Krankenhaus ging, da es auch die Krankenschwesternausbildung der Diakonissen gewährleistete, 1921 in die Obhut des Mutterhauses über. Martin Niemöller, der spätere Kirchenpräsident in Hessen-Nassau und bekannte Führer der Friedensbewegung in der Bundesrepublik, übernahm 1924 die Leitung des Provinzialverbandes für Innere Mission mit dem Verwaltungssitz in Münster. Er baute hier den Standort der gesamtwestfälischen Bündelung der Inneren Mission aus.

In der Kirchengemeinde vollzog sich das diakonische Handeln an den sozial schwachen und gefährdeten Mitgliedern vor dem Hintergrund einer überwiegend vom Bildungsbürgertum geprägten Gemeinde. Es fehlt in zeitgenössischen kirchlichen Berichten nicht an Klagen darüber, daß Teile des gehobenen Bürgertums dem lebendigen christlichen Glauben fernständen. Doch gab es eine starke Kerngemeinde, die aus und mit dem Bekenntnis der Kirche lebte.

Das Kriegsende 1918 brachte der evangelischen Kirche die Lösung vom Staat. Der König hatte bis dahin als oberster Landesbischof – die Reformatoren hatten im 16. Jahrhundert auf die Landesherren als „Notbischöfe" zum Schutz und Erhalt der evangelischen Landeskirchen zurückgegriffen – Geltung behalten. Schon im Dezember 1918 war der Gemeinde in einer Vortragsveranstaltung der Übergang in die „Volkskirche" nahegebracht worden. Bald danach bildete sich auch in Münster der Evangelische Volksbund, der nicht nur für die weitere gesamtkirchliche Entwicklung Bedeutung hatte, sondern auch örtliche Wirkungen, wie die Verlebendigung der Gemeinde, hervorrief. Neben gesamtgemeindlichen Versammlungen belebte sich vor allem die Vereinsarbeit in den einzelnen Pfarrbezirken. Die Gottesdienste und Bibelstunden wurden zeitgemäßer ausgerichtet. Die Kirche kam in ihrem Angebot damit dem einzelnen erheblich näher. Gedenktage der Gesamtkirche fanden bei den Gemeindegliedern aufmerksame Beachtung. Bis in die Kommunalpolitik reichten die Auswirkungen; 1929/30 kam es zur Bildung einer Evangelischen Vereinigung für Kommunalpolitik in Münster. Die bis dahin im Rat der Stadt nur schwach vertretenen evangelischen Belange fanden jetzt Förderung. Der Evangelische Volksdienst, eine kirchlich-soziale Partei, rückte zur zweitstärksten Fraktion in der Stadtverordnetenversammlung auf.

Die zwanziger Jahre standen zunehmend unter dem Eindruck der sich ständig vergrößernden Arbeitslosigkeit und der ihr folgenden Verarmungserscheinungen. Hatte die evangelische Gemeinde schon seit 1925 zu den übertriebenen „Lustbarkeiten" öffentlich Stellung genommen und deutlich vor der Alkoholgefährdung gewarnt, so forderten die durch Arbeitslosigkeit in finanzielle Schwierigkeiten geratenen Familien bald auch Hilfestellung durch die Kirche. Geld- und Lebensmittelsammlungen mit erheblichem Erfolg brachten einige Linderung. Arbeitslose Männer und Frauen konnten im männlichen und weiblichen freiwilligen Arbeitsdienst Hand anlegen, um gemeinschaftliche Projekte zum Nutzen der Allgemeinheit zu fördern. Diesen Aktionen bereitete die Machtübernahme der nationalsozialistischen Partei im Frühjahr 1933 ein Ende – genauer gesagt: Sie gingen in die Trägerschaft der neuen Staatspartei über, die den Anspruch einer weitreichenden Erfassung der Staatsbürger erhob und die konkurrierenden nichtstaatlichen Körperschaften, unter anderem die christlichen Kirchen, auszuschalten suchte.

5. Widerstand und Überleben in der NS-Zeit

Deutsche Christen und Bekennende Kirche

Für den Nationalsozialismus trat in der evangelischen Kirche vor allem die Bewegung der „Deutschen Christen" ein. In Westfalen machte sie sich seit 1931 – zunächst unorganisiert – bemerkbar. Erst 1932/33 gewann sie ein schärferes Profil. Auch in Münster schlossen sich ihr nach Hitlers Machtergreifung 1933 manche kirchlichen Kreise und Personen an. Das Leitungsorgan der Gemeinde, das Presbyterium, verhielt sich abwartend. Erst die Vorbereitung der Neuwahl der kirchlichen Körperschaften im Sommer 1933 brachte die Klärung. Einer Wahlliste des Bekennerbundes „Evangelium und Kirche" stand eine andere der nationalsozialistisch gesinnten Deutschen Christen gegenüber. Von den Pfarrern hielten Hermann Schütz, Friedrich Flemming und Friedrich Jäkel zur Liste des Bekennerbundes; zur neupolitischen Liste standen die Pfarrer Ewald Dicke und Walter Fiebig. Jede der beiden Gruppen hielt Wahlversammlungen ab, was bis dahin in der Kirchengemeinde unbekannt gewesen war. In theologischer Sicht gab es kaum Unterschiede, in der Beurteilung des Verhältnisses der Kirche zum Staat desto größere. Im Presbyterium saßen nach der Neuwahl neben drei Bekenntnispfarrern und zwei deutsch-christlichen Kollegen nun vier Presbyter der Bekenntnisbewegung und sechs Deutsche Christen. Letztere befanden sich mithin in einer hauchdünnen Mehrheit. Machtkämpfe im Presbyterium waren die Folge; von gemeinsamer Arbeit war man weit entfernt.

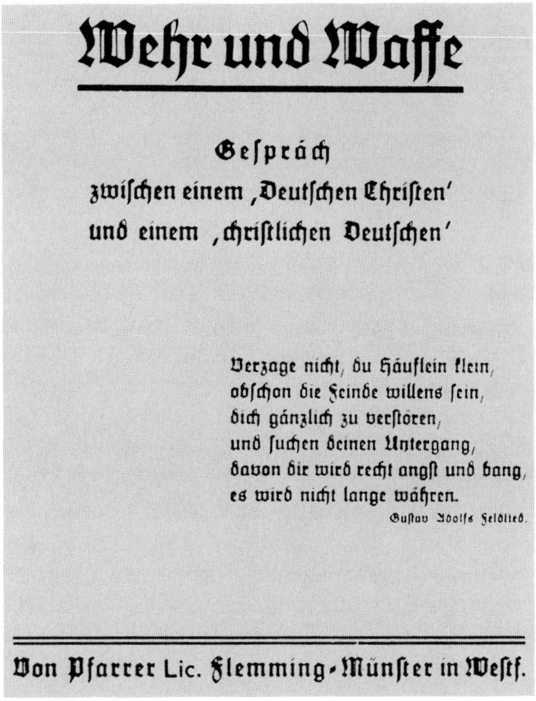
Wehr und Waffe

Gespräch

zwischen einem ‚Deutschen Christen'

und einem ‚christlichen Deutschen'

Verzage nicht, du Häuflein klein,
obschon die Feinde willens sein,
dich gänzlich zu verstören,
und suchen deinen Untergang,
davon dir wird recht angst und bang,
es wird nicht lange währen.

Gustav Adolfs Feldlied.

Von Pfarrer Lic. Flemming-Münster in Westf.

Titelblatt zur Streitschrift „Wehr und Waffe“ des Bekenntnispfarrers Friedrich Flemming

Ihren Höhepunkt erreichten die Auseinandersetzungen im Folgejahr, als der unerbittlich den Bekenntniskurs durchsetzende Pfarrer Flemming den Vorsitz übernahm. Flemming hatte seit Pfingsten 1933 die Bekenntnisgemeinde in Münster mit den ihm gleichgesinnten Amtsbrüdern in monatlichen Zusammenkünften mit jeweils Hunderten von Teilnehmern zur Information, zu biblischer Auslegung und zu gemeinsamer Fürbitte versammelt. Als die Westfälische Provinzialsynode im März 1933 von der Geheimen Staatspolizei aufgelöst wurde und sich unmittelbar anschließend die Westfälische Bekenntnissynode bildete, folgte Flemming alsbald der Aufforderung dieser Synode, sich unter ihre Leitung zu stellen. Einige Monate später ließ der gleiche Pfarrer die zu einem nichtkirchlichen Anlaß auf Anordnung des Staates gehißte Hakenkreuzfahne von der Apostelkirche entfernen. Im gleichen Zeitraum gab Flemming dem Bischof von Münster, Graf von Galen, seine Zustimmung zu dem Osterhirtenbrief 1933. Ausdrücklich dankte Flemming dem Bischof für das Einschreiten gegen die neuheidnische Irrlehre. Alsbald wurde der Pfarrer von der Kirchenbehörde in ein Disziplinarverfahren gezogen und vorläufig vom Amt beurlaubt. Davon unbeeindruckt setzte er seine Arbeit fort. Da ihm die Kirche zeitweise versperrt war, hielt Flemming Bekenntnisgottesdienste im Hotel Waßmann in der Wolbecker Straße ab. 1937 nach Berlin-Steglitz versetzt, führte der mutige Geistliche seinen Kampf für das christliche Bekenntnis fort. Mit seiner Überzeugungstreue und seinem selbstlosen Einsatz gingen in Münster das Fehlen jeglicher Kompromißbereitschaft und der Verzicht auf das Verständnis für die schwierige Lage der Evangelischen in der Provinzialhauptstadt einher. Seine Nachfolger in der geistlichen Leitung der Bekenntnisgemeinde, die Pfarrer Schütz und Dicke – dieser hatte 1934 seine kirchenpolitische Einstellung völlig verändert –, entschärften den innergemeindlichen Kampf, wenn sie auch weiterhin im Sinne der Bekenntnisbewegung und zur Abwehr der Deutschen Christen wirkten.

Führer der Deutschen Christen in Münster war von 1934 bis 1945 der Pfarrer an der Trinitatiskirche Walter Fiebig. Er verband mit nationaler Gesinnung das soziale Bewußtsein, eine möglichst enge persönliche Bindung an die Gemeindeglieder pflegen zu sollen. Fiebigs Aufbaubezirk im Südwesten der Stadt unterschied sich als eine Art „Pfarrfamilie“ schon auf den ersten Eindruck von den übrigen Pfarrbezirken der Stadt. Mit den Innenstadt-Pfarrern und ihrem Arbeitsstil war Fiebig als der im Lebensalter Jüngste in der Amtsauffassung nicht völlig einig. Als er 1933 vielleicht zunächst gegen den eigenen Plan in die deutsch-christliche Front eingegliedert wurde, wandten sich die Amtsbrüder in der Altstadt von Fiebig ab. Dieser begann, die Kirche auf der Geist zum Mittelpunkt der neuen kirchenpolitischen Richtung auszubauen. Den Widerstand aus der Altstadt vermochte er auch auf Dauer nicht zu brechen. Einzig im Gemeindehaus der Erlöserkirche war es ihm möglich, Versammlungen und Vorträge zu halten oder halten zu lassen. Die beiden Kirchen in der Stadtmitte öffneten sich ihm und seinem Anhang nicht. Später, als er innerhalb der westfälischen Kirche mit der geistlichen Leitung der Deutschen Christen beauftragt war, vermochte Fiebig eine neuerrichtete Pfarrstelle in der Altstadt mit einem Vertreter seiner kirchlichen Richtung zu besetzen (Pfarrer Fritz Esch). Bis dahin war es gelungen, bei den Neubesetzungen von Pfarrstellen der Altstadt Bekenntnispfarrer zu berufen.

In steigendem Maße wirkte der totalitäre Staat auf die Lebensäußerungen der Kirchengemeinde ein. Nach dem Tod des Bekenntnispfarrers Schütz (1940) besprach Propst Gottlieb Funcke, der zweite Pfarrer an der Erlöserkirche, mit der zum Gottesdienst versammelten Gemeinde die Neubesetzung der freien Pfarrstelle und nahm den fast einstimmigen Wunsch der Gemeinde auf, wieder einen bekennenden Pfarrer als Nachfolger zu bekommen. Es schalteten sich Parteistellen ein. Sie erreichten, daß Funcke als politisch unzuverlässig unter Parteidruck sein Vorsitzendenamt im Presbyterium niederlegen mußte. Der vorübergehend als Pfarrstellenverwalter tätige Lic. Günter Bornkamm konnte – ebenfalls als politisch unzuverlässig eingestuft – nicht in die freigewordene Pfarrstelle gelangen.

Als wichtig für den Erhalt geistlicher Substanz und die tiefere Gründung im Christenleben erwies sich der um 1930 begonnene und bis 1940 fortgesetzte „Religionsunterricht für Erwachsene“ (geleitet von Professor Wilhelm Stählin). Diese Christenlehre legte bei einer größeren Zahl von Gemeindegliedern ein starkes Fundament des christlichen Glaubens. Noch gibt es ältere Gemeindeglieder, die sich dankbar dieser Einrichtung erinnern. Mit dem Verschwinden des Schulreligionsunterrichts richtete die Kirchengemeinde den Vorkatechumenat ihrer Kinder ein, der dem Katechumenen- und Konfirmandenunterricht vorgeschaltet und eigens dazu geschulten Gemeindegliedern aufgetragen war.

Einen literarischen Beleg zur damaligen Situation verdanken wir dem Schriftsteller und Theaterregisseur Hans Dieter Schwarze (geboren 1926), dessen 1990 publizierte Jugenderinnerungen unter die Anfangszeile eines Kirchenliedes gestellt sind: „Geh aus mein Herz.“ Der Großvater Schwarzes war Presbyter der Erlöserkirche; der Va-

Hermann Schütz, seit 1898 als Pfarrer in Münster tätig, leitete nach 1933 die Bekenntnisgemeinde

ter lehrte seinen Sohn aus eigener Erfahrung, alle paar Jahre die Bibel durchzulesen. Wirklich zeichnete sich der Sohn Schwarze bei der späteren Konfirmandenprüfung durch sein Bibelwissen vor anderen aus. Er war, wie damals üblich, fast zwangsweise und trotz persönlich empfundenen Überdrusses in der Hitlerjugend, daneben – mit mehr Freude – in der kirchlichen Jungschar. Während des Krieges hörte er, durch Flüsterpropaganda aufmerksam gemacht, eine der bekannten Predigten des Bischofs Graf Galen gegen die „Euthanasie". Dem Soldatentod soeben entkommen, betete er in dieser schwierigen Lebenslage das Osterlied „Christ ist erstanden" und das Vaterunser [1497: Geh aus mein Herz, S. 67ff, 210f]. Die Ausprägung seiner kirchlichen Erziehung im späteren Leben nimmt hier ungezwungen Farbe an.

Einschränkung der kirchlichen Arbeit

Die bis zur Machtübernahme der Nationalsozialisten stark ausgeprägte diakonische Arbeit sollte gezwungenermaßen zum größeren Teil in städtische Hände übergehen. Ende 1933 wurden der Diakonie die Amtsvormundschaften und die soziale Gerichtshilfe entzogen. Aber in beiden Arbeitsfeldern blieb die Kirche ohne amtlichen Auftrag weiter tätig, nun lediglich auf eine freiwillige Klientel angewiesen. Bald erfuhren die drei Fürsorgekräfte der Gemeinde einen gegenüber früher eher größeren als geringeren Zuspruch. Dem Evangelischen Frauenverein wurden 1934 die öffentlichen Zuschüsse entzogen; ebenfalls fiel die bisherige Mitfinanzierung der Kindergartenarbeit fort. Der Herberge zur Heimat drohte 1933 die Zwangsenteignung. Das Eleonorenheim in der Hörsterstraße belegten „braune Schwestern" der NS-Volkswohlfahrt. Die Nähschule mußte 1933 als lästige Konkurrenz unter Druck aufgelöst werden.

Noch härter traf die Überleitung der kirchlichen Jugendarbeit die Kirchengemeinde. Sportheim und Sportplatz am Laerer Landweg gingen verloren. Das Landheim der Schülerbibelkreise wechselte in fremde Hände. Äußerlich unangetastet blieben der Männerverein unter Pfarrer Schütz und der große Frauenverein, der sich allerdings auf ein rein geistliches Programm beschränken mußte. Auch einige Jungen- und Mädchengruppen lebten nach starken Mitgliedereinbußen – nur auf rein kirchliche Inhalte verwiesen – weiter. Sie folgten den Richtlinien des Jugendpfarrers der Bekennenden Kirche.

Die Eingriffe des Staates in die Arbeit der Kirchengemeinde setzten sich während des Zweiten Weltkriegs fort. Das große Gemeindehaus an der Erlöserkirche wurde schon bald nach Kriegsausbruch als Heim für durchreisende Soldaten zunächst teilweise, ab 1940 vollständig in Anspruch genommen. Den kirchlichen Gruppen und Vereinen blieben nur das viel kleinere Gemeindehaus am Horsteberg und Räume in den Pfarrhäusern für die Fortsetzung ihrer Veranstaltungen. Der Luftkrieg gab dem Staat die Möglichkeit, die öffentliche Einladung zu den Gottesdiensten durch Glokkengeläut weitgehend einzuschränken, angeblich um nicht die Flugabwehr und den militärischen Abhördienst zu stören. Daß zwei der Pfarrer nebenberuflich Seelsorge an den in Münster garnisonierten Militärangehörigen zu übernehmen hatten, lag hingegen auf der Linie ihres Berufs. Die Gemeinde nahm auch gern die wöchentlichen Bittgottesdienste zur Kriegszeit in den Kirchen wahr.

Im vierten Kriegsjahr wurde der Gebäudebestand der Kirchengemeinde zunächst in geringem Umfang, bald stärker betroffen. 1943 erlitt die Erlöserkirche so schwere Bombenschäden, daß sie nicht mehr benutzt werden konnte. Als Ausweichstätten stellten die katholischen Schwestergemeinden die Dominikanerkirche und zeitweise auch die Pfarrkirche St. Mauritz zur Mitbenutzung zur Verfügung. Die Apostelkirche konnte nach allen Bombenangriffen notdürftig wieder instandgesetzt werden, so daß sie für Gottesdienste und Amtshandlungen nutzbar blieb. Kurz vor Kriegsende, am 25. März 1945, ereilte auch sie das Schicksal der Erlöserkirche; sie wurde zur Ruine. Die Trinitatiskirche hatte schon im Vorjahr große Schäden erlitten. Das ihr benachbarte Gemeindehaus wie das ältere Haus am Horsteberg fielen den Bombenangriffen zum Opfer. Einige der Kindergärten, die Herberge zur Heimat, das Christliche Hospiz, das Verwaltungsgebäude an der Apostelkirche und das Altersheim am Breul lagen bei Kriegsende ebenfalls in Schutt und Asche. Einzig die Pfarrhäuser hatten weniger stark unter den Kriegseinwirkungen gelitten.

Quellen und Literatur

Während in dem vorliegenden Beitrag die Geschichte der evangelischen Gemeinde vor allem unter dem Gesichtspunkt der Eingliederung in das gesamtstädtische Leben dargestellt wurde, eignen sich zur ergänzenden Lektüre über die innere Entwicklung vor allem die Einzelbeiträge in der Jubiläumsschrift „700 Jahre Apostelkirche Münster" [172: 700 Jahre].

Für die Zeit bis 1945 wurden die einschlägigen Akten des Archivs der Kirchengemeinde, des Landeskirchlichen Archivs Bielefeld und des Staatsarchivs Münster (hier die Bestände „Oberpräsidium" und „Regierung Münster") benutzt. Ein Quellennachweis ergibt sich im einzelnen aus dem wissenschaftlichen Apparat der Jubiläumsschrift von 1984. Zu den wichtigen Quellen gehört auch der „Kirchen-Kalender der Evangelischen Gemeinde Münster" [1230: Kirchenkalender] und das Gemeindebuch „Evangelisches Leben in Münster". Zur Schulgeschichte sind immer noch die Arbeit von Engelking [1315: Evangelische Schule], die Erinnerungsblätter zum hundertjährigen Bestehen der evangelischen höheren Mädchenschule (Freiherr-vom-Stein-Schule) [111: Erinnerungsblätter] und die Festschrift des Schillergymnasiums [1622: Schillergymnasium] heranzuziehen. Für die Anfänge der Kirchengemeinde und für ihr Umfeld bietet Karl Berghaus in seinen anonym herausgegebenen Erinnerungen [1205: Wallfahrt] wertvolle, allerdings oft subjektiv beurteilte Einzelheiten. Das gesellschaftliche Leben wird von Friedrich Kohlrausch [1232: Erinnerungen] beschrieben. Einzelhinweise bieten auch die Briefe an den Pfarrer D. Wilhelm Möller [2450: Möller, Krummacher]. Über die Eingliederung von evangelischen Beamten als stadtgesellschaftlichem Prozeß enthält die Studie von Bernd Walter [1460: Beamtenschaft] ausgebreitetes, statistisch gut belegtes Material.

Biographische Angaben über die münsterischen Pfarrer und ihre literarischen Arbeiten enthält das „Pfarrerbuch" von Bauks [1953: Evangelische Pfarrer in Westfalen]. Gründer behandelt den Evangelischen Frauenverein und seine Stellung im Kreis weiterer konfessioneller und anderer Gründungen in Münster [1336: Arme, Armut und Armenwesen]. Die Geschichte der konfessionellen Krankenhäuser – darunter auch des Evangelischen Krankenhauses – ist Thema einer medizinhistorischen Dissertation von Jungnitz [1371: Konfessionelle Krankenhäuser]. Die wesentlichen Daten zur kirchlichen Vereinsgeschichte lassen sich aus den bereits erwähnten Kirchenkalendern der evangelischen Gemeinde in Münster ermitteln. Als Standardwerke zur Geschichte der Inneren Mission gelten nach wie vor die Monographien von Gerhardt [2133: Innere Mission 1–2] und die Edition von Hennig [2210: Quellenbuch]

Quellen über die Zusammensetzung und die Wirkung der kirchlich ausgerichteten Lesekränzchen im 19. Jahrhundert bietet Witte [1471: Leben Tholuck's]. Für den Schlüterkreis finden sich manche Hinweise bei Nettesheim [1420: Schlüter]. Eine neuere Charakterisierung Schlüters und seiner Wirkung auf Zeitgenossen vermittelt der Beitrag von Ester in den „Warendorfer Schriften" [2083: Biedermeier und Beamtentum]. Untzer wird in den Memoiren Wilhelm von Kügelgens gewürdigt [1233: Lebenserinnerungen]. Für die Intensität und Gedankentiefe des Schlüterkreises und die Teilnahme evangelischer Freunde daran zeugen die von Josefine Nettesheim edierten Briefsammlungen [1220: Hensel und Schlüter; 1255: Schlüter an Junkmann]. Über die religiösen Aussagen in der Dichtung Annette von Droste-Hülshoffs und deren Rezeption durch die Brüder Hart gibt die quellennahe Arbeit von Woesler [2832: Modellfall] Aufschluß.

Wertvoll – jedoch in der Wertung etwas einseitig und daher ergänzungsbedürftig – sind die umfangreichen chronikalischen Aufzeichnungen von Ludwig Ficker [1234: Kulturkampf]. Die Einzelbelege zum Programm des Evangelischen Bundes und zur münsterischen Pressefehde von 1887 enthält die Monographie von Hüttenrauch [2254: Evangelischer Bund]. Kritischer angelegt ist dagegen die Untersuchung von Fleischmann-Bisten und Grote aus dem Jahr 1986 [2104: Protestanten], die zudem die politische und kirchliche Situation stärker berücksichtigt. Um eine politische Einordnung des Evangelischen Bundes bemüht sich außerdem die von Zilleßen herausgegebene Aufsatzsammlung [2780: Volk–Nation–Vaterland]. Die Bedeutung konfessioneller Fragen innerhalb der Herrengesellschaften und Clubs in Münster läßt sich unter anderem aus den Festschriften des „Vergnügten Krokodils" [1356: Münstersche Herrengesellschaft] (mit einem lebensnahen Bericht von Franz Josef Ernst) und der Festgabe zum 200jährigen Jubiläum des Civilclubs [174: 200 Jahre] erschließen. Die Schriften enthalten auch Angaben zur Mitgliederbewegung und Berufsstruktur.

Über das Gemeindeleben nach 1900 geben die Jahresberichte der Presbyteriumsvorsitzenden, die Verhandlungsniederschriften der jährlichen Kreissynodaltagungen und die ungedruckten Erinnerungen des Pfarrers Ewald Dicke Auskunft (alle im Archiv der Kirchengemeinde).

DIETHARD ASCHOFF

Von der Emanzipation zum Holocaust – Die jüdische Gemeinde im 19. und 20. Jahrhundert

1. Die jüdische Gemeinde zwischen Orthodoxie und Reform (1815–1847) – 2. Assimilation und Antisemitismus (1847–1919) – 3. Gemeindeleben in der Weimarer Republik (1919–1933) – 4. Der Weg in die Katastrophe (1933–1945) – 5. Anmerkungen zur Nachkriegsentwicklung

1. Die jüdische Gemeinde zwischen Orthodoxie und Reform (1815–1847)

Preußen hatte, veranlaßt durch den Staatskanzler von Hardenberg, am 11. März 1812 die Judenemanzipation eingeleitet und Juden mit gewissen Einschränkungen zu Staatsbürgern gemacht. Aufgrund sowohl äußerer wie innerer Widerstände wurde das Edikt aber in den wieder- oder neuerworbenen Provinzen noch nicht angewendet, sondern hier die jeweils vor dem Erwerb geltenden Judenverfassungen bis auf weiteres aufrechterhalten. So gab es für ein Menschenalter in der Provinz Westfalen mehrere Judenordnungen nebeneinander, je nachdem, ob die einzelnen Landesteile vom Großherzogtum Berg, vom Kaiserreich Frankreich, vom Großherzogtum Hessen oder vom Königreich Westfalen an Preußen gefallen waren. Wegen der hieraus für die Verwaltung sich ergebenden Schwierigkeiten hielt der Oberpräsident von Vincke spätestens seit 1832 ein neues einheitliches Judengesetz für die Provinz für wünschenswert. Da die Judenordnungen unterschiedlich günstig für die Betroffenen waren, mußte verhindert werden, daß Juden aus dem Geltungsbereich unvorteilhafterer Gesetze in die Landesteile abwanderten, wo sie bessere Rahmenbedingungen vorfanden.

Nach der jahrhundertelangen Ausgrenzung der Juden aus der Stadt gab es natürlicherweise Anpassungsschwierigkeiten auf beiden Seiten, die vor allem in unterschiedlichen Religionsvorstellungen und Zeremonialvorschriften wurzelten. In Münster trat das für viele Bürger und die Behörden Befremdliche vielleicht deutlicher als anderswo zutage, weil der hierfür zuständige Landrabbiner Abraham Sutro den Kultus in streng orthodoxen Formen vollzog.

Am sichtbarsten für Außenstehende waren diese Formen bei den Bestattungen. Schon 1811 hatten sich anläßlich des Todes eines jüdischen Kindes drei münsterische Juden an den damaligen Maire gewandt, um eine Regelung zu finden, die es ermöglichen sollte, einerseits dem jüdischen Religionsgesetz zu genügen, keinen „Toten über einen halben Tag stehen zu lassen", andererseits aber auch die bestehenden staatlichen Gesetze zu beachten. 1819 verpflichtete der Magistrat auf Anweisung der Regierung den Rabbiner, „keine [...] Leichen unter drei Tage zu begraben" [StadtAM, Stadtregistratur 36–6]. 1820, als es anläßlich einer Beerdigung auf dem jüdischen Kirchhof zur Ansammlung einer sensationslustigen christlichen Menge kam, sah sich die Stadt gezwungen, den Landrabbiner daran zu erinnern, „daß das öffentliche Ausstellen von Judenleichen und das Öffnen der Särge bei der Begräbniszeremonie als ein der Gesundheit nachteiliger Gebrauch mittels schwerer Verordnungen untersagt“ sei. 1821 wurde das Öffnen des Sarges noch einmal moniert [StadtAM, Stadtregistratur 36–5].

Seit dem 15. April 1835 konnten sich Juden aus der Rheinprovinz sowie aus den Regierungsbezirken Arnsberg und Minden im Regierungsbezirk Münster niederlassen; seit dem 1. April 1839 galt die Erlaubnis auch für die Juden aus dem Bereich des früheren Königreichs Westfalen.

Trotz dieser gesetzlich gegebenen Möglichkeit verhielt sich die Stadt Münster vor allem den aus dem ehemaligen Königreich Westfalen um Aufnahme nachsuchenden Juden gegenüber ablehnend. Dies zeigt sich auch daran, daß die Zahl der Juden in Münster zwischen 1838 und 1846 sowohl relativ als auch absolut zurückging, um dann in den nächsten Jahren sprunghaft von 179 (1846) auf 293 (1855) anzusteigen. Erst 1855 war gewissermaßen der „Nachholbedarf“ gedeckt, der Stau abgebaut. Von da an erfolgte das Anwachsen des jüdischen Bevölkerungsanteils kontinuierlicher.

Typisch für die Ablehnung war etwa die Begründung, daß es „weder im Interesse der hiesigen Stadt noch weniger der Landgemeinde liegen kann, die Anzahl der Hausierer zu vermehren“ oder, in einem anderen Fall, sich „mit einer armen zahlreichen Judenfamilie zu belasten“ [StadtAM, Stadtregistratur 36–4].

Die Gründe für die gegenüber Juden wenig aufgeschlossene Haltung können nur vermutet werden. Ohne Zweifel wirkten Vorurteile nach, die aus vorpreußischer Zeit stammten. Daneben müssen auch die geäußerten Befürchtungen ernst genommen werden, jüdische Hausierer und Kleinkaufleute könnten dem eingesessenen christlichen Kaufmannsstand Abbruch tun oder aber der städtischen Fürsorge zur Last fallen.

Die Stadt stand in ihrer spürbaren Zurückhaltung nicht allein. Vorurteile und Befürchtungen wurden von den Regierungsbehörden in der Stadt geteilt. So hebt etwa Friedrich Freiherr von Korff-Harkotten, Regierungsrat in Münster, in einem Gutachten vom 31. Juli 1820 an den Juden zwar viele bürgerliche Tugenden hervor: Sie seien folgsam, beobachteten die Gesetze, entzögen sich ihrer Militärpflicht weniger als die Christen, von Unzucht, Verschwendung, überhaupt von Verbrechen höre man bei ihnen wenig; Patrioten seien sie aber nicht und verharrten in Abgrenzung von den Christen in ihrem Glauben [StaatsAM, Oberpräsidium 2627,1]. Noch deutlicher äußerte sich Oberpräsident Ludwig von Vincke in einem Memorandum vom 2. November 1826. Der Jude sei fast ausnahmslos „ein Mensch, der Kunst und Wissenschaft nicht ehrt und sich ihnen nicht widmet, wenn sie nicht unmittelbar zu einem raschen Gelderwerbe ihm die Aussicht bieten, der den Ackerbau und das Handwerk meidet, weil jede ruhige anhaltende und körperliche Anstrengung erfordernde Arbeit, die nur langsamen und mäßigen Gewinn verspricht, ihm zuwider ist, der nur den Handel und solche leichtbeweglichen Gewerbe liebt und treibt, welche die meiste und beste Gelegenheit darbieten, seine christlichen Mitbürger zu übervorteilen und auf ihre Kosten schnell reich zu werden [. . .], der endlich weder Liebe zum Vaterlande noch Liebe gegen seine christlichen Mitbürger hegt, weil seine Religion ihn lehrt, daß er außer Palästina nur ein Fremdling unter den Völkern und seine Nation allein die auserkorene und Gott wohlgefällige, alle übrigen von Gott verworfen seien, denen man Treu und Glauben nur aus Zwang zu halten brauche“ [VerwA Landschaftsverband, Provinzialverband A II 229].

Landrabbiner Abraham Sutro (1784–1869)

Trotz der zitierten Äußerungen ist Ludwig von Vincke durchaus nicht unbesehen genuinen Vorläufern der Antisemiten zuzuordnen. Vincke war, wie sein König, nur durchdrungen von der – freilich irrigen – Ansicht, das Judentum als Religion habe keine Zukunft mehr und würde sich, wenn sich seine Anhänger nach der Emanzipation auf eine intensive Begegnung mit christlicher Wissenschaft und Kultur einließen, praktisch von innen her auflösen.

So ließ sich, um die erwartete Übertrittsbewegung unmittelbar verfolgen zu können, das Konsistorium in Berlin auch von Münster jedes Jahr zwischen 1817 und 1848 einen namentlichen Nachweis aller in der Stadt getauften Juden einreichen. Daneben förderte der König auch in Westfalen nachdrücklich die Judenmission. Übertritte zum Judentum dagegen waren strikt verboten.

Die Ansicht, das Judentum habe sich überlebt, war damals weit verbreitet. Der krisenhafte Zustand des Judentums jener Zeit, hervorgerufen durch Aufklärung, Reformen und Emanzipation, das Abtreten der alten Führungsschicht der „Hofjuden“ und in Westfalen auch das Fehlen eines organisatorischen Rahmens für das gemeindliche Leben leisteten solchen Gedanken Vorschub. Zwischen den Anhängern der jüdischen Orthodoxie und den Vertretern der wiederum mehrfach aufgespaltenen Reformbewegung kam es zu harten Auseinandersetzungen, die neben der Frage, welche Rolle das Judentum in Preußen spielen sollte, vor allem darum kreisten, welche Gebote als unverzichtbar für den jüdischen Glauben festzuhalten seien.

In Münster verkörperten sich die beiden Hauptrichtungen im Landrabbiner Abraham Sutro (1784–1869) und im Mediziner und Humanisten Alexander Haindorf

Alexander Haindorf (1782–1862) mit Enkelkindern. Gemälde von Caspar Görke (1854)

(1782–1862). Haindorf wollte eine „Amalgamierung des Christentums und Judentums", eine Assimilation in gegenseitiger Befruchtung der beiden Kulturen und Religionen. Sutro dagegen sah in der Emanzipation eine rein juristische Angelegenheit. Für Haindorf war sie vor allem eine Frage der Bildung und Ausbildung. Hier traf er sich mit dem Oberpräsidenten von Vincke, der freilich die verbesserte jüdische Bildung als Mittel betrachtete, die Juden allmählich im christlichen Staatsvolk aufgehen zu lassen. 1825 bat Haindorf die Regierung, die „Errichtung eines Vereins zur Beförderung von Handwerkern unter den Juden in Verbindung mit einer Schulanstalt" zu gestatten. Vincke trat dem Verein bei und wurde später sogar sein Präsident. Er erreichte am 31. März 1839, daß die Schule öffentlich anerkannte Anstalt wurde und damit in den Genuß einer bedeutenden, von Haindorfs Schwiegervater Elias Marks ausgesetzten Stiftung kam. Münster wurde dadurch, wie Vincke lobte, zu einem in Preußen einzigartigen Zentrum jüdischer Lehrerbildung, das bis ins Rheinland ausstrahlte. Der hohe Leistungsstand der in Münster ausgebildeten Kandidaten schlug sich bei den extern abgelegten Prüfungen in glänzenden Zeugnissen nieder. Ähnlich lobend wurden die Leistungen der Schüler erwähnt. Dank des besonders günstigen Lehrer-Schüler-Verhältnisses hatten die Zöglinge erhöhte Bildungschancen. Darum besuchten vor der Reorganisation des christlichen Bildungswesens viele Kinder, vor allem die der nach Münster versetzten höheren evangelischen Beamten, die Schule, die nicht nur methodisch auf der Höhe der Zeit stand und durchaus moderne Ansätze, wie etwa die Ganzheitsmethode, musisch-sportliche Erziehung und Koedukation verfolgte, sondern neben hohen schulischen Anforderungen auch Humanität, praktische Toleranz und preußischen Patriotismus hochhielt.

Mit dem Regierungsantritt König Friedrich Wilhelms IV. im Jahr 1840 kam neue Bewegung in das „Judenwesen". Am 29. Mai 1842 forderte die königlich preußische Regierung von Münster den Magistrat der Stadt zu einem ausführlichen Bericht auf, da Materialien zu einem Gesetz über die Angelegenheiten der Juden gesammelt würden. Berichterstatter der Stadt war der spätere Oberbürgermeister Johann Heinrich von Olfers. Er beurteilte das Judentum außerordentlich wohlwollend, liberal und fortschrittlich. So glaubte er, bei den Juden seit Gewährung des Bürgerrechts einen „unverkennbaren" Fortschritt in ihrer Gesittung zu erkennen und schlug vor, Juden nicht nur innerhalb Preußens, sondern auch in allen anderen zum Deutschen Bund gehörenden Staaten die Freizügigkeit zu gestatten. Befürchtungen, Juden würden bevorzugte Provinzen überfluten, trat er mit gegenteiligen geschichtlichen Erfahrungen und der Ansicht entgegen, daß „der Jude mit nicht geringerer Liebe an dem heimatlichen Boden hängt als der christliche Bewohner" [StadtAM, Stadtregistratur 36–5]. Hier machte sich ohne Zweifel der humanistische Geist des Freimaurers Olfers bemerkbar, der die Loge „Zu den drei Balken" von 1845 bis zu seinem Tod führte.

Olfers Gutachten steht im Gegensatz zur Judenpolitik der Regierung und des Königs. Dieser wollte der Minderheit wohl die bürgerlichen, aber nicht die staatsbürgerlichen Rechte verleihen. Sie sollte in eigenen Judenkorporationen von den übrigen Bürgern getrennt werden und auch nicht zum Militärdienst verpflichtet sein. Gegen die Abwertung ihres Status, die damit verbunden gewesen wäre, setzten sich mit den preußischen auch die westfälischen und münsterländischen Juden zur Wehr. In einer Eingabe an den Provinziallandtag, in der die politische Gleichstellung mit den christlichen Staatsbürgern gefordert wurde, argumentierten die Juden 1845, sie hätten „mit Gut und Blut dazu beigetragen", das Joch der Fremdherrschaft abzuschütteln und immer „die Pflichten treuer Untertanen erfüllt". Sie kämpften gegen das „Gespenst" der Vorurteile, welches immer noch sein Unwesen unter den Menschen treibe. „Befreit uns", riefen sie den Ständen zu, „von unseren Fesseln, und ihr werdet außer dem Bewußtsein einer geübten Wohltat nicht weniger Vorteil davon haben als wir selbst" [VerwA Landschaftsverband, Provinzialverband A II 229].

Wenig später nahmen die münsterischen Juden aufgrund einer Kabinettsordre vom 31. Oktober 1845 einen festen und erblichen Familiennamen an. Die Stadt Münster reichte der Regierung zwei Listen ein: In der einen waren die sieben Juden aufgeführt, die bereits zuvor in anderen Landesteilen einen Familiennamen angenommen hatten, in der anderen die 29, bei denen das noch nicht der Fall war. Nur ein einziger, der aus Vechta stammende Nathan Moses, besaß bis dahin noch keinen Familiennamen; er wählte den Namen Felsental. Alle anderen hatten bis 1845 amtlich nicht bestätigte Familiennamen geführt.

Mitte der vierziger Jahre konstituierte sich in der Gemeinde sowohl ein israelitischer Frauen- als auch ein Krankenverein. Auf beide Gründungen reagierte der Magistrat mit sehr persönlich gehaltenen Worten der Freude und guten Wünschen. Gleichzeitig aber entfaltete sich damals ein über ein Jahrzehnt erbittert geführter Streit zwischen den Reformern, zu denen auch der Vorstand der Gemeinde zählte, und den vom Landrabbiner Sutro geführten Konservativen. Im Verlauf dieser Auseinandersetzungen wurden Gottesdienste gestört und die Synagoge besetzt, um die Abhaltung von Gottesdiensten der Gegenseite zu verhindern; von beiden Seiten wurden die Behörden zur Aufrechterhaltung der Ordnung und des Friedens angerufen.

Zeitweise war das gesamte Gemeindeleben gelähmt. 1847 schrieb der Vorstand an den Oberpräsidenten, die münsterischen Juden befänden sich „in einem kläglichen Zustand, in einer traurigen Hilflosigkeit“ [StaatsAM, Oberpräsidium 2627,3]. Nach Sutro hat „der unselige Zwist leider viel, sehr viel Unheil in der Gemeinde gestiftet“ [StadtAM, Stadtregistratur 36–5].

Die Erbitterung rührte daher, daß es um Grundsatzpositionen religiös-rechtlicher Natur ging. Die Liberalen betonten, nach den Statuten hätten allein die gewählten Vorsteher das unbeschränkte Recht zur Leitung der Gottesdienste; Sutro dagegen wies darauf hin, daß niemand befugt sei, „irgendetwas von dem vor länger als 2000 Jahren eingesetzten Ritual abzuändern“. Am 31. Juli 1847 stellten 13 Reformanhänger den Antrag, sich von der Gemeinde trennen zu dürfen. Dem Antrag wurde wegen des damals gerade in Kraft getretenen, aber noch unveröffentlichten neuen Gesetzes nicht entsprochen. Die Konservativen fürchteten zudem, ihre dem orthodoxen Judentum geweihte Synagoge könne „zur Bühne reformistischer Wütereien“ mißbraucht werden [StadtAM, Stadtregistratur 36–5]. Darin zeigte sich die Radikalität der Auseinandersetzung. Im Jahr 1848 eskalierte der Streit der münsterischen Gemeinde dadurch, daß er öffentlich ausgetragen wurde.

Mit dem von der Gemeinde ungeduldig erwarteten Gesetz über die Verhältnisse der Juden vom 23. Juli 1847 trat der Gemeindestreit in ein neues Stadium. Das neue Gesetz brachte im wesentlichen Selbstverwaltung im Inneren, Finanz- und Kultushoheit, daneben aber umfassende staatliche Aufsicht bei Organisation und Verwaltung. Die jüdischen Gemeinden Preußens erhielten zwar keine überlokale Organisation, wohl aber den Charakter öffentlich-rechtlicher Körperschaften, nachdem sie bisher nur auf privatrechtlicher Basis existiert hatten. Für die münsterischen Verhältnisse war besonders wichtig, daß im Gesetz das Prinzip der Einheitsgemeinde vertreten wurde. Da alle in Münster und St. Mauritz wohnenden Juden der Gemeinde beitreten mußten, wurde eine Spaltung vermieden. Von der Gemeinde wurde das neue Gesetz begrüßt, weil man sich erhoffte, die innergemeindlichen Schwierigkeiten besser überwinden und gegen säumige Beitragszahler staatlich vorgehen zu können, was in Münster tatsächlich mehrfach geschah.

Um so wichtiger war angesichts der – bis 1876 bestehenden – Zwangsmitgliedschaft für beide Parteien die Besetzung der Führungspositionen. Um sie wurde erbittert gekämpft. So verhinderte etwa am 4. November 1853 der Möbelhändler Abraham Leffmann, ein schon gewählter Repräsentant, das Zustandekommen einer Nachwahl. Daraufhin baten die anderen Repräsentanten die Regierung, die gültige Wahl ihres Widersachers nicht zu bestätigen, was freilich nicht geschah. Noch am 29. Oktober 1855 standen sich, wie der Vorstand schrieb, in Münster „zwei religiöse Parteien schroff“ gegenüber. Der Grund dafür sei, daß vor 1847 „zwei sich streng ausschließende Gemeinden“ bestanden hätten, die auch getrennte Gottesdienste gefeiert hätten [1440: Schlautmann-Overmeyer, Jüdische Gemeinde, S. 40f].

Auf Dauer setzten sich in Münster die Reformer durch. Sie hatten schon Mitte der vierziger Jahre den liberalen Dr. Salomon Friedländer als Prediger (nicht als Rabbiner) angestellt, der aber 1851 bei den sich verschärfenden Auseinandersetzungen auf das Amt verzichtet hatte. Was die Reformer wollten, drückten sie am 14. Juli 1856 dem Magistrat gegenüber so aus: Es sei „sehr wünschenswert, wenn das innere religiöse Element erfrischt, durch mehr Lebendigkeit, Herzlichkeit und Andacht gehoben und überhaupt der – wir müssen es bekennen – wenig ansprechende Gottesdienst dem Bildungsstande und Zeitgeist entsprechend hergestellt würde". Der gewöhnliche hebräische Kult ermangele, heißt es an anderer Stelle, der „religiösen Erbauung", nach der sich der „größte und gebildetste Teil" der Gemeinde sehne [StaatsAM, Oberpräsidium, 2627,3].

Obwohl das Gesetz von 1847 den preußischen Juden – außer in der Provinz Posen – volle Freizügigkeit gewährte, blieben weitreichende Einschränkungen. Juden wurden zu Staats- und Kommunalämtern nur zugelassen, „wenn mit einem solchen Amte die Ausübung einer richterlichen, polizeilichen oder exekutiven Gewalt nicht verbunden" war [2119: Freund, Emanzipation der Juden 2, S. 501ff]. In der revidierten Verfassungsurkunde vom 31. Januar 1850 ist die Idee des christlichen Staates in § 14 noch deutlicher ausgesprochen: „Die christliche Religion wird bei denjenigen Einrichtungen des Staates, welche mit der Religionsausübung im Zusammenhang stehen, unbeschadet der im Artikel 12 gewährleisteten Religionsfreiheit, zum Grunde gelegt."

Das hatte auch in Münster unmittelbare Auswirkungen. Baruch Sutro, ein Sohn des Landrabbiners, hatte im Vertrauen auf das Gesetz von 1847, das Juden zu technischen Beamtenberufen zuließ, und eine freilich vorsichtig formulierte Zusage der münsterischen Regierung die Examina als Feldmesser und Bauführer abgelegt, einem Privatunternehmer, der ihn engagieren wollte, abgesagt und sich um eine Beamtenstelle in Münster beworben. Der zuständige Berliner Handelsminister von der Heydt lehnte eine auch nur vorübergehende Tätigkeit Sutros ab. Die in der christlichen Spätantike begründete Auffassung, daß Juden keine Staatsämter einnehmen dürften, hatte in Münster ein letztes Opfer gefunden: Baruch Sutro, der sich als Wasserbauingenieur nach Holland verdingte, starb infolge des ungesunden Klimas lange, bevor 1860 die Vorschriften fielen, die seinen Eintritt als Beamter in Münster verhindert hatten.

2. Assimilation und Antisemitismus (1847–1919)

Ausbau der Gemeinde

Auch wenn die endgültige rechtliche Emanzipation erst 1869 erreicht wurde und sich die volle gesellschaftliche Integration noch länger hinzog und in gewisser Weise nie ganz vollzogen wurde, stellte das Gesetz von 1847 mit seinen Auswirkungen einen tiefen Einschnitt in der Geschichte der preußischen und damit auch der münsterischen Juden dar. Mit der Genehmigung des auf das Gesetz gegründeten Statuts der Synagogengemeinde war die Phase der Etablierung und Konstituierung abgeschlossen. Der Rahmen war geschaffen, innerhalb dessen sich die weitere Entwicklung entfalten sollte.

Zunächst ein Blick auf die Statistik: Nachdem 1810 erstmals seit zweieinhalb Jahrhunderten ein Jude in Münster wieder seßhaft werden durfte, lebten 1816 zu Beginn der preußischen Zeit bereits 79 jüdische Einwohner in der Stadt (0,5 Prozent). Bis 1837 hatte sich ihre Zahl mehr als verdoppelt und die Judenschaft auch prozentual zugenommen. 180 Einwohner entsprachen 0,9 Prozent der Bevölkerung. Dann trat die vor allem durch das neue Mitspracherecht der Kommune bei der Aufnahme von Juden bedingte zehnjährige Stagnation der münsterischen Judenschaft ein. Nach einem erneuten Anstieg zwischen 1847 und 1855 stellten die Juden 1,3 Prozent der Einwohner. Von da an nahmen sowohl die Zahl als auch der Anteil der Juden an der Bevölkerung kontinuierlich zu, bis 1871 mit fast 1,5 Prozent der höchste Anteil erreicht wurde, der je in Münster bestand. Danach nahm die absolute Zahl noch bis 1910 auf 637 Personen weiter zu, prozentual aber der jüdische Bevölkerungsanteil stetig ab. Bis 1910 war er auf 0,7 Prozent geschrumpft, hatte sich also in nur vierzig Jahren halbiert. Diese Bevölkerungsentwicklung entsprach allgemein der Entwicklung in Westfalen.

Münster lag seit Mitte des 19. Jahrhunderts zwar immer über dem westfälischen Durchschnitt, aber beträchtlich unter den Prozentzahlen für vergleichbar große Städte des deutschen Reiches, in denen 1852 2,4 Prozent Juden gezählt wurden und 1890 immer noch 1,5 Prozent. Auch gegenüber westfälischen Städten wie Bielefeld, wo noch 1930 der jüdische Anteil bei fast einem Prozent lag, oder Dortmund, wo Juden mit 2678 Einwohnern 1910 noch etwa 1,3 Prozent ausmachten, blieb Münster deutlich zurück. Münster war, so können wir feststellen, von der Zeit vor 1350 vielleicht abgesehen, in seiner ganzen Geschichte nie ein jüdisches Zentrum überregionaler Bedeutung, wenn man die weit ausstrahlende jüdische Lehrerbildungsanstalt (Marks-Haindorf-Stiftung) außer acht läßt. Die eher verhaltene Entwicklung der münsterischen Judenschaft im 19. Jahrhundert hängt sicher damit zusammen, daß die Stadt für die stärker im Handwerk und in der Industrie tätigen osteuropäischen Juden weniger attraktiv war als etwa die aufstrebenden Ruhrgebietsstädte. Der Anteil der Ausländer an der jüdischen Bevölkerung lag in Münster 1925 mit 4 Prozent deutlich unter den Zahlen, die aus anderen Städten Nordwestdeutschlands bekannt sind – in Köln betrugen sie 24,3 Prozent, in Essen 27,3 Prozent und in Duisburg 38,8 Prozent.

Die eher bescheidene Bedeutung der münsterischen Judenschaft schlägt sich auch darin nieder, daß die Gemeinde im ganzen 19. Jahrhundert nie einen Rabbiner anstellte. Abraham Sutro war als Landrabbiner wohl gewissermaßen geistliches Oberhaupt der münsterländischen Judenschaft, versah aber in der Stadt kein Gemeindeamt. Einen gewissen Ersatz bot die Lehrerschaft der Marks-Haindorf-Stiftung. So diente ihr Leiter, der Rabbiner Dr. Theodor Kroner, der Gemeinde zwar als Prediger, war aber nicht deren Rabbiner.

Sozialstruktur der münsterischen Juden

Wesentliche Aufschlüsse über die münsterische Judenschaft in der zweiten Hälfte des 19. Jahrhunderts lassen sich aus ihrer Berufsstruktur und den erhaltenen Steuerlisten ermitteln, die seit der Strukturreform der Gemeinden 1847 vorliegen. Auch wenn die absoluten Zahlen der jüdischen Erwerbstätigen zu gering sind, um voll aussagefähig zu sein, machen sie doch die Hauptlinien erkennbar.

Die Berufsprofile der Juden und Nichtjuden wichen – wie überall – markant voneinander ab. Juden waren praktisch nur in drei Sparten anzutreffen, wobei der Bereich Handel und Verkehr mit mehr als der Hälfte der Berufstätigen eindeutig dominierte. In allen anderen Sparten waren Juden unterrepräsentiert, am deutlichsten im Bereich Bergbau, Industrie und Handwerk, in dem 1882 mit fast einem Drittel der

Schüler und Lehrer der Volksschule in der Marks-Haindorf-Stiftung am Kanonengraben (1914)

Die Berufsstruktur der Juden in Münster 1840–1882:

	1840/42				1858				1882			
	Juden		Nichtjuden		Juden		Nichtjuden		Juden		Nichtjuden	
	(abs.)	(%)	(abs.)	(%)	(abs.)	(%)	(abs.)	(%)	(abs.)	(%)	(abs.)	(%)
Land- und Forstwirtschaft	–	–	7	0,1	–	–	44	0,6	–	–	595	3,1
Bergbau, Industrie, Handwerk	8	26,7	2535	51,6	7	9,1	3429	50,0	3	2,8	6109	32,3
Handel und Verkehr	16	53,3	610	12,4	52	67,5	1039	15,1	79	73,1	2662	14,1
Häusliche Dienste, Tagelohn	–	–	1631	33,2	–	–	2016	29,4	–	–	1361	7,2
Öffentliche Dienste freie Berufe	4	13,3	133	2,7	10	13,0	334	4,9	11	10,2	4647	24,6
Ohne Gewerbe (Rentner, Privatiers)	2	6,7	keine Angabe		8	10,4	keine Angabe		15	13,9	3532	18,7
	30	100,0	4916	100,0	77	100,0	6862	100,0	108	100,0	18906	100,0

Quelle 1361: Hogreve, Stellung der Juden, S. 39f

Beschäftigten die meisten nichtjüdischen Münsteraner ihren Lebensunterhalt verdienten. Daß das jüdische Handwerk in Münster zwischen 1840/42 und 1882 fast bis zur Bedeutungslosigkeit geschrumpft war, zeigt nicht nur die Krise des Handwerks an; dieser Rückgang macht auch deutlich, daß das Hauptziel der Marks-Haindorf-Stiftung, das Handwerk unter den Juden zu verbreiten, zumindest in Münster verfehlt wurde. Bei den münsterischen Juden war der Handelssektor noch stärker ausgeprägt als bei ihren Glaubensgenossen in Westfalen (62,7 Prozent) und in Preußen (56,9 Prozent); gleichzeitig war aber das handwerklich-industrielle Element erheblich geringer vertreten (Westfalen: 21,6 Prozent, Preußen: 20,9 Prozent). Diese Zahlen erklären sich in erster Linie aus dem Charakter der Handels- und Dienstleistungsmetropole Münster, deren industrielle Entwicklung nur schwach ausgeprägt war.

Daß die Juden ihre Chancen in der einzigen Großstadt des Münsterlandes nutzten, geht aus ihren Vermögensverhältnissen hervor, die sich aus den Steuerleistungen erschließen lassen. Zwischen 1859 und 1876 stieg in Münster die Zahl der Einkommensteuerpflichtigen, d. h. derer, die einen Jahresverdienst von über tausend Talern aufwiesen, von 3,2 Prozent auf 11,3 Prozent. Obwohl der Wohlstand allmählich zunahm, verfügten noch 1876 fast 90 Prozent der Münsteraner nur über einen vergleichsweise bescheidenen Verdienst. Daß dies bei den Juden der Stadt anders war, zeigt die folgende Tabelle.

Steuerleistungen bei Juden und Nichtjuden in Münster 1859:

	Klassensteuer		Einkommensteuer		Steuerbetrag je Kopf
	(abs.)	(%)	(abs.)	(%)	(in Talern)
Juden	17	22	60	78	14,32
Gesamtbevölkerung	10 087	97	334	3	4,11

Quelle 1361: Hogreve, Stellung der Juden, S. 58

Der durchschnittliche Pro-Kopf-Steuerbetrag lag bei den Juden also etwa dreieinhalbmal so hoch wie bei den nichtjüdischen Münsteranern. Oder anders ausgedrückt: Bei einem Bevölkerungsanteil von deutlich unter einem Prozent stellten die Juden fast ein Fünftel der Einkommensteuerpflichtigen. Die relative Wohlhabenheit der Juden hing offenkundig von ihrer Berufsstruktur ab. Sie waren in den Sparten, in denen gering verdient wurde und die tendenziell zurückgingen, nur wenig vertreten, dagegen im Handel – der erheblich mehr abwarf – überrepräsentiert. „Das durchschnittliche Einkommen der Juden war relativ hoch, nicht weil es so viele reiche, sondern weil es im Vergleich zur Gesamtbevölkerung so wenig arme Juden gab" [1361: Hogreve, Stellung der Juden, S. 61].

Inwieweit Juden gesellschaftlich integriert waren, läßt sich zum Teil an den Vereinsmitgliedschaften ablesen. Trotz ihrer überkonfessionellen und humanitären Ausrichtung, die in dem zitierten Gutachten von Olfers zum Ausdruck kam, nahm die Loge „Zu den drei Balken" keine Juden auf, auch wenn diese schon anderen Logen angehörten. 1874 beschloß die Loge, das christliche Prinzip beizubehalten. Juden war damit der Beitritt versagt.

Anders lagen die Verhältnisse bei den Schützengesellschaften, sofern sie nicht konfessionell geprägt waren. Dem Bürgerschützenkorps von 1842 gehörten von Anfang an viele jüdische Bürger an, die freilich nie herausgehobene Ränge bekleideten. Mitgliedschaften von Juden in den beiden bekanntesten und ältesten geselligen Vereinen Münsters, dem Civilclub und dem Zwei-Löwen-Club, sind nicht bekannt, obwohl im letzteren zahlreiche Kaufleute verkehrten. Dagegen hatten die 1831 gegründete geschlossene Gesellschaft „Circle“, die Turnvereine und der Vaterländische Frauenverein jüdische Mitglieder. Neben teils eindeutiger, teils unausgesprochener Zurückhaltung gerade in den exklusiven Vereinen stand also unproblematische Mitgliedschaft. Im ganzen aber entsprach, wenn man die Teilhabe am Vereinsleben als Prüfstein nimmt, die gesellschaftliche Position der Juden in Münster ihrer schon um die Jahrhundertmitte gefestigten wirtschaftlichen Position noch nicht in vollem Umfang.

Erst Anfang des 20. Jahrhunderts gelang es Juden, Stadtverordnete zu werden und damit gewissermaßen eine neue Stufe der Anerkennung zu erreichen. Zwischen 1904 und 1924 bekleideten vier Juden ein solches Amt.

Trotz ihrer gesellschaftlichen Zurücksetzung entwickelten die münsterischen Juden innerhalb einer Generation, wie ihre Glaubensgenossen in anderen Teilen der Monarchie, das von dem Oberpräsidenten Vincke 1826 noch vermißte vaterländisch-preußische Bewußtsein. Wie erwähnt, äußerten sie schon 1845 glaubhaft, sie seien „mit Gut und Blut Preußen“, und wiederholten dieses Bekenntnis 1856 anläßlich einer Eingabe an das Preußische Abgeordnetenhaus.

Daß sie sich der deutschen Kultur weit öffneten, zeigt eine von Hogreve vorgenommene Analyse der von münsterischen Juden gewählten Vornamen. Ausgehend von der Beobachtung, daß eine Reihe von Vornamen im 19. Jahrhundert nur von Juden getragen wurde, stellt Hogreve fest, daß sich das Verhältnis von „typisch“ jüdischen zu anderen Vornamen innerhalb einer Generation geradezu umgekehrt hat. Trugen die „Väter“, d. h. die zwischen 1817 und 1833 geborenen Gemeindemitglieder, noch zu 73 Prozent jüdische Namen, so erhielten die „Söhne“, d. h. münsterische Juden, die zwischen 1847 und 1863 zur Welt kamen, überwiegend (69 Prozent) Namen, die traditionell von Nichtjuden getragen wurden. Die „Söhne“ konnten anhand ihrer Vornamen zum größeren Teil nicht mehr als Juden identifiziert werden. Bei den „Töchtern“ war der „jüdische“ Anteil sogar noch stärker zurückgegangen. Hier ist unter 56 Mädchen mit dem einmal gewählten „Sara“ nur noch ein einziger damals typisch jüdischer weiblicher Vorname gewählt worden [1361: Hogreve, Stellung der Juden, S. 125].

Die Erziehung, die jüdische Kinder in der Vereinsschule der Marks-Haindorf-Stiftung erhielten, dürfte die preußisch-deutschen Tendenzen noch verstärkt haben. Im Literaturunterricht las man neben dem Nibelungenlied patriotische Dichter und umfassend Goethe und Schiller, lernte Lieder des evangelischen Kirchendichters Paul Gerhardt; im Fach Geschichte erfuhr man viel von den preußischen Herrschern, etwa von den Jugendjahren Friedrichs des Großen, und von den Befreiungskriegen. Zwar betonten Fächer wie Hebräisch, rabbinische Religion und nachbiblische Geschichte die jüdische Identität, aber ohne Zuordnung zu anderen Unterrichtsgegenständen – etwa zur Geschichte der Juden in Preußen. Das Ausbildungssystem verlief gewissermaßen zweispurig auf einer deutsch-preußischen und einer jüdischen Schiene und zielte letztlich auf ein „Deutschtum“ jüdischer Konfession.

Im Zuge dieser Entwicklungen hatten sich die liberalen Tendenzen naturgemäß verstärkt. Die äußeren Formen des Gottesdienstes paßten sich denen der christlichen Kirchen immer mehr an. In der 1880 eingeweihten neuen Synagoge befand sich erstmals eine Orgel. Chorgesang und Predigt in deutscher Sprache waren eine Selbstverständlichkeit.

Die münsterische Gemeinde gehörte dem – Reformen befürwortenden – „Verband der Synagogengemeinden Westfalens“ an, der 1893 ein neues Gesangbuch herausgab, das von orthodoxer Seite aufs heftigste bekämpft wurde. Neben der Bevorzugung der deutschen Sprache ließ es zum Beispiel Gebete aus, die sich auf Israel bezogen. Das war ein Zeichen dafür, daß Verfasser und Benutzer sich mit der Israelsehnsucht ihrer Väter nicht mehr identifizieren konnten. Zum anderen sollte der Verzicht auf die Rückkehr ins „gelobte Land“ der nichtjüdischen Umgebung signalisieren, daß der im Zeichen des Antisemitismus neu erhobene Vorwurf mangelnder Vaterlandsliebe oder einer doppelten Nationalität überholt sei. Naturgemäß konnte sich der in den neunziger Jahren erstmals artikulierte Zionismus nicht in einer Gemeinde entfal-

Extra-Blatt

zum

30ten Stück des Amts-Blatts der Königlichen Regierung zu Münster.

Münster, den 25. Juli **1846**.

Bekanntmachung der Königlichen Regierung.

228) Das nachstehende Verzeichniß derjenigen selbstständigen Juden des Regierungsbezirks Münster, welche in Gemäßtheit der Allerhöchsten Kabinets-Ordre vom 31. October 1845 (Gesetzsammlung Seite 682) einen festbestimmten und erblichen Familiennamen angenommen haben: Familiennamen der Juden betreffend. Nr. 1142 5 A.

№	Familienname, wie solcher bisher geführt worden ist.	Vornamen.	Stand oder Gewerbe.	Wohnort.	Kreis.	Name, welcher von jetzt an als gewählter festbestimmter Familienname zu führen ist.
1	Adler	Samuel	Kaufmann	Stadt Münster	—	Adler
2	Cohen	Bär	Oberlehrer	dito	—	Cohen
3	Eltzbacher	Selig Jacob	Kaufmann	dito	—	Eltzbacher
4	ohne	Nathan Moses	Handelsm.	dito	—	Felsenthal
5	ohne	Moses Nathan	dito	dito	—	Felsenthal
6	Haindorf	Alexander	Dr. med.	dito	—	Haindorf
7	Heimann	Selig Philipp	Vorsänger	dito	—	Heimann
8	Hildesheimer	Baruch	ehemaliger Vorsänger	dito	—	Hildesheimer
9	Hildesheimer	Elise	Haushälterin	dito	—	Hildesheimer
10	Koppel	Abraham	—	dito	—	Koppel
11	Koppel	Isaac	Arzt	dito	—	Koppel
12	Koppel	Johanna	Lehrerin	dito	—	Koppel
13	Leeser	Gottfried	Kaufmann	dito	—	Leeser

Auszug aus dem Amtsblatt der Bezirksregierung vom 25. Juli 1846 mit einem Verzeichnis der angenommenen jüdischen Familiennamen

Alte Synagoge in der Klosterstraße

ten, die die Reformbewegung nicht nur zustimmend begleitete, sondern auf dem zweiten Verbandstag 1892 in Bielefeld mit entsprechenden Anträgen selbst vorantrieb.

Die relativ unscheinbare Rolle, die die Gemeindemitglieder in der Stadt spielten, vertrug sich nur bedingt mit ihrem Selbstbewußtsein. Das zeigt sich vor allem an den Vorstellungen, die sie mit dem Neubau der Synagoge verbanden. Das alte Gotteshaus in einem Hinterhof der Loerstraße 26, das sich seit 1826 im Besitz der Gemeinde befand, wurde sowohl als zu klein als auch der Bedeutung der Gemeinde nicht würdig empfunden. Der Neubau sollte deshalb „der Provinzialhauptstadt zur Zierde" gereichen und „monumentalen Wert haben" [StadtAM, Stadtregistratur 36–16]. „Monumental", ein Modebegriff der Zeit, bedeutete damals: auf öffentliche Wirkung berechnet und für lange Zeit bestimmt. Das Gebäude sollte „noch für die *dritte* Generation" hinreichend Raum bieten – für heute Lebende, die wissen, was in dieser Generation geschah, beklemmend zu lesen.

Genau in der Zeit, in der sich der rassistische Antisemitismus auch in Westfalen auszubreiten begann, betonte die jüdische Gemeinde Münsters, hierin unterstützt von der Stadt, mit einem repräsentativen Bau an der Promenade die erst 1869 errungene Gleichberechtigung sowie ihren Anspruch und ihr Selbstbewußtsein.

Münster war kein Hort des im letzten Drittel des 19. Jahrhunderts aufziehenden Antisemitismus. Dieser vermochte in Westfalen seine für ihn typischen rassistischen Tendenzen nur beschränkt zu entfalten. Er erfuhr eine stark konfessionelle Ausprägung sowohl im evangelisch bestimmten Siegerland und Minden-Ravensberger Land wie auch im katholisch geprägten Paderborner Raum.

In diesem Rahmen spielte auch der in Münster lehrende August Rohling eine Rolle. 1839 in Neuenkirchen bei Rheine geboren, 1865 für Altes und Neues Testament in Münster habilitiert, gab dieser vielleicht einflußreichste Vertreter konfessionellen Judenhasses in Deutschland 1871 sein antisemitisches Pamphlet „Der Talmudjude" heraus, das bis 1924 sieben Auflagen erlebte. Nicht ohne den Hinweis, daß der Talmud bis auf den heutigen Tag das höchste Ansehen bei gläubigen Israeliten genieße, zitierte der „Westfälische Merkur" am 3. Mai 1871 das angebliche Talmudzitat: „Die Beobachtung der Gerechtigkeit, der Billigkeit und Nächstenliebe ist den Christen gegenüber nicht nur unnötig, sondern ein Verbrechen." Rabbiner Dr. Kroner, Direktor des Lehrerbildungsseminars, bemühte sich wegen der Aufregung, die der Artikel naturgemäß gerade in der liberalen geistigen Atmosphäre der münsterischen Judenschaft hervorrufen mußte, sofort um Richtigstellung. Rohling antwortete darauf schon am Tag danach mit einem kommentarlos abgedruckten Brief an die Redaktion. Im Verlag Obertüschen erschien noch im selben Jahr der „Offene Brief an den Hochwürdigen Herrn Professor Dr. August Rohling als Antwort auf sein Pamphlet ‚Der Talmudjude' von einem Münster-Juden im Namen Vieler". Rabbiner Kroner schloß seine Auseinandersetzung mit dem münsterischen Theologieprofessor mit der Broschüre „Entstelltes, Unwahres und Erfundenes in dem ‚Talmudjuden' Prof. Dr. August Rohlings".

Inhaltlich vertrauten beide jüdischen Entgegnungen auf die Vernunft und Urteilsfähigkeit der münsterischen Bevölkerung oder ihres „gebildeten Teils". Für das ausgehende 19. Jahrhundert mögen sie im ganzen recht behalten haben. Die in den späten achtziger Jahren aufgekommenen antisemitischen Vereinigungen wie der Deutsche Reformverein und der Turnverein „Deutsche Wacht" konnten in Münster auf Dauer ebensowenig Fuß fassen wie die Deutsch-Soziale Partei.

Freilich blieb auch Münster nicht ganz von antisemitischen Ausschreitungen verschont. Die „Allgemeine Zeitung des Judentums", das wichtigste Presseorgan des liberalen Judentums im 19. Jahrhundert, berichtet unter dem 25. Januar 1891, im Zusammenhang mit der Agitation des Reformvereins seien Ende 1889 „fast alle Fenster der schönen Synagoge nächtlicherweile zertrümmert" und der Friedhof geschändet worden. Gleichzeitig seien in der Weihnachtszeit jüdische Geschäfte durch Boykottaufrufe geschädigt, ja zumindest ein Geschäftsinhaber unter Morddrohungen aufgefordert worden, sein „scheußliches unreelles Geschäft an den Haken zu hängen". Ohne Zweifel durch solche Vorkommnisse veranlaßt, nahmen die münsterischen Juden den Antisemitismus als solchen durchaus ernst. So sah der Vorstand für die Etatperiode 1893/96 die hohe Summe von 500 Mark für den „Verein zur Abwehr des Antisemitismus" und die Beschaffung belehrender Schriften „wie solchen zur notwendigen Verteidigung gegen die sich mehrenden ungerechten Angriffe" vor. Wie der Vorstand begründete, müsse die „genügsam widerlegte und wider besseres Wissen fortgesetzte, verleumderische Hetze gegen Juden und Judentum zum Schweigen" gebracht werden [StadtAM, Stadtregistratur 36–18].

Das Wissen um die antisemitische Gefahr zeigte sich markant in der sowohl von hohem deutschen Nationalstolz wie begründetem jüdischen Selbstbewußtsein erfüllten Rede, die der Seminardirigent Dr. Spanier anläßlich des 75jährigen Bestehens der Marks-Haindorf-Stiftung am 27. Dezember 1900 in Münster hielt. Spanier setzte sich hier „für einen bewußten Patriotismus" ein, „der, erhaben über alles Parteigezänk, tapfer für Kaiser und Reich" einzutreten habe. Dieser Patriotismus müsse verinnerlicht werden. Seine stärkste Stütze erhalte er in der tiefen Liebe zu deutscher Art, wie sie sich in Geschichte, Sage und Dichtung offenbare. Seine Ansprache schloß mit den Worten: „Mögen unsere Feinde immerhin Fremdlinge in uns sehen, wenn wir uns nur als gute Deutsche bewähren. Denn ist man wirklich Deutscher, so hört man ja nicht auf, es zu sein, weil der Haß es wünscht. Wir rufen unseren Feinden das Dichterwort entgegen:

> Ihr könnt mir das Gefühl nicht rauben,
> das freudig-stolz die Brust mir schwellt,
> trotz eurer: Deutschland über alles,
> ja über alles in der Welt."

Das war der Mehrzahl der westfälischen und münsterischen Juden aus der Seele gesprochen. Der Zionismus hatte hier – wie fast überall in Deutschland – keine Chance.

Dementsprechend war der Einsatz der jüdischen Männer während des Ersten Weltkriegs. Tausende zogen begeistert in den Kampf, viele freiwillig. Und eine große Zahl, darunter 15 Münsteraner, besiegelten den Wunsch ihrer Gemeinschaft, ganz

Gedenkstein für die im Ersten Weltkrieg gefallenen jüdischen Soldaten in der heutigen Synagoge

und uneingeschränkt Deutsche zu sein, mit dem Soldatentod. Daß ihr Opfer vergeblich war, ja in Schiebertum, Drückebergerei und Verrat verkehrt wurde, konnten sie nicht ahnen. Vielleicht am deutlichsten wird jüdische Tragik in Münster am Beispiel des Festredners von 1900, Dr. Spanier. Er, der, wie einer seiner Schüler schrieb, an die „geeinte Zwienatur" [zit. nach 1300: Braun, Marks-Haindorfsche Stiftung, S. 50] im deutschen Juden geglaubt hatte, schied in Berlin zusammen mit seiner Frau freiwillig aus dem Leben, als die NS-Schergen vor der Tür standen, um sie in ein Todeslager zu verschleppen.

3. Gemeindeleben in der Weimarer Republik (1919–1933)

Im Jahr 1910 waren 637 jüdische Einwohner registriert, die höchste Zahl, die je für Münster bekannt wurde. Möglicherweise hat sie jedoch bis 1914 noch etwas zugenommen, wie das fast überall sonst der Fall war. 1925 ist die Zahl der Juden dagegen schon auf 580 gesunken, was einem Anteil von nicht einmal 0,6 Prozent an der Gesamtbevölkerung entspricht.

Bis 1928 stabilisierte sich die Zahl der Juden in Münster wieder, ging in der zweiten Hälfte des Jahres um vierzig Personen zurück, um dann kontinuierlich bis 1933 auf 483 abzufallen, was bei 122 210 Einwohnern einem Anteil von 0,4 Prozent entsprach.

Von den nur 23 jüdischen Ausländern Münsters waren zwanzig jünger als vierzig Jahre. Diese günstige Altersstruktur der Ausländer konnte freilich angesichts ihrer geringen Zahl, der geringsten unter allen preußischen Großstädten, den ungünstigen Altersaufbau der übrigen jüdischen Bevölkerung nicht nennenswert beeinflussen.

Hervorzuheben ist, daß 1928 bei der Gesamtbevölkerung fast die Hälfte das 26. Lebensjahr noch nicht erreicht hatte, bei den Juden dagegen nur 29 Prozent. Umgekehrt war fast ein Zehntel der jüdischen Bevölkerung 65 Jahre oder älter, während der entsprechende Wert für die Gesamtbevölkerung 5 Prozent betrug [1430: Rahe, Statistische Daten, S. 217].

Daneben wurde das jüdische Element in der Stadt durch eine zunehmende Tendenz zur Mischehe geschwächt, die reichsweit zu beobachten war. In den fünfzig Jahren zwischen 1881 und 1932 hat sich der Anteil der Mischehen in Preußen mehr als vervierfacht. In Münster lag der Prozentsatz sogar noch darüber. Von den insgesamt 47 jüdischen Eheschließenden der Jahre 1928 bis 1933 gingen 13 eine Mischehe ein, ohne Zweifel ein Hinweis auf die starke Tendenz zur Assimilation in der münsterischen Gemeinde.

Sozioökonomisch wies Münster um 1930 einige für die Stellung der Juden in der Stadt wichtige Besonderheiten auf. Unter den fünfzig größten Städten des Reiches besaß die westfälische Metropole einerseits die geringste Zahl der in Industrie und Handwerk, andererseits den größten Anteil der im Öffentlichen Dienst und in Dienstleistungen Tätigen. Entsprechend verzeichnete die Stadt zu Beginn der großen Rezession 1929 mit 16 Prozent eine verhältnismäßig geringe Arbeitslosigkeit. Die wirtschaftliche Situation durfte als relativ stabil gelten. Die außerordentlich starke Stellung des Zentrums in der zu 80 Prozent katholischen Bevölkerung ließ die

NSDAP bis 1933 nicht so zur Entfaltung kommen wie anderenorts. Im Juli 1932 wurden die Nationalsozialisten hinter dem noch mit 50,2 Prozent führenden Zentrum mit 16 000 Stimmen (24,7 Prozent) immerhin schon die zweitstärkste Partei in Münster, während SPD und KPD mit zusammen 11 Prozent nur eine bescheidene Rolle spielten.

Obwohl die SA seit 1923 eine Ortsgruppe besaß und sich die SS im Sommer 1929 in Münster organisierte, konnten sich Juden in der Stadt noch relativ sicher fühlen. Angesichts der scheinbar resistenzfähigen Gesamtstruktur der Stadt mußte es darum alle überraschen, wie schnell auch die münsterische Bevölkerung nach der Machtergreifung „gleichgeschaltet" wurde. Der Skrupellosigkeit der Nationalsozialisten waren die bürgerlichen Parteien nicht gewachsen.

Die Gemeinde war weiterhin liberal geprägt. Eine kleine Gruppe orthodoxer Juden hielt darum an den hohen Feiertagen eigene Gottesdienste im Betraum der Marks-Haindorf-Stiftung ab.

Die jüdische Gemeinde war zu Beginn der dreißiger Jahre gut ausgestattet: neben der Synagoge, dem Friedhof und einer koscheren Schlachterei unterhielt die Gemeinde eine Volksschule, eine Bibliothek und mehrere Einrichtungen der Wohlfahrtspflege, darunter den 1843 gegründeten Israelitischen Frauenverein mit achtzig Mitgliedern, die sich die Aufgabe gestellt hatten, Hilfsbedürftige zu unterstützen, sich um Kranke zu kümmern und Fraueninteressen zu pflegen, und den 1915 gegründeten Israelitischen Wohltätigkeitsverein mit hundert Angehörigen, die sich der Unterstützung Hilfsbedürftiger verschrieben hatten. Außerdem gab es in Münster Zweigstellen des „Centralvereins deutscher Staatsbürger jüdischen Glaubens", eine „Liberale Vereinigung", den Jugendverein des „Reichsbundes jüdischer Frontsoldaten" sowie den „Hilfsverein der Deutschen Juden", der zunächst gegründet worden war, um „die sittliche, geistige und wirtschaftliche Entwicklung" der Glaubensgenossen im Ausland zu fördern; in nationalsozialistischer Zeit unterstützte er durch Sprachkurse, Beratungen und Hilfsleistungen vor allem die Auswanderung.

Zionisten spielten in Münster nur eine bescheidene Rolle. Vor dem Ersten Weltkrieg waren sie in der Stadt noch nicht vertreten, besaßen aber spätestens 1925 hier eine Ortsgruppe. Noch zu Beginn der Weimarer Zeit war der „Verein für Jüdische Geschichte und Literatur" mit 150 Mitgliedern (1920) in Münster stark vertreten. Zu ihnen dürften aber auch Juden des Münsterlandes gezählt haben. Zusammensetzung und weitere Entwicklung dieses Vereins sind unbekannt.

Ohne Zweifel herrschte unter den münsterischen Juden ein lebhaftes geistiges und gesellschaftliches Leben mit hohem sozialen Engagement. Rabbiner Steinthal erinnert sich rückblickend sicher richtig, wenn er feststellt: „Was das allgemeine Leben, Theater und Konzerte, Vorträge, was Sport und Geselligkeit anbetraf, nahmen die Juden vielfach an den Veranstaltungen ihrer andersgläubigen Mitbürger bis 1933 regen Anteil" [35: Geschichte der Juden, S. 79].

Jüdische Eltern meldeten ihre Kinder, wie jüngst für das Annettegymnasium nachgewiesen wurde [341: Weber, Gemütsbildung, S. 288f], überdurchschnittlich häufig an höheren Schulen an. Nicht zu vergessen sind die Hochschullehrer jüdischer Religion oder Herkunft, unter ihnen vier Juristen, zwei Mediziner und sechs, die der Philosophisch-Naturwissenschaftlichen Fakultät angehörten. Daneben gab es noch einige Professoren, die mit jüdischen Frauen verheiratet waren.

Dr. Fritz Leopold Steinthal (1889–1969), bis 1938 Stadt- und Bezirksrabbiner sowie Studiendirektor am Jüdischen Lehrerseminar

4. Der Weg in die Katastrophe (1933–1945)

Antisemitische Aktivitäten waren in Münster schon vor der Machtergreifung spürbar. So betonte im Universitätsbereich schon Mitte der zwanziger Jahre § 7 der Satzung der Deutschvölkischen Studentengruppe: „Juden und bewußt im Gegensatz zum Deutschtum stehende Personen können keinerlei Mitgliedschaft erwerben. [. . .] Getaufte Juden und Judenabkömmlinge fallen auch hierunter" [zit. nach 1640: Wankum, Erste Phase, S. 155]. Schon am 20. Januar 1920 hatte die „Münsterische Vorklinikerschaft" beschlossen: „Mitglied kann jeder Student der Universität Münster werden, der germanischer Abkunft ist." Damals reagierte der Allgemeine Studentenausschuß der Universität noch empört, entzog den Vorklinikern Sitz und Stimme im Fachausschuß und sperrte ihnen die Geldmittel.

Mit dem stärkeren Aufkommen der Nationalsozialisten Ende der zwanziger Jahre thematisierten Partei und Ortsgruppen, wie überall, antisemitisch gebrauchte Begriffe wie „Blut" und „Rasse", rief das Parteiorgan „Rote Erde" zum Kampf gegen jüdische Warenhäuser auf, hetzten Flugblätter gegen Juden und begann man, die Gefahr der Rassenschande zu beschwören. Das alles war nur Vorspiel. Schon am Tag nach der Machtergreifung am 30. Januar 1933 berichtete die „Nationalzeitung" in Goebbels-Manier von einem „Jüdchen aus Telgte", das auf dem Mittwochsmarkt „Fleisch koscheres" verkaufen wollte und von der SA vertrieben wurde: „Da kroch das Häufchen Judentum in sich zusammen, verlegte sich aufs Weinen und ging. Wenn es noch nicht aufgehört hat, weint es heute noch."

Von Anbeginn der nationalsozialistischen Zeit zieht sich eine ununterbrochene Spur von Verunglimpfungen, Drohungen, Demütigungen, Benachteiligungen, Übergriffen, halblegalen und illegalen Aktionen durch das Leben der münsterischen Juden. Schon vor dem „offiziellen" Boykott vom 1. April 1933 war es in Münster am 8. März des Jahres zu einer vorübergehenden Schließung der Einheitspreisgeschäfte „Epa" und Woolworth sowie des Kaufhauses Althoff gekommen. Am 28. des Monats bestand in der Stadt „ein ziemlich vollkommener Boykott der Geschäfte mit jüdischem Besitzer oder jüdischem Kapital", wie die „Münstersche Zeitung" am 2. April berichtete. Am selben Tag veröffentlichte die „Nationalzeitung" eine 26 Namen, Adressen und Sortimente umfassende Liste jüdischer Geschäfte unter der Überschrift: „Damit es jeder weiß – Münsterische Judenfirmen." Am 1. April legte das Gau-Aktionskomitee Westfalen-Nord ein vom Propagandaleiter Alfred Jäger unterzeichnetes detailliertes Programm vor, wie Juden aus dem Wirtschaftsleben auszuschalten seien.

Neben Geschäftsinhabern waren auch Angehörige akademischer Berufe – Hochschullehrer, Ärzte und Rechtsanwälte – vom Boykott betroffen. Schon am 31. März 1933 machte Hanns Kerrl, Reichskommissar für das preußische Justizministerium, den Gerichten bekannt, daß alle jüdischen Staats- und Rechtsanwälte sowie die Beamten im Strafvollzug umgehend Urlaubsgesuche einzureichen hätten. In Münster mußten daraufhin acht am Landgericht zugelassene Rechtsanwälte, darunter auch zwei auswärtige aus Bocholt, ausscheiden. Später wurden Dr. Simon und Dr. Hertz als ehemalige Frontkämpfer des Ersten Weltkriegs vorübergehend wieder zugelassen.

Boykott des Kaufhauses „Epa" in der Salzstraße (28. März 1933)

Daneben lösten auch in Münster Rechtsanwälte ihre Sozietätsverbindungen mit jüdischen Kollegen, wie etwa in der „Münsterischen Morgenpost" am 11. Mai 1933 angezeigt wurde. Unmittelbar vorausgegangen war hier die Aktion „wider den undeutschen Geist" vom 4. bis 10. Mai 1933, über den die Presse täglich berichtete. Im Verlauf der Aktion wurden ein „Schandpfahl" auf dem Domplatz errichtet, Buchhandlungen aufgefordert, „undeutsche" Literatur auszuliefern, und gewissermaßen als Höhepunkt am 10. Mai auf dem Hindenburgplatz eine groß aufgemachte Bücherverbrennung inszeniert.

Es lag in der Logik der Entwicklung, daß Rabbiner Dr. Steinthal aus dem städtischen Friedhofsausschuß entfernt wurde. Es sei untragbar, lautete die Begründung, daß ein Jude in die Geschicke der Stadt eingreife. Ende März 1933 wurde ein jüdischer Schauspieler am Theater entlassen. Die Kündigung mußte der Intendant Dr. Berend aussprechen, der als Halbjude gleichzeitig selbst in die Schußlinie der Partei geriet.

Noch gab es freilich vorsichtige Kritik. Es dürfte typisch für die Stadt gewesen sein, wie die „Münsterische Morgenpost" am 9. Mai zum „Gesetz zur Wiederherstellung des Berufsbeamtentums" Stellung bezog. Sie unterstützte das „Einschreiten gegen jene üblen Erscheinungen des öffentlichen Lebens Deutschlands, die eine gewisse Entartung der jüdischen Intelligenz" hervorgebracht habe, erinnerte aber auch an die vielen jüdischen Familien, „die ihre Verbundenheit mit dem deutschen Volk im Krieg durch Opfer des Blutes" besiegelt hätten. Daß man dies unberücksichtigt lassen wolle, sei nicht richtig.

Besonders hart, ja „schockartig", wie ein Miterlebender sich später erinnerte, traf das Gesetz die jüdischen Hochschullehrer. Innerhalb eines halben Jahres verloren acht „nichtarische" Universitätslehrer ihre Stellung. Sechs konnten vorläufig im Amt bleiben, da auf sie die Ausnahmebestimmungen des § 3 des Gesetzes zutrafen. Verschont blieben vorläufig auch jene Dozenten, die mit einer jüdischen Ehefrau verheiratet waren.

Im ersten Jahr der nationalsozialistischen Herrschaft veränderte sich in Münster vor allem an der Universität die Atmosphäre tiefgreifend. Freundschaften zerbrachen und „Gesinnungsschnüffelei stand", wie sich ein Zeitzeuge erinnerte, „hoch im Kurs". Vielleicht am prägnantesten kommt der neue Geist in einem Brief von Professor Baumstark vom 21. Mai 1933 zum Ausdruck. Hier schreibt dieser „seinem Führer" unter anderem, daß „Persönlichkeiten des Lehrkörpers", die „wegen Infizierung mit jüdischem Blut" oder „wegen der Rassenschande einer Ehe mit einer jüdischen Partnerin" hätten beurlaubt oder dienstenthoben werden müssen, „nach wie vor [...] unsere deutsche Jugend unterrichten" [1640: Wankum, Erste Phase, S. 183ff].

Im Bereich der Wirtschaft schlug der „Kampfbund des gewerblichen Mittelstandes" die schärfsten Töne gegen die jüdische Konkurrenz an. Am 20. April 1933 – vielleicht nicht zufällig an Hitlers Geburtstag – richtete der Kampfbund das Ansinnen an den Magistrat, städtischen Beamten und Angestellten das Betreten jüdischer Geschäfte grundsätzlich zu untersagen, und wurde in dieser Forderung durch den Regierungspräsidenten in Münster unterstützt.

Noch gab es freilich auch Widerstand. Ein vom „Deutschen Familienkaufhaus" entlassener jüdischer Angestellter klagte zum Beispiel im Mai 1933 mit Erfolg gegen seine Entlassung. Daneben gab es offenbar stille Obstruktion. So beschwerte sich

Oberbürgermeister Hillebrand noch im August 1935 darüber, daß Behördenbedienstete nach wie vor in jüdischen Geschäften einkauften. Er mußte auch an die Vorschrift erinnern, jüdische Ärzte und Rechtsanwälte nicht in Anspruch zu nehmen.

Eine weitere Verschärfung trat mit dem Inkrafttreten der Nürnberger Gesetze (des Reichsbürgergesetzes und des „Gesetzes zum Schutz des deutschen Blutes und der deutschen Ehre") vom 15. September 1935 ein. Der Oberbürgermeister machte am 30. September allen Beamten der Stadtverwaltung den Nachweis der arischen Abstammung zur Pflicht. In diesem Zusammenhang wurde der Tierarzt Dr. Alfred Steinberg entlassen. Als Kriegsteilnehmer und Schwerkriegsbeschädigter erhielt er freilich bis zum 31. Mai 1939 eine Entschädigung. Seine Verdienste retteten ihn aber später nicht vor der Ermordung im Konzentrationslager.

Wiederum traf es Universitätslehrer besonders hart, jetzt auch die bisher verschonten „jüdisch-versippten" Dozenten der Hochschule. Von den 297 Lehrkräften im Wintersemester 1932/33 wurden bis 1939 19 aus rassischen und fünf aus politischen Gründen entlassen (über 6 Prozent der Hochschullehrerschaft), wobei der Anteil an der Philosophisch-Naturwissenschaftlichen Fakultät mit fast 15 Prozent besonders hoch lag. Im Vergleich mit anderen Universitäten wies Münster noch relativ stabile Verhältnisse auf. In Berlin und Frankfurt zum Beispiel lagen die Verluste mit über 30 Prozent besonders hoch.

Infamer Methoden bediente sich das NS-Wochenblatt „Der Stürmer" in Münster. Im April 1936 giftete das Blatt – wie immer unter voller Namensnennung – unter der Überschrift „Ein seltener Fall" über die Beziehung zwischen einer Jüdin und einem nichtjüdischen Mann: „So häufig sich ein Jude an nichtjüdischen Frauen und Mädchen vergreift, so selten kommt es vor, daß eine Jüdin einem Nichtjuden Gelegenheit bietet, Rassenschande zu begehen. Ein solcher Fall wird uns aus Münster in W. gemeldet. Die Tochter eines jüdischen Metzgers [...] aus Münster pflegt ein rassenschänderisches Verhältnis mit einem deutschen Manne. Sie erwartet die Geburt eines Mischlings." Dann folgt noch der Hinweis auf die „notwendigen Ermittlungen der Gestapo".

Natürlich wirkte sich die versteckte und offene Diskriminierung, wie aus Interviews der Nachkriegszeit erkennbar wird, auch auf den persönlichen Bereich aus. So erhielten münsterische Juden Billetts zugesteckt mit der Aufschrift: „Freifahrtschein nach Jerusalem, gültig ab jeder deutschen Station. Nicht übertragbar. Hin und nicht wieder zurück." Im Wersebad des Schwimmvereins Münster standen Besucher vom August 1935 an vor einem großen Schild: „Juden Zutritt verboten". Trotz der tiefgreifenden Eingriffe in das tägliche Leben blieb auch in Münster – so die Auskunft der Überlebenden Henriette Hertz nach dem Krieg – die später tatsächlich eingetretene Entwicklung außerhalb jeder Vorstellungskraft. Immerhin wanderte bis zum Novemberpogrom 1938 ein Viertel der münsterischen Juden aus, insgesamt rd. 170 Angehörige der verfolgten Minderheit. Daneben setzte sich die Zerstörung der wirtschaftlichen Existenz fort, die mit dem Boykott im März 1933 begonnen hatte. Einem Bericht des NS-Gauwirtschaftsberaters des Gaues Westfalen-Süd zufolge wurden bei den sogenannten Arisierungen zuerst die jüdischen Geschäftsinhaber vorgeladen; dabei wurde ihnen nahegelegt, ihr Geschäft zu verkaufen. Dies habe schon „ohne Druckmittel oder Sabotageandrohungen" häufig zum Erfolg geführt. Zumeist zeige sich der Jude schon dann nachgiebig, wenn er höre, die Partei befasse sich auch

SA-Männer nach der Pogromnacht vor der zerstörten Synagoge (10. November 1933)

nur mit seiner Person. Am 29. März 1939 konnte das städtische Rechtsamt mitteilen, daß sich in Münster kein Geschäft mehr in jüdischer Hand befinde [35: Geschichte der Juden, S. 98]. So war es dem skrupellosen Regime in wenig mehr als sechs Jahren gelungen, die oft seit Jahrzehnten etablierten jüdischen Firmen und Geschäfte völlig zu ruinieren.

Was dieses Ergebnis nationalsozialistischer Judenpolitik für die Betroffenen bedeutete, ist auch anhand bekannter Einzelschicksale kaum nachvollziehbar. Für viele dürfte gelten, was der 1933 entlassene Bibliotheksrat Günter Goldschmidt empfand: daß mit dem Verlust des Wirkungskreises sein „Leben verpfuscht" gewesen sei [zit. nach 1640: Wankum, Erste Phase, S. 234].

Es sollte jedoch noch schlimmer kommen. Gewünschter Anlaß dazu war das Attentat eines verzweifelten Hannoveraner Juden auf den deutschen Gesandtschaftssekretär vom Rath am 7. November 1938 in Paris. Die Ereignisse des 9./10. November 1938 in Münster sind seit der vierzigsten Wiederkehr der Pogromnacht durch eine sorgfältig recherchierte Zeitungsserie und durch mehrere Publikationen anläßlich des Gedenkens am fünfzigsten Jahrestag 1988 so gut bekannt, daß hier nur einiges wiederholt zu werden braucht. Wichtig ist insbesondere ein erstmals 1989 veröffentlichter zwölfseitiger Bericht des damaligen Rabbiners Dr. Steinthal, den dieser zwischen 1948 und 1967 im argentinischen Exil niederschrieb.

Die von oben veranlaßten „Vergeltungsmaßnahmen" wurden in Münster von mehreren SA-Trupps getragen, die jüdische Bürger mißhandelten, mindestens neun Geschäfte und elf Wohnungen verwüsteten und die Synagoge in Brand setzten. Alle jüdischen Männer, derer man habhaft werden konnte, wurden verhaftet und ins Polizeigefängnis eingeliefert. Hierüber liegen neben dem Rabbinerbericht noch mehrere erschütternde Erinnerungen aus der Feder Verfolgter vor. Daß diese von Münsteranern geschützt wurden, ist nur in wenigen Fällen bekannt, obwohl versteckt mehrfach geholfen wurde. Die vielen Schaulustigen sollen sich im allgemeinen zurückhaltend über die Verfolgung geäußert, dagegen die sinnlose Zerstörung von Sachwerten aufgrund der vielen Sparappelle der Regierung mehrheitlich abgelehnt haben. Aufschlußreich erscheint als Reaktion auf den Pogrom der Eintrag des nationalsozialistischen Schulleiters des Annettegymnasiums, daß nach dem 9. November 1938 „in einigen Klassen das Lied ‚O komm, o komm, Emanuel, mach frei dein armes Israel' gesungen wurde. Was soll man bloß dazu sagen?" [zit. nach 341: Weber, Gemütsbildung, S. 302]

Besonders gut ist das Schicksal des Synagogengeländes dokumentiert, auf das die Stadtverwaltung selbst ein Auge geworfen hatte. Unter Ausnutzung der Zwangslage der jüdischen Gemeinde verstand es die Kommune, den Einheitswert von 52 000 auf 28 000 Reichsmark zu drücken. Davon blieben der Gemeinde nur 20 000 Reichsmark auf einem Sperrkonto, nachdem man ihr auch noch die Abbruchkosten aufgebürdet hatte.

Nach dem Pogrom steigerte sich verständlicherweise die Auswanderungsbewegung fast zur Flucht, sofern diese angesichts der bürokratischen Hemmnisse, der stets steigenden „Reichsfluchtsteuer" und der restriktiven Einwanderungspolitik vie-

Eines der letzten Fotos von Schülern und Lehrern der jüdischen Schule im Hof der Marks-Haindorf-Stiftung (1940)

ler angestrebter Fluchtländer noch möglich war. Mit dem Einmarsch der deutschen Wehrmacht in die meisten Nachbarländer verengte sich die Fluchtperspektive immer mehr, bis im Oktober 1941 die Auswanderung endgültig verboten wurde. Immerhin konnten nach der Pogromnacht noch etwa 110 münsterische Juden durch Auswanderung wenigstens ihr Leben retten. Die in Münster zurückgebliebenen Juden dagegen hatten kaum noch Luft zum Atmen. Durch eine Flut von Verordnungen und Gesetzen wurden sie immer mehr eingeschränkt und isoliert. So durften jüdische Kinder seit Beginn des Jahres 1939 keine öffentlichen Schulen mehr besuchen. Die Kinder aus Münster wurden nun zusammen mit Altersgenossen aus Wolbeck, Telgte, Lengede, ja selbst aus Osnabrück in der Marks-Haindorf-Stiftung unterrichtet und betreut.

Aufgrund des Gesetzes vom 30. April 1939 über die Mietverhältnisse mit Juden wurden die münsterischen Juden im Sommer 1939 in 14 sogenannte Judenhäuser zusammengelegt. Von einem „Judenhaus" in der Meppener und einem in der Wolbecker Straße abgesehen, befanden sich die Minighettos innerhalb der Promenade und dem südlich daran anschließenden Viertel um den Ludgeriplatz. Zum Mittelpunkt jüdischer Existenz wurde die Marks-Haindorf-Stiftung am Kanonengraben. Für die Behörden bedeutete die Zusammenlegung trotz mancher administrativer Schwierigkeiten bessere Kontrolle und stärkere Isolierung von der „arischen" Bevölkerung. Über 200 Juden lebten in diesen Häusern fast hoffnungslos – bis zu sieben Personen in einem Raum zusammengepfercht –, voller Angst und unter menschenunwürdigen Bedingungen, wie Briefe an emigrierte Angehörige belegen.

Der Krieg brachte das Ende. Die Entscheidung zur „Endlösung" dürfte im Sommer 1941 gefallen sein. Am 31. Juli des Jahres beauftragte jedenfalls Göring Heydrich mit der „Evakuierung" der europäischen Juden. Nachdem die deutschen Juden schon vor dem Krieg als zusätzliche Namen „Israel" für Männer und „Sara" für Frauen hatten annehmen müssen, bedeutete die Einführung des Judensterns im September 1941 für alle über sechsjährigen Juden gewissermaßen die Markierung zum Tode: Nur einen Monat später begannen die Deportationen aus dem Altreich. Der erste Transport aus Westfalen in den Osten ging am 13. Dezember 1941 mit etwa tausend Personen nach Riga. Unter ihnen befanden sich nach der erhaltenen Transportliste 105 Juden aus Münster, die vom 10. Dezember 1941 an zusammen mit 298 Schicksalsgenossen aus dem Münsterland im Gertrudenhof in der Warendorfer Straße zusammengefaßt und noch einmal gründlich durchsucht worden waren. Über die schrecklichen und erniedrigenden Umstände dieser „Evakuierung" liegt uns der Bericht des 1941 22jährigen Siegfried Weinberg vor, der das Grauen in Lettland überlebte.

Beim ersten Transport waren alle privilegierten „Mischlinge" oder in „Mischehe" lebenden Juden, Alte, Gebrechliche, Kranke und diejenigen, die sich in geschlossenem Arbeitseinsatz befanden, verschont worden. In drei weiteren Transporten, am 27. Januar 1942 wiederum nach Riga, am 31. März nach Warschau und am 31. Juli 1942 nach Theresienstadt, wurde die nach dem 10. Dezember 1941 vor allem in der Marks-Haindorf-Stiftung zusammengetriebene jüdische Gemeinde, zuletzt nur noch etwa hundert alte, gebrechliche Menschen, auch physisch vernichtet. Vom Güterbahnhof Münster verlangte der für die letzte Deportation verantwortliche SS-Führer die Gauleitung zu sprechen: „Ich melde hiermit der Gauleitung Münster – Gau

Erinnerungstafel im Vorraum der Synagoge zum Gedenken an die in den Jahren 1933 bis 1945 ermordeten Mitglieder der Gemeinde Münster

Westfalen Nord – ab heute Münster judenfrei“ [zit. nach 35: Geschichte der Juden, S. 144]. Ganz richtig war dies nicht. Vier Jüdinnen überlebten untergetaucht in Münster oder anderswo. Eine, Henriette Hertz, hat von diesem Leben in der Illegalität und Angst ausführlich berichtet.

Die Überlebenschancen der Deportierten, auch derer, die in das „Vorzugs- und Altenlager“ Theresienstadt kamen, waren gering. Von den 299 in die Lager verschleppten Juden aus Münster kamen nur 24 zurück: 275 (92 Prozent) verloren ihr Leben unter meist nicht mehr rekonstruierbaren, aber gewiß in der Regel schrecklichen Umständen. Von den weitaus meisten kennen wir kein Todesdatum, von sehr vielen nicht den Ort, ja oft nicht einmal das Land, in dem sie starben. Sie sind anonym verschollen irgendwo im Osten, verhungert, erfroren, erschossen, vergast oder sonst auf elende Weise zugrunde gegangen. Das war das noch heute unvorstellbare Ende der ehedem so reichen und selbstbewußten münsterischen Gemeinde.

5. *Anmerkungen zur Nachkriegsentwicklung*

Die Geschichte der Gemeinde nach 1945 kann hier nur in groben Zügen nachgezeichnet werden. Nach der totalen Niederlage des Hitlerregimes kehrten nur wenige Juden ins Münsterland zurück, an ihrer Spitze Siegfried Goldenberg und Hugo Spiegel. Dieser erhielt die in nationalsozialistischer Zeit versteckten und so geretteten Thorarollen und Gebetbücher der Warendorfer Gemeinde zurück. Am Neujahrstag 5706, dem 7. September 1945, hielten die münsterländischen Juden einen Gottesdienst in der unzerstörten Warendorfer Synagoge, zugleich den ersten jüdischen Gottesdienst nach dem Krieg in Nordwestdeutschland.

Langsam wuchs und stabilisierte sich um das 1949 wieder hergestellte Gebäude der ehemaligen Marks-Haindorf-Stiftung herum jüdisches Leben in Münster. 1950 wurde hier die erste Bar Mizwa gefeiert, die Religionsmündigkeit eines jüdischen Jungen, der das 13. Lebensjahr vollendet hat, 1953 das erste jüdische Kind geboren. Im selben Jahr konstituierte sich der Jüdische Frauenverein, 1956 eine jüdische Jugendgruppe. 1957 konnte die Gemeinde die erste Hochzeit feiern. Und am 24. Adar 5721, dem 12. März 1961, wurde unter großer Beteiligung der Öffentlichkeit am Platz der alten Synagoge ein neues Gotteshaus eingeweiht.

Um diese Zeit erreichte die Gemeinde zahlenmäßig einen Höhepunkt ihrer Nachkriegsgeschichte. 1959 hatte sie 140 Mitglieder, davon 130 in der Stadt Münster. Von diesen waren 19 als Selbständige berufstätig, sechs als Angestellte, 13 waren Rentner. Die übrigen 92 wurden als Angehörige geführt, ein bemerkenswert hoher Anteil. Im Vergleich zu anderen Gemeinden der Bundesrepublik besaß Münster 1959 eine relativ günstige Altersstruktur. Genau die Hälfte der Gemeindemitglieder war damals nicht älter als vierzig Jahre. Gegenüber den in 35 Gemeinden mit etwa 5000 Mitgliedern im Regierungsbezirk Münster lebenden Juden im Jahr 1933 besteht heute in der ganzen Region nur noch die münsterische Gemeinde.

Quellen und Literatur

Für diesen Teil der Darstellung konnte auf die noch ungedruckte Magisterarbeit von Schlautmann-Overmeyer [1440: Jüdische Gemeinde] zurückgegriffen werden. Sehr nützlich war darüber hinaus die ebenfalls noch nicht veröffentlichten Hausarbeit für das Lehramt der Sekundarstufe II von Hogreve [1361: Stellung der Juden]. Außerdem sei darauf hingewiesen, daß sich zwei in Arbeit befindliche Dissertationen – über den jüdischen Friedhof bzw. die Marks-Haindorf-Stiftung – mit der Geschichte der jüdischen Gemeinde im 19. und 20. Jahrhundert beschäftigen. Vorläufig sei hier auf die Schülerwettbewerbsarbeit von Barbara Ernst verwiesen [1319: Marks-Haindorf-Stiftung].

Wesentliche Erkenntnisse, vor allem für die Zwischenkriegszeit, aber auch für die Zeit bis zur Gegenwart, verdankt der Beitrag den entsprechenden Abschnitten des Aufsatzes von Rahe [1430: Statistische Daten]. Auch für die nationalsozialistische Zeit sind wertvolle Forschungsergebnisse noch ungedruckt. Zu nennen sind vor allem die Arbeiten von Wankum [1640: Erste Phase] und Zahnow [1647: Judenverfolgung]. Allgemein zugänglich ist dagegen die gedruckte Dokumentation einer Ausstellung des Stadtarchivs [1505: Judenpogrom]; hervorzuheben sind hierin die Faksimilewiedergabe des Berichts von Rabbiner Dr. Steinthal zu den Ereignissen während und nach der Pogromnacht und der anschließende ausführliche Kommentar von Heinz Mussinghoff.

Weitere Hinweise enthält der Aufsatz von Heuwing/Sosna [1562: Verfolgung], in den auch aufschlußreiche Interviews mit Zeitgenossen eingeflossen sind, und – an gleicher Stelle – ein 1966 verfaßter Erinnerungsbericht [1483: Dunschen, Hilfsbereitschaft und Angst]. Die Zeit der Verfolgung und Vernichtung behandelt außerdem die bereits genannte Dokumentation der Volkshochschule [35: Geschichte der Juden], in der sich die vollständigste Liste der zwischen 1933 und 1945 in Münster lebenden Juden und ihrer Schicksale findet. Die wohl wichtigste Quelle zur Deportation und zum Aufenthalt eines münsterischen Juden in einem Konzentrationslager ist ein jüngst publizierter Erlebnisbericht [1477: Aschoff, Hölle des Ostens].

Eine umfassende – alle Perioden gleichmäßig berücksichtigende – Geschichte der Juden in Münster dürfte erst nach der Jahrtausendwende zu erwarten sein. Bis dahin sind gewiß auch die in früheren DDR-Archiven (vor allem dem bisherigen Zentralarchiv Merseburg) ruhenden Akten besser bekannt und die bisher aus Gründen des Personenschutzes gesperrten Archivalien der Forschung allgemein zugänglich.

MICHAEL JEISMANN

„Bürgerliche Kultur“ und Kultur des Bürgertums – Theater und Museen im 19. Jahrhundert

1. „Sehen und gesehen werden“ – das Theater als „Musentempel“ und Bühne sozialer Distinktion – 2. Das Museum als Denkmal bürgerlicher Selbstvergewisserung und Ort kultureller Übereignung

Was „Kultur“ im allgemeinen und „öffentliche Kultur“ im besonderen eigentlich sei, darüber ließe sich eine lange gelehrte Abhandlung schreiben. Statt dessen soll hier eine kurze anschauliche Definition umreißen, was im folgenden unter „öffentlicher Kultur“ – im städtischen Rahmen – verstanden sei: nämlich jenes Ensemble von Handlungen und Darstellungen innerhalb der Stadt, die nicht unmittelbar zum Lebensunterhalt notwendig waren und an denen auch ein Fremder, zumindest als Zuschauer, teilnehmen konnte. Dazu gehören etwa Prozessionen ebenso wie der Karneval, der Theater- und Museumsbesuch, öffentliche Veranstaltungen von Vereinen, aber auch Einweihungszeremonien städtischer Gebäude und Einrichtungen. „Öffentliche Kultur“ umfaßt neben diesen dynamisch zu nennenden kulturellen Handlungen auch die Stadtarchitektur im weitesten Sinn; und schließlich könnte man auch die Formen des alltäglichen Zusammenlebens in einer Stadt als „öffentliche Kultur“ begreifen. „Öffentliche Kultur“ ist also ein weitgespanntes Netz höchst unterschiedlicher Artikulationen, personeller Beziehungen und Sinnzusammenhänge, deren Wandel im Verlauf des 19. Jahrhunderts nicht in synchronisierten Rhythmen erfolgte. Diese „öffentliche Kultur“ schloß prinzipiell alle sozialen Schichten, wenn auch auf je unterschiedliche Weise, mit ein.

Wenn es aber richtig ist, daß „Kultur ohne Kunst keine Kultur mehr ist“ [2336: Kolbe, Kulturreferent, S. 764], dann ist es geradezu geboten, jenen kleinen Ausschnitt aus der öffentlichen Kultur näher zu untersuchen, der traditionell „hohe Kultur“ genannt wird und insbesondere im 19. Jahrhundert in bürgerlichen Kulturinstitutionen wie dem Theater und Museum, aber auch in künstlerisch ambitionierten Vereinen angesiedelt war. Gerade weil es sich im Unterschied zum früheren Mäzenatentum von fürstlicher Seite um eine von Bürgern getragene oder geförderte „hohe Kultur“ handelt, spiegeln sich in ihr selbst wie im Umgang mit ihr nicht so sehr eine elitäre Kunst- und Selbstauffassung, sondern die obengenannten Ingredenzien eines breiten Kulturverständnisses. Mithin fand im 19. Jahrhundert ein Annäherungsprozeß zwischen Formen „hoher Kultur“ und bürgerlich-städtischen Schichten statt, der zwar, wie im folgenden nicht unterschlagen werden kann, nicht immer zum Vorteil der Kunst geriet, aber doch dem städtischen Leben nach und nach eine ganz neue Dimension erschloß und den Wandel vom traditionellen Stadtbürgertum zum modernen städtischen Bürgertum begleitete und prägte.

Die „öffentliche Kultur“ des Bürgertums, die anhand zweier städtischer Kulturinstitutionen in einigen Grundrissen skizziert werden soll, ist etwas anderes als die „bürgerliche Öffentlichkeit“: anders nicht nur insofern, als die kulturell vermittelte

Gleichheit aller Staatsbürger nicht ihr erstes Anliegen war; anders ist sie auch deshalb, weil hier Elemente ins Spiel kamen, die in der emanzipatorischen Vorstellung einer „bürgerlichen Öffentlichkeit“ gar nicht berücksichtigt sind. Der stadtbürgerliche Rahmen und der Bezug zur Provinz, die konfessionelle Mischlage in Münster, die Kooperation und Konkurrenz der bürgerlichen Vereine untereinander sowie die Intervention von staatlicher Seite – alle diese besonderen Bedingungen schufen eine stadtbürgerliche Kultur mit starkem Eigenleben und spezifischen Zielsetzungen und Konfliktlagen, die nicht ohne weiteres mit dem Konstrukt der „bürgerlichen Gesellschaft“ oder der „bürgerlichen Öffentlichkeit“ abgeglichen werden können. Das soll im folgenden näher erläutert werden.

1. „Sehen und gesehen werden“ – das Theater als „Musentempel“ und Bühne sozialer Distinktion

Symptomatisch hierfür ist ohne Zweifel die lange und wechselvolle Geschichte des Theaters in Münster. Die Rolle, die das Theater während der zweiten Hälfte des 19. Jahrhunderts im städtischen Leben Münsters spielte, läßt sich freilich nur richtig verstehen, wenn seine Entstehungsgeschichte berücksichtigt wird. Ein Rückblick mag deshalb zeigen, wie zuerst das Theater nach Münster kam und dann, nach und nach, die Münsteraner zu Theatergängern wurden.

Daß die Stadt Münster im 18. Jahrhundert ein stehendes Theater erhielt, geschah gegen den erklärten Willen ihrer politischen Vertreter. Dieser Widerwille mag verständlich scheinen, schließlich gastierten seit dem ausgehenden 15. Jahrhundert in Münster fahrende Schauspieltruppen, die ihre Stücke teils im Rathaus, teils auf öffentlichen Plätzen und seit 1661 regelmäßig im Zunfthaus der Kaufmannsgilde, dem Krameramtshaus, aufführten. Das Repertoire reichte von mittelalterlichen Mysterienspielen bis hin zu Neufassungen antiker Komödien [276: Prinz, Geschichte des Theaters]. In den frühen siebziger Jahren des 18. Jahrhunderts, also unmittelbar vor Eröffnung des festen Theaters am Roggenmarkt, wurden vom Theaterdirektor Josephi noch im Krameramtshaus immerhin Lessings Stücke „Miss Sara Sampson“, „Minna von Barnhelm“ und „Emilia Galotti“, Shakespeares „Romeo und Julia“ oder Voltaires „Zaire“ aufgeführt. Nicht untypisch für die schwierige wirtschaftliche Kalkulation freier Theaterdirektoren war Josephis Flucht aus Münster: „bei Nacht und Nebel“, wie es in einer älteren Darstellung heißt [250: Müller, Theater, S. 29]. Denn obwohl Josephis Aufführungen gut besucht waren, erstanden ihm durch den Theaterbetrieb hohe Schulden, die ihn schließlich zu dieser Flucht zwangen. Es kann deshalb gar nicht überraschen, daß der Ehrgeiz der fahrenden Schauspieler sich in erster Linie auf den Gelderwerb richtete, so daß die Gunst des Publikums den künstlerischen Maßstab bestimmte. Den Stadtvätern war es vorbehalten, vor allem nach der moralischen – weniger nach der künstlerischen – Reputation der „Comedianten“ Aufführungen zu genehmigen oder zu verbieten. Zudem setzte der Rat die (einheitliche) Höhe des Eintrittsgeldes fest; vom Gewinn hatten die Schauspielergesellschaften

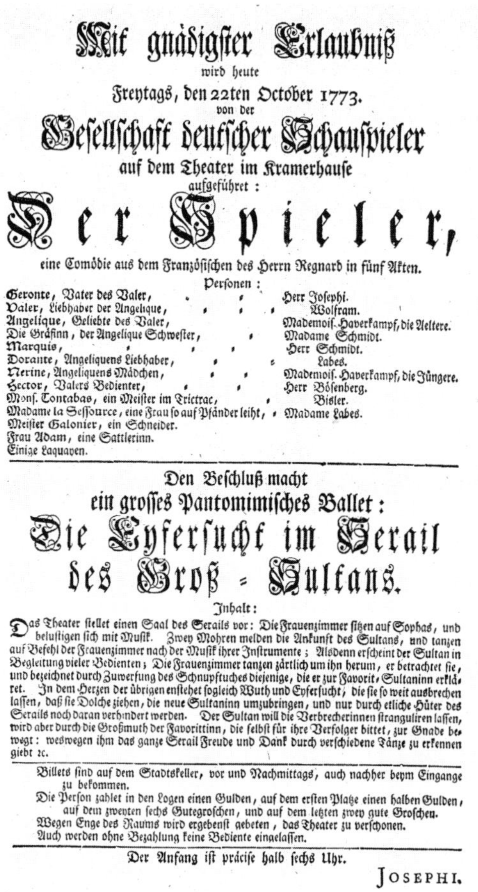

Mit gnädigster Erlaubniß
wird heute
Freytags, den 22ten October 1773.
von der
Gesellschaft deutscher Schauspieler
auf dem Theater im Kramerhause
aufgeführet:
Der Spieler,
eine Comödie aus dem Französischen des Herrn Regnard in fünf Akten.
Personen:

Geronte, Vater des Valer,	Herr Josephi.
Valer, Liebhaber der Angelique,	Wolfram.
Angelique, Geliebte des Valer,	Mademoiſ. Haverkampf, die Aeltere.
Die Gräfinn, der Angelique Schwester,	Madame Schmidt.
Marquis,	Herr Schmidt.
Dorante, Angeliquens Liebhaber,	Labes.
Nerine, Angeliquens Mädchen,	Mademoiſ. Haverkampf, die Jüngere.
Hector, Valers Bedienter,	Herr Bösenberg.
Monſ. Tontabas, ein Meister im Trictrac,	Bisler.
Madame la Sessource, eine Frau so auf Pfänder leiht,	Madame Labes.
Meister Galonier, ein Schneider.	
Frau Adam, eine Sattlerinn.	
Einige Laquayen.	

Den Beschluß macht
ein grosses Pantomimisches Ballet:
Die Eyfersucht im Serail des Groß-Sultans.
Inhalt:

Das Theater stellet einen Saal des Serails vor: Die Frauenzimmer sitzen auf Sophas, und belustigen sich mit Musik. Zwey Mohren melden die Ankunft des Sultans, und tanzen auf Befehl der Frauenzimmer nach der Musik ihrer Instrumente; Alsdenn erscheint der Sultan in Begleitung vieler Bedienten; Die Frauenzimmer tanzen zärtlich um ihn herum, er betrachtet sie, und bezeichnet durch Zuwerfung des Schnupftuches diejenige, die er zur Favorit-Sultaninn erkläret. In dem Herzen der übrigen enstehet sogleich Wuth und Eyfersucht, die sie so weit ausbrechen lassen, daß sie Dolche ziehen, die neue Sultaninn umzubringen, und nur durch etliche Hüter des Serails noch daran verhindert werden. Der Sultan will die Verbrecherinnen stranguliren lassen, wird aber durch die Großmuth der Favorittinn, die selbst für ihre Verfolger bittet, zur Gnade bewegt: weswegen ihm das ganze Serail Freude und Dank durch verschiedene Tänze zu erkennen giebt ꝛc.

Billets sind auf dem Stadtskeller, vor und Nachmittags, auch nachher beym Eingange zu bekommen.
Die Person zahlet in den Logen einen Gulden, auf dem ersten Platze einen halben Gulden, auf dem zweyten sechs Gutegroschen, und auf dem letzten zwey gute Groschen.
Wegen Enge des Raums wird ergebenst gebeten, das Theater zu verschonen.
Auch werden ohne Bezahlung keine Bediente eingelassen.

Der Anfang ist präcise halb sechs Uhr.

JOSEPHI.

Ankündigung einer Theateraufführung im Krameramtshaus (1773)

ein Almosen an die städtischen Armen oder andere Bedürftige abzuführen. Diese traditionale Praxis hielt sich nahezu unverändert vom 15. bis in das 18. Jahrhundert hinein.

Es mußte deshalb einen tiefen Einschnitt im kulturellen Leben und Selbstverständnis Münsters bedeuten, als der Kurfürst von Köln und Fürstbischof von Münster, Maximilian Friedrich Graf von Königsegg-Rothenfels (1762–1784), gemeinsam mit seinem Staatsminister Franz von Fürstenberg gegen Ende der 1760er Jahre daran ging, den Plan für ein stehendes Theater zu verwirklichen. Die Errichtung eines Theaters war allerdings kein isoliertes Vorhaben, sondern nur ein wichtiger Bestandteil der „katholischen Aufklärung" insgesamt. Die Gründung der Universität (1780) erfolgte ebenso in diesem Zusammenhang wie Fürstenbergs Schulreform nach der Auflösung des Jesuitenordens oder die Neuordnung des Gesundheitswesens. War der Nutzen einer Universität für die Ausbildung der Söhne münsterischer Adeliger und Bürger (ersparte sie doch das kostspieligere Studium an auswärtigen Universitäten) letztlich ebenso unumstritten wie die Verbesserungen im Gesundheitswesen, so sahen die Stadtväter Münsters im Theater eher eine Stätte moralischer Gefährdung als eine Quelle ästhetisch-kultureller Erbauung.

Das bekamen der Fürstbischof und sein Minister schnell zu spüren, als sie 1769 den Hof- und Gardetanzmeister Augustin Bologna gen. Romanini mit einem Gesuch vorschoben, in dem er den Rat der Stadt bat, ihm die „alte Scharne", die Verkaufshalle der Fleischergilde, zur Erbpacht zu überlassen, damit er dort ein Komödienhaus einrichten könne. Der Rat lehnte dieses Gesuch nämlich brüsk ab, indem er auf das Krameramtshaus als geeigneten Ort für Theateraufführungen und auf ein wenig ausgeprägtes Theaterbedürfnis der Münsteraner verwies. Freilich stimmte weder das erste noch das zweite Argument. Denn das Krameramtshaus entsprach nicht den Anforderungen moderner Bühnenstücke – und das Theaterbedürfnis hing schließlich nicht zuletzt vom Angebot ab, das gerade verbessert werden sollte, indem es einen institutionellen Rahmen erhielt. Tatsächlich befürchtete der Rat wohl vor allem viel „Ärgernüß und viele Verantwortung" durch diese „Comedienwohnung". Man hielt es für ratsamer, so der Rat in einem schroff formulierten Schreiben an die fürstliche Regierung, solche Einrichtungen zu schaffen, in denen die Jugend zu Arbeit, Gottesfurcht und Tugend angehalten werde. Er wußte sich darin einig mit der Metzgergilde, die der Ansicht war, daß „unter dem Vorwand deren voluptuairen, eitelen, die Jugend verderbenden Spielereyen und Comoedien" die altangestammte Verkaufshalle nicht aufgegeben werden dürfe [zit. nach 1156: Sauer, Theater, S. 556f].

Der Kurfürst verbat sich zwar energisch den „ganz unziemlichen" Ton des Rates, verschob zunächst aber die Theatergründung wegen des wenig ermutigenden Echos, das sein Plan fand. Erst 1772, nachdem drei Jahre lang vom Theaterbau keine Rede mehr gewesen war, erhielt der Rat die Mitteilung des Fürsten, daß nunmehr die Alte Scharne, für die Ersatz gefunden werden müsse, zum Theater umgebaut werde. Durch den hinhaltenden Widerstand der Metzgergilde, welche die Enteignung für einen unerhörten Akt und einen illegitimen Eingriff in das städtische Leben hielt, zogen sich die entsprechenden Verhandlungen bis zum Ende des Jahres 1773 hin. Im Mai 1774 schließlich wurde der Theaterbau durch ein fürstliches Edikt der Öffentlichkeit angezeigt.

Die feierliche Einweihung des Theaters fand dann am 12. Oktober 1775 (Maximilianstag) in Anwesenheit des Landesherrn statt. Aufgeführt wurden das Trauerspiel „Zelnire" von Du Belloy sowie ein von Anton Matthias Sprickmann verfaßtes einaktiges Spiel „Der Tempel der Dankbarkeit" – ein Titel, der angesichts der eher unerfreulichen Vorgeschichte des Theaters (die Fleischer mußten gewaltsam aus der Scharne gebracht werden) nicht frei von Ironie war.

Nicht nur der rege Besuch der Aufführungen, sondern auch das Repertoire des Komödienhauses in den ersten Jahren seines Bestehens sollten die Befürchtungen des Rates über das schwach entwickelte Theaterbedürfnis der Münsteraner und die sittliche Gefährdung der Jugend als grundlos erweisen. Glücklicherweise läßt sich nämlich das münsterische Repertoire jener Zeit anhand der Theaterzettel, die der Theaterfreund Freiherr Conrad Anton von Graes zum Diepenbrock für die Jahre 1777 und 1779 sammelte, in groben Umrissen rekonstruieren. Demnach wurden etwa zu gleichen Anteilen „Opern" und „Schauspiele" aufgeführt. Unter die Kategorie „Oper" ist freilich auch die große Anzahl der Singspiele und Operetten zu zählen; letztere erfreuten sich in Münster nicht nur im 18. Jahrhundert ungemein großer

Die Bauzeichnungen Wilhelm Ferdinand Lippers für das Komödienhaus (1774/75) illustrieren Bühnenbetrieb und gesellschaftliches Leben

Beliebtheit. Der Operngeschmack orientierte sich dabei ganz überwiegend an französischen und italienischen Komponisten.

Von den heute als Klassikern bekannten Autoren, deren Stücke in der Anfangszeit des Komödienhauses gespielt wurden, sind vor allem zu nennen Shakespeare („Romeo und Julia", „Hamlet"), Lessing, Wieland sowie Goethe (mit dem Jugendwerk „Erwin und Elmire", einem Singspiel).

Das Programm des Komödienhauses war also durchaus ambitioniert, und das Haus durfte sich zu den bedeutenden deutschen Bühnen zählen. Aufgrund finanzieller Schwierigkeiten kam aber schon 1781 das Ende des stehenden Theaters in Münster; in den folgenden Jahrzehnten spielten dort nurmehr Wandertruppen.

Wenn der Anfangserfolg gegen Ende des 18. Jahrhunderts also schnell wieder verblaßte und im Verlauf des 19. Jahrhunderts die Geschichte des Theaters in Münster trotz eines nicht geringen Publikumsinteresses und ambitionierter Direktoren durch Miseren und Pleiten genauso wie durch Erfolge, durch Mittelmäßigkeit genauso wie durch große künstlerische Leistungen geprägt war, so hatte das ein Bündel von Ursachen, unter denen die streckenweise widrigen Zeitumstände natürlich besonders ins Gewicht fielen. Im Kern aber krankte das Theater in Münster seit der Gründung an seiner wenig förderlichen finanziellen und rechtlichen Stellung als „Konzessionstheater". Diese blieb bis ins 20. Jahrhundert im großen und ganzen bestehen, so daß auch die Theaterverhältnisse von den siebziger Jahren des 18. Jahrhunderts bis zum Abbruch des Komödienhauses 1894 große Kontinuität aufweisen. Verglichen mit anderen deutschen Bühnen geriet das Theater in Münster dadurch mehr und mehr ins Hintertreffen und erwies sich in seinen Statuten zunehmend als nicht mehr zeitgemäß. So erhielt etwa der Magistrat der Stadt durch das Recht der Vorzensur und der zeitweiligen Zweckentfremdung des Theaters für Versteigerungen und andere öffentliche Veranstaltungen einen Einfluß auf das Theater, den er vor allem unter dem Primat des Fiskalischen ausübte. Das trug wesentlich dazu bei, daß das Theater das gesamte 19. Jahrhundert über einen merkwürdig zwitterhaften Charakter zwischen einer kommerziellen Belustigungsanstalt und einer ambitionierten Bühne anzunehmen gezwungen war.

Nachdem die Baukosten für den Umbau der Alten Scharne von der Stadt und der Regierung zu gleichen Teilen getragen wurden – die Stadt hatte rd. 19 000 Taler aufzubringen, ein Erhebliches mehr als jene 3000 Taler, die sie anfänglich als Maximalsumme hatte aufwenden wollen –, ging das Komödienhaus in den alleinigen Besitz der Stadt über. In dem schon erwähnten Edikt vom Mai 1774, das eine Art erster Theaterordnung für Münster darstellte, war festgelegt worden, daß die Stadt das Komödienhaus an private Theaterdirektoren ihrer Wahl gegen ein angemessenes Entgelt verpachten solle. Die eigentliche Organisation des Theaterbetriebs, angefangen von der Requisite und der Bühnendekoration über die Werbung bis zur Bezahlung der Schauspieler, war Sache des Impresarios. Diese Bedingungen ließen das Theater selbst bei hohen Zuschauerzahlen sehr schnell und regelmäßig wirtschaftlich zu einem Verlustunternehmen geraten. Aus diesem Grund wechselten denn auch schon in den ersten Jahren des Theaters häufig die Direktoren. Erschwerend kamen einzelne Klauseln hinzu: etwa die, daß der „Betreiber" des Theaters allen Magistratsmitgliedern Freibilletts für Opernaufführungen zukommen lassen mußte und streckenweise die Pacht schon im voraus zu bezahlen hatte. Geriet der Impresario einmal mit der Pachtzahlung in Rückstand, so zögerte die Stadt nicht lange und untersagte jegliche Aufführung.

Tatsächlich wäre unter diesen Umständen ein Theaterbetrieb gar nicht denkbar gewesen, hätten die diversen Direktoren und Ensembles nicht von zwei Seiten finanzielle – und ideelle – Unterstützung erhalten. Zum einen trug der Fürstbischof als Mäzen einen nicht geringen Anteil der Kosten. Zum anderen aber fanden sich Adelige und Bürgerliche zusammen, um einen Abonnentenkreis zu organisieren und für das Theater zu werben. Die daraufhin gebildete Theaterkommission, die sich paritätisch aus zwei Direktoren und je acht Mitgliedern aus Adel und Bürgerschaft zusammensetzte, war gleichsam eine Vertretung des Publikums. Hier trat also die „Öffentlichkeit", nicht die Stadt oder der Staat, in die Verwaltung ihrer Kultur ein; dieses Verhalten scheint vor allem ein Charakteristikum des späten 18. Jahrhunderts gewesen zu sein und ist in dieser Form im 19. Jahrhundert nicht mehr anzutreffen. Die Gründe hierfür mögen zum einen in der größeren Homogenität und Überschaubarkeit des Publikums gelegen haben; zum anderen übte die Idee eines künstlerisch ambitionierten Theaters in den letzten Jahrzehnten des 18. Jahrhunderts noch eine größere Faszination aus, rief mehr Engagement hervor, als dies später der Fall war.

Die Theaterkommission übernahm schließlich die Verantwortung dafür, daß mit Hilfe des Abonnentenkreises die finanziellen Aufwendungen des Theaterbetriebs gedeckt wurden; zudem spendeten Adelige wie Bürgerliche gleichermaßen für den Kostümfundus. Dieser „Theaterverein" war, wie zu Recht festgestellt wurde, „eine für damalige Zeiten ganz einzigartige und vorbildliche Leistung, die ihresgleichen in der deutschen Theatergeschichte nicht hat und schlagend die immer wieder auftauchenden Behauptungen widerlegt, die Schwierigkeiten des münsterischen Theaters damals (und auch sonst) seien eine Folge der Theaterfeindlichkeit des münsterschen Publikums gewesen" [276: Prinz, Geschichte des Theaters, S. 37]. Schließlich ist auch die verhältnismäßig geringe Bevölkerungszahl Münsters in jener Zeit zu berücksichtigen. Welche Anforderungen folglich allein durch den verhältnismäßig kleinen

Das Komödienhaus am Roggenmarkt vor dem Abriß 1894

Kreis potentieller Theaterbesucher an Schauspieler und Direktoren gestellt wurden, wird noch zu zeigen sein. Die Eintrittspreise betrugen in den Logen einen Gulden, im Parterre einen halben Gulden, einen Groschen für die übrigen Plätze.

So engagiert sich also Münsters Theaterliebhaber zeigten, so sollten sie doch bald an die Grenzen der zumutbaren Belastung stoßen. Denn das stets drohende Defizit machte nicht nur eine Erhöhung der Abonnementspreise notwendig, sondern führte so weit, daß die Abonnenten sich verpflichten mußten, ein entstehendes Defizit am Ende der Spielzeit aus eigenen Mitteln zu decken. Diese „öffentliche Kultur" mußte von privater Seite mitgetragen werden, und das macht deutlich, wie eng gesellige und gesellschaftliche Kommunikationskreise an die „Öffentlichkeit" angelagert waren, wie sie die „Öffentlichkeit" selbst schufen. Was sich heute als Kuriosum ausnimmt und jeden Abonnenten angesichts des Verhältnisses zwischen Einnahmen und Ausgaben im Kulturbetrieb in Angst und Schrecken versetzen müßte, stellte auch vor über 200 Jahren eine Belastung dar, die auf Dauer selbst von den gutwilligsten Theaterfreunden nicht mehr getragen werden konnte. Es war denn auch ein stetes „Schwanken zwischen Sein und Nichtsein" [1156: Sauer, Theater, S. 562], das für die Geschichte des Theaters in Münster für lange Zeit prägend sein sollte.

Bevor das näher auszuführen ist, soll wenigstens in einigen Detailaufnahmen der damalige Theateralltag geschildert werden. Spielzeit war vom 18. Jahrhundert bis 1924 jeweils von Januar bis Ende März und von August bis Ende Dezember des Jahres. Theateraufführungen durften schon seit dem 17. Jahrhundert nur an Werktagen stattfinden. Diese Einschränkung ging von der Geistlichkeit aus, die den Sonntag durch die Aufführung von Theaterstücken nicht „entweiht" sehen wollte. Die Aufführungen fanden bis 1875 schon am späten Nachmittag statt; erst mit der Spielzeit 1875 wurde wechselweise um 17 Uhr bzw. 19 Uhr 30 gespielt.

Die Aufführungspraxis wird man nicht nach heutigen Maßstäben beurteilen dürfen. Das zahlenmäßig recht begrenzte Publikum zwang den Schauspielern in kurzen Zeiträumen ein enormes Repertoire auf. Dabei konnte es nicht ausbleiben, daß die Rollen mehr sinngemäß als wortgetreu gespielt wurden. Auch die Disziplin und Konzentration nicht nur des Publikums, sondern auch der Schauspieler ließen zuweilen zu wünschen übrig, was im übrigen für das Theater im 18. und 19. Jahrhundert generell nicht untypisch war. So mußten sich die Schauspieler vertraglich verpflichten, folgende Verhaltensregeln einzuhalten: „Ein jeder muß bei den Proben zur angesetzten Stunde erscheinen. Um 9 Uhr Probe heißt: um 9 Uhr auf dem Theater sein, nicht: um 9 Uhr vom Hause zur Probe gehen. [...] Ein jeder enthält sich alles unschicklichen Extemporierens und unsittlicher Theaterspiele. Niemand darf in seiner Rolle willkürlich Veränderungen, Abkürzungen oder Zusätze machen. [...] Keine Mägde werden in den Kulissen geduldet. [...] Kleine schreiende Kinder bleiben zu Hause. [...] Während der Lese- und Theaterproben, vorzüglich aber während der wirklichen Vorstellung, muß sich jeder aller Zänkereien enthalten" [zit. nach 1305: Brockpähler, Opernaufführungen, S. 357f]. Daß solche Vorschriften notwendig waren, läßt die tatsächliche Praxis des Theaterbetriebs, der man wenigstens nicht den Vorwurf der Lebensfremdheit machen kann, immerhin erahnen.

Zu den Besucherkreisen des Theaters zählte zunächst neben Adel und Bürgertum auch die Geistlichkeit. Diese ständeübergreifende Theaterbegeisterung entsprach ganz den Absichten Fürstenbergs. Denn der Konzeption des Komödienhauses lag die Idee eines „Volkstheaters" zugrunde, die dem „Nationaltheater", wie Lessing es verstand, verpflichtet war. Dies schlug sich auch in der architektonischen Gestaltung des Theaterbaus durch Wilhelm Ferdinand Lipper nieder. Zwar war es Lipper nicht möglich, die sozialen Distinktions- und Repräsentationsbedürfnisse der ständischen Gesellschaft beim Umbau der alten Fleischerhalle völlig zu vernachlässigen. Es gelang ihm aber doch auf hervorragende Weise, die noch allgemein übliche scharfe Trennung zwischen Parterre und den an den Seiten aufsteigenden Logen, die zudem noch durch Trennwände salonartig voneinander abgetrennt waren, zu überwinden. Lipper behielt zwar grundsätzlich das Rangsystem bei, verzichtete aber ganz auf Trennwände und vermied auch eine sichtbehindernde Säulenkonstruktion, indem er eine freitragende Konstruktion schuf. Das Theater bot rd. 500 Zuschauern Platz: 250 Plätze im Parterre waren für das bürgerliche Publikum vorgesehen; im ersten Rang befand sich die Mittelloge für den Kurfürsten und sein Gefolge; rechts und links schloß sich die Galerie an, die für Adel und Militär reserviert war. Nicht nur die architektonische Gestaltung, sondern auch der von Fürstenberg gewählte Standort mitten im Herzen der Stadt – und nicht etwa im Residenzbezirk – verdeutlicht die Absicht, das Theater in den Mittelpunkt des städtischen öffentlichen Lebens zu rücken.

Die Geschichte des Theaters in Münster während des 19. Jahrhunderts ist voller Wechselfälle, Höhen und Tiefen, die hier nicht im einzelnen zu schildern sind. Für die Zeitspanne zwischen 1815 und dem Vormärz seien deshalb nur zwei Namen genannt, die für das damalige Theaterleben von großer Bedeutung waren. Das war zum einen der Schauspieler, Sänger und Komponist Albert Lortzing, der Lieblingskomponist der Münsteraner, dessen Oper „Undine" zum festen Bestandteil des münsterischen Theaterlebens gehörte. Zu seinen bekanntesten Opern, die in humorvoll-

Theaterdirektor August Pichler († 1856). Nach seiner Tätigkeit in Münster wurde er Fürstlicher Hofschauspieldirektor in Lippe-Detmold

volkstümlichem Ton gehalten waren, zählen neben der „Undine" (1845) „Zar und Zimmermann" (1837) sowie „Der Wildschütz" (1842). Lortzing hatte in frühen Jahren, zwischen 1826 und 1833, auch als Schauspieler der Detmolder Hoftheatergesellschaft Erfolg in Münster. 1833 trat er in der von ihm geschriebenen Oper „Der Pole und sein Kind" auf, die aus Zensurgründen in Münster unter dem Titel „Der Feldwebel vom IV. Regiment und sein Kind" aufgeführt werden mußte. Vom „Wildschütz" sagt der Verfassungs- und Völkerrechtler Carl Schmitt: „Der ‚Wildschütz' von Lortzing ist ein ebenso deutliches Symptom und sogar Dokument für Berlin und Preußen, wie es Offenbachs ‚Schöne Helene' und ‚Orpheus' für Paris und Frankreich waren" [2641: Schmitt, Glossarium, S. 21]. Die Lortzing-Begeisterung in Münster wäre, wenn dieses Diktum zuträfe, um so merkwürdiger. Allerdings trat in Münster eine ablehnende Haltung gegenüber allem, was aus Berlin kam, erst wieder im letzten Drittel des 19. Jahrhunderts, insbesondere natürlich während des Kulturkampfes, deutlicher in Erscheinung.

Zum anderen wird man den Theaterdirektor August Pichler erwähnen müssen, dem es trotz widriger Bedingungen gelang, ein verhältnismäßig anspruchsvolles Programm auf die Bühne zu bringen. Klassische Dramen wie „Egmont" oder „Die Räuber" wurden ebenso gegeben wie anspruchsvolle Opern, unter ihnen „Figaros Hochzeit", die „Zauberflöte" und „Der Freischütz"; auch die Opern des Freiherrn Max von Droste-Hülshoff wurden aufgeführt. Freilich wirft es ein bezeichnendes Licht auf die Theaterverhältnisse in Münster, daß etwa in der Spielzeit 1851/52 ein in der Stadt gastierendes „Hunde- und Affentheater" der Bühne der Stadt das Publikum weitgehend abspenstig machen konnte. Es war diese unspezifische Sensationslust, gepaart mit hohen Ansprüchen an das Theater, die Pichler verbittert feststellen ließ:

„Die Ansprüche des Münsterischen Publikums sind zu hoch gestiegen und stehen in keinem Verhältnis mit den Einnahmen, besonders da der erste Rang wenig oder gar nicht besucht wird" [zit. nach 250: Müller, Theater, S. 38]. In der Tat ließ insbesondere der Besuch des zahlungskräftigen Adels zu wünschen übrig, und Pichler hätte die münsterische Theaterdirektion wohl bald, wie schon die Direktoren vor ihm, aufgrund finanzieller Schwierigkeiten aufgeben müssen, hätte ihn nicht Fürst Paul Alexander zur Lippe um die Mitte der 1820er Jahre zum Direktor der Detmolder Hofschauspielergesellschaft berufen. Diese Gesellschaft hielt sich nur wenige Monate des Jahres in Detmold auf und bespielte in der übrigen Zeit die Bühnen in Münster und Osnabrück. Diese Verbindung mit Detmold sollte bis weit in die zweite Hälfte des 19. Jahrhunderts hinein für das Theater in Münster finanziell ebenso notwendig wie künstlerisch fruchtbar sein. 1847 wandelte der Fürst zur Lippe das Hoftheater in eine subventionierte Bühne um, da sich die Kosten auf 40 000 Taler gesteigert hatten. Mit Hilfe dieser Subventionen konnte das Detmolder Theater weit überdurchschnittliche Leistungen bieten und war gegenüber den städtischen Konzessionstheatern, die wie auch im Fall Münsters kein Entgegenkommen von seiten der Städte erwarten durften, überaus gut gestellt. Die Kooperation mit Detmold erfolgte in dieser Form bis 1875, wurde einige Jahre darauf wieder erneuert, wobei dann wegen veränderter Bedingungen in Detmold der münsterischen Bühne die größere Bedeutung zukam.

Auch in der zweiten Hälfte des 19. Jahrhunderts, unter den Theaterdirektoren Gustav Mewes (1850–1865), Moritz Alexander Krüger (1865–1875), Paul Borsdorf (1875–1876) und Heinrich Steffen (1876–1887), blieb die Lage des Theaters ambivalent. Es fand teilweise eine „Professionalisierung" statt, und streckenweise wurden erhebliche künstlerische Anstrengungen unternommen: In der Spielzeit 1854/55 wurde Richard Wagners „Tannhäuser" aufgeführt. Kritik und Publikum waren beeindruckt, gestanden aber freimütig ein, daß ihnen diese „Tonmassen" nicht recht verständlich seien. Wie frühzeitig, ja geradezu avantgardistisch die Aufführung von Wagners Oper in Münster war, zeigt ein Vergleich mit Aufführungen an den „großen Häusern": 1845 Uraufführung in Dresden, 1854 auf dem Spielplan in München, 1855 in Zürich, 1857 in Wien und 1861 in Paris.

Wie ungesichert die Bedingungen aber waren, unter denen sich nun ein öffentliches kulturelles Leben entwickeln sollte, läßt sich an der Theaterkritik zeigen. Die Kritiken sind deshalb von besonderer Bedeutung, weil sie dem öffentlichen kulturellen Leben, der städtischen Kulturinstitution Theater als Medium des Publikums erst ein Echo gaben. Regelmäßige Rezensionen im „Westfälischen Merkur" erschienen erst seit der Spielzeit 1862/63; als Leitmotiv führte die Zeitschrift an: „Die edelste Aufgabe des kritischen Referates aber bleibt, die freundliche Vermittlerin zwischen der Kunstschöpfung und dem Kunstfreunde zu sein und auch dem fernen Leser einen Funken von dem mitzuteilen, was den Zuschauer oder -hörer schreckte oder erhob, ihn angenehm und freudig oder unlustig und schmerzlich erfaßte" [1442: Schorer, Theaterleben, S. 51]. Vor dieser Zeit wurden Kritiken als Gelegenheitsarbeiten von Studenten verfaßt, die für den Abdruck ihrer kurzen Artikel in der Zeitung nicht nur kein Honorar bekamen, sondern ihrerseits selbst für den Abdruck zahlen mußten. Zu einer „Institution" scheint die Kritik in Münster aber auch dann noch nicht geworden zu sein, denn zu Beginn der 1870er Jahre, als der „Westfälische Merkur" vom Kaplan Karl Böddinghaus übernommen wurde, standen die politischen und konfessionellen Konflikte so im Vordergrund, daß das Theater völlig vernachlässigt oder – zumal wenn unvorsichtigerweise Berliner Stücke gegeben wurden – mehr oder minder unverhüllt angegriffen wurde.

Obwohl in der zweiten Jahrhunderthälfte das Theater also – wenn auch mit gewissen Rückschlägen – durchaus seinen Platz in der Öffentlichkeit behaupten konnte, ist unübersehbar, daß sich die gebildeten und „höheren" Gesellschaftsschichten in Münster nicht mehr in dem Maß mit dem Theater identifizierten, wie das noch um 1800 der Fall gewesen war. Die Auswertung der überlieferten Theaterzettel der Wintersaison 1887/88 verdeutlicht vielleicht die Gründe für diese Abwendung. Die Saison wurde am 1. Oktober mit Wagners „Lohengrin" eröffnet; sie endete am 25. März 1888. Der anspruchsvolle Auftakt war allerdings nur ein kleiner Bestandteil des Repertoires, das sich folgendermaßen aufschlüsselt: In der Zeitspanne von 177 Tagen wurden insgesamt 157 Vorstellungen gegeben. 54mal wurde eine Oper aufgeführt (mit Wiederholung von insgesamt 25 Werken); dem gegenüber standen 103 Schauspiele, teilweise mit Gesang (56 Stücke). Zwar werden die Opern das „gehobene Publikum" angesprochen haben, aber zu etwa zwei Dritteln bestand das Repertoire aus „Schauspielen", d. h. in der Regel Lustspielen der eher anspruchslosen Art, von denen sich vielleicht nicht jedermann unterhalten lassen wollte. Und manchen mochte der Hinweis auf dem Anschlag vom 29. Dezember: „Das Theater ist gut geheizt" womöglich doch eher skeptisch als zuversichtlich stimmen; jedenfalls ist dieser gutgemeinte Hinweis ein recht sicheres Indiz dafür, daß das Theater eben nicht immer „gut geheizt" war. Kurzum, die Verhältnisse scheinen recht gemischt gewesen zu sein und erklären wahrscheinlich die Zurückhaltung des „besseren" Publikums. Es scheint vor allem die „arbeitende Classe" regelmäßig das Theater besucht zu haben. Die Preise für den Theaterbesuch weisen für die unterschiedlichen Sitzplätze keine enormen Spannen auf: Für die Oper waren zwischen 2,50 Mark und 50 Pfennigen zu zahlen, für das Schauspiel zwischen 2,20 Mark und 50 Pfennigen. Ermäßigungen gab es zudem noch bei den damals in Mode kommenden „Volksaufführungen" klassischer Stücke.

Das „gebildete" Publikum war also kritischer geworden; man erwartete vom Theaterbesuch soziale Distinktion und Repräsentation, man wünschte, sich mit den aufgeführten Stücken identifizieren zu können. Man wollte vor den Zuschauern auf den billigeren Plätzen seinen gesellschaftlichen Rang repräsentieren – und fühlte sich doch durch das gemischte Publikum gestört. Das führte in der Spielzeit 1882 sogar zu einer öffentliche Anfrage, in der gleichsam eine Zensur des Publikums gefordert wurde – um Personen „höchst zweifelhaften Rufes von stadtbekannter Anrüchigkeit" auszuschließen [1442: Schorer, Theaterleben, S. 168]. Es ist deshalb noch einmal zu betonen, daß die Kultur des Bürgertums, wo sie durch städtische Organe verwaltet wurde, nicht identisch mit dem war, was man „bürgerliche Kultur" nennt. Tatsächlich war es im Fall Münsters – wie in den deutschen Mittelstädten generell – vor allem ein fürstliches Mäzenatentum, das zum Teil gegen den Widerstand eben dieses Bürgertums höhere Formen einer mehr oder minder egalitären, „bürgerlichen" Kultur durchgesetzt und gefördert hatte. Diese Kultur war den Städten durchaus kein uneingeschränkt begrüßtes Erbe, denn die Kultur des Bürgertums im 19. Jahrhundert entfaltete sich in der Breite nicht im Theater, nicht in der Realisierung der Idee einer klassischen Bildungsanstalt, sondern am nachhaltigsten in geselligen, wohltätigen oder wissenschaftlichen Vereinen. Über die Vereine oder über traditionelle Kulturformen wie etwa die Prozessionen trat man an die „Öffentlichkeit" und bestimmte damit zugleich einen Teil des öffentlichen kulturellen Lebens.

Die oberste Sorge der Stadtverwaltung und eines Teils des Publikums in Münster galt nach wie vor der „Sittlichkeit", die durch einen empfindlichen Katholizismus noch gesteigert wurde. In Münster hielt sich somit eine überkommene, traditionale Einstellung zum Theater, die sich mehr und mehr als hemmender Anachronismus bemerkbar machte.

Auch das Ineinandergreifen von kulturell ambitionierten Vereinen und Theaterbetrieb wurde lockerer. Berichtete Meta Sprickmann-Kerckerinck in ihren Briefen an den Schwiegervater 1818 noch voller Begeisterung über die Mitwirkung adeliger Damen und Herren bei anspruchsvollen Musikstücken sowie über die Gesangsleistungen der Schüler des Paulinums, so schien die intensive Beteiligung dieser gesellschaftlichen Schichten in der zweiten Hälfte des 19. Jahrhunderts nachgelassen zu haben. An ihre Stelle trat das Musikkorps des Infanterieregiments, das nicht nur für die Musikaufführungen im Theater bis ins 20. Jahrhundert hinein unentbehrlich war, sondern auch den Musikverein häufig unterstützte. Die Militärmusiker hatten in der Tat einen recht guten Ruf. Unregelmäßigkeiten (es kam zum Beispiel vor, daß morgens bei der Probe das Orchester vollzählig war, nachmittags zur Aufführung aber eine Reihe von Musikern nicht erschien) schloß dies freilich nicht aus.

Die materielle Lage des Theaters blieb weiterhin unbefriedigend, wie der häufige Wechsel der Theaterdirektion schon anzeigt. Die Stadt war nicht gewillt, das Theater mit größeren Subventionen zu stützen, die Instandhaltung und Renovierung des Theatergebäudes erfolgten halbherzig. Man erließ gelegentlich die Theaterpacht, wenn die Unwirtschaftlichkeit des Theaterbetriebs wieder einmal zu kraß ausfiel; eine aktive und nicht auf das Fiskalische begrenzte kommunale Kulturpolitik aber stand noch völlig jenseits des Horizonts. Hinzu kam, daß die Stadt bei allen Stücken unverändert eine Vorzensur ausübte. Die auffällige Zurückhaltung der Stadt bei der Förderung des Theaters kontrastiert mit der in Münster durchaus vorhandenen Theaterfreudigkeit. Immerhin ließen es sich die Münsteraner zwischen der Jahrhundertmitte und den 1870er Jahren nicht nehmen, sich auch im Sommer – während das reguläre Theater pausierte – im sogenannten Sommertheater unterhalten zu lassen. Es handelte sich dabei um ein Holzgebäude, das auf einer Halbinsel der Aa stand und ungefähr 200 Personen Platz bot. Das Sommertheater wurde zu einem beliebten Treffpunkt der „lebenslustigen Jugend", womit nicht zuletzt die jungen Offiziere der Garnison gemeint waren, die des öfteren vor, während und nach den Proben mit den Schauspielerinnen flirteten – was natürlich im Interesse der ernsthaften Theaterkunst untersagt werden mußte. Ab 1875 trat an die Stelle des „Sommertheaters auf der Insel" – es mußte dem Zoologischen Garten weichen – die Sommerbühne vor dem Neutor. Hier wurde bis 1890 gespielt.

Die Vernachlässigung des Theaters von seiten der Verwaltung führte schließlich dazu, daß das alte Komödienhaus 1894 wegen Baufälligkeit abgerissen wurde. Fünf Jahre lang (1891–1895) mußte Münster ohne feste Bühne auskommen. Als Ersatz führte der Theaterdirektor Heinrich Steffen im Zoologischen Garten eine sogenannte Monatsoper auf, die ebenso großen Zuspruch fand wie die von der „Abendgesellschaft" gegebenen plattdeutschen Stücke.

Das „Lortzing-Theater" im Romberger Hof an der Neubrückenstraße

Ende 1895 konnte dann endlich das neue „Lortzing-Theater" eingeweiht werden, das auf dem Grundstück des Romberger Hofes (an der Neubrückenstraße) und mehreren Nachbargrundstücken errichtet worden war. Die Organisation lag zunächst weiterhin in privater Hand; erst 1901 wurde das Theater von der Münsterischen Saalbaugesellschaft übernommen. Die Stadt zahlte nun regelmäßig Zuschüsse, aber erst 1922 übernahm sie das Theater, das bis dahin immer noch an Direktoren verpachtet worden war, in eigenen Betrieb. Das Theater erhielt ein eigenes Orchester und wurde schließlich in die Lage versetzt, das werden zu können, was es seit dem 18. Jahrhundert doch nur phasenweise war: kein münsterisches „Volkstheater", aber ein Theater für alle Münsteraner.

2. *Das Museum als Denkmal bürgerlicher Selbstvergewisserung und Ort kultureller Übereignung*

Ein Museum ist kein Ort der unmittelbaren sozialen Repräsentation. Im 19. und frühen 20. Jahrhundert suchten hier vielmehr Wertvorstellungen des Bürgertums ihren Ausdruck, die gerade nicht sozial distinktiv verstanden werden wollten, sondern prinzipiell eine allgemeine Partizipationsmöglichkeit in bezug auf die Stadt, die Region oder Nation als höherer Einheit unterstellten.

Das heutige Westfälische Landesmuseum für Kunst und Kulturgeschichte beruht auf einer doppelten Gründung – einmal aus dem Jahr 1835 auf Initiative des Westfälischen Kunstvereins und dann, siebzig Jahre später, in staatlich-kommunaler Regie als Westfälisches Landesmuseum. Verglichen mit Museumsgründungen in anderen deutschen Städten deutet das erste Datum auf eine frühe Gründungsinitiative; das zweite Datum hingegen spricht für eine erhebliche Verspätung. Wie läßt sich diese etwas paradox anmutende Museumsentwicklung in Münster erklären?

Ohne Zweifel ist hierfür ein ganzes Bündel von Faktoren ausschlaggebend gewesen. Sowohl die frühe als auch die späte Gründung sind aber im wesentlichen darauf zurückzuführen, daß die entsprechende Initiative von bürgerlichen Vereinen – historischen, naturwissenschaftlichen und künstlerischen – ausging und erst dann staatlicherseits aufgegriffen und gefördert wurde.

Ein kurzer historischer Abriß der Museumsgeschichte in Münster mag zeigen, daß die interessierten Kreise des Bürgertums verhältnismäßig frühzeitig, wenn auch in den bescheidenen Dimensionen der Selbstorganisation, eine Präsentationsplattform für ihre konservatorischen und kunstliebenden Bemühungen gefunden hatten. Es erwies sich aber als schwierig, das private Engagement der Vereine, ohne das im 19. Jahrhundert Museen in den deutschen Mittelstädten schwerlich existiert hätten, in ein staatliches, institutionelles Projekt einzugliedern, dessen Anspruch und Ausstrahlung weit über den Kreis der Vereinsmitglieder hinausging. Es ging mit anderen Worten darum, eine bestimmte Form von Kulturverständnis aus einem sozialen Milieu mit gehobenem Bildungsgrad zu lösen und, wenigstens dem Anspruch nach, allgemein werden zu lassen. Diese Zielrichtung traf nicht allein den vielleicht legitimen Egoismus der einzelnen Vereine, sondern ebenso die Exklusivität der Kultur des Bürgertums. Denn in dem Maß, in dem diese Kultur öffentlich und allgemein wurde, verlor sie ihren engen sozialen Binnenraum. Indem die Kultur des Bürgertums aus den Vereinen heraustrat und den Anspruch auf Öffentlichkeit und allgemeine Partizipation erhob, verwandelte sie sich unter der Hand zur bürgerlichen Kultur, zu der das Bürgertum keinen privilegierten Zugang beanspruchen durfte. Das Museum, wenn es erst gegründet war, wurde damit zu einem Ort kultureller Übereignung. Dieser Prozeß war zwar grundsätzlich von den Vereinen selbst gewünscht; gleichwohl vollzog er sich nicht ohne Spannungen, weil er doch die kulturellen Unterscheidungsbedürfnisse des Bürgertums berührte, die es aller Programmatik zum Trotz natürlich gab.

Die Geschichte sowohl des Naturkunde- als auch des Kunstmuseums ist, wie schon angedeutet, weitgehend die Geschichte einiger für Münster und Westfalen eminent wichtiger Vereine, die zum Teil auf frühe Anregungen Hardenbergs aus der napoleonischen Zeit zurückgehen. An erster Stelle wäre hier zu nennen der „Verein für vaterländische Geschichte und Altertumskunde Westfalens, Abteilung Münster“, der 1825, ein Jahr nach der Abteilung Paderborn, gegründet wurde. Oberpräsident von Vincke hatte Konsistorialrat Kohlrausch zur Gründung der münsterischen Sektion gedrängt. Dabei spielte neben dem kulturellen Engagement Vinckes auch die politische Erwägung der preußischen Regierung mit, anhand der Landesgeschichte gleichsam ein intellektuelles Auffangnetz oppositioneller Strömungen in den neu erworbenen westlichen Landesteilen zu schaffen. Der Verein hatte es sich zum Ziel gesetzt, die Erforschung „vaterländischer“ Geschichte und Altertümer zu fördern. Neben dem Altertumsverein und einer ganzen Reihe anderer Vereine sollten vor allem der Historische Verein, der Westfälische Kunstverein, die beide 1831/32 gegründet wurden, sowie der Florentinusverein (1868) für das geplante Museum von besonderer Bedeutung sein. Obwohl diese Vereine manches trennte – der Historische Verein war preußisch-protestantisch und hatte nicht die Landesgeschichte, sondern die allgemeine Geschichte als Betätigungsfeld in seine Satzung geschrieben, der Florentinus-Verein wollte sich dagegen ausschließlich den Werken christlicher Kunst widmen, der Westfälische Kunstverein schließlich war an der „lebendigen“, gegenwärtigen Kunst nicht weniger interessiert als an der historischen –, stimmten alle genannten Vereine doch darin überein, für ihre Sammlungen ein „zweckmäßiges Local“ zu finden, das, wie sich bald angesichts der immer umfangreicheren Bestände aller Vereine herausstellen sollte, nichts anderes als ein Museum sein konnte. Die Informationen, die wir über die Anfangsphase dieses Museums besitzen, sind zunächst etwas widersprüchlich. Der Altertumsverein hat wohl 1825 seine Bestände im Stadtkellergebäude unterbringen können, spätestens aber seit 1838 befand sich dort auch ein Teil der Sammlung des Westfälischen Kunstvereins.

Man wird sich sicher keine übertriebenen Vorstellungen von diesem Museum machen dürfen. Der Eifer der Vereine war, wie wir aus Reiseberichten wissen, in erster Linie durch die allgemeine Vernachlässigung der Kunstwerke ausgelöst; die interessierte Öffentlichkeit sollte alarmiert werden. Aus diesem Grund war denn auch das Museumsinteresse des Kunstvereins in jener Zeit vorwiegend ein historisch-konservierendes. Immerhin fand 1840 die erste öffentliche Ausstellung des Museums im Friedenssaal statt. Es ist recht aufschlußreich für die alles in allem auf private Kreise beschränkte Wirkung der Vereine, daß anläßlich dieser Ausstellung die fehlende Öffentlichkeit des Museums beklagt wurde. Die Bestände des Altertumsvereins waren insgesamt in drei Gruppen gegliedert. Die erste Gruppe bildeten die „germanischen Altertümer“ aus dem Münsterland und ganz Westfalen. Dabei handelte es sich teils um vorgeschichtliche Funde, teils um Zeugnisse römischer Zeit (aus Xanten). Die zweite Abteilung enthielt christliche Kunstwerke des Mittelalters, Kunstgewerbe, Plastiken und Siegel. Die dritte Gruppe bildete schließlich eine Münzsammlung.

Der Westfälische Kunstverein in Münster war in erster Linie an der Schaffung einer Gemäldegalerie interessiert. Seine Sammlung wurde durch eine Berliner Leihgabe von 81 magazinierten Gemälden erheblich erweitert und erhielt dadurch eine gewisse Reputation. Zudem gelang es dem Verein, den preußischen Kronprinzen für die „Protektion“ seines Vorhabens zu gewinnen. Als weiterer Erfolg konnte verbucht werden, daß die Landstände sich bereit erklärten, dem Verein finanzielle Unterstützung zukommen zu lassen. Diese war freilich dringend notwendig, da der Stadtkeller mit seinen feuchten Wänden ständig Restaurierungsarbeiten erforderte. Man schuf zwar mit einem geringen Mitgliedsbeitrag von zwei Talern eine günstige Voraussetzung dafür, daß auch Auswärtige in den Verein einzutreten bereit waren. Freilich änderte das nichts an der Misere der Räumlichkeiten, die für beide „Provinzialmuseen“, wie sich die Sammlungen des Altertums- und des Kunstvereins nannten, gleichermaßen hinderlich waren.

Zwischen den 1840er und dem Ende der 1860er Jahre fand im Westfälischen Kunstverein eine „Demokratisierung“ statt, die sich vor allem in geänderten Statuten bemerkbar machte. Sie führte dazu, daß jeweils sonntags das Museum kostenlos besucht werden konnte. Die Vereine hätten allerdings, trotz intensivierter Mitgliederwerbung, aus eigener Kraft die Schaffung eines Museums nicht realisieren können.

Auf dem Weg zu einem großen Museum bedeutete deshalb die Gründung des Provinzialvereins für Wissenschaft und Kunst im Jahr 1872 einen wichtigen Schritt. Der Verein wurde auf Betreiben des Oberpräsidenten von Kühlwetter ins Leben gerufen; er sollte gleichsam der Dachverein sämtlicher an Wissenschaft und Kunst interessierter Vereine sein. Kühlwetter hatte sich von der Gründung des Provinzialvereins insbesondere eine verstärkte naturwissenschaftlich orientierte Vereinstätigkeit erhofft. In der Tat sollten sich innerhalb des Provinzialvereins eine botanische, zoologische und mathematisch-physikalische Sektion bilden. Der Verein erhielt 1872 die Korporationsrechte. Mit Ausnahme des Westfälischen Kunstvereins waren alle wichtigen wissenschaftlichen und künstlerischen Vereine dem Provinzialverein beigetreten. Warum der Kunstverein sich hier ausschloß, ist nicht mit Sicherheit zu sagen; es ist aber nicht unwahrscheinlich, daß er seine Autonomie in dem neuen Verein nicht gewährleistet sah.

Der Provinzialverein bot nun gute Voraussetzungen, um die für den Museumsbau erforderlichen Mittel zu erhalten. Von Kühlwetter stellte einen Betrag von 60 000 Mark in Aussicht, Friedrich Krupp überwies dem Verein 3000 Mark, und andere Industrielle folgten mit bescheideneren Beträgen. Nach einem vergeblichen Anlauf 1879 gelang es dem Provinzialverein 1882, die prinzipielle Unterstützung des Provinziallandtags zu erhalten. Wegen der Unterschiedlichkeit der Sammlungen – naturhistorische und künstlerische – bot es sich an, aus dem geplanten Museum zwei Museen zu machen: ein Naturkunde- und ein Kunstmuseum. Das Naturkundemuseum konnte aufgrund günstiger Bedingungen am 16. Juni 1891 eröffnet werden. Der „Verein für Vogelschutz, Geflügel- und Singvögelzucht" hatte der Zoologischen Sektion des Provinzialvereins auf dem Gelände des Zoologischen Gartens als Schenkung einen Bauplatz für das Museum überlassen, woraufhin der Provinziallandtag und der Provinzialverein je 50 000 Mark für die Errichtung des Museums bereitstellten.

Dagegen verzögerte sich der Baubeginn für das Landesmuseum noch erheblich, obwohl spätestens seit 1891 die Weichen auch in finanzieller Hinsicht gestellt waren. Die Verzögerung ging vor allem darauf zurück, daß anstelle eines ursprünglich für das Museum vorgesehenen Neubaus am Mauritztor nun das alte Ständehaus gegenüber dem Dom zu einem Museum umgebaut werden sollte. Da sich das aber als unmöglich erwies, beschloß man den Abriß des Ständehauses. An seine Stelle sollte ein Neubau treten, der sich stilistisch durch Formen der Frührenaissance harmonisch der Umgebung anpaßte. Der Entwurf des Architekten Hermann Schädtler aus Hannover fand schließlich 1903, nach einer erneuten Ausschreibung in einem engeren Kreis, die Zustimmung der zuständigen Kommission. Am 17. März 1908 wurde das „Landesmuseum der Provinz Westfalen" eingeweiht. Die Kosten für das Museum beliefen sich insgesamt auf 850 000 Mark; die Stadt Münster hatte das Grundstück sowie 50 000 Mark zur Verfügung gestellt.

Das Ziel, das sich die künstlerische und wissenschaftliche Vereinsbewegung seit dem frühen 19. Jahrhundert gesetzt hatte, war damit erreicht. Die Kontinuität der Zielsetzung sollte allerdings nicht den Blick für die Wandlungen und Brüche verstellen, denen die Museumskonzeption und die Rolle der Vereine unterlagen. Das Museum von 1825 war in jeder Beziehung ein Bürgermuseum: Es wurde von Bürgern – in erster Linie Kaufleuten und Beamten – getragen und sollte wiederum Bürger,

Wettbewerbsentwurf von Hermann Schädtler für das Landesmuseum am Domplatz (1901)

wenigstens die gebildeten unter ihnen, ansprechen. Von einer „öffentlichen" Kulturform kann also höchstens mit großen Einschränkungen die Rede sein, auch wenn um die Mitte des Jahrhunderts die Statuten der Vereine die Mitgliedschaft wesentlich erleichterten.

Exklusivität war aber tatsächlich dem pädagogischen Ziel der Vereine genau entgegengesetzt. Denn es wurde nicht weniger als „die allgemeine Bildung des Geschmacks und die Erhöhung des Kunst- und Gewerbefleißes" angestrebt [2675: Seiler, Anfänge der Kunstpflege, S. 90]. Um diese Aufgabe erfüllen zu können, mußten die Vereine mit Hilfe einer möglichst großen Mitgliederzahl entsprechende finanzielle Ressourcen erschließen. Die notwendige Werbung brachte Publizität, diese zog wiederum ein interessiertes Publikum an, und auf diese Weise entstand um die Vereine herum eine Art öffentlicher Kultur. Die Entwicklung der Mitgliederzahlen und der Aktivitäten etwa des Westfälischen Kunstvereins belegen das sehr deutlich.

Hatte der Verein 1838/39 212 Mitglieder, so stieg die Zahl in den 1860er Jahren auf rd. 1500; die größte Mitgliederzahl (1860) wurde im Jahr 1901 erreicht. Der Verein lud zu Vorträgen ein, organisierte Verlosungen unter den Mitgliedern und veranstaltete Ausstellungen. Wie die Geschichte des Landesmuseums zeigt, war für die Realisierung der Museumsabsichten eine staatliche Kooperation unumgänglich. Dadurch ließen sich zwar die Vereinsziele realisieren – indem dies aber mit Hilfe des

Staates und der Kommune geschah, veränderte sich nicht nur die Stellung der Vereine, sondern auch die Zielvorstellung selbst. Vordergründig ist das an Kompetenzstreitigkeiten abzulesen, die schon bei der Gründung des Provinzialvereins auftraten. Zu Beginn der 1870er Jahre fürchteten die diversen Vereine, von diesem großen Dachverein gleichsam „geschluckt" zu werden, und erst als alle Statuten- und insbesondere Eigentumsfragen zur Zufriedenheit gelöst waren, billigte man von seiten der Vereine den Beitritt zum Provinzialverein. Mit den beiden Museumsgründungen unter staatlicher Beteiligung stellte sich erneut die Frage nach den Zuständigkeiten, nach den Rechten und Pflichten sowohl des Staates als auch der beteiligten Vereine. Beim Naturkundemuseum erhielt der Provinzialverband das Eigentumsrecht über das Museumsgebäude mitsamt seinen Sammlungen; er zahlte für die Gebäudeversicherung und -instandhaltung. Der Provinzialverein hatte einen Hausmeister anzustellen und ihm Gehalt zu zahlen; die Verwaltung und Vermehrung des Bestandes sowie die Anstellung eines Präparators war Aufgabe der einzelnen Sektionen innerhalb des Provinzialvereins.

Es handelte sich mithin um eine dreifache Trägerschaft, bei der die Vereine noch ganz die inhaltliche Gestaltung des Museums bestimmen konnten. Die Ära der engagierten Dilettanten war freilich nur kurz. Der wissenschaftliche Anspruch eines solchen Museums, die steigenden Kosten, die Professionalisierung des Kulturlebens, das mehr und mehr als zum Aufgabenbereich der öffentlichen Hand gehörig verstanden wurde – alles das trug dazu bei, daß auch im Fall des Naturkundemuseums die Trägerschaft 1907, nach dem Tod Landois', auf den Provinzialverband überging, der auch einen hauptberuflichen Museumsdirektor anstellte. Den beteiligten Sektionen des Provinzialvereins wurde dabei weiterhin ein Bibliotheks- und ein Sitzungssaal im

Ausstellungsraum des 1891 eröffneten Provinzialmuseums für Naturkunde auf dem Gelände des alten Zoos (Aufnahme aus dem Jahr 1925)

Museum zugestanden. Gewiß wird man nicht sagen können, die Vereine hätten, indem sie eines ihres wichtigsten Ziele erreichten, sich selbst überflüssig gemacht; es änderte sich gleichwohl nicht nur ihre vereinsspezifische Kultur, sondern es entstand nun tatsächlich eine öffentliche, jedermann prinzipiell zugängliche Kultur. Diese Kultur war bürgerlich, bestand aber nun mehr oder minder unabhängig von den einzelnen Schichten des Bürgertums. Die Vereine brauchten nicht mehr die prätendierten Interessen der Allgemeinheit zu vertreten, sondern konnten – und mußten – sich eigene Schwerpunkte setzen. Daß dies nicht immer ohne Reibungen und Konflikte verlief, versteht sich von selbst; daß die spezifische Kultur, welche die Vereine nun herzustellen vermochten, ein wichtiges Korrektiv gegen die staatliche Kunstverwaltung sein konnte, sollte sich im Verlauf des 20. Jahrhunderts noch erweisen. In den ersten Jahren des Landesmuseums mochten die Ansprüche des Westfälischen Kunstvereins leicht als störende Erblast eines über achtzig Jahre alten Museumsprojekts erscheinen. Da seine Sammlung aber einen Teil des Museums ausmachte, mußte ein Kompromiß gefunden werden, durch den die Leistung des Vereins zu honorieren war. So erhielten Mitglieder des Kunstvereins an bestimmten Tagen freien Eintritt; vor allem aber erhielt der Verein ein Mitspracherecht im Vorstand des Museums. Freilich signalisierte die Sonderstellung des Kunstvereins innerhalb des Museums kein soziales Distinktionsbedürfnis.

Betrachtet man die Geschichte der beiden Kulturinstitutionen Theater und Museum als die beiden Pole einer bürgerlich besetzten öffentlichen Kultur, dann wird deutlich, daß sich hierin „Öffentlichkeit" und „Bürgertum" gegenseitig erhellen. Die „Kultur", in deren Medium sich beide treffen, geht weder in der einen noch in der anderen Seite ganz auf. In einem Prozeß, in dem sich Abstoßung und Anziehung abwechselten, entstand zu Beginn des 20. Jahrhunderts eine Hierarchie ganz unterschiedlicher Öffentlichkeiten und Kulturen. Innerhalb der Stadt steht an ihrer Spitze die kommunale Kulturverwaltung, die der Funktion nach die Stelle eingenommen hat, die zuvor das Bürgertum in Selbstorganisation und -verwaltung innehatte. Für das Bürgertum bedeutete das die Entlastung von einem Anspruch, dem es aus eigenen Kräften nicht gerecht werden konnte. Die allmähliche Schaffung einer nicht vorab sozial definierten Öffentlichkeit der Kultur wurde schließlich begleitet durch eine erhebliche Ausdifferenzierung der sozialen „Kulturen" und „Öffentlichkeiten". Im Bezug beider Größen aufeinander muß die Voraussetzung für eine lebendige städtische Kultur gesehen werden.

Quellen und Literatur

Der vorliegende Beitrag entstand im Zusammenhang mit einem größeren Forschungsvorhaben über die Geschichte der Bildung und des Amüsements in Deutschland und Frankreich vom 18. bis zum 20. Jahrhundert. Dieses Projekt wird im Rahmen des Sonderforschungsbereichs „Sozialgeschichte des deutschen Bürgertums" an der Universität Bielefeld von der Deutschen Forschungsgemeinschaft gefördert und von Professor Reinhart Koselleck betreut.

Zur einführenden Lektüre eignen sich die Aufsätze von Bausinger [1956: Bürgerlichkeit und Kultur], Nipperdey [2489: „Bürgerlichkeit" als Kultur] und Tenbruck [2737: Bürgerliche Kultur] sowie die von Etienne François [2685: Sociabilité et société bourgeoise] und M. Rainer Lepsius [1982: Bildungsbürgertum 3] herausgegebenen Sammelbände. In die deutsche Theatergeschichte führt Max Martersteig ein [2419: Deutsches Theater], die allgemeine Museumsgeschichte stellen Calov [2033: Museen und Sammler] sowie ein von Deneke/Kahsnitz herausgegebener Sammelband [2471: Kulturgeschichtliches Museum] dar.

Die wichtigsten Ereignisse des Theaterlebens während der einzelnen Spielzeiten sind aufgeführt bei Schorer [1442: Theaterleben]. Schorers Urteile über die künstlerischen Darbietungen sind von einem ausgeprägten Antisemitismus bestimmt, seine Theatergeschichte läuft auf den Fixpunkt eines „reinrassigen" deutschen Theaters hinaus.

Die Entstehungsgeschichte des Naturkundemuseums und des Westfälischen Landesmuseums in Münster behandeln Brüning/Zimmermann [1535: Landesmuseum] und Reeker [1432: Provinzialmuseum für Naturkunde]. Zur Baugeschichte, inneren Gestaltung und zu den Beständen des Landesmuseums liegen Aufsätze von Noehles [1424: Bildprogramm] und Eichler [107: Geschichte des Landesmuseums] sowie eine Festschrift zur Eröffnung des Museums am 17. März 1908 vor [1398: Landes-Museum].

Die Geschichte der historischen Vereine wird allgemein behandelt von Mütter/Meyer [2473: Geschichtswissenschaft und historische Bildung] und Barmeyer [1950: Wandel des Verhältnisses]; einen Rückblick auf die Geschichte des Altertumsvereins enthält eine Festschrift, die anläßlich des 150jährigen Bestehens des Vereins verfaßt wurde [2099: Festgabe].

Eine anschauliche Darstellung der frühen bürgerlichen Kunstpflege bietet Seiler [2675: Anfänge der Kunstpflege]. Die Rolle des Westfälischen Kunstvereins innerhalb der Museumsinitiative behandelt Matsche-von Wicht [237: Westfälischer Kunstverein]. Der Kunstverein war mutig genug, noch 1935 Bilder von Otto Pankok auszustellen, der mit Ausstellungsverbot belegt worden war und sehr deutliche Worte an Alfred Rosenberg über den „deutschen Spießer" und die „Sünde gegen das Volk" gefunden hatte [vgl. 1608: Pankok, Gedanken zur letzten Ausstellung]. Der Provinzialverein für Wissenschaft und Kunst wird in einer Festschrift zu seinem 25jährigen Bestehen gewürdigt [1429: Westfälischer Provinzialverein].

DIETMAR SAUERMANN

Zum Wandel der Festkultur

1. Hie katholisch, hie preußisch (Große Prozession und Sedansfest) – 2. Das ungeliebte Lambertusfest – 3. Die Geschichte von der Rettung des Abendlandes (der Gute Montag) – 4. „Ganz Münster ist ein Freudenthal" (Karneval) – 5. Kein öffentliches Fest ohne einen Verein – 6. Großveranstaltung: Der Rosenmontagsumzug

Der Kritiker des münsterischen Alltagslebens im 19. Jahrhundert, Hermann Landois, übertrieb gern, um den eigentlichen Kern einer Situation herauszuarbeiten. Und so charakterisierte er das „Leben und Treiben" der Münsteraner in einem scheinbaren Gegensatzpaar: zum einen kirchlich gebunden bzw. zutiefst durch die Ideale der Frömmigkeit bestimmt und zum anderen „liederlik äs de Sünde" an hohen Feiertagen (Fastnacht, Große Prozession, Telgter Markt, Silvester und Lichtmeß) [2377: Essink 2, S. 102].

Landois deutet Feste als „Ventilhandlungen", als vorübergehenden Ausbruch aus den Konventionen des Alltags. Feste erscheinen in dieser Sicht als Spiegel des gesamtgesellschaftlichen Geschehens und geben Hinweise auf Spannungen, Verwerfungen, Konflikte, aber auch auf bewußte und unbewußte Gemeinsamkeiten in dem Zusammenleben einer Gruppe von Menschen. Im folgenden soll daher nicht das Festleben der Stadt Münster beschrieben, sondern am Beispiel wichtiger Feste auf einige kulturelle Veränderungsprozesse in dieser Stadt seit dem Ende des 18. Jahrhunderts aufmerksam gemacht werden.

1. *Hie katholisch, hie preußisch (Große Prozession und Sedansfest)*

Die Berichte über das gesellige Leben Münsters im 19. Jahrhundert vermitteln den Eindruck, daß sich damals zwei weltanschauliche Gruppierungen gegenüberstanden. Auf der einen Seite standen das alteingesessene, katholisch geprägte Bürgertum sowie der münsterländische Landadel und auf der anderen Seite die preußischen Beamten und Militärs, die als Zugezogene neue Schlüsselstellungen besetzten und protestantisch geprägt waren. Beide Richtungen kämpften nicht nur um die politische, sondern auch um die kulturelle Vorrangstellung in der Stadt. Doch bis weit ins 19. Jahrhundert hinein dominierte die traditionelle Lebenswelt, die durch die katholische Kirche bestimmt war.

Als besonders charakteristisch für das kulturelle Leben der Münsteraner wurden die Prozessionen angesehen. So kennzeichnete um 1810 Karl Berghaus „Münster und seine Bewohner" folgendermaßen: „Die treue, ungeschminkte Anhänglichkeit des Münsterländers an die Satzungen und Gebräuche der Kirche sprach sich auch ganz entschieden in der Gewissenhaftigkeit aus, mit der er an den alteingeführten Prozessionen teilnahm. In der Stadt Münster, in den kleineren Städten und auf dem platten Lande hatte jedes Kirchspiel einmal im Jahre seine Prozession. [...] Ein allgemeines Kirchenfest dieser Art feierte die ganze Stadt Münster im Jahre einmal, und zwar im

Juli. Man nannte es die große Prozession." Niemand durfte sich ausschließen, „wollte er nicht in der Achtung seiner Mitbürger große Einbuße erleiden" [1246: Münster und seine Bewohner, S. 148ff].

Wie Ludwig Remling nachgewiesen hat, vollzog sich im 17. Jahrhundert die Umformung der Großen Prozession in Münster von einer Buß- und Bittprozession zu einer triumphalen, vom barocken Lebensgefühl geprägten Sakramentsprozession, die Christoph Bernhard von Galen durch eine Neuordnung bestätigte. Diese feierliche, von allen Gläubigen der Stadt getragene Prozession am Montag vor St. Margareten stellte einen deutlichen Höhepunkt im Festkalender Münsters dar. Noch 1876 wird sie als „nicht nur die ‚bedeutungsvollste öffentlich religiöse Feier', sondern zugleich auch [als] das einzige, von einer höheren Idee getragene Volksfest der Stadt" charakterisiert. Im Laufe des 19. Jahrhunderts war die Teilnehmerzahl so stark angestiegen, daß 1846 ein Koordinator bestellt werden mußte, der für den reibungslosen organisatorischen Ablauf zu sorgen hatte. Ihm zur Seite standen sogenannte Direktoren, die die Handlungen der einzelnen Gruppen innerhalb des unüberschaubar gewordenen Umzugs – die Angehörigen der einzelnen Pfarreien, der Waisenhäuser, der Schulen und der akademischen Organisationen – dirigierten.

Bezeichnend war auch die neue Läuteordnung von 1849: „Während der ganzen Prozession wird auf allen Thürmen der Stadt geläutet. Nur dann wird eine Pause gemacht, wenn das Sanctissimum in einer der Kirchen verweilt. Das Signal hierzu wird vom Lamberti-Thurm gegeben. Werden die auf den Ecken des Umganges ausgesteckten Fähnlein abgenommen, so soll das Geläute aufhören und die Prozession stehen bleiben" [1249: Peters, Prozessions-Büchlein, S. 8].

Der Bischof von Münster nahm an der Prozession teil und trug eine Wegstrecke das Allerheiligste; der Magistrat der Stadt schritt unmittelbar hinter dem „hochwürdigsten Gute". Bis zum Beginn des 19. Jahrhunderts wurde die Bedeutung der Ratsvertreter durch eine Stiftung aus dem Jahr 1632 sinnfällig herausgestellt: Jeder von ihnen trug Torsetten oder Windlichter aus gelbem oder weißem Wachs „zu größerer Verehrung des Hl. Sakraments und öffentlicher Bezeugung ihres ‚rechteiffrig' brennenden katholischen Glaubens" [136: Gerhard, Große Prozession, S. 32]. Alle Teilnehmer waren festlich gekleidet. Die Straßen der Stadt schmückten Fahnen, Fähnchen, Girlanden, Blumenteppiche und Birkengrün. Zu dieser durch das religiöse Fest ausgelösten Schmuckfreude in Münster schreibt Hermann Löns: „Und welche Feste waren die Prozessionen, vor allem die große Prozession; das dicke Drüksken hatte dann so schöne Gelegenheit, sich darüber zu freuen, daß sein weißes Kleidchen doppelt so fein war als das von Kötters Thresken, und Natz Kleinböhmer, der Bäcker, ließ es auf eine Handvoll harter Taler nicht ankommen, um sein Haus so herrlich auszustaffieren, daß sein lieber Freund und Nachbar, der Schmied Tüns Tüntelpott, sich ungesund ärgerte, weil die ganze Prozession mitsamt dem Bischof und dem Domkapitel keinen Blick auf sein Haus getan hatte" [zit. nach 2046: Deimann, Löns 1, S. 48].

Die Große Prozession erfuhr im Laufe des 19. Jahrhunderts dadurch eine Aufwertung, daß andere Prozessionen in der Stadt an Bedeutung verloren oder aber gar aufgegeben wurden. So war zum Beispiel noch an der Wende vom 18. zum 19. Jahrhundert die „Kreuztracht" am Karfreitag üblich, die durch ihre vom Barock geprägten szenischen Darstellungen der Passionsgeschichte großes Aufsehen erregte. Auch andere religiös verankerte Bräuche starben im 19. Jahrhundert in Münster aus, so

Prozession vor der Lambertikirche. Gemälde von Robert Ernst Stübner (1927)

zum Beispiel das Christkindwiegen im Armenhaus Elisabeth zur Aa in der Bergstraße und die Nikolausbescherung in der Nikolaikapelle auf dem Domhof . Hinzu kam eine allgemeine Verringerung der öffentlich begangenen kirchlichen Feiertage. Durch die starke Reduktion dieser Festanlässe im 19. Jahrhundert fand eine Bedeutungsaufwertung der verbliebenen Kirchenfeste statt.

Der Termin der Großen Prozession wurde aber auch durch weltliche Handlungen betont. So ist es heute noch vereinzelt üblich, an diesem Tag „Große Bohnen" als Festtagsgericht aufzutischen. Und im 19. Jahrhundert bildete sich der Brauch heraus, daß am Nachmittag die „Kinnerwichter" sich in den wohl nach Berliner Vorbild entstandenen Kaffeewirtschaften rund um Münster trafen und zur Unterhaltung allerlei Spiele veranstalteten. „Am Nachmittag der Großen Prozession aber hatten die Kaffeewirtschaften ihren großen Tag. An diesem Tage frei zu haben, behielten sich die münsterischen Dennstwichter und Kinnerwichter bei Vertragsabschluß vor. Da war denn bei Rumphorst, Maikotten oder Burmanns bald der Pütt leer, die ‚Heide' aber voll. Da ging es hoch her. Hier fand sich ein Haufen junger Leute zusammen für ‚Blinde Kuh', ‚Krup mien Vößken düör den Tuhn' oder ‚De Knüppel geiht rund'. Andere veranstalteten das beliebte Laufspiel ‚Eins, zwei, drei, Wittmann los'. Oder man versuchte sich im ‚Wannenspringen', wenn man beim Wirt eine Wanne loskriegen konnte. Oder man setzte die Wichter auf einen Wagen, spannte sich davor und raste damit über die Heide, wobei die Fahrt manchesmal in einer Kuhle ihr Ende fand. Den ganzen Rummel nannte man Kinnerwichter-Schützenfest oder auch Unschuldiger Kindertag. ‚Es war wüst, aber schön' [. . .] für die Jugend, nicht für den Wirt, der am anderen Tag viel zu flicken hatte. Und was war die Folge: Immer mehr Kaffeewirtschaften begannen, am Tag der Großen Prozession die Türen geschlossen zu halten" [Westfälische Nachrichten vom 27. Februar 1971].

In der Großen Prozession spiegelte sich nicht nur die politische Macht der katholischen Kirche, sondern auch der Lebensmittelpunkt der Münsteraner in der ersten Hälfte des 19. Jahrhunderts wider. Die Minderheit der preußisch gesinnten Neumünsteraner hatte bezeichnenderweise kein adäquates eigenes Fest danebengestellt. Heinrich Hart dachte zum Beispiel an das Militär, das spektakuläre Festveranstaltungen hätte entwickeln können. Er schreibt: „Auch das Militär spielte nichts weniger als eine herrschende Rolle; die Schaustellungen, die es zu bieten hatte, erschienen im Vergleich mit denen der katholischen Kirche blaß und farblos."

Seit dem Deutsch-Französischen Krieg von 1870/71 vollzog sich allmählich eine Veränderung im Wertgefüge der Münsteraner. Hierzu abermals eine Beobachtung von Heinrich Hart: „In dieses ganze Leben, Sinnen und Fühlen, das – so Großes auch die Kirche geschaffen hatte – in mehr als einer Hinsicht sumpfartig stagnierte und mit Dunst und Stickluft erfüllt war, brachen die Erregungen des Jahres 1870 wie ein Sturmwind hinein. Erregungen, die sowohl von dem deutsch-französischen Kriege, wie von dem Konzil, von den Kämpfen um die päpstliche Unfehlbarkeit ausgingen. [. . .] Aber während ich früher mit meiner preußischen Gesinnung so ziemlich allein stand, war jetzt der größere Teil der Klasse auf meiner Seite. Und das Deutschempfinden der Mehrheit, die fast durchweg katholisch war, festigte sich und erhöhte sich mit jeder Siegesmeldung. [. . .] Immer deutlicher zeigte es sich, daß schon längst unter der Oberfläche allerlei Unterströmungen wirksam gewesen waren, daß die Masse nicht so gleichförmig war, wie es den Anschein gehabt hatte" [2183: Werke 3, S. 13ff].

Doch diese Bewußtseinsänderung wurde durch den Kulturkampf überlagert, der sich natürlich auch auf das öffentliche Festgeschehen der Stadt auswirkte. 1875 verbot der preußische Kultusminister den Lehrern und Schülern, geschlossen an der Prozession teilzunehmen. Statt dessen förderten die preußischen Behörden das national bestimmte Sedansfest. Am 2. September 1873 schrieb Adolf Hechelmann in der Stadtchronik: „Die s.g. Sedanfeier fand auch heute, wie im vorigen Jahre statt, das Programm der Festlichkeiten war dasselbe. Morgens Kanonendonner, dann Instrumental-Vorträge auf dem Prinzipal-Markte, ebensolche von 12–1 Uhr Mittags auf demselben Platze, Nachmittags ein Fest-Diner auf dem großen Rathhaussaale, Abends Fackelzug nach dem Neuplatze, Musik und Feuerwerk daselbst. Die Herzensbeteiligung der meisten Einwohner ist angesichts der jetzigen kirchenpolitischen Wirren eine sehr geringe, ein Übriges that das leidige Regenwetter, um das Fest zu keinem Volksfeste werden zu lassen" [1247: Münster im Kaiserreich, S. 119].

Seit 1874 fand am Sedanstag in Münster zwar in jeder Schule eine Feier statt – anfangs mußte sogar der Beginn der Herbstferien verschoben werden –, doch der kirchlich beeinflußte „Westfälische Merkur" notierte in den folgenden Jahren, daß nur recht wenige Häuser aus Anlaß des Festes beflaggt waren. 1877 wurde von einem

Komitee preußisch engagierter Bürger versucht, an diesem Tag ein allgemeines Kinderfest einzuführen. Vornehmlich evangelische und jüdische Schulkinder versammelten sich am Kriegerdenkmal am Ludgeriplatz und zogen mit Musik zum Schützenhof. Dort bewirteten die Veranstalter die Schüler. Es fanden verschiedene Spiele statt. Am Abend wurden in den Anlagen des Schützenhofs ein Fackelzug und im Anschluß daran ein Feuerwerk abgehalten. Dann erfolgte der Rückzug der Kinder zum Ludgeriplatz.

1878 stellte der „Westfälische Merkur" vor allem drei Gründe heraus, die eine Nichtbeteiligung der Katholiken an der Sedansfeier rechtfertigten:

1. Es handele sich „um eine Siegesfeier über Rom und den Katholizismus". „Gefeiert soll es werden in einer Stadt, die als ‚katholische' einen Weltruf hat, die in dieser schweren Zeit einmütig so treu und fest stand zur katholischen Kirche und ihren Grundsätzen, die wie ein Mann aufstand und sich wehrte, wenn es galt, gute und bewährte Einrichtungen zu retten!"

2. Durch die Unlust der Lehrer und die Art des Umzugs könne keine strenge Überwachung der Jungen und Mädchen garantiert werden, „um Ausschweifungen zu verhindern".

3. Das Fest sei von Personen organisiert, „welche zum Teil einem Verein angehören, in dessen Versammlungen man Beifall klatscht, wenn das Dasein des Teufels geleugnet wird" [Westfälischer Merkur vom 22. August 1878].

1877 wurde das Festessen im Rathaussaal und 1881 auch das Kinderfest aufgegeben. Selbst der Kriegerverein zeigte in dieser Zeit am Sedanstag keine öffentliche Initiative. Erst um 1890 zeichnete sich eine Wende ab: Das katholische Bürgertum begann sich mit dem deutschen, auf das Kaiserreich bezogenen Patriotismus zu identifizieren. Die politische Wendung der Zentrumspartei schlug sich auch in Münster nieder. So bemerkte der „Merkur" am 2. September 1890: „So weit der Sedantag mit Sinn und Verstand begangen wird, ist der eigentliche Gegenstand der Feier nicht die Gefangennahme Napoleons und der Armee bei Chalons, sondern der Triumph der deutschen Unabhängigkeit und Einheit, die Begründung eines starken deutschen Reiches. Auf die Früchte des Sedansieges und der anderen Siege kommt es an."

Wie sehr sich die Grundeinstellung der breiten Öffentlichkeit in Münster verändert hatte, zeigten die Feierlichkeiten zum 25jährigen Jubiläum des Deutsch-Französischen Krieges (1895), zu deren Durchführung sich ein breites Bürgerkomitee bildete. Die Stadt war – wie der „Westfälische Merkur" berichtete – an den Hauptpunkten des Geschehens prächtig geschmückt: „Schon am Samstag hatte die Stadt ein festliches Kleid angelegt. Überaus zahlreich flatterten die Fahnen in deutschen, preußischen, westfälischen und münsterschen Farben, Kränze und Blumenschmuck zierten besonders die Straßen, welche der Festzug zu passieren hatte. [. . .] Ein mächtiger Triumphbogen erhob sich an der zum Schlosse führenden Straße. Hübsch geschmückt mit zahlreichen Fähnchen, trug derselbe in seiner Mitte ein Riesenschild mit der Inschrift: ‚Mit Gott, für Kaiser und Reich!' Über dem Schilde prangte das deutsche Reichswappen. Links an dem Bogen stand die Inschrift ‚1870' und rechts ‚1895'. – Vor dem Schlosse ist auf dem freien Platze in Riesengröße die ‚Germania' aufgestellt. [. . .] Die auf dem Neuplatz errichteten Zelte usw. waren ebenfalls sehr schön decoriert und mit patriotischen Sprüchen versehen."

Am Abend des ersten Festtags fand ein Fackelzug zum Schloß statt. „An der Spitze des Zuges ging als Vertreter des Magistrats Herr Bürgermeister Dr. Würmeling. In bekränzten Wagen war den Kriegsveteranen ein Ehrenplatz, ebenfalls am Anfange des Zuges, angewiesen." Die Bewohner der Straßen, die der Umzug berührte, entzündeten Feuerwerkskörper und „bengalische Flammen". Auch die Kirchtürme „glühten im bengalischen Feuer". Auf dem Schloßplatz sangen die vereinigten Männerchöre der Stadt unter anderem die „Wacht am Rhein". Im Anschluß daran fand im „Centralhof" ein Festkommers mit Ansprachen der Honoratioren der Stadt, Gesangs- und Musikdarbietungen und Veteranenehrung statt. Bürgermeister Würmeling faßte die Stimmung wie folgt zusammen: „Wenn der Westfale etwas zurückhaltend sei, so liege das im Charakter desselben, im nationalen Leben aber bekunde derselbe denselben freudigen Patriotismus wie andere Völkerstämme."

Am Sonntag, dem 1. September 1895, fand nach den Festgottesdiensten ein Platzkonzert auf dem Neuplatz statt. Am Nachmittag erfolgte ein zweiter Festzug, an dem vor allem die Vereine Münsters teilnahmen: „Besonders zeichneten sich im Zuge aus und gaben demselben einen erhöhten Glanz: Das allgemeine Bürgerschützenkorps in Uniform mit Waffen, ebenso die Neustädter Schützen, ferner die Radfahrer, welche auf ihren festlich geschmückten Stahlrossen einen imposanten Anblick gewährten, sowie der Ruderverein, dessen Mitglieder mit den Rudern über der Schulter im Zuge gingen. [. . .] Im ganzen zählte der Festzug 52 Fahnen und nach oberflächlicher Schätzung über 3000 Teilnehmer." Den Abschluß des „Volksfestes" bildete ein Brillantfeuerwerk mit patriotischen Motiven: „Als eine der Prachtnummern, das ‚W' mit der Kaiserkrone, erschien, schallte aus tausend und abertausend Kehlen das ‚Heil dir im Siegerkranz' brausend durch die Abendstille." Als Resümee faßte der „Merkur" nun stolz zusammen: „Werfen wir einen Rückblick auf das so schön und herrlich verlaufene Jubelfest, so müssen wir zu dem Schlusse kommen, daß Münster wieder einmal gezeigt hat, wie man patriotische Feste feiert. – Nun mag der ‚Patriot aus Westfalen' der Kölnischen Zeitung wieder melden, in Münster sehe man niemals deutsche Fahnen, nur solche in den Kirchenfarben."

Eine noch größere Prachtentfaltung fand beim Besuch Wilhelms II. in Münster kurz vor dem Sedanstag 1907 statt. Hier zeigte es sich sehr deutlich, daß die patriotische Begeisterung viele neue Symbole und brauchtümliche Handlungen geschaffen hatte, die zusammengenommen ein beeindruckendes militärisch-vaterländisches Schauspiel boten, in dessen Mitte die Gestalt des deutschen Kaisers stand. Die Bevölkerung Münsters und Teile des umliegenden Münsterlandes waren in dieses patriotische Fest mit einbezogen (28 Sonderzüge). Das wilhelminische Nationalgefühl überlagerte alle Differenzierungs- und Ausgrenzungsversuche.

Bei diesem ersten Längsschnitt durch das 19. Jahrhundert wurde deutlich, daß sich in Münster unter dem Mantel der angeblich alles beherrschenden Kirchlichkeit Bewegungen und Veränderungen vollzogen, die man unter dem Stichwort „Verbürgerlichung" zusammenfassen könnte. Wie sehr diese neue Wertorientierung das Leben der Münsteraner zu prägen begann, soll nun an der Entwicklung des Lambertusfests näher verdeutlicht werden.

2. *Das ungeliebte Lambertusfest*

Die ersten Nachrichten über diesen Brauch stammen aus dem späten 18. Jahrhundert. Wahrscheinlich ist er in dieser Zeit als Fest der Handwerksgesellen und Dienstmädchen entstanden. Der vormalige Platzmajor Flensberg nennt um 1810 als Hauptbeteiligte des Festes neben den Kindern „Hausgenossen, Mägde und Arbeitsgesellen“ [1437: Sauermann, Lambertusfest, S. 71]. Es handelte sich also um die jüngeren Familienmitglieder und andere im Haus und in der Werkstatt tätige Arbeitskräfte. Den Beschreibungen des Festes aus dem 19. Jahrhundert ist zu entnehmen, daß es auch andere Bevölkerungsgruppen anzog, die zumeist als Zuschauer von Pyramide zu Pyramide durch die Stadt zogen: „Denn nicht alle beteiligten sich an dem munteren Reigen, eine große Volksmenge umstand auch die fröhliche Sängerschar oder zog durch die Straßen der Stadt von Pyramide zu Pyramide, von Kirchspiel zu Kirchspiel, um so den Verlauf der allgemeinen Volksfeier in Augenschein zu nehmen. Man ging, man stand, man drängte sich durch die wogenden Haufen, alles war Leben“ [1240: Lieder, S. 47].

1791 wurde das Lambertusfest erstmals im „Münsterischen Wochenblatt“ beschrieben. Damals ist wohl schon über den Sinn des Festes diskutiert worden, denn der Verfasser verteidigte den Brauch mit folgenden Worten: „Wie! Unsere Lambertus- und Martinus-Abende, an welchen so manches münsterisches Mutterkind eine so herzliche Freude empfindet [. . .] sollten dumme Feste seyn? [. . .] Und was haben Sie dann daran auszusetzen? Ja, sagen Sie, es ist freylich ein reizender Anblick, eine Menge Kinder und erwachsener Leute im Jubel zu sehen, und ich gestehe, daß mich selbst dieser Anblick, wie ich neulich bey Ihnen war, ergötzt hat; allein die platten Volkslieder kann doch kein Christenmensch ohne Galle anhören. Platt! Ich dächte nicht“ [Münsterisches gemeinnützliches Wochenblatt 1791, S. 159f]. Der Verfasser wies dann darauf hin, daß ein Lied, das zu Lambertus gesungen wurde, einem alten griechischen Bettellied ähnelte. Das hohe Alter galt also hier bereits für die Qualität eines Festes, auch wenn einzelne Handlungselemente dem modernen bürgerlichen Geschmack – Lieder „ohne viel Poesie“ – widersprachen.

Bereits in der ersten Hälfte des 19. Jahrhunderts wiesen einige Kritiker darauf hin, daß das Fest damals anders gefeiert wurde, als sie es in ihrer Jugend erlebt hatten: „Ich kam näher, aber da hörte ich lauter wildfremde Lieder singen: ‚Schöner, grüner Jungfernkranz‘ und ‚Was gleicht wohl auf Erden‘. Der Lieder mögen recht schön sein, sagte ich, aber es sind doch keine Lambertslieder und ging ziemlich verdrießlich weiter, weil ich am Drübbelchen auch eine große Menge Leute stehn sah. Aber da war es nun vollends arg, es wurde gar nicht gesungen, in der Mitte des Kreises saßen der dicke Iserhinke mit einer Triangel, Pieperken Möllers mit der Flöte und Barfuß mit der Fiedel, die spielten recht lustige Walzer auf, und das junge Volk sprang im Kreise herum. Nun habe ich in jüngeren Jahren auch oft genug nach der Fiedel des seligen Barfuß getanzt, aber doch nicht am Lambertsabend, dann sang man ehemals nur Lambertslieder“ [1218: Münsterische Geschichten, S. 261f].

Dieser Text, der in einer Sammlung von Volksüberlieferungen in Münster aus dem Jahre 1825 zu finden ist, zeigt, daß sich das Lambertusfest veränderte und daß moderne Lieder und Tänze das Fest bestimmten. Daher druckten die Herausgeber in dem Band auch die Texte der älteren, „eigentlichen“ Lambertuslieder ab, durchweg

Lambertusfeier vor dem Lambertibrunnen (1932)

Lieder zum Reigentanz (die Tänzer bildeten eine Kette oder einen Kreis) und nicht zum umstrittenen modernen, körpernahen Paartanz des Walzers.

1854 sah sich der Magistrat der Stadt Münster veranlaßt, den Lambertusbrauch zu reglementieren. Anstoß erregten damals folgende Festelemente: Das Fest erstreckte sich über viele Tage; die Pyramiden stellten in engen Gassen ein Verkehrshindernis dar; der Lärm, der mit dem Geschehen um die Pyramiden verbunden war, wurde als ruhestörend empfunden, und man bemängelte schließlich die „unanständigen" Lieder. Daher beschränkten die Behörden das Fest auf drei Tage – den Vorabend, den Festtag und den Abend nach dem Fest – sowie jeweils auf die Zeit von der einbrechenden Dunkelheit bis um zehn Uhr abends.

Obwohl recht wenige Berichte über den Brauch aus jener Zeit vorliegen, läßt sich feststellen, daß die Lambertusfeiern immer weniger den bürgerlichen Vorstellungen von Sittsamkeit, Ruhe und Ordnung entsprachen. Hermann Landois beschrieb im erweiterten „Liäwen un Driewen" des Frans Essink die entscheidenden umstrittenen Handlungselemente sehr genau, die dann schließlich zum Verbot des Festes führten:

1. Es war üblich, daß die Kinder in den Wochen vor Lambertus die Passanten auf den Straßen baten, ihnen eine kleine Gabe für die Ausgestaltung des Lambertusfests zu geben. Landois schildert das folgendermaßen: „Sess Wiäke vüörut reip Essink en paar Naober-Jungens bi'n eene un gaff ehr ne Sparbüsse met en Schlöttken dervüör in de Hand. ‚Nu geiht de eene von Ju' – sag Frans – ‚in de Promenao-

de bi Sünt-Lüers-Berg staohn, de annere hier up der Straote unner en Sentensbuogen. Un elkereen biäddel Ji an. Ao! ao! eenen Pennink füör Lambertus!'" 1873 wurde dieser Brauch als „Bettelei" angesehen und unter Strafe gestellt.

2. In dem ausgelassenen Festtreiben sahen die Kritiker einen unmoralischen Vorgang, da sich die heranwachsenden Jungen und Mädchen unkontrolliert näherkommen konnten. Eine solche Situation schilderte Landois beim Vertreiben des Bauern aus dem Spielkreis und gab damit des weiteren einen Hinweis darauf, warum dieses Handlungselement bei den Tanzenden so beliebt war: „Bi dat Gedrubbel strampelden de Fraulüde met ehre witten Strümpe in de Gauske, de Jungens kneepen de Wichter in de Arms odder in de Neigde, – alls quiekede, glapkede un krijölde vüör Plaseer äs de Kodden."
3. An dem Fest – vor allem in der Nacht – beteiligten sich natürlich auch einige „Dirnen und Bummelanten", deren „wüstes bacchantisches, schamloses Verhalten [. . .] für Kinder überaus anstößig" war.

Auch die „frivolen Lieder" erregten den Unmut der Verantwortlichen. Landois schreibt dazu [2377: Landois, Essink 1, S. 180f, 185ff]: „Van towes [= allmählich] hadden sick auk en paar besuoppene Soldaoten infunnen, ehre Leeder passeden so recht nich to de aollen Brüke:

Ich wollt, daß alltag Sonntag –
Schlao der noch maol up –
Ich wollt, daß alltag Sonntag wär,
Und ich bei meiner Liebsten,
Schlao der noch maol up –
Und ich bei meiner Liebsten wär."

Ein Polizeibericht aus dem Jahr 1873 stellte das Fest sehr negativ dar und schilderte es als einen unsittlichen Brauch. Der Berichterstatter wies unter anderem darauf hin, daß eine in der Nähe der Mauritzstraße aufgestellte Pyramide „eine große Flasche Schnaps und ein Glas zum beliebigen Gebrauche" trug und daß die Wirte die Pyramiden dazu benutzten, Kundschaft anzulocken [zit. nach 1284: Bahlmann, Lambertus-Feier, S. 179f]. Im Oktober 1873 wurde das Lambertusfest – nicht zuletzt auf diesen Bericht hin – auf allen öffentlichen Straßen und Plätzen verboten. Heinrich Hart kommentierte diese Entwicklung wie folgt: „Alte Sitten und Bräuche, denen ein poetischer Gehalt nicht abzusprechen war, mußten den neuen realen und materiellen Anforderungen weichen. Die Polizei war über Nacht rationalistisch und moralisch geworden, sie unterdrückte Volkslustbarkeiten und Volksfeste, von denen jahrhundertelang ein Strom festlicher Fröhlichkeit ausgegangen war. So das Lambertifest [. . .]." Die Pyramiden „wurden von den Straßen in die Höfe verbannt, die natürlich zu eng waren für das notwendige Maß von Fröhlichkeit. Das Lichtfest erlosch. Um des bißchen Liebestaumels willen, der ein paar uneheliche Geburten mehr hervortrieb, mußte ein Strom von Freude versanden" [2183: Werke, 3, S. 16].

Der Eingriff des Staates in die „altüberlieferten" Bräuche Münsters zeigte sich auch bei anderen Festen, so zum Beispiel beim Karneval. Die Polizei handelte aber nicht willkürlich oder eigenmächtig, sondern war Vollstreckerin der herrschenden Wertvorstellungen. Die Veränderung der Festkultur in Münster erfolgte jedoch nicht nur durch Polizeiverbote. Viele traditionelle Feste sind im 19. Jahrhundert durch die Organisatoren so umgeformt worden, daß sie den neuen Leitideen entsprachen. Ein gutes Beispiel für diesen Umwandlungsprozeß ist die Umformung und Ausgestaltung des Guten Montags der Bäckergesellen in Münster.

3. *Die Geschichte von der Rettung des Abendlandes (der Gute Montag)*

Die Gesellen einer jeden Handwerkerzunft begingen seit dem ausgehenden Mittelalter den Guten Montag als Festtag mit Umzug und Festessen. In Münster war dieser Tag oft mit einem Maigang verbunden. Die münsterischen Bäckergesellen verknüpften dieses Fest in der zweiten Hälfte des 17. Jahrhunderts zudem mit einem Schützenfest. Wahrscheinlich hat diese Verbindung dazu beigetragen, daß der Gute Montag der Bäcker bis 1805 kontinuierlich gefeiert wurde und die Auflösung der zünftigen Ordnung überstand.

Nach einer Unterbrechung in den napoleonischen Kriegen bemühten sich die Bäkkergesellen, ihr Fest wieder aufleben zu lassen. In ihrem Antrag vom April 1819 an die Regierung hieß es: „Die Bäckergesellen hiesiger Stadt haben vor uralten Zeiten das *privilegium* erworben, als eine Schützen Gesellschaft ein Scheibenschießen mit feyerlichen Aus-, Ein- und Aufzug durch die Stadt mit Musik und fliegender Fahne, und endlich einen Ball abzuhalten. [. . .] Zu dieser Abhaltung bedürfen wir aber unserer Fahne, unseren silbernen Vogel samt Kette mit den daran hangenden silbernen Schenckpfennigen der früheren Beckergesellen als Könige des Scheiben Schießens, und unseren silbernen Kredenz Becher“ [Archiv der Bäcker- und Konditoreninnung, Großes Bäckerbuch].

Die preußische Regierung, die Schützenfeste als Volksbelustigungen ausdrücklich förderte, gab die eingezogenen Stücke wieder zurück und erteilte die Genehmigung zum Fest. Die Bäckergesellen zeigten sich daraufhin erkenntlich, indem sie nicht nur ihre Königin, ihren König, den Vorstand und den Fähnrich mit einem Fahnenschlag ehrten, sondern auch die Bezirksregierung und den Stadtdirektor. Klaus Gimpel vermutet hier eine Anlehnung an ehemalige Formen der Huldigung bei der Inthronisation des neugewählten fürstbischöflichen Landesherrn [139: Guter Montag, S. 268]. Die Bäcker knüpften also nicht nur an die zünftige Tradition an, sondern stellten sich bewußt als treue und folgsame Untertanen des neuen Landesherrn dar. So heißt es in dem Festgesuch von 1822: „‚Im Vertrauen zu der Gerechtigkeitsliebe und dem guten Willen unserer Obrigkeit zur Veredelung des Volkssinns und Erweckung der Vaterlandsliebe‘ ersuchen die Bäckergesellen um die Erlaubnis, das Fest feiern zu dürfen. ‚Wir werden die erbetene Erlaubnis als einen sprechenden Beweis unserer wiedererrungenen deutschen Freiheit ansehen und unsere dadurch erneuerte Liebe für König und Vaterland jederzeit bewähren‘“ [67: Seul, Guter Montag, S. 45]. Den Hinweis auf den Patriotismus könnte man noch als eine unverbindliche Floskel ansehen, die die Behörden gnädig stimmen sollte. Doch die Formulierung „Veredelung des Volkssinns“ läßt doch aufhorchen. Sie enthält eine Forderung der Aufklärung, die sich das Bürgertum zu eigen machte, um gegen die als wild, unordentlich und unkontrolliert angesehenen Bräuche anzugehen.

Fahnenschlag vor dem Stadtweinhaus am Guten Montag (um 1930)

1835 gaben sich die Bäckergesellen eine neue Festordnung. Folgende Punkte wurden unter anderem geregelt: Termin (alle drei Jahre am Montag nach dem Dreifaltigkeitssonntag); gewählte Beamte, die die Organisation des Festes übernehmen und die die Haupthandlungen vollziehen; „bürgerliche Kleidung“ mit „National-Kokarde“; Ausschießen eines Königs; Rechte des Königs („gelagfrei“); Ehrung durch Fahnenschlag (König, Königin, die ersten Militär- und Zivilbehörden); zwei Bälle (am Festtag selbst und am Fronleichnamstag). Dieses Handlungsgerüst bleibt weitgehend bis in die Gegenwart bestehen. Das Fest gliedert sich in zwei Teile: das interne Schützenfest mit Scheiben-, später Vogelschießen und Festbällen sowie den öffentlichen Umzug, der dazu dient, der jeweiligen Obrigkeit zu huldigen. Dieser Akt der Unterwerfung vollzieht sich in Reden, in denen den Herrschenden Gehorsam versprochen wird, dem Trunk aus dem Gildepokal und im Fahnenschlag oder Fahnentanz. Erst seit der Mitte des 19. Jahrhunderts wurde auch der Bischof als geistliches Oberhaupt in die Ehrung mit einbezogen.

Den Fahnenschlag, wie er an der Wende vom 19. zum 20. Jahrhundert üblich war, schildert Prümer folgendermaßen: „An jeder der oben erwähnten Stellen wird der ‚Fahnenschlag‘ ausgeübt, wobei die Schützen das Gewehr bei Fuß nehmen. Der Tänzer, mit einer blauen Fahne in der Hand, schraubt die Fahnenspitze ab und entrollt die Fahne. Die Musik spielt etwa das Volkslied: ‚Feinsliebchen mein unter dem Rebendach‘. – Alsbald hebt der Fahnentänzer die Hacken nach dem Takt und bald darauf ein Bein nach dem andern, ohne die Stelle zu verlassen. Dabei schwenkt er die Fahne erst über den Kopf, dann um die Schulterblätter, indem er den Schaft von

Bischof Clemens August von Galen nimmt am Guten Montag die Ehrenbezeugung der Bäckergesellen entgegen

einer Hand in die andere gleiten läßt, ferner um die Taille, zwischen den Beinen hindurch, indem er die Knie hochzieht, auch läßt er die Fahne rings im Kreise, etwa einen halben Meter vom Boden, wehen, wobei sie aber den Boden nicht berühren darf. Diese verschiedenartigen Wendungen wiederholt er mehrere Male und rollt schließlich die Fahne auf und schraubt die Spitze an. Der Tanz nimmt etwa zehn Minuten in Anspruch und erfordert viel Anstrengung und Gewandtheit, weswegen er auch schon Wochen vor dem Feste geübt wird" [278: Guter Montag, S. 21f].

Wurde in den ersten Jahrzehnten des 19. Jahrhunderts die Herkunft des Brauchs als nebenrangig angesehen, so begannen die Bäcker – offensichtlich unter dem Einfluß des Historismus – nach und nach eine Gründungslegende aufzubauen. Für die weitere Brauchentwicklung war eine Wandersage wichtig, nach der zwei Bäckergesellen 1683 die Stadt Wien vor der Einnahme durch die Türken gerettet haben sollen. Sie seien bei ihrer Arbeit auf nächtliche Unterminierungsversuche der türkischen Belagerer aufmerksam geworden und hätten Alarm geschlagen. Zur Belohnung habe der Kaiser den Bäckern erlaubt, einmal im Jahr an einem Montag (Arbeitstag) ein Fest zu feiern. Klaus Gimpel vermutet, daß diese Legende zur Zeit des griechischen Freiheitskampfes (1821–1829) von den münsterischen Bäckern aufgegriffen wurde. Mir scheint dieser Zeitpunkt jedoch recht problematisch zu sein. Denn noch 1863 schreibt der sonst gut informierte O. H. Brückmann: „Die Bäckergesellen feiern alle drei Jahre einen besonderen Fest- und Jubel-Montag, der durch ausdrückliche Verfügung, wir wissen nicht welches deutschen Kaisers und aus welcher Veranlassung, als ‚der Bäcker guter Montag' eingesetzt wurde" [1306: Münsterland, S. 151].

Die ersten Anspielungen auf die Türkensage sind, wie Klaus Gimpel nachgewiesen hat, seit 1858 anzutreffen, also fast eine Generation nach dem griechischen Freiheitskampf. Es handelte sich dabei um gereimte Inserate, mit denen die Bäckergesellen ihr Fest im „Westfälischen Merkur" (30. Mai), der Zeitung des Bildungsbürgertums, ankündigten. So heißt es dort zum 31. Mai 1858:

„Heute woll'n wir fröhlich leben,
Deutsche Bäcker!, weit und breit;
Denn es ist zum Fest gegeben
Uns der Tag, wo Wien befrei't.

Durch der Bäcker nächtlich Walten
Von der Türken List und Wut,
Daß der Minen tiefste Spalten
Tränkte ihr verhaßtes Blut.

D'rum durchzieh'n vom Neuen Kruge
Festlich heut' wir Münster ganz;
Unsern König schmückt im Zuge
Schön der Wappen Silberkranz."

In diesem Gedicht sind es „deutsche" Bäcker, die Wien retteten. 1861 stellten sich die Bäcker Münsters abermals als gute Patrioten dar. In der Festankündigung hieß es [zit. nach 139: Guter Montag, S. 270]:

„Denn wir üben uns in Waffen,
In der Treue fest vereint,
Gegen jeden deutschen Feind,
Gegen Türken und Franzosen,
Rote Blousen, rote Hosen
und was Deutschland feindlich scheint.

Und das goldene Einheitsband
Um das ganze Vaterland
Wolle Gott zu allen Zeiten
Große Patrioten leiten
Für die größte Germanie."

In der Ankündigung des Guten Montags im Jahr 1867 sind aus den „deutschen Bäckern" schon „westfälische Bäckergesellen" geworden:

„So geht die Sage hier im Land,
Daß jene Burschen, allzumalen
Söhne waren aus Westfalen,
Und deshalb wird in Münsters Mauern
Dieses Fest für immer dauern."

Erst an der Wende vom 19. zum 20. Jahrhundert ist, wie Renate Brockpähler nachgewiesen hat, die Legende voll ausgebildet und auf Münster bezogen. Einige Lokalforscher konnten angeblich sogar den Namen eines der Gesellen ermitteln: Jürgen Lechter [92: Guter Montag, S. 123ff].

Klaus Gimpel macht auf die habsburgfreundliche Grundstimmung des münsterischen Bürgertums in der Mitte des 19. Jahrhunderts aufmerksam. Nach dem Krieg von 1866 wurde Österreich von Preußen als deutsche Führungsmacht verdrängt. Es ist denkbar, daß die großdeutsche Sympathie die Verbindung des Guten Montags mit der Türkensage, die die wandernden Bäckergesellen der Zeit an anderen Orten kennengelernt hatten, förderte, wenn nicht gar erst veranlaßte.

Schützenschildchen der Bäckergilde von 1849

Um die Jahrhundertwende beschäftigte sich die aufkommende Lokalgeschichtsforschung mit der Bäckerlegende und zog ihre Glaubwürdigkeit in Frage. Daher versuchten die Bäcker sich durch schriftliche Zeugnisse abzustützen und baten den Kaiser von Österreich, ihnen ein Zertifikat auszustellen. In dem Gesuch heißt es: Das Fest sei „durch ausdrückliche Bestimmung eines deutschen Kaisers [. . .] als der Bäkker guter Montag eingesetzt worden. [. . .] Nun ist aber leider aus den Akten der Gilde während der französischen Fremdherrschaft die betreffende kaiserliche Urkunde von frevelhafter Hand herausgerissen worden, so daß der Gilde zu ihrem großen Schmerze der urkundliche Beweis für die Gründung der altehrwürdigen Fest- und Jubelfeier fehlt.“ Die Bäcker baten nun den Kaiser um „Nachsuchung jener Verleihungsurkunde“ und um eine Abschrift [Archiv der Bäcker- und Konditoreninnung, Großes Bäckerbuch]. Doch der Wiener Hof hüllte sich in Schweigen.

Seit jener Zeit aber bildete die historisch unwahrscheinliche Geschichte von der Rettung des Abendlandes durch die Bäckergesellen aus Münster den propagandistisch wirksamen Anlaß für die Feier des Guten Montags. Diese Erzählung spielt bis heute vor allem in der Selbstdarstellung der Gilde und in den Reden, die bei der Ehrung der jeweiligen Vertreter der staatlichen und geistlichen Macht gehalten werden, eine leitmotivische Rolle. Und solange Deutschland einen „Erbfeind“ zu bekämpfen hatte, fiel die „Rettet-das-Abendland“-Parole auf fruchtbaren Boden. Sowohl nationalsozialistische wie christliche Würdenträger ließen den Anlaß des Guten Montags nicht ungenutzt, um ihre Weltanschauung deutlich herauszustreichen.

Das sogenannte Bäckerbuch, die Chronik der Bäckergilde von 1919

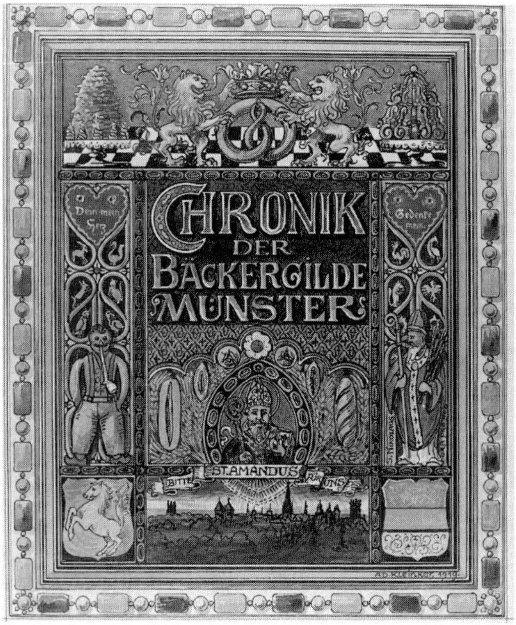

So führte der Stadtrat Aschhoff als Vertreter des Magistrats 1933 folgendes aus: „Die Erinnerung an Wien sei heute nicht ganz ungetrübt, da dort Kräfte am Werk seien, wie in Deutschland etwa vor 1½ Jahren. Man wolle unter allen Umständen den Anschluß Oesterreichs an Deutschland verhindern. Aber auch in Oesterreich werde der Kampf, der in Deutschland gelungen sei, zum guten Ende geführt werden. Überall in Deutschland kämen heute die guten alten Sitten und Gebräuche wieder zur Geltung, nachdem man uns jahrelang mit Tand und Schund überfüttert habe, um uns von unserer ewigen Kraft, vom Blut und Boden abzubringen. Heute wüßten wir, daß wir Sitte und Art der Väter zu pflegen hätten, und Münsters Magistrat werde überall da vertreten sein, wo es gelte, alte Sitte, alten Brauch und alte Kultur zu fördern" [zit. nach 67: Seul, Guter Montag, S. 87f].

Und noch 1958 heißt es in einer Zeitungsmeldung: „Bei einem historischen Vergleich des Türkeneinfalls in Europa und der damit in bedrohliche Nähe gerückten Gefahr einer islamischen Unterwanderung des christlichen Abendlandes mit der heutigen Situation der gleichen Bestrebungen des sowjetischen Kommunismus, appellierte Generalvikar Böggering an die Gilde, alle Kräfte für die Verteidigung des christlichen Abendlandes gegen eine Unterwanderung mit feindlichen Ideologien zu mobilisieren" [Westfälische Nachrichten vom 10. Juni 1958].

Daß auch andere Reden zum Guten Montag gehalten werden können, beweisen 1986 die Ausführungen des Weihbischofs Wilhelm Wöste. Die „Westfälischen Nachrichten" schreiben am 3. Juni 1986: „Etwas nachdenklicher gab er den Feiernden den Wunsch mit auf den Weg, daß es ihnen vergönnt sein möge, in aller Zukunft Münsters Bevölkerung mit dem Grundnahrungsmittel Brot versorgen zu können. Nicht vergessen sollten sie jedoch auch, daß es noch immer Millionen Menschen gebe, die kein Brot im Korb haben." Kannte Bischof Wöste die nur den Stadthistorikern vertraute Tatsache, daß 1623 die Bäcker Münsters durch die Lieferung einer überaus großen Menge von Broten eine drohende Einquartierung der Soldaten des Grafen Tilly abgewendet hatten? Die Erinnerung an dieses Ereignis muß noch zu Beginn des 19. Jahrhunderts in Münster lebendig gewesen sein, geriet dann aber in Vergessenheit. Sie hätte vielleicht eine ebenso wirkungsvolle, Reden anregende Legitimation für die Feier des Guten Montags abgegeben.

4. *„Ganz Münster ist ein Freudenthal"* (*Karneval*)

Im 16. Jahrhundert war in Münster ein reiches Fastnachtstreiben anzutreffen, das von den Zünften und dem Stadtregiment getragen wurde. In der Zeit des Absolutismus fand dann eine zunehmende Beschneidung und Einengung des älteren Brauchgeschehens durch die Landesherrschaft statt. Auf der anderen Seite entwickelten sich jedoch in jener Zeit neue höfische Formen des Fastnachtsbrauchs, so der Maskenumzug und die Redoute (Maskenball). Aus dem Jahr 1723 ist eine Liste der Teilnehmer einer Maskerade erhalten, die eine Bauernhochzeit darstellte. Neben dem Hochzeitsbitter, dem Hochzeitspaar, dessen Eltern und den Brautführerinnen und Brautführern nahmen die Honoratioren des Dorfes – der adelige Grundherr, der Pastor und der Richter –, 16 Bauernpaare, gekleidet in verschiedene Landestrachten, sowie Handwerker- und Bedienstetenpaare teil. Auch die Figur des Narren tauchte im Zug auf, jedoch nicht an exponierter Stelle. Die Hochzeitsgesellschaft wurde „durch acht dazu gemachte und mit grüne Dannen-Reiß ausgezierte Wägen in der Stadt herumb gefahren; demnechst bey Hofe abgestiegen und nach eingenommener Souppé ist gedachte Hochzeit in einem Ball geendigt worden". Die adeligen Damen und Herren, die in der ständischen Gesellschaft der Residenzstadt Münster den Ton angaben, stellten diese Rollen dar. 1775 gestattete der Bischof von Münster öffentliche Maskenbälle im Hofsaal, die von Montag nach Dreikönigstag jeweils montags und an den drei Hauptfastnachtstagen (Estomihi bis Fastnacht) stattfanden. Die Maskierung war Zwang. Als Tänze wurden abwechselnd gespielt: Menuett, Deutsch und Englisch, also alles vornehme Schreittänze. Neben dieser Öffnung des Hofsaals für alle Stände bis auf die Bediensteten erlaubte der Bischof den Umbau der Scharne in ein Schauspiel- und Ballhaus. Dieser neue Festort, mitten in der Stadt, zeigt, daß das Bürgertum so stark geworden war, daß seine Interessen Berücksichtigung fanden. Das „Komödienhaus", wie es auch hieß, wurde für einige Jahrzehnte ein Hauptort des öffentlichen, bürgerlichen Kultur- und Festlebens in Münster.

Das Hauptinteresse des fastnachtfeiernden Bürgertums galt zunächst dem Tanz. Man kann sich des Eindrucks nicht erwehren, daß an der Wende vom 18. zum 19. Jahrhundert eine regelrechte Tanzwut herrschte. Der Tanz als gesellschaftliches Vergnügen wurde noch dadurch gefördert, daß sich Clubs und andere Vereinigungen bildeten, die ihren Mitgliedern zur Unterhaltung interne Ballveranstaltungen anboten. Eine Ballordnung von 1812 sah folgende Tanzfolge vor: Menuett, Walzer, Colonnen-Tanz, Französische Quadrille, Walzer, Colonnen-Tanz, Französische Quadrille, Walzer, Colonnen-Tanz, Französische Quadrille, Walzer, Colonnen-Tanz, Kehraus, letzter Walzer. Fast nach jedem Tanz mußte eine Pause von einer

Programm eines Karnevals-konzerts im Jahr 1843

Viertelstunde eingehalten werden. Die Kapelle durfte einen Walzer und eine Quadrille höchstens eine halbe Stunde lang und einen Colonnen-Tanz höchstens eine Dreiviertelstunde lang spielen. Walter Werland schreibt dazu: „Zieht man die Pausen ab, so ergibt sich bei 14 Programmnummern von nur je einer halben Stunde Tanzdauer schon eine Gesamtsumme von sieben Stunden" [1841: Morio, S. 39]. Der Walzer war damals der beliebteste Modetanz, galt er doch als Ausdruck der bürgerlichen Befreiung vom ständischen Zwang. Das Tanzreglement des Zwei-Löwen-Clubs von 1820 zeigt, daß der Walzer sich auch in Münster einer immer größer werdenden Beliebtheit erfreute: Von den 15 Tanzrunden waren sechs Walzer, drei Eccosaisen, zwei Menuette, eine Cotillon, eine Quadrille, eine Tempete und eine Kehraus [1412: Müller, Fastnachtsball, S. 177].

Justus Gruner charakterisierte die Tanzveranstaltungen der damaligen Zeit folgendermaßen: „In Münster dauern diese Bälle immer bis zum hellen Morgen, und zur Fastnachtszeit bis neun, zehn Uhr am andern Morgen. Bei der gleich anfänglichen Freiheit, und der wenigen Delikatesse im Benehmen, kann man doch von Stunde zu Stunde die Gradationen bemerken, und oft scheinen zuletzt in mehreren Gruppen Bacchus und Venus ihre Orgien zu feiern. Der Erste löset oft die schwach gebundenen Zungen, und die Letzte die eben so losen Gürtel – und ein schönes, frohes, gesellschaftliches Vergnügen, bewahrt von holder Sitte, wird zum traurigen Verderben, da jene entfloh. – Diese Ausbrüche niederer Empfindungen ertöten alle besseren Gefühle, und der zügellose Genuß sinnlicher Freuden erstickt alle Empfänglichkeit für geistige Genüsse" [937: Wallfahrt 2, S. 65f]. Dieses Urteil muß jedoch etwas relativiert werden. Wie wir bereits wiederholt feststellen konnten, war in der ersten Hälfte

Titelblatt eines dem Prinzen Fortunatus gewidmeten Huldigungsgrußes (1840). Den Prinzen stellte Ferdinand Theissing dar, der Gründer des Allgemeinen Bürgerschützenkorps

des 19. Jahrhunderts das kulturelle Leben Münsters in Bewegung geraten. Und das zeigte sich auch bei den Fastnachtsbräuchen, die nach und nach zum „Karneval" umgestaltet wurden. 1833 fanden sich münsterische Honoratioren zu einem „Comité" zusammen, das den Karneval auf eine neue Grundlage stellte. Zu den Begründern dieser ersten Karnevalsvereinigung der Stadt gehörten: Medizinalrat Dr. Pellengahr, die Buchhändler Conrad Theissing und J. H. Deiters, Akademieprofessor Dr. Grauert, Justizkommissar Ludorff, die Bankiers Fritz und Clemens Steingräber, der Kreisrichter Giese und der Bürgermeister von St. Mauritz, Vonnegut, alles Angehörige der intellektuellen Führungsschicht der Stadt.

Sie nutzten geschickt die Möglichkeiten der Zeitung, eines neuen Mediums, das sich das Bürgertum zur internen Kommunikation geschaffen hatte. So erschienen mitten zwischen den üblichen Zeitungsmeldungen plötzlich merkwürdige Nachrichten und Inserate. Am 15. Februar 1833 lesen wir im „Westfälischen Merkur" folgenden Text: „Mimigardia, den 15. Febr. Aus der Hauptstadt der Ubier wird uns folgendes berichtet: ‚Man hat in der Propaganda coloniensis auf ganz ungewöhnlichem Wege durch den Scharfsinn einiger anwesenden berittenen Akademiker von den Carnevals-Umtrieben an der Aa einige Winke und Aufschlüsse bekommen. Eine kleine Insel nämlich mit einer darauf befindlichen großen Rutschmühle war wahrscheinlich durch den neu projektirten, von der Eisenbahn durchschnittenen, die Ems mit dem Rheine in Verbindung setzenden Kanal ohne weiteres in unsern Freihafen herangeschwommen. Da die Insel zur Zeit unbevölkert war, so erkannten die scharfsinnigen Naturhistoriker und Geographen der Akademie aus einigen Resten Pumpernickel die ursprüngliche geographische Lage derselben, und bestimmten diese für die Gewässer der Aa. Zugleich entdeckte der Naturverein in Verein mit dem Kunstverein unter einem umgestülpten Scheffel einige antike, dem Erlöschen nahe Karnevalslichter und andere dergleichen Attribute, und so entstand das Gerücht von jenen Umtrieben. Man beschloß von Seiten des venetianischen Hofes sofort von der Insel Besitz zu nehmen, dieselbe zu bevölkern, und zugleich Emmissaire auszusenden, um der Wahrheit der Sache, und dem Gerüchte über die Karnevals-Umtriebe näher auf die Spur zu kommen, nötigenfalls auch die Sache zu beleben."

Man gewinnt den Eindruck, daß die münsterischen Karnevalisten sich zunächst an verschiedenen Vorbildern orientierten, um sich dann für einen eigenen Stil des Karnevalfeierns zu entscheiden. Sie nutzten zum Beispiel die akademisch gestelzte Sprache der Dülkener Narrenakademie ebenso wie das Narrenimage der Schildbürgerstadt Beckum, um auf sich aufmerksam zu machen. Auch muß zeitweise ein enger Kontakt zum Kölner Karneval bestanden haben. Andeutungen in einem Lied ist zu entnehmen, daß die Roten Funken die münsterischen Narren in den 1830er Jahren besucht haben.

Bei der Ausgestaltung des münsterischen Karnevals wurden die Maskenaufzüge und der Maskenball nach bildungsbürgerlichen Vorstellungen umgeformt. Typisch ist das Programm des Maskenballs im Schauspielhaus am Fastnachtssonntag 1836. Der Zug wurde von folgenden Personen gebildet: Nach einer Vorausgruppe erschien der Prinz Fortunatus auf einem Gespann mit seinem Mentor und Cherasmin. Ihm folgten unter anderen: Marquis Posa, Faust und Mephisto, Don Juan und Leporello, Don Fantasus und Graf Almaviva, Dr. Bartolo und Figaro, Polonius und Robert der Teufel, Zampa und Fra Diavolo, Jaromir und Carl Moor, Don Roxas und Texado, Falstaff, also Gestalten aus Literatur und Oper.

Ein Pilger führte den Prinzen zu Merlins Klause, den der Prinz bat: „Zeig Du das wahre Glück mir an!" Darauf wurden fünf lebende Tableaus (Gruppenbilder) dem Prinzen vorgeführt:

1. „Reichtum – ein Nachen auf sturmbewegtem Meer";
2. „Freundschaft und Liebe – trügerische Wellen";
3. „Herrschaft und Ehre – gefährliche Klippen";
4. „Weisheit – selbst Dein Anker bricht";
5. „Was ist der Fahrten Ziel? – Narrheit."

Fortunatus wählte die Narrheit und empfing mit seinen Gefährten die Narrenkappe. Das Gefolge huldigte dem Prinzen. Die Handlungen endeten in dem gemeinsamen Schlußgesang [zit. nach 1841: Werland, Morio, S. 41ff]:

„Gerettet ist die Narretei
Von ihrem Untergang;
Drum jubelt laut, und jubelt frei
Beim muntern Sang und Klang!
Hoch feiert diesen frohen Tag,
Und nehmet an den Spruch:
‚Wer uns nicht angehören mag,
Der wäre wohl nicht klug.'

Juchhe, juchhe! bleibt Narr'n, wie's Euch gefällt
Juchhe, juchhe, es leb' die Narrenwelt!"

Die Karnevalisten der damaligen Zeit gaben sich als „närrische Revolutionäre". Dazu gehörte zum Beispiel die Neuregelung der Zeitrechnung. Das Jahr der Gründung der münsterischen Karnevalsgesellschaft wird als das Jahr I bezeichnet. So heißt es in der Datierungszeile des „Faschingsboten" von 1835: „Freudenthal an der Aa, den 6. des Licht- und Wonnemonats im Jahre III."

Klaus Gimpel hat darauf aufmerksam gemacht, daß das närrische Treiben in der ersten Hälfte des 19. Jahrhunderts auch in Münster nicht ohne politische Spitzen war. Nach außen hin waren es die Philister, denen der Kampf angesagt ist. „Mit seinem Narrenspiegel in der Hand eröffnete [der Harlekin] die offiziellen Narrenfeste, wo er sich gegen das Spießbürgertum in seiner biederen Selbstgefälligkeit, den buckelnden Untertanengeist vor der Obrigkeit, die Ungerechtigkeit, Bevormundung und Ausbeutung wandte."

Voller politischer Anspielungen sind zum Beispiel folgende Verse [zit. nach 1331: Gimpel, Karneval 1834]:

„Wir haben eine Narrenrepublik,
Freiheit wird hier aufs Höchste getrieben,
Wählen kann bei uns jeglicher Mann;
Nur muß die Mütz aufs Haupt er schieben,
Daß man als Narr ihn erkennen kann.
Steuern sind auch für uns Alle gleich,
In dem fidelen närrischen Reich!
Öffentlich wird Alles hier beraten,
Jeder wohnet der Versammlung bei;
Mündlichkeit bei Flaschen und bei Braten
Stehet jedem treuen Bürger frei;
Gleich sind im fröhlichen Carneval
Vor des Wirths Gesetzen die Bürger all.
Freiheit der Presse ist uns auch geworden,
Herrliches, göttliches Weihegeschenk!
Preßt man doch an vielen hundert Orten
Nur für uns das köstliche Getränk."

Der Text enthält viele politische Reizworte der damaligen Zeit: Freiheit, Republik, freie Wahlen, Gleichheit vor dem Gesetz, Pressefreiheit, Versammlungsfreiheit. In den 1840er Jahren bildete sich ein festes Veranstaltungsschema der münsterischen Karnevalsgesellschaft heraus, die damals noch nicht „Freudenthal" hieß. Mitte Januar versammelten sich an einem Sonntag all die Bürger, die im vergangenen Jahr der Gesellschaft angehörten, zu einer „constituierenden Narren-Versammlung". Bis Fastnacht fand dann in jeder Woche an einem Abend ein „Comité" statt, d. h. eine lustige Versammlung, an der nur Männer teilnehmen durften. Daneben trafen sich die Mitglieder, um die „Productionen auf dem Sonntag statthabenden Carnevals-Balle" vorzubereiten, also Aufzüge, Pantomimen, lebende Bilder, Sketche. Am Tag vor dem Ball kamen die Akteure zu einer „Generalprobe für die Ball-Production" mit Orchester zusammen. Beim Redoutenball am Karnevalssonntag bestand kein allgemeiner Vollmaskierungszwang mehr, doch jeder Teilnehmer sollte ein ins „Auge fallendes Masken-Abzeichen“ tragen. Zwischen den Tänzen wurden lebende Bilder, Theaterszenen usw. aufgeführt. Den Abschluß des jährlichen Karnevalskalenders bildete das Damenkomitee. Diese Nachmittagsveranstaltung fand am Fastnachtstag statt „mit Kaffee und theatralischen usw. Productionen“. In einer Anzeige aus dem Jahr 1849 heißt es: „Jedes Comiteemitglied hat das Recht, eine Dame einzuführen. Wünsche auf Einführung mehrerer Damen werden möglichst berücksichtigt werden. Die Karte kostet à Person 5 Sgr. Die Damen erscheinen mit Maskenabzeichen, die Mitglieder in Maske oder mit Mütze (Liederbücher nicht zu vergessen)“ [Westfälischer Merkur vom 18. Februar 1849]. In der Mitte der 1850er Jahre trat neben die Karnevalsgesellschaft das Fastnachtskomitee der Metzgerinnung, die am Karnevalssonntag einen Ball veranstaltete. Wichtiger für die Öffentlichkeit wurde jedoch der große Umzug der Innung zu Pferde „en masque unter Begleitung eines guten Musikkorps“ [Westfälischer Merkur vom 18. Februar 1855] am Karnevalsdienstag. Dieser Brauch, der vornehmlich von den Metzgergesellen ausgeübt wurde, hatte eine längere Tradition, die allerdings noch einmal näher untersucht werden müßte.

1858 entstand die Karnevalsgesellschaft „Blech“. Spätestens von diesem Zeitpunkt an hatte die alte Karnevalsgesellschaft aus den 1830er Jahren die Ortsbezeichnung „Freudenthal“ als Vereinsnamen übernommen. 1863 bildete sich der Karnevalsverein „Noinu“, der jedes Jahr ein „Feldlager“ (Session) mit vielen Manövern (Sitzungen) veranstaltete. Diese Vereinigung war eine Abteilung der kaufmännischen „Gesellschaft Union“, die bereits seit 1859 bestand. Sie prägte von nun an entscheidend den münsterischen Karneval bis zum Ersten Weltkrieg.

1864 ist die vierte Karnevalsgesellschaft Münsters nachweisbar, der „Viktoria-Verein“. Dieser Verein, der von Handwerksmeistern geführt wurde, feierte zumeist intern – im Jahr 1865 sind zum Beispiel sieben Sitzungen überliefert – und veranstaltete zur Allermannsfastnacht, also am Sonntag nach Fastnacht, im Saal des Herrn Hölscher auf St. Mauritz eine theatralisch-karnevalistische Abendunterhaltung [Westfälischer Merkur vom 16. Februar 1866], zu der später das Westfälische Artillerie-Regiment Nr. 7 die Musik stellte [Westfälischer Merkur vom 21. Februar 1874]. Seit der Mitte der 1860er Jahre organisierte das Musikkorps des 1. Westfälischen Infanterieregiments Nr. 13, bald eine populäre Kulturinstitution in den Mauern der Stadt, am Fastnachtsdienstag eine musikalische Abendunterhaltung. 1875 wird erstmals die Karnevalsgesellschaft „Kitt“ erwähnt, die allerdings nicht lange Bestand hatte. 1875 kam noch die Abendgesellschaft des Zoologischen Gartens hinzu. Dieser Verein knüpfte an die Tradition des Honoratiorenkarnevals der dreißiger Jahre an und führte seit 1880 zugunsten des Zoos eine „carnevalistische Abendunterhaltung“ auf, die sich zu den beliebten Fastnachtsspielen des Zoologischen Gartens entwickelte, in denen die münsterische kleinbürgerliche Gesellschaft lächerlich gemacht wurde. Einer der ersten großen Erfolge war das Stück „Jan van Leyden“, das 1884 viermal zur Aufführung kam.

In den 1880er Jahren sind dann die Gesellschaften „Blech“ und „Viktoria“ nicht mehr nachzuweisen. Es mag deutlich geworden sein, daß in der Mitte des 19. Jahrhunderts das Bürgertum in viele verschiedene, miteinander konkurrierende Vereinigungen zerfiel, die sich nun am kulturellen Geschehen der Stadt beteiligten.

Auf dem Send in Münster. Gemälde von Edward Henry Corbould (1857)

5. *Kein öffentliches Fest ohne einen Verein*

Den Verein kann man als die typische Gemeinschaftsform des Bürgertums ansehen. Er beruht auf dem Prinzip der Freiwilligkeit seiner Mitglieder im Gegensatz zu den Zwangsorganisationen der ständischen Gesellschaft. Der Verein ist ein Zusammenschluß von Personen mit gleichen Ideen, Interessen und Neigungen. Die Vereinsmitglieder entscheiden gemeinsam darüber, wer in den Verein aufgenommen wird. Sie bestimmen die Organisation ihres Zusammenlebens selbst. Die Vereine waren zudem die „Hohe Schule des Bürgertums“, da in ihnen die Fertigkeiten geübt und vervollkommnet wurden, die für ein bürgerliches Leben in der Öffentlichkeit wichtig waren. Die Mitglieder lernten die freiwillige Übernahme von Aufgaben für die Gemeinschaft, die reibungslose und korrekte Abwicklung von organisatorischen Tätigkeiten, frei zu reden und zu diskutieren. Sie lernten das Zusammenleben nach demokratischen Spielregeln. Der Verein war der Vermittler zwischen dem privaten und dem öffentlichen Bereich. Daher entstand ein eigenartiger Schwebezustand, der das Gefühl der Freiheit der Mitglieder noch verstärkte. Je mehr im 19. Jahrhundert der Staat oder fest umrissene Organisationen die gesellschaftlich relevanten Probleme übernahmen, um so mehr wurde „Kultur“ in ihrer vollen Bandbreite zum eigentlichen Aktionsfeld der Vereine.

Bei der Betrachtung des Karnevals zeigte es sich, daß die Hauptaktivitäten von speziellen, auf diesen Zweck zugeschnittenen Vereinen durchgeführt wurden. Zunächst waren es lockere Gruppierungen von Gleichgesinnten. Um die Jahrhundertmitte bildeten sich dann feste Karnevalsvereine heraus mit Satzungen und Geschäftsordnungen. An der Wende vom 19. zum 20. Jahrhundert fand nicht nur eine neue Vereinsgründungswelle im Bereich des Karnevals statt („KV Süden“, die „Östliche Narrenzunft“, der „KV Aegidii-Altstadt“ und die „Fidelen Hopfenbrüder“), sondern es griffen auch Vereine mit anderen Hauptzwecken die Idee des Karnevals auf und organisierten karnevalistische Unterhaltungsveranstaltungen. Am 18. Februar 1912 warben in der „Münsterschen Zeitung“ zum Beispiel folgende Vereine für ihren Fastnachtsball am Karnevalssonntag oder -montag: „MGV Westfalia“, „MGV Melodia“, Schützenbruderschaft „Einigkeit“, Handwerkervereinigung, Männer-Quintett „Hilaria“, Turnverein „Westfalia“, „MGV Philomela“, „MGV Constantia“, „MGV Teutonia“, „MGV Philodia“, „MGV Cäcilia“, „MGV Sängerlust“. Der Karneval wurde also in das Leben der Vereine integriert und bildete seitdem einen festen Bestandteil des Jahresprogramms. In den Jahren vor dem Ersten Weltkrieg entstand auch der erste Dachverband derjenigen Vereine in Münster, die sich am karnevalistischen Geschehen der Stadt beteiligten. Der Zusammenschluß nannte sich „Verein für Karnevalsfreunde“ und scheint damals eine regulierende und koordinierende Funktion übernommen zu haben.

Die Bedeutung der Vereine für das Festwesen der Stadt sei noch an einem weiteren Beispiel aufgezeigt. Als das Lambertusfest von den Behörden der Stadt aus der Öffentlichkeit herausgedrängt wurde, nahm sich das „Allgemeine-Bürger-Schützen-Corps“ des Brauchs an und organisierte das Lambertusspiel als vereinseigene Veranstaltung auf dem Gelände des Schützenhofs, zu der die Öffentlichkeit zunächst Zugang hatte. Am 12. September 1877 heißt es in einer Anzeige im „Westfälischen

Merkur": „Am Sonntag, den 16. Sept. Lambertus-Feier. Von Nachmittags 3 Uhr ab Concert. Textbücher der Lambertuslieder werden für die Kinder auf dem Platz verausgabt." Der Vergnügungskommissar der Bürgerschützen, L. Koch, stellte eine Sammlung von Lambertusliedern zusammen, die in erster Auflage 1878 gedruckt wurde und dann 1880, 1885 und 1910 weitere Auflagen erlebte.

Den jährlichen Anzeigen ist zu entnehmen, daß sich das Lambertusfest auf dem Schützenhof seit der Mitte der 1880er Jahre veränderte. So heißt es zum Beispiel am 15. September 1887 im „Westfälischen Merkur": „Sonntag, den 18. Sept. 1887 auf dem Schützenhof. Von 3 Uhr ab Concert von der Capelle des westf. Artillerie-Regiments Nr. 22; 5 Uhr: Anzünden der neuen Pracht-Pyramide; von 7 Uhr ab: Tanz; von 2 Uhr bis Dunkelwerden: Punktschießen; Entree für Nichtmitglieder 1 Mark. Textbücher für die Lambertus-Gesänge sind für 25 Pfg. am Tore zu haben." Die Lambertusfeier ist zu einem von vielen Programmpunkten innerhalb des Vereinskinderfestes geworden. Und so ist es nicht verwunderlich, wenn diese Brauchausgestaltung als Persiflage „des echten ursprünglichen" Festes angesehen wurde. 1890 schrieb Joseph Weingärtner: „Well der in siner Jugend vör 60–70 Johre dat Lambertus-Fest met fiert hät, dem mot nautwendig de Dorstellunk upn Schützenhof ganz kauderwälsk vörkumen: an'n Ingang wudden dor gedrückte Lambertus Leeder (de domols jedet Kind utwendig kon) för tein Pennige anboden, sodann auk'n Program to'n Concert von Saken, wovon de Kinder nich dat geringste verstonnen. Up dem Platze vör dem Schützenhuse ston 'n grauten Kasten met bunten Papier öferkleft, ähnlick dem, in welken up Münster Sind 'n Poppentheater upföhrt waet. Wichterkes un Jüngskes wassen kistenfin antrocken, es wenn se upn Ball gohen, enige auck, es wenn se up'n Apen-Theoter met spielen wullen. Dat will nu ofer alles noch nix seggen, de Narrheit gonk es recht los, do de Blagen anfongen, um den Kasten te danzen un te singen, es dat Concert te Ende waß: et waß fast kien ener, de de Leeder utwendig kon; de Bökskes mossen in de Hand nohmen wären, un dat gonk ganz miserobel, tomol met de Platdütsken, do se dat längst verlärt hadden; un de Musikanten-Begletung waß rein tom daut lachen. Et waß met andern Woeden ne reine Persiflasche up dat fröhere schöne Lambertus-Fest; den höchsten Punkt errekte, es de Blagen up den kloken Infal quammen, kindlike Spiele up te föhren; dat Haupt-Vergnögen mok dat bekannte: ‚Kiekt ju nich üm, De Knöppel geith um' usw." [2794: Weingärtner, Erzählungen, S. 90].

Von 1892 an fehlte der Reigen um die Pyramide im Programm des Herbstfests der Schützen, das nun aus einem Konzert der „Alten Dreizehner", einer Verlosung von Spielsachen, einer Kinderpolonaise, einem Preisschießen am Scheibenstand und dem abschließenden Feuerwerk bestand [Westfälischer Merkur vom 14. September 1892].

Am 12. September 1893 verbot die Stadt Münster das Lambertusfest auch in Wirtschaften und allen öffentlich zugänglichen Plätzen. Der Brauch geriet vorübergehend in Vergessenheit. Doch 1907 wurde die Lambertusfeier plötzlich wieder von den Schützen in das Programm ihres Kinderfests aufgenommen: „Kinderfest, verbunden mit der althistorischen Lambertus-Feier. Von 3 Uhr ab Konzert, 5 Uhr Kinder-Polonaise. Bei eintretender Dunkelheit Anzünden einer prächtigen Riesen-Pyramide. Beginn der Lambertusfeier. Der Text der Lambertus-Lieder wird den Kindern am Tore des Schützenhofes überreicht werden. Zum Schluß Abbrennen eines Feuerwerks.

Nur Mitglieder mit ihren Angehörigen haben Zutritt“ [Westfälischer Merkur vom 20. September 1907].

Es hatte offensichtlich eine Neubewertung des Festes stattgefunden. Der Rückgriff auf die „Volkskultur“ wurde nun unter dem Einfluß der Heimatbewegung zu einem wichtigen Element der städtischen Kulturförderung. Daß ein Bewußtseinswandel eingetreten war, zeigte sich auch an der folgenden öffentlichen Demonstration: Am 17. September 1909 wurde der vom Verschönerungsverein gestiftete Lambertusbrunnen feierlich eingeweiht. Die Reden betonten einmütig das identitäts- und heimatstiftende Anliegen des Brunnens und des Brauches. So führte der Beigeordnete Dieckmann aus: „Es ist ein Denkmal eigener Art, ein Wahrzeichen schöner, altväterlicher Sitte, eine Versinnbildlichung der schönen herrlichen Kinderjahre, besonders dazu angetan, die Liebe zur Heimat und zum Elternhaus neu zu beleben.“ Außerdem drückte er „den Wunsch aus, daß das Denkmal den Alten köstlichen Augenblick der Erinnerung schenken und in künftigen Generationen die Erinnerung an eine schöne alte Sitte erwecken und wacherhalten möge. Für die Stadt und alle ihre Bewohner möge das Denkmal ein Jungbrunnen sein. In diesem Sinne übernehme er gerne den Brunnen in die Obhut der Stadt“ [Westfälischer Merkur vom 18. September 1909].

Bezeichnend für die offiziell geförderte „Pflege“ ist die Tatsache, daß die Kinder, die das Spiel bei der Einweihung „aufführten“, zu einer Generalprobe auf dem Schulplatz von St. Lamberti zusammengerufen und die Lieder nach dem Liederbuch des Allgemeinen Bürgerschützenkorps eingeübt wurden. Neben dieser vom Werbe- und Imagegedanken getragenen öffentlichen Lambertusveranstaltung, bei der sich die Stadt mehr oder weniger stark engagierte, haben viele Vereine die Praxis der Bürgerschützen aufgegriffen und den Tanz um die Lambertuspyramide in ihre herbstlichen Kinderfeste aufgenommen. Im Jahr 1912 warben im „Münsterischen Anzeiger“ zum Beispiel folgende Vereine mit dem Lambertusspiel: Paderborner Verein, Kegelclub Sentrup, Kreuz-Bündnis Zentrum, „MGV Philodia“, Geflügelzuchtverein „Westfalia“, Sparklub „Grüne Linde“, der Geflügelschutz und -zuchtverein Münster-Nord-Westen, „MGV Germania“ und der Lotterieklub „Fortuna 1911“.

Diese Beispiele zeigen, daß die Vereine an der Wende vom 19. zum 20. Jahrhundert viele festliche Veranstaltungen an sich zogen oder sie neu gestalteten. Dadurch fand eine Entlastung der Familien und der anderen „primären“ Festorganisatoren statt. Die Vereine veränderten die Feste aber in ihrem Sinne. Die Veranstaltungen erhielten eine neue Zweckbestimmung, indem sie die Kommunikation der Mitglieder förderten, der Unterhaltung dienten und den Verein als solchen gegenüber anderen Vereinen abzugrenzen halfen. Sie wurden nach außen hin so zu einem Werbemittel für den Verein und sollten dessen Ansehen vergrößern. Bestimmte Festelemente, wie zum Beispiel das Lambertusspiel und das karnevalistische Treiben, galten bald als geschichtsträchtiges und förderungswertes Brauchtum und werteten die Organisatoren solcher Veranstaltungen noch weiter auf.

Es ist nicht möglich, an dieser Stelle die Arbeit der Vereine im gesamten Festgeschehen der Stadt Münster im einzelnen darzulegen, da grundlegende Untersuchungen – auch einzelner Vereinsgruppierungen – noch fehlen. Gerhard Kratzsch weist allgemein auf die Vielfalt der Interessenrichtungen der Vereine hin: „Geselligkeit und Traditionspflege, Religion und Weltanschauung, Wissenschaft, Kunst und Brauchtumspflege, Heimatschutz, Orts- und Umweltgestaltung, Volks- und Fortbildung, Gesundheit und Leibesübung, Natur- und Tierschutz, Jagd und Fischfang, Tierhaltung und Gartenpflege, Katastrophenschutz und soziale Hilfeleistungen" [2353: Vereinsbildung, S. 9]. Und in der Vereinspraxis vermischten sich zudem diese Zwecke in den einzelnen Vereinen zu einem bunten Teppich. Die Aufzählung mag genügen, um das kulturelle Feld der Vereinsaktivitäten zu umreißen, in dem die Veranstaltung von Festen und Feiern bis auf den heutigen Tag einen beträchtlichen Raum einnimmt. Es sei daran erinnert, daß gegenwärtig kein öffentliches Fest veranstaltet werden kann, an dem nicht mindestens ein Verein aktiv in Erscheinung tritt.

6. *Großveranstaltung: Der Rosenmontagsumzug*

Wie wir bereits am Beispiel der Großen Prozession und des Jubiläums zum Deutsch-Französischen Krieg 1870/71 gesehen haben, bildete sich im 19. Jahrhundert ein neuer Festtypus heraus: die Großveranstaltung. Dies war sicher nicht nur die Folge des Bevölkerungswachstums, sondern stellt eine neue (Selbst-)Darstellungsform in der Öffentlichkeit dar. Solche Veranstaltungen konnten natürlich nur von Organisatoren durchgeführt werden, die in der Lage waren, viele Menschen zu mobilisieren und zu organisieren. Neben den Kirchen und den staatlichen Institutionen, vor allem den Gemeinden und Städten, waren es freiwillige Zusammenschlüsse von Vereinen und Verbänden, die die Verantwortung für die Organisation übernahmen. Diese Entwicklung sei am Beispiel des Karnevalsumzugs etwas näher erläutert.

Im 19. Jahrhundert bildeten öffentliche Maskenumzüge zu Karneval zumeist eine Ergänzung zum Redoutenball. Das karnevalistische Geschehen spielte sich mehr in den großen Sälen als auf der Straße ab. Von öffentlichen Umzügen berichteten die Zeitungen nur gelegentlich. So heißt es zum Beispiel 1875: „Von den in früheren Jahren üblichen Zügen wurde der der Metzger vermißt. Neu dagegen war ein langer Zug Wagen, auf welchen die Gesellschaft Union das Actien-Unternehmen des Zoologischen Gartens in geistreicher Weise darstellte" [Westfälischer Merkur vom 11. Februar 1875]. Ein Jahr später wurde von einem Umzug des „Universalvereins für närrische Kunst und dito Wissenschaft" berichtet, der 22 Wagen umfaßt haben soll und als eine Parodie auf die Tätigkeit des hochrenommierten Altertumsvereins gedacht war [Westfälischer Merkur vom 1. März 1876]. Es besteht jedoch die Möglichkeit, daß es sich hierbei um einen fiktiven Zeitungsbericht handelte.

Brückmann wies noch auf einen anderen Umstand hin, der einem größeren Umzug im Wege stand, den Konkurrenzkampf der bestehenden Vereine: „Dem Carneval hat es übrigens bis jetzt noch nicht recht gelingen wollen, es in Münster zu einer besonderen Blüthe zu bringen. Es bestehen dort allerdings mehrere Carnevalsgesellschaften (Freudenthal, Blech u.a.m.), die in ihrer Art Treffliches leisten, allein der beklagenswerthe Kastengeist läßt es eben zu einem Gesammtwirken der carnevalistischen Kräfte, etwa zum Behufe eines großartigen Maskenzuges nach Art der am Fastnacht Montag zu Köln oder Mainz aufzuführen, nicht kommen, die einzelnen Vereine beschränken sich vielmehr darauf, in ihren Sitzungen bei Scherzreden, komischen Vorträgen, Gesängen und theatralischen Aufführungen sich zu amüsiren" [1306: Münsterland, S. 152].

Ulkwagen des Turnvereins Münster mit Anspielungen auf die Lokalpolitik (1897)

Erst 1896 veranstaltete die „Gesellschaft Union“ einen Karnevalsumzug, den man als den ersten modernen Rosenmontagszug Münsters ansehen kann. Die Hauptwagen stellten „alte deutsche Volksmärchen“ dar. Eröffnet wurde der Zug durch einen „Prachtwagen, eine echte altwestfälische Spinnstube darstellend, in welcher die Spinnerinnen am Rocken sitzend, den Erzählungen des alten Mütterchens lauschen – eine sehr passende Einleitung zu den ferner folgenden Märchen-Darstellungen. [. . .] Den Schluß bildet der Prachtwagen des Prinzen Carneval mit seinem närrischen Hofstaat. [. . .] Zwischen diesen neun Galawagen sind die sogenannten Ulkwagen eingereiht worden, ebenfalls neun an der Zahl, locale Ereignisse darstellend. Der Festzug besteht im Ganzen aus etwa 20 Wagen mit 100 Pferden“ [Westfälischer Merkur vom 12. Februar 1896]. Man war so stolz auf diese Veranstaltung, daß sie – wie in Köln damals üblich – in Zeichnungen eines Programmhefts festgehalten wurde.

In diesem Jahr amtierte mit Christian Kortmann, Besitzer eines Herrenbekleidungsgeschäfts, auch in Münster erstmals ein offizieller Karnevalsprinz, der fortan den Mittelpunkt des karnevalistischen Treibens bildete. Er war allerdings noch als Narr gekleidet und wies damit auf die ältere Tradition hin. Um diese Zeit tauchten erstmals die Elferräte auf, und auch der Ruf „Münster–Helau!“ muß damals entstanden sein. Der moderne Sitzungs- und Straßenkarneval hatte auch in Münster Einzug gehalten.

Der Umzug im Jahr 1897 ist ebenfalls in einem Heft mit Zeichnungen festgehalten worden. Dargestellt wurden zumeist bürgerliche Tugenden und Tätigkeiten, zum Beispiel Handel und Gewerbe, aber auch politische Anspielungen fehlten nicht (Erwerb von Kolonien). An diesem Umzug beteiligten sich folgende Vereine bzw. Organisationen: „Gesellschaft Union“, Turnverein „Westfalia“, Vereinigung deutscher Geschäftsreisenden, Zoologische Abendgesellschaft, Allgemeiner Bürgerschützenkorps, Turnverein „Deutsche Wacht“, Ruderverein Münster, „Gesellschaft Bullenkopp“, „Gesellschaft Pümken“, Beamtenverein, Turnverein Münster, Kunstgenossenschaft, Schwimmverein „Deutsche Kraft“, „Die vereinigten Gärtner“, Verein „Fliege“.

Der Prinzenwagen in der Frauenstraße (Rosenmontagszug 1904)

Dieses zweite karnevalistische Großereignis stand unter keinem glücklichen Stern: „Leider brach während desselben auf dem Sicherheits-Trottoir vor dem Bahnhofe infolge Berührung des elektrischen Verbindungsdrahtes mit einem Schiffsmast ein Kandelaber in der Mitte durch und traf den Schneidergesellen Luig so unglücklich, daß er infolge der erhaltenen Verletzungen 48 Stunden darauf starb" [1208: Illustrierte Chronik 1897, S. 25]. Dies war ein willkommener Anlaß für die Behörden, in den folgenden Jahren den öffentlichen Karneval in Münster erheblich zu beschneiden. Doch er ließ sich nicht mehr unterdrücken. Nach einem Tiefpunkt im Jahr 1907 fand 1909 wieder ein Rosenmontagsumzug in Münster statt, den der Verein für Karnevalsfreunde organisierte. Um die Gelder für den Zug aufzubringen, wurden eine Maskenredoute und eine karnevalistische Abendunterhaltung veranstaltet. Seit 1907 erschien auch die Karnevalszeitung „Münsterscher Potthast", die das Zugprogramm enthielt und im Gegensatz zu heute verkauft wurde.

Zu den karnevalistischen Veranstaltungen gehört es seit jener Zeit, daß Prinz Karneval bei den Sitzungen der Karnevalsvereine und anderer Vereine erscheint und daß ihm am Sonntag um zwölf Uhr vor dem Stadtweinhaus die karnevalistische Stadtwache die üblichen Ehren erweist. Der Karneval in Münster zog vor allem am Rosenmontag, dem Hauptfesttag, viele Menschen aus dem Münsterland an. Es begann auch in Münster der karnevalistische „Festtourismus". 1912 sollen allein mit der Eisenbahn 16 000 Personen zum Umzug angereist sein.

1914 wurde dann für lange Zeit der letzte Rosenmontagsumzug in Münster durchgeführt. In den 1920er Jahren war wegen der wirtschaftlichen Notsituation nicht daran zu denken, einen Umzug zu finanzieren. Es schlossen sich zwar 1927 die großen Karnevalsgesellschaften der Stadt („Buddenturm", „Freudenthal", „Wiedertäufer" und „Aegidii-Altstadt") zum „Komitee der münsterischen Karnevalsgesellschaften" zusammen, um gemeinsam die nötigen Mittel aufzubringen und geschlossen gegenüber den Behörden aufzutreten. Doch die Organisation eines Umzugs scheiterte daran, daß der Regierungspräsident den öffentlich gefeierten Karneval stark einengte und seine Erlaubnis zu einem Umzug viele Jahre lang verweigerte. Vorstöße der münsterischen Karnevalisten bei der Reichsregierung in Berlin blieben erfolglos.

1930 gelang es dann endlich, den ersten Nachkriegskarnevalsumzug zu veranstalten. Er bestand aus 23 Wagen. Stolz vermerkten die Zeitungen, daß drei Wagen mehr als im Kölner Umzug zu sehen seien. Die Motive der Wagen und Gruppen bezogen sich zumeist auf Lokalgeschehnisse: Aaseeungeheuer, Landois, Buddenturm, Stadtratswahlen, Sparkassenneubau usw. Der Andrang der Zuschauer muß sehr groß gewesen sein. Aus Coesfeld, Gronau, Rheine, Telgte und Drensteinfurt kamen Sonderzüge. „Die Reichsbahn meldet einen Fremdenverkehr von 82 000 Personen, was den Normalverkehr um etwa 50 000 Fremde übertrifft. Wenn man dazu die Zahl der Fremden, die andere Beförderungsmittel, Sonderautobusfahrten, Fahrräder und Autos benutzten, rechnet, dann kann man sich von dem gewaltigen Fremdenzustrom, auch ohne daß man sich auf bestimmte Zahlen festlegt, einen Begriff machen. Am Abend sah man auch an den öffentlichen Rosenmontagsbällen und an den intimeren Feiern in Hotels und Restaurants eine Menge von Fremden aus Holland, aus dem Hannoverschen, aus dem Industriegebiet und aus dem Rheinland teilnehmen. Soviel Autos wie am Rosenmontag hat man in Münster wohl kaum auf einmal versammelt gesehen" [Münstersche Zeitung vom 5. März 1930].

Neben dem Unterhaltungswert stand vor allem die Bedeutung des Umzugs für die heimische Wirtschaft im Mittelpunkt des Interesses. In einer Werbebroschüre der Stadt heißt es: „Dieser Rosenmontagszug bewies so eindeutig die ungeheure wirtschaftliche Bedeutung aller Karnevalsveranstaltungen für den Fremdenverkehr und damit für die gesamte Wirtschaft. Allerlei Geld ist in jenen Tagen in Münster geblieben und die, die dieses Geld in Westfalens Provinzialhauptstadt ließen, haben dafür eine wundervolle Erinnerung und neue Kraft für den Kampf mit dem Alltag mit sich nach Hause genommen. Und so war letzten Endes allen Teilen geholfen" [1575: Karneval in Münster, S. 26f].

In den folgenden Jahren stellten Politik und Wirtschaft die Menschen vor wichtigere Probleme. Die Zeitungen meldeten einen zunehmenden Rückgang der Besucherzahlen bei den Karnevalsveranstaltungen. Da auch den Karnevalsvereinen „die Puste ausging", war an einen Umzug einige Jahre lang nicht zu denken. Die nationalsozialistischen Machthaber förderten den Karneval als „altes Brauchtum" und ermunterten die Karnevalisten, wieder Umzüge durchzuführen, galten sie doch als allgemeines Zeichen dafür, daß nun bessere Zeiten begannen. So wurden von 1934 bis 1939 sehr aufwendige und publikumswirksame Rosenmontagsumzüge veranstaltet. 1935 lautete das Leitmotiv „Unwies in 5 Jahreszeiten" und 1939 „Münster ut Rand un Band". Hatte der singende Bierbrauer Pinkus Müller bei seinem medienwirksamen Auftritt in Berlin Münsters Karneval Ruhm und Ehre eingebracht, so festigten die Umzüge in den dreißiger Jahren den Ruf Münsters als die Karnevalshochburg in Westfalen.

In diesem Beitrag wurde zum erstenmal versucht, die Entwicklung des öffentlichen Festlebens in Münster vom Beginn des 19. Jahrhunderts bis in die dreißiger

Plakat zum Karneval 1939 „Münster ut Rand un Band“

Jahre des 20. Jahrhunderts in einem zusammenfassenden Überblick zu umreißen. Im Mittelpunkt der Betrachtungen standen einige vom Bürgertum geprägte Feste, die noch heute als Hauptfeste der Stadt angesehen werden. Unberücksichtigt bleiben mußten die Feste anderer Sozialgruppen (zum Beispiel der Arbeiter, der Schüler usw.) sowie die Entwicklung des Festlebens während der dreißiger Jahre und der Zeit nach dem Zweiten Weltkrieg, da diese bislang nur sporadisch behandelt wurden. In der jüngsten Zeit trat mehr und mehr die Stadt als Hauptorganisatorin und Koordinatorin von Festveranstaltungen der verschiedensten Art in Erscheinung, die neben dem Unterhaltungswert dem Kommerz und der Werbung für die Stadt dienten (zum Beispiel Heimattage, Holländische Woche, Aaseetag, Weihnachtsmärkte, Altstadtfeste). Auch diese neueren Stadtfeste sind in ihrer Erscheinungsweise, ihren Wirkungen und ihrer Entstehungsgeschichte kaum untersucht worden, obwohl sie die Volkskultur der Stadt Münster prägen. Vielleicht trägt dieser Beitrag dazu bei, sich mit diesem Feld der Stadtgeschichte weiter und intensiver als bisher zu beschäftigen.

Quellen und Literatur

Zur Geschichte und Bedeutung der öffentlich gefeierten Feste in Münster liegen viele verstreute Materialveröffentlichungen, Einzelabhandlungen und Miszellen vor, doch fehlen zusammenfassende wissenschaftliche Arbeiten, die die vielen Einzelinformationen bündeln und in einen übergeordneten Zusammenhang stellen. Aber auch umfassende quellenorientierte Einzeluntersuchungen sind selten. Selbst die religiöse Volkskultur Münsters und die in Münster gefeierten Kirchenfeste sind erstaunlicherweise mangelhaft bearbeitet. Lediglich die Große Prozession ist in ihrer Geschichte durch die Arbeiten von Ludwig Remling [280: Große Prozession] und Johannes Gerhard näher untersucht worden [136: Große Prozession]. Und für den Bereich der patriotischen Feste liegen bisher vor allem Arbeiten über die Kaiserbesuche in Münster vor [1506: Kaiserbesuch; 1464: Weiß, Kaisertage].

Am besten ist die Geschichte des Lambertusfests und der Lambertuslieder erforscht [1437: Sauermann, Lambertusfest; 1252: Sauermann, Lambertuslieder]. Für den Gebrauch sind Liedersammlungen erarbeitet worden [1241: Lambertusspiel; 1237: Lambertus-Pyramide; 1240: Lieder].

Auch der Gute Montag war wiederholt Gegenstand der wissenschaftlichen Forschung, so daß nun ein guter Überblick über die Entwicklungsgeschichte vorliegt. Während Renate Brockpähler sich mehr auf die volkskundlichen Aspekte konzentriert und die Überlieferung des Festes seit der zweiten Hälfte des 19. Jahrhunderts erarbeitet [92: Guter Montag], beschäftigt sich Klaus Gimpel mit der Entwicklung des Guten Montags bis in die Mitte des 19. Jahrhunderts [1330: Patriotische Einflüsse; 139: Guter Montag]. Elke Seul hat eine mehr populär gehaltene Geschichte des Brauches veröffentlicht [67: Guter Montag].

Eine ähnliche Gemengelage von populärer und wissenschaftlicher Aufarbeitung zeigt sich bei den münsterischen Karnevalsbräuchen. Karl-Heinz Kirchhoff [785: Volkskunde], Ludwig Remling [664: Fastnacht und Gegenreformation] und Norbert Humburg [2249: Fastnachtsbrauchtum] analysieren das ältere Fastnachtsgeschehen in der Stadt. Klaus Gimpel hat seine Untersuchung über die politischen Anspielungen im frühen Karnevalsbrauch lediglich in einem Zeitungsartikel veröffentlicht [1331: Karneval 1834]. Die zusammenfassenden Arbeiten zum münsterischen Karneval stammen aus der Feder des Journalisten Walter Werland [346: Karneval; 1841: Morio]. Eine systematische Analyse der Geschichte dieses wichtigen münsterischen Volksfests steht jedoch noch aus.

Die Erforschung der kulturellen Bedeutung der Vereine in Münster ist ein weiteres lohnendes Arbeitsfeld. Einen Überblick hat Gerhard Kratzsch gegeben [2353: Vereinsbildung; 2352: Vereine]. Dieser Rahmen müßte nun weiter ausgefüllt werden. Wie weitgespannt die Ergebnisse der Untersuchung von Vereinen sein können, zeigen einige der bereits vorliegenden Monographien und Sammelbände, zum Beispiel über den Civilclub [94: Civilclub], den Zwei-Löwen-Club [251: Müller, Zwei-Löwen-Club] und den Verein der Kaufmannschaft [147: Haunfelder, Verein der Kaufmannschaft]. Es fehlen ferner zusammenfassende Arbeiten über die verschiedenen Vereinsgruppierungen und die zeitlichen Schichten des Vereinslebens der Stadt unter primär sozialhistorischen und volkskundlichen Aspekten.

Hingewiesen sei an dieser Stelle noch auf die Arbeiten von Peter Froese über die Feier des 1. Mai in Münster und den Begleitband zur Ausstellung des münsterischen Stadtmuseums über den Send [121: Froese, Geschichte des 1. Mai; 58: Münster-Send], aus denen ersichtlich wird, daß in dem vorliegenden Beitrag lediglich ein Teilbereich des münsterischen Festlebens der letzten zweihundert Jahre angesprochen werden konnte.

RICHARD H. TILLY

Handel, Banken, Handwerk und Industrie (1815–1945)

Die folgende Darstellung geht bewußt komparativ vor, weil sich die Wirtschaftsgeschichte Münsters ohne vergleichende Bezugnahme auf die Wirtschaftsgeschichte Deutschlands, Preußens, Westfalens und die abweichenden Entwicklungsmuster anderer Städte nicht sinnvoll deuten läßt. Will man die Eigenarten oder Besonderheiten der münsterischen Wirtschaftsgeschichte hervorheben, zum Beispiel das Gewicht der Verwaltungsfunktionen der Stadt oder den geringen Industrialisierungsgrad, so setzt deren Beurteilung Kenntnisse über andere Städte voraus. Wird die Stadtgeschichte bloß als Spiegelbild nationaler Entwicklungen benutzt – zum Beispiel „Münsters Wirtschaft im Weltkrieg" –, so bleibt die vergleichende Perspektive natürlich zwingend. Im folgenden greifen wir auf diese beiden Arten der komparativen Betrachtungsweise zurück. Nach einem einführenden Gesamtüberblick werden die wichtigsten Sektoren der Wirtschaft nacheinander chronologisch dargestellt. Der Schwerpunkt der Untersuchung umfaßt die Zeit bis 1914 – eine Zeit, in der viele das heutige Wirtschaftsbild der Stadt prägende Veränderungen stattfanden. Für den Zeitraum von 1914 bis 1945 erfassen wir die Lage Münsters eher als lokales Fallbeispiel der Wirtschaftsgeschichte auf nationaler Ebene.

1. *Wirtschaftsstruktur der Stadt im Überblick*

Als die Stadt Münster 1815/16 endgültig Teil des preußischen Staatsgebiets und Hauptstadt der Provinz Westfalen wurde, beruhte ihre Dominanz nicht nur auf der kulturhistorischen Ausnahmestellung, sondern auch auf ihrer Größe: Mit rd. 15 000 Einwohnern lebten hier zu dieser Zeit fast dreimal so viele Menschen wie in den nächstgrößeren Städten Iserlohn, Minden oder Herford. Insofern war die Entscheidung des preußischen Staates, Münster zur Hauptstadt der Provinz zu machen, verständlich.

Doch verstärkte diese Entscheidung die zentralörtliche Rolle und insbesondere den Verwaltungscharakter der Stadt, denn es kamen weitere zentrale Behörden, Gerichte, ein bedeutender Militärapparat und Verbandssitze hinzu. Die Konsolidierung der oberpräsidialen Macht durch eine neue Provinzialordnung prägte ab 1886 die Tendenz weiter. Der relativ frühzeitig in Angriff genommene Ausbau eines von Münster ausgehenden Straßennetzes und das hier schon früh expandierende Geld- und Bankwesen reflektierten eindrucksvoll den Bedarf der Provinzialhauptstadt.

Auch raumwirtschaftliche Aspekte prägten die Wirtschaftsstruktur Münsters. Am Beginn des 19. Jahrhunderts lag die Stadt im Mittelpunkt eines Agrargebiets ohne vergleichbare Städte, überhaupt weitab von irgendeiner Konkurrenzstadt. Die um Münster zentrierten Straßenbauaktivitäten verstärkten die Position der Stadt im Münsterland. Für dieses Gebiet konnte die Stadt also auch als Handelszentrum dienen, obwohl der Wirkungsbereich Münsters durch die 1818 gegenüber Holland und Hannover errichteten Zollbarrieren eingegrenzt worden war.

Faßt man nun eine Stadt wie Münster als Wirtschaftsgebiet auf, dessen Entwicklung durch Spezialisierung und Tausch mit anderen Regionen auf der Grundlage komparativer Kostenvorteile bestimmt war, so liegt der Schluß nahe, daß die wachsende Wirtschaftsintegration der deutschen Regionen und Städte im 19. Jahrhundert die Provinzialhauptstadt in ihrer Rolle als Verwaltungs- und Dienstleistungszentrum und – in geringerem Maße – als Handelsstadt festgelegt hat. Dies muß im folgenden weiter vertieft werden; doch darf bereits hier angemerkt werden, daß das häufig thematisierte Fehlen einer Industrialisierung in Münster – angesichts der eben skizzierten Ausgangsbedingungen – keineswegs als Rätsel oder gar als Indiz irgendeines Versagens, sondern als zwangsläufig zu verstehen ist.

So nahm Münster im 19. Jahrhundert im Gegensatz zu den Großstädten des rheinisch-westfälischen Industriegebiets nicht an der originär standort- und bodenschatzorientierten Industrialisierung teil. Die epochalen Umwälzungen im Gefolge von Industrialisierung und Urbanisierung in den schwerindustriellen Zentren Westfalens legten zusammen mit der Transportinnovation Eisenbahn den Grundstein zur nationalen wirtschaftlichen Entwicklung, brachten jedoch durch die Zerstörung des alten sozialen Gefüges große neue Probleme an den Tag. Erinnert sei beispielsweise an die Entstehung der Arbeiterklasse, die Kinderfabrikarbeit, katastrophale Arbeits-, Wohn- und Hygieneverhältnisse und an die – in den 1870er Jahren als Folge der einsetzenden Krise ins öffentliche Bewußtsein dringende – facettenreiche Soziale Frage.

Diese Entwicklung ging an Münster vorbei. Die Stadt wuchs – auch bedingt durch eine fehlende Feldmark – langsam, aber stetig. Sie hatte immer einen sehr geringen Arbeiteranteil. Unter 45 deutschen Großstädten lag Münster 1882 auf Platz 42, während die Stadt 1933 in einem Vergleich mit allen deutschen Großstädten den geringsten Arbeiterbesatz aufwies. Sie hatte dafür einen überaus hohen Anteil im Sektor „öffentlicher Dienst, freie Berufe, Kirche und Militär" (1882: dritter Platz, 1933: erster Platz unter den Großstädten). Besonders zu betonen ist das Gewicht des Militärs. Vereinzelte Schätzungen für das 19. Jahrhundert identifizieren das Militär als größte Beschäftigungssparte der Stadt. Ein ständiger Anteil von 12 bis 15 Prozent aller Erwerbstätigen verdeutlicht die prägende Wirkung. Auch die sogenannten berufslosen Selbständigen, eine Gruppe, die insbesondere Rentiers, Pensions- und Unterstützungsempfänger, Studenten und Anstaltsinsassen umfaßt, waren in Münster – genauso wie häusliche Dienstleistungen – überproportional vertreten.

Diese Besonderheiten der Wirtschaftsstruktur Münsters sind durch Vergleiche mit anderen Städten leichter erkennbar. Das zeigt zum Beispiel eine Gegenüberstellung mit Dortmund. Vor allem in den Wirtschaftsbereichen „Industrie und Handwerk" und „Dienstleistungen" ist der Kontrast zwischen den beiden Städten auffallend groß. Auf der einen Seite verstärkten sich in Münster die Dominanz des Dienstleistungsbereichs und der Vorsprung gegenüber Dortmund, auf der anderen Seite steigt das Defizit im Sektor „Industrie und Handwerk".

Struktur der sektoralen Erwerbstätigkeit in Münster 1819–1947:

Jahr	Erwerbstätige im Hauptberuf in den Bereichen										Alle Erwerbstätige ohne berufslose Selbständige
	Handwerk/ Industrie/ Bergbau		Handel/ Gastgewerbe/ Verkehr		Öff. Dienst/ Gesundheit/ freie Berufe/ Kirche/Militär		Land- und Forstwirtschaft		Häusliche Dienste/ Tagelohn		
	(abs.)	(%)	(abs.)	(%)	(abs.)	(%)	(abs.)	(%)	(abs.)	(%)	
1819	1 865	45,9	503	12,4	47	1,2	0	0,0	1 650	40,6	4 065
1840	2 535	48,7	901	17,3	133	2,6	7	0,1	1 631	31,3	5 207
1849	2 860	49,0	714	12,2	287	4,9	0	0,0	1 974	33,8	5 835
1868	3 429	50,1	1 044	15,2	334	4,9	44	0,6	2 018	29,4	6 851
1882	6 337	40,8	2 662	17,1	4 647	29,8	595	3,8	1 361	8,7	15 602
1895	9 278	41,8	4 405	19,8	6 513	29,3	565	2,5	1 509	6,8	22 194
1907	12 348	41,0	7 456	24,8	7 067	23,5	2 085	6,9	1 269	4,2	30 122
1925	14 555	31,2	14 194	30,4	11 230	24,1	1 106	2,4	5 554	11,9	46 639
1939	15 555	28,1	21 234	38,3	12 266	22,1	1 241	2,2	5 098	9,2	55 394
1947	11 711	31,1	10 445	27,8	12 665	33,7	1 104	2,9	1 701	4,5	37 626

Quellen StadtAM, Stadtregistratur 16–9; 2730: Tabellen und amtliche Nachrichten 1849; 2706: Statistik Deutsches Reich NF 2, 404, 557/2, 568; 1493: Statistischer Bericht 1938–1948

Es paßt zu diesem Bild, daß Handwerk und Industrie in Münster traditionell kleinbetrieblich organisiert und auf die Bedürfnisse der Stadt zugeschnitten waren. Lag die durchschnittliche Betriebsgröße in Münster mit 2,3 Beschäftigten Anfang des 19. Jahrhunderts noch über dem Wert von 1,6 für Preußen, so änderten sich die Verhältnisse insbesondere in den von der Industrialisierung betroffenen Städten und Regionen: Unmittelbar vor dem Zweiten Weltkrieg lag Münster mit einem Wert von 5,9 wesentlich unter dem Durchschnitt für Preußen (9,1).

In diesem Zusammenhang muß man darauf hinweisen, daß die Wohlstandsentwicklung in Münster die Vorteilhaftigkeit des hier „gewählten" Weges zu belegen scheint. So nimmt Münster bei einem Vergleich der Einkommen pro Haushalt im Jahr 1901 den 16. Platz unter 45 preußischen Großstädten ein; das Pro-Kopf-Einkommen von ca. 550 Mark in der Stadt lag fast 10 Prozent über dem für Preußen insgesamt geschätzten Wert. Soweit die Daten Aussagen erlauben, zeigen sie auch eine mit dem allgemeinen Trend vergleichbare Einkommensentwicklung: Zwischen 1895 und 1913 wuchs das geschätzte Pro-Kopf-Einkommen in Münster mit 2,8 Prozent pro Jahr um genau die Wachstumsrate, die man für diese Periode für Preußen insgesamt schätzen kann [1441: Schlief, Steuerwesen; 2223: Hoffmann/Müller, Volkseinkommen, S. 86f]. Kurz: Alles spricht dafür, daß Münster – auch ohne nennenswerte Industrialisierung – seine mittlere Position bis zum Ende unserer Betrachtungsperiode gehalten hat. Man kann dabei vermuten, daß dieser Wohlstand relativ breit und nicht weniger gleichmäßig verteilt war als in anderen Großstädten Deutschlands. Im Einkommensvergleich der 45 Großstädte belegte Münster 1901 einen mittleren Rang, wenn man den Anteil der oberen 5 Prozent der Haushalte am Gesamteinkommen zugrunde legt. Auch ein Strukturvergleich der Wahlberechtigten – nach dem preußischen Dreiklassenwahlrecht – in den Städten Bochum, Krefeld und Münster, der die Einkommensverteilung gut widerspiegelt, zeigt für die Zeit des

Kaiserreichs, daß in Münster die Klassenunterschiede weit geringer waren als in jenen Industriestädten.

Struktur der Wahlberechtigten in Bochum, Krefeld und Münster nach Einkommensteuerklassen I–III:

	Jahr	Zahl der Wahlberechtigten (Verhältnis zwischen den Steuerklassen)		
		II/I	III/I	III/II
Bochum	1874	11,3	80,4	7,1
	1909	37,9	303,0	8,0
Krefeld	1875	3,1	10,6	3,4
	1909	7,7	85,2	11,1
Münster	1872	2,3	8,5	3,6
	1904	5,4	34,7	6,5

Quellen Verwaltungsberichte Bochum (1874, 1909), Krefeld (1875, 1909), Münster (1872, 1909)

Sicherlich war Münster kein Spitzenreiter des Wirtschaftswachstums in Deutschland, aber sein Beispiel verdeutlicht, daß zur Blüte und erfolgreichen Entwicklung einer Stadt der klassische Weg über die Industrialisierung nicht zwingend war.

Als Vorteil des von Münster beschrittenen Entwicklungsweges kann gelten, daß die Verwaltungs- und Konsumorientierung – vornehmlich die Bedarfsdeckung für gehobene Konsumbedürfnisse – der Stadt eine weitgehende Krisenresistenz sicherte. Dies läßt sich insbesondere für die bewegte Zeit nach 1914 beobachten. Der Erste Weltkrieg brachte auch Münster Not und Entbehrungen, bescherte der hiesigen Wirtschaft aber – dank der Kaufkraft des in und um Münster konzentrierten Militärs – kompensierende Einkommenszuwächse. Dieser Faktor wirkte in der Inflationszeit und später in der Weltwirtschaftskrise ab 1929 weiter. Der Höchststand des Indikators Arbeitslosigkeit im Februar 1932 mit nur etwa 13 Prozent zeigt die überaus günstige Situation der Stadt in dieser Zeit [1492: Münster 1926–1945, S. 166ff]. Im Vergleich mit den Großstädten des Reiches waren die Auswirkungen der Krise in Münster am geringsten. In den hart getroffenen Industriezentren wie beispielsweise Dortmund stieg die Erwerbslosenquote bis über 30 Prozent und dramatisierte die sozialen bzw. radikalisierte die politischen Konflikte in viel größerem Ausmaß. Neben der Bedeutung der aufgrund der Konfessionsverteilung in Münster traditionell sehr starken Zentrumspartei mag auch in den abgeschwächten Auswirkungen der Krise eine Ursache dafür zu sehen sein, daß hier der Durchbruch der NSDAP bei den Wahlen im September 1930 mit 9,6 Prozent gegenüber 18,3 Prozent der Stimmen im Reichsdurchschnitt recht gebremst war. Der Mißerfolg der Deflationspolitik führte in Brünings Heimatstadt Münster also keineswegs zum Absinken seiner Popularität bzw. der des Zentrums.

Diese gescheiterte Politik bewirkte andererseits reichspolitische Weichenstellungen in Form von Arbeitsbeschaffungsmaßnahmen und Kreditausweitungen. Der vom Nachfolger Brünings, Franz von Papen, durchgesetzte und erfolgreich begonnene wirtschaftspolitische Kurs – eine Belebung der Wirtschaft war schon Mitte 1933, also ohne jede NS-Arbeitsbeschaffung, zu spüren – wurde ab 1934 von Hitler in konjunkturpolitischer Ignoranz allein zur Aufrüstung mißbraucht.

In Münster lag ein Schwerpunkt der Arbeitsbeschaffungsmaßnahmen im Winter 1933/34 bei den Versorgungsbetrieben. Für Anschlüsse und Installationen gab es in dieser Zeit Nachlässe von 50 Prozent.

Während der NS-Zeit bestand der erwerbsstrukturelle Wandel vor allem in dem starken Anwachsen der Zahl der im öffentlichen Dienst und in Dienstleistungsbetrieben Beschäftigten; dieser Wandel war auf den Aufbau der Wehrmacht und den großen Apparat der Partei sowie der parteiamtlichen Organisationen zurückzuführen. Die Beschäftigten im kleingewerblichen Mittelstand aus Handel und Handwerk, die zwar entsprechend der NS-Propaganda geschützt und gestützt, faktisch aber im Zuge der Militarisierung reichsweit der Rüstungsindustrie zugeführt wurden, konnten in Münster diese „Auskämmaktionen" aufgrund von Verwaltungspriorität und fehlender Großindustrie recht unbeschadet überstehen.

Der Zweite Weltkrieg hat die Stadt schwer getroffen – die Wirtschaft zunehmend seit 1941. Zahllose Luftangriffe dezimierten den Gebäude- und vor allem den Wohnungsbestand, erzwangen eine Auslagerung verschiedener zentralörtlicher Funktionen und hatten einen gewaltigen Bevölkerungsrückgang zur Folge. Die Einwohnerzahl fiel von ca. 133 000 im Jahr 1939 auf nicht einmal 25 000 im April 1945. Die Nahrungsmittelversorgung ließ sich anscheinend bis März 1945 aufrechterhalten, aber eine funktionierende Wirtschaft hatte die Stadt schon früher nicht mehr.

Für die Entwicklung nach 1945 mag der Hinweis angebracht sein, daß sich die Stadt sehr schnell erholte und in alte Bahnen begab. Soweit die Erwerbsstruktur im Jahr 1946 aussagekräftig ist, hat der Zweite Weltkrieg die Wirtschaft Münsters nicht grundlegend transformiert. So haben auch beide Kriege, die Weltwirtschaftskrise und die Herrschaft der Nationalsozialisten den Charakter der Stadt nicht verändern können.

2. *Handel*

Münster war nicht in erster Linie eine Handelsstadt, aber die Entwicklung der Stadt im 19. Jahrhundert wurde wesentlich vom Handel und von der ihn tragenden Kaufmannschaft vorangetrieben. Daher ist es angebracht, die konkrete Darstellung hiermit zu beginnen.

Diese Untersuchung ist zunächst quantitativ auszurichten und erfordert deshalb einige Erläuterungen zum Datenproblem. Statistiken über Handelsströme zwischen Münster und anderen Regionen wären die gewünschte Informationsbasis, aber sie sind allenfalls für Teilperioden und partielle Warengruppen verfügbar. Wir müssen uns daher mit den Betriebs- und Beschäftigtendaten zufriedengeben. Auch diese sind jedoch problematisch. Schon die Definition des „Handels" bereitet Schwierigkeiten. Es gab Groß- und Einzelhandelsbetriebe, Handelsunternehmer „mit kaufmännischen Rechten" und Händler ohne diese Rechte, Unternehmer, die gleichzeitig Speditions- und Handelsgeschäfte abwickelten, Handelsgeschäfte, die zeitweise hauptberuflich und zeitweise nebenberuflich betrieben wurden. Die offizielle preußische bzw. Reichsstatistik hat zwischen 1819 und 1939 die verschiedenen Komponenten

Einzelhandelsgeschäfte am Drubbel (um 1910)

des Handelsgewerbes unterschiedlich zusammengefaßt. So erfolgte 1849 zwischen Handelsunternehmen mit und ohne offene Läden eine Unterscheidung, die 1925 durch die Differenzierung in Groß- und Kleinhandel ersetzt wurde, aber mit dieser nicht identisch ist. Eine erst 1925 begonnene separate Ausweisung des „Handelsgewerbes" ohne Verlagsgewerbe, Buchhandel und Immobilien erschwert den Vergleich mit 1907, 1895 und anderen früheren Zählungen. Ein weiteres bedeutsames Datenproblem liegt in der Tatsache, daß wichtige Handelsfunktionen im Laufe der Zeit an Produktionsstätten angegliedert und somit durch eine branchenmäßig aufgeteilte Statistik der Beschäftigten in zunehmendem Maße nicht erfaßt wurden. Entgegengesetzt zu diesem Trend – und durch die Statistik ausgewiesen – arbeitete die Tendenz zur Spezialisierung und Entstehung von neuen Handelsberufen. Sprünge in den Angaben über die im Handel Beschäftigten können somit ebensogut rein statistische Zuordnungsprobleme widerspiegeln. Diese Schwierigkeiten treten vice versa selbstverständlich auch bei der Interpretation der Daten über das produzierende Gewerbe auf.

Zu Beginn des 19. Jahrhunderts war die Stadt Münster hauptsächlich wegen ihrer Einwohnerzahl eine vergleichsweise bedeutende Handelsstadt, die ihren zentralörtlichen Einfluß in diesem Sektor gegenüber dem restlichen Münsterland geltend machte. Bezeichnenderweise war im Regierungsbezirk Münster nach der für das Jahr 1849 gemachten Schätzung nur die Stadt Münster gewerbesteuerpflichtig, während in den Regierungsbezirken Minden und Arnsberg drei bzw. sieben Städte diesen Status hatten. Das entspricht der Bedeutung Münsters als regionalem Handelszentrum. Eine weitere Dimension dieser Rolle zeigt die Gewerbesteuerstatistik. Neben weitgehender Konformität mit dem nationalen Durchschnitt in den meisten Kategorien kann man hier für Münster sowohl einen überdurchschnittlichen Anteil von Gastwirtschaften und einen unterdurchschnittlichen Anteil von umherziehenden Gewerbetreibenden feststellen. Als regionale Handelsmetropole – so unsere Vermutung – zog Münster Händler, Käufer und dann möglicherweise zusätzlich den Gastverkehr an. Erwähnenswert ist die Tatsache, daß einige Jahrzehnte später, im Jahr 1883, Ansätze zur planmäßigen Fremdenwerbung in Münster belegbar sind, als 500 Exemplare eines Fremdenführers versandt wurden, um Besucher anzulocken [1612: Prahl, Eigenwirtschaftliche Tätigkeit, S. 40]. Allerdings reflektierte dieser Zweig wahrscheinlich zudem das Verhalten der wohlhabenden Wohnbevölkerung.

Struktur der Gewerbesteuer in Münster und in sonstigen Städten Preußens 1849 (in Prozent):

	Münster	121 preußische Städte
Handlungen mit kaufmännischen Rechten	31,3	29,0
Handlungen ohne kaufmännische Rechte	20,1	20,8
Gastwirte	19,2	12,6
Bäcker	4,0	5,0
Fleischer	4,5	5,3
Bierbrauer	2,1	1,6
Handwerker	15,9	15,2
Müller	0,7	2,5
Verkehr	0,3	3,4
Umherziehende Gewerbetreibende	1,9	4,5
	(10 463 Taler)	(525 957 Taler)

Quelle 2730: Tabellen und amtliche Nachrichten 1849

Für eine eher durchschnittliche Handelsausrichtung der Stadt sprechen auch andere Daten. Ein Vergleich der sogenannten Handelsdichte (Beschäftigte je 1000 Einwohner) bestätigt die „Zwischenlage" Münsters. Gegenüber manchen anderen westfälischen Städten wie Iserlohn, Bielefeld oder auch Siegen blieb die Provinzialhauptstadt deutlich zurück, obwohl sie natürlich – wie alle Städte – eine höhere Handelsdichte als die Provinz oder das ganze Königreich aufwies.

In der folgenden Zeit behielt Münster diese mittlere Position. 1882 hatte die Stadt eine Handelsdichte von ca. 38 gegenüber einem Durchschnittswert von ca. 57 für 15 Großstädte. Eine Aufstellung für das Jahr 1933 weist der Stadt den 17. Platz unter 52 Großstädten zu, 1939 ebenfalls eine nur wenig unter dem Großstadtdurchschnitt liegende Dichte.

Damit ist die quantitative Skizze abgeschlossen. Wir kehren zum Beginn des Zeitraums zurück und greifen dabei einige Schlüsselfragen des münsterischen Handelssektors auf.

Handelsdichten im Vergleich 1849/1939 (Beschäftigte pro 1000 Einwohner):

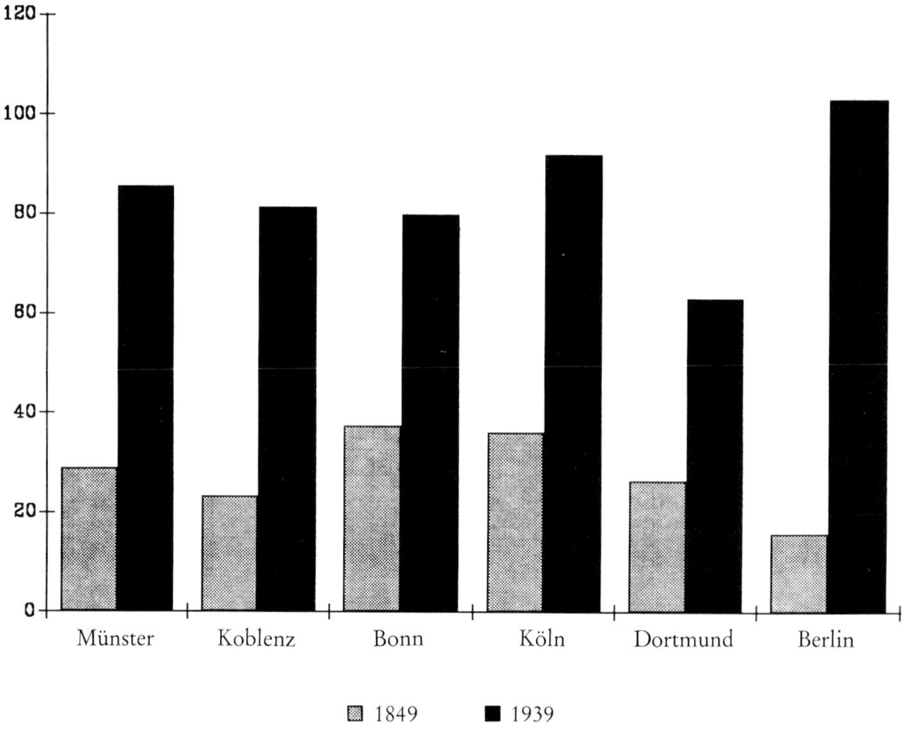

Quellen 2730: Tabellen und amtliche Nachrichten 1849; 2706: Statistik Deutsches Reich NF 557/2, 568

Schwerpunkte des Handels

Noch im späten 18. Jahrhundert sollen münsterische Kaufleute erhebliche Kapitalsummen in den westmünsterländischen Leinenhandel mit Holland investiert haben. Dies läßt vermuten, daß die Textilindustrie der Gegend noch im frühen 19. Jahrhundert von Bedeutung für Münsters Handel gewesen sein könnte. Doch es fehlen genauere Quellenhinweise, und man wird davon ausgehen müssen, daß es hier mehr als ein rein finanzielles Engagement nicht gab [2754: Trende, Werdezeit der Provinz, S. 191ff]. In Trendes detaillierter Darstellung über die erste Hälfte des Jahrhunderts werden Münsters Wochen- und Warenmärkte kurz erwähnt, deren Funktion er aber eher als traditionelle Verbrauchermärkte ohne überregionale Bedeutung charakterisiert. Auch in der Diskussion über die mit dem Textilhandel zusammen-

Ausbau des Dortmund-Ems-Kanals in der Gelmerheide (1893)

hängenden damaligen Leggeanstalten (Qualitätsprüfinstitutionen für verschiedene Gewebe) fanden die Verhältnisse in Münster kaum Berücksichtigung. Wenn überhaupt von einem Schwerpunkt gesprochen werden kann, dann allenfalls bei Kolonialwaren und Landprodukten. Aber auch hier war der Umfang bescheiden. Einer Einschätzung für das Jahr 1819 zufolge soll die Bedeutung dieses Handels gegenüber früher erheblich zurückgegangen sein [1257: Sigismund, Topographisch-statistische Darstellung, S. 40f].

Gegen eine stärkere Beteiligung Münsters am überregionalen Handel sprach der relativ ungünstige Standort. Die Anbindung an das interregionale Verkehrsnetz fehlte, und insbesondere die Nordseehäfen waren erst am Ende des 19. Jahrhunderts durch den Bau des Stadthafens und die Herstellung des Anschlusses an den Dortmund-Ems-Kanal gut erreichbar. Von diesem Zeitpunkt an (1899) wuchs nicht nur die Bedeutung des Handels mit Land- und Forstwirtschaftsprodukten, sondern auch die des Baustoffhandels. Nach dem Ersten Weltkrieg setzte sich dieses Wachstum fort, allerdings bei abnehmender Bedeutung der Agrarprodukte am Gesamtverkehrsaufkommen. Kennzeichnend für den münsterischen Handel über den ganzen Zeitraum scheint das Fehlen eines Schwerpunktes zu sein – oder positiv ausgedrückt: seine Ausgeglichenheit.

Die geringe Bedeutung des münsterischen Großhandels wird schon an dem das Stadtbild prägenden Einfluß des Einzelhandels offenkundig. Auf die Vielfalt der für Münster so typischen Verbrauchermärkte wurde bereits oben hingewiesen. Münster scheint seit jeher ein regionales „Einkauf"-Zentrum für Verbraucher und insbesondere für Güter der gehobenen Bedarfsklasse gewesen sein. Bei der Betrachtung der ersten Hälfte des 19. Jahrhunderts wird der Einzelhandel und die Befriedigung des Bedarfs der „Endverbraucher" kaum vom städtischen Handwerk zu trennen sein, dessen Entwicklung weiter unten behandelt werden soll. Im Laufe der Zeit – und vor allem im 20. Jahrhundert – setzte sich jedoch in vielen Bereichen das Spezialeinzelhandelsgeschäft durch. Die Erfolge und Kontinuität vieler der damals gegründeten Unternehmen ist beeindruckend, so zum Beispiel die 1896 gegründete Firma Hettlage (ursprünglich Herrenmode), die 1920 mit sechzig Beschäftigten zu den größeren Handelsfirmen der Stadt zählte. Erwähnenswert ist vor allem der bahnbrechende Ausbau des Kaufhauses Friedrich Rawe kurz vor dem Ersten Weltkrieg. Mit dieser Innovation hat die schon seit 1855 in Münster arbeitende Firma der Stadt eines der modernsten und größten Warenhäuser Deutschlands gegeben. Sie zählte 1920 mit 120 Beschäftigten zu den größten Unternehmen Münsters. Es ist durchaus passend, daß das heutige Stadtmuseum im damals „Bewunderung und Staunen" hervorrufenden Gebäude untergebracht ist [2201: Wirtschaftlicher Heimatführer, S. 453ff].

Organisation des Handels

Münsters Kaufleute haben frühzeitig versucht, auf den Gang und die Struktur des Handels durch politische Arbeit und ständische Interessenorganisation – und zwar insbesondere auf staatlicher Ebene – Einfluß zu nehmen. Man wollte die Verkehrsverhältnisse verbessern, sich gegen sogenannte unlautere Konkurrenz (umherziehende Gewerbetreibende) schützen und die Errichtung verschiedener Hilfsinstitutionen, wie zum Beispiel Handelsschulen, Spar- und Leihkassen, fördern. Einen bedeutenden Einschnitt stellte hier die 1835 erfolgte Gründung der kaufmännischen Korporation „Verein der Kaufmannschaft zu Münster" dar. Derartige Gründungen setzten eine staatliche Genehmigung voraus, die hier erst erteilt wurde, nachdem sich münsterische Kaufleute fast 15 Jahre darum bemüht hatten. Der Verein entfaltete offenbar vor allem im später noch zu erörternden Verkehrswesen eine rege Tätigkeit, aber auch andere wichtige Bereiche waren für ihn von Interesse. So sprach sich der Verein 1840 „für die Einrichtung eines Handelsgerichts in Münster aus und begründete dies vor allem mit einem zunehmenden Anstieg des innerdeutschen Warenverkehrs. Bei entsprechenden Beratungen in Berlin war sogar der Vorsitzende des Vereins, Bankier von Olfers, anwesend" [147: Haunfelder, Verein der Kaufmannschaft, S. 32]. 1844 hat der Kaufmannschaftsverein die Errichtung eines Depots für unverzollte Waren angeregt. 1889 war er Mitgründer einer Fortbildungsschule für junge Kaufleute. Auch im 20. Jahrhundert blieb der Verein eine wichtige Institution für die Artikulation wirtschaftspolitischer Wünsche. Beispielhaft seien die Notgeldfrage der Inflationszeit zwischen 1919 und 1923 und die Bekämpfung lokaler Verbraucherorganisationen in der Wirtschaftskrise 1930/31 genannt.

In der Rubrik „Handelsorganisationen" spielte auch die bereits 1854 gegründete Handelskammer eine wichtige Rolle. Industrie- und Handelskammern gab es zu dieser Zeit schon in zahlreichen Städten bzw. Bezirken; aber nach einer 1848 veröffentlichten Verordnung des preußischen Staates sollte nun die Errichtung von Handelskammern – als offiziellen Vertretern der Kaufmannschaften – überall dort vorangetrieben werden, wo dies die Bedeutung des Handels und des Handelsstandes rechtfertigte. In Münster hatte die Kaufmannschaft eine solche Gründung zunächst als

Gebäude der Industrie- und Handelskammer in der Engelstraße (um 1925)

unnötig angesehen, weil der Verein ähnliche Funktionen als Interessenvertretung und Berater staatlicher Organe bereits wahrnahm. Erst nachdem der Staat 1850 einen vom Verein vorgeschlagenen Vertreter Münsters bei einer wichtigen zollpolitischen Konferenz mit der Begründung abgelehnt hatte, daß der Verein als eine auf freiwilliger Mitgliedschaft beruhende Institution, im Gegensatz zu den auf Zwangsmitgliedschaft basierenden Handelskammern, „nicht als Gesamtvertretung der Kaufleute anzusehen und in seinen Gutachten und Stellungnahmen nicht hinreichend unabhängig" sei, wurde die Gründung einer Handelskammer für Münster ernsthaft verfolgt [100: Diebäcker, Wirtschaftliche Selbstverwaltung, S. 5]. Weil die Bedeutung Münsters als Handelszentrum dazu allein nicht reichte – so der preußische Handelsminister von der Heydt –, sollte sich der münsterische Kammerbezirk hinsichtlich der Sitzverteilung folgendermaßen zusammensetzen: Stadt Münster fünf Vertreter, Kreis Münster einen, Kreis Beckum einen, Kreis Steinfurt drei, Kreis Tecklenburg abwechselnd zwei und einen, Kreis Warendorf abwechselnd einen und zwei Vertreter.

Der Verein blieb jedoch weiter bestehen, ja es gab sogar eine starke personelle Überschneidung zwischen Verein und Handelskammer. Schon der erste amtierende Vorsitzende der Handelskammer, der Branntwein- und Likörfabrikant Ph. J. Thüssing, der zudem Inhaber eines Farbwarenhandelsbetriebes und Speditionsgeschäfts war, gehörte dem Vereinsvorstand an. Auch sein Stellvertreter Anton Osthoff war ein engagierter münsterischer Kaufmann. Diese Verbindung wiederholte sich. In den folgenden Jahren wuchs die Handelskammer (später Industrie- und Handelskammer) zu einem wichtigen Organ der Handelsinteressen, obwohl durch die Bedeutung der anderen Städte und Mitgliederkreise sowie aufgrund der 1870 erfolgten Erweiterung des Bezirks andere Interessen zunehmend zur Sprache kamen. Deshalb blieb der Kaufmannschaftsverein für die wirtschaftlichen Belange in Münster das wichtigere Instrument der Politik.

3. *Verkehrs- und Nachrichtenwesen*

In der Wirtschaftsgeschichte Münsters spielen Veränderungen im Verkehrs- und Nachrichtensystem eine große Rolle. Zu den wichtigsten Zielen kollektiver Bestrebungen städtischer Wirtschaftsvertreter gehörten Verkehrsverbesserungen. Zunächst galten diese Bestrebungen vorwiegend dem Straßenbau. Übereinstimmend berichten die Quellen über den schlechten Zustand westfälischer Straßen in den 1820er Jahren. In den Berichten der beiden ersten westfälischen Provinziallandtage wird das Münsterland sogar als besonders benachteiligt bezeichnet. Spätestens seit den 1840er Jahren gibt es aber – beispielsweise 1842 durch Johann Seibertz – positivere Meldungen über Westfalens Straßen, und man wird den Regierungsbezirk Münster auch zu den Nutznießern der Verbesserungen zählen müssen [2754: Trende, Werdezeit der Provinz, S. 10ff], die insbesondere mit dem Chausseebau erreicht wurden. Zum großen Teil nahm man – bei staatlicher Finanzierung – den Bau von Fernstraßenverbindungen in Angriff. In Westfalen blieben Aktiengesellschaften für Chausseen auf den industriereichen Regierungsbezirk Arnsberg beschränkt.

Im Zuge der umfangreichen Bauaktivitäten wurde das Münsterland nach 1828 vom Staat relativ begünstigt. Die Stadt Münster wurde Mittelpunkt eines gut ausgebauten, sternförmigen Netzes von Fernstraßen, die beispielsweise bis Wesel, Hamburg, Köln, Minden und Hamm reichten. Die Stadt schnitt wesentlich besser ab als das umliegende Münsterland. Dafür spricht die Beobachtung Haunfelders: „Das nördliche, wesentlich von der Textilindustrie geprägte Münsterland war dagegen verkehrsmäßig weitgehend unerschlossen. Die bedeutsame Handelsstraße von Münster über Burgsteinfurt, Ochtrup und Gronau nach Holland wurde erst 1855 in einen gut befahrbaren Zustand versetzt; also zu einer Zeit, in der auch schon die Arbeiten an der Eisenbahntrasse Münster–Rheine im Gang waren. Bis dahin, so wird berichtet, befuhr ein Postwagen die holprige Landstraße von Münster nach Gronau wöchentlich nur zweimal" [147: Haunfelder, Verein der Kaufmannschaft, S. 22].

Es ist unwahrscheinlich, daß dieses Resultat auf die Bemühungen der Stadtverwaltung oder der Kaufmannschaft in Münster zurückzuführen ist; vielmehr sind diese Verbesserungen – auch wenn sich das wegen fehlender Überlieferung nicht beweisen läßt – der Aufrechterhaltung der Kommunikationslinien der staatlichen Verwaltung und des Militärs zuzuschreiben.

Im Laufe der 1830er Jahre stellte sich das verkehrspolitische Interesse schwerpunktmäßig auf Möglichkeiten und Kosten der Eisenbahnen um. Als besonders dramatisches Kapitel dieser Entwicklung gilt die Geschichte der Köln-Mindener Bahn, die hier vor allem als „verpaßte Chance" thematisiert wurde. Schon 1855 bezeichnete die Handelskammer Münster die 1843 getroffene Entscheidung, diese wichtige Ost-

Telegramm an Eduard Hüffer, den späteren Vorsitzenden des Vereins der Kaufmannschaft: Zustimmung des preußischen Abgeordnetenhauses zum Eisenbahnausbau bis Rheine (1855)

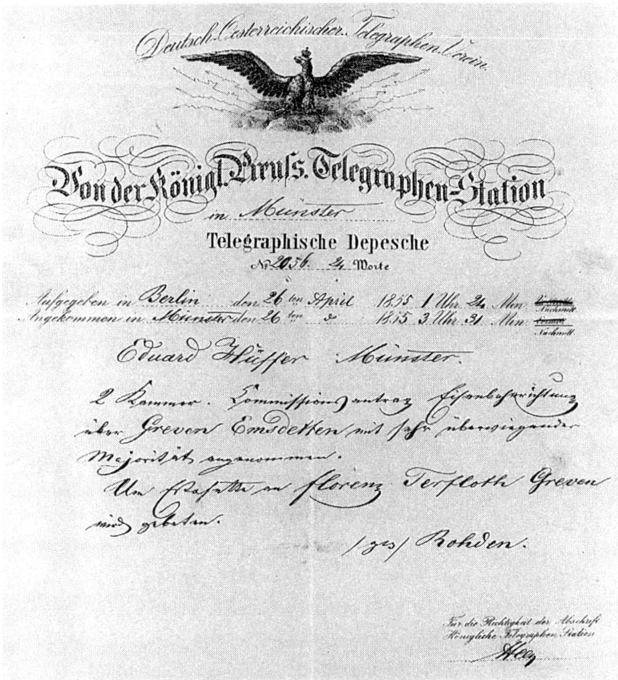

West-Bahnverbindung über Hamm statt über Münster zu leiten, als „Stunde des Unheils" für Münster, weil dadurch eine direkte Eisenbahnverbindung zum Rhein und zur Ruhr verhindert wurde [100: Diebäcker, Wirtschaftliche Selbstverwaltung, S. 11]. Doch es muß bezweifelt werden, ob eine Streckenführung über Münster damals als plausible Alternative zu sehen war. Man darf skeptisch sein, ob hier überhaupt von einem „Versagen" gesprochen werden kann, denn die Rentabilitätserwartungen sprachen eindeutig für die Hamm-Linie. Vermutlich fehlte es in Münster an der Bereitschaft – unter den gegebenen Einnahme- und Gewinnerwartungen – das erforderliche Risikokapital aufzubringen. Nachdem die Entscheidung gefallen war, entschlossen sich die Münsteraner doch recht schnell (1844) für die Bildung einer Aktiengesellschaft zum Bau und Betreiben einer Zweigbahn nach Hamm. Die staatliche Genehmigung erfolgte 1846. Das Aktienkapital betrug 1,3 Millionen Taler – für münsterische Verhältnisse schon eine erhebliche Summe. Die gewünschte Verbindung ist bereits 1848 hergestellt worden. Haunfelder schreibt hierzu: Sie „stellte dann wenigstens, wenn auch über einen Umweg, die für den münsterschen Handel so wichtige Verbindung zum rheinisch-westfälischen Industriegebiet her" [147: Verein der Kaufmannschaft, S. 22]. Man muß allerdings berücksichtigen, daß weitere Bahnverbindungen erst mit zum Teil erheblichen Verzögerungen zustande gekommen sind. Die Verlängerung der Linie Hamm–Münster nach Rheine konnte die inzwischen finanziell geschwächte Münster-Hamm-Gesellschaft selbst nicht verkraften, denn „bei dem rein lokalen Charakter der Bahn, der bezüglich des Handels und der Industrie nur geringen Bedeutung von Münster sowie den [. . .] Zeitverhältnissen [. . .] blieben die Erträge trotz der billigen Herstellung der Bahn nur gering". Nicht einmal 3 Prozent Dividende pro Jahr konnten von 1849 bis 1854 bezahlt werden (für Preußen insgesamt 4,8 Prozent im Durchschnitt) [2429: Mayer, Deutsche Eisenbahnen 1, S. 26f, 426f]. Sowohl die finanziell angegriffene Gesellschaft als auch die Aufgabe einer nordwestlichen Bahnverlängerung wurden von der „Königlich-Westfälischen Eisenbahn“ übernommen. Typisch war die dann erfolgte Verlegung des Direktionssitzes dieser Staatsbahn nach Münster. Die Fertigstellung der Verbindung nach Rheine – und zur Nordsee – gelang im Jahr 1855. Erst 1870 kam dann mit der Linie Wanne–Münster eine direkte Verbindung zum Ruhrgebiet zustande, die zwei Jahre später über Osnabrück nach Bremen und Hamburg ausgebaut wurde. 1875 erfolgte der Anschluß Münsters an die Linie Dortmund–Gronau, wiederum als Nebenstrekke. Noch 1903 beklagten Vertreter der Stadt das Fehlen einer direkten Ost-West-Fernverbindung.

Auch Wasserwege haben die Entwicklung der hiesigen Wirtschaft beeinflußt. Zumindest erwähnenswert ist der bereits im 18. Jahrhundert gebaute, nie ganz vollendete Max-Clemens-Kanal, der die Stadt mit Holland, später mit der Ems und letztlich mit der Nordsee verbinden sollte. In den 1820er Jahren haben münsterische Vorschläge zum Ausbau des Kanals eine gewisse Unterstützung vom preußischen Staat erhalten, weil die Rhein-Verbindung zur Nordsee über Holland politisch offenbar noch problematisch war. Die Klärung durch die sogenannte Rheinschiffahrtsakte (1831) ließ das Interesse des Staates am Max-Clemens-Kanal abflauen. Auch energisches journalistisches Engagement von münsterischer Seite war erfolglos; der Verkehr auf dem Kanal wurde 1840 eingestellt.

Für dieses Ergebnis ist gelegentlich eine kurzsichtige und übertriebene Sparsamkeit des preußischen Staates verantwortlich gemacht worden. Dazu muß man aber sagen, daß anscheinend auch hier die zu erwartenden Verkehrseinnahmen nicht ausreichten, eine ernsthafte Investitionsbereitschaft in Münster hervorzurufen. Denn die Möglichkeit der Fortführung des Projekts stand dem Kaufmannschaftsverein ja offen – allerdings nicht mit dem vom Verein geforderten Monopol des Güterverkehrs zwischen Holland und dem Münsterland. So resümiert Knüfermann: „Offenbar fehlte es in der Kaufmannschaft noch an Unternehmungslust, auf eigene Kosten den Kanal wiederherstellen zu lassen. Vielleicht mochte sie wohl selbst daran zweifeln, ob in diesem Falle die aufzuwendenden Kosten sich verzinsen würden“ [1096: Max-Clemens-Kanal, S. 135].

Von größerer Bedeutung dagegen war der 1899 erreichte Anschluß an den Dortmund-Ems-Kanal. Der Bau dieser Verkehrsverbindung stand als konkrete Verwirklichung einer westfälischen Alternative zum Rhein (Nordseeverbindung) in einem breiteren geopolitischen Zusammenhang. Zugleich war der Kanal wichtig, um „dem [sonst] verkehrsgeographisch benachteiligten östlichen Teile des Ruhrgebietes einen möglichst kurzen und ungehinderten Verkehrsweg für Schwergüter zur deutschen Nordseeküste zu verschaffen“ [1355: Helmrich, Industrialisierung, S. 39]. Das Münsterland wurde von dieser neuen Wasserstraße hauptsächlich als Durchgangsraum genutzt, so daß der Dortmund-Ems-Kanal nicht als Instrument eines Industrialisierungsförderungsprogramms für dieses Gebiet verstanden werden kann. Gleichwohl bot der Kanal der Wirtschaft Münsters Chancen, die auch mit dem Bau des Stadthafens wahrgenommen wurden. Eine aktive Rolle bei der Planung des Projekts spielten neben Vertretern der Stadtverwaltung der Verein der Kaufmannschaft und die Handelskammer. Schließlich brachte die Stadt, die den Hafen in eigener Regie betreiben sollte, fast 2 Millionen Mark für den Hafenbau auf, so daß bereits 1898 – noch vor Dortmund – der Doppelbeckenhafen fertig war. Gleichzeitig wurden der Güterbahnhof ausgebaut und Gleisanlagen zum Hafen gelegt. Nach Inbetriebnahme erfreute sich der Hafen eines bedeutenden Aufschwungs. 1914 brachte die Fertigstellung des Rhein-Herne-Kanals die Verbindung mit den Rheinhäfen sowie mit Holland; bereits 1915 war mit dem Ems-Weser-Kanal eine Verschiffung bis Minden bzw. Bremen möglich, und 1916 wurde das Kanalstück bis Hannover fertiggestellt. Schon 1911 und 1912 gab es Klagen seitens der Stadtverwaltung und Handelskammer über unzureichende Bahnanschlüsse. Dennoch ist das Ergebnis der Entwicklung zwischen 1899 und 1914 mit einer Vervierfachung des Warenumschlags recht positiv. Danach wuchs der Güterumschlag tendenziell langsamer. Während des Ersten Weltkriegs und in der Inflationszeit kam es, bedingt durch die Zustände, die auf anderen Verkehrswegen herrschten, zu bemerkenswerten Schwankungen. So wurde Münsters Hafen 1923 aufgrund der Besetzung des Ruhrgebietes vorübergehend – mit der Folge einer großen Steigerung des Verkehrsaufkommens – das deutsche Tor zum Industriegebiet. Das langfristige Wachstum wurde jedoch im wesentlichen durch die Einfuhr von Futtergetreide für die münsterländische Viehzucht getragen. Der Handel mit Holz und Baustoffen wurde immer wichtiger, so daß er in den 1930er Jahren eindeutig dominierte [1612: Prahl, Eigenwirtschaftliche Tätigkeit, S. 91].

Trotz gewisser technischer Hindernisse entwickelte sich ein lebhafter Verbindungsverkehr mit der Eisenbahn, weil das über den Kanal eingeführte Verkehrsgut

Hafenbecken („Petershafen") und Lagerhaus der Spedition August Peters (um 1930)

hauptsächlich mit der Bahn weiterbefördert wurde. Der Kanal und der Hafen förderten also in erster Linie die Handelsfunktion Münsters, erst in zweiter Linie kam es zur Ansiedlung von neuen Gewerbebetrieben. Beispielhaft seien eine Dampfmühle, eine Faßfabrik und eine Parkettfabrik genannt. 1933 gab es hier bei eindeutiger Dominanz der Handelsunternehmen etwa 80 Firmen mit ca. 1500 Beschäftigten. Diese Gründungen sowie die Daten zur Verkehrsentwicklung lassen erkennen, daß sich die Investitionen gelohnt haben, obwohl es freilich nicht zu einer bedeutenden Export- und damit zusammenhängenden Industrieentwicklung gekommen ist. Hegemann charakterisiert die Entwicklung als „eine zwar nicht übermäßig große, aber im allgemeinen stetige und ruhige Zunahme" und relativiert: „Eine so rasche Entwicklung wie im Hafen Dortmund war von vornherein nach Lage der Stadt nicht zu erwarten, und ist auch, wie die Anlage nur eines in städtischer Regie betriebenen Hafenbeckens zeigt, von der Stadtverwaltung gar nicht erwartet worden" [1350: Entwickelung des Verkehrs, S. 64]. Hätte er 25 Jahre später geschrieben, so hätte er dem hinzufügen können, daß dies gewisse Vorteile bringen könnte, wie auch die – im Vergleich zu Dortmund – nur geringfügige Verkehrsschrumpfung in der Krise der 1930er Jahre zeigt.

Verkehrsaufkommen am Stadthafen Münster 1899–1934:

Jahr	Gesamtumschlag Dortmund-Ems-Kanal (in 1000 t)	Umschlag Münster (in 1000 t)	Anteil des münsterischen Umschlags am Gesamtumschlag (%)	Ankunft in Münster (in 1000 t)	Anteil des Importhandels am Umschlag in Münster (%)
1899	200	38	19	35	92
1905	1 518	156	10	144	92
1912	3 782	166	4,4	154	93
1913	4 300	220	5,0		
1916		28		24	86
1918		189		181	96
1922		212		198	93
1923		374		300	80
1929		210		190	90
1932		180	6,0	159	88
1934	6 000	307	5,1	266	87

Quelle 1350: Hegemann, Entwickelung des Verkehrs, S. 61, 64

Zusammenfassend kann man feststellen, daß in Münster die Möglichkeiten der Verkehrsinnovationen des 19. Jahrhunderts nur teilweise und verspätet realisiert wurden. Ein Hauptgrund mag in dem begrenzten Bedarf der Stadt an Verkehrsleistungen gelegen haben, so daß das jeweils bestehende Verkehrsaufkommen nur in beschränktem Umfang Risikokapital anlocken konnte. Die bescheidenen finanziellen Ergebnisse der Hamm-Münster-Eisenbahn und des Dortmund-Ems-Kanals lassen die These als zweifelhaft erscheinen, Münster wäre durch einen früheren und vollkommeneren Anschluß an das überregionale Verkehrssystem wirtschaftlich wesentlich stärker gewachsen.

Zum Thema Verkehrs- und Nachrichtenwesen gehört die Geschichte der Post, die an dieser Stelle allerdings nur gestreift werden kann. Die von Heinrich Walters vorgelegten Materialien zeigen, daß Münster bereits am Anfang des 19. Jahrhunderts – dank der Einrichtungen der preußischen Post – einen erheblichen Vorsprung als Kommunikations- und Verkehrszentrum gegenüber anderen Städten Westfalens besessen hat [340: Walters, Post und Telekommunikation, S. 32f, 66]. Diese Position kam zum Beispiel in der Zahl und Struktur der sogenannten Postexpeditionen zum Ausdruck, also solcher Stellen, die regelmäßig am Verkehr mit Postsendungen und Personenbeförderungen teilnahmen, und hing natürlich mit Münsters Status als Hauptstadt, als militärischem Kommandozentrum und als Mittelpunkt eines Chausseensystems zusammen. Auf die Fertigstellung der ersten Eisenbahnverbindung folgte bald (1850) die Einrichtung einer Telegrafenstation. An einer vergleichenden Statistik für das Jahr 1869 läßt sich auch die starke Teilnahme Münsters an diesem Kommunikationsnetz ablesen. Unter 66 Stationen nahm die Stadt den fünften Platz nach der Zahl der bearbeiteten Telegramme und den zweiten Platz (hinter Dortmund) nach der Zahl und den Kosten der abgesandten Depeschen ein. Erwähnenswert ist schließlich auch die Tatsache, daß die Stadt Münster relativ früh die Innovation Telefon aufgegriffen hat. Nach energischer Forderung des Vereins der Kaufmannschaft willigte die Reichspostbehörde 1887 in den Bau einer Anlage ein. Ein Netz von fünfzig Anschlüssen wurde eingerichtet, in das bis 1900 etliche überörtliche Verbindungen integriert waren; bis 1914 gab es ungefähr tausend Anschlüsse in der Stadt. Das volkswirtschaftliche Gewicht der Innovation in dieser Zeit ist freilich gering zu veranschlagen. Doch ist das alles für unser Thema insofern von Bedeutung, als es erneut die ausgezeichnete infrastrukturelle Ausstattung der Stadt belegt. Daß Münsters Wirtschaft nicht stärker wuchs, lag mit Sicherheit nicht an Defiziten in seiner Infrastruktur.

4. *Geld- und Kreditwesen*

Münsters Führungsposition war im 19. Jahrhundert im Bereich des Kreditwesens wesentlich deutlicher und dauerhafter als im Bereich des Handels. Nach den einschlägigen Statistiken zur Beschäftigungsentwicklung baute die Stadt ihren Vorsprung sogar bis 1939 weiter aus. Nimmt man das Versicherungsgewerbe hinzu, so zeigt sich, daß Münster auch in einem nationalen Vergleich mit ausgewählten Städten sehr gut abschneidet. Mit einer Finanzdichte im gesamten Aggregat von über 21 weist Münster 1939 hier nicht nur den höchsten Wert auf, sondern übertrifft auch den Durchschnitt von 15 Großstädten (16,1 Beschäftigte je 1000 Einwohner) deutlich. Die Provinzialhauptstadt war anscheinend eine Hochburg des Versicherungsgewerbes, obwohl in diesen Zahlen zum Teil Beschäftigte der quasi-öffentlichen Versicherungen enthalten sind.

Als Hintergrundinformation ist auch eine Übersicht über die Entwicklung auf Regierungsbezirks- bzw. Provinzebene interessant, weil sie eine Tendenz zur Konvergenz in der Finanzdichte zeigt, die einerseits die ausgleichende Rolle kollektiver bzw. öffentlicher Aktivitäten von Sparkassen, Kreditgenossenschaften, Zweigstellen der Zentralbank usw. reflektiert, andererseits die einzigartige Dominanz der Stadt Münster in ihrem eigenen Bezirk um so deutlicher hervortreten läßt. Der in der folgenden Tabelle gezeigte Sprung zwischen 1907 und 1925 ist allerdings „fiktiv", da der Bereich „Geld und Kredit" in die Gewerbeart „Bank- und Börsenwesen" umgewandelt wurde.

Dichtevergleich im Geld-, Banken- und Versicherungsgewerbe 1849/1939 (Beschäftigte pro 1000 Einwohner):

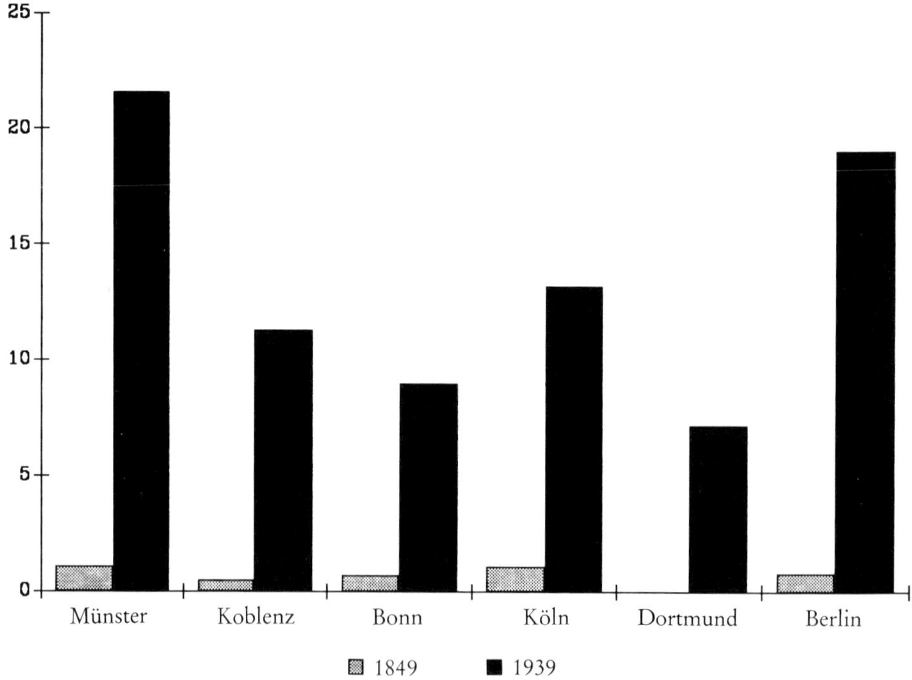

Quellen 2730: Tabellen und amtliche Nachrichten 1849; 2706: Statistik Deutsches Reich NF 568

Finanzdichte in den Regierungsbezirken (Durchschnitt der Kreise) und ihre Varianz in Westfalen 1849–1939:

	1849	1875	1895	1907	1925	1933	1939
Münster	0,08	0,09	0,25	0,44	1,46	1,30	1,88
Minden	0,03	0,10	0,37	0,55	2,17	1,96	2,35
Arnsberg	0,05	0,20	0,30	0,48	1,90	1,42	1,72
Provinz Westfalen	0,05	0,15	0,31	0,48	1,81	1,48	1,88

Quellen 2730: Tabellen und amtliche Nachrichten 1849; 2706: Statistik Deutsches Reich NF 34/2, 7, 117, 118, 218, 416, 464, 568/1

Die rein quantitativen Aussagen unserer Tabellen sind in zweierlei Hinsicht einzuschränken. Erstens werden hier nur Beschäftigte erfaßt, während die Potenz der Banken vornehmlich vom Kapital abhängt. Zweitens führen die Tabellen nur westfälische Zahlen an, obwohl „Westfalen" Bankleistungen aus anderen deutschen Regionen importieren konnte, zum Beispiel aus Berlin, dessen Finanzdichte 1907 (mit 17 000 Beschäftigten) schon 8,1 betrug.

Gleichwohl wird als Ausgangspunkt für die weitere Betrachtung an der Führungsposition Münsters als Finanzplatz in Westfalen festzuhalten sein. Zu Anfang unseres Zeitraums hat es anscheinend außer in Münster kaum spezialisierte Privatbankgeschäfte gegeben, und auch im Jahr 1849 war noch fast die Hälfte der Geld- und Kreditinstitute Westfalens in der Provinzialhauptstadt beheimatet. Wahrscheinlich ist dies mit der Struktur Münsters als Verwaltungszentrum zu erklären, die beträchtliche finanzielle Bedürfnisse und Möglichkeiten (Steuertransfer, Schuldenabtragen, Gerichtsgelder) produzierte. Eine derartige Konzentration der Finanzkapazität hatte sicherlich eine positive Wirkung auf die Stadt Münster selbst, war aber aus der Sicht der Provinz Westfalen insgesamt nicht als entwicklungsfördernd anzusehen. Denn die in Münster angesammelten Kapitalien sind offenbar nicht in die finanzbedürftigen Industrieräume des Westmünsterlandes, des Minden-Ravensberger und des märkischen Raumes geflossen, sondern in Landgüter der Provinz und in Auslandswertpapiere, während die genannten Industrieregionen sich selbst finanzierten oder rheinische Bankiers und Handelshäuser in Anspruch nahmen.

Der Finanzplatz Münster wurde zudem durch die Ansiedlung einer der Hauptzweigstellen („Hauptcomptoirs") der Königlichen Bank im Jahr 1819 gestärkt. Dieses Bankcomptoir sollte durch Wechseldiskontierung Handel und Industrie „stimulieren", darüber hinaus staatliche Finanztransaktionen abwickeln und Anlagemöglichkeiten für die sogenannten Pupillengelder (Mündelgelder) provinzieller Gerichte vermitteln. Das Comptoir hatte ein großes Potential als Kreditquelle für die Provinz, arbeitete aber konservativ und ließ vor allem in den industriereichen Regionen den Wunsch nach Alternativen – zum Beispiel Notenbanken auf Aktienbasis – laut werden. Bei der Diskussion dieser Frage wiesen Vertreter des Staates und Beauftragte der Königlichen Bank auf Risiken des Kreditgeschäfts und insbesondere auf einen Mangel an geeigneten Anlagemöglichkeiten hin. Interessanterweise aber zeigte eine genauere Rekonstruktion dieser Diskussion, daß die „mangelnde Anlagemöglichkeit" von den eigenen Kreditbedingungen des Bankcomptoirs abhing. Es gab nämlich Wechselkredite nur an solide Handelshäuser gegen drei – ab 1831 unter Umständen gegen zwei – Unterschriften. Als in den 1830er Jahren der Staat diese Politik zu ändern begann, offenbarte sich zweierlei: Erstens stellte man fest, daß der Kundenkreis des Bankcomptoirs, möglicherweise zugunsten eines kleinen Kreises vor allem münsterischer Kaufleute, sehr beschränkt war. Im Jahr 1831 betrachteten die Comptoirs in Münster nur 34 Kaufleute der Provinz – davon 18 in Münster ansässig – überhaupt als kreditwürdig genug, um mit zwei statt den üblichen drei Unterschriften Kredit bei der Bank gegen Wechselvorlage zu erhalten. Zweitens war diese Restriktionspolitik mitverantwortlich für einen Kapitalexport von Westfalen in das Rheinland. Denn diese Bank, die Wechsel auf rheinische Plätze – insbesondere Elberfeld – diskontierte, verfolgte eine derartige Politik, weil der „solide Handel" dort einen größeren Umfang gewonnen hatte als in Westfalen. Der Staat hatte offenbar bis 1830 die Fiskusüberschüsse des industriereichen Regierungsbezirks Arnsberg an das münsterische Comptoir so lange abführen lassen, bis er erfuhr, daß hier diese Mittel zum Wechselkauf verwandt wurden, der ja einen Kapitalabfluß in die Rheinprovinz bedeutete. Danach ließ er die Überschüsse direkt von der Kasse Arnsberg nach Köln überweisen, um selbst ohne Teilung der Gewinne mit münsterischen Kaufleuten in den Genuß des Zinsgefälles zwischen Köln und Münster zu gelangen [2751: Tilly, Industrialisierung des Ruhrgebiets, S. 8].

In den 1840er Jahren antwortete der preußische Staat auf die Forderungen nach einer Bankenreform und nach Kreditverbesserungen mit der Umwandlung der Königlichen Bank in eine staatlich kontrollierte Aktienbank mit Notenemissionsrechten. So entstand 1846 die Preußische Bank, deren Filiale in Münster das alte Bankcomptoir ablöste. Die folgende Tabelle zeigt die Entwicklung bis zur Umwandlung der Preußischen Bank in die Reichsbank. Man sieht unter anderem, daß der münsterische Geschäftsanteil – als eine verzögerte Anpassung an die marktwirtschaftlichen Verhältnisse der Provinz – zurückging.

Durchschnittliche Jahresumsätze der Königlichen bzw. Preußischen Bank und ihrer Filialen 1837–1874 (in 1000 Talern):

Jahre	Münster	Minden	Arnsberg	Westfalen	Preußen
1837–1840	3 698	–	–	3 698	375 310
1841–1846	6 468	–	–	6 468	366 574
1847–1850	7 553	–	–	7 552	447 881
1851–1855	12 306	–	2 000*	14 306	776 285
1856–1860	29 558	6 373	21 028	56 959	1 489 200
1861–1865	50 882	19 714	43 023	113 619	1 842 960
1866–1870	25 032	44 139	72 430	141 601	2 541 900
1871–1874	31 717	69 994	190 091	291 802	5 970 950

* Geschätzt

Quelle 2278–2279: Jahrbuch für die amtliche Statistik 2, 4

Die ausführliche Erörterung dieser Spezialfrage hat ein gut dokumentiertes Beispiel für einen charakteristischen Aspekt der Entwicklung Münsters vorgeführt: die Förderung der Stadt durch die staatliche Politik.

Für die geld- und kreditwirtschaftlichen Belange der münsterischen Bevölkerung waren langfristig jedoch andere Institutionen von größerer unmittelbarer Bedeutung. Beispielhaft werden an dieser Stelle nur die Stadtsparkasse und die Provinzial-Hilfskasse behandelt.

Wie anderswo stand auch bei der Gründung der münsterischen Stadtsparkasse der sozialpädagogische Gedanke einer Förderung der Sparneigung der ärmeren Schichten der Bevölkerung im Vordergrund, wobei allerdings – wie in den meisten Fällen – eine Verbindung zur Frage der Armenhilfe gesehen wurde. Die Initiative hierzu kam vom preußischen Staat, der erstmals 1824 einen Vorschlag einbrachte. Nach langen Verhandlungen zwischen Vertretern der Stadt, des Staates und der münsterischen Armenkommission kam 1828 eine Vereinbarung zustande. Sie sah eine Doppelinstitution vor: Eine von der Stadt garantierte Sparkasse sollte die Spareinlagen annehmen, und eine Pfandleihanstalt war für die Geldanlage zuständig. Der Zinssatz wurde auf 3 Prozent und die Einlagegrenze auf 100 Taler pro Jahr festgelegt. 1829 nahm die Sparkasse die Geschäfte auf. Es war die siebte Sparkassengründung in Westfalen überhaupt und die zweite in einem katholischen Gebiet.

Das größte Problem der ersten Jahre war die Anlage der Gelder, denn der Zins in Höhe von 3 Prozent galt als relativ hoch und zog viele Ersparnisse an, während Einschränkungen auf der Anlageseite – die Pfandleihanstalt hatte nicht genug „kreditwürdige" Pfanddarlehnsnehmer – kaum ein Wachstum zuließen. Dies führte schon in den 1830er Jahren zur Kündigung bzw. Nichtannahme verschiedener Spareinlagen, zum Beispiel von Nicht-Münsteranern. Um diesen Engpaß zu überwinden, hatte die Sparkasse 1835 mit der seit 1832 bestehenden Provinzial-Hilfskasse vereinbart, bei ihr maximal 4000 Taler gegen Verzinsung zu 3 Prozent pro Jahr anlegen zu dürfen. Bereits zu dieser Zeit entstand auch in Münster ein für diese Entwicklungsphase typischer Konflikt zwischen der Sparkasse, die auf eine Herabsetzung des Einlagezinses und Erweiterung der Anlagefelder drängte, und dem Staat, der auf Gewährung möglichst hoher Zinsen und Sicherheit der Anlagen beharrte. 1838 brachte das Preußische Sparkassengesetz die Grundlage für eine Verbesserung der Lage. Nach der auf diesem Gesetz aufbauenden neuen Satzung vom 1. Januar 1842 durfte die Sparkasse Kredite auf erste Hypotheken sowie gegen Bürgschaft und Hinterlegung gewisser Wertpapiere geben. Der Weg zum Ausbau des eigenen Aktivgeschäfts war damit geöffnet worden; 1852 machten die Hypothekenkredite bereits mehr als 50 Prozent der Aktiva aus, während die Gelder bei der Pfandleihanstalt nur noch einen Anteil von ca. 15 Prozent hatten [252: Müller/Hillekamps, Hundert Jahre Sparkasse, S. 36f, 93].

Staatliche Beschränkungen des Sparkassengeschäfts blieben noch lange bestehen, so daß Konflikte zwischen Staat und Sparkasse weiterbestanden. Eine neue Entwicklungsphase zeichnete sich erst gegen Ende der 1880er Jahre ab, als sich die Sparkassen bemühten, ihre Attraktivität für Kunden durch Vermittlung überregionaler Zahlungsdienstleistungen zu erhöhen. Die Diskussion der Scheck- und Kontokorrentfähigkeit der Sparkassen wurde eröffnet; der Durchbruch erfolgte freilich erst 1909 (Sparkassenerlaß vom 20. April 1909).

Sparkassenentwicklung in Münster 1832–1914 (in Mark):

Jahr	Einlagebestand	Städtische Hypothekenkredite	Gewinne	Gewinnanteil der Stadt
1830	20 600	–	192	192
1840	94 100	–	288	288
1860	875 000	149 400	7 107	–
1880	6 952 974	3 198 619	64 826	25 000
1914	60 238 165	44 966 472	325 237	242 512

Quelle 252: Müller/Hillekamps, Hundert Jahre Sparkasse, S. 70f, 90ff

Kassenraum der Kreissparkasse in der Königsstraße (um 1920)

Die langfristige Entwicklung der Stadtsparkasse bis 1914 läßt sich gut verfolgen. Die Dominanz des Hypothekengeschäfts ist unübersehbar, bemerkenswert aber auch das Wachstum des Wertpapierbesitzes und des Verkehrs mit der Stadt Münster. In gewisser Weise ist die Stadtverwaltung selbst der größte Nutznießer der Stadtsparkasse gewesen, sowohl durch Kreditnahme als auch dank ihres Anteils an den nicht unerheblichen Gewinnen.

Erwähnenswert als Kreditinstitut von örtlicher Bedeutung ist ferner die Kreissparkasse, die erst 1859 gegründet wurde, weil die Stadtsparkasse anscheinend bis dahin die Funktion einer speziell auf den Bedarf des Kreises ausgerichteten Kasse wirksam bestreiten konnte. Die Gründung war erfolgreich; bis 1914 stieg der Einlagebestand auf 55 Millionen Mark, also auf eine Höhe, die nur knapp 5 Millionen Mark unter dem Stand der Stadtsparkasse lag [182: 100 Jahre Kreissparkasse]. Warum es im Betrachtungszeitraum – im Zuge der Ausweitung der Stadt – nicht zu einer Fusion dieser beiden Institutionen kam, ist eine berechtigte Frage, die an dieser Stelle allerdings nur gestellt, aber nicht weiter erörtert werden kann.

Im allgemeinen sind Sparkassen gegründet worden, um Bedürfnisse derjenigen Bevölkerungsgruppen zu befriedigen, die von Privatbankiers, die sich eher am Bedarf der voluminöseren Geschäfte von Großkaufleuten und Vermögenden orientierten, nicht bedient wurden. Das änderte sich in der zweiten Jahrhunderthälfte. Hatten münsterische Privatbankiers noch in den 1830er Jahren eine relativ große Bedeutung in Westfalen, so war das gegen Ende des 19. Jahrhunderts nicht mehr der Fall. Als besonders dramatisches Indiz für das Zurückfallen dieser Bankiers kann der Zusammenbruch des Bankhauses Gebrüder Niedieck im Jahr 1866 gelten – zumal dieses Ereignis zur Kündigung eines Großteils der Depositen bei münsterischen Privatbankiers führte und das Einlagegeschäft der Stadtsparkasse bedeutend verstärkt haben soll. Eine solche Wirkung deutet auf ein Konkurrenzverhältnis hin, das in den 1830er Jahren ja keineswegs gegeben war.

Ähnlich verhielt es sich mit der im Jahr 1869 gegründeten „Münsterischen Volksbank eGmbH". Bömer schreibt: „Diese verstand es nämlich, sich sehr bald einen beachtlichen Kundenkreis, der sich hauptsächlich aus kleinen Handwerkern und Landwirten zusammensetzte, großzuziehen, Kunden, die zuvor ihre Konten bei den Privatbanken unterhalten hatten" [91: Münsterisches Bankwesen, S. 25]. Dieser Kundenkreis wurde früher durch die aus der Not der 1840er Jahre geborene „Darlehnskasse für kleine Handwerker" ab 1849 bedient. Zur „Verbesserung der Lage der arbeitenden Klassen" gewährte die Kasse den münsterischen Handwerkern bis 1869 etwa 2000 Darlehen, deren Rückzahlung in kleinen Raten möglich war [1334: Göken, Entwicklung des Gewerbes, S. 33].

Privatbankiers hatten aber auch mit der Konkurrenz der Aktienbanken zu rechnen. Wie in anderen Städten Westdeutschlands kam es auch in Münster zu Konzentrationsschritten, bei denen Aktienbanken die im Ort noch tätigen Bankiers aufkauften bzw. übernahmen. 1908 wurde die letzte Privatfirma durch die Großbank „Essener-Credit-Anstalt" übernommen.

Die oben erwähnte Volksbank hatte – von mittelständischen Kreisen gefördert – einen beachtlichen Erfolg, der zur Verselbständigung des Kreditgeschäfts führte und die Bindung zum Genossenschaftswesen abschwächte. Ende der 1880er Jahre wurde sie in die Aktienbank „Westfälischer Bankverein" umgewandelt und betrieb fortan Universalbankgeschäfte. Der Bankverein ging etwas später aber selbst in einer größeren Aktienbank, der schon erwähnten Essener-Credit-Anstalt, auf. Anscheinend verursachte diese Transformation der Volksbank eine Lücke im münsterischen Geld- und Kreditwesen. Der Kreditbedarf der Kleingewerbetreibenden fand nun keinen adäquaten Adressaten, so daß bald Bestrebungen in Gang kamen, eine Kreditgenossenschaftsneugründung vorzunehmen. Im Herbst 1896 eröffnete die „neue" Volksbank den Betrieb. Auch diese Institution hat sich anschließend am Markt bewährt.

Zur Geschichte des Geld- und Kreditwesens in Münster gehört auch die Entwicklung der Provinzial-Hilfskasse, Vorläuferin der Landesbank für Westfalen (und somit auch der Westdeutschen Landesbank). Immerhin stellte sie ein weiteres Beispiel der damaligen politischen Neigung dar, derartige Institutionen in der Provinzialhauptstadt anzusiedeln und den zentralörtlichen Charakter der Stadt zu stärken. Das Hilfskassenprojekt stand seit Anfang der 1820er Jahre auf der wirtschaftspolitischen Tagesordnung, konnte aber erst nach mehreren Anläufen 1832 verwirklicht werden. Der Grund für die Verzögerung lag darin, daß die Hilfskasse von der Genehmigung des preußischen Staates abhing; diese wurde vorerst ausgesetzt, weil die westfälischen Antragsteller zunächst an dem Plan festhielten, eine Institution mit dem Recht der Notenemission zu gründen [273: Pohl, Von der Hülfskasse zur Landesbank, S. 6ff]. Interessanterweise waren es vor allem münsterische Vertreter, die – im Einklang mit den Vorstellungen der Berliner Regierung – gegen die Notenausgabe votierten. Ein Grund dafür mag darin gelegen haben, daß ein derartiger Notenumlauf Konkurrenz für das in Münster ansässige Königliche Bankcomptoir und die Privatbankiers bedeutet sowie auch Kredithilfe vorwiegend zugunsten der gewerbereichen märkischen Region Westfalens dargestellt hätte. Schließlich wurde die Idee der Notenemission aufgegeben, und 1831 erfolgte dann die Genehmigung. Mit einem Vermögen von über 300 000 Talern war die Hilfskasse schon bei der Gründung eine bedeutende Einrichtung, und in der folgenden Zeit hat sie zudem nicht unerhebliche Gelder der westfälischen Sparkassen an sich gezogen. Diese Mittel wurden zur Schuldentilgung oder zur Finanzierung von Bauprojekten hauptsächlich an Gemeinden weitergegeben. Unter den bis 1840 berücksichtigten Kreditnehmern ist bezeichnenderweise die Stadt Münster nicht zu finden. Wie bereits angedeutet, ist die Hilfskasse 1890 zu einer Art Zentralbank für die westfälischen Sparkassen geworden (Landesbank für Westfalen).

In der Zeit nach 1914 geriet die Entwicklung des münsterischen Geld- und Bankwesens noch stärker unter den Einfluß nationaler Ereignisse als vorher. Dabei ging die Bedeutung der Unterschiede zwischen den Institutionen zurück, so daß es angebracht sein mag, diese Entwicklung exemplarisch am Beispiel der Stadtsparkasse kurz darzustellen.

Das Geld- und Kreditwesen in Münster ist durch den Ersten Weltkrieg und die Inflationszeit – wie wohl überall in Deutschland – stark in Mitleidenschaft gezogen worden. Schon vor der Kriegserklärung im August 1914 kam es zu einem „Run" auf die städtische Sparkasse, bei dem die Einleger auf Abhebung ihrer Guthaben drängten. Am 27. Juli 1914 beispielsweise erfolgten 683 Abhebungen, deren Gesamtumfang mit ca. 147 000 Mark immerhin fast ein Prozent des normalen Jahresabgangs dar-

Notgeld der Stadt Münster aus dem Jahr 1923

Menschenmenge vor der Stadtsparkasse (Ludgeristraße) am 16. Juli 1931

stellte. Die Sparkasse hatte jedoch keine Liquiditätsprobleme, und die Unruhe war bald vorbei. Bedeutender war der durch den Krieg beschleunigte Strukturwandel. Die Sparkassen waren Zeichnungsstellen für Kriegsanleihen des Reiches und vermittelten ihren Kunden diese Anlagemöglichkeit zum Teil auf Kosten der Spareinlagen. Andererseits baute die Sparkasse das bargeldlose Zahlungsgeschäft mittels des Giro- und Scheck- bzw. des Kontokorrentkreditverkehrs aus. Es fand sowohl auf der Passiv- wie auch auf der Aktivseite eine Verlagerung zu kurzfristigen Zahlungs- und Kredittransaktionen statt. Die zunehmende Geldentwertung verstärkte diese Tendenz. Nach dem Krieg wuchsen Wertpapierhandel und kurzfristige Kontokorrentgeschäfte als Folge der Anpassungsversuche der Kunden an die Inflation stark an. In den letzten Inflationsjahren stellte sich die Sparkasse sowohl beim Kontokorrentverkehr als auch bei der Notgeldausgabe stärker in den Dienst der Gemeinde.

Die Hyperinflation und die darauf folgende Stabilisierung vernichteten die Vermögen der Sparkasse und ihrer Einleger. Obwohl die Aufwertung eine Teilkorrektur brachte, blieb der Schaden groß. Nach der Stabilisierung wuchsen die Einlagen wieder an, aber der veränderte Charakter des Sparkassengeschäfts – Abbau der Schwerpunkte Spareinlagen und Hypothekenfinanzierung zugunsten eines differenzierteren Kredit- und Depositengeschäfts – war unverkennbar und beispielhaft ablesbar an der gegenüber 1914 doppelt so großen Umschlaghäufigkeit der Spareinlagen.

Geschäftsentwicklung der städtischen Sparkasse 1914–1944 (in Millionen Mark):

Jahr	Einlagebestand	Städtische Hypothekenkredite	Bilanzsumme
1914	60,2	45,0	66,6
1918	95,6	44,9	125,8
1922	445,9	47,4	824,0
1925	6,8	1,5	9,5
1929	29,2	13,0*	34,2
1932	36,5	20,0*	–
1938	52,3	–	61,0
1944	156,4	–	182,0

* Geschätzt

Quelle 252: Müller/Hillekamps, Hundert Jahre Sparkasse, S. 70f, 90ff

1929 war der Aufschwung zu Ende. In der Krise der 1930er Jahre kam es erneut zum Vertrauensschwund und zu starken Abhebungen. Auch diese Krise konnte die hiesige städtische Sparkasse im Gegensatz zu den Instituten anderer Städte schnell meistern. Die generellen Probleme in dieser Situation zogen als politische Antwort eine Neuordnung des Sparkassenwesens nach sich. Die Sparkasse wurde von der Stadtverwaltung getrennt und letztlich der staatlichen Aufsicht unterstellt (Kreditwesengesetz von 1934). Die Folgen dieser neuen Rechtslage für die Sparkasse – vor allem in Hinblick auf den Wettbewerb mit anderen Sparkassen und mit anderen Bankentypen – konnten vorerst nicht geprüft werden, denn die wachsenden Prioritäten der Wiederaufrüstung und dann des Zweiten Weltkriegs machten die Sparkassen, die die sogenannte geräuschlose Kriegsfinanzierung abwickelten, auch in Münster zu Handlangern des Staatsbedarfs.

5. *Struktur und Organisation von Handwerk und Industrie*

Im Gegensatz zu anderen westdeutschen Städten waren die politischen Umwälzungen in der napoleonischen Zeit für die wirtschaftliche Entwicklung der Stadt Münster nicht ausschlaggebend.

In der Garnison- und Beamtenstadt waren zwar der Handwerker- und Handelsstand – im Vergleich zu anderen Städten – zumindest bis zur Mitte des 19. Jahrhunderts keinesfalls unterrepräsentiert, aber die traditionsorientierte und kleingewerbliche Struktur behinderte oft den wirtschaftlichen und sozialen Aufstieg im produzierenden Gewerbe. „Fabriken sind hier noch in ihrer Kindheit", berichtete ein mit Wirtschaftsprüfungsaufgaben betrauter Beamter nach Berlin [zit. nach 1397: Lahrkamp, Napoleonische Zeit, S. 493]. Das Handwerk war noch fast ausschließlich zünftig organisiert (etwa 90 Prozent der Handwerker gehörten einer der Gilden an), als per Dekret 1810 die strukturkonservierende Zunftordnung suspendiert wurde. Aber auch in der folgenden Zeit ist offenbar kaum neuer Unternehmungsgeist erwacht, denn die Neugründungen von Handwerksbetrieben vollzogen sich lediglich parallel zum Bevölkerungswachstum der Stadt.

An die gewerbliche Blütezeit mit der weitreichenden Handelsbedeutung der Stadt zur Zeit der Hanse konnte Münster nicht wieder anknüpfen. Die Zeit vor und während der Industrialisierung war zwar gekennzeichnet durch die mit Abstand höchste zentralörtliche Funktion in Westfalen, aber der Einflußbereich der Stadt ging selten über das Gebiet des früheren Oberstifts hinaus. Insbesondere konnte Münster nicht mit den außerwestfälischen Handelszentren Köln, Elberfeld und Bremen konkurrieren, die in den südlichen und östlichen Landesteilen dominierten.

Dichte in ausgewählten Handwerksberufen in Münster, Dortmund und Preußen 1849/1939 (Beschäftigte pro 1000 Einwohner):

Beruf/Gewerbe	1849 Münster	Dortmund	Preußen	1939 Münster	Dortmund	Deutsches Reich
Schuhmacher	18,2	15,2	8,4	3,3	1,3	4,2
Schneider/Näher	19,2	15,5	6,5	14,8	7,6	8,8
Posamentierer	0,5	0,3	0,1	0,1	–	0,2
Weber	–	–	–	0,3	–	3,5
Bäcker/Konditoren	10,2	5,3	2,7	5,5	3,4	4,2
Fleischer/Schlachter	2,8	4,4	1,7	2,4	2,3	3,0
Maurer	5,0	8,4	4,0	5,8	6,6	7,3
Maler/Lackierer	–	0,7	–	7,1	5,8	4,3
Tischler	10,4	14,6	4,3	7,7	4,5	8,1
Zimmerer	3,2	6,5	3,0	1,5	1,4	3,4
Drechsler	2,1	1,7	0,7	0,3	0,1	0,4
Schlosser	6,7	7,5	–	10,0	21,9	13,2
Monteure/Installateure	–	–	–	5,3	–	3,9
Klempner	1,7	1,2	–	3,3	2,4	1,9
Schmiede	2,3	7,6	–	1,1	4,2	3,9
Maschinisten	–	–	–	3,3	6,5	1,9
Friseure/Barbiere	1,6	1,2	0,6	–	–	1,8
Gold- und Silberschmiede	2,7	1,4	0,2	1,3	0,5	0,7
Uhrmacher	2,2	1,2	0,3	–	0,5	–
Böttcher	4,3	4,9	1,3	–	–	0,5
Sattler/Riemer	2,1	1,8	–	0,5	0,5	1,5
Stellmacher/Wagner	1,2	2,3	1,6	0,3	0,4	1,6
Buchbinder/Kartonagenfabrikanten	3,3	0,9	0,4	1,2	0,7	1,0

Quellen 2730: Tabellen und amtliche Nachrichten 1849; 2706: Statistik Deutsches Reich NF 557/2; 2103: Fischer, Bergbau, Industrie und Handwerk, S. 527ff

Bis zur Mitte des 19. Jahrhunderts war das münsterische Handwerk insbesondere durch zwei Charakteristika gekennzeichnet. Zum einen erreichte die „Dichte" des sekundären Sektors 1849 mit 131 Handwerkern je 1000 Einwohnern im Vergleich zu anderen preußischen Städten einen überraschend hohen Wert (Berlin: 103, Köln: 118, Dortmund: 128), zum anderen war die Diversifikation der Branchen und Berufe recht groß.

Branchenstruktur des produzierenden Gewerbes im Vergleich 1849/1939
(Anteil der Beschäftigten in Prozent):

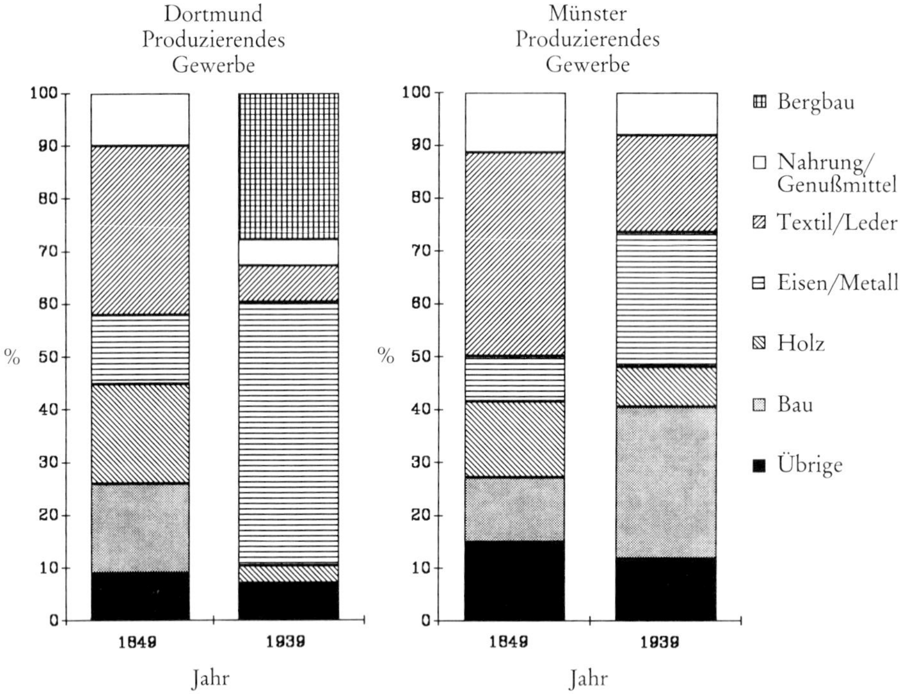

Quellen 2730: Tabellen und amtliche Nachrichten 1849; 2706: Statistik Deutsches Reich NF 557/2

Die berufliche Vielfalt im münsterischen Handwerk zeigen überrepräsentierte Berufe des gehobenen Konsumbedarfs. Buchbinder und Buchdrucker, Gold- und Silberschmiede, Uhrmacher, Mützen- und Putzmacher sowie Friseure seien als Beispiele genannt. Die Tabelle zeigt das durch einen Vergleich verschiedener Berufe mit der Situation in Dortmund bzw. Preußen zu verschiedenen Zeitpunkten. Ein zusätzliches Indiz hierfür ist die relativ große Gruppe der „übrigen Berufe". Dennoch waren die Unterschiede zwischen den verschiedenen Städten nicht sehr bedeutend, wie ein Blick auf die Handwerksdichte und die Branchenverteilung zeigt. Der sehr hohe Grad der Differenzierung von Handwerk und Handel sowie die komplette qualitative Ausstattung der Stadt spiegeln die hohe zentralörtliche Stellung Münsters wider. Im Regierungsbezirk hatte nur Warendorf eine annähernd gute Versorgung mit Leistungen des gewerblichen Sektors.

Die Entwicklung zu unterschiedlichen Städtetypen setzte insbesondere mit der Industrialisierung ab der Mitte des 19. Jahrhunderts ein. Während die schnelle schwerindustrielle Entwicklung an Rhein und Ruhr zusammen mit der Transportinnovation Eisenbahn zum Motor für die industriellen und sozialen Umwälzungen in Deutschland wurde, blieben die handwerklichen Strukturen in Münster weitgehend unberührt. Dortmund konnte zwischen 1849 und 1882 seine Handwerksdichte verdoppeln, während sie in Münster nur um 20 Prozent zunahm. Bis zum letzten Viertel des 19. Jahrhunderts wurde auch das gesamte Staatsgebiet so stark von der Modernisierung erfaßt, daß der Dichtewert der Industrie- und Handwerksberufe im Reichsdurchschnitt fast den münsterischen Wert erreichte, nachdem er vierzig Jahre vorher nur etwa halb so groß gewesen war. Bis 1939 setzte sich – bedingt durch die unterschiedlichen Städtetypen – der Trend der Dichtedivergenz im sekundären Sektor fort. In den Städten ging der Besatz der Beschäftigten im produzierenden Gewerbe relativ zurück und machte dem immer stärker werdenden tertiären Sektor mit umfangreichen Dienstleistungsangeboten Platz. Ein Vergleich mit Dortmund verdeutlicht die Entwicklungslinie Münsters bis zum Zweiten Weltkrieg: Während sich hier zwischen 1882 und 1939 die Zahl der in Dienstleistungsbranchen Beschäftigten (je 1000 Einwohner) fast verdreifachte und damit diese Berufe stärker vertreten waren als Handwerker und Arbeiter, kam es in Dortmund lediglich zu einer Verdoppelung des Dienstleistungsbesatzes bei nahezu konstanter und damit dreimal so hoher Handwerker- und Arbeiterdichte. Lag also die Beschäftigtenziffer im sekundären Sektor in Münster zur Mitte des vorigen Jahrhunderts wahrscheinlich über dem Durchschnitt deutscher Städte, so ist etwa hundert Jahre später das niedrige Niveau der Industrie- und Handwerkerdichte mit 117 Beschäftigten je 1000 Einwohnern unter den Großstädten im Reich einmalig. Der Durchschnittswert lag 1939 bei etwa 240; die Industriestadt Bochum erreichte mit über 600 Arbeitern je 1000 Einwohnern 1939 den höchsten Wert. Unter den strukturell vergleichbaren Städten wies Koblenz eine ähnliche Entwicklung auf wie Münster: ein recht konstantes Niveau im Besatz des produzierenden Sektors während der gesamten Industrialisierung.

Die Strukturkonservierung im münsterischen Handwerk zeigt sich auch in der geringen Betriebsgrößenexpansion. Hatte Münster mit durchschnittlich 2,5 Beschäftigten je Betrieb 1849 noch einen leichten Vorsprung vor Dortmund (2,3) und Preußen insgesamt (1,8), so hat sich das Bild bis 1939 vollständig gewandelt: Vor dem Zweiten Weltkrieg war zwar auch hier mit etwa sechs Erwerbstätigen je Unternehmen die Betriebsgröße deutlich gestiegen, aber im stark industrialisierten Dortmund betrug sie nun schon 18, und selbst für das gesamte preußische Gebiet kommt man auf einen Wert von durchschnittlich neun Beschäftigten. Zwar sind insbesondere die Dortmunder Zahlen stark vom Bergbau geprägt, aber auch andere Branchen wie Bau, Metall, Holz, Elektro, Chemie und Textil/Bekleidung zeigen abgeschwächt dieses Bild. Die kleingewerblich konservierte Struktur Münsters wird auch durch einen Zeitreihenvergleich der sektoralen Betriebsgrößen in der Stadt deutlich. Existierten bis zur Mitte des 19. Jahrhunderts noch im Handwerk durchschnittlich die größten Betriebe, so lag das produzierende Gewerbe 1939 deutlich hinter dem Geld- und Kreditsektor, dem Handel und sogar noch hinter den Gastbetrieben.

Handwerksdichten im Vergleich 1849/1939 (Beschäftigte pro 1000 Einwohner):

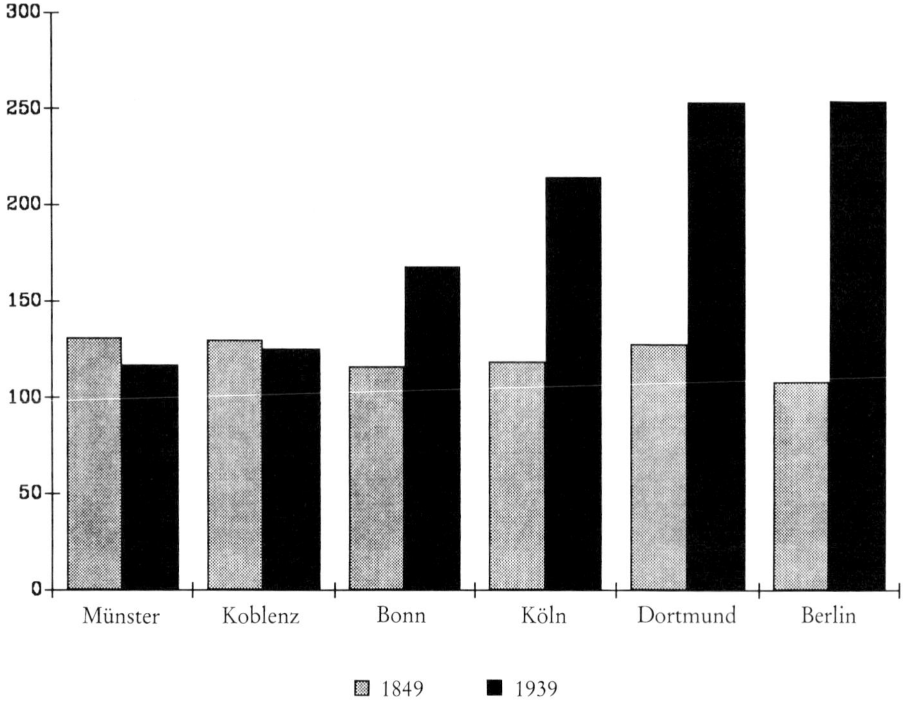

Quellen 2730: Tabellen und amtliche Nachrichten 1849; 2706: Statistik Deutsches Reich NF 2, 404, 557/2, 568; 1493: Statistischer Bericht 1938–1948

Am Beginn des 19. Jahrhunderts etablierten sich nach Göken lediglich einige kleine Fabriken, „die hinter dem Handwerk im ganzen erheblich zurücktraten"; zu der „immer gerühmten Wagenfabrik [Böcker] und den Tuchmanufakturen kamen in den zwanziger Jahren eine Zucker-, Schokoladen- und Seifenfabrik. Der Betrieb der Tuchfabrik wurde wegen der ungünstigen Lage des Ortes und der Konkurrenz der schlesischen und sächsischen Tücher in Münster i. J. 1837 eingestellt" [1334: Entwicklung des Gewerbes, S. 30]. Bezüglich der Gewerbeaufnahme von 1861 wird folgendes konstatiert: „Die Tabaksfabriken wiesen einen namhaften Umschlag auf. Unter den 9 Fabriken für musikalische Instrumente gewannen die für Pianofortefabrikation an Bedeutung, indem sie sich ausdehnten und die auf Londoner und Pariser Ausstellungen ausgezeichneten Erzeugnisse in Holland, Belgien, Italien, England und Amerika Absatz fanden; von 3 Neusilberfabriken befasste sich eine besonders mit der Herstellung von Kirchengefässen. Unter 6 Wagenfabriken bestand ein erspriesslicher Wetteifer in Anfertigung schöner dauerhafter Luxus- und Reisewagen. Ebenso er-

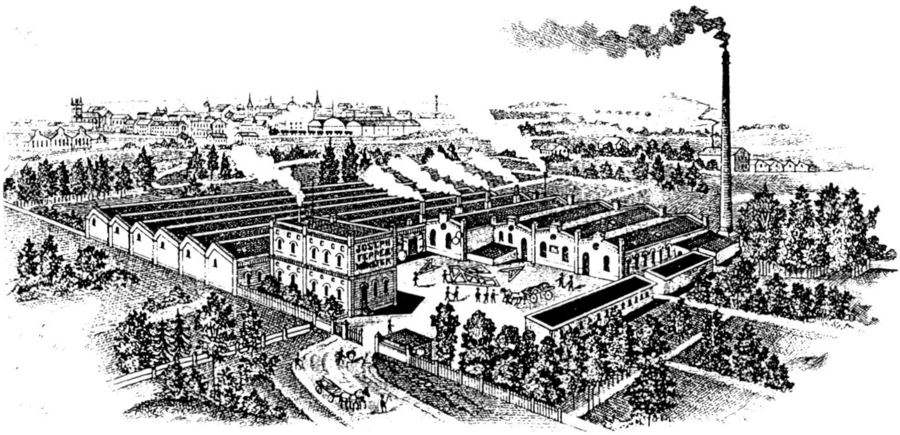

Fabrik für Eisenkonstruktionen Joseph Tepper am Albersloher Weg (1901)

freute sich eine mechanische Sack- und Segeltuchfabrik, die i. J. 1861 300 Näherinnen in Heimarbeit beschäftigte, eines lebhaften Absatzes. Die erwähnte, mit Dampfkraft versehene Fabrik für Eisenbahngüterwaren von vorzüglicher Güte und grosser Anzahl, eine zweite Tapetenfabrik und eine Fabrik landwirtschaftlicher Maschinen sind wohl ausserhalb der durch die Stadtwälle begrenzten Stadt zu suchen" [1334: Entwicklung des Gewerbes, S. 41f].

Betriebsgrößenentwicklung in den gewerblichen Sektoren Münsters 1819–1947:

	1819	1849	1858	1925	1939	1947
Industrie und Handwerk	2,3	2,5	2,3	5,2	5,9	5,3
darunter						
Bau	3,2	5,5	4,6	–	7,9	9,8
Holzverarbeitung	2,2	2,4	2,2	–	5,0	4,2
Eisen und Metall	3,0	2,1	2,2	–	10,0	7,2
Stein/Glas/Keramik	2,5	–	2,8	–	4,9	2,3
Papier/Graphik	1,6	4,2	2,2	–	10,3	3,3
Chemie	2,3	–	1,5	–	16,1	–
Elektrotechnik	–	–	–	–	13,4	11,8
Maschinen- und Kfz-Technik	–	–	–	–	8,3	6,9
Textil	1,8	2,2	2,5	–	7,5	3,0
Bekleidung	2,0	2,2	2,1	–	3,1	3,5
Leder	2,3	2,2	1,6	–	7,1	2,9
Schuhmacher	2,2	1,8	1,8	–	1,9	1,8
Nahrung und Genuß	2,0	2,2	2,3	–	3,9	4,5
Handel	1,0	1,3	1,1	3,7	8,1	3,0
Banken und Versicherungen	–	2,8	3,4	12,6	20,6	38,8
Gast- und Schankwirtschaft	1,0	–	2,5	4,2	6,3	4,0

Quellen StadtAM, Stadtregistratur 16–9; 2730: Tabellen und amtliche Nachrichten 1849; 2706: Statistik Deutsches Reich NF 2, 404, 557/2, 568; 1493: Statistischer Bericht 1938–1948

Auch in Trendes Arbeit werden münsterische Gewerbebetriebe, die in den 1820er Jahren überregionale Bedeutung erlangten, in den oben erwähnten Branchen beobachtet. Zudem verweist er auf das Druckereigewerbe, wo insbesondere die Produkte des Aschendorffschen Unternehmens „mit den besten [. . .] Erzeugnissen des Auslandes wetteifern“ konnten und auf Hassenkamps „Chemische Fabrikation“, die hauptsächlich Leinwand färbte bzw. bedruckte [2754: Werdezeit der Provinz, S. 129ff, 156].

Bis 1850 gab es in Münster noch keinen privat geführten Betrieb mit über 50 Beschäftigten. Der einzige „Großbetrieb“ war die Königliche Strafanstalt, in der knapp 400 Häftlinge mit Garnspinnerei, Weberei, Zwirnerei und der Herstellung von Geldbörsen beschäftigt waren. Der technisch herausragende Betrieb – die Kiesekampsche Korndampfmühle zur Mehl- und Graupenfabrikation – beschäftigte zwar lediglich fünf Arbeiter, setzte jedoch als erstes münsterisches Unternehmen eine Dampfmaschine mit 24 PS ein. Nach der Borghorster Baumwollspinnerei, die zwei Aggregate mit jeweils 80 PS in Betrieb hatte, und der Dülmener Eisenhütte, in der eine Maschine mit 40 PS arbeitete, stand bei Kiesekamp die viertstärkste Dampfmaschine des Regierungsbezirks [2731: Tabellen und amtliche Nachrichten 1858, S. 433ff]. Bis 1861 stieg die Zahl der in Münster eingesetzten Dampfmaschinen nur auf sechs mit einer Leistung von insgesamt 69 PS.

Ein derart langsames Wachstum im Motoreneinsatz spiegelt fast vollständig die handwerklich-kleingewerblich organisierte Struktur wider. Ein selbständiges Kapitel zur Industriegeschichte ist somit kaum zu rechtfertigen. In einer aus dem Jahr 1894 stammenden Aufstellung wurden für die Stadt nur acht Betriebe gezählt, die mehr als dreißig „Arbeiter“ beschäftigten, so daß bei der „Unterstützungskasse für Fabrikarbeiter“ aus Münster nur insgesamt 646 „Arbeiter“ – oder nicht einmal 7 Prozent aller im Bereich „Handwerk, Industrie und Bergbau“ Beschäftigten – gemeldet waren. Doch seit dem Ende des 19. Jahrhunderts siedelten sich, zum Teil aufgrund des 1899 in Betrieb genommenen Stadthafens, einige Industriebetriebe in der Stadt an, während bereits ansässige Unternehmen weiter wuchsen. So hat sich die 1903 nach Münster verlegte Landmaschinenfabrik F. Stille bis 1911 zu einem Großbetrieb mit 150 Beschäftigten entwickelt, der sogar in den folgenden Jahren (vermutlich im Weltkrieg im Zusammenhang mit dem Fahrzeugbau für das Heer) zeitweise bis zu tausend Arbeitnehmer hatte. Genauso schnell wuchs die Schloßfabrik Winkhaus, die 1879 nach Münster kam. Bereits 1914 beschäftigte das Werk 200 Arbeiter und Angestellte, Ende der 1920er Jahre war die Belegschaft auf 300 Metaller gewachsen, und mit dem 1932 gegründeten Zweigwerk in Telgte arbeiteten in den Hallen der Firma Winkhaus bei Ausbruch des Zweiten Weltkriegs etwa 500 Menschen. Unmittelbar in Verbindung mit dem Hafenausbau stehen die Parkettfabrik Theissing und die Faßfabrik des Rheinisch-Westfälischen Zementsyndikats sowie die Vergrößerung des Kiesekampschen Dampfmühlenunternehmens, das 1894 bereits 63 Arbeiter aufwies und 1911 über eine jährliche Vermahlungskapazität von 50 000 bis 60 000 Tonnen verfügte. Im 20. Jahrhundert sind in Münster ferner zwei erwähnenswerte Großbrauereien entstanden: die „Westfalia Brauerei“ (Gebrüder Hagedorn) und die „Germania Brauerei“ (F. Dieninghoff). Bis 1930 wuchs letztere – mit einem Aktienkapital von 2,5 Millionen Reichsmark – zur größten Brauerei des Münsterlandes, getragen von der Übernahme einer ganzen Reihe von kleineren Brauereien in und um Münster.

Diese relativ großen Unternehmen haben zur Wirtschaftskraft der Stadt Münster schon Spürbares beigetragen, ohne jedoch die Dominanz der Handwerker im Produktionsbereich oder den Charakter als Verwaltungs- und Wohnstadt wesentlich zu modifizieren.

Ein Blick in den Regierungsbezirk Arnsberg, nach Dortmund und Iserlohn zeigt schon zur beginnenden Industrialisierung die deutlich unterschiedlichen Betriebsgrößenstrukturen, die sich dann im Laufe des Jahrhunderts weiter verstärkten: In den Branchen Metallerzeugung und -verarbeitung gab es 1849 in Dortmund bereits neun und in Iserlohn schon 19 Betriebe mit mehr als 50 Beschäftigten.

Zum Jahrhundertende rückten auch in Münster die Bauberufe in den Mittelpunkt. Insbesondere die Schumacher – bis 1850 größte Handwerksgruppe – verloren stark, weil sie der Fabrikkonkurrenz nicht gewachsen waren und nun ihr Betätigungsfeld auf Reparaturaufgaben beschränken mußten. Auch andere – konsumorientierte – Handwerksberufe wie Müller, Bäcker, Fleischer und Schlachter verloren relativ an Bedeutung, und das traditionsreiche Böttcherhandwerk, das – vom Beschäftigungsumfang bis zur Jahrhundertmitte den Maurern und Schlossern vergleichbar – immer unter den acht wichtigsten Berufen in Münster rangiert hatte, ging bis zum Zweiten Weltkrieg völlig unter.

Mühlenbetrieb Kiesekamp am Albersloher Weg (um 1900). Der Betrieb siedelte 1891 von der Münzstraße in das neue Industriegebiet über

Diese sogenannten Kontraktionshandwerke waren Zweige, die im Lauf des Jahrhunderts nahezu vollständig von der Fabrik erobert wurden. Insbesondere dort, wo es um die Produktion billiger Massenartikel ging, mußten die Handwerker aufgeben. Die genannten Berufe können noch ergänzt werden: Nagelschmiede, Kammacher, Korbmacher, Bürstenmacher etc. sind ebenfalls durch die Industrialisierung verdrängt worden.

Erwerbstätige und Dichte im münsterischen Gewerbe 1819–1882:

	1819		1840		1849		1858		1882	
	Erwerbs-tätige	Dichte	Erwerbs-tätige	Dichte	Erwerbs-tätige	Dichte	Erwerbs-tätige	Dichte	Erwerbs-tätige	Dichte
Industrie und Handwerk	1 865	120,8	2 535	123,1	2 660	131,2	3 429	149,1	6 337	156,9
darunter										
Bau	171	11,1	237	11,5	359	16,1	559	24,3	1 091	27,0
Holzverarbeitung	275	17,8	354	17,2	411	18,9	506	22,0	681	16,9
Eisen und Metall	–	–	–	–	247	11,3	387	16,8	479	11,9
Stein/Glas/Keramik	28	1,8	63	3,1	–	–	87	3,8	–	–
Papier/Graphik	17	1,1	92	4,5	–	–	122	5,3	–	–
Chemie	14	0,9	7	0,3	–	–	3	0,1	30	0,7
Elektrotechnik	–	–	–	–	–	–	–	–	–	–
Maschinen- und Kfz-Technik	–	–	–	–	–	–	–	–	–	–
Textil	45	2,9	55	2,7			64	2,8		–
Bekleidung	266	17,2	486	23,6			681	29,6		
Leder	63	4,1	59	2,9	1 000	50,5	62	2,7	2 488	61,6
Schuhmacher	263	16,4	377	18,3			449	19,5		
Nahrung und Genuß	313	20,3	399	19,4	326	15,0	482	21,0	748	18,5
Handel	318	20,6	610	29,8	631	26,9	696	30,3	1 539	36,1
Geld/Bank/ Versicherung	–	–	–	–	25	1,1	37	1,6	67	1,7

Quellen StadtAM, Stadtregistratur 16–9; 2730: Tabellen und amtliche Nachrichten 1849; 2706: Statistik Deutsches Reich NF 2

Einen exakten Überblick über die Entwicklung in den Handwerksberufen und Branchen der Stadt Münster zwischen 1819 und 1947 vermittelt die folgende Tabelle. Zu den bekanntesten Tatsachen gehört – ähnlich der reichsweiten Durchschnittsentwicklung – der Abstieg der Schuhmacher. Die Schneider konnten sich indes relativ gut behaupten. Ihr Tätigkeitsbereich wurde in der Regel durch die überwiegend industrialisierungsbedingte fabrikmäßige Kleiderproduktion auf Änderung und Reparatur eingeschränkt – allerdings nicht so sehr in Münster, wo offenbar aufgrund der guten Einkommensverhältnisse Maßanfertigungen wichtig blieben. Das traditionell in Münster sehr stark besetzte Bäcker- und Konditorhandwerk dünnte zwar aus, gehörte aber bis 1947 zu den acht beschäftigungsintensivsten Berufen.

Erwerbstätige und Dichte im münsterischen Gewerbe 1895–1947:

	1895		1907		1925		1939		1947	
	Erwerbs-tätige	Dichte	Erwerbs-tätige	Dichte	Erwerbs-tätige	Dichte	Erwerbs-tätige	Dichte	Erwerbs-tätige	Dichte
Industrie und Handwerk	9 278	162,4	12 348	143,9	14 555	136,8	15 555	117,2	11 711	135,6
darunter										
Bau	2 561	44,8	3 895	45,4	3 544	33,6	4 496	33,9	3 905	45,2
Holzverarbeitung	1 027	18,0	1 302	15,2	1 444	13,6	1 197	9,0	784	9,1
Eisen und Metall	969	17,3	1 511	17,6	2 937	27,6	3 968	30,0	2 661	30,8
Stein/Glas/Keramik	196	3,5	249	2,9	407	3,8	229	1,7	16	0,2
Papier/Graphik	424	7,4	812	9,5	663	6,4	709	5,3	95	1,1
Chemie	13	0,2	18	0,2	132	1,2	269	2,2	–	–
Elektrotechnik	11	0,2	131	1,5	184	1,7	522	4,8	647	7,5
Maschinen- und Kfz-Technik	29	0,5	140	1,6	274	2,6	699	5,3	745	8,6
Textil	264	0,5	169	2,0	212	2,0	187	1,4	9	0,1
Bekleidung	1 857	32,5	2 626	30,6	2 896	27,2	2 203	16,6	1 462	16,9
Leder	64	1,1	56	0,7	118	1,1	100	0,8	74	0,9
Schuhmacher	496	8,7	441	5,1	209	2,0	395	3,0	362	4,2
Nahrung und Genuß	918	16,1	1 117	13,0	1 666	15,7	1 231	9,3	750	8,7
Handel	2 288	40,0	3 660	42,7	7 855	73,8	11 367	85,6	3 735	43,2
Geld/Bank/ Versicherung	159	2,8	427	5,0	794	7,5	2 667	21,6	1 434	16,6

Quellen StadtAM, Stadtregistratur 16–9; 2706: Statistik Deutsches Reich NF 404, 557/2, 568; 1672: Verwaltungsbericht 1945–1954

Die großen Gewinner von Industrialisierung, Modernisierung und Bevölkerungswachstum waren hier – wie überall – die Bauberufe: besonders die Maurer, aber auch die Maler, Lackierer, Schlosser, Klempner, Dachdecker. Als weitere Wachstumsbranche erweist sich in Münster die Elektrotechnik. Nachdem 1895 die elektrotechnischen Berufe bzw. 1907 die Kraftfahrzeug-Mechaniker erstmals in der Statistik auftauchten (11 bzw. 5 Personen wurden beschäftigt), werden 1947 647 bzw. 635 Beschäftigte gezählt. Zu den Handwerken, die in Münster ihre gute Stellung nicht behaupten konnten, gehörten neben den Schuhmachern insbesondere die Schmiede, Stellmacher, Wagner, Riemer, Sattler und Böttcher.

Bezüglich der Beschäftigungsstruktur ging der Anteil des Handwerks in Münster zwischen 1849 und 1939 etwa um die Hälfte (von 47,7 auf 21,2 Prozent) zurück. Die Aufteilung der Branchen verschob sich deutlich von den Bereichen Bekleidung/Textil/Leder und Holzverarbeitung zur Metallverarbeitung und zu den Bauberufen. In Dortmund behielt der sekundäre Sektor bis 1939 seine Stärke mit über 42 Prozent der Beschäftigten. Hier waren die Branchenverschiebungen noch extremer. Der Textilsektor verlor vier Fünftel und die Holzverarbeitung fünf Sechstel der Beschäftigten, während Metall und Bergbau 1939 die Struktur des sekundären Sektors völlig dominierten.

Vorführraum der VEW in der Ludgeristraße: Demonstration eines Staubsaugers (um 1930)

Auch hier wird wieder ein Indiz für die relative Strukturkonservierung der vorindustriellen Verhältnisse in Münster gegeben. Daß dies jedoch auf eine gewollte städtische Politik der „Nicht-Industrialisierung" zurückzuführen ist, wie es bisweilen in der Literatur zur Stadtgeschichte gesehen wird, kann nicht belegt werden. Das Argument, man wolle attraktive Wohn- und Konsumstadt sein und bleiben und darum keine Fabriken bzw. Arbeiter anziehen, findet sich weder bei den Stadtvätern noch bei den Verantwortlichen des Vereins der Kaufmannschaft.

Das Auf und Ab verschiedener Handwerksberufe weist auf ein Phänomen hin, das im 19. Jahrhundert sowohl unter Handwerkern als auch in der breiteren Öffentlichkeit immer wieder thematisiert wurde: den Strukturwandel des Handwerks. Insbesondere durch das Kommunistische Manifest von 1848, das für die kleinen Handwerker und Kaufleute den Weg ins Proletariat prophezeite, lebte die Diskussion um die Lebensfähigkeit der Mittelstände auf, zumal seit den 1840er Jahren – mit der aufkommenden Fabrikkonkurrenz – verstärkte Krisenanzeichen einsetzten.

Von über tausend Meistern trieben 1845 in Münster nur 212 ihr Gewerbe in einem steuerpflichtigen Umfang. „1852 war es soweit gekommen, dass die Zahl der steuerpflichtigen Meister bei einer gestiegenen Meisterzahl um mehr als die Hälfte gegen damals reduziert war und zudem ‚eine Masse' öffentliche Armenunterstützung erhielten" [1334: Göken, Entwicklung des Gewerbes, S. 32]. Als Krisenursachen werden am Ende des Jahrzehnts neben der Mißernte 1846 als ökonomische Determinanten hauptsächlich die neuen Techniken, die Revolution mit einhergehender Unsicherheit und das recht „neue" Magazinwesen thematisiert. Für Münster wird konstatiert: „1853 wurden hier 6 Möbel-, 7 Kleider- und 4 Schuhwarenmagazine festgestellt, in denen sogar durch auswärtige, ja ausländische Handwerker angefertigte Ware verkauft wurde [. . .] Aus Mangel an Beschäftigung gezwungen, für Magazine zu arbeiten, erhielten die Handwerker einen geringeren Lohn als Fabrikarbeiter und Tagelöhner. Dazu kamen Klagen des Handwerks über das Borgunwesen und über die Konkurrenz des Landhandwerks, bei dem viele hiesige Einwohner ihre Bedürfnisse befriedigen liessen" [1334: Göken, Entwicklung des Gewerbes, S. 33]. Auf der einen Seite wurden – wie eben für die Jahrhundertmitte, aber auch noch fünfzig Jahre später – die sozialen Kosten des Strukturwandels dramatisiert, besonders von bestimmten Handwerkerkreisen:

„Der Industrialismus mit seinem kapitalistischen Saugrüssel verzehrte die Mittel- und Kleinbetriebe. Von oben und von unten droht der Umsturz, die Sozialdemokratie fühlt sich schon als lachende Erbin am Totenbett des Mittelstandes. [. . .] Nein, die Natur tut's mit ihren Gesetzen dem Mittelstand nicht an, sondern die Menschen, manchesterliche Menschen, haben mit hyperliberalen Gesetzen [. . .] dem Handwerk tödliche Wunden beigebracht" [Handwerkerfreund 1901].

Auf der anderen Seite sahen viele Beobachter und insbesondere Sozialwissenschaftler – wie zum Beispiel Karl Bücher – im Strukturwandel reale Chancen für das Handwerk:

„Wenn wir die heutige Lage vergleichen mit der sogenannten ‚goldenen Zeit' des Handwerkes, so giebt sie zu Klagen und zu Bedenken nicht mehr Anlaß, als jede größere wirtschaftliche Umwälzung. Es sind Wachstumsschmerzen, über die geklagt wird. Gewiß geht das Handwerk in den Städten auf die Neige, es hört auf, Kundenproduktion zu sein; der Handwerker wird ein anderer Mensch. Ein Teil der Meister, und ein gar nicht kleiner, steigt empor zu kleinkapitalistischen aber vereinzelt selbst zu großkapitalistischen Unternehmern; ein Teil findet als Werkstattvorstände oder als Vorarbeiter in Fabriken Beschäftigung; ein Teil wird zu qualifizierten Fabrikarbeitern, ein Teil endlich zu Liefermeistern und Heimarbeitern. Materiell befinden sich alle diese Gruppen, mit Ausnahme der letzten, besser als die Mehrzahl der alten Kleinmeister; ob sie zufriedener und glücklicher sind, ist eine andere Frage" [2030: Handwerkerfrage, S. 32].

Auf nationaler Ebene hatte diese Auseinandersetzung sozialpolitische Konsequenzen. Vielleicht weil auch die politische Elite im Kaiserreich in der Erhaltung und Hebung der überwiegend konservativen Handwerkerschaft ein Mittel zur Stärkung der bestehenden Ordnung sah, wurden die im Modell der Gewerbefreiheit verdeutlichten wirtschaftspolitischen Vorstellungen unter dem Eindruck der politischen Potenz des Handwerks zurückgenommen. Die bei den Handwerkern wenig geliebte Gewerbefreiheit vom Beginn des 19. Jahrhunderts wurde durch zahlreiche Novellen zur Gewerbeordnung eingeschränkt, zum Beispiel 1881 durch das sogenannte Innungsgesetz, das den Innungen den Charakter öffentlich-rechtlicher Korporationen wiedergab. 1897 kam es sogar zur Einführung des fakultativen Innungszwangs, 1908 ergänzt durch den „kleinen Befähigungsnachweis".

Auch in Münster hatte dieses „Handwerkergesetz" Folgen für die Organisation des Handwerks. Nach reger Diskussion und weiteren Innungsgründungen in den 1890er Jahren entstand 1900 der Innungsausschuß bzw. die Handwerkskammer, nachdem bereits als Pendant zum Kaufmannschaftsverein – allerdings 25 Jahre später – im Dezember 1859 ein Handwerkerverein gegründet worden war, der jedoch in

Dichte verschiedener Handwerksberufe in Münster
(Beschäftigte pro 1000 Einwohner)

Ausgewählte Niedergangsberufe

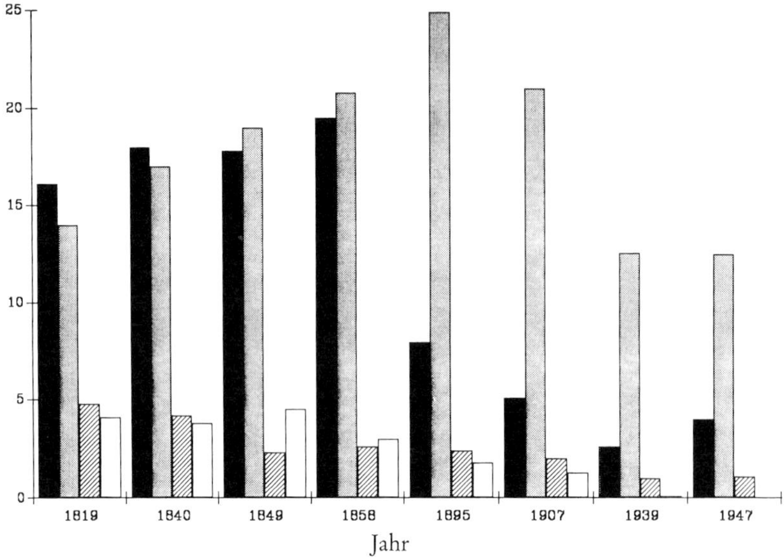

■ Schuhmacher ▤ Schneider/Näher ▨ Schmiede □ Böttcher

Ausgewählte Expansionsberufe

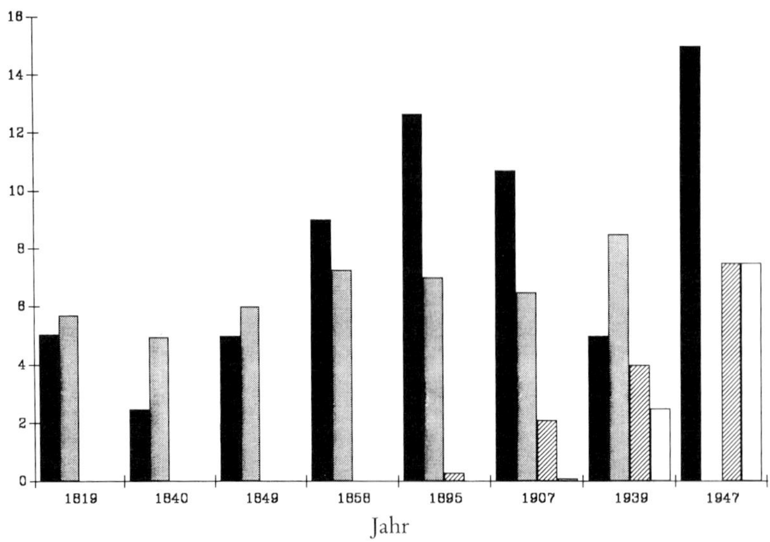

■ Maurer ▤ Schlosser ▨ Elektrotechniker □ Mechaniker/einschl. Kfz

Quellen StadtAM, Stadtregistratur 16–9; 2730: Tabellen und amtliche Nachrichten 1849; 2706: Statistik Deutsches Reich NF 2, 404, 557/2; 1672: Verwaltungsbericht 1945–1954

Beschäftigungsstruktur im Vergleich 1849/1939 (Anteile in Prozent):

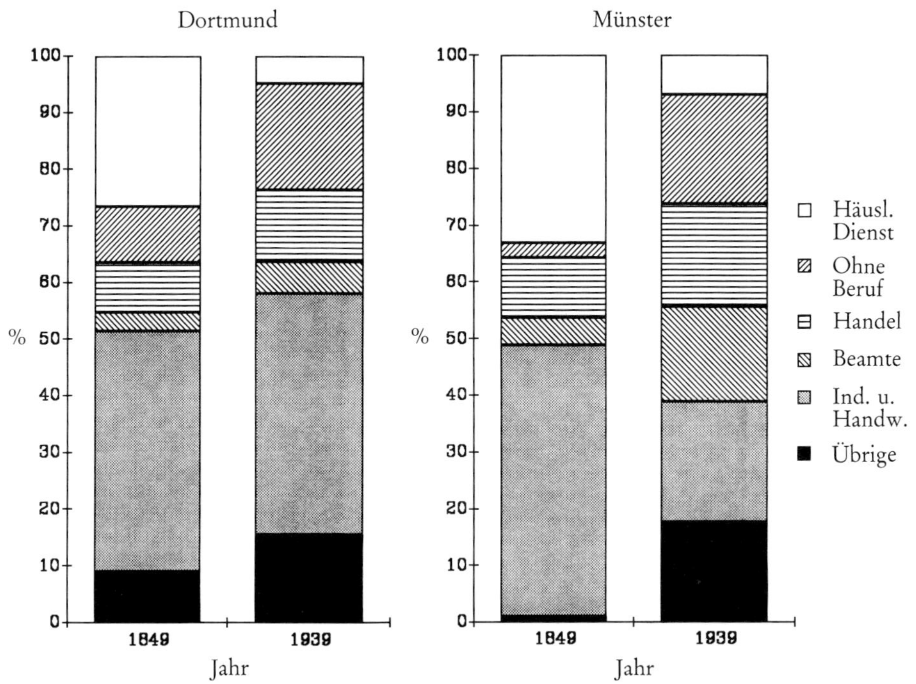

Quellen 2730: Tabellen und amtliche Nachrichten 1849; 2706: Statistik Deutsches Reich NF 568; 1672: Verwaltungsbericht 1945–1954

erster Linie allgemeine und fachliche Bildung vermitteln sollte und keine starken politischen Ambitionen hatte. In dem zeitlichen Nachhinken der Interessenorganisation des Handwerks hinter dem Handel kann ein Hinweis auf die mindestens bis zum Beginn des 20. Jahrhunderts untergeordnete gesellschaftliche, soziale und politische Bedeutung des Handwerks gesehen werden, obwohl die Handwerker – in Münster wie in anderen Städten – die weitaus größte soziale Gruppe darstellten.

Daß dieses Organ durchaus im Sinne des „Handwerkergesetzes" arbeitete, belegen mehrere Anläufe, einzelne Handwerker und Betriebe zum Beitritt in die entsprechenden Innungen zu zwingen – zum Beispiel im Jahr 1901 von der Schneiderinnung mit Erfolg, im selben Jahr von der Tischlerinnung ohne Erfolg versucht [StadtAM, Stadtregistratur 27–26]. Im Ersten Weltkrieg ist sie bereits zu einem Instrument staatlicher Wirtschaftspolitik geworden, in dem sie zur Kriegswichtigkeit bestimmter Handwerkszweige bzw. -betriebe Stellung nehmen mußte, aber dabei auch Handwerkerinteressen vertreten konnte.

Nach dem Krieg wurde die Arbeit vom Innungsausschuß und von der Handwerkskammer intensiviert und zur Information ein neues Presseorgan mit dem Namen „Dat Schohus“ herausgegeben. Im Geleit zur neuen Zeitschrift hieß es:

„In Fortführung alter, guter Handwerksüberlieferung wird die Zeitschrift den Namen ‚Dat Schohus‘ führen, als Sinnbild der Einigkeit und Geschlossenheit der alten münsterschen Gesamtgilde in ihrem stolzen Amtshaus, dem ‚Schohus‘ [. . .], welches noch heute auf dem Alten Fischmarkt 27 als wuchtiges Wahrzeichen an die glanzvolle Vergangenheit des münsterschen Handwerks erinnert. [. . .] ‚Dat Schohus‘ [will] die ruhmvolle Geschichte der alten münsterschen Gilden, die Blütezeit des mittelalterlichen Handwerks wieder der heutigen Generation zum lebendigen Bewußtsein bringen.“

Im Jahr 1924 wird charakteristischerweise der Innungsausschuß umbenannt: Der neue Name „Gesamtgilde Münster“ reflektiert das Verhaftetsein in der alten Tradition der Stadt.

In dieser Zeit scheint auch die politische Arbeit der münsterischen Handwerkerschaft entsprechend verstärkt worden zu sein. 1919 zum Beispiel war sie in der Lage, der Stadtverwaltung eine Bindung der Vergabe von Wohnungsbaugeldern an Arbeitsaufträge für münsterische Handwerker aufzuzwingen (Beschluß der Stadtverordnetenversammlung vom 24. September 1919). Hier lag ein typisches Arbeitsfeld der Handwerkerorganisation. Immer wieder wird von der Stadtverwaltung die Bevorzugung münsterischer Handwerker bei der Auftragsvergabe gefordert. Das zeigt

Ausschachtungsarbeiten für den Aasee. Gemälde von Carl Busch (1929)

sich insbesondere bei den Arbeitsbeschaffungsmaßnahmen der Krisenjahre 1925/26 (unter anderem dem Aaseeprojekt) und in den 1930er Jahren. In der Krise der 1930er Jahre selbst wirkte die Organisation zwar beim Preisabbau der Brüningschen Deflationspolitik mit, schaltete sich jedoch bremsend in die mit dieser Politik zusammenhängende öffentliche Auseinandersetzung mit den münsterischen Verbrauchervereinen ein, die begreiflicherweise für noch stärkere Preissenkungen bei Konsumgütern und insbesondere bei Handwerkserzeugnissen plädierten.

Zum Teil als Antwort auf die schlechte Lage münsterischer Handwerke startete die Stadt 1932 ein Arbeitsbeschaffungsprogramm über sieben Monate für 170 Erwerbslose; ab September 1932 konnte man sich auf die staatlichen Programme, die der Kurswechsel zur aktiven Konjunkturpolitik durch von Papen ermöglichte, stützen und die Aktivitäten ausdehnen: Kleinstwohnungsbau, Instandsetzung der Engelenschanze, Entwässerung der Loddenheide, Straßen- und Wegeausbauten seien beispielhaft angeführt. Dennoch sprechen auch die münsterischen Handwerksorganisationen oft vom „verzweifelten Existenzkampf". Als typisch kann ein Leserbrief der Gesamtgilde an die „Münsterische Morgenpost" (25. März 1932) gelten:

„Die Ausbreitung der Warenhäuser und Einheitspreisgeschäfte hat dem gewerblichen Mittelstand im Handel und Handwerk eine erhebliche Schädigung zugefügt. Der Kampf des gewerblichen Mittelstandes gegen diese Konkurrenz der Warenhäuser und Einheitspreisgeschäfte ist deshalb so schwierig, weil gerade die Warenhäuser und Einheitspreisgeschäfte mit verlockend billigen Angeboten arbeiten."

Die Attraktivität der NSDAP für den gewerblichen Mittelstand beruhte zum Teil darauf, daß die Partei die alten Handwerksforderungen aufgriff, indem sie die Bestandsgarantien und die „Neuregelung" der Wettbewerbsordnung im Sinne des Handwerks verlangte. Der „Kampfbund für den gewerblichen Mittelstand" nahm zur Jahreswende 1932/33 den „Kampf gegen alle Mittelstandsfeinde" auf.

Nach der Machtübernahme 1933 wurde der Innungsausschuß jedoch gleichgeschaltet, die Handwerkskammer wurde zur Kreishandwerkerschaft. Eine zusätzliche Marktzutrittsbarriere zum Schutz bereits bestehender Handwerksbetriebe entstand 1934 mit der Bedürfnisprüfung für Neugründungen (Verordnung vom 15. Juni 1934); als besonderer Erfolg der handwerklichen Verbandsarbeit wurde 1935 insbesondere die gesetzliche Manifestation der hundert Jahre alten Forderung des Handwerks nach dem „großen Befähigungsnachweis" gefeiert. Nachdem schon 1908 die Meisterprüfung Voraussetzung für die Lehrlingsausbildung wurde („kleiner Befähigungsnachweis"), machte das NS-Regime auch das Recht zur Ausübung eines selbständigen Handwerks vom Meistertitel abhängig. Die Zahl der Meisterprüfungen stieg erheblich, das „Innungsleben" war reglementiert und geordnet – schon 1935 waren 95 Prozent der Handwerker in Innungen organisiert [180: 550 Jahre Handwerksgemeinschaft, S. 87ff] –, und der Wettbewerb war durch den Befähigungsnachweis zugunsten der bestehenden Betriebe stark eingeschränkt worden. Wichtig blieb diese Handwerksorganisation weiterhin für die Verteilung staatlicher Arbeitsaufträge, für die Zuteilung von knappen Rohstoffen sowie für die Prüfung der Kriegswichtigkeit von Handwerksbetrieben.

Faßt man das alles zusammen, so hat anscheinend auf den ersten Blick die sozioökonomische Gruppe des Handwerks von dieser Organisationsentwicklung seit Ende des 19. Jahrhunderts profitiert, aber eine Gesamtbilanz – die wohl auch die

Behinderung potentiell innovativer und wachstumsorientierter Handwerksunternehmen mitberücksichtigen müßte – läßt sich zur Zeit nicht aufstellen, nicht einmal für die geschützten Handwerksbetriebe, geschweige denn für die Wirtschaft Münsters insgesamt.

6. *Wohnungswirtschaft*

Die seit etwa 1870 stärker wachsende Einwohnerzahl und der steigende Wohlstand in Münster sorgten für eine zunehmende Nachfrage nach Wohnraum und somit für starke Bautätigkeit. Auf das steigende Gewicht der Bauberufe unter Münsters Handwerkern ist bereits oben hingewiesen worden. Aufgrund dieses Aspekts gehörte die Betrachtung der Wohnungswirtschaft zum Bereich „Handwerk und Industrie". Doch geht die Bedeutung der Wohnungswirtschaft darüber hinaus, weil sie den Löwenanteil lokaler Kreditgeschäfte für sich beanspruchte. So betrugen beispielsweise die Hypothekenkredite der Stadtsparkasse 1914 mit ca. 45 Millionen Mark rund zwei Drittel der Gesamtanlagen dieses Instituts. Außerdem zählte die Wohnungswirtschaft zeitweise zu den wichtigsten Fragen der Kommunalpolitik in Münster. Allerdings kann hier aus Platzgründen nur eine grobe Skizze der Entwicklung gegeben werden – und die Darstellung klammert die Periode vor 1870 völlig aus.

Eine Zäsur stellte die Stadterweiterung im Jahr 1875 dar, weil diese Ausdehnung – welche die Stadtfläche vervierfachte – vor allem im Verhältnis zur Einwohnerzahl einen riesigen Zuwachs an Bauland brachte und somit eine Voraussetzung für weiteres Städtewachstum.

In der folgenden Graphik, die die Zahl der Neubauten in Münster darstellt, ist eine ausgesprochene Zyklizität zu erkennen, allerdings auch der Bruch im Ersten Weltkrieg. Weil ein Großteil der Handwerker der Stadt direkt von der Baubranche abhängig war (Schätzwert für die 1930er Jahre: 20 Prozent), muß man davon ausgehen, daß die hiesige Wirtschaftskonjunktur im wesentlichen auch davon geprägt wurde. Vor 1914 wurde die Baukonjunktur auch von der Kapitalmarktentwicklung mitgeformt. So konnte die Stadt Münster – allerdings nur in gedämpfter Form – von der allgemeinen Wirtschaftskonjunktur beeinflußt werden. Auch nach 1914 sieht man hier Spuren der allgemeinen Konjunktur in Deutschland, aber dafür waren weniger Marktkräfte als vielmehr eine gemeinsame politische Entwicklung verantwortlich.

Betrachtet man die Akteure und die Struktur dieses wachsenden Wirtschaftsbereichs, so ergibt sich folgendes Bild: Am Anfang des Zeitraums sieht man eine weitgehend privatwirtschaftlich gesteuerte, mittelständische Struktur. Noch in den 1870er Jahren dominierte der Häuserbau auf Bestellung. Der Vermögensbesitzer kaufte das Grundstück, ließ sich einen Bebauungsplan von einem Architekten geben und beauftragte dann Bauhandwerker mit der Errichtung des Hauses. Aber schon zu dieser Zeit nahm die Zahl der Bauhandwerker zu, die das unbebaute Grundstück vom Grundbesitzer – meist einem Landwirt – selbst kauften und darauf Häuser errichteten, um sie mit Gewinn wieder zu verkaufen. Man kann hier den Übergang

Tatsächlich gemeldete und geschätzte Neubauten in Münster 1883–1939:

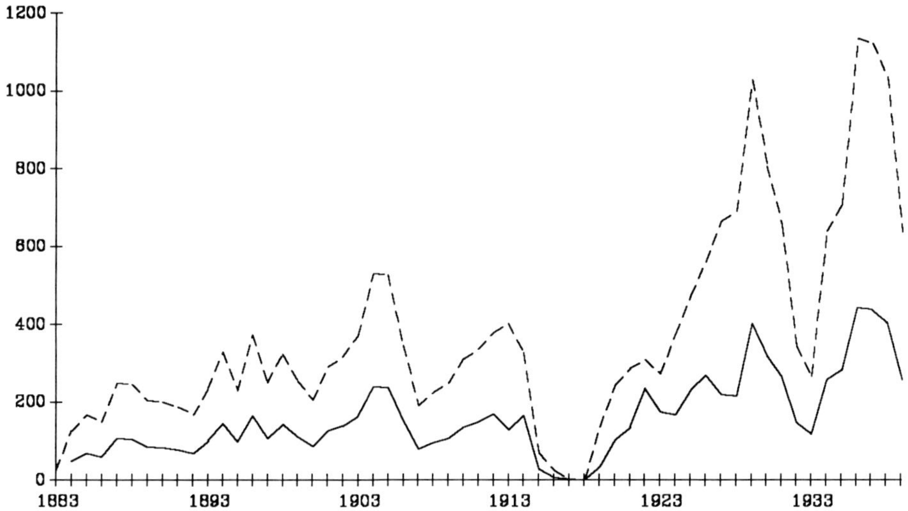

Jahr

- Wohnhäuser, 1929–1939 geschätzt   - - Wohnungen, 1883–1902 geschätzt

Quelle 1538: Drerup, Grundstücksmarkt, S. 24, 27 (und eigene Berechnungen)

vom Bauhandwerker zum Bauunternehmer beobachten. Typischer Kapitalgeber dieser Bautätigkeit war in wachsendem Maße die Stadtsparkasse, deren eigene Geschäftslage sogar damit korrelierte [1538: Drerup, Grundstücksmarkt, S. 50ff].

Mit dem Ersten Weltkrieg ist der privatwirtschaftliche Anteil an der münsterischen Wohnungswirtschaft zunächst stark zurückgedrängt worden. Schon während des Krieges kam es zu militärischer Beschlagnahme von Wohnraum und zur Verschärfung einer Wohnungsnot in Münster, die durch die Baustille der Jahre 1914 bis 1918 entstand. Unter den veränderten politischen Bedingungen nach 1918 war in Münster eine stärkere öffentliche Intervention in den Wohnungsmarkt zu erwarten. Hauptträger der Bautätigkeit waren in den 1920er Jahren dementsprechend gemeinnützige Bauunternehmungen, die mit öffentlichen Mitteln arbeiteten, oder die Gemeinde selbst. Auch große Siedlungen sind durch diese Träger insbesondere in den Außenbezirken der Stadt gebaut worden. Diese Entwicklung wurde allerdings in der Wirtschaftskrise der 1930er Jahre gebremst. Interessanterweise ist der danach folgende Aufschwung der Bautätigkeit (1934–1937) zum größten Teil von der Privatwirtschaft getragen worden, gleichsam eine Rückkehr zur traditionellen Struktur.

Insgesamt hat die Stadt Münster über den ganzen Zeitraum den mittelständischen Charakter ihrer Wohnungswirtschaft beibehalten. Selbst die interventionistische Phase nach 1918 konnte diesen Zug nicht ganz verwischen, vielleicht weil Interventionen der öffentlichen Hand hauptsächlich zugunsten des Mittelstandes ausfielen.

Struktur der Wohnungen in Münster 1905–1927 (Prozent der bewohnten Wohnungen):

	Wohnungen		
	1–3 Zimmer	4–6 Zimmer	7 Zimmer und mehr
Münster 1905	19,8	57,1	22,1
Münster 1927	19,3	60,4	20,3
Großstädte im Deutschen Reich 1927	51,4	41,7	6,9

Quelle 1538: Drerup, Grundstücksmarkt, S. 36

Schaut man sich die Wohnungsstruktur der Stadt in vergleichender Perspektive an, so erkennt man – im Gegensatz zu den meisten anderen Großstädten Deutschlands – als hervorstechendes Merkmal ein Übergewicht der Groß- und Mittelwohnungen, oder anders formuliert: das Fehlen einer bedeutenden Anzahl von Kleinwohnungen. Dieser Befund darf nicht überraschen. Er entspricht dem Fehlen einer bedeutenden Arbeiterbevölkerung und der Dominanz einer mittelständischen Sozialstruktur, also den Kennzeichen, die seit jeher das Erscheinungsbild der Provinzialhauptstadt prägten.

Quellen und Literatur

Die wichtigsten Quellen für das 19. Jahrhundert sind die Akten der Stadtregistratur (Fächer 16, 18, 64) und der Stadtverordnetenregistratur im Stadtarchiv Münster. Zur Darstellung der Entwicklung der Berufsstruktur können die veröffentlichten Bände der „Preußischen Statistik" [2704: Preussische Statistik] und der Reichsstatistik insbesondere für den Vergleich mit anderen Städten oder anderen räumlichen Aggregaten als wertvoll angesehen werden. Zum 20. Jahrhundert enthalten die gedruckten oder als Typoskript verfügbaren Verwaltungsberichte des Magistrats von 1915 bis 1926, 1926 bis 1945 und der statistische Bericht über die Zeit von 1938 bis 1945 wichtige Daten; für übergreifende Fragen (zum Beispiel Handel, Kreditwesen) sind die Akten des Staatsarchivs Münster sowie die Akten der Industrie- und Handelskammer Münster im Rheinisch-Westfälischen Wirtschaftsarchiv (Dortmund) nützlich.

Zur neueren Wirtschaftsgeschichte der Stadt existiert nur wenig wissenschaftliche Literatur. Relevante Informationen über Münster enthält Trende [2754: Werdezeit der Provinz]; einen guten Überblick über viele Bereiche der städtischen Wirtschaft – besonders über das 20. Jahrhundert – bringt die Arbeit von Prahl [1612: Eigenwirtschaftliche Tätigkeit]. Eine Reihe von älteren Dissertationen decken verschiedene Gebiete gut ab. Zu nennen sind die Arbeiten von Karl Bömer [91: Münsterisches Bankwesen], Martha Drerup [1538: Grundstücksmarkt], Emil Hegemann [1350: Entwickelung des Verkehrs], Ferdinand Göken [1334: Entwicklung des Gewerbes] und Knüfermann [1096: Max-Clemens-Kanal]. Informationsreich sind ferner verschiedene Festschriften: zum Beispiel die Arbeit über die Interessenorganisation der münsterischen Kaufmannschaft [147: Haunfelder, Verein der Kaufmannschaft], die Festschriften anläßlich des hundertjährigen Bestehens von Stadt- bzw. Kreissparkasse [252: Müller/Hillekamps, Hundert Jahre Sparkasse; 182: 100 Jahre Kreissparkasse], die Gedenkschrift zum 75jährigen Jubiläum der

Volksbank [338: Volksbank] sowie die Festschriften von Handwerksgemeinschaft und Industrie- und Handelskammer [180: 550 Jahre Handwerksgemeinschaft; 100: Diebäcker, Wirtschaftliche Selbstverwaltung]. Kurze Firmenbiographien münsterischer Unternehmen finden sich in einem Wirtschaftsführer für Westfalen [2201: Wirtschaftlicher Heimatführer] aus dem Jahr 1920.

Der Beitrag ist unter erheblicher Mitarbeit von Diplom-Volkswirt Harald Frank entstanden.

WOLFGANG R. KRABBE

Die Stadt als „Unternehmer" – Münsters Entwicklung zum kommunalen Dienstleistungszentrum

1. Urbanisierung und Daseinsvorsorge – 2. Die städtischen Betriebe – 3. Städtische Sozial- und Gesundheitsverwaltung – 4. Städtische Kultur- und Freizeiteinrichtungen

1. Urbanisierung und Daseinsvorsorge

Einer der umwälzenden Modernisierungsprozesse des 19. Jahrhunderts war die Urbanisierung, die Verstädterung der Gesellschaft. Sie wurde in Mitteleuropa durch ein bis dahin unbekanntes Bevölkerungswachstum hervorgerufen, das bereits im 18. Jahrhundert im ländlichen Raum eingesetzt hatte. Die Zunahme der Einwohnerzahl von Städten und Gemeinden wie die allmähliche Umwandlung von der ländlichen zur städtischen Bevölkerungsweise waren die Folgen dieser Entwicklung. Die Überseeauswanderung, in der Millionen von Deutschen im 19. Jahrhundert ihre Chance sahen, reichte nicht aus, der um sich greifenden Verelendung, dem Pauperismus, zu entkommen. Da boten die Städte näherliegende Möglichkeiten des Überlebens, zumal dort auch die beginnende Industrialisierung ihre Stützpunkte fand. Die Industrialisierung verstärkte den Verstädterungsprozeß zwar in einem ganz entscheidenden Ausmaß, sie veranlaßte sogar die Gründung ganz neuer Städte; dennoch muß die Urbanisierung als ein eigenständiger Vorgang der Sozialgeschichte gesehen werden, der andere Ursachen hatte als die Industrielle Revolution. Das Bevölkerungswachstum begünstigte nicht nur die Industriestandorte unter den Städten, sondern gleichermaßen die, welche vorwiegend vom Handel oder von der Verwaltung geprägt wurden oder allgemein Sitz wohlhabender Einwohnerschichten waren. Denn auch hier konnte die überschüssige ländliche Bevölkerung Arbeit und Brot finden.

Für die Städte hingegen war mit der anhaltenden Zunahme ihrer Einwohnerschaft ein wachsendes Ver- und Entsorgungsproblem entstanden. Sie nahmen diese Entwicklung als Herausforderung an und wurden zu den Hauptträgern der Daseinsvorsorge für die Massen der entstehenden modernen Industriegesellschaft. Daß diese Belastungen aber auch die wirtschaftliche Kraft und die administrative Befähigung der Städte entscheidend steigerten und damit zur Stärkung der gemeindlichen Eigenverantwortung und Selbstverwaltung beitrugen, sei nur nebenbei bemerkt. Die Ausweitung des städtischen Aufgabenbestandes diente dazu, den existenznotwendigen und den höheren Bedarf ihrer zunehmenden Bevölkerung wie auch den Bedarf der ortsansässigen Wirtschaft zu befriedigen. Aus Gründen der Effizienz und des finanziellen Vorteils, aber auch aus sozialen Motiven, fühlten sich die Stadtgemeinden dazu berufen, diese Versorgungs- und Entsorgungsleistungen selbst auszuführen. Das Prinzip der Universalität des Wirkungskreises bot ihnen die rechtliche Handhabe. Bis in die 1860er Jahre hinein war die Aufgabenbelastung der Städte noch sehr gering. Die Funktionen, die sie im Rahmen der Hoheits- und Vermögensverwaltung ausübten, unterschieden sich kaum von denjenigen der vormodernen Epoche. Den liberalen Auffassungen der Zeit entsprechend, überließ man es zunächst der Privatinitiative, öffentliche Wirtschaftsbetriebe wie Gasanstalten und Straßenbahnen zu errichten. Neben der Verwaltung des gemeindlichen Vermögens hatten die Städte hoheitliche Aufgaben zu erfüllen. Sie trugen die Lasten für ihre eigene Kommunalverwaltung wie für die Polizeiverwaltung und mußten auch für polizeiliche Anstalten (Straßenbeleuchtung und -unterhaltung, Feuerlöschwesen, Brunnen, Abwasserkanäle) aufkommen. Als dritter Hauptverwaltungszweig schlugen das Schul- und das Armenwesen zu Buche. Viele Städte wurden hierin aber durch eigens für diese Zwecke eingerichtete Stiftungen und gemeinnützige Verbände wie auch durch die Kirchen entlastet und begnügten sich mit der Zahlung von Zuschüssen.

Die deutschen Städte standen im 19. Jahrhundert den Umwälzungen von Urbanisierung und Industrialisierung völlig unvorbereitet gegenüber. Bis weit in die zweite Jahrhunderthälfte hinein unterschied sich ihre Verwaltung in Struktur und Personalstärke nicht von der zur Zeit der Steinschen Städtereform (1808). Um die Aufgaben der Vermögens- und Hoheitsverwaltung zu erfüllen, die sich mit der Regelung der bestehenden Verhältnisse zufrieden gab, genügten einiges Büro- und Außendienstpersonal, einige Lehrkräfte und Polizeibeamte. Die bürgerlichen Honoratioren, welche die kommunale Selbstverwaltung ausführten, handelten als sparsam wirtschaftende Stadtväter, so wie sie es als Kaufleute oder Handwerker in ihrem Berufsleben gewohnt waren. Erst in der Reichsgründungszeit schwand die frühliberale Vorstellung, daß öffentliche Verwaltung nur zu dem Zweck, die Funktionen des Staates aufrechtzuerhalten und Gefahren abzuwehren, in die Belange der Gesellschaft eingreifen dürfe. Parallel zur Entwicklung zum Interventionsstaat, die sich nach der Wirtschaftskrise von 1873 abzeichnete – besser: ihr sogar vorgriff –, vollzog sich auf der kommunalen Ebene der allmähliche Übergang zum Prinzip der Daseinsvorsorge. In den Städten setzte sich die Vorstellung durch, daß die Verwaltung vorwiegend dazu bestimmt sei, Vorsorge zu treffen und die Existenzgrundlage für ihre Einwohner zu sichern, wie es den Möglichkeiten der modernen Städtetechnik entsprach. Die rasche Ausbreitung der technischen Innovationen setzte die Städte in einen grenzübergreifenden Zugzwang, dem sich keine Stadtverwaltung mehr entziehen konnte.

Die Verwaltungsrechtslehre mochte diesen Wandel, der sich in der öffentlichen Verwaltung schon längst vollzogen hatte, lange nicht rechtstheoretisch nachvollziehen. Erst in den dreißiger und vierziger Jahren dieses Jahrhunderts reflektierten Walter Jellinek, Ernst Forsthoff, Arnold Köttgen u.a., daß ursprünglich privatrechtlich bestimmte fiskalisch-wirtschaftliche Aufgaben in den hoheitlichen Kompetenzbereich öffentlicher Verwaltung fallen. Ernst Forsthoff prägte für dieses administrative Tätigkeitsfeld den Begriff der Daseinsvorsorge, welche die ganz elementaren Lebensbedürfnisse in der modernen Zivilisation zu befriedigen habe. Heute wird vorwiegend der Begriff der Leistungsverwaltung verwandt. Da sowohl die fiskalisch-erwerbswirtschaftlichen Gemeindebetriebe (Gas- und Elektrizitätswerk, Straßenbahn) als auch die hoheitlichen Anstalten, die (wie Wasserwerk, Kanalisation) aufgrund einer Polizeiverordnung dem Benutzungs- und Anschlußzwang unterliegen, gleichermaßen eine Versorgungsfunktion erfüllen, die öffentliches Handeln legitimiert, gelten sie mittlerweile als „öffentliche Einrichtungen".

Schon um die Jahrhundertwende trat in den großen und mittleren Städten eine Standardisierung der Leistungsprogramme ein, welche die Kommunalverwaltungen zur Versorgung der Massen verpflichtete. So verwischten sich allmählich die Unterschiede zwischen ursprünglich fakultativen und ursprünglich obligatorischen Aufgaben. Auch wenn wir die sogenannte Auftragsverwaltung außer Betracht lassen, d.h. jene staatlichen Tätigkeiten, die der Staat von den Kommunalorganen ausführen läßt, weil er auf Kreis- und Gemeindeebene keinen eigenen Verwaltungsapparat aufgebaut hat, beruht immer noch ein sehr großer Teil städtischer Verwaltungstätigkeit auf gesetzlicher Grundlage, also auf staatlicher Inpflichtnahme. Klassische Beispiele solcher Pflichtverwaltungsaufgaben sind das Schul- und das Armenwesen, die Städte und Gemeinden obligatorisch unterhalten müssen; sie besitzen indes freie Hand, wie sie diese Verpflichtungen konkret ausgestalten. Völlige Freiheit genießen sie hingegen im Bereich der freiwilligen Selbstverwaltungsaufgaben, die ihnen nicht nur die Wahl lassen, ob sie entsprechende Einrichtungen schaffen oder nicht, sondern auch, wer Träger und Betreiber dieser Einrichtungen ist. Wie die anderen Gebietskörperschaften (Reich bzw. Bund und Land) besitzen nämlich auch die Kommunen das Recht der Allzuständigkeit oder Universalität, das es ihnen erlaubt, innerhalb ihres Wirkungskreises alles zu veranlassen, was der öffentliche Bedarf erfordert. Zu den freiwilligen Selbstverwaltungsaufgaben zählen die Gründung und Unterhaltung von Kultur- und Freizeiteinrichtungen, aber auch die von zahlreichen Versorgungsbetrieben, die zunächst erwerbswirtschaftlichen Zwecken dienten. In ihrer überwiegenden Mehrheit überließen es die Städte deshalb auch privaten Unternehmern, solche Betriebe (zum Beispiel Gaswerke, Elektrizitätswerke, Straßenbahnen) zu errichten und zu unterhalten. Die Kommunalisierung dieser Betriebe und die Gründung anderer Einrichtungen, die sich von Anfang an in kommunaler Regie befanden, ließ um die Jahrhundertwende das Schlagwort vom „Munizipalsozialismus" aufkommen. Diese Bewegung läutete endgültig das Ende der liberalen Ära in der kommunalen Selbstverwaltung ein.

2. *Die städtischen Betriebe*

Die Entwicklung Münsters zu einem Zentrum öffentlicher Dienstleistungen muß vor dem Hintergrund des skizzierten Modernisierungsprozesses gesehen werden. Wie die anderen Städte stand Münster im Zeitalter der Urbanisierung vor der Herausforderung, die Ver- und Entsorgungsprobleme einer Massengesellschaft zu bewältigen und ein vielfältiges Leistungsangebot aufzubauen. Wenn die münsterische Stadtverwaltung in manchen Einzelheiten auch eigenständige Wege ging, kam sie doch innerhalb desselben Zeitraums zu ähnlichen Ergebnissen wie die Verwaltungen der anderen Städte. Das temporäre Schwergewicht der Darstellung liegt zwangsläufig auf der Zeit zwischen Reichsgründung und Erstem Weltkrieg, in der sich die kommunale Leistungsverwaltung entfaltete. In diesen Jahrzehnten traten die eigentlichen Innovationen ein. Die spätere Entwicklung – sieht man einmal vom Kultur- und Freizeitbereich ab – brachte im wesentlichen nur Erweiterungen, Ergänzungen und Erneuerungen vorhandener Strukturen. Notgedrungen steht damit auch der Kernraum Münsters, der durch die Eingemeindung von 1903 geschaffen wurde und bis 1975 bestand, im Mittelpunkt, und die neuen Stadtteile treten nicht eigenständig ins Blickfeld.

Wasserversorgung

Als in den siebziger und achtziger Jahren des 19. Jahrhunderts die meisten der bedeutenderen deutschen Städte ein modernes Wasserwerk anlegten, das Wohnhäuser, Betriebs- und Verwaltungsgebäude an das unterirdisch verlegte Druckrohrnetz anschloß, gehörte auch Münster zu ihnen. Schon zum Ende der sechziger Jahre zeigte sich der Magistrat der Stadt mit dem Zustand der etwa zweihundert privaten und öffentlichen Brunnen, die in althergebrachter Weise die Bevölkerung mit Trink- und Nutzwasser versorgten, gar nicht zufrieden. Bei fast allen Brunnen war der Gehalt an Schwefelwasserstoff so groß, daß Geschmack und Geruch des Wassers darunter litten, und die, welche nicht mit Saugpumpen versehen waren, verschlammten immer stärker. Hygienische Mängel dieser oder ähnlicher Art wies das traditionelle Brunnensystem in fast allen Städten auf; in vielen von ihnen sorgte die mit Umweltgiften angereicherte Bodeninfiltration für noch größere Mißstände, deren epidemiologische Auswirkungen man in jenen Jahren gerade erst zu erkennen begann. Auch in Münster äußerte der Leiter der Agrikultur-Chemischen Versuchsstation entsprechende Befürchtungen. Sein Gutachten über den Zustand der münsterischen Brunnen erschien allerdings zu einem Zeitpunkt, als Magistrat und Stadtverordnetenversammlung die Wasserwerksfrage bereits zur Entscheidungsreife gebracht hatten.

Seit einem Jahrzehnt schon hatte die staatliche Aufsichtsbehörde die Stadtverwaltung unter Druck gesetzt, in dieser Sache initiativ zu werden. Im November 1869 wandte sich die Königliche Regierung zu Münster in ihrer Funktion als Landespolizeibehörde, die auch für medizinalpolizeiliche Angelegenheiten zuständig war, an Oberbürgermeister Offenberg und regte die Einrichtung einer zentralen Wasserleitung an. Der Magistrat wollte indes die Vorwürfe gegen die Qualität des Trinkwassers nicht anerkennen und sah infolgedessen auch nicht die Berechtigung eines Wasserwerkprojekts ein. Acht Jahre später griff Oberpräsident von Kühlwetter, der in Personalunion auch die münsterische Regierung leitete, dieses Problem wieder auf, dessen gesundheitspolizeiliche Brisanz nicht abgenommen hatte. Über den Kopf der bisher widerstrebenden Kommunalverwaltung hinweg knüpfte er Kontakte zu einem privaten Geschäftsmann, der den Eindruck erweckte, das Wasserwerkprojekt realisieren zu können. Offensichtlich wollte Kühlwetter damit den Magistrat aus der Reserve locken und ihn zum Handeln zwingen. Dort bahnte sich indes schon im Frühjahr des Jahres 1878 ein Meinungsumschwung an. Anstelle des entscheidungsschwachen Oberbürgermeisters Offenberg hatte der in technischen Fragen versierte unbesoldete Stadtrat Theissing, von Haus aus Parkettfabrikant, im Februar dem Magistrat einen diesbezüglichen Vorschlag gemacht, der während der nächsten Monate die Zustimmung seiner Kollegen fand, so daß man bereits mit den Vorarbeiten zu dem Projekt beginnen konnte. Am 7. Juni erhob die Stadtverordnetenversammlung den Magistratsantrag, ein Wasserwerk zu errichten, zum Gemeindebeschluß und wählte vier Mitglieder in die vom Magistrat eingerichtete Kommission, die das Vorhaben verwirklichen sollte.

Der münsterländische Kiessandrücken, der die Stadt in Nord-Süd-Richtung durchzieht, bildete ein ergiebiges Wasserreservoir, das mit zwei Brunnen, die sich an der Mecklenbecker Straße (Ecke Brunnenstraße) befanden, angezapft wurde. Vom Militärfiskus erwarb die Stadt den von der einstigen Stadtbefestigung übriggebliebe-

Einbau eines Wasserreservoirs in den Buddenturm (1880)

nen Buddenturm, um ihn zum Hochreservoir auszubauen. Die Kosten für die gesamte Anlage einschließlich des Wasserrohrnetzes unterschritten noch die veranschlagten 330 000 Mark. Am 1. Juni 1880 wurde der Betrieb in Anwesenheit des Oberpräsidenten feierlich eröffnet. Wie die meisten anderen preußischen Städte hatte Münster das Wasserwerk als einen Überschußbetrieb konzipiert, denn die preußische Finanzverwaltung sah bis zum Erlaß einer ministeriellen Verordnung von 1882 (endgültig bis zum Gewerbesteuergesetz von 1891) in solchen Anlagen weniger einen gemeinnützigen als einen Erwerbsbetrieb. Die Kalkulation der münsterischen Stadtväter, mit dem Wasserwerk Gewinne zu erzielen, obwohl anfänglich kein Anschlußzwang ausgesprochen und der Wasserpreis konsumentenfreundlich festgesetzt wurde, ging auf. Um eine hohe Anschlußbeteiligung zu motivieren, boten sie nämlich den Hauseigentümern an, die Zuleitung vom Rohrstrang bis ins Haus einschließlich des Mauerdurchbruchs auf Kosten der Stadt herzustellen.

Das Wachstum der Stadt zwang zu ständigen Erweiterungen der Anlage. Die Pumpstation erreichte schon bald die Grenzen ihrer Leistungsfähigkeit. 1887 beschlossen die städtischen Behörden, eine zweite Pumpstation anzulegen. Man machte ein Gelände auf der Geist ausfindig, unter dem der Kiessandrücken einen besonderen Wasserreichtum aufwies. Jenseits der Stadtgrenze, in der Gemarkung der Gemeinde Hiltrup, errichtete man 1888 und 1890 die Pumpwerke II und III. Alle Vorstellungen, daß die Kapazitäten der Wassergewinnungsanlagen den Bedarf der Stadt nun für lange Zeit decken würden, erwiesen sich bereits nach einigen Jahren als Illusion, zumal immer mehr Großkonsumenten den Wasserverbrauch erhöhten. Der neue

Hauptbahnhof allein benötigte zum Beispiel die gesamte Fördermenge des ersten Pumpwerks an der Mecklenbecker Straße. Deshalb wurde schon 1899 an der Hammer Straße das Pumpwerk IV eingerichtet. Erst im neuen Jahrhundert entschlossen sich die Stadtväter, durch eine Millioneninvestition das Wasserversorgungsproblem auf längere Sicht großzügig zu lösen. Da der Buddenturm ein zu geringes Fassungsvermögen besaß und nicht mehr in der Lage war, die ständigen Druckschwankungen im Rohrnetz auszugleichen, nahm man 1903 auf der Geist einen neuen Wasserturm in Betrieb, der eine fünfmal größere Kapazität besaß. Zudem baute man in der Hohen Ward, einem Waldstück bei der Gemeinde Hiltrup, die übrigens auch an die münsterische Wasserleitung angeschlossen war, das Pumpwerk V. Im Juli 1906 wurde es eröffnet. Nachdem 1910 nördlich von Hiltrup ein sechstes Pumpwerk gebaut worden war, konnte 1913 das älteste an der Mecklenbecker Straße geschlossen werden, da man in seinem Wasser eine starke Verschmutzung durch Keime festgestellt hatte.

Der stetig steigende Wasserkonsum der Großstadt machte es vor allem in den Jahrzehnten nach dem Zweiten Weltkrieg notwendig, die Anlagen des Wasserwerks zu erweitern. Gegen Ende der sechziger Jahre ließ die Stadtverwaltung in der Vennheide zur Entlastung des Wasserturms eine Speicherreserve bauen, die mehr als das Doppelte von dessen Fassungsvermögen aufwies, um die bei Spitzenbedarf möglichen Störungsfälle zu vermeiden. 1973 schließlich nahm man in Handorf-Hornheide ein weiteres Pumpwerk in Betrieb. Diese Maßnahmen lassen erkennen, daß es mit dem Wasserwerksvertrag von 1958 nicht sein Bewenden haben konnte, durch den sich Münster von den privaten „Wasserwerken für das nördliche westfälische Kohlenrevier" in Gelsenkirchen Wasserlieferungen aus dem Halterner Stausee sicherte. Damit sollten 50 Prozent des städtischen Bedarfs gedeckt werden.

Abwasserentsorgung

Die Vorteile, welche die modernen Wasserversorgungsanlagen für die Volksgesundheit mit sich brachten, waren unumstritten. Sie vermehrten indes in den Städten die ohnehin schon vorhandenen Abwasserprobleme, die bei starken Regenfällen besonders unangenehm wurden. Die Rinnsteine und offenen Gräben, welche die Abwässer ungefiltert in Bäche und Flüsse leiteten und zu deren Verschmutzung beitrugen, konnten die Mengen an Flüssigkeit und Schlamm oftmals kaum fassen. Seit den sechziger und siebziger Jahren des 19. Jahrhunderts begannen viele Städte, ihre Abwässer in unterirdischen Kanälen abzuleiten. Die meisten der größeren deutschen Städte wagten sich jedoch erst zwischen 1880 und 1910 an die Aufgabe der Stadtentwässerung heran, nachdem die neue Tiefbaudisziplin das aus England übernommene System der Schwemmkanalisation perfektioniert hatte. Münster lag mit seinen Entscheidungen, seit 1878 die Altstadt – wenn auch in technisch noch völlig unzulänglicher Weise – und seit Mitte der neunziger Jahre die „Neustadt" zu kanalisieren, voll im Trend der Entwicklung.

Die erste Kanalisierung, die in der Altstadt das traditionelle oberirdische System der Regen-, Schmutzwasser- und Fäkalienableitung beseitigte, schuf aber neue Mißstände: Es häuften sich die Überschwemmungen von Kellern, sogar von ganzen Grundstücken, die schließlich zum Dauerzustand wurden. Damit rächte sich der

Fehler, daß die Stadtverwaltung keinen Gesamtentwässerungsplan entwickelt, sondern partielle Aufträge an Bauunternehmen vergeben hatte, die nach Gutdünken und ohne Absprache die Kanalisationsrohre verlegten. Einmal lagen diese höher, einmal tiefer unter dem Erdboden, streckenweise war das Gefälle zu gering, und meistens fehlten Verbindungsstücke, die einen Ausgleich zwischen den Entwässerungsflächen bewirken konnten. Die Stadterweiterung in den 1875 eingemeindeten Bezirken machte es jedoch erforderlich, alle Kräfte und Mittel des neuen Tiefbauamts (Stadtbauamt II) auf eine systematische und nach neuestem Ingenieurwissen vorgehende Planung und Ausführung der Neustadtkanalisation zu konzentrieren. Die Entwässerungskonzeption beruhte auf der Anlage eines Hauptsammelkanals für die südlichen Stadtteile an Hammer und Weseler Straße und eines Hauptsammlers für die östlichen Stadtviertel, der dem Zug der projektierten Ringstraßen folgte und nördlich der Altstadt (in der Nähe des Schlachthofs) in die Aa mündete. Die Aufgaben vermehrten sich mit der Aufstellung der Bebauungspläne für die neuen, durch die Eingemeindung von 1903 hinzugewonnenen Stadterweiterungsgebiete, die auch kanalisiert werden mußten.

Die Investitionskosten für ihre Entwässerungsanlagen kamen die Stadt zwar sehr teuer zu stehen; es gelang ihr aber in kurzer Zeit, den Zuschußbetrieb in einen Ausgleichsbetrieb umzuwandeln. Von Anfang an wurden die Grundstücksanlieger, für die Anschlußzwang bestand, per Ortsstatut zu den Baukosten der Kanalisation herangezogen. Neben diesen einmaligen Beiträgen mußten sie auch für die Benutzung regelmäßige Gebühren entrichten. Bis 1913 sank der städtische Zuschußbedarf aufgrund dieser Einnahmen auf nur noch 1200 Mark.

Die Kanalisierung der Neustadt stellte die Stadtverwaltung vor das längst überfällige Problem, wie und auf welche Weise die Abwässer geklärt werden sollten. Die Bezirksregierung als Landespolizeibehörde hatte ihr nämlich schon im März 1897 untersagt und dieses Verbot danach mehrfach wiederholt, die völlig verschmutzte Aa weiterhin als Vorfluter zu benutzen. Darauf beschlossen Magistrat und Stadtverordnetenversammlung, Rieselfelder anzulegen, die sich zu jener Zeit als optimale Abwasserkläranlagen anboten, und die Aa zu regulieren. Um der Überschwemmungsgefahr zu begegnen, die seit alters von dem Flüßchen ausging, hatte man schon in den 1880er Jahren das Bett der Aa um 85 Zentimeter tiefer gelegt und mit Klinkermauerwerk eingefaßt. Zwischen 1901 und 1903 senkte man die Flußsohle nochmals um 15 Zentimeter, ließ die Aa durch eine Rinne mitten im gemauerten Flußbett fließen, um auch bei Wassermangel noch eine ausreichende Fließgeschwindigkeit zu erreichen, und legte zu beiden Seiten der Rinne Schmutzwasserkanäle an, in die künftig die Abwässer eingeleitet werden sollten. Auf der Höhe des Schlachthofs an der damaligen nördlichen Stadtgrenze endeten sie in einer Pumpstation, von der aus die Abwässer in die Rieselfelder befördert werden sollten.

Im August 1899 beschlossen die städtischen Behörden, den ihnen vorgelegten Entwurf für die Anlage von Rieselfeldern auf dem Gelände der Coer- und Gelmerheide nördlich der Stadt zu genehmigen. Um den Grunderwerb zu angemessenen Preisen in absehbarer Zeit zu ermöglichen, mußte die Stadt das Enteignungsrecht anwenden, das sie sich aufgrund eines Königlichen Erlasses gesichert hatte. Das Planfeststellungsverfahren erlaubte es, das Projekt rasch durchzuführen. Im Juli 1902 konnte bereits ein Teil der Felder landwirtschaftlich genutzt werden, und 1912 stand der

Stadt eine weit über die ursprüngliche Größenordnung hinausgehende Fläche von 480 Hektar für Rieselzwecke zur Verfügung, von denen allerdings 100 Hektar als Reserve für Erweiterungen dienten.

Mit der Anlage der Rieselfelder bot sich auch die Gelegenheit, das verpfuschte Kanalsystem der Altstadt endlich neu zu gestalten. Die unerlaubte Einführung von Fäkalien hatte die bekannten Mängel der Altstadtkanalisation ins Unerträgliche gesteigert, und aus der Bürgerschaft wurde dringend nach Abhilfe verlangt. Das Stadtbauamt II entwarf 1899 einen Grundlagenkatalog, der die Voraussetzungen für den Entwässerungsplan schuf. Die Kanäle sollten alle Niederschlags-, Grund-, Haushalts- und Industriewässer sowie Fäkalien aufnehmen. Diejenigen Kanäle, die in Tiefenlage, Dichtigkeit, Längen- und Querprofil nicht dem aktuellen Standard der Technik entsprachen, sollten beseitigt und durch neue ersetzt werden. Da es an Revisionsschächten fehlte, erforderte die Aufnahme und Aufzeichnung sämtlicher Altstadtkanäle einen großen Zeitaufwand. Nachdem daraufhin ein Plan der Altstadtkanalisation entworfen war, traten kommunalpolitische Verzögerungen auf, weil sich Magistrat und Stadtverordnetenversammlung über den Finanzierungsmodus uneins waren. Erst Ende 1906 erfolgte der Gemeindebeschluß, der den Umkanalisierungsplan genehmigte.

Die Anlage der Rieselfelder machte der bis dahin üblichen Grubenentleerung und Fäkalienabfuhr, die von privaten Unternehmern besorgt wurden, ein Ende. Auch das andere städtische Entsorgungsproblem – Straßenreinigung und Müllabfuhr – wurde zur gleichen Zeit gelöst. Bis 1908 galt das aus fürstbischöflicher Zeit stammende, immer wieder erneuerte Gebot, daß jeder Hauseigentümer den seinem Grundstück vorgelagerten Straßenteil zu säubern habe. Zum 1. Oktober dieses Jahres kommunalisierte die Stadtverwaltung aber die gesamte Straßenreinigung und faßte sie mit der Müllabfuhr, die sie schon 1873 in eigene Regie übernommen hatte, zum städtischen Fuhrpark zusammen, dessen Kosten durch die Anschlußgebühren der Grundeigentümer gedeckt wurden.

Etwa sieben Jahrzehnte nach ihrem Bau erwies sich die Schwemmkanalisation als rundherum erneuerungsbedürftig, weil sie dem vermehrten Wasserverbrauch der Großstadt nicht mehr genügte. 1966 gab der Rat der Stadt den Entwurf eines Generalentwässerungsplans in Auftrag, der die Grundlage für die in den siebziger und achtziger Jahren durchgeführten Arbeiten bildete. Neue Hauptsammler wurden gebaut – als erster beispielsweise der dem Kinderbach folgende von Gievenbeck über das naturwissenschaftliche Zentrum bis Kinderhaus. Die alten ersetzte man durch neue, größere, und die noch vorhandene Mischkanalisation, die alle Abwasserarten aufnahm, wurde auf das Trennsystem umgestellt. In diesem Zusammenhang stand auch der Bau der Hauptkläranlage in der Mitte der 1970er Jahre. Die Rieselfelder waren nicht mehr in der Lage, die sich von Jahr zu Jahr vermehrenden Abwassermengen ohne Schäden für die Umwelt zu reinigen. Anlieger von Aa und Ems klagten immer wieder über die Verschmutzung der Gewässer. Die Stadt gab deshalb das Verrieselungsverfahren auf und errichtete eine mechanisch-biologische Kläranlage. Auf Initiative der Westfälischen Ornithologen-Gesellschaft, welche die Bedeutung der Rieselfelder als Vogelreservat von europäischem Rang herausstrich, schloß die Stadtverwaltung nach langjährigen kontroversen Diskussionen über die künftige Nutzung des Gebiets im August 1978 mit dem Land Nordrhein-Westfalen einen

Der städtische Schlachthof in der Gartenstraße in den 1920er Jahren

Pachtvertrag, der den Rieselfeldern ihre neue Funktion als Vogelschutzgebiet für Wat- und Wasservögel sicherte.

Schlachthof

Zu den gesundheitspolizeilich unverzichtbaren Anstalten einer Stadt entwickelten sich im Zeitalter der Urbanisierung die öffentlichen Schlachthäuser. Ordnungs- und verkehrspolizeiliche Argumente sprachen ebenfalls für eine Konzentration der Fleischproduktion, die den Viehauftrieb aus den Straßen fernhielt und Straßen und Grundwasser vor der Verschmutzung durch tierische Fäkalien, Schlachtreste und weiteren Unrat bewahrte. Vor allem lebensmittelhygienische Gründe ließen es ratsam erscheinen, das Schlachten nur noch unter veterinärmedizinischer Aufsicht auszuführen, wie es Napoleon schon für die Städte seines Reiches angeordnet hatte. 1868 erließ Preußen ein auch von anderen deutschen Staaten übernommenes Schlachthausgesetz, das es den Stadtverwaltungen ermöglichte, per Ortsstatut einen Schlachthof mit Schlacht- und Beschauzwang einzurichten. Dieses Gesetz hatte indes einen Fehler, der die meisten Städte davon abhielt, sich eine solche Anstalt zuzulegen. Es sah nämlich keinen Untersuchungszwang für eingeführtes Fleisch vor, das im ungünstigen Fall die Gesundheit der Bevölkerung gefährden konnte und deshalb unter Umständen sogar die Wirtschaftlichkeit der Anstalt bedrohte. Erst nachdem 1881 eine Gesetzesnovelle durch entsprechende Regelungen diese Lücke geschlossen hatte und zugleich das Kostendeckungsprinzip vorgeschrieben worden war, gründeten die Städte in großer Zahl Schlachthäuser. Sie wurden in der Regel in kommunaler Regie betrieben und warfen häufig Betriebsüberschüsse ab.

Auch Münster errichtete nach einem Gemeindebeschluß vom Februar 1882 im Norden des damaligen Stadtbezirks einen Schlachthof. Die Standortwahl hatte wohl der Umstand beeinflußt, daß an dieser Stelle die als Vorflutgewässer benutzte Aa die Stadt verließ, was eine – wie man damals noch glaubte – relativ problemlose Abschwemmung des Blutes und der Schlachtreste ermöglichte. Die Eröffnung dieses städtischen Monopolbetriebs am 15. Mai 1885 machte es notwendig, die Metzger für den Verlust ihrer privaten Schlachtstellen zu entschädigen, wie es das Gesetz von 1868 verlangte. Die Stadt kam aber mit der Zahlung von fast 11 500 Mark an acht Betriebe glimpflich davon, da sieben weitere Metzgereien die Anmeldefrist versäumt hatten.

Die Schlachthauskommission, die Magistratsbehörde also, welche die Anstalt verwaltete, hatte in den ersten zwei Jahrzehnten vor allem damit zu tun, Lösungen zu ersinnen, wie die inkonsistente Ertragslage des Unternehmens zu verbessern sei. Anfänglichen Betriebsüberschüssen folgten in den neunziger Jahren häufig Defizite in den Jahresbilanzen, so daß an die vorgesehene Senkung der Gebühren nicht zu denken war. Erst als man daranging, die Abschreibungen zu korrigieren, d. h. die Schulden höher zu verzinsen, und als sich die Zahl der Schlachtungen stark vermehrte, stabilisierten sich auch die Gewinnerträge. Dennoch erhöhten um die Jahrhundertwende neue Investitionen den Schuldenstand noch weiter. Mehr als neunzig Jahre nach der Eröffnung beschloß der Rat der Stadt schließlich doch, den Schlachthof zu verpachten. Er sah darin die einzige Möglichkeit, von Investitionskosten entlastet zu werden, die dieser im Grunde doch rein erwerbswirtschaftlich arbeitende Betrieb verursachte. Um die Millionensummen zu ersparen, die erforderlich waren, den Schlachthof um- und auszubauen, damit er den Anforderungen der Hygiene, des Immissionsschutzes (Geruchsbelästigungen!) sowie der Technik und Wirtschaftlichkeit gerecht wurde, verpachtete er ihn mit Wirkung vom 1. Januar 1979 an die private „Schlachtvieh-Verwertungsgesellschaft", die bis dahin Hauptnutzerin der städtischen Anstalt war.

Gasversorgung

Die Gasanstalten bildeten die ersten rein kommerziell ausgerichteten Gemeindebetriebe. Weil sie aber ursprünglich den Zweck der Straßenbeleuchtung zu erfüllen hatten, entsprachen sie nicht dem reinen Typus eines städtischen Gewerbebetriebs. Ihre sicherheitspolizeilichen Aufgaben traten jedoch in gleichem Maße in den Hintergrund, wie ihre Funktion als Produzenten von Licht-, Heiz- und Antriebsenergie für private Haushalte, Wirtschaftsbetriebe und Geschäftslokale an Bedeutung gewann. So entwickelten sie sich im Laufe der Jahrzehnte zu einer unverzichtbaren Einnahmequelle der kommunalen Haushalte. Das waren die Gasanstalten auch schon in geringerem Maße, als sie noch als private Unternehmen von den Stadtverwaltungen konzessioniert wurden. Englische Unternehmen, später auch deutsche, richteten schon seit den zwanziger Jahren des 19. Jahrhunderts in einigen deutschen Städten eine Gasversorgung ein, ehe das Gros der bedeutenderen Städte ihnen zwischen 1850 und 1870 folgte. Im Zeitalter des Liberalismus galt es den Stadtvätern, die selbst überwiegend Produzenten oder Geschäftsleute waren, als Selbstverständlichkeit, die gewerbliche Wirtschaft, selbst wenn sie der öffentlichen Versorgung diente, der Privatinitiative zu überlassen. Es widerstrebte ihnen in jener Zeit auch, das durch derartige Investitionen entstehende Defizit des Kommunalhaushalts durch Anleihen zu decken. Eine Steuererhöhung kam schon gar nicht in Frage. Außerdem besaßen die Städte noch keinen technischen Verwaltungsstab, der solche Betriebe hätte planen und verwalten können. Von einem privaten Unternehmer konnte man hingegen Konzessionsgebühren und Ertragsbeteiligungen verlangen, um die kommunalen Einnahmen zu erhöhen.

Die münsterische Straßenbeleuchtung stammte noch aus fürstbischöflicher Zeit. Ihre Dürftigkeit wurde den Münsteranern so recht bewußt, als sich andere, größere Städte eine moderne Gasbeleuchtung zulegten. Der Magistrat unter Oberbürgermeister Hüffer und die Stadtverordnetenversammlung stimmten darin überein, daß die Stadt nicht weiter hinter Köln, Elberfeld und Barmen zurückfallen dürfe; man plante daher schon seit November 1841 eine Verbesserung der öffentlichen Beleuchtung. Die Bemühungen der Kommunalpolitiker, sich in Technik und Geschäftsführung der Gasversorgung kundig zu machen, nahmen viel Zeit in Anspruch. Erst die Besichtigungsfahrt des Polizeikommissars vom Hove, der im Januar 1845 das Gaswerk der kleinen Stadt Lennep in Augenschein nahm, bewirkte eine Art Vorentscheidung für die spätere münsterische Anlage, die aber erst 1854 eröffnet wurde. Vom Hove war von dem Erbauer und Betreiber des Lenneper Gaswerks so eingenommen, daß dieser, der Aachener Fabrikant Sabey, während des nachfolgenden langjährigen Entscheidungsprozesses der Favorit der Stadtverwaltung wurde. Der Bericht des Polizeikommissars beeinflußte auch bezüglich der Eigentums- und Betriebsorganisation des künftigen Gaswerks den Gang der Gasbeleuchtungsdiskussion in entscheidendem Maße. Er hatte nämlich sowohl den Konzessionsbetrieb wie den reinen Regiebetrieb abgelehnt, weil die Stadt im ersten Fall mit Sicherheit übervorteilt werde und ihr im zweiten Fall die erforderliche Erfahrung fehle. Die später verwirklichte Lösung, das Unternehmen als städtisches Eigentum von einem Fachmann errichten zu lassen und es an ihn zu verpachten – eine eigentümlich münsterische Lösung der Gasversorgungsfrage –, deutete sich bereits in diesem Votum an.

In den nun folgenden Verhandlungen wurde dementsprechend die Organisation des Gaswerks als Privatbetrieb ausgeschlossen. Doch war man sich über die Form der Betriebsführung und über die Art der Kapitalbeschaffung noch im unklaren. Sollte das Kapital – nach den Berechnungen Sabeys waren 63 000 Taler für die Erstausstattung notwendig – in Form von Schuldscheinen, die als Aktien an die Bürger der Stadt zu vergeben waren, oder in Form einer Anleihe beschafft werden? Die Mehrheit der Stadtverordneten sah schließlich sogar die größeren Vorteile für die Stadt darin, die Gasanstalt nicht nur als Eigentümerin zu besitzen, sondern auch in eigener Regie zu betreiben. Der Magistrat hingegen hielt das vorgelegte Projekt finanziell für nicht tragfähig. So blieb alles beim alten, und die Gasbeleuchtungsfrage ruhte für mehr als ein halbes Jahrzehnt.

Unter dem neuen Oberbürgermeister von Olfers ergriff der Magistrat erneut die Initiative und regte im Januar 1852 an, eine Kommission einzusetzen, die das Gasbeleuchtungsprojekt vorantreiben sollte. Man einigte sich darauf, von Sabey die Gasanstalt bauen zu lassen und sie an ihn zu verpachten, weil er den gegenüber anderen Angeboten günstigsten Kostenanschlag vorgelegt hatte. Er erklärte sich auch dazu bereit, nach Münster umzusiedeln, um hier eine Maschinenbaufabrik zu etablieren. Dieser Standortvorteil veranlaßte ihn, seine Preiskalkulation von 1845 um 500 Taler zu senken. Die Verhandlungen zwischen Magistrat und Unternehmer gipfelten schon am 30. Juli im Abschluß eines großen Vertragswerks zwischen der Stadt Münster und dem Fabrikanten Sabey, das aus dem Bauvertrag über die Errichtung der Anlagen, aus dem Generalvertrag über die Gaslieferung und dem Betriebsvertrag bestand. Die Pachtdauer wurde auf 25 Jahre festgelegt; eine vorzeitige Pachtauflösung setzte ein beiderseitiges Einvernehmen voraus. Als Entgelt für die Benutzung der Gasanstalt und für das ihm eingeräumte Beleuchtungsmonopol zahlte der Pächter der Stadt die jährlich auf 6 Prozent festgelegte Verzinsung des Anlagekapitals und ein weiteres Prozent als Gewinnanteil.

Vor dem Ludgeritor, in der noch selbständigen Gemeinde Lamberti, wurde das Gaswerk an der späteren Gas-, dann Hafenstraße errichtet und am 1. Januar 1854 in Betrieb gesetzt. Die tatsächlichen Kosten hatten sich auf 70 970 Taler erhöht. Das anfänglich harmonische Verhältnis zwischen Stadtverwaltung und Gasunternehmer trübte sich jedoch von Jahr zu Jahr und endete 1872 mit der vorzeitigen Auflösung des Pachtvertrags. Zunächst waren es Streitigkeiten über die von der Stadt gewünschte Ausdehnung der Gasbeleuchtung; danach waren es die sich verstärkenden Klagen über die mangelhafte Qualität der Straßenbeleuchtung, die es nicht mehr ratsam erscheinen ließen, das Pachtverhältnis weiter aufrechtzuerhalten. Das Wachstum der Stadt, das sich – nicht zuletzt auch infolge der Eingemeindung von 1875 – beschleunigte, sowie die Ansätze zur Industrialisierung, die sich auch in Münster zeigten, stellten Fragen der Bedarfsvermehrung und Kapazitätserweiterung in den Vordergrund. Sie konnten von dem nun rein kommunalen Betrieb nicht gelöst werden. Der Magistrat überzeugte 1894 die Stadtverordneten von der Notwendigkeit, das Gaswerk umzusiedeln und, stark vergrößert, an einem günstigeren Standort wieder aufzubauen. Die Stadtverwaltung erwarb zu diesem Zweck ein ausgedehntes Grundstück östlich der Eisenbahn, schon jenseits der Stadtgrenze, um dort Anlagen zu errichten, die jeder Konsum- und Produktionssteigerung flexibel angepaßt werden konnten. Außerdem befand sich dieser Standort am Albersloher Weg nahe dem projektierten Hafen und ließ sich problemlos an die geplante Hafenbahn anschließen. Im Herbst des Jahres 1897 wurde der Neubau des Gaswerks fertiggestellt und im November in Betrieb genommen. Die Standortverlagerung und die Kapazitätserweiterung steigerten die Überschüsse des Regiebetriebs zu sechsstelligen Summen; 1913 betrugen sie knapp 285 000 Mark.

Der kontinuierlich steigende Gasverbrauch der Stadt, die sich allmählich zur Großstadt entwickelte, ließ die Anstalt – allen Vorausschätzungen zuwider – erneut an die Grenzen ihrer Leistungsfähigkeit geraten. Der Magistrat plante zunächst wiederum eine Verlagerung der Werksanlagen, doch bot sich statt dessen die Möglichkeit, das Steinkohlengas direkt von einer Zeche mittels einer Pipeline zu beziehen, wie dies vor dem Ersten Weltkrieg als neueste Methode des Gasbezugs schon häufiger realisiert wurde. Nachdem sich Pläne zerschlagen hatten, welche die Thüringer Gasgesellschaft den Stadtverwaltungen Münsters und anderer Städte angetragen hat-

Kokerei der Zeche „Radbod" bei Hamm

te, trat der münsterische Magistrat mit der Gewerkschaft „Trier" in Verhandlung, die Inhaberin der Münster am nächsten gelegenen Zeche „Radbod" in der Nähe von Hamm war. Im August 1916 konnten die Verhandlungen mit dem Entwurf eines Vertrags erfolgreich abgeschlossen werden, der von der Stadtverordnetenversammlung im Dezember ratifiziert wurde. Aufgrund dieses Vertrags verpflichtete sich das Bergbauunternehmen, die Versorgung der Stadt Münster mit Ferngas über eine Druckrohrleitung von der Zeche „Radbod" aus zu übernehmen, während die Stadt ihr eigenes Gaswerk stillegte. Sie erhielt zudem das Monopol der Gasversorgung aus dieser Fernleitung für ein Gebiet im Umkreis des Stadtbezirks, das nach Norden gar nicht und nach Süden auf 15 Kilometer westlich und östlich der Hammer Straße begrenzt war. Im April 1917 wurde mit dem Bau der Pipeline entlang der Hammer Straße begonnen, und schon im November nahm man sie anstelle der kommunalen Gasanstalt in Betrieb. Mehr als ein halbes Jahrhundert wurde die Stadt mit Kokereigas versorgt. 1971 schlossen jedoch die Stadtwerke und die „Westfälische Ferngas AG" in Dortmund einen Vertrag, der den Anschluß des Versorgungsgebietes der Stadtwerke an das europäische Erdgasnetz vorbereitete und die Lieferung des bisher üblichen Kokereigases durch Erdgas ersetzte. Zuvor hatten die Stadtwerke mit der Ruhrkohle AG, der Rechtsnachfolgerin der Gewerkschaft „Trier", den alten Liefer- und Abnahmevertrag gelöst. Die Umstellung auf Erdgasbezug – als erster Stadtteil wurde das neue Siedlungsgebiet Berg Fidel angeschlossen – fand im wesentlichen in den Jahren 1972 und 1973 statt.

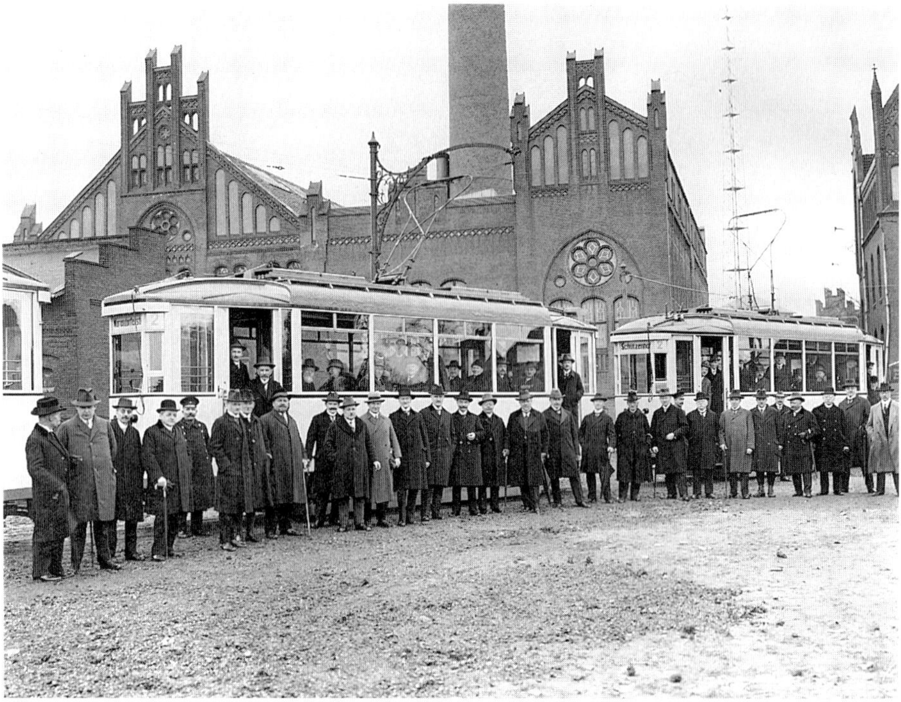

Die münsterischen Stadtverordneten vor dem Elektrizitätswerk (um 1925)

Elektrizität

Als die größeren deutschen Städte in den 1890er Jahren und über die Jahrhundertwende hinaus Elektrizitätswerke anlegten, dachten sie nicht daran, ihren Gasanstalten Konkurrenz zu machen – zumal sie diese seit etwa 1880 zunehmend in eigene Regie übernahmen. Die elektrische Straßenbeleuchtung kam wegen der hohen Energiekosten nur ausnahmsweise, etwa in Prachtstraßen in Betracht, und die Privathaushalte legten sich nur in seltenen Fällen Elektrizität zu. Das Gas blieb unersetzlich. Fabriken bezogen wohl schon Elektrizität als Antriebsenergie für Motoren, und Verwaltungsgebäude sowie Bahnhöfe, Krankenhäuser und andere Dienstleistungsgebäude stellten sich allmählich auf elektrisches Licht um. Ihren Hauptzweck erfüllten die Elektrizitätswerke als Stromlieferanten für die gerade elektrifizierten Straßenbahnen.

In Münster war die Gründung des Elektrizitätswerks allein eine Folge des Gemeindebeschlusses, eine elektrische Straßenbahn einzurichten. Der Magistrat knüpfte schon im Herbst des Jahres 1897 Verbindungen zur „Elektrizitäts-AG vorm. W. Lahmeyer & Co." an, die sich angeboten hatte, eine Anlage zu bauen, welche sowohl Motorenantriebs- als auch Beleuchtungsenergie produzieren sollte. Nachdem Magistrat und Stadtverordnetenversammlung 1898 beschlossen hatten, auf Rechnung der Stadt eine Straßenbahn und ein Elektrizitätswerk zu bauen, und im Jahr darauf eine Ausschreibung auslobten, konnte die Firma Lahmeyer, die den Zuschlag erhielt, mit dem Bau beginnen. Erst im November 1902 weihte man das Elektrizitätswerk ein, dessen Standort sich am Albersloher Weg, dem neuen Gaswerk schräg gegenüber, befand. Neben diesem Betriebsgelände entstand auch das Verwaltungsgebäude der kommunalen Versorgungs- und Verkehrsbetriebe. Das Elektrizitätswerk entwickelte sich rasch zum Gewinnbetrieb; allerdings konnte die Kämmereikasse nicht von den Betriebsüberschüssen profitieren, da diese für Verzinsung und Amortisation sowie zugunsten des Erneuerungsfonds abgeschrieben wurden. Der steigende Stromverbrauch, der die Überschüsse verursachte, machte schon bald Betriebserweiterungen notwendig.

Wie es die Entwicklung des Gaswerks schon demonstriert hatte, war auch das Elektrizitätswerk gezwungen, seine Kapazitäten den wachsenden Konsumbedürfnissen anzupassen. Deshalb griff der Magistrat interessiert die Anregung des Regierungspräsidenten auf, eine Überlandzentrale zu gründen. Im Herbst 1909 lud dieser Oberbürgermeister Jungeblodt und die Landräte der münsterländischen Kreise zu zwei vorbereitenden Konferenzen ins Regierungspräsidium am Domplatz ein und legte ihnen den Plan einer Überlandzentrale für den Regierungsbezirk Münster und angrenzende Regionen vor, nach dem die Stromversorgung aller betroffenen Städte und Gemeinden funktionieren sollte. Die notwendige Energie hätten die im Süden des Versorgungsgebietes liegenden Zechen und die Zeche Ibbenbüren zu liefern. Doch erklärten sich die Landräte außerstande, das auf 9 Millionen Mark veranschlagte Starkstromverteilernetz zu finanzieren. Ein Alternativprojekt, das Regierungspräsident von Gescher zu Beginn des Jahres 1910 unterbreitete, scheiterte am Widerstand der Stadt Münster. Sie fürchtete nämlich eine dauernde Kostenbelastung, wenn sie sich an der vorgeschlagenen Strombezugsgenossenschaft beteiligte, der außer ihr die Landkreise Münster, Lüdinghausen und Beckum angehören sollten.

Der Strombelieferungsvertrag, den der Magistrat ein Jahr darauf mit der Gemeinde Hiltrup schloß, war kein Ersatz für diese Projekte; er forderte der Stadt auch keine weiteren Kapitalaufwendungen ab. Hiltrup mußte sich darin verpflichten, das Verteilungsnetz, welches Anschluß an das von Münster zur Wassergewinnungsanlage Hohe Ward verlegte Drehstromkabel fand, wie auch die eigene kleine Elektrizitätszentrale auf eigene Rechnung zu bauen.

Die Zeit, in der die Städte ihren Strombedarf deckten, indem sie in eigenen Elektrizitätswerken selbst elektrische Energie erzeugten, hatte bereits – kaum war sie angefangen – ihren Höhepunkt überschritten. Die hohen Produktionskosten erforderten eine bessere Auslastung der Kapazitäten, die allein überlokale Absatzgebiete gewähren konnten. Kein Wunder, daß die münsterische Stadtverwaltung 1914 erneut Überlegungen anstellte, ob sie sich einem der großen in Rheinland-Westfalen arbeitenden Überlandwerke anschließen solle. Der Krieg verhinderte zunächst einmal die vorgesehenen Gespräche, doch veranlaßte die unzulängliche Kohlenzufuhr, die während der Kriegsjahre dem Elektrizitätswerk wie der Gasanstalt erhebliche Betriebseinschränkungen auferlegte, den Magistrat dazu, diesen einmal eingeschlagenen Weg weiterzuverfolgen. Im Jahr 1921 nahm er die Verhandlungen mit der Dortmunder kommunalen Aktiengesellschaft VEW („Vereinigte Elektrizitätswerke Westfalens“) wieder auf und konnte sie mit einem Vertrag abschließen, der im Mai 1922 von der Stadtverordnetenversammlung genehmigt wurde. Noch im Dezember desselben Jahres wurde mit dem Fernstrombezug begonnen. Im Gegensatz zum Gaswerk, das

1917 demontiert wurde, bestand das städtische Elektrizitätswerk weiter fort, weil es fernerhin den Grundbedarf an elektrischem Strom zu decken hatte.

Verkehrspolitik

Das städtische Elektrizitätswerk wurde bekanntlich der geplanten Straßenbahn zuliebe eingerichtet. Mitte der 1890er Jahre waren die Stadtväter zu der Überzeugung gekommen, die Stadt habe sich inzwischen so weit ausgedehnt, daß ein Nahverkehrsmittel die gewachsenen Entfernungen überbrücken müßte. Ausgedehntere und bevölkerungsreichere Städte hatten schon seit den sechziger Jahren des 19. Jahrhunderts begonnen, schienengebundene Pferdebahnen als Massentransportmittel einzusetzen. Bis zur Eingemeindung von 1875 war Münster aber noch eine Stadt mit fußläufigen Wegen. Erst als sich die Stadterweiterung den neuen Stadtbezirksgrenzen näherte, sah der Magistrat ein Nahverkehrsproblem auf sich zukommen, das ein privater, 1888 gegründeter schienenloser Pferdebusbetrieb nicht lösen konnte. Die geplante Eingemeindung und die neuen Verkehrsanlagen (Hauptbahnhof und Stadthafen), die die Stadt als Gewerbestandort aufwerteten und die Einwohnerzahl erhöhten, führten das Straßenbahnprojekt zur Entscheidungsreife. Die städtischen Behörden brauchten jedoch mehrere Jahre, um sich über die Antriebsart zu einigen: Sollte man eine Gasbahn oder eine Bahn mit Akkumulatorenbetrieb in Auftrag geben? Man entschied sich schließlich für die allgemein gebräuchliche elektrische Oberleitung, die man aus ästhetischen Gründen lange abgelehnt hatte. Ein zweiter Grund der Verzögerung war gegeben, weil man sich nicht entscheiden konnte, wer Eigentümer und Betreiber des Unternehmens sein sollte. Im März des Jahres 1900 beschlossen Magi-

Der Pferdebus Hagenschneider und die neue Straßenbahn an der Haltestelle Schützenhof

strat und Stadtverordnetenversammlung, die Straßenbahn auf Rechnung der Stadt bauen und von einem Pächter betreiben zu lassen – eine eigentümlich münsterische Konstruktion, die man fast ein halbes Jahrhundert zuvor schon für das Gaswerk gewählt hatte. Da Münster nicht wie andere Städte eine private Pferdebahn besaß, richtete man die „Elektrische" von Anfang an als kommunalen Betrieb ein. Den Bau- und Betriebsauftrag erhielt die Firma Lahmeyer & Co., die auch das Elektrizitätswerk errichtet hatte.

Parallel zu den Vertragsverhandlungen mit der Elektrizitätsgesellschaft handelte der Magistrat mit der Eisenbahndirektion einen Konzessionsvertrag aus, der den technischen Betrieb regelte, und mit dem Regierungspräsidenten die landespolizeiliche Genehmigung. Diese betraf alle Fragen der öffentlichen Sicherheit und Ordnung, die den Betrieb der Bahn berührten. Am 14. Juli 1901 wurde der Straßenbahnbetrieb – das Elektrizitätswerk gab zu diesem Zweck bereits Strom ab – auf drei Linien eröffnet: 1. Schützenhof–Ludgeriplatz–Prinzipalmarkt–Servatiiplatz–Warendorfer Straße/Schiffahrter Damm; 2. Prinzipalmarkt–Servatiiplatz–Hauptbahnhof–Albersloher Weg; 3. Hauptbahnhof–Marienplatz. Obwohl die engen Altstadtstraßen nur einen eingleisigen Verkehr erlaubten und die Fahrgeschwindigkeit stark einschränkten, nahm die Bevölkerung das bequeme und relativ preiswerte Nahverkehrsmittel an. Nur die dritte Linie erzielte kein ausreichendes Fahrgastaufkommen und wurde bald wieder stillgelegt. Als vordringliche Aufgabe ihrer Verkehrspolitik sah die Stadtverwaltung Streckenverlängerungen über den Servatiiplatz in die Wol-

Obusse vor dem Gertrudenhof an der Warendorfer Straße (um 1955)

becker Straße zur Kolonie Werse-Delstrup an und über den Prinzipalmarkt zum Neutor. Da die Betriebsgesellschaft sich diesen Zielen widersetzte, weil ihr die neuen Strecken nicht rentabel erschienen, löste die Stadt 1909 vorzeitig den Pachtvertrag, gliederte die Straßenbahn in ihr kommunales Betriebswerk ein und richtete die gewünschten Streckenverlängerungen ein.

Während des Ersten Weltkriegs wurde die Straßenbahn noch lebhaft frequentiert; kriegsbedingt wurde sie auch als Verwundetentransportmittel vom Hauptbahnhof zum Lazarett benutzt. Doch sank die Kapazitätsauslastung nach dem Krieg so stark, daß einzelne Strecken zeitweilig stillgelegt wurden, zwischen Dezember 1922 und Februar 1924 sogar die ganze Bahn. Nachdem man einige Strecken, vor allem in den Ausfallstraßen, zweigleisig ausgebaut hatte, konnte noch im selben Jahr der Betrieb mit neuen Motorwagen wieder aufgenommen werden. Nach dem Zweiten Weltkrieg eröffnete die Stadt erneut den Straßenbahnverkehr, stellte ihn jedoch 1955 endgültig ein. Der städtische Nahverkehr wird seitdem nur noch von Autobuslinien bestritten, von denen die erste 1925, um das neue Klinikenviertel zu erschließen, zwischen Hauptbahnhof und Grevener Straße eingerichtet wurde. Der Betrieb zweier Obuslinien bildete zwischen Mitte der fünfziger und Ende der sechziger Jahre nur eine Episode. Die kommunale Neugliederung von 1975 machte es notwendig, das vorhandene Netz der Buslinien weit auszudehnen und durch weitere zu ergänzen, die radial das Stadtgebiet durchschneiden, um die neuen Stadtteile mit dem alten Stadtbezirk und auch diese miteinander zu verbinden. Zu diesem Zweck gründeten 1978 die Stadtwerke gemeinsam mit vier anderen Verkehrsbetrieben die Verkehrsgemeinschaft Münster, die zunächst Gelmer, Roxel, Albachten und Sprakel zu einem Gemeinschaftstarif anschloß.

Dortmund-Ems-Kanal und Stadthafen

Als in den neunziger Jahren des 19. Jahrhunderts der Dortmund-Ems-Kanal gebaut wurde, sahen die Stadtväter darin die willkommene Gelegenheit für eine Verbesserung des Wirtschaftsstandorts Münster. Die Einrichtung eines Binnenhafens sollte die Ansiedlung von Industrie und Großhandel beeinflussen, um Münsters Zentralfunktion für das weite, agrarisch geprägte Umland zu stärken. Gegenstimmen, die eine Gewerbeförderung ablehnten, weil sie von einer Industrialisierung einen Attraktivitätsverlust der Stadt befürchteten, fanden in den kommunalen Entscheidungsgremien keine Mehrheit. Diese waren sich mit den maßgeblichen Wirtschaftskreisen schon seit Jahren über die Notwendigkeit von Kanal und Hafen im klaren. Für den Stadthafen wurde ein Gelände ausgesucht, das erst einige Jahre später durch Eingemeindung angegliedert wurde. Es war jenem Stadtviertel benachbart, in dem sich bereits andere Verkehrs- und Gewerbebetriebe befanden: der Hauptbahnhof, die Güterbahnhöfe der Staats- und der Landeseisenbahn, welche die Wahl des Hafengeländes vor allem bestimmten, das städtische Gaswerk und mehrere Kohlenhandlungen. Das Elektrizitätswerk und das Straßenbahndepot sollten in einigen Jahren folgen, ebenso eine große Zahl von Industriebetrieben, die vom Hafen und vom Anschluß an die Gleise der Güterbahnhöfe angelockt wurden. So entstand zur Zeit der Jahrhundertwende im Osten Münsters das erste reine Industriegebiet der Stadt.

Blick vom Funkturm auf den Hafen

Während der Jahre 1896 und 1897 wurde das städtische Hafenbecken ausgehoben, befestigt und ausgestattet; ein kleines Becken in der privaten Trägerschaft eines Speditionsunternehmens, der „Peters-Hafen“, entstand parallel dazu. Im Dezember 1898 eröffnete die Stadt ihren Hafen, den sie mit allen Einrichtungen in kommunaler Regie betrieb. Komplizierte Eigentums- und Rechtsverhältnisse erschwerten jedoch jahrelang den Güterumschlag vom Schiff zur Schiene: Die Staatsbahn betrieb den Verkehr auf der Anschlußbahn zwischen städtischen Hafenbahngleisen und ihrem Güterbahnhof, während die Landeseisenbahn ihrerseits eine Verbindung zwischen ihrem Güterbahnhof und dem Anschlußgleis besaß. Der Übergang zwischen beiden Verkehrssystemen war mit einer Überführungsgebühr belastet. Erst 1912 schlossen die Stadt Münster, die Westfälische Landeseisenbahn und die Königliche Eisenbahndirektion zu Münster ein Vertragswerk, das den Güterumschlag zwischen dem Hafen und den beiden Güterbahnhöfen sowie zwischen diesen beiden zu denselben Tarifbedingungen sicherstellte. Zu diesem Zweck baute man ein Verbindungsgleis, das beide Bahnhöfe miteinander verband. In diesem Zusammenhang war es dem Magistrat auch gelungen, ein politisches Ziel zu verwirklichen, das er schon lange ins Auge gefaßt hatte, nämlich den privaten Peters-Hafen zu kommunalisieren (1913). Der Plan, auf dem danebenliegenden Gelände, das die Stadt ebenfalls von dem Speditionsunternehmer erworben hatte, ein weiteres Hafenbecken zu errichten, wurde indes ebenso fallengelassen wie der spätere Plan, dort ein neues Gaswerk, das dritte seiner Art, zu errichten.

Die Stadt bezog ihre Hafeneinnahmen aus den Ufergeldern sowie aus dem Betrieb ihres Lagerhauses. Der jährliche Schuldendienst konnte von den erwirtschafteten Überschüssen nicht gedeckt werden, so daß bis zum Jahr 1919 ein Zuschußbedarf bestehen blieb. Wie andere Städte, die sich in einer ähnlichen Situation befanden, mußte sich Münster mit dem indirekten Gewinn zufriedengeben, den der Hafen für die Entwicklung der Stadt und ihrer Steuerkraft bedeutete.

Stadtwerke

Es war ein langer Weg, bis die kommunalen Versorgungs- und Verkehrsbetriebe verselbständigt und zusammengefaßt wurden zu der Form, die uns heute unter der Bezeichnung „Stadtwerke" geläufig ist. Als städtischer Regiebetrieb bestand jedes Unternehmen zunächst allein für sich, war aber direkt in die Organisation der Stadtverwaltung integriert und wurde nach Einnahmen und Ausgaben im städtischen Haushalt verzeichnet. Verwaltungskommissionen aus Magistratsmitgliedern und Stadtverordneten leiteten diese Betriebe; wie alle anderen Kommissionen waren sie Organe des Magistrats. Die Betriebsdirektoren, die der jeweils zuständigen Kommission zwar als beratende Mitglieder angehörten, aber kein Stimmrecht besaßen, führten mit einem Stab von technischen und administrativen Mitarbeitern die laufenden Geschäfte. 1901 schloß der Magistrat die drei Produktionsbetriebe Wasserwerk, Gaswerk und Elektrizitätswerk zur Städtischen Betriebsverwaltung zusammen. Dieser Verbund änderte indes nichts an der rechtlichen Konstruktion der Regiebetriebe. Die Kanalisation unterstand übrigens damals wie heute der städtischen Bauverwaltung.

Die am 21. November 1938 erlassene „Reichs-Eigenbetriebs-Verordnung" veranlaßte jedoch die Stadt, von dieser Rechtsform Abstand zu nehmen. Sie faßte die drei Versorgungsbetriebe mit den Verkehrsbetrieben (Straßenbahn und Autobus) zusammen und löste sie aus der direkten Magistratsverwaltung heraus. Unter dem Namen „Stadtwerke" wurden sie nun als verselbständigtes Regieunternehmen geführt, das sich in eigener Verantwortung verwaltete und eigenständig abrechnete. Aufgrund derselben Verordnung wurden gleichzeitig die beiden Häfen in das verselbständigte Regieunternehmen „Hafenbetriebe der Stadt Münster" eingebracht. 1953 übernahmen die Stadtwerke auch die Hafenbetriebe und 1966 die städtischen Bäder in ihre Verwaltung. Im Dezember 1967 schließlich entließ die Stadtverwaltung die Stadtwerke gänzlich aus ihrer Aufsicht. Sie wandelte ihren bisherigen Eigenbetrieb in eine rechtlich selbständige GmbH um. Alleiniger Gesellschafter blieb jedoch die Stadt, die ihre Repräsentanten als Vertreter der Arbeitgeber in den Aufsichtsrat entsendet. Das Vermögen des früheren Eigenbetriebs „Stadtwerke" wurde ebenso in die neue Gesellschaft eingebracht, wie ihre Betriebsangehörigen und Betriebsleiter übernommen wurden.

3. Städtische Sozial- und Gesundheitsverwaltung

Zu den wichtigsten obligatorischen Aufgaben der Städte, zu denen sie von den staatlichen Autoritäten angehalten werden konnten, gehörte die Armenpflege. Aus ihr erwuchs die moderne Sozial- und Gesundheitsverwaltung. In fürstbischöflicher Zeit gab es in Münster etwa fünfzig fromme Stiftungen, deren Zinsen für wohltätige

Zwecke ausgegeben wurden. Wenn Armut und Bettelei dadurch nicht verschwanden, lag dies auch an der Dezentralisation der Mittel; denn nur 21 dieser Fonds verwaltete der Rat, während sich die anderen in der Hand kirchlicher Institutionen befanden. Keine Koordinationsstelle regelte den Einsatz der Mittel, die sich deshalb über Bedürftige und weniger Bedürftige gleichermaßen ergossen – und manche gar nicht erreichten. Erst in der Zeit der französischen Herrschaft machte man dieser Unordnung ein Ende. Im Jahr 1810 wurde der größte Teil der Stiftungen zusammengefaßt und daraus der Generalarmenfonds gebildet. Die gute Finanzausstattung der Fonds machte es überflüssig, die Bürger der Stadt zu einer besonderen Armensteuer heranzuziehen. Nach der Jahrhundertmitte erforderte es die Finanzierung des Armenwesens allmählich, auf Kämmereimittel zurückzugreifen. Die Stadt steigerte diesen Zuschuß von 0,75 Prozent im Jahr 1850 bis zum Vorabend des Ersten Weltkriegs auf die noch immer geringe Höhe von 35,9 Prozent des Finanzbedarfs in der Armenpflege.

Armenkommission – Wohlfahrtsamt – Sozialverwaltung

1818 – Münster war wieder preußisch geworden – wurde die 1810 begonnene Reform zu Ende geführt. Seitdem galt bis zum Jahr 1871 eine Organisation der Armenverwaltung, die zunächst von der Stadtverwaltung völlig unabhängig war. Sie bestand aus einer Stadtarmenkommission, die in vier Ausschüsse für die allgemeine Armenpflege (nämlich das Unterstützungswesen), für die Armenanstalten, für die Rechnungs- und Etatangelegenheiten und für die laufenden Kassengeschäfte eingeteilt war. Durch die Statutenreformen von 1848 und 1860/61 geriet die Stadtarmenkommission jedoch in ein starkes Abhängigkeitsverhältnis zu Magistrat und Stadtverordnetenversammlung, da diese nun zumeist aus ihren Reihen die Kommissionsmitglieder (wie bei einer gemischten Magistratsdeputation) bestellten. Das preußische Ausführungsgesetz zum „Gesetz über den Unterstützungswohnsitz“ – dieses bestimmte den Wohnort anstelle des Geburtsorts als die für die Armenunterstützung zuständige Gemeinde – erforderte 1871 eine Neuregelung des städtischen Armenwesens, das nun allgemeinverbindlich zur kommunalen Pflichtaufgabe wurde. Münster richtete seine Armenkommission nun auch formell als eine gemischte Magistratsdeputation ein. Ihre Geschäftsordnung von 1879 bzw. 1894 übernahm Elemente des sogenannten Elberfelder Systems, nämlich die Dezentralisierung des Unterstützungswesens in Armenbezirke sowie die weitgehende Ehrenamtlichkeit. Allerdings richtete die Stadt auch schon eine Reihe besoldeter Stellen für sogenannte Armenwarte ein; mit dieser Modifikation des Elberfelder Systems griff Münster bereits neue Strömungen auf, mit denen die Anfangsgründe für den Beruf des modernen, speziell ausgebildeten Sozialarbeiters gelegt wurden. Die ehrenamtliche Betreuung sozial schwacher Personen und Familien in 20 bis 25 Fürsorgebezirken blieb jedoch bis in die Zeit des Nationalsozialismus erhalten.

Aufgrund der Reichsverordnung über die Fürsorgepflicht von 1924 mußte die Stadtverwaltung die Armenpflege reorganisieren. Sie formte die Armenkommission zum Städtischen Wohlfahrtsamt um, das in drei Abteilungen gegliedert wurde. Die erste bildete das Fürsorgeamt, das die Kernaufgaben des Armenwesens erfüllte: die laufenden Unterstützungen der sogenannten offenen Fürsorge, die Verwaltung der städtischen Armen- und Pflegeanstalten, die Verwaltung der Stiftungen sowie die Fürsorge für die Kriegsbeschädigten und Hinterbliebenen, zu denen nach dem Zweiten Weltkrieg noch die Kriegsheimkehrer, ehemaligen KZ-Gefangenen und Vertriebenen kamen. Die zweite Abteilung war das Jugendamt, das schon 1921 aus dem einstigen Waisenamt hervorgegangen war. Es organisierte nicht allein das Vormundschaftswesen für Waisen und uneheliche Kinder, sondern auch die Fürsorgeerziehung verwahrloster Jugendlicher. Als dritte Abteilung des Wohlfahrtsamts wirkte das Gesundheitsamt. Auch die einzelnen Zweige dieses Amtes, die Säuglings- und Kleinkinderfürsorge, die Schulkinderfürsorge (besonders die Schulzahnklinik), Tuberkulosefürsorge, Krüppelfürsorge, Schwangerenfürsorge, Psychopathenfürsorge sowie die sportärztliche Beratung, beruhten zum größten Teil auf bereits bestehenden Einrichtungen; manche von ihnen – die Säuglings- wie die Jugendfürsorge beispielsweise – gingen aus der Initiative privater Verbände hervor. Das Gesundheitsamt selbst stellte eine Fortentwicklung der 1917 eingerichteten Institution des Stadtarztes dar, der nun zum Leiter dieses Amtes berufen wurde. Erst das Gesetz über die Vereinheitlichung des Gesundheitswesens von 1934 schrieb allen Stadt- und Landkreisen die Bildung eines Gesundheitsamts (wie es in Münster bereits bestand) als Pflichtaufgabe vor.

Das münsterische Wohlfahrtswesen, insbesondere die Sozialhilfe, wie die Armenpflege heute genannt wird, gewinnt noch immer einen Großteil seines Finanzbedarfs aus den Erträgen des von der Stadt verwalteten Stiftungsvermögens. Um dieses Vermögen rationeller zu nutzen, legte die Stadtverwaltung 1964 die Fonds zu nur noch acht Stiftungen zusammen und bestimmte dementsprechend auch die Stiftungszwekke neu.

Die traditionelle Armenverwaltung der deutschen Städte wandelte sich unter dem Einfluß der Hochindustrialisierung und ihrer geänderten Arbeitsmarktbedingungen zur Sozialverwaltung. In der Zeit der Jahrhundertwende wie auch in den Jahren nach dem Ersten Weltkrieg waren es die Städte, die aufgrund des Allzuständigkeitsprinzips Pionierleistungen auf den Gebieten des Arbeiterschutzes und der Wohnungsfürsorge erbrachten. Sie richteten Arbeitsnachweise, Gewerbegerichte, in Ansätzen sogar Arbeitslosenversicherungen ein, die in den zwanziger Jahren vom Reich übernommen und allgemeinverbindlich etabliert wurden. Den Arbeitsnachweis zum Beispiel, den Münster (wenn auch in privater Trägerschaft) 1896 einrichtete, mußte die Stadt seit Erlaß des Gesetzes über die Arbeitsvermittlung von 1922 in Auftragsverwaltung für das Reichsamt für Arbeitsvermittlung betreiben. Seit 1927 besorgte dieses Reichsamt auch die Arbeitslosenversicherung. Zunächst erschien diese Regelung als eine fühlbare Entlastung der kommunalen Sozialverwaltung, doch wurde sie durch die Weltwirtschaftskrise auf eine Probe gestellt, die sie in dieser Strukturform nicht bestand. Die ausgesteuerten Arbeitslosen fielen nämlich wiederum – wie seit alters – der städtischen Sozialhilfe nun als sogenannte Wohlfahrtserwerbslose zur Last. Wurden in Münster 1928 noch 83 Prozent der Arbeitslosen vom Arbeitsamt unterstützt, waren es 1933 nur noch 40 Prozent, wobei sich ihre absolute Zahl sogar noch um mehr als das Dreifache erhöht hatte. Von 1933 bis 1937 versuchte die Stadt, wie man es anderenorts ebenfalls hielt, die Arbeitslosen mit Arbeitsbeschaffungsmaßnahmen zu beschäftigen und gab dafür 12,5 Millionen Reichsmark aus.

Wohnungsbau am Sentmaringer Weg (1928/29)

Wohnungsfürsorge

In der Wohnungsfürsorge wurde die münsterische Stadtverwaltung erst nach dem Ersten Weltkrieg aktiv, nachdem der Gesetzgeber den Gemeinden gewisse Einrichtungen obligatorisch vorgeschrieben bzw. fakultativ ermöglicht hatte. Aufgrund des preußischen Wohnungsgesetzes vom März 1918, das die Städte mit mehr als 100 000 Einwohnern anhielt, einen Wohnungsnachweis zu schaffen, eröffnete Münster noch im selben Jahr sein Wohnungsamt. Die Funktion dieses Amtes gewann vor allem in der Zeit nach dem Zweiten Weltkrieg eine große Bedeutung, als es in der kriegszerstörten Stadt Zwangszuweisungen durchführen mußte, um den vielen Tausenden von Ausgebombten, Vertriebenen, Heimkehrern und Flüchtlingen ein Dach über dem Kopf zu verschaffen. Auch in den ruhigeren Jahren des Wiederaufbaus war das Wohnungsamt noch viele Jahre mit Maßnahmen der Wohnraumbewirtschaftung und -beschaffung befaßt, die erst nach 1960 abgebaut wurden. Die Stadt beschäftigte sich schon seit den frühen Weimarer Jahren damit, selbständig zum Wohnungsbau beizutragen. Zwischen 1918 und 1922 etwa förderte sie den sozialen Wohnungsbau, der in den fünfziger bis siebziger Jahren aus Landesmitteln subventioniert wurde, indem sie städtische Zuschüsse oder Darlehen gewährte. 1938 schuf die Stadtverwaltung zu diesem Zweck sogar ein kommunales gemeinnütziges Wohnungsbauunternehmen. Sie vereinigte sieben gemeinnützige Baugesellschaften, deren private Gesellschafter abgefunden wurden, zur GmbH „Deutsches Heim". Neben diesem städtischen Bauunternehmen gründete die Stadtverwaltung 1959 noch ein zweites, die

„Westfälische Bauindustrie GmbH", die sich jedoch nicht allein im gemeinnützigen Wohnungsbau, sondern in allen Bereichen des freien Baumarkts engagiert.

Krankenhäuser und Kliniken

Das wichtigste städtische Leistungsangebot auf dem Sektor des Gesundheitswesens stellt zweifellos das Krankenhaus dar, dessen Herkunft aus dem weiten Feld der Armenpflege auf den ersten Blick überraschen mag. Sein Ursprung ist das mittelalterliche Hospital, eine Institution der christlichen Nächstenliebe also, die gleichermaßen der Pflege von Kranken, Siechen und Gebrechlichen diente. Bis ins 19. Jahrhundert hinein war das Hospital eine den Armen vorbehaltene Anstalt, in der sowohl Kranke behandelt wie Alte und Hilflose versorgt wurden. Erst in der zweiten Hälfte des 19. Jahrhunderts entwickelte sich das moderne Krankenhaus als eine spezialisierte oder nach Krankheiten differenzierte Klinik, die den Zweck verfolgt, befristet Patienten aus allen Schichten aufzunehmen. Träger solcher Anstalten waren (traditionsgemäß) kirchliche Körperschaften, private Gesellschaften, der Staat (etwa im Fall von Universitätskliniken), Städte oder Gemeindeverbände. Münster verfügte im 19. und 20. Jahrhundert über eine beträchtliche Anzahl von Krankenhäusern – um die Jahrhundertwende waren es neun, darunter vier kirchliche, zwei des Provinzialverbandes und ein Garnisonlazarett –, aber nur zwei davon befanden sich, dazu noch für begrenzte Zeit, in städtischer Regie.

Eine dieser Anstalten war das 1732 von Kurfürst Clemens August gegründete Clemenshospital, das im Zuge der Reorganisation des münsterischen Armenwesens 1818 der Stadtarmenkommission unterstellt wurde. Zuvor hatte eine Umwidmung des Stiftungsvermögens seine finanziellen Grundlagen, die ruiniert waren, abgesichert. Die vom Generalvikar Clemens August von Droste-Vischering gegründete Genossenschaft der Barmherzigen Schwestern (Clemensschwestern) übernahm ab 1820 die Krankenpflege, schließlich auch die Bewirtschaftung des Clemenshospitals. Als 1871 das Armenwesen der Kompetenz des Magistrats zufiel, übernahm die zuständige Kommission auch die Verwaltung des Hospitals, das sich in ein modernes Krankenhaus umzuwandeln begann. Das Verwaltungsregulativ von 1887 gestattete nämlich nur noch in Ausnahmefällen die Aufnahme Hilfsbedürftiger, die nicht akut krank waren, sondern der Pflege bedurften. Durch Gemeindebeschluß wurde schließlich 1893 die Anstalt aus der Verwaltungskompetenz der Armenkommission herausgelöst und einem eigenen Verwaltungskuratorium unterstellt. Die Unterhaltungs- und Pflegekosten deckte man aus dem Ertrag der dem Krankenhaus zugehörigen Stiftungen, aus Zuschüssen der Kämmereikasse und zunehmend aus den Pflegegeldern der Patienten, seitdem 1883 das Krankenversicherungsgesetz in Kraft getreten war. Bis 1952, als die Stadt das Clemenshospital privatisierte, blieb die Eigentums- und Organisationsstruktur in wesentlichen Zügen erhalten. Nun übernahm der neue Träger, die Genossenschaft der Clemensschwestern, auch die Verwaltung ganz.

Mehr als zwei Jahrzehnte befand sich auch die „Hüffer-Stiftung" in kommunaler Regie. 1889 wurde sie als Orthopädische Heilanstalt von einem Mitglied der münsterischen Honoratiorenfamilie Hüffer als Stiftungskrankenhaus für ursprünglich minderbemittelte Körperbehinderte gegründet. Sie befand sich seit 1903 acht Jahrzehnte lang in dem Gebäude am Schloßgraben, das 1930 um einen Seitenflügel erweitert wurde und stets das modernste Inventar einer orthopädischen Klinik besaß. 1922 wurde die „Hüffer-Stiftung“ von der Stadt übernommen, die 1933 noch weitere fachärztliche Abteilungen einrichtete, um die Bettenkapazität besser auszunutzen. Erst 1943 ging das Krankenhaus in staatliches Eigentum über, nachdem bereits vor dem Ersten Weltkrieg darüber mit dem preußischen Kultusministerium Absprachen getroffen worden waren. Als Orthopädische Klinik wurde es den in den zwanziger Jahren eingerichteten Universitätskliniken eingegliedert.

Die medizinische Versorgung der Münsteraner wird seit der zweiten Hälfte des 19. Jahrhunderts vor allem durch eine Vielzahl privater Krankenanstalten gesichert, die sich zumeist in kirchlicher Hand befinden. Unter den Allgemeinkrankenhäusern sind das 1857 gegründete Franziskushospital, das durch die 1875er Eingemeindung nach Münster kam, das 1863 eingerichtete Evangelische Krankenhaus „Johannisstift“ sowie die Raphaelsklinik zu nennen, die 1908 von Anfang an – wie der Name es schon ausdrückt – als ein Krankenhaus modernen Typs in Betrieb genommen wurde. Das Krankenhaus der Missionsschwestern in Hiltrup (heute: Herz-Jesu-Krankenhaus) kam 1975 im Zuge der Eingemeindung in den größeren Stadtbezirk hinzu.

Städtische Sparkasse

Noch weniger als den Krankenhäusern ist den Sparkassen ihre Herkunft aus der Armenfürsorge anzusehen. Auch wenn die ersten in Deutschland gegründeten Sparkassen meist als Privatanstalten von wohltätigen Vereinigungen ins Leben gerufen wurden, ist die Institution Sparkasse doch im wesentlichen eine Anstalt der Gemeinden und Gemeindeverbände. Man gründete sie mit der Absicht, die ärmeren Bevölkerungsschichten Ersparnisse ansammeln zu lassen, die diese sicher und zinstragend deponieren konnten. Die Bevölkerungsgruppen, die man dabei im Auge hatte, waren vor allem die Dienstboten, Gesellen, Lehrlinge und auch die Kinder. Zweck der Sparkasse war es, im Sinne einer vorbeugenden Armenpflege die Minderbemittelten zunächst auf die Selbsthilfe zu verweisen für den Fall, daß sie in Not gerieten. Vor allem nach der napoleonischen Zeit gründeten einzelne Städte in Preußen, Bayern, Württemberg und anderen Bundesstaaten Sparkassen, die meistens mit Leihanstalten verbunden waren. Die anfängliche Furcht der Gemeindeverwaltungen, sich mit der Garantieübernahme gegenüber den Einliegern eine gefährliche potentielle Belastung der Gemeindefinanzen aufzubürden, wich bald der Erkenntnis, daß Sparkassen hohe Überschüsse erwirtschafteten, die eine zusätzliche Einnahmequelle bildeten. Die ständige Zunahme ihres Geschäftsbereichs und die Erweiterungen ihres Kundenkreises im Laufe des 19. Jahrhunderts erhöhten weiterhin die Rentabilität der Sparkassen. Die Städte gaben deshalb schnell ihre Zurückhaltung auf und gründeten selbst Sparkassen oder kommunalisierten private.

Wie in Bayern, Württemberg und Baden waren es auch in Preußen die Behörden des spätabsolutistischen Staates, welche die Städte, die im allgemeinen noch nicht die kommunale Selbstverwaltung genossen, zur Gründung von Sparkassen drängten. Die münsterische Sparkasse eröffnete ihren Betrieb im Januar 1829, viereinhalb Jahre nachdem die Bezirksregierung ihre Gründung angeregt hatte. Die Stadtarmenkommission hatte sich anfänglich geweigert, und so bedurfte es schließlich einer Kabinettsordre, um die Stadtverwaltung selbst zu veranlassen, für Rechnung der städtischen Kämmerei und unter städtischer Garantie eine Pfandleihanstalt mit angeschlossener Sparkasse in der Stadt Münster ins Leben zu rufen. Das Sparkassenreglement widmete die neue Anstalt allen Einwohnern der Stadt und hob unter ihnen besonders die Kinder, Dienstboten, Lehrlinge, Gesellen und Soldaten hervor, also nicht die Stadtarmen, die ja ohnehin kein Geld zum Sparen erübrigen konnten. Seit den 1840er Jahren hatte sich die Sparkasse nicht nur als Depositenanstalt der Unter- und Mittelschichten etabliert, sondern auch schon als Kreditinstitut, das in den folgenden Jahrzehnten für die mittelständische Wirtschaft immer größere Bedeutung erlangte. Seit den siebziger Jahren, als die angeschlossene Pfandleihanstalt für die Geldanlage der Sparkasse völlig nebensächlich geworden war – Münster schloß sie deshalb mit dem Beginn des Jahres 1873 –, kam neben der Kreditvergabe nur noch die Anlage in der Westfälischen Landesbank in Betracht, die für sie mit den Depositengeldern an der Berliner Börse Aktiengeschäfte tätigte. Die stets wachsenden Überschüsse der münsterischen Stadtsparkasse übernahm die Kämmerei, nachdem ein bestimmter Prozentsatz dem Reservefonds zugeführt war. Sie leitete das Geld dem Kommunaletat für städtische Investitionen und für gemeinnützige Zwecke zu.

Die Stadtsparkasse war keine juristische Person, sondern eine Gemeindeanstalt wie die kommunalen Wirtschaftsbetriebe. Sie bildete ein Sondervermögen und besaß insofern gegenüber dem allgemeinen Kämmereivermögen eine gewisse Selbständigkeit. Ein preußisches Gesetz aus dem Jahr 1932, das die Einzelheiten einer Notverordnung des Reichspräsidenten aus dem Jahr zuvor regelte, machte die münsterische wie alle anderen kommunalen Sparkassen zu Anstalten des öffentlichen Rechts mit eigener Rechtspersönlichkeit, deren Personal indes weiterhin vom Gewährsträger, der eine unbeschränkte Haftung besaß, eingestellt und entlassen wurde. Repräsentanten der Stadt als Gewährsträger führten im wesentlichen ehrenamtlich die Vorstandsgeschäfte. Erst das nordrhein-westfälische Sparkassengesetz vom 1. April 1958 führte zwei Organe für die Verwaltung der Sparkasse ein: das Aufsichtsorgan Verwaltungsrat, das dem ehrenamtlichen Element verblieb, und den professionellen Vorstand für die Geschäftsführung. Seitdem besitzt die Stadtsparkasse auch die Personalhoheit.

Durch die kommunale Neuordnung von 1975 vergrößerte sich das Anlage- und Geschäftsvolumen erheblich, weil die Stadtparkasse Münster, die ihre alte Firma behielt, mit der 1858 gegründeten Kreissparkasse fusionierte, die der aufgelöste Landkreis Münster in die vergrößerte kreisfreie Stadt einbrachte.

4. *Städtische Kultur- und Freizeiteinrichtungen*

Bis zum Ausbruch des Ersten Weltkriegs hatten sich die deutschen Städte in der Regel schon eine Infrastruktur zugelegt, welche die groben Existenzbedürfnisse ihrer Einwohner zufriedenstellen konnte. Gegen Ende des 19. Jahrhunderts begann man in den Stadtverwaltungen, sublimere Allgemeinbedürfnisse als neue Aufgaben der Leistungsverwaltung zu akzeptieren. Die Aufgaben, die den Städten als Schulträgern oblagen, der Ausbau des Volksschulwesens beispielsweise oder die Gründung von Schulanstalten neuer Art bei den höheren und den berufsbildenden Schulen, bleiben in diesem Beitrag außer Betracht. Zu den Kultureinrichtungen, welche die Städte – anders als das Schulwesen, das sie unter den Pflichtaufgaben zu verwalten hatten – nun in freiwilliger Selbstverwaltung allmählich schufen oder wenigstens förderten, gehörten unter anderem die Theater, Bibliotheken und Museen.

Ein Stadtarchiv gab es in Münster natürlich schon lange. Aber wie in den meisten Städten blieb es bis zur Jahrhundertwende von der Öffentlichkeit nahezu unbeachtet. Erst seit 1913 wurde es als kommunale Dienststelle von hauptamtlich tätigen und ausgebildeten Archivaren verwaltet. Stadtbibliotheken hingegen wurden in Deutschland erst später, nämlich seit der Jahrhundertwende, unter dem Einfluß der englischen Bücherhallenbewegung gegründet. Münster richtete seine Stadtbücherei 1935 unter der Bezeichnung „Volksbücherei“ im Krameramtshaus ein. Es handelte sich um die 1906 eröffnete Bibliothek des Katholischen Bücher- und Lesehallenvereins, welche die Nationalsozialisten im Zuge ihrer Gleichschaltungspolitik 1933 kommunalisierten.

Um Museumsprojekte, die in vielen deutschen Städten schon in der Zeit vor dem Ersten Weltkrieg in die Tat umgesetzt wurden, wollte sich die münsterische Stadtverwaltung nicht kümmern. Die Provinzialverwaltung, zu deren Aufgaben gerade auch die Förderung von Kunst und Wissenschaft gehörte, entlastete sie durch ihre Aktivitäten, auch wenn manche schleppend verliefen. Schon 1822 beschloß die preußische Staatsregierung die Einrichtung eines Landesmuseums für Westfalen, und die in Münster ansässigen Kunst- und Geschichtsvereine hatten bereits eine Reihe von Kunstgegenständen und sonstigen Exponaten angesammelt, bis der Provinzialverband 1882 die Initiative ergriff. Doch dauerte es noch bis 1904, ehe mit dem Bau des Landesmuseums für Kunst und Kulturgeschichte am Domplatz begonnen werden konnte, das schließlich 1908 eröffnet wurde. 17 Jahre zuvor hatte die Provinz bereits einen anderen Plan verwirklichen können: den Bau und die Einrichtung des Naturkunde-Landesmuseums, das 1891 auf dem Gelände des alten Zoologischen Gartens eingeweiht wurde. Die Verbindung mit dem Zoo blieb auch bestehen, als dieser von der Himmelreichallee umsiedelte und 1974 in modernster Form auf der Sentruper Höhe neu eröffnet wurde. Der ursprüngliche Zoologische Garten entstand ein Jahrhundert zuvor, im Jahr 1875, auf Initiative des Zoologieprofessors an der münsterischen Akademie, Dr. Hermann Landois, der auch die Leitung des Naturkundemuseums übernahm. Die mit unkonventionellen Mitteln betriebene Gründung des Zoos ersparte wiederum den städtischen Behörden eigene Bemühungen und entlastete zunächst den Kämmereietat. Er wurde nämlich von einer Aktiengesellschaft getragen; die weiteren Deckungsmittel bezog er aus den Eintrittsgeldern, aus den Mitgliedsbeiträgen des Vereins für Vogelschutz und aus den Einnahmen der eigens zu diesem Zweck gegründeten „Abendgesellschaft des Zoologischen Gartens“, die seit 1881 mit Erfolg selbstverfaßte plattdeutsche Possen aufführte. Bis heute hat sich an der Trägerschaft nicht viel geändert, nur ist die Stadt als alleinige Gesellschafterin übriggeblieben.

Ein eigenes Stadtmuseum richtete Münster erst spät ein. 1979 berief es dessen Leiter, der schon im Jahr 1982 so viele Ausstellungsstücke gesammelt hatte, daß er sie in einer provisorischen Unterkunft der Öffentlichkeit zur Schau stellen konnte. 1989 eröffnete das Museum sein endgültiges Domizil an der Salzstraße. Das seit 1960/63 im Aufbau befindliche volkskundliche Mühlenhof-Freilichtmuseum am Aasee verdankt hingegen seine Existenz einer Bürgerinitiative. Die Stadt ist bloßes Mitglied im Trägerverein dieser privaten Institution.

Das Herzstück der kulturellen Infrastruktur außerhalb des Schulsektors bildet in fast jeder bedeutenderen Stadt das Theater. Das münsterische Theater, das von Wilhelm Ferdinand Lipper gebaute klassizistische Komödienhaus, wurde 1775 eingeweiht, in einer Zeit, da durch die Theaterbauten von Berlin (1774), Wien (1776) und Mannheim (1777) das Bemühen um ein deutsches Nationaltheater in eine fruchtbare Phase getreten war. Der Minister von Fürstenberg mußte dieses Projekt aber gegen den Widerstand von städtischem Rat und Handwerkergilden durchsetzen. Trotz ihres vorausgegangenen Sträubens fungierte die Stadt nicht nur als Bauherrin, sondern auch als Eigentümerin des Theaters, das sie an Schauspielgruppen vermietete. In dem halben Jahrhundert zwischen 1825 und 1875 erlebte das Stadttheater eine beachtliche Blüte, weil es eine Theaterunion mit dem lippischen Staatstheater in Detmold einging; die Union war zudem auch so lukrativ, daß die Stadt während dieser Zeit dem Theater keine Subventionen zu zahlen brauchte. In den Jahren danach ging es aber nicht nur mit dem Niveau des Theaterbetriebs bergab; das Gebäude selbst war baufällig geworden und mußte zwischenzeitlich und 1890 endgültig geschlossen werden.

Die städtischen Behörden sträubten sich angesichts der angespannten Finanzlage, das alte, 1894 abgebrochene Komödienhaus am Roggenmarkt durch einen Neubau zu ersetzen. Da die Stadt nach Ansicht des Oberbürgermeisters Windthorst gravierendere Investitionspläne hatte, setzte dieser seine Konzeption durch, für die Zwecke des Theaters ein Adelspalais anzumieten. 1895 eröffnete das „Lortzing-Theater" – der berühmte Komponist hatte von 1826 bis 1833 in Münster als Schauspieler gewirkt – im Romberger Hof an der Neubrückenstraße. 1906 kaufte die Stadt das Gebäude (seit 1908 Stadttheater), verpachtete es aber weiterhin im Konzessionssystem an einen Theaterdirektor, der nun einen jährlichen Betriebszuschuß aus der Kämmereikasse erhielt. Die günstigeren finanziellen Voraussetzungen bewirkten nicht nur einen beträchtlichen Niveauanstieg der Bühne, sondern auch steigende Publikumszahlen. Schon seit dem Herbst 1918 engagierte die Stadt ein städtisches Ensemble, doch befand sich das Theater erst seit der Saison 1922/23 voll und ganz in städtischer Regie. Nur in der Zeit der Weltwirtschaftskrise ging die Stadt für einige Jahre wieder vom Regiebetrieb ab, als sie zwischen 1929 und 1932 das Theater an den Intendanten verpachtete und in der darauf folgenden Saison mit Osnabrück eine Theaterehe einging. Nach dem Zweiten Weltkrieg errichtete sie an Stelle des zerstörten „Lortzing-Theaters" einen Theaterneubau, der 1956 eröffnet wurde und wegen seiner architektonischen Kühnheit für nationales und internationales Aufsehen sorgte.

Im Oktober 1911 nahm der Magistrat für das Stadttheater ein eigenes städtisches Orchester unter Vertrag, das den Kern des 1919 geschaffenen Städtischen Symphonieorchesters bildete. Es stand unter der Leitung des Musikdirektors Volbach, der auch in Personalunion mit der Leitung der neugegründeten Städtischen Musikhochschule (Westfälische Schule für Musik) betraut wurde. Die 1920 vor allem für musikalische Veranstaltungen eröffnete Stadthalle, die dem Stadttheater benachbart war, wurde wie dieses ein Opfer des Bombenkriegs. Da man sie aber nach 1945 nicht wieder aufbaute, wird ihr Verlust in der städtischen Öffentlichkeit zunehmend bedauert. Die im Vorort Hiltrup errichtete Stadthalle war nicht als Ersatz für sie kon-

Preußenstadion an der Hammer Straße (1930er Jahre)

zipiert. Sie ist eine Mehrzweckhalle kleinerer Größe und wird von der „Halle Münsterland GmbH“ betrieben, deren Hauptgesellschafterin die Stadt Münster ist. Die Halle Münsterland selbst öffnete 1926 auf dem Gelände des ehemaligen Gaswerks ihre Pforten, um einerseits die Freizeitbedürfnisse der jungen Großstadt und ihres weiteren Umlandes zu befriedigen und andererseits wirtschaftsfördernden Zwecken desselben Raumes zu dienen. Als große Mehrzweckhalle mit Nebenhallen wurde und wird sie sowohl für Viehauktionen, Gewerbeausstellungen und Kongresse als auch für Sportveranstaltungen und Konzerte benutzt.

Überhaupt entstand in der Zeit der Weimarer Republik in Münster, das sich darin von anderen Städten nicht unterschied, eine Fülle von Freizeit- und Sporteinrichtungen. Damit erfüllten die Städte Kulturaufgaben in einem weiteren Sinn. Sportpolitik ist nach heutigen Vorstellungen ein wesentlicher Bestandteil der Gesellschaftspolitik. Je mehr Freizeit die (post-)industrielle Gesellschaft anbietet, desto stärker muß die kommunale Leistungsverwaltung auf die daraus entstehenden Bedürfnisse eingehen. Diese neue Bedarfsentwicklung zeichnete sich schon in den zwanziger Jahren ab. Deshalb gab der Deutsche Städtetag 1926 an seine Mitgliedsstädte die Empfehlung aus, Ämter für Leibesübungen einzurichten, Sportvereine zu fördern und selbst Sport- und Spielplätze zu bauen. In Münster entstand, wenn auch durch die Initiative der Turn- und Sportvereine, in den Jahren 1920 bis 1933 eine Vielzahl von Sportstätten. Die bedeutendste Anlage dieser Art wurde das „Preußenstadion“ an der Hammer Straße, das 1926 in Betrieb genommen wurde. Das Gelände befand sich im Eigentum der Stadt, die es dem „SC Preußen“ verpachtete. Der Sportclub übertrug 1930 die Stadionanlage, die zum Teil von seinen Mitgliedern errichtet worden war, an die Stadt, welche sie dem Verein weitervermietete. Seit 1959 befindet sich das Preußenstadion in städtischer Verwaltung. In den Jahrzehnten nach dem Zweiten

Weltkrieg setzten sich die Aktivitäten der Sportvereine, Sportstätten zu errichten, weiter fort. Die Stadtverwaltung subventionierte zum Teil den Bau und die Unterhaltung der Anlagen. Vor der Eingemeindung von 1975 gab es in Münster allein 42 Turnhallen und ebenso viele Spiel- und Sportplätze, unter denen der 1962 eröffnete Sportpark Sentruper Höhe besonders hervorragte.

Zu den frühesten städtischen Sport- und Erholungsanlagen, die zumeist sogar als Regiebetriebe von den Städten eingerichtet wurden, zählten die Hallenbadeanstalten. Münster übergab seine erste Badeanstalt 1888 dem Publikum: das Bad am alten Zoo, das neben der bedeckten Schwimmhalle auch ein Becken unter freiem Himmel besaß. In den Jahrzehnten nach dem Zweiten Weltkrieg, der Hochkonjunktur kommunaler Hallenbäder, kam noch eine Reihe weiterer Badeanstalten hinzu, die von der Stadt entweder selbst gebaut wurden (wie das Süd- und das Ostbad) oder die ihr durch die Eingemeindung von 1975 zufielen. Die Hauptattraktion unter den Freizeitanlagen Münsters stellt jedoch nach wie vor der Aasee dar. Die Aaseewiesen vor dem Aegidiitor waren schon seit alters von Überschwemmungen bedroht und luden als ein in die Stadt hineinragendes Stück Naturbrache zur Gestaltung ein. Das Hochwasser im Januar 1925 bildete für die städtischen Behörden den letzten Anstoß, das Gelände zur Anlage eines Stausees zu benutzen. Zwischen 1928 und 1934 wurde der Aasee angelegt, der in der ersten Hälfte der siebziger Jahre um den etwa gleich großen südlichen Teil erweitert wurde.

Eine Darstellung, die den Ausbau der münsterischen Infrastruktur veranschaulichen will, wie sie von den öffentlichen Einrichtungen gebildet wurde, muß die we-

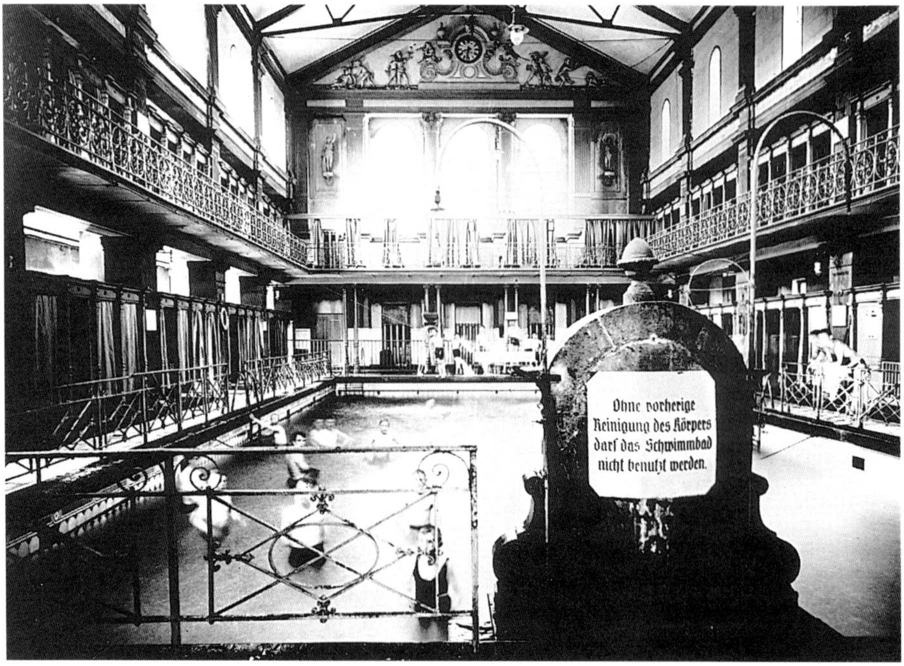

Stadtbad am alten Zoo (um 1910)

sentlichen Züge herausarbeiten, in denen sich die städtische Leistungsverwaltung entwickelte. Deshalb stellt sie auch keinen Versuch dar, alle Institutionen zu inventarisieren. Ein Hinweis auf weitere Aufgabenfelder, welche die Stadt als Dienstleistungszentrum übernommen hat, ist jedoch durchaus angebracht. Zu erwähnen ist beispielsweise der Brandschutz, eine sicherheitspolizeiliche Pflichtaufgabe der Stadt, die in Münster zunächst von Löschzügen der freiwilligen Feuerwehr erfüllt wurde, bis sie die Stadtverwaltung 1905 durch die Städtische Brandwache, eine Berufsfeuerwehr, ergänzte. Zu erwähnen ist weiterhin auch eine gesundheitspolizeiliche Pflichtaufgabe: das Anlegen von Friedhöfen. Seit der französischen Zeit beerdigten die Münsteraner ihre Toten – um eine Verseuchung des Grundwassers zu vermeiden – außerhalb der Stadt. Die 1808 angelegten Friedhöfe (Hörster-, Aegidii-, Überwasser- und Mauritzfriedhof) wurden bis 1886 benutzt, denn am 1. Januar 1887 eröffnete der Zentralfriedhof als neue Beerdigungsstätte. Da sich auch dort eine Überbelegung abzeichnete, erwarb die Stadt 1929 östlich der damaligen Gemeindegrenze ein großes Gelände in der Lauheide, um es für Gräberfelder herzurichten. Ab 1940 fanden auf dem „Waldfriedhof“ Beerdigungen statt. Während der Friedhof Lauheide in kommunaler Regie geführt wird, befindet sich der Zentralfriedhof in der Trägerschaft der beiden Kirchen. Von den 21 Friedhöfen auf dem Gebiet des größeren Münster (seit 1975) sind nur sechs in städtischer Hand.

Die Stadt Münster konnte ihre Leistungsangebote in der Regel auf soliden Finanzverhältnissen aufbauen. Dies galt vor allem für die Blütezeit des deutschen Städtewesens im Kaiserreich. Erst in der Zeit der Weimarer Republik ergaben sich, hervorgerufen durch die Aufhebung der kommunalen Steuerautonomie, die aus der Reichsfinanzreform von 1920 folgte, sowie durch die krisenhafte Wirtschaftsentwicklung, in einigen Haushaltsjahren gewisse Unausgewogenheiten. Sowohl 1926 als auch 1928 und 1929 schloß der Etat mit Defiziten ab. Dies wiederholte sich in den Jahren des Wiederaufbaus nach dem Zweiten Weltkrieg. Den Defiziten der Haushaltsjahre 1949 bis 1951 folgte nach 1954 eine anhaltende Periode sanierter Kämmereihaushalte.

Rat und Verwaltung der Stadt betonen deshalb gern, eine Investitionspolitik zu betreiben, die den Haushalt ausgewogen hält, die Bürger nicht mit Steuern überstrapaziert und den Schuldenstand überschaubar sein läßt.

Quellen und Literatur

An Quellen sind für das 19. Jahrhundert vor allem die Akten der Stadtregistratur und der Stadtverordnetenregistratur im Stadtarchiv Münster zu benutzen. Für das 20. Jahrhundert empfiehlt sich zunächst die Lektüre der gedruckt oder als Typoskript vorliegenden Verwaltungsberichte des Magistrats 1915–1926 [1498: Verwaltungs-Bericht] und 1926–1945 [1492: Münster 1926–1945] sowie des Oberstadtdirektors [1672: Verwaltungsbericht 1945–1954; 1669: Münster 1955–1960; 1670: Münster 1961–1966; 1667: Münster 1967–1972]. Für die Zeit von 1885 bis 1913/15 liegen (ebenfalls im Stadtarchiv) die Verwaltungsberichte des Magistrats in Akten vor. Die Artikel der Festschrift zur 84. Versammlung deutscher Naturforscher und Ärzte von 1912 [114: Festschrift] befassen sich detailliert mit den einzelnen Institutionen, die Münster zum Dienstleistungszentrum machten.

Die Leistungsverwaltung allgemein wird in der wissenschaftlichen Literatur von Hendrik Gröttrup [2161: Leistungsverwaltung], Horst Matzerath [2426: Urbanisierung] und Wolfgang R. Krabbe [1386: Kommunalpolitik] behandelt, der die Entwicklung an den Fällen Dortmund

und Münster vergleichend exemplifiziert. Allgemein entwickelt Krabbe die Problematik in einem Aufsatz [2348: Munizipalsozialismus] sowie unter der Perspektive der Oberbürgermeister von Dortmund und Münster [1387: Oberbürgermeister]; beide Städte vergleicht er auch bezüglich ihrer Sozial- und Gesundheitspolitik [1384: Armenpflege] sowie ihrer Schul- und Kulturpolitik [1389: Schul- und Kulturpolitik]. Die öffentliche Armenfürsorge behandelt ein Aufsatz von Ewald Frie und Thomas Küster [1323: Privatwohltätigkeit und Kommunalisierung], die Gesundheitsfürsorge sowie das Medizinalwesen im 19. Jahrhundert das Buch von Hedwig Schwanitz [1447: Krankheit – Armut – Alter]. Probleme der eigenwirtschaftlichen Tätigkeit Münsters untersucht Anton Prahl [1612: Eigenwirtschaftliche Tätigkeit]. Mit den städtischen Finanzen Münsters beschäftigt sich die Dissertation von Anton Hilgert [1358: Finanzen]. Die Entwicklung der Provinzialhauptstadt zur modernen Großstadt stellt Wolfgang R. Krabbe in einer Dokumentenmappe dar [1507: Großstadt]; er gibt in seiner Stadtgeschichte des 19. und 20. Jahrhunderts [2350: Stadt] wie Jürgen Reulecke in seiner Urbanisierungsgeschichte [2589: Urbanisierung] einen Rahmenüberblick, der auch die kommunale Leistungsverwaltung in weitere Zusammenhänge stellt. In seiner noch unveröffentlichten Dissertation analysiert Ludger Grevelhörster [1552: Zwischen Revolution und Inflation] Probleme der Kommunalpolitik nach dem Ersten Weltkrieg.

HANNES LAMBACHER

Von der Staatskuratel zur selbständigen Aufgabenerfüllung – Entwicklung der kommunalen Selbstverwaltung von der napoleonischen Zeit bis zum Ende des Zweiten Weltkriegs

Die Entwicklung der kommunalen Leistungsverwaltung hat in der neueren Stadtgeschichtsforschung seit einiger Zeit verstärkte Aufmerksamkeit erfahren. Wolfgang R. Krabbe hat mit seinen Fallstudien zu Dortmund und Münster sowie zahlreichen Aufsätzen zu den im 19. und frühen 20. Jahrhundert wachsenden Aufgaben der Kommunen methodische Grundlagen geschaffen und Impulse für weitere Forschungen gegeben [1386: Krabbe, Kommunalpolitik]. Die Leistungsverwaltung in ihrer ganzen Breite stellt aber nur eines von mehreren großen Aufgabenfeldern öffentlicher Verwaltung dar. Obwohl sich die Städte seit der Mitte des 19. Jahrhunderts mehr oder weniger freiwillig den neuen Aufgaben der kommunalen Daseinsvorsorge stellten und ihnen schließlich gegenüber den Einzelstaaten und dem nationalen Staat hierin sogar eine Pilotfunktion zugewachsen ist [2379: Langewiesche, „Staat“ und „Kommune“, S. 623], waren es doch die traditionellen Aufgabenfelder der Sicherungs- und Ordnungsverwaltung, der Einnahmen- und Ausgabenverwaltung sowie der Organisations- und Ressourcenverwaltung, in denen die Städte ihre Fähigkeit und Bereitschaft zur Selbstverwaltung zuerst unter Beweis stellten.

1. *Professionalisierung auf Zeit: Die Stadtverwaltung in der ersten Preußenzeit (1802–1806)*

Staatsrechtliche und politische Veränderungen – und seien sie gar revolutionärer Art – haben selten einen etablierten lokalen Verwaltungsapparat gleichsam über Nacht beseitigt; auch sind umgekehrt nicht die Amtsinhaber, weder die leitenden noch die sogenannten Subalternen, am Morgen einer neuen Zeit einfach dem Dienst fern geblieben in der Meinung, sie seien nicht mehr gefragt. Als die preußischen Truppen am 3. August 1802 in Münster einmarschierten, kam mit diesen auch der Kommissar der Spezialorganisationskommission, Kriegs- und Domänenrat Friedrich Wilhelm Ribbentrop, der keineswegs den Stadtrichter, die Bürgermeister und die

Ratsmitglieder – die ihn im Rathaus erwartet hatten – ihrer Ämter enthob, sondern ihnen die preußische Besitznahme meldete und sie mit der provisorischen Weiterführung der Amtsgeschäfte beauftragte. Die „Beamten" und Bediensteten des Rates blieben vorerst in ihren Stellungen und Funktionen. Die erste personelle Veränderung gab es an der Spitze, nachdem der Erste Bürgermeister Franz Theodor Scheffer-Boichorst in den Staatsdienst übergewechselt war. Der bisherige Regierungsreferendar Bernhard Hildebrand nahm dessen Stellung ein und zog damit an allen „Altgedienten" vorbei.

Der Rat der fürstbischöflichen Zeit war beschließendes, ausführendes und rechtsprechendes Organ. Mit der preußischen Inbesitznahme wurde diesem nun „Magistrat" genannten Verwaltungsorgan jegliche Beschlußkompetenz entzogen. Die dem Magistrat vorgesetzte Behörde war die Kriegs- und Domänenkammer, die ein weitgehendes und nicht genau begrenztes Eingriffsrecht in die städtische Verwaltung besaß und auch praktizierte. Das betraf die Neuverteilung von Verantwortlichkeiten auf der Ebene der leitenden Amtsinhaber genauso wie die Regelung und Beaufsichtigung des allgemeinen Geschäftsgangs bis hinunter zur Erledigung einzelner Fachaufgaben. So widmete die Kammer schon im Juni 1804 der Einrichtung und ordentlichen Führung einer Registratur nach dem Muster der alten preußischen Behörden höchste Aufmerksamkeit. Zwar versammelten sich die Mitglieder des Magistrats regelmäßig am Mittwoch und Samstag vormittags um 9 Uhr auf dem Rathaus, nicht jedoch, um in autonomer Stellung Entscheidungsfindung in Selbstverwaltungsangelegenheiten zu praktizieren, sondern um die Vorgaben der Kammer auszulegen und die Durchführung zu regeln bzw. zu delegieren. Dies kommt sinnfällig im Fehlen der Ratsprotokolle für die Jahre 1804 bis 1808 und wieder 1812 bis 1835 zum Ausdruck. Die Strafgerichtsbarkeit wurde dem Stadtrichter und dem ehemaligen Rat der Stadt Münster mit Errichtung der Regierung entzogen, indem durch den Instruktionssenat eine Deputation als erstinstanzliches Strafgericht gebildet wurde. Mit dem Tod des Stadtrichters Christoph Bernhard Joseph Gräver im November 1804 ergab sich der Anlaß, in der Stadt Münster die Verhältnisse neu zu ordnen. Zunächst wurden alle bisher beim Stadtrichter ressortierenden Polizeiverwaltungsaufgaben dem Magistrat übertragen. Die richterlichen Funktionen des Stadtrichteramts gingen an den Regierungsreferendar Schücking über, bis im März 1806 das Stadtgericht als landesherrliches Untergericht organisiert wurde. Dies bedeutete für Münster die „Herauslösung der Jurisdiktion aus dem städtischen Kompetenzbereich" und die „saubere Ressorttrennung zwischen dem Justiz- und dem Verwaltungsfach" [1397: Lahrkamp, Napoleonische Zeit, S. 171].

Der Rat der ehemaligen fürstbischöflichen Residenzstadt wurde mit dem Herrschaftswechsel als Magistrat zu einem ausführenden Organ einer Mittelbehörde, zunächst der Kriegs- und Domänenkammer, dann der Bezirksregierung. Im Juni 1804 erließ die Kammer eine Art Dienstanweisung, um dem Geschäftsbetrieb des Polizeimagistrats entsprechend Nachdruck zu geben. Der darin festgeschriebene Aufgabenkatalog des Magistrats, in einigen Punkten recht konkret, in anderen eher allgemein, darf nun nicht als verbindlicher Aufgabenkreis größerer Städte im frühen 19. Jahrhundert bezeichnet werden. Denn es gab noch keine ausschließliche Zuständigkeit der Kommunen für den später so bezeichneten „eigenen Wirkungskreis", ja es gab – generell gesagt – keine kommunale Selbstverwaltung. Immerhin sollten sich im wei-

Joseph von Münstermann (1773–1842), Oberbürgermeister von 1824 bis 1842. Gemälde von A. Sprickmann

teren Verlauf viele dieser Aufgaben als Selbstverwaltungsaufgaben herauskristallisieren [2424: Matzerath, Kommunale Leistungsverwaltung, S. 5f].

Mit der Absicht, das „Magistratsgremium als unterste staatliche Verwaltungsinstanz" zu sehen und zu behandeln [1460: Walter, Beamtenschaft, S. 185], waren eine gewisse Professionalisierung der Kommunalverwaltung – im Sinne einer festen Anstellung der Magistratsmitglieder sowie einiger Bediensteter – und auch eine Effizienzsteigerung verbunden. Im August 1804 wurde Bernhard Hildebrand definitiv als „Erster Bürgermeister" mit einem Gehalt von 600 Reichstalern bestellt. Mit gleichem Dienstbefehl wurden dem Magistrat ein Stadtsekretär mit einem Gehalt von 300 Reichstalern, ein Registrator mit einem Gehalt von 200 und ein Kämmerer mit einem Gehalt von 400 Reichstalern beigegeben. Die Stellen des Zweiten Bürgermeisters, des Stadtsyndikus und der beiden Assessoren blieben vorerst von der Neuorganisation unberührt; die anderen Ratsämter aus fürstbischöflicher Zeit hörten zu existieren auf. Noch im September 1804 wurde der bisherige Bürgermeister Johann Heinrich Schweling zum Zweiten Bürgermeister mit einem Gehalt von 500 Reichstalern berufen. Der bisher bei der fürstbischöflichen Pfennigkammer beschäftigte Joseph von Münstermann wurde als Dritter Bürgermeister angestellt, allerdings vorerst ohne Gehalt. Die Besoldung der beiden Bürgermeister sowie des Kämmerers, Stadtsekretärs und Registrators hatte aus der Stadtkasse und subsidiär durch die Kriegs- und Domänenkasse zu erfolgen. Für den Leiter der Verwaltung, Bernhard Hildebrand, taucht übrigens schon im September 1804 die Bezeichnung „Stadtdirektor" auf.

Mit Reskript vom 6. September 1805 wurde in der Stadt Münster eine neue „Stadtverfassung" konstituiert, die sich an altpreußischen Städteordnungen orientierte. Durch staatliche Ernennung erfolgten die Bildung eines Magistrats und die Schaffung einiger Subalternstellen. Der Magistrat setzte sich zusammen aus dem Stadtdirektor (bisheriger Erster Bürgermeister), dem Ersten und dem Zweiten Bürgermeister und einem Polizeiinspektor; er war kollegialisch organisiert. Die Magistratsmitglieder wurden als Berufsbeamte angestellt. Ebenso wurden mit einem ausreichenden Gehalt ein Kämmerer (500 Taler), ein Stadtsekretär (500 Taler), ein Registrator (400 Taler) und ein Kanzlist angestellt. Der Stadtdirektor bezog immerhin 900 Reichstaler als Gehalt, der Erste Bürgermeister 700, der Zweite Bürgermeister 600 und der Polizeiinspektor 500 Taler. Letzterem wurden vier Polizeidiener, dem Magistrat allgemein zwei Ratsdiener beigegeben; außerdem werden in dem Reskript als „Unteroffizianten" sechs Nachtwächter und ein Turmwächter genannt.

Gegenüber dem Rat aus fürstbischöflicher Zeit wurde damit das kollegialische Leitungsorgan der Lokalverwaltung erheblich verkleinert. Dessen Mitglieder waren nun auf Lebenszeit angestellte Beamte, auf deren fachliche Ausbildung oder wenigstens Erfahrung man durchaus geachtet hat. Die Umgestaltung des Magistratsgremiums zur untersten staatlichen Verwaltungsinstanz brachte allerdings auch den Ausschluß einer bürgerschaftlichen Mitwirkung von der städtischen Verwaltung mit sich [1460: Walter, Beamtenschaft, S. 185]. Die vier Bürgervorsteher, die laut Reskript von 1805 als „Repräsentanten" der Bürgerschaft lediglich beratend, nicht mitentscheidend an Verwaltungsgeschäften beteiligt werden sollten, können nicht als wirkliches Repräsentativorgan bezeichnet werden, wenn sie auch in Zukunft gewählt werden sollten.

Wichtigste Errungenschaft in der Finanzverwaltung war die Zusammenlegung der bisher getrennt geführten 15 städtischen Kassen und die weitgehende, allerdings nicht vollständige Bündelung der Haushalts- und Kassenangelegenheiten beim Kämmerer. In dem nur bedingt dem städtischen Verwaltungsbereich zuzuordnenden Armenwesen wurden in der ersten Preußenzeit ebenfalls schon Verbesserungen erzielt. Mit Wirkung vom 1. Januar 1805 wurde eine Stadtarmenkommission errichtet, die die vormalige stadtrichterliche Armenpflege und die bisher vom Rat verwalteten Stiftungen zusammenfaßte und deren Geschäfte besorgte. Die Armenkommission sollte schließlich eine ganz spezifische Selbstverwaltungskörperschaft werden; während sie anfänglich noch in einem gewissen Konnex zum Magistrat stand, erlangte sie für längere Zeit eine relativ autonome Stellung.

2. *Französisches Zwischenspiel*

Die Umgestaltungen im Bereich der Kommunalverwaltung, die die Einführung des französischen Verwaltungssystems mit sich brachte, schlugen zunächst nicht auf Münster durch. Erst mit dem Dekret Napoleons vom 3. November 1809 wurde die Munizipalverfassung nach französischem Muster eingeführt. An die Spitze der Gemeinde wurde der Maire gestellt. Er war in ehrenamtlicher Funktion tätig, hatte jedoch die alleinverantwortliche Leitungsgewalt. Die Stelle wurde in Münster vorerst jedoch nicht besetzt. Dem Maire wurden drei Adjoints (Beigeordnete) zur Erledigung seiner Aufgaben beigegeben; sie fungierten als Vertreter des Maire in einer Rangfolge. In der Verwaltung der ihnen übertragenen Geschäftsbereiche waren sie dem Maire verantwortlich [2834: Wolter, Beigeordnete, S. 111ff].

Vollkommen neu war die Stellung und die Funktion des Polizeikommissars. Dieses Amt resultierte aus der Kompetenzabgrenzung zwischen dem Verwaltungs- und dem Polizeiressort. Dem Polizeikommissar wurde die Sorge für die öffentliche Ordnung und Sicherheit übertragen. Das hatte die Einrichtung eines entsprechenden Apparats zur notwendigen Folge. Aus dem Jahr 1809 ist eine „Aufstellung der beim Polizei-Bureau erforderlichen Subalternen" überliefert, wonach dem Büroleiter – einem Sekretär – ein Gehilfe, drei Kopisten und zwei Boten zugeordnet werden sollten. Zwei Polizeisergeanten und zwei Agenten waren für den Vollzugsdienst vorgesehen. Es läßt sich nicht nachweisen, daß es tatsächlich zu dieser personellen Ausstattung des Polizeibüros gekommen ist. Die Bedeutung des Polizeikommissars im Munizipalverfassungs- und auch im allgemeinen staatlichen Sicherungssystem kommt für Münster auch dadurch zum Ausdruck, daß der bisherige Stadtdirektor Bernhard Hildebrand in dieses Amt berufen wurde.

Der bisherige Erste Bürgermeister Johann Heinrich Schweling erhielt das Amt des Ersten Beigeordneten; da die Stelle des Maire nicht zu besetzen war, fungierte er als „Maire ad interim". Zu den Aufgaben des Maire und seiner Adjoints gehörten die Finanzverwaltung der Gemeinde, aber auch die Umlegung und Erhebung der staatlichen Steuern. Im großen und ganzen blieb der Aufgabenkatalog gegenüber der preußischen Zeit gleich. Eine gänzlich neue Aufgabe war allerdings die Führung der Zivilstandsregister, die dem Maire oblag. Nach dem Ende der Franzosenherrschaft traten diesbezüglich jedoch wieder die Bestimmungen des preußischen Allgemeinen Landrechts in Kraft. Das Personenstandswesen wurde wieder in die Hand der Kirche gelegt. Insgesamt blieb die Zahl der leitenden und mittleren Beamten in städtischen Diensten die gleiche wie unter der preußischen Stadtverfassung [1397: Lahrkamp, Napoleonische Zeit, S. 318f].

Der Polizeikommissar bekleidete im Gegensatz zum Maire und den Adjoints ein besoldetes Amt. Ansonsten wird man von einer Deprofessionalisierung der Verwaltungsspitze in der französischen Zeit sprechen müssen, und dies nicht nur, was die Besoldung der leitenden Amtsinhaber betrifft, sondern auch hinsichtlich ihrer Rekrutierung. Erst mit kaiserlichem Dekret vom 9. September 1811 konnte mit Maximilian Anton von Böselager-Heessen die Stelle des Maire besetzt werden. Er verfügte zwar über eine juristische Ausbildung, jedoch über keinerlei Verwaltungserfahrung. Die Zahl der Beigeordneten wurde übrigens mit dem erwähnten Dekret auf zwei vermindert.

Im Bereich der öffentlichen Fürsorge wurden die Zentralisierungsbemühungen aus der Preußenzeit aufgenommen und weitergeführt. Aus der Armenkommission wurden die Wohltätigkeitskommission – auch „Wohltätigkeitsbüro" genannt – und die Verpflegungskommission gebildet, deren Präsidenten und weiteren verantwortlichen Mitglieder ehrenamtlich tätig waren. Die Wohltätigkeitskommission erhielt jedoch einen besoldeten Rendanten, einen Sekretär und einen Boten als hauptamtliches Personal. Der Sekretär Joseph Lüders sowie der Bote nahmen übrigens die jeweils glei-

Maximilian Anton Freiherr von Böselager (1775–1821), Maire und Stadtdirektor. Gemälde von Johann Christoph Rincklake

che Funktion auch bei der Verpflegungskommission wahr und wurden dafür aus einem entsprechenden Etat besoldet. Wohltätigkeits- und Verpflegungskommission teilten sich Armen- und Krankenfürsorge. In beiden Kommissionen konnte der Maire mitwirken, in umstrittenen Entscheidungen fiel ihm sogar das entscheidende Votum zu, so daß eine gewisse Beaufsichtigung der öffentlichen Fürsorge durch die städtische Verwaltung gegeben war.

Abschließend wird man festhalten müssen, daß auch und gerade in der napoleonischen Zeit die Kommunalverwaltung Münsters als unterste Verwaltungseinheit vollständig in die staatliche Administration einbezogen war und ihren Charakter als Selbstverwaltungskörperschaft restlos verloren hatte.

3. *Zählebigkeit französischer Errungenschaften unter preußischem Regiment*

Nach der Niederlage Napoleons im Oktober 1813 kehrten die preußischen Militärbehörden noch im November nach Münster zurück. Die höheren Verwaltungsbehörden wurden mit der preußischen Wiederinbesitznahme vollständig neu organisiert. Im Gegensatz zu den Ostprovinzen Preußens, wo durch die Steinsche Städteordnung von 1808 eine für alle Städte gültige Rechtsordnung gesetzt wurde, die eine erste konkrete Gestaltung der bürgerlichen städtischen Selbstverwaltung bedeutete, blieb in den neuen Westprovinzen das unter französischer Herrschaft eingeführte Gemeinderecht, die sogenannte Munizipalverfassung, allerdings weiterhin in Kraft.

Ganz allgemein erlangte im Regierungsbezirk Münster das preußische Allgemeine Landrecht primäre Geltung; die Provinzgesetze, soweit überhaupt noch erhalten, wurden in die Subsidiarität verwiesen.

Man wird vermuten dürfen, daß die vorläufige Beibehaltung des französischen Mairiesystems nicht nur organisatorische Gründe hatte. Es hatte sich als einigermaßen praktikabel erwiesen und als sehr kostengünstig herausgestellt. Vor allem aber: Es erlaubte einen weitgehenden „zentralistischen Dirigismus“ [1460: Walter, Beamtenschaft, S. 187]. Darüber hinaus hatten die reformerischen Ideen einer politischen Partizipation möglichst vieler Bürger in der Gemeinde ganz allgemein an Faszination, Akzeptanz und Durchsetzungskraft verloren. So blieb die Stadtverwaltung Münsters auch nach der Rückkehr der Preußen untere staatliche Verwaltungsinstanz, der Verwaltungsleiter staatlicher Beamter, nun wieder mit dem Titel „Stadtdirektor“ versehen.

Offiziell wurde dem Stadtdirektor Böselager von der Regierung in Münster erst mit Schreiben vom 28. August 1816 mitgeteilt, daß die Gemeinderäte in Zahl und Art, wie sie „unter der Transitorischen Regierung bestanden haben, provisorisch und bis auf weitere Verfügung beibehalten werden sollen“. Dies bedeutete formal, daß der Stadtdirektor den Gemeinderat in Haushaltsangelegenheiten beratend mitwirken lassen mußte. Tatsächlich blieben freilich die Mitwirkungsrechte des Gemeinderats weitgehend wirkungslos, da der Gemeinderat häufig in der „konkreten Verwaltungspraxis ignoriert“ wurde [1460: Walter, Beamtenschaft, S. 188]. Die Haushaltsplanentwürfe zur Vorlage bei der Regierung wurden erstmals mit dem Etatjahr 1837 vom Stadtverordnetenvorsteher und einigen weiteren Mitgliedern mitunterzeichnet. Bis dato gab es also faktisch kein „Budgetrecht“ der Gemeindevertretung.

Der städtische Verwaltungsapparat blieb weiterhin klein. Der Verwaltungsleiter, Stadtdirektor Böselager, fungierte weiterhin in ehrenamtlicher Stellung; er erhielt aber bis zu seinem Tod jährlich 1992 Reichstaler als sogenannte Bürokosten erstattet. Der auffälligste unter den Beigeordneten war Johann Heinrich Schweling. Er hatte dem Rat schon in fürstbischöflicher Zeit angehört, zunächst als Assessor, seit 1802 als Bürgermeister. In der ersten Preußenzeit nahm er ab 1805 hinter Stadtdirektor Bernhard Hildebrand die Stellung des Ersten Bürgermeisters ein, unter napoleonischer Herrschaft war er Erster Beigeordneter. Obwohl nach 1813 die französische Kommunalverfassung fortdauerte, wurden doch die Titel dem preußischen Gebrauch wieder angeglichen. Der Maire hieß wieder Stadtdirektor, die Bezeichnung „Beigeordneter“ wurde vorerst nicht mehr verwendet. Schweling erhielt erneut den Titel „Bürgermeister“. Bemerkenswert ist, daß Bürgermeister Schweling seit dem Etatjahr 1816 in den Besoldungslisten der Stadt wieder auftaucht. Mit 700 Talern pro Jahr war er der höchstbezahlte Beamte der Stadt, obwohl man prinzipiell an der ehrenamtlichen Tätigkeit des Magistrats festgehalten hatte. Nach dem Tod des Stadtdirektors Maximilian Anton von Böselager am 27. September 1821 war zunächst keine geeignete Persönlichkeit zur Nachfolge bereit. Noch einmal trat Schweling aus dem zweiten Glied, indem er bis zu seinem Tod am 11. Juli 1824 als „provisorisch dirigierender Bürgermeister“ die Stadtverwaltung leitete. Der Zweite Beigeordnete, Kaufmann Bernhard Christian Zumloh, seit 1809 in diesem Ehrenamt, scheint dagegen in Verwaltungsdingen wenig Ehrgeiz entwickelt zu haben. 1821 verließ er denn auch das Magistratsgremium.

Der Aufgabenkatalog der Verwaltung der 1820er Jahre läßt sich nur schwerlich mit der Struktur heutiger öffentlicher Verwaltungstätigkeit vergleichen. Die Aufgaben umfaßten die Verwaltung der Aktiv- und Passivkapitalien, der Einnahmen aus Steuern und Abgaben, aus Erb- und Grundzinsen, Mieten und Pachten, der Einnahmen und Ausgaben aus den „Gerechtsamen der Kämmerei" – zum Beispiel Standgelder auf dem Markt oder in den Fleischhallen –, was auch Ordnungsfunktionen beinhaltete; fast nur Ausgaben zur Folge hatten die Aufgaben in den Bereichen Personal- und Sicherungsverwaltung – zum Beispiel die Unterbringung der Polizeigefangenen – sowie in der Instandhaltung städtischer Gebäude und Straßen. Hier sowie in den Ausgaben für Reinigung und Beleuchtung der Straßen, Bezuschussung von Gesundheitsanstalten und Überführung und Bestattung der Toten finden sich schon Ansätze der Leistungsverwaltung. Dies blieben bis weit in die zweite Jahrhunderthälfte hinein die Aufgaben der Stadtverwaltung. Ihre Entwicklung blieb zunächst ohne eigentliche Dynamik.

4. *Der schwierige Weg zu einer verfaßten kommunalen Selbstverwaltung*

Als nach dem Tod des Stadtdirektors Böselager die Regierung die Stelle des ehrenamtlichen Verwaltungsleiters neu besetzen wollte, taten sich überraschende Schwierigkeiten auf. Zum einen regte sich der Bürgergeist und reklamierte alte oder neue Selbstverwaltungsrechte. Die Regierung wies dieses Ansinnen im Grundsatz zurück, wobei sie auf die fehlende Rechtsgrundlage aufmerksam machte; sie kam der Bürgerschaft der Stadt Münster jedoch entgegen und räumte ihr einen gewissen Einfluß auf die Kandidatenauswahl für die Stelle des Stadtdirektors ein. Wiewohl der Magistrat als unterste staatliche Verwaltungsinstanz betrachtet wurde, war man doch daran interessiert, aus dem Bürgerkreis oder wenigstens aus dem engeren westfälischen Raum eine geeignete Persönlichkeit zu finden. In den Reihen der Honoratioren, jenem durch Vermögen aus der Stadtbevölkerung herausgehobenen Personenkreis, der nach den Selbstverwaltungsideen des Freiherrn vom Stein für besonders befähigt zur Führung der Gemeindeangelegenheiten erachtet wurde, fand sich jedoch keine bereitwillige Person. Zwei der drei ausgesuchten Kandidaten, Mathias Anton von Hartmann und Maximilian Friedrich von Ketteler, lehnten aus persönlichen Gründen ab. Clemens August Franz von Olfers, wie seine beiden Mitkandidaten Jurist und schon im Staatsdienst beschäftigt, wies das Angebot mit der Begründung zurück, daß Rechte und Pflichten des Stadtdirektors sowohl gegenüber der Regierung und Polizei als auch gegenüber der Gemeinde – gemeint war wohl der Gemeinderat – nicht hinreichend bestimmt seien. So mußte eine zweite Kandidatenauswahl stattfinden. Einer Entscheidung wurde durch das Innenministerium vorgegriffen, das im April 1822 bestimmte, die „interimistische Verwaltung" der Bürgermeisterstelle vorerst fortdauern zu lassen [1460: Walter, Beamtenschaft, S. 192]. Die Verwaltungsleitung oblag nunmehr also wieder Johann Heinrich Schweling. 1821 war Joseph von Münstermann dem Kaufmann Bernhard Zumloh im Ehrenamt eines weiteren Beigeordneten, ebenfalls mit dem Titel „Bürgermeister", gefolgt.

Allgemein ist die Einführung der Revidierten Städteordnung von 1831 in Westfalen im Jahr 1835 als die Wiederherstellung des „Rechts der städtischen Selbstverwaltung“ [1386: Krabbe, Kommunalpolitik, S. 124], als der „Beginn der kommunalen Selbstbestimmung“ [2041: Conrad, Kommunaler Konstitutionalismus, S. 54] gewürdigt worden. Horst Conrad hat aber auch beschrieben, wie sich mit den Städteordnungen von 1831, 1850 und 1856 die Schwächung des Repräsentativorgans und die Ausgestaltung des Magistrats zum „verlängerten Arm der Staatsgewalt in den Kommunen“ fortsetzten: „Der anfängliche tragende Gedanke der Selbstverwaltung, die Herauslösung der kommunalen Belange aus der Vormundschaft des Staates durch einen durch freie Mandate formulierten Bürgerwillen, konnte nur unvollkommen verwirklicht werden“ [2041: Kommunaler Konstitutionalismus, S. 81].

Die Revidierte Städteordnung konstituierte die beiden „Stadtbehörden“ Magistrat und Stadtverordnetenversammlung. Die wichtigste Errungenschaft war zunächst sicherlich die Wiedererlangung der Wahl zur Stadtverordnetenversammlung durch die Bürger, unbeschadet der Tatsache, daß passives und aktives Wahlrecht an einen Zensus gebunden waren. Die Stadtverordneten ihrerseits erhielten das Recht, die Mitglieder des Magistrats zu wählen. Für die Stelle des Oberbürgermeisters allerdings hatten die Stadtverordneten drei Kandidaten zu benennen, von denen formal der König, in der Praxis das Innenministerium, einen zum Oberbürgermeister ernannte. In der Regel hielt man sich freilich an den Willen des bürgerschaftlichen Repräsentativorgans, indem der erstgenannte Kandidat auch ernannt wurde.

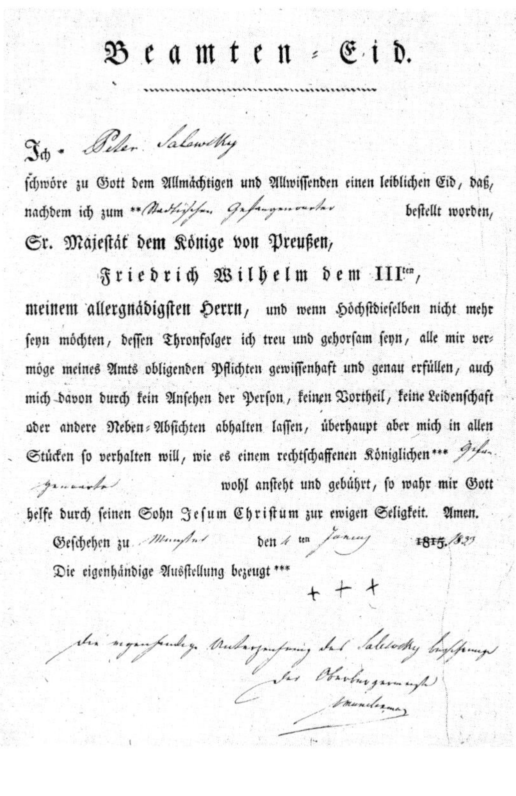

Beamten-Eid.

Ich Peter Salewsky

schwöre zu Gott dem Allmächtigen und Allwissenden einen leiblichen Eid, daß, nachdem ich zum ** städtischen Gefangenwärter bestellt worden,

Sr. Majestät dem Könige von Preußen,

Friedrich Wilhelm dem III^ten^,

meinem allergnädigsten Herrn, und wenn Höchstdieselben nicht mehr seyn möchten, dessen Thronfolger ich treu und gehorsam seyn, alle mir vermöge meines Amts obligenden Pflichten gewissenhaft und genau erfüllen, auch mich davon durch kein Ansehen der Person, keinen Vortheil, keine Leidenschaft oder andere Neben-Absichten abhalten lassen, überhaupt aber mich in allen Stücken so verhalten will, wie es einem rechtschaffenen Königlichen *** Gefangenwärter wohl ansteht und gebührt, so wahr mir Gott helfe durch seinen Sohn Jesum Christum zur ewigen Seligkeit. Amen.

Geschehen zu Münster den 1 ten Januar ~~1815.~~ 1833

Die eigenhändige Ausstellung bezeugt ***

+ + +

Beamteneid des städtischen Gefangenenwärters Peter Salewsky, der als Analphabet mit drei Kreuzen unterzeichnet (1833)

Für die Verwaltungsstruktur und das Verwaltungshandeln wurde nun von Bedeutung, daß zwar die Städteordnung der Stadtverordnetenversammlung generell das Recht zusprach, die Verwaltung zu kontrollieren, den Magistrat aber als „Verwalter der Gemeindeangelegenheiten" und als „Organ der Staatsgewalt" definierte. Der Magistrat, insbesondere aber der Oberbürgermeister, konnte zudem mit der Polizeiverwaltung beauftragt werden, was dann für Münster auch gegeben war. Da in Münster bis in die dreißiger Jahre des 20. Jahrhunderts hinein keine königliche bzw. staatliche Polizeidirektion ansässig war, wurde der Oberbürgermeister „in staatlicher Auftragsverwaltung mit der Leitung der Polizeiverwaltung betraut" [2349: Krabbe, Lokale Polizeiverwaltung, S. 148]; auch die Unter- und Exekutivbeamten waren somit städtische Beamte; die gesamten Kosten für die Polizei hatte die Kommune zu tragen.

Mit dem Jahr 1837 wurde die Konsequenz aus der Städteordnung für die Polizeiverwaltung gezogen und ein regelrechtes Polizeiamt errichtet, dessen Aufgaben und Personal – klar getrennt von Magistrat und übriger „Stadtverwaltung" – gebündelt wurden. Dem Polizeiamt stand ein Polizeikommissar vor. Neu eingerichtet wurde die Stelle des Polizeisekretärs, dem ein Kanzlist zugeordnet war. Vorerst kam das Polizeiamt mit vier Sergeanten als Exekutivbeamten im Bereich der Sicherheitspolizei aus. Zum Ressort des Polizeiamts gehörten weiterhin die fünf Nachtwächter und der Turmwächter auf Lamberti, der Gefangenenwärter und der Bettelvogt. Schließlich wurde der Stadtchirurg für das Polizeiamt tätig, dies aber nur im Nebenamt. Das Polizeiamt wurde schon zur Jahrhundertmitte der Verwaltungszweig mit dem zunächst größten Zuwachs.

Der Magistrat war nach der Städteordnung von 1831 die „einzige ausführende Behörde". Es konnten jedoch „zur Verwaltung einzelner Geschäftszweige" Deputationen und Kommissionen gebildet werden, die zwar im Auftrag des Magistrats handelten und diesem untergeordnet waren, denen aber auch Stadtverordnete angehörten. Dadurch war die sehr modern anmutende Einbindung des Repräsentativorgans in die Verwaltungsverantwortung formal gegeben. Zur Regelung weiterer Einzel- und Besonderheiten, auch hinsichtlich der Deputationen und Kommissionen, hatten sich die Städte ein Statut zu geben. Von „einschneidender und fortwirkender Bedeutung für die innere Stadtverfassung" [2554: Quellen zum Gemeindeverfassungsrecht, S. 182] wurde die 1835 als Ergänzung zur Städteordnung erlassene „Instruktion für die Stadtmagistrate". Diese Geschäftsordnung präzisierte die Funktion des Oberbürgermeisters, begründete dessen „umfassende Disziplinargewalt" [2041: Conrad, Kommunaler Konstitutionalismus, S. 51] und ordnete den Geschäftsgang innerhalb des Magistratskollegiums.

Während die Steinsche Städteordnung von 1808 „im Kern bereits einen kommunalen Aufgabenkatalog" aufstellte [2424: Matzerath, Kommunale Leistungsverwaltung, S. 5], verankerte die Revidierte Städteordnung von 1831 eine generalklauselartige Allzuständigkeit der Gemeinde, deren Unbestimmtheit es in der Praxis freilich dem Staat ermöglichte, den Gemeinden relativ willkürlich Grenzen zu setzen oder Aufgaben zuzuweisen. Tatsächlich brachte auch die gesetzliche Konstituierung der kommunalen Selbstverwaltung für Münster keine unmittelbare Ausweitung des Aufgabenbereichs. Wohl aber führte die Revidierte Städteordnung ein eigenständiges kommunales Budgetrecht der Stadtverordnetenversammlung ein. Auch wenn man die

Beschränkungen des freien Budgetrechts durch den Staat sowie die besonderen Rechte des Magistrats hinsichtlich der Aufstellung eines „Normal-Etats aller Besoldungen“ ohne Einspruchsrecht der Stadtverordneten bedenkt, so bleibt dieses gesetzlich garantierte Budgetrecht des Repräsentativorgans formal – und für die einzelnen Stadtverordneten bzw. die wahlberechtigten Bürger sicherlich auch mental – für die Ausübung der gewonnenen Selbstverwaltung von großer Bedeutung. In der Tat wurden in Münster seit der Aufstellung des Kämmereietats für das Jahr 1837 alle Haushaltspläne vor der Einreichung an die Regierung von der Stadtverordnetenversammlung verabschiedet.

Die preußische Revidierte Städteordnung wurde im März 1831 verkündet, in der Stadt Münster jedoch erst mit den Wahlen zur Stadtverordnetenversammlung im Oktober 1835 bzw. der Konstituierung der Stadtverordnetenversammlung 1835/36 wirksam. Am 19. Februar 1836 wurde bei der Wahl der drei dem König vorzuschlagenden Kandidaten für das Amt des Oberbürgermeisters mit großer Mehrheit der bisherige provisorisch angestellte Joseph von Münstermann auf die erste Stelle gesetzt. Im Mai 1836 wurde seine Wahl zum Oberbürgermeister auf zwölf Jahre bestätigt. Es war übrigens nicht selbstverständlich, daß ein nach der alten Kommunalordnung eingesetzter Bürgermeister bei der ersten freien Wahl das Vertrauen der Stadtverordneten erhielt, wie dies in Münster der Fall gewesen ist. Münstermann stand jedoch in der Bürgerschaft in hohem Ansehen – sein unmittelbarer Amtsnachfolger Johann Hermann Hüffer spöttelte freilich in seinen Lebenserinnerungen über diese Wahl, die „aus einer Art von Pietät“ heraus erfolgt sei [1224: Lebenserinnerungen, S. 95] –, während die Regierung ihm einigermaßen zurückhaltend zwar Fleiß und Gründlichkeit bescheinigte, in „Armensachen“ jedoch Gleichgültigkeit nachsagte und für die Eigenschaft als „leitende Polizeiperson“ gar die „gehörige Bildung und Erfahrung“ absprach. Mitte Mai 1836 wählte die Stadtverordnetenversammlung dann die vier unbesoldeten Magistratsmitglieder, die Ende des Monats von der Regierung bestätigt wurden. An erster Stelle stand der Bankier Johann Heinrich von Olfers; auf den weiteren Magistratsstellen folgten der Kriminalrichter Franz Joseph Giese, der Oberlandesgerichtsrat Franz von Forckenbeck und der Weinhändler und Bankier Adolph Schmedding, der bereits seit 1811 ununterbrochen dem Munizipalrat bzw. Gemeinderat angehört hatte. Anders als die Städteordnung von 1808 hat es die Revidierte Städteordnung den mittleren und großen Städten nicht zur Pflicht gemacht, einen Kämmerer, Syndikus und Baurat im Magistratsrang zu ernennen. So hat denn auch die Stadt Münster, ebensowenig wie sie ein besoldetes „rechtskundiges“ Magistratsmitglied benannte, keinen Kämmerer und keinen Baurat bestellt, sondern es bei der bisherigen Praxis belassen. Unterhalb der Magistratsebene war und blieb ein „Kommunalempfänger“ oder „Kämmereirendant“ genannter Unterbeamter „Leiter“ der Finanzverwaltung; ein Bauaufseher war zwar benannt, er fungierte aber ehrenamtlich und erhielt dafür eine Gratifikation von 250 Reichstalern (1837). Sicher hatten die einzelnen Magistratsmitglieder für bestimmte Verwaltungszweige eine besondere Zuständigkeit, wie dies die „Instruktion für die Stadtmagistrate“ von 1835 vorschrieb. Johann Hermann Hüffer berichtet in seinen Lebenserinnerungen, daß der Beigeordnete Franz Friedrich Scheffer-Boichorst die Zuständigkeit für das Kassenwesen besaß, während der Beigeordnete Adolph Schmedding manche Geschäfte übernommen hatte, „die, wenngleich weniger wichtig, doch zeitraubend waren“

[1224: Lebenserinnerungen, S. 100]. Ein Dezernatsverteilungsplan ist für diese Zeit jedoch noch nicht überliefert und auch kaum rekonstruierbar.

Das am 8. März 1848 vom Innenministerium genehmigte und am 4. September 1848 veröffentlichte „Statut der Stadt Münster“ hatte die nun dem Magistrat unterstellte Armenkommission, die seit 1814 bestehende Serviskommission, die in den Jahren 1828/29 begründete Sparkassenadministration sowie die neu errichtete Schulkommission, die Baukommission und das Kuratorium der Leihanstalt formal einander gleichgestellt und quasi verfassungsmäßig verankert. Für die Armenkommission mag dies eine gewisse Statusminderung bedeutet haben; für zwei Aufgabenfelder, nämlich die kommunale Schulaufsicht und das öffentliche Bauwesen, brachte das Statut sicherlich eine wichtige Verbesserung.

Die Serviskommission hatte das Einquartierungsgeschäft für vorübergehend oder dauernd in der Stadt stationierte Truppen zu besorgen sowie die Servis- und Verpflegungsgelder erheben zu lassen, schließlich deren Verteilung zu überwachen. Vorsitzender dieser Kommission mußte ein Magistratsmitglied sein; des weiteren gehörten ihr zwei Stadtverordnete und drei bis vier Bürger an. Schon ohne diese statutarische Bestimmung war die vormalige Einquartierungskommission seit 1814 im wesentlichen so organisiert gewesen. Den Vorsitz führte der jeweilige Bürgermeister bzw. Erste Beigeordnete. Sowohl der Kommission als auch dem zeitweilig so genannten Billetamt war aber noch der Stadtdirektor, seit 1824 dann der Oberbürgermeister übergeordnet. Spätestens für 1837 ist nachzuweisen, daß die Stadtverordnetenversammlung die Kommissionsmitglieder wählte, zuvor wurden sie von der Regierung in Vorschlag gebracht.

Schon in vormoderner Zeit waren Bauangelegenheiten, Baupolizei und später auch die Bauplanung einer Stadt Ratsangelegenheiten. Wie sehr sie sogar „Chefsache“ sein konnten, zeigen die Lebenserinnerungen Johann Hermann Hüffers, der die Erweiterung des Stadtgebiets, die Verengung des Aabassins am Überwasserkirchhof, den Bau einer Brücke am Spiegelturm, die Verbreiterung und Neupflasterung von Straßen und die Anlage von Trottoirs, den Ausbau des Rathauses und die Errichtung von Schulgebäuden sowie die Anlage einer Gasbeleuchtung als seine besonderen Interessen bezeichnete. Sein Engagement ging bis zur persönlichen Begutachtung der Bepflasterung der Nachbarstadt Hamm. Die mit dem Statut von 1848 neu ins Leben gerufene Baukommission bestand aus dem Oberbürgermeister oder dem von ihm benannten Magistratsmitglied als Vorsitzenden, aus dem Polizeiinspektor als geborenem Mitglied und aus weiteren sechs Mitgliedern; von diesen mußten zwei der Stadtverordnetenversammlung angehören. Die Bauverwaltung unterhalb der Magistrats- und Baukommissionsebene bestand jedoch vorerst weiterhin lediglich aus dem Bauaufseher sowie aus den mit den Aufgaben der Bauordnung und Baupolizei betrauten Beamten der lokalen Polizeibehörde.

5. *Revolution und neue Gemeindeordnung*

„Es war ein Hauptanliegen der Achtundvierziger Bewegung, die Selbstverwaltung zu stärken und zu erweitern“ [2196: Heffter, Deutsche Selbstverwaltung, S. 291]. Auch die einsetzenden Bemühungen der Regierungen um die Erweiterung der

Selbstverwaltung waren ein „Ergebnis der Märzrevolution“ [2487: Nipperdey, Deutsche Geschichte 1800–1866, S. 605]. In Münster kam es nicht nur zu sozialen Unruhen, die freilich sehr kurzzeitig und ohne schwerwiegende Gewalttaten geblieben sind, sondern auch zu politischen Auseinandersetzungen in der Stadtverordnetenversammlung, die jedoch einen längeren Vorlauf gehabt hatten. Vordergründig ging es um das Statut der Stadt Münster, tatsächlich jedoch um die Teilhabe an der politischen Macht im Magistrat und im Repräsentativorgan.

Oberbürgermeister Hüffer, im April 1842 auf zwölf Jahre in sein Amt gewählt, erklärte unmittelbar nach den Unruhen in der Stadt am 18. April 1848, daß er zum 1. Juli sein Amt als Oberbürgermeister vorzeitig niederlegen werde. Grollend hielt er in seinen Lebenserinnerungen fest, daß während seiner Amtszeit vieles „an Böswilligkeit und an mangelnder Unterstützung von seiten der Regierung gescheitert“ sei [1224: Lebenserinnerungen, S. 112]. Zum Zeitpunkt seines Ausscheidens aus dem Dienst war er in Münster gar nicht anwesend, wie sich überhaupt der Magistrat im Frühjahr und Frühsommer 1848 in einem Zustand der Handlungsunfähigkeit befand. Justizrat Johann Ernst Andreas Hellweg füllte sein Amt gerade drei Monate – von Januar bis März 1848 – aus; das dienstälteste Magistratsmitglied, Olfers, war wegen seiner Teilnahme am Vereinigten Landtag ebenfalls zeitweise abwesend. So mußten der Oberlandesgerichtsrat Joseph Tüshaus – bis dato ohne ausgewiesene Erfahrung im kommunalpolitischen Bereich – und der gewählte, aber noch nicht in das Amt eingeführte Bernhard Anton Wagener aushelfen.

Nach dem Ausscheiden Hüffers aus dem Amt nahm ganz offensichtlich das langjährige Magistratsmitglied Johann Heinrich von Olfers das Heft in die Hand. Hüffer lobte seine Beharrlichkeit in städtischen Angelegenheiten, konnte sich spöttischer Bemerkungen über Olfers' Ehrgeiz allerdings nicht enthalten. Olfers hatte bereits nach dem Tod Münstermanns vom 11. April 1842 bis zur Amtseinführung Hüffers am 21. August 1842 die erledigte Oberbürgermeisterstelle verwaltet. In den Monaten August bis Dezember 1847 wäre er beinahe Opfer machtpolitischer Auseinandersetzungen geworden, und seine Wiederwahl zum Magistratsmitglied scheint eher das Ergebnis eines Kompromisses der beiden gegensätzlichen Parteien als ein Vertrauensbeweis in seine Qualifikationen gewesen zu sein.

Schon am 3. Juli 1848 entschied die Stadtverordnetenversammlung einstimmig, aufgrund der unsicheren Umstände – ausgelöst durch die Diskussionen in der Nationalversammlung um die zukünftige Art der Anstellung der Bürgermeister – beim Ministerium des Inneren die vorläufige Aussetzung der Neuwahl des Oberbürgermeisters zu beantragen. Die Stadt Münster blieb dann immerhin 28 Monate ohne Oberbürgermeister. Ohne daß Olfers formell mit der Führung der Magistratsgeschäfte beauftragt worden wäre, fiel ihm doch diese Rolle zu; im innerdienstlichen Schriftverkehr bezeichnete er sich denn auch als „Magistratsdirigent“.

Am 11. März 1850 trat die neue preußische Gemeindeordnung in Kraft. Sie galt einheitlich für Stadt- und Landgemeinden und erstmals gemeinsam für alle Provinzen des preußischen Staates. Wie die Städteordnung von 1831 bestimmte sie eine kollegiale Verwaltungsspitze („Gemeindevorstand“), die aus dem Bürgermeister, einem Beigeordneten als dessen Stellvertreter und einer Anzahl von „Magistratsmitgliedern“ – in Münster sechs – bestand. Die Gemeindeordnung eröffnete prinzipiell allen Gemeinden, „wo es das Bedürfnis erfordert“ (§ 29), die Möglichkeit, besoldete

Magistratsmitglieder für besondere Geschäftszweige zu wählen, machte es ihnen aber nicht zur Pflicht – auch nicht den großen Städten. Die unbesoldeten Magistratsmitglieder wurden vom Gemeinderat auf sechs Jahre, die Bürgermeister und besoldeten Mitglieder des Gemeindevorstands durch absolute Stimmenmehrheit auf zwölf Jahre gewählt. Nur die Bürgermeister und Beigeordneten bedurften der königlichen Bestätigung. Das Bestätigungsrecht für die übrigen Magistratspersonen war von der Regierung auf die Gemeindevorstände übertragen worden, was deren Stellung stärkte. Neu war die verfassungsmäßige Institutionalisierung eines Beigeordneten als für alle Gemeinden obligatorischer Vertreter des Bürgermeisters nach rheinischem Vorbild. Anders als der rheinische Beigeordnete unterstand der Beigeordnete der Gemeindeordnung von 1850 als Magistratsmitglied jedoch nicht den Weisungen des Bürgermeisters [2834: Wolter, Beigeordnete, S. 186]. „Die Gemeindeordnung von 1850 hat die mit der Revidierten Städteordnung 1831 einsetzende Linie der Stärkung der Autorität der Ortsobrigkeit und der Schwächung der Repräsentativorgane gefestigt“, so würdigt Horst Conrad diesen Etappenabschluß in der Entwicklung der kommunalen Selbstverwaltung [2041: Kommunaler Konstitutionalismus, S. 80].

Mit 25 von 30 abgegebenen Stimmen wurde Johann Heinrich von Olfers am 23. Oktober 1850 zum Ersten Bürgermeister gewählt. Den Titel „Oberbürgermeister“ durfte Olfers freilich erst nach der Verleihung am 7. Juni 1851, die dem König vorbehalten war, führen. Die Bildung des Gemeindevorstands gestaltete sich etwas schwieriger, da erst bei einem dritten Wahltermin am 7. Januar 1851 ein Kandidat für die Stelle des Beigeordneten gewonnen werden konnte. Nachdem der im Oktober 1850 gewählte Bankier Ferdinand Niedieck und der im November 1850 gewählte Apotheker Franz Aulicke die Wahl abgelehnt hatten, konnte der seit Juli 1848 dem Magistrat angehörende Rentner Nikolaus Zumloh zum Beigeordneten und Stellvertreter des Ersten Bürgermeisters nominiert werden. Der Stadtrat hatte zuvor noch beschlossen, diese Stelle als unbesoldete beizubehalten und lediglich bei längerer Abwesenheit des Ersten Bürgermeisters – eine Erfahrung aus der „Hüfferzeit“ – dem Vertreter eine Entschädigung zu bezahlen. Anfang 1851 war schließlich die Formierung der Verwaltungsspitze abgeschlossen. Sie bestand nunmehr aus einem achtköpfigen kollegialisch organisierten Gemeindevorstand, wobei im dienstlichen wie außerdienstlichen Sprachgebrauch die Bezeichnung „Magistrat“ beibehalten wurde. Der Erste Bürgermeister leitete und verteilte die Geschäfte des Gemeindevorstands; er war auch der einzige besoldete und hauptamtlich angestellte Beamte dieses Gemeindeorgans. Außer dem Ersten Bürgermeister Olfers und dem Beigeordneten Zumloh gehörten der Apotheker Franz Aulicke, der Kaufmann und Tabakfabrikant Bernhard Anton Wagener, der Domänenrentmeister Anton Filbry, der Maurermeister Christian Greve, der Ökonom Franz Coppenrath und der Rentmeister Karl-August von Detten dem Gemeindevorstand an. Das ehrenamtliche Element in der Verwaltung der Stadt Münster war und blieb somit dominierend.

Auf die Verwaltung unterhalb der Magistratsebene hatten Märzrevolution und Gemeindeordnung von 1850 keinerlei Auswirkung. Nur sehr zögernd begannen sich „Büros“ oder „Ämter“ herauszubilden, die aber – abgesehen vom Polizeiamt – noch kaum Aufgabenbündelungen bezeichneten, sondern in der Regel nur die Zuständigkeit eines bestimmten Magistratsbeamten.

Namentliches Verzeichniß

der

Wähler zur 1sten Wahl des Gemeinde-Raths

in der

Stadt Münster.

Anmerkung: Die allgemeine Abtheilungsliste schließt mit einer Steuer-Summe von 44,420 Rt. 22 Sgr. 10 dt.; hiervon [illegible] 14,806 Rt. 27 Sgr. 7 1/[illegible] dt.

Es schließt die I. Abtheilung mit einem Steuerbetrage von 14,833 Rt. 15 Sgr. 11 dt.
„ „ II. „ „ „ „ 14,807 — 18 7 —
„ „ III. „ „ „ „ 14,779 18 4 —
Summa wie oben 44,420 Rt. 22 Sgr. 10 dt.

Die I. Abtheilung umfaßt die Steuersätze von 296 Rt. 29 Sgr. 3 dt. bis 61 Rt. 9 Sgr. 10 dt.
„ II. „ „ „ „ 61 — 8 — 1 — „ 28 15 — 4 —
„ III. „ „ „ „ 28 — 13 — : — „ 2 — : — —

Lauf. No.	Wohnung.	Name und Stand.
		I. Abtheilung.
1	Ludg. 36	v. Olfers, J. H., Banquier u. Stadtr.
2	„ 91	v. Olfers, Clemens, Apellations-Gerichts-Präsident.
3	Jüdf. 165	Graf v. Bocholz, D., Gutsbesitzer.
4	Lbfr. 62	Graf v. Droste Nesselrode, Felix, Gutsbesitzer.
5	Ludg. 62	Dr. v. ZurMühlen, Casp., Rentner.
6	„ 54	Hüffer, J. H., Geh. Reg.-Rath.
7	„ 8	Schmedding, sen., Ad., Banquier.
8	Mart. 309	Havichorst, Ant., Criminal-Rath a. D.
9	Jüdf. 172	Freiherr von Bodelschwingh, Louis, Regierungs-Präsident.
10	Aeg. 194	v. Monsterberg, Carl Friedr., General-Lieutenant a. D.
11	Lamb. 397	Rintelen, W., Apellations-Gerichts-Chef-Präsident.
12	Dom. 6	Graf v. Schmising, Cl. A., Landrath.
13	Ludg. 23-26	Gerbaulet, Ferdinand, Gastwirth.
14	Aeg. 243	v. Druffel, Ferd., Med.-Rath.
15	„ 106	v. Heister, Felix, Gutsbesitzer.
16	Dom. 23	Freiherr v. Elverfeld-Werries, Max Friedr., Königl. Kammerherr.
17	Ludg. 324-327	v. Forkenbeck, A,. Geh. Reg.-Rath.
18	„ 75	Scheffer-Boichorst, Friedrich, Domainen-Rath u. Stadtrath.
19	Lamb. 369	Böcker, Joh. Bernh., Posthalter u. Wagen-Fabrikant.
20	Mart. 129	Primavesi, Carl Jos., Rentner.
21	Lamb. 367	Frhr. v. Wendt, W. F., Gutsbesitzer.
22	„ 42	Niedieck, Ferdinand, Banquier.
23	„ 408-411	Völcker, Arnold, Gastwirth.
24	Dom. 14	Dr. Melchers, Franz Arnold, Weihbischof und General-Vikar.
25	Dom. 13	Dr. Müller, Joh. Georg, Bischof von Münster.
26	Lamb. 392-393	Goering, C. A., Geh. Ober-Finanz-Rath u. Prov. Steuer-Direktor.
27	Mart. 133	Graf v Schmising-Kerssenbrock, Max, Prov.-Feuer-Societäts-Direktor.
28	„ 271	Seppeler, Wilhelm, Kaufmann.
29	„ 122	Winkelmann, Chr., Kaufmann.
30	Lbfr. 108	Freiherr v. Kerkerink-Borg, Carl, Gutsbesitzer.
31	Mart. 177	Eltzbacher, Selig Jakob, Kaufmann.
32	Aeg. 115	Schölvink, Caspar, Kaufmann.
33	Lbfr. 67	Kluck, C., Baukond. u. Baumeister.
34	Dom. 21	Hötte, Franz, Kaufmann.
35	Ludg. 148	Dr. v. und ZurMühlen, J., Rentner.
36	„ 160	Lutterbeck, Stephan, Dekonom.
37	Aeg. 236	v. Schlebrügge, D., Landrath a. D.
38	Mart. 127	Tüshaus, Albert, Kaufmann.
39	Jüdf. 270	Fuisting, Edmund, Rechtsanwalt.
40	Aeg. 81 d	Coppenrath, Franz, Dekonom.
41	Dom. 22	Dr. Suer, Joseph, Domdechant.
42	Ludg. 213	Neuhaus, Joseph, Gastwirth.
43	Aeg. 169-170	Hüffer, Eduard, Buchhändler.
44	Lamb. 69	Feibes, Jakob Michael, Kaufmann.
45	Aeg. 6	Bühren, Arnold, Bäcker.
46	„ 60	Winkelsett, Heinrich, Gastwirth.
47	„ 165	Tourtual, Florenz, Med.-Rath.
48	Ludg. 21	Theissing, Bernard, Rentner.
49	Lamb. 83-84	Gerbaulet, Hermann, Kaufmann.
50	Aeg. 73.	Bisping, Christoph, dito.
51	Ludg. 141	Sternberg, Anton, Tuchhändler.
52	Aeg. 25	Osthues, Wienhold, Jouvelier- und Geschmeide-Händler.
53	Ludg. 167	v. Höfflinger, Friedr., Gutsbesitzer.
54	„ 190 a	Greve, Christ., Stadtmauermeister.

1

Namentliches Verzeichnis der Wähler zur ersten Wahl des Gemeinderats nach dem Dreiklassenwahlrecht (August 1850)

Johann Heinrich von Olfers (1791–1855), aus einer altmünsterischen Beamten- und Bankiersfamilie stammend, amtierte von 1850 bis 1855 als Oberbürgermeister. Gemälde von A. Sprickmann

Dem langjährigen Aspiranten auf die Oberbürgermeisterstelle, Johann Heinrich von Olfers, war nur eine kurze Amtszeit beschieden. Er starb am 22. Dezember 1855. Während seiner Amtszeit wurde im Herbst 1851 die Real- und Gewerbeschule eröffnet, mit Beginn des Jahres 1854 nahm die Gasanstalt ihren Betrieb auf. Beide Errungenschaften hatte jedoch schon der Vorgänger Olfers', Johann Hermann Hüffer, in die Wege geleitet. Ohne vorher nennenswerte kommunalpolitische Erfahrung gewonnen zu haben, löste im März 1854 der Hauptmann a. D. Theodor Düesberg Nikolaus Zumloh als Beigeordneten und Stellvertreter des Oberbürgermeisters ab.

Die einheitliche preußische Gemeindeordnung von 1850, die den Städten wenig Neues gebracht hatte [2554: Quellen zum Gemeindeverfassungsrecht, S. 312] – Münster immerhin einen stark vergrößerten Magistrat –, war nur kurze Zeit in Kraft. Auf höchster Ebene begann ihre „Demontage" bereits im Jahr 1851. Seit 1853 kehrte man in Preußen zum System der provinziellen Kommunalordnungen zurück. Für die Provinz Westfalen wurde am 19. März 1856 eine neue Städteordnung erlassen. Während die Städteordnung von 1831 eine Allzuständigkeit der Gemeinde festgeschrieben hatte, und auch noch die Gemeindeordnung von 1850 lapidar feststellte: „Jeder Gemeinde steht die Selbstverwaltung ihrer Angelegenheiten zu", bestimmte die Städteordnung von 1856: „Die Stadtgemeinden sind Korporationen, denselben steht die Selbstverwaltung ihrer Angelegenheiten nach näherer Vorschrift dieses Gesetzes zu." Von Bedeutung ist, daß die Städteordnung von 1856 – wie schon die Gemeindeordnung

Kaspar Offenberg (1809–1879) wurde 1856 zum Oberbürgermeister gewählt und amtierte insgesamt 23 Jahre. Gemälde von Marianne Wagener

von 1850 – den Gemeinden garantierte, ihre Bedürfnisse oder Verpflichtungen durch die Aufbringung von Gemeindesteuern finanzieren zu dürfen. Das Beschlußrecht lag bei der Stadtverordnetenversammlung. Anders als noch die Revidierte Städteordnung kannte die Städteordnung von 1856 einen Titel „Von dem Gemeindehaushalte“, dessen Paragraphen die Aufstellung des Etats zwar dem Magistrat zuschrieb, das Budgetrecht der Stadtverordnetenversammlung aber verankerte. Für das Verhältnis der beiden Stadtbehörden zueinander wurde von Wichtigkeit, daß nunmehr eine Art „Magistratsherrschaft“ (Anny Kratzer) [zit. nach 2041: Conrad, Kommunaler Konstitutionalismus, S. 80] begründet wurde. Alle Beschlüsse der Stadtverordneten bedurften in Zukunft der Bestätigung durch den Magistrat. Hinsichtlich der Deputationen und Kommissionen wurde die Stellung des Magistrats gegenüber der Stadtverordnetenversammlung weiter gestärkt. Abgesehen davon, daß der Magistrat exklusive Deputationen aus seinen eigenen Reihen bilden konnte, waren auch Deputationen oder Kommissionen, die lediglich aus Stadtverordneten und aus stimmfähigen Bürgern bestanden und von der Stadtverordnetenversammlung gewählt wurden, dem Magistrat untergeordnet. Der Oberbürgermeister hatte den Geschäftsgang der städtischen Verwaltung zu leiten und zu beaufsichtigen. Noch immer blieb es in das Ermessen der Städte – also der Stadtverordnetenversammlungen – gestellt, ob sie besoldete Magistratsmitglieder anstellen wollten.

Noch vor Inkrafttreten der neuen Städteordnung war in Münster nach dem Tod Olfers' die Neuwahl des Verwaltungsleiters notwendig geworden. Am 8. Februar 1856 wählten die Stadtverordneten im zweiten Wahlgang mit knapper absoluter Mehrheit den Kreisgerichtsdirektor Kaspar Offenberg zum Ersten Bürgermeister; am 25. September wurde er in sein Amt eingeführt. Er hatte zuvor einige Jahre in der wichtigsten städtischen Kommission, der Armenkommission, mitgewirkt, ansonsten weder in der Stadtverordnetenversammlung noch als unbesoldetes Mitglied im Magistrat Erfahrungen in der kommunalen Selbstverwaltung sammeln können. Anders als in Dortmund, wo als Magistratsdirigenten dynamische, „die Qualitäten eines Spitzenunternehmers" aufweisende Persönlichkeiten reüssierten, waren „in Münster aus den bekannten stadttypologischen Gründen die Voraussetzungen gar nicht gegeben, die einen Oberbürgermeister dieses dynamischen, unternehmerischen Schlages erfordert hätte. Solidität war gefragt, Ambitioniertheit durchaus nicht angebracht" [1387: Krabbe, Oberbürgermeister, S. 73]. Die vor allem in den siebziger Jahren – seiner zweiten Amtszeit – immer stärker hervortretenden Unzulänglichkeiten des Oberbürgermeisters Offenberg wurden durch engagierte und befähigte, aber ganz sicher den Methoden der Honoratiorenverwaltung verhaftete Kommunalpolitiker im Magistrat kompensiert.

6. *Spannungen zwischen Honoratiorenengagement und Professionalisierungsansätzen*

Das ungeheure Anwachsen der städtischen Bevölkerung war in der zweiten Hälfte des 19. Jahrhunderts nicht nur ein quantitatives Problem. Staat und Kommunen wurden vor neue Aufgaben gestellt: die Stadtgestaltung und die Stadtplanung. Das vormoderne öffentliche Bauwesen – abgesehen von der Errichtung der gemeindeeigenen Gebäude und der Unterhaltung der Straßen und Wege – beschränkte sich im wesentlichen auf die baupolizeiliche Komponente; es wurde jedenfalls nicht planend tätig. In Münster ressortierte es konsequenterweise bei dem seit 1837 bestehenden Polizeiamt; später entwickelte sich dieser Verwaltungsbereich, insbesondere bei den Kommunen, zur Leistungsverwaltung mit besonderen Lenkungsfunktionen [2161: Gröttrup, Leistungsverwaltung, S. 89ff]. „Zweifellos zählen Bebauungsplanung und Stadtteilsanierung, Bauordnung und Eingemeindung zu den öffentlich-rechtlichen, nicht zu den privatrechtlich-fiskalischen Tätigkeitsfeldern der Verwaltung. Der hoheitlichen Rechtsform nach erscheinen sie damit als Eingriffsverwaltung; ‚Zwang und Befehl' sind die Mittel, sie durchzusetzen. Aber von ihrem Gegenstandsbereich, zudem von der Absicht her, gehören sie zur Leistungs- und Lenkungsverwaltung, welche vom Inhalt des Verwaltens, von Motivation und Wirkung bestimmt wird" [2347: Krabbe, Lenkungsverwaltung, S. 165].

Am 1. Mai 1875 war mit Friedrich Theissing ein profilierter Vertreter bürgerlicher Honoratiorenpolitik als unbesoldetes Mitglied in den Magistrat eingetreten. Ihn darf man wohl – im Sinne Max Webers – als Vertreter des Honoratiorentums reinster Prägung bezeichnen, der sich um seine Heimatstadt verdient gemacht hat, der aber auch bremsende Wirkung ausübte. Selbstbewußt und ausdauernd nahm dieser bodenständige Fabrikant in ehrenamtlicher Funktion fast 25 Jahre lang im Magistrat Einfluß auf die Kommunalpolitik und -verwaltung. Es ist nicht zuletzt auf seinen persönlichen Einsatz in Bauangelegenheiten zurückzuführen, daß die zum 1. Januar 1875 geschaffene Stelle des Stadtbaumeisters erst am 1. Oktober 1878 mit Sebastian Bender auf Dauer besetzt werden konnte. Als Dezernent für Bauangelegenheiten und vor allem als Vorsitzender bzw. Mitglied einschlägiger Kommissionen verfügte Theissing über hinreichende Möglichkeiten der Einflußnahme.

Für die rheinischen Großstädte wurde festgestellt, daß die städtischen Kommissionen und Deputationen „zum zentralen Ort ehrenamtlicher Tätigkeit" wurden, daß sie gleichzeitig „den größten direkten Einfluß auf die städtische Verwaltung" ermöglichten [2389: Lenger, Bürgertum, S. 132f]. Auch in Münster nahm im letzten Drittel des 19. Jahrhunderts die Zahl der Kommissionen und Deputationen sprunghaft zu. Das erste überlieferte „Verzeichnis der Kommissionen" im „Jahresbericht über den Stand der Gemeindeangelegenheiten" für das Jahr 1898 zählt schon 32 Kommissionen auf, denen zwar häufig der Oberbürgermeister oder Magistratsmitglieder präsidierten, ansonsten aber viele Stadtverordnete und Bürger ohne besonderes Mandat angehörten. Zum ehrenamtlichen Engagement eigneten sich die Kommissionen sicherlich gerade deshalb, weil sie den Mitgliedern nur einen begrenzten Zeitaufwand abverlangten. Motivation zur Mitarbeit vermittelte wohl die Tatsache, daß diese Ausschüsse nicht nur beratende Funktion, sondern regelrechte Verwaltungskompetenzen erhalten hatten.

Friedrich Theissing, 1898 noch Mitglied in vier Kommissionen, dirigierte im Jahr 1875 dem hauptamtlichen Stadtbaumeister derart in das Geschäft, daß aufgrund des aufgetretenen Zerwürfnisses das Dienstverhältnis mit Ludwig Hermann Meseck, erst seit dem 1. Januar 1875 im Amt, zum 1. Januar 1877 gekündigt werden mußte. Für die Neubesetzung der Stelle wählte der Magistrat unter 89 qualifizierten Bewerbungen den königlichen Baumeister Wilhelm Hillenkamp aus Lippstadt aus. Auch zwischen Stadtbaumeister Hillenkamp und Theissing kam es sehr bald zu Differenzen. Die Streitigkeiten führten zu einer breit angelegten Darstellung beider Seiten in der „Westfälischen Provinzial-Zeitung", die 1878 sogar unter dem Titel „Beiträge zur Münster'schen Stadtverwaltung" im Druck erschien. Sehr bezeichnend für das Spannungsverhältnis Honoratiorenverwaltung zu Professionalisierung ist der Kündigungsgrund, den Hillenkamp angibt: Es sei ihm unmöglich, unter einem Magistratsmitglied „ohne höhere technische Bildung" zu arbeiten. Erst unter dem seit Herbst 1878 als Stadtbaumeister fungierenden Sebastian Bender entstand in den achtziger Jahren des 19. Jahrhunderts das Baubüro; in den neunziger Jahren wuchs dann die Bauverwaltung in rasantem Tempo.

Neben der Bauverwaltung blieben auch die Finanzverwaltung und die allgemeine Verwaltung noch lange Zeit schwach besetzt und kaum ausdifferenziert. Die Kämmereiaufgaben übernahm seit 1839 Johann Heinrich Wagener. Nebenbei leitete er bis zum 1. Juli 1866 auch noch die Rendantur der Sparkasse. Bis zu seinem Tod im 79. Lebensjahr blieb er in seinem Amt als Kämmereirendant. Für die Finanzverwaltung war zum Beispiel im Jahr 1865 neben dem Kämmereirendanten der Kommunalempfänger tätig. Die allgemeine Verwaltung leitete der Stadtsekretär Joseph Book; ihm zur Seite standen ein Registrator und ein Kanzleisekretär. Dem Besoldungsetat für das entsprechende Jahr ist zu entnehmen, daß letzterer für ein gesondert ausgewiesenes Gehalt auch die Registratur- und Kanzleiarbeiten der Stadtverordnetenversammlung besorgte. Vier Diätare wurden offensichtlich in den Bereichen Finanz- und allgemeine Verwaltung so eingesetzt, wie es der zeitige Bedarf erforderte. Die Finanz- und allgemeine Verwaltung bestand also aus fünf Beamten und vier Hilfskräften. Allerdings verfügten Armenkommission, Sparkasse (nach 1866) und Leihhaus über ihre eigenen Beamten (Rendanten und Sekretäre); diese wurden aber auch aus ihren eigenen Etats besoldet. Sehr schnell gewachsen ist hingegen seit den späten sechziger Jahren des 19. Jahrhunderts die Polizeiverwaltung. 1875 fungierten unter dem Polizeiinspektor zwei Kommissare, zwei Sekretäre, ein Wachtmeister, zwölf Sergeanten und sieben Nachtwächter.

7. Professionalisierung des Magistrats und Ausdifferenzierung der Verwaltung

Der Prozeß der Professionalisierung der städtischen Verwaltung – gelegentlich auch als „Bürokratisierung" bezeichnet [2225: Hofmann, Aufgaben und Struktur, S. 613] – hat in Spezialuntersuchungen und allgemeinen Darstellungen zur Stadtgeschichte des 19. Jahrhunderts hinreichende Würdigung erfahren [2350: Krabbe, Stadt, S. 129ff]. Wie in anderen Städten verlief dieser Prozeß auch in Münster auf zwei Ebenen: im Magistrat und im Gesamtverwaltungskörper [2426: Matzerath, Urbanisierung, S. 99].

Durch Reichsgesetz vom 9. März 1874 wurden die Gemeinden verpflichtet, ab dem 1. Oktober 1874 die Beurkundungen des Personenstandes wahrzunehmen. Dies veranlaßte den Magistrat, bei der Stadtverordnetenversammlung die Errichtung einer besoldeten Syndikusstelle mit einem Gehalt von 1500 Talern zu beantragen. Bis zum April 1886 führte aber noch Stadtrat Ludwig Ficker ehrenamtlich die Geschäfte des Standesbeamten. Erst 1886 wurde ein hauptamtlicher Standesbeamter angestellt.

Hinsichtlich ihrer Herkunft und Ausbildung, ihres Werdegangs und ihrer persönlichen Einstellung zur ehrenamtlichen Verwaltung darf man die Oberbürgermeister der ersten Jahrhunderthälfte ohne Bedenken als der Honoratiorenverwaltung verhaftete Kommunalpolitiker bezeichnen. Erst mit dem seit April 1887 amtierenden Karl Windthorst trat ein wirklich neuer Oberbürgermeistertypus in Münster in Erscheinung. Ganz ausgeprägt erfüllten dann Max Jungeblodt (1898–1916), Franz Dieckmann (1916–1920) und Georg Sperlich (1920–1932) die Bedingungen, die sie schließlich über die „lokale Elite" hinaus zur neuen „zentralen Elite" werden ließen [2227: Hofmann, Oberbürgermeister, S. 28ff].

Die Städteordnungen mit Magistratsverfassung, worunter die von 1856 zu zählen ist, hatten ein Magistratsmitglied, den Vertreter des Bürgermeisters mit der Bezeichnung „Beigeordneter", aus dem Gemeindevorstand herausgehoben [2834: Wolter, Beigeordnete, S. 225f]. Der Übergang von der ehrenamtlichen zur hauptamtlichen Vertretung des Oberbürgermeisters vollzog sich etappenweise. Im Vergleich zu den rheinischen Großstädten, in denen „die Arbeit der besoldeten Beigeordneten schon vor der Jahrhundertwende deutlich jede ehrenamtliche Tätigkeit überwog" [2389: Lenger, Bürgertum, S. 132], vor allem aber im Vergleich mit Städten höherer Zentralitätsstufe oder Industriestädten (Frankfurt, Dortmund, Bielefeld, Magdeburg, Breslau), war Münster bei der Durchprofessionalisierung und vor allem mit der Schaffung der klassischen Magistratsressorts in Rückstand geraten. Erst im Mai 1878 wurde in Münster das besoldete Magistratsmitglied Alfred Boele auch zum Beigeordneten gewählt. Am 2. Oktober 1878 erfolgte die Einführung Boeles in sein Amt als Zweiter Bürgermeister.

Nach dem Tod Kaspar Offenbergs am 3. März 1879 war die Neuwahl eines Oberbürgermeisters notwendig geworden. Die Stadtverordneten hatten den Privatier Ludwig Ficker als Nachfolger Offenbergs ins Auge gefaßt. Nachdem dieser und auch der Abgeordnete Clemens Freiherr von Heereman abgelehnt hatten, fiel die Wahl am 16. April 1879 auf Theodor Scheffer-Boichorst. Er war studierter Jurist, aber schon 1864 als Assessor aus dem Justizdienst ausgeschieden. In der Folgezeit widmete sich Scheffer-Boichorst der parlamentarischen Tätigkeit im preußischen Abgeordnetenhaus und der ehrenamtlichen Teilnahme an der kommunalen Selbstverwaltung. Seit 1856 war er Mitglied der Armenkommission. Von 1864 bis 1866 gehörte er der Stadtverordnetenversammlung an, zeitweilig als deren Vorsteher. Im Mai 1866 trat er als unbesoldeter Stadtrat in den Magistrat ein und wurde 1872 wiedergewählt. In seiner Amtszeit als Oberbürgermeister wurden die Kanalisierung der Altstadtstraßen fortgeführt, die Planung für den Bahnhofsneubau in Gang gesetzt, vor allem aber der öffentliche Schlachthof seiner Bestimmung übergeben.

Theodor Scheffer-Boichorst legte aus Gesundheitsgründen das Amt des Oberbürgermeisters am 1. Juli 1886 vorzeitig nieder. Schon am 19. August wählten die Stadtverordneten mit großer Mehrheit den aus Münster stammenden, in Stendal wirkenden Landgerichtsdirektor Hermann Friedrich Lutterbeck zum Ersten Bürgermeister. Das ausgesetzte Gehalt erschien Lutterbeck jedoch nicht attraktiv genug, um seine Stellung im staatlichen Dienst aufzugeben. Am 8. September beschloß die Stadtverordnetenversammlung, die Stelle des Ersten Bürgermeisters mit einem neu festgesetzten Gehalt von 9000 Mark nochmals öffentlich auszuschreiben. Aus zwanzig Bewerbern wählten die Stadtverordneten den in Magdeburg tätigen Oberregierungsrat Karl Windthorst. Er stammte aus Halle in Westfalen, hatte Rechtswissenschaften studiert und war längere Zeit im Eisenbahnwesen tätig gewesen. Am 2. April 1887 wurde er in sein Amt eingeführt. Mit seinem Vertreter, dem Beigeordneten Alfred Boele, und sechs weiteren ehrenamtlichen Stadträten führte er zunächst die Geschäfte.

Aufgrund des Gesetzes über die allgemeine Landesverwaltung vom 30. Juli 1883 sah sich auch Münster genötigt, zum 1. Juli 1887 einen „Stadtausschuß" ins Leben zu rufen. Die Stadtausschüsse waren Einrichtungen der Verwaltungsgerichtsbarkeit auf der Ebene der kreisfreien Städte. Im „Verwaltungsstreitverfahren" konnten Bürger gegen Verwaltungsakte Widerspruch einlegen. Die Jahresberichte der späten achtziger und neunziger Jahre zeigen, daß es sich dabei nahezu ausschließlich um Widersprüche gegen die Versagung von Konzessionen zum Betrieb von Schank- und Bierwirtschaften handelte. Im „Beschlußverfahren" hatte der Stadtausschuß außerdem über Theaterkonzessionen, Armenstreitsachen, Dampfkesselkonzessionen, Genehmigungen zum Handel mit Gift oder zur Errichtung einer gewerblichen Anlage zu entscheiden. Bemerkenswert ist, daß dem Stadtausschuß unter Vorsitz des Oberbürgermeisters ausschließlich Magistratsmitglieder angehörten und nicht etwa auch Stadtverordnete oder unabhängige Bürger.

Theodor Scheffer-Boichorst (1819–1898) wurde 1879 zum Oberbürgermeister gewählt und amtierte bis 1886. Gemälde von Victor Johann von der Forst

Nach Boeles Tod wurde am 9. Oktober 1889 der Rechtsanwalt Dr. Bernhard Wuermeling zum Ersten Beigeordneten und Stellvertreter des Oberbürgermeisters gewählt. Wuermeling war 1884 aus dem Justizdienst ausgeschieden, weil für ihn eine baldige Anstellung als Leiter eines Amtsgerichts nicht in Aussicht schien. Seit 1885 war er Zentrumsabgeordneter im preußischen Abgeordnetenhaus. Ebenfalls mit dem Jahr 1885 begann sein ehrenamtliches Engagement in der Kommune durch seine Mitgliedschaft in der Armenkommission. Im Sommer 1889 hatten die Stadtverordneten Wuermeling bereits zum ehrenamtlichen Stadtrat gewählt, am 20. Juli hatte er dieses Amt angetreten. Noch bevor er seine hauptamtliche Stelle antreten konnte, fällte die Stadtverordnetenversammlung die Entscheidung, die Stelle eines zweiten besoldeten Beigeordneten zu schaffen. Otto Plaßmann, seit etwas mehr als einem Jahr Hilfsarbeiter des Magistrats, wurde in dieses Amt gewählt. Ihn darf man einen Karrierebeamten des neueren Typs nennen: einen örtlich ungebundenen hauptberuflichen „Fachpolitiker“ [2225: Hofmann, Aufgaben und Struktur, S. 617] mit juristischem Studium, der über Beigeordnetenstellen in mittleren und größeren Städten in relativ kurzer Zeit an die Verwaltungsspitze einer Stadt als Bürgermeister oder Oberbürgermeister strebte und gelangte. Otto Plaßmann war gerade fünf Jahre in seinem Amt, als er im Frühjahr 1895 zum Bürgermeister von Paderborn gewählt wurde. Auch Bernhard Wuermeling gehört zu diesem Typus.

Dem Zweiten Beigeordneten oblagen die Bauangelegenheiten, die Straßenanlagen, der Grunderwerb durch die Stadt, der Verkehr mit dem Grundbuchamt und die „all-

Karl Windthorst (1836–1900) war als Oberregierungsrat in Magdeburg tätig, bevor er 1887 Oberbürgermeister in Münster wurde (bis 1897). Gemälde von Marianne Wagener

gemeinen laufenden Sachen". Eine solche Geschäftsverteilung unter den hauptamtlichen Magistratsmitgliedern ist schon 1889 bei der Schaffung der Stelle vorgenommen worden; man kann davon ausgehen, daß die wichtigsten Verwaltungsangelegenheiten unter dem Oberbürgermeister, dem Zweiten Bürgermeister (Erster Beigeordneter), dem Zweiten Beigeordneten und dem Magistratsassessor aufgeteilt waren.

Im Herbst 1896 erfolgte aus der Mitte der Stadtverordnetenversammlung heraus ein Vorstoß zur Errichtung der Stelle eines besoldeten Stadtbaurats mit Sitz und Stimme im Magistrat. Schon die Steinsche Städteordnung von 1808 hatte für größere Städte einen „Stadtrat fürs Baufach" vorgesehen. Vierzig Jahre nach Einführung der gültigen Städteordnung schuf die Provinzialhauptstadt Münster durch Beschluß der Stadtverordnetenversammlung vom 7. Oktober 1896 das erste klassische Magistratsressort. Aus 29 qualifizierten Bewerbungen wählten die Stadtverordneten am 13. Januar 1897 den Bauinspektor Ernst Merckens aus Breslau für zwölf Jahre zum Stadtbaurat.

Dieser Schritt war überfällig, war doch unter dem Stadtbaumeister Sebastian Bender die Bauverwaltung seit 1890 kräftig ausgeweitet worden. Insbesondere waren es die unter Oberbürgermeister Windthorst vorangetriebene Kanalisation und die Anlage des Stadthafens am Dortmund-Ems-Kanal, die einerseits die Ausbildung des Tiefbauwesens förderten, andererseits davon gesonderte Bauverwaltungsbereiche – nämlich Hochbau und Vermessungswesen – als notwendig erscheinen ließen. 1890 beantragte der Stadtbaumeister die Anstellung von zwei Bauassistenten beim Stadtbauamt: den einen für Hochbau, den anderen für Tiefbau; die Stadtverordnetenversammlung genehmigte beide Stellen ohne lange Diskussion. 1893 bestand das Stadtbauamt aus zwölf hauptamtlichen Mitarbeitern. Unter dem Stadtbaumeister waren bereits zwei Architekten, ein Ingenieur, ein Bautechniker und ein Landmesser tätig, außerdem mehrere Bauaufseher. Im Herbst 1895 erläuterte Windthorst den Stadtverordneten, daß die Entfaltung des Bauwesens die Errichtung eines eigenständigen Tiefbauamts neben einem Hochbauamt erforderlich mache. Zur Leitung des Tiefbauamts müsse aber auch eine zusätzliche Stadtbaumeisterstelle geschaffen werden. Die Verhältnisse im öffentlichen Bauwesen waren so, daß die Notwendigkeit der Errichtung eines zweiten Bauamts offenbar von keiner Seite grundsätzlich in Frage gestellt wurde; die Stelle eines Tiefbaumeisters konnte aber nicht sofort besetzt werden. Erst für das Jahr 1898 ist der Bauingenieur Ferdinand Verfürth als Stadtbaumeister nachgewiesen.

Die Bauverwaltung differenzierte sich zügig weiter aus. Aufgrund der zunehmenden Vermessungsarbeiten bei Straßenprojektierungen infolge von Grundstücksverschiebungen und Enteignungen waren der Stadt nicht unerhebliche Kosten entstanden. So war es naheliegend, bei der Bauverwaltung eine eigene Vermessungsabteilung einzurichten. Einen qualifizierten Vermessungstechniker fand man jedoch nicht sogleich, weil die Dotierung der Stelle zu gering angesetzt war. Erst die zweite öffentliche Ausschreibung unter deutlich besseren Konditionen führte zum Erfolg. Im Sommer 1899 trat der Stadtgeometer Adolf Goeken den Dienst bei der Stadt Münster an. Zuvor war das „Stadtbauamt II", das Tiefbauamt, in drei Abteilungen gegliedert worden: Kanalisation und Rieselfelder, Straßenbau und Straßenunterhaltung, schließlich Vermessungswesen.

Die Polizeiverwaltung als den Kommunen übertragener Aufgaben- oder Wirkungskreis war für Münster von seiten des Staates seit 1850 unbestritten. Dies gab der Stadt einerseits Gestaltungsfreiheit, brachte ihr aber andererseits auch erhebliche Kosten. Oberbürgermeister Windthorst hatte in seiner Eigenschaft als Polizeidirigent und in seinem Eifer als Organisator einer effektiven Verwaltung 1887 eine Verdoppelung der gegenwärtigen Personalstärke der Polizei gefordert, nachdem er Vergleiche mit den Ortspolizeiverwaltungen der Städte Koblenz, Bonn, Duisburg und Bochum angestellt hatte. Die Stadtverordneten holten ihn auf den Boden der Realität zurück, und er räumte denn auch selbst ein, „daß wegen der geringen Industrialisierung und der geringen Arbeiterbevölkerung" eine so hohe Zahl neuer Polizeikräfte doch nicht erforderlich sei [zit. nach 2349: Krabbe, Lokale Polizeiverwaltung, S. 150f]. Dennoch nahm die Personalstärke in den folgenden Jahren zwangsläufig kräftig zu, was sich auch auf die Struktur der Ortspolizeiverwaltung auswirken mußte. Dem wurde 1892 durch eine neue „Instruktion für die Polizei-Verwaltung der Oberbürgermeisterei Münster" Rechnung getragen.

8. Bürokratisierung und Spezialisierung des Verwaltungskörpers

Karl Windthorst trat am 1. Oktober 1897 aus Gesundheitsgründen vorzeitig vom Amt des Oberbürgermeisters zurück. Schon am 25. August hatten die Stadtverordneten den seit Oktober 1896 als Vertreter des Oberbürgermeisters fungierenden Max Jungeblodt zum Nachfolger gewählt. Erst am 15. Februar 1898 wurde er jedoch vom Regierungspräsidenten in sein Amt eingeführt. Zum Zweiten Bürgermeister und Stellvertreter Jungeblodts wählten die Stadtverordneten den Bürgermeister der Stadt Steele, Wilhelm Farwick. Achteinhalb Jahre lang sollte sich Farwick als wichtiger Beigeordneter des Oberbürgermeisters erweisen, bis er im September 1905 zum Ersten Beigeordneten der Stadt Köln gewählt wurde. Von November 1916 bis September 1928 fungierte er als geachteter und erfolgreicher Oberbürgermeister in Aachen; er darf sicherlich zu den großen Oberbürgermeisterpersönlichkeiten der Weimarer Republik gezählt werden.

Industrialisierung, Urbanisierung und wissenschaftlich-technischer Fortschritt wirkten sich nun verstärkt auf den Ausbau der Kommunalverwaltung aus, in struktureller wie in quantitativer Hinsicht. Der Magistrat vergrößerte sich erheblich. 1897 wurde nach der Vermehrung der Sitze in der Stadtverordnetenversammlung im Jahr zuvor die Zahl der ehrenamtlichen Magistratsmitglieder von sechs auf acht erhöht. Ein Novum war, daß sich ein in den Ruhestand getretener Beamter in ehrenamtlicher Funktion weiterhin in Kommunalpolitik und -verwaltung engagierte: Karl Windthorst wurde am 16. März 1898 auf sechs Jahre zum unbesoldeten Magistratsmitglied gewählt; er füllte diese Stelle bis zu seinem Tod am 22. August 1900 aus. Eine weitere Vermehrung erfolgte aufgrund des Eingemeindungsvertrags zwischen der Stadt Münster und der Landgemeinde Lamberti vom 28. April 1902. Nachdem durch Gesetz vom 31. März 1903 die gesamte Landgemeinde Lamberti und von der Landgemeinde Überwasser die Bauerschaften Gievenbeck und Uppenberg sowie von der Landgemeinde St. Mauritz bestimmte Gemeindeteile der Stadt Münster rechtswirksam eingegliedert worden waren, wählten die Gemeindeverordneten von Lamberti, Überwasser und St. Mauritz am 29. April 1903 den ehemaligen Gemeindevorsteher und Gutsbesitzer Hermann Averkamp aus Mecklenbeck zum Magistratsmitglied. Somit standen 1903 den fünf hauptamtlichen Magistratsmitgliedern neun ehrenamtliche Stadträte gegenüber.

Wenig zuvor war die Stelle eines weiteren hauptberuflichen Magistratsmitglieds geschaffen worden. Anlaß war das Ausscheiden des „Vorstehers des städtischen Armenwesens" – die Bezeichnung für den Vorsitzenden des Ersten Ausschusses der Armenkommission – aus den Diensten der Stadt. Dr. Heinrich Hellenbroich, seit 1898 Magistratsassessor und damit Nachfolger Franz Wickmanns, der zum Beigeordneten der Stadt Aachen gewählt worden war, hatte neben der juristischen Betreuung der Sparkasse auch dieses Amt inne, schied allerdings 1901 infolge seiner Wahl zum Beigeordneten der Stadt Rheine wieder aus. Für die Nachfolge Hellenbroichs konnte der Magistrat keinen geeigneten Bewerber in Vorschlag bringen. Der Magistrat erläuterte den Stadtverordneten, daß er sich nicht in der Lage sehe, zu den schon unter seinen Mitgliedern verteilten Aufgaben die Leitung des Armenwesens einem der Magistratsdezernenten „zusätzlich" zuzuweisen. Die Verwaltungsspitze erwartete eine

Das von Alfred Hensen erbaute, 1907 fertiggestellte Stadthaus an der Klemensstraße

erhebliche Mehrbelastung durch die bevorstehende Einführung der Gewerbegerichte. Zudem mußte der Magistrat konstatieren, daß zwar die städtische Finanzverwaltung schwieriger und umfangreicher geworden, ein Dezernent für die Finanzen aber bislang nicht bestimmt worden sei. Daher beantragte der Magistrat die Schaffung der Stelle eines besoldeten Magistratsmitglieds mit dem Titel „Syndikus" unter Wegfall der Stelle des Magistratsassessors. Die Stadtverordnetenversammlung genehmigte am 12. Juli 1901 diesen Antrag. Die Stelle wurde öffentlich ausgeschrieben. Längere allseitige Erfahrung in den Geschäften der kommunalen Verwaltung oder die Staatsprüfung für den Justiz- oder höheren Verwaltungsdienst sowie insbesondere Kenntnisse oder Erfahrung in der Finanzverwaltung wurden von den Bewerbern erwartet. Unter 49 Konkurrenten erhielt der Gerichtsassessor Philipp Haerten das Vertrauen der Verantwortlichen; am 30. Oktober 1901 wurde er in sein Amt eingeführt.

Auf Magistratsebene strebte Jungeblodt eine stärker konturierte Dezernatsgliederung mit einer evidenteren Aufgaben- und Kompetenzverteilung an. Der Oberbürgermeister ordnete nach der Amtseinführung Haertens am 4. November 1901 an, daß dessen Dezernat von den bisher durch den Bürgermeister Farwick bearbeiteten Angelegenheiten folgende zugewiesen werden: Krankenversicherungssachen, Innungsangelegenheiten und alle die Handwerkerorganisation betreffenden Sachen,

Angelegenheiten der Alters- und Invaliditätsversicherung, Gewerbegericht. Die Finanzangelegenheiten der Stadt wurden also Philipp Haerten nicht anvertraut. Alle für den Syndikus bestimmten Schriftstücke mußten mit dem Dezernatskennzeichen „E“ versehen werden. Ein aus dem Jahr 1908 überlieferter unvollständiger Geschäftsverteilungsplan läßt den Schluß zu, daß es bis zur Errichtung der Syndikusstelle bereits die vier Dezernate „A“ bis „D“ gegeben hat; das Dezernat „E“ wurde nun vom fünften Magistratsmitglied, das Dezernat „A“ übrigens vom Oberbürgermeister selbst verwaltet.

Kennzeichnend für den Verwaltungsaufbau unter Jungeblodt wurden nun der Ausbau der Dienststellen- und Ämterorganisation mit herausgehobenen Beamten in Leitungsfunktion unterhalb der Magistratsebene, aber auch eine neu strukturierte kommunale Beamtenschaft insgesamt. Münster orientierte sich hierbei an der allgemeinen Entwicklung. Am 30. Juli 1899 hatte das Königreich Preußen in dem „Gesetz über die Anstellung und Versorgung der Kommunalbeamten“ ein Rahmengesetz geschaffen [2838: Wunder, Bürokratie, S. 86], das es den Kommunen ermöglichte, die Rechtsstellung der kommunalen Bediensteten an die der Staatsbeamten anzugleichen.

Mit dem Jahr 1901 lassen sich zum erstenmal die Dienststellen und Ämter der Stadtverwaltung benennen. Sie stellten Aufgabenbündelungen oder besonders wahrzunehmende Aufgabenbereiche dar und wurden von Beamten geführt oder repräsentiert, die aus den Klassen der technischen oder Verwaltungsbeamten bzw. der Rendanten und Stadtsekretäre in Leitungspositionen hineingewachsen oder neu berufen

Wandvertäfelung im Dienstzimmer des Oberbürgermeisters

worden sind. Der erste und auffälligste Leitungsbeamte unterhalb der Magistratsebene – der freilich bald zum Magistratsmitglied aufsteigen sollte – war der auf die neu bzw. wieder geschaffene Stelle eines „Direktors des städtischen Gas- und Wasserwerkes“ berufene Ingenieur Richard Tormin aus Stettin, ein gebürtiger Ulmer. Die Initiative für die Errichtung dieser Direktorenstelle war noch zur Amtszeit Windthorsts von der zuständigen Kommission ausgegangen. Im März 1898 stimmten Stadtverordnetenversammlung und Magistrat der Stelleneinrichtung zu; im Juni desselben Jahres beschloß der Magistrat, die Stelle dem gerade 26jährigen Tormin zu übertragen. Schon zwei Jahre später, als das städtische Elektrizitätswerk eingerichtet wurde, bestellten die städtischen Behörden Tormin auch zum Leiter dieses Betriebs [1386: Krabbe, Kommunalpolitik, S. 257]. Am 27. April 1904 schließlich genehmigte die Stadtverordnetenversammlung die vom Magistrat beschlossene Stelle eines zweiten Stadtbaurats: des „Dezernenten für die maschinen-technischen Betriebe der Stadt“; in der gleichen Sitzung wurde Richard Tormin auf diese Stelle gewählt.

Im Jahr 1901 gliederte sich die Stadtverwaltung Münster in folgende Dienststellen und Ämter:

Zentralbüro,
Stadtregistratur
(zugeordnet die Kanzlei),
Stadtsekretariat I,
Stadtsekretariat II,
Sparkasse,
Kämmereikasse,
Steuerkasse I,
Steuerkasse II,
Armenkasse,
Armenkommission,
Standesamt,
Meldeamt,
Bauregistratur,
Stadtbauamt I (Hochbauamt),
Stadtbauamt II (Tiefbauamt: Kanalisation
und Rieselfelder),
Stadtbauamt III (Tiefbauamt: Straßenbau),
Stadtbauamt IV (Vermessungsabteilung),
Stadtbauamt V (Erbauung des neuen Stadthauses,
1907 aufgelöst),
Rechnungsbüro,
Schlachthausverwaltung,
Verwaltung der Badeanstalt,
Hafenverwaltung,
Direktion des Gas-, Wasser- und Elektrizitätswerks.

Die Zahl der festangestellten städtischen Dienstkräfte wuchs in der ersten Dekade des 20. Jahrhunderts enorm. Der Haushaltsplan für das Jahr 1900 weist 203 Stellen aus; dazu kam eine nicht bestimmte Anzahl von Aushilfskräften bei den Sonderverwaltungen, für die im Etat eine bestimmte Summe unter dem Titel „Arbeitslöhne“ bereitgestellt wurde. Für Besoldungen, Gehälter und Löhne veranschlagte die Verwaltung im Etatjahr 1900 rd. 433 000 Reichsmark. 1908 waren bei der Stadtverwaltung bereits 309 festangestellte Dienstkräfte zuzüglich Aushilfskräften beschäftigt. Im Etat wurden rd. 925 000 Reichsmark für Personalkosten veranschlagt. Dabei sind die Lehrer der einzelnen städtischen Schulen noch gar nicht berücksichtigt.

Erstaunlich schwierig ist es, die erstmalige Anstellung von weiblichen Dienstkräften in der allgemeinen und Finanzverwaltung zu erfassen. Noch in vormoderner Zeit war es durchaus möglich, daß Frauen als Torschreiberinnen bei der Stadtverwaltung tätig waren. Das ganze 19. Jahrhundert über finden sich keine Belege für die Tätigkeit von Frauen im einfachen Büro- und Schreibdienst. In einem wohl in den achtziger Jahren des 19. Jahrhunderts erstellten Registraturverzeichnis, das 621 Personalakten von 1866 bis 1908 verzeichnet, erscheint 1906 die Kassiererin Gertrud Hölter als erste weibliche Bedienstete, für die eine Personalakte angelegt worden ist; 1908

Hafen und Städtische Betriebe aus der Vogelschau. Aquarell von Heinrich Grabbe (1902)

folgte die Kassiererin Karolina Hesse. In stärkerem Maße fanden Frauen erst im Laufe des Ersten Weltkriegs Eingang in Verwaltungsberufe, zum großen Teil nur als vorübergehend beschäftigte Hilfskräfte. In den Verwaltungszweigen Bau- und Polizeiwesen sollten die Frauen als Mitarbeiterinnen oder gar Beamtinnen noch lange Zeit keinen Zugang bekommen.

Zunahme der Aufgaben und schnelles Wachstum des Verwaltungskörpers machten die baldige weitere Vergrößerung der Leitungsebene unumgänglich. Schon erwähnt wurde die 1904 geschaffene zweite Stadtbauratsstelle und die Berufung Richard Tormins. Im Oktober 1906 wurde entsprechend den Bestimmungen der Städteordnung über das Verhältnis von Einwohnern und Stadtverordneten bzw. Stadträten die Zahl der Sitze im Repräsentativorgan auf 51, im Gemeindevorstand auf zehn unbesoldete Magistratsmitglieder erhöht. Der erste Syndikus, Philipp Haerten, schied im August 1907 infolge seiner Wahl zum Bürgermeister von Limburg an der Lahn aus. Zu seinem Nachfolger wählten die Stadtverordneten den Gerichtsassessor Franz Dieckmann, ungeachtet der Tatsache, daß von den Bewerbern – wie schon 1901 – neben der Staatsprüfung im höheren Justiz- oder Verwaltungsdienst Erfahrung im Finanzwesen gefordert war. Schon im März 1908 wählten die Stadtverordneten Dieckmann zum Zweiten Beigeordneten, da der bisherige Inhaber dieser Stelle, Klemens Wesemann, Bürgermeister von Bocholt geworden war. Die Syndikusstelle mußte wieder ausgeschrieben werden; abermals wurde bei den geforderten Qualifikationen Wert auf Kenntnisse im Finanzwesen gelegt. Von den Bewerbern erhielt der seit April 1907 bei der Stadtverwaltung Münster als Assessor beschäftigte Wilhelm Darius das Vertrauen. Die Aufschlüsselung der 31 Bewerber nach Ausbildung und bisheriger Tätigkeit zeigt das Dilemma der münsterischen Stadtbehörden: Nahezu ausschließlich Gerichts-, Regierungs- und Magistratsassessoren, Beigeordnete und Bürgermeister kleinerer Kommunen strebten nach der angebotenen Stelle. Der einzige aus der Wirtschaft kommende Bewerber erfüllte die Anforderungen nicht.

Im Juli 1908 wurde Darius in sein Amt eingeführt. Damit gehörte aber immer noch kein Finanzfachmann der hauptamtlichen Verwaltungsspitze an. Oberbürgermeister Jungeblodt drängte daher auf die Lösung dieses Problems, indem er namens des Magistrats bei der Stadtverordnetenversammlung beantragte, die Stelle eines Kämmerers als besoldetes Mitglied des Magistrats zu schaffen. In der entsprechenden Vorlage wurde darauf hingewiesen, daß es bislang dem jeweiligen Syndikus nicht möglich gewesen sei, sich der städtischen Finanzwirtschaft in der erforderlichen und erwünschten Weise zu widmen. Die Stadtverordneten verschlossen sich diesen Argumenten nicht und beschlossen im März 1909, eine Stadtkämmererstelle zu schaffen; die Ausschreibung forderte neben der Befähigung zum höheren Justiz- und Verwaltungsdienst kaufmännische und finanztechnische Vorbildung. Schon am 7. Juli 1909 konnte Dr. Georg Sperlich in das neugeschaffene Amt gewählt werden; am 15. September wurde er in sein Amt eingeführt. Sperlich war zuletzt juristischer Hilfsarbeiter beim Magistrat in Deutsch-Wilmersdorf gewesen, hatte sich zuvor aber als Volontär beim Schaaffhausenschen Bankverein in Berlin Kenntnisse in Geld- und Finanzwirtschaft aneignen können. Bereits im Mai 1909 war der bisherige Stadtbaurat in Fulda, Karl Schirmeyer, zum Nachfolger des in den Ruhestand getretenen Ernst Merckens gewählt worden. Somit setzte sich Ende 1909 der Vorstand der Stadtgemeinde Münster aus sieben hauptamtlichen und zehn ehrenamtlichen Magistratsmitgliedern zusammen. Erst jetzt waren damit drei der vier klassischen Magistratsressorts (Baurat, Kämmerer, Syndikus, Schulrat) vorhanden und besetzt. Für Münster wird man die allgemeine Feststellung von Jürgen Reulecke bestätigen können, daß am Beginn des 20. Jahrhunderts die Ehrenämter „keine Lenkungsfunktionen, sondern nurmehr Hilfsfunktionen" besaßen [2588: Reulecke, Bildungsbürgertum, S. 141ff]. Der Aufgabenkatalog von 1909 zeigt, daß die Geschäfte nahezu erschöpfend auf die hauptamtlichen Magistratsmitglieder verteilt und den ehrenamtlichen Stadträten keine erkennbaren eigenverantwortlichen Wirkungsmöglichkeiten mehr verblieben waren. Andererseits gab es durchaus noch Persönlichkeiten, die über Jahrzehnte hinweg in ehrenamtlicher Funktion an der Gestaltung der Lokalpolitik und -verwaltung mitwirkten.

Verwaltungsspitze und insbesondere Verwaltungskörper wuchsen bei gleichzeitiger Spezialisierung bis zum Ersten Weltkrieg weiter. Nach dem Jahresbericht für die Jahre 1913 bis 1915 bestand die Stadtverwaltung am Ende des Berichtszeitraums an der Spitze aus dem Oberbürgermeister, sechs besoldeten und zehn unbesoldeten Magistratsmitgliedern, dem Magistratsassessor, einem juristischen Hilfsarbeiter und dem Stadtarzt. Die Gruppe der technischen Beamten, der Büro- und Kassenbeamten sowie der Exekutivbeamten – Polizeibeamten im weiteren Sinne – umfaßte 313 Personen. Der Etat für 1915 warf zudem Posten für eine unbestimmte Zahl von Aushilfsarbeitern und -arbeiterinnen in Bürobereichen, Telefonisten und Telefonistinnen sowie Maschinenschreiberinnen aus. Darüber hinaus waren etwa 75 Beamte und Gehaltsbezieher sowie eine erhebliche Zahl Lohnempfänger (Gasarbeiter, Straßenbahnfahrer und Techniker) bei der Betriebsverwaltung, dem Hafen, dem Schlachthof und den Entwässerungsanlagen (Rieselfelder) beschäftigt. Die Lehrer der städtischen Schulen sind in diese Aufstellung nicht einbezogen.

9. *Verwaltungshandeln im Zeichen des Krieges*

„Die Jahrzehnte vor dem Ersten Weltkrieg können als die eigentliche Innovationsphase in der Entwicklung der kommunalen Leistungsverwaltung angesehen werden" [2424: Matzerath, Kommunale Leistungsverwaltung, S. 14]. Die sozialen Belastungen des Krieges führten freilich „nochmals zu einer Ausweitung der kommunalen Aufgaben, der Daseinsvorsorge" [2226: Hofmann, Kommunale Selbstverwaltung, S. 71ff]. Tatsächlich erforderte die am 1. August 1914 erfolgte Mobilmachung sogleich erhöhte Anstrengungen im Servis- und Einquartierungswesen; strukturelle Auswirkungen auf die Verwaltung Münsters stellten sich jedoch erst allmählich ein. Aus der Retrospektive jedoch waren es dann nicht nur die Kriegsjahre selbst, sondern vor allem auch die ersten Jahre nach dem Krieg, die „neuartige und gewaltig gesteigerte Aufgaben" [1498: Verwaltungs-Bericht 1915–1926] gebracht hatten.

Etwa um 1930 legte der Magistrat für die sehr ereignisreiche Zeit vom 1. April 1915 bis zum 31. März 1926 einen umfangreichen Verwaltungsbericht über alle Zweige der Verwaltung mit Ausnahme der Polizeiverwaltung vor. Während sofort

Sitzungssaal der Stadtverordneten im Stadthaus

mit Kriegsbeginn und im weiteren Kriegsverlauf Beamte und zahlreiche Angestellte zum Heeresdienst eingezogen wurden, stieg die Zahl der Beschäftigten der sogenannten Hauptverwaltung (Stadtverwaltung ohne Betriebe) innerhalb von fünf Jahren (April 1914 bis April 1919) durch die Einstellung von Hilfskräften auf mehr als das Doppelte an. Am 1. April 1914 waren bei der Hauptverwaltung 334 Beamte, Dauerangestellte, Hilfsangestellte, Anwärter und Lehrlinge beschäftigt, am 1. April 1915 427, am 1. April 1917 schon 644, am 1. April 1919 schließlich 775. Da durch die Einberufung zum Fronteinsatz und für die Kriegsindustrie die männlichen Hilfskräfte knapp wurden, „mußte zum überwiegenden Teil auf weibliche Arbeitskräfte zurückgegriffen werden" [1498: Verwaltungs-Bericht 1915–1926]. Von den 1915 vorübergehend eingestellten 99 Hilfskräften waren 82 weiblich, 1916 waren 152 von 190 Hilfskräften weiblich, 1917 220 von 294, 1918 232 von 352. Schon 1919 aber kehrte sich das Verhältnis wieder um. Unter den 289 eingestellten Kräften waren nur noch 99 Frauen.

Schon mit Kriegsbeginn bildeten Magistrat und Stadtverordnetenversammlung nach gesetzlicher Vorschrift eine Unterstützungskommission, die Maßnahmen zur Unterstützung von Kriegerfamilien zu beraten und zu beschließen hatte. Zur Ausführung der Beschlüsse wurde zunächst das städtische Armenamt herangezogen. Im Herbst 1915 verselbständigte sich dann das Kriegsunterstützungsbüro. Im September dieses Jahres wurde der Bürovorsteher der Straßenbaukasse, Stadtsekretär Heinrich Kannengiesser, mit der zusätzlichen Leitung des Unterstützungsbüros – zu dem Beamte und Hilfskräfte abgeordnet waren – beauftragt. Der Umfang der Tätigkeit der Unterstützungskommission schon im ersten Kriegshalbjahr verdeutlicht die Notwendigkeit zur Verselbständigung. In einem am 19. Dezember 1914 vom Magistrat veröffentlichten Bericht („Fürsorge für die Kriegerfamilien in der Stadt Münster") wurde bekanntgegeben, daß die Zahl der Unterstützungsfälle rd. 2200 betrage; zur Auszahlung waren bis dato 300 000 Mark gekommen. Die Unterstützung wurde in Form von Barauszahlungen und Mietszuschüssen geleistet. Inwieweit die Städte vom Reich für diese Unterstützungen entschädigt werden sollten, war bis Ende 1914 noch nicht gesetzlich geregelt. Eine besondere Fürsorge ließ die Stadt den Familien der in den städtischen Betrieben beschäftigten Arbeiter und der nicht im Beamtenverhältnis stehenden städtischen Angestellten angedeihen. Für einen kurzen Zeitraum wurde den Familien der einberufenen städtischen Bediensteten der volle Lohn weiterbezahlt, danach wurde den Arbeiterfamilien für die Ehefrau 25 Prozent und für jedes Kind 6 Prozent des Lohns und den Angestelltenfamilien insgesamt zwei Drittel des Gehalts weitergezahlt.

Das Unterstützungsbüro wuchs sehr schnell, da mit Fortgang des Krieges Kriegsbeschädigten- und Kriegshinterbliebenenfürsorge geleistet werden mußte. Schließlich gliederte sich das Büro in zehn Abteilungen; Ende 1918 waren 52 Dienstkräfte in diesem kriegsbedingten Verwaltungsbereich beschäftigt. Mit Ende des Krieges konnte das Unterstützungsbüro verhältnismäßig schnell personell wieder abgebaut werden. Ende 1919 waren nur noch 15 Dienstkräfte in diesem Büro beschäftigt. Im April 1920 wurde aus dem Kriegsunterstützungsbüro mit seinen vielen Abteilungen die „Fürsorgestelle". Die öffentliche Kriegsfürsorge wurde durch eine freiwillige unterstützt. In Münster hatte sich schon 1914 eine Initiative aus den verschiedenen ortsansässigen Wohltätigkeitsvereinen und Stiftungen gebildet, die sich seit 1. Januar 1915

„Kriegswohlfahrtsausschuß“ nannte. Die Verwaltung richtete zur Durchführung der freiwilligen Kriegsfürsorge ein „Büro des Kriegswohlfahrtsausschusses“ ein, das nach Ende des Krieges wieder aufgelöst werden konnte.

Im Laufe des Jahres 1916 mußte die Stadtverwaltung hier wie anderenorts ihre Leistungsfähigkeit „im Rahmen der allgemeinen, staatlich gelenkten Kriegswirtschaft“ darauf richten, die „vitalen Grundbedürfnisse“ der Bevölkerung – Lebensmittel, Kleidung, Brennstoff, Wohnung – zu sichern [2424: Matzerath, Kommunale Leistungsverwaltung, S. 14]. In rascher Folge entstanden die Kriegsbekleidungsstelle, das Lebensmittelamt, das Kartoffelbüro, das Milchbüro, das Kartenbüro; im letzten Kriegsjahr 1918 kamen noch das Kohlenbüro und das Wohnungsamt hinzu. Die effektive und gerechte Verteilung von Gemüse, Kartoffeln, Fleisch und Milch, die Verteilung von Kohlen, Spiritus und Petroleum und die Überwachung des Verbrauchs, aber auch die Sammlung von kriegswichtigen Rohstoffen wie Gold, Kupfer und Messing wurden nun Aufgaben der kommunalen Verwaltung. Andere Verwaltungsbereiche und öffentliche Aufgaben wurden infolge des Krieges durchaus beeinträchtigt. Einige noch vor Ausbruch des Krieges begonnene Hochbauten, wie der Bau der Stadthalle, mußten vorübergehend eingestellt werden. In den Jahren 1916 und 1917 wurden keine neuen Kanäle mehr gebaut, freilich auch aufgrund fehlender Nachfrage, da der Krieg die private Bautätigkeit fast zum Erliegen gebracht hatte.

10. Selbstverwaltung in der Demokratie

Während der Novemberrevolution des Jahres 1918 kam es in Münster kaum zu Unruhen. Vor allem aber stellte der Arbeiter- und Soldatenrat hier wie anderenorts weder prinzipiell das überkommene System der kommunalen Selbstverwaltung in Frage, noch strebte er ad hoc eine Neubesetzung der Spitzen der städtischen Behörden an. Am 26. April 1919 hatten die acht unbesoldeten Magistratsmitglieder „infolge der Staatsumwälzung [. . .] ihre Mandate in die Hand der Stadtverordneten-Versammlung zurückgegeben“ [1498: Verwaltungs-Bericht 1915–1926]. Erst am 29. Oktober aber wählten die Stadtverordneten nach den Grundsätzen der Verhältniswahl die neuen ehrenamtlichen Mitglieder des Magistrats, deren Zahl auf zwölf erhöht worden war. Sieben von ihnen stellte das Zentrum, zwei die Sozialdemokratische Partei, jeweils eine die Deutsche Volkspartei, die Deutschnationale Volkspartei und die Deutsche Demokratische Partei. Nur drei schon in vordemokratischer Zeit dem Gemeindevorstand angehörende Männer – die Kaufleute Ludwig Robert, Josef Waltermann und Christian Kraus – wurden wiedergewählt. Vier Neulinge im Magistrat hatten vor der Novemberrevolution schon dem Stadtverordnetenkollegium angehört. Zum erstenmal in der Geschichte der Verwaltung und Selbstverwaltung Münsters gelangte mit Auguste Bispinck eine Frau in das Magistratsgremium; sie war schon im März zuvor zusammen mit fünf anderen Frauen zur Stadtverordneten gewählt worden. Keines der zwölf ehrenamtlichen Magistratsmitglieder vermochte freilich noch eine ähnliche Rolle in Kommunalpolitik und -verwaltung zu erlangen, wie etwa Johann Heinrich Schlichter oder Friedrich Theissing im späten 19. Jahrhundert.

Sitzung des Magistrats unter Leitung von Oberbürgermeister Dr. Georg Sperlich (am rechten Bildrand), hinter ihm stehend Stadtbaurat Richard Tormin

Es währte noch einige Zeit, bis sich die hauptamtliche Verwaltungsspitze wieder in Zahl und Funktionsverteilung so darstellte wie zu Beginn des Krieges. Am 20. Januar 1920 legte Oberbürgermeister Franz Dieckmann sein Amt nieder, da er zum Landeshauptmann der Provinz Westfalen gewählt worden war. Schon am 26. Februar wählten die Stadtverordneten den Zweiten Bürgermeister Georg Sperlich zu Dieckmanns Nachfolger. Am 18. Februar 1920 hatte Paul Berrenberg in der Nachfolge Krüsmann die Stelle des Zweiten Beigeordneten angetreten. Für die in den frühen zwanziger Jahren häufig eingetretenen Veränderungen auf Magistratsebene waren personell wie sachlich bedingte Gründe verantwortlich. Der wachsende und auch wechselnde Aufgabenkatalog der Kommunalverwaltung machte auf der Leitungsebene Umverteilungen und die Schaffung von neuen Stellen notwendig. Besonders erwähnenswert ist die nahezu zeitgleiche Errichtung der Stellen des Stadtschulrats – ein „klassisches" Magistratsressort – und des Stadtarztes im Magistratsrang. Im März 1920 hatten die städtischen Körperschaften die Anstellung eines hauptamtlichen Schulrats beschlossen, nachdem bisher Kreisschulräte das Schulwesen der Stadt beaufsichtigt hatten. Die neue Magistratsstelle erhielt das Dezernat für das gesamte städtische Schulwesen sowie für die Jugendpflegeangelegenheiten zugeteilt. Die Regierung übertrug dieser Stelle die Aufsicht über sämtliche Volksschulen in der Stadt.

Im Dezember 1923 stellte sich die Dezernats- und Geschäftsverteilung bei der Stadtverwaltung Münster folgendermaßen dar:

Oberbürgermeister (Dr. Georg Sperlich, seit 28. April 1920): Leitung der gesamten Verwaltung und allgemeine Dienstaufsicht, Bearbeitung der Sachen des Roten Kreuzes, Kodezernat bei B, C, P und T;

Dezernat B (Bürgermeister Wilhelm Kiwit, seit 26. April 1922): Vertretung des Oberbürgermeisters, Finanzverwaltung (Etat- und Kassenwesen, Steuern, Gebühren, Beiträge, Sparkasse), Stadtausschuß, Lebensmittelversorgung, Universität, Versicherungs- und Haftpflichtsachen, Alters-, Invaliditäts-, Krankenversicherungssachen, Vorsitzender des Kaufmanns- und Gewerbegerichts, Kodezernat bei D, S, M und G;

Dezernat T (Stadtbaurat Richard Tormin, seit 27. April 1904 Dezernent für die maschinentechnischen Betriebe): Betriebswerke (Elektrizitätswerk, Gasanstalt, Wasserwerk, Straßenbahn), Arbeiterangelegenheiten;

Dezernat C (Stadtbaurat Karl Schirmeyer, seit 18. August 1909): Hoch- und Tiefbauangelegenheiten, technische Seite der Baupolizei, technische Seite in Bebauungsplan- und Gartenbauangelegenheiten, Beaufsichtigung der gesamten städtischen Bauten, Heizungs- und Maschinenamt, Siedlungs- und Eisenbahnangelegenheiten, Baugewerkschule;

Dezernat D (Beigeordneter Paul Berrenberg, seit 18. Februar 1920): zweiter Vertreter des Oberbürgermeisters, Staatshoheitssachen, Standesamt, Wahlen, Baupolizei, Verkehrsangelegenheiten, Hafen, Kunst, Theater und Musik einschließlich Musikhochschule, Stadthalle, Stadtarchiv und Bibliothek, Statistik;

Dezernat E (Stadtrat Fritz Schlanstein, seit 12. November 1920): allgemeine Verwaltung (Personalsachen, Beschaffungsamt), Badeanstalten, Schlachthof, Rieselfelder, Militärsachen;

Dezernat F (Stadtrat Dr. Arnold Fulda, seit 22. Oktober 1919): rechtliche Seite des Straßenbaus und der Bebauungspläne sowie der Kauf- und Verkehrsangelegenheiten, Prozeßangelegenheiten, Regulierungs- und Enteignungssachen, Haus- und Grundstücksverwaltung einschließlich Gut Insel, Bestattungswesen und Friedhofsangelegenheiten, Marktwesen, Kleingartenamt einschließlich Gemüse- und Obstversorgung;

Dezernat S (Stadtschulrat Prof. Dr. Josef Linneborn, seit 30. September 1921): sämtliche Schulen der Stadt, Jugendpflege, Spiel und Sport, Vereinsangelegenheiten;

Dezernat M (Stadtarzt Dr. Alexander Luig, seit 30. September 1921 im Magistratsrang): gesamtes Gesundheitswesen (soweit nicht dem staatlichen Kreisarzt vorbehalten), Wohlfahrtsamt, gesundheitliches Fürsorgewesen (Lungen- und Seuchenvorsorge, schulärztliche Tätigkeit), amtsärztliche Untersuchungen, Geschäfte des Polizeiarztes, Impfungen, Leichenbestattungen, Apotheker- und Hebammenwesen, Hygiene in städtischen Betrieben, Gesundheitskommission, Vertrauensarzt bei der landwirtschaftlichen Berufsgenossenschaft;

Dezernat P (Stadtrat Arthur Kohlschein, seit 15. März 1921): allgemeine Polizeiangelegenheiten außer Baupolizei, Handelszulassungsstelle, staatliche Sicherheitspolizei, technische Nothilfe, Innungs- und Handwerkersachen, Schankkonzessionen, Meldeamt;

Hilfsdezernat G (Stadtrechtsrat Dr. Otto Koenen, seit 1921): juristische Hilfsarbeiten, Klagen und Gutachten, Wohnungsamt, Kaufmanns- und Gewerbegericht, Sozialversicherung, Haftpflicht-, Feuer- und Unfallversicherung;

Hilfsdezernat H (Stadtrechtsrat Dr. Josef Balkhausen, seit 1921): Mieteinigungsamt, Kriegsbeschädigten-, Kriegshinterbliebenen- und Flüchtlingsfürsorge, Arbeitsnachweis, Erwerbslosenfürsorge, Berufsberatung, Preisprüfungsstelle;

Hilfsdezernat V (Magistratsbaurat Ferdinand Verfürth, seit 1898 Stadtbaumeister, seit 1921 Magistratsbaurat): Straßenreinigung, Müllabfuhr, Fuhrwesen, Bedürfnisanstalten, Feuerlöschwesen, Bauhof.

Dieser Dezernatsverteilungsplan, der anders als heute nicht Ämter (Aufgabenbündelungen), sondern einzelne Aufgaben verteilt und also als einigermaßen kompletter Aufgabenkatalog bezeichnet werden darf, beschränkt sich auf die hauptamtlichen

Stadtrat Kohlschein mit seinen Mitarbeitern (um 1930)

Magistratsmitglieder und -hilfskräfte und führt keinen der zwölf ehrenamtlichen Stadträte auf. Letzteren war im wesentlichen die Aufgabe zugewiesen, den Magistrat in den sogenannten gemischten Kommissionen zu vertreten. Vier bis fünf Kommissionen gehörte jeder von ihnen an; allerdings waren mittlerweile die Positionen eines Kommissionsvorsitzenden und seines Stellvertreters nahezu ausschließlich unter den hauptamtlichen Magistratsangehörigen aufgeteilt. 1926 führte der Oberbürgermeister in 19 von 32 Kommissionen den Vorsitz, in ebenso vielen Fällen war ein „Hauptamtlicher" sein Stellvertreter; in elf weiteren Kommissionen war ein hauptamtlicher Stadtrat der Vorsitzende. In den Kommissionen bzw. „Ausschüssen" engagierten sich auch in unterschiedlichem Grade Mitglieder des Stadtverordnetenkollegiums. Bernhard Dropmann, Mitglied des Zentrums und von Beruf Ladeschaffner, war 1926 in sechs Kommissionen vertreten, Rektor Heinrich Oberg von der Deutschen Volkspartei ebenfalls in sechs. Kaufmann Theodor Rincklake, einziger Stadtverordneter der Deutschen Demokratischen Partei im Jahr 1926, und das Zentrumsmitglied Kaspar Schlichter, ebenfalls Kaufmann, wirkten in sieben Kommissionen mit. Die überwiegende Zahl der Stadtverordneten war in zwei bis vier Kommissionen vertreten. 1926 existierten insgesamt 32 Kommissionen:

Badeausschuß
Bauausschuß
Besoldungskommission
Brandkommission
Gartenbauausschuß
Gemischte Kommission für Finanz- und Wirtschaftssachen
Gesundheitskommission

Grundbesitzausschuß
Grundsteuerausschuß
Hafenkommission
Kuratorien der Baugewerkschule,
des Clemenshospitals,
der Paulinenstiftung,
der Hüfferstiftung,
des evangelischen Lyzeums,
des katholischen Lyzeums,
des städtischen Gymnasiums,
der Oberrealschule,
der Musikhochschule
Marktausschuß
Rechnungskommission
Rieselfeldkommission
Schlachthofkommission
Schuldeputation
Schulvorstand der gewerblichen Pflichtfortbildungsschule
Schulvorstand der kaufmännischen Berufs- und Handelsschule
Sparkassenvorstand
Stadtausschuß
Theater- und Musikausschuß
Wahlvorbereitungskommission
Große Wohnungskommission
Wohnungsvergebungskommission

In dieser Aufzählung fällt das Fehlen der wichtigsten Kommission des 19. Jahrhunderts, der Armenkommission, auf. Dies hängt zusammen mit der Neuordnung bzw. Neukonstituierung eines wesentlichen Teilbereichs der kommunalen Leistungsverwaltung in den zwanziger Jahren in Münster, der Sozial- und Gesundheitsverwaltung. Die soziale Fürsorge mußte in den schweren Zwischenkriegsjahren eine der „zentralen Aufgaben der Kommunen" werden [2424: Matzerath, Kommunale Leistungsverwaltung, S. 16]. Schon 1920 war in der Stadtverwaltung das Wohlfahrtsamt eingerichtet worden; die verschiedenen Fürsorgeaufgaben blieben aber noch einige Zeit aufgeteilt und den Verantwortungsbereichen verschiedener Dezernenten zugeordnet, ebenso wie die Armenkommission vorerst weiterbestand. Mit dem Inkrafttreten der „Verordnung über die Fürsorgepflicht" vom 14. Februar 1924, nach der neben den Ländern auch die Gemeinden „das Selbstbestimmungsrecht auf dem Gebiete der Wohlfahrtspflege erhielten", mußte die Armenkommission „eine wesentliche Änderung erfahren" [1498: Verwaltungs-Bericht 1915–1926]. Die bisherige Armenkommission erhielt nun die Bezeichnung „Wohlfahrtsamt"; über die Organisationsform war man sich allerdings nicht sogleich schlüssig. Schließlich wurde ein Fürsorgeausschuß gebildet, dem der Oberbürgermeister als Vorsitzender, ein von ihm benanntes Magistratsmitglied als Stellvertreter, drei weitere Magistratsmitglieder, sechs Stadtverordnete, acht Bürger und drei Vertreter der Geistlichkeit angehörten; der Fürsorgeausschuß konnte Unterausschüsse bilden. Das Wohlfahrtsamt leitete auf Dezernatsebene der Stadtrat und Stadtarzt Dr. Luig, dem der Verwaltungsdirektor Ferdinand Pieper als Amtsleiter unmittelbar unterstellt war. Die einzelnen Abteilungen wurden von Stadtoberinspektoren geführt. Das Wohlfahrtsamt wurde gegliedert in das Fürsorgeamt mit mehreren Abteilungen, das Jugendamt und das Gesundheitsamt. Die Fülle der Aufgaben kann hier nicht beschrieben werden. Ein Großteil war nicht in das freie Ermessen der Stadt Münster gestellt, sondern gesetzlich vorgegeben.

Die Stadtverwaltung Münster stand in den zwanziger Jahren auch unter dem Zeichen der Reform des Beamten- und Besoldungswesens und der Verwaltungsvereinfachung. Mit dem Gesetz über die vorläufige Regelung des Gemeindebeamtenrechts vom 8. Juli 1920 wurden die Gemeinden gezwungen, die Besoldung ihrer hauptamtlich angestellten Beamten und Dauerangestellten derjenigen des Freistaats Preußen

Einführung des neuen Oberbürgermeisters Dr. Karl Zuhorn (links oben) am 24. Mai 1932

anzugleichen. Die am 5. August 1920 erlassene „Besoldungsordnung der Stadt Münster“ schuf einen Besoldungsplan mit 13 Gruppen sowie einer weiteren Gruppe „Einzelgehälter“ (Beigeordnete, Bürgermeister, Sonderverträge) und schrieb die Grundsätze des Aufrückens in Stellung und Gehalt fest.

Nicht nur bei den angestrebten Neugliederungen der Verwaltungsbezirke in den zwanziger Jahren wurden Kriterien der Verwaltungsrationalität, der Vereinfachung und Verbilligung der Verwaltung angesetzt, sondern auch bei der Lösung interner Organisationsprobleme der Verwaltung. Nach dem Krieg wurde – und dies nicht ganz freiwillig, sondern auch aufgrund einer staatlichen „Personalabbauverordnung“ – eine Verkleinerung des Personalbestands angestrebt. Während am 1. November 1920 die sogenannte Hauptverwaltung (ohne Betriebe) noch 698 Beschäftigte zählte, waren es am 1. November 1923 nur noch 555 und am 31. März 1926 438 Dienstkräfte. Mit Verfügungen vom 28. Januar und 28. Februar 1924 wurden alle Ämter und Dienststellen aufgefordert, den Personalstand des Jahres 1914 darzustellen bzw. Vorschläge zur Vereinfachung oder zur zweckmäßigen Zusammenlegung von Aufgaben der einzelnen Dienststellen vorzulegen. Auch der Deutsche Städtetag versuchte, seinen Mitgliedern die Durchführung der eigentlich auf Reichs- und Staatsebene initiierten „Büroreform“ nahezulegen.

11. Kommunale Eigenverantwortung unter totalitärer Herrschaft

Die erste Kommunalwahl in Preußen nach der Machtergreifung der Nationalsozialisten auf Reichsebene am 12. März 1933 brachte der NSDAP zwar keine absolute Mehrheit in der Stadtverordnetenversammlung, machte sie aber zur größten Fraktion (20 Sitze) knapp vor dem Zentrum (19 Sitze). In der konstituierenden Sitzung des neugewählten Repräsentativorgans am 3. April 1933 wählten die Stadtverordneten neben ihrem Vorsteher auch die unbesoldeten Magistratsmitglieder. Entsprechend den Mehrheitsverhältnissen erhielten sowohl die Fraktionen der NSDAP als auch des Zentrums je fünf von zwölf Sitzen im Magistrat; je einen Magistratsangehörigen konnten die „Kampffront Schwarz-Weiß-Rot" und die Bürgerliche Mittelstandspartei stellen. Während das Zentrum mit dem Kaufmann Ludwig Brinckmann und dem Landesrat Franz Rediger zwei schon seit 1929 bzw. 1930 dem Gemeindevorstand angehörende und mit dem Rechtsanwalt Fritz Carl Peus und dem Elektromeister Ludwig Pape zwei in der Kommunalpolitik seit längerem engagierte und erfahrene Bürger benannte und einzig mit dem Regierungsrat Clemens Freiherr von Oer einen Neuling nominierte, wählten die Nationalsozialisten mit dem Landesdiätar und Kreisleiter Hans Aschhoff, Rechtsanwalt Dr. Wilhelm Fleiter, Obersekretär und SA-Standartenführer Max Lorenz, Eduard Wiegand und Buchhalter August Wolf naturgemäß kommunalpolitisch bislang „unbeschriebene Blätter"; keiner der fünf von der NSDAP benannten ehrenamtlichen Stadträte gehörte überdies der Stadtverordnetenversammlung an. Dies war ein Novum, sind doch seit 1919 in aller Regel die unbesoldeten Magistratsmitglieder aus dem Repräsentativorgan hervorgegangen, wenn dies formal auch nicht vorgeschrieben war. Anläßlich der Amtseinführung und Verpflichtung der unbesoldeten Magistratsmitglieder am 19. April erklärte Hans Aschhoff, daß die neuen Stadträte der NSDAP entschlossen seien, sich im Magistrat durchzusetzen.

Nachdem Oberbürgermeister Zuhorn und die besoldeten Magistratsmitglieder die Sitzung der Stadtverordnetenversammlung am 10. Mai 1933, zu der einige Mitglieder des Magistrats herbeizitiert worden waren, verlassen hatten, da sie Schmähungen durch Stadtverordnete der NSDAP ausgesetzt waren und auch an der Ausführung von Amtshandlungen gehindert wurden, beurlaubte der Regierungspräsident auf Anweisung des preußischen Innenministers Göring den Oberbürgermeister, den Zweiten Bürgermeister Schlanstein sowie Stadtschulrat Linneborn mit Wirkung vom 19. Mai. Der als kommissarischer Zweiter Bürgermeister eingesetzte Stadtverordnetenvorsteher und Nationalsozialist Albert Hillebrand, bis dato Steueroberinspektor beim Finanzamt Münster, wurde mit der Wahrnehmung der Geschäfte des Oberbürgermeisters beauftragt. Somit war in Münster wie in den übrigen Großstädten des Reiches im Mai 1933, und nicht etwa später, „die Phase der unmittelbaren Machteroberung im kommunalen Bereich beendet" [2427: Matzerath, Zeit des Nationalsozialismus, S. 103].

Bis September 1933 hatten sich die Nationalsozialisten in den städtischen Körperschaften durchgesetzt. In Gegenwart des Regierungspräsidenten und des Gauleiters Dr. Alfred Meyer sowie der versammelten nationalsozialistischen Stadtverordneten mußten am 27. September 1933 Vertreter der Beamten, Angestellten und Arbeiter

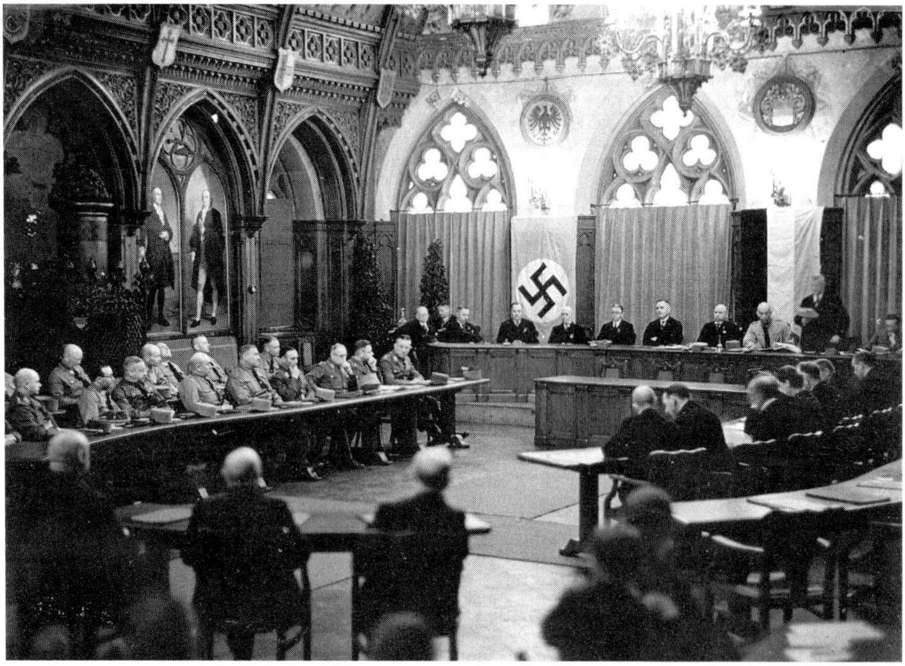

Sitzung der neugewählten Stadtverordnetenversammlung im Festsaal des Rathauses – in Gegenwart der Magistratsmitglieder (3. April 1933)

der Stadtverwaltung Münster dem neuen Oberbürgermeister „treue Gefolgschaft" geloben. Schon am darauffolgenden Tag präsentierte der neue Verwaltungschef eine Dezernats- und Geschäftsverteilung, die sich in acht Dezernate (Oberbürgermeister und Stadträte) und zehn Hilfsdezernate (hervorgehobene Positionen aus den Reihen der Amtsleiter) gliederte.

Bevor es eine gesetzliche Grundlage gegeben hätte, wurde durch Beschluß des Bezirksausschusses am 23. November 1933 die sogenannte Bürgermeistereiverfassung – ein Begriff, den die moderne einschlägige Forschung nicht aufgegriffen hat – in Münster und in einer Reihe anderer westfälischer Städte eingeführt. Dies bedeutete, daß das Kollegialorgan Magistrat, wie es in der Städteordnung von 1856 vorgesehen war, zu existieren aufhörte. Die Befugnisse, die der Magistrat bislang als Gemeindevorstand hatte, gingen auf den Oberbürgermeister über. Damit wurden die bisherigen besoldeten Magistratsmitglieder zu bloßen Dezernenten herabgestuft, die im Auftrag des Oberbürgermeisters handelten; die ehrenamtlichen Stadträte verloren erheblich an Einfluß. Das preußische Gemeindeverfassungsgesetz vom 15. Dezember 1933 und schließlich die Deutsche Gemeindeordnung vom 30. Januar 1935 legalisierten dann die machtpolitischen Veränderungen. Auch den kommunalen Selbstverwaltungskörperschaften wurde das „Führerprinzip" aufoktroyiert, das „die Exekution des zentralen Staats- und Parteiwillens zu gewährleisten" hatte [2554: Quellen zum Gemeindeverfassungsrecht, S. 673].

Dem nationalsozialistischen Oberbürgermeister Hillebrand wird man eine gewisse Fachkompetenz in Verwaltungsangelegenheiten nicht absprechen können, wiewohl er bis zu seinem Aufstieg keine Erfahrungen in der Verwaltungsorganisation oder -führung hatte erwerben können. Er stand denn auch bis zum Zusammenbruch des Regimes unangefochten an der Spitze der Verwaltung. Nach dem Gemeindeverfassungsgesetz von 1933 konnten für eine Stadt mit über 100 000 Einwohnern sechs Beigeordnete zur „Vertretung und Hilfeleistung" des Oberbürgermeisters berufen werden. Nachdem im Laufe des Jahres 1934 Günther van Endert in den Staatsdienst gewechselt und Max Lorenz für eine SA-Karriere seine Stelle aufgegeben hatte, wurde mit Dr. Konstantin Terhardt am 12. Juni 1934 ein Jurist aus der Industrie zum Bürgermeister und Kämmerer berufen; kurz zuvor war Alfred Jäger, der aus der Parteiführung kam, zum Beigeordneten ernannt worden. Im Juli wurde Theodor Venhofen, seit 1929 Leiter des Tiefbauamts, als Nachfolger Karl Schirmeyers Stadtbaurat und Beigeordneter. Nach den Vorschriften der Deutschen Gemeindeordnung von 1935 gab sich die Stadt mit Wirkung vom 1. April 1936 eine Hauptsatzung, in der die Zahl der hauptamtlichen Beigeordneten auf sechs zuzüglich des Polizeidezernenten festgelegt wurde. Die Spitze der Verwaltung setzte sich 1936 folgendermaßen zusammen: Oberbürgermeister Albert Hillebrand, Bürgermeister Dr. Konstantin Terhardt, Beigeordneter Dr. Arnold Fulda – noch aus der Weimarer Zeit –, Stadtrat Hans Aschhoff, Stadtschulrat Wilhelm Glowsky, Stadtrat Alfred Jäger, Stadtbaurat Theodor Venhofen und schließlich Stadtrat und Polizeidezernent Keuper. Keinem der Beigeordneten scheint neben Hillebrand eine besondere Rolle oder Bedeutung in der Verwaltungsführung zugekommen zu sein.

Seit 1936 läßt sich in Münster eine neue Geschäftsverteilung auf Stadtratsebene greifen. Zum erstenmal in der Geschichte der modernen Stadtverwaltung erhielten die Dezernate einen Zuschnitt nach den sich herausbildenden Verwaltungszweigen – mit einigen regimebedingten Schönheitsfehlern – und auch kennzeichnende Namen. Das Dezernat „Allgemeine Verwaltung" leitete der Oberbürgermeister selbst. Neben dem dort zu erwartenden Hauptverwaltungs- und Personalamt, dem Rechnungsprüfungsamt, dem Presse-, Informations- und Statistischen Amt ressortierten dort auch das Gesundheitsamt und die Badeanstalten. Dem Finanzdezernat, geführt von Bürgermeister Terhardt, waren neben Kämmerei, Steueramt, Haupt- und Nebenkassen die Stadtsparkasse, die Betriebsverwaltung, der Schlachthof und der Hafen zugeordnet. Das Grundstücks- und Rechtsdezernat leitete der Beigeordnete Fulda. Neben dem Rechtsbüro, der Rentei, dem Standesamt und dem Versicherungsamt waren diesem Dezernat alle rechtserheblichen und rechtswirksamen „Querschnittsaufgaben" zugewiesen. Das Baudezernat vereinigte unter der Führung von Stadtbaurat Venhofen alle Bauämter, Fuhrpark, Straßenreinigung, Müllabfuhr, Rieselfelder, Heizungs- und Maschinenamt und Feuerwehr. Das Kulturdezernat leitete Stadtrat Aschhoff. Es ressortierten dort alle Kunst-, Theater- und Musikangelegenheiten, das Stadtarchiv, das Verkehrsamt, die Stadthalle und Halle Münsterland. Dem Schuldezernat des Stadtrats Glowsky wurden alle Angelegenheiten städtischer Schulen einschließlich der Lehrerpersonalien sowie die Sport- und Jugendpflege zugewiesen. Dem Wohlfahrtsdezernat, dem Stadtrat Jäger vorstand, waren neben dem Wohlfahrts- und Jugendamt alle Parteiangelegenheiten zugewiesen – dies wohl aufgrund der Stellung, die Jäger in der Partei einnahm. Schließlich nahm unter Stadtrat Keuper das Polizeidezernat alle überkommenen Polizeiaufgaben wahr. Relativ neu war die Verwendung von Gerichtsassessoren, die oft zu städtischen „Rechtsräten" aufstiegen. Diesen Assessoren wurden durchaus wichtige Arbeitsgebiete zugeteilt, in der Regel waren sie beim Rechtsbüro angesiedelt.

Mit Wirkung vom 1. April 1937 wurde die Polizei im Reich verstaatlicht. In Münster wurde ein Polizeipräsidium errichtet, das von der städtischen Polizeiverwaltung alle geeigneten Exekutiv- und einen Teil der Verwaltungsbeamten übernahm. Mit den Polizeiaufgaben im heutigen Sinne übernahm das staatliche Polizeipräsidium auch das Einwohnermeldeamt sowie die Lebensmittel- und Gewerbeüberwachung.

Auch für Münster darf mutatis mutandis bestätigt werden, was Horst Matzerath für den „Ausbau der kommunalen Betätigung" im nationalsozialistischen Staat allgemein konstatiert: Der Stadtgemeinde mußte es darum gehen, den gemeindlichen Aufgabenbestand zu sichern, weniger darum, ihn zu erweitern [2424: Kommunale Leistungsverwaltung, S. 17f]. Bis in die vierziger Jahre hinein entstanden keine neuen Ämter. Wie auf Dezernatsebene war es aber bis 1939 zu neuen Aufgabenbündelungen gekommen, darunter zur Bildung des Hauptverwaltungs- und Personalamts mit verschiedenen Abteilungen und des Rechtsbüros. Die Zahl aller städtischen Bediensteten einschließlich Betriebsverwaltungen stieg von 1997 (1928) auf 2132 (1934); trotz der Verstaatlichung der Polizei und der Übernahme von rd. 200 Beamten durch den Staat betrug deren Zahl im Jahr 1939 schließlich sogar 2325.

Das der Gemeindeordnung von 1935 immanente Führerprinzip hat die Mitwirkung der Gemeinderäte an der Kommunalverwaltung – eine „Kommunalpolitik" hat es seit 1933 schon nicht mehr gegeben – auf eine Propagandafunktion reduziert. Bei der selbstbewußten Wahrnehmung der Oberbürgermeisterstelle durch Albert Hillebrand konnte den Gemeinderatssitzungen keine Bedeutung für das Verwaltungshandeln mehr zukommen. In den Jahren 1942 bis 1944 fanden insgesamt nur noch acht Gemeinderatsversammlungen statt, bei einer der letzten Sitzungen am 24. Mai 1944 waren von den dreißig Ratsherren sieben erschienen; einige standen freilich zu diesem Zeitpunkt an der Front.

Quellen und Literatur

Der im Stadtarchiv Münster überlieferte Bestand „Stadtregistratur" enthält Akten zur Verfassung (Städte- bzw. Gemeindeordnung) und zum Verwaltungsaufbau. Für die vorliegende Darstellung wurden vor allem die „Fächer" 19, 20, 26, 37 bis 40, 119, 129 und 181 ausgewertet. Insbesondere für die erste Hälfte des 20. Jahrhunderts enthält der Bestand „Zentralbüro" (ursprünglich Teil der Stadtregistratur) umfangreiches Aktengut zu Organisationsfragen. Der Bestand „Stadtverordnetenregistratur" enthält die Protokollserie des Repräsentativorgans der Stadt Münster und einige Vorgänge zur Verwaltungsorganisation (Nrn. 33, 119, 127 und 132). Der kleine Bestand „Polizeiregistratur" ist für Fragen der Verwaltungsgeschichte weniger ergiebig. Die ursprünglich bei der Stadtverwaltung geführten Registraturen „Bauregistratur" und „Steuerregistratur" sind nicht erhalten geblieben.

Seit 1885 liegen im Druck die „Jahres-Berichte über den Stand der Gemeinde-Angelegenheiten der Stadt Münster" vor – vor allem die späteren Jahrgänge umfangreich und informativ. Mit dem Kalenderjahr 1928 setzen die statistischen Jahresberichte der Verwaltung ein, die sich als Ergänzung der Verwaltungsberichte verstehen. Zwar geben sie wenig her zu Verwaltungsaufbau und -organisation, sie bieten aber wie die Haushaltspläne, die seit 1897 in gedruckter Form vorliegen, einen zusammenfassenden Überblick über die Vielfalt und Art der Wahrnehmung kommunaler Aufgaben.

Das Nordrhein-Westfälische Staatsarchiv Münster verfügt hauptsächlich im Fonds „Regierung Münster" über einschlägiges Aktenmaterial zu einer Verwaltungsgeschichte der Stadt Münster im 19. Jahrhundert. Heranzuziehen sind insbesondere die Abteilung I mit den Berichten der Oberbürgermeister in der „Präsidialregistratur" sowie die Akten der „Kommunal- und Sparkassenaufsicht".

Die Zahl der Untersuchungen zur Verwaltungsgeschichte der Stadt Münster vom Beginn des 19. Jahrhunderts bis 1945 steht in einem Mißverhältnis zur Überlieferungssituation. Den Forschungsstand prägt Wolfgang R. Krabbe, insbesondere mit seiner Monographie von 1985 [1386: Kommunalpolitik]. In zahlreichen Aufsätzen hat sich der gleiche Autor mit der Entwicklung besonderer Verwaltungszweige [2349: Lokale Polizeiverwaltung] befaßt, vor allem aber forschungsrelevante Teilbereiche einer kommunalen Verwaltungsgeschichte in Abstrahierung von Münster oder einer anderen Stadt umrissen [2348: Munizipalsozialismus; 2347: Lenkungsverwaltung; 1384: Armenpflege]. Kursorisch behandelt Wolfgang R. Krabbe in seiner Textbeilage zum Heft 17 der Reihe „Geschichte original" die Entwicklung zur Leistungsverwaltung in Münster [1507: Großstadt]. Eine erschöpfende Darstellung der Verwaltungsgeschichte Münsters von 1800 bis 1815 liefert Monika Lahrkamp in ihrer Monographie [1397: Napoleonische Zeit]. Die Studie zur staatlichen und kommunalen Beamtenschaft in Westfalen von Bernd Walter [1460: Beamtenschaft] ist ergiebig für Erkenntnisse zur Verwaltungsspitze der Stadt Münster in der ersten Hälfte des 19. Jahrhunderts, befaßt sich aber nicht mit dem Verwaltungsapparat insgesamt; letzterer blieb freilich auch für den Behandlungszeitraum Walters klein und undifferenziert.

Den schwierigen Prozeß der Einführung der Revidierten Städteordnung von 1831 in Münster – Grundlagen, Stellung des Oberpräsidenten, Konstituierung der Stadtverordnetenversammlung, Kampf um die Wahlform und weitere Hintergründe – hat Gerd Filbry schon 1957 nachgezeichnet [1321: Einführung]. Auf der Ebene der Provinz Westfalen hat dieses Problem unter dem Aspekt der Integration Westfalens in das preußische Königreich jüngst Horst Conrad überzeugend abgehandelt [2041: Kommunaler Konstitutionalismus].

Abgesehen von Festschriften oder Examensarbeiten sind es vor allem Arbeiten zur Stadtgeschichte des 19. Jahrhunderts allgemein oder Handbuchartikel zur Verwaltungsgeschichte, anhand derer die stadtmünsterische Entwicklung verifiziert werden kann. Forschungs- und erkenntnisleitend waren insbesondere die Beiträge eines von Hans Heinrich Blotevogel herausgegebenen Sammelbandes [2388: Kommunale Leistungsverwaltung] sowie die Aufsätze von Dieter Langewiesche [2379: „Staat" und „Kommune"], Jürgen Reulecke [2588: Bildungsbürgertum] und Friedrich Lenger [2389: Bürgertum]. Die wichtigsten einschlägigen Handbuchartikel stammen von Wolfgang Hofmann [2226: Kommunale Selbstverwaltung; 2225: Aufgaben und Struktur], Dieter Rebentisch [2569: Selbstverwaltung in der Weimarer Zeit] und Horst Matzerath [2427: Zeit des Nationalsozialismus].

KARL-ERNST JEISMANN

Die Bildungsinstitutionen zwischen 1815 und 1945

1. Die Entwicklung der Akademie zur Universität – 2. Die höheren Schulen bis zum Ende des Kaiserreichs – 3. Das niedere Volksschulwesen: von der Gemeindeschule zur städtischen Volksschule – 4. Die Entstehung des beruflichen Schulwesens – 5. Zwischenbilanz: Münsters Entwicklung zur Bildungszentrale zwischen 1815 und 1918 – 6. Das Bildungswesen der Stadt während der Weimarer Republik und der nationalsozialistischen Herrschaft

Schulen und Universitäten gehören zu den Erscheinungen langer oder mittlerer Dauer in der Geschichte. Ihre Entstehung und Veränderung ist die Folge langfristiger kultureller, sozialer und ökonomischer Prozesse, auf deren Oberfläche politische Ereignisse bisweilen scharfe, aber auf lange Sicht marginale Zäsuren einzeichnen. Eine auf exakte Jahreszahlen fixierte Periodisierung der Geschichte der Bildungsinstitutionen in Münster ist daher allenfalls für einzelne Anstalten, nicht aber für die Gesamtentwicklung möglich, und dies um so weniger, je mehr die Entwicklung der Schulen im Laufe des 19. und 20. Jahrhunderts in den größeren Zusammenhang des öffentlichen, staatlichen Unterrichtswesens einmündet und die lokale Bildungsgeschichte zur Funktion oder Variation der nationalen wird.

Die Darstellung setzt mit der Eingliederung Münsters als Hauptstadt der Provinz Westfalen in den preußischen Staat ein. Die Einfügung der Schulen des ehemals geistlichen Territoriums und des Bischofssitzes in das preußische Unterrichtswesen bestimmte die erste Periode der münsterischen Bildungsgeschichte im 19. Jahrhundert. Sie betraf unmittelbar und nachdrücklich zunächst nur die Spitze der Bildungspyramide der Stadt, die Fürstenbergsche Universität. Das Gymnasium Paulinum wurde nur allmählich in diesen Vorgang einbezogen, das niedere Schulwesen – abgesehen von der Lehrerbildung – zunächst kaum davon berührt. Diese Verstaatlichung, Verweltlichung und Verfachlichung des Unterrichtswesens rationalisierte zwar die Organisation der einzelnen Anstalten, ihre Verwaltung und den Unterricht; aber das einfache alteuropäische Grundmuster eines Dualismus notdürftiger Elementarbildung des Volkes und vorwiegend lateinisch-theologischer Gelehrtenbildung blieb in der Stadt Münster bis über die Jahrhundertmitte noch deutlicher sichtbar als in anderen großen Städten der Monarchie.

Erst in der zweiten Jahrhunderthälfte beschleunigte sich die Ausweitung und Veränderung der Bildungsinstitutionen. Die Differenzierung der Berufsfelder und das Wachstum der Bevölkerung führten zur Entwicklung eines modernen, vielfältig gegliederten Schulsystems. Sein Kennzeichen war die Auffächerung der höheren Bildungswege, die Entstehung des neuen Typs der Mittelschule, die Etablierung des öffentlichen Mädchenschulwesens, die Entstehung berufsbildender Fachschulen und nicht zuletzt die Verwissenschaftlichung der Theologisch-Philosophischen Akademie, die zur Universität ausgebaut wurde. Dieses System war schon vor dem Ersten Weltkrieg weitgehend ausgebildet und blieb trotz der Eingriffe des NS-Staates und der Zerstörungen des Krieges bis über den Zweiten Weltkrieg hinaus intakt. Parallel zu dieser institutionellen Umformung entwickelte sich um die Wende zum 20. Jahrhundert eine neue Epoche pädagogischen Denkens – kein genuines Phänomen der Stadtgeschichte, wohl aber von erheblichem Einfluß auf das innere Leben ihrer Bildungsinstitutionen.

Gegenüber den langsamen Wandlungsprozessen dieser beiden großen Perioden, der vorindustriell-etatistisch und der industriell-gesellschaftlich dominierten Bildungsgeschichte der Stadt, blieben die politischen Ereignisse – die Revolution von 1848, die Reichsgründung 1871 und selbst der Erste Weltkrieg – ohne dauerhaft wirksamen Einfluß auf die Entwicklung der Bildungsinstitutionen. Dagegen hinterließen die kulturpolitischen Auseinandersetzungen deutliche Spuren. Die Umwandlung institutionalisierter Bildung von einem *ecclesiasticum* zu einem *politicum* ging nicht kampflos vor sich. Der Streit zwischen dem preußischen Staat und dem Bischof von Münster um die Verfügungsrechte über die Angelegenheiten der Universität, der mit dem Reichsdeputationshauptschluß einsetzte, schlug den Grundton dieser Auseinandersetzung an. Im größeren Zusammenhang der kirchenpolitischen Konflikte – den „Kölner Wirren" (1836/37) und dem Kulturkampf – markierte sie auch Phasen der Geschichte der Bildungsinstitutionen in Münster. Im „Schulkampf" zu Beginn der Weimarer Republik demokratisierte sich dieses Spannungsfeld. Die lokalen und regionalen Gegensätze wurden Teil genereller innenpolitischer Kontroversen. Der totalitäre Zugriff des nationalsozialistischen Regimes brachte eine andere Qualität in diese alte Konkurrenz zwischen Staat und Kirche, indem sich die Partei an die Stelle des Staates setzte oder sich seiner bediente, um die Indoktrination ihrer „Weltanschauung" bis ins Innere von Lehre und Unterricht zu tragen.

In dieses zeitliche Muster sind die Grundzüge der Geschichte der Bildungsinstitutionen Münsters einzuzeichnen.

1. Die Entwicklung der Akademie zur Universität

Im Zusammenhang mit der Neugründung einer Rheinischen Universität in Bonn (Oktober 1818) wurde die Universität in Münster auf philosophische und theologische Lehrkurse zur Ausbildung von Theologen und Gymnasiallehrern beschränkt; die Juristische und die Medizinische Fakultät – mit zusammen 117 Studenten – wurden geschlossen, ein großer Teil ihrer Mittel (aus dem Studienfonds) nach Bonn verlagert. Die Fürstenbergsche Gründung war damit die letzte der 22 kleineren Universitäten, die im deutschen Reich am Ende des 18. und zu Beginn des 19. Jahrhunderts aufgelöst wurden oder ihren Status verloren. In Münster blieben 1818 noch 258 Studenten in den Kursen der Theologie und der Philosophie – eine Zahl, die sich mit der an den kleineren preußischen Universitäten durchaus messen konnte.

Aber Rechtsstellung und Organisation der verbliebenen „Lehrkurse" waren ungesichert. Es gab keine Satzung, sondern nur die Aussage der Kabinettsordre von 1818, daß die theologischen Lehrkurse zur Ausbildung von Geistlichen und die philosophischen zu deren wissenschaftlicher Ergänzung dienen sollten. So blieb auch die Zuständigkeit für die Berufung von Professoren ungeklärt. Der schon seit 1803 schwelende Streit darüber, ob der Kirche oder dem Staat das Recht zustehe, Ernennungen der Professoren vorzunehmen, fand bei jeder Berufung neue Nahrung. Daß dieser Konflikt zunächst von zwei Männern ausgetragen wurde, die beide in westfälischer Hartnäckigkeit des Charakters pragmatischer Konzilianz in Grundsatzfragen fernstanden, verschärfte die Gegensätze. Oberpräsident Ludwig von Vincke, der als Kurator der Anstalt fungierte, und der Bistumsverweser, Kapitularvikar Clemens August von Droste-Vischering, hatten schon zwischen 1803 und 1806 in scharfem Streit über die Berufungskompetenz gestanden. Als der Dogmatikprofessor Georg Hermes 1820 einem Ruf nach Bonn folgte, kam es zeitweilig sogar zur Suspension der theologischen Lehrkurse durch den Kurator, weil Droste aus eigener Machtvollkommenheit einen Nachfolger ernannt hatte. „Drostes Abneigung gegen Preußen und sein übersteigertes Autoritätsbewußtsein" [149: Hegel, Katholisch-Theologische Fakultät 1, S. 136] hatten einen Machtkampf des Bischofs mit dem Staat heraufgeführt, in dem die politische Seite stärker war als die geistliche.

Innerkatholische dogmatische Kontroversen komplizierten die Lage. Die Auseinandersetzung zwischen theologischem Traditionalismus und Rationalismus, die sich später im Modernisierungsstreit fortsetzte, war bereits zu Beginn des 19. Jahrhunderts ein Störfaktor für die wissenschaftliche Entwicklung der Theologisch-Philosophischen Lehranstalt in Münster. Damit verbanden sich zwei unterschiedliche Konzeptionen der Theologenausbildung. Sowohl Droste wie der „Kreis von Münster", der nun romantisch-kirchlicher Frömmigkeit zuneigte, sahen für die Theologenausbildung die enge Verbindung von Gymnasium, Universität und Priesterseminar vor – eine Bildung der Geistlichen von Kindesbeinen an in engen lokalen und sozialen Bindungen, geschlossenen Institutionen und Denksystemen. Dem Prinzip der preußischen Bildungsreform galt das Gymnasium dagegen als eine allgemein bildende höhere Schule und die Universität als Anstalt freier wissenschaftlicher Forschung und Lehre in sozialer, intellektueller und konfessioneller Offenheit. Heute zeichnet sich ein Konsens darüber ab, daß die Aufhebung des Fürstenbergschen Modells von Gymnasium und Universität den Weg für die Entwicklung einer modernen, dem Wissenschaftsverständnis des 19. und 20. Jahrhunderts angemessenen Universität in Münster freigemacht hat; aber dieser Weg war mühselig und von zähen Abwehrreaktionen im „katholischen Milieu" der Stadt behindert. Der Streit der Konzeptionen begleitete ihn bis zum Ende des 19. Jahrhunderts.

Die institutionelle Etablierung der „Lehrkurse" gestaltete sich langwierig. Dogmatische Kontroversen ließen die Professorenschaft nicht dazu kommen, der Aufforderung des Königs gemäß einen Vorschlag für Statuten der Lehranstalt vorzulegen. So wurde das Kultusministerium initiativ und übersandte 1825 einen Entwurf, der nach langen Beratungen 1832 zur Unterzeichnung einer Satzung der „Akademischen Lehranstalt" führte. Der Name „Theologisch-Philosophische Akademie" wurde erst 1843 verliehen. Seit 1825 war man aber in der Lage, einen Rektor zu wählen. Daß die Wahl auf Johann Hyazinth Kistemaker fiel, der sowohl Direktor des Paulinums wie Professor der Theologischen Fakultät war, deutet auf die Nachwirkung jenes geschlossenen Modells der Ausbildung von Geistlichen hin, wie sie zu gleicher Zeit auch in Braunsberg (Ermland) noch einmal als Ausnahme in Preußen und in deutlicher Beziehung zu Münster realisiert wurde.

Johann Hyazinth Kistemaker (1754–1834), von 1816 bis 1818 Mitglied des Konsistoriums der Provinz Westfalen. Punktierstich von F. Fleischmann nach Oppermann (1818)

Die Verfassung von 1832 stellte die Akademie den anderen Landesuniversitäten gleich. Rektor und Senat fungierten – unbeschadet der unmittelbaren Aufsicht des Kultusministers, die der Oberpräsident als Kurator wahrnahm – als Organe der Selbstverwaltung. Die Theologische Fakultät erhielt Habilitations- und Promotionsrecht und sollte mit vier ordentlichen und zwei außerordentlichen Professoren ausgestattet sein. Der Philosophischen Fakultät wurden fünf Professuren zugestanden, Habilitations- und Promotionsrecht jedoch vorerst nicht gewährt. In ihrer der Theologenausbildung dienenden Stellung konnte sie zwar auch an der Ausbildung von Gymnasiallehrern mitwirken, aber mit der Einschränkung, daß nur ein Studienjahr an der Akademie Münster auf das Philologenstudium angerechnet wurde. Diese unbefriedigende Lage der Akademie mußte zunächst den Wunsch nach vollem Ausbau der Philosophischen Fakultät provozieren.

Schon 1845 hatte der 8. Westfälische Provinziallandtag einen Antrag der Stadt Münster angenommen, die Akademie zu einer Universität zu erheben. Aber selbst eine bescheidenere Bitte von 1851, der Philosophischen Fakultät die vollen akademischen Rechte zu geben, wurde nicht genehmigt; erst 1858, in der „Neuen Ära", wurde auch den naturwissenschaftlichen Fächern das Promotionsrecht und die Erlaubnis zur vollen Ausbildung der Studierenden des höheren Lehramtes zugesprochen. Die wiederholten und ausführlichen Anträge auf Einrichtung einer Juristischen und Medizinischen Fakultät fanden jedoch kein Gehör. Für die aufgelöste Medizinische Fakultät war auf Antrag Vinckes durch die Einrichtung einer Chirurgischen Lehranstalt in Münster 1821 ein gewisser Ersatz geschaffen worden, der dem Mangel an

Wundärzten in der Provinz abhelfen sollte. Die Anstalt hielt sich aber nur bis 1849.

Es ist zu vermuten, daß die jahrzehntelange Abweisung der Anträge auch deshalb erfolgte, weil in ihnen nachdrücklich die Erhebung der Akademie zu einer „katholischen Universität" gefordert wurde. Das widersprach dem Grundsatz preußischer Universitätspolitik, wonach Forschung und Lehre wissenschaftlichen, nicht aber konfessionellen Kriterien zu folgen hatten. So lange also aus Münster eine konfessionell-katholische Volluniversität gefordert wurde, die auch die Juristen und Mediziner „katholisch" ausbilden sollte, hatten die Anträge keine Aussicht auf Erfolg, auch oder erst recht nicht, als sich die Argumentation in den Vordergrund schob, Westfalen sei, abgesehen von Posen, die einzige preußische Provinz ohne Universität. Für eine Provinz mit knapp zur Hälfte protestantischer Bevölkerung war die Einrichtung einer Universität nur für katholische Studierende nicht glaubwürdig zu begründen.

Dabei sprachen eine Reihe guter sachlicher Gründe für die Errichtung einer Volluniversität. Die Philosophische Fakultät war schon vor der Reichsgründung mit zwölf Professuren stark angewachsen; etwa 600 Studenten waren eine nicht unbeachtliche Zahl, die leicht auf das Doppelte anwachsen konnte, wenn auch die beiden anderen Fakultäten eingerichtet und Protestanten zugelassen wurden. Die Isolierung der theologischen und philosophischen Fakultäten – insbesondere von der juristischen – begrenzte die Möglichkeit wissenschaftlicher Ausbildung, und der halb-universitäre Charakter der Akademie wirkte auf bedeutende Gelehrte nicht gerade anziehend. Der Weg zur Volluniversität war aber nur über die Entkonfessionalisierung

Fürstenbergsaal im alten Kolleggebäude (um 1910)

der Philosophischen Fakultät zu öffnen. Daß dies als ein Schachzug des Staates im Kulturkampf erfolgte, den der katholische Oberpräsident von Kühlwetter beim Kultus- und Innenministerium einleitete, war gewiß für den Augenblick belastend, weil er die Akademie in die kulturpolitischen Auseinandersetzungen hineinzog; auf die Dauer aber erwiesen sich die 1875 begonnene Erweiterung der Philosophischen Fakultät und die Berufung protestantischer Professoren – ungeachtet des dagegen ins Feld geführten Arguments, die Universität werde aus ehemals kirchlichen Mitteln bezahlt – als der Durchbruch, der die spätere Erhebung zur Volluniversität ermöglichte. Aber selbst in den Jahren des Kulturkampfes war es nützlich, daß den Spannungen innerhalb der katholischen Professorenschaft ein neutralisierendes Element zur Seite gestellt wurde. Die Auseinandersetzungen zwischen den „altkatholischen Laienprofessoren" der Philosophischen Fakultät – die bedeutenderen Wissenschaftler wie Hittorf, Rospatt und Hosius zählten zu den Gegnern des Unfehlbarkeitsdogmas – und ihren Kollegen, die diesem Dogma folgten, waren schärfer als die zwischen Katholiken und Protestanten.

Die Philosophische Fakultät war inzwischen doppelt so groß geworden wie die Theologische; der Staatszuschuß überstieg nun den Anteil aus dem Studienfonds am Haushalt, und die allgemeine demographische, wissenschaftliche und technisch-industrielle Entwicklung drängte auf Ausweitung der Studienmöglichkeiten. Provinzialstände und Stadt setzten sich weiter für den Ausbau der Akademie ein. Aber die gespannte Atmosphäre des Kulturkampfs – noch war der Bischof seines Amtes enthoben – ließ zunächst die konfessionellen Gegensätze innerhalb der Universität und vor allem in der Öffentlichkeit der Stadt aufbrechen. Die Artikel und Schriften des Stadtdechanten Kappen geben ein drastisches Zeugnis von der Schärfe der Auseinandersetzung, aber auch einen Beweis dafür, daß die Universität als wissenschaftliche Einrichtung sich nur weiterentwickeln konnte, wenn sie sich aus der Enge lokalkonfessioneller Vorstellungen lösen konnte, die jede Verbindung zu wissenschaftlichem Denken verloren hatten; bezeichnete doch Kappen den inzwischen zur Berühmtheit gelangten – katholischen – Physikprofessor Hittorf als „kleine Motte, die man in das Wesen der katholischen Anstalt gesetzt hat" [1363: Hoyer, Hittorf, S. 442].

Aber das waren Nachklänge. Die Pläne zur Erweiterung der Akademie um eine Juristische Fakultät wurden gegen Ende des Jahrhunderts immer konkreter. Als sich seit 1890 auch die evangelische Kirche mit dem Wunsch nach der Einrichtung einer Evangelisch-Theologischen Fakultät zu Wort meldete, als die Vertreter der Stadt, der Westfälische Provinziallandtag und nun auch der hohe evangelische Adel in Westfalen nachdrücklich die Erweiterung der Akademie forderten und Finanzmittel zusagten, gelang es, für die Einrichtung einer Juristischen Fakultät die Zustimmung des Königs und einen entsprechenden Beschluß des Abgeordnetenhauses (11. März 1902) zu gewinnen. Noch im selben Jahr wurde eine neue Satzung beraten und vom Kultusminister dem Rektor übergeben.

Damit war das Ziel erreicht. Mit einem Fackelzug am 27. April 1902 wurde die Erhebung der Akademie zur Universität gefeiert. Münster brachte eine besondere Nuance in die Landschaft deutscher Universitätsstädte. Nicht nur, wie im Abgeordnetenhaus scherzhaft erwähnt wurde, weil „es in Münster entschieden das beste Altbier gebe", sondern vor allem, wie Franz Hitze hervorhob, weil die Verbindung eines schönen und würdigen Stadtbildes, einer soliden, von den „Verführungen" Bonns oder Heidelbergs entfernten Atmosphäre mit der Möglichkeit preiswerten Lebens ideale Voraussetzungen für ein ernsthaftes Studium in kulturell harmonischem Ambiente bot: „In Münster studiert es sich ausgezeichnet“ [1381: Kohl, Ausbau der Akademie, S. 54].

Es war nur eine Frage der Zeit, bis die noch fehlenden Fakultäten eingerichtet wurden. Als sich der König 1907 entschloß, der Universität seinen Namen zu verleihen, war bereits im Rahmen der Philosophisch-Naturwissenschaftlichen Fakultät eine medizinisch-propädeutische Abteilung eingerichtet worden, die im Sommersemester 1905 die vorklinische Ausbildung aufnahm. Das war möglich geworden, weil Provinz und Stadt die alte Kürassierkaserne am Krummen Timpen aufgekauft, renoviert und dem Staat als Domizil der medizinischen Einrichtungen angeboten hatten. Daß es bis 1925 dauerte, ehe die Medizinische Fakultät vollständig etabliert werden konnte, war eine Folge der Stagnation während der Kriegs- und ersten Nachkriegsjahre. Hingegen gelang die Einrichtung einer Evangelisch-Theologischen Fakultät schneller. Es war nicht nur eine konfessionelle, sondern auch eine innenpolitische Frage von hoher Bedeutung für die Kirchenbehörden und für das evangelische Westfalen, daß Münster nicht die einzige preußische Universität ohne eine Evangelisch-Theologische Fakultät blieb. Das Ministerium hatte sich lange zurückgehalten; aus dem Lehrkörper war kaum Unterstützung zu erhoffen. Aber durch nachdrückliche Vorstöße in Abgeordnetenhaus und Herrenhaus, durch die wohlwollende Haltung des Finanzministers Lentze – der aus Soest stammte – wurden die Widerstände überwunden und die Mittel bewilligt. Am 15. Oktober 1914 wurde die vierte Fakultät der neuen Universität eröffnet – seit 1818 die erste Neugründung einer Evangelisch-Theologischen Fakultät in Preußen.

Dieser Abriß der Institutionsgeschichte bis zum Ersten Weltkrieg kann hier nur durch wenige Hinweise zur inneren, wissenschaftlichen Entwicklung der Akademie und der Universität ergänzt werden. Der Streit zwischen theologischen Positionen, der die Geistesgeschichte des 19. Jahrhunderts so stark prägte, war ihr in die Wiege gelegt und wirkte noch bis zur Gründung der Evangelisch-Theologischen Fakultät zu Beginn des 20. Jahrhunderts nach. Der „landfremde“ Theologe, der Bibelwissenschaftler Michael Wecklein, war zu Beginn des 19. Jahrhunderts das erste, aber nicht das einzige Opfer der fideistischen bischöflichen Lehrmeinung. Der 1805 aus Würzburg berufene Vertreter einer rationalistischen Theologie stieß auf Boykott und Lehrverbot und verließ 1816 die Fakultät. Der bekannte Kampf der Kirche gegen Hermes (1807–1820 in Münster, später in Bonn) und seine Schüler verzehrte die wissenschaftliche Energie auch innerhalb der münsterischen Theologischen Fakultät, während die der Philosophischen Fakultät bis über die Mitte des Jahrhunderts anhaftende Rolle einer Vorbereitungsanstalt für die Theologen der Hauptgrund für ihre Belanglosigkeit in der deutschen Wissenschaftsgeschichte dieser Zeit war. Bis zur Mitte des Jahrhunderts drohte die Philosophische Fakultät ein Fossil zu werden. Genuine Forschung in der Philosophie, der Geschichte, der klassischen Philologie – Kernfächer der neuen Philosophischen Fakultät und der neuhumanistischen Bildungsvorstellungen – entwickelte sich nicht.

Erst 1835 wurde ein historisches Ordinariat eingerichtet, das der Niebuhr-Schüler Wilhelm Heinrich Grauert erhielt. Jetzt hielt empirische Forschung als Basis der Ge-

Georg Hermes (1775–1831), bis 1820 Professor für Dogmatik in Münster (danach an die neue Universität in Bonn berufen), vertrat in der Theologie das Prinzip der vernunftgeleiteten Erkenntnis („Hermesianismus")

schichtsdarstellung Einzug in die Philosophische Fakultät. Aber diese Schwalbe brachte noch keinen Sommer. Bis über die Mitte des Jahrhunderts hinaus verdammte der streitbare Domkapitular Caspar Franz Krabbe, die bedeutendste Figur in der Schulabteilung des Bistums, das „mönströse, babylonische Wesen der modernen Wissenschaft" als „eine konsequente Ausgeburt des Protestantismus" [214: Krabbe, Geschichtliche Nachrichten, S. 4]. Erst 1875 kam beim Ausbau der Fakultät mit Theodor Lindner ein Protestant und Ranke-Schüler an die Akademie, wurde das Historische Seminar gegründet und der Anschluß an die deutsche Geschichtswissenschaft gesucht – gegen heftige, auch persönliche Polemik in der lokalen Presse, zum Beispiel gegen Georg von Below, der 1891 bis 1897 in Münster lehrte. Sein Nachfolger wurde Heinrich Finke. Beide, der dezidierte Protestant und der westfälische Katholik und Abiturient des Paulinums, waren ohne Rücksicht auf das Vorschlagsrecht der Universität vom Minister berufen – ein Beweis dafür, daß es der preußischen Universitätsverwaltung nicht um die Konfession, sondern um die Qualifikation der Professoren zu tun war. Die Forschungen Heinrich Finkes – seit 1891 Extraordinarius, seit 1897 Ordinarius an der Akademie – führten schließlich zu einer Vermittlung zwischen katholischer Glaubenslehre und autonomer Geschichtswissenschaft, zwischen Historismus und Katholizismus. Wie bedeutend die wissenschaftliche Leistung im Rahmen einer solchen Verbindung sein konnte, zeigte sich in der Auseinandersetzung zwischen Heinrich von Sybel und Julius Ficker um die Deutung der mittelalterlichen Kaiserpolitik. Aber die Laufbahn Fickers, des bekanntesten Gelehrten aus dem „Kreis der rheinisch-westfälischen Historiker in Münster" [1418: Mütter, Geschichtswissenschaft, S. 150ff], hatte sich nur am Rande der münsterischen Akademie und vornehmlich in Bonn, seit 1852 in Innsbruck vollzogen – die Akademie in Münster bot auch den entschieden katholischen jüngeren Historikern kaum die Möglichkeit zur Habilitation, geschweige denn eine Lebensstellung. Die münsterische „Geschichtskultur" hatte sich dagegen außerhalb der Akademie entwickelt und ein Zentrum landesgeschichtlicher Forschung im Altertumsverein gebildet; ihre Verbindung mit der akademischen Historie gelang erst gegen Ende des 19. Jahrhunderts.

Die wissenschaftlich bedeutendste Persönlichkeit der Philosophischen Fakultät wurde Johann Wilhelm Hittorf. Er vertrat 1847 nach seiner Habilitation in Bonn den lange verwaisten Lehrstuhl für Physik und Chemie. Unter sehr beengten Umständen und mit knappen Mitteln hat der erst 1856 zum ordentlichen Professor für Physik und Chemie ernannte Wissenschaftler die Forschungen durchgeführt, die für die moderne Atomphysik und die Elektrochemie grundlegend wurden. Die Bedeutung seiner Forschungen wurde erst spät erkannt, dann aber durch eine Reihe hoher Auszeichnungen gewürdigt. Seit 1890 war er Ehrenmitglied der Londoner Physikalischen Gesellschaft, 1897 erhielt er die Friedensklasse des *Pour le mérite*. In Münsters vom Stadtklerus dominierter öffentlicher Meinung war der liberale Katholik, der sich nicht scheute, Kontakte mit Rudolf von Virchow zu pflegen oder gar nach Berlin zu reisen, bis weit über die Kulturkampfzeit hinaus *persona non grata*. Die Angriffe, denen er in Münster ausgesetzt war und andererseits die Verkennung, die ihn außerhalb des katholischen Westfalens als Ultramontanen erscheinen ließ, waren seiner wissenschaftlichen Laufbahn – er erhielt nur einen Ruf – nicht zuträglich. 90jährig starb Hittorf im November 1914 als „Wirklicher Geheimer Rat". Universität und

Akademie am Domplatz. Federzeichnung von 1878

weltliche Behörden wußten seine Leistung zu würdigen – Vertreter der Geistlichkeit fehlten bei der akademischen Trauerfeier.

Der Baukomplex der Akademie und Universität bis zum Ende des Ersten Weltkrieges symbolisiert die lange Phase der Stagnation und zugleich den ersten, noch im engen Rahmen der alten Akademiegrundstücke bleibenden Aufbruch in eine auch baugeschichtlich neue Epoche. Die Akademie blieb im Bereich des ehemaligen Jesuitenkollegs und des alten Gymnasium Paulinum, gleichsam im Schatten der Petrikirche, in den am Ende des 16. und zu Anfang des 17. Jahrhunderts errichteten Gebäuden, die im 18. Jahrhundert durch Um- und Ausbauten erweitert worden waren. Sie galten damals schon als unzureichend. Die Schülerzahl des Paulinums übertraf bei weitem die Zahl der Studenten, und so drohte das Gymnasium die Akademie auf immer engeren Raum in den von beiden Anstalten genutzten Gebäuden zusammenzudrängen. Nach der Erweiterung der Philosophischen Fakultät 1874/75 wurde am Domplatz nach schwierigen Verhandlungen um den Erwerb von Grundstücken das neue Akademiegebäude an der Stelle des heutigen Fürstenberghauses errichtet und 1880 eingeweiht. Direkt benachbart in der Johannisstraße erhielten die Chemie und zwanzig Jahre später die Physik einen Neubau. Die zoologischen und die geologischen Sammlungen wurden in der angemieteten Landsbergschen Domkurie in der Pferdegasse untergebracht. Im Botanischen Garten hinter dem Schloß entstand ein eigenes Institut, und die bereits erwähnte Erwerbung der Kürassierkaserne am Krummen Timpen diente den Vorläufern der Medizinischen Fakultät. Der Ausbau der Naturwissenschaften hat die Ausweitung des universitären Territoriums nach Westen in Gang gesetzt und damit die Richtung gewiesen, der die Expansion der neuen Universität in das Gebiet der alten Überwasserpfarre – des Jesuiten- und Studienfonds der ersten Universität – im 20. Jahrhundert folgte.

Die Simultanisierung der Universität hatte zwar den Charakter einer ursprünglich von der Lateinschule bis zur Priesterweihe kirchlich geprägten höheren Bildung verweltlicht und erweitert. Aber das Prinzip der Auswahl und Ausbildung künftiger Theologen blieb auch im neuen Rahmen in Kraft. Das Priesterseminar, 1776 auf der Basis der Beschlüsse des Konzils von Trient eröffnet und in der ersten Hälfte des 19. Jahrhunderts von so bedeutenden Männern wie Overberg und Schmülling geleitet, fungierte weiter als Institut der Berufsvorbereitung der Theologen im Anschluß an ihr Studium.

Die politisch-konfessionellen Auseinandersetzungen um das Recht der Schulaufsicht in der Mitte des 19. Jahrhunderts förderten die Einrichtung eines Knabenkonvikts – des Ludgerianums –, das auswärtige Zöglinge aufnahm, die auf dem Paulinum unterrichtet wurden. Nicht die Aufnahme in das Konvikt, wohl aber die Annahme von Freistellen verpflichteten sie zum Priesterberuf. So führte der Rekrutierungsweg des Geistlichen vom Ludgerianum über das Paulinum und die Akademie zum Borromäum, dem Priesterseminar.

Erhielt die Universität im Kulturkampf den Anstoß zur wissenschaftlichen Weiterentwicklung, so mußte das Collegium Ludgerianum, das 1849 mit acht Zöglingen eröffnet worden war, 1876 geschlossen werden. Erst nach dem sogenannten Friedensgesetz von 1886 konnte es mit 24 Schülern wiedereröffnet werden. 1900 waren schon hundert Zöglinge dort untergebracht; 1903 konnte das Ludgerianum in einen

Bischöfliches Knabenkonvikt Collegium Ludgerianum (links das 1849 errichtete erste Gebäude, das spätere Collegium Borromäum, rechts der Neubau von 1903 am Domplatz)

stattlichen Neubau (das spätere Franz-Hitze-Haus) zwischen dem Akademiegebäude und dem bischöflichen Museum umziehen.

Wir greifen hier zeitlich vor. Auf die Blütezeit zwischen 1887 und 1914 folgten nach dem Ersten Weltkrieg für das Ludgerianum schwierige Zeiten. Seit 1933 gab es Konflikte mit der Hitlerjugend und der Partei, und schließlich wurde den Schülern verboten, höhere Schulen der Stadt zu besuchen. Das führte im April 1940 abermals zur Schließung des Kollegs. Nach dem Zweiten Weltkrieg und einer Wanderschaft über Wadersloh nach Ostbevern ins Haus Loburg konnte 1953 der Neubau am Kardinal-von-Galen-Ring bezogen werden. Jetzt bereitete das Ludgerianum vor allem begabte Volksschüler auf den Besuch des Gymnasiums vor. Aber seit der Mitte der sechziger Jahre sank die Frequenz. Das breitere Bildungsangebot auf dem Land und die besseren Verkehrsverbindungen ließen das Bedürfnis nach Internatserziehung versiegen. 1973 schloß das Collegium Ludgerianum endgültig seine Pforten. In mancher Hinsicht hat dann die Friedensschule als bischöfliche Gesamtschule Aufgaben des alten Knabenkonvikts übernommen.

Friedrich Kohlrausch (1780–1865), von 1817 bis 1830 Referent für das höhere Schulwesen in der Provinz Westfalen

2. *Die höheren Schulen bis zum Ende des Kaiserreichs*

Das Provinzialschulkollegium in Münster

Allen Oberpräsidenten der preußischen Provinzen wurde im Zuge der Fortführung der Behördenreorganisation 1815 ein Konsistorium zugeordnet, dem die Verwaltung der kirchlichen Angelegenheiten – soweit der Staat mit ihnen befaßt war – und des gesamten Schulwesens in wissenschaftlicher und pädagogischer Hinsicht oblag; speziell aber waren ihnen die unmittelbare Aufsicht über die höheren Schulen, die Prüfungskommissionen für die Gymnasiallehrer und die Lehrerseminare zugewiesen. 1825 wurde die Schulabteilung des Konsistoriums als „Provinzial-Schulkollegium" von der Kirchenabteilung getrennt. Als Mittelbehörde zwischen dem Kultusministerium und den Schulkommissionen bei den Regierungen sowie als unmittelbar vorgesetzte Behörde der Gymnasien und Lehrerseminare übten die Schulkollegien einen wichtigen Einfluß auf die Entwicklung des höheren Schulwesens aus.

Konsistorien und Provinzialschulkollegien waren kleine Behörden. Fünf Mitglieder zählte neben dem Präsidenten das münsterische Konsistorium, als es 1816 zum erstenmal zusammentrat. In glücklicher Weise fanden sich aus der pädagogischen Tradition des katholischen und des evangelischen Westfalens die Männer zusammen, die in den ersten Jahrzehnten die gemeinsame Verwaltung der Schulen beider Konfessionen übernahmen: auf katholischer Seite Bernhard Overberg, der Mitarbeiter Fürstenbergs, der schon erwähnte Johann Hyazinth Kistemaker und Johann Christoph Schlüter, der Professor für Germanistik; auf evangelischer Seite Ludwig Natorp, bekannt durch seine Schulreformen in der Grafschaft Mark und von 1809 bis 1815 in Potsdam enger Mitarbeiter Vinckes und Süverns beim Entwurf der preußischen Bildungsreform, sowie Anton Wilhelm Möller, Prediger und Schulreformer aus der Grafschaft Mark. Overberg, Kistemaker und Natorp widmeten sich besonders den Schulfragen; als 1817 Friedrich Kohlrausch an die Stelle von Schlüter trat, wurde ihm als Referenten das gelehrte Schulwesen übertragen. Neben ihm und seinem Nachfolger stand, allerdings im Nebenamt, der jeweilige Regens des Priesterseminars. Diese Personalkonstellation der nach dem Kollegialprinzip arbeitenden Behörde ist deshalb ausdrücklich zu vermerken, weil sie in den ersten beiden Jahrzehnten zu einer fruchtbaren und verständnisvollen Zusammenarbeit zwischen den katholischen und evangelischen Räten führte, in deren Folge auf allen Ebenen des Schulwesens ein Zusammenwachsen der verschiedenen Traditionen in Westfalen begann.

Die eigentliche Arbeit, welche die Aufsicht über die Gymnasien mit sich brachte, lag beim schulfachlichen Referenten. Friedrich Kohlrausch hat bis 1830, als er zum Leiter des Gymnasialschulwesens in Hannover berufen wurde, mit pragmatischer Energie von Münster aus die neun, später elf Gymnasien in Westfalen gefördert und den schwierigen Weg geebnet, der sie aus ganz unterschiedlichen Traditionen und Organisationsformen trotz knapper Mittel auf den allgemeinen Ausbaustand der preußischen Gymnasien hob, den sie gemäß der Süvernschen Empfehlung von 1816 und dem generellen Einrichtungsplan des Ministeriums von 1837 gegen die Jahrhundertmitte erreichten.

Die Behörde residierte zunächst im Regierungsgebäude am Domplatz, seit 1847 in einigen Räumen des Schlosses, schließlich wieder am Domplatz in der Elverfeldtschen Kurie – immer war es eine enge, unzureichende Unterbringung, bis das neue Behördenhaus am Schloßplatz bezogen werden konnte, das bis zur Zerstörung im Jahr 1944 Dienstsitz der Behörde blieb.

Obgleich bis zum Ende des 19. Jahrhunderts trotz steigender Zahl der Schulen nie mehr als zwei Räte die Gymnasialaufsicht führten, war das Provinzialschulkollegium keine bloß verwaltende Behörde, sondern immer auch ein fachlich und pädagogisch anregendes Zentrum. Es intensivierte den Austausch der Ansichten und Erfahrungen zwischen den Direktoren und Lehrern der Gymnasien der Provinz – Friedrich Kohlrausch führte die Direktorenkonferenzen ein, die über Westfalen hinaus in Preußen Nachahmung fanden. Es förderte aber auch die fachliche und didaktische Entwicklung der Gymnasialpädagogik. Der erste durchgehende Lehrplan für das Fach Geschichte in Preußen entstand in den zwanziger Jahren in Beratungen der westfälischen Direktorenkonferenz. Auch als zu Beginn des 20. Jahrhunderts bei sprunghaft steigender Zahl der höheren Schulen – 114 waren es im Jahr 1914 – die Zahl der schulfachlichen Referenten bis auf sechs stieg, blieb die Intensität der administrativen und pädagogischen Impulse der Behörde trotz einer starken Differenzierung ihrer Aufgaben erhalten. Münster wurde durch die Tätigkeit des Provinzialschulkollegiums der zentrale Ort für das Gymnasialwesen der Provinz Westfalen.

Es ist dem höheren Schulwesen nicht schlecht bekommen, daß mit dem Provinzialschulkollegium eine kollegial beschließende Fachbehörde und keine bürokratische Instanz der inneren Verwaltung die Schulaufsicht führte. Allerdings kam ihm im

Königliches Schulkollegium am Schloßplatz (heute Zentrale Studienberatung der Westfälischen Wilhelms-Universität)

Laufe des 19. Jahrhunderts seine generelle Aufsichtsfunktion über das niedere Schulwesen und insofern auch über die Schulabteilungen des Regierungspräsidenten faktisch abhanden; seine Aufgabe begrenzte sich damit auf die Verwaltung der höheren Schulen und die Prüfung ihrer Lehrer.

Die Gymnasien

Die bedeutendste Bildungsinstitution der Stadt und darüber hinaus der Provinz im 19. Jahrhundert war das Gymnasium Paulinum – und zwar sowohl im Hinblick auf die Zahl der Schüler wie auf Karriere und Leistung einer Reihe seiner fast 6000 Abiturienten zwischen 1820 und 1945. Nur wenige können hier genannt werden: Max von Forckenbeck, Präsident des Reichstages und Oberbürgermeister von Berlin, der schon erwähnte Historiker Julius Ficker, Hermann Sarrazin, Direktor der Orientbahnen, Clemens Knappmeier, der Chef und Organisator der chirurgischen Abteilung im Kriegsdepartement der USA, Clemens Freiherr von Heereman, Vizepräsident des preußischen Abgeordnetenhauses und Vorsitzender der Zentrumsfraktion; in der Reihe der Bischöfe Theodor Dalhoff als Erzbischof von Bombay und der Kardinal Paul Melchers; Alexander von Kluck, der Heerführer im Ersten Weltkrieg; unter den Bürgermeistern von Münster Max Jungeblodt; die Literaturkritiker Heinrich und Julius Hart und der Dichter Hermann Löns; Professor Max Geisberg, der Direktor des Landesmuseums, und schließlich der spätere Reichskanzler Heinrich Brüning. Berühmter und in der institutionellen Tradition kontinuierlicher als die Schwesteranstalten in Osnabrück und Paderborn trug das Paulinum wie diese dazu bei, die Bildungsschicht jener norddeutschen Katholiken zu prägen, von denen Max Weber gesagt hat, daß „ihr Katholizismus unzweifelhaft in einem Maße Herzenssache ist wie keinem anderen Volk der Erde". Sie brachten diese katholische Grundprägung nachdrücklich – in Widerspruch und Identifikation zugleich – als Element der geistigen und politischen Kultur auch in die moderne bürgerliche Gesellschaft und in den ersten deutschen Nationalstaat ein.

Mit ihren „Zulieferanstalten" und mit der ihr eng verbundenen Akademie hatte das Paulinum eine breite Rekrutierungsbasis aus allen Schichten der Bevölkerung und stellte dem münsterischen Stiftsadel, der bis weit ins 19. Jahrhundert nicht auf den Besuch des Gymnasiums angewiesen war, eine starke Gruppe bürgerlicher, gebildeter Konkurrenten und Bundesgenossen zur Seite, die jedoch den Verlust der staatlichen Souveränität des Bistums nicht als politische Degradierung empfanden und bei aller Distanz zum protestantisch dominierten Berlin im preußischen Staat ihre berufliche und politische Lebenssphäre sahen.

Das Paulinum stand in der Tradition des Humanismus des 16. Jahrhunderts, seiner Überformung durch die stärker kirchen- und staatsbezogene Effizienz der Jesuitenschulen und eines Einschlags katholischer Aufklärung durch die Fürstenbergsche Reform. Nach 1815 folgte diese Schule durchaus nicht willig dem preußischen Gymnasialmodell, wie es in der Reform seit 1809 entwickelt worden war. Dem philologisch scharfen, philosophisch und literarisch beflügelten Neuhumanismus standen die geistlichen Lehrer des Paulinums als theologisch geprägte Humanisten und Päd-

Gymnasium Paulinum – Abbruch des „Spanischen Flügels" (1897). Im Hintergrund der Neubau

agogen kritisch gegenüber. Die hochgeschraubte Leistungsanforderung in den alten Sprachen, im Griechischen zumal, blieb ihnen in der ersten Jahrhunderthälfte verdächtig, die Wende von der rhetorischen zur literarisch-philosophischen klassischen Bildung mit ihrer Ferne zum Christentum problematisch. Auch die neue Organisationsform des preußischen Gymnasiums paßte nicht auf diese alte Schule. Das Paulinum bezog seine Schüler aus den beiden Trivialschulen der Stadt, gehobenen Volksschulen mit fakultativem Lateinunterricht, nahm sie als Quartaner auf und führte sie in der Oberstufe bis in die mit der Akademie durch ihre Lehrer und Kurse verzahnten Lehrgänge. Die klare Scheidung zwischen Elementarschule, Gymnasium und Universität, wie sie sich in Preußen seit 1810 herausbildete, bedeutete für das Paulinum einen Bruch seiner Tradition. Der letzte Geistliche, der das Paulinum bis 1842 leitete, Hermann Ludwig Nadermann, hat den Schritt der Anpassung des Paulinums an das preußische Modell nicht mehr vollzogen. Erst 1845 wurden Sexta und Quinta dem Gymnasium angefügt und die drei oberen Klassen – Tertia bis Prima – jeweils zweijährig als *inferiora* und *superiora* aufgebaut. Damit hatte das Gymnasium Paulinum sich der generellen organisatorischen Norm angepaßt. Das Lehrerkollegium des Paulinums hat sich in Fortsetzung der Tradition der alten Gelehrtenschulen auch weiterhin in der Wissenschaft vielfach engagiert; mochte die organisatorische Verbindung zur Universität gelöst sein – das geistige Band zerriß nicht.

Nach einem starken Anstieg der Schülerzahl (1817: 205; 1825: 569) pendelte sich die Frequenz bis zur Reichsgründung auf etwa 650 und bis zum Jahrhundertende auf über 700 ein. Die Abiturientenzahl schwankte jährlich um 50 bis 60, eine im Vergleich der preußischen Gymnasien stattliche Zahl.

Der Etat der Schule setzte sich 1868 wie folgt zusammen (Angaben in Talern) [2663a: Höheres Schulwesen 2, S. 264]:

Aus dem münsterischen Studienfonds	13 432
Schulgeld	9 374
Staatliche Zuschüsse	1 150
Zinsen aus verschiedenen Stiftungen	679
	24 635

Hinzu traten Kosten für Bauten und Utensilien sowie für zehn Klafter Brennholz jährlich, welche aus dem münsterischen Studienfonds gesondert abgerechnet wurden. Der Löwenanteil des Fonds – 22 960 Taler – stand im Besoldungsetat des 29köpfigen Lehrerkollegiums. Vom Direktor abwärts bezogen die Lehrer zwischen 1600 und 600 Taler, eine für das 19. Jahrhundert typische Spannweite zwischen den Besoldungsstufen.

Die Schule war noch immer im durch verschiedene An- und Umbauten vergrößerten alten Gebäude des Jesuitenkollegs untergebracht. Der 1898 errichtete Neubau am Aaufer, der nach Abriß des alten „Spanischen Flügels“ errichtet wurde, linderte zwar die Raumnot, seine Architektur fand aber wenig Beifall.

Die höheren Schulen Preußens hatten durchweg konfessionellen Charakter. Das hatte seinen Grund in der Geschichte der Stiftungen der Schulen und der verbrieften Rechte ihrer Patrone, die auch durch den Anspruch des Staates, der seit dem Allgemeinen Landrecht (1794) erhoben und durch die Schulaufsicht im 19. Jahrhundert realisiert wurde, nicht geändert wurden. Die konfessionelle Zugehörigkeit der Leh-

Umzug der Abiturientia des Paulinums (um 1910)

rerkollegien war in der Regel einheitlich. Die enge Verbindung zur Kirche durch Schulgottesdienste, Schulgebet und religiöse Feiern, aber auch die Färbung des Unterrichts und der ihm zugrundeliegenden Schulbücher bekräftigten diese konfessionelle Grundprägung der meisten preußischen Gymnasien. Sie ergriff allerdings nicht die konfessionelle Herkunft der Schülerschaft, konnte sich in dieser Hinsicht an einigen Schulen der Monarchie sogar beinahe umkehren. Auch das Paulinum hat im 19. Jahrhundert stets eine größere Zahl evangelischer und eine kleine Zahl jüdischer Schüler unterrichtet (1868 waren von 640 Schülern 62 evangelisch, einer jüdisch). Schon 1832 war vom Provinzialschulkollegium – ergebnislos – angeregt worden, angesichts der hohen Schülerzahl ein zweites staatliches Gymnasium zu errichten. Als aber im letzten Jahrzehnt des 19. Jahrhunderts die Zahl der evangelischen Schüler am Paulinum auf über hundert stieg und mit den evangelischen Schülern auf dem unter bischöflichem Protektorat stehenden städtischen Realgymnasium etwa 250 erreichte, hatte eine Initiative des Presbyteriums der evangelischen Gemeinde zur Einrichtung eines evangelischen Progymnasiums in Münster vom Jahr 1896 Erfolg. Das Ministerium stimmte dem vom Provinzialschulkollegium und vom Oberpräsidenten der Provinz empfohlenen Antrag 1899 zu, und im April 1900 konnte das Progymnasium mit fünf Lehrern in einem Seitengebäude des Paulinums in der Johannisstraße mit vier Klassen und 88 Schülern eröffnet werden.

Daß die Teilung des bisher einzigen Gymnasiums in Münster entlang der konfessionellen Grenze erfolgte, entsprach zwar den durch die Tradition des Paulinums

Königl. Schillergymnasium
zu Münster i. W.

Festordnung
für die
Einweihung
des neuen Gymnasialgebäudes
am Dienstag, den 16. April 1907, 12 Uhr.

Versammlung der Teilnehmer vor dem Schulhause, bei ungünstigem Wetter in der unteren Flurhalle.

Schlüsselübergabe.

Hinaufzug zur Aula. Orgelspiel.

Gesang des Schülerchors: Nun danket alle Gott. (Melodie von J. Crüger, 1648, eingerichtet von Th. Drath.)

Ansprache Sr. Excellenz des Herrn Oberpräsidenten, bei dessen Behinderung des Herrn Regierungspräsidenten.

Weihespruch, vorgetragen vom Obertertianer Wiendl.

Gesang des Schülerchors: Festgesang, komponiert von Chr. W. v. Gluck.

Rede des Direktors. Kaiserhoch. Heil Dir im Siegerkranz (Str. 1).

Festordnung zur Einweihung des neuen Gebäudes des Schillergymnasiums

und die Stärke konfessionellen Bewußtseins in Münster gegebenen Bedingungen, aber nicht mehr der allgemeinen Zeittendenz. So hatte sich das Kultusministerium nicht bereit gefunden, dem neuen Königlichen Progymnasium einen ausdrücklich konfessionellen Charakter zu geben. Tatsächlich wurde diese höhere Schule jedoch, obgleich sie von Beginn an auch von einigen katholischen Schülern besucht wurde, das Gymnasium der evangelischen Bürger der Stadt. Es wuchs so schnell, daß es bereits drei Jahre nach seiner Gründung zu einer vollständigen Anstalt ausgebaut wurde. 1906 bestanden die ersten fünf Kandidaten das Abitur. Im gleichen Jahr erhielt es auf Vorschlag des Lehrerkollegiums den Namen „Schiller-Gymnasium" – die Namensgebung war ein Jahr nach den Feiern zu Schillers 100. Todestag und im Kontext der Deutung seines Werkes als Symbiose klassischer, liberaler und nationaler Ideen ein Programm.

Aus den beengten Räumlichkeiten wurde die Schule durch das neue Gebäude an der Gertrudenstraße erlöst, wo die Stadt ein Grundstück kostenlos überließ. Mit den über dem Portal eingelassenen Worten *Pietati Virtuti Doctrinae* betonte es in einer Zeit, als die alte Gymnasialbildung durch neue Formen des höheren Schulwesens eine kräftige, manchen als bedrohlich erscheinende Konkurrenz bekommen hatte, noch einmal den erzieherischen Anspruch der Verbindung von christlicher, vaterländischer und humanistisch-wissenschaftlicher Bildung.

Dennoch war das Schillergymnasium als junge Anstalt, die in ihrer Ausrichtung vornehmlich auf die evangelische Schülerschaft ständig in Konkurrenz zum Realgymnasium stand, Modernisierungen des Lehrplans gegenüber aufgeschlossen. Wahlweise wurde ein realgymnasialer Ersatzunterricht angeboten, aber der Ausbau eines vollen realgymnasialen Zweiges gelang auch in den Jahren der Weimarer Republik nicht, so daß die Oberstufenschüler dieses „Ersatzunterrichts" auf das städtische Realgymnasium überwechseln mußten. Deshalb blieb die Zahl der Schüler, die nach dem Krieg auf über dreihundert gestiegen war, in Pendelbewegungen etwa auf diesem Stand.

Die Entwicklung des höheren Realschulwesens

Während die Gymnasien im 19. Jahrhundert einer immer umfassenderen Aufsicht, Förderung und Regulierung durch die staatlichen Aufsichtsbehörden unterworfen wurden, blieben Realschulen oder höhere Bürgerschulen der städtischen Fürsorge überlassen. Erst als zunehmend städtische Realschulen entstanden, erließ das Kultusministerium 1832 eine Instruktion, welche die bis dahin unterschiedlichen Organisationsformen und Lehrpläne für solche Schulen normierte, die das Recht auf Entlassungsprüfungen beanspruchten, mit welchen die Berechtigungen zum Einjährig-Freiwilligen-Militärdienst und für eine Reihe von mittleren Laufbahnen im Staatsdienst verknüpft waren. Die Zahl solcher berechtigter Realschulen vermehrte sich in der ersten Jahrhunderthälfte in Preußen schnell, wenngleich für viele Städte der finanzielle Aufwand für diese vom Staat nicht unterstützten Schulen erheblich war.

Vielerorts entwickelten sich die Realschulen im Schoße der Gymnasien aus gesonderten Realklassen, die im Laufe des Jahrhunderts ihre Selbständigkeit errangen. In Münster lief die Entwicklung anders. Das Paulinum war so stark frequentiert, daß es auf Erweiterung seiner Schülerzahl und höhere Einkünfte aus dem Schulgeld nicht angewiesen war, sondern im Gegenteil darauf drängte, durch die Einrichtung einer höheren Bürgerschule Entlastung zu erhalten. Den Ansatzpunkt der Entwicklung einer Realschule schien die Provinzialgewerbeschule zu bieten, die 1821 vom Handelsministerium als zweiklassige Schule eingerichtet war und unterhalten wurde. Ihrem Zweck, die Ausbildung der Handwerker über die Elementarschule hinaus sowohl in allgemeiner wie in beruflicher Hinsicht zu fördern, suchte sie mit einem Lehrplan nachzukommen, der sowohl spezifische Fertigkeiten – besonders das Zeichnen – wie auch allgemeinbildende Fächer enthielt. Dies führte zu einem unklaren Profil. Zunehmend besuchten auch Schüler, die nicht Handwerker, sondern Kaufleute werden wollten, diese Schule, deren Bildungsangebot sie als disparat empfinden mußten. Schon früh hatte die Regierung die Stadt gedrängt, die Gewerbeschule – der eine florierende Sonntagsschule für die Fortbildung von Handwerkern angeschlossen war – zu einer höheren Bürgerschule auszuweiten. Das hätte aber ein stärkeres finanzielles Engagement erforderlich gemacht. Zwanzig Jahre lang dauerten die Auseinandersetzungen zwischen Stadt und Regierung und innerhalb der Stadtverordnetenversammlung um die Realisierung dieses Plans. Zu Streitpunkten wurde nicht nur die finanzielle Sicherung der Schule, sondern auch der Anspruch des Magistrats, auf die Anstellung der Lehrer und die innere Gestaltung der künftigen Schule entscheidenden Einfluß nehmen zu können. Diese jahrzehntelangen Querelen bekamen der Gewerbeschule nicht gut. 1848 zählte sie nicht mehr als fünfzig Schüler, und ihre Aufhebung wurde bereits debattiert. Aber erst als die Stadt Warendorf die Umwandlung ihres Progymnasiums in eine höhere Bürgerschule anbot und finanzielle Leistungen zusagte, rang sich die Stadtverordnetenversammlung mit äußerst knapper Mehrheit dazu durch, die Erweiterung der Provinzialgewerbeschule zu einer Realschule zu beschließen und Mittel dafür bereitzustellen.

Aus den jahrelang geführten Debatten der Stadtverordneten geht hervor, daß deren Mehrheit der realistischen Bildung skeptisch gegenüberstand, weil sie in ihrer Weltzugewandtheit für die sittlich-religiöse Erziehung wenig tauge. Deshalb gab man im Einrichtungsplan dem Bischof eine Stellung als „Protektor" mit der Befugnis, die kirchlich-religiöse Bildung der katholischen Schüler durch geistliche Lehrer in seine Obhut zu nehmen, die nicht nur das Fach Religion, sondern auch andere Gegenstände, vor allem Geschichte, unterrichten sollten. Der Schuldeputation des Regierungspräsidenten gingen diese bischöflichen Sonderrechte zu weit; aber das Provinzialschulkollegium hatte keine Einwände, und so konnte im November 1851 die Realschule, verbunden mit einer Gewerbe- und Handwerkerfortbildungsschule, mit zwei Klassen und sechzig Schülern in der Drosteschen Kurie am Domhof eröffnet werden. Die Tertia und Sekunda fügten sich in den beiden folgenden Jahren an.

Dennoch wurde ihr „unfertiger Organismus" als unbefriedigend empfunden. Der innere Ausbau war ebenso unabweislich wie die Errichtung eines neuen Gebäudes. 1854 wurde der Neubau am Syndikatplatz eingeweiht. Dem Drängen der Bürgerschaft, der Schule eine Sexta und Quinta und damit eine sechsklassige Gestalt zu geben, kam die Stadt 1856 nach und änderte zugleich die Sprachenfolge des Lehrplans, so daß nun die Sexta mit Lateinunterricht, die Quinta mit Französisch, die Tertia mit Englisch begann. Als die Sekunda und Prima 1857 als zweijährige Klassen eingerichtet wurden, genügte die Anstalt den Anforderungen des preußischen Realschulabiturs und erhielt das Recht, Entlassungsprüfungen abzuhalten – gerade rechtzeitig, um bei der Neuordnung des realistischen höheren Schulwesens in Preußen von 1859 in den Kreis der „Realschulen I. Ordnung" eingereiht zu werden.

Jetzt begann der Aufstieg dieser Schule. Sie war in den sechziger Jahren bereits die größte Realschule der Provinz und zog viele auswärtige Schüler in die Mauern der Stadt. Zwar erreichte sie im 19. Jahrhundert nie die Frequenz des Paulinums – 1860/61 hatte sie 285 Schüler –, und auch ihre Abiturientenzahl blieb klein, solange das Entlassungszeugnis nicht zum Besuch der Universität berechtigte. Nachdem aber 1870 das Abitur der Schule die Einschreibung für die Philosophische Fakultät ermöglichte, stieg die Zahl der Abiturienten erheblich, und als 1900 die drei Formen der höheren Schule – Gymnasium, Realgymnasium und Oberrealschule – gleichermaßen die Berechtigung der Zulassung zur Universität erhielten, war die Periode der ungesicherten Organisation der Realgymnasien vorüber. Jetzt trennten sich die unterschiedlichen, bisher in dieser Schule zusammengefügten Bildungsgänge: einerseits entwickelte sich ein rein altsprachlicher Zweig neben dem Realgymnasium, während sich andererseits das wachsende Bedürfnis nach einer modernen realistischen Schulbildung durch die Gründung einer lateinlosen Realschule im Schoße der alten Anstalt Geltung verschaffte. Die alte Realschule wurde nun zum „Städtischen Gymnasium und Realgymnasium“; die neue, lateinlose Realschule, die 1900 mit 56 Schülern im Gebäude des Realgymnasiums eröffnet wurde, entwickelte sich schon ab 1910 zu einer selbständigen Oberrealschule, deren Ausbau zur neunklassigen Vollanstalt mit der ersten Reifeprüfung 1913 abgeschlossen war.

Neben den beiden königlichen Gymnasien alter Art hatte sich also aus städtischer Wurzel, mühsam, aber schließlich erfolgreich ein differenziertes höheres Schulwesen entwickelt, dessen Absolventen sowohl der Besuch der Universität wie auch eine breite Palette höherer Laufbahnen im sich ausweitenden technisch-industriellen Sektor, im Bank- und Handelsfach, im Zoll-, Eisenbahn- und Militärdienst offenstand. Das höhere städtische Schulwesen Münsters war damit den Anforderungen gefolgt, welche die Veränderungen der Berufs- und Arbeitswelt und der sozialen Differenzierungen mit sich gebracht hatten – zögerlicher freilich, als es der Situation angemessen gewesen wäre. Der verdienstvolle Direktor der Real- und späteren Oberrealschule, Dr. Hoffschulte, hatte 1925 Grund zu der Feststellung, „daß es wenige Städte im lieben Vaterlande gibt, wo so tief und fest eingewurzelte Widerstände gegen jede Änderung in dem von den Vätern ererbten, bislang allein maßgebenden Schulsystem sich auswirken können, wie gerade hier in Münster. Die berufliche Zusammensetzung unserer Bevölkerung [. . .] geistige Überlieferung und Weltanschauung mußten dazu führen, daß unsere Ziele manchem in unserer Stadt als weniger geeignet für seine Söhne erschienen. Weiten Kreisen boten wir aber zweifellos eine höchst willkommene Gelegenheit, ihre Knaben einen neuen Weg geistiger Ausbildung betreten zu lassen [. . .] Wenn uns auch Enttäuschungen nicht erspart bleiben konnten [. . .] sehe ich die Zahl unserer Freunde wachsen, die eine gesunde Weiterentfaltung des Gesamtschulwesens unserer Stadt gewährleisten! Ihrer Obhut wollen wir getrost das Wohl unserer Realschule anvertrauen!“ [1360: Hoffschulte, Oberrealschule, S. 25].

Das höhere Mädchenschulwesen – von der Privatschule zum städtischen Oberlyzeum

Im Rahmen der allgemeinen Schulpflicht war für den Unterricht der Mädchen ebenso wie für den der Jungen durch die Volksschulen gesorgt. Neben den großen öffentlichen Schulen gab es eine Reihe kleinerer privater Anstalten zu verschiedenen Zwecken. Eltern, die ihren Töchtern eine weitergehende Bildung zukommen lassen wollten, waren auf häuslichen Unterricht oder auf private Schulunternehmen angewiesen. Während aber die anderen privaten Schulen im 19. Jahrhundert an Bedeutung verloren, erfuhren die privaten Töchterschulen in der zweiten Jahrhunderthälfte einen schnellen Aufschwung. Die Entwicklung des Mädchenschulwesens im 19. und 20. Jahrhundert führte in der Regel dazu, daß private Gründungen einzelner durch die Trägerschaft von Schulvereinen gesichert und ausgebaut wurden, bis sie zu Beginn des 20. Jahrhunderts als öffentliche Schulen in die Hand der Kommunen übergingen, ihre Lehrpläne staatlichen Normen anpaßten, damit zu „berechtigten“ Anstalten wurden und schließlich den Status der höheren Knabenschulen erreichten.

Dieser typische Gang der Entwicklung des höheren Mädchenschulwesens ist in Münster an der Geschichte der heutigen Annette-von-Droste-Hülshoff-Schule und der Freiherr-vom-Stein-Schule zu verfolgen.

Die Tradition der weltlichen höheren Mädchenbildung außerhalb des Elternhauses setzte in Münster 1690 mit der in der Pfarrei Lamberti gegründeten „Demoisellen-Schule“ ein. Hier erhielten einige Töchter des gehobenen Bürgerstandes den

Schliff in der französischen Sprache und dem modernen Ton der gehobenen Gesellschaft. Wechselnde soziale Zielgruppen – sowohl erwachsene Mädchen der gebildeten Schichten wie auch Pensionatsschülerinnen zwischen 12 und 14 Jahren aus dem Umland – besuchten diese Privatschule, deren institutionelle, durch die Abfolge der Lehrerinnen und die Überschreibung von Kapitalien bezeugte Kontinuität unterbrochen wurde, als 1819 anstelle der bis dahin als „französische Schule" oder „Demoisellen-Schule" bezeichneten Antstalt eine „Privatschule für Mädchen gebildeter Stände" gegründet wurde. Die Konzession dafür erhielt die Witwe eines Medizinalrats aus Coesfeld. Der Stundenplan führte mit einem intensiven Religions-, Deutsch- und Geschichtsunterricht weit über die Elementarschule hinaus, lehrte Französisch bis zur Konversationsfertigkeit, die wichtigsten Kenntnisse der Haushaltsführung sowie weibliche Handarbeiten. Musischer Unterricht wurde gegen gesonderte Bezahlung angeboten.

Dieser Bildungsweg folgte der im 19. Jahrhundert herrschenden Vorstellung von der Rolle der Frau als Gefährtin des gebildeten Mannes, als Verantwortliche für die Erziehung der Kinder und die Ordnung des Hauses. Im Gegensatz zum staatlich regulierten und berufliche Karrieren eröffnenden höheren Knabenschulwesen wies das private Mädchenschulwesen eine Vielzahl freier Formen auf und war wesentlich abhängig von den Initiativen der Leiterinnen und den Wünschen und Mitteln seiner Klientel.

Die Schule wuchs nach der Mitte des Jahrhunderts auf über fünfzig Schülerinnen, die von vier Lehrerinnen und vier Lehrern (im Nebenamt) unterrichtet wurden, hatte aber unter der wachsenden Konkurrenz des immer besser ausgebauten Volksschulwesens, der Seminartöchterschule, die mit dem 1832 gegründeten Katholischen Lehrerinnenseminar verbunden war, und auswärtiger Ordensschulen zunehmend zu leiden, so daß sie ungeachtet des hohen Schulgelds in Existenzschwierigkeiten geriet. Gegen Ende der sechziger Jahre konnte die private höhere Töchterschule nicht mehr weitergeführt werden; es bedurfte anderer Organisations- und Finanzierungsformen.

Der als Bedrohung katholischer Erziehung empfundene Kulturkampf gab den Anstoß zur Rettung der Schule durch die Initiative der Stadtgeistlichkeit und engagierter Laien. Es bildete sich ein Kuratorium, bestehend aus drei Geistlichen und drei durch ihre Zentrumstätigkeit politisch einflußreichen Bürgern. Dieses Kuratorium übernahm die Sorge für die materielle Existenz der Schule und die Einkünfte der Lehrerinnen und gewann in Maria Elmering eine qualifizierte Leiterin, welche die Schule im Winter 1872 mit 42 Schülerinnen neu eröffnete. Mit diesem Datum begann die eigentliche Geschichte der heutigen Annette-von-Droste-Hülshoff-Schule, dem „ersten Mädchengymnasium der Stadt Münster" [341: Weber, Gemütsbildung, S. 43]. Die allgemeinen Hintergründe ihrer erstaunlich schnellen Entwicklung können nur angedeutet werden: der ökonomische und soziale Wandel, der auch die Frauen des gehobenen Bürgerstandes auf Berufstätigkeit verwies, die in sozial angemessener Weise zunächst nur über den Lehrerinnenberuf auszuüben war; das Drängen der bürgerlichen und der katholischen Frauenbewegung auf höhere Ausbildung, intellektuelle, rechtliche und soziale Selbständigkeit und politisches Mitspracherecht der Frauen; die überall sich durchsetzende Öffnung des Universitätsstudiums für Frauen zu Beginn des 20. Jahrhunderts. Mit steigender Frequenz – 1907 gab es schon 22

Klassen mit zusammen 655 Schülerinnen – weitete sich auch das Sozialprofil bis in die Kreise des mittleren und unteren Beamtentums und der Angestellten aus. Hatte zunächst der Lebenszuschnitt der Lehrerinnen eher klösterlichen Charakter – sie teilten sich in den Räumen des Pensionats mit Schülerinnen den Schlafraum –, so paßte sich bei weiterem Wachstum die Schule auch in dieser Hinsicht den höheren Knabenschulen an. 1905 wohnten die 26 Lehrerinnen und Lehrer, wie auch sonst üblich, in Wohnungen der Stadt. Es fehlten der höheren Töchterschule, die im Jesuitenkloster zwischen der Schützenstraße und der Grünen Gasse untergebracht war und um 1909 einen stattlichen Neubau in unmittelbarer Nachbarschaft erhielt, nur noch die staatliche Anerkennung und die mit ihr verbundenen Berechtigungen für ihre Prüfungen sowie die Übernahme durch die öffentliche Hand, damit sie den gleichen Status wie die höheren Knabenschulen erreichte.

Dieses Ziel wurde durch die innere Differenzierung und den Ausbau des Unterrichts erreicht. Die einstmals nur dreiklassige Schule war mit einer eigenen Vorschule inzwischen auf zehn aufsteigende Klassen angewachsen und erfüllte damit die Voraussetzungen, die 1908 in Preußen für die Anerkennung einer höheren Mädchenschule formuliert worden waren. Sie wurde nun amtlich als „Lyzeum" anerkannt. Ein Lehrerinnenseminar war schon bald nach 1900 der Schule angeschlossen worden, um den Berufswünschen ihrer Schülerinnen Weg und Ziel zu bieten. Es führte nach der 10. Klasse noch einmal zwei bzw. drei Jahre bis zur Prüfung und wurde als „Oberlyzeum" anerkannt.

Alle höheren Mädchenschulen versicherten sich damals der nebenamtlichen Mitarbeit ausgebildeter Philologen, um die Ansprüche ihrer Schülerinnen auf die Zulas-

Das Kollegium der Annetteschule (1895)

Evangelische höhere Töchterschule in der Sonnenstraße

sung zur Universität zu rechtfertigen. So richtete auch die Anstalt in Münster parallel zum Oberlyzeum 1909 eine dreiklassige „Studienanstalt" mit realgymnasialem Lehrplan ein, die mit ihrem Abitur den Zugang für die seit 1908 für Frauen geöffnete Universität vergeben konnte. Bis in die zwanziger Jahre hinein blieb sie die einzige unmittelbar zur Universitätsreife führende höhere Mädchenschule Münsters. Die beiden anderen höheren Mädchenschulen in Münster – die Schule des Klosters der „Schwestern von der Göttlichen Vorsehung" in St. Mauritz (1897 gegründet) und die noch näher zu charakterisierende Evangelische höhere Töchterschule, die Vorläuferin der Freiherr-vom-Stein-Schule – hatten zwar die Anerkennung als Lyzeum und Oberlyzeum (Lehrerinnenbildungsanstalt) erreichen, aber die Mittel für den Ausbau einer Studienanstalt nicht aufbringen können. Damit konnten sie ihren Abgängerinnen nur einen bedingten Zugang zur Universität öffnen. Seit 1895 konnten Frauen nach der Oberlehrerinnenprüfung und Schulpraxis an der Philosophischen Fakultät als Hospitantinnen eingeschrieben werden, um das Staatsexamen für das höhere Lehramt abzulegen. 1905 gab es die ersten vier Hospitantinnen in Münster. Nachdem 1908 der Zugang zur Universität für Frauen geöffnet worden war, die das Reifezeugnis an einer Studienanstalt erworben hatten, stieg der Anteil evangelischer Schülerinnen auf der realgymnasialen Oberstufe der Katholischen Mädchenschule und der Anteil der Studentinnen an der Universität schnell an.

Die Evangelische höhere Mädchenschule, die sich in Münster parallel zur Katholischen höheren Mädchenschule entwickelte, ging aus der allgemeinen evangelischen Schule hervor, die 1805 eingerichtet worden war. Für die 1840 in der oberen Stufe eingerichtete Mädchenklasse (Rektoratsklasse) wurde zum erstenmal eine evangelische Lehrerin in Münster mit amtlicher Genehmigung angestellt, deren Tätigkeitsbereich bereits als Unterricht in der „Evangelischen höheren Mädchenschule“ bezeichnet wurde. Aber die eigentliche Gründung der privaten höheren evangelischen Mädchenschule fiel erst ins Jahr 1852, als der in Soest geprüften Lehrerin Emilie Koch – Tochter des ersten evangelischen Lehrers in Münster – erlaubt wurde, eine Privatschule für evangelische Mädchen zu gründen. Unter ihrer Nachfolgerin entwickelte sich diese mit einem Pensionat verbundene Anstalt zu einer mehrklassigen Schule, die in verschiedenen Gebäuden der Stadt wechselnde Unterkunft fand.

Ähnlich wie bei der Katholischen höheren Töchterschule verlief nach 1870 der Aufstieg dieses Instituts. Die materiellen Sorgen drückten hier noch schwerer; 1874 stand die Schule, nachdem die Leiterin ihr Amt aufgegeben hatte, vor der Schließung. Die Übernahme als öffentliche Schule durch die Stadt wurde gar nicht erst erwogen. Aber wie bei der Katholischen höheren Mädchenschule gelang es, durch die Bildung eines Kuratoriums aus fünf Mitgliedern der evangelischen Gemeinde der Schule eine neue Organisation und breitere materielle Basis zu geben und sie damit zu retten. 1876 zählte sie schon hundert Schülerinnen. Das hohe Schulgeld begrenzte den Einzug im wesentlichen auf die höheren Beamten- und Offizierskreise der Stadt. Auch für sie, die in der Regel durch die Ausbildung ihrer Söhne bereits finanziell strapaziert wurden, war das Schulgeld um 1876, das in den vier Klassen von 24 auf 42 Mark jährlich anstieg, eine erhebliche Belastung. Erst im letzten Jahrzehnt des vorigen Jahrhunderts gelang es, im Zusammenhang mit der Anmietung eines neuen Schulgebäudes in der Achtermannstraße staatliche Zuschüsse zu gewinnen. Überhaupt besserte sich durch die relativ große Anzahl der evangelischen Schülerinnen die finanzielle Lage. 1899 besaß die Schule bereits acht Klassen und 177 Schülerinnen. Die stürmische Ausweitung, welche die Katholische höhere Töchterschule zu Beginn des 20. Jahrhunderts erfuhr, erfaßte in kaum abgeminderter Weise dann auch die evangelische Schule. Zwar lehnte die Stadt noch 1901 jede Unterstützung ab, aber das preußische Kultusministerium sagte unter der Bedingung der Neubildung des Kuratoriums Unterstützung zu. Ein „Töchterschulverein“ bildete seit 1902 den gesellschaftlichen Rückhalt der Schule, und so konnte bereits 1903 ein neues Schulgebäude am Mauritztor errichtet werden. 1905 bewilligte die Stadt zum erstenmal einen Zuschuß.

Die Fortsetzung der Ausbildung auf dem Lyzeum nach der 10. Klasse im Lehrerinnenseminar konnte in Münster entweder nur am katholischen Lehrerinnenseminar oder aber am Oberlyzeum der Katholischen höheren Mädchenschule absolviert werden. Als Ausweichmöglichkeit bot sich nur das evangelische Volksschullehrerinnenseminar in Burgsteinfurt an. Schon aus finanziellen Gründen mußte es vielen Eltern erwünscht sein, daß der Evangelischen höheren Töchterschule ein Lehrerinnenseminar angefügt wurde. Dieser Plan konnte unter erheblichen Aufwendungen des Töchterschulvereins und mit Unterstützung der Regierung verwirklicht werden. 1905 begann der Aufbau des dreijährigen Seminars, des späteren Oberlyzeums. Eine zusätzliche sogenannte S-Klasse ermöglichte den Erwerb der Lehrbefugnis für mittlere und höhere Schulen und zugleich eine schulpraktische Ausbildung. So hatte auch diese Schule rechtzeitig einen Ausbaustand erreicht, der den staatlichen Vorgaben von 1908 für die höheren Mädchenschulen entsprach. 1909 erhielt sie die staatliche Anerkennung als höhere Lehranstalt und wurde, wie auch die katholische Schwesteranstalt, der Aufsicht des Provinzialschulkollegiums unterstellt. Aber noch war sie ein reines Privatunternehmen, dessen finanzielle Risiken allein von der Leiterin und vom Kuratorium verantwortet wurden. Dieses Risiko stieg vor allem durch die Bestimmung, daß die Anerkennung als höhere Lehranstalt von der Beschäftigung einer hinreichenden Zahl akademisch gebildeter, d. h. männlicher Lehrkräfte abhing, deren Gehaltsansprüche höher lagen. So waren die letzten Jahre vor dem Ersten Weltkrieg durch Etatlücken und durch eine starke Fluktuation im Lehrerkollegium gekennzeichnet. Zugleich erwies sich die Ausbildung im Oberlyzeum – dem Lehrerinnenseminar – weniger attraktiv, seitdem die Studienanstalt die Verleihung der Hochschulreife direkt anbot. Das Oberlyzeum verlor an Frequenz; der Plan der Ersetzung des Lehrerinnenseminars durch eine Studienanstalt konnte jedoch aus Finanzgründen nicht verwirklicht werden.

Die Entwicklung des höheren Mädchenschulwesens in Münster aus den Anfängen privater Unternehmen war trotz aller Schwierigkeiten und Rückschläge eine erstaunliche Erfolgsgeschichte, die in der Weimarer Republik ihr Ziel erreichte. Hier fehlt der Raum, auf die pädagogischen und ideologischen Streitigkeiten einzugehen, die wie die institutionelle Geschichte als Reflex der sich wandelnden Stellung der Frau in Arbeitswelt, Gesellschaft und Familie und der Definition der „Bestimmung des Weibes“ zu verstehen sind. Münster war, wie die Biographie der Mathilde Franziska Anneke zeigt, in der Mitte des 19. Jahrhunderts nicht ganz unberührt von den entschiedenen Forderungen der liberal-demokratischen Frauenbewegung, die früh auf eine Gleichstellung von Frauen und Männern auch im Bildungswesen drängte. Aber es überwog bei weitem die Vorstellung, daß die Bestimmung der Frau eine andere sei als die des Mannes und daß die Aufgabe der Schule die Förderung der typisch weiblichen Tugenden und Fertigkeiten zu sein habe. Gleichermaßen galt im katholischen wie im evangelischen Bildungsbürgertum die Meinung, daß die Frauenbildung nicht nach dem Grundsatz der Gleichheit der Geschlechter, sondern nach dem Prinzip ihrer besonderen Bestimmung einzusetzen sei. Die tatsächliche Entwicklung des höheren Mädchenschulwesens aber, die von denselben Bevölkerungsgruppen und – mit besonderem Nachdruck – von der katholischen wie von der evangelischen Geistlichkeit betrieben wurde, förderte dennoch auf längere Sicht die Gleichberechtigung der Mädchenbildung. Die Gleichstellung der Berechtigungen, insbesondere beim Zugang zur Universität, öffnete über die Veränderung der Bildungschancen den Zugang der Frauen zu akademischen Berufen. Dieser Durchbruch zur „Gleichwertigkeit“ der höheren Mädchenbildung war in seinen sozialen und ökonomischen Folgen bedeutsamer als der erst in der zweiten Hälfte des 20. Jahrhunderts durchgesetzte Anspruch der „Gleichartigkeit“ der Bildung beider Geschlechter; er bedeutete den Abschied von einer Jahrhunderte währenden Epoche der europäischen „Geschlechtergeschichte“ im Bereich des Bildungswesens.

Anteil der weiblichen Studierenden 1910–1940 (in Prozent):

Jahr	Ev. Theologie	Kath. Theologie	Rechts- und Staatswissenschaft	Medizin	Philosophie	Math.-Nat.	Gesamt
1910			0,0	2,3	6,8		3,4
1915			2,1	6,2	23,8		12,5
1920			3,6				10,0
1925			3,5	12,6	29,0		13,9
1930			5,8				18,7
1935	7,1		8,0	15,5	30,6		15,7
1940	0,0		10,4	13,9	42,4		18,4

Quelle 53: Ludwig/Pott/Schmitz, Universitätsstatistik, S. 193

Die Mittelschulen

Die Entwicklung des „neuen Mittelstandes" – Angestellte und Techniker sowie mittlere und untere Beamte – erzeugte das Bedürfnis nach einer über den Lehrplan der Volksschulen hinausführenden allgemeinen Bildung, deren Ziel jedoch nicht die Hochschulreife war, auf die sich die höheren Schulen immer stärker ausrichteten. Die Normierung und Differenzierung des höheren Schulwesens machte den herkömmlichen schulischen Bildungsgang dieser Bevölkerungsgruppe, der durch die Unter- und Mittelstufe der Gymnasien oder höheren Realschulen führte, in doppelter Weise unattraktiv. Auf der einen Seite erschien diese Schullaufbahn immer krasser als eine abgebrochene Bildung; auf der anderen Seite wurde der Zustrom dieser Schülergruppe von den höheren Schulen zunehmend als Belastung empfunden. So formierte sich zwischen Volksschulen und höheren Schulen, anknüpfend an die Tradition besser ausgebauter höherer Bürgerschulen in den Städten, die jüngste und dritte Säule des dreigliedrigen, allgemeinbildenden Schulwesens, die „Mittelschule". In Münster kam diese Entwicklung später in Gang als in anderen größeren Städten. Sie war zudem eng verbunden mit der Geschichte des höheren Mädchenschulwesens und kann als deren Abzweig verstanden werden.

Als die höhere katholische Mädchenschule im Jahr 1909 ihre realgymnasiale Studienanstalt einrichtete, veranlaßte das Kuratorium im gleichen Jahr die Gründung einer katholischen Mädchen-Mittelschule (verbunden mit einem „Technischen Seminar"), die vorübergehend Unterbringung im alten Jesuitenkloster in der Schützenstraße fand. Auch sie war eine Schule für Töchter des höheren und mittleren Bürgertums, deren Eltern eine gymnasiale Bildung oder gar ein sich daran anschließendes Studium nicht ins Auge faßten. Sie fand großen Zuspruch und besaß 1914 bereits zwölf Klassen mit vierhundert Schülerinnen. 1934 wurde sie als eine kommunale, öffentliche Schule anerkannt und durch die Stadt übernommen.

Lambertikirche mit alter Lateinschule (um 1830)

3. *Das niedere Volksschulwesen: von der Gemeindeschule zur städtischen Volksschule*

Das niedere Schulwesen der Stadt war zu Beginn des 19. Jahrhunderts eine Sache der Kirchengemeinden oder der Orden. Die energische Reform Fürstenbergs, dessen Mitarbeiter Bernhard Overberg die Volksschullehrerausbildung durch Kurse an der 1784 in Münster eröffneten Normalschule zu verbessern bestrebt war, war der Beginn der Entwicklung des Elementarschulwesens zur späteren „Volksschule". Den Freischulen der Orden, die bereits in den Pfarren Überwasser, Aegidii und Martini bestanden, traten nun Pfarrschulen in den Kirchspielen zur Seite – in Lamberti und Überwasser auch eine Mädchenschule. Daneben bestanden einige Trivialschulen mit Lateinunterricht, die als Schulgeld statt des üblichen einen Reichstalers zwei Taler pro Kind und Jahr einforderten. Die verbesserte neue Schulordnung von 1801 suchte die Zustände durch die Trennung zwischen Lehrer- und Küsteramt sowie die Klassifizierung der Lehrer in drei Qualitätsgruppen und die Verbesserung ihrer Gehälter zu heben.

Mit der preußischen Zeit begann eine neue Periode. Das Allgemeine Landrecht mit dem prinzipiellen Anspruch des Staates auf Schulhoheit trat in Kraft. Infolge der Säkularisation verschmolzen die Freischulen der Orden mit den Schulen der Pfarren oder wurden von weltlichen Lehrern übernommen. Gegen ein höheres Schulgeld wurde hier bis zur Jahrhundertmitte fakultativ Anfangsunterricht in Latein erteilt, der den Übergang in die Quarta des Paulinums vorbereitete. Die 1826 gegründete Paulinische Elementarschule am Dom („Spechtsche Schule") blieb hingegen bis zum Tod ihrers Lehrers Specht als private Vorschule bestehen; daß noch 1879 die Gründung einer privaten Elementarschule genehmigt wurde, blieb ein Unikum. Für arme Mädchen aus allen Gemeinden der Stadt gab es eine städtische „Freischule" – eine Kombination von Handarbeitsschule und Verwahranstalt, die erst 1894 aufgelöst wurde. Die niederen Schulen der Stadt wurden im Hinblick auf ihre Interna der „Kirchen- und Schulkommission" des Regierungspräsidenten unterstellt; die Finanzierung war Sache der „Schulsozietäten" der einzelnen Pfarrbezirke. Mehr als die Hälfte des Unterhalts wurde durch das Schulgeld, der Rest durch die Schulsteuer der Gemeinden bestritten. Die Pfarrer waren *praesides in internis* der Sozietäten – also lokale Schulinspektoren als Vertreter der Regierung. Aber im Selbstverständnis wie in der öffentlichen Meinung galt ihr Amt als Zeichen der Zugehörigkeit der Schule zur Kirche.

Die sechs Schulsozietäten der katholischen Pfarren und, als siebente, die Schulsozietät der evangelischen Gemeinde, hatten als Schulträger keine städtische Schulkommission über sich und keinen Titel im städtischen Etat. Infolgedessen war die Haushaltslage der Volksschulen von Sozietät zu Sozietät unterschiedlich, also auch die Höhe der Schulsteuer und die Ausstattung der einzelnen Schulen. Da in Münster die Wahl der Schule nicht an den Wohnsitz in der Gemeinde gebunden war, steigerten sich die Unzulänglichkeiten mit wachsender Bevölkerungszahl und vor allem nach der Eingemeindung von 1875. Erst als 1888 in Preußen die Schulgeldfreiheit für Volksschulen verordnet wurde – in Münster wurde gleichwohl bis 1894 ein vergleichsweise hohes Schulgeld von zwölf Mark pro Jahr erhoben –, wurde die Schulsteuer zur zentralen Finanzierungsmasse. Das erzwang die bis dahin stets verweigerte Neuregelung der Schulverwaltung in der Stadt. 1894 wurden die inzwischen neun Schulsozietäten zu einer katholischen und einer evangelischen Sozietät zusammengefaßt, die jeweils eine einheitliche Schulsteuer als Einkommensteuerzuschlag erhoben. Diese durchgreifende Veränderung bereitete die infolge des Schulunterhaltungsgesetzes von 1906 notwendig werdende Kommunalisierung des niederen Schulwesens vor. 1908 wurde die Schulsteuer abgeschafft. Die Kosten für die Schulen übernahm der städtische Etat – was eine generelle Erhöhung der städtischen Steuern nach sich zog. Die beiden konfessionellen Schulsozietäten gingen im städtischen Schulverband auf, der nun die inneren und äußeren Schulaufsichtsangelegenheiten durch eine städtische Schuldeputation leitete. Es war ein langer und mühsamer Weg, der das Elementarschulwesen in Münster aus dem alteuropäischen Stand der Verwaltung und Finanzierung in die moderne Organisationsform des öffentlichen allgemeinen Unterrichtswesens führte.

Während des 19. Jahrhunderts wird der Zustand der Volksschulen als außerordentlich dürftig beschrieben. Sie litten unter Raummangel und Überfüllung. Der Mädchenschule in der Lambertipfarre standen ca. 40 Quadratmeter für 169 Schülerinnen zur Verfügung, so daß die Lehrerin ein Zimmer ihrer Privatwohnung für den Unterricht mitbenutzen mußte. Nur unwesentlich größer war die Schule für 185 Knaben, die unter feuchten Wänden und Ausdünstungen einer benachbarten Fleischhalle zu leiden hatten. Die Suche nach neuen Schullokalen und nach Geld, um sie anzukaufen oder auszubauen, durchzieht als ein Leitmotiv die Geschichte der Volksschulen Münsters im 19. Jahrhundert. 1835 fand die Überwasserschule im alten Cholerahospital eine neue Bleibe; die Mädchenschule in Überwasser erhielt erst 1850 im Gebäude des Klosters Hofringe eine hinreichende Unterkunft. Die Schüler aus der Aegidiipfarre mußten bis zur Mitte des Jahrhunderts in die Schule der Ludgeripfarre gehen, ehe sie ihr eigenes Schulgebäude erhielten. Die Lehrer-Schüler-Relation lag in der Stadt bei 1 : 90 bis 1 : 100 – deutlich höher als im Durchschnitt der Monarchie.

Bis in die siebziger Jahre blieben die Schulen überwiegend ein- oder zweiklassig. Erst nach 1869 veranlaßte das Kultusministerium, daß – seit 1801 zum erstenmal – neue Lehrpläne eingeführt wurden, die dreiklassige Schulen voraussetzten. Daß in jeder Klasse mehrere Jahrgänge saßen, blieb noch lange üblich.

Wie überall waren die Gehälter der Lehrer im 19. Jahrhundert keineswegs einheitlich und durch Abgaben an die emeritierten Vorgänger oder Hilfslehrer oft reduziert. Erst 1852 wurde ein Mindestgehalt festgesetzt: für die ersten Lehrer der Schule mit freier Wohnung 350 Taler, für Lehrerinnen in entsprechender Stellung 250 Taler und für Hilfslehrer 150 Taler. Die Pension betrug die Hälfte oder drei Viertel des Gehalts. Die Gehälter wurden 1873 um fast ein Drittel erhöht und betrugen jetzt zwischen 1000 und 1500 Mark im Jahr; 1800 Mark hielt die Behörde für notwendig, sah

Die Martinischule war über mehrere Jahre auf zwei Gebäude verteilt – hier die Knabenschule in der (Stifts-)Herrenstraße (um 1910)

sich aber nicht in der Lage, die Sozietäten zu höheren Leistungen zu bewegen oder selbst mit staatlichen Mitteln einzuspringen. So blieben selbst die Minimalgehälter für die Mehrzahl der Lehrer unerreichbar – nur der Besitz von Vermögen oder eine gute Mitgift machten die Gründung einer Familie möglich.

Im Vergleich zu anderen Regierungsbezirken oder zu Städten im Rheinland hat man in Münster die Volksschullehrer knapp gehalten – die Folge war eine starke Fluktuation. Erst das Volksschullehrer-Besoldungsgesetz legte 1897 ein gleichmäßiges Gehalt für alle festangestellten Lehrer und Lehrerinnen fest – für die ersteren mit Alterszulagen und Wohnungsgeld ca. 2000, für die letzteren ca. 1500 Mark jährlich. Bis zum Weltkrieg wurde dieses Gehalt schubweise erhöht.

Für die einzelnen Schulen brachten die beiden letzten Jahrzehnte des 19. Jahrhunderts mit dem schnellen Bevölkerungsanstieg in der Stadt einen deutlichen Entwicklungsschub. Zunächst stieg die Zahl der Schüler und Lehrer, dann auch die der Schulen. 1864 gab es zehn Volksschulen mit 3286 Schülern und Schülerinnen; 1885 wurden in elf Schulen 4698 Kinder unterrichtet, während sich die Zahl der Lehrer fast verdoppelt hatte. Für sechsklassige Schulen wurde das Amt des Rektors etabliert; Leiter zwei- bis fünfklassiger Schulen wurden Hauptlehrer. 1915 existierten 23 Volksschulen (die katholische Hilfsschule eingeschlossen) mit 11 976 Schülern. Die Schulen waren weitgehend zu sechs- bis achtklassigen Anstalten erweitert. Auch die Differenzierung und Ausweitung des Lehrplans kam seit den Falkschen Bestimmungen von 1872 in Gang, welche die restriktiven Bestimmungen der Stiehlschen Regulative von 1854 (für evangelische Volksschulen) ablösten. Im letzten Jahrzehnt des 19. Jahrhunderts beendete oder linderte eine größere Zahl von neuen Schulgebäuden die chronische Raumnot. Das Volksschulwesen der Stadt hatte sowohl quantitativ wie qualitativ die rasch wachsenden Bedürfnisse aufgefangen – zwar unter beengten Umständen und auf Kosten von Arbeitskraft und Gesundheit schlecht bezahlter Lehrer, aber doch so, daß die Alphabetisierung in der Stadt nahezu vollständig gelang – die Analphabetenquote muß am Ende des Jahrhunderts auf 0,1 bis 0,5 Prozent geschätzt werden und lag deutlich unter dem Durchschnitt der Monarchie.

Die evangelische Volksschule

Eine besondere Entwicklung nahm die Schule der evangelischen Kirchengemeinde, die 1802 zunächst als Garnisonschule gegründet worden war. Die preußischen Zivilbeamten wollten diese Elementarschule möglichst den unteren Klassen eines Gymnasiums angleichen und auch für Mädchen zugänglich machen. Sie stießen aber auf den Widerstand des Freiherrn vom Stein, der kein „Mitteldinng zwischen Volksschule und Ritterakademie", sondern eine richtige Elementarschule für notwendig hielt. Aus bescheidenen Anfängen entwickelte sich im Lokal des alten Stadtsekretärhauses eine zweiklassige Elementarschule, die auch nach 1817 trotz des Anstiegs der evangelischen Gemeindemitglieder und des Umzugs in ein Haus am Domplatz immer um ihr Dasein zu kämpfen hatte, weil die wohlhabenden evangelischen Eltern ihre Kinder auf andere Schulen schickten: auf die Marks-Haindorfsche Schule, das katholische Schullehrerinnenseminar und dessen Übungsschule am Dom oder die Gewerbeschule. So wurde die evangelische Schule eine Armenschule, die einen beträchtlichen Regierungszuschuß brauchte. Erst 1840 gewann sie durch eine organisatorische Reform und einen erhöhten Staatszuschuß eine befriedigende Form.

Die Schule bestand nun aus drei Stufen: einer gemeinsamen Unterklasse für Jungen und Mädchen, zwei nach Geschlechtern getrennten Oberklassen und – fakultativ – einer Lateinklasse für Jungen, die auf die Quarta des Paulinums übergehen wollten, und einer französischen Rektoratsklasse für „höhere Töchter" – der Beginn des evangelischen höheren Mädchenschulwesens in Münster. Diese Schule hatte 229 Schüler, die an Schulgeld je nach Klassenstufe vier, sechs oder acht Taler bezahlten. Daneben bestand eine Freischule für arme Kinder bis 1895 weiter.

Fünf Lehrer und ein Freischullehrer unterrichteten an diesem evangelischen Volksschulkomplex in Münster, der sich jetzt eines beträchtlichen Wachstums erfreute und – der sozialen Zusammensetzung der evangelischen Bevölkerung entsprechend – zu mehr als zwei Dritteln Beamtenkinder aufnahm. 1880 waren es insgesamt 403 (davon 205 Mädchen). Die Zahl stieg bis 1904 auf 976 (490 Mädchen). Die Besoldung der Lehrer hatte sich in der zweiten Jahrhunderthälfte gehoben und entsprach etwa der ihrer katholischen Kollegen. Die neue Gehaltsordnung von 1868 sah vor (in Talern) [1315: Engelking, Evangelische Schule, S. 20]:

für den Rektor:	600 (+ 100 Taler Wohngeld)
die Lehrerin:	350 (+ 50)
den ersten Lehrer:	400 (+ 75)
den zweiten Lehrer:	350 (+ 75)
den dritten Lehrer:	300 (+ 60)
den Lehrer der Freischule:	300 (+ 60)

1885 wurde die Schule in eine normale Volksschule – jetzt mit vier Knaben- und vier Mädchenklassen – verwandelt und fügte sich so in den Typ der Volksschulen der Stadt ein.

Bis 1904 das neue, große Gebäude im Nordviertel bezogen und als evangelische Schwesteranstalt die Johannisschule und etwas später die Comeniusschule gegründet wurde, hatte die jetzt „Martin-Luther-Schule" genannte Anstalt ständig mit Überfüllung und Raumnot zu kämpfen.

Die jüdische Vereinsschule

Als Sonderform des Volksschulwesens verdient neben der evangelischen Schule eine jüdische Bildungsinstitution Erwähnung. Ihre Gründung fiel in die hoffnungsvolle Phase der beginnenden Judenemanzipation. Die Assimilation der jüdischen Bevölkerung auf dem Weg über die Bildung war das optimistische Programm jener noch ganz im Zeichen der Aufklärung stehenden Bemühungen. Alexander Haindorf, in Heidelberg habilitierter Mediziner, der über Göttingen an die münsterische Universität kam und 1816 in der Stadt eine Arztpraxis eröffnete, gründete 1825 den „Verein zur sittlichen Erziehung der Juden zu nützlichen Staatsbürgern und zur Bildung von Junglehrern" – denn es bedurfte zunächst der Ausbildung tüchtiger jüdischer Lehrer, um das Bildungsprogramm der Assimilation in Gang zu setzten. Dieser Verein umfaßte fast alle jüdischen Gemeinden Westfalens und war Träger der Ausbildung jüdischer Lehrer für Westfalen und die Rheinprovinz. 1827 wurde die Elementarschule gegründet, an der die Lehrer ihre praktische Ausbildung erhielten. Der Schwiegervater Haindorfs, Elias Marks, sicherte 1835 die Existenz dieser Schule durch die Marks-Haindorfsche Stiftung.

„Ich lebe der festen Überzeugung, daß auf dem bequemen Wege der Bildung das endliche Ziel der Amalgamirung und Veredelung erreicht wird" – so motivierte Haindorf 1827 in einem Brief an den Oberpräsidenten die Gründung der jüdischen Elementarschule [zit. nach 1427: Pieper, Judenschaft in Münster, S. 19f] – und Vincke unterstützte den Verein durch eine persönliche Spende, Tätigkeit im Vorstand und nachhaltige Empfehlungen. Seinem Beispiel folgten viele hohe Beamte und Landräte der Provinz – das Unternehmen Haindorfs stieß auf wohlwollende Förderung der Behörden. In den nächsten zehn Jahren entstand eine Art kleiner „Gesamtschule" in mehrfacher Hinsicht: Die Schule nahm nicht nur jüdische, sondern auch evangelische und katholische Kinder auf und stand auch für die Ausbildung christlicher Lehrer zur Verfügung. Seit den dreißiger Jahren wurde sie von Jungen und von Mädchen besucht; ihre Unterrichtsziele und -gegenstände deckten ein breites Spektrum ab. Zwar ging es Haindorf vor allem darum, künftige jüdische Handwerker zu bilden, um dem christlichen Vorurteil entgegenzuwirken, daß die Juden zu körperlicher Arbeit nicht willens oder geeignet seien; in den ersten drei Jahrzehnten wurden etwa dreihundert Handwerker ausgebildet – für die kleine Schule eine große Zahl, insgesamt aber nicht hinreichend, um das christliche Vorurteil zu widerlegen. Aber die Schule bot zugleich die Möglichkeit, den allgemeinbildenden Unterricht, auch im Fach Latein, so weit fortzuführen, daß der Übergang auf das Gymnasium möglich war.

Die Schule besaß drei Abteilungen: die erste für die Ausbildung der Lehrer, eine weitere für die jüngeren Kinder und eine aufbauende Klasse für die älteren. Die Jahresberichte der Schule sind eine Fundgrube der Entwicklung pädagogischen, didaktischen und methodischen Denkens und zugleich eine Quelle, die Chancen und Schwierigkeiten jüdischer Selbstfindung im Kontext nationaler deutscher Kultur dokumentiert.

Schon 1834 besuchten ohne die angehenden Lehrer 103 Schüler diese Schule. Während der konfessionell-restaurativ geprägten Periode des Kultusministers Eichhorn in den Jahren vor der Revolution sanken die Zahlen nichtjüdischer Schüler; aber die Vereinsschule hat sich in ihrer Organisation bis in die Zeit nationalsozialistischer Herrschaft erhalten. 1938 wurde sie geschlossen. Als erschütterndes Symbol des Scheiterns eines hoffnungsvollen Programms muß ihr Ende erscheinen. Ihr Gebäude am Kanonengraben war seit 1940 jüdisches Wohnghetto. Auf dem Hof mußten sich 1942 die jüdischen Bürger Münsters zum Abtransport versammeln.

Der Streit zwischen Kirche und Staat um die Schulaufsicht

Während die höheren Schulen unter der direkten Aufsicht des Provinzialschulkollegiums vom Streit zwischen Kirche und Staat um Aufsichtsrechte über die Schule nur am Rande berührt wurden – die „Protektorrolle" des Bischofs über die städtische Realschule war der einzige, gütlich oder dilatorisch behandelte Konfliktpunkt –, spitzte sich bei den Volksschulen die Auseinandersetzung im 19. Jahrhundert zweimal dramatisch zu. 1840 ging es um das Recht der Ernennung der Lehrer an Elementarschulen. Da Volksschullehrer immer zugleich Religionslehrer waren, der Kirche aber die Aufsicht über den Religionsunterricht zustand, trat angesichts des staatlichen Rechtsanspruchs auf Einsetzung der Lehrer eine Konkurrenz beider Instanzen ein, die, ohne daß die Grundsatzfrage durchgefochten wurde, bis 1840 in gegenseiti-

Caspar Franz Krabbe (1794–1866), Nachfolger Overbergs als Organisator des Schulwesens

gem Einvernehmen ertragen wurde. Als 1840 Caspar Max Freiherr von Droste das Bistum übernahm, schärfte er den geistlichen Schulinspektoren ein, daß vor der formellen Erteilung bischöflicher Erlaubnis kein Schullehrer zur Amtsausübung zugelassen werden dürfe. Daraufhin sprach die Regierung dem Bischof das Recht zur Besetzung der Schulstellen ab. Der Streit spitzte sich zu, als der Bischof seinerseits ohne Zustimmung der Regierung Lehrer einsetzte, denen von staatlicher Seite das Unterrichten nun zwangsweise, manchmal unter ärgerniserregendem Polizeiaufwand, verwehrt wurde. Die Erregung der katholischen Bevölkerung war erheblich. Der Streit wurde publizistisch zu einem Gegensatz zwischen Kirche und protestantischem Staat hochstilisiert.

Das Ministerium reagierte vorsichtig und hat mehr als vier Jahre gebraucht, ehe es dem bischöflichen Anspruch mit Rechtsmitteln entgegentrat. Nach mehrmaligem Schriftwechsel stimmte der Bischof schließlich einer Regelung zu, die ihm zwar nicht die Alleinbestimmung bei der Einstellung der Lehrer, wohl aber volle Mitsprache zugestand – ein Verfahren, das bis zum Kulturkampf von beiden Seiten ohne Probleme eingehalten wurden.

In diesem Zusammenhang ist auf Caspar Franz Krabbe hinzuweisen, der als münsterischer Schulorganisator und Pädagoge im 19. Jahrhundert eine wichtige Rolle spielte und heute so gut wie vergessen ist. Neben Overberg und Natorp gehört er zu den über ihren engeren Kreis hinaus bedeutsamen Pädagogen und Schulverwaltungsbeamten der Stadt. In seiner Person und seinen pädagogischen Grundsätzen spiegeln sich die geistigen, religiösen und pädagogischen Gegensätze des 19. Jahrhunderts in aller Schärfe. 1817 zum Priester geweiht, war er im Priesterseminar Schüler Overbergs gewesen und nahm auch an seinen Normalkursen zur Lehrerausbildung teil. Er übernahm von Overberg die Hochschätzung der Gedanken und Maßnahmen der Fürstenbergschen Reform, verabsolutierte sie aber anders als sein toleranter und der Aufklärung im besten Sinne noch zugetaner Lehrer. Die katholische Reform erschien ihm nun als der Sammelpunkt alles Positiven und Konstruktiven, das dem 19. Jahrhundert überliefert war, während die liberalen Vorstellungen, die sich vor allem im protestantischen Bereich akzentuierten, ihm als Konzentrat des verirrten Zeitgeistes galten. So wurde er zum Apologeten des katholischen Schulwesens des Bistums, was ihm als Abwehrkampf der rechten Sache gegen die verderbten Tendenzen der Moderne erschien. Seinen Lehrer Kistemaker pries er als den *miles semper paratus*, als „unüberwindlichen Trumm", wenn es um die katholische Sache ging [1473: Zumegen, Krabbe, S. 20].

Es spricht für die Bemühung der Behörden um Toleranz und konfessionelle Ausgeglichenheit, daß Krabbe 1828 als Nachfolger Overbergs Regierungs- und Schulrat bei der Regierung in Münster wurde. Er kam nun in enge Berührung mit Natorp, den Reformator der preußischen Lehrerbildung, und gewann Einblick in die Probleme der Schulverwaltung. Hier hat er sich ganz im Sinne Overbergs und Natorps als tatkräftiger Schulverwaltungsmann Verdienste erworben, indem er für die Umwandlung der Nebenschulen auf den Dörfern in Hauptschulen eintrat, die erwähnte Einrichtung einer neuen Knabenschule in der Aegidiipfarre maßgeblich förderte und den städtischen Behörden größere Hilfmittel für die Schulen abzuringen versuchte. Seit 1844 Kanonikus und Domherr, trat er 1845 als geistlicher Rat und Dezernent für Schulangelegenheiten in die bischöfliche Verwaltung ein und entfaltete eine intensive Tätigkeit sowohl in der Schulverwaltung wie als pädagogischer Schriftsteller. Im Kampf des Bischofs um das Recht, die Lehrer einzustellen, hat er zunächst im Dienst der Regierung, dann in der bischöflichen Behörde die Ansprüche der Kirche historisch und rechtlich zu verteidigen gewußt.

Auf Natorps Initiative hin war die Lehrerausbildung in der Monarchie auf das Seminarmodell umgestellt worden. Dem Soester Seminar für evangelische Volksschullehrer trat 1825 das Seminar in Büren für die katholische Lehrerbildung zur Seite. Krabbes Einsatz war es zu verdanken, daß 1841 neben diesen beiden staatlichen Seminaren in Langenhorst ein kirchliches Lehrerseminar mit Unterstützung des Provinziallandtags gegründet wurde, das zunächst als eine Seminarvorschule (Präparandenanstalt) für die künftige Ausbildung der Lehrer in Büren gedacht war, dem dann eine Taubstummenanstalt angegliedert wurde. Sein Engagement für die Mädchenbildung bewog Krabbe, in Münster die Einrichtung eines kirchlich-privaten Lehrerinnenseminars zu betreiben, das mit einer Mädchenschule verbunden wurde. Von 1832 bis 1841 war Krabbe selbst der ehrenamtliche Direktor dieser Anstalt, die 1834 mit sieben Kandidatinnen die ersten Abgangsprüfungen abhielt.

Als pädagogischer Schriftsteller versuchte Krabbe, einen Kontrapunkt gegen die Pädagogik der Aufklärung, gegen den „Kantianismus" und den „Materialismus" zu formulieren. Ihn beseelte die Auffassung, daß der Stand des pädagogischen Denkens, wie er in Münster um 1800 entwickelt war, eine besondere Mission gegen die Hauptströmungen der Pädagogik im 19. Jahrhundert zu erfüllen habe. Zwar hatte er einige Anregungen der Philanthropen aufgenommen, blieb auch von Pestalozzis Einfluß nicht unberührt, entwickelte aber in eklektischer Weise, insbesondere gestützt auf Michael Sailer, eine spezifisch katholische Erziehungslehre. In seiner Polemik gegen Diesterweg und dessen „infernale antichristliche Natur" [1473: Zumegen, Krabbe, S. 82] trat seine Position am schärfsten hervor, obgleich er in seinen praktisch-methodischen Ratschlägen und Anweisungen in dem von ihm herausgegebenen und weitgehend selbst bearbeiteten „Monatsblatt für katholisches Unterrichts- und Erziehungswesen" viel Ähnlichkeit mit dem verteufelten „Fortschrittsmann" aufwies – ein Beispiel dafür, daß die konservativ-restaurative und die progressive pädagogische Grundüberzeugung bei der konkreten Förderung der Schule und des Lehrerstandes in methodischer und sozialer Hinsicht in die gleiche Richtung arbeiten konnten.

Seine Auffassung verband ihn, ohne daß es ausgesprochen wurde, mit Ferdinand Stiehl und der Intention seiner Regulative für die evangelische Volksschullehrerausbildung von 1854. Wie dieser wollte auch er das Volksschulwesen wieder fest in der Wirklichkeit des Lebens verankern und auf seine kirchliche Basis stellen. Als „Wirklichkeit" galt ihm die alte soziale, ökonomisch statische und einfache alteuropäische Lebensweise, wie sie im Münsterland und auch in der Stadt noch weithin gegeben war. Anzeichen der modernen Zeit galten ihm als Auswüchse, und so wollte er die

Turnunterricht in der Martin-Luther-Schule (1912)

Jugend vor moderner Überbildung und unnützen, die Köpfe verwirrenden Kenntnissen und Reflexionen bewahren.

Nach dem Tod des präkonisierten Bischofs Kellermann wurde auch Krabbe als ein möglicher Nachfolger vom Domkapitel genannt, war aber wegen seiner Haltung im Schulkonflikt beim Staat inzwischen *persona minus grata* geworden. Als Abgeordneter hatte er von 1848 bis 1858 in Berlin auf seine Weise die katholische Sache vertreten und sich für den Ausbau der münsterischen Akademie zu einer katholischen Volluniversität eingesetzt. Daß er 1866 starb – im Jahr der Auflösung des Deutschen Bundes, der Vorbereitung der kleindeutschen Trennung und des „protestantischen Kaisertums" – mag wie ein Symbol erscheinen.

Krabbes Tätigkeit hat das münsterische und das münsterländische Schulwesen gefördert. Der pädagogische und politische Gedankenkreis aber, aus dem er wirkte, war rückwärts gewandt. Sein Grundanliegen bedurfte einer Transformation in neue soziale, politische und ökonomische Verhältnisse und Vorstellungen, der Verbindung mit modernen, auch mit den säkularisierten Formen pädagogischen Denkens, um in erneuerter Form weiterzuwirken: Die katholischen Privatschulen Münsters des 20. Jahrhunderts bieten reichlich Anschauung zugleich für die Überwindung und die Fortsetzung des pädagogischen Engagements Caspar Franz Krabbes.

Der Kulturkampf hatte den nächsten Schulkonflikt in Münster zur Folge. Mit dem Schulaufsichtsgesetz von 1872 griff der Staat an zentraler Stelle die bis dahin faktisch bestehende Aufsicht der Kirche über die Volksschule an. Nebenamtlich als Lokal- oder Kreisschulinspektoren im Staatsauftrag fungierende Personen – also in der Mehrzahl Geistliche – amtierten nur noch unter der Bedingung jederzeitigen Widerrufs. Dieses Gesetz hatte zwar organisierte Massenpetitionen in Münster zur Folge; dennoch blieben bis 1875 größere Spannungen aus, da sich für Münsters Schulen faktisch nichts änderte.

1875 nahm die Auseinandersetzung schärfere Formen an. Die Frage der geistlichen Schulaufsicht verquickte sich mit der Notwendigkeit einer Reform der Schulaufsicht überhaupt, die durch die Eingemeindung von 1875 offensichtlich wurde. Die Trennung der Schulverwaltung von den Pfarrbezirken, die Kommunalisierung des Volksschulwesens war geboten. Zur Lösung dieser umfassenden und schwierigen Aufgabe hatte, ohne auf Einspruch des Bischofs oder des Magistrats zu stoßen, die Regierung einen hauptamtlichen weltlichen Kreisschulinspektor ernannt. Sein Reformplan sah die Auflösung der alten Schulsozietäten und die Bildung leistungsfähigerer Bezirke vor. Die inzwischen eskalierte Kulturkampfstimmung ließ diesen Plan, der die zukünftige Entwicklung vorwegnahm, in den Augen der Kirche, der alten Schulvorstände und des Magistrats jedoch als ein Mittel erscheinen, den Pfarrern die Schulaufsicht zu entwinden. Auch das Ministerium wollte den inzwischen in der Stadt angehäuften Zündstoff nicht vermehren und stützte die Pläne der Regierung nicht. So scheiterte eine dringend erwünschte Schulreform; statt dessen nahm der Kampf um die Schule die Form administrativer und gerichtlicher Verfahren an.

Dem Haupt der oppositionellen Stadtgeistlichkeit, dem Stadtdechanten Kappen, hatte die Regierung im Mai 1875 die Erlaubnis entzogen, Religionsunterricht zu erteilen. Bald darauf wurden sämtliche Pfarrer, die zwei Jahre zuvor die „Lichtmeßadresse" zugunsten des verhafteten Bischofs Brinkmann unterschrieben hatten, als

Die Josephsschule in der Hermannstraße (um 1910)

Lokalschulinspektoren abgesetzt und damit zugleich vom Vorsitz der Schulsozietäten verdrängt – 142 Pfarrer waren es im Regierungsbezirk, sechs in der Stadt Münster.

Was diese Auseinandersetzungen im einzelnen so kleinlich und im ganzen so gehässig machte, war ihr Symbolwert im Klima des Kulturkampfes, der zum Grundsatzstreit zwischen Kirche und Staat stilisiert wurde. Als dieser an Gewicht verlor, suchten beide Seiten die Verbindungen wieder tragfähig zu gestalten und auf die gemeinsame Basis christlich-konservativer Prinzipien zurückzukehren, die in der Praxis des Unterrichts ohnehin nie gefährdet war. 1880 wurde den Pfarrern das Recht, selbst den Religionsunterricht zu erteilen, zurückgegeben; 1882 kehrten sie in ihr Amt als Lokalschulinspektoren zurück.

Soweit es die Schulen betraf, wird man die Auswirkungen des Kulturkampfes in Münster nicht überschätzen dürfen. Es war nur eine kleine Zahl vom Amtsträgern auf beiden Seiten direkt involviert; die Bevölkerung hat er, anders als die Maßnahmen gegen die Kirche, kaum berührt. Als negative Folge muß die Verhinderung einer sachbezogenen Entscheidung über die Reform der Verwaltung und Finanzierung der Volksschulen gelten, deren Lösung auf die nächste Generation verschoben wurde. Ob der Kulturkampf insgesamt zur Schaffung eines alle Schichten und Berufe verbindenden homogenen „katholischen Milieus" (Doris Kaufmann) beigetragen hat, bleibt umstritten; ein Schritt auf dem Weg zur Verstaatlichung der Volksschulen war er gewiß. Das Schulaufsichtsgesetz von 1872 blieb in Kraft, seine Durchführung der staatlichen Verwaltung anheimgestellt. Die Vorgänge während des Kulturkampfs können aus dieser Perspektive als Vorspiel des heftigeren „Schulkampfes" zu Beginn der Weimarer Republik betrachtet werden.

4. Die Entstehung des beruflichen Schulwesens

Über die 1821 in Münster auf Veranlassung des Handelsministeriums gegründete Provinzialgewerbeschule und ihre eigentümliche Zwitterform wurde schon berichtet. Die Geschichte dieser Schule stand unter einem unglücklichen Stern. Ihre unklare Position zwischen Berufsvorbildung und allgemeiner Weiterbildung, ihre wechselnde Zuordnung zum Ressort des Handelsministeriums oder des Kultusministeriums, das Fehlen von „Berechtigungen", die sich an ihre Prüfungen hätten knüpfen können – insbesondere des Rechts zum Einjährig-Freiwilligen-Militärdienst –, und das verhältnismäßig hohe Schulgeld machten sie wenig attraktiv. Für die Stadt war sie nur wegen des staatlichen Unterhaltszuschusses als den städtischen Haushalt nicht belastende Ersatzanstalt für eine Realschule interessant. Die Symbiose des Jahres 1851, in der sich die neue Realschule mit der königlichen Provinzialgewerbeschule und mit einer Handwerkerfortbildungsschule verband, die aus der mit der Gewerbeschule verbundenen und gut besuchten Sonntagsschule für Lehrlinge und Gesellen hervorging, zeigt die Dominanz der Anstalten allgemeiner Bildung über die frühen, noch undifferenzierten berufsbildenden Schulen.

Überall in Preußen hatten die Provinzialgewerbeschulen um ihre Existenz zu kämpfen. Die Verlängerung der Schuldauer von zwei auf drei Jahre und die Verstärkung der allgemeinbildenden Fächer durch die Gewerbeschulreform der siebziger Jahre führten diese Schulart in die Krise und schließlich an das Ende ihrer Existenz. Mit den ausgebauten Realschulen konnte sie in der allgemeinen Bildung nicht konkurrieren, für die Ausbildung der unteren Handwerkerränge war ihr Kursus zu lang und anspruchsvoll, als Vorbereitung auf die entstehenden technischen Hochschulen blieb er unzureichend. So wurde, wo sich die Möglichkeit ergab, ein Teil der Gewerbeschulen in die lateinlosen Oberrealschulen umgewandelt; ein größerer Teil, so auch die Provinzialgewerbeschule in Münster, wurde 1878 aufgelöst. Die industrielle und technische Revolution war nicht eine Folge verstärkter, staatlich geförderter Berufsbildung; umgekehrt waren der Fortschritt der Industrialisierung und die Veränderung der Arbeitswelt die Voraussetzung dafür, daß die traditionelle Handwerkerausbildung sich weiterentwickelte und differenzierte: die Ausbildung der höheren Techniker führte über die höhere allgemeinbildende Schule, die der mittleren gewerblichen Führungskräfte über neu entstehende Fachschulen, während die spezifische Handwerkerausbildung über die Praxis hinausgreifend zur Sache der aus der Sonntagsschule entstandenen Handwerkerfortbildungsschule wurde.

Als Antwort auf die wirtschaftlichen Umschichtungen und die damit verbundenen sozialen Probleme des neu entstehenden Vierten Standes entwickelten sich um die Jahrhundertmitte Initiativen aus der Gesellschaft selbst, die durch bessere Bildung einen Beitrag zur Lösung der Sozialen Frage leisten wollten. Arbeiterbildungsvereine entstanden schon im Vormärz. In Münster faßten die aus der Zusammenarbeit von Gesellenvereinen und dem katholischen Klerus seit dem 3. Katholikentag in Mainz aufblühenden Kolpingvereine Fuß. Im November 1852 entstand hier unter Förderung des Bischofs und des Oberbürgermeisters der erste katholische Gesellenverein. Sein Domizil erhielt er zunächst in einem Hintergebäude der ehemaligen Dompropstei; zwei Jahre später erwarb er ein Haus am Domplatz. Die Mitgliederzahl war erheblich: schon 150 Gesellen waren es im ersten Jahr seines Bestehens, über tausend zählte er am Ende der fünfziger Jahre – nach Köln, Wien und München der viertgrößte Kolpingverein in Deutschland. Als „Central-Verein" der Diözese gewann er besondere Bedeutung für kleinere Vereine. Seine Tätigkeit richtete sich vor allem auf Fortbildung der Gesellen in ihrem jeweiligen Fach durch Kurse und durch Erweiterung der allgemeinen Bildung, aber nicht zuletzt auch auf die Förderung von „Gläubigkeit und Selbstvertrauen, Lebensernst und Freude, Eigenverantwortung und Solidarität" [2053: Dienst am Menschen]. Daneben sorgte der Verein durch Einrichtung von Sparkassen, Sterbekassen, Bereitstellung von Unterkunft für die sozialen Belange seiner Mitglieder. Wie die schulischen Institutionen sah sich auch der Verein zur Spezialisierung seiner Ausbildung gedrängt und richtete seit 1878 Fachabteilungen ein. Seine Statuten waren vom Bischof zu genehmigen. Sie sahen die Leitung durch einen Geistlichen als Präses vor, dem ehrenamtlich ein Lehrer sowie ein „Senior" aus dem Gesellenkreis sowie ein Sekretär zur Seite standen. Mit dem Bau des Gesellenhauses in der Aegidiistraße (1906) erreichte der Verein vor dem Ersten Weltkrieg seine volle Wirksamkeit als Einrichtung kirchlich betreuter, mit einem gewissen Grad von Selbstverwaltung versehener freier Einrichtung der Erwachsenenbildung. Sie kann sowohl zeitlich wie dem Umfang und der Intensität nach eine deutliche Priorität bei der Entwicklung der beruflichen Erwachsenenbildung beanspruchen.

Die Handwerkerfortbildungsschule, die an Sonntagen und an den Abenden die Lehrlinge und Gesellen in freiwilligen Kursen unterrichtete, wurde nun für die Stadt interessant. 1883 gewährte sie einen Zuschuß von 200 Mark, der sich bis 1907 auf 20 000 Mark steigerte. Das Direktorat der Schule wurde dem Leiter der Real- und Oberrealschule, Dr. Heinrich Hoffschulte, übertragen. 1904 wurde der Besuch der Schule für alle Lehrlinge obligatorisch gemacht. Erst 1912 löste sich die Symbiose zwischen allgemeinbildender Realschule und Handwerkerfortbildungsschule durch Verselbständigung dieser Anstalt, die schließlich 1927 zur gewerblichen Berufsschule wurde.

Fast gleichzeitig mit dem Ausbau der Handwerkerfortbildungsschule entwickelte sich die „Werkschule", welche schöpferisch und technisch überdurchschnittlich begabte junge Handwerker zur künstlerischen Vervollkommnung ihrer Fähigkeiten führen wollte – waren doch die deutschen handwerklichen Produkte, die auf den Weltausstellungen in Konkurrenz zu denen der westlichen Nachbarländer traten, wie 1876 nach der Weltausstellung in Philadelphia geurteilt wurde, „ökonomisch kleinlich, technisch rückständig, ästhethisch minderwertig" [2749: Tiemann, Werkkunstschule, S. 6].

Diese private, 1878 zunächst als „Zeichenschule der Kunstgenossenschaft" gegründete Anstalt, die ihre Schüler mit 17 Jahren nach einer Prüfung aufnahm und in verschiedenen Richtungen – Holzgestaltung, Metallverarbeitung, ornamentale und figürliche Gestaltung, textile Gestaltung, Tischler- und Innenraumgestaltung, Buchgewerbe- und Gebrauchsgraphik – förderte, wurde nach 1924 als „Schule für Kunst und Handwerk" von der Stadt übernommen und in Personalunion mit der gewerblichen Berufsschule geleitet.

Staatlicher Initiative hingegen verdankte eine über die allgemeine Ausbildung der Handwerker hinausführende Fachschule ihre Entstehung, die der Notwendigkeit der Spezialisierung im Handwerk entgegenkam: die Königliche Baugewerkschule. Ihr

Unterrichtsraum der Baugewerkschule

Ziel war es, Maurer, Zimmerer, Dachdecker, Schlosser in einem viersemestrigen Lehrgang so zu qualifizieren, daß diese als mittlere technische Beamte im Staatsdienst (bei technischen Behörden) oder in der Privatwirtschaft auf Stellen mit größerer Verantwortung Verwendung finden konnten. Mit 119 Schülern wurde 1898 eine solche Schule in Münster eröffnet. Sie fand eine vorläufige Unterkunft in der Overbergschule, erhielt aber auf Kosten der Stadt 1900 einen stattlichen Neubau an der Weseler Straße, der mit zwölf Klassenräumen, Hörsaal, Aula, Sammlungsräumen, Fotolabor und Bibliothek vorzüglich ausgestattet, aber schon 1913 als zu klein bezeichnet wurde. Die Schule war schnell gewachsen. Schon 1899 wurde der Hochbau eine Tiefbauabteilung angefügt, deren Absolventen vorwiegend in die für Straßen-, Wasser- und Eisenbahnbau zuständigen Behörden übergingen. Eine Vorklasse wurde nötig, weil die allgemeine Vorbildung der Schüler, die frühestens mit 16 Jahren nach Absolvierung einer Praxis oder dem Abschluß der Lehre aufgenommen werden konnten, häufig zu wünschen ließ. Schon 1910 überstieg die Schülerzahl das halbe Tausend: ein Zeichen, daß die Zukunft des berufsbildenden Schulwesens der spezialisierten Qualifizierung gehörte.

Wie im Bereich des Handwerks, so entwickelte sich am Ende des Jahrhunderts auch für die kaufmännischen Berufe ein eigenes schulisches Ausbildungswesen. Hier konnte man an Kurse der allgemeinbildenden höheren Schule anknüpfen. Dem Realgymnasium wurde 1889 eine von der Handelskammer und der Kaufmannschaft finanzierte Schule angegliedert. Zwar scheiterte dieser erste Versuch nach wenigen

Aula der Städtischen Handelslehranstalten

Jahren; aber die steigenden Anforderungen an die Fähigkeiten des Kaufmanns und die wachsende Unzufriedenheit der Handelskammer mit den Ergebnissen der praktischen Ausbildung durch den Lehrherrn führte 1899 dazu, daß eine kaufmännische Fortbildungsschule als Pflichtschule gefordert wurde. 1901 wurde sie eingerichtet – nicht ohne nachdrückliche Mahnung an die Lehrherren, die Lehrlinge nicht als bloße Hilfskräfte, sondern als Nachwuchs zu betrachten. An drei Nachmittagen wurde im Gebäude und unter der Leitung des Direktors des Realgymnasiums Unterricht gehalten. Der Leiter der Realschule setzte sich für Abendlehrgänge in der englischen und der französischen Sprache ein und erwies sich auch später als energischer Förderer des Ausbaus der kaufmännischen Lehrlingsschule zur Handelsschule. 1919 wurden auch weibliche Lehrlinge eingeschult, 1920 eine Drogistenfachschule angegliedert und 1922 in städtischer Trägerschaft eine obligatorische Handelsschule als Vollzeitanstalt mit der Dauer von zwei Jahren eröffnet. 1923/24 wurde eine höhere Handelsschule aufgestockt. So entstand mit den höheren Handelslehranstalten eine „Bündelschule": Höhere Handelsschule und Handelsschule waren Vollzeitschulen mit Fachklassen, daneben bestanden Teilzeitschulen als kaufmännische Berufsschulen für Kontoristen, Verkäuferinnen, Drogisten und außerdem noch freiwillige Abendlehrgänge. 1928 wurde diese Anstalt bereits von 1400 Schülern und Schülerinnen besucht.

Eher ein Interesse und eine Leistung des Umlandes und der Abgeordneten des Kreistages als der Stadt war die Einrichtung einer landwirtschaftlichen Schule in Münster. Die Anfänge gehen in die vierziger Jahre zurück, in denen sonntags in der Pleistermühle mit dreißig bis vierzig künftigen Landwirten eine Ackerbauschule bestand, die jedoch 1848 wieder einging. Landwirtschaftliche Winterschulen wurden im letzten Jahrhundertdrittel dann in verschiedenen Landkreisen eingerichtet. 1910 regte die Generalversammlung des landwirtschaftlichen Kreisvereins an, auch für den Kreis Münster eine solche Schule zu errichten. 1912 wurde ein Kuratorium unter dem Vorsitz des Landrats gegründet, das alte Gebäude der Kreissparkasse in der Königsstraße angemietet und die Schule im November mit 68 Schülern eröffnet. Nur acht davon wohnten in Münster, alle anderen waren Fahrschüler, die täglich ins Elternhaus zurückkehren konnten. 1914, die Schülerzahl ging schon über hundert hinaus, wurde ein neues Gebäude in der Kronprinzenstraße bezogen, das die Schule bis zu seiner Zerstörung im Zweiten Weltkrieg beherbergte.

Der Lehrplan war so aufgeteilt, daß die Schüler in zwei Winterhalbjahren jeweils einen Unter- und einen Oberkurs zu absolvieren hatten. Das Schulgeld von anfänglich vierzig Mark konnte die Kosten nicht decken. Der Landkreis, aber auch die Provinz, der Staat und schließlich auch die Stadt Münster gaben erhebliche Zuschüsse. So entwickelte sich die Schule zur größten landbautechnischen Winterschule in Westfalen. Ihre Schülerzahl stieg in einigen Jahren bis gegen 200. 1935 wurde eine Mädchenabteilung angefügt, welche die alten Wanderhaushaltsschulen im Landkreis ablöste.

5. *Zwischenbilanz: Münsters Entwicklung zur Bildungszentrale zwischen 1815 und 1918*

Überblickt man den Entwicklungsgang des Schulwesens der Stadt vom Beginn des 19. bis ins frühe 20. Jahrhundert, so ist neben der fortschreitenden Differenzierung und Ausweitung ein ständig zunehmendes finanzielles, aber auch konzeptionelles Engagement der Bürgerschaft und der städtischen Behörden festzustellen. Waren in der ersten Hälfte des Jahrhunderts der Staat für die höheren, die Kirchengemeinden für die niederen Schulen zuständig, akzeptierte die Stadt zunehmend die ihr von der Bürgerschaft immer drängender angetragenen Verpflichtungen zum Ausbau und Unterhalt der Schulen. Gegen Ende des Jahrhunderts war die Stadt nicht nur zum Träger des Volksschulwesens geworden, sondern sie hatte auch den Ausbau des realistischen höheren Schulwesens eingeleitet. Mit nur geringer Phasenverschiebung war sie in mehreren Schritten in die Verantwortung für das höhere Mädchenschulwesen und schließlich für den Aufbau eines Berufsschulwesens eingetreten. Bei der Entwicklung der modernen Form des höheren Schulwesens und der Berufsausbildung hatte die Leistung der Stadt den früher dominierenden Einfluß des Staates überflügelt. Aber selbst die Entwicklung der Theologisch-Philosophischen Akademie zur Universität – eine Sache staatlicher Zuständigkeit – wurde durch die Bereitstellung von Grundstücken und Gebäuden angestoßen und erleichtert.

Die Ausweitung der Verantwortung der Stadt für das Schulwesen war Folge des sprunghaften Bevölkerungsanstiegs und der gewachsenen Funktionen der Provinzialhauptstadt im 19. und beginnenden 20. Jahrhundert. Die staatlichen Behörden und Gerichte, die in Münster ihren Platz hatten, weiteten ihre Befugnisse und ihr Personal aus; die Selbstverwaltungsbehörden der Provinz wie der Stadt gewannen an Bedeutung und Umfang, nicht minder die Militär- und die Kirchenbehörden. Das Verbandswesen hatte sich am Ende des „Jahrhunderts der Assoziationen" etabliert und fand in Münster einen zentralen Ort für das nördliche Westfalen. Der Anstieg des münsterischen Handels und Gewerbes, nicht zuletzt des Bankwesens und schließlich auch der sich ansiedelnden verarbeitenden Industrie seien nur als Hinweise auf den ökonomischen und sozialen Hintergrund genannt, ohne den die rapide Entwicklung des städtischen Schulwesens im letzten Jahrhundertdrittel und am Anfang des 20. Jahrhunderts nicht zu verstehen ist. Daß Münster in mehrfachem Sinne eine „Schulstadt" geworden war, zeigte sich sinnfällig in den vielen neuen Gebäuden, die für die verschiedensten Bildungsanstalten von der Volksschule bis zur Universität errichtet worden waren.

Blickt man nur auf die Stadt Münster, so kann man in der Entwicklung ihrer Bildungsanstalten keinen Grund für das im nationalen Rahmen beklagte „katholische Bildungsdefizit" finden. Sowohl das niedere wie das höhere Schulwesen boten in einer relativ breiten sozialen Offenheit der überwiegend katholischen Bevölkerung (90 Prozent) ein Bildungsangebot, das sie – wie die Schülerzahlen von Gymnasien und höheren Real- und Mädchenschulen zeigen – zu nutzen wußte.

Waren die weltlichen Institutionen als Träger des Schulwesens im 19. Jahrhundert, abgesehen von wenigen Privatschulen, an die Stelle der Kirche getreten, so war doch keineswegs deren Einfluß geschwunden. Er hatte sich vielmehr weit über den Religionsunterricht hinaus erhalten. Münsters Schulen blieben konfessionelle Anstalten, aber die Distanz der katholischen Kirche und Bevölkerung zum Staat begann in wilhelminischer Zeit einer nationalen Haltung zu weichen. Konfessionelle, nationale und preußisch-staatliche Loyalitäten ließen sich im Bereich der Wissenschaft und des Unterrichts nach der Jahrhundertwende in einen zunehmend konfliktlosen Einklang bringen.

Der institutionelle, finanzielle und pädagogische Ausbau des Schulwesens, der um die Wende zum 20. Jahrhundert so mächtig eingesetzt hatte, schien nur der Beginn einer kräftigen Weiterentwicklung zu sein. Aber sie wurde nach 1918 durch politisch-weltanschauliche Auseinandersetzungen und Eingriffe gestört. Diese Störung und schließlich Zerstörung eines trotz aller Probleme und Konflikte materiell und substantiell fortschreitenden öffentlichen Bildungswesens ist das eigentlich Neue der Periode zwischen dem Ende des Ersten und dem des Zweiten Weltkriegs.

6. *Das Bildungswesen der Stadt während der Weimarer Republik und der nationalsozialistischen Herrschaft*

Das Bildungswesen der Stadt wurde schon im Krieg und durch dessen Folgelasten in seiner kontinuierlichen Entwicklung beeinträchtigt. Inflation und Weltwirtschaftskrise verursachten materielle Engpässe, personelle Rückschläge und Wellentäler in der Statistik der Schülerzahlen. Gegenüber der Beschleunigung, welche die Entwicklung der Bildungsinstitutionen seit der Jahrhundertwende vorangetrieben hatte, ist eine deutliche Verzögerung festzustellen. Im ganzen aber wurde auch in der Zeit der Republik die Richtung beibehalten, die im Kaiserreich eingeschlagen worden war: Ausbau der Universität, Differenzierung des höheren Knabenschulwesens und Etablierung eines gleichwertigen Systems von öffentlichen höheren Mädchenschulen, Aufbau von Mittelschulen und die weitere Entfaltung des öffentlichen Berufsschulwesens. Die wissenschaftlichen und pädagogischen Impulse dieser Bewegungen waren alle schon vor dem Krieg wirksam und entfalteten jetzt eine breitere Kraft. Auf verschiedenen Sektoren war ihnen das Prinzip der „Selbsttätigkeit" und „Mitverantwortung" gemeinsam: in der Art des Unterrichts („Arbeitsunterricht") und der organisatorisch erweiterten Partizipation von Professoren, Assistenten und Studenten, Lehrern, Eltern und Schülern an den Angelegenheiten ihrer Institution. Generell trieben steigende Qualifikationsansprüche der Arbeitswelt und Professionalisierungstendenzen in immer mehr Laufbahnen die Leistungsforderungen an allgemeinbildenden und berufsbildenden Schulen in die Höhe. Aber viel stärker als im Kaiserreich wurden Schulen und Universitäten nun Gegenstand heftiger politischer Auseinandersetzungen, weil Organisation und Inhalt von Bildung als gesellschaftspolitische wie staatspolitische Faktoren unmittelbar zum Streitobjekt einer demokratischen politischen Willensbildung wurden. So wurden Universität und Schulen in den Kampf um die Richtungen hineingezogen, die in der neuen Republik um politischen und kulturellen Einfluß rangen; nach dem Scheitern des Staates von Weimar verkam das Bildungswesen Zug um Zug zum politischen Instrument eines totalitären Systems.

Diese Konflikte haben zwar die Geschichte der Bildungsinstitutionen der Stadt heftig bewegt, unter der nationalsozialistischen Herrschaft zu ihrer Umformung und am Ende des Krieges zu ihrer materiellen Zerstörung geführt – die Grundtendenzen der Entwicklung konnten sie nicht dauernd aufhalten oder umlenken. Nach dem Zweiten Weltkrieg setzten sie sich in deutlicher Verstärkung fort.

Grundzüge der politischen Konflikte im Bildungswesen

Der „Schulkampf" zu Beginn der Weimarer Republik folgte noch dem klassischen Muster der Auseinandersetzung zwischen Staat und Kirche um die Abgrenzung ihrer Rechte bei der Einflußnahme auf die Interna der Schulen. Verschiedene Umstände kamen zusammen, die den Schulkampf in Münster heftiger werden ließen und ihm viel größere Breitenwirkung verschafften als die schulpolitischen Auseinandersetzungen während des Kulturkampfes. Die preußische Monarchie hatte, wie 1906 im Volksschulunterhaltungsgesetz festgelegt, die Volksschulen im Regelfall als konfessionelle Schulen betrachtet. Die neue Regierung aus USPD und SPD ergriff unmittelbar im Anschluß an die Novemberrevolution Maßnahmen, die auf doppelte Weise dem pädagogischen wie dem institutionellen Herkommen widersprachen. Einmal versuchte sie, per Erlaß in Unterricht und Schulbüchern die vorherrschende konservativ-nationale Gesinnungsbildung durch eine demokratisch-pazifistische zu ersetzen, zum anderen strebte sie nach Laisierung, mindestens aber nach Simultaneität der Schule. Die „Novembererlasse" des Unabhängigen Sozialisten Adolf Hoffmann zielten auf Abschaffung des Einflusses der Kirche auf die Schule. Jetzt wurden die Geistlichen in der lokalen Schulaufsicht endgültig durch weltliche Fachleute ersetzt. Das obligatorische Schulgebet vor und nach dem Unterricht sowie die Verpflichtung der Lehrer und Schüler, Religionsunterricht zu erteilen oder zu besuchen, die Aufhebung der Verpflichtung zur Teilnahme an außerschulischen, kirchlichen Veranstaltungen

– das hätte das Ende der konfessionellen Schule, ihre Herauslösung aus dem spezifisch sozialkulturellen Umfeld bewußt religiöser Elternhäuser bedeutet.

So waren zugleich die nationalen wie die kirchlichen Gewohnheiten und Überzeugungen verletzt und herausgefordert. Der Widerstand gegen die Novembererlasse formierte sich in national-konservativen evangelischen Bevölkerungskreisen wie bei den Katholiken und den von ihnen getragenen Parteien. Im dominant katholischen Milieu Münsters nahm die Abwehr breite, organisierte und wirksame Protestformen an. Die Stärke dieser Bewegung drängte das Zentrum dazu, Schul- und Erziehungsfragen in den Mittelpunkt seiner politischen Interessen zu stellen, als die Parteien der Nationalversammlung die Grundzüge der neuen Verfassung berieten.

Münster war ein Kristallisationspunkt des organisierten katholischen Widerstandes gegen die Schulpolitik der USPD und der SPD. Hier waren ja selbst die höheren Schulen mit ihrer konfessionell nicht homogenen Schülerschaft explizit katholisch geprägt – im pädagogischen Selbstverständnis, in der Zusammensetzung des Lehrerkollegiums, in schulischen und außerschulischen Gebräuchen und Wertakzenten des Unterrichts in den „gesinnungsbildenden" Fächern; das Schillergymnasium und die Freiherr-vom-Stein-Schule waren in der Diaspora das evangelische Spiegelbild. Während es aber an den höheren Schulen zu eher marginalen Streitigkeiten kam – etwa um die Gewohnheit, den Besuch des sonntäglichen Gottesdienstes durch die Lehrer zu kontrollieren und gegebenenfalls durch Strafmaßnahmen zu erzwingen –, entbrannte der Schulkampf um den Charakter der Volksschule in voller Heftigkeit und ergriff die Öffentlichkeit der Stadt. Er überdauerte auch den in der Nationalversammlung schließlich gefundenen Weimarer Schulkompromiß, der einen Ausgleich zwischen SPD und Zentrum, den beiden großen, die Republik tragenden Parteien versuchte.

Der Artikel 146 der Weimarer Verfassung machte im ersten Absatz die Simultanschule zur Regel, gab im zweiten Absatz dem Wunsch von Erziehungsberechtigten auf Einrichtung von Bekenntnisschulen Raum, verwies aber vor allem auf die nähere Regelung durch ein künftiges Reichsgesetz, das als Prinzip für die Landesregelungen gelten sollte. Dies ließ faktisch alles beim alten, freilich zugleich auch in einer ungewissen Schwebelage; war doch nicht vorauszusehen, daß das angekündigte Reichsgesetz niemals verabschiedet werden würde.

In der katholischen Öffentlichkeit Münsters fand der Kompromiß keine Zustimmung. Gab er doch das Prinzip katholischer Pädagogik auf: die fraglose Gültigkeit kirchlichen Anspruchs auf die Anweisung zum richtigen Leben und den daraus folgenden parochialen Charakter der Schule. So kam es zu einer Reihe nur auf diesem Hintergrund verständlicher Entscheidungen – wie der, daß an der zu etwa einem Drittel von evangelischen Schülern besuchten Oberrealschule die Besetzung einer Lehrerstelle durch einen Protestanten vom Magistrat unter Hinweis auf den konfessionellen Charakter der Schule abgelehnt wurde, daß die Auflösung bzw. Zusammenlegung von Volksschulen über die Pfarrgrenzen hinweg trotz schwindender Schülerzahl (Ludgerischule) nicht zustande kam, weil, wie die Zentrumsfraktion im Rat die Ablehnung eines solchen Antrags begründete, die Kinder dann bei den sonntäglichen Prozessionen der Pfarreien fehlten, oder auch, daß für Münster die Ausnahmeregelung erstritten wurde, welche die höheren Mädchenschulen bei ihrer Kommunalisierung als konfessionelle Anstalten festschrieb.

Man kann nicht übersehen, daß der Schulkampf für das Zentrum ein Mittel der politischen Integration des Wählervolks wurde und zur Herstellung eines katholischen Konsenses über alle sozialen Grenzen hinweg, also zur Erhöhung des Stimmengewichts der Partei diente. Die Reaktivierung der schon 1911 gegründeten „Organisation der Katholiken Deutschlands zur Verteidigung und Förderung der christlichen Schule und Erziehung" gab dem Widerstand eine wirkungsvolle institutionelle Energie. In Münster verstand es dieser Zusammenschluß in enger personeller Verbindung mit der Geistlichkeit den nur als Affirmation erfragten Elternwillen und die öffentliche Meinung für sich zu gewinnen – eine Aktivität, die alle Möglichkeiten politischer Willens- und Mehrheitsbildung in einem demokratischen Staat ausschöpfte und deshalb weit über die Mobilisierungsstrategien des Kulturkampfes hinausging. Aktionswochen, Unterschriftensammlungen, Schulstreiks gegen Lehrer, die dem politischen und ideologischen Kurs nicht folgten, waren probate Kampfmittel. Zwar gefährdete diese Mobilisierung des Kirchenvolks auf die Dauer die hierarchischen Strukturen des die Organisation leitenden Episkopats; aber zunächst zeigte sie beim Versuch demokratischer Legitimierung des Widerstandes durch Elternbeiräte Erfolg.

Die katholisch-kirchliche Opposition griff schließlich über die Anliegen des Schulkampfes weit hinaus. 1918 hatte der *Codex Iuris Canonici* nicht nur die Konfessionsschule gefordert, sondern katholischen Kindern überhaupt den Besuch von Schulen verboten, die auch „akatholische" Kinder aufnahmen. Die Praktizierung solch vatikanischer Rigorosität verboten allerdings die staatlichen Gesetze wie die überkommene Praxis; aber die Argumentationen machten deutlich, daß es nicht so sehr um die Sicherung der Konfessionsschule als einer unter verschiedenen Möglichkeiten, sondern um ihre prinzipielle Alleingeltung ging, mehr noch, daß auch über die Schule hinaus im Vereinswesen, in Behörden und selbst in Wirtschafts- oder Gewerkschaftsorganisationen das katholische Prinzip zur Geltung gebracht werden sollte. Der Schulkampf war nur Teil des Versuches einer breiten katholischen Erneuerung gesellschaftlicher und politischer Lebens- und Einflußweisen. Die vor allem vom Erzbischof von Köln betriebene Organisation einer primär katholischen Schülerbewegung, dem Bund „Neudeutschland", kann als Beispiel des Versuchs der Förderung einer solchen Renaissance gelten. Schon 1920 waren 25 Prozent der katholischen Schüler an Münsters höheren Schulen erfaßt. Die 1920 von den Bischöfen betriebene Gründung des Deutschen Instituts für Pädagogik sollte Münster zu einem geistlichen Zentrum dieses Behauptungswillens in einer sich rapide säkularisierenden Zeit machen. Es bestand bis in die siebziger Jahre; seine Auflösung in diesen Jahren der Rebellion der Laien gegen das Establishment war die späte Folge des generellen Widerspruchs zwischen Partizipationsförderung und Dogmatismus, der im Schulkampf angelegt war.

Diese Sammlungsbewegung, die den Schulkampf instrumentalisierte, hat jede Möglichkeit verstellt, das Zentrum zu einer überkonfessionellen Partei auszuweiten. Vor allem aber förderten Stil und Ton der Agitation Umgangsformen und Verhaltensweisen des politischen Kampfes, die der Stabilität der neuen Staatsform wenig dienlich waren. Der Aufbau von Feindbildern verteufelte pauschal und nur mit geringer Abschattierung die liberalen und die „sozialistischen" Amtsträger und Ansichten und machte den auf Konfliktlösung bedachten Zentrumspolitikern ihre Aufgabe schwer.

Im Rückblick erscheint die Heftigkeit des Schulkampfes in seinen münsterischen Formen politisch problematisch. Die Instrumentalisierung des Schulstreits für die gesamte innenpolitische Kräftekonstellation war für das Zentrum ein Kampf an der falschen Front, der indirekt auch den nationalistisch-reaktionären Kritikern der Demokratie Auftrieb gab. Der Aufbau des weltanschaulich politischen Feindbildes verdeckte, daß die Auseinandersetzungen um Konfessionalität oder Simultaneität der Schulen im Rahmen und nach den Regeln eines Rechtsstaats und nach Prinzipien ausgetragen werden konnten, welche die freie Entwicklung des Bildungswesens stärkten. Die Gründung weiterer katholischer Privatschulen bewies die Möglichkeit der Achtung des Elternwillens im neuen Staat; die Verlängerung der Schulpflicht bis zum 18. Lebensjahr sicherte das Aufblühen der Berufsschulen; die Einführung der allgemeinen Grundschule ließ zwar die Vorschulen an den höheren Mädchenanstalten auslaufen – an den höheren Jungenschulen waren sie schon im 19. Jahrhundert verschwunden –, tastete aber nicht das Konfessionsprinzip an. Die Einführung der Partizipation für Eltern und für Schüler ließ die Schule aus einer „Veranstaltung des Staates" wenigstens in Ansätzen zu einer Sache der Beteiligten werden – wenngleich die Elternbeiräte zunächst als „sozialistische Einrichtung" abgelehnt wurden, ehe sie in der Verbindung mit der katholischen Schulorganisation zu wünschenswerten Bundesgenossen wurden. Die Freizonen schließlich, welche seit 1925 die Richtlinien der pädagogischen Verantwortung der Lehrer und der Kollegien an höheren Schulen ließen, beförderten die didaktische und pädagogische Entwicklung von Unterrichtsformen und -inhalten, welche katholischer Pädagogik weiten Raum ließen. Insgesamt gesehen war der Schulkampf zu Beginn der Weimarer Republik, zumal die ihrerseits schroffen und laizistisch-dogmatischen Novembererlasse bald zum größten Teil wieder zurückgenommen wurden, eine untypische Erscheinung für die Weiterentwicklung der Bildungsinstitutionen und eher ein Zeichen für tiefere Konflikte der politischen Kultur.

Schärfere Formen des Weltanschauungskampfes, der auch die Bildungsanstalten ergriff, zeigten sich zu Beginn und am Ende der Weimarer Republik in den Auseinandersetzungen zwischen politisch linken und rechten Positionen, in welche die Studenten- und Schülerschaft hineingezogen wurde. Am eklatantesten politisierte sich die Universität, als noch vor Friedensschluß die von der Front heimkehrenden Studenten in Zeitfreiwilligen-Verbänden in den Bürgerkrieg hineingezogen wurden. Johann Plenge, Ordinarius für wirtschaftliche Staatswissenschaften, der schon 1916 mit seinem Buch „1789 und 1914 – die symbolischen Jahre in der Geschichte des politischen Geistes" als ein Wortführer des Reichsnationalismus unter der Professorenschaft hervorgetreten war, rief im Januar 1919 in seinen Vorlesungen zur Gründung eines studentischen Freiwilligenverbandes auf. Bis zum März waren etwa 800 Studenten, eingeteilt in acht Kompanien, einsatzbereit – viele Korporationen waren geschlossen eingetreten. Ihre Aufgabe war die Erhaltung von Ruhe und Ordnung bei den Wahlen zur Nationalversammlung, aber auch die Unterstützung des Kommandierenden Generals, als im Februar 1919 der Generalsoldatenrat in Münster verhaftet wurde und im Sommer während des verschärften Belagerungszustandes Unruhen drohten. Die Aktivitäten zur Gründung studentischer Freikorps hatten keinen

150-Jahr-Feier der Universität Münster 1930. Aufzug der Korporationen

Erfolg; allerdings marschierte 1920 eine „Akademische Volkswehr" während des Kapp-Putsches gegen die Aufständischen im Ruhrgebiet. Ihr Führer war Professor Naendrup, der später der erste Rektor unter nationalsozialistischer Herrschaft werden sollte.

In diesem Jahr formierten sich die politischen Frontlinien innerhalb der Studentenschaft und griffen auch auf die Schülerschaft in der Oberstufe der höheren Schulen über. Das Übergewicht der monarchistisch-nationalistisch gesonnenen Gruppen und Verbindungen kündigte sich bereits an. Mit zunehmender Ablehnung der Republik verbanden sich heftige antisemitische Tendenzen. Bereits nach 1921 führten sie anläßlich der Reichsgründungsfeier zu Diskriminierungen jüdischer Verbindungen und Professoren. Trotz deutlicher Gegenwirkung – etwa des studentischen Unitas-Verbandes – kündigte sich schon früh im Zusammenschluß der Verbindungen im „Hochschulring deutscher Art" die spätere Dominanz deutsch-völkischer Gruppen im Allgemeinen Studentenausschuß (AStA) an; 1927 wurde der AStA aufgelöst, weil die Studentenschaft ein neues Studentengesetz ablehnte, das Verbindungen ausschloß, die jüdische Studenten nicht zuließen. Dieser Sieg der völkischen Gruppen führte zur Dominanz des Nationalsozialistischen Deutschen Studentenbundes (NSDStB) noch vor der Machtergreifung. Auch in Münster kam es am 10. Mai 1933 zu Bücherverbrennungen durch die Studentenschaft auf dem Hindenburgplatz.

Im Dritten Reich setzte eine von den schulpolitischen Konflikten der Weimarer Zeit grundsätzlich verschiedene Epoche der Bildungspolitik ein, deren Ziel eine Umkehrung der bisherigen Entwicklung war. Es ging nicht mehr um den Ausgleich verschiedener Ansprüche auf die Schule, sondern um deren Unterwerfung unter ein weltanschaulich integrales Konzept von Staats- und Gesellschaftsordnung. Je mehr die rechtsstaatlichen Sicherungen geschwächt wurden, um so mehr wurde das Ziel einer nationalsozialistischen Erziehung in allen Schulformen nicht nur durch organisatorische und administrative Eingriffe, sondern auch durch personalpolitische Maßnahmen und durch mit Terror verbundene Aktionsformen angestrebt. Es bedarf trotz vieler, im einzelnen plausibler Erklärungen immer noch einer allgemeinen Untersuchung des Ursachenkomplexes, die verständlich macht, warum eine schul- und bildungspolitisch so bewußte und durch Generationen auf die Verteidigung ihrer Ansprüche bedachte und darin geübte Gesellschaft, wie sie für die Stadt Münster und ihr Umland charakteristisch war, in Unterwerfung und Anpassung binnen kurzer Zeit ihre Bildungsorganisationen von der Volksschule bis zur Universität einer Destruktion alles dessen ausliefern konnte, wofür die gesamte Geschichte des modernen Bildungswesens stand.

Die Energien, die gegen die sozialdemokratische Regierung so erfolgreich mobilisiert wurden, regten sich nach 1933 im katholischen Milieu nicht. Dezidierte Nationalsozialisten waren Ausnahmen in der Professorenschaft und auch in der Lehrerschaft der höheren Schulen, obgleich hier Funktionäre des Nationalsozialistischen Lehrerbundes (NSLB) als Randfiguren auftraten. Selbst die durch hohe Arbeitslosigkeit noch stärker als die Philologen betroffenen Volksschullehrer stellten mehrheitlich nicht die Vorkämpfer der Bewegung. Warum gab es 1933 und 1934 keinen „Schulkampf“?

Man kann triftige Gründe anführen. Daß sich das fast behutsame Vorgehen der Nationalsozialisten in kirchen- und schulpolitischer Hinsicht im ersten Jahr ihrer Herrschaft und selbst ein völkerrechtlicher Vertrag – das Reichskonkordat – als Täuschung erweisen sollten, konnte man, an den Rechtsstaat gewöhnt, sich wohl nur schwer vorstellen. So ist die scheinbare Sicherung der Konfessionsschule im September 1933 offenbar ein Grund zur Beruhigung für viele engagierte katholische Lehrer und Zentrumspolitiker gewesen. Nach der Beseitigung einer ihrer politischen Hauptsorgen mochte das nationale Programm der neuen Regierung besonders in seiner großdeutschen Form ebenso anziehend und den eigenen mehr autoritativ als liberal geprägten Vorstellungen gemäß wirken wie die Deklarationen über die Volksgemeinschaft und die Gegnerschaft gegen den Marxismus bzw. die politische Linke. So ist wohl auch die Haltung der Oberstudiendirektorin der Annetteschule, der engagierten Zentrumspolitikerin Catharina Müller, als Ausdruck verbreiteter Meinung zu deuten, wenn sie am Reichsgründungstag 1934 in einer Schulrede sagte: „Das Volk entstand neu, einig in seiner Verbundenheit, in seiner Opfer- und Brüdergesinnung, in seinem Pflichtgefühl und seiner Mannentreue. So ward das 3. Reich, das Großdeutsch sein und den bisherigen Gegensatz Berlin–Wien begraben wird“ [zit. nach 341: Weber, Gemütsbildung, S. 216].

Die propagandistischen Formeln wirkten – bei den Lehrern mehr als bei den Lehrerinnen. Eine Veranstaltung des NSLB fand im Juli 1933 in der Halle Münsterland vor vollbesetzten Plätzen statt und konnte 50 000 Teilnehmer auf dem Hindenburgplatz versammeln. Sie stand ganz ambivalent unter dem Motto des Bekenntnisses zu Volk und Vaterland, aber auch zu Gott, damit der Schüler „die Verbindung von Blut und Boden und dem christlichen Glauben“ durch die Erziehung erfahre.

Dem Sog folgte bald der Druck. Fast unauffällig verliefen zunächst die „Säuberungen“ infolge des „Gesetzes zur Wiederherstellung des Berufsbeamtentums“. Die Ein-

Festzug anläßlich des Gautages des Nationalsozialistischen Lehrerbundes

gliederung des Schulkollegiums als „Abteilung für höheres Schulwesen" in die Verwaltung des Oberpräsidenten führte zu einem Personalwechsel im Sinne der NSDAP; auch die Schulabteilungen der Bezirksregierungen wurden mit Nationalsozialisten durchsetzt, während die Zahl der aus politischen Gründen in den Ruhestand versetzten Lehrer vergleichsweise gering blieb. Die propagandistisch abgestützte und begrenzte erste Phase nationalsozialistischer „Machtergreifung" im Bereich der Schule ließ der Hoffnung auf eine mögliche Koexistenz nationalsozialistischer Herrschaft und katholischer Lehrerschaft noch Raum. Aber schon im Sommer 1934 wurde der personalpolitische Zugriff schärfer. Unter den im Juni des Jahres entlassenen bzw. zurückgestuften sieben Direktoren und Direktorinnen in der Provinz war auch Catharina Müller. Binnen drei Stunden hatte sie – zwangspensioniert – die Schule zu verlassen. Ein katholischer Studienrat, NSLB-Obmann an der Schlaunschule, wurde ihr Nachfolger. Mit Hilfe weiterer an die Annetteschule versetzter wirklich oder vermutlich nationalsozialistisch überzeugter Lehrkräfte sollte dieser „Hort der Reaktion" (Bernd Weber) gleichgeschaltet werden.

Diese Taktik wurde je nach Lage auf unterschiedliche Weise auch an anderen Schulen angewandt. Insbesondere wurde das Prinzip der konfessionellen Geschlossenheit der Lehrkörper durchbrochen. Wie weit die innere Umstellung von Unterricht und Erziehung durch die erzwungene äußerliche Fügsamkeit in Formen und Reden jedoch wirklich gelang, ist im einzelnen schwierig festzustellen und im allgemeinen gar nicht zu sagen.

1935 endete die Phase der Einzelmaßnahmen gegen unliebsame Lehrer bei scheinbarem Entgegenkommen im Prinzipiellen, als nach außenpolitischen Erfolgen die Partei offen eine Frontstellung gegen die katholische Kirche, insbesondere gegen die Orden bezog und die Entkonfessionalisierung der Schulen wie des gesamten öffentlichen Lebens forderte. Jetzt verschärften sich die Gegensätze. Die Propaganda für die Hitlerjugend, die administrativ unterstützte Abwerbung der Schüler von konfessionellen Jugendverbänden, die Überführung aller Lehrerverbände in den NSLB, schließlich die Auflösung von schulischen Vereinen – wie dem Turnverein des Ratsgymnasiums – machten den weltanschaulichen Zugriff der Partei umfassend und korrespondierten mit dem Druck auf Geistliche, die als Religionslehrer tätig waren. Die Schule sollte aus dem katholischen Milieu, aus jeder kirchlichen Verbindung herausgebrochen werden.

Die Maßnahmen, die diesem Ziel dienten, lassen nicht auf ein planmäßiges Zusammenwirken von Partei und Behörden schließen, sondern bestanden zunächst aus einzelnen, nicht koordinierten, bisweilen nach Protest wieder zurückgenommenen Eingriffen teils der Verwaltung, teils der Gauleitung – einerlei ob es sich um die Verdrängung der Geistlichen aus dem Religionsunterricht, um die Entfernung religiöser Symbole aus den Schulräumen oder schließlich um die Einführung der Gemeinschaftsschule handelte. Es würde zu weit führen, hier im einzelnen darauf einzugehen.

Auch der bedeutendste und schließlich zu einer allgemeinen Regelung führende Schritt der Einführung der Gemeinschaftsschule vollzog sich in einem Hin und Her von Vorpreschen und Zurückweichen der nationalsozialistischen Parteiorgane und der Verwaltung und war, von Ausnahmen abgesehen, von dem Bemühen geprägt, den Widerstand nicht durch überflüssige Provokationen zu verschärfen. Die Kirche hatte schon lange präventiv in der Meinungsbildung ihrer Mitglieder eine Front gegen die Auflösung der Bekenntnisschule aufgebaut und Protestbereitschaft geweckt. Als jedoch im April Oberpräsident Meyer, der zugleich Gauleiter war, die Zusammenlegung der bis dahin getrennten konfessionellen Schulen mit ministerieller Genehmigung anordnete – im Vergleich zu anderen Provinzen Preußens und anderen Ländern im Reich recht spät –, zeigten sich auf seiten des Bischofs und der katholischen Öffentlichkeit nur Resignation und das Bestreben, die religiöse Erziehung nun in eigene kirchliche Veranstaltungen und ins Elternhaus zu verlagern. Zwar waren die staatlichen Behörden darauf bedacht, daß der Religionsunterricht, wenn auch in reduzierter Form, an der nunmehr zur „Deutschen Gemeinschaftsschule" umgeformten Volksschule weiter erteilt wurde; aber sie hatten die Voraussetzung dafür geschaffen, daß die Volksschulen zu Weltanschauungsschulen des totalitären Staates wurden. Dem gleichen Zweck dienten die Schritte zur Aufhebung der kirchlichen Privatschulen. Sie galten seit 1939 als höhere Privatschulen im Abbau. Betroffen waren davon die beiden höheren Mädchenschulen der Schwestern von der Göttlichen Vorsehung und das 1940 geschlossene Ludgerianum.

Im Zusammenhang der inneren und äußeren Politik der nationalsozialistischen Herrschaft am Vorabend des Krieges nehmen sich die schulpolitischen Veränderungen eher als Marginalien aus. Die Resistenz der katholischen Bevölkerung gegenüber den Zugriffen des nationalsozialistischen Staates hatte zwar eine vorsichtigere Gangart als in anderen Regionen des Reiches zur Folge; zu einem eigentlichen Schulkampf aber kam es auch in Münster nicht – er wäre auch in der Situation des Jahres 1938/39 schwer vorstellbar gewesen. Die Frage, ob Kirche und katholische Bevölkerung der Erhaltung der Bekenntnisschule einen höheren Rang als der „Verteidigung des demokratisch-parlamentarischen Staats" (Ernst Wolfgang Böckenförde) zubilligten [vgl. 2044: Damberg, Kampf um Schulen, S. 28], formuliert gewiß eine die komplexen Zusammenhänge vereinfachende Alternative – als Stachel der historischen Urteilsbildung bleibt sie aber auch dann virulent, wenn sie sich nicht eindeutig beantworten läßt. Am schärfsten richtet sie sich an die Universität, weil hier das Schicksal der zunächst entlassenen, dann deportierten und ermordeten „nicht-arischen“ Professoren – zum Beispiel der Mediziner Freund, von Szily und des Althistorikers Münzer – unmittelbarer als alle institutionellen Eingriffe den Charakter des Regimes offenbarte.

Die Entwicklung der Institutionen von der Weimarer Republik bis zum Ende des Deutschen Reiches

Die politischen Auseinandersetzungen um die Organisationen und Inhalte öffentlicher Bildung waren genereller Natur. Spezifisch münsterische Variationen waren die Heftigkeit des Schulkampfes zu Beginn der Weimarer Republik und die vergleichsweise vorsichtige und zögerliche Methode, mit der die Nationalsozialisten die Abschaffung der Bekenntnisschulen im westfälischen Bereich des Bistums und in der Stadt Münster ins Werk setzten. Innerhalb dieses Rahmens und im Rhythmus von Ausweitung und Restriktion vollzog sich auch die Geschichte der Bildungsinstitutionen der Stadt.

Der Krieg hatte den Ausbau der Medizinischen Fakultät an der Universität um zehn Jahre hinausgeschoben. Die schon 1915 begonnenen Bauten für die Kliniken am Westring mußten 1916 wieder eingestellt werden. Erst nach dem Ende der Inflation wurden die Gebäude fertig und im Beisein des preußischen Ministers für Wissenschaft, Kunst und Volksbildung im Mai 1925 eingeweiht. Es dauerte noch Jahre, bis das Neubaugebiet verkehrsmäßig erschlossen war und die noch fehlenden Kliniken errichtet werden konnten; aber gegen Ende des Jahrzehnts zählte die Medizinische Fakultät bereits über 1700 Studenten und hatte eine verzweigte Kooperation mit anderen medizinischen Versorgungs- und Forschungsanstalten der Stadt und der

Die Entwicklung der Studentenzahl 1880–1940:

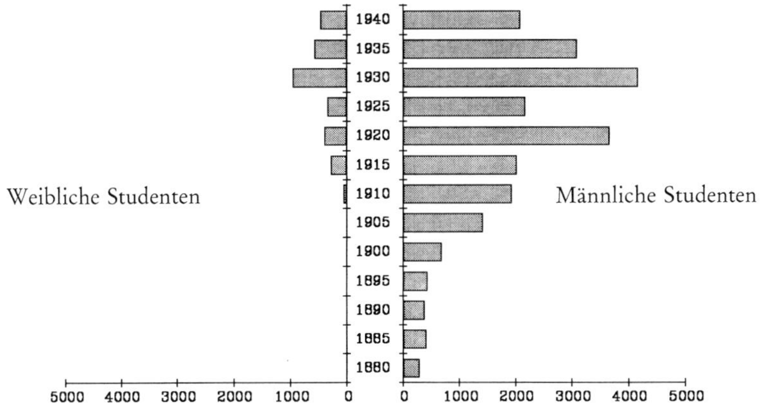

Quelle: 53: Ludwig/Pott/Schmitz, Universitätsstatistik, S. 185

Provinz entwickelt – so mit dem Hygieneinstitut und der Lupusheilstätte Hornheide.

Die Kurve der Entwicklung der Studentenzahlen an der nunmehr fünf Fakultäten und – seit 1925 – das Institut für Leibesübungen umfassenden Universität spiegelt die konträren bildungsgeschichtlichen Signaturen der Weimarer Republik und der Zeit des Nationalsozialismus: ein Anstieg bis zum Anfang der dreißiger Jahre – mit einem durch die Kriegsheimkehrer bedingten vorübergehenden Gipfel nach 1919 – von ca. 2300 auf 5100 unter stetiger Vermehrung des Anteils der Frauen auf fast 19 Prozent in der Weimarer Republik; ein scharfer Einschnitt und eine Umkehrung des Trends nach 1933, der bis Kriegsausbruch fast zur Halbierung der Studentenzahl und zum deutlichen Sinken des weiblichen Anteils führte.

Verteilung der Studenten auf die Fakultäten 1885–1940 (in Prozent):

Jahr	Ev. Theologie	Kath. Theologie	Rechts- und Staatswissenschaft	Medizin	Philosophie	Math.-Nat.	Gesamt (abs.)
1885		61			39		420
1890		57			43		384
1895		68			32		433
1900		47			53		688
1905		24	30		46		1410
1910		16	20		64		2001
1915	1	17	17		65		2314
1920	3	13	32		52		4062
1925	2	13	35	11		39	2531
1930	5	7	23	20		45	5122
1935	5	15	14	40		26	3662
1940	1	12	13	51		23	2560

Quelle 53: Ludwig/Pott/Schmitz, Universitätsstatistik, S. 194

Die Zahl der Hochschullehrer wurde nach 1933 nicht reduziert, sondern stieg langsam. 1911 lehrten hundert Professoren (47 Ordinarien), 1928 war ihre Zahl auf 172 (85) und 1938 auf 194 (97) gestiegen. Namen von internationalem wissenschaftlichen Renommee waren darunter – in der Evangelisch-Theologischen Fakultät Karl Barth, der in den fünf Jahren der Tätigkeit in Münster seine Dogmatik entwarf, und Wilhelm Stählin, der die neue liturgische Bewegung nachhaltig förderte; in der katholischen Fakultät Joseph Lortz, dessen Reformationsgeschichte die Abkehr von der Polemik der Zeit des Kulturkampfes einleitete und ein historisch-wissenschaftliches Gespräch zwischen den Konfessionen möglich machte. Für das politische Engagement der Theologen sind Joseph Mausbach, der als Mitglied des Verfassungsausschusses der Nationalversammlung auch am Zustandekommen des Schulkompromisses von 1920 beteiligt war, sowie Georg Schreiber, der bis 1933 als Politiker des Zentrums im Reichstag saß, sich 1944 der Verhaftung entziehen konnte und 1945 der erste Rektor der Universität nach dem Krieg wurde, herausragende Beispiele. In der Philosophie stehen Namen wie Peter Wust und Heinrich Scholz für die Spannweite

Nobelpreisträger Gerhard Domagk. Gemälde von Otto Dix (1953)

der Forschung zwischen christlicher Existentialphilosophie und mathematischer Logik. Der Geschichtswissenschaft hatte schon Ernst Robert Daenell eine weltgeschichtliche Perspektive gegeben, die von Hermann Wätjen mit besonderem Akzent auf der Wirtschaftsgeschichte ausgeweitet wurde. Dem Mediziner Gerhard Domagk wurde 1939 für seine Forschungen zur antibakteriellen Chemotherapie der Nobelpreis verliehen – er durfte ihn nicht annehmen! Nur beispielhaft können diese Hinweise auf einige der bedeutenden Gelehrten in der Zwischenkriegszeit verdeutlichen, daß die junge Universität die wissenschaftliche und kulturpolitische Enge der Akademiezeit auf vielen Gebieten schnell überwunden hatte.

Die Weimarer Verfassung hatte den schon in der preußischen Verfassung von 1850 formulierten Grundsatz der Freiheit von Forschung und Lehre zur unmittelbar geltenden Rechtsnorm für Rechtsprechung und Verwaltung gemacht. Die neuen Universitätssatzungen von 1923 und 1929 bauten die Selbstverwaltung und die Vertretung der verschiedenen Gruppen der Hochschulangehörigen weiter aus: durch ein – wenn auch begrenztes – Partizipationsrecht der Nicht-Ordinarien und durch die Einrichtung des Allgemeinen Studentenausschusses. Die Wendung von der Partizipation zur „Gefolgschaft" erfolgte 1934. Die Satzung von 1929 wurde durch das Führerprinzip abgelöst. Alle Hochschulen wurden dem Reichsminister für Wissenschaft, Kunst und Volksbildung unterstellt und einheitlichen Bestimmungen unterworfen, die keine Mitsprache von Gremien, sondern nur Entscheidungen der Amtsträger – der „Führer" der Fakultäten oder Universitäten – vorsahen.

Die Geschichte der Schulen spiegelt noch deutlicher als die der Universität die Wirkung eines elementaren sozialen Bildungsdranges. Die Schülerzahl zeigte während der Weimarer Republik bereits die Tendenz, die sich nach dem Zweiten Weltkrieg voll durchsetzte: eine ständige Zunahme der Schüler an höheren Schulen auf Kosten der Zahl der Volksschüler – Bildung und Examen wurden zunehmend wichtiger für Beruf und gesellschaftliche Position. Die gezielt restriktive Bildungspolitik der nationalsozialistischen Zeit und die durch den Krieg bedingten Rückstauungen konnten diesen Trend, anders als an der Universität, nicht umkehren. Vom Andrang zu den höheren Schulen profitierten allerdings nur die städtischen Realanstalten, während die beiden staatlichen Gymnasien quantitativ stagnierten.

Schüler-Lehrer-Relation an den höheren Knabenschulen 1925:

	Schüler	Lehrer	Klassen
Paulinum	601	31	19
Schillergymnasium	311	18	11
Städtisches Gymnasium und Realgymnasium	792	33	23
Oberrealschule	809	34	23

Quelle 168: Humborg, Ratsgymnasium, S. 141

Die Überfüllung des Städtischen Gymnasiums und Realgymnasiums, das seit 1938 „Hermann-Löns-Schule“ hieß, führte zur Teilung der Anstalt. 1938 wurde die städtische „Oberschule am Wasserturm“ gegründet und in Pavillonbauten untergebracht. Damit war der quantitative Ausbau der höheren Jungenschule in Münster – bis zum großen Erweiterungsschub in den sechziger Jahren – zunächst abgeschlossen.

Ihre innere Geschichte war während der Zwischenkriegszeit sehr bewegt. 1925 brachte die Richtertsche Reform für alle drei Schulformen eine starke Vermehrung des deutschkundlichen Unterrichts. Der neue, vierte Zweig höherer Schulen, die „Deutsche Oberschule“, faßte in Münster allerdings nicht Fuß. Die Richtlinien gewährten der einzelnen Schule viel mehr Gestaltungsraum als die herkömmlichen Lehrpläne und erlaubten ein reges pädagogisches und didaktisches Eigenleben – in den Erinnerungen der älteren Lehrer erscheinen die letzten Jahre der Weimarer Republik als eine fruchtbare Epoche des höheren Schulwesens.

Die Umstellung auf weltanschaulich erwünschte Richtlinien und Schulbücher nach 1933 dauerte lange – bis in die Kriegszeit hinein – und wurde nur mittels der Personalpolitik da voll wirksam, wo Direktoren und Lehrer im Geiste der Partei handelten und unterrichteten; aber die Regulierungen und Beschränkungen des Schullebens nahmen ständig zu. Sie gipfelten 1937 in der Vereinheitlichung der Zweige des höheren Schulwesens zur „Oberschule“. Nur die beiden staatlichen humanistischen Gymnasien, nicht aber das Städtische Gymnasium blieben davon ausgenommen. Die Schulzeit aller höheren Schulen wurde „aus wichtigen bevölkerungspolitischen Gründen“ auf acht Jahre verkürzt.

Der Umschlag von der Ausweitung zur Restriktion der Bildungswege kennzeichnet auch die Geschichte der höheren Mädchenschulen. Nach dem Ersten Weltkrieg gewannen sie den vollen Anschluß an die höheren Jungenschulen. Beide Anstalten überwanden ihren nur privaten Status, als sie 1921 als kommunale Schulen Anerkennung fanden und ihr Etat in den städtischen Haushalt übernommen wurde. Nach dem Reichsgrundschulgesetz von 1920 mußten sie ihre Vorschulen aufgeben, wurden aber als neunjährige Vollanstalten – „Oberlyzeen" – mit der Berechtigung zur Verleihung der Hochschulreife den Jungenschulen gleichgestellt. Sie erhielten jetzt die Namen, die sie noch heute tragen.

Schüler-Lehrer-Relation an den höheren Mädchenschulen 1925:

	Schülerinnen	Lehrpersonal	Klassen
Annette-von-Droste-Hülshoff-Schule	710	36	23
Freiherr-vom-Stein-Schule	483	26	16

Quelle 168: Humborg, Ratsgymnasium, S. 141

Nachdem die Ausbildung der Volksschullehrer an den neuen Pädagogischen Akademien konzentriert worden war (1925), wurde das „Oberlehrerinnenseminar" überflüssig. Dieser „Vierte Weg" der höheren Mädchenbildung entließ 1928 seine letzten Absolventinnen an der Freiherr-vom-Stein-Schule. Die Zahl der Schülerinnen sank an der Annetteschule bis 1933 auf 594, stieg an der Steinschule auf 533; allerdings vermittelt die Statistik der einzelnen Schulen ein schiefes Bild, wenn man nicht den Wegfall der Vorschulen und den Aufstieg der Mittelschulen berücksichtigt. Insgesamt stieg auch in Relation zur Bevölkerungsentwicklung die Zahl der Schülerinnen an weiterführenden Schulen.

Ein Beispiel für die Expansion höherer Mädchenbildung ist die Gründung einer weiteren privaten, kirchlichen Mädchenschule durch die Vorsehungsschwestern. Bis 1914 war die Mädchenschule in St. Mauritz eine reine Internatsschule. Seitdem besuchten immer mehr externe Schülerinnen aus Münster das Vorsehungskloster. 1922 gründeten die Schwestern darum die Marienschule, die sich zur dritten höheren Mädchenschule der Stadt entwickeln sollte. 1942 aufgelöst, 1951 wieder gegründet, wurden beide Ordensschulen 1953 bzw. 1966 vom Bistum übernommen. Die Geschichte der Ordensschulen in Münster endete, als die Finanzierungslasten die Möglichkeiten der Kongregation überstiegen.

Auf die Einrichtung einer Mittelschule im Zusammenhang mit dem Ausbau der katholischen höheren Mädchenschulen im Jahr 1909 wurde schon hingewiesen. Erst nach dem Weltkrieg vollzog sich eine ähnliche Entwicklung an der Evangelischen höheren Mädchenschule. Auch hier wurde auf Anregung des Kuratoriums und des Direktors der Schule, nachdem die Freiherr-vom-Stein-Schule zu einem Oberlyzeum geworden war, 1925 eine Mittelschule in ihren Räumen und unter der Leitung ihres Direktors gegründet; sie wuchs schnell und stellte eine berufliche Zukunft für seminaristisch ausgebildete Lehrerinnen dar, die in dem sich voll akademisierenden Lehrkörper der höheren Mädchenschule keinen Platz mehr fanden. Diese evangelische

Mittelschule war von vornherein als eine Mädchen- und Knabenschule eingerichtet.

Im gleichen Jahr regte auch der Direktor des Städtischen Gymnasiums und Realgymnasiums die Einrichtung einer katholischen Mittelschule für Jungen an, um – wie argumentiert wurde – einer Überfüllung der höheren Schulen vorzubeugen, die als volkswirtschaftlich gefährlich anzusehen sei. Zwar lehnte der Magistrat ab, eine solche Schule als städtische Institution einzurichten, erklärte sich aber damit einverstanden, daß die „Genossenschaft der Brüder der Christlichen Schule" eine solche Anstalt gründete. Die Stadt war bereit, für die Räumlichkeiten und ihre Unterhaltung zu sorgen. Mit Hilfe eines Schulvereins wurde diese Schule im April 1925 gegründet und erhielt zugleich staatliche Anerkennung. Damit war während der Weimarer Republik in Münster die Dreigliedrigkeit des allgemeinbildenden Schulwesens ausgeformt.

In den zwanziger Jahren entstand noch eine andere Variation höherer Mädchenbildung im Anschluß an den Aufbau der Lyzeen: die Frauenschule. Auf Initiative und mit finanzieller Beteiligung der Stadt wurde dem Vorsehungskloster in St. Mauritz – die private Anstalt der Schwestern war schon 1909 als höhere Lehranstalt anerkannt worden – eine Frauenklasse angegliedert. 1920 nahm sie ihren Unterricht im Franziskushaus an der heutigen Ostmarkstraße auf. Der große Zustrom an Schülerinnen ließ aus diesem Anfang schnell eine dreiklassige Anstalt entstehen, die seit 1926 – bis heute – in der Neubrückenstraße besteht. Als Zweig der Oberstufe des Oberlyzeums St. Mauritz mit hauswirtschaftlichem Schwerpunkt erhielt diese Frauenoberschule schon 1929 das Recht zur Abiturprüfung und ihren Namen: Hildegardisschule. Weniger erfolgreich verlief der Weg der Frauenschule am evangelischen Lyzeum. Die erste Gründung durch den privaten Töchterschulverein (1920) mußte 1923 wieder aufgegeben werden; 1924 erfolgte eine Neugründung mit einjährigem Kurs, der erst 1938 zu einer dreijährigen Frauenoberschule weiterentwickelt werden konnte. Eine weitere Frauenschule städtischer Gründung wurde 1936 als Oberstufenzweig der Annette-von-Droste-Hülshoff-Schule angegliedert. Diese Zweige der Frauenbildung machten das Technische Seminar für Handarbeits- und Haushaltslehrerinnen überflüssig.

Für die Volksschulen setzte nach dem Krieg eine Periode der Rezession ein. Die Zahl der Anstalten blieb zwar konstant, aber die Schülerfrequenz ging zurück. Den ca. 12 000 Schülern des Jahres 1915 standen 1925 nur noch etwa 8500 gegenüber. Vor allem die im inneren Bereich der Stadt gelegenen Schulen verloren zwischen 30 und 60 Prozent der Schüler; infolgedessen ging auch die Zahl ihrer Klassen zurück. Nur die im Aufbau befindliche Comeniusschule, die Geistschule und die neue Hilfsschule gewannen in diesem Jahrzehnt Schüler. Natürlich wirkten sich hier die demographischen Kriegsfolgen besonders früh aus, aber auch in den folgenden Jahren stagnierten die Schülerzahlen.

Die Folge war eine drückende Arbeitslosigkeit der „Junglehrer" und eine politische Radikalisierung, die sie in stärkerem Maße als die Philologen – deren Berufsaussichten sich ebenfalls verschlechtert hatten – an die NSDAP heranführte. Die Intensität ihrer Ausbildung wurde jedoch in der Weimarer Republik erhöht, als die Pädagogischen Akademien die Lehrerseminare ablösten. Münster wurde nicht zum Sitz einer solchen Hochschule – die am nächsten gelegenen Akademien waren für evan-

Geistkirche und Geistschule – 1929/30 im Stil der Neuen Sachlichkeit erbaut

gelische Lehrer in Dortmund, für katholische in Bonn zu erreichen – und so blieb der Stadt die umstrittene und wenig glückliche Geschichte dieser Neuordnung der Lehrerbildung in Preußen erspart. An der zweiten Phase der gymnasialen Lehrerbildung waren hingegen die Gymnasien der Stadt mit der Einführung der Anstaltsseminare am Paulinum, am Schillergymnasium und nach der Kommunalisierung auch an der Annette-von-Droste-Hülshoff-Schule institutionell beteiligt.

Nach langer Diskussion wurden in der Provinz zweijährige Studienseminare eingeführt. Sie faßten das Anstaltsseminar mit einjähriger Einübung in die Praxis und das darauf folgende Bezirksseminar mit theoretisch vertiefter Ausbildung der Studienreferendare durch ausgewählte und für diese Aufgabe entlastete Seminar- und Fachleute zusammen. Das erste Bezirksseminar der Provinz wurde 1927 in Dortmund, das zweite 1928 in Münster eingerichtet. Das Interesse der Stadt an dieser zentralen Ausbildungsstätte artikulierte sich durch Übernahme der Kosten der Unterbringung und die Bezahlung eines „Entlastungsassessors" für die Seminarleitung aus städtischem Etat. Aber so wie nach 1933 die Pädagogischen Akademien zu Lehrerbildungsanstalten reduziert wurden, so wurde auch die Ausbildungszeit an den Studienseminaren auf ein Jahr verkürzt. Finanzielle Schwierigkeiten machten die Anläufe zu einer intensiveren, stärker theoretisch unterbauten Lehrerausbildung schon in der Weimarer Republik schwierig; nationalsozialistische Bildungspolitik beschnitt dagegen die wissenschaftliche Lehrerbildung aus Prinzip.

Auf die Etablierung des Berufsschulwesens in der Weimarer Republik wurde bereits hingewiesen. Das Anwachsen der Schülerzahl an den berufsbildenden Schulen signalisierte das steigende Bedürfnis nach intensiver fachlicher Ausbildung. Sowohl die gewerbliche wie die kaufmännische Berufsschule verzeichneten einen Anstieg der Frequenz um etwa 50 Prozent.

Am kommunalen Schuletat kann man ablesen, daß die Stadt nicht nur die Aufgaben der alten Schulgemeinden beim niederen Schulwesen übernommen hatte, sondern auch durch den Unterhalt der städtischen höheren Schulen, Mittelschulen und Berufsschulen neben dem Staat zum wichtigsten Träger des Bildungswesens geworden war. Die Zuschüsse der Stadt an die Volksschulen waren 1933 mit 1 006 207 Mark seit 1908 um fast das Doppelte gestiegen und lagen nur um etwa 100 000 Mark unter den staatlichen Zuschüssen. Die beiden höheren Mädchenschulen sowie die katholische Mädchenmittelschule erhielten jeweils ca. 80 000 Mark, das Städtische Gymnasium und Realgymnasium 183 000, die Oberrealschule 143 000 Mark. Die Gesamtausgaben für die Zweige des Berufsschulwesens beliefen sich auf 120 000 Mark; die verschiedenen kleineren Zuschüsse für die staatliche Bauingenieurschule und die Landwirtschaftliche Berufsschule sind darin nicht enthalten.

Neben dem Staat und der Stadt traten nach dem Ersten Weltkrieg gesellschaftliche Gruppen als Träger von Bildungsveranstaltungen stärker hervor. Die Forderung nach Volksbildung hatte schon im 19. Jahrhundert verschiedene private Initiativen hervorgerufen; nach dem verlorenen Krieg verdichteten sie sich programmatisch und praktisch. In der sich weltanschaulich pluralisierenden Gesellschaft konkurrierten Bildungskonzeptionen um Verbreitung und Geltung ihrer Prinzipien oder „Weltanschauungen". Die Kirchen hatten schon seit der Mitte des 19. Jahrhunderts die Soziale Frage durch Förderung von Bildung beantworten wollen – die Bildungsarbeit des Kolpingvereins wurde schon erwähnt. Sie wurde nach dem Ersten Weltkrieg fortgesetzt. 1933 mußte auch in der nun „Deutsche Kolping Familie" benannten Institution das Führerprinzip eingeführt werden; ab 1935 wurde der Verein durch die „Deutsche Arbeitsfront" personell reduziert und allein auf religiöse Bildung beschränkt.

Liberal-bürgerliche, seit dem Beginn des Jahrhunderts auch mit stark propagandistischem Effekt verbundene nationalpolitische Bildungsveranstaltungen hatten sich vor allem in Form von öffentlichen Vorträgen aus privater Initiative verstärkt. Zu Beginn des Weltkriegs waren durch den Historiker Daenell in Münster „Hochschulkurse für jedermann" eingerichtet und „Kriegsvorträge an der Universität Münster" für die Öffentlichkeit angeboten worden. Nach dem verlorenen Krieg bekam der Drang nach besserer Orientierung und weiterer Qualifizierung der Erwachsenen einen neuen Antrieb durch die Vorstellung, die politischen und materiellen Verluste des Krieges durch geistige und moralische Anstrengungen wettmachen oder gar Volksbildung als „Volk-Bildung" betreiben zu können. Der Westfälische Heimatbund drängte den Oberbürgermeister schon 1919 zur Errichtung einer Volkshochschule. 1920 zählten die noch ohne institutionellen Rahmen angebotenen Kurse zunächst über 900 Teilnehmer, deren Zahl freilich im Verlauf der nächsten Semester deutlich sank. Die Organisation solcher Kurse lag nebenamtlich zunächst bei einem Archivrat, dann beim Stadtschulrat. Durch Ministererlaß wurde an der Universität Münster eine „Volkshochschulstelle" unter der Leitung von Professor Daenell eingerichtet, die den Aufbau und die Arbeit der entstehenden Volkshochschulen im Rheinland und in Westfalen unterstützen sollte. Eine rechtlich und finanziell gesicherte Form fand die Volkshochschule in der Weimarer Republik in Münster jedoch nicht. 1936 bemächtigte sich die Organisation „Kraft durch Freude" mit der Gründung eines „Deutschen Volksbildungswerkes" der unterschiedlichen Ansätze der Erwachsenenbildung. Erst nach dem Zweiten Weltkrieg begann eine neue Phase, die zur Etablierung einer Volkshochschule zunächst in der Trägerschaft eines Vereins, dann als städtische Institution führte.

Im kirchlichen Rahmen, aber auch aus privater Initiative war schon seit 1890 der „Volksverein für das katholische Deutschland" gegründet worden. Seit 1919 aktivierte der „Zentralbildungsausschuß der katholischen Vereine Deutschlands", seit 1928 schließlich die Katholische Aktion die gesellschaftlichen, freien Bildungsangebote des Katholizismus. In Verbindung damit förderte der Borromäusverein in Deutschland katholische Volksbibliotheken; eine solche, in privater Trägerschaft befindliche Volksbibliothek wurde in der Weimarer Zeit auch in Münster gegründet – Ursprung der in den dreißiger Jahren in kommunale Hand übergegangenen Stadtbücherei.

Die verschiedenen Bildungsaktivitäten, die sich in der Weimarer Republik neben den öffentlichen Institutionen als freie, gesellschaftliche Aktivitäten in Vereinen, Jugendbünden und Erwachsenenzirkeln regten, wurden nach 1933 entweder aufgelöst oder in den Gleichschaltungsprozeß nationalsozialistischer Schulungen und Propagandaaktivitäten eingeordnet. Die Entstehung eines kaum noch statistisch zu erfassenden Feldes unterschiedlichster Bildungs- und Ausbildungsveranstaltungen mit fließenden Übergängen zu Hobbykursen, Freizeitbeschäftigung, Spiel- und Sportveranstaltungen, die das private gesellschaftliche Leben nach dem Zweiten Weltkrieg so stark bestimmen sollten, kündigte sich in der Weimarer Republik bereits an, wurde nach 1933 weltanschaulich und organisatorisch in die Tätigkeiten verschiedener Unterorganisationen von Partei und Hitlerjugend überführt und durch den Zweiten Weltkrieg abrupt unterbrochen.

Die Geschichte der Bildungsinstitutionen verlor im Krieg zunehmend ihren eigenen Charakter und wurde wie die aller gesellschaftlichen und politischen Einrichtungen immer mehr eine Funktion der sich verschärfenden Kriegsbedingungen. Man kann die Ereignisse dieser Jahre auf den Nenner einer allmählichen Vernichtung und Zerstörung zunächst der Bildung und dann ihrer Einrichtungen bringen. Hier müssen wenige Hinweise darauf genügen.

Die Universität wurde unmittelbar und am nachhaltigsten durch den Militärdienst der Studenten und vieler Dozenten betroffen. „Die Hörsäle waren leer [...] In der Mathematik gab es statt vorher fünfhundert nur noch [...] fünfundzwanzig Studenten" [1479a: Behnke, Semesterberichte, S. 139]. Die Zerstörung der meisten Universitätsgebäude im Stadtbereich erschien wie ein Symbol der 1933 begonnenen, im Laufe der Kriegsjahre vollendeten Pervertierung und Entleerung ihres Bildungszwecks. 1944 wurde die Medizinische Fakultät nach Bad Salzuflen ausgelagert; der Lehrbetrieb der übrigen Fakultäten mußte eingestellt werden.

Auch für die Schulen brachte bereits der Beginn des Krieges erhebliche Einschränkungen. Der Unterricht an den Jungenschulen wurde sofort durch die Einberufung vieler Lehrer zum Militärdienst betroffen. Die Abiturklassen wurden bald ohne for-

Labor des Physiologischen Instituts in den dreißiger Jahren

melle Prüfung zu Arbeitsdienst oder Wehrdienst eingezogen. Die Abiturientinnen an den Mädchenschulen traf das gleiche Schicksal im Kriegshilfsdienst. Aber auch jüngere Schülerinnen wurden durch freiwillige Kriegshilfseinsätze vor allem in der Landwirtschaft dem Unterricht entzogen. Seit 1942 begann die Einberufung der 16jährigen Jungen als Luftwaffenhelfer auch den Unterricht für die oberen Klassen der Mittelstufe zu zerrütten. Der notdürftige und unter schwierigen Verhältnissen gegebene Unterricht in den Flakstellungen war trotz des großen Einsatzes der Lehrkräfte ein unzureichender Ersatz.

Vor allem aber ließen die zunehmenden Luftangriffe seit 1941 immer mehr Unterricht ausfallen – sei es durch Zerstörung von Klassenräumen oder ganzer Schulgebäude, sei es durch die Verkürzung des Unterrichts nach nächtlichem Luftalarm. Seit 1943 nahm der Zerstörungsprozeß rapide Formen an. Die Evakuierung der Unter- und Mittelstufen in KLV-Lager (Kinderlandverschickung) in Bayern – Reit im Winkl für die Mädchenschulen, Tegernsee bzw. Wiessee für die Jungenschulen – löste praktisch das städtische Schulgefüge auf. Die KLV-Lager waren zwar aus der Not geborene, aber durchaus der NS-Ideologie entsprechende Erziehungsanstalten, standen sie doch unter der Aufsicht der Partei und der Hitlerjugend. Die Lehrer waren nur für den Unterricht zuständig. Die Wirklichkeit der Lager sah freilich anders aus und glich trotz der Reibereien zwischen Parteibeauftragten und Lehrkräften zunehmend einer Notgemeinschaft.

Die Geschichte der Luftwaffenhelfer – „Schüler und Soldaten" [1585: Krieg frißt eine Schule, S. 126] – gehört nicht in diese Darstellung – wohl aber der Hinweis auf die seit dem massiven Tagesangriff vom 10. Oktober 1943 ständig sich steigernden Zerstörungen durch den Bombenkrieg, der schließlich die meisten Schulgebäude unbrauchbar machte und den Unterricht der verbliebenen Schüler und Schülerinnen zum Erlöschen brachte. Von der Freiherr-vom-Stein-Schule wird berichtet, daß ab September 1944 von geregeltem Unterricht keine Rede mehr sein konnte – ähnliches gilt mit nur geringen Abweichungen von anderen Schulen. Die Mühsal der immer erneuten notdürftigen Herrichtung von Unterrichtsräumen, der Versuche, trotz der Kriegseinwirkung wenigstens soweit wie möglich für die noch anwesenden Schüler Unterricht zu erteilen, kurz: Die Odyssee der Schüler- und Lehrerschaft innerhalb der Stadt und ihres Umkreises kann hier nicht dargestellt werden. Die Bilanz an zerstörten und schwerbeschädigten Schulgebäuden am Ende des Krieges verdeutlicht den Niedergang der in einem Jahrhundert aufgebauten Struktur der Bildungsanstalten in Münster: 17 Volksschulen, zwei Mittelschulen, die Werkkunstschule, zwei Fachschulen und fünf höhere Schulen sowie die städtischen Handelslehranstalten waren total zerstört oder schwer beschädigt. Der verbleibende Rest an nur leicht beschädigten und zur Benutzung nach 1945 bald wieder hergerichteten Schulgebäuden war kleiner als der Bestand an Schulen vor der Jahrhundertwende.

Dem materiellen Verlust an Bausubstanz und Unterrichtshilfsmitteln stand der Verlust an Menschenleben zur Seite. „Der Krieg frißt eine Schule" – so nannten Schüler des Hittorfgymnasiums eine Studie über „Die Geschichte der Oberschule für Jungen am Wasserturm in Münster 1938–1945" –, der Titel bezeichnet das Schicksal aller Bildungsinstitutionen der Stadt in den letzten Jahren der Herrschaft des Nationalsozialismus.

Quellen und Literatur

Die bildungsgeschichtliche Forschung hat in den letzten Jahrzehnten erhebliche Fortschritte gemacht. Neue Fragestellungen verlangten und erlaubten die Verbindung der herkömmlichen Geschichte der pädagogischen Ideen oder Institutionen mit sozialgeschichtlichen, verwaltungsgeschichtlichen und mentalgeschichtlichen Forschungen. Insbesondere die Bildungsstrukturen staatlicher oder nationaler Systeme wurden, teilweise auch im internationalen Vergleich, analysiert; entsprechende lokale oder regionale Untersuchungen, für die es einige wichtige Beispiele gibt [1389: Krabbe, Schul- und Kulturpolitik; 2610: Saal, Schul- und Bildungswesen], fehlen jedoch weithin. Insbesondere ist die Untersuchung örtlicher Bildungssysteme in ihrem institutionellen, finanziellen, pädagogisch-geistigen und sozialen Zusammenhang noch kaum in Angriff genommen.

So konnte sich die Darstellung in diesem und im nächsten Band nicht auf moderne Forschungen zum gesamten Bildungssystem stützen. Hingegen liegen eine Anzahl älterer und jüngerer Einzeluntersuchungen bestimmter Bildungseinrichtungen und ihrer geschichtlichen Entwicklung vor, die trotz unterschiedlicher wissenschaftlicher Qualität schon deshalb unentbehrlich sind, weil sie sich auf Zeitzeugen stützen und Quellenmaterial benutzen konnten, das heute nicht mehr zugänglich ist. Häufig waren Jubiläen der Anlaß für die Abfassung solcher Schriften. Je bedeutender die Institution, je weiter ihr Einzugsbereich, desto zahlreicher sind diese Dokumente. So liegen für die Universität eingehende Darstellungen einzelner Institutionen wie auch ihrer Gesamtgeschichte vor. Die Gymnasien haben zahlreiche Festschriften mit historischen Kapiteln hervorgebracht. In weniger ausführlicher und insbesondere historisch nicht so ergiebiger Weise finden sich auch bei Real- und Berufsschulen Jubiläumsschriften mit Quellenwert. Für die Volksschulen konnte auf solche Materialien nicht zurückgegriffen werden.

Die für die Thematik relevanten gedruckten und ungedruckten Quellen sind in verschiedensten Überlieferungssträngen erhalten. Die Bestände in den Archiven der Stadt und des Bistums, der Universität und im Staatsarchiv sind, sofern noch erhalten, bislang nur partiell und unter bestimmten Fragestellungen erfaßt und ausgewertet worden. Das gleiche gilt für die gedruckte Überlieferung in der zeitgenössischen Publizistik und der biographischen Literatur. Unverzichtbar für die Geschichte der höheren Schulen und der Berufsschulen ist die große Zahl der Jahresberichte („Programme"). Sie enthalten reichhaltiges, noch gar nicht hinreichend erschlossenes Material, das über die Geschichte der jeweiligen Institutionen hinaus Bedeutung hat.

Die Aufarbeitung des umfangreichen und unterschiedlichen Quellenmaterials wäre mir ohne die Mitarbeit der Teilnehmer meines Kolloquiums über die Bildungsgeschichte Münsters selbst in der durchaus unvollständigen Weise nicht gelungen, die für diese Darstellung unumgänglich war. Ich danke daher hier den Studenten und Studentinnen, die in Magister- oder Staatsexamensarbeiten das Material zu einzelnen Themenkreisen erschlossen und bearbeitet haben. Auf diese Arbeiten habe ich an entsprechenden Stellen mit Gewinn zurückgreifen können. Ich nenne die Untersuchungen über die Volksschulpolitik während des Kulturkampfes von Christoph Sturm [1454: Gebet, Gesang und Gottesdienst], über den Schulkampf in Münster zu Beginn der Weimarer Republik von Rainer Hohl [1564: Schulkampf], über die jüdische Gemeinde im 19. Jahrhundert [1361: Stellung der Juden] von Anja Hogreve, über die Entwicklung der höheren Mädchenbildung in Münster von Susanne Freund [1322: Mädchenschulwesen], über die Anfänge des akademischen Frauenstudiums von Christiane Beuvink-Jenke [1530: Frauenstudium], über die politischen Aktivitäten der Studentenschaften Münsters zu Beginn der Weimarer Republik von Rainer Pöppinghege [1609: Politisches Verhalten], über die Entwicklung der Provinzialgewerbeschule zu Münster von Ute Wienecke [1469: Provinzialgewerbeschule] sowie über die quantitative Entwicklung des münsterischen Schulsystems zwischen den beiden Weltkriegen von Sabine Muermann [1605: Schulen 1900–1933]. Ralf Schmitz bin ich für die Auffindung von Quellen zur Geschichte einzelner Schulen – insbesondere der Berufsschulen – zu Dank verpflichtet.

BERNHARD SICKEN

Münster als Garnisonstadt – Allgemeine Wehrpflicht und Kasernierung

1. Wechselnde Landesherren und militärische Belegung zwischen Säkularisation und Befreiungskriegen – 2. Die preußische Provinzialhauptstadt als Sitz von Kommandobehörden und truppenstarker Standort bis zur Reichsgründung – 3. Städtisches Wachstum und militärische Infrastruktur in der Kaiserzeit – 4. Belastungen und Leistungen im Ersten Weltkrieg und im Übergang zur Weimarer Republik – 5. Münster als Standort der Reichswehr – 6. Der Raum- und Landbedarf von Heer und Luftwaffe in der NS-Zeit

1. Wechselnde Landesherren und militärische Belegung zwischen Säkularisation und Befreiungskriegen

In den Koalitionskriegen der Jahre 1792 bis 1797 und 1799 bis 1801/02 gegen Frankreich war das Fürstbistum Münster recht glimpflich davongekommen, weil sich das Land seit 1795 eines neutralen Status erfreute, den Preußen im Baseler Frieden für Norddeutschland ausgehandelt und durch seine Streitkräfte überwacht hatte. Im März 1801 verließen jedoch die letzten preußischen Truppen die Stadt Münster; das bedeutete für die Bürger und Einwohner Erleichterung, jedoch für das Fürstbistum angesichts der Sorge um seinen weiteren Bestand keine entscheidende Verbesserung, wie die Proteste Preußens und Frankreichs gegen die Neuwahl eines Fürstbischofs im Herbst 1801 deutlich machten. Schon im folgenden Jahr erfüllten sich dann die Befürchtungen, denn bei den Säkularisationsverhandlungen wurden die östlichen Teile des geistlichen Staates einschließlich seiner Hauptstadt der Hohenzollernmonarchie zugesprochen. Die Besitzergreifung unter militärischem Schutz – in die Stadt Münster waren ca. 3000 Mann eingerückt – erfolgte Anfang August 1802. Widerstand gegen diese Okkupation, den einige Einheimische zeitweise erwogen haben sollen, gab es nicht. Die Streitkräfte des Fürstbistums, die beim Übergang an Preußen effektiv noch 1722 Mann zählten – einschließlich der Familienangehörigen ist diese Militärbevölkerung auf ca. 2700 Personen zu veranschlagen [1202: Zeigert, Münstersche Truppen, S. 206] –, waren nach der Besitzergreifung alsbald preußischem Kommando unterstellt worden. Nach einigen Übergangsmonaten, die einen erheblichen personellen Abgang vor allem durch Desertion gebracht hatten – größtenteils scheinen die Beurlaubten der Einberufung nicht gefolgt zu sein –, wurden sodann die Einheiten aufgelöst und die Soldaten preußischen Regimentern zugeteilt. In den preußischen Dienst traten weniger als ein Dutzend Offiziere, was auf mancherlei wechselseitige Vorbehalte zurückzuführen ist und unter anderem auf seiten der neuen Herren die Reserve gegenüber nichtadeligen Offizieren spiegelt. Von den Unteroffizieren, Mannschaften und Spielleuten wechselten hingegen 981 den Dienstherrn. Die Infanteristen faßte man in der Mehrzahl zu einem Bataillon zusammen, das als drittes, nicht zum Felddienst bestimmtes Bataillon einem bestehenden Regiment angegliedert wurde, während die in ihrer Qualität offenbar höher eingeschätzten Reiter den Stamm eines neu formierten Dragonerregiments bildeten. Massive

Vorbehalte gegenüber der neuen Obrigkeit auf der einen Seite und Furcht unter den jungen Männern vor dem als hart und beschwerlich eingeschätzten preußischen Militärdienst auf der anderen Seite charakterisierten in den folgenden Jahren das Verhalten der Münsteraner. Davon künden unter anderem die Schwierigkeiten bei der Einführung des Kantonreglements. Zwar waren die Bestimmungen zugunsten der Münsterländer modifiziert und war ein behutsames Vorgehen angeordnet worden, doch stellten sich von den zur Aushebung vorgesehenen städtischen Rekruten im Frühjahr 1805 nur knapp zwei Drittel und im Herbst 1805, als ein Kriegsausbruch drohte, sogar nur gut ein Drittel; die anderen hatten sich dem Dienst entzogen und waren deshalb zum Teil außer Landes gegangen.

Münster blieb nach dem Herrschaftswechsel selbstverständlich Garnisonstadt. Nach einer gewissen Konsolidierung der Verhältnisse, die zugleich größere Beurlaubungen von Mannschaften erlaubt hatte, lagen im Juni 1803 vier Infanteriebataillone, ein im Aufbau befindliches Dragonerregiment und schwache Artilleriekräfte mit insgesamt 1467 Mann in der Stadt, zu denen noch 1229 Soldatenfrauen und -kinder kamen, so daß sich die Militärbevölkerung auf 2696 Personen belief. Durch die 1805 verstärkt einsetzende Aushebung von Rekruten, unter denen die Münsterländer auf nachdrückliche Empfehlung des Freiherrn vom Stein generell die einheimischen Truppenkörper zu ergänzen hatten und folglich in der Mehrzahl nach Münster einberufen wurden, scheint sich der Anteil der Militärbevölkerung dann erhöht zu haben, der im Vergleich zur Friedenszeit vor der Säkularisation wohl mehr als das Doppelte betrug und wirtschaftlich einen gewissen Ausgleich für jene Einbußen brachte, die die Stadt mit dem Verlust ihrer Funktion als Landeshauptstadt und Herabstufung zum Sitz von Verwaltungsbehörden mittlerer Stufe erlitten hatte. Ein stattlicher Teil der Soldaten, zu denen anscheinend mancher Verheiratete zählte, fand in dem beschlagnahmten und zur Kaserne umgebauten Minoritenkloster Unterkunft; diese erste größere Kaserne Münsters bot Platz für gut 700 Infanteristen. Ungefähr die Hälfte des Militärs – in den Exerziermonaten erhöhte sich diese Quote merklich – lag aber weiterhin im Bürgerquartier. Hierzu wurden nun auch die meisten der vormals befreiten Häuser herangezogen, was die Reserven in dieser einflußreichen Schicht gegenüber der Hohenzollernherrschaft verstärkt haben dürfte. Nach wie vor fiel dem Magistrat die Einweisung in die Bürgerquartiere zu, deren Vergütung fortan aus Steuermitteln erfolgte und spürbar angehoben wurde, so daß die materielle Belastung für die Quartiergeber sank.

Zum Gouverneur Münsters war auf Ersuchen des Magistrats und des Domkapitels Anfang 1803 Generalleutnant von Blücher ernannt worden, der als ehemaliger Befehlshaber der zur Überwachung der Demarkationslinie eingesetzten Truppen in der Stadt kein Unbekannter war und sich einer gewissen Popularität erfreute. Der Militärgouverneur nahm seinen Dienstsitz im vormals fürstbischöflichen Schloß, in dem auch Freiherr vom Stein als Präsident der Kriegs- und Domänenkammer seine Wohn- und Amtsräume hatte, so daß die höchsten Repräsentanten der Streitmacht und der Zivilverwaltung unter einem Dach logierten, was der Zusammenarbeit zugute kam. Den offenbar zufriedenstellenden Beziehungen zwischen Blücher und den einheimischen Honoratioren entsprach allerdings nicht das Verhältnis zwischen dem Militär und der Zivilbevölkerung, denn hier fehlte es nicht an Reibereien, Streitigkeiten und Übergriffen [1374: Keinemann, Beleidigungsstreit]. Zu diesen Schwierigkeiten trugen sowohl Anmaßungen von Subalternoffizieren bei, deren Verhalten nicht frei von Provokation war, als auch die fragwürdige Anordnung eines höheren Befehlshabers, der den Soldaten nicht nur zur Abwehr eines Angriffs, sondern sogar im Fall einer Beleidigung den Waffengebrauch erlaubt hatte. Diese zur Warnung öffentlich bekanntgemachte Anweisung, durch die sich die Bürger und Einwohner generell als feindlich und aufrührerisch diskreditiert sahen, war zwar von den preußischen Zivilbehörden mißbilligt und vom Militär in kaschierter Weise bald wiederaufgehoben worden, doch hatte sie dem Ansehen der bewaffneten Macht beträchtlichen Schaden zugefügt und das wechselseitige Mißtrauen vergrößert. Anstoß erregte ferner das willkürlich anmutende Verhaften von Zivilpersonen durch das Militär, das harte öffentliche Disziplinieren von Soldaten, das Stören sonntäglicher Gottesdienste durch Militärparaden und die Beschlagnahme mehrerer Kirchen, die ab 1805/06 als Verpflegungsmagazine dienten. Diese Vorgänge und Vorfälle dürfen nicht überbewertet werden, jedoch verstärkten sie die ohnehin vorhandenen Animositäten in der Bevölkerung gegen die preußische Herrschaft und konterkarierten dadurch die zurückhaltendere und einfühlsamere Arbeit der zivilen Dienststellen zur Eingliederung der neuen Lande in die Hohenzollernmonarchie.

Die im Sommer 1806 rasch wachsenden Spannungen zwischen Preußen und Frankreich erlebten die Münsteraner in Furcht vor einem Krieg und manche in heimlicher Hoffnung auf eine politische Wende, die der Preußenherrschaft ein Ende bereiten werde. Die unmittelbaren Kriegsvorbereitungen begannen Mitte August mit der Einberufung der Beurlaubten, um die Regimenter auf Kriegsstärke zu bringen, und mit dem Auffüllen der Lebensmittel- und Fouragevorräte zur Versorgung der Feldtruppen. Da aus militärischer Sicht der exponierte westliche Besitz nicht mit vertretbarem Aufwand verteidigt werden konnte, zumal das von einem Schwager Napoleons regierte anrainende Großherzogtum Berg als hervorragende Ausgangsbasis für einen Einfall galt, wurden die in Westfalen stationierten Truppen größtenteils im September abgezogen, nachdem die Geldbestände der Amtskassen, die wichtigen Akten und Archivalien sowie Vorräte der Magazine abtransportiert worden waren; unter diese Sicherstellung fiel trotz Protests auch kostbares münsterisches Kirchengut. Die eiligen Rüstungen mit ihren Eingriffen und Belastungen verschärften die Spannungen zwischen der Zivilbevölkerung und den rigoros ihre Forderungen durchsetzenden Militärs, wie sich in einer wachsenden antipreußischen Stimmung zeigte. Zur Deckung der Stadt und ihrer Umgebung standen bei Kriegsausbruch lediglich ein paar Infanteriekompanien mit vielleicht tausend Mann zur Verfügung. Für diese schwachen Kräfte hatte ein bäuerliches Arbeitskommando zwar Anfang Oktober im Südwesten Münsters noch freies Schußfeld schaffen müssen, weil die nahe Grenze in erster Linie aus dieser Richtung einen Angriff erwarten ließ, doch kamen diese Truppen infolge des raschen Desasters bei Jena und Auerstedt nicht mehr zum Einsatz; der Stadt blieben demnach Kampfhandlungen erspart.

Dem schnellen Abzug der preußischen Truppen folgte ein kurzes Zwischenspiel mit einer niederländischen Besetzung und dann ein französisches Generalgouvernement, das bis 1808 währte und hauptsächlich auf die Nutzung der Ressourcen des Landes für die französische Kriegführung gerichtet war. Diese Ansprüche zielten sowohl auf die Finanz- und Wirtschaftskraft als auch auf die waffenfähige Bevölkerung. Wurden zunächst im Münsterland nur Truppenkörper aufgestellt, die sich aus

Geworbenen und zum Teil aus übergetretenen ehemaligen preußischen Soldaten zusammensetzten, von denen viele aber alsbald wieder desertierten, so ergänzten sich die Truppenkörper ab 1808/09, nachdem der überwiegende Teil des Landes an das Großherzogtum Berg gefallen war, durch die Konskription und demnach durch eine bedingte Wehrpflicht, der nun auch – und zwar umfangreicher als in der kurzen preußischen Zeit – die Städter unterworfen waren, soweit sie sich nicht durch einen Stellvertreter freikaufen konnten [1397: Lahrkamp, Napoleonische Zeit, S. 581ff]. Wie in früheren Zeiten diente Münster darüber hinaus als wichtiger Werbe-, Muster- und Etappenort, was einen wachsenden Bedarf an Unterkunfts- und Lagerkapazität bedeutete und zur Beschlagnahme mehrerer Gebäude führte. Doch erst die Ende des Jahres 1811 durch die französische Regierung angeordnete Aufhebung der meisten Klöster und Stifte – Münster war unterdessen dem Kaiserreich Frankreich einverleibt worden – scheint kurzfristig eine Entspannung gebracht zu haben, da nun eine Vielzahl zusätzlicher Gebäude verfügbar war.

In den Jahren des großherzoglich-bergischen und des kaiserlich-französischen Regimes hatte Münster im allgemeinen nur eine schwache Garnison zu beherbergen, weil die zahlreichen Kriege Napoleons die Stationierung stärkerer Truppenkörper im Hinterland ausschlossen und bei Neuaufstellungen die ausgehobenen Mannschaften entweder bald in heimatferne Standorte verlegt oder nach kurzer Ausbildung ins Feld geschickt wurden. Daher gab es keine Truppenteile, die längere Zeit in der Stadt standen; statt dessen herrschte ein ständiger Wechsel, der von vornherein auch die Übernahme von Wacht- und Sicherheitsdiensten durch das Militär ausschloß. Diese Aufgaben fielen sogenannten Gardebataillonen zu, die aus Bürgern und Einwohnern formiert worden waren und zugleich das Engagement für die politisch-soziale Ordnung bekunden sollten. Doch von solchen Zielen war schon nach wenigen Monaten nichts mehr zu spüren, da den Münsteranern der Dienst lästig war und zunehmend bezahlte Vertreter bestellt wurden, die mit dem Entgelt mehr schlecht als recht ihren Lebensunterhalt zu bestreiten suchten. Die numerische Schwäche der Garnison erleichterte nur scheinbar die Quartierlast, denn zum einen hatten die Quartierwirte die Einlogierten nunmehr auch zu beköstigen, ohne dafür eine finanzielle Entschädigung zu erhalten, und zum anderen mußten in übergroßer Zahl für eine oder ein paar Nächte immer wieder durchmarschierenden Truppen Unterkünfte und zum Teil die erforderlichen Speisen und Getränke gestellt werden, was durch das häufige Kommen und Gehen die vordergründige Erleichterung in das Gegenteil verkehrte und auf höhere Anforderungen als zuvor hinauslief. Das traf insbesondere für die Zeiten kriegsbedingter Aufmärsche, Durchzüge und Rückschläge zu, weil Münster an einer wichtigen Heerstraße lag. Zuweilen mußten kurzfristig mehrere tausend Mann untergebracht werden – Ende Oktober 1806 waren für einige Tage mehr als 10 000 Mann zu beherbergen –, wozu seit September 1807 allerdings sämtliche Einwohner herangezogen wurden, da die Befreiungen von der Quartierpflicht aufgehoben worden waren. Diese Einquartierungen wirkten wie eine Besteuerung, die insofern kaum durch größere Einnahmen aufgewogen wurde, als der Bedarf durchziehender Truppen an Waren und Dienstleistungen – von wenigen Nahrungs- und Genußmitteln einmal abgesehen – normalerweise gering war. Nicht genug damit, der Magistrat hatte zudem bei der Unterbringung stets tatkräftige Hilfe zu leisten, außerdem mancherlei administrative Aufgaben für die Streitkräfte zu übernehmen und obendrein die Militärgebäude zu unterhalten, selbst wenn es sich um staatliches Eigentum handelte. Mitunter stellte auch der Stadtkommandant, der prinzipiell französischer Nationalität war, kostspielige Ansprüche, die von der Stadt erfüllt werden mußten, um ein erträgliches Verhältnis zu diesem einflußreichen Offizier sicherzustellen.

Das Ende der napoleonischen Herrschaft verlief für Münster glimpflich. Zwar hatte der Stadtkommandant im Spätsommer 1813 die Garnison auf einige hundert Mann verstärkt, um der wachsenden Unruhe in der Bevölkerung angesichts des näherrückenden Kriegsschauplatzes notfalls mit Waffengewalt entgegentreten zu können, zwar hatte er überdies Vorbereitungen zur Verteidigung der Stadt treffen lassen, doch blieben den Truppen sowohl ein bürgerkriegsähnlicher Einsatz als auch ein Gefecht gegen die zügig nach Westen vorstoßenden russischen und preußischen Verbände erspart. Die Stadt, die auch von der angedrohten Plünderung durch zurückweichende französische Einheiten verschont worden war, fiel darum am 7. November 1813 kampflos den Alliierten in die Hand.

Die folgenden beiden Jahre waren für das Münsterland und seine Hauptstadt durch die Anforderungen geprägt, die der Krieg gegen Frankreich stellte. Das bedeutete auf der einen Seite mehrfach wochen-, wenn nicht monatelange Durchzüge von Truppenteilen mit entsprechender logistischer Vorsorge und Unterstützung und auf der anderen Seite die aktive Teilnahme der männlichen Bevölkerung am Kampf, für die 1813 zunächst befristet, dann 1814 definitiv die allgemeine Wehrpflicht den

Thüringische, münsterische und Paderborner Freiwillige. Federzeichnung aus dem Jahr 1813

Ehrentafel des 2. Münsterschen Landwehrregiments in der Apostelkirche (dort bis zur Renovierung 1836/37)

rechtlichen Rahmen absteckte. Die Rekrutierung für den Befreiungskrieg, bei der sich zeitweise die Bewaffnung und Uniformierung der Einrückenden als schwierig erwies, begann bereits wenige Wochen nach der Wiedereinnahme Westfalens [2329: Kochendörffer, Berichte, S. 45ff]. Münster hatte dazu 268 Wehrpflichtige zu stellen, von denen der überwiegende Teil einem Landwehrregiment zugeteilt wurde. Mit knapp 20 Prozent war hingegen nur ein kleiner Teil der Ausgehobenen zur Ergänzung von Linienregimentern vorgesehen, von denen im Vergleich zu den Landwehrmännern allerdings viele desertierten. Am Engagement im Befreiungskampf ließen es die Münsteraner jedoch nicht fehlen, denn immerhin zogen 117 Freiwillige ins Feld, unter denen die Angehörigen des einheimischen Adels und des bürgerlichen Honoratiorentums überproportional vertreten waren; ob diesem Einsatz durchweg patriotische Motive zugrunde lagen oder nicht auch die Aussichten auf einen leichteren und angeseheneren Dienst zur freiwilligen Meldung verlockten, ist nicht zu sagen. Anscheinend hat die Dienstbereitschaft im Laufe des Jahres 1814 aber zugenommen. Als nämlich im März 1815 die überraschende Rückkehr Napoleons an die Macht neuerlich zu den Waffen rufen ließ, bereitete jedenfalls die personelle Mobilisierung keine nennenswerten Schwierigkeiten. Eine rechtzeitige Ausrüstung der Einheiten, deren Zahl beträchtlich vermehrt worden war, erwies sich dagegen als unmöglich, weil es keine ausreichende Bevorratung gab und die finanziellen Mittel zum Ankauf knapp waren. Geldspenden für die Feldausrüstung insbesondere der Landwehr, für die in Münster mit beachtlicher Resonanz aufgerufen worden war, scheinen indes die Beschaffung des Nötigen merklich erleichtert zu haben. Vom vaterländischen Einsatz kündet außerdem der 1815 nach dem Vorbild in anderen Orten gegründete münsterische Frauenverein, der die Pflege und Betreuung verwundeter und kranker Soldaten übernahm; zeitweise sollen über 2000 Mann in den rasch eingerichteten Lazaretten in der Stadt untergebracht worden sein [1397: Lahrkamp, Napoleonische Zeit, S. 115, 595f].

Neben Kranken und Verwundeten hatte Münster zahlreichen durchziehenden Truppenteilen für eine Nacht oder ein paar Nächte Unterkunft zu bieten, was manchmal die kurzfristige Einquartierung einiger tausend Mann bedeutete; diese mußten in der Regel durch den Quartierwirt beköstigt werden, da für eine Verpflegung durch militärische oder zivile staatliche Dienststellen die Voraussetzungen fehlten. Eine Erstattung war für diese Leistungen nicht vorgesehen, wenn man von außerordentlichen Belastungen einmal absieht, doch wurden die Ausgaben offenbar auf die landesweit geforderten Requisitionen angerechnet, die zum Unterhalt der Streitkräfte ausgeschrieben worden waren. Insofern war allerdings die Stadt Münster zusätzlich belastet, als die Aufwendungen etwa für den lokalen Kommandanten, für durchreisende hochgestellte Militärs und für administrative Dienstleistungen zugunsten von Kommandobehörden aus der Stadtkasse bestritten werden mußten, was angesichts beträchtlicher Höhe und geringer laufender Einnahmen zum Einziehen einer Sondersteuer nötigte. Die Disziplin der Einquartierten scheint in der Regel zufriedenstellend gewesen zu sein. Zahlreiche Klagen verlauteten indes über die Kosaken, die manchmal kurzerhand auf Straßen und Plätzen kampierten und wegen ihrer Zügellosigkeiten, Roheiten und Diebstähle gefürchtet waren. Insgesamt waren die Belastungen der Städter zwischen 1813/14 und 1815 aber geringer als in den vergleichbar unruhigen Jahren 1806 und 1807, weil in jener Zeit rücksichtslos sämtliche Geldeinkünfte von der Besatzungsmacht beansprucht worden waren, während nunmehr die Anforderungen reguliert und niedriger angesetzt waren und außerdem – wie angedeutet – ein Teil der Requisitionen aus staatlichen Einkünften vergütet wurde.

2. *Die preußische Provinzialhauptstadt als Sitz von Kommandobehörden und truppenstarker Standort bis zur Reichsgründung*

Nach dem Wiener Kongreß, der Preußen den Besitz des größten Teils Westfalens eingebracht hatte, erfolgte in den Jahren 1815 und 1816 im wesentlichen die Neuordnung der höheren zivilen und militärischen Verwaltung, die Münster definitiv zum Sitz der Provinzialverwaltung und der Kommandobehörde für das 1816 zunächst provisorisch, 1818/20 dann endgültig formierte VII. Armeekorps machte. Die Stadt wurde zudem Dienstsitz eines Regierungspräsidenten und eines Divisionskommandos sowie Garnison mehrerer Truppenkörper. Für die Wahl Münsters zum Standort höherer Behörden und Stäbe sowie starker Truppenteile hatte zweifellos der staatli-

Die Observantenkirche als Militärdepot (um 1890)

che Besitz zahlreicher Gebäude gesprochen, die sich zur Unterbringung von Dienststellen und Soldaten, von Ausrüstungsmaterial und Vorräten eigneten. Hierbei handelte es sich hauptsächlich um vormals kirchliche Bauten, die 1811 durch die von Frankreich angeordnete Aufhebung von Orden und Stiften der öffentlichen Hand zugefallen waren und mit relativ geringen Kosten für die Ansprüche des Militärs hergerichtet werden konnten. So wurden manche Klostergebäude nun in Kasernen und Diensträume der Militärverwaltung sowie Kirchen in Magazine oder Depots umgewandelt, was bei der begrenzten Kapazität dieser Anlagen zu einer Dislokation im gesamten Stadtgebiet führte und das Militär überall präsent machte, zumal auf Bürgerquartiere nach wie vor nicht verzichtet werden konnte (diese Umwidmung ist mit dem schon von Zeitgenossen geprägten Schlagwort „Kasernen statt Klöster" gekennzeichnet worden, das den komplexen militärischen Anforderungen an die Infrastruktur der Stadt jedoch nicht gerecht wird [2049: Depping, Erinnerungen]). Denn mit der Einführung der allgemeinen Wehrpflicht hatte sich der Präsenzstand der Einheiten merklich erhöht, entfielen doch nun weitgehend die Beurlaubungen. Merklich zugenommen hatte zudem der Bestand an Militärpferden, da die Kavallerie im Unterschied zu früher auch im Frieden beritten war und die Feldartillerie – wenngleich bei beträchtlich reduziertem Ansatz – über einen Teil ihrer Zugtiere verfügte. In den ersten Jahren nach dem Friedensschluß mit Frankreich bestand die Garnison vor allem aus Infanterie- und Artillerieeinheiten, zu denen sich im Jahr 1825 noch Kavallerie hinzugesellte. Die Stärke dieser Truppen einschließlich der Kommandobehörde und Stäbe belief sich im Vormärz zunächst auf ca. 2000 Mann und später auf ungefähr 2300 Mann. Rechnet man die Familienangehörigen hinzu, deren Zahl in dem primär aus jüngeren Wehrpflichtigen rekrutierten Heer nun aber deutlich niedriger als im Absolutismus lag, dann stellt sich die Quote der Militärbevölkerung an der Einwohnerschaft im Jahr 1816 beispielsweise auf ca. 13,2 Prozent und um 1840/45 auf gut 11,2 Prozent.

Zur Truppenunterbringung dienten im Vormärz und meist noch Jahrzehnte über diese Epoche hinaus neben dem erwähnten Minoritenkloster das Dominikanerkloster, das Lotharinger Kloster, das Kloster Rosenthal sowie das Observantenkloster zusammen mit dem Jüdefelder Armenhaus, wobei in diesem Komplex auch das Garnisonlazarett untergebracht war. Zudem war die Observantenkirche im Erdgeschoß zur Stallung für Artilleriepferde umgebaut, und durch darüber eingezogene Geschosse waren Kammern für Uniformen und Ausrüstungsgegenstände hergerichtet worden, während die Dominikanerkirche als Depot für die Landwehrausrüstung Verwendung fand. Ferner hatte im Kloster Marienthal (Niesing) am Servatiikirchplatz das Traindepot Aufnahme gefunden – ein Flügel der Anlage blieb allerdings dem Divisionskommando als Dienstsitz vorbehalten –, und die Georgskommende samt zugehöriger Kirche war zur Bevorratung von Proviant eingerichtet worden. Dennoch genügten die Objekte nicht, um den Raum- und Lagerbedarf zu decken, wie sich bei der Verlegung von Kavallerie nach Münster zeigte; berittene Truppen lagen nämlich im sogenannten Gardehotel, im ehemaligen fürstbischöflichen Münzhaus (Münzstraße) und in der sogenannten Schloßkaserne, die durch Um- und Anbauten aus dem früheren fürstlichen Marstall hervorgegangen war. Obwohl dem Militär die Nutzung weiterer Gebäude überlassen wurde, mußten zusätzlich Häuser gemietet, Ställe errichtet und Unterkünfte geschaffen werden.

Bei größeren Vorhaben und erst recht bei Neubauten erwies sich die Finanzierung durchweg als schwierig, weil der Militäretat im Vormärz nur in seltenen Fällen die erforderlichen Mittel bereitstellen konnte. Die Lasten ließen sich bei Kasernenbauten mitunter aber auf die betroffenen Einwohner abwälzen, wenn diese hartnäckig auf Befreiung von der Quartierlast drängten, denn in derartigen Fällen führte ein durch das Militär demonstrativ herausgekehrtes Unvermögen oder Desinteresse nicht selten zu dem Effekt, daß sich die Kommune oder die Bürger finanziell engagierten, um die unbeliebten Logiergäste loszuwerden. Eine solche Reserve des Militärs gegenüber der Forderung nach Kasernierung der Truppen konnte sachlich gerechtfertigt, jedoch auch taktischer Natur sein und zwingt bei einer Bewertung stets zur sorgsamen Analyse des konkreten Falls. Interesse verdient in diesem Zusammenhang ein 1827 im Intelligenzblatt veröffentlichter Plan zur Gründung einer Aktiengesellschaft, die den Ausbau des Lotharinger Klosters zur Kaserne für 270 Soldaten finanzieren wollte und den Zeichnern dieser Aktien als Dividende die Freiheit von der Einquartierung in Aussicht stellte [132: Geisberg, Stadt Münster 6, S. 474f]. Auf dieses Finanzierungsmodell wurde beim bescheidenen Umbau des Lotharinger Klosters zwar nicht zurückgegriffen, doch fand es dann beim Bau der Aegidiikaserne Anwendung. Das größere Vorhaben wurde als Neubau 1828 in Angriff genommen und nach rund dreijähriger Bauzeit fertiggestellt. Die Kaserne, die auf dem Platz der Aegidiikirche und des gleichnamigen Zisterzienserinnenklosters errichtet worden war, hatten teils der Staat, teils die Stadt und teils interessierte Bürger finanziert, denen die Zeichnung bestimmter Kreditanteile mit der Befreiung von der gewöhnlichen Quartierlast honoriert wurde. Bei dieser Mischfinanzierung trug der Staat ca. 55,5 Prozent der Bau- und Einrichtungskosten, während die Stadt 25,2 Prozent und die Hauseigentümer

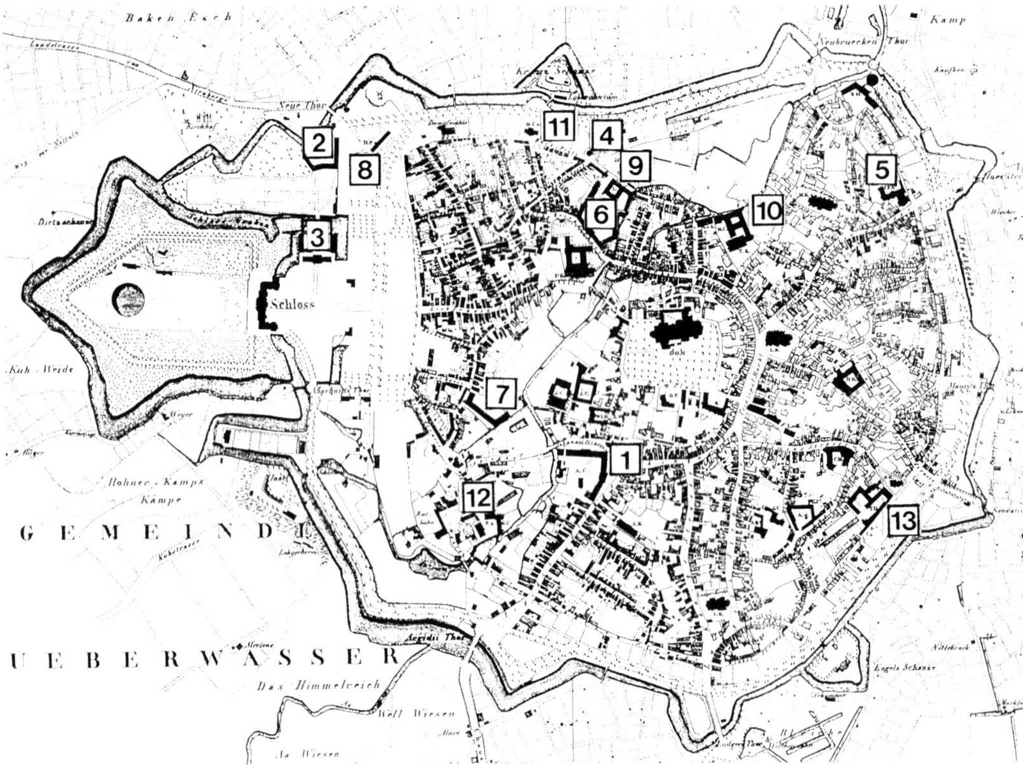

Kasernen und militärische Einrichtungen im Stadtgebiet 1839 (Ausschnitt aus dem „Grundriß der Provinzialhauptstadt" von Emil von Manger)

1 Aegidiikaserne
2 Artilleriewagenhaus
3 Artilleriepferdestall
4 Buddenturm
5 Kaserne der Fußartillerie
6 Franziskanerkaserne
7 Gardehotel
8 Husarenpferdestall
9 Lazarett
10 Minoritenkaserne
11 Münzkaserne
12 Proviantamt
13 Traindepot

19,3 Prozent der Summe als befristete Darlehen aufbrachten. Von den Hauseigentümern waren dabei 1521 Darlehenscheine à 20 Taler gezeichnet worden, die pro Stück jeweils von der Pflicht zur Einquartierung eines Mannes für die Dauer der Laufzeit des Kredits befreiten. Die Eigentümer größerer und wertvoller Häuser hatten demnach mehrere derartige Beträge aufzubringen, wenn das Anwesen quartierfrei sein sollte, so daß die Zahl der auf diese Weise eximierten Gebäude merklich unter der Zahl der ausgegebenen Aktien lag. Beim Bau der Aegidiikaserne hatten also Stadt und Bürger dem Staat über einen finanziellen Engpaß hinweggeholfen, andererseits den Rückgriff auf Bürgerquartiere weitgehend unnötig gemacht. Der Neubau, der Unterkunft für 750 Infanteristen bot, entsprach den zeitgenössischen Standards und besaß beispielsweise Speisesäle für die Mannschaften und Vorratsräume, was den späteren Übergang zur Gemeinschaftsverpflegung erleichterte. Mehr noch, der Einbau einer Luftheizung verwies sogar auf einen gewissen Komfort, jedoch bewährte sich die Anlage nicht, so daß man bald wieder zur Ofenheizung der Stuben überging. Im Hof der Aegidiikaserne, die Max Geisberg [132: Stadt Münster 4, S. 490] als mustergültigen Zweckbau charakterisiert hat, befand sich ab 1834 auch eine Offiziersspeiseanstalt, die den Vorläufertyp des Offizierskasinos darstellt.

Der Verzicht auf Bürgerquartiere währte nicht lange. Denn eine allmähliche Verstärkung der Garnison und die vorübergehende Stationierung weiterer Einheiten in der Stadt zwangen schon im Vormärz wieder zur Unterbringung von Soldaten in Privathaushalten, doch scheinen längerfristig hiervon nur 200 oder allenfalls 300 Mann betroffen worden zu sein. Ungünstiger stellte sich die Lage dar, als nach Trup-

Die Aegidiikaserne, 1828 bis 1831 als erster Kasernenneubau in preußischer Zeit auf dem Gelände des ehemaligen Aegidiiklosters errichtet (um 1890)

penvermehrungen Ende der fünfziger Jahre zudem die Kaserne im ehemaligen Minoritenkloster wegen ihres ruinösen Zustands geräumt werden mußte. Daraufhin stieg die Zahl der bei Bürgern einlogierten Soldaten auf 820. Abhilfe brachte 1863/64 dann zum einen der Bau der Hörsterkaserne, deren Kapazität später mit 278 Mann angegeben wurde, jedoch wahrscheinlich in den ersten Jahren höher angesetzt war, und zum anderen die Verlegung des Garnisonlazaretts in einen Neubau (Neutor), weil dadurch im früheren Observantenkloster Unterbringungsraum frei wurde. Um 1869 sollen jedenfalls nur noch knapp hundert Soldaten auf Bürgerquartiere angewiesen gewesen sein. Das Wachstum der Garnison hielt indes an, so daß die Quartiernot trotz engen Zusammenrückens wieder stieg und zunehmend die Forderung nach zweckmäßigeren und größeren Kasernen in den Vordergrund rückte, um eine feldmäßige Ausbildung, die Unterbringung der umfangreichen Ausrüstung und nicht zuletzt die Erfüllung der steigenden hygienischen Ansprüche sicherstellen zu können. Die ersten derartigen Bauvorhaben nahmen in Münster zögernd Ende der siebziger und achtziger Jahre Gestalt an.

Demnach währte die Einquartierung als Dauerlast bei beträchtlichen quantitativen Schwankungen bis an die Schwelle der Reichsgründung, wenn man von einigen Ausnahmen (bis um 1888) einmal absieht. Als staatlicher Rechtsanspruch blieb die Quartierlast allerdings bis zum Ende des Kaiserreichs bestehen, auch wenn darauf im Frieden nur gelegentlich zurückgegriffen wurde. Die Erfassung und Verteilung der Logis fiel in die Verantwortung einer kommunalen Kommission, der in Münster wie herkömmlich Magistratsangehörige und Bürger sowie zur Wahrung der militärischen Belange ein Offizier angehörten. Die Einquartierung einschließlich der zugehörigen Nebenleistungen wurde je nach Dienstgrad und Höhe des Anspruchs aus öffentlichen Mitteln entschädigt. Von der Quartierpflicht waren nur wenige Häuser befreit; die Quote lag in Münster deutlich unter 10 Prozent. Dadurch fiel es der Kommission leicht, Häuser mit schlechten hygienischen Standards oder übermäßig belegten Wohnungen unberücksichtigt zu lassen, was hin und wieder anscheinend zu ungerechtfertigten Begünstigungen führte. In den ersten ein, zwei Dezennien des Kaiserreichs kamen noch häufiger Einquartierungen in Privathaushalte etwa bei Manövern oder Feldparaden vor. Später mietete die Stadt bei solchen Anforderungen durchweg Wirtshaussäle oder hielt andere für Massenquartiere geeignete Räumlichkeiten bereit, weil dem Bürger die Stellung von Naturalquartier nur in Ausnahmefällen und kurzzeitig als zumutbar galt.

Der endgültige Übergang zur allgemeinen Wehrpflicht im Jahr 1814 änderte nicht nur die soziale Basis der Streitmacht, sondern führte zugleich zur jährlichen Ergänzung der Einheiten durch eine stattliche Quote an Rekruten und somit zu einer Intensivierung der Ausbildung. Deshalb wuchs der Bedarf an Exerzierplätzen, Reitbahnen und -hallen, an Schießständen sowie an jederzeit nutzbarem Übungsgelände, wobei die Entwicklung leistungsfähigerer Waffen, der Übergang zu gefechtsnahen Feldübungen und nicht zuletzt die Verstärkung der Garnison die Anforderungen zusätzlich hochschraubten. In Münster wurden wie anderenorts im Vormärz die Kasernenhöfe und darüber hinaus die öffentlichen Plätze zur Ausbildung benutzt; zeitweise war nicht einmal der Domplatz ausgenommen. Zudem diente der nahe der Innenstadt gelegene Neuplatz (der spätere Hindenburgplatz), der überwiegend im staatlichen Besitz war und nur zum kleineren Teil der Stadt gehörte, zur Reiterausbildung, zum Exerzieren und für größere Paraden. Weitere gegen Ende des 19. Jahrhunderts angemietete Übungsplätze für die berittenen Truppen lagen am Nubbenberg (unweit der Grevener Straße) und in der Schmeddingheide. Außerdem standen der Garnison noch andere kleinere Plätze zur Verfügung, die der Militärfiskus gepachtet hatte, um in erster Linie den ungünstig dislozierten Truppen kasernennahe Waffenübungen zu ermöglichen.

Mit einem bereits 1827 gekauften Areal von ca. 107 Hektar in der Loddenheide, wenige Kilometer südöstlich des Stadtkerns, gebot das Militär auch über ein Gelände, das für Waffenübungen größeren Umfangs geeignet war und überdies Platz für Schießstände bot. Zwei Generationen später genügten – so sei im Vorgriff angefügt – diese Anlagen, die nicht erweiterungsfähig waren und längerfristig die industrielle Entwicklung der Stadt in diesem verkehrsgünstigen Gebiet zu behindern drohten, den Ansprüchen der Truppen nicht mehr, wie der Erwerb des Übungsplatzes Haus Spital mit rd. 120 Hektar und der Bau eines modernen Schießstandes in der Coerheide kurz nach der Jahrhundertwende verdeutlichen. Weittragende Waffen, Änderungen in der Gefechtstaktik und die beginnende Ausrüstung mit technischem Gerät hatten zu wachsendem Raumbedarf geführt, der nordwestlich und nördlich der Stadt am günstigsten befriedigt werden konnte und obendrein den Wünschen der Truppe nach kurzen Anmarschwegen zu den Übungsanlagen insofern entgegenkam, als um diese Zeit der Bau großer Kasernen an der Grevener Straße und an der Steinfurter Straße teils abgeschlossen war, teils begonnen hatte. Feldübungen stärkerer Einheiten und Verbände waren standortnah um diese Zeit jedoch nicht mehr möglich, sondern zwangen durchweg zur Verlegung auf einen Truppenübungsplatz. Dem VII. Armeekorps und somit auch den in Münster stationierten Truppenteilen stand dazu vorrangig seit Anfang der neunziger Jahre der Platz in der Senne zur Verfügung, während die Feldartillerie zum Schießen in der Regel nach Friedrichsfeld bei Wesel ausrückte.

Zu den Schwierigkeiten, die Münster aus der Funktion als größerer Truppenstandort erwuchsen, zählte die Bevorratung von Explosivstoffen, da sowohl beträchtliche Mengen an Munition für Faust- und Handfeuerwaffen als auch Geschosse unterschiedlicher Art für die Artilleriegeschütze einschließlich stattlicher Pulvermengen bereitgehalten werden mußten [1342: Haas-Tenckhoff, Preußische Garnisonstadt, S. 19, 19a]. Aus Sicherheitsgründen kam es im Jahr 1818 zur Auslagerung des größten Teils dieses Kriegsmaterials in ein eigens in der Mauritzheide ca. 3 Kilometer vor der Stadt erbautes Pulvermagazin. Damit waren die Gefahren für die Stadt aber nicht beseitigt, weil auf der Kreuzschanze weiterhin ein Munitionslaboratorium betrieben wurde, in dem zeitweise sogar Artilleriemunition, vor allem jedoch Infanteriemunition hergestellt und in kleineren Mengen aufbewahrt wurde. Ein Teil dieser Gebäude war zwar unterirdisch angelegt und der gesamte Komplex stadtseitig von einem Schutzwall umgeben, doch genügten den sicherheitsbewußteren Anwohnern die Vorkehrungen schließlich nicht mehr, obwohl die Munitionsfertigung seit 1870 merklich eingeschränkt worden war. Auf Initiative einer Reihe von Bürgern, die beim Magistrat den nötigen Rückhalt fanden, kam es im Jahr 1890 nach längeren, vom Militär ausweichend geführten Verhandlungen endlich zur Verlegung auch die-

Friedrich Heinrich Ernst von Wrangel, von 1834 bis 1839 Kommandeur der 13. Division

ser Fertigungs- und Lagerstätte in die Mauritzheide. Die Kosten für die Auslagerung und die Ersatzbauten hatte offenbar die Stadt zu tragen, und demnach ließ sich der Militärfiskus seinen Verzicht durch moderne Anlagen auf erweitertem Gelände (5,3 Hektar) honorieren. Das 1,25 Hektar große Areal an der Kreuzschanze kaufte daraufhin die Stadt; es diente später zur Erweiterung der Promenade.

Durch die Funktion als preußischer Verwaltungssitz und truppenstarker Standort nahm in Münster der protestantische Anteil an der Bevölkerung rasch zu. Zur evangelischen Kirche wurde 1814 die Minoritenkirche (später Apostelkirche) bestimmt, die schon während der preußischen Herrschaft von 1802 bis 1806 den protestantischen Beamten und Soldaten zur Verfügung gestanden hatte und dann 1840 in den Besitz der evangelischen Zivilgemeinde übergegangen war, jedoch weiter von der Militärgemeinde mitbenutzt wurde. Für die katholischen Militärgottesdienste stand von 1842 bis 1907 die Petrikirche zur Verfügung. In den letzten Jahren vor dem Ersten Weltkrieg fand die Militärkirchengemeinde dann in der Heilig-Kreuz-Kirche ihr Unterkommen, deren Lage in der Nähe der großen Kasernen diese Verlegung begünstigt hatte. Garnisonkirchen im Eigentum des Militärfiskus gab es in Münster nicht, obwohl solche Bauvorhaben wiederholt erörtert worden waren und schließlich kurz vor dem Ausbruch des Ersten Weltkriegs mit dem Plan zum Rückgriff auf ehemalige Klosterbauten sogar konkretere Gestalt angenommen hatten. Zur Verwirklichung des Vorhabens, das in der Zeit raschen politisch-gesellschaftlichen Wandels der Herrschaftsstabilisierung dienen sollte, kam es allerdings nicht mehr.

Über die Beziehungen zwischen den in Münster stationierten Truppenteilen und den Bürgern und Einwohnern liegen für das 19. Jahrhundert nur dürftige Erkenntnisse vor, die sich hauptsächlich auf spektakuläre Vorfälle beziehen, immerhin aber Schlaglichter auf dieses komplexe Verhältnis werfen. Im Revolutionsjahr 1848 kam es auch in der Provinzialhauptstadt zu politischen Unruhen, die im Vergleich zu anderen westfälischen Städten jedoch ohne gravierende Folgen blieben. So konnte bei einem Auflauf am 19. März, zu dem offenbar Proteste gegen die Mahl- und Schlachtsteuer den Anlaß gegeben hatten, von Truppen der Garnison mühelos die Ruhe wiederhergestellt werden, ohne daß anscheinend mehr als einige Verletzte und zerbrochene Fensterscheiben am Haus des Bürgermeisters zu verzeichnen waren. Ruhe und Ordnung waren in den nächsten Monaten nicht gefährdet, deren Sicherung eine rasch aufgestellte Bürgergarde übernahm, die aus sechs Kompanien (pro Leischaft eine Kompanie) mit insgesamt rd. 1800 Mann bestand; diese Kräfte waren zum größeren Teil mit Gewehren aus staatlichen Zeughäusern und Depots ausgerüstet worden [1459: Wagenfeld, Münsterische Bürgergarde, S. 17ff]. Die Formation der Bürgerwehr erfolgte also mit staatlicher Unterstützung und entlastete das Militär. Nicht das Versagen dieser Bürgerwehr, sondern das gewaltsame Eindringen bewaffneter Soldaten in eine antigouvernementale Volksversammlung – dies dürfte nicht ohne Duldung von Vorgesetzten geschehen sein – führte dann am 26. November 1848 zu einem gefährlichen Zusammenstoß mit einer Reihe von Verletzten und schien kurzzeitig den Frieden in der Stadt zu gefährden. Dem massiven und demonstrativen Auftreten der Bürgergarde gelang es jedoch, Schlimmeres zu verhüten und die öffentliche Erregung über den Zwischenfall zu dämpfen, so daß das für den Fall von Unruhen bereits zum Einschreiten bereitgestellte Militär zurückgehalten werden konnte. Die Bürgergarde, die ihre gesetzliche Grundlage übrigens erst Mitte Oktober 1848 erhalten hatte, wurde im Herbst 1849 wieder aufgelöst; sie hatte zweifellos durch ihre Existenz zur Beruhigung beigetragen und schärfere Konfrontationen zwischen den aktiven Truppen und den zum politischen Engagement drängenden Bürgern vermeiden helfen.

Wie sich solche Ereignisse auf das Verhältnis zwischen der bürgerlichen Bevölkerung und der Garnison auswirkten, läßt sich mangels entsprechender Vorarbeiten nicht beurteilen. Das gilt auch für die politischen Auseinandersetzungen um die dreijährige aktive Dienstzeit und den Verfassungskonflikt zwischen 1859/60 und 1862/66, doch dürfte die Reserve gegenüber der bewaffneten Macht auf ziviler Seite gewachsen sein. Die Stimmung in der Bevölkerung in den Einigungskriegen machte hingegen ein Wechselbad durch, denn zweifellos standen viele Münsteraner 1866 gefühlsmäßig eher im großdeutschen Lager, während 1870/71 offenkundig die Siege über Frankreich und die Reichsgründung lebhaft begrüßt wurden, was unter anderem in den Empfängen der zurückkehrenden Truppen seinen Ausdruck fand. Andererseits ließen die Auseinandersetzungen im Kulturkampf – so sei in diesem Zusammenhang angefügt – das Pendel wieder zurückschlagen. Zwar stand das Militär in dem Konflikt abseits, jedoch mußten wiederholt Kürassiere ausrücken, um bei Aufläufen die erregte Volksstimmung zu dämpfen; außerdem rief die Beeinträchtigung der katholischen Militärseelsorge scharfe Kritik hervor, weil die Streitmacht als Instrument jener staatlich-obrigkeitlichen Willkür erschien, die man in den westlichen Provinzen überwiegend als preußentypisch ansah.

Die Münzkaserne zwischen Münzstraße und Promenade (1890)

3. *Städtisches Wachstum und militärische Infrastruktur in der Kaiserzeit*

Zur Zeit der Reichsgründung galten die Dislozierung der Streitkräfte durchweg als ungünstig und die Unterbringung der Truppen in den Standorten als verbesserungsbedürftig. Hierbei stand zum einen das Verlangen nach einer Konzentration im Vordergrund, was auf eine Stationierung geschlossener Regimenter oder zumindest von Bataillonen und Abteilungen hinauslief, um eine gefechtsnahe Ausbildung sicherstellen und eine bessere Dienstaufsicht gewährleisten zu können; zum anderen mußten die wachsenden hygienischen und sozialen Ansprüche erfüllt werden, die zunehmend auch öffentliche Aufmerksamkeit fanden. Diese Zusammenfassung wurde durch die fortschreitende Kasernierung erleichtert, die zudem auf einen effektiveren Einsatz der Mittel hoffen ließ und keine sicherheitspolitischen Bedenken mehr aufwarf, seit der Ausbau des Eisenbahnnetzes jederzeit eine rasche Verlegung von Kräften ermöglichte.

Von dieser Entwicklung war die Garnison in Münster nicht ausgenommen, wie die Zusammenlegung und Verstärkung der Truppenkörper zeigt. Denn seit 1877 lagen das Infanterieregiment Nr. 13 mit drei Bataillonen in Stärke von rd. 1500 Mann, seit 1885 das Kürassierregiment Nr. 4 mit fünf Schwadronen und knapp 600 Mann und seit 1899 das Feldartillerieregiment Nr. 22 mit zwei Abteilungen und gut 600 Mann in der Stadt. Hinzu kamen noch Traineinheiten (seit 1865 Trainbataillon

Nr. 7) mit knapp 200, später ca. 300 Mann, die allerdings zunächst außerhalb der Stadt – und zwar im nördlichen Teil der Hiltruper Gemarkung – Unterkunft fanden und formal erst durch die Eingemeindung von 1875 der Stadt zuzuordnen sind. Zur Unterbringung dieser Einheiten, deren Aufstockung und Ausstattung mehr und mehr Raum erforderte – zu Beginn des 20. Jahrhunderts wurden die Infanterieregimenter durch eine Maschinengewehrkompanie verstärkt und die Kavallerieregimenter mit Telegraphie- und Brückengerät ausgestattet –, reichten die vorhandenen Anlagen trotz Um- und Ergänzungsbauten sowie Überbelegung schließlich nicht mehr aus. Keine der Kasernen hatte nämlich die Größe, die nach den geltenden Standards als erforderlich betrachtet wurde und beispielsweise für ein Infanteriebataillon um 1900 eine Fläche von 2,5 bis 3 Hektar und für ein geschlossenes Infanterieregiment von 5 bis 7 Hektar vorsah [2680: Sicken, Stadt und militärische Anlagen, S. 67]. Dagegen wies das Areal der Aegidiikaserne, der größten münsterischen Anlage, gerade 1,35 Hektar auf, während die anderen Kasernen, etwa die Münzkaserne mit 0,85 Hektar, die Lotharinger Kaserne mit 0,69 Hektar oder die Hörsterkaserne mit 0,33 Hektar, merklich kleiner waren und kaum mehr als zwei oder drei Kompanien aufnehmen konnten. Neubauten waren deshalb unverzichtbar, für die insofern die Altstadt von vornherein nicht in Betracht kam, als ein Erwerb entsprechender Flächen zu vertretbaren Bedingungen ausgeschlossen war und überdies Belästigungen der Anlieger durch Lärm, Geruch und Staub möglichst vermieden werden sollten. Auch städtebauliche Auflagen mußten berücksichtigt werden, zu denen vorrangig ästhetische Gesichtspunkte zählten.

Der erste Neubau eines Kasernements in dieser Epoche wurde für den Train (Nachschubtruppe) errichtet, dessen Stationierung in Münster die vorhandenen Unterkunftskapazitäten überfordert hatte. Als unzuträglich galt außerdem, daß das umfangreiche Trainmaterial auf ein halbes Dutzend Gebäude hatte verteilt werden müssen, was die Ausbildung am Gerät und die Wartung erheblich erschwerte. Zwischen 1878 und 1881 wurden daraufhin am Dahlweg Unterkunftsgebäude, Wagenschuppen und Stallungen errichtet, die zunächst dem aus zwei Kompanien bestehenden Trainbataillon zur Unterbringung dienten und wenige Jahre später schon wieder überbelegt waren, als eine dritte Kompanie formiert und in diesem Komplex einquartiert wurde. Für die Wahl des Standorts im Süden der Stadt – das Grundstück für das Kasernement maß 2,5 Hektar und für das angrenzende Traindepot 2,8 Hektar – hatten offenbar die Lage an der Peripherie und der nahe Eisenbahnanschluß (Güterbahnhof) gesprochen. Um den zusätzlichen Raumbedarf nach Aufstellung weiterer Kompanien und umfangreicher Materialzuweisungen zu decken, mußte kurz vor Ausbruch des Weltkriegs für den Train schließlich eine zweite Kaserne erstellt werden, die einige hundert Meter südlich in einem zwar als Wohngebiet ausgewiesenen, doch noch unbebauten Areal der Südstadt Platz fand und relativ hohe Erschließungskosten – unter anderem durch den Straßenbau (Wörth-, Weißenburgstraße) – erforderte; die Größe dieses Komplexes einschließlich der vorgehaltenen Landreserve für eine etwaige Erweiterung betrug 7,5 Hektar.

Mit dem Bau der Trainkaserne waren um 1880/85 nur die dringendsten Bedürfnisse befriedigt, denn fast alle am Rand der Altstadt gelegenen kleinen Anlagen genügten schließlich den Streitkräften nicht mehr, deren Ansprüche an die Aufnahmekapazität, die Möglichkeit zur vorschriftsmäßigen Beköstigung der Mannschaften und

Unteroffiziere, die sanitäre Ausstattung, den Lagerraum für Waffen und Ausrüstung sowie den Raum und Platz zur Ausbildung stark gestiegen waren. Die militärischen Anforderungen schlossen außerdem eine verkehrsgünstige Lage und die Nähe zu den Schießständen sowie zum Übungsplatz ein, dessen Bedeutung für eine gefechtsnahe Ausbildung und somit die Schlagkraft der Truppen zunehmend wuchs. In der Öffentlichkeit wurden diese Ansprüche durchweg als berechtigt anerkannt; deren Befriedigung erstreckte sich aus finanziellen Gründen aber über Jahrzehnte und zwang deshalb längere Zeit, Notlösungen hinzunehmen. Der Wunsch nach Verlegung der Truppen in Kasernenneubauten schwand demnach nicht aus dem Gesichtsfeld; daran war sowohl den Bürgern als auch dem Magistrat gelegen, der auf den Erwerb der Grundstücke zum Stadtausbau und zur Stadtverschönerung setzte. Andererseits versprach der Verkauf der Gebäude und vor allem des Grund und Bodens, da es sich durchweg um staatlichen Besitz handelte, dem Militärfiskus stattliche Einnahmen, die zur Finanzierung von Neubauten herangezogen werden konnten.

Zwischen 1892 und 1894 und demnach gut ein Dutzend Jahre nach der Trainkaserne wurde an der Grevener Straße mit dem Kasernement für die Artillerie die erste große moderne Anlage errichtet. Das benötigte Gelände von gut 4 Hektar, zu dem wenig später noch ein gekaufter und ein gemieteter Platz für Richtübungen mit einer Gesamtfläche von 3,2 Hektar hinzukamen, hatte der Militärfiskus größtenteils vom Studienfonds erworben; für die Standortwahl im Norden der Stadt waren vor allem der Grundstückspreis und die Erschließungskosten entscheidend [1351: Heithoff, Militär und Stadtentwicklung, S. 75f]. Mit Mannschaftsgebäuden und getrenntem Wohnblock für verheiratete Unteroffiziere, mit Kammer- und Wirtschaftsgebäuden, mit mehreren Ställen für die Reit- und Zugtiere, mit Werkstätten, Geschütz- und Wagenschuppen sowie mit Exerzier- und Reitplätzen entsprach diese Anlage zeitgemäßen Vorstellungen. Die Kaserne war an die städtische Gas- und Wasserversorgung sowie die Kanalisation angeschlossen, wobei der Militärfiskus einen Teil der Kosten übernommen hatte, und lag unmittelbar neben dem großen Artilleriedepot, das bereits Mitte der siebziger Jahre entstanden war. In den ersten Jahren nach der Fertigstellung scheint die Unterkunft von anderen Truppen mitbenutzt worden zu sein, da das Feldartillerieregiment mit der Verlegung einer zweiten Abteilung nach Münster erst 1899 komplettiert wurde.

Das Kürassierregiment, das auf fünf zum Teil baufällige kleinere Kasernen verteilt war, erhielt wenige Jahre danach ebenfalls eine neue Unterkunft. Die Anlage wurde auf einem ca. 7,9 Hektar großen Grundstück an der Steinfurter Straße errichtet, das zur Zeit der Fertigstellung (1901) noch außerhalb des Stadtgebiets, wenig mehr als tausend Meter westlich der Artilleriekaserne, lag. Die Anschlußkosten an das städtische Gas- und Wassernetz mußte wiederum zum Teil der Militärfiskus tragen. Unweit dieses Kasernements entstand zudem ein repräsentatives Kasino, das die Offiziere des angesehenen Regiments mit Unterstützung ihrer pensionierten Kameraden und der Reserveoffiziere aus eigenen Mitteln finanziert hatten. Das bereits 1872 gebaute, gerade tausend Meter entfernte Offizierkasino am Neutor genügte demnach den hohen Ansprüchen der Kürassiere nicht. Beachtung verdient darüber hinaus, daß nach der Verlegung des Kavallerieregiments in die neue Kaserne nun auf einige der alten unzulänglichen Anlagen im Altstadtbereich verzichtet werden konnte, an deren

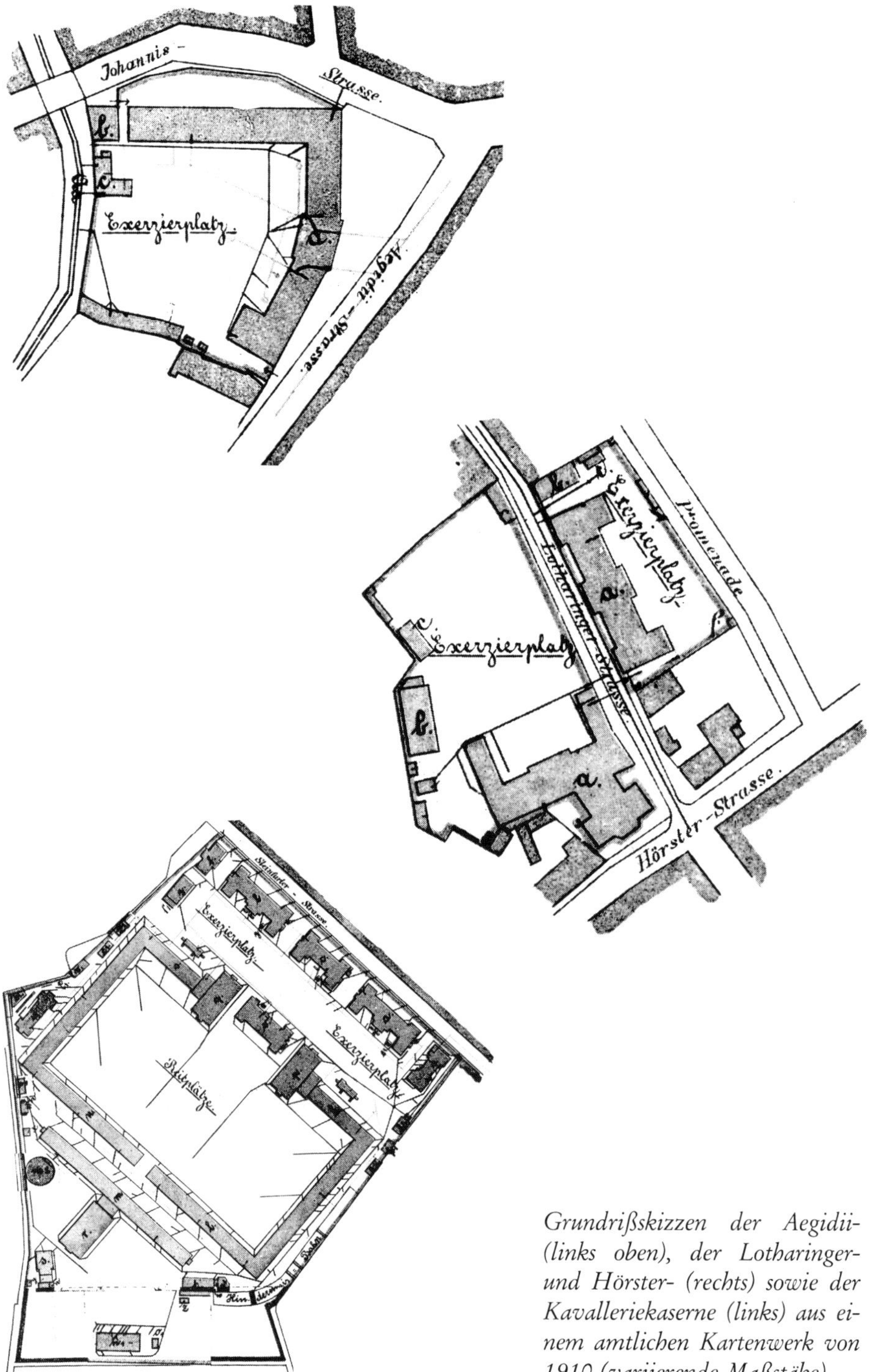

Grundrißskizzen der Aegidii- (links oben), der Lotharinger- und Hörster- (rechts) sowie der Kavalleriekaserne (links) aus einem amtlichen Kartenwerk von 1910 (variierende Maßstäbe)

Die Artilleriekaserne an der Grevener Straße

Verkauf bzw. Kauf bekanntlich dem Militärfiskus und der Stadtverwaltung aus unterschiedlichen Gründen gelegen war. Allerdings erschwerten die divergierenden Wertansätze und gewisse militärische Vorbehalte geraume Zeit eine Übereinkunft, doch konnte Münster immerhin 1903 einen Teil des Areals der Gardehotel-Kaserne (Krummer Timpen) übernehmen, das dann zur Aufnahme von Universitätseinrichtungen diente, für deren Förderung sich die Stadt mit beträchtlichem Aufwand engagierte.

Schließlich wurde mit dem Bau einer Infanteriekaserne noch ein weiteres Projekt ins Auge gefaßt; denn die Unterbringung des personell stärksten Truppenkörpers war unbestreitbar schlecht, wie die Aufteilung auf fünf Kasernen belegte. Die ersten Planungen für einen Neubau sind schon vor der Jahrhundertwende nachweisbar, jedoch mußten sie aus finanziellen Gründen immer wieder zurückgestellt werden. Zeitweise stand sogar die Finanzierung durch die Stadt und somit die Errichtung einer durch den Militärfiskus zu mietenden Kaserne zur Debatte, ohne daß indes eine Übereinkunft zustande kam. Auch nach dem endgültigen Entschluß zum staatlichen Engagement unterstützte die Kommune insofern das Vorhaben, als sie den Kauf eines Grundstücks vermittelte und vorfinanzierte, wobei sie mit Wissen der Militärverwaltung einen beachtlichen Gewinn einstreichen konnte. Das Areal für die Infanteriekaserne mit einer Fläche von gut 5 Hektar lag an der Grevener Straße tausend Meter nördlich der Artilleriekaserne und war zur Aufnahme von acht Kompanien (einschließlich der Maschinengewehrkompanie) bestimmt; die Anlage sollte also knapp zwei Drittel der Einheiten des Regiments beherbergen, während den übrigen Kompanien die Aegidiikaserne vorbehalten war. Erleichtert wurde der Militärverwaltung der Neubau durch den vorgesehenen Verkauf wertvoller innenstadtnaher Grundstücke, von denen allerdings nur das Areal der ehemaligen Bergkaserne den Eigentümer wechselte und an die Stadt fiel. Interessanterweise mußte dabei der Fiskus eine Erlösminderung hinnehmen, weil die Denkmalschutzbehörde die auf dem Gelände stehende ehemalige Observantenkirche für erhaltenswert erklärt hatte – ein Argument, das auch für die Lotharinger Klosterkirche geltend gemacht wurde und den Verkauf des Kasernenkomplexes an die Stadt verzögerte. Die Infanteriekaserne an der Grevener Straße konnte vor Kriegsbeginn von den Truppen nicht mehr bezogen werden. Als Provisorium diente die Anlage, die 1922 fertiggestellt wurde, während des Weltkriegs zur Unterbringung von Kriegsgefangenen.

Die Verlegung der Truppen an die Peripherie der Stadt, verbunden mit einer geschlossenen Unterbringung der Einheiten, deckte sich sowohl mit den Interessen der Streitkräfte als auch den Wünschen der Bürgerschaft. Die Vorstellungen über die Modalitäten differierten zwar oftmals, doch schloß das einen tragfähigen Kompromiß nicht aus. Folglich beteiligte sich die Kommune meist an den Kosten zur Versorgung der neuen Kasernements und sonstigen militärischen Anlagen mit Gas, Wasser und später elektrischer Energie sowie den Ausgaben für den Bau der Kanalisation. Für die städtische Quote waren sowohl der erhoffte Absatz und demnach der Gewinn für die kommunalen Versorgungsbetriebe als auch die Erwägungen ausschlaggebend, ob und inwieweit längerfristig damit Anstöße zur Stadtentwicklung verbunden waren, die größere Investitionen in die Infrastruktur rechtfertigten. Andererseits diente der Wunsch der Streitkräfte nach Anschluß an die städtischen Versorgungseinrichtungen aber auch als zusätzliches Argument zur Begründung einer geplanten Stadterweiterung. Das erwies sich zu Beginn des 20. Jahrhunderts, als über den Anschluß der im Norden Münsters gebauten Kasernen verhandelt wurde, die zum Teil außerhalb der städtischen Gemarkung angesiedelt waren und von der Kommune darum nur zögernd ans Netz genommen wurden. Neben kalkulierbaren Faktoren spielte bei solchen Entscheidungen außerdem eine bedeutsame Rolle, welcher Seite an Neubauten und folglich am Verbleiben der Garnison stärker gelegen war. Das ließ die Streitmacht gegebenenfalls mit dem Abzug von Truppenteilen drohen, um in Spekulation auf die wirtschaftliche Bedeutung einer Garnison finanzielle oder geldwerte Vorteile von der interessierten Stadt zu erlangen, während diese wiederum derartige Vorleistungen um so leichter ablehnen konnte, wenn bekannt war, daß den Militärbehörden tragfähige Alternativen für eine Verlegung fehlten.

Zu solchen Konfrontationen ist es in der Kaiserzeit in Münster nicht gekommen, was allerdings mancherlei Differenzen nicht ausschloß, bei denen sich die Stadt wiederholt gegenüber militärischen Wünschen zu behaupten wußte; deshalb kann von Willfährigkeit nicht die Rede sein. Im übrigen unterstreicht das Entstehen der sogenannten Kasernenstadt im Norden Münsters, deren Werden in erster Linie Sachzwängen, nicht jedoch einer systematischen militärischen Konzeption zuzuschreiben war [1351: Heithoff, Militär und Stadtentwicklung, S. 156], daß mit einem Truppenabzug aus der westfälischen Metropole kaum zu rechnen war, da sonst die hohen Investitionen nicht zu verantworten gewesen wären. Von der Konzentration militärischer Anlagen in diesem Raum, die schließlich eine gewisse Eigendynamik erkennen ließ, künden nicht nur die Kasernements und das Artilleriedepot, sondern diesen Trend belegen auch ein um die Jahrhundertwende an der Grevener Straße errichtetes Korpsbekleidungsamt und die erwähnte Verlagerung des Ausbildungsschwerpunkts auf den Übungsplatz Haus Spital und den Schießstand Coerheide.

Trotzdem verzichtete das Militär mitunter nur zögernd auf jene Baulichkeiten und Flächen, die es in der Hand hatte und bloß noch eingeschränkt nutzte. Das erwies sich beispielsweise für den Übungsplatz Loddenheide, an dessen Erwerb die Stadt interessiert war, um nach dem Bau des Kanalhafens günstig gelegene Grundstücke zur gewerblich-industriellen Nutzung anbieten zu können. Die schleppend geführten Verhandlungen zeitigten indes kein Ergebnis, und folglich gebot die Garnison nach dem Kauf des Geländes Haus Spital über zwei Übungsplätze, von denen jener in der Loddenheide nun in erster Linie dem unweit kasernierten Trainbataillon zur Verfügung stand, jedoch nicht mehr voll ausgelastet war. Seit 1911 durften deshalb die münsterischen Sportflieger, für die ein Rollfeld angelegt und ein Flugzeugschuppen aufgestellt worden waren, den Platz mitbenutzen; außerdem gab es hier eine Ankerstelle für Luftschiffe. Der Landeplatz wurde offenbar auch von Militärflugzeugen angeflogen, wie aus Manöverbestimmungen für münsterische Truppen beispielsweise für das Jahr 1913 zu erschließen ist.

Im Unterschied zur Zeit vor der Reichsgründung, als der Anteil der Militärbevölkerung in Münster zwischen 11 und 14 Prozent lag, sank in der Kaiserzeit die Quote beträchtlich; sie betrug Mitte der siebziger Jahre bei etwa 2500 Soldaten noch ca. 6,5 Prozent, schwankte in den folgenden Jahren kurzzeitig zwischen 7 und 8 Prozent, stellte sich 1910 bei jetzt 4400 Soldaten auf ca. 5 Prozent und stieg dann wieder geringfügig an. Diese Entwicklung ist hauptsächlich durch das Wachsen der Zivilbevölkerung zu erklären, die nicht zuletzt durch die Eingemeindungen von 1875 und 1903 zugenommen hatte. Die Beanspruchung städtischer Flächen, die vor der ersten Eingemeindung mehr als 11 Prozent ausgemacht hatte, war trotz des Baus großer Kasernements und der Anlage zusätzlicher Übungsplätze durch die beiden Stadterweiterungen, die das Stadtgebiet zunächst auf 10,8 Quadratkilometer und dann auf 67,19 Quadratkilometer vergrößert hatten, prozentual spürbar zurückgegangen und betrug im Jahr 1914 nur noch knapp 4,6 Prozent [1351: Heithoff, Militär und Stadtentwicklung, S. 80f]. Zwar war der Anteil der militärisch genutzten Fläche nach wie vor groß, doch lagen diese Areale nun überwiegend an der Peripherie des städtisch besiedelten Gebietes oder in der ländlich strukturierten Gemarkung, so daß der Entlastungseffekt, den Münster durch diese Entwicklung erfuhr, höher anzusetzen ist, als die Quoten andeuten; durch diese Verlegungen wurde vor allem die Altstadt begünstigt.

Exakte Erkenntnisse über die wirtschaftliche Bedeutung der stattlichen Garnison fehlen. Zweifellos wurde aber ein erheblicher Teil des Warenbedarfs auf dem lokalen oder regionalen Markt gedeckt bzw. unmittelbar bei den Produzenten erworben, denn für manche Güter kam eine zentrale Beschaffung von vornherein nicht in Betracht, da sie unwirtschaftlich war. Hierzu rechneten vor allem die Massenverbrauchsgüter, von denen ein erheblicher Teil nach dem generellen Übergang um die Jahrhundertwende zur Gemeinschaftsverpflegung mit drei täglichen Mahlzeiten durch die Truppen gekauft, ein Teil allerdings auch durch die Proviantämter angeschafft wurde. Diese Proviantämter übernahmen die Beschaffung des Brotgetreides, das dann meist militäreigene Bäckereien verarbeiteten – die Garnisonbäckerei in Münster lag auf dem Gelände des Proviantamts an der Georgskommende –, sowie des Hafers, Heus und Strohs für die Reit- und Zugtiere. Erst recht dürfte die Masse des individuellen Bedarfs der Soldaten an Waren und Dienstleistungen in der Stadt gedeckt worden sein, zumal das Angebot die unterschiedlichen qualitativen Ansprüche durchweg ohne Schwierigkeiten befriedigen konnte. Manche Geschäfte und Handwerksbetriebe scheinen sich stärker auf die Wünsche der militärischen Kundschaft spezialisiert zu haben, doch garantierte eine solche Orientierung nicht in je-

Kasernen und militärische Einrichtungen in der Stadt und ihrer Umgebung 1910

1 *Kavalleriekaserne*
2 *Neue Artilleriekaserne*
3 *Lazarett- und Reiterkaserne*
4 *Lotharingerkaserne*
5 *Hörsterkaserne*
6 *Aegidiikaserne*
7 *Korpsintendantur*
8 *Militärkasino*
9 *Bedachte Reitbahnen I und II*
10 *Trainkaserne*
11 *Garnisonwaschanstalt*
12 *Exerzierplatz Loddenheide*
13 *Exerzierplätze am Neuplatz*
14 *Exerzierplatz Münzstraße*
15 *Exerzierplatz Haus Spital*
16 *Exerzier- und Reitplatz Nubbenberg*
17 *Richtübungsplätze*
18 *Schießstände Coerheide*
19 *Garnisonlazarett*
20 *Artilleriedepot*
21 *Friedenslaboratorium (Mauritzheide)*
22 *Traindepot*
23 *Proviantamt*
24 *Bekleidungsamt*
25 *Trainkaserne Weißenburgstraße*
26 *Bauplatz Infanteriekaserne*

dem Fall sicheren Absatz, wenn ihnen landesweit agierende Firmen durch lokale Verkaufsstellen und Militärhandwerker durch Nebentätigkeit Konkurrenz machten. Angefügt sei in diesem Zusammenhang, daß im Umfeld der Kasernenneubauten Konzessionen für Gaststätten begehrt waren, die Gewährung durch den Magistrat aber recht restriktiv gehandhabt wurde.

Produktionsstätten für Waffen und Großgerät gab es in Münster nicht. Mit dem Korpsbekleidungsamt war allerdings ein Betrieb vorhanden, in dem die Uniformen und das Schuhwerk für die zum Armeekorps gehörenden Truppenteile hergestellt wurden. Mit der Einrichtung solcher Bekleidungsämter hatte die Fertigung und Selbstbewirtschaftung durch die Regimenter und vergleichbaren Einheiten an der Wende zum 20. Jahrhundert ein Ende gefunden, da sie unter wirtschaftlichen und militärischen Gesichtspunkten als unrationell galten. Der große Bedarf dieser Bekleidungsämter an Textilien, Leder und anderem Zubehör wurde teils zentral, teils dezentral angekauft, wobei die Aufträge nicht unbedingt den preisgünstigsten Anbietern zufielen, sondern neben dem Nachweis der Leistungsfähigkeit auch die volkswirtschaftlichen und regional-wirtschaftlichen Folgen berücksichtigt wurden. Für das um 1900 von Düsseldorf nach Münster verlegte Korpsbekleidungsamt, das wie die anderen Ämter als moderner Produktionsbetrieb einzustufen ist, war bekanntlich ein Neubau an der Grevener Straße errichtet worden, der bei seiner Fertigstellung bereits ans elektrische Netz angeschlossen und mit Elektromotoren ausgestattet war. Als Arbeitskräfte standen diesem Amt im wesentlichen sogenannte Ökonomiehandwerker zur Verfügung, also zum Felddienst untaugliche Wehrpflichtige mit handwerklicher Ausbildung. Bei zwei oder drei Dutzend zivilen Arbeitskräften blieben die Auswirkungen auf den Arbeitsmarkt daher gering [2771: Vincke, Bekleidungsämter, S. 20, 58, 94].

Ungleich größere Bedeutung kam der Garnison hingegen für den Immobiliensektor zu. Denn die Kasernenbauten am Stadtrand ließen den Bodenwert des angrenzenden Gebietes ansteigen und boten bei Investitionen von durchweg weit über einer Million Mark vielen Arbeitskräften Verdienst. Ob bei den generell nach Ausschreibung vergebenen Aufträgen vorwiegend Firmen aus Münster oder der Umgebung zum Zuge kamen, ist freilich unbekannt; manchmal scheint bei einheimischen Unternehmen zudem die Betriebskapazität nicht ausgereicht zu haben, um sich dem Wettbewerb um Großaufträge zu stellen, doch fehlte mitunter anscheinend auch das Interesse, weil die Vergabebedingungen nur kleine Gewinne erwarten ließen. Der Aufschwung der münsterischen Baubranche deutet allerdings an, daß die Leistungsfähigkeit der Baubetriebe in der kaiserlichen Zeit merklich zunahm. Zu einem erheblichen Teil dürfte diese Entwicklung jedoch dem Hoch- und Tiefbau im Zivilbereich zuzuschreiben sein. Durch die Nachfrage nach Wohnungen trugen die Offiziere, höheren Unteroffiziere und Militärbeamten der Garnison dazu einen beachtlichen Teil bei. Im Jahr 1905 hatten beispielsweise gut 500 aktive Militärpersonen eine Wohnung in der Stadt, von denen bezeichnenderweise mehr als 50 Prozent in der „Kasernenstadt“ im Norden Münsters oder in deren Einzugsbereich (Kreuzviertel) und ca. 33 Prozent in der Altstadt wohnten [314: Siekmann/Kirchhoff, Sozialtopographie, S. 184]. Zusammen mit den Zivilbeamten regten diese Militärpersonen nicht nur den Hausbau an, sondern trugen anscheinend auch zum hohen Mietniveau bei, von dem Münsters Einstufung im Jahr 1887 in die höchste Servisklasse kündet.

Die Beziehungen zwischen der Stadt und der Garnison waren nach der Reichsgründung nicht frei von Reibungen, jedoch generell unproblematisch; das gilt mit gewissen Einschränkungen sogar für die Jahre des Kulturkampfes, zumal hier das Militär nur stellvertretend Kritik und Animosität auf sich zog. Das Verhältnis zwischen der Kommune und der Garnison warf deshalb keine größeren Schwierigkeiten auf, weil beide Seiten aufeinander angewiesen waren und Alternativen offensichtlich fehlten, so daß eine Kooperation unter Wahrung der wechselseitigen Interessen geradezu geboten war. Die Provinzialhauptstadt mit ihren guten Voraussetzungen zur administrativen zivil-militärischen Zusammenarbeit und ihrer Lage im Vorfeld des rüstungswirtschaftlich wichtigen, politisch unruhigen Ruhrgebietes bot der bewaffneten Macht vorteilhafte Standortbedingungen, während die Streitmacht ihrerseits für die Stadt einen bedeutenden Wirtschaftsfaktor darstellte, die Funktion als Oberzentrum der Region stärkte und somit die tradierte sozioökonomische Entwicklung stabilisierte. Der dienstliche Verkehr zwischen dem Magistrat und den Kommandobehörden bzw. nachgeordneten Dienststellen ließ durchweg Verständnis und Kompromißbereitschaft erkennen, wobei städtischerseits den Ersuchen des Militärs entsprochen wurde, soweit es die Wahrung kommunaler Interessen erlaubte. Die rege Teilnahme städtischer Repräsentanten an Paraden, Regimentsjubiläen und Gedenktagen demonstriert das Einvernehmen, dem offenbar auch die bewaffnete Macht größere Aufmerksamkeit schenkte, seit die öffentliche Meinung merklich an Gewicht gewonnen hatte. Gemischte Kommissionen zur zweckmäßigen Regelung gemeinsamer Belange bekunden dieses kooperative Verhalten. Zu Vorbehalten zwischen Bevölkerung und Militär hat zeitweise nur das katholische Milieu beigetragen, dem systemgefährdende Züge jedoch fremd waren, zumal die Sozialstruktur Münsters hierfür keinen Ansatz bot. Die Verlegung der Truppen an den Stadtrand war demnach in erster Linie durch militärische Zweckmäßigkeit begründet, nicht aber durch das Streben nach Abgrenzung gegen „gefährliche" politische Einflüsse, denn eine ins Gewicht fallende Arbeiterbewegung und sozialdemokratische Agitation gab es vor dem Weltkrieg in der Provinzialhauptstadt nicht.

Zur vordergründigen Popularisierung der Streitkräfte trugen in den unteren Bevölkerungsschichten vor allem die Platzkonzerte bei, die regelmäßig von den Regimentskapellen veranstaltet wurden. Außerdem dürften die vielen Krieger- und Traditionsvereine eine loyalitätswahrende Funktion übernommen haben, deren Wirksamkeit zwar auf einen kleineren Kreis beschränkt war, doch die Haltung und Einstellung stärker prägte als die mit militärischem Gepränge inszenierten Feste, Konzerte und Aufmärsche. Eine analoge Aufgabe der Meinungsführerschaft kam in den einflußreichen Kreisen oft den Reserveoffizieren zu, von denen manche anscheinend nicht den notwendigen inneren Abstand zu wahren vermochten und deshalb ihre Stellung in Öffentlichkeit und Gesellschaft primär nach militärischen Kriterien maßen. Die Zahl der in Münster in angesehenen Berufen Tätigen, die zum Reserveoffizier ernannt worden waren, ist unbekannt; ihr Anteil im öffentlichen Dienst dürfte indes hoch gelegen haben und folglich ihr Verständnis für militärische Belange groß gewesen sein.

4. *Belastungen und Leistungen im Ersten Weltkrieg und im Übergang zur Weimarer Republik*

Der Kriegsausbruch Anfang August 1914 bedeutete für die Garnisonstadt Münster das rasche Ausrücken der aktiven, auf Kriegsstärke gebrachten Einheiten ins Feld und die Mobilisierung der Reserve- und Landwehrtruppenteile, denen nach kurzer Ausbildung wiederum die Ersatzformationen folgten. Der Strom der Einberufenen, zu denen eine übergroße Menge Freiwilliger kam, sowie das Ausheben, Ausrüsten und Verladen zahlreicher Reit- und Zugpferde verwandelten die Stadt zeitweise in ein Heerlager. Das ständige Kommen und Gehen riß auch in den folgenden Jahren nicht ab; hierzu trugen sowohl Truppenverlegungen und das Einziehen weiterer Wehrpflichtigen-Jahrgänge als auch die laufenden Verwundetentransporte bei, von denen der erste Anfang September 1914 Münster erreichte. Dem Verkehr deutscher Truppen gesellten sich noch im Spätsommer die Kriegsgefangenentransporte hinzu, für die im Laufe der folgenden Monate auf dem Übungsplatz Haus Spital, auf der Rennbahn (Hiltruper Chaussee) und in der im Bau stehenden Infanteriekaserne große Lager errichtet wurden. Im Raum Münster waren schließlich mehrere zehntausend Kriegsgefangene unterschiedlicher Nationalität untergebracht, von denen ein erheblicher Teil in größeren, kleineren oder kleinsten Gruppen zur Mitarbeit in gewerblichen und vor allem landwirtschaftlichen Betrieben herangezogen wurde und folglich dezentral Unterkunft fand. Hand in Hand mit der vorübergehenden Statio-

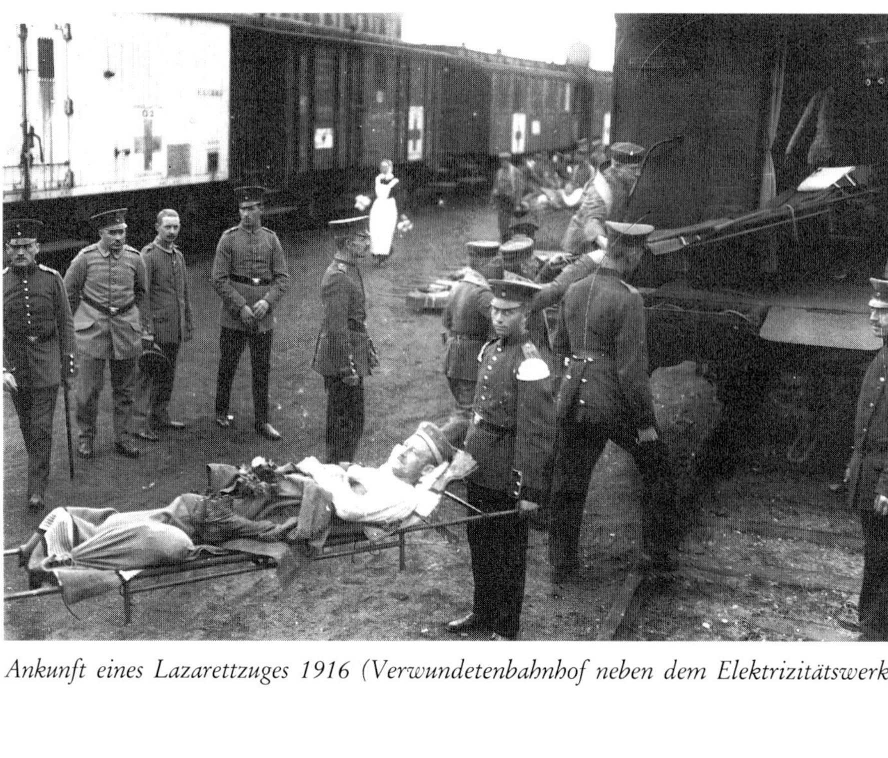

Ankunft eines Lazarettzuges 1916 (Verwundetenbahnhof neben dem Elektrizitätswerk)

nierung von Ersatzformationen oder anderer Truppenkörper zur Reorganisation, Auffrischung oder Verlegung waren die bestehenden immobilen Kommandobehörden und Dienststellen, die Ausbildungs- und Transportkapazitäten, die Depots und Werkstätten und nicht zuletzt die Lazarette ausgebaut worden, um die Bedürfnisse der auf verschiedenen Kriegsschauplätzen kämpfenden Heere zu erfüllen. Hierzu hatte nach dem Kriegsleistungsgesetz die Kommune in umfangreicher Weise beizutragen, die zum Beispiel in den Mobilmachungstagen zur Unterbringung Einberufener vorübergehend alle Schulen hatte bereitstellen müssen und später immer wieder Gebäude freimachen mußte, um den Forderungen des Militärs zu genügen; die Zahl dieser Häuser belief sich schließlich auf 53 [1498: Verwaltungs-Bericht 1915–1926, S. 311]. Parallel war der Anteil der Militärbevölkerung hochgeschnellt; er betrug Ende 1915 bei fast 20 000 Personen 17,9 Prozent und schwankte in den folgenden Jahren beträchtlich (Dezember 1916: 13,3 Prozent; Oktober 1917: 22 Prozent).

Von diesem außerordentlichen Wachstum kündete unter anderem das Stellvertretende Generalkommando des VII. Armeekorps, das bei Kriegsausbruch wenige Dutzend Mann zählte, dagegen im Jahr 1918 weit über tausend Personen. Diese immobile höhere Kommandobehörde hatte nach der Kriegserklärung und dem Abzug des Feldheeres die militärische Verantwortung im Armeekorpsbezirk übernommen und war somit für den personellen Ersatz der mobilen Einheiten, für den Personalbedarf, die Ausrüstung und Versorgung aufzustellender Truppenteile, für die Sicherheit im Armeekorpsbezirk, zu dem das Ruhrgebiet gehörte, und für viele andere Aufgaben verantwortlich. Dem Stellvertretenden Generalkommando stand zudem die vollziehende Gewalt zu; deren Handhabung vor Ort blieb aber normalerweise den zivilen staatlichen und kommunalen Behörden überlassen, jedoch hatten diese fortan die Weisungen des militärischen Befehlshabers zu befolgen und konnten bei Versäumnissen zur Rechenschaft gezogen werden. Insbesondere die Sicherung der Rüstungsproduktion, die unter anderem eine hinlängliche Lebensmittelversorgung der Arbeiterschaft in den kriegswirtschaftlich wichtigen Betrieben voraussetzte, und die Wahrung des „Burgfriedens“ teils durch Zensur, teils durch gezielte Einflußnahme auf die Medien und Multiplikatoren erforderten große Aufmerksamkeit und banden viele Kräfte; hierzu wurden in erster Linie durch Verwundung zum Felddienst untaugliche Soldaten sowie ältere Dienstpflichtige mit einschlägigen zivilen Vorkenntnissen herangezogen.

Eine rasche personelle Expansion war bei allen militärischen Behörden und Einrichtungen zu verzeichnen, die kriegswichtige Aufträge zu erfüllen hatten. Das galt zum einen für das Korpsbekleidungsamt, das trotzdem den Bedarf an Uniformen, Leib- und Lazarettwäsche mit den verfügbaren Kräften nicht decken konnte, so daß auf umfangreiche ergänzende Lieferungen teils durch gezielt begünstigte Organisationen, die den Frauen Einberufener auf diese Weise Verdienst verschafften, teils durch Unternehmen der Konfektionsbranche zurückgegriffen werden mußte. Das traf zum anderen für das Artilleriedepot zu, dessen Kapazität zur Lagerung und Wartung von Waffen und Gerät sowie zur Herstellung von Munition zügig ausgebaut wurde. Das Artilleriedepot erhielt im Februar 1915 durch eine Stichstrecke sogar einen eigenen Eisenbahnanschluß, der dem Korpsbekleidungsamt ebenfalls nützliche Dienste leistete. Bei der Munitionsfertigung in Münster scheinen Artilleriegeschosse den Produktionsschwerpunkt gebildet zu haben, die in der Munitionsanstalt (Labo-

Teilnehmer eines Unterrichtskurses für Kriegsbeschädigte im Reservelazarett Gertrudenhof (1916)

ratorium) in der Mauritzheide fabriziert wurden, wo schon Ende des Jahres 1915 rd. tausend Personen, darunter mehrere hundert Frauen, arbeiteten [1496: Schulte, Kriegschronik, S. 156ff]. Nach der Explosion dieser Munitionsanstalt am Abend des 21. Dezember 1915, bei der anscheinend nur wenige Tote und Verletzte zu registrieren waren, jedoch erheblicher Sachschaden entstand, wurde die Munitionsherstellung dann in die Loddenheide verlegt und die Distanz zu den nächstgelegenen Wohngebieten merklich vergrößert. Ob die Zahl von tausend Beschäftigten hier wieder erreicht oder gar übertroffen wurde, ist unbekannt, doch spricht wenig für eine Einschränkung des Ausstoßes angesichts des in den Kämpfen rapide steigenden Materialeinsatzes.

Mit der Härte des Krieges wurden die Münsteraner nicht nur durch die wachsenden Versorgungsschwierigkeiten und – über das private Geschick hinausweisend – durch die sich häufenden Todesanzeigen für Gefallene konfrontiert, sondern auch durch die Belegung der Stadt mit vielen Verwundeten, für die mehrere Reservelazarette eingerichtet worden waren. Münster bot für die ärztliche Versorgung, Pflege und Unterbringung von Verwundeten und Kranken offenbar günstige personelle und infrastrukturelle Voraussetzungen und wurde folglich stärker als viele andere Städte vergleichbarer Größe in Anspruch genommen, so daß der Transport Verwundeter und die Begegnung mit Genesenden zur Alltäglichkeit wurden. Auf die Aufnahme zahlreicher Verwundeter deutet zudem hin, daß die Provinzialhauptstadt über einen eigens ausgebauten „Verwundetenbahnhof" verfügte, der auf dem Gelände des Gaswerks (Albersloher Weg) Platz gefunden hatte und neben dem Bahnanschluß einen Straßenbahnanschluß besaß, der einen innerstädtischen Weitertransport mit speziell umgerüsteten Straßenbahnwagen ermöglichte. Darüber hinaus fungierte der Verwundetenbahnhof als Etappe bei Verlegungen in andere Lazarette, wie aus der angegliederten Übernachtungsstation mit Verbandsraum, Küche und Sanitäreinrichtungen zu erschließen ist. Nicht genug damit, Rehabilitationsmaßnahmen für Behinderte, Universitätskurse für Verwundete, eine Ausbildungsstätte für Kriegsblindenhunde und anderes unterstreichen, daß Münster als kaum industrialisierter Standort konservativ-katholischer Prägung in der Kriegslazarettorganisation des Reiches einen wichtigen Platz einnahm.

Die Geschichte Münsters im Ersten Weltkrieg verlief in jenen Bahnen, die durch die allgemeine Entwicklung in Deutschland vorgezeichnet waren. Sie war von allgemeiner Kriegsbegeisterung im Sommer 1914 geprägt und endete mit Kriegsmüdigkeit und Resignation im Herbst 1918; dieser Stimmungsumschwung erfolgte in der westfälischen Metropole aber später als in vielen anderen Städten, wenn man den durchweg zensierten und oft einseitigen Berichten und Darstellungen glauben kann. Denn weder die sich ab 1916 drastisch verschlechternde Versorgungslage noch die hohen personellen und materiellen Kriegsopfer, die in einer großen Garnisonstadt besonders augenfällig hervortraten, scheinen zu Beunruhigungen mit krisenhaften Symptomen geführt zu haben. Folglich wurde die Stadt auch nicht von den Streiks erfaßt, die im Januar 1918 unter anderem im Ruhrgebiet ausbrachen, obwohl unterdessen mehr als 5000 Rüstungsarbeiter in Münster gezählt wurden. Auf das tradierte politische Milieu übte diese kriegsbedingt wachsende Schicht anscheinend keinen Einfluß aus, so daß bis wenige Wochen vor dem deutschen Waffenstillstandsgesuch markante Durchhalteparolen und Loyalitätserklärungen in der Erwartung eines baldigen Siegfriedens die öffentliche Meinung bzw. die veröffentlichte Meinung beherrschten.

Das Ende des Kaiserreichs verlief in Münster unspektakulär, denn es kam weder am 8. und 9. November noch in den folgenden Wochen zu Blutvergießen. Dieser gewaltlose Übergang zur Republik war der politischen Passivität der Bürgerschaft, die sich größtenteils auf das Nächstliegende konzentrierte, und nicht zuletzt der maßvollen Haltung der teils durch das Generalkommando gesteuerten, teils spontan gebildeten Soldatenräte zuzuschreiben, die von vornherein zur Kooperation mit dieser Kommandobehörde bereit waren. Ein solches Bemühen um Zusammenarbeit war aus der Sicht des Kommandierenden Generals geboten, weil anders eine geordnete Rückführung und Demobilisierung der Feldtruppen nicht möglich war und überdies keine verläßlichen Einheiten zur Verfügung standen, mit deren Hilfe der Entwicklung eine andere Richtung hätte gegeben werden können.

Nach dem Umsturz übernahmen mehrere militärische Wachen, die von Offizieren befehligt und durch den Soldatenrat kontrolliert wurden, vorübergehend die Wahrung der Sicherheit in der Stadt sowie den Schutz des privaten und öffentlichen Eigentums und insbesondere der militärischen Objekte [1566: Huneke, Stadt und Garnison, S. 70ff]. Diese Kommandos, von denen eines in Stärke von über 40 Mann am Bahnhof stationiert war und den ungehinderten Personen- und Güterverkehr zu gewährleisten hatte, erfüllten offenbar die in sie gesetzten Erwartungen, da es weder in den kritischen Novembertagen noch bei der Demobilisierung der Truppen zu Unruhen, nennenswerten Ausschreitungen oder größeren Plünderungen kam. Ende November wurde zusätzlich eine städtische Sicherheitswehr formiert, zu der die Verantwortlichen ausschließlich Männer mit Wohnsitz in Münster heranzogen, um einerseits der personellen Fluktuation vorzubeugen und andererseits auf die höhere Loyalität der Einheimischen und ihre Ortskenntnis setzen zu können. Diese Kräfte unterstanden der Polizeiverwaltung, zählten knapp 200 Mann und fanden Rückhalt sowohl in der Bevölkerung als auch bei den Soldatenräten und dem Generalkommando. Die Verantwortung für die Sicherheit blieb der Stadt nur wenige Wochen überlassen, denn zunehmend gewann das Generalkommando an Gewicht, seit mit den um die Jahreswende 1918/19 aufgestellten Freikorps mehrere kampfstarke Einheiten verfügbar waren, deren militärische Zuverlässigkeit außer Zweifel stand, sofern sich der Kampf gegen vermeintliche oder tatsächliche revolutionäre Gefahren richtete, was den rücksichtslosen Einsatz bei inneren Unruhen und gegen Streikende einschloß. Hingegen verloren die Soldatenräte an Einfluß, denen nicht nur durch die massenhaften Entlassungen der Einberufenen mehr und mehr die Basis entzogen wurde, sondern die auch den entschiedenen Widerstand der Reichsregierung herausforderten, als ihre weitreichenden Ansprüche die überkommenen militärischen Strukturen zu zerschlagen drohten und mit dem Griff nach der Kommandogewalt die Machtfrage aufgeworfen war. Gestützt auf den Rückhalt der Regierung und erleichtert durch Uneinigkeit unter den Soldatenräten im Armeekorpsbereich konnte

Angehörige des Freikorps „Lichtschlag“ kontrollieren nach Festnahme des Generalsoldatenrats am 11. Februar 1919 die Stadt

das Generalkommando des VII. Armeekorps daraufhin Mitte Februar 1919 durch die vorübergehende Verhaftung einer Reihe von Mitgliedern der Soldatenräte dieses Kontroll- und Aufsichtsorgan der Übergangszeit faktisch entmachten und seine Befehlsgewalt restituieren. Zur gleichen Zeit war die städtische Sicherheitswehr aufgelöst worden. Fortan fiel regulären Truppen als „Stadtwehr Münster", die dem mit der Stadt seit langem verbundenen Infanterieregiment Nr. 13 angegliedert war, der Schutz der westfälischen Provinzialhauptstadt zu, soweit er mehr als Polizeikräfte erforderte.

Dieser Schlag gegen die Soldatenräte, der mit Hilfe eines Freikorps durchgeführt worden war, trug im Ruhrgebiet zum Ausbruch eines Generalstreiks bei, der durch Kräfte des VII. Armeekorps blutig niedergeworfen wurde. In Münster blieb dagegen die Lage ruhig; den meisten Einwohnern war nicht an sozialistischen Änderungen gelegen, sondern sie wünschten sich eine Konsolidierung der politischen und vor allem wirtschaftlichen Verhältnisse und hingen überwiegend konservativen Wertvorstellungen an, wie unter anderem aus den Wahlergebnissen zu erschließen ist. Diese dominierende Stimmung schloß allerdings im Laufe des Jahres 1919 Streiks in verschiedenen Betrieben oder Branchen nicht aus, bei denen es sich um tarifrechtliche und lohnbezogene Kampfmaßnahmen, nicht aber um politisch begründete Arbeitsniederlegungen handelte. Daß bei einem dieser Konflikte mit Maschinengewehren bewaffnete Truppen ausrückten, um bestreikte Gewerbebetriebe zu schützen, war sicherheitspolitisch unnötig und zeugt von der Fehleinschätzung durch den verantwortlichen Befehlshaber. Ob auch von einer Überreaktion beim Truppeneinsatz gegen Demonstranten gesprochen werden kann, die im Anschluß an eine Protestversammlung gegen die schlechte Lebensmittelversorgung ein Geschäft plünderten – die Polizei hatte der Lage nicht mehr Herr werden können –, ist zweifelhaft; die Bilanz mit einem Toten und mehreren Verletzten auf seiten der zivilen Beteiligten deutet ein entschlossenes Eingreifen des Militärs an, jedoch kann angesichts unklarer Sachlage nicht kurzerhand den Truppen eine überharte, unangemessene Aktion angelastet werden.

5. Münster als Standort der Reichswehr

Das Dezimieren des Heeres von knapp 800 000 Mann unmittelbar vor Ausbruch des Weltkriegs auf 100 000 Mann im Jahr 1920 bedeutete für die bewaffnete Macht einen revolutionären Einschnitt. Die Bewertung gründet sich nicht in erster Linie auf die numerische Beschränkung und den unfreiwilligen Verzicht auf moderne Waffen, sondern auf die erzwungene Preisgabe der Wehrpflicht und den aufoktroyierten Übergang zu einem Berufsheer. Diese Streitmacht wurde bewußt aus dem politischen Ringen um die Staatsform herausgehalten und verhielt sich insofern distanziert, wenn nicht gar illoyal gegenüber der Republik, als sich die überwiegende Mehrheit der Soldaten dem „System" innerlich versagte und in der Weimarer Republik eine Platzhalterin für eine andere staatliche Ordnung sah. Mit der dem Reich aufgenötigten Abrüstung, den Gebietsverlusten vor allem im Osten und der Entmilitarisierung im Westen waren für die Dislozierung der Truppen neue Rahmenbedingungen maßgebend, die zur Auflösung vieler Standorte führten, während andere mit einer relativ geringen, aus wirtschaftlichen Gründen und mancherorts auch sicherheitspolitischen Erwägungen unerwünschten Verminderung der Garnison davonkamen. Zu den begünstigten Städten zählte Münster, denn einerseits war die westfälische Metropole nach der Entmilitarisierung einer breiten Zone an der Westgrenze militärisch aufgewertet worden, wozu nicht zuletzt die Lage im Vorfeld des Ruhrgebietes beitrug, und zum anderen verfügte die Stadt bekanntlich über gute Voraussetzungen zur Unterbringung und Ausbildung stärkerer Truppen unterschiedlicher Waffengattungen.

Nachdem das 100 000-Mann-Heer im Herbst 1920 seine endgültige Gestalt angenommen hatte und die Dislozierung festgelegt worden war, garnisonierten ab der Jahreswende 1920/21 folgende Kommandobehörden, Stäbe und Truppenteile in Münster:

1. das Wehrkreiskommando VI als immobile Kommandobehörde, die die Nachfolge des Generalkommandos in dem nun wesentlich vergrößerten früheren Armeekorpsbezirk angetreten hatte;
2. der Stab der 6. Division, deren Kommandeur zugleich Befehlshaber des Wehrkreiskommandos war;
3. der Artillerieführer VI mit einem Stab, der zudem als heimlicher Reservekader für den Ausbau der Artillerie fungierte;
4. ein Infanteriebataillon mit vier Kompanien;
5. drei Schwadronen eines Reiterregiments;
6. eine Artillerieabteilung mit drei fahrenden Batterien;
7. der Stab und zwei Kompanien einer Kraftfahrabteilung;
8. eine Sanitätsabteilung.

Die Stärke der Garnison ist nominell auf 2200 bis 2300 Mann zu veranschlagen. Unterkunft fanden die Truppen in der neuen Infanteriekaserne an der Grevener Straße, der Kürassierkaserne an der Steinfurter Straße, der Artilleriekaserne an der Grevener Straße sowie der kurz vor Kriegsausbruch fertiggestellten Trainkaserne an der Weißenburgstraße und dem älteren Komplex am Dahlweg, während die Sanitätsabteilung überwiegend im Standortlazarett, zum Teil anscheinend auch dezentral bei den in Münster zu betreuenden Einheiten einquartiert war. Den Truppen blieben demnach durchweg die neueren Kasernen vorbehalten, wobei die Belegungsdichte jetzt vergleichsweise gering war, weil den langdienenden Soldaten mehr Unterkunfts-, Betreuungs- und Schulungsraum als den Wehrpflichtigen der kaiserlichen Zeit zugebilligt werden mußte. Nach einem jahrelangen Provisorium, das durch die Unterbringung in mehreren Gebäuden gekennzeichnet war und den Geschäftsgang merklich behindert hatte, wurde zu Beginn der dreißiger Jahre schließlich auch für das Wehrkreiskommando und den Stab der 6. Division ein neues Dienstgebäude am Hindenburgplatz errichtet.

Aufgrund der Kriegserfahrungen wurde die Ausbildung im Gelände intensiviert und das Zusammenwirken der Waffengattungen vermehrt geübt. Den wachsenden Anforderungen, die nicht zuletzt auf die Motorisierung zurückzuführen waren, genügten die beiden bisherigen Übungsplätze weder in der Größe noch in der Topographie und im Bewuchs, so daß der Erwerb weiteren Übungsgeländes in der zweiten Hälfte der zwanziger Jahre hohe Priorität erhielt. Bei der Suche war die Stadt Münster behilflich, die ihrerseits auf die Freigabe des Platzes Loddenheide hoffte, der

Einweihung des Dreizehnerdenkmals auf dem Promenadenring (1925)

1923 der Stadt befristet zur Nutzung für den zivilen Flugbetrieb überlassen worden war und fortan regelmäßig angeflogen wurde. Obwohl die Kommune 1924 zudem das Rollfeld auf ihre Kosten planiert hatte, kam erst 1930 eine Vereinbarung über den Erwerb mit der Militärverwaltung zustande, nachdem nördlich von Handorf in der Hornheide (zwischen Werse und Ems) ein den militärischen Ansprüchen genügendes Gelände von über 350 Hektar gefunden und gekauft worden war. Daraufhin fiel der Platz Loddenheide der Stadt zu, die ihn infolge der katastrophalen Wirtschaftslage jener Jahre und des rückläufigen Flugverkehrs allerdings nicht zügig ausbaute und schließlich 1934 der Luftwaffe überlassen mußte, als diese – zunächst noch getarnt – ihre Forderungen anmeldete.

Die Verringerung der Garnison und die Konzentration auf die moderneren Kasernen führten zum weitgehenden Rückzug des Militärs aus der Innenstadt. Die meisten dieser Gebäude und Liegenschaften wurden nach dem Krieg daher aufgegeben und gingen entweder in das Eigentum der Stadt über, die jetzt beispielsweise eine ehemalige Kaserne zum Umbau in Wohnungen nutzte, oder fielen zivilen staatlichen Einrichtungen zu. Auch die Aegidiikaserne als größtes Objekt der Altstadt erfuhr eine Umwidmung, denn nach der Verlegung der Infanterie diente sie teils zur Aufnahme eines Versorgungsamts, teils zur Unterbringung einer Polizeiabteilung. Bei dieser innenstadtnahen Stationierung von Polizei dürften sicherheitspolitische Überlegungen eine gewichtige Rolle gespielt haben, da sämtliche Kampftruppen nunmehr an der Peripherie der Stadt lagen. In das ehemalige Korpsbekleidungsamt (Grevener

Parade der Standorttruppen auf dem Hindenburgplatz (1932)

Straße) zog ebenfalls die Polizei, die in diesem Komplex eine Schule unterbrachte und hier weitere Formationen kasernierte. Mit der Verlegung zusätzlicher Polizeikräfte nach Münster folgte das preußische Innenministerium einem entsprechenden Ersuchen des Magistrats, der die als Alternative diskutierte industrielle Nutzung verworfen hatte, weil er mit dem Zuzug von Arbeitskräften ein weiteres Anwachsen der ohnehin großen Wohnungsnot fürchtete. Ob bei dieser Option des Magistrats für staatliche Bedienstete, die sich mit der tradierten Ausrichtung der Provinzialhauptstadt deckte und bezeichnenderweise von den lokalen Vertretern der freien und der christlichen Gewerkschaften unterschiedlich bewertet wurde, außerdem gesellschaftspolitische und sicherheitspolitische Gesichtspunkte von Belang waren, ist mangels einschlägiger Vorarbeiten nicht zu sagen.

6. *Der Raum- und Landbedarf von Heer und Luftwaffe in der NS-Zeit*

Mit der „Machtergreifung" begann für die Streitkräfte eine neue Epoche, war es doch erklärtes Ziel der Nationalsozialisten, dem „System von Weimar" ein Ende zu bereiten und das deutsche Volk wehrhaft zu machen. Diese Politik war unter anderem darauf gerichtet, die Deutschland im Versailler Vertrag auferlegten Rüstungsbeschränkungen zu beseitigen. An seiner Absicht zum Ausbau der bewaffneten Macht hatte Hitler keine Zweifel aufkommen lassen, auch wenn das Reich erst im Oktober 1933 die Genfer Abrüstungskonferenz verließ. Spektakuläre Schritte zur Aufrüstung blieben zunächst aus, da es zuerst die erforderlichen wirtschaftlichen und finanziellen Voraussetzungen zu schaffen galt, um jenes Rüstungsprogramm zu verwirklichen, das bereits 1930 konzipiert worden war und zum Beispiel für das Heer eine Vermehrung auf 21 Divisionen vorsah. Auch aus außenpolitischen Gründen suchte die Regierung bis in das Jahr 1934 ein forciertes Vorgehen zu vermeiden, weil der Rückzug aus den Abrüstungsverhandlungen und der Austritt aus dem Völkerbund großes Mißtrauen erregt hatten. Jedoch schon Ende 1933 hatte sich die politische Führung zur Wiedereinführung der Wehrpflicht entschlossen und damit der von der SA propagierten Aufstellung einer Miliz eine Absage erteilt – eine Entscheidung, die für die Wehrstruktur von großer Bedeutung war. Demnach waren in den ersten acht bis zehn Monaten nach Regierungsantritt der NSDAP trotz vordergründiger Zurückhaltung wichtige Vorentscheidungen für die Aufrüstung gefallen. Weitere Etappen auf diesem Weg bildeten im Spätwinter 1934/35 die Enttarnung der Luftwaffe, das Verkünden der Wehrhoheit des Reiches und die Wiedereinführung der einstweilen auf zwölf Monate festgesetzten Wehrpflicht sowie ein Jahr später die Remilitarisierung des Rheinlandes und der Übergang zur zweijährigen Wehrpflicht. Von der stürmischen Verstärkung der Wehrmacht, die auf eine Kriegsvorbereitung hinauslief, kündet das quantitative Wachstum, das den Personalumfang des Heeres von 100 000 Mann im Jahr 1933 auf über 760 000 Mann im Sommer 1939, der Kriegsmarine von 15 000 Mann auf fast 79 000 Mann und der Luftwaffe von weniger als 20 000 Mann bei der Enttarnung auf 370 000 Mann emporschnellen ließ.

Diese Expansion zwang zum raschen Ausbau der militärischen Infrastruktur. Zwar hatte die Reichswehr viele Übungsplätze aus der kaiserlichen Zeit und eine stattliche Menge an Kasernen, Schießständen und Sportanlagen behalten, doch reichte das Vorhandene bei weitem für den Bedarf nicht aus. Deshalb mußten mehrere hundert Unterkunftsgebäude samt Nebenanlagen neu gebaut werden, zumal manche der alten Kasernen in hygienischer und bautechnischer Hinsicht, wegen unzulänglicher Kapazität oder fehlender Voraussetzungen zur Aufnahme von Waffen und Ausrüstung der zum Teil motorisierten Truppen den Anforderungen nicht mehr entsprachen. Wie früher wählte man für Neubauten regelmäßig Stadtrandlagen, was sich wegen der Grundstückskosten und der angestrebten Nähe zum Übungsgelände anbot. Auch die etwaige Gefährdung durch Luftangriffe fand Berücksichtigung, wobei die Luftwaffe bei der Konzeption ihrer Kasernements dieser Bedrohung am stärksten Rechnung trug. Nicht zuletzt beeinflußte die Ideologie dieses Bauprogramm; denn neben Solidität und Zweckmäßigkeit sollte bei staatlichen Hochbauten stets die nationalsozialistische Auffassung von Schönheit und mitunter von Repräsentation beachtet werden. Angefügt sei noch, daß sich der Flächenbedarf für eine Kaserne im Vergleich zur Vorkriegszeit unterdessen verdoppelt oder verdreifacht hatte – für Panzereinheiten lagen die Richtwerte besonders hoch – und darüber hinaus die Ansprüche an die Übungsplätze durch intensivere Benutzung und größere Feldübungen stark zugenommen hatten. Die benötigten Grundstücke für Kasernen oder zur Erweiterung bestehender Anlagen hatten durchweg die Kommunen bereitzustellen, die infolge ideologischer Willfährigkeit bei der Übereignung oder in den Pachtverträgen oft ungünstige Bedingungen akzeptierten, während bei größeren Arealen im Umland – insbesondere wenn mehrere Besitzer mit abweichenden Interessen beteiligt waren – eher auf die Enteignung zurückgegriffen wurde, die durch ein 1935 zugunsten der Wehrmacht verabschiedetes Landbeschaffungsgesetz erleichtert worden war.

Die rasche Aufrüstung bedeutete für die Stadt Münster die Belegung mit zusätzlichen Kommandobehörden, Dienststellen und Truppenteilen und führte durch den Neubau mehrerer Kasernen, Dienstgebäude und Lager zur Beanspruchung weiteren städtischen Grund und Bodens, dessen Umfang sich schließlich auf rd. 485 Hektar bzw. 7,3 Prozent der Gesamtfläche stellte. Rechnet man das im Landkreis genutzte Gelände hinzu, das sich mit einem Übungsplatz des Heeres und einem Flugplatz der Luftwaffe um Handorf konzentrierte, dann betrug die im Stadt- und Landkreis dem Militär zur Verfügung stehende Fläche 1258 Hektar bzw. 1,5 Prozent des Gesamtgebiets. Exakte Kenntnisse über die Stärke der in Münster untergebrachten Truppen und Dienststellen fehlen; sie können aufgrund der vielen Neuaufstellungen und Umorganisationen, verbunden mit der Abgabe von Einheiten und Verlegungen, Teilungen und Umbenennungen auch auf verläßlicher Basis kaum ermittelt werden. Bei grober Schätzung, die die zahlreichen Wehrersatz-, Verwaltungs- und Versorgungsbehörden einbezieht, ist die Garnisonstärke um 1938/39 auf ca. 8000 Mann und demnach auf einen Anteil von knapp 6 Prozent der Stadtbevölkerung zu veranschlagen.

Vom Rang Münsters als eines überregionalen militärischen Zentrums kündet, daß die Stadt im Zuge der Aufrüstung nicht nur wieder zum Sitz des Generalkommandos eines Armeekorps wurde und das Wehrkreiskommando VI beherbergte, sondern hier auch ein Luftkreiskommando bzw. später ein Luftgaukommando Unterkunft fand. Diese höhere Kommandobehörde der Luftwaffe war analog zum Wehrkreiskommando konzipiert, wenn man von flugspezifischen Funktionen einmal absieht, und hatte im wesentlichen bodengebundene Aufgaben für ein Gebiet wahrzunehmen, das sich nach dem Abschluß der Aufbauphase mit dem des Wehrkreises VI deckte. Darüber hinaus fand der Stab einer Fliegerdivision in Münster seinen Standort. Zusammen mit dem Stab einer Heeresdivision lagen somit fünf personalstarke Kommandobehörden in der Stadt, für die Neubauten zur sachgerechten Unterbringung unerläßlich waren. In erster Linie mußte der Bedarf der Luftwaffe gedeckt werden, da ohne Eingriffe in den Besitzstand des Heeres, das seinerseits Raumbedarf angemeldet hatte, keine freien Kapazitäten verfügbar waren und Notlösungen für den auf sein Prestige bedachten neuen Wehrmachtsteil nur kurzfristig in Betracht kamen.

Das erste Projekt für die Luftwaffe wurde im Sommer 1934 in Angriff genommen, als unter einer Tarnbezeichnung der bisherige zivile Flugplatz auf der Loddenheide zum Fliegerhorst um- und ausgebaut wurde. Zeitweise waren bei den umfangreichen Arbeiten auf dem Gelände über 2000 Kräfte beschäftigt, so daß bereits Ende 1935 der Platz mit Flugzeugstaffeln belegt werden konnte, für deren Wartung eigens eine Werft eingerichtet worden war. Nicht viel später dürfte der Baubeginn für das Dienstgebäude gelegen haben, in dem das spätere Luftgaukommando samt weiteren Dienststellen seinen Sitz nahm, denn die im Osten Münsters (Hohenzollernring, späterer Zugang Manfred-von-Richthofen-Straße) auf einem großzügig bemessenen Areal gelegene Anlage – das Grundstück hatte die Stadt anscheinend kostenlos zur Verfügung gestellt – konnte schon im November 1935 bezogen werden. An der Errichtung und Ausstattung dieses zum Teil unterbunkerten Großbaus mit seinen ca. 280 Dienstzimmern sowie einigen Repräsentationsräumen waren zeitweise mehrere

Gebäude des Luftgaukommandos in der Manfred-von-Richthofen-Straße (Front zum Hohenzollernring)

Dutzend münsterische Gewerbebetriebe beteiligt. Außerdem wurden für die Luftwaffe bis 1936 zwei größere Kasernements erstellt, die Nachrichten- bzw. Flaktruppenteile aufnahmen. Hierbei handelte es sich um eine Truppenunterkunft mit zugehörigen Nebenanlagen am Albersloher Weg, die unweit des Fliegerhorsts in der Loddenheide lag und eine Fläche von 40 Hektar einnahm, sowie um eine zweite Anlage in Gievenbeck (Roxeler Straße) auf einem ebenfalls großzügig bemessenen Areal von gut zwei Dutzend Hektar. Über Truppenunterkünfte gebot die Luftwaffe ferner auf ihren beiden Flugplätzen, von denen der bei Handorf zwischen 1935 und 1937 angelegte und in den folgenden Jahren merklich ausgebaute Platz trotz seiner Lage außerhalb des Stadtgebiets Erwähnung verdient, weil er bis zum Kriegsausbruch auch dem zivilen, quantitativ allerdings eher unbedeutenden Flugverkehr diente.

Hinter dem Bauvolumen für die Luftwaffe standen die Investitionen für das Heer zurück, da durchweg nur für zusätzliche Truppenteile Quartier zu schaffen, Ställe oder Kraftfahrzeughallen zu errichten, Exerzierplätze anzulegen waren. Immerhin entstanden aber drei neue Kasernen in Stadtrandlage an der Weseler Straße, der Grevener Straße und am Hohen Heckenweg. Bei Grundstücksgrößen unter 10 Hektar waren diese Anlagen merklich kleiner als die der Luftwaffe, die offenbar bei derartigen Vorhaben durch ihren einflußreichen Oberbefehlshaber Göring begünstigt war und selbst bei knapper werdenden Ressourcen weniger zur Einschränkung angehalten wurde. Diese Beobachtung findet bei einem Vergleich der von den Kommandobehörden beanspruchten Areale eine Bestätigung. Dem Luftkreiskommando (Luftgaukommando) war nämlich ein Grundstück von gut 5,5 Hektar zugebilligt worden, während sich das Generalkommando mit annähernd 4,5 Hektar Fläche und der Stab der Heeresdivision, für den 1936 ein neues Dienstgebäude samt Unterkunft für die

Stabssoldaten errichtet worden war (Roxeler Straße, heute Einsteinstraße), mit weniger als 3,8 Hektar begnügen mußten.

Neben den beiden Flugplätzen und den fünf, sechs Kasernen entstanden noch eine Reihe weiterer Gebäude und Anlagen für das Militär. Hierzu zählten unter anderem ein großes Standortlazarett in Gievenbeck (Von-Esmarch-Straße), Offiziersheime, Wohnungen für Offiziere, Unteroffiziere und Beamte sowie – allerdings jenseits der Stadtgrenze in Coerde – ein Verpflegungsamt samt -lager und ein Wehrkreispferdelazarett. Innerhalb eines Zeitraums von kaum fünf Jahren waren demnach hohe Summen in die militärische Infrastruktur Münsters investiert worden. Jedoch ist weder über die Höhe der Ausgaben noch über die Herkunft und den Anteil der an den Bauten beteiligten einheimischen Firmen Genaueres bekannt, wenn man von punktuellen Hinweisen absieht, so daß über die Auswirkungen auf den Arbeitsmarkt und auf das lokale und regionale Gewerbe keine Angaben möglich sind. Unklar ist zudem, inwieweit die Stadt beim Erwerb des benötigten Grund und Bodens behilflich war und welchen Anteil sie über den pflichtgemäßen Bau der Zufahrtsstraßen hinaus an den Erschließungskosten trug. Auch konkrete Hinweise auf die Haltung der breiten Bevölkerung zur forcierten Aufrüstung fehlen, die in Münster doch so offenkundig ihren Niederschlag fand, aber von den meisten Bewohnern vermutlich in ihrer Gefahr nicht erkannt wurde. Die seit 1937 zunehmende Knappheit an Arbeitskräften und Rohstoffen sowie die Folgen für den Wohnungsmarkt dürften den Münsteranern ebensowenig die Augen für die bedrohliche Expansion der Streitkräfte geöffnet haben, zumal die bewaffnete Macht nur zu den Engpässen beitrug und ihr Anteil an den außenpolitischen Erfolgen des Reiches Kritik rasch verstummen ließ.

Die Dislozierung militärischer Anlagen erfolgte in der NS-Zeit nach jenen Grundsätzen, die sich schon um die Jahrhundertwende abgezeichnet hatten; demnach wurden großflächige Anlagen möglichst an der Peripherie von Siedlungen und in der Nähe von Übungsanlagen errichtet. Das läßt sich unschwer anhand der Neubauten in Münster belegen, die durchweg am Rand bebauter Zonen ihren Platz fanden, wobei die Stadtgrenze weniger als zuvor ein Hindernis war. Hingegen blieben Dienststellen mit regem soldatischen Verkehr oder mit Aufgaben für alle am Standort liegenden Wehrmachtsteile meistens im Bereich oder in der Nähe der Innenstadt, weil eine leichte Erreichbarkeit wünschenswert war oder vorhandener staatlicher Gebäudebesitz eine entsprechende Nutzung nahelegte. An altstadtnaher Stelle und zugleich unweit des tradierten Dienstsitzes hatte zudem das Wehrkreiskommando bzw. Generalkommando seinen Platz gefunden, während das Luftkreiskommando (Luftgaukommando) zwar abgesetzter lag, jedoch ebenfalls an bebautes Gebiet angrenzte. Bekanntlich bildete der Norden Münsters einen der Schwerpunkte großflächiger militärischer Anlagen, woran sich auch zwischen 1933 und 1939 nichts änderte, wie mit dem Hinweis auf den Bau zweier Kasernen, die Übungsplätze, den Schießstand und eine Standortsportanlage (Grevener Straße) unterstrichen sei. Daneben entwickelte sich ein zweiter Schwerpunkt im Südosten der Stadt durch Einrichtungen der Luftwaffe, der allerdings weniger scharf konturiert war. Diese Konzentration war im wesentlichen durch den Besitzstand an Liegenschaften und Gebäuden bedingt, den die Wehrmacht bei ihrem Ausbau vorgefunden hatte, und nicht auf klare Planungsvorgaben zurückzuführen. Ob es eine solche Planungskonzeption städtischerseits überhaupt gab oder sich diese Vorstellungen im NS-Staat als nicht durchsetzbar erwiesen, ist unbekannt.

Im Zweiten Weltkrieg wurde Münster zum Ziel zahlreicher Luftangriffe, die an Zahl und Intensität ab Frühsommer 1943 zunahmen, nach der Landung der Alliierten in der Normandie gesteigert wurden und ihren Höhepunkt in den ersten Wochen des Jahres 1945 erreichten. Zum Schutz vor Bombardements, der durch eine aktive Luftverteidigung nicht gewährleistet werden konnte, waren zwischen 1941 und 1943/44 neben vielen Behelfsbunkern elf größere Bunker gebaut worden, die der Bevölkerung Sicherheit verhießen, jedoch Volltreffern trotz schwerer Armierung nur bedingt standhielten. Zusätzlich wurde deshalb die nicht zur Aufrechterhaltung der kriegswichtigen Produktion erforderliche Einwohnerschaft evakuiert. Die britischen und amerikanischen Luftangriffe waren nicht in erster Linie gegen die militärischen Einrichtungen gerichtet, wenn man von den Flugplätzen und insbesondere den Werftanlagen bei Handorf einmal absieht, sondern gegen die Verkehrseinrichtungen, um die Wirtschaft zu lähmen und die Herstellung von Rüstungsgütern zu unterbinden, die Versorgung der Bevölkerung zu behindern und rasche Truppenverlegungen auszuschließen oder wenigstens zu erschweren. Systematische Bombardierungen von Wohngebieten gehörten auf britischer Seite zur Luftkriegsstrategie, durch die man das Reich zur Kapitulation zu zwingen hoffte, während auf amerikanischer Seite die Angriffe hauptsächlich den für die Kriegführung unmittelbar wichtigen Objekten galten, was zahlreiche Fehlwürfe in Wohngegenden nicht ausschloß. Bei Kriegsende war die Stadt – gemessen an der Bewohnbarkeit der Häuser – in der Altstadt zu gut 90 Prozent und im gesamten Stadtgebiet zu knapp 63 Prozent zerstört. Von den großen Kasernements waren dagegen die meisten mit leichteren oder mittleren Beschädigungen davongekommen, weil sie nicht gezielt bombardiert worden waren. Als Garnisonstadt war Münster, obwohl hier zahlreiche Ersatztruppenteile aufgestellt, ausgebildet und ausgerüstet wurden, demnach nur ein untergeordnetes Luftkriegsziel.

Quellen und Literatur

Die Quellen- und Forschungslage ist in einem kurzen Überblick bereits im Abschnitt über die Zeit vom Absolutismus bis zur Säkularisation erläutert worden (Band 1). Zusätzlich ist auf die Bestände des Westfälischen Wirtschaftsarchivs in Dortmund und – soweit die Akten der Vernichtung im letzten Weltkrieg entgangen sind – des ehemaligen Preußischen Heeresarchivs (mit Restbeständen in Berlin-Dahlem und Freiburg sowie zur Zeit noch Merseburg und Potsdam) zu verweisen. Aus lokalgeschichtlicher Perspektive behandeln Monika Lahrkamp [1397: Napoleonische Zeit] und Bruno Haas-Tenckhoff [1342: Preußische Garnisonstadt] Einzelaspekte des Verhältnisses von Stadt und Militär in Münster. Als problemorientierte Studie für die kaiserliche Zeit sei ferner Jörg Heithoffs Magisterarbeit [1351: Militär und Stadtentwicklung] genannt, die auf fundierter Grundlage den Aufbau der zivilen und der militärischen Infrastruktur untersucht. Erwähnung verdient wegen des informativen Karten- und Bildmaterials darüber hinaus die Dokumentation über das Siedlungswachstum der Stadt Münster vom 19. Jahrhundert bis zum Zweiten Weltkrieg [285: Richard-Wiegand, Siedlungswachstum], die zudem die Leitlinien städtischen Ausbaus zwischen 1850 und 1945 skizziert.

Für das 20. Jahrhundert liegen nur punktuelle Erkenntnisse zur Fragestellung vor. Neben der offiziösen „Kriegschronik der Stadt Münster 1914/18“, die mit nationaler Wertung 1930 von Eduard Schulte herausgegeben wurde [1496: Kriegschronik], seien die unveröffentlichte Staatsexamensarbeit von Hans-Werner Huneke [1566: Stadt und Garnison], die Dissertation von Gerd Krüger [1587: Treudeutsch allewege] über das politische Milieu Münsters in der Weimarer Republik und die materialreiche Dissertation von Wilfried Beer [1528: Kriegsalltag] über die Auswirkungen des Luftkriegs auf Münster angeführt.

Abbildungsnachweis

Archive, Museen, Sammler, Fotografen

Arenenberg/Thurgau, Napoleonmuseum: 29; Dortmund, VEW-Archiv: 576; Dortmund, Stadt- und Landesbibliothek: 435 (Foto: Westfälisches Landesmuseum für Kunst und Kulturgeschichte), 446; Greven/Emsdetten, Firmenarchiv Biederlack: 553; Hagen, Museum für Stadt- und Heimatgeschichte: 61 (Foto: Westfälisches Landesmuseum für Kunst und Kulturgeschichte); Köln, Rheinisches Bildarchiv: 39; Leverkusen, Bayer AG: 717; London, Imperial War Museum: 324; Münster, Westfälisches Amt für Denkmalpflege: 58, 372, 374, 391, 436, 451, 495, 546, 690, 734, 742; Münster, Archiv der Clemensschwestern: 402; Münster, Archiv der Evangelischen Kirchengemeinde: 443, 452, 457, 732; Münster, Bistumsarchiv: 83, 101, 142, 146, 160, 162, 213, 309, 310, 314, 327, 410, 414, 417, 423, 424, 520, 673 (li.), 696; Münster, Andreas Determann: 475, 485; Münster, Deutsches Heim GmbH: 609; Münster, Volkskundliche Kommission für Westfalen: 522, 523; Münster, Westfälisches Landesmuseum für Kunst und Kulturgeschichte (Fotos: Sabine Ahlbrand, Rudolf Wakonigg): 11, 15, 22, 42, 85, 96, 118, 122, 125, 172, 405, 464, 505, 511, 530, 666, 670 (Porträtarchiv Diepenbroick), 731, 740; Münster, Westfälisches Museum für Naturkunde: 155, 506; Münster, Horst Poertgen (Foto: Tomasz Samek): 580; Münster, Der Regierungspräsident (Foto: Tomasz Samek): 674; Münster, Nordrhein-Westfälisches Staatsarchiv: 3, 76; Münster, Stadtarchiv (Fotos: Irmgard Pelster): 2, 38, 49, 70, 98, 105, 107, 109, 116, 174, 178, 185, 196, 198, 199, 201, 206, 209, 215, 223, 224, 226, 231, 236, 241, 247, 251, 255, 257, 260, 261, 265, 269, 270, 272, 274, 278, 280, 282, 289, 290, 292, 293, 294, 297, 300, 305, 318, 319, 321, 355, 358, 363, 381, 398 (Foto: Tomasz Samek), 429, 472, 473, 479, 482, 491, 493 (Foto: Westfälisches Landesmuseum für Kunst und Kulturgeschichte), 497, 501, 516, 519, 525, 526, 535, 536, 538, 549, 551, 555, 562, 565, 571, 573, 602, 605, 615, 616, 627, 633, 644, 645, 649, 652, 656, 658, 667, 673 (re.), 676, 677, 679, 686, 692, 698, 700, 703, 704, 711, 713, 721, 724, 736, 737, 745, 746, 752, 754, 756, 759, 760, 763; Münster, Stadtmuseum (Fotos: Tomasz Samek): 67, 90, 134, 190, 360, 408, 420, 564, 595, 600, 621, 634, 635, 640, 641, 647, 654; Münster, Stadtwerke Münster GmbH: 591, 599, 603; Münster, Westfälische Wilhelms-Universität – Rektorat (Foto: Tomasz Samek): 671; Versailles, Musée National des Chateau de Versailles et de Trianon: 26.

Privatbesitz: 33, 55 (Foto: Westfälisches Landesmuseum für Kunst und Kulturgeschichte), 150, 181, 463, 469, 483, 624 (Foto: Westfälisches Landesmuseum für Kunst und Kulturgeschichte).

Publikationen

11. Jahresbericht des Westfälischen Provinzial-Vereins pro 1882, Münster 1883: 135; Anton Karsch, Naturgeschichte des Teufels. Drei Vorträge, 4. Aufl., Leipzig 1884: 153; Festschrift zur Einweihung der neuerstandenen Annette von Droste-Hülshoff-Schule, Münster/Westf., am 24. März 1956 (= Die Grüne Gasse 1956): 685; Rechnungs-Bericht des Diaconissen-Vereins und des Frauen-Vereins der evangelischen Gemeinde zu Münster pro 1888, Münster 1889: 442; Friedrich Flemming, Wehr und Waffe. Gespräch zwischen einem „Deutschen Christen" und einem „christlichen Deutschen", hg. von Karl Immer, Wuppertal-Barmen 1934: 455; Hans Chanoch Meyer, Aus Geschichte und Leben der Juden in Westfalen, Frankfurt a.M. 1962: 478; Schillergymnasium Münster. Festschrift zum 90jährigen Jubiläum, Münster 1990: 680.

Die Karten wurden von Gisela Helmich nach Entwürfen der Autoren und Vorlagen des Stadtplanungsamts und des Vermessungs- und Katasteramts der Stadt Münster sowie des „Geschichtlichen Handatlas von Westfalen" (Münster 1975/82) gezeichnet.